河源年鉴

2021

《河源年鉴》编纂委员会 编

方志出版社

图书在版编目（CIP）数据

河源年鉴. 2021/《河源年鉴》编纂委员会编.—北京：方志出版社，2021.11
ISBN 978-7-5144-5017-0

Ⅰ.①河… Ⅱ.①河… Ⅲ.①河源市—2021—年鉴 Ⅳ.①Z526.53

中国版本图书馆CIP数据核字（2021）第263993号

河源年鉴（2021）

编　　者：《河源年鉴》编纂委员会
责任编辑：罗　滔

出 版 者：方志出版社
地址：北京市朝阳区潘家园东里9号（国家方志馆4层）
邮编：100021
网址：http://www.zgfzcb.cn
发　　行：方志出版社图书经销中心
电话：（010）67110500
经　　销：各地新华书店
印　　刷：广州市浩诚印刷有限公司

开　　本：889×1194　1/16
印　　张：32
字　　数：1350千字
版　　次：2021年11月第1版　2021年11月第1次印刷
印　　数：0001~2000册

ISBN 978-7-5144-5017-0　定价：230.00元

编辑说明

一、《河源年鉴》是由中共河源市委、河源市人民政府主办，《河源年鉴》编纂委员会编纂的年度资料文献。创办于2002年，尔后逐年出版，2010年始于国内外公开发行。《河源年鉴》编纂以马克思列宁主义、毛泽东思想、邓小平理论、“三个代表”重要思想、科学发展观、习近平新时代中国特色社会主义思想为指导，坚持辩证唯物主义和历史唯物主义的立场、观点和方法，全面、系统、翔实地载录河源市自然、政治、经济、文化、社会和生态文明等方面基本面貌和发展情况，为社会各界和海外人士了解和研究河源提供基本资料。

二、《河源年鉴（2021）》（以下简称本年鉴）由图片、文字两部分组成。采用分类编辑法，主体内容设类目（部分设次类目）、分目（部分设次分目）、条目三个结构层次，以条目为表现内容的基本形式。全书条目的标题统一用黑体字加【 】表示。

三、本年鉴主要载录河源地区2020年经济社会发展的基本资料，全书设特载、大事记、总述、党政机关、民主党派·工商联、群众团体、法治、军事、生态·环保、农业农村、工业、交通·邮政·通信业、商务、旅游业、金融业、经济管理、城乡建设·自然资源、教育·科学、文化·卫生健康·体育、外事·侨务·台港澳事务、社会生活、区·县、人物·荣誉、社会经济统计资料、名录、附录等26个类目，共194个分目和1195个条目。

四、本年鉴在保持基本框架稳定的情况下对部分类目进行调整、更新、充实，调整部分分目的从属。其中：“特载”类目调至卷首，“大事记”类目调至“总述”前；新设“民主党派·工商联”类目置“党政机关”类目后，将“党政机关”类目的次类目“民主党派”内容改为分目与“工商联·人民团体”类目的“市工商联”分目内容归并到“民主党派·工商联”类目；并将“工商联·人民团体”类目中的“市关工委”分目易名“关心下一代工作”调至“党政机关”类目；将“工商联·人民团体”类目名易为“群众团体”。“县·区”类目易名为“区·县”；撤销“规范性文件选编”类目，把该类目题名改为分目名，与“重要文件目录”内容归于“附录”类目；新设“名录”类目，把各单位领导名单归集为一体，下设“河源市领导班子成员名单”“河源市领导机关正、副秘书长名单”“河源市市直单位领导名单”“中央、省属驻河源单位领导名单”“民主党派领导名单”“新任副厅级以上领导简介”6个分目；把“附录”类目中的“风景名胜”“土特产选介”“历史事件选录”“历史人物选录”“历史文物古迹选介”“革命遗（旧）址选介”“国家级、省级非物质文化遗产简介”“城市公园”“2020年河源市城市公交运行路线情况”等内容删除，设“其他文献”分目；在“人物·荣誉”类目增设“奖项荣誉名录”分目，把各处所获荣誉名录归并一目；把“科学·教育”类目中的“科协工作”分目，“文化·卫生健康·体育”类目中的“文学艺术”分目及“社会生活”类目中的“市红十字会”分目等内容调至“群众团体”类目，分别改为“市科协”“市文联”“市红十字会”分目；把“军事”类目中的“退役军人事务”分目内容调至“社会生活”类目，把“商务”类目的“对外经济合作”分目名更名为“对外及港澳台经济合作”。

五、本年鉴稿件、图片由河源市辖区内有关单位提供，并经供稿单位领导审核。统计数据采用法定计量单位，主要统计数据均经撰稿单位与统计部门核对。由于统计口径不一，个别数据可能不一致，使用时以市统计局提供的社会经济统计资料中数据为准。

六、本年鉴配备双重检索系统：正文前刊有目录，书后配有索引。索引采用主题分析法，款目按汉语拼音字母顺序排列，索引范围详及条目和表格等。

《河源年鉴》（2021）编纂委员会

《河源年鉴》（2021）编辑部

2020 河源数字

- 土地面积：15653.63平方千米
- 年末户籍人口：372.18万人
- 年末常住人口：283.56万人
- 地区生产总值：1102.74亿元
- 人均地区生产总值：38802元
- 第一产业增加值：136.91亿元
- 第二产业增加值：374.67亿元
- 全部工业增加值：301.43亿元
- 第三产业增加值：591.16亿元
- 第一、第二、第三产业构成：12.4：34.0：53.6
- 固定资产投资：比上年增长5.1%
- 货物运输量：4372万吨
- 旅客运输量：783万人次
- 邮电业务总量：217.26亿元
- 社会消费品零售总额：360.74亿元
- 出口总额：35.05亿美元
- 进口总额：7.42亿美元
- 实际利用外资：6.46亿美元
- 地方公共财政预算收入：79.81亿元
- 地方公共财政预算支出：361.76亿元
- 税收收入：135.78亿元
- 城乡居民储蓄存款余额：950.91亿元
- 城镇居民人均可支配收入：28018元
- 农村居民人均可支配收入：17313元
- 高等学校在校学生数：20508人
- 医院、卫生院床位数：15953张
- 旅游接待总人数：635.41万人次
- 旅游业总收入：53.35亿元
- 森林覆盖率：73.18%
- 多年人均水资源拥有量：4500立方米

（王瑞峰）

赵佗——岭南人文始祖。公元前214年，秦平定南越，设龙川县，赵佗为龙川首任县令。

河源

- 中国优秀旅游城市
- 全国双拥模范城
- 全国卫生城市
- 全国生态环境保护最佳范例城市
- 国家园林城市
- 中华恐龙之乡
- 中国绿色经济十佳城市之一

孙中山孙女孙穗芳：中山先生曾亲口说过，自己原籍紫金县，是东江客家人，中山先生的根在河源。这是我父亲（孙科）跟我说的。孙家先祖入粤第一站，就是紫金中坝。

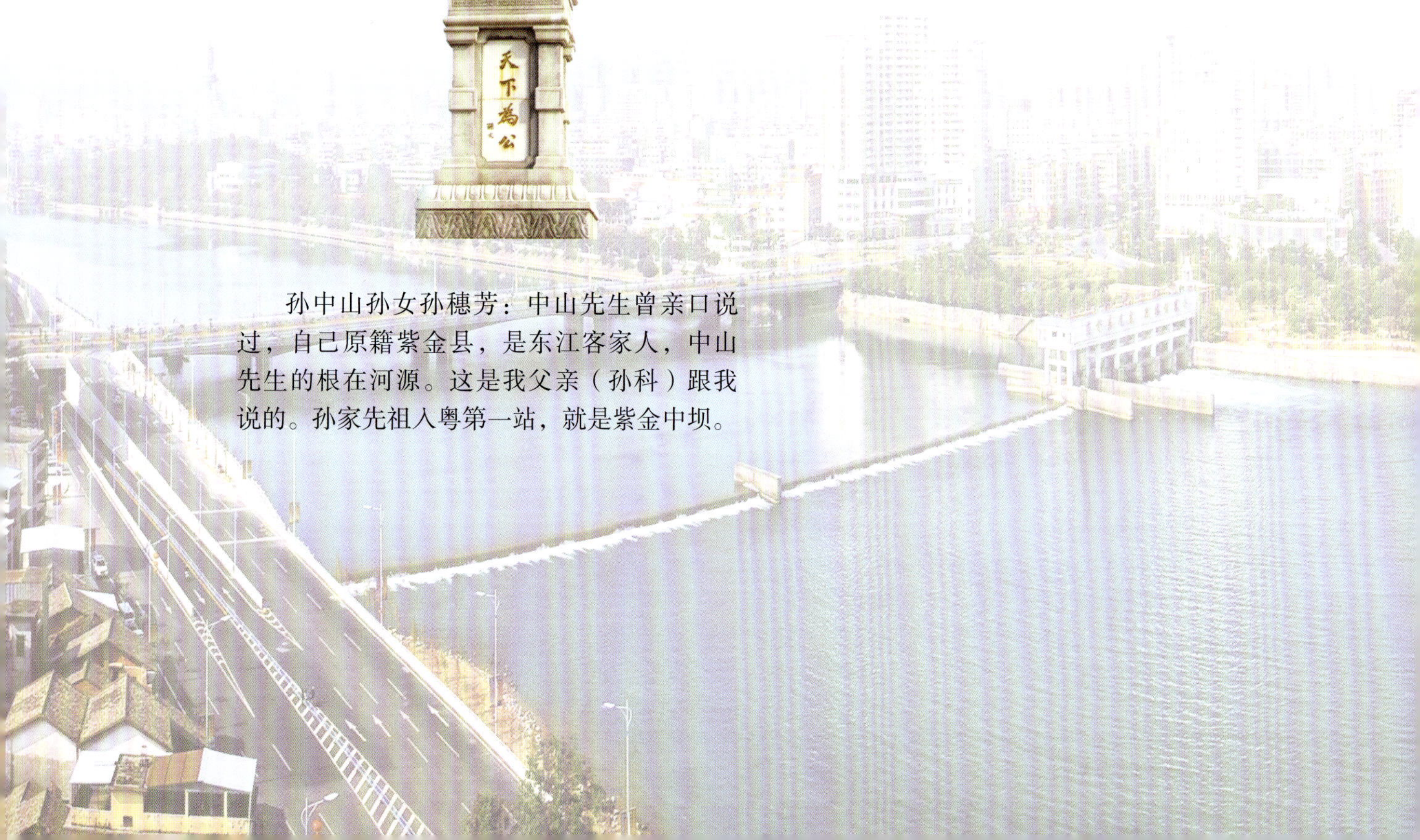

荣誉

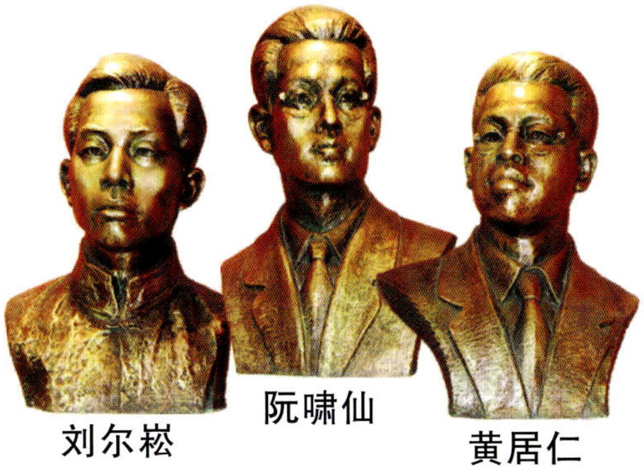

- 中国十大特色休闲城市之一
- 中国节能减排二十佳城市之一
- 中国优质饮用水资源开发基地
- 全国最具发展潜力金融生态示范城市
- 全国环境综合治理先进城市
- 国际绿色生态旅游名城

来自东江中上游河源地区的中国共产党早期的党员阮啸仙、刘尔崧、黄居仁，被称为广东革命史上著名的“东江三杰”。

河源是世界罕见的恐龙蛋化石、恐龙骨骼化石、恐龙脚印化石“三位一体”共生地。河源市博物馆馆藏恐龙蛋化石1.8万枚，当今世界上其他馆藏恐龙蛋化石加起来的数量还没有河源市的一半，创吉尼斯世界纪录。

2020年1月6日，河源市海外联谊会第五届会员大会在市会议中心东江厅召开　（市档案馆 杨海荣 摄）

2020年5月28日，在“六一”国际儿童节到来之际，“城乡少年手拉手 幸福小康共成长”少先队“六一”主题队日省级主场活动在深圳和河源两地举行（图为河源会场现场）

（市档案馆 杨海荣 摄）

2020年6月12日，2020年央企河源座谈会在市区举行　　（市档案馆 杨海荣 摄）

2020年6月30日，2020年“广东扶贫济困日”活动仪式暨“6·30”活动10周年总结大会在市会议中心举行。参会单位、企业纷纷捐款举牌　　（市档案馆 杨海荣 摄）

2020年8月8日，“传递文明薪火·弘扬时代新风”2020年全市行动传递文明火炬活动在河源文化广场启动 （市档案馆 杨海荣 摄）

2020年8月17日，河源市以市委理论学习中心组专题（扩大）学习会的形式举行省委宣讲团《习近平谈治国理政》第三卷宣讲报告会 （市档案馆 杨海荣 摄）

2020年9月29日，2020年先进制造业经贸活动暨河源市投资环境推介会在市区举办

（市档案馆 杨海荣 摄）

2020年9月30日是中国第七个烈士纪念日，河源市在市烈士陵园举行公祭烈士活动

（市档案馆 杨海荣 摄）

2020年11月5日，2020中国5G终端全球创新峰会暨第八届中国手机设计大赛天鹅奖颁奖礼在河源举行
（市档案馆 杨海荣 摄）

2020年11月19日，“广纳英才·智汇河源”——河源市第二届高层次人才交流大会暨2020年人才集中活动月启动仪式
（市档案馆 杨境廷 摄）

2020年12月30日，河源市抗击新冠肺炎疫情表彰大会在市会议中心召开

（市档案馆 杨海荣 摄）

2020年12月23日，紫惠高速通车 （黄赞福 摄）

河源市客家文化公园山顶西侧，簕杜鹃与黄花风铃木相互辉映，竞相斗艳

新丰江亲水步道边，数十里市花簕杜鹃绽放 （黄赞福 摄）

（黄赞福 摄）

2020年12月23日，东江流域水安全保障提升工程子项目灯塔盆地灌区船塘河治理工程开工仪式

（市档案馆 杨境廷 摄）

龙川县枫树坝省级自然保护区

源城区野趣沟秋色 （黄赞福 摄）

（黄赞福 摄）

和平县青州镇樱茶厂　　（黄赞福 摄）

源城区埔前镇陂角村春沐园二期 （黄赞福 摄）

东源县康禾镇仙坑村

龙川县麻布岗镇大塘面村万亩油茶示范基地　（杨海荣 摄）

连平县黄牛石省级自然保护区迎来候鸟大军　（肖 斌 摄）

2020年11月23日，升级改造后的河源市全民健身广场开放 （冯晓铭 摄）

2020年12月30日，河源市区东江大桥（紫金桥）通车 （肖 斌 摄）

宜居宜业的市高新区滨江新城初具规模　　（黄赞福 摄）

一座产城融合新城——江东新区产业园正加速崛起　　（黄赞福 摄）

河源市工业发展的主战场——河源国家高新区

（肖 斌 摄）

2020年4月20日，源城区2020年春季经贸活动（源城区史志办提供）

2020年11月6日，源城区科技和产业“融深”“融湾”活动（源城区史志办提供）

源城工业园　　（源城区史志办提供）

2020年8月1日，源城区举行万人爱国卫生大行动启动仪式
（源城区史志办提供）

源城区埔前镇陂角村蔬香公园
（源城区史志办提供）

乐园智能科技有限公司的教育机器人生产线　　（源城区史志办提供）

2020年5月15日，东源县板栗省级现代农业产业园加工园区（船塘镇）项目集中动工奠基仪式举行

（东源县史志办提供）

2020年9月23日，东源县举办农民丰收节活动

（东源县史志办提供）

2020年10月20日，东源县人民政府、广东省玻璃行业协会主办的中国（东源）硅产业技术与市场高峰论坛暨“双高人才”东源行活动举行

（东源县史志办提供）

2020年12月18日，东源县第二届茶叶品牌文化推介会暨东源县茶叶省级现代农业产业园建设启动仪式在东源县城文化公园举行（东源县史志办提供）

2020年12月28日，东源县2020年冬季产业项目落成暨决胜全面小康百日攻坚战检阅活动在东源新材料产业园盛大举行（东源县史志办提供）

2020年12月30日，东源县医共体总医院（东源县人民医院新院）暨东源县120急救指挥中心启用仪式举行（东源县史志办提供）

2020年，和平县广泛开展新时代文明实践活动。图为和平县“赛博宇华”杯乡村广场舞决赛暨2020年“最美家庭”揭晓仪式
（和平县史志办提供）

2020年8月21日，由省委宣传部、省文明办、省科协等多部门联合主办的2020年广东省文化科技卫生“三下乡”主场活动在和平县福和文体广场举行
（和平县史志办提供）

2020年10月16日，和平县举办全县党章党规党纪教育培训班活动
（和平县史志办提供）

2020年4月20日，和平县举办春季经贸活动暨和平县国家级电子商务公共服务中心揭牌仪式
（和平县史志办提供）

2020年12月1日，和平县举办“融湾融深 构筑新局”2020年秋冬季经贸活动
（和平县史志办提供）

2020年和平县猕猴桃出口阿联酋迪拜发车仪式
（和平县史志办提供）

2020年11月11日，国内首家建筑3D打印展馆在龙川县建成开放并正式启用
（龙川县史志办提供）

国电龙川山门前风电场

广东省古村落——龙川县岩镇山池村新貌 （李始源 摄）

龙川县五色茶岭景区 （曾 璐

正在施工建设的赣（州）深（圳）高铁龙川段
（龙川县史志办提供）

（冯晓铭 摄）

2020年11月7日，第二届“岭南油茶文化节”暨庆祝中国农民丰收节系列活动在龙川县文化广场举行

（曾 璐 摄）

油茶喜获丰收

（冯晓铭 摄）

2020年7月6日，省老促会到紫金县蓝塘镇邓缵先故居就老区振兴发展工作进行调研
（紫金县史志办提供）

2020年1月1日，河惠莞高速公路龙（龙川）紫（紫金）段建成通车
（紫金县史志办提供）

2020年1月2日，紫金县紫城工业园公共服务区建设项目正式动工建设
（紫金县史志办提供）

2020年10月29日，紫金县蓝塘产业新城项目集中动工仪式
（紫金县史志办提供）

紫金县九和镇金光村产业扶贫南药种植基地鸟瞰图
（紫金县史志办提供）

紫金县瓦溪镇四联村贝贝南瓜种植喜获丰收
（紫金县史志办提供）

2020年1月13日，连平县“青春情暖”系列活动启动仪式暨党团志愿服务驿站揭牌仪式在县城市政广场举行

（邓舒婷 摄）

2020年6月15日，连平县百名律师进村入户宣讲《民法典》《社区矫正法》活动正式启动

（梁焕新 摄）

2020年12月19日，“乡梦初心•千年鱼梁”连平专场活动暨连平县旅游扶贫产品展销会在田源镇肖屋村举行

（谢梦彬 摄）

2020年9月23日，连平•客天下内莞风光田园综合体项目正式动工建设　（梁焕新 摄）

2020年 7月 10日，2020年连平鹰嘴蜜桃开园活动暨连平鹰嘴蜜桃直播带货PK大赛启动仪式在上坪镇中村村举行
（邓舒婷 梁焕新 摄）

2020年，江东新区城东街道胜利村长岗麻竹窝后片区征地拆迁场地平整后场景

（江东新区提供）

雅色村全貌

（江东新区提供）

2020年4月22日，江东新区以“云签约”+“直播动工”形式举行2020年春季经贸活动，活动签约、动工、投产项目共21个，总投资达214亿元。图为项目集中动工推杆仪式

（江东新区提供）

榴坑村金丝皇菊（江东新区提供）

江东新区以四大特色基地，探索城郊型农业发展之路。已初步培育形成蔬菜、中草药、葡萄、荔枝、土鸡等本地特色的主导产业

双坑土鸡养殖基地（江东新区提供）

阳光玫瑰葡萄（江东新区提供）

2020年6月28日，优利德河源高新产业园项目开工仪式在高新区举行

（市高新区提供）

2020年7月20日，市高新区举行市人民医院深河门诊部开业仪式

（市高新区提供）

2020年8月12日，市高新区举行第一届职业技能大赛闭幕式暨颁奖礼

（市高新区提供）

2020年9月3日，市高新区举行大塘小学揭牌仪式暨开学典礼 （市高新区提供）

2020年10月14日，市高新区举行政务服务中心揭牌仪式，图为市民服务中心大厅 （市高新区提供）

目 录
CONTENTS

特 载
SPECIAL CONTRIBUTIONS

大事记
CHRONICLE OF MAJOR EVENTS

总 述
GENERAL INTRODUCTION

党政机关
PARTIES AND GOVERNMENT ORGANIZATIONS

民主党派·工商联
DEMOCRATIC PARTIES · THE FEDERATION OF COMMERCE AND INDUSTRY

群众团体
MASS ORGANIZATIONS

法 治
LEGISLATIVE AFFAIRS

军 事
MILITARY AFFAIRS

生态·环保
ECOLOGICAL·ENVIRONMENTAL PROTECTION

农业农村
AGRICULTURAL AND COUNTRYSIDE

工 业
INDUSTRY

交通·邮政·通信业
TRANSPORTATION · POST · COMMUNICATION INDUSTRY

商 务
BUSINESS

旅游业
TOURISM

金融业
BANKING

经济管理
ECONOMIC ADMINISTRATION

城乡建设 · 自然资源
URBAN AND RURAL CONSTRUCTION · NATURAL RESOURCES

外事·侨务·台港澳事务
FOREIGN AFFAIRS · OVERSEAS CHINESE AFFAIRS · TAIWAN, HONGKONG, MACAU AFFAIRS

社会生活
SOCIAL LIFE

区·县
DISTRICTS AND COUNTIES

人物 · 荣誉
FIGURES · HONOR

社会经济统计资料
ECONOMIC AND SOCIAL STATISTICS

名 录
NAME LIST

附 录
APPENDIX

特 载

编辑：王瑞峰

在中共河源市委七届十次全会第一次全体会议上的讲话

（2020年9月10日）

中共河源市委书记 丁红都

这次全会的主要任务是，深入学习贯彻习近平新时代中国特色社会主义思想，认真贯彻落实习近平总书记关于促进区域协调发展、“加快形成以国内大循环为主体、国内国际双循环相互促进的新发展格局”的重要论述和对广东重要讲话、重要指示批示精神，全面落实省委十二届十次全会精神、省加快“一核一带一区”建设工作部署和李希书记关于河源工作的指示要求，大力推进“示范区”“排头兵”“两个河源”建设，全力打造生态经济发展新标杆，为广东实现“四个走在全国前列”、当好“两个重要窗口”展现河源担当。

党的十九大以来，市委坚持以习近平新时代中国特色社会主义思想为指导，深入贯彻落实习近平总书记、党中央各项决策部署，全面落实省委各项工作要求，扎实开展“大学习、深调研、真落实”工作。2018年1月，按照省委提出的“要改变粤东西北作为同类地区的思维定势，结合实施主体功能区战略，进一步明确珠三角、东西两翼和粤北山区的发展定位”有关要求，市委七届四次全会提出了“充分发挥粤北山区的生态优势，打造山青水绿、环境优美的生态河源；充分发挥毗邻珠三角的地缘优势，打造经济发达、人民富裕的现代河源”的“两个河源”发展思路。2018年8月，省委李希书记到河源调研，充分肯定了“两个河源”发展思路，要求我市努力建设全省绿色发展的示范区、融入粤港澳大湾区的生态排头兵，走出生态河源、现代河源相得益彰的发展新路。2018年9月，市委七届五次全会围绕“两个河源”的发展思路，谋划了“1+1+9”工作体系，全面推进“示范区”“排头兵”建设。2019年1月，市委七届六次全会进一步深入具体部署，不断加大工作力度。两年多来，市委专门召开全会，部署全域全面“融深”“融湾”，市委、市政府多次召开全市性会议，着力推进乡村振兴、打好三大攻坚战、科技创新等重点工作。经过全市上下团结一心、共同奋斗，“示范区”“排头兵”“两个河源”建设各层面工作成效明显、势头良好。一是现代河源带动作用明显增强。大力实施都市经济带动战略，中心城区“1+6”空间规划体系不断完善，“三江六岸”生态城市功能廊道、源城中心区、高铁新城、东源县城、钓鱼台片区等重点板块建设扎实推进，城区城市功能品质明显提升。高标准建设产业园区平台，两年来投入60亿元、扩园21平方千米，以高新区为主导的“一区四园”一体化发展开始破题，与中国中铁、中国铁建、阿里巴巴等26家大型企业签订超万亿元的战略合作协议，深河产业共建落地投资额超亿元工业项目连续3年位居全省第一，市场虹吸效应日益显现。二是生态河源绿色发展优势凸显。坚持筑牢生态屏障，全面落实河长制、湖长制，大力推进新一轮绿化河源大行动，生态环境质量保持全省前列。全面实施乡村振兴战略，灯塔盆地创建国家农业高新技术产业示范区扎实推进，成功创建9个省级现代农业产业园，对接湾区的“大农场”“后花园”“康养地”广受欢迎。系统谋划推进“六水”体系，万绿湖风景区创AAAAA工作加快推进，成功创建2个全国乡村旅游重点村，生态优势正加快转化为发展优势。三是“融深”“融湾”质量效益加快提升。着力构建与“双区”互联互通的综合交通运输体系，两年完成交通基础设施投资251.3亿元、新增高速公路里程169.3千米，赣深高铁河源段加速推进、河惠莞高速龙紫段建成通车、梅龙铁路正式动工，东江航道河源段分段恢复通航。在机构改革中单独设置市委改革办和“融湾”办，政务服务事项实现“一网通办”，商事登记便利度位居全省前列。民生短板加快补齐，县区教育“创现”实现全覆盖，广师大河源校区建成招生，医疗服务水平持续改善，“粤菜师傅”“广东技工”“南粤家政”等三项培训工程有力实施，平安河源、法治河源建设深入推进，人民幸福“心城”建设取得新进展。四是防范应对重大风险挑战有力有效。面对“6·10”“6·12”特大自然灾害创伤，始终把“以人民为中心”理念贯穿到全市复产重建的每一步每个方面，38.76万受灾群众生产生活得到全面恢复提升，540户“全倒户”全部住上新房，1258户“严损户”全部完成修缮，所有受灾村庄的道路桥梁、电力通信、农田水利等基础设施全部修复，94个省级灾后重建补助项目、近千个系列修建工程完成进度超80%，紫金桥重建项目主体工程合龙、将如期通车，曾经满目疮痍的灾区焕发出勃勃生机，灾后重建工作成为党心连民心、心心相印的生动实践。在抗击新冠肺炎疫情中，毫不放松抓紧抓实抓细各项防控措施，一级响应期间设置94个联合检疫站排查检测入粤人次居全省第二，守好了广东“北大门”，全市累计报告确诊病例5例，是全省病例最少的地级市之一。在应对重大风险挑战过程中，市委、市政府始终团结带领全市广大党员干部群众奋战在一线，各项工作得到了国务院指导组、国家有关部委和省委、省政府的充分肯定，进一步展现了河源党员干部群众不畏艰险、众志成城、顽强拼搏的干事创业精气神。总的来看，我们在推进“示范区”“排头兵”“两个河源”建设中，美好蓝图正一步步变成生动现实，广大人民群众也从中收获了更加充实的获得感、幸福感、安全感。

今年是决胜全面小康、决战脱贫攻坚之年，是经济特区建立40周年，我们即将在实现第一个百年奋斗目标之后，乘势而上开启全面建设社会主义现代化新征程。面对新形势新变化新要求，总书记、党中央就统筹推进疫情防控和经济社会发展做出了系列重大部署，省委十二届十次全会在交通基础设施建设、产业园区开发建设、现代农业、生态旅游、老区苏区和民族地区振兴发展、开发矿产资源等方面赋予了河源重任，特别是对河源创建国家农业高新技术产业示范区、提高河源深河产业共建示范区发展水平、加快赣深等铁路项目和东江等内河高级航道建设、打造万绿湖标志性旅游景点等重点工作作了具体部署。我们一定要进一步增强“四个意识”、坚定“四个自信”、做到“两个维护”，坚决扛起省委赋予的重大职责使命，集中精力办好河源自己的事情，推动“示范区”“排头兵”“两个河源”建设全面提效破局、努力构筑新局，在服从服务全国、全省发展大局中展现更大作为。

一、坚持以习近平新时代中国特色社会主义思想为指导，在“一核一带一区”区域发展格局中坚定不移推进“示范区”“排头兵”“两个河源”建设

建设“一核一带一区”，是广东贯彻落实习近平总书记关于促进区域协调发展的重要论述和对广东重要讲话、重要指示批示精神的创新实践，是落实习近平总书记关于加快形成以国内大循环为主体、国内国际双循环相互促进的新发展格局重大战略部署的重要抓手。要坚持以习近平新时代中国特色社会主义思想为指导，保持战略定力，展现河源所长，聚力破解“示范区”“排头兵”“两个河源”建设的重点难点，努力在“一核一带一区”区域发展格局中抓住弯道超车的机遇、实现率先振兴。

*（一）深刻领会习近平总书记关于“两个大局”和加快形成双循环新发展格局的重要论述精神，进一步坚定“示范区”“排头兵”“两个河源”建设的信心决心。*习近平总书记强调，领导干部要胸怀“两个大局”，一个是中华民族伟大复兴的战略全局，一个是世界百年未有之大变局，这是我们谋划工作的基本出发点。习近平总书记、党中央顺应形势变化，提出加快形成双循环的新发展格局，为未来发展指明了前进方向、注入了强大动力。省委全面加大“一核一带一区”建设力度的部署，进一步坚定了我们把“两个河源”建设成为“示范区”“排头兵”的信心决心。我们要面向“两个大局”助力双循环，充分激发开放和市场双优势，打通城乡、区域市场协同通道，打造开放“大平台”、构建交通“大体系”、建设经贸“大网络”、融入“双区”“大市场”，扩大有效投资，推动消费升级，释放内需潜力，增强国内大循环对接能力，提升国际循环的配置效率，在利用国际国内两个市场、两种资源中塑造河源发展新优势。

*（二）深刻领会习近平总书记关于促进区域协调发展和推动“双区”建设两大国家战略的重大决策部署，进一步推动“示范区”“排头兵”“两个河源”建设向纵深发展。*习近平总书记高度重视广东区域协调发展，要求广东着力破解城乡二元结构问题，并亲自谋划、亲自部署、亲自推动粤港澳大湾区、深圳先行示范区建设两大国家战略，既赋予了广东在全国区域协调发展战略全局中的特殊地位和神圣使命，也让广东区域协调发展迎来了重大机遇，更为广东高质量发展装上了发动机、安上了助推器。河源地处“双区”辐射带动第一圈层，要实现“示范区”“排头兵”“两个河源”的使命任务，必须立足“一核一带一区”建设的具体实践，充分发挥河源既有“区”的本质、又有“核”的特质的独特优势，坚持以“融湾”为纲、“融深”为牵引，充分利用

大湾区开放的经济结构、高效的资源配置能力、强大的集聚外溢功能、发达的国际交往网络，实现在高水平保护下高质量和较快速度发展，以“双区”的高度和力度培植河源振兴发展的厚度和速度。

（三）深刻领会习近平总书记关于“两个一百年”奋斗目标战略安排，以“示范区”“排头兵”“两个河源”建设的新成就实现绿色崛起。习近平总书记为中华民族伟大复兴擘画了“两个一百年”的宏伟蓝图，指出从全面建成小康社会到基本实现现代化，再到全面建成社会主义现代化强国，是新时代中国特色社会主义发展的战略安排。近年来，我们把促进经济社会发展、增进人民群众福祉作为“示范区”“排头兵”“两个河源”建设的出发点和落脚点，大力实施乡村振兴战略，坚决打赢脱贫攻坚战，全市相对贫困人口和相对贫困村全部达到出列标准，即将与全国全省一道全面建成小康社会。对照第二个百年奋斗目标更高要求，发展不平衡不充分仍是河源最突出的问题。我们要继续坚定不移推进“示范区”“排头兵”“两个河源”建设，把后发地区的巨大潜能迸发出来，形成推动河源高质量发展的强大动能，在“一核一带一区”建设中展现新担当新作为、取得新突破新成就，为全省加快破解发展不平衡不充分问题提供“河源路径”，在服从服务全国、全省发展大局中实现绿色崛起。

二、聚力打造生态经济发展新标杆，在“一核一带一区”建设中奋力构筑“示范区”“排头兵”“两个河源”新局

打造生态经济发展新标杆是省委赋予河源的新使命新任务。要遵循客观规律、发挥比较优势，通过打造生态经济发展新标杆，在“一核一带一区”建设中推动“示范区”“排头兵”“两个河源”建设全面提效破局、努力构筑新局。

（一）夺取脱贫攻坚、同步小康全面胜利。对标对表全面建成小康社会目标，攻克脱贫攻坚最后堡垒，补上全面小康“三农”领域突出短板，扎实做好“六好”文章，推动乡村振兴走在全省前列。一要坚决打赢脱贫攻坚收官战。脱贫攻坚到了全面收官阶段，要强化交总账意识和军令状意识，高质量完成脱贫攻坚任务。全面提升脱贫质量，认真查漏补缺，确保问题全面整改到位、销号清零、不留尾巴，扎实做好考核验收工作。全力巩固扶贫成果，深化深河对口帮扶协作机制，继续推进产业扶贫、消费扶贫、社会扶贫，深入实施“千企帮千村”行动，促成更多的村企结对联姻，全力帮助受疫情影响贫困劳动力稳岗就业，加快建立防止返贫监测和长效稳定脱贫机制。建立脱贫攻坚与乡村振兴有效衔接机制，研究制定2020年后扶贫开发计划。二要全域完成农村人居环境基础整治。加大力度开展“三清理三拆除三整治”，补短板、强弱项、促提升，建设生态宜居美丽乡村。深化垃圾污水治理，加快推进“厕所革命”，今年底前所有自然村完成基础整治任务，80%以上村庄达到干净整洁村标准、40%以上行政村达到美丽宜居村标准。深入实施美丽乡村示范创建工作，重点推进“四沿三区”美丽乡村建设，扎实开展粤赣交界地区生态宜居美丽乡村风貌示范带等项目建设。三要深入推进农村重点改革任务。聚焦重点领域，推动农村改革“扩面、提速、集成”。深入推进农村集体产权制度和土地股份合作制改革试点工作，多形式盘活农村集体资产资源。发展多种形式的农业适度规模经营，全面推动土地规范有序流转。积极推进房地一体农村不动产确权登记颁证，完成省下达农村旧住宅、废弃宅基地、空心村等闲置建设用地年度拆旧任务。创新农村建设项目审批管理制度，制定我市农村集体经营性建设用地入市配套制度。四要提升农村公共服务水平。实施义务教育薄弱环节改善与能力提升工程，全面提升农村学校办学水平。加强乡村公共文化服务，加大革命老区、原中央苏区、少数民族地区的公共文化设施建设支持力度。加强农村社会保障服务，稳步提高农村困难群体社会救助水平。

（二）巩固提升生态优势。河源是全省生态屏障的重要组成部分，要建设好一江清水、青山翠岭、空气常新的美丽河源，不断巩固绿色崛起优势。一要守护好生态屏障。严格落实“面上保护、点上开发”原则，加快建立“三线一单”生态环境分区管控体系，重点保护重要水源涵养区和生态保障功能区。加快编制全市自然保护地整合优化预案，积极构建生态功能区生态廊道和生物多样性保护网络。实施新一轮绿化河源大行动，加快推进山水林田湖草一体化保护修复试点工程。全力创建国家生态文明建设示范市、国家森林城市。二要坚决完成污染防治攻坚战目标任务。坚决打赢打好蓝天、碧水、净土三大保卫战，着力解决生态环境突出问题，持续提升生态环境核心竞争力。加快出台《河源市扬尘污染防治条例》，推进市级重点监管企业挥发性有机化合物综合整治，强化区域空气质量会商和联防联控，确保空气质量排名全省前列。持续推进新丰江水库水质保护三年行动、东江新丰江河源段水环境综合整治三年行动，确保水环境质量持续领跑全省。加快推进重金属整治重点工程和固体废物污染防治，全面管控农业农村面源污染。三要推进生态环境治理体系和治理能力现代化。完善生态文明建设目标评价考核体系，加快构建现代环境治理体系。持续深化生态环境保护“放管服”改革，进一步理顺市、县、镇生态环境一体化管理机制。推动建立深圳都市圈生态环境治理信息共享和治理联动机制。全面贯彻落实东江流域省内生态保护补偿机制，加快制定我市生态补偿实施办法和管理办法。

（三）加快构建生态产业体系。优良生态是我市打造生态经济发展新标杆的最大优势，要充分依托良好生态，大力发展以生态农业、绿色工业、生态旅游为主体的生态产业体系，推动生态优势加快转化为发展优势，打造全省绿色发展的示范区。一要大力发展特色优势生态农业。培育壮大农业龙头企业、农民合作社、家庭农场等新型主体，建立农民稳定增收渠道。加大农业科技、人才和财政金融支持力度，因地制宜应用设施大棚等装备技术，在特色果蔬、茶叶、高山茶油、花卉、南药等方面培育更多高附加值的优质产品，持续打响“万绿河源”农产品区域公用品牌。加强数字农业、设施装备、信息网络、冷链物流等配套建设，依托互联网和现代物流打开湾区大市场，打造大湾区重要的“米袋子”“菜篮子”“果盘子”“水缸子”“茶罐子”“油瓶子”。二要推动绿色工业发展。严把工业环保准入关，加快构建绿色制造体系，实现工业绿色低碳循环发展。积极发展生物制药、清洁能源等绿色低碳、环境友好型产业。大力发展循环经济，加快创建绿色循环生态园区示范区，推广节能减排技术，推进传统产业绿色化改造。着力提升园区集约发展水平，深入实施园区产值倍增、主导产业培育、环境优化计划，全面开展产业园区闲置用地及闲置厂房清理盘活提升工作，持续推进中心城区“一区四园”一体化发展。以200平方公里深河共建产业园为基础，积极用好政策引导、市场机制和深河对口帮扶机制，加快推进高新区与深圳南山共建深河特别合作区试验区，规划建设“深河科技园”，全面启动深河特别合作区规划建设。三要打造生态休闲旅游高地。坚持点线面结合，创建省级全域旅游示范区。加强与大湾区康养休闲旅游合作共建，建立“医疗+康养基地+龙头企业”的发展模式，规划建设一批特色康养基地和生态休闲区，大力发展农业观光、休闲、度假等多元化康养旅游产品。推动万绿湖创建国家AAAAA级旅游景区和中国天然氧吧，打造全省标志性旅游景点。积极开发红色旅游、南粤古驿道、少数民族村寨、城郊乡村等精品旅游线路，规范发展民宿业态，大力推广观光体验一体的生态游、乡村游、民俗游，丰富优质旅游产品供给。四要谋划推进“六水”体系和山林文章。加快推进“水系、水运、水能、水资源、水产业、水环境”等“六水”体系建设，系统谋划山林文章，规范有序开发矿产资源，发展矿产品精深加工产业，探索碳汇交易试点，深挖生态产业潜力。通过生态资源产品化、生态产品市场化壮大生态经济，让绿水青山蕴含的生态产品价值转化为金山银山的有效路径更加通畅、多元，让“好生态孕育好产品，好产品卖出好价钱”，实现生态效益、经济效益、社会效益最大化。

（四）搭建三大高质量发展平台。重大平台是河源打造生态经济发展新标杆的重要支撑。要积极谋划推动重大平台建设，集聚重大项目、培育重大产业，形成核心竞争力，撬动农业农村、产业和城市高质量发展，当好融入大湾区的生态排头兵。一要把灯塔盆地打造成为引领河源未来农业农村高质量发展的综合平台。依托2200平方千米的灯塔盆地与湾区大市场相结合，高标准把灯塔盆地建设成为示范广东、领先全国、面向世界的现代农业示范区，引领河源未来农业高质量发展，带动1.2万平方千米的生态河源全面发展。全力创建国家农业高新技术产业示范区，加快打造现代农业发展新高地。统筹抓好“五个体系”建设，加快设立灯塔盆地农高区管委会，理顺灯塔盆地“两块牌子、一套人马”工作机制；优化规划体系，加快推动碎片化的开发建设串珠成线、连块成带、集群成链；明晰发展体系，加快推进优势产业特色化、集约化、规模化发展；提升交通体系，加快打通“动脉血管”、完善“南下融湾”通道；建设水网体系，力争东江流域水安全保障提升工程子工程灌区改造提升项目年内启动实施，提高灯塔盆地农业生产能力。建设岭南现代农业科学与技术省实验室灯塔盆地分中心。鼓励各县（区）积极借鉴灯塔盆地的成功做法和先进经验，培育各自的“灯塔模式”。二要把江海联运、综合保税区、市高新区打造成为支撑河源未来产业高质量发展的功能平台。依托综合保税区、东江航道与“双区”构建更高水平的互联互通，以市高新区为主平台，引领全市产业园区紧密对接大湾区产业布局，打造粤北开放型经济高地。加快推动东江航道扩能升级及河源港口建设，接续推进东江航道河源段复航工程，推动港产城有效衔接、联动协同，与“双区”实现江海联运、铁水联运。稳步推进综保区申建工作，系统推进东源保税物流中心（B型）投入运营，积极推进龙川保税物流中心（B型）申报。推动市高新区充分发挥现代产业龙头带动作用，在加速打造产业新城、科技新城过程中，辐射带动引领全市产业转型升级、提档增速。三要把高铁新城综合枢纽、江东新区打造成为撬动河源未来城市高质量发展的区域平台。加快高铁新城重要综合交通枢纽和江东新区发展核心区建设，撬动3000多平方公里的现代河源提升城市发展能级，引领都市经济高质量发展，把河源建设成为粤港澳大湾区世界级城市群有机组成部分。加强中心城区规划建设，完善“1+6”规划体系，以“三江六岸”为纽带，提升城市功能、结构、形态，夯实都市经济带动战略核心载体。加快江东新区开发建设，科学推进片区综合开发，重点加快紫金桥头片区等项目建设。以高铁新城、钓鱼台片区作为改变河源未来城市形态的“双核”，高标准建设高铁新城综合枢纽，打造全市内外交通枢纽、中央商务区和未来行政中心；加快钓鱼台片区规划建设，先行集中开发建设启动区，加紧推动“三桥十路”等市政设施，有序推进河源中学新校区、市妇女儿童医疗中心等公共服务设施规划建设，打造集恐龙文化展示、商务办公、旅游服务、生态居住等功能于一体的“城市客厅”，与高铁新城形成拥江发展的未来中心城区“双肺”。提升东源县城与市区城市北区、江东新区一体化规划发展水平，把东源县城建设成为中心城区重要组成部分。

（五）加快融入双循环体系。牢牢把握扩大内需这一战略基点，提高生产生活便利化、舒适化程度，更好吸引和承接大湾区城市功能疏解、产业资源外溢、社会服务延伸，着力打造大湾区的重要战略腹地、产业基地、企业锚地。一要畅通产业循环。紧密对接大湾区产业布局，加快形成与大湾区有机联系、深度融合的产业链供应链，打造成为大湾区现代产业重要战略腹地。大力推广“‘双区’总部研发设计+河源制造基地”等产业协同发展新模式，积极对接大湾区龙头企业特别是“链主”企业，着力引进一批大湾区产业梯度转移超亿元项目。主动对接全省20个战略性产业集群，加强系统谋划，大力发展新一代信息技术、汽车零配件、生物医药与健康、先进材料等产业，加快培育现代农业与食品等具有竞争力和特色优势的产业集群。二要畅通科技循环。实施创新驱动发展战略，推进创新资源要素共享、创新体制机制对接、创新成果转化承接，加快河源深大湾区研究院、广师大河源研究院等重大创新平台建设，实施新一轮高新技术企业倍增计划和树标提质行动，完善高新技术企业培育后备库，培育壮大更多行业龙头企业和科技型中小企业，大力推动规上工业企业建立研发机构，加快建设一批高新技术试验地和成果转化地，以科技创新持续激发潜力和内在动力，着力打造大湾区国际科技创新中心重要拓展区。三要畅通市场循环。借助大湾区对外联系广泛、专业服务发达的优势，有序组织和鼓励企业通过“广交会”“进博会”等平台抢抓订单、拓展市场，推动市场采购贸易、跨境电商、保税物流等新业态加快发展，打通融入大湾区、“买卖全球”的双向贸易通道，形成与大湾区深度融合的经贸网络。严格落实各项促进消费政策，大力支持餐饮、商场、家政等生活服务业恢复发展，稳定和扩大汽车消费，有效促进恢复性、补偿性消费。深挖内需市场潜力，培育一批优质品牌商贸企业，着力发展“直播带货”等新消费模式，激活市场循环的巨大空间。四要畅通经济社会循环。推进与大湾区基本公共服务一体化，加快打造大湾区宜居宜业宜游优质生活圈重要承载地。大力实施就业优先战略，持续推进“粤菜师傅”“广东技工”“南粤家政”等工程，打造“南粤家政一条街”“粤菜师傅一条街”，拓宽就业创业渠道。强化与大湾区优质教育资源对接合作，组建跨区域教育联合体，推动各类学校开展合作办学，着力提高教育供给能力和水平。积极引进大湾区优质医疗资源，推进紧密型县域医共体建设，加强医疗卫生人才联合培养和交流。

（六）推动县域经济高质量发展。县域发展薄弱是制约我市城乡协调发展的主要瓶颈。要把县域作为推进打造生态经济发展新标杆的重要阵地、融入双循环的重要单元，集中力量抓好一批标志性、控制性、骨干性重大项目，打造新的经济增长极，推动我市各县进入全省前列。一要科学规划发展定位。各县要积极抢抓“一核一带一区”建设的重大机遇，结合各自区位优势、资源禀赋和产业基础，奋力在“示范区”“排头兵”“两个河源”建设的各自跑道上攻城拔寨、赛龙夺锦。东源县要加快贯通国道205线和赣深高铁快速通道，谋划建设好80平方千米的产业园区，深入推进县城“南融”“北扩”“东进”，打造河源市滨江新城。和平县要高效推进赣深高铁和平段、大环城公路等重点交通项目，加快福和产业转移工业园建设，推动高铁新区与新城核心区、产业园区、老城区融合发展。龙川县要加快“一机场一航道五高速六铁路”规划建设，健全“以建筑工业化为引领，多产业融合发展”现代产业格局，构建龙川县城“一江两岸”城市新格局。紫金县要扎实推进河惠汕高速公路、河紫快速干线等重点交通设施项目，加快紫城工业园二期、蓝塘产业新城等重点项目建设，促进产城融合发展。连平县要大力推进赣广高铁、连梅高速等重点交通项目前期工作，加快实施国道105线、358线县城过境段东移、南移工程，扎实推进南山（连平）产业共建示范园二、三期建设，着力把县城打造成为智慧化、生态化、现代化新城。二要大力提升县城品质。县城是推进工业化城镇化的重要空间、城乡融合发展的关键纽带。高标准开展县城国土空间规划设计，合理安排生产、生活、生态空间，走内涵式、集约型、绿色化的县城发展路子。推进县城智慧化改造，聚焦优势领域或行业先行试点、以点带面、有序推动，努力改善县城人居环境，提高县城治理水平。作为承担国家县城新型城镇化建设示范工作的东源县，要加快组织实施各项建设任务，发挥好示范带动作用。三要打造县域主导产业。立足资源禀赋，聚焦产业共建和产城融合，做大做强县域主导产业。按照各县发展功能定位，宜农则农、宜工则工、宜游则游，加强与“双区”产业衔接联动，形成1-2个特色主导产业。持续深化与深圳各区的产业共建，推进各县产业园区提档升级，促进县域经济集约集聚、高端高效发展。突出各县产业特色和产业定位，加快发展电子商务、现代智能物流等现代服务业，打造一批各具特色的产城融合区。积极探索“农业+”“旅游+”“生态+”等县域经济发展模式。四要加快新型城镇化建设。深入实施以促进人的城镇化为核心、提高质量为导向的新型城镇化战略，促进中心城区、县城和小城镇协调发展。提高农业转移人口市民化质量，以深化改革户籍制度和基本公共服务提供机制为路径，促进人力资源优化配置。推进以县城为重要载体的新型城镇化建设，扩大有效投资、释放消费潜力、拓展市场纵深，增强县城吸纳人口集聚能力。加快推进城乡融合发展，引导工商资本入乡发展，推进冷链物流、农贸市场等一批城乡联动项目建设。健全城乡融合发展体制机制，推进源城区南部城乡一体、产城融合，推动灯塔盆地核心区、东源县船塘镇、紫金县蓝塘镇纳入省级城乡融合试点。扎实抓好县域副中心和中心镇建设，推进产镇融合，提升服务农村、带动周边功能。创建一批特色鲜明、市场驱动、健康发展的特色小镇。

三、充分发挥有效投资的关键作用，在“一核一带一区”发展中不断增强“示范区”“排头兵”“两个河源”建设新动能

抓有效投资就是抓发展后劲，就是

抓未来经济增长。这次会议研究审议关于加大有效投资力度的文件，就是要抓住扩大内需、加快“一核一带一区”发展的战略机遇，以“融湾”为纲、“融深”为牵引，抓重大项目扩有效投资，不断增强“示范区”“排头兵”“两个河源”建设的新动力。

（一）狠抓基础设施建设。基础设施是提升“融深”“融湾”发展环境的关键。要积极抢抓省财政未来3年安排不少于3000亿元基础设施投入的良好机遇，大力谋划好项目紧密对接，夯实“融深”“融湾”的基础。一要加快建设现代化交通体系。优化连接省“12312”海陆空现代化交通体系，全面提升与周边省市通联水平，着力构建“融深”“融湾”的“水陆空铁”一体化交通体系。加快赣深高铁、梅龙高铁建设，推进广河客专、河增高速等重点项目前期工作，力争龙寻高速年底动工建设，确保河惠莞高速紫惠段年内建成通车。统筹推进河源港建设，大力推进源城港区码头、古竹码头前期工作。推动通用机场规划建设。二要加强补短板基础设施建设。加快补齐新冠肺炎疫情、“6·10”“6·12”特大洪涝灾害暴露出来的公共卫生设施、环保设施、地质灾害防治、应急救援体系等领域短板。推动深河人民医院建设年底完工，力争市人民医院三期、市疾控中心迁建、市精神卫生中心二期等项目年内开工。加快中心城区污水管网改造建设。大力实施地质灾害防治三年行动计划，推进497处在册及新增地质灾害隐患点整治。推动智慧应急指挥平台、应急物资仓库和基层应急管理标准化建设，尽快打通应急管理“最后一公里”。三要扩大农业农村有效投资。实施一批牵引性强、有利于生产消费“双升级”的现代农业农村重大工程项目，促进“三农”高质量发展。围绕农业产业转型升级，加大仓储保鲜、冷链物流等方面投入力度，加快谋划建设粤东北综合农副产品批发中心。围绕提升农村公共服务水平，加大农村污水治理、村庄道路建设、农村供水保障等方面投入力度，大力完善镇村污水处理设施，扎实推进“四好农村路”建设，今年底前基本实现全市行政村集中供水全覆盖。四要加强水利能源基础设施建设。加快完善城乡堤防、水库和排水管网等防洪排涝设施，全面完成省级补助灾后水利重建项目建设，全力消除70宗水库安全隐患，有序推进2042千米中小河流治理。全面落实《广东万里碧道总体规划（2020—2035年）》，高质量实施碧道建设“5+1”重点任务。构建多元安全的能源供应体系，推进河源电厂二期建设，力争东源抽水蓄能电站辅助性工程年底动工，加快天然气主干管道“县县通工程”建设。五要加快推进新型基础设施建设。大力实施信息基础设施建设三年行动计划，抓紧出台新型信息基础设施建设的实施方案，年内实现5G网络县区城域全覆盖，推进“5G+千行百业”应用。深度对接湾区大数据信息服务需求，建设大数据产业园、5G产业园、数据中心集聚区，为打造千亿级信息产业集群提供有力支撑。

（二）进一步优化营商环境。扎实开展“优化营商环境攻坚年”活动，全力打造与珠三角平均水平的营商环境，提升“融深”“融湾”的市场环境。一要加大招商引资工作力度。用开放的眼光、市场的途径，健全招商工作体系，提升招商工作专业化水平。进一步发挥市招商项目协调小组的职能作用，理顺完善招商项目推进机制，推动市、县（区）项目研判有效衔接，形成全市招商“一盘棋”。主动抢抓“双区”企业因疫情造成经济全球化受阻，开启近邻化投资布局的重大机遇，以深圳、广州、佛山等城市为重点区域，以高端制造、智能制造和生产性服务业为重点行业，引进一批竞争力强、关联度高、成长性好的产业链引擎性项目。二要提升投资便利化水平。主动对接“双区”先进规则，大力提升投资便利化、政务服务便利化水平，切实增强对国内外投资者的吸引力。深化商事登记制度、工程建设项目审批改革，优化投资项目前期审批流程，推动行政审批全面加速。加快政务服务能力提升改革建设，推动“数字政府”建设向纵深发展，充分发挥新市政务服务中心作用，提高“全市通办”能力，成立重点企业服务专项工作小组，为市场主体提供高效便利政务服务。三要激发民间投资活力。在市场准入、政策扶持、优化服务等方面精准施策，激发民间投资潜力和创新活力。支持民间资本参与市政、能源、社会事业等公共服务和基础设施建设，筛选一批社会经济效益大、非公有制企业具备创新优势的示范项目向民间资本公开推介。持续落实省“民营经济10条”、市“金融10条”“稳就业11条”等措施，让纾困惠企政策全面惠及市场主体，切实减轻企业负担。依法保护各类企业合法权益，不断营造法治化营商环境。构建亲清新型政商关系，建立健全规范化、机制化政企沟通渠道，健全领导干部常态化联系服务民营企业制度，帮助企业解决实际困难。大力弘扬企业家精神，引导企业家在承担社会责任、开拓创新等方面不断提升，扎根河源投资兴业。

（三）加快推进投资领域改革创新。主动对标“双区”在投资领域的先进经验，运用改革的思维和改革的办法，破除发展瓶颈、畅通体制机制、拓展政策空间，完善“融深”“融湾”的制度环境。一要发挥好政府和市场两方面的作用。既要发挥政府投资“四两拨千斤”的引导带动作用，又要更好发挥民间投资的放大效应，撬动更多社会资金投入。健全投资项目储备实施机制，完善项目跟着规划走、要素跟着项目走的保障机制。稳定市场主体的投资预期，及时回应社会关切，提高各类市场主体投资的积极性创造性。二要提升投资领域要素配置的效能。建立发改与财政、国土、国资的重大项目联动机制，最大限度引导资金、土地等各类要素协同向重大项目、重大工程、重大平台等有效投资领域集聚。发改系统要发挥统筹协调作用，健全重大项目建设指挥部和重大项目专班工作机制。财政系统要研究出台强化服务政府投资职能的工作方案，优先支持重大基础设施建设和产业发展。自然资源系统要研究出台强化土地要素和规划保障的工作方案，切实把观念从“要指标”转移到“挣指标”上来。国资系统要研究出台市属国企市场化投融资改革实施方案，协同相关部门打造市属国有“大城建”“大交通”“大产业”等重点产业发展平台。三要深化基础设施投融资机制改革。树立“大城建”思维，找准政府撬动与市场带动的结合点，发挥政府和社会资本合作模式、基础设施领域不动产投资信托基金等投融资政策工具作用，加快基础设施投融资机制改革。市、县（区）要建立健全基础设施投融资领导机制，统筹推进改革工作。

四、主动作为，真抓实干，在“一核一带一区”发展中加快推动“示范区”“排头兵”“两个河源”建设取得新实效

加快“一核一带一区”发展，高质量建设“示范区”“排头兵”“两个河源”，关键在干部、关键在落实。全市各级各部门一定要旗帜鲜明讲政治，强化责任勇担当，苦干实干谋发展，把全会各项部署抓细抓实抓到位。

（一）落实工作责任。各级党委要充分发挥统揽全局、协调各方的领导核心作用，对市委、市政府各项工作举措和部署安排，要分析到位、督促到位，压实各地各部门的工作责任，有力有序有效推进各项工作。各县区要落实发展县域经济的主体责任，全力以赴抓招商、上项目、扩投资、促发展。各级各部门要树牢全市“一盘棋”思想，强化沟通配合，形成最大工作合力。在狠抓落实的过程中，要牢固树立底线思维和风险意识，特别要总结巩固“6·10”“6·12”抗洪抢险救灾经验，深刻汲取龙川“5·23”事故等教训，落实《全国安全生产专项整治三年行动计划》，严防生产安全事故、食品药品安全事故和自然灾害事故发生。

（二）完善工作机制。这次省委全会对北部生态发展区的政策支持力度大、覆盖广，针对性、操作性强。全市各级各部门要抢抓机遇、主动作为，建立健全政策梳理汇总机制，吃透政策、找准落点，提高政策把握水平和运用能力。要建立重大项目谋划会商机制，成立工作专班，有针对性地在交通、医疗和民生事业补短板等方面谋划上报项目。要建立主动对接工作机制，市县区领导要亲自挂帅对接上级部门，力争更多重大产业、重点基础设施项目进入省的盘子。

（三）勇担当善作为。大力弘扬抗洪精神和“老区精神+特区精神”新时代河源精神，以时不我待、只争朝夕的状态、以钉钉子精神和抓铁有痕的力度抓落实。要强化“敢”的担当。发扬攻坚克难敢啃硬骨头的担当精神，牢牢扭住中心工作、重点领域、关键环节，勇于克服前进中的困难，迎着风雨上、顶着子弹冲，用我们的劳累一点、辛苦一点，换取河源发展好一点、群众幸福多一点。要增强“会”的本领。深入学习《习近平谈治国理政》第三卷，持续跟进学习习近平总书记最新重要讲话、重要指示批示精神，不断学习掌握新理论、新政策、新方法，不断开创工作新局面。要锤炼“实”的作风。“示范区”“排头兵”“两个河源”建设必须真抓实干、埋头苦干，力戒形式主义、官僚主义。要聚焦重点难点堵点问题，拿出真抓的实劲、敢抓的狠劲、善抓的巧劲、常抓的韧劲，务实功、求实效，真正做到在危机中育新机、于变局中开新局。

同志们，省委对河源发展寄予厚望，全市人民对河源振兴充满期待。让我们更加紧密团结在以习近平同志为核心的党中央周围，闻鸡起舞、日夜兼程、风雨无阻，全力打造生态经济发展新标杆，奋力推动“示范区”“排头兵”“两个河源”建设，为广东实现“四个走在全国前列”、当好“两个重要窗口”做出河源贡献！

在中共河源市委七届十次全会第二次全体会议上的讲话

（2020年9月10日）

中共河源市委书记　丁红都

这次市委全会以习近平新时代中国特色社会主义思想为指导，落实省委十二届十次全会部署要求，对“示范区”“排头兵”“两个河源”建设进行再动员、再推动、再落实。在大家共同努力下，会议圆满完成各项议程，统一了思想认识，明确了目标任务，实现了预期目标。下面，我就贯彻落实全会精神强调几点意见。

一、坚定信心决心，着力在“示范区”“排头兵”“两个河源”建设中育新机、开新局

今年以来，我们在习近平总书记、党中央的坚强领导下，坚持两手抓、两促进，疫情防控取得重大成果，主要经济指标逐月回升，经济运行稳步复苏。上半年，全市地区生产总值降幅较第一季度收窄6.4个百分点；特别是二季度，当季同比增长1.1个百分点，实现由负转正，较第一季度提高了12.2个百分点。1-7月，全市工业、投资、消费、进出口等主要经济指标均实现大幅回暖，其中全市外贸进出口增速居全省第4，经济发展表现出坚强的韧性和巨大潜能。这些成绩的取得充分证明了习近平总书记、党中央的决策部署是完全正确的，充分证明我们推进“双统筹”的工作举措是有力有效的，充分证明河源发展战略思路是契合市情实际的。

当前，新冠肺炎疫情仍在全球蔓延，外部环境的不稳定性、不确定性较大。同时，疫情给我市经济社会发展带来的冲击仍未消除，经济社会发展全面复苏的压力依然巨大。但是，在如此复杂严峻的形势挑战下，我们更要看到我市的发展态势、有利条件和难得机遇，保持战略定力，坚定信心决心，把河源的事情办好、办实，努力在全省“一核一带一区”区域发展格局、“示范区”“排头兵”“两个河源”建设中育新机、开新局。

一要在省委对河源的关心厚爱中坚定信心决心。习近平总书记为中华民族伟大复兴擘画了“两个一百年”的宏伟蓝图，特别强调在广东把破解区域发展不平衡作为最大难题。难点就是重点，聚焦就能破局。一直以来，省委高度重视河源的发展，在多个层面给予了河源大力支持。2018年8月，李希书记亲自为河源把脉定位，赋予了河源“示范区”“排头兵”“两个河源”的使命任务，进一步明确了河源的发展定位，更加明晰了河源发展目标和路径，极大增强了河源率先振兴发展的信心和动力。2019年6月，李希书记在河源抗洪救灾关键时刻亲临河源考察灾情、慰问群众、指导工作，明确提出给予河源资金、政策支持，极大地鼓舞了河源人民的士气。省委十二届十次全会上，李希书记所作的全会报告共有6处、马兴瑞省长专题讲话有5处涉及支持河源的具体内容，在省委全会报告中如此多次地提及河源为历史上的首次，更加坚定了我们抓住弯道超车的机遇、实现跨越发展的信心和决心，必将极大激发河源内生动力和发展活力。

二要在克服重大挑战中坚定信心决心。过去几年是河源市发展历史上极不平凡的几年，是我们成功经受大考的几年。在省委、省政府正确领导和大力支持下，我们依法依规稳妥处置了部分违法违纪的领导干部，巩固了风清气正的政治生态，保护、保持了广大干部干事创业的积极性和主动性。我们坚持全市动员、全员投入、全力以赴，有力有序有效地抗击了“6·10”“6·12”特大洪涝灾害，用坚定的信念、坚强的意志、坚韧的努力、大无畏的英雄气概，战胜了磨难，经受住了考验，铸就了“初心如磐、众志成城、不惧艰险、砥砺奋进”的抗洪精神。我们按照“条块结合、以块为主、条条到位”的原则，坚持把网格化作为工作重心，组织10余万名党员投入疫情防控一线，构建了“外防输入、内防反弹”的一套高效运转机制和全民参与、群防群控的严密防控体系，守住了社区农村基层防线，基层党组织党员干部制度执行力和治理能力得到有力提升，疫情防控工作取得重大成果，充分彰显了“生命至上、举国同心、舍生忘死、尊重科学、命运与共”的伟大抗疫精神。这些大考，过程虽然无比艰难，但我们都经受住了考验，广大干部群众所展现出来的精神状态和时代风貌，得到了上级、社会各界人士的高度肯定，成为我们河源未来发展最宝贵的精神财富和对社会投资者最重要的信心保障。

三要在良好发展态势中坚定信心决心。二季度以来，全市经济秩序快速恢复，市场迅速回暖。今年以来，我们成功举办春季经贸活动，动工投产的项目124个、总投资712亿元。我们举办了城建项目招商推介会，签订投资意向协议12家、总投资1326亿元。转入常态化疫情防控后，我们与17家省属国企、14家央企在河源开展了商务合作对接。我们还新增了与招商局集团、大唐高鸿等2家央企开展战略框架合作，各方看好河源、投资河源的热度持续升温，河源未来发展的前景必将更加广阔。

二、把握重点、精准发力，统筹做好下半年工作

目前，河源市疫情防控局势平稳，经济运行趋稳向好，三、四季度要乘势而上，巩固扩大“双统筹”成果，奋力把疫情影响失去的时间抢回来，把疫情造成的损失补回来，确保下半年经济增速不低于去年同期水平，全年经济增速不低于全国、全省平均水平，努力完成全年经济社会发展目标任务。

一要毫不放松抓好常态化疫情防控。习近平总书记在全国抗击新冠肺炎疫情表彰大会上强调，当前疫情仍在全球蔓延，国内零星散发病例和局部暴发疫情的风险仍然存在。要慎终如始、再接再厉，全面做好“外防输入、内防反弹”的工作，坚持常态化精准防控和局部应急处置有机结合，决不能让来之不易的疫情防控成果前功尽弃。广东是流动人口大省、对外开放大省，河源既是广东的“北大门”，又临近广州、深圳，“外防输入、内防反弹”的责任重、压力大。近期，汕尾陆丰和深圳罗湖发生本地的零星散发病例更是再次给我们敲响了警钟，充分表明疫情防控的复杂性和严峻性。我们要坚持把人民群众生命安全和身体健康放在第一位，时刻绷紧疫情防控这根弦，坚决克服麻痹思想、厌战情绪、侥幸心理、松劲心态，不折不扣贯彻落实好中央和省有关决策部署，落实、落细、落小常态化疫情防控的各项措施，加快建立疫情防控和经济社会发展中长期协调机制。要结合“创文”工作深入开展爱国卫生运动，用千千万万个文明健康的小环境筑牢常态化疫情防控的社会大防线。特别是当前已经进入开学季，即将迎来呼吸道疾病高发的秋冬季，要周密部署、加强准备，进一步做细做实疫情防控预案，压实各县区、各单位、各企业、各学校疫情防控的属地责任和主体责任，坚决防止秋冬季疫情反弹，持续巩固来之不易的疫情防控成果。

二要坚决落实“六稳”“六保”任务。面对新冠肺炎疫情冲击，习近平总书记强调，做好“六稳”工作、落实“六保”任务至关重要。这是我们有效应对各种风险挑战的重要保证，必须抓紧抓实。我们要坚定践行以人民为中心的发展思想，牢牢把握“保就业、保市场主体”两个重点，兜牢民生底线，确保经济社会稳健发展。要充分认识就业是民生之本，全面落实好各项就业保障政策，深入实施“粤菜师傅”“广东技工”“南粤家政”三项工程，多措并举抓好大学毕业生、返乡农民工、退役军人、建档立卡贫困劳动力等重点群体就业。要深刻把握保就业关键在保市场主体，全面梳理国家、省、市一系列惠企暖企政策，坚决把各项减税降费政策落实到企业，积极帮助企业解决融资难题，打通政策落实“最后一米”。在客观压力下，企业有困难、有困惑甚至迷茫的情况时有发生，党委、政府的信心决心和暖心就会显得尤为重要。要加强调研，及时了解政策落实情况和企业的政策需求，提高惠企暖企政策的精准度，最大限度把政策红利转化为发展实效，帮助广大市场主体纾困解难。要大力倡导新型的政商关系，帮助企业实现发展，更好保护和激发市场活力。

三要全力参与“双循环”“一核一带一区”建设。我市肩负省委赋予建设“示范区”“排头兵”“两个河源”的使命任务，必须在“双循环”新发展格局和“一核一带一区”建设中，把握历史机遇，展现更大作为，加快实现振兴发展。要牢牢把握扩大内需这个战略基点，围绕扩大居民消费需求、企业投资需求和政府需求，大力促进补偿性消费、拓展农村消费，加大基础设施建设力度，积极扩大有效投资，激活河源市场循环的巨大空间。要将提升产业链供应链发展水平放在突出位置，紧密对接“双区”的产业布局，进一步加强产业共建，推动制造业高质量发展，鼓励企业增强上下游配套能力，支持各县（区）优化生产力布局，促进区域间产业链供应链有效协作互补。要立足“一核一带一区”建设，充分发挥河源“区”的本质、“核”的特质，进一步优化交通、产业、城市布局，全力建设三大高质量发展平台，切实以“双区”的高度和力度培植河源振兴发展的厚度和速度，打造生态经济发展新标杆。

四要确保实现全面建成小康社会目标。如期全面打赢脱贫攻坚战、如期全面建成小康社会，是我们党向人民、向历史作出的庄严承诺。当前是咬紧牙关屏息聚力的冲刺阶段，必须要全面对标对表，坚决完成各项目标任务。要坚决打赢三大攻坚战，抓紧补短板、堵漏洞、强弱项，全力决战决胜，确保全面小康成效得到人民认可、经得起历史检验，为实现第二个百年奋斗目标、开启全面建设社会主义现代化新征程奠定坚实基础。要重点聚焦脱贫攻坚硬任务，尽锐出战、迎难而上，努力克服疫情影响，把政策落实得精准再精准，多措并举巩固和扩大脱贫成果，坚决杜绝数字脱贫、虚假脱贫，确保全面小康路上不漏一户、不落一人。要对没有劳动能力的特殊贫困人口强化社会保障兜底，加大投入、应保尽保，夯实全面建成小康社会的底板。

五要以“融深”的坚实成果庆祝经济特区建立40周年。庆祝经济特区建立40周年，是党和国家政治生活中的一件大事要事喜事。多年来，我市在对口帮扶机制下与深圳形成了密切联系、拥有了坚实的合作基础，在对接、支持、服务深圳建设先行示范区上具有独特的优势，决不能错失良机。我们要按照“中央要求、广东使命、深圳所需、河源所能”，以基础设施互联、体制机制互通、产业科技共建、公共服务共享、生态环境共治为重点，建立主动对接“融深”工作机制和项目库管理制度，加快推进一批重点项目落地建设，全力支持、全域全面融入先行示范区建设，助力深圳实现“五个率先”目标任务，以扎扎实实的“融深”成果，展现深河两地区域协作发展新气象。

六要全力防范化解重大风险。我们必须坚持底线思维、增强忧患意识，把工作想在前、做在先，善于化危为机，妥善防范化解各领域风险。要坚决维护国家政治安全，持续深化8个专项行动，全力支持配合港区国安法的实施，打好政治安全主动仗。要深入推进社会矛盾问题8个专项治理，持续深化平安河源、法治河源建设，全力确保社会大局稳定。要牢牢抓好安全生产，坚持人民至上、生命至上，深刻汲取龙川县麻布岗镇“5·23”事故教训，更大力度开展安全生产大排查大整治，消除因部门职能交叉导致的工作空白点，严防各类事故发生。要扎实做好防汛防台风各项工作，用大概率思维应对小概率事件，建立从省到市直到县镇基层的快速落实闭环机制，确保一旦出现灾情能快速有效处置，全力确保人民群众生命财产安全。

三、凝聚力量、奋发有为，狠抓工作落实

办好河源的事情，关键在党。我们要坚定不移加强党的领导和党的建设，充分发挥各级党组织和广大党员干部示范引领作用，团结带领全市上下撸起袖子加油干，只争朝夕抓落实，把增强“四个意识”、坚定“四个自信”、做到“两个维护”体现到抓落实的成效上。

一要解放思想抓落实。面对严峻复杂的形势和艰巨繁重的任务，我们必须以思想上的“破冰”引领行动上的“突围”。要以学习为先导，深入学习习近平新时代中国特色社会主义思想，深入学习《习近平谈治国理政》第三卷，持续跟进学习习近平总书记最新重要讲话、重要指示批示精神和党中央决策部署，深入学习省委决策部署，始终保持正确方向抓落实。要以改革为动力，破除惯性思维和思想观念束缚，敢闯敢试、敢于打破常规，探索符合实际的高质量发展路径。要以实干为支撑，坚决克服等靠要、不思进取、消极懈怠等思

想，自觉对标先进，抢抓机遇、真抓实干，实现争先进位、走在前列的目标。

二要聚焦项目抓落实。项目建设是河源高质量发展的“牛鼻子”。今年省加大投资力度，省委十二届十次全会又在产业、交通、能源、水利、新基建等方面部署了一批项目，这是我们的重大机遇，各级各部门要做好对接，抓紧推进前期工作，加快项目落地，增强发展后劲。要用好接下来不到4个月的黄金施工期，强化重大项目协调机制、调度机制，超常规保障重点项目建设需求，重点推进146个省市重点项目、98个补短板项目、94个省级灾后重建补助项目、101个专项债项目及105个2020年度城建项目建设，支撑我市高质量和较快速度发展。要着力谋划“十四五”的重大项目，聚焦事关全市发展的重点领域和薄弱环节，谋划一批新的重大项目，争取纳入国家和省的规划。

三要转变作风抓落实。在常态化疫情防控背景下，站在“两个一百年”奋斗目标历史交汇点上，我们更要以优良的工作作风和良好的精神状态干事创业，在全面建设社会主义现代化新征程上展现河源担当。要树立正确的权力观、政绩观、事业观，把对党和人民的忠诚切实体现到实际工作中，真抓实干、埋头苦干，用行动用实绩来书写远大理想。要认真配合做好省领导同志定点联系市、县工作，主动加强与省厅有关部门对接联系，助推河源经济社会加快发展。要全面落实市领导定点联系县（区）、镇工作机制，9月底前，市领导都要到所联系的县（区）、镇开展定点联系，尽快建立工作专班和制度，列出重点任务清单报告市委。每年到所联系县（区）、镇实地调研不少于3次、累计时间不少于6天，确保有效帮助基层解决实际困难和问题。要大力弘扬“老区精神+特区精神”的新时代河源精神，坚决破除形式主义、官僚主义，积极拓展基层减负工作，让广大基层干部有更多时间和精力抓落实。要树立过“紧日子”的思想，保持艰苦奋斗，勤俭节约的优良传统，把有限的资金用在刀刃上、花在紧要处，用党委政府的“紧日子”换来老百姓的“好日子”。

同志们，征程万里风正劲，重任千钧再奋蹄。让我们更加紧密团结在以习近平同志为核心的党中央周围，不忘初心、牢记使命、接续奋斗，闻鸡起舞、日夜兼程、风雨无阻，确保完成决战决胜脱贫攻坚目标任务，全面建成小康社会，努力交出一份高水平的答卷！

政府工作报告

——2021年2月2日在河源市第七届人民代表大会第八次会议上

河源市市长 林涛

各位代表：

现在，我代表市人民政府，向大会报告工作，请予审议，并请各位政协委员和其他列席人员提出意见。

一、“十三五”时期发展成就和2020年主要工作

“十三五”时期，我们坚持以习近平新时代中国特色社会主义思想为指导，全面贯彻党中央、国务院和省委、省政府的决策部署，在市委的坚强领导下，在市人大及其常委会、市政协的支持下，坚定不移贯彻新发展理念，认真落实“1+1+9”工作部署，全面建成小康社会取得决定性成就，“十三五”规划主要目标任务基本完成，高质量发展迈出坚实步伐，为开启全面建设社会主义现代化新征程奠定坚实基础。

（一）五年来，经济实力明显提升。地区生产总值取得历史性突破，从2015年768.68亿元增加到2020年1102.74亿元、年均增长5.2%。规模以上工业增加值年均增长5.8%。社会消费品零售总额从271.31亿元增加到360.74亿元、年均增长5.7%。一般公共预算收入从67.48亿元增加到79.80亿元、年均增长3.4%。居民人均可支配收入从14548元增加到22291元、年均增长8.9%，其中农村居民人均可支配收入连续三年超全国平均水平。

（二）五年来，产业集聚明显加快。8个工业产业共建园区发展态势良好，全市动工及投产项目727个，基本实现工业项目进园区。产业转型升级加快，形成以电子信息、高端装备制造等产业为主导，建材陶瓷、矿产冶金、食品饮料、金属制品、纺织服装等产业协同发展格局，各县区都培育形成了1—2个支柱产业。现代农业高质量发展，获批国家农业产业强镇建设项目3个，创建省级现代农业产业园9个、实现县区全覆盖，新增省级以上农业龙头企业45家，省级农业标准化示范区10个，培育国家地理标志保护产品2个、全国名特优新农产品11个、省名特优新农产品81个、“粤字号”品牌产品88个，实现

国家级或省级电子商务进农村综合示范县全覆盖。

（三）五年来，发展动能明显增强。项目投资持续发力，固定资产投资年均增速持续居全省前列，高于全省平均水平2.7个百分点，累计完成量是“十二五”时期的2倍。科技创新提速，国家级高新技术企业是“十二五”时期的7倍多，一批实验室、院士工作站、研究院等创新载体进驻。营商环境不断优化，率先在粤东西北地区完成市级政务云一期平台建设，商事登记便利度位居全省前列。重点改革持续加力，机构改革顺利完成，供给侧结构性改革深入推进，“三去一降一补”成效显著，农村土地承包经营权确权登记颁证、农村集体产权制度改革试点工作基本完成，发展活力竞相迸发。

（四）五年来，城乡环境明显优化。“一主两副四组团”城市空间格局正在形成，中心城区“1+6”规划体系不断完善，“三江六岸”生态城市功能廊道、源城中心区、江东新区城市起步区、高铁新城、东源县城、钓鱼台片区等重点板块建设扎实推进。完成交通基础设施投资579亿元、新增高速公路里程338千米，汕昆、河惠莞、武深等高速公路建成通车。以“创文”“巩卫”为抓手，大力开展“百街千巷”综合整治和“双百工程”，强化环境卫生、交通秩序、农贸市场和社区服务等综合治理，有效解决城市“六乱”等热点难点问题。全面完成村庄整治规划编制，乡村振兴“三年取得重大进展”目标基本实现。出台《河源市农村村民住房建设管理办法》，形成了以“一户一宅”为基础的农房管控制度和乡村风貌提升“1+N”政策体系。东源县城入选全国县城新型城镇化建设示范名单并成功创建省县级文明城市、省卫生县城。

（五）五年来，生态优势明显强化。成功创建国家园林城市、省林业生态市，成为首批国家级生态保护与建设示范区。连续多年在全省环境保护责任暨污染防治攻坚战考核中获评优秀；新丰江水库、东江干流监测断面水质分别保持Ⅰ类和Ⅱ类标准，水环境质量持续位居全省第一；空气质量保持全省前列；全市森林覆盖率达73.0%，排名全省第三。系统谋划推进“六水”“六林”文章，成为全省首批碳普惠制试点城市，东源县获评全国首批“绿水青山就是金山银山”实践创新基地，康禾温泉森林公园、万绿湖湿地公园、东江湿地公园分别获得国家森林公园、国家湿地公园称号。完成创建国家级节水型城市省级各项指标。

（六）五年来，民生福祉明显改善。城乡医疗保障覆盖率达99.2%，城乡低保、特困人员供养、孤儿养育、困难残疾人生活、重度残疾人护理等补贴标准大幅提高。实现省教育现代化先进县（区）、义务教育标准化学校全覆盖，新改扩建义务教育学校178所、新增学位8.04万个，改造农村义务教育寄宿制学校113所、新增学位2.43万个，河源职业技术学院成为北部生态发展区五市唯一通过验收的省示范性高等职业院校，国家级职业教育改革示范学校3所、数量居北部生态发展区五市第一。卫生强市建设稳步推进，市人民医院成功创建“三甲”医院，深河人民医院主体建筑完工，市人民医院二期、市中医院二期、市妇幼保健院二期、市精神卫生中心、市中心血站新站完成建设，升级改造县级公立医院16家，新建县急救中心5个，乡镇中心卫生院升级为县第二人民医院3家，标准化建设乡镇卫生院37家，规范化建设村卫生站1207间。文化强市建设步伐加快，文艺创作取得新成果，市县“三馆”、镇街文化站、村级综合性文化服务中心实现全覆盖并达标，建设社区体育公园46个。成功应对“6·10”“6·12”特大洪涝灾害，完成中小河流治理1677.2千米，539个地质灾害隐患点防控管理实现全覆盖。平安河源、法治河源建设扎实推进，食品药品安全形势持续稳定，风险防范和应急处理机制不断健全。

2020年是“十三五”规划收官之年，在省委、省政府和市委的坚强领导下，我们全面做好“六稳”工作，全面落实“六保”任务，克服了新冠肺炎疫情的严重影响，经受住了经济下行的严峻考验，奋力推动“示范区”“排头兵”“两个河源”建设全面提效破局、努力开启新局。

（一）严防控、补短板，保持社会安定。严防死守防控疫情，加快补齐卫生短板，大力提升公共服务，保持了社会安定。

疫情防控战果突出。第一时间成立疫情防控领导小组，组织广大党员干部投身抗疫一线。全市确诊病例控制在5例内，是全省最少的地级市之一，得到国务院疫情联防联控机制赴广东指导组及省委、省政府的充分肯定。设立94个交通联合检疫站，排查监测入粤人次居全省第二；对入境人员严格落实闭环管理；实现重点冷链食品全链条信息化监管，获省通报表扬；排查重点地区来河返河人员37977人，隔离4059人，采样检测样本超86.4万人份，实现“外防输入、内防扩散”。积极响应国家和省的号召，派出2批医护人员支援湖北；在自身防控物资供应非常紧张的情况下，调拨支持国家及省1330多万只口罩。具备核酸检测能力医疗卫生机构20家，日最大检测量超过1.2万人份；设立集中隔离场所3家、后备场所5家，确定定点收治医院1家、后备医院10家，储备防控物资一批；有序推进疫苗接种工作。

公共服务提级扩能。大力推进教育“创现”工作，建成信息化“三通两平台”；新改扩建幼儿园19所，新增公办园学位2.55万个，完成“5080”攻坚任务；新改扩建义务教育学校68所，新增义务教育学位1.69万个，有效缓解了城区学位紧张问题；高考成绩连续3年实现高优、本科、名牌大学上线人数“三提升”；首所本科院校广东技术师范大学河源校区18个月建成并如期开学；市博爱学校开办职业高中班；市青少年宫、市教师发展中心、市中小学生综合实践基地动工建设。市疾控中心迁址新建、市公共卫生医学中心和市妇女儿童医疗中心新建、市人民医院三期和市精神卫生中心二期工程等卫生补短板项目完成选址，各项前期工作稳步推进；5家县人民医院和市直3家公立医院接入省远程医疗平台，全市83.3%二级以上医院实现看病就医“一键诊疗”，建成全市居民健康信息管理平台；和平县紧密型医共体建设经验在全省推广，全省中心卫生院升级建设项目现场总结会在紫金召开。文体事业加快发展，建成公共图书馆城乡一体化服务体系，开展文化进万家等活动近20场；建成足球场地29个，蝉联省男子篮球联赛亚军。加强文物保护利用，省保单位仙坑村荣封第修缮工作获评省文物古迹活化利用典型案例，龙川福建会馆新晋国家级文保单位。阮啸仙纪念馆获评第三批全国法治宣传教育基地。

“6·10”“6·12”灾后重建全面完成。94个灾后重建省补助项目、近千个系列修建工程如期完成，灾区生产生活条件得到恢复改善。紫金桥、东源县顺天镇党演桥完成重建并通车；消除水库安全隐患68宗，系统治理大席河、铁场河和浰江69.3千米；580户“全倒户”住进新房、1367户“严损户”完成修缮，受灾严重的龙川县贝岭镇米贝村整村“拎包入住”新建安置小区。

防灾减灾能力提升。推进省定地质灾害综合治理试点和地质灾害防治三年行动，消除在册地质灾害隐患点81处，完成搬迁避险248户、主体工程施工和勘察设计71处。全面完成农村削坡建房风险点排查认定，完成风险点综合整治760户。组建市森林消防队，森林火灾受害率低于省控1‰指标。率先在全省出台“六个体系和一个机制”应急管理体系建设方案，应急管理机制进一步完善。

社会大局和谐安定。深化“平安河源”建设，开展信访矛盾化解攻坚，加强“枫桥式派出所”“智慧新警务”建设，推进全民禁毒工程、扫黑除恶专项斗争和“飓风2020”“断卡”等专项行动，人民群众对社会治安的满意度和总体评价提升。扎实防范化解风险，未发生系统性区域性金融风险。深入开展安全生产八大专项整治行动和专项整治三年行动，各类生产安全事故起数和受伤人数实现“双下降”。在全省首创司法鉴定法律援助机制。

（二）扩投资、兴产业，稳住经济大局。全力以赴扩大投资，千方百计复工复产，经受住疫情及各种不利因素的冲击，稳住了经济大局，经济实现正增长。

投资稳定增长。出台保障重大项目复工若干措施，持续召开重点项目和债券项目建设县区现场会，固定资产投资848.74亿元，在2019年增速全省第一基础上实现增长5.1%。一般公共预算收入79.80亿元、增长3.0%。金融机构存贷款余额分别增长6.6%、16.8%，存贷比101.8%、居全省第一。150个省市重点项目完成投资373亿元，其中49个省重点项目完成投资233.97亿元、超额完成年度计划。77个新增债券项目完成投资45亿元。11个总投资7亿元市政项目全面完成。94个灾后重建省补助项目完成投资16.9亿元。电网建设改造完成投资15.5亿元。东源岑田抽水蓄能综合开发项目启动。房地产市场平稳健康发展。

消费稳速回暖。出台“支持商贸服务业企业8条”“促进汽车消费”等政策促进消费，日常商品和汽车等大宗商品消费较快增长，现代金融、物流、直播带货、农村电商、消费扶贫等服务业迅速发展，康养、民俗、生态旅游等产业加快发展。河源恐龙文博园成功创建国家AAAA级旅游景区，万绿湖风景区获评“中国天然氧吧”，源城区、东源县获评省级全域旅游示范区；新增3个国家AAA级旅游景区、2条省级乡村旅游精品线路、5个省级文化和旅游特色村、1个省级旅游风情小镇、3个省级休闲农业与乡村旅游示范点、5条省级森林旅游特色线路、5个省级森林旅游新兴品牌地，仙坑村入选第二批全国乡村旅游重点村；全市接待旅游者人数635.41万人次，旅游总收入53.35亿元。

外资稳中有进。出台“促进外贸稳定增长若干措施”等政策，支持外贸外资企业共渡难关。实现外贸进出口总额293.3亿元，其中出口242.2亿元、进口51.1亿元，市场采购、跨境电商等外贸新业态稳步发展；实际利用外资6.46亿元、增长8.5%，连续12个月保持正增长。

工业稳步恢复。在全省率先出台“支持企业17条”，制定实施“金融服务支持企业积极应对疫情”“支持中小企业发展”“鼓励企业上规模”等政策措施，安排1亿元用于企业职业技能培训，安排1.2亿元补贴直达个体工商户，减免企业税费超20亿元，发放企业贷款222.26亿元。在全省率先实现规上工业企业100%复工，规上工业企业新增69家、创历史新高、现有591家，完成规模以上工业增加值280.83亿元、增长2.2%。新一代电子信息等10个产业纳入省“双十”产业集群布局，数量位居粤东西北地区前列；先进制造业、高技术制造业增加值占规模以上制造业增加值比重分别为53.1%、36.2%。工业园区基础设施投入34.9亿元，完成“三通一平”土地8.3平方千米，盘活工业用地175.9亩（11.73公顷）。成功举办系列招商活动，签约项目303个，动工项目193个，投产项目132个。实施工业转型升级三年行动计划，投入技改资金62.78亿元，完成工业投资239.02亿元。深圳长江家具（河源）有限公司成功申报国家级绿色工厂。1家企业通过IPO发审会核审、实现我市A股上市企业“零的突破”，6家企业在新三板挂牌。

农业稳健向好。出台“支持农业生产9条”“全力减小疫情影响确保贫困户如期实现脱贫的指导意见”等政策，实现农林牧渔业总产值216.53亿元、增长5.9%。推进农村普惠金融“村村通”，基本实现主要农产品应保尽保。新垦水田2731.73亩（182.12公顷），粮食播种面积达198.17万亩（13.21万公顷）、总产量达80万吨；生猪出栏量增长7.0%；鹰嘴蜜桃、板栗、高山油茶、茶叶等特色农产品喜获丰收。新增省级现代农业产业园2家，新增粤港澳大湾区“菜篮子”基地7个、省级“菜篮子”基地13个，新建“一村一品、一镇一业”项目94个，新增全国“一村一品”示范村2个。东源（灯塔）供销天润冷链物流项目一期工程基本建成。1060家、近六成农产品生产经营主体进驻省农产品质量安全追溯平台，10个产品通过“圳品”认证。紫金春甜橘获评国家地理标志保护产品；和平猕猴桃实现广东猕猴桃出口“零的突破”。东源县成为省级水产健康养殖示范县。紫金县获2020年中国茶业百强县称号。

（三）夯基础、深对接，拓展发展空间。以“融湾”为“纲”、“融深”为牵引，加快基础设施和体制机制“软硬联通”，积极创建产业承接平台，拓展发展空间。

基础设施加快完善。河惠莞高速紫惠段建成通车，赣深高铁河源段站前主体工程完成95%以上，梅龙高铁开工建设，广河客专纳入《粤港澳大湾区基础设施互联互通规划》，5个通用机场纳入省通用机场布局规划。国道205线热水至埔前段改线工程开工，新一路贯通工程一期、中山大道改造一期等市政工程完成建设。生活垃圾无害化填埋场新建2个、扩建3个、共有8个，处理能力新增840吨/日、共达2670吨/日。市区水源工程建成通水。新增5G基站1143座，基本实现5G网络市区城域全覆盖。建成精品示范街10条，改造提升普通街巷449条、老旧小区13个。

三大平台加速创建。农业农村高质量发展综合平台建设取得突破，灯塔盆地被评为国家优秀农业科技园区，农高区管委会（筹）获批设立，创建国家农高区工作通过科技部第二批视频答辩；东江流域水安全保障提升工程前期工作加快推进，子项目灯塔盆地灌区船塘河治理工程动工建设，枫树坝与新丰江两库连通工程由省水利厅牵头进入深度论证阶段，九潭水库和灯塔盆地灌区续建配套与节水改造工程前期工作稳步推进；岭南现代农业科学与技术广东省实验室河源分中心（灯塔实验室）获省政府同意筹建，组建方案通过省专家论证；华南农业大学驻灯塔盆地现代农业综合试验站加快建设，华南农业大学研究生院河源分院建立，现代农业科技企业孵化器正式运营。产业高质量发展功能平台建设取得突破，市高新区荣获国家级绿色园区称号，电子信息、精密机械制造、食品饮料三大产业集聚发展，鹏城实验室大湾区未来网络实验与应用环境河源节点、河源数字经济技术创新中心落地建设；河源综合保税区申报以高分进入海关总署审批，东源县保税物流中心（B型）通过省政府批准并报海关总署预审核，东江航道河源段获省交通运输厅批准复航。城市高质量发展区域平台建设取得突破，钓鱼台片区加快开发，“三桥十路”谋划建设；高铁新城基础设施加快建设，高铁综合交通枢纽工程即将投入使用；江东新区加快打造城市起步区、产业转移园区、总部经济区，生态环保城市会客厅、智慧滨江公园、东江东岸碧道工程等项目积极推进。

机制体制加强对接。坚持和完善深圳对口帮扶机制体制，加强经济、医疗、文化、生态保护等领域与“双区”对接。深河特别合作区试验区即将投入运营，与深圳科技工业园（集团）有限公司签订《深河科技园战略合作框架协议》。面向湾区举办首届创新创业大赛、成果转化对接会暨湾区成果推介会活动。深河产业共建加快，已落地建设投资超亿元工业项目30个。深圳市级财政投入我市民生领域帮扶资金4.75亿元。深河农业发展战略合作协议即将签署，深圳人才（河源）大型安居社区等项目加快谋划。万绿湖优质水直供深圳项目已列入粤港澳大湾区水安全保障规划。

（四）优环境、提效能，激发发展活力。深入推进重点领域改革，充分发挥科技创新的引领作用，巩固提升生态保护成果，增创环境新优势，激发发展活力。

创新驱动能力更强。全市预计投入R&D经费6.9亿元、增长77.8%，R&D经费投入强度达0.6%、提高0.3个百分点，专利授权量增长39.6%，规模以上工业企业研发机构覆盖率36.7%、增长8.6%，大型工业企业研发机构实现全覆盖。出台高新技术企业三年倍增计划，新增高新技术企业56家、增长32.9%，全市高新技术企业存量226家，科技型中小企业入库294家、增长42.7%。河源市深大湾区研究院、河源市广师大研究院落地建成，河源广工大协同创新研究院二期加快建设，科技创新公共服务平台帮助企业解决重大技术问题20余项，为企业降低生产和研发成本约1.3亿元。广东省新型显示器件产业计量测试中心加快建设。科技金融进一步融合，为科技型企业发放贷款1.29亿元。全市省定贫困村科技特派员实现全覆盖，在全省科技系统工作会议上作典型经验介绍。东源县、江东新区产业转移工业园被认定为省级高新技术产业开发区，源城区蔬菜产业园、紫金县茶叶产业园被认定为省级农业科技园区。精电（河源）显示技术有限公司“配向膜的固化方法”发明专利获评中国专利优秀奖。

重点改革成效明显。数字政府建设取得突破，全面建成市县（区）统一政务信息资源共享平台、实现大部分事项“一网通办”，启用新的市政务服务中心，设立企业服务专区，32个部门1075个事项纳入“一窗式”综合窗口，“1+3+2+X”政务服务建设全面推进。大力推进“证照分离”改革全覆盖，全面落实市场准入负面清单制度，企业开办时间压缩至1.5个工作日内，部分高频事项实现“跨省通办”。同步推进国资国企和投融资体制机制改革，系统整合资源支持市城投公司做大做强，投融资平台建设取得突破。完成国有企业退休人员社会化管理和“僵尸企业”出清工作任务。下放镇街行政执法职权事项

279项，全市所有镇街实行综合行政执法。完成全市公路管理体制改革。推进房地一体农村不动产登记工作。生态优势巩固提升。认真落实河（湖）长制，全面落实《新丰江水库水质保护三年行动计划》，基本消除建成区黑臭水体，地表水水质优良比例达到100%，省考断面综合指数全省第一。市区空气质量优良率98.9%、排名全省第一。市污水处理厂临时扩容工程、市高新区大塘水质净化厂建成使用，新增县级以上城市污水处理能力6.5万吨/日，镇级污水处理设施实现全覆盖。完成大尖山铅锌矿整治、龙川历史遗留稀土矿区周边受污染耕地治理，全市受污染耕地安全利用率为95.7%，污染地块安全利用率为100%。全市医疗废物、危险废物处置率均达到99%以上。中央、省环保督察组交办的603宗案件全部办结，第二次全国污染源普查工作获评省优秀。完成森林碳汇重点生态工程造林5.5万亩（3667公顷）、桉树林退改2.38万亩（1587公顷），完成松材线虫病防治作业面积61.63万亩（4.11万公顷），成功创建省级林下经济示范基地3家、省级林业龙头企业6家、省级林业专业合作社示范社暨示范家庭林场6家。

（五）惠民生、强保障，决胜全面小康。以增进民生福祉为根本目的，保障民生、振兴乡村，决战脱贫攻坚，全面建成小康社会取得决定性成就。

脱贫攻坚战全面打赢。全年投入扶持资金6.5亿元、五年累计46.3亿元，全市建档立卡贫困人口38568户、107372人如期脱贫，255个省定贫困村如期出列。“两不愁三保障一相当”政策全面落实。有劳动能力贫困人口收入达16618元，是2015年的4.68倍；255个省定贫困村人均可支配收入21941元、是2015年的2.94倍，村集体收入平均38.56万元、是2015年的13.77倍。全面实现“县区有产业园、镇村有产业基地、户有产业项目”，搭建“1+2+7+N”扶贫产品销售实体平台，发展内生动力充分激发。

民生底线兜牢兜实。完成“十件民生实事”，民生支出286.6亿元，占一般公共预算支出77.7%，民生保障水平稳步提高。高质量推进“粤菜师傅”“广东技工”“南粤家政”三项工程，建成“河源家政一条街”、深河农村电商公共服务中心、市人力资源服务产业园，新增城镇就业3.6万人，城镇登记失业率控制在2.6%以内。失业保险、工伤保险参保人数增长12%、15%。发放价格临时补贴6559.48万元、每月惠及约11万名困难群众。医药价格管理机制、医保支付方式改革持续推进。双拥优抚安置政策全面落实，连续四次荣获全国双拥模范城称号。

乡村振兴扎实推进。全域开展农村人居环境整治和百日整治行动，基本完成“三清三拆三整治”任务。建成村收集、镇转运、县处理的农村生活垃圾收运处理体系，村庄保洁实现全覆盖。无害化卫生户厕全面普及，新建改建农村公厕500个。行政村基本实现集中供水。“四小园”建设加快推进。建成“四好农村路”1038.8千米，100人以上自然村通硬化路、行政村通客车，紫金县通过全国“城乡交通运输一体化”示范县创建验收，东源县、源城区成功创建省级“四好农村路”示范县（区）。7877个20户以上自然村实现光网全覆盖，完成速度居全省第一。“三带一廊道”示范创建工作扎实推进，全市514个行政村达到美丽宜居村标准。获评全国文明村4个，建成移民美丽家园示范点10个。

（六）讲政治、勇担当，提升政府效能。全面加强党的建设，坚持“第一议题”学习制度，巩固深化“不忘初心、牢记使命”主题教育成果，继续开展“大学习、深调研、真落实”活动。认真接受市人大及其常委会依法监督和市政协民主监督，办理市人大代表建议94件，办理市政协提案115件，办结率和满意率均达100%。深入推进依法行政，修订完善《河源市行政规范性文件管理规定》，落实政府法律顾问制度，全面推行政务公开。持续召开重点工作督办推进县区长座谈会，着力推动县区经济发展和重点工作落实。深刻吸取龙川县“5·23”事故教训，如期完成省挂牌整治土地管理问题整改任务，如期完成省挂牌整治房屋市政工程安全生产问题任务。扎实推进审计查出问题整改。狠抓党风廉政建设，把反腐倡廉落实到政府工作各领域全过程。坚持“过紧日子”，一般性支出压减15%，“三公”经费下降25.9%。

与此同时，统计、民族、宗教、外事、侨务、台港澳、地方志、气象、老龄、殡葬、社工、国防动员、预备役建设、红十字、妇女儿童、科普、残疾人等工作取得新成绩。

各位代表，过去一年，困难确实前所未有，压力确实前所未有，成果确实来之不易，年度目标任务基本完成，“十三五”规划顺利收官。

各位代表，五年的历程极其不易。我们深切体会到，做好政府工作，必须坚持政治引领，以习近平总书记对广东重要讲话和重要指示批示精神统揽全局，认真贯彻落实省委、省政府和市委工作要求，化危为机、开启新局；必须坚持抢抓机遇，主动融入国家和省的发展战略，在“融深”“融湾”中加快发展；必须坚持生态优先，深入践行“两山”理念，大力发展绿色经济，推动生态优势转化成发展优势；必须坚持改革创新，破除思维定式，突破利益藩篱，持续推进关键环节重点领域改革创新，为经济社会发展注入强劲动力；必须坚持民生为本，努力让改革发展成果更多更公平地惠及全市人民；必须坚持改进作风，发扬斗争精神，不断提高履职尽责为民办事本领，提升政府执行力和公信力。

各位代表，五年的成就令人振奋。这是坚持以习近平新时代中国特色社会主义思想统领一切工作的结果，是省委、省政府和市委正确领导的结果，是市人大及其常委会依法监督和市政协民主监督支持的结果，是全市人民共同奋斗的结果，是深圳、广州等兄弟市和海内外各界人士大力支持的结果。在此，我代表市人民政府，向全市人民，向各位人大代表、政协委员，向各民主党派、各人民团体、各界人士，向中央、省驻河源有关单位和人民解放军指战员、武警官兵、公安干警、消防救援队伍指战员，致以崇高的敬意！表示衷心的感谢！

我们也清醒地认识到，政府工作仍面临严峻挑战：新冠肺炎疫情和外部环境仍存在诸多不确定性，企业生产成本上升、减停产面仍较大，发展受生态环境和能耗约束更紧，稳增长形势不容乐观；现代产业体系还不够健全，生态产业不够壮实，高端环节不多，科技创新能力不足，转型升级任务艰巨；发展不平衡不充分问题依然突出，中心城区首位度吸引力仍需提高，县域经济发展仍要加速，乡村振兴任务繁重，教育、医疗、养老等民生领域短板突出。对此，我们将坚持问题导向，逐条攻坚、全力解决。

二、“十四五”时期经济社会发展总体安排

“十四五”时期是开启全面建设社会主义现代化新征程的起步期，也是深入推进“示范区”“排头兵”“两个河源”建设的关键阶段。市委七届十一次全会审议通过的《中共河源市委关于制定河源市国民经济和社会发展第十四个五年规划和二〇三五年远景目标的建议》，确定了河源市“十四五”时期发展的指导思想、重要原则、目标要求和主要任务。根据市委《建议》，市政府编制了《河源市国民经济和社会发展第十四个五年规划和二〇三五年远景目标纲要（草案）》，提请本次大会审议通过后实施。

“十四五”时期市经济社会发展的主要目标是：经济总量实现新跨越，创新能力显著提升，改革开放持续深化，都市功能进一步完善，乡村振兴深入推进，文化软实力不断增强，生态排头兵建设更具成效，民生福祉达到新水平，社会治理效能更加显著。全市经济总量年均增长不低于全国全省平均水平，居民可支配收入与经济增长同步。展望二〇三五年，我市经济实力、科技实力、综合竞争力将大幅增强，经济总量和城乡居民人均收入迈上新的大台阶，人均地区生产总值达到更高水平，实力雄厚、特色鲜明的“示范区”“排头兵”地位更加凸显，形成“两个河源”新格局，在粤东粤西粤北率先振兴，基本实现社会主义现代化。

“十四五”时期市经济社会发展的指导思想是：高举中国特色社会主义伟大旗帜，深入贯彻党的十九大和十九届二中、三中、四中、五中全会精神，坚持以马克思列宁主义、毛泽东思想、邓小平理论、“三个代表”重要思想、科学发展观、习近平新时代中国特色社会主义思想为指导，全面贯彻党的基本理论、基本路线、基本方略，深入贯彻习近平总书记对广东系列重要讲话和重要指示批示精神，统筹推进“五位一体”总体布局，协调推进“四个全面”战略布局，坚定不移贯彻新发展理念，坚持稳中求进工作总基调，以推动高质量发展为主题，以深化供给侧结构性改革为主线，以改革创新为根本动力，以满足人民日益增长的美好生活需要为根本目的，围绕全省在新征程中的使命任务，持之以恒落实“1+1+9”工作部署，坚持以“融湾”为“纲”、“融深”为牵引，全域全面服务全省打造新发展格局战略支点，加快建设现代化经济体系，推进治理体系和治理能力现代化，统筹发展和安全，“示范区”“排头兵”成效初显，“两个河源”格局基本形成，经济实力、发展活力大幅提升。

“十四五”时期，必须牢牢把握发展主动权，着力解决好事关高质量发展的重大问题，在新征程中奋力开拓、奋勇前进。

要立足新发展格局，加快建设绿色发展示范区。提升生态系统质量和稳定性，持续改善环境质量，实施最严格的生态环境保护制度，建设更高水平的美丽河源。推动生态要素向生产要素转变、生态财富向物质财富转变，建立以生态农业、绿色工业、生态旅游为主体的生态产业体系。扎实推进节能减排、绿色技术创新和清洁生产，倡导绿色生活方式，加快推动绿色低碳发展。

要提升“融深”“融湾”质量效益，争当融入大湾区生态排头兵。充分发挥区位、区域、生态、深圳对口帮扶和全面合作等比较优势，加速提升壮大自我发展能力。优化对接省“12312”现代化交通体系，加快构建与“双区”“水陆空铁”一体化综合交通运输体系。按“企业主体、市场导向”原则，构建实体经济、科技创新、现代金融、人力资源协同发展的现代产业体系。加快推进与“双区”的规则衔接、机制对接，加速释放市场要素、市场主体、经济环境等活力，持续优化营商环境。

我们要培育三大高质量发展平台的竞争力和带动力，走出生态河源、现代河源相得益彰的发展新路。加快把灯塔盆地打造成引领河源未来农业农村高质量发展的综合平台，把江海联运、综合保税区、市高新区打造成支撑河源未来产业高质量发展的功能平台，把高铁新城综合枢纽、江东新区打造成带动河源未来城市高质量发展的区域平台。强化三大高质量发展平台的整体效应、集聚效应、协同效应、辐射引领效应，持续提高对全市经济增长贡献率，辐射带动全市发展。

要深入实施乡村振兴战略，加快破解发展不平衡不充分问题。坚持系统观念，着力固根基、扬优势、补短板、强弱项，提高农业质量效益和竞争力，扎实推进乡村建设行动，深化农村改革，以新型城镇化推动城乡区域协调发展，推动脱贫攻坚成果同乡村振兴有效地衔接，推动形成工农互促、城乡互补、协调发展、共同繁荣的新型工农城乡关系。

要打造人民幸福“心城”，交出高质量的民生答卷。把增进民生福祉作为发展的根本目的，稳步提高就业质量和

收入水平，全面推动城乡基本公共服务均等化，大力推动“两个文明”协调发展，推进市域社会治理现代化，建设更高水平的平安河源、法治河源，以民生事业的“升级版”不断增进人民群众的获得感。

三、2021年总体要求和工作部署

2021年是“十四五”规划开局之年，也是乘势而上开启全面建设社会主义现代化国家新征程，向第二个百年奋斗目标阔步前进的开局之年。我们必须把握战略机遇期内涵的深刻变化，更加主动适应经济发展新常态，进一步增强发展信心，保持战略定力，更加有效地应对各种风险和挑战，着力在优化结构、增强动力、化解矛盾、补齐短板上取得突破，走出一条质量更高、效益更好、结构更优、核心竞争力更强的发展新路，努力开创“十四五”发展新局面。今年经济社会发展的主要预期目标是：地区生产总值增长7%左右，规上工业增加值增长7%左右，固定资产投资总额增长12%左右，一般公共预算收入增长5%左右，社会消费品零售总额增长7.5%左右，进出口实现正增长，居民人均可支配收入增长与经济增长基本同步，居民消费价格指数控制在2.5%左右，城镇登记失业率控制在4%以内，完成省下达的节能减排任务。

高质量发展开好局、起好步，必须认真落实“1+1+9”工作部署，重点做好以下九个方面：

（一）推进融深融湾全域化，加快构建发展新局。按照“湾区所向、深圳所需、河源所能”要求，充分发挥深圳对口帮扶作用，加快构建与“双区”合作互动新局面，主动融入国内大循环和国内国际双循环。

构建现代综合交通体系。优化对接省“12312”现代化交通体系，全面对接粤港澳大湾区、深圳都市圈交通规划以及惠州交通主框架规划，加快构建“12131”交通圈。做好赣深高铁建成通车服务保障工作，加快梅龙高铁建设及广河客专前期工作，积极开展赣广、厦昆、深河、河揭等高铁及韶关经河源至汕尾铁路规划研究，推动深惠城际延伸至河源。加快龙寻高速建设及河惠汕高速前期工作，积极开展广紫、深河、梅河韶等高速规划研究。加快国道205线热水至埔前段改线、国道355线紫金林田至江东新区胜利段改建等项目建设。

大力推进深河产业共建。加快深河特别合作区试验区建设，积极引进承接湾区电子信息、精密机械制造、新能源、新材料等战略性新兴产业。加快深河特别合作区起步区深河科技园规划等前期工作，大力发展高端装备制造、医药健康、新材料和大数据等产业。加快深河特别合作区（深河产业共建示范区）规划编制，加强深圳河源在产业资源、产业链、供应链等方面对接互补，推动深河特别合作区（深河产业共建示范区）建设取得实质性进展。

推动招商引资转型升级。积极开展产业链、补短板、因势利导等招商，探索开展收购兼并、牌照资源补缺、产业引导基金等招商，精心组织“双区”和长三角地区招商活动，以及电子信息、现代农业等主题经贸活动，着力引进投资亿元以上制造业项目，推动重点产业向产业链终端和价值链高端迈进。创新完善招商引资工作机制体制，全力推动项目落地建设、竣工投产、达产达效。

（二）推进产业体系绿色化，全面提高发展质量。坚持生态优先、绿色发展，按照“面上保护、点上开发”的理念，积极构建高端化、智能化、绿色化的现代产业体系，加快实现高质量发展，打造生态经济发展新标杆。

集群发展绿色工业。深入实施制造业高质量发展“六大工程”，大力发展纳入省“双十”产业集群布局的“6+4”战略性支柱产业和新兴产业集群，加快打造新一代电子信息千亿级产业集群，加快形成高端装备制造、矿产资源精深加工、食品饮料等一批百亿级产业集群。大力开展行业领军企业培育行动，实施专精特新企业培育工程，着力打造富马硬质合金、铭镭激光等一批创新型龙头企业和隐形冠军企业。深入实施新一轮高新技术企业倍增计划，持续推动高新技术企业“树标提质”，靶向引进一批瞪羚企业，壮大产业链核心企业。加强与产业类国企、民企、上市企业合作，推动更多企业进入广东制造企业500强，力争净上规企业55家。推动中兴通讯、景旺电子、力升树灯等投资超10亿元项目继续增资扩产；推动华文产业、广晟应急产业、固达机械、铂科新材料等投资超10亿元项目落地；加快红苹果家具、聚飞鑫科技、南山园二期、碧优选等投资超10亿元项目建设；加快华冠科技、今麦郎饮品等投资超10亿元项目投产达产。实施产业改造升级工程，推动工业投资和技改投资实现较快增长。加大工业园区建设力度，力争完成基础设施投资35亿元、扩园6平方千米，加快建设和处置闲置土地，提升存量产业用地1万亩（667公顷），建立“亩均效益”综合评价数据平台、制造业高质量发展综合评价指标体系，创建绿色循环生态园区示范区。鼓励每个县区引进培育产值超10亿元的产业大项目，推动市高新区、东源县分别申报移动智能终端、硅基新材料特色产业园，龙川县申报安全应急与环保（空气能）特色产业园、创建省级高新区，紫金县申报省级产业园。

高效发展生态旅游业。鼓励支持巴伐利亚庄园、客天下、春沐源等文旅项目建设，挖掘发展赵佗、王阳明等历史名人古色文化，开发提升阮啸仙故居、紫金苏区革命旧（遗）址群等红色旅游景点，大力保护和活化客家古村落，讲好恐龙文化故事，大力宣传推广水文化，努力形成观光休闲、文旅度假、温泉康养、研学旅行一体化。大力发展灯塔盆地田园综合体、埔前“乡村体验式休闲旅游”五村连片开发、恒大援建连平县美丽乡村示范区等乡村旅游项目，结合南粤古驿道、少数民族村寨、非物质文化遗产主题等特色资源谋划精品乡村旅游线路1—2条。通过举办全市民宿招商大会，打造民宿旅游新热点。推动万绿湖风景区创建国家AAAAA级旅游景区，推动霍山旅游风景区创建国家AAAA级旅游景区，加快创建省级文化创意产业园。与旅游类国企及旅游龙头企业合作打造本市旅游龙头企业，开拓旅游市场，丰富旅游产品，整合旅游资源，“串珠成链”打造“两晚三天经典旅游线路”，提高游客留宿率、回头率，推动旅游业持续高效发展。健全旅游公共服务体系，建成市全域旅游游客集散中心。推动龙川县、紫金县、连平县、和平县创建省级全域旅游示范区。

融合发展现代服务业。推动研发设计、科技服务、金融、会计、法律服务、人力资源、会展服务、现代物流、电子商务等生产性服务业向专业化、高端化转变，力促先进制造业和现代服务业深度融合发展。谋划市高新区新一代信息技术创新中心、市高新区工业设计文化创意中心等项目建设。加快市农产品批发中心、顺丰电商物流产业基地、林安（河源）智慧物流园、龙川铁路综合物流园、绿然灯塔农产品物流园、“三农”冷链体系等项目建设，打通农村物流“最后一公里”，形成农产品进城与农资、消费品下乡的双向流通格局。扩大电子商务进农村覆盖面，推动东源县申报2021年国家电子商务进农村综合示范县。

（三）推进农业农村现代化，大力夯实发展根基。坚持优先发展农业农村，提高农业农村现代化水平，全面推进乡村振兴，夯实发展根基。

打造农业产业高地。全力把灯塔盆地打造成农业农村发展主引擎。推动灯塔盆地创建国家现代农业产业园，力争新增省级现代农业产业园2个。加快立体生态种养、农产品精深加工重大项目建设，确保中国发酵蔬菜产业园、中国无抗家禽养殖产业园、蒜精灵产业园、光明鸽产业园、果蔬深加工项目等建成投产。加快发展智慧农业。加快种业小镇建设，力争引进5个以上育种育苗企业或研发团队。

规模发展生态农业。增强粮食供给能力，确保粮食安全；严守耕地保护红线，抓好耕地恢复、补充耕地和撂荒地复耕复种；加大农业水利设施建设力度，开展新一轮垦造水田三年行动，建设高标准农田13.73万亩（9153公顷）。实施优势特色农业产业化升级五年行动计划，加快发展优质水稻、高山油茶、特色水果、蔬菜、生猪等特色主导产业，研究推进大湾区中医药高地建设合作，做优做强做全产业链，打造优势农产品和优势农产区。继续培育壮大农业龙头企业、农民合作社、家庭农场等新型主体，确保新增和总量均在北部生态发展区五市前列。整县建设农业现代化示范区，推动9个省级现代农业产业园加快发展，打造“跨县集群、一县一园、一镇一业、一村一品”现代农业产业体系。深化农产品质量安全追溯体系建设，实现试行主体及试行产品合格证使用全覆盖。试点推广数字农业综合化信息应用，推进农村科技特派员工作。推动农业适度规模经营。加大农业面源污染治理力度。做大做强“万绿河源”农产品区域公用品牌，开展特色农产品国家气候标志和岭南气候优品认证，加快农产品标准化、品牌化、安全化建设。积极搭建农产品应急销售平台，加速推进一、二、三产业融合发展。

全面推进乡村振兴。持续升级改造农村道路、供水、供电、通信网络等基础设施。深入开展“百村示范、千村整治”，深入实施美丽乡村示范县镇村创建、农房管控、乡村风貌提升、“四小园”等工程，重点推进“四沿三区”美丽乡村建设，举办“乡村振兴大擂台”活动，打造一批特色精品村。巩固提升农村人居环境整治成果，深化垃圾污水治理，加快推进“厕所革命”，提升“五清”专项行动成效，确保80%以上村庄达到干净整洁村标准、40%以上行政村达到美丽宜居村标准。推进和平县、龙川县创建省级“四好农村路”示范县，全面创建“四好农村路”示范市。加快实施农村电商、乡村工匠、高素质农民培育工程，提高农民职业技术水平。健全乡村公共文化服务体系，发挥村规民约作用。加强乡村振兴人才队伍建设，建立吸引人才返乡留乡政策支持体系，吸引各类人才投身乡村建设。深化农村综合改革。落实第二轮土地承包到期后再延长30年政策，稳定农村土地承包关系。提升农村集体产权制度、土地股份合作制、承包地经营权流转奖补等改革试点工作质量，健全农村产权流转管理服务平台，制定农村集体经济经营性建设用地入市配套机制。稳慎推进农村宅基地制度改革和房地一体不动产确权登记颁证工作。完成龙川县、连平县合作社高质量发展整县推进试点任务。健全完善农业支持保护制度，调整完善土地出让收入使用范围优先支持乡村振兴，推进涉农资金统筹整合使用。巩固拓展脱贫攻坚成果同乡村振兴有效衔接。健全防止返贫监测和动态帮扶机制，对脱贫不稳定户、边缘易致贫户开展常态化监测预警，防止返贫致贫。落实“四个不摘”要求，保持现有的帮扶政策、财政投入力度、帮扶队伍和工作节奏总体稳定，推动脱贫攻坚政策、机制、资金整体纳入乡村振兴。继续深入实施产业扶贫、就业扶贫、消费扶贫三大工程，促进脱贫人口稳岗就业。大力支持老区苏区和民族地区高质量发展。

（四）推进投资需求有效化，不断培育发展后劲。坚持扩大内需战略基点，发挥有效投资的关键作用和消费需求的拉动作用，不断培育发展后劲。

扩大有效投资。完成总投资1862亿元、年度投资390亿元的164项省市重点项目建设，重大项目对固定资产投资的贡献率不低于30%。加快建立“1+3+N”重大项目联动机制，引导资金、土地等各类要素向有效投资领域集聚。推动一批地方政府专项债项目、补短板项目加快建设。大力推进第五代移动通信、新能源汽车充电桩、工业互联网等“新基建”。持续做好项目储备，建立项目储备和滚动接续机制，形成“建设一批、谋划一批、储备一批”的良性循环。

开拓消费需求。深刻认识高铁通车对消费的整体影响，提早制定并实施相关应对政策措施。深入挖掘消费潜力，促进汽车、家电、家具等商品消费。谋划建设特色商业街，大力发展小店经济、老店经济，规范发展早夜市。优化商贸企业上限奖补政策，引导传统批发零售业、住宿餐饮业、家政服务业等线上线下融合发展，加快餐饮住宿等连锁化、品牌化发展，做大做强本地平台型消费。推动中骏世界城、庄田美食街、华丰世纪国际贸易中心、万达广场等大型商业体加快建设，做优做强一批重点商圈。鼓励发展夜间经济、网红打卡、直播带货等新业态新模式。

力促外贸增长。因地制宜实施贸易高质量发展“十大工程”，加快落实《河源市促进外贸稳定增长若干措施》，利用展会平台抢抓订单，继续发挥海外联络处桥梁纽带作用，开拓融入“双区”“买卖全球”双向贸易通道。出台出口转内销政策，大力发展跨境电商、保税物流等新业态，推进“河货回流”工作，谋划推动二手车出口业务，挖掘外贸进出口潜力，促进外贸稳定地增长。

（五）推进发展平台高质化，持续壮大发展支撑。继续推进三大高质量发展平台建设，充分发挥龙头带动作用，集聚重大项目、培育重大产业，支撑经济社会高质量发展。

加快农业农村高质量发展综合平台建设。持续推进灯塔盆地创建国家农高区。加快东江流域水安全保障提升工程子项目灯塔盆地灌区船塘河治理工程建设，推动子项目枫树坝与新丰江两库连通、九潭水库、灯塔盆地灌区续建配套与节水改造工程前期工作取得实质性进展。加快岭南现代农业科学与技术广东省实验室河源分中心（灯塔实验室）、华南农业大学研究生院河源分院、北斗智慧农业大数据云平台等科创平台建设，建成全国首家综合性农业医院。实施顺天镇全域土地综合整治试点项目。确保粤赣高速顺天互通出口建成通车。

加快产业高质量发展功能平台建设。推进东江航道扩能升级和河源港源城港区码头建设，加快综合保税区申报工作和首期基础设施建设。推动市高新区加快皓瑞科技、能优能源等手机项目落地，加快龙亿达3D打印设备、尚雷仕卫浴智能设备等项目建设，力促饭饭得等项目投产达产，引进投资亿元以上项目35个以上，做强做大做优电子信息、高端装备制造和食品饮料产业。推动河源数字经济技术创新中心（鹏城实验室项目）、河源市深大湾区研究院、河源市广师大研究院等建成运营，市高新区创建国家知识产权示范园区。推动市高新区扩园提质和产城融合，带动“一区四园”、全市200平方千米现代产业园高质量发展。

加快城市高质量发展区域平台建设。确保与赣深高铁通车同步建成高铁新城综合枢纽，集高铁、公交、旅游集散、停车场等功能一体化。加快江东新区开发建设，推进紫金桥头、胜利桥北等片区开发和城市更新改造，完善城市功能及公共服务设施，提升城市治理能力和服务水平。推动高铁新城综合枢纽与国道355线西段（江东新区至源城埔前段）周边用地一体化开发，加快打造高铁新城核心区，着力构建完善的高铁经济生态圈。

（六）推进城乡建设协同化，统筹提升发展水平。大力实施都市经济带动战略，全力打造粤港澳大湾区东北部核心城市、深圳都市圈副中心。协同推进城乡建设，补短板、强弱项，努力破解发展不平衡不充分问题。

提升中心城区首位度。提升中心城区“1+6”规划体系，依托“三江六岸”进一步拉开城市骨架，优化提升发展空间和功能布局。统筹推进老城区强化文化底蕴和历史根基、城市北区建设区域性综合服务中心、城市西部打造健康休闲旅游功能带、江东新区形成未来城市发展核心、东源县城实现与市区城市功能一体化，加快形成“一廊六区”的“拥江发展”城市空间格局。加快钓鱼台片区“三桥十路”等市政设施和公共服务项目建设。全面动工建设学府大桥（原称纬十四路跨东江大桥）。推动市区一批市政道路升级改造和华达街、雅居乐、江源小学、市体育学校人行天桥建设。加快贯通由河源大道、永康大道、东环路、迎客大道形成的市区首条“快速内环”。推进老旧小区升级改造、客家文化公园四期等32个总投资89.39亿元的城建项目建设。新建5G基站1300座以上，实现主要城区及县城5G网络连续覆盖。规划建设市民智能停车场，缓解市区停车难问题。推动智慧城管二期项目建设，进一步提高城市科学化、精细化、智能化管理水平。规范路名、门牌管理。规划建设一批重大商务功能项目。促进房地产市场平稳健康发展。

增强县域城镇承载力。深入实施新型城镇化战略，促进中心城区、县城和城镇协调发展。实施县域品质提升工程，加快县城、县域副中心镇、中心镇和小城镇的公共服务、环境卫生、市政公用等设施提级扩能。推进天然气主干管网“县县通”。加快东源县国家县城新型城镇化示范建设。争取试点开展镇域品质提升行动，推动灯塔盆地示范区以及船塘镇、蓝塘镇城乡融合省级试点工作。

（七）推进改革创新常态化，深入激发发展活力。以对接深圳综合改革试点为带动，坚定不移实施创新驱动战略，坚持运用改革创新的办法破解难题，让全社会发展创造活力竞相迸发。

持续推进重点改革。持续推进“放管服”改革，加大对江东新区、市高新区、灯塔盆地管委会的放权力度。持续深化商事制度改革，强化事中事后监管，完善“双随机一公开”监管、市场主体退出机制。继续深化“证照分离”全覆盖试点改革，完善市县两级政府权责清单，推动行政审批全面加速。巩固提升工程建设项目审批制度改革成果，推进自然资源领域“多审合一”“多证合一”，打造项目审批“高速公路”。推动国有企业改革与投融资改革相结合、同推进，充分发挥市城投公司等国有企业在打造“大城建”“大交通”“大产业”的引领和支撑作用。加快推进省要素市场化配置综合改革试点市工作。完善乡镇街道综合行政执法体制机制。全面实施公平竞争审查制度，强化反垄断和反不正当竞争的执法检查。

深入优化营商环境。把优化营商环境与“数字政府”建设相结合、同推进，实施“一网统管”三年行动计划，推动政府部门决策、监管等事项实现在线协同办理，推动更多政务服务事项“一网通办”。积极开展为民服务“微改革”，以小切口打造让群众看得见、摸得着的便民服务。对标“双区”推进营商环境综合改革，加快“信用河源”建设。落实《关于加快河源市建筑业高质量发展的实施意见》，鼓励外地企业在我市设立子公司或联合本地企业参与政府投资项目建设运营。优化民营经济发展环境，保障民营经济平等获取生产要素和政策支持，推动个体工商户、小微企业和专业市场等非公有制经济的健康发展。

增强科技创新能力。主动融入广深港澳科技创新走廊，推动市创业孵化基地、市高新区创业服务中心等国家级科技企业孵化器建设。大力培育发展创新主体，确保全市高新技术企业存量达到260家、规上工业企业建立研发机构占比达40%以上、新备案国家或省级“星创天地”10家以上。积极谋划数字中心（江东）、市油茶产业技术研究院建设。加大金融支持创新力度，提高科技成果转移转化成效。加强质量基础设施和标准化建设，加快广东省新型显示器件产业计量测试中心建设。加大柔性引才力度，大力培育引进领军人才、专家人才、高技能人才，激发创新创业创造活力。

（八）推进生态保护示范化，筑牢绿色生态屏障。坚持生态优先、绿色发展，坚决守好一江清水、青山翠岭，建设更高水平的美丽河源。

增创绿色生态优势。启动创建国家生态文明建设示范市工作。扎实推进新丰江水库水质保护、东江新丰江河源段水环境综合整治，推进镇村污水处理设施及配套管网建设，加快镇村饮用水水源地规范化建设，确保地表水省考断面综合指数保持全省第一。加强机动车、非道路移动机械等移动源污染防治，持续开展工业污染整治，强化挥发性有机物治理，精细化管控扬尘、露天焚烧等面源污染，确保空气质量保持全省前列。强化土壤污染防治管控，实施化肥农药使用量负增长行动，持续开展重金属污染整治，落实固体危废物全过程监管。加强跨界跨区域生态环境保护合作与交流，全面落实东江流域省内生态保护补偿机制。完成生态环境智慧云平台建设，不断提升综合监管水平。继续实施地质灾害防治三年行动计划，有序整治497处在册及新增地质灾害隐患点。坚持实行河湖长制，推进中小河流治理，加快病险水库除险加固，建成70千米碧道。

推动绿色低碳发展。积极探索“两山”转化有效路径，加快推进“六水”“六林”体系建设。加快东源县全国首批“绿水青山就是金山银山”实践创新基地建设，加快东源岑田抽水蓄能综合开发、天然气热电联产项目建设。健全产业准入负面清单制度，扎实推进节能减排和清洁生产。推进生活垃圾与再生资源“两网”融合体系建设。全面实行排污许可制度，推进用水权、用能权、排污权、碳排放权市场化发展，积极推动绿色信贷。推进城市公共交通系统低碳建设，搭建“自行车+步行”的慢行交通体系。积极推广绿色建筑、绿色智慧小区建设，提高市民绿色消费意识。创建国家森林城市。完成高质量水源林建设工程造林6万亩（4000公顷）、新造林抚育15.5万亩（1.03公顷）、中央森林抚育33万亩（2.2公顷）。改造桉树林10万亩（6667公顷）以上。新建一批公园绿地，改造升级一批园林绿化景观和基础设施。加强松材线虫等林业有害生物防治。推进森林综合示范园区建设。全面落实林长制，建成市、县、镇三级森林资源监测体系，提升森林防灭火水平。加强自然保护地建设。

（九）推进民生服务精准化，充分共享发展成果。坚持以人民为中心，以人民对美好生活的向往为奋斗目标，努力让人民群众获得感、幸福感、安全感更加充实、更有保障、更可持续。

加强疫情防控和卫生健康工作。实施公共卫生防控救治能力三年行动，完善疫情防控体制机制和公共卫生应急管理体系，慎终如始抓好常态化疫情防控工作，提高应对突发重大公共卫生事件的能力水平。深化“三医联动”改革，推动“互联网+医疗健康”建设。加强名医良医和卫生人才队伍建设，着力推动市人民医院与省人民医院合作，力争市妇幼保健院、市中医院成功创“三甲”医院，促进河源市医疗服务整体实力进一步提升，建立健全现代医院管理制度。推进市疾控中心迁址新建、市公共卫生医学中心、市妇女儿童医疗中心、市人民医院三期、市精神卫生中心二期等项目建设，确保深河人民医院、市中医院二期年内投入运行，推动市、县人民医院五大救治中心建设。完成医疗卫生强基项目建设任务，全面推进紧密型县域医共体建设，争取4个县区人民医院达到国家县级综合医院推荐水平标准。实施健康河源行动，建设一批省、市级卫生镇村，打造一批健康乡村示范村。促进中医药传承创新发展。深入开展爱国卫生运动。

加强社会民生保障。大力实施就业优先战略，纵深推进“粤菜师傅”“广东技工”“南粤家政”三项工程，发挥河源家政一条街作用，加快粤菜师傅一条街和市技能培训中心建设。做好高校毕业生、下岗失业人员、异地务工人员、退役军人等重点群体就业创业保障服务。促进社保扩面征收，确保城乡居民社会养老保险参保率达99%以上。完善医疗救助与基本医疗、大病保险“一站式”结算服务。建立低收入家庭认定机制和信息数据库，开展低收入家庭救助。推动养老服务体系建设，健全完善养老服务组织监管机制。保障妇女儿童合法权益，健全残疾人、孤儿关爱服务体系，实施兜底民生服务社会工作“双百工程”，推进社会救助、社会福利、慈善事业发展。建设市残疾人综合服务中心。

优先发展教育事业。加强师德师风建设，推进“强师工程”“三名工程”，提升教师队伍建设水平。深化教育管理体制和新时代教育评价改革，统筹谋划教育综合改革。规范发展0–3岁婴幼儿照护服务机构。巩固和提升“5080”成果，积极发展残疾儿童学前教育，促进学前教育普惠健康发展。加快义务教育学校的新改扩建，积极化解大班额现象。鼓励普通高中特色办学、多样化发展，力争河源中学新校区、市田家炳中学新校区和市专门学校动工建设。积极推进基础教育和职业教育集团化办学。支持并规范民办教育发展。加强和完善教育信息化建设。做好青少年心理健康教育工作。推进筹设河职院卫生健康学院、鲲鹏学院，加快推进市中小学生综合实践基地、市教师发展中心、市青少年宫等建设，启动市中小学科普教育馆建设。扩建市博爱学校职业高中部（含市特殊教育指导中心、资源中心）。

积极推进文化建设。坚持以社会主义核心价值观为引领，发扬“老区精神+特区精神”的新时代河源精神，加快全国文明城市创建步伐。加快文化河源建设，鼓励文艺精品创作，完善城乡公共文化服务体系。持续推进公共图书馆、文化馆、乡镇综合文化站完善升级，启动市科技馆（新）、市美术馆（新）前期工作，推动河源融媒文化创意基地建设。实施文化产业数字化战略，加快发展数字文化、文化创意、演艺娱乐、文化会展、文化衍生品制造等文化产业。支持考古事业发展，加强非物质文化遗产的保护传承和活化利用。推动公共体育场馆和体育公园建设，打造城市社区15分钟健身圈。积极举办各类群众文体活动和体育赛事。

维护社会安全稳定。坚持和发展新时代“枫桥经验”，深化信访制度改革，推进市域社会治理创新，构建共建共治共享的社会治理格局。加强城乡社区建设，强化综合网格化建设、管理和服务。加强“雪亮工程”“智慧新警务”建设应用，健全完善社会治安防控体系。推动扫黑除恶常态化制度化，持续开展专项打击整治行动，建设更高水平的平安河源。深入推进安全生产专项整治三年行动，强化“两客一危一重货”等重点领域整治，加强食品药品安全监管，加强水上搜救，加强气象工作，推进智慧应急指挥平台、应急物资仓库和基层应急管理标准化建设，提升防灾减灾能力、安全生产监管和应急处置能力。

办好十件民生实事。一是促进学前教育普惠健康发展。二是免费实施出生缺陷筛查。三是加强困难群众生活保障，实施兜底民生服务社会工作“双百工程”。四是推进城镇老旧小区改造。五是加强食品药品安全监督检测。六是继续加强地质灾害综合治理及地质灾害隐患排查整治。七是加强中小学、幼儿园校园安全保障。八是提高城乡居民基本医疗保障水平。九是加强公共安全视频监控系统建设。十是市区学府大桥项目建设。

与此同时，进一步加强民族、宗教、外事、侨务、台港澳、地方志、殡葬、社会组织、双拥、国防动员、红十字、科普等工作。

各位代表，新使命、新任务对政府自身建设提出了更高要求。要坚持忠诚履职、风清气正。把政治建设摆在首位，深入推进全面从严治党，增强“四个意识”，坚定“四个自信”，做到“两个维护”，自觉在思想上政治上行动上同以习近平同志为核心的党中央保持高度一致。要坚持依法行政、接受监督。严格遵守宪法和法律，坚持运用法治思维和法治方式开展工作，加强法治政府建设。严格执行市人大及其常委会的决议决定，主动向人民政协通报情况，认真办理市人大代表建议和市政协委员提案，广泛听取民主党派、工商联、无党派人士和各人民团体意见。发挥统计监督职能作用。深入推进审计监督全覆盖。要坚持有令必行、有禁必止。坚持目标任务化、任务项目化、项目清单化、清单责任化，把负责、守责、尽责落实到政府工作全领域各环节，提升各级各部门执行力，确保政令畅通。驰而不息整治“四风”，力戒形式主义、官僚主义。紧盯重点领域、重大工程、关键少数、关键岗位，强化廉政监督和廉政风险防控，营造风清气正的政治生态。要坚持知重负重、实干善干。加强干部队伍建设，强化思想淬炼、政治历练、实践锻炼、专业训练，增强解决实际问题能力和专业化能力，努力成为贯彻新发展理念、构建新发展格局的行家里手。发扬艰苦奋斗精神，深入挖掘财源，盘活资产资源，充分发挥财政资金的引导和撬动作用，善于“四两拨千斤、花小钱办大事”。

各位代表，新时代新征程的号角已经吹响！让我们更加紧密地团结在以习近平同志为核心的党中央周围，在省委、省政府和市委的坚强领导下，不忘初心、牢记使命、接续奋斗，以一往无前的奋斗姿态、风雨无阻的精神状态，全力推动“示范区”“排头兵”“两个河源”建设，以优异的成绩庆祝中国共产党成立100周年！

在市委七届十次全会第一次会议上的讲话

（2020年9月10日）

河源市市长 林 涛

同志们：

刚才，红都同志代表市委常委会作了报告，对学习贯彻习近平新时代中国特色社会主义思想，贯彻落实习近平总书记关于促进区域协调发展、加快形成以国内大循环为主体、国内国际双循环相互促进的新发展格局的重要论述和对广东重要讲话、重要指示批示精神，全面落实省委十二届十次全会精神、省加快“一核一带一区”建设工作部署和李希书记关于河源工作的指示要求，大力推进“示范区”“排头兵”“两个河源”建设，全力打造生态经济发展新标杆作了全面部署。我们要认真学习领会，抓好贯彻落实。

2018年初，红都同志在深入调研后，带领市委提出“两个河源”发展思路；省委李希书记在河源调研时，充分肯定“两个河源”发展思路，要求我市努力建设全省绿色发展的示范区、融入粤港澳大湾区的生态排头兵，走出生态河源、现代河源相得益彰的发展新路；市委七届五次全会上，市委围绕“两个河源”发展思路，谋划了“1+1+9”工作体系，全面推进“示范区”“排头兵”建设。“示范区”“排头兵”“两个河源”建设，是市委认真落实习近平总书记重要讲话和重要指示批示精神，贯彻落实李希书记关于河源工作的指示要求，推动区域协调发展、提高发展平衡性协调性的重大部署。各级各部门要提高站位、齐心协力、锐意进取，推动“示范区”“排头兵”“两个河源”建设全面提效破局、努力构筑新局。下面，我就贯彻落实红都同志报告，讲6方面具体工作。

一、突出基础设施抓手，着力扩大有效投资

省委全会提出，2020年至2022年省财政安排不少于3000亿元资金，主要用于基础设施投资。我们要抢抓机遇，积极对接，谋划和建设好一批项目，充分发挥基础设施建设的关键性、引领性、支撑性作用。

（一）加快完善综合交通网络。健全“水陆空铁”一体化交通体系，提升与大湾区、周边省市通联水平。一是全力以赴抢进度。接下来四个月是项目施工的黄金时节，我们要把新冠肺炎疫情损失的时间抢回来，全力以赴加快工程进度,全年完成交通设施投资120亿元。加快推进赣深高铁、梅龙高铁和河惠莞高速紫惠段建设，确保河惠莞高速紫惠段年内建成通车。加快国道205线热水至埔前段建设,完成投资10亿元。完成“6·10”“6·12”交通设施灾后重建工作，确保紫金桥年内建成通车。推进“四好农村路”建设，完成全市村道以上砂土路清零、省级现代农业产业园通三级及以上公路、100人以上自然村通硬化路等任务。加快推动东江航道扩能升级为千吨级航道。二是千方百计快动工。对项目存在问题一定要认真分析、精准施策、挂图作战，千方百计力促动工。确保长深高速扩宽工程、粤赣高速顺天互通出口、龙寻高速、国道355线紫金林田至江东新区胜利段改建工程等项目年内动工。三是积极谋划强后劲。继续做好“十四五”项目谋划，形成更多项目储备，争取更多项目纳入省重点建设计划和国家重大项目库，形成源源不断后劲。重点推进广河客专、深河高铁、赣广高铁河源段、厦昆高铁河源段和河增高速、河惠汕高速等项目前期工作，推进河源港、源城港区码头、古竹码头建设，推进通用机场规划建设。

（二）加快补齐生态环保短板。坚定不移把生态保护摆在首位，打赢蓝天、碧水、净土保卫战，推进中央、省环保督察整改工作，确保水环境质量保持全省第一、空气质量在全省排名前列。一是完善环保基础设施。推进市污水处理厂南迁项目建设，确保市高新区大塘水质净化厂年内建成运行，完成市污水处理厂临时扩容工程，铺设镇级污水管网392千米，确保年底实现镇级污水处理设施全覆盖，村庄生活污水治理率达到40%以上。市医疗废物处置设施建设项目全面动工。建成建筑垃圾消纳场6座。二是增强污染防治能力。全面落实河（湖）长制，持续开展新丰江水库水质保护三年行动、东江新丰江河源段水环境综合整治三年行动。加强扬尘污染监管，加强柴油货车和非道路移动机械排气污染整治。推进重金属整治重点工程和固体废物污染防治。全面管控农业面源污染。三是提升生态环境优势。开展新一轮绿化河源大行动，实施重要生态系统保护和修复重大工程，推进山水林田湖草一体化保护修复试点工程，全力创建国家生态文明建设示范市、国家森林城市。加快实施地质灾害

防治三年行动计划，推进497处在册及新增地质灾害隐患点整治。全面整治违法占用耕地及永久基本农田建房行为。

（三）加快推进水利、能源、新型基础设施建设。以安全保障为导向，推进传统和新型基础设施协同发展。一是强化水利安全。完成水利灾后重建项目，消除70宗水库安全隐患，推进中小河流治理工程，完善山洪灾害预警预报，全面提升防灾减灾能力。有序推进革命老区、少数民族地区乡村振兴水系治理项目。提高农村供水保障水平，年底前基本实现全市行政村集中供水全覆盖。稳步推进碧道建设，高质量完成省级试点项目。全力创建省级节水型城市。二是强化能源供应。加快河源电厂二期建设。力争岑田抽水蓄能电站辅助性工程年底动工。推进市热力发电厂尽快动工建设。加快天然气主干管道“县县通工程”建设，实现主干管道年内通中心城区。三是强化新型基础设施建设。实施信息基础设施建设三年行动计划，加快大数据产业园、数据中心集聚区建设，超额完成年内5G建设任务，实现5G网络县区城域全覆盖。加快5G产业发展，推进“5G+千行百业”应用，推动“5G+工业互联网”应用示范园区规划建设。推动智慧应急指挥平台、应急物资仓库和基层应急管理标准化建设。

（四）加快提升城市建设水平。加强中心城区规划建设，完善“1+6”规划体系。全力实施好今年第一批市级城建重点项目建设计划，推进实施第二批计划。加强建筑工地监管，确保施工安全。加快钓鱼台片区规划建设，先行集中开发建设启动区，推动“三桥十路”等市政设施建设，推进河源中学新校区、市妇女儿童医疗中心等公共服务设施规划建设，打造集恐龙文化展示、商务办公、旅游服务、生态居住等功能于一体的“城市客厅”，与高铁新城综合枢纽形成河源城市未来中心城区“双肺”。确保黄沙大桥（原纬十四路大桥）年内动工。积极盘活土地资源，做好城市经营文章。

二、突出生态发展功能，着力培育绿色产业

践行“绿水青山就是金山银山”理念，坚持“面上保护、点上开发”原则，构建现代产业体系，大力发展循环经济，全力打造生态经济发展新标杆。

（一）培育产业集群。推进中心城区“一区四园”一体化发展，主动对接全省20个战略性产业集群，加快培育我市若干产业集群。一是加快培育电子信息产业集群，重点发展智能终端设备、5G通信与网络、数据储存与应用等产业，推动景旺电子二期、山本光电、紫光聚飞鑫电子、名格光电等10亿元以上项目建设。二是加快培育高端装备制造产业集群，推动坚宝电缆、麦格米特、红苹果家具、凯中精密等10亿元以上项目建设，继续引进汽车零部件、精密医疗器械、智能装备等相关企业，推进深河国际模具城建设。三是加快培育绿色食品饮料产业集群，围绕“六水”体系发展水产业，依托生态农业发展绿色食品加工业，确保今麦郎、农夫山泉二期等投资超10亿元项目年内投产。四是科学培育优势矿产产业集群，推动金属和非金属产业转型升级，鼓励企业开展精深加工利用和高端产品制造。推动循环经济产业园建设。

（二）做强生态农业。立足生态资源优势，积极发展现代特色农业、高科技农业、绿色农业。增强粮食和绿色安全优质农产品供给能力，确保粮食安全。加快建设东江上游特色农业产业带，扶持推广高山油茶等主导产业，做优做强做全产业链，打造优势农产品和优势农产区。加快推进9家省级现代农业产业园建设，今年实现投资4.1亿元；新增50家市级以上农业龙头企业；新增81个特色产业村。谋划高标准农田、农产品仓储保鲜、冷链物流、动植物保护等补短板项目，进一步改善农业生产条件。依托电子商务和现代物流，打造成大湾区重要的“水缸子、米袋子、菜篮子、果盘子、茶罐子、油瓶子”。推动现代农业与绿色工业、休闲旅游业融合发展，提升农业农村效益，促进农民增收。

（三）扩大有效需求。牢牢把握扩大内需这一战略基点，积极构建以国内大循环为主体、国内国际双循环相互促进的新发展格局。一是大力促进消费。用好用足省市各项促消费资金，引导恢复消费信心、激发消费潜力。加快消费新业态发展，鼓励发展数字智能、在线消费等新市场新业态。继续推动汽车下乡、家电下乡，促进重点商品消费有效提升。推进省级全域旅游示范区创建和万绿湖创AAAAA工作，加强与大型旅游集团企业合作，创新开发旅游平台，整合优化旅游资源，把散小景点串珠成链，提升游客过夜率和消费水平。二是积极推动出口。支持企业通过广交会、高交会、进博会等平台抢订单拓市场。促进外贸企业异地进出口回流，推动市场采购贸易、跨境电商、保税物流等新业态有序发展，挖掘外贸进出口存量潜力。三是加快发展现代服务业。积极吸引“双区”现代服务业向我市延伸，拓展电子商务、现代智能物流、数字金融、供应链管理、会议展览等服务业。加强开放型平台打造工作，东源县保税物流中心（B型）要抢抓省政府批复设立的契机尽快完善后期手续，河源综合保税区、龙川县保税物流中心（B型）要加快申建进度，争创河源跨境电子商务综合试验区。推动市农批中心冷链物流直供网春节前运营。确保东源县、连平县省级电子商务进农村综合示范项目通过明年省绩效考评。

三、突出市场主体作用，着力扶持实体经济

河源要全面提效破局、努力构筑新局，必须全力扶持市场主体，发展壮大实体经济。

（一）上规企业“高增长”。各级各相关部门要积极发挥引导和扶持作用，帮助工业特别是制造业企业达产达效、增资扩产、转型升级、做强做大。完善拟上规模企业项目库，实行动态管理，对企业培育、材料编制、组织申报实行全程跟踪服务。落实培育规模以上工业企业奖励政策，推动更多企业上规模，培育工业经济发展新动能。

（二）高新企业“翻一番”。实施新一轮高新技术企业倍增计划和树标提质行动。用好科技创新创业发展基金，培育一批拥有自主知识产权和核心技术的高成长性科技企业。强化企业服务，组织专家团队深入企业“一对一”辅导，提高申报高新技术企业认定成功率。力争今年全市高新技术企业存量达到200家、国家科技型中小企业评价入库230家以上。

（三）上市企业“零的突破”。目前，河源市有163家企业在区域股权交易中心挂牌、6家企业在新三板挂牌、1家企业报IPO会审，110家企业纳入上市（挂牌）企业后备资源库，但是尚无一家A股上市企业。日前，张新副省长在市政府相关报告文件上批示，要求省有关部门大力支持河源企业A股上市工作。我们要以此为契机，深化与上交所、深交所及各证券机构的合作，发挥好前海、广东股权交易中心（河源运营中心）的作用，进一步优化和完善上市后备企业库，积极为企业上市提供培育、股改、融资等服务，力争年内A股上市企业实现零的突破。

（四）中小微企业“亲帮强”。今年以来受疫情影响，很多中小微企业面临前所未有的压力。我们对中小微企业要关爱保护。一是要“亲”。要构建亲清型政商关系，建立健全规范化、机制化政企沟通渠道，规范政商交往行为，健全领导干部常态化联系服务企业制度，与企业家同舟共济、共克时艰，提振企业发展信心。积极弘扬企业家精神，引导企业家扎根河源投资兴业，不断提升开拓创新、诚信守法、社会担当水平。二是要“帮”。全面落实支持中小企业共渡难关17条等11个政策文件，多渠道降低企业用地、用电、租金等成本，解决企业用工、融资等痛点难点问题，帮助中小微企业和个体工商户克服疫情影响、渡过难关。三是要“强”。优化鼓励商贸企业上限奖补政策，支持企业做大做强，着力培育一批优质品牌商贸企业。鼓励建筑业企业晋升资质和打造优质工程，对成功晋升施工总承包特级资质的本地企业、获得“鲁班奖”“詹天佑奖”等本地企业给予奖励。鼓励中央、省、外市建筑业企业在我市设立子公司。

四、突出城乡融合平台，着力打造增长引擎

推动都市经济和县域经济错位发展、联动发展、协调发展，全面提升城市化质量和城镇现代化水平。

（一）推进把江海联运、综合保税区、市高新区打造成为支撑河源未来产业高质量发展功能平台工作。依托综合保税区、东江航道与“双区”构建更高水平的互联互通，以市高新区为主平台，引领全市产业园紧密对接大湾区产业布局。加快市高新区“二次创业”，推进中央活力区、智慧园区建设，启动创建国家知识产权试点园区；推进深河特别合作区试验区建设，确保一期项目年底前全面建成并招商进驻，全面启动深河特别合作区规划建设；进一步做大产业堆头、提高产业层次，真正成为带动全市产业转型升级、提档增速的龙头。

（二）推进把高铁新城综合枢纽、江东新区打造成为撬动河源未来城市高质量发展区域平台工作。加快高铁新城重要综合交通枢纽和江东新区发展核心区建设，以“三江六岸”为纽带，撬动3000多平方千米的现代河源城市发展。加快“深河科技园”规划建设。推进赣深高铁河源东站综合交通枢纽工程、市政配套设施项目，推动高铁新城和发展核心区综合体等项目建设。加快生态景观长廊、生态环保城市会客厅、智慧滨江公园项目实施，推进文博新城、科创城等项目落地建设。

（三）推进把灯塔盆地打造成为引领河源未来农业农村高质量发展综合平台工作。在省委、省政府大力支持下，创建国家农高区工作正在有序有效推进；农高区管委会（筹）已经进入报批程序，有望在近期获批复；省政府已同意启动岭南现代农业科学与技术广东省实验室灯塔盆地分中心建设、启动粤赣高速顺天出口等交通基础设施建设；东江流域水安全保障提升工程的主体工程“两库”连通工程已经由省水利厅牵头进入深化论证阶段，项目子工程灌区改造提升项目年内可启动实施。我们要乘势而上，全力推进灯塔盆地创建国家农高区和省级综合型现代农业产业园，深河、广河共建现代农业产业园，高标准把灯塔盆地建设成为示范广东、领先全国、面向世界的现代农业示范区，引领河源未来农业农村高质量发展。确保年底前水田垦造2000亩（133.33公顷）项目完成和灌区改造提升项目动工建设。

（四）推进把县域经济打造成为全市经济发展新增长极工作。各县要结合各自区位优势、资源禀赋和产业基础，强化基础设施建设和产业发展带动，加快县域经济发展壮大。围绕促进公共服务设施提标扩面、环境卫生设施提级扩能、市政公用设施提档升级、产业培育设施提质增效等领域，加快补短板强弱项，全面提升县城发展质量和水平。要以推进东源县国家新型城镇化示范建设为引领，打造一批特色化、品质化、高质量发展的县城和中心镇。推进源城创意特色小镇、和平热水绿谷康养创新小镇、连平忠信商贸小镇等高质量发展。力争灯塔盆地核心区、东源县船塘镇、紫金县蓝塘镇纳入省级城乡融合试点。

五、突出改革创新动力，着力破解发展瓶颈

坚定不移用好改革开放“关键一招”，坚定不移实施创新驱动战略，坚持运用改革创新的办法破解发展难题。

（一）积极创新强内力。加快推动河源深大湾区研究院、河源广师大研究院等平台建设，推动30%以上的规上工业企业建立研发机构，新增省级以上研发机构10家，逐步提升R&D投入占GDP比重。推进深河金地创谷、市高新区港澳青年创新创业基地等孵化器、众创空间建设。推动鹏城实验室河源节点项目和河源数字经济技术创新中心尽快落户。依托国家、省有关人才工程，引进国内外高端创新创业人才和团队。

（二）招商引资聚外力。创新招商机制和模式，精心组织2020年现代农业、现代制造业等主题经贸活动和深圳、佛山等城市招商推介会，围绕发展先进制造业、现代农业和完善城市功能等，着力引进一批好项目、大项目。全面跟踪落实好近年来系列招商引资成果，对签约未履约项目情况进行督查，全力推动项目落地动工、竣工投产、发挥效益。

（三）深化改革激活力。继续深化“放管服”改革，进一步加大对江东新区、市高新区、灯塔盆地管委会的放权力度，着力打造政策高地。加快推进信息技术与改革融合，深化商事制度、项目审批、“证照分离”全覆盖试点改革，推进“数字政府”建设，提高政务服务能力。全面开展“优化营商环境攻坚年”活动，提升营商环境的市场化、法治化、便利化和国际化水平。

（四）创新机制成合力。充分发挥政府投资的引导作用，按照“项目跟着规划走、要素跟着项目走”的要求，加快建立发改+财政、国土、国资的“1+3”重大项目联动机制，引导资金、土地等各类要素协同向重大项目、重大工程、重大平台集聚。一是健全重大项目建设指挥部和重大项目专班工作机制；落实一月一次的重点项目和债券项目建设落后县区现场会、重点考核评比通报工作县区长座谈会等制度；加强建筑业投资和产值统计，所有投资要转化成有效固投入统尽统。二是研究出台财政强化服务政府投资职能工作方案，努力争取上级新增地方政府债券资金，用好特殊转移支付和抗疫特别国债，积极筹措政府投资项目前期启动资金，优先支持重大基础设施建设和产业发展。三是研究出台强化土地要素和规划保障工作方案，加大存量挖潜力度，盘活工业园区闲置用地和厂房，从“要指标”到“挣指标”转变，争取更多的有效批次用地计划指标，提高用地审批工作效率。四是研究出台市属国企市场化投融资改革实施方案，发挥政府和社会资本合作模式、基础设施领域不动产投资信托基金等投融资政策工具作用，聚焦基础性、公共性、平台型、引领性等行业领域，打造市属国有“大城建”“大交通”“大产业”等重点平台产业。

六、突出人民幸福方向，着力筑牢民生保障

加强普惠性、基础性、兜底性民生建设，提升社会事业发展水平，加快打造人民幸福“心城”。

（一）确保同步全面小康。全面完成脱贫任务，巩固和扩大扶贫成果，做好考核验收工作。继续推进产业扶贫、消费扶贫、社会扶贫，深化对口帮扶协作，建立防止返贫监测和帮扶机制，高质量打赢脱贫攻坚战。积极做好脱贫攻坚与乡村振兴工作的有效衔接。大力实施“千企帮千村”行动。深入开展农村人居环境整治“百日行动”，今年底前所有自然村完成基础整治任务，80%以上村庄达到干净整洁村标准、40%以上行政村达到美丽宜居村标准，全面完成省下达的“三清理三拆除三整治”任务。扎实推进美丽乡村示范县、镇、村创建工作，因地制宜建设“四小园”，打造一批特色精品村。全面推进农村综合改革，做好农村集体产权制度、土地股份合作制、承包地经营权流转奖补等改革试点工作。

（二）优化基本教育服务。积极创建广东省推进教育现代化先进市，全面提高教育发展质量。新建改建15所公办幼儿园和普惠性幼儿园，确保实现“5080”目标。新建扩建义务教育学校26所，增加义务教育学位2.8万个。规划建设66所农村义务教育寄宿制学校，努力实现农村初中寄宿制学校全覆盖。推动市教师发展中心和青少年宫、河源中学新校区、市田家炳实验中学新校区、市中小学生综合实践基地等项目建设。确保广师大如期开学。推动河源护理职业技术学院筹建工作，规划新建1至2所中等职业技术学校。

（三）完善文化卫生服务。推进公共文化基础设施和服务体系建设，力争年底市县（区）图书馆、文化馆达到国家二级馆以上标准，乡镇（街道）综合文化站达到省二级站以上标准。落实常态化疫情防控工作。深河人民医院建设年底完工，力争市人民医院三期、市疾控中心迁建、市精神卫生中心二期、市妇女儿童医疗中心等项目年内动工建设。年内建成1个紧密型县域医共体，完成县级公立医院新建项目的主体工程，完成49间村卫生站公建规范化建设。争取省在我市布局区域性医疗中心，加快补齐新冠肺炎疫情暴露出来的公共卫生设施短板。加强医院重症医疗科、感染性疾病控制科和市级应急物资储备体系建设，完善重大疫情医疗救治费用保障机制，提高突发公共卫生事件应急处置能力。

（四）提升兜底保障服务。大力实施“粤菜师傅”“广东技工”“南粤家政”工程，今年建成人力资源服务产业园、“南粤家政一条街”和农村电商服务中心，明年初建成“粤菜师傅一条街”。全年新增城镇就业2.5万人，城镇登记失业率控制在3%以内。提高低保、特困人员供养、孤儿基本生活保障和残疾人两项补贴水平，对受疫情影响无保障人员纳入临时救助范围。落实社保费减免政策，提高社保医保覆盖面，实现城乡居民社会养老保险参保率达99%以上。

同志们，加快“示范区”“排头兵”“两个河源”建设，事关全局、责任重大。要坚决贯彻落实习近平总书记、党中央和省委各项工作部署，按照市委红都同志全会报告的要求，统筹推进疫情防控和经济社会发展，做好安全生产和防灾减灾等工作，振奋精神、勇于担当、真抓实干，努力争取全年经济社会发展好成绩，奋力推动“示范区”“排头兵”“两个河源”建设全面提效破局、努力构筑新局。

大事记

编辑：黄书伟

1月

3日 河源市七届人大常委会第四十二次会议选举张义珍、林涛为省十三届人大代表。

6日 河源市海外联谊会第五届会员大会召开。

△ 河源市退役军人培训基地举行揭牌仪式。

9日 中国共产党河源市第七届委员会第九次全体会议在河源市区召开。市委书记丁红都作工作报告，市长林涛就经济工作作具体部署。

△ 省政协主席王荣率省慰问团到河源市看望慰问困难职工、困难老党员和劳动模范。

21日 市政府召开全市新型冠状病毒肺炎疫情防控工作电视电话会议，传达贯彻习近平总书记对新型冠状病毒感染的肺炎疫情防控工作重要指示精神、李克强总理批示精神以及国家和省有关会议精神，部署河源市防控工作。

22日 市卫生健康局公布《河源市新型冠状病毒肺炎定点救治医院名单》。

25日 河源市新型冠状病毒肺炎疫情防控工作领导小组发布《关于加强新型冠状病毒肺炎疫情防控工作的通告》。

26日 河源市在5个省级春运执勤服务点及高速路口设立人员健康监测点，对进粤和进市人员测量体温，在市汽车客运总站、河源火车站设立旅客体温检测点为旅客测体温。

27日 全省新型冠状病毒肺炎疫情防控宣传引导工作电视电话会议结束后，河源市随即召开会议部署新型冠状病毒感染的肺炎疫情防控宣传相关工作。

28日 河源市首例新型冠状病毒感染的肺炎病例确诊，为输入性病例，在市人民医院隔离治疗。追踪到其密切接触者22人并实施隔离医学观察。

29日 市新型冠状病毒肺炎疫情防控工作指挥部办公室发布《关于在我市公共场所实施佩戴口罩控制措施的通告》《关于延迟我市企业复工和学校开学时间的通告》。

是月 连平县获评全国“七五”普法先进县。

△ 市公安局出入境智慧办证大厅启用，市民可自助办证。

△ 河源警保合作轻微交通事故远程处理中心正式运行。

△ 东源县漳溪畲族乡群星村获广东省“2019年度最美乡村”称号。

△ 河源市区市民可以通过微信、银联卡闪付、美团电子公交卡、支付宝电子公交卡等方式实现扫码乘车。

△ 源城区高埔岗街道入选首批广东省旅游风情小镇名单。

△ 龙川县获国家级农村职业教育和成人教育示范县称号。

△《中国共产党河源市历史（1988—2012）》出版发行。

△ 河源地区首例3D胸腔镜下肺癌切除手术在市人民医院实施。

△ 团市委举办第十届希望工程南粤会亲——深圳潮创会微笑基金·河源会亲活动。

△ 河源中学高三学生创作的歌曲《这个冬天》，呼吁市民拒绝食用野生动物。

△ 河源市区各大LED屏幕滚动播放防控新型冠状病毒科普宣传片。

2月

2日 科逸家居设备（龙川）有限公司参与生产的第三批整体浴室构件运抵正在建设中的湖北武汉火神山医院、雷神山医院。

△ 市新型冠状病毒肺炎疫情防控指挥部办公室发出《关于延迟疫情重点地区有关人员返回河源时间的通告》。

3日 市委常委会、市新型冠状病毒感染的肺炎疫情防控工作领导小组召开会议，传达贯彻中共中央《关于加强党的领导、为打赢疫情防控阻击战提供坚强政治保证的通知》和省委《关于深入贯彻落实习近平总书记重要批示精神加强党的领导团结带领人民群众构筑群防群治严密防线的通知》精神。

△ 市教育局发出《致全市学生（学生家长）的一封信》《致全市教职员工

的一封信》，就学校和师生进一步做好新型冠状病毒肺炎疫情防控工作以及新学期延迟开学期间加强学生学习指导等问题进行解答。

△ 即日起至2月9日，河源市区部分公交线路暂停运行。

△ 河源市指定8家酒店作为湖北籍滞留旅客接待酒店。

4日 副省长陈良贤率队到广州、河源调研新型冠状病毒感染的肺炎疫情防控和春运保畅工作，先后实地察看大广高速省界连平联合检疫站、京港澳高速瓦窑岗服务区、广州南站等。

5日 市新型冠状病毒肺炎疫情防控工作领导小组（指挥部）召开会议，研究部署全市疫情防控及医疗防控物资调配、企业复工复产、学校开学复课准备等工作。

△ 18时起，粤赣高速上陵停车区、城南停车区实行双向封闭。

△ 市教育局发布《疫情防控期间加强对学生学习指导辅导工作的实施方案》。

6日 《河源市支持企业共渡难关17条政策意见》出台。

7日 市委常委会、市新型冠状病毒感染的肺炎疫情防控工作领导小组（指挥部）召开会议，传达学习习近平总书记在中央全面依法治国委员会第三次会议上的重要讲话精神，部署推动依法防控新型冠状病毒肺炎疫情和依法治市工作。

△ 河源市新增2例新型冠状病毒肺炎确诊病例，均在市人民医院隔离治疗。

△ 市新型冠状病毒肺炎疫情防控指挥部办公室发布《关于进一步加强社区和农村疫情防控工作的通告》。

△ 由市政务服务数据管理局牵头开发的“守护槎城”预约购买口罩微信小程序上线。

△ 河源市镇街首个党员医生线上义诊平台——源城区东埔街道办的健康东埔新型冠状病毒感染的肺炎疫情防控党员医生在线义诊平台上线。

8日 河源市源城区市场监督管理局发布公告，吊销河源市源城区意达利披萨冷饮店“营业执照”和“食品经营许可证”。

9日 市新冠肺炎疫情防控工作领导小组（指挥部）召开会议，再次对以网格化管理落实社区及农村新冠肺炎疫情防控工作进行部署。

△ 河源市首支援助湖北医疗队15名医护人员在广州乘飞机赴湖北。

△ 0时起，临时封闭大广高速公路隆街北和隆街南收费站。

10日 河源市首例确诊新冠肺炎病例治愈出院。

11日 市新冠肺炎疫情防控工作领导小组（指挥部）召开会议，学习贯彻落实习近平总书记在北京市调研指导新冠肺炎疫情防控工作时的重要指示批示精神。

△ 河源市第二支支援湖北医疗队17名医护人员在广州乘飞机前往湖北。

△ 市直工委组织3321名党员、公职人员到市区6个街(镇)36个社区开展新冠肺炎疫情防控工作。

△ 由团市委组建、共有66名青年党员志愿加入的河源市青年党员抗击新冠肺炎疫情突击队成立。

12日 市新冠肺炎疫情防控领导小组（指挥部）召开全市视频会议，传达贯彻省新冠肺炎疫情防控工作领导小组（指挥部）视频会议精神。

△ 市委书记、市人大常委会主任丁红都到东源县的社区、农村检查督导新冠肺炎疫情防控工作以及党员干部、人大代表、政协委员参与社区疫情防控工作的落实情况。

△ 龙川县公安局出动无人机在人员密集场所宣传新冠肺炎疫情防控知识。

13日 市新冠肺炎疫情防控工作领导小组（指挥部）召开会议，听取市防控工作指挥部办公室工作情况、全市疫情防控动态情况、企业复工复产和疫情 防控情况以及重点项目开工准备情况汇报。

△ 市委书记、市人大常委会主任丁红都到市高新区，检查督导企业复工复产及新冠肺炎疫情防控工作。

14日 市委书记、市人大常委会主任丁红都到市应急管理局调研。

△ 河源市人大常委会发出《关于贯彻实施〈广东省人民代表大会常务委员会关于依法防控新型冠状病毒肺炎疫情切实保障人民群众生命健康安全的决定〉的通知》。

15日 市委书记、市人大常委会主任丁红都到源城区的药店、超市、社区、福利院、重点项目建设现场等地检查新冠肺炎疫情防控工作。

16日 市新冠肺炎疫情防控工作领导小组（指挥部）召开会议，听取市新冠肺炎疫情防控工作指挥部办公室工作情况以及市卫生健康局疫情防控专业指导工作情况汇报。

△ 市委书记、市人大常委会主任丁红都到市区商务楼宇、公厕、垃圾中转站等场所，检查督导公共场所新冠肺炎疫情防控工作。

△ 河源市推动企业复工复产和重点项目建设工作会议召开。

17日 河源市首例新冠肺炎确诊病例的25名密切接触者全部解除医学隔离观察。

18日 河源数据中心正式对外提供服务。这是华南地区规模最大的绿色数据中心，可为华南地区上百万个企业客户提供领先的云计算、人工智能、物联网等服务。

19日 市委常委会暨市新冠肺炎疫情防控工作领导小组（指挥部）召开会议，传达贯彻习近平总书记在中央政治局常委会研究应对新型冠状病毒肺炎疫情工作时的重要讲话精神和在中央全面深化改革委员会第十二次会议上的重要讲话精神，传达贯彻国务院疫情联防联控工作机制第十八指导组在河源考察指导时的指示精神，传达贯彻省委书记李希在省委常委会暨省新冠肺炎疫情防控工作领导小组（指挥部）会议上的讲话精神。

20日 市新冠肺炎疫情防控工作领导

小组（指挥部）召开会议，研究部署河源市贯彻落实《广东省应对新型冠状病毒肺炎疫情分区分级防控工作指引（试行）》有关工作。

21日 河源撤销在省际公路（含高速公路、国省道、农村公路）、高速公路出口、重要公路等设置的交通联合检疫站和体温检测点。

△《河源市新冠肺炎疫情防控期间保障重大项目复工若干措施》印发。

22日 河源峰德机械科技有限公司紧急生产的100张病床准时发往武汉亚心总医院。

24日 东源、连平两地法院借助远程提审系统等开庭手段，对3起涉及新冠肺炎疫情防控犯罪案件进行公开审理并当庭作出宣判。

△ 河源有2名确诊新冠肺炎患者治愈出院。

25日 市委常委会召开扩大（视频）会议，学习贯彻习近平总书记在统筹推进新冠肺炎疫情防控和经济社会发展工作部署会议上的重要讲话精神，落实省委常委会扩大（视频）会议要求。

26日 河源又有1名确诊新冠肺炎患者治愈出院。

27日 市新冠肺炎疫情防控工作领导小组（指挥部）召开会议，传达学习中央政治局常务委员会会议精神、习近平总书记对全国春季农业生产工作重要指示批示精神，学习贯彻省委省政府《关于统筹推进疫情防控和经济社会发展工作的若干措施》，研究部署河源市贯彻意见。

△ 市委书记、市人大常委会主任丁红都到连平县的企业、农村调研检查新冠肺炎疫情防控、复工复产、乡村振兴、精准扶贫工作情况。

是月 市生态环境局先后出台《关于进一步加强医疗废物环境管理工作的通知》《关于进一步加强新型冠状病毒感染的肺炎疫情医疗废物环境管理工作的通知》《河源市生态环境局关于印发〈河源应对新型冠状病毒疫情医疗处置应急预案〉的通知》。

△ 河源市医保局对新冠肺炎感染者治疗取消住院起付标准；对确诊和确认疑似患者，其在医疗机构门诊、住院诊疗中所使用药品和医疗服务项目所发生的医疗费用，全部纳入医保基金支付范围，个人自付部分由各级财政跟定点医疗机构结算。

△ 河源市区设置2200个废弃口罩专用回收桶，设立10个废弃口罩中转站处置点，实行集中回收废弃口罩，统一处理。

△ 市住建局印发《关于进一步加强农村生活垃圾处理工作的通知》。

△ 市人社局针对节后企业复工务工人员返岗带来的新冠肺炎疫情防控风险，采取“五步工作法”，做好复工返岗前期准备工作。

△ 市林业部门加大野生动物的检查监测力度，实施封控隔离，禁止转运贩卖。

△ 市人民医院部分门诊停诊，同时开通网上免费诊疗服务。

△ 河源全市宗教场所暂时关闭，暂停所有集体宗教活动。

△《河源市农村疫情防控工作指引20条》出台。

△ 市教育局发布《新型冠状病毒肺炎疫情防控期间河源市中小学教师工作指引》。

△ 市公安局交警部门联合市卫健局等部门在河源市高速公路、国道等进入河源市路口，利用“鹰眼”车辆缉查系统，迅速排查新型肺炎疫情重点地区返乡车辆及人员。

△ 市粤运绿都公交公司在每辆公交车内张贴实名乘车码，乘客乘坐公交车须实名登记，以便及时对疑似新冠肺炎患者行程轨迹进行有效追溯。

△ 市教育局发布《关于做好新型冠状病毒感染的肺炎疫情防控期间教育系统心理支持工作的通知》。

△ 市检察机关依法提前介入涉新型肺炎疫情犯罪案件，涉疫情案件优先办理快捕快诉。

△《河源市生态环境部门在新冠肺炎疫情防控期间支持企业复工复产的若干措施》出台。

△《河源市支持受疫情影响农业生产九条措施》出台。

△《河源市人民政府关于全力减小疫情影响确保贫困户如期实现脱贫的指导意见》出台。

△《河源市支持受疫情影响相关商贸服务业企业八条措施》出台。

△ 河源市法律援助处被授予全国法律援助工作先进集体称号；连平县司法局元善司法所所长何庚萍被授予全国法律援助工作先进个人称号；紫金县公共法律服务中心、广东东江司法鉴定所被授予全国公共法律服务工作先进集体称号；广东盈美律师事务所律师李永才、市公证处负责人袁小玲被授予全国公共法律服务工作先进个人称号。

△《河源市全力减少疫情影响　确保贫困户如期实现脱贫的指导意见》出台。

3月

1日 河源市富山兄弟农业发展有限公司向紫金县蓝塘镇贫困学生捐赠553台学习专用的平板电脑，供贫困学生网上学习。

△ 市汽车客运总站除潮汕地区市际班线外，其余县际、市际和省际班车全部复班。

2日 市委常委会暨市新冠肺炎疫情防控工作领导小组（指挥部）召开会议，传达学习省委常委会暨省新冠肺炎疫情防控工作领导小组（指挥部）有关会议精神和省委《关于统筹推进新冠肺炎疫情防控和经济社会发展工作的若干措施》精神，研究疫情防控和经济社会发展工作。

4日 市政府召开常务会会议，传达学习贯彻省委、省政府《关于统筹推进新冠肺炎疫情防控和经济社会发展工作的若干措施》精神。

5日 市新冠肺炎疫情防控工作领导

小组（指挥部）召开会议，传达学习贯彻习近平总书记在北京考察新冠肺炎疫情防控科研攻关工作时的重要指示精神，传达学习省委常委会暨省新冠肺炎疫情防控工作领导小组（指挥部）会议精神，研究部署统筹推进河源市疫情防控和经济社会发展工作。

6日 市七届人大常委会召开会议，任命刘渤为河源市人民政府副市长；任命方明为河源市监察委员会副主任，并代理主任职务。

9日 市委常委会召开会议，传达学习贯彻习近平总书记在决战决胜脱贫攻坚座谈会上的重要讲话精神，学习省委常委会会议精神，对河源市脱贫攻坚工作再动员、再部署。

10日 河源市组织收听收看全国、省森林草原防灭火工作电视电话会议，随后召开会议贯彻落实全国、省会议精神。

12日 市新冠肺炎疫情防控工作领导小组（指挥部）召开会议，听取河源市新冠肺炎疫情防控特别是境外疫情输入防控工作情况汇报，研究、部署全市疫情防控和经济社会发展工作。

13日 市委常委会暨市新冠肺炎疫情防控工作领导小组（指挥部）召开会议，传达学习习近平总书记在湖北武汉考察新冠肺炎疫情防控工作时的重要指示精神，学习贯彻省委常委会暨省新冠肺炎疫情防控工作领导小组（指挥部）有关会议精神，研究河源市贯彻落实意见。

16日 省长马兴瑞到河源市就深入贯彻习近平总书记重要讲话和重要指示批示精神，落实中央和省有关部署要求，统筹推进新冠肺炎疫情防控和经济社会发展、坚决打赢脱贫攻坚战进行调研。

18日 河源市决战决胜脱贫攻坚推进会召开。会议持续学习贯彻习近平总书记在决战决胜脱贫攻坚座谈会上的重要讲话精神，落实全省决战决胜脱贫攻坚推进会精神和省委书记李希讲话精神、省长马兴瑞到河源调研指示精神，分析当前形势，克服新冠肺炎疫情影响，对决战决胜脱贫攻坚进行再动员、再部署、再落实，确保与全国全省同步全面建成小康社会。市委书记、市人大常委会主任丁红都出席会议并讲话，市长林涛主持会议。

19日 市委常委会暨市新冠肺炎疫情防控工作领导小组（指挥部）召开会议，深入学习贯彻习近平总书记关于统筹推进疫情防控和经济社会发展工作的一系列重要讲话和重要指示批示精神，传达省长马兴瑞在河源调研时的批示精神，听取新冠肺炎疫情对河源市经济运行影响情况汇报，研究部署下一步工作。

△ 市委全面深化改革委员会第五次会议召开，传达学习省委全面深化改革委员会第六次、第七次会议精神，审议有关改革文件，听取改革专项小组工作情况汇报，部署2020年重点改革工作任务。

20日 市新冠肺炎疫情防控工作领导小组（指挥部）召开会议，研究部署恢复社区（村）居民正常生活秩序和新冠肺炎疫情防控工作。

△ 市委、市政府举行仪式，迎接两批32名河源支援湖北医疗队队员回到河源。

25日 赣深高铁广东先行标重难点控制性“咽喉”工程——横岭隧道实现全面贯通。

26日 市四套班子领导到市区客家文化公园参加义务植树活动。

27日 市委常委会召开会议，学习贯彻落实习近平总书记关于科技创新的重要论述精神，传达学习全省科技创新大会精神。

28日 即日起凡14天内从湖北到河源人员和境外来河源人员，必须领取“粤康码”，如实填写近期居住地址和详细居住住址。

29日 河源市清明期间新冠肺炎疫情防控和安全防护工作视频会议召开。

30日 市委常委会暨市新冠肺炎疫情防控工作领导小组（指挥部）召开会议，传达学习贯彻习近平总书记在中央政治局会议和二十国集团领导人应对新冠肺炎疫情特别峰会上的重要讲话精神。

31日 河源市召开清明期间网格化管理工作会议，传达省、市有关会议精神，部署清明期间新冠肺炎疫情防控社区网格化工作。

是月 《河源市直小学课后服务费（午休）定价方案》出台。

△ 市政府发布《河源市进一步稳定和促进就业若干政策措施》。

△ 《河源市支持受疫情影响农业生产九条措施》出台。

△ 市委、市政府出台《统筹推进疫情防控和经济社会发展的若干措施》。

△ 市人民医院援助湖北医疗队所属的广东第十一批医疗队被授予全国卫生健康系统新冠肺炎疫情防控工作先进集体称号。

△ 深圳对口帮扶河源指挥部发布《关于应对新冠肺炎疫情支持共建产业园区企业复工复产健康发展的指导意见》。

△ 《河源市应对新冠肺炎疫情支持文旅企业十条政策措施》出台。

△ 由广东省妇女儿童基金会主办，中意公益基金会支持的“爱心家庭+留守儿童”公益项目在东源县船塘镇启动。

△ 河源市图书馆被推选为中国图书馆学会2019阅读推广星级单位。

△ 《河源市既有住宅增设电梯暂行管理办法》印发。

△ 河源市政府分别向友好城市韩国安城市、意大利费拉拉市捐助2万个医用口罩的防疫物资。

4月

2日 市政府召开视频会议，部署清明期间新冠肺炎疫情防控和安全防护工作。

4日 河源市暂停清明期间群众性祭

扫活动。

△ 河源市升国旗的场所、机构和单位均下半旗志哀，悼念在抗击新冠肺炎疫情中牺牲的烈士和逝世的同胞。

8日 东源县通过网络直播的方式举办2020年春季产业项目集中签约动工活动，项目合同投资总额81.9亿元。

9日 市委常委会暨市新冠肺炎疫情防控工作领导小组（指挥部）召开会议，传达学习习近平总书记关于“三农”工作的重要指示精神、关于新冠肺炎疫情防控工作的重要讲话和重要指示精神，研究部署河源市贯彻落实意见。

△ 河源市灯塔盆地国家现代农业示范区举办2020年春季农业经贸活动，集中签约15个产业项目，投资总额达65亿元。

△ 河源市报告1例境外输入关联疑似病例转为新增新冠肺炎确诊病例。

10日 中共河源市七届纪委五次全会召开。市委书记、市人大常委会主任丁红都出席会议并讲话，市长林涛传达十九届中央纪委四次全会和十二届省纪委五次全会精神。

19日 河源市召开2020年春季学期学生返校工作部署电视电话会议。

21日 河源市打赢污染防治攻坚战工作推进会召开。

24日 市委常委会暨市新冠肺炎疫情防控工作领导小组（指挥部）召开会议，传达省委常委会暨省新冠肺炎疫情防控工作领导小组（指挥部）有关会议精神、全省统筹推进新冠肺炎疫情防控和经济社会发展工作会议精神。

27日 河源市统筹推进新冠肺炎疫情防控和经济社会发展工作会议暨实施乡村振兴战略工作现场会召开，深入学习贯彻习近平总书记关于统筹推进疫情防控和经济社会发展工作重要讲话、关于“三农”工作重要论述精神，贯彻落实省有关会议精神。

△ 副省长陈良贤到河源市调研“四好农村路”建设和“五一”交通保畅工作，现场察看东源县的农村公路和紫金桥重建工程。

△ 河源市第一批6万余名高三、初三学子返校上课。市粤运绿都公交公司为市区、东源县城返校学生开通返校复学校园专线。

28日 河源市2020年春季经贸活动结束，全市共签约项目98个，计划投资总额491.89亿元；动工投产项目124个，计划投资总额712.42亿元。

29日 2020年省属国企考察河源活动举行，17家省属国企到河源考察。

△ 市政府召开全市“五一”期间新冠肺炎疫情防控和安全生产电视电话会议。

30日 市委常委会暨市新冠肺炎疫情防控工作领导小组（指挥部）召开会议，传达学习习近平总书记在陕西考察时的重要讲话精神和4月29日在中央政治局常委会会议上的重要讲话精神。

是月 市委常委会暨市新冠肺炎疫情防控工作领导小组（指挥部）召开会议，传达学习贯彻习近平总书记在浙江考察时的重要讲话精神。

△ 河源市博物馆与中国联通河源分公司联手举办首场“探秘远古河源的恐龙世界”的5G直播文旅互动活动。

△ 河源市集结号龙川教育基地、勤诚达镜花缘环境教育基地被评定为广东省环境教育基地。

△ 河源市区个体工商户用水价格和非居民用气价格下调。

△ 河源市全面推广使用“粤康码”，提升基层查验和大数据新冠肺炎疫情防控效率。

△ 源城区光明学校免除在该校就读的1名河源市援鄂医护人员孩子一年的学费。

△ 市人大常委会发出通知，要求全市各级各部门贯彻落实《全国人民代表大会常务委员会关于全面禁止非法野生动物交易、革除滥食野生动物陋习、切实保障人民群众生命健康安全的决定》《广东省野生动物保护管理条例》，全面禁止和惩治非法野生动物交易行为，革除滥食野生动物陋习。

△ 市第二小学入选第二批广东省青少年科技教育创新团队名单。

△ 《河源市2020年春季学期学生返校疫情防控工作方案》发布。

△ 河源8家核酸检测实验室投入使用。

△ 市住建部门通过河源市工程建设项目审批管理系统平台为和平县教育局签发河源市首张施工许可证电子证照。

5月

5日 “五一”假期，河源市共接待游客31.84万人次，实现旅游收入约1.4亿元。

8日 市委书记、市人大常委会主任丁红都会见中铁隧道局集团党委书记、董事长于保林一行。

9日 市委常委会暨市新冠肺炎疫情防控工作领导小组（指挥部）召开会议，学习贯彻习近平总书记在中央政治局常委会会议上的重要讲话精神，传达学习省委常委会暨省新冠肺炎疫情防控工作领导小组（指挥部）有关会议精神。

11日 河源市中学的高二、初二；小学的五至六年级共逾17万名学生返校复课。

12日 市委常委会在灯塔盆地召开会议，举全市之力推动灯塔盆地加快建设发展。

△ 河源市中学的高一、初一及小学的三至四年级约17万名学生返校复课。

13日 2020年河源市创建全国文明城市工作推进会召开，省文明办副主任吴祖清到会指导。

△ 河源市防范化解重大风险工作会议召开，学习贯彻习近平总书记关于防范化解重大风险的重要论述，全面贯彻落实全省防范化解重大风险工作会议精神。

△ 市委书记、市人大常委会主任丁红都和市长林涛会见河源市的全国人大

代表。

15日 2020年河源市都市经济之城市建设项目招商推介会在市区举行，现场12家企业签订投资意向协议。

△ 市委常委会召开会议，传达学习习近平总书记在中央全面深化改革委员会第十三次会议上的重要讲话精神、对新时代青年的寄语精神。

△ 龙川县人民医院急诊科护士长曾巧红家庭入选2020年全国抗疫最美家庭名单。

18日 河源市小学一至二年级17万余名学生返校复课。

19—20日 政协河源市七届四次会议召开，黄添胜、刘振林当选市政协副主席。

20日 市教育局发布《关于调整河源市中小学2020年春季学期校历的通知》。

20—21日 河源市七届人大七次会议召开，选举徐先龙为市人大常委会副主任，方明为市监察委员会主任。

21日 河源市召开县（区）委书记会议，深入学习贯彻习近平总书记关于统筹推进新冠肺炎疫情防控和经济社会发展工作重要讲话和重要指示批示精神，研判形势、分析问题，全力以赴推进经济社会加快发展。

22日 市委常委会暨市新冠肺炎疫情防控工作领导小组（指挥部）召开会议，学习习近平总书记在中央政治局会议和在山西调研时的重要讲话精神，传达学习省委常委会有关会议精神。

△ 河源市“三防”工作视频会议召开。

△ 河源市在万绿湖举行渔业增殖放流活动，472.5万尾鱼苗被放流到万绿湖。

27日 河源市在江东新区梧桐山连片松林林区通过飞机喷药的方式进一步遏制松材线虫病传播。

28日 市政府党组召开会议，传达学习贯彻习近平总书记在5月15日中央政治局会议上的重要讲话精神、在山西考察调研时的重要讲话精神、在5月14日中央政治局常委会会议和在党外人士座谈会上的重要讲话精神。

△ “城乡少年手拉手，幸福小康共成长”少先队“六一”主题队日省级主场活动在深圳和河源两地举行。省委副书记、深圳市委书记王伟中出席深圳会场活动，并与河源少先队员代表视频连线交流。

29日 市委常委会召开会议，学习贯彻习近平总书记关于全面从严治党的重要论述精神和中办《党委（党组）落实全面从严治党主体责任规定》精神。

△ 市委常委、统战部部长叶少军看望、慰问河源市优秀科技工作者代表。

是月 市教育局发布《新冠肺炎疫情防控期间河源市中小学校体育与健康教育教学指引》。

△ 河源市紫金提线木偶戏传承人钟荫光、龙川杂技传承人张顺利、灯彩（忠信花灯）传承人赖焕清、浦米制作技艺传承人黄准多入选第六批省级非物质文化遗产代表性项目代表性传承人。

△ 河源市和平县的“千年客村·红色和平”历史文化游径、紫金县的河源苏区革命旧（遗）址群红色历史文化游径和河源东江抗日旧址历史文化游径入选第一批广东省历史文化游径名单。

△ 源城区法治文化公园（源城区卫星社区公园）、东源县法治文化公园（东源县东源公园）、和平县法治文化公园（和平县福和公园）入选广东省法治文化主题公园。

△ 河源市2020年起在全市范围内全面试行食用农产品合格证制度。

△ 市博物馆策划的“客家家训书法作品展”入选2020年广东省弘扬社会主义核心价值观展览。

△ 河源市全面推行商品房预售许可证电子证照。

△ 河源市民营企业服务中心暨总商会人民调解委员会揭牌成立。

△《河源市地质灾害综合治理三年行动计划（2020—2022年）》印发。

△ 河源市知识产权协会成立。

6月

1日 市委常委会召开（扩大）会议，传达学习习近平总书记在全国两会上的重要讲话精神和全国两会精神。

△ 市委理论学习中心组举行专题学习会，深入学习习近平总书记关于总体国家安全观的重要论述。

△ “深河共建儿童重症监护中心”揭牌仪式在河源市妇幼保健院举行。

3日 河源市东源县入选全国县城新型城镇化建设示范名单。

12日 市委常委会召开会议，听取河源市“6·10”“6·12”（2019年）灾后复产重建、应急管理体系再造及防汛工作情况汇报。

△ 龙川县贝岭镇米贝村灾后房屋安置小区（米贝新村）落成投入使用，该村57户因灾避让搬迁新居。

△ 河源市举行2020年央企河源座谈会，共有14家央企参加。

17日 市新冠肺炎疫情防控工作领导小组（指挥部）召开视频会议，落实全省新冠肺炎疫情防控工作领导小组（指挥部）电视电话会议部署要求，针对近期国内新冠肺炎疫情防控出现的新情况，研究、部署河源市疫情防控工作。

19日 市委常委会召开会议，传达学习贯彻习近平总书记在宁夏考察时的重要讲话精神、对海南自由贸易港建设作出的重要指示精神，贯彻落实省委常委会会议精神。

20日 即日起电子客票在全国普速铁路推广实施，河源火车站分别在进站口设置6个自助及2个半自助通道，在出站口设置4个自助及1个半自助通道。

22日 市公安机关派出所警务机制改革试点启动，源城公安分局东埔派出所、兴源派出所合并，合并后沿用“东埔派出所”名称，同时下设4个警务室。

23日 省委常委、宣传部部长张福海到定点联系的河源市东源县，调研经济社会发展和文化建设等工作。

△ 河源市首个乡镇综合型应急救援队——东源县灯塔镇综合应急救援队挂牌成立。

24日 河源市城乡建设工作会议召开。

29日 河源市首个乡镇青少年毒品预防教育展厅——东源县灯塔镇青少年毒品预防教育展厅建成揭牌并正式开展。

30日 河源市举行2020年“广东扶贫济困日”活动仪式暨“6·30”活动10周年总结大会，表扬10年来在扶贫济困活动中表现突出的企业、单位和个人。

是月 河源市的蓝康绮、古嘉怡入选2020年广东“新时代好少年”。

△ 河源市江东新区古竹镇越王山度假风景区发现国家二级重点保护野生植物——无叶美冠兰。

△ 连平县九连华森林场、龙川县四都镇黄沙阁村矮岭头种养农民专业合作社入选广东省第七批巾帼林名单。

△ 河源市和平县福楼醒狮文化传播股份有限公司和易达文化艺术（深圳）有限公司河源分公司被命名为第一批广东省妇女手工创业创新基地。

△ 源城区入选第二批广东省全域旅游示范区名单。

△ 深能合和电力（河源）有限公司环保监督工程师宫丽娜入选2020年广东省最美生态环保志愿者。

△ 市区城南污水处理厂入选2020年广东省环保设施向公众开放先进单位名单。

△ 广发银行河源红星路支行被中国银行业协会授予中国银行业文明规范服务四星级网点称号。

△ 省野生稻种质资源保护工作调研组到河源市调研，对2012年在东源县涧头镇长新村发现的一个药用野生稻种群（区域面积近200公顷）进行实地调研，提出在东源设药用野生稻自然保护区。

△ 第127届广交会在网上举办，河源有23家企业参展，展位69个。

△ 河源市在万绿湖龙凤岛码头开展2020年渔业增殖放流活动，共放流鱼苗227万尾。

△ 东源县茶叶产业园、和平县腐竹产业园入选2020年第一批省级现代农业产业园建设名单。

△ 和平腐竹、紫金蝉茶、东源康禾茶等16个农产品入选广东省第三届名特优新农产品名录。

△ 市妇联、市文明办联合授予邓春桃家庭等20户家庭为2020年河源市抗疫最美家庭称号，授予古志奋家庭等10户家庭为2020年河源市十大最美家庭称号，授予张柳琴家庭等25户家庭为2020年河源市最美家庭称号。

△ 端午假期，河源市共计接待入市游客13.51万人次。

△ 《河源市城市生活垃圾分类管理实施方案》出台。

△ 《河源市2020年普通高考安全工作方案》发布，对河源市2020年普通高考新冠肺炎疫情防控、考点考场设施建设、考生心理健康监测和管理等工作进行部署。

△ 河源市东源县实验中学、龙川县车田镇中心小学、紫金县义容中学入选2019年广东省“书香校园”名单；市第三小学教师叶雪娜、深圳中学河源实验学校教师程必胜、紫金县上义中学家长温燕利、河源市第二中学小学部家长李友香、河源市第二小学家长李彦红、河源市中英文实验学校家长张福丹入选2019年广东省“点灯人”校园阅读推广人名单；河源市第二中学小学部钟恩琪、河源市第二小学宋彦宁和孙逸轩入选2019年广东省“阅读之星”名单。

7月

1日 新修订的《河源市推动非户籍人口在城镇落户实施方案》实施，河源市全面放开源城区落户限制。

3日 市委常委会召开会议，传达学习贯彻习近平总书记关于防汛救灾、抗击新冠肺炎疫情、推动民族地区高质量发展等工作作出的重要指示精神和省委常委会会议精神。

6日 河源市新政务服务中心启用。

6—7日 省调研组到河源市调研“南粤家政”工程促进就业工作和“粤菜师傅”工程等实施情况。

7日 广东省老区建设促进会会长陈开枝率调研组到江东新区，就全省推动老区苏区振兴发展工作现场会精神及省委、省政府相关文件精神的贯彻落实情况开展专题调研。

7—8日 河源市共有24997名考生参加2020年普通高等学校招生统一考试。

8日 市快递行业协会和中国邮政集团有限公司河源市分公司签订《邮政快递合作下乡进村框架协议》。

9日 市委常委会召开会议，学习习近平总书记在中央政治局第二十一次集体学习时的重要讲话精神、中央政治局会议精神，传达省委常委会会议精神。

13日 河源市《关于加强市区互联网租赁自行车运营管理工作的通知》发布。

15日 市林业局联合广州市农业农村局、广州市海洋与渔业自然保护区管理站、市农业农村局到河源桂山大鲵自然保护区开展“娃娃鱼”放归野外活动。

16日 国道205线热水至埔前段改线工程动工仪式在市高新区举行。

△ 河源市学前教育“5080”工程攻坚行动暨中小学生防溺水工作电视电话会议召开。

△ 市消费扶贫协会成立大会暨消费扶贫系列活动在深河扶贫服务中心举行。

17日 河源首个贫困村农产品快检中心——源城区埔前镇双头村农产品快检中心揭牌。

△ 河源市民宿行业协会成立。

18日 龙川县在赤光镇瑶坑村示范田首次推广使用无人机直播水稻。

21日 市委召开领导班子专题民主生活会，对彭定邦案作出深刻反思和警示剖析。省纪委常委郑仰楷等到会指导。

22日 河源市高新区举行培匡电子、善霖生态、中准能源项目的集中签约仪式，3个项目总投资3.2亿元。

23日 市委书记、市人大常委会主任丁红都会见中国工程院院士、中科院物理研究所研究员、能源领域专家陈立泉一行。

27日 市委书记、市人大常委会主任、河源军分区党委第一书记丁红都，市长林涛率河源市拥军慰问团赴广州，走访慰问广东省军区、南部战区总医院等部队官兵。省委常委、广东省军区司令员张利明，省军区政委王守信，省军区副政委沈竹君，南部战区总医院院长周学君、政委邹瑜桥与河源市拥军慰问团进行座谈。

30日 河源市创建国家森林城市动员大会召开，省林业局局长陈俊光到会指导。

30—31日 省人大常委会副主任黄业斌率队到定点联系的河源市及东源县调研。

是月 《河源市公共机构生活垃圾分类实施方案》印发。

△ 河源市百搭家政服务有限公司、河源市曾大姐家政服务有限公司、河源市鸿运家庭服务有限公司3家企业入选省级家政服务示范企业，市家庭服务业协会会长许建青获评2019年度广东省家政就业带头人。

△ 东源县丽亮板栗种植专业合作社被命名为第十一批广东省巾帼创业示范基地。

△ 紫金白溪省级自然保护区上榜“广东省自然教育基地”。

△ 2019年度广东省群众文艺作品评选结果，和平县的民俗舞蹈作品《墩头蓝》获舞蹈类一等奖，小戏《偷米》获戏剧类三等奖。

△ 仲恺科技团队在连平县上坪镇举办连平鹰嘴蜜桃直播活动。

△ 河源市茶业行业协会作为特邀单位参加2020年中国深圳国际春季茶产业博览会。

△ 2020年高考，河源中学本科上线率98.1%。其中上高优线952人，高优率65.5%。

△ 张秀芳、刁彩霞、赖锦秀、潘国阳、诸汉标、许前胜、郑志选、黄日镜、张锦飞、梁银娇等被评为2020年度河源市最美环卫工人。

8月

1日 河源市民间应急救援队——河源蓝天救援队成立。

5日 市委常委会暨市新冠肺炎疫情防控工作领导小组（指挥部）召开会议，深入学习习近平总书记在中央政治局会议、党外人士座谈会、吉林考察时的重要讲话精神，传达省委常委会会议有关精神。

7日 河源市开展“文明河源·有你有我”主题系列活动。

8日 龙川县通衢镇一株树龄850多年的古榕树发生倒塌。

13日 市政府与广东中大科技创业投资管理有限公司签署战略合作框架协议。

15日 市新冠肺炎疫情防控工作领导小组（指挥部）召开全市新冠肺炎疫情防控工作电视电话会议，学习贯彻习近平总书记重要讲话和重要指示批示精神，贯彻落实省新冠肺炎疫情防控工作领导小组（指挥部）会议、省新冠肺炎疫情防控工作电视电话会议以及市委常委会暨市新冠肺炎疫情防控工作领导小组（指挥部）会议精神，部署河源市疫情防控工作。

17日 河源市以市委理论学习中心组专题学习会的形式举行省委宣讲团《习近平谈治国理政》第三卷宣讲报告会，省委宣讲团成员、省社科院副院长赵细康作宣讲报告。

20日 2020南国书香节河源分会场暨第三届河源书展启动。

21日 市委常委会召开会议，学习习近平总书记关于制止餐饮浪费行为重要指示精神，传达学习省委常委会会议有关精神和省委组织部向全省共产党员、干部发出的倡议书精神，研究河源市贯彻落实意见。

23—25日 2020年广东省“青少年皮划艇（激流回旋）锦标赛”在河源市举行。

24日 市新冠肺炎疫情防控工作指挥部办公室学生返校工作专班发布《关于转发做好2020年秋季学期学校疫情防控工作的通知》。

26日 市委常委会召开会议，传达学习省委十二届十次全会精神。

△ 和平县举行庆丰收活动暨猕猴桃出口发车仪式，满载和平猕猴桃的货车启程运往阿联酋迪拜。

是月 市区新城客运站正式启用电子客票进出站。

△ 广东公共服务支付平台支付宝缴费在河源市率先上线。

△ 河源中学学生叶泽航、李睿和黄卉灵被北京大学录取。

△ 河源市医疗保障局将轻微高血压、糖尿病纳入河源门诊特定病种保障范围。

△ 河源市第七次全国人口普查综合试点在江东新区正式启动。

△ 河源市精电（河源）显示技术有限公司的“配向膜的固化方法”发明专利获评中国专利优秀奖。

△ 省专家初步调查证实，河源紫金县龙窝镇区域存在一个中华穿山甲野外种群。

△ 河源市有6条线路入选广东省森林旅游特色线路，7个单位入选广东森林旅游新兴品牌地。

△ 河源职业技术学院质量管理处副教授陈艳芳、国家税务总局河源市税务局货物和劳务税科科长钟靖、河源市源城区人力资源和社会保障局劳动保障监察综合执法大队科员杨婷、河源市司法局公共法律服务管理科科长欧素娴、河源市委编办体改科副科长刘少娟入选广东省三八红旗手；河源市巾帼志愿者协会、河源海关查检科、河源市看守所女子中队入选广东省三八红旗集体；中国石化销售股份有限公司广东河源文昌加

油站、广东省妇女维权与信息服务站（河源站）、国家税务总局河源市税务局系统党建工作科、中国移动通信集团广东有限公司河源分公司财务部入选广东省巾帼文明岗。

△ 河源市石坪顶茶业发展有限公司种植研发的“石坪顶”牌红茶、绿茶系列产品获评中国著名商标。

△ 龙川县工业园打印成型的全球首例3D原位打印二层示范建筑获得国际先进科学技术认证。

△ 河源市有7人获2020年第一季度广东好人称号。其中，紫金县志愿者联合会会长曾荫泉、河源海关稽查科副科长陈俊平、市退役军人志愿者服务队成员雷成全获评助人为乐好人，源城区人民医院护士古雪琴、市妇幼保健院护士黄航辉、市人民医院感染科主任詹小涛、市公安局特警支队警员孙尘演获评敬业奉献好人。

△ 市委常委会召开会议，传达学习习近平总书记在安徽考察时的重要讲话精神。

△ 河源市政府印发市区新增9条道路的标准名称。

△ 河源市恐龙文博园景区被评定为国家AAAA级旅游景区。

9月

1日 河源市第四小学开办。

2日 河源市民族地区加快高质量发展现场推进会在东源县漳溪畲族乡召开。

3日 市委常委会召开会议，学习《习近平谈治国理政》第三卷，传达中央《习近平谈治国理政》第三卷出版座谈会和省委常委会会议有关精神。

4日 龙川县工业园原位建筑3D打印技术获选2020年中国国际服务贸易交易会科技创新示范案例。

8日 市文广旅体局联合南方卫视在淘宝、抖音平台开展“广东人游河源”直播带货活动。

8—11日 省人大常委会副主任黄业斌、副省长王曦率省直有关部门到河源调研。

9日 市委常委会召开会议，学习贯彻习近平总书记在中央政治局会议审议《黄河流域生态保护和高质量发展规划纲要》《关于十九届中央第五轮巡视情况的综合报告》时的重要讲话精神，传达学习省委常委会会议有关精神。

10日 中共河源市委七届十次全会召开。会议以习近平新时代中国特色社会主义思想为指导，贯彻落实习近平总书记关于促进区域协调发展、“加快形成以国内大循环为主体、国内国际双循环相互促进的新发展格局”的重要论述和对广东重要讲话、重要指示批示精神，全面落实省委十二届十次全会精神、省政府加快“一核一带一区”建设工作部署和省委书记李希关于河源工作的指示要求，推进“示范区”“排头兵”“两个河源”建设，全力打造生态经济发展新标杆，为广东实现“四个走在全国前列”、当好“两个重要窗口”展现河源担当。市委书记丁红都代表市委常委会作工作报告，市委副书记、市长林涛作专题讲话。

11日 市委书记、市人大常委会主任丁红都会见华为技术有限公司中国地区部副总裁周建军一行。

18日 市委常委会召开会议，学习习近平总书记在扎实推进长三角一体化发展座谈会上的重要讲话精神，传达省委常委会会议有关精神。

19日 市国防教育主题公园揭牌仪式在市区客家文化公园举行。

21日 河源市男子篮球队获2020广东省男子篮球联赛亚军。

22日 市委理论学习中心组民法典专题学习会暨“百名法学家百场报告会”举行，学习贯彻习近平总书记在中央政治局第二十次集体学习时的重要讲话精神，专题学习民法典。省法学会会长梁伟发出席报告会。

△ 广东（河源）区域知识产权分析评议中心在河源职业技术学院挂牌成立。

23日 2020年河源市全国科普日活动启动仪式暨主场活动在市区茶山公园举行。

24日 省委常委、统战部部长黄宁生率队到河源市调研统一战线工作。

25日 市委常委会召开会议，学习习近平总书记对“十四五”规划编制工作的重要指示精神和在经济社会领域专家座谈会上的重要讲话精神以及省委常委会会议有关精神。

28日 市委书记、市人大常委会主任丁红都会见中国中铁华南区域总部、中铁南方投资集团有限公司总经理王伟一行。

29日 河源市举办2020年先进制造业经贸活动，广东省智能装备制造协会会长史泽华及协会50多家会员企业代表参加，市政府与省智能装备制造协会签署战略合作框架协议。

30日 中国第七个烈士纪念日，河源市在市烈士陵园隆重举行公祭烈士活动。市委书记、市人大常委会主任丁红都，市长林涛在广州参加省公祭活动。

是月 市政府印发《河源市2020年水污染防治攻坚战工作方案》。

△ 市委常委会召开会议，学习习近平总书记致全国青联十三届全委会和全国学联二十七大的贺信精神，传达学习省委常委会会议有关精神。

△ 河源市灯塔盆地农业科创小镇、连平忠信商贸小镇入选省级特色小镇培育库入库名单。

△ 河源市高新区成立首支非公有制企业民兵队伍。

△ 《河源市灯塔盆地垦造水田工作方案》出台。

△ 《河源市关于支持中小微企业和个体工商户发展的实施方案》出台。

△ 河源市广东省通讯终端产品质量监督检验中心、广东弘霞客旅游文化投资有限公司列入广东省院士工作站名单。

△ 市政府批复龙川县麻布岗镇“5·23”较大坍塌事故调查报告，认

定龙川县麻布岗镇“5·23”较大坍塌事故是一起违法建筑施工工地发生的生产安全责任较大事故。

△ 河源市的和平腐竹、紫金禅茶、连平鹰嘴桃、和平猕猴桃、河源米粉等16个农产品品牌上榜广东省第三届名特优新农产品入库名单。

△《河源市工程技术研究中心建设管理办法（修订）》印发。

△ 河源职业技术学院入选广东省职业院校“双师型”教师培训基地。

△ 市委常委会暨市新冠肺炎疫情防控工作领导小组（指挥部）召开会议，学习习近平总书记在全国抗击新冠肺炎疫情表彰大会上的重要讲话精神，传达学习省委常委会会议有关精神，研究河源市贯彻落实意见。

△ 市委常委会召开会议，学习贯彻习近平总书记在纪念中国人民抗日战争暨世界反法西斯战争胜利75周年座谈会上的重要讲话精神，传达学习省委常委会会议有关精神。

10月

4日 在第四届全民悦读朗读大会全国总决选上，河源杨珂瑾获特别声音奖；段盛曦、叶怡玮获金语新秀奖；河源赛区活动组织者桂涛获伯乐奖。

10日 广东技术师范大学河源校区建成开学，首招新生4130人。

15日 河源22家企业“云端”参加第128届中国进出口商品交易会（广交会）展出。

18日 河源市召开干部大会，传达学习贯彻习近平总书记出席深圳经济特区建立40周年庆祝大会和视察广东重要讲话、重要指示批示精神，部署河源市贯彻落实工作。

20日 中国（东源）硅产业技术与市场高峰论坛暨“双高人才”东源行活动在河源市区举行。中国工程院院士、中国建材集团有限公司总工程师、中国建材股份有限公司总裁、凯盛科技集团董事长彭寿等一批来自全国各地的硅行业人才参加活动。

△ 省政府副省长张新到河源，就常态化新冠肺炎疫情防控、稳外贸稳外资、产业发展、推进金融改革发展等工作开展调研。

21日 河源仲裁委员会揭牌成立。

22日 全省退役军人工作暨省双拥模范命名表彰大会召开。河源市获评全国双拥模范城，连平县获评全省双拥模范县，河源市爱国拥军促进会被表彰为省爱国拥军模范单位，连平县退役军人事务局局长谢世威、河源市退役军人志愿者服务队队长肖佳华被表彰为省爱国拥军模范。

△ 省老促会会长陈开枝一行到河源，就河源老区苏区振兴发展等工作开展调研。

23日 市委常委会暨市新冠肺炎疫情防控工作领导小组（指挥部）召开会议，传达学习全省抗击新冠肺炎疫情表彰大会精神，研究部署秋冬季疫情防控工作。

△ 市长林涛会见中国中铁华南区域总部指挥长、中铁南方投资集团有限公司总经理王伟一行。

27日 市委书记、市人大常委会主任丁红都会见中国马业协会书记、秘书长岳高峰一行，就发展马产业相关事宜进行交流。

27—28日 省政协副主席马光瑜率省政协专题调研组到河源市开展专题调研。

28日 河源市七届人大常委会第四十九次会议审议通过《河源市革命旧址保护条例》。

29日 “为奥运喝彩 恒爱行动·至美之行”活动第三站在河源启动。国际奥委会副主席、中国奥委会副主席、北京2022年冬奥会和冬残奥会组织委员会副主席于再清，第九届中国文联党组成员、副主席杨承志，国家体育总局小球运动管理中心主任、党委书记陈应表等出席活动。

是月 中秋、国庆节期间，河源市共接待游客126.93万人次，旅游收入8.6亿元。

△ 河源市76家企业和233个扶贫产品进入第二批广东省扶贫产品名录。

△ 中国公路学会举办的首届全国公路“微创新”大赛上，紫惠高速项目报送的《一种钢筋保护层厚度检测装置》获得金奖。

△《河源市促进3岁以下婴幼儿照护服务发展实施方案》出台。

△ 龙川县铁场镇周塘村贫困户李军辉的脱贫致富故事入选《中国减贫奇迹怎样炼成——扶贫扶志故事选》。

△ 河源籍企业家中有4人上榜《2020胡润百富榜》，分别是：深圳立业集团董事长林立，深圳市景旺电子股份有限公司董事黄小芬，以纯集团董事长、总经理郭东林，广东旭飞集团董事长、广东省河源商会会长黄少良。

△ 河源市志愿者张奇丰获共青团中央、中国青年志愿者协会抗击新冠肺炎疫情青年志愿服务先进个人称号。

△ 市公安局特警支队民警孙尘演获敬业奉献类中国好人。

11月

3日 河源市召开干部大会，传达学习贯彻中共十九届五中全会精神。

5日 2020中国5G终端全球创新峰会暨第八届中国手机设计大赛“天鹅奖”颁奖大会在河源举行。工信部原副部长、北京大学教授杨学山出席活动并作主旨报告。市委书记、市人大常委会主任丁红都，市长林涛，工信部电子信息司副司长董小平，中国电子信息产业发展研究院党委书记宋显珠等出席活动。大会发布《5G终端产业白皮书（2020）》《河源国家高新区大数据产业发展规划》和手机产业链英雄榜TOP50。

△ 市长林涛到源城区兴源路居委会调研指导第七次全国人口普查登记工作。

9—10日 省委书记李希到河源市，

深入企业、农村、产业园区和文化场所，就学习贯彻习近平总书记出席深圳经济特区建立40周年庆祝大会和视察广东重要讲话、重要指示批示精神，深入贯彻落实中共十九届五中全会精神，做好广东省“十四五”规划编制工作开展调研。

11日 在龙川县阳光智造公司打印的世界首例原位“轮廓工艺”3D打印双层建筑升级打造为国内首家建筑3D打印展馆。

△ 紫金县蓝塘镇留塘村的5位村民领取河源市首批颁发的属于自家房子的中华人民共和国不动产权证。

17日 河源市2021年度普惠型补充医疗保险“河源市民保”项目正式启动。

17—18日 深圳市委书记王伟中到河源市、汕尾市考察调研。

△ 省人大常委会副主任黄业斌率调研组到河源市开展调研活动。

19日 河源市第二届高层次人才交流大会暨2020年人才集中活动月举行启动仪式。市委书记、市人大常委会主任丁红都，市长林涛，中国工程院院士、国家农业信息化工程技术研究中心主任、首席专家赵春江等出席活动。市政府分别与鹏城实验室、南方科技大学、华南农业大学签订相关协议。

20日 河源市举行全国劳动模范黄伟良、王艳卿、骆素娥赴北京参加表彰大会欢送仪式。

27日 市委常委会召开扩大会议，传达贯彻省委十二届十一次全会精神。

△ 河源市制定的《河源市革命旧址保护条例》经省十三届人大常委会第二十六次会议批准通过。

28日 河源高新区举行2020年项目集中竣工投产仪式。

△ 在广东全民才艺大比拼总决赛上，河源市文化馆选送的口技《节拍盒子》、杂技《三棒鼓》两个节目获金奖，童声独唱《阿刁》获银奖。

是月 《河源市消防车通道管理规定（暂行）》出台。

△ 河源籍企业家、市侨联常委、市侨青会会长、香港冠翎科技有限公司董事长叶长春获首届粤港澳大湾区杰出青年企业家（“港青奖”）称号。

△ 河源高新区华汇智谷产业园获首批南粤侨创基地称号。

△ 在广东省群众艺术花会上，河源市选送的独唱原创歌曲《最美的承诺》获金奖，原创群舞《墩头蓝》获银奖，原创歌伴舞《客家酒歌》及群舞《燃烧的岁月》获得铜奖。

△ 河源市首次用无人机在龙川县赤光镇瑶坑村直播种植的3.33公顷水稻示范田亩产超400千克，标志着该技术在河源市获得成功。

△ 河源市广东省林石生态农业发展有限公司、广东龙德信庄园有限公司、和平县南山韵农林发展有限公司、和平县雨沛农林有限公司、和平县碧盛农林有限公司、连平县嘉友生态林业发展有限公司入选2020年省林业龙头企业名单。

△ 紫金白溪省级自然保护区发现超千株极度濒危物种大苞山茶。

△ 河源市灯塔盆地国家现代农业示范区、紫金县蓝塘镇、东源县船塘镇入选广东省城乡融合发展省级试点地区名单。

△ 紫金县入围2020中国茶业百强县名单。

△ 省委书记李希到和平县主持召开座谈会，与基层代表一道深入学习贯彻习近平总书记出席深圳经济特区建立40周年庆祝大会和视察广东重要讲话、重要指示精神。

△ 东源县涧头镇大往村、东源县双江镇桥头村、和平县贝墩镇武联村、龙川县丰稔镇成塘村入选第六届全国文明村镇名单，国家税务总局龙川县税务局、河源市高新技术开发区管理委员会、源城区上城街道上城社区入选第六届全国文明单位名单，紫金县柏埔镇方湖村李青霞家庭入选第二届全国文明家庭名单，河源中学实验学校、河源市第一小学入选第二届全国文明校园名单。

△ 河源万绿湖被授予中国天然氧吧称号。

△ 河源市第三小学、河源市正德中学、东源县第三小学、东源县实验中学、龙川县老隆镇第二小学、龙川县田家炳中学入选全国青少年校园篮球特色学校名单；东源县黄村镇中心小学、和平县和丰中学入选全国青少年校园排球特色学校名单。

△ 河源市叶柳芬家庭入选广东优秀书香家庭名单。

△ 广东省东江林场林业科技示范园在河源市揭牌。

12月

1日 省政府副省长覃伟中到河源调研新丰江水库水质保护工作。

△ 河源市举行仪式，欢送全国劳动模范（先进工作者）、省劳动模范、省先进集体代表赴省参加表彰大会。

3日 深圳市市长陈如桂率队到河源调研。

4日 河源市举行国家宪法日宣传活动。

4—5日 省政协副主席马光瑜率队到河源市进行民主监督调研。

5日 东源县获评首批广东省水产健康养殖示范县。

7—8日 省人大常委会副主任黄业斌、省政府副省长王曦率省直有关部门到河源调研。

8日 河源市妇女第七次代表大会召开。

11日 市委常委会召开会议，学习贯彻习近平总书记在第三届中国国际进口博览会开幕式上的主旨演讲和在浦东开发开放30周年庆祝大会上的重要讲话精神，传达学习《海南自由贸易港建设总体方案》及省委常委会会议有关精神。

16日 河源市供销合作社第一次代表大会召开。

△ 共青团河源市第七次代表大会召开。

△ 市委书记、市人大常委会主任

丁红都会见国家开发银行广东省分行党委书记、行长刘浩一行。

17—19日 河源举办市管干部专题研讨班，学习贯彻习近平总书记出席深圳经济特区建立40周年庆祝大会和视察广东重要讲话重要指示批示精神以及中共十九届五中全会精神。

△ 在2020通信产业大会暨第十五届通信技术年会上，河源高新区获金紫竹奖、2020年度通信产业（领域）贡献奖。

18日 江东新区举办2020年经贸活动，签约项目26个，投资超900亿元。

18—19日 省政协党组副书记、副主席林雄率调研组到河源市开展专题调研。

21日 市人大常委会发布《河源市革命旧址保护条例》公告。

22日 河源市工会第七次代表大会暨2020年市劳模表彰大会召开。

24日 河源市科学技术协会第七次代表大会召开。

28日 紫惠高速公路通车。

29日 中共河源市委七届十一次全会召开。会议主要任务：以习近平新时代中国特色社会主义思想为指导，深入学习贯彻中共十九大和十九届二中、三中、四中、五中全会精神，贯彻落实习近平总书记在中共十九届五中全会上的重要讲话以及出席深圳经济特区建立40周年庆祝大会和视察广东重要讲话重要指示批示精神，贯彻落实省委十二届十一次、十二次全会精神，研究谋划“十四五”时期河源市经济社会发展，审议《中共河源市委关于深入学习贯彻习近平总书记出席深圳经济特区建立40周年庆祝大会和视察广东重要讲话重要指示批示精神加快“示范区”“排头兵”“两个河源”建设的实施意见》《中共河源市委关于制定河源市国民经济和社会发展第十四个五年规划和二〇三五年远景目标的建议》。

△ 河源市首个医疗收费电子票据系统在市人民医院正式上线。

30日 河源市抗击新冠肺炎疫情表彰大会召开。

△ 新建紫金大桥（市区东江大桥）通车。

△ 全省中心卫生院升级建设项目现场总结会在河源紫金县召开。

是月 河源市“万绿河源”60余个优质农产品在第十八届中国国际农产品交易会展出。

△ 国家税务总局河源市源城区税务局第二税务分局、中国石化广东河源石油分公司热水高速加油站、中国石油天然气公司广东河源销售分公司龙川下泡水加油站、广东河源农村商业银行股份有限公司雅居乐支行、河源市源城区消防救援大队文昌路消防救援站、河源市人民医院感染科、广东省南粤交通龙怀高速公路管理中心龙连管理处连平中心站被评为第20届广东青年文明号。

△ 东源县上莞镇仙湖村和龙川县义都镇桂林村入选第十批全国“一村一品”示范村镇名单。

△ 市人民医院感染科主任詹小涛获评“广东好医生”提名奖。

△ 河源国家农业科技园区入选国家级优秀农业科技园区。

△ 河源市人民医院获国家住院医师规范化培训基地资质。

△ 第二届中国鹰嘴蜜桃产业峰会在连平县上坪镇举行。

△ 2020年广东省“全国安全用药月”活动在河源市东源县举行。

△ 河源高新区企业深圳长江家具（河源）有限公司获“国家级绿色工厂”称号。

△ 在中国（深圳）国际秋季茶产业博览会上，紫金县获特别金奖3个、金奖4个。

△ 省委常委、政法委书记张虎率调研组到河源，围绕扫黑除恶专项斗争和市域社会治理等专题开展调研工作。

△ 在《2020年中国296个地级及以上城市营商环境报告》中，河源市排第119名。

△ 紫金“红色基因　古韵茶香”精品线路获广东美丽乡村精品线路，紫金县龙窝镇礼坑村获广东贫困村创建名村。

△ 2020年河源市新增15家省级重点农业龙头企业。 （黄书伟）

总 述

编辑：王瑞峰

市情概貌

【建置沿革】 河源，战国时期属楚。秦于龙川置县后，历汉、三国、两晋，均属南海郡龙川县地。南朝齐永明元年（483），龙川析地置河源县，仍属南海郡。南朝梁天监二年（503），南海郡置梁化郡（今惠阳梁化），河源属梁化郡。隋开皇十年（590）改梁化郡设置循州（治所在今龙川佗城）。开皇十一年省龙川，并入河源县，为循州属。大业元年（605），改循州为龙川郡。河源属龙川郡辖。唐武德五年（622），龙川郡复名循州，嗣圣元年（684）改循州为雷乡郡。天宝四年（745）改雷乡郡为海丰郡。乾元元年（758）又改称循州。南汉乾亨元年（917）析循州分置祯州、循州，河源属循州。南汉大宝元年（958），改旧循州治为祯州，河源属祯州辖。宋天禧五年（1021）改祯州为惠州[一说宋天禧四年（1020）改祯州为惠州]。宋宣和二年（1120）改惠州郡为博罗郡。绍兴三年（1133）复称惠州。元至元十六年（1279）惠州升路，河源属惠州路辖。明洪武元年（1368），惠州路改为惠州府。清代，河源属惠州府辖。民国2年（1913），河源属广东省都督府潮循道，民国14年（1925），河源隶属东江行政区。民国17年（1928），河源属东江善后委员公署。民国21年（1932），属东江绥靖委员公署辖。民国25年（1936），河源隶属广东第四区行政专员公署。民国29年（1940），第四区行政专员公署由惠州移至河源。民国38年（1949），改称第六区行政专员公署。

中华人民共和国成立后，河源先后属东江行政委员会、东江行政专员公署，1953年，属粤东行政专员公署。1956年3月，属惠阳地区专员公署。1959年3月，惠阳地区被撤销，属韶关地区专员公署管辖。1963年7月，恢复惠阳地区，河源又划归惠阳地区辖。1988年1月7日，国务院批准撤销河源县，设立河源市，原河源县划分为河源市源城区和郊区。河源市辖源城区、郊区、龙川县、紫金县、连平县、和平县。1988年3月2日，市委、市政府正式挂牌办公。1993年11月8日，国务院批准撤销河源市郊区，设立东源县。

河源“百越”时期，来自江浙一带的越民散居于少数民族之中，对开化粤地起到重要作用。秦平“百越”后，迁陕陇之民居粤，带来黄河文化。此后，凡遇中原战乱，都有一批批的移民进入岭南。这些南迁之民与当地土著民族相互融合，逐步形成客家文明，使此地成为东江流域客家人的聚居中心。

（《河源年鉴》编辑部）

2020年河源市行政区划一览表
（乡镇、街道）

表1

县（区）	乡镇名称	数 量
源城区	源南、埔前镇、上城、东埔、新江、源西、高埔岗、城东街道办事处	2个镇、6个街道办
东源县	灯塔、顺天、骆湖、船塘、仙塘、上莞、曾田、柳城、义合、蓝口、黄田、叶潭、黄村、康禾、锡场、新港、双江、涧头、新回龙、半江、漳溪畲族乡	20个镇 1个民族乡
和平县	阳明、大坝、上陵、下车、长塘、贝墩、彭寨、东水、林寨、热水、优胜、古寨、礼士、公白、合水、青州、浰源	17个镇
龙川县	老隆、四都、黄石、细坳、车田、贝岭、黎咀、麻布岗、上坪、丰稔、赤光、龙母、廻龙、田心、铁场、登云、通衢、鹤市、黄布、紫市、佗城、新田、岩镇、义都	24个镇
紫金县	紫城、中坝、龙窝、九和、上义、蓝塘、凤安、义容、古竹、临江、柏埔、黄塘、敬梓、水墩、南岭、苏区、瓦溪、好义	18个镇
连平县	元善、上坪、大湖、忠信、隆街、陂头、内莞、绣缎、高莞、油溪、田源、溪山、三角	13个镇
合计	全市共5县1区101个乡镇（街道）：95个乡镇（其中1个畲族乡），6个街道办事处。	

表2

2020年河源市村（居）民委员会设置情况表

单位：个

县（区）	乡镇	街道	居民委员会	村民委员会
源城区	2	6	46	30
东源县	21		28	258
和平县	17		29	216
龙川县	24		42	315
紫金县	18		29	273
连平县	13		16	159
合计	95	6	190	1251
	101		1441	

【行政区划】 2020年，河源市辖源城区、东源县、和平县、龙川县、紫金县、连平县5县1区。全市设95个乡镇（其中1个民族乡）、6个街道办事处。其中源城辖2个镇6个街道办事处；东源县辖20个镇1个民族乡；和平县辖17个镇；龙川县辖24个镇；紫金县辖18个镇；连平县辖13个镇。（罗海文）

【位置、范围与面积】 河源市位于广东省东北部，地处东江中上游，东靠梅州，南接惠州、汕尾市，西连韶关市，北邻江西省赣州市。其范围是北纬23度10分至24度47分，东经114度14分至115度36分。全市面积1.57万平方米。（骆菲茵）

【人口】 2020年，河源市常住人口283.56万人，比上年下降0.45%；城镇人口比重48.50%，比上年增长2.37个百分点。同期河源市户籍人口372.18万人，比上年下降0.14%。全市少数民族人口3万多人，有1个畲族乡、9个畲族村，东源县漳溪畲族乡是全省唯一的畲族乡。河源籍海外华人华侨约36万人，港澳台同胞约21万人。

【语言】 河源市地处梅州市与广州市之间，河源话受正统客家话及白话（广州话）影响较大。有的词语读音与梅州话相似，有的词语与广州话相近，而河源市内各县区之间的方言也有较大差异。但总体上河源市均属于客家方言地区。

【民族】 河源市居民主要由汉民族组成，人口占全市总人口的99%以上；汉民族祖先是中原客家民系，所操语言为汉族客家语系方言。少数民族中，人口较多的是畲族。畲族约有2万多人，其风俗习惯基本与汉族相同，但仍保留着其自身的一些风俗习惯。此外，境内还有壮族、苗族、瑶族、土家族等少数民族人口。（《河源年鉴》编辑部）

表3

2020年河源市户籍人口民族一览表

单位：人

民族	人口	民族	人口	民族	人口	民族	人口	民族	人口
汉族	3794110	回族	158	毛南族	23	布朗族	4	鄂伦春族	2
畲族	19743	彝族	128	藏族	16	怒族	3	独龙族	2
壮族	6076	蒙古族	93	傈僳族	14	纳西族	3	达斡尔族	2
苗族	1040	朝鲜族	84	佤族	12	景颇族	3	乌孜别克族	1
土家族	1039	仫佬族	76	土族	9	哈萨克族	3	塔塔尔族	1
瑶族	958	仡佬族	71	京族	7	高山族	3	赫哲族	1
侗族	593	水族	47	锡伯族	5	裕固族	2	东乡族	1
布依族	300	白族	42	维吾尔族	5	羌族	2	阿昌族	1
黎族	298	傣族	37	其他	5	普米族	2		
满族	232	哈尼族	30	拉祜族	5	珞巴族	2		

说明：全市共48个民族。数据由河源市公安局提供（宋永鸿）

【地貌特征】 河源市处于粤东北山区与珠江三角洲平原地区的结合部，属山地丘陵地区。境内地势东北向西南倾斜，粤赣边境山高岭峻，最高峰连平县黄牛石顶，海拔1430米。山脉多北东走向，主要山脉有北西部九连山脉，斜贯中部的罗浮山脉及南东边缘的莲花山脉。东江、新丰江纵贯全境，山岭与盆地相间，在山间和东江边分布着冲积小平原和宽广的谷地。（骆菲茵）

2020年河源市县区最高山峰统计表

表4

山峰名称	所在县区	海拔高度
黄牛石顶	连平	1430米
七目嶂	龙川	1318米
风吹蝴蝶	和平	1272米
武顿山	紫金	1232米
蝉子顶	东源	1125米
桂山	市区	1056米

（《河源年鉴》编辑部）

【环境质量】 2020年，河源市生态环境质量总体保持优良水平。主要江河湖库水质保持优良，地表水考核断面综合指数全省排名第一，国考断面水环境质量状况排名全国第九（其中4月、12月第二）。市区空气质量优良率为98.9%，全省排名第一；优良天数362天。市区声环境质量总体良好，城市声环境功能区昼间时段达标率为95.7%；土壤环境总体安全；农村生态环境良好，均达到功能要求；辐射环境处于安全状态。（赵晓菲）

【气候】 2020年，河源市主要气候特点：气温历史最高，高温天气多；降水总体偏少，阶段性明显；“龙舟水”偏多，降水极端性强，局部洪涝重；初台早、影响小；秋冬温高雨少气象干旱明显。气候年景属于好年景。全市年平均气温为21.6℃，较常年平均气温（20.7℃）偏高0.9℃；全市极端最高气温出现在和平站38.5℃（7月14日）；极端最低气温出现在和平、龙川1.4℃（12月31日）。开汛日为3月31日，较多年平均开汛日（4月7日）偏早1个月；全年平均降水总日数（日降水量≥0.1毫米的日数）为142.4天，其中暴雨日数为16.7天；年总降雨量1355.6毫米，较常年同期（1767.2毫米）偏少23.3%；年日照时数为1687.3小时，与常年同期（1687.0小时）持平。是年，影响河源市的气象灾害主要是寒潮、强对流天气、暴雨、台风、高温和干旱灾害。降水极端性强，局部洪涝重。有一个台风（海高斯）对河源市有较明显影响，并有1次跨年寒潮影响。（叶丽娜 单雪珂）

【土地资源】 2020年，河源市行政区域总面积156.53万公顷。农用地面积140.76万公顷，其中耕地面积14.34万公顷，园地面积3.84万公顷，林地面积118.53万公顷，草地面积1.2公顷，其他农用地面积4.05万公顷；建设用地面积9.57万公顷，其中城镇村及工矿用地面积5.31万公顷，交通运输用地面积8737.07公顷，水库及水工建筑面积3.39万公顷；未利用地面积6.2万公顷，其中水域及水利设施用地面积2.11万公顷、其他草地面积2.91万公顷、其他土地面积1.18万公顷。

【矿产资源】 河源市发现矿种64个，其中探明储量34种；经地质评价的矿产地421处，其中大中型规模矿床有大顶铁矿等25处、小型规模矿床396处。主要矿种有钨、稀土、铷、铁、铅、锌、石英矿、陶瓷土、高岭土、地热水、矿泉水等34种。其中，铁矿保有储量1.28亿吨，占全省总储量25%；钨矿保有储量12.18，占全省总储量22.3%。全市保有资源量：钛112.17万吨，铜7.51万吨，铅33.42万吨，锌40.06万吨，锡15.18万吨，铷氧化物量17.50万吨，白云岩1363万吨，萤石301万吨，石灰岩5504万吨，硅石矿8271万吨，矿泉水725.8立方米/日，地热水11897立方米/日。（骆菲茵）

【水资源】 河源市位于广东省东北部，地处东江中上游、韩江上游和北江上游，全市总面积1.57万平方千米,其中东江流域占87.55%，韩江流域占10.7%，北江流域占2.1%。全市区域内河流众多，集雨面积在100平方千米以上的河流有49条，集雨面积超过1000平方千米的河流有6条，东江、新丰江两条河流纵贯全境。河源市水资源丰富，多年平均降雨量1700毫米，多年平均年径流总量151.3亿立方米，多年人均水资源拥有量约为4500立方米，为全国、全省人均水平的2倍以上。华南地区最大水库——新丰江水库位于河源市境内，蓄水总库容139亿立方米。水力资源理论蕴藏量168.74万千瓦，占全省的24%，其中可开发水力资源量133.4万千瓦。河源市水环境质量优良，境内主要大中型水库水质良好，新丰江、枫树坝两个广东最大的大型水库和东江河源段的水质，常年保持国家地表水Ⅰ—Ⅱ类标准。尤其是新丰江水库水量大、水质优，多年平均年入库流量为61亿立方米，水质常年保持国家地表水Ⅰ类标准，是中国湖泊（水库）少有的优质饮用水源。2020年为枯水年，全市年降水量1403.3毫米，比上年减少32.2%，比多年平均减少17.3%。水资源总量122.1亿立方米，比上年减少34.1%，比多年平均减少19.3%。大、中型水库年末蓄水总量69.67亿立方米，较年初减少24.87亿立方米（其中新丰江水库蓄水量减少20.77亿立方米）。（宋丽平）

【植被和生物资源】 河源市光、热、水资源丰富，四季常青，动植物种类繁多。全市有国家一级保护动物中华穿山甲，国家二级保护动物蟒蛇和白鹇（省鸟）等，省重点保护动物棘胸蛙、沼蛙、平胸龟等。国家一级保护植物有南方红豆杉、伯乐树等，国家二级保护植物有桫椤、半枫荷等。在植被类型中，有属于地带性植被的北热带季雨林、南亚热带季风常绿阔叶林、中亚热带典型常绿阔叶林。（伍德安）

【民俗风情选录】 连平忠信花灯节 明末清初，连平忠信地区流行“吊灯”

“赏灯”的习俗。最初起源叫“点灯”，因“点灯”谐音“添丁”，大凡生了男孩的人家，都愿意到灯街购买或定做花灯，挂在祠堂里，以示“添丁”。中华人民共和国成立后，特别是随着改革开放的深入，社会经济的发展，新风气、新风尚逐步树立，忠信地区盛行生育儿女、建新房、娶媳妇、以优异成绩升学、勤劳致富、参军入伍、长寿、祈求平安、事业顺利等而吊灯。农历正月初六至十三，便是忠信地区盛行的上灯挂彩日子。在此期间，花灯昼夜通明。正月十八或二月初二要进行化灯（暖灯）。在上灯与化灯之日，主人家大都设宴招待亲朋好友。农历正月是忠信地区传统的花灯节。正月初九一过，便是灯市，方圆十里的人都赶往忠信圩，灯节便开始了。

蓝大将军出巡节　每年农历四月初九是畲族传统的节日。这一天，在东源县漳溪畲族乡定会举行盛大的蓝大将军招兵、出巡等活动。相传，蓝大将军名蓝光辉，是驸马王的二儿子，因其本领超群、才智过人、护国有功，被高辛帝封为护国将军辅佐江山。他麾下有五名英勇善战的统领，分统五路兵马，这五路兵马分别是“三秦兵”“五狄兵”“六戎兵”“八蛮兵”“九夷兵”。有一年农历四月初九，蓝大将军和他的部下打胜仗归来，当时畲民和军队杀牛宰猪犒劳将军，载歌载舞庆祝一天一夜。尔后，在每年的农历四月初九都举行蓝大将军出巡民俗活动。这天，漳溪畲族乡彩旗飘飘、醒狮起舞、锣鼓喧天，村民男女老幼身着节日盛装，共同欢庆畲族节的到来。当天清晨，由主事（长者）率领十多名青壮年，头扎红巾、腰围红绸、手持各式兵器和猎枪，抬着一顶轿子、牵着一匹白马，带上“三牲”、供品、鞭炮、香烛，上山三跪九拜后，恭请蓝大将军神位上轿，然后回到村寨门前举行入寨仪式。首先进行“招兵”仪式，然后敲锣打鼓，抬着蓝大将军牌位挨家挨户去巡寨，由五路兵马“护驾”，每家每户都出来迎接，放鞭炮，争着把香火点插在蓝大将军的灵位前，以求福灭灾、祈祷和平、护佑人寿年丰。当蓝大将军神位进村寨时，村民在长者的带领下跪拜迎接，锣鼓、鞭炮齐鸣，场面非常壮观。

扫墓祭祖　河源客家人扫墓祭祖有春祭和秋祭。春祭，指新坟不过二月社，上年坟和上年老墓新修地，在次年春分为开青祭拜，更多的是择吉进行；秋祭，在中秋节前后进行，除寅日和破日外，都可上山为亲人扫墓。在河源客家地区，几乎每个姓氏都有他们一世祖的坟地，每年到扫墓（也叫铲地）那天，从四面八方而来的同宗人员聚在一起，共同祭祀祖宗。客家人扫墓一般在农历八月，有些也在重阳，清明扫墓是近些年才有的事。客家人扫墓的时间都是在上午，不管是大的宗族还是个人家庭，最主要祭祀物品是“三牲”，一般都是鸡、猪、鱼，整个宗族可能用上整头猪，个人家庭就用一大块猪肉，准备好香纸爆竹、茶酒、米糕、饼干、水果等。到坟地，大家在家族中年龄最大的成员带领下，进行割草、扫坟堂等清洁活动，然后摆好“三牲”等祭品，在碑前点上蜡烛香火，开始过坟堂。过坟堂很有讲究，只有家庭的男丁才有资格参加。过坟堂从家族中辈分最高的成员开始，大家手捧香火，一个一个地从坟堂走过，跪拜祖先，向祖先祈福。过完坟堂后，大家烧纸宝、香烛，燃烧爆竹，最后分发米糕，这样扫墓就算是完成了。

畲族服饰　河源地区畲族妇女服装特点是上衣多刺绣，最主要的装束是凤凰装。红头绳扎的长辫高盘于头顶，象征着凤头；衣裳、围裙（合手巾）上用大红、桃红、杏黄及金银丝线镶绣出五彩缤纷的花边图案，象征着凤凰的颈项、腰身和羽毛；扎在腰后飘荡不定的金色腰带头，象征着凤尾；佩于全身的叮当作响的银饰，象征着凤鸣。已婚妇女一般头戴凤冠，它是在精制的细竹管外包上红布帕，悬一条30多厘米长、3厘米宽的红绫做成的。冠上有1块圆银牌，下垂3个小银牌于前额，称为“龙髻”，表示是“三公主”戴的凤冠。龙髻是用各种颜色丝线或纱线做材料编织而成。畲族男子服饰崇尚黑色，上衣短仅及腰，裤子则长到踝骨。

（《河源年鉴》编辑部）

经济和社会发展综述

【概况】　2020年，河源市以习近平新时代中国特色社会主义思想为指导，全面贯彻党中央、国务院和省委、省政府的决策部署，坚定不移贯彻新发展理念，全面做好“六稳”（稳就业、稳金融、稳外贸、稳外资、稳投资、稳预期）工作，全面落实“六保”（保居民就业、保基本民生、保市场主体、保粮食能源安全、保产业链供应链稳定、保基层运转）任务，克服新冠肺炎疫情的严重影响，经受住了经济下行的严峻考验，全面建成小康社会取得决定性成就，“十三五”规划主要目标任务基本完成，高质量发展迈出坚实步伐，为开启全面建设社会主义现代化新征程奠定坚实基础。

【疫情防控】　2020年，新冠肺炎疫情突如其来，河源市确诊病例控制在5例内，是全省最少的地级市之一。设立94个交通联合检疫站，排查监测入粤人次居全省第二。排查重点地区到河返河人员37977人，隔离4059人，采样检测样本超86.4万人份，实现“外防输入、内防扩散”。响应国家和省的号召，派出2批医护人员支援湖北，调拨支持国家及省1330多万只口罩。具备核酸检测能力医疗卫生机构20家，日最大检测量超过1.2万人份。设立集中隔离场所3家、后备场所5家，确定定点收治医院1家、后备医院10家，储备防控物资一批。有序推进疫苗接种工作。实现重点冷链食品全链条信息化监管。

【综合实力】　2020年，河源市实现地区生产总值1102.74亿元，比上年增长1.3%。分产业看，第一、第二、第三产业增加值分别为136.91亿元、374.67亿元、591.16亿元，比上年分别增长5.9%、1.9%、-0.1%。三次产业结构由上年的11.2∶34.5∶54.3调整为12.4∶34.0∶53.6，第一产业所占比重比上年提高1.2个百分点,第二产业、第三产业所占比重比上年分别回落0.5和0.7个百分点。全年全体居民人均可支配收入22291.1元，比上年增长5.9%，扣除价格因素，实际增长3.2%。

【农业】 2020年，河源市实现农林牧渔业总产值216.53亿元、比上年增长5.9%。其中，农业产值112.68亿元，比上年增长4.4%；林业产值34.84亿元，增长10.4%；牧业产值59.93亿元，增长7.2%；渔业产值5.67亿元，增长8.6%；农林牧渔服务业产值3.42亿元，增长6.6%。新垦水田182.12万公顷，粮食播种面积达13.21万公顷、总产量达80万吨；生猪出栏量增长7.0%。灯塔盆地被评为国家优秀农业科技园区，农高区管委会（筹）获批设立。新增省级现代农业产业园2家，新增粤港澳大湾区“菜篮子”基地7个、省级“菜篮子”基地13个，新建“一村一品、一镇一业”项目94个，新增全国“一村一品”示范村2个。紫金春甜橘获评国家地理标志保护产品；和平猕猴桃实现广东猕猴桃出口“零的突破”。东源县成为省级水产健康养殖示范县。紫金县获2020年中国茶业百强县称号。

【工业】 2020年，河源市在全省率先实现复工复产，全年实现全社会工业增加值294.94亿元，比上年增长2.2%。新增规模以上工业企业69家，年末全市共有规模以上工业企业591家，比上年年末减少34家，其中年产值超亿元的193家。实现规模以上工业增加值280.83亿元，增长2.2%。高技术制造业增加值101.68亿元，比上年增长4.6%。先进制造业增加值149.28亿元，比上年增长10.3%，先进制造业、高技术制造业增加值占规模以上制造业增加值比重分别为53.1%、36.2%。新增高新技术企业56家、比上年增长32.9%，全市高新技术企业存量226家，科技型中小企业入库294家、增长42.7%。规模以上工业企业研发机构覆盖率36.7%、比上年增长8.6%，大型工业企业研发机构实现全覆盖。1家企业通过IPO发审会核审、实现河源市A股上市企业“零的突破”，6家企业在新三板挂牌。市高新区获国家级绿色园区称号。

【服务业】 2020年，河源市第三产业实现增加值591.16亿元，比上年下降0.1%。全年社会消费品零售总额360.74亿元，比上年下降6.7%。消费热点逐步向升级换代类商品和服务消费领域倾斜，限上单位新能源汽车零售额比上年增长384.1%。全年非营利性服务业较快增长，非营利性服务业实现增加值177.08亿元，比上年增长6.5%，增速比地区生产总值高出5.2个百分点。现代服务业增加值292.23亿元，比上年增长3.1%。生产性服务业增加值130.80亿元，比上年增长2.0%。金融业发展良好，全年金融业增加值72.47亿元，比上年增长5.8%，拉动经济增长0.3个百分点。全市接待旅游者人数635.41万人次，旅游总收入53.35亿元。河源恐龙文博园成功创建国家AAAA级旅游景区，万绿湖风景区获评“中国天然氧吧”，源城区、东源县获评省级全域旅游示范区，仙坑村入选第二批全国乡村旅游重点村。

【对外贸易】 2020年，河源市外贸进出口总额293.3亿元，比上年下降3.2%。其中，出口总额242.2亿元，比上年下降3.6%；进口总额51.1亿元，下降1.3%。全市工商登记在册的外商及港澳台商投资企业2007家，比上年减少118家。全年签订利用外商直接投资项目40个，实际利用外商直接投资6.46亿元，比上年增长8.5%，全年累计增速保持正增长。

【社会事业】 2020年，河源市社会事业发展优良。

“6·10”“6·12”（2019年）灾后重建全面完成 94个灾后重建省补助项目、近千个系列修建工程如期完成，灾区生产生活条件得到恢复改善。紫金桥、东源县顺天镇党演桥完成重建并通车。消除水库安全隐患68宗，系统治理大席河、铁场河和浰江69.3千米。580户“全倒户”住进新房、1367户“严损户”完成修缮，受灾严重的龙川县贝岭镇米贝村整村“拎包入住”新建安置小区。

教育事业提质发展 新改扩建幼儿园19所，新增公办园学位2.55万个，完成“5080”攻坚任务，全市有幼儿园573所，在园幼儿11.81万人，学前教育幼儿入园率98.5%，比上年提高0.2个百分点。新改扩建义务教育学校68所，新增义务教育学位1.69万个，缓解城区学位紧张问题，全市学龄人口入学率100%。高中阶段教育毛入学率由上年95.2%提高至96.6%。高考成绩连续3年实现高优、本科、名牌大学上线人数“三提升”。首所本科院校广东技术师范大学河源校区18个月建成并如期开学，全市有普通高等教育院校2所，在校生20508人。各类中等职业教育在校生2.35万人，技工学校在校生8227人。市博爱学校开办职业高中班。

医疗健康服务水平稳步提升 全市有各类卫生机构2043个，其中医院、卫生院162个，专科疾病防治机构7个，妇幼保健院7个，疾病预防控制中心6个，卫生监督检验机构6个。各类卫生机构拥有床位18643张，比上年增长8.0%。深河人民医院主体建筑完工。市疾控中心迁址新建、市公共卫生医学中心和市妇女儿童医疗中心新建、市人民医院三期和市精神卫生中心二期工程等卫生补短板项目完成选址，各项前期工作稳步推进。5家县人民医院和市直3家公立医院接入省远程医疗平台，全市83.3%二级以上医院实现看病就医“一键诊疗”，建成全市居民健康信息管理平台。3家乡镇中心卫生院升级为县第二人民医院，和平县紧密型医共体建设经验在全省推广。

文体事业蓬勃发展 全市有群众文化事业机构124个，其中文化馆7个、乡镇（街道）文化站100个；县级以上公共图书馆7个，馆藏量达239.67万册（件），全年总流通73.08万人次；博物馆9个，历史文物藏品6.50万件；档案馆8个，馆藏量56.77万卷，比上年增长37.5%。市县“三馆”、镇街文化站、村级综合性文化服务中心实现全覆盖并达标，建成公共图书馆城乡一体化服务体系。全市体育健儿在参加省级以上各类重大比赛中，共获得金牌22枚、银牌17枚，其中获得全国体育比赛金牌5枚。建成足球场地29个，全年举办各类群众体育竞赛和体育活动3次，体育人口达130万人。省保单位仙坑村荣封第修缮工作获评省文物古迹活化利用典型案例，龙川福建会馆新晋国家级文保单位。

脱贫攻坚战全面打赢　全市建档立卡贫困人口38568户、107372人如期脱贫，255个省定贫困村如期出列。“两不愁三保障一相当”（稳定实现农村相对贫困人口不愁吃、不愁穿，义务教育、基本医疗和住房安全有保障，基本公共服务主要领域指标相当于全省平均水平）政策全面落实。有劳动能力贫困人口收入达16618元，255个省定贫困村人均可支配收入21941元，村集体收入平均38.56万元。全面实现“县区有产业园、镇村有产业基地、户有产业项目”，搭建“1+2+7+N”扶贫产品销售平台，发展内生动力充分激发。

民生底线兜牢兜实　完成“十件民生实事”，民生支出286.6亿元，占一般公共预算支出77.7%，民生保障水平稳步提高。全市享受低保救济的困难群众达7.79万人，其中城镇0.60万人、农村7.19万人。共发放低保救济金3.87亿元，比上年增长15.6%。推进“粤菜师傅”“广东技工”“南粤家政”三项工程，建成“河源家政一条街”、深河农村电商公共服务中心、市人力资源服务产业园，新增城镇就业3.6万人，城镇登记失业率控制在2.6%以内。失业保险、工伤保险参保人数增长12%、15%。发放价格临时补贴6559.48万元、每月惠及约11万名困难群众。医药价格管理机制、医保支付方式改革持续推进。双拥优抚安置政策全面落实，连续四次获全国双拥模范城称号。

社会大局和谐安定　深化“平安河源”建设，开展信访矛盾化解攻坚，加强“枫桥式派出所”“智慧新警务”建设，推进全民禁毒工程、扫黑除恶专项斗争和“飓风2020”“断卡”等专项行动，人民群众对社会治安的满意度和总体评价提升。扎实防范化解风险，未发生系统性区域性金融风险。深入开展安全生产八大专项整治行动和专项整治三年行动，各类生产安全事故起数和受伤人数实现“双下降”。在全省首创司法鉴定法律援助机制。

防灾减灾能力提升　消除在册地质灾害隐患点81处，完成搬迁避险248户、主体工程施工和勘察设计71处。全面完成农村削坡建房风险点排查认定，完成风险点综合整治760户。组建市森林消防队，森林火灾受害率低于省控1‰指标。出台“六个体系和一个机制”（“六个体系”即应急指挥体系、应急预案体系、应急救援力量体系、应急救援装备和救灾物资保障体系、镇村应急管理体系、应急管理责任体系；“一个机制”即一体化应急响应机制）应急管理体系建设方案，应急管理机制完善。

【城乡建设】基础设施加快完善　2020年，河源市新建公路1028千米，其中高速公路47.47千米，河惠莞高速紫惠段建成通车。赣深高铁河源段站前主体工程完成95%以上，高铁新城基础设施加快建设，高铁综合交通枢纽工程即将投入使用。梅龙高铁开工建设，广河客专纳入《粤港澳大湾区基础设施互联互通规划》，5个通用机场纳入省通用机场布局规划。国道205线热水至埔前段改线工程开工，新一路贯通工程一期、中山大道改造一期等市政工程完成建设。生活垃圾无害化填埋场新建2个、扩建3个，共有8个，处理能力新增840吨/日、共2670吨/日。市区水源工程建成通水。新增5G基站1143座，基本实现5G网络市区城域全覆盖。建成精品示范街10条，改造提升普通街巷449条、老旧小区13个。全年新增11万伏及以上变电设备12万千伏安，输电线路47.12千米。

乡村振兴扎实推进　全域开展农村人居环境整治和百日整治行动，基本完成“三清三拆三整治”（“三清”即清理村巷道及生产工具、建筑材料乱堆乱放，清理房前屋后和村巷道杂草杂物、积存垃圾，清理沟渠塘溪河淤泥、漂浮物和障碍物；“三拆”即拆除旧房、危房、废猪牛栏及露天厕所，拆除乱搭乱建、违章建筑，拆除非法违规广告、招牌等；“三整治”主要是整治垃圾、生活污水及水体污染）任务。全市农村清洁卫生水普及率100%，农村自来水普及率93.2%，行政村基本实现集中供水。无害化卫生户厕全面普及，新建改建农村公厕500个，农村卫生厕所普及率99.1%。建成村收集99.1%。建成村收集、镇转运、县处理的农村生活垃圾收运处理体系，村庄保洁实现全覆盖。建成“四好农村路”（建好、管好、护好、运营好）1038.8千米，100人以上自然村通硬化路、行政村通客车，紫金县通过全国“城乡交通运输一体化”示范县创建验收，东源县、源城区成功创建省级“四好农村路”示范县（区）。7877个20户以上自然村实现光网全覆盖，完成速度居全省第一。“三带一廊道”（和平、连平、灯塔盆地美丽乡村示范带和古驿道廊道）示范创建工作扎实推进，全市514个行政村达到美丽宜居村标准。获评全国文明村4个，建成移民美丽家园示范点10个。

【生态环境】2020年，河源市基本消除建成区黑臭水体，地表水水质优良比例达到100%，省考断面综合指数全省第一。市区空气质量优良率98.9%，市区空气质量优良天数达362天，排名全省第一。市污水处理厂临时扩容工程、市高新区大塘水质净化厂建成使用，新增县级以上城市污水处理能力6.5万吨/日，镇级污水处理设施实现全覆盖，全市现有污水处理设施1054座，污水日处理能力达62.28万吨，增长44.4%。完成大尖山铅锌矿整治、龙川历史遗留稀土矿区周边受污染耕地治理，全市受污染耕地安全利用率95.7%，污染地块安全利用率100%。全市医疗废物、危险废物处置率均达到99%以上，城市生活垃圾无害化处理率100%。完成森林碳汇重点生态工程造林3667公顷、桉树林退改1587公顷，完成松材线虫病防治作业面积4.1万公顷。单位工业增加值能耗下降11.2%。（廖乔曦）

政治文明建设

依法治市

【概况】2020年，河源市坚持以习近平新时代中国特色社会主义思想为指导，深入学习贯彻习近平法治思想，按照省委、市委关于推进依法治工作的相关要求，围绕法治河源建设目标，开展依法治市工作。

【依法防控新冠肺炎疫情】2020年，河源市委依法治市办公室制定《关于依法防控新冠肺炎疫情的工作实施方案》，从立法、执法、司法、守法各环节把控，推进依法防控、科学防控、联防联控，提高河源市疫情防控的法治化水平。

【市委依法治市委员会会议】2020年，河源市委全面依法治市委员会召开第二次、第三次、第四次会议，深入学习贯彻习近平法治思想，学习贯彻习近平总书记重要讲话和重要指示批示精神，研究部署河源市依法防控疫情、法治广东考评整改和贯彻中央全面依法治国工作会议精神。

【法治建设第一责任人职责落实】2020年，河源市委召开常委会会议传达学习党政主要负责人履行推进法治建设第一责任人职责情况列入年终述职内容试点工作方案，推动将法治建设情况分别列入对县区和市直单位党政领导班子年度考核测评项目（工作实绩）。

【法治督察和法治政府示范创建】2020年，河源市委依法治市办公室对各县区党政主要负责人履行推进法治建设第一责任人、法治政府建设以及法治化营商环境建设情况进行实地和书面督察，全面了解各县区法治建设情况，以督察促整改落实，推动各县区在法治建设方面积极作为。开展法治政府示范创建活动，申报8个创建项目，征集法治政府建设宣传素材，做好宣传推广工作。

【法治建设年度考评】2020年，河源市在2019年度法治广东考评获评良好等次，全省排名第14名，比2018年度上升4名。开展2019年度法治河源考评，组织23个市直对口部门对五县二区进行考核评分。召开2019年度法治广东建设考评整改暨法治工作推进会，制定《2019年度法治广东建设考评反馈问题整改工作方案》，推动整改工作落实到位。

（周娟　陈健）

依法行政

【建立完善依法防控疫情相关制度】2020年，河源市出台《河源市人民政府关于贯彻落实〈广东省人民代表大会常务委员会关于依法防控新型冠状病毒肺炎疫情切实保障人民群众生命健康安全的决定〉的意见》，全面贯彻落实省人大决定，为依法防控疫情提供法治保障。梳理与疫情防控工作相关的法律法规及政策性文件50份，形成《防控新型冠状病毒感染肺炎疫情工作相关法律政策汇编》，为全市各单位开展疫情防控提供法律参考。制定其他涉疫情防控规范性文件及其他政策类文件21份。

【重大行政决策程序规范化推进】2020年，河源市落实《重大行政决策程序暂行条例》，推进重大行政决策程序规范化，司法行政部门通过加强文件分类管理，严格审查程序，发挥合议机制。全系统共审查政府重大合同、各类请示方案和招投标文件等决策事项725件，从源头上预防化解政府行政决策法律风险。制定《河源市政府法律顾问绩效考评暂行办法》《2020年市政府法律顾问补助发放方案》，激发市政府法律顾问发挥政府“法律参谋助手”作用。7名市政府法律顾问共审查政府重大合同、决策文件29件，出具审查意见书158份，比上年增长60%。

【政府立法工作】2020年，河源市出台《河源市城市供水用水管理办法》《河源市户外广告和招牌设置管理办法》，配合市人大做好《河源市革命旧址保护条例》《河源市扬尘污染防治条例》等地方性法规的调研、起草、合法性审查工作。及时修订完善《河源市行政规范性文件管理规定》，强化行政规范性文件制发和监督，司法行政部门全系统共审查各类文件520件。制定《河源市政府规章立法后评估办法》，坚持“立改废释”并举，完善河源市政府立法体制机制。起草《河源市政府立法基层联系点管理办法》，开展立法基地、立法基层联系点的筹备建设，推动基层群众参与政府立法工作。

【严格规范公正文明执法】2020年，河源市组织全市行政执法人员参加综合法律知识网上考试54场2329人次，加强对行政执法队伍及其人员资格管理，从源头上规范行政执法行为。启用广东省执法队伍管理系统，全市280个行政执法单位开通账户，265个单位完成账户激活工作。推进乡镇街道综合执法体制改革，梳理出第一批下放镇街的行政执法职权事项共279项，以市政府公告的形式下放镇街实施。组织镇街执法人员考试1176人次，办理执法证457人。全市327个行政执法主体通过广东省行政执法信息公示平台共录入执法事项8万多个。出台《河源市加快推广应用行政执法信息平台和行政执法监督网络平台实施方案》，推动“两平台”上线应用。落实证明事项清理工作，梳理出48项证明事项取消情况。承接省司法厅调整和取消的行政权力事项共69项，实现省级调整实施权责清单事项无缝对接。

【做好行政复议、应诉工作】 2020年，河源市完善行政复议庭建设，推行行政复议案件开庭审理，提高行政复议的透明度，增加群众的参与感，增强政府的权威性和社会公信力。司法行政部门全系统受理行政复议案件125件，审结128件；依法代理市县政府行政应诉案件186件。推行行政机关负责人出庭应诉制度，市政府负责人出庭应诉2件行政诉讼案件，行政机关负责人出庭应诉率比2019年有所提高。（陈 健 曾少劲）

政务公开

【概况】 2020年，河源市以习近平新时代中国特色社会主义思想为指导，稳步推进政务公开工作。在2020年省府办公厅组织的全省政府网站考评、政务公开第三方评估等考核工作中，河源市政府网站在全省排名第12，政务公开在全省排名第6。

主动公开方面 一是政府网站和政务新媒体主动公开政府信息总数32473条，其中以市政府（办公室）名义发布政策解读材料58篇，规范性文件解读比例实现100%。二是《河源市人民政府公报》全年出版24期，公开各级政府（办公室）主动公开文件、部门规范性文件、政策解读和人事任免，发行范围向基层组织倾斜，全年发行72000份。三是统筹推进基层政务公开标准化规范化，全市五县三区和101个镇（街）均按时完成26个试点领域基层政务公开事项标准目录，并向社会公开。四是及时发布疫情防控信息，通过政府网站、政务新媒体、电视、广播、报刊等渠道进行全方位宣传解读，提高群众疫情防控意识。

平台建设方面 一是完善全市政府网站集约化平台建设。全市10家政府网站统一迁移至政府网站集约化平台，实现统一运维。二是推进政务新媒体集约整合工作。做优做强“一个账号”，集信息发布、政民互动、办事服务等功能为一体，对无力运维、安全保障能力薄弱的政务新媒体进行关停整合，构建全市政务新媒体宣传矩阵。群众可通过“河源市人民政府门户网站”公众号一键查看各单位政务新媒体内容。三是强化常态化监管。严格落实政府网站及政务新媒体周报制度，对标国办考核标准，通过智能和人工相结合方式，每周对全市政府网站和政务新媒体进行动态监测，累计发布监测报告96份，发现问题及时通知有关单位立即整改。

依申请公开方面 依法依规处理政府信息公开申请，全年共受理政府信息公开申请210宗，办结205宗，结转下年度继续办理5宗，均未收取信息处理费。申请人申请公开信息主要涉及土地（林地）权属、扶贫政策、政府规范性文件、征地拆迁、基础设施建设等内容。全市因信息公开引起的行政复议37宗，行政诉讼18宗，其中，涉及市政府的行政复议2宗，行政诉讼1宗，均维持原答复结果。

解读回应方面 一是做好网民留言答复工作，办理省府办公厅转来的网民给省长留言40宗，及时回应解答网民遇到的难题和关心的热点问题。二是畅通便民热线渠道，将12345热线平台整合至政府网站和政务新媒体，完善互动交流功能，全年受理留言数量1031件，办结1030件。三是依托政府网站“政策解读”“政风行风”栏目，宣传解读河源市政策，回应群众关心的社会焦点问题，及时公开发布疫情信息，让公众实时了解最新疫情动态和应对处置工作进展。四是做好涉及群众权益的意见征集和结果反馈信息发布工作，全年向社会各界征集意见65条。

监督保障方面 一是加强组织领导。要求各级各部门将政务公开工作列入领导分工内容，并对外公开。二是强化政务公开考核。通过第三方评估工作，科学细化和量化考核指标，总结评价各级各部门落实政务公开工作情况。三是把政务公开工作纳入年度绩效考核内容，所占分值达4分，督促各级各部门做好政务公开有关工作。

【公开政府信息情况】 2020年，河源市公开政府信息情况见表5。

表5 2020年河源市公开政府信息情况表

第二十条第（一）项			
信息内容	本年新制作数量	本年新公开数量	对外公开总数量
规章	2	2	2
规范性文件	126	111	111
第二十条第（五）项			
信息内容	上一年项目数量	本年增/减	处理决定数量
行政许可	3471	489	187551
其他对外管理服务事项	2899	334	465566
第二十条第（六）项			
信息内容	上一年项目数量	本年增/减	处理决定数量
行政处罚	15153	495	917529
行政强制	948	99	62212

续表5

第二十条第（八）项		
信息内容	上一年项目数量	本年增/减
行政事业性收费	395	68
第二十条第（九）项		
信息内容	采购项目数量	采购总金额（万元）
政府集中采购	4503	125720.0537

【收到和处理政府信息公开申请】2020年，河源市收到和处理政府信息公开申请情况见表6。

2020年收到和处理政府信息公开申请情况表

表6　　　　单位：件

（本列数据的钩稽关系为：第一项加第二项之和，等于第三项加第四项之和）			申请人情况						
			自然人	法人或其他组织					总计
				商业企业	科研机构	社会公益组织	法律服务机构	其他	
一、本年新收政府信息公开申请数量			204	2	0	3	0	1	210
二、上年结转政府信息公开申请数量			8	0	0	0	0	0	8
三、本年度办理结果	（一）予以公开		107	0	0	3	0	0	110
	（二）部分公开（区分处理的，只计这一情形，不计其他情形）		14	2	0	0	0	1	17
	（三）不予公开	1.属于国家秘密	1	0	0	0	0	0	1
		2.其他法律行政法规禁止公开	1	0	0	0	0	0	1
		3.危及“三安全一稳定”	0	0	0	0	0	0	0
		4.保护第三方合法权益	2	0	0	0	0	0	2
		5.属于三类内部事务信息	2	0	0	0	0	0	2
		6.属于四类过程性信息	2	0	0	0	0	0	2
		7.属于行政执法案卷	1	0	0	0	0	0	1
		8.属于行政查询事项	1	0	0	0	0	0	1
	（四）无法提供	1.本机关不掌握相关政府信息	43	0	0	0	0	0	43
		2.没有现成信息需要另行制作	5	0	0	0	0	0	5
		3.补正后申请内容仍不明确	2	0	0	0	0	0	2
	（五）不予处理	1.信访举报投诉类申请	1	0	0	0	0	0	1
		2.重复申请	6	0	0	0	0	0	6
		3.要求提供公开出版物	0	0	0	0	0	0	0
		4.无正当理由大量反复申请	0	0	0	0	0	0	0
		5.要求行政机关确认或重新出具已获取信息	0	0	0	0	0	0	0
	（六）其他处理		19	0	0	0	0	0	19
	（七）总计		207	0	0	0	0	0	213
四、结转下年度继续办理			5	0	0	0	0	0	5

【行政复议、行政诉讼信息公开】2020年，河源市政府信息公开行政复议、行政诉讼情况见表7。

表7

2020年河源市政府信息公开行政复议、行政诉讼情况表

行政复议					行政诉讼									
					未经复议直接起诉					复议后起诉				
结果维持	结果纠正	其他结果	尚未审结	总计	结果维持	结果纠正	其他结果	尚未审结	总计	结果维持	结果纠正	其他结果	尚未审结	总计
19	9	5	4	37	3	0	2	1	6	6	0	2	4	12

（张建勋）

精神文明建设

【思想引领】2020年，河源市坚持思想引领，推动习近平新时代中国特色社会主义思想深入人心。

强化理论学习 把学习宣传贯彻习近平新时代中国特色社会主义思想作为头等大事和首要政治任务，落实第一议题制度。把贯彻落实习近平新时代中国特色社会主义思想，中共十九大和十九届二中、三中、四中、五中全会精神，习近平总书记对广东重要讲话精神和重要指示批示精神一体学习领会、整体贯彻落实。把习近平关于精神文明建设的重要讲话纳入市委常委会、市委理论学习中心组、县处级党委（党组）理论学习中心组学习，开展“百姓宣讲”等活动。2020年，市委理论学习中心组安排16次、县处级党委（党组）理论学习中心组安排17个有关习近平新时代中国特色社会主义思想重点科目的专题学习，开展“百姓宣讲”3680场次。加强理论阐释，在“理论学堂”微信公众号和《河源日报》理论专版发布134期360余篇理论文章，在省级主要媒体“学习强国”平台及河源市主要媒体推出有关疫情防控、决胜全面小康等主题报道超1.1万条次，在中央电视台《新闻联播》播发河源新闻6条，其他新闻栏目31条次。

强化阵地建设 深化拓展新时代文明实践中心试点建设，重点推进龙川县国家试点、源城区和东源县省试点，其他县区同步推进，落实宣传思想的核心任务，打通基层学习宣传“最后一公里”。全市挂牌设立新时代文明实践中心7个、实践所101个、实践站1272个，成立文明实践志愿服务队1680支。创新打造“文明实践公共服务平台”“指尖式文明实践传播平台”“‘融愿’APP志愿服务平台”，形成线下“点单”、线上“派单”，“指尖式、一站式”推送的工作回路。依托新时代文明实践中心（所、站），围绕“打赢脱贫攻坚战”“实施乡村振兴战略”“幸福都是奋斗出来的”“绿水青山就是金山银山”等重大战略、重要理念，运用“十路轻骑兵”、“百姓宣讲”、广电网络宣讲教育频道、乡村“大喇叭”、“七个一百”精品项目下基层等方式，打造“三戏三新”“小珑小川”卡通形象人物、“说唱十九大快板”等传播新思想特色品牌，传播习近平新时代中国特色社会主义思想，打通理论武装工作体系的“最后一公里”。特别是在2020年抗击新冠肺炎疫情中，发挥新时代文明实践中心（所、站）联系群众的广泛性，传播习近平关于抗击新冠肺炎疫情有关重要讲话精神，并联合融媒体中心创作短视频、广播音频等抗疫宣传作品100多个，开展抗疫文明实践活动近2.26万场次、受益群众达280万人次，为打赢疫情阻击战提供思想保证和精神动力。强化网络精神文明建设，以河源文明网、文明河源微信公众号为网上精神文明建设主阵地，2020年市属各单位网站及市属媒体设有精神文明建设专栏67个，打造“指尖式”新时代文明实践中心，将线下活动通过技术平台，在线上进行二次传播。2020年，河源文明网、文明河源公众号共发布12147条信息，其中59条内容被中央文明网采用，策划专题报道19个。

【推动全国文明城市高质量创建】2020年，河源市委、市政府把创建全国文明城市当作最大的民生工程来抓，坚持“创建为民、创建靠民、共建共享”工作原则，推进各项民生事业发展。

提高政治站位，高位推进全国文明城市创建 贯彻落实省文明委有关全国文明城市创建工作部署，市委多次召开“创文”推进会、协调会，市委书记丁红都、市长林涛多次深入“创文”一线调研指导、现场办公，解决“创文”的重点难点问题。市创文办每季度向市委常委会汇报一次“创文”工作，12个“创文”专项工作组不定期召开协调会，推进“创文”各项工作的落实。

强化一盘棋思想，协同联动推进全国文明城市创建 市创文办与区创文办联合开展“创文”专题调研、联合实施“创文”专项督查，市区同步规划、共同实施推进全国文明城市创建。市直相关职能部门与源城区直对应部门实现无缝对接，市区一体、上下联动，强力推动全国文明城市创建。

推动民生事业发展，打造人民幸福

心城　坚持以人民为中心，打造宜居的生活环境，满足市民群众对健身场地、公园绿地、学校医院、出行购物、居家养老的需求，推动开放便捷、尺度适宜、配套完善、邻里和睦的城市15分钟生活圈建设，打造人民幸福心城。推进中心城区公园广场建设，公园广场建在群众家门口，中心城区建有80个公园广场，人均公园绿地面积有13.39平方米，解决休闲体育锻炼需求。实施“百街千巷”综合整治工程和停车场建设，完成832条街巷改造、10条精品示范街建设，新规划2个停车场建设，解决出行难的问题。推进集贸市场升级改造工程，市中心城区升级改造21间集贸市场，解决便捷安全购买食品问题。推进义务教育，义务教育学校新建或改扩建48所、新增优质学位3万多个，解决读书难的问题。推进医院建设，加快深河人民医院建设和13间县级公立医院升级改造，解决看病难的问题。推进镇（街）文化站、村居文化服务中心的提升工程，完善提升市文化馆、图书馆、博物馆建设，开展“共创文明城市·共建书香社区”等各类公益性文化惠民活动1000余场次，解决市民群众精神文化生活需求。推进平安河源建设，开展扫黑除恶行动，全市“双抢”、盗窃等立案数均有下降，整体治安环境继续向好。

【全域文明创建】2020年，河源市以创建全国文明城市为龙头，推进各县文明城市、文明村镇、文明单位、文明校园、文明家庭创建，推动创建工作向基层延伸，提升城乡文明程度和乡风文明水平，助推脱贫攻坚和乡村振兴战略实施，推动县域经济发展。

深入推进文明村镇创建活动　开展“十星级文明户”评选活动，行政村宣传覆盖率达100%，参评率达95%以上。建立健全“一约四会”（村规民约；红白理事会、村民议事会、道德评议会、禁毒禁赌会），完成全市所有行政村村规民约修订。推进移风易俗行动，开展婚嫁丧葬、破除封建迷信等宣传教育活动。开展新乡贤等先进典型选树活动、新时代文明实践志愿服务活动、文化医疗科技“三下乡”等活动，加强农村思想道德建设和乡风文明建设。2020年评选16个市文明镇，60个市文明村。加强乡村振兴文明村镇达标考核工作，全市95个建制镇，累计95个建制镇通过省文明镇达标考核，覆盖率100%。全市1249个行政村，累计1240个行政村通过省文明村达标考核，覆盖率99.3%。

2020年，河源市“网聚全民力量·点亮文明之光”“创文”云上接力全城行动

（市文明办提供）

深入开展文明单位、文明校园、文明家庭创建活动　2020年评选22个市文明单位、30户市文明家庭、40所市文明校园。

推进精神文明创建九大行动　印发《河源市出租汽车文明服务拓展行动实施方案（2020—2022年）》等精神文明创建九大行动实施方案，针对精神文明建设重点难点实施专项整治，提升精神文明建设整体工作水平。

【立德树人】2020年，河源市围绕社会主义核心价值观这一主线，强化教育引导、立德树人，开展系列教育主题实践活动，培育时代新人。开展社会主义核心价值观主题教育实践活动。依托图书馆、文化馆、博物馆、科技馆、少年宫、爱国主义教育基地，通过升国旗仪式、入党入团入队仪式开展系列主题活动。开展先进典型选树活动。开展“河源好人”、道德模范、最美人物等选树活动，2020年选树最美人物64人、“河源好人”40人、河源市道德模范10人、“广东好人”16人、广东省道德模范及提名奖2人、“中国好人”1人，开展120场道德模范、“河源好人”进校园、进社区、进机关等宣讲活动。弘扬优秀传统客家文化。挖掘家训文化、客家谚语、乡贤文化、传统节日、民俗文化等优秀传统文化，建设主题公园、示范点。加强未成年人思想道德建设。开展“践行社会主义核心价值观+文明礼仪伴我行”“扣好人生第一粒扣子”“我的中国梦”主题教育实践活动2200余场次，打造“以优秀传统文化滋养人”“文明礼仪之花香溢校园”等八大未成年人思想道德建设工作品牌。加强校外心理健康辅导中心、乡村学校少年宫建设、校外教育基地建设，充分利用图书馆、校外心理健康辅导站等场馆和阵地为未成年人服务。加强文明校园建设、开展校园周边环境和网吧综合整治，优化未成年人良好成长环境。

【风尚引领】2020年，河源市坚持风尚引领，弘扬新时代文明新风。培育新时代文明细胞工程，推动文明行为促进条例立法；开展文明公筷公勺行动、文明祭扫、文明交通、文明旅游、文明餐桌、文明上网、文明礼仪等系列主题活动，增强文明意识、养好文明习惯；推进移风易俗专项治理，破除陈规陋习、树立新风正气。加强讲文明树新风公益广告的宣传。结合地域特色和“创文”要求，统一对市区公益广告进行整体设计，打造公益宣传品牌，制作一批公筷公勺等公益广告，并进行广泛刊播展示，营造良好社会氛围。丰富群众精神文化生活。举办“初心如磐，砥砺奋进”2020年河源市决胜全面小康、决战脱贫攻坚文艺演出活动，开展“大美河源·百姓舞台”、客家山歌大赛、送文化下基层、节庆文化活动等群众文化活动400多场次。举办“传递文明薪火·弘扬时代新风”——2020全城行动传递文明火炬活动，吸引线上50多万人次的指尖传递，线下3万多人参与，线上125万人次观看直播。开展“网聚全民力量·点亮文明之光”“创文”全城行动，两季活动参与人数达600多万人次，实现全员发动、全员参与的良好成效。加强志愿服务制度化建设。推进志愿服务项目创新和管理创新，推行“互联网+志愿”“党团建+志愿服务”“新时代文明实践+志愿服务”模式，2020年开展新冠肺炎疫情防控、基层文化惠民、进社区结对帮扶、关爱困境老人儿童等各类志愿服务活动近万场。实名注册志愿者人数18万人，全市人均志愿服务时数超过36小时，在全省8个提名城市中排名第一，“i志愿”系统及“注册志愿者证”工作考核得分在全省21个地市中排名第一。推进诚信制度化建设。联合市发展和改革局（市信用办）出台系列诚信建设制度和工作方案，开展“3·15”消费者权益日、“食品安全宣传周”等主题教育实践活动。（肖巧玲）

社会建设

【社会治理创新】 2020年，河源市举办第四届“平安杯”社会治安综合治理创新大赛，设市直、县区两个版块，经过各县区自评、组委会初评等环节，共有99个项目入围初赛，40个项目（县区版块21个、市直版块19个）入围决赛。共评出县区版块一等奖3个，二等奖5个，三等奖6个，组织奖7个；市直版块特别奖1个，一等奖3个，二等奖4个，三等奖5个，组织奖6个；加上前三届创新大赛征集、实施的创新项目，至2020年底河源全市创建中的创新项目共623个，其中市直228个，县区直311个，参赛镇（街）、村（社区）53个，社会组织31个。初步形成全市上下生机勃勃的全领域参与政法综治创新的良好氛围。

【平安河源建设】 2020年，河源市成立平安河源建设领导小组，完善平安建设工作机制。推进市域社会治理创新，初步完成加快推进社会治理现代化“十四五”专项规划编制。完善“一村（居）一辅警”工作机制。开展和平县维稳示范点创建。推进立体化社会治安防控体系、“雪亮工程”“智慧新警务”“综治中心+网格化+信息化”建设，推动在综治中心建立“粤心安”社会心理服务站（室），推进基层综治网格管理，综治中心运作更加规范，市级“雪亮工程”平台已完成建设并与省平台对接联网。2020年，全市刑事破案比上年上升4.1%，盗抢案件立案下降9.1%，全市“零双抢”天数增加11天；全市社会治安环境持续向好。

【社会治理体制改革】 2020年，河源市社会治理体制改革专项小组按照省、市有关改革工作部署，统筹协调，扎实工作，促进全市社会领域各项改革任务的推进。河源市2020年，河源市社会治理体制改革任务共三大项6小项任务，涉及3个牵头单位，各项任务均完成。改革工作成效主要有以下几点：一是完善城乡社区治理机制。依托现有乡镇（街道）社工站拓展村居社工服务，在义合镇下屯村建立社会工作服务站，出台《河源市农村党组织工作规范（试行）》等9项制度，全市101个乡镇（街道）完成机构改革，全面落实“四个一”（在应对处置重大突发事件实行“一个分管省领导和一个部门牵头负责，成立一个工作专班跟进处置、制定一个专项工作方案统筹应对、统一一个口径上报和发布信息”的工作机制）应急处置机制，建立全社会全民参与的社区联防联控，群防群治工作格局。2020年年底，河源市为确诊新冠肺炎人数全省最低的地市之一。二是创新社区警务体制机制。完成市级“雪亮工程”建设并成功与省“雪亮工程”平台对接，共向省平台推送6429路视频。三是推进市域社会治理现代化。编制《河源市加快推进社会治理现代化“十四五”专项规划》。

链接：

相关词语注释

“一村（居）一辅警” 为促使政法综治工作向基层延伸，公安辅助警力向基层下沉，推动社会治安综合治理由被动应对向主动作为转变、单一管理向多元共治转变，在河源市各村（居）推行每一村（居）配备一名辅警的创新举措。

“雪亮工程” 是以县、乡、村三级综治中心为指挥平台、以综治信息化为支撑、以网格化管理为基础、以公共安全视频监控联网应用为重点的“群众性治安防控工程”。它通过三级综治中心建设把治安防范措施延伸到群众身边，发动社会力量和广大群众共同监看视频监控，共同参与治安防范，从而真正实现治安防控“全覆盖、无死角”。因为“群众的眼睛是雪亮的”，所以称之为“雪亮工程”。

“智慧新警务” 是广东公安贯彻落实公安部大数据战略和智慧公安建设的具体措施。包括“1个目标愿景（坚持把大数据作为新时代公安工作创新发展的大引擎，深入实施公安大数据战略，全面推动公安工作质量变革、效率变革、动力变革，努力实现公安机关战斗力和社会治理能力的跨越式发展，为全国省级行政区的社会公共安全治理提供“广东样本”）、3步走战略（2018年进行基础建设和示范应用，2019年进行能力提升和推广应用，2020年完成深化完善和全面应用）、8大创新应用（智慧新指挥、智慧新管控、智慧新侦查、智慧新防控、智慧新交管、智慧新监管、智慧新民生、智慧新警队）、4大赋能工程（大数据工程、警务云工程、视频云工程、云网端工程）、北斗7星计划（智慧新警务全部建设项目的一种编排方式）”。

“综治中心+网格化+信息化” 是以基层综治中心为枢纽、以网格为单元、以信息化为支撑，开启智慧治理工作模式。

“粤心安” 是加强和创新社会治理，加强心理健康服务，健全社会心理服务体系和疏导机制、危机干预机制；推进健康中国建设，倡导健康生活方式。

“平安杯” 是发动干部群众参与社会治安综合治理，拓宽治理领域，优化治理模式，创新方法手段，开创生机勃勃的共建共治共享的社会治理格局。

（肖 榕）

生态文明建设

【概况】 河源市坚持保护优先，推动绿色发展方式和生活方式，重点加强生态系统保护，以点带面促进生态文明建设。截至2020年年底，全市有各级自然保护区52个，其中省级8个、市级6个、县级38个。有1个县级（连平县）“国家生态示范区”，5个省级生态示范镇，22个省级生态示范村，478个市级生态示范村。共创建国家级绿色学校1所、省级绿色学校40所、市级绿色学校89所，省级环境教育基地11个、市级环境教育基地9个，省级绿色社区8个、市级绿色社区10个。环保主题环境教育展厅1个。东源县被评为全国第一批绿水青山就是金山银山实践创新基地。

【生态文明宣传】 2020年，河源市生态环境局加强与各级新闻媒体的合作，围绕河源市生态文明建设、污染防治、环境执法等重点工作开展宣传，深入社区、企业、学校、农村开展系列宣传活动，推进生态示范村、绿色学校、环境教育基地等创建工作，在全市营造生态环境保护良好氛围。是年，在各级新闻媒体发稿980篇次，长期刊播环保公益宣传标语、广告和专栏。在“河源生态环境”微信公众号刊发宣传稿件1090篇。全面铺开社会宣传。按照“应公开，尽公开”的原则，主动公开各类生态环境保护政务信息600多条。更新11个“生态文明环境文化宣传橱窗”的宣传海报4期；在市区35个楼宇560台电梯显示屏平台上播放环保公益视频广告；印制生态环境保护宣传资料7.5万份并分发到中小学校。开展主题宣传。组织“最美生态环境使者”等评选活动，开展生物多样性日、“6·5”世界环境日、全国低碳日、沿江徒步护滩、“普及垃圾分类 做环保践行者”“拒绝白色污染 建设绿色家园”“美丽中国，我是行动者”、城南污水处理厂线上直播、渔业增殖放流、环保主题灯谜节等宣传活动。以创文为契机，推进党员志愿者进社区、进学校、进家庭、进企业、进农村，广泛开展生态环保志愿服务。

（赵晓菲）

体制改革

【概况】 2020年，河源市深入推进营商环境、社会信用体系、国有企业体制、科技创新体制等重点改革，改革热度持续提升，第四季度河源改革热度指数74.16，位居全国318个副省级以下地市第十、全省第四。

【营商环境改革】 2020年，河源市印发实施《河源市优化营商环境攻坚年工作方案》，召开河源市2020年营商环境攻坚年推进会，部署涉及政务环境、市场环境、法治环境、企业经营环境、投资贸易环境、社会文化环境等6个方面31条攻坚任务。放宽市场准入，优化企业办证程序，开业实现“线上一网办、线下一窗办”，承诺办理时限压缩至1.5个工作日。推进工程建设项目审批制度改革，将政府投资和社会投资类工程建设项目全流程审批时间分别压缩至90个和50个工作日内，联合验收时限压缩至10个工作日内。开展营商环境攻坚年中期评估并召开9场结果分析会，在全省营商环境试评价的13个指标中，河源市在开办企业、办理建筑许可、获得电力、获得用气、跨境贸易5个指标已接近广州营商环境改革2.0版的水平，中介服务超市平均每宗业务耗时排名全省第二位。

【社会信用体系建设】 2020年，河源市构建以信用监管为核心的新型监管方式，推动全市信用联合奖惩“一张网”建设，实现工程领域审批系统和公共资源交易系统自动推送信用核查信息、匹配红黑名单、嵌入奖惩措施、汇集反馈实施情况的“信用奖惩、一键搞定”便捷模式。全市51个部门可直接查询或使用自动化联合奖惩系统，涉及40个国家联合奖惩备忘录的201项奖惩措施，其中涉及29项激励措施、172项惩戒措施。

【科技创新体制改革】 2020年，河源市建立创新平台扶持和评价机制，加强与大湾区高校、科研院所合作。是年，深圳大学湾区（河源）研究院、广东技术师范大学河源研究院、华南农业大学研究生院河源分院、仲恺农业工程学院乡村振兴培训学院（河源）等科教平台正式落户。出台《〈河源市进一步促进科技创新若干政策措施〉操作指引》《河源市高新技术企业倍增计划实施方案（2020—2022年）》等配套文件，构建支持科技企业高质量发展机制。优先安排年度新引进的高新技术企业用地计划指标，2020年共申请使用国家、省、市用地指标约594.67公顷，其中约206.47公顷用于高新技术企业，占34.7%。加强创新载体建设，举办河源市首届创新创业大赛、成果转化对接会暨湾区成果推介活动。建立金融与科技深度融合机制，构建多元化的科技投融资体系，印发《河源市联合科技信贷风险准备金管理办法》，共筹集科技信贷风险准备金3400万元。建立公共创新平台绩效评价制度，出台《关于实行定期工作报告制度的通知》，对公共创新平台实行“分类管理、动态监测、绩效评估”。

【“数字政府”改革】 2020年，河源市夯实数字政府基础能力，推进政务云、网及数据中心建设，率先在粤东粤西粤北地区完成政务云（一期）平台建设，完成政务云（二期）扩容。提升线上政务服务能力，完成与省一体化在线政务服务平台10个基础业务支撑系统对接，推广电子印章、电子证照、电子身份认证、“一件事”主题办、智能审批等应用。提升线下政务服务能力，推动河源市新政务服务中心投入使用，开展“中午不停歇”服务。继续推广“一窗受理、网上运转、并行办理、限时办结”模式，市政务服务事项“一窗”分类受理率达到93%。提升群众办理便利度，开通线上服务，压减办理时限，优化住房公积金线上汇缴、天然气安装通气、缴费等民生服务。推进政务服务“好差评”制度建设，发挥政务服务效能监督平台作用，及时归纳发现政务服务的堵点难点并加以解决。

【国有企业改革】 2020年，河源市分类推进国资国企改革，出台《河源市属国有企业内部审计管理规定》《市属国有企业托管（代管）管理办法（试行）》《河源市市属国有企业国有资产租赁管理办法》《市场物业投资运营有限公司组建方案》，修订完善市属国有企业现代企业制度。按照“兼并重组一批、关闭破产一批”“兼并重组盘活一批、资本运营做实一批、创新发展提升一批、关闭破产退出一批”的总体思路和工作要求，完成47家市属国有“僵尸企业”出清重组工作。

【优化民营企业发展环境】 2020年，河源市优化民营企业发展环境，全面清理与企业性质挂钩的歧视性规定和做法，建立健全各级领导干部常态化联系服务民营企业制度。构建以亩均增加值、亩均税收等为主要指标的制造业企业高质量发展综合评价体系，选取332家规上企业开展制造业高质量发展综合评价试点工作。构建现代招商体系，建立在谈重大外资项目县（区）首席服务官制度。出台《河源市支持中小企业共渡难关17条政策意见》，截至年底，累计为25家企业提供15641万元的贷款续贷服务，辖内银行业金融机构累计向疫情防控物资生产企业发放贷款金额9.98亿元，向受疫情影响小微企业累计发放贷款金额262.6亿元。*（何福荣）*

党政机关

编辑：王瑞峰

中国共产党河源市委员会

重要会议

【中共河源市委七届九次全会】于2020年1月9日在河源市区召开。全会由市委常委会主持。全会以习近平新时代中国特色社会主义思想为指导，贯彻落实中共十九大和十九届二中、三中、四中全会以及中央经济工作会议精神，落实省委十二届八次、九次全会精神，总结2019年工作，部署2020年工作，并就落实《中共中央关于坚持和完善中国特色社会主义制度、推进国家治理体系和治理能力现代化若干重大问题的决定》《中共中央、国务院关于支持深圳建设中国特色社会主义先行示范区的意见》进行全面部署。全会听取市委书记丁红都代表市委常委会所作的报告和市长林涛关于经济工作的讲话，审议通过《中共河源市委贯彻落实<中共中央关于坚持和完善中国特色社会主义制度、推进国家治理体系和治理能力现代化若干重大问题的决定>的实施意见》，审议市委常委会抓党建工作情况的书面报告。全会高度评价市委常委会去年的工作。一致认为，在以习近平同志为核心的党中央坚强领导下，市委坚持以习近平新时代中国特色社会主义思想为指导，全面贯彻中共十九大和十九届二中、三中、四中全会及中央经济工作会议精神，深入学习贯彻习近平总书记对广东重要讲话和重要指示批示精神，落实省委十二届历次全会精神和省委书记李希关于河源工作的指示要求，落实“1+1+9”工作部署，持续学懂弄通做实习近平新时代中国特色社会主义思想，高质量开展“不忘初心、牢记使命”主题教育，现代河源核心区和引领区实现新突破，“三农”工作在大灾之年取得新成果，产业重大平台提质扩容呈现新气象，全面深化改革开放激发新动力，社会民生建设取得新进展，“6·10”“6·12”救灾复产重建取得决定性胜利，党的领导和党的建设展现新作为，经济社会保持平稳健康发展，全面建成小康社会取得重大进展，“示范区”“排头兵”“两个河源”建设的步伐坚定有力，多个层面工作实现提效破局。全会强调，要深刻领会党中央和省委新部署新要求，把握大局大势，坚定信心决心，在新时代新起点上主动扛起使命和责任、展现河源担当和作为。要深刻领悟习近平总书记关于“两个大局”的重要论述精神，凝聚起推动新时代河源改革发展的强大动力。准确把握坚持和完善中国特色社会主义制度的重大原则、根本方向，确保全面落实到位。主动抢抓深圳建设中国特色社会主义先行示范区这一重大机遇，举全市之力全域全面融入。统筹抓好建设粤港澳大湾区、深圳建设中国特色社会主义先行示范区、广州实现老城市新活力与“一核一带一区”的利好叠加效应，争当全省区域协调发展“先锋”。全会提出，2020年是全面建成小康社会和“十三五”规划收官之年，也是河源振兴发展的攻坚决战之年，做好2020年各项工作至关重要。全市工作的总体要求是：以习近平新时代中国特色社会主义思想为指导，全面贯彻中共十九大和十九届二中、三中、四中全会以及中央经济工作会议精神，坚决贯彻党的基本理论、基本路线、基本方略，增强“四个意识”、坚定“四个自信”、做到“两个维护”，落实省委十二届八次、九次全会要求，紧扣全面建成小康社会目标任务，坚持稳中求进工作总基调，坚持新发展理念，坚持以供给侧结构性改革为主线，坚持以改革开放为动力，坚持以“融湾”为“纲”、“融深”为牵引，对接广州实现老城市新活力和“四个出新出彩”，深入落实“1+1+9”工作部署，坚定推动高质量发展，坚决打赢三大攻坚战，全面做好“六稳”工作，统筹推进稳增长、促改革、调结构、惠民生、防风险、保稳定，奋力推动“示范区”“排头兵”“两个河源”建设全面提效破局、努力构筑新局，确保全面建成小康社会和“十三五”规划圆满收官。全会强调，要全面打赢脱贫攻坚战、大力实施乡村振兴战略，确保与全国全省同步全面建成小康社会；要提升互联互通水平，推动形成“融深”“融湾”全面开放新格局；要加强产业协同发展，推动形成“融深”“融湾”现代化经济体系新格局；要加快都市经济发展，推动形成“融深”“融湾”城市建设新格局；要推进科技协同创新，推动形成“融深”“融湾”区域创新体系建设新格局；要坚持生态优先，推动形成“融深”“融湾”绿色发展新格局；要建设更高水平的平安河源、法治河源，加快营造共建共治共享的社会治理新格局；要打造人民幸福“心城”，推动形成“融深”“融湾”宜居宜业宜游优质生活圈共建共享新格局。全会强调，要全面加强党的领导和党的建设，持续深入学习贯彻习近平新时代中国特色社会主义思想，聚焦“两个维护”抓实党的政治建设，筑牢意识形态安全“护城河”“防火墙”，全面加强基层党组织建设，持续加强领导班子和干部队伍建设，坚决把党风廉政建设和反腐败斗争引向深入，为“示范区”“排头兵”“两个河源”建设全面提效破局、努力构筑新局提供坚强政治保证。全会号召，全市各级党组织和广大党员，要更加紧密地团结在以习近平同志为核心的党中央周围，坚持以习近平新时代中国特色社会主义思想为指导，不忘初心、牢记使命、接续奋斗，闻鸡起舞、日夜兼程、风雨无阻，奋力推动“示范区”“排头兵”“两个河源”建设全面提效破局、努力构筑新局，确保与全国全省同步全面建成小康社会，实现“十三五”规划圆满收官。市委委员、候补委员出席会议。不是市委委员、候补委员的市领导及县（区）党政主要负责人，市四套班子正副秘书长，市纪委常委、市监委委员，市直和中央、省驻河源副处以上各单位党员主要负责人；不是市委委员、候补委员的党的省第十二次党代会代表列席会议。

【中共河源市委七届十次全会】于2020年9月10日在河源市区召开。全会由市委常委会主持。全会坚持以习近平新时代中国特色社会主义思想为指导，贯彻落实习近平总书记关于促进区域协调发展、加快形成以国内大循环为主体国内国际双循环相互促进的新发展格局的重要论述和对广东重要讲话、重要指示批示精神，全面落实省委十二届十次全会精神、省加快“一核一带一区”建设工作部署和省委书记李希关于河源工作的要求，对加大有效投资力度，加快“示范区”“排头兵”“两个河源”建设作部署。全会听取市委书记丁红都代表市委常委会所作的报告和市长林涛的专题讲话，审议通过《中共河源市委、河源市人民政府关于加大有效投资力度加快推进“示范区”“排头兵”“两个河源”建设的实施意见》。全会认为，中共十九大以来，河源深入贯彻落实习近平总书记、党中央决策部署，全面落实省委工作要求，现代河源带动作用明显增强，生态河源绿色发展优势凸显，“融深”“融湾”质量效益加快提升，防范应对重大风险挑战有力有效，“6·10”“6·12”灾后复产重建工作进展顺利，新冠肺炎疫情防控取得决定性成效，“示范区”“排头兵”“两个河源”建设各层面工作成效明显、势头良好。全会指出，2020年是决胜全面小康、决战脱贫攻坚之年，是经济特区建立40周年。面对新形势新变化新要求，要进一步增强“四个意识”、坚定“四个自信”、做到“两个维护”，坚决扛起省委赋予的重大职责使命，集中精力办好河源自己的事情，推动“示范区”“排头兵”“两个河源”建设全面提效破局、努力构筑新局。全会提出，要坚持以习近平新时代中国特色社会主义思想为指导，贯彻落实习近平总书记关于促进区域协调发展的重要论述和对广东重要讲话、重要指示批示精神，坚定不移推进“示范区”“排头兵”“两个河源”建设，坚定信心决心，推动各项工作向纵深发展，奋力取得新突破新成就，为全省加快破解发展不平衡不充分问题提供“河源路径”，在服从服务全国全省大局中实现绿色崛起。全会强调，要聚力打造生态经济发展新标杆，奋力构筑“示范区”“排头兵”“两个河源”新局。要坚决打赢脱贫攻坚收官战，全域完成农村人居环境基础整治，深入推进农村重点改革任务，提升农村公共服务水平，奋力夺取脱贫攻坚、同步小康全面胜利；要守护好生态屏障，坚决完成污染防治攻坚战目标任务，推进生态环境治理体系和治理能力现代化，巩固提升生态优势；要加快构建生态产业体系，大力发展特色优势生态农业，推动绿色工业发展，打造生态休闲旅游高地，谋划推进“六水”体系建设和做好山林文章；要搭建三大高质量发展平台，把灯塔盆地打造成为引领河源未来农业农村高质量发展的综合平台，把江海联运、综合保税区、市高新区打造成为支撑河源未来产业高质量发展的功能平台，把高铁新城综合枢纽、江东新区打造成为撬动河源未来城市高质量发展的区域平台；要加快融入双循环体系，畅通产业循环、科技循环、市场循环、经济社会循环，打造大湾区的重要战略腹地、产业基地、企业锚地；要推动县域经济高质量发展，科学规划发展定位，大力提升县城品质，打造县域主导产业，加快新型城镇化建设，推动河源市各县进入全省前列。全会强调，要以“融湾”为纲、“融深”为牵引，充分发挥有效投资的关键作用，不断增强“示范区”“排头兵”“两个河源”建设新动能。要狠抓基础设施建设，加快建设现代化交通体系，补齐公共卫生设施、环保设施、地质灾害防治、应急救援体系等领域基础设施短板，扩大农业农村有效投资，加强水利能源基础设施建设，加快推进新型基础设施建设，夯实“融深”“融湾”的基础；要进一步优化营商环境，加大招商引资工作力度，提升投资便利化水平，激发民间投资活力，提升“融深”“融湾”的市场环境；要加快推进投资领域改革创新，提高各类市场主体投资的积极性创造性，提升投资领域要素配置的效能，深化基础设施投融资机制改革，完善“融深”“融湾”的制度环境。全会要求，主动作为，真抓实干，加快推动“示范区”“排头兵”“两个河源”建设取得新实效。要把握重点、精准发力，统筹做好下半年工作，毫不放松抓好常态化疫情防控，坚决落实“六稳”“六保”任务，全力参与“双循环”“一核一带一区”建设，全力防范化解重大风险，确保实现全面建成小康社会目标。要旗帜鲜明讲政治，坚定不移加强党的领导和党的建设，凝聚力量、奋发有为，做到解放思想抓落实、聚焦项目抓落实、转变作风抓落实。要落实工作责任，完善工作机制，勇担当善作为，切实把全会各项部署抓细抓实抓到位，以扎实工作成果庆祝经济特区建立40周年。全会免去王巍、苏晖、余卫东、徐伟、段邦贤的七届市委委员职务，批准黄敏、肖振兴辞去七届市委委员职务，批准张富城辞去七届市委候补委员职务，决定递补市委候补委员梁伟光、欧阳松华为七届市委委员。全会号召，全市各级党组织和广大党员要更加紧密团结在以习近平同志为核心的党中央周围，闻鸡起舞、日夜兼程、风雨无阻，全力打造生态经济发展新标杆，奋力推动“示范区”“排头兵”“两个河源”建设全面提效破局、努力构筑新局，为广东实现“四个走在全国前列”、当好“两个重要窗口”展现河源担当。市委委员、候补委员出席会议。不是市委委员、候补委员的市领导及县（区）党政主要负责人，市四套班子正副秘书长，市纪委常委、市监委委员，市直和中央、省驻河源副处以上各单位党员主要负责人；不是市委委员、候补委员的党的省第十二次党代会代表列席会议。

【中共河源市委七届十一次全会】于2020年12月29日在河源市区召开。全会由市委常委会主持。全会坚持以习近平新时代中国特色社会主义思想为指导，深入学习贯彻中共十九大和十九届二中、三中、四中、五中全会精神，贯彻落实习近平总书记出席深圳经济特区建立40周年庆祝大会和视察广东重要讲话、重要指示批示精神，贯彻落实省委十二届十一次、十二次全会精神，听取和讨论市委书记丁红都代表市委常委会所作的报告，审议通过《中共河源市委关于深入学习贯彻习近平总书记出席深圳经济特区建立40周年庆祝大会和视察广东重要讲话重要指示批示精神加快“示范区”“排头兵”“两个河源”建设的实施意见》《中共河源市委关于制定河源市国民经济和社会发展第十四个五年规划和二〇三五年远景目标的建议》。全会充分肯定“十三五”时期河源市经济社会发展取得的新进步。一致认为，过去五年，市委坚持以习近平新时代中国特色社会主义思想为指导，全面贯彻落实习近平总书记对广东系列重要讲话和重要指示批示精神，贯彻落实省委、省政府工作要求，围绕“示范区”“排头兵”“两个河源”使命任务，抢抓“双区”建设、“一核一带一区”发展等重大机遇，着力推进“1+1+9”工作部署，推动各项事业取得新的重大进展，高质量发展形成良好态势，改革开放实现重大突破，乡村振兴取得重大进展，民生福祉明显改善，党的领导和党的建设全面加强，“十三五”主要目标任务即将完成，“示范区”“排头兵”“两个河源”建设全面提效破局、开启新局，为全面建设社会主义现代化新征程奠定坚实基础。全会指出，“十四五”时期是中国在全面建成小康社会、实现第一个百年奋斗目标之后，乘势而上开启全面建设社会主义现代化国家新征程、向第二个百年奋斗目标进军的第一个五年，谋划好“十四五”时期经济社会发展，意义重大、影响深远。全会强调，要深入学习贯彻习近平总书记重要讲话、重要指示批示精神，深刻领会习近平关于国际国内形势的分析判断，增强育先机开新局的信心决心；深刻领会习近平关于新发展阶段的特征要求论述，找准河源在全国全省发展大局中的历史方位；深刻领会习近平关于新发展格局的科学内涵和实践要求论述，顺势而为优化经济发展路径；深刻领会习近平关于“十四五”时期目标任务和重要原则，始终朝着正确方向行稳致远；深刻领会习近平赋予广东的使命任务，进一步坚定河源的使命任务，把后发地区的巨大潜能迸发出来，为全国全省加快解决发展不平衡不充分问题提供“河源方案”。全会提出河源市到二〇三五年的远景目标，这就是：基本实现社会主义现代化，经济实力、科技实力、综合竞争力大幅增强，经济总量和城乡居民人均收入迈上新的大台阶，人均地区生产总值达到更高水平，实力雄厚、特色鲜明的“示范区”“排头兵”地位更加凸显，形成“两个河源”新格局。全会明确“十四五”时期河源市经济社会发展的指导思想和主要目标，强调要以习近平新时代中国特色社会主义思想为指导，深入贯彻习近平对广东系列重要讲话和重要指示批示精神，坚定不移贯彻新发展理念，坚持稳中求进工作总基调，以推动高质量发展为主题，以深化供给侧结构性改革为主线，以改革创新为根本动力，以满足人民日益增长的美好生活需要为根本目的，持之以恒落实“1+1+9”工作部署，坚持以“融湾”为纲、以“融深”为牵引，立足新发展格局，加快建设现代化经济体系，推进治理体系和治理能力现代化，统筹发展和安全，为全面建设社会主义现代化开好局、起好步。到2025年，“示范区”“排头兵”成效初显，“两个河源”格局基本形成。全会要求，必须以高质量引领“两个河源”建设，在全面建设社会主义现代化新征程中谱写“示范区”“排头兵”新篇章。要立足新发展格局，大力发展生态产业，加快推动绿色低碳发展，建设绿色发展示范区；统筹推进基础设施建设，加快建设现代产业体系，完善体制机制，提升“融深”“融湾”质量效益，争当融入大湾区生态排头兵；培育三大高质量发展平台的竞争力和带动力，走出生态河源、现代河源相得益彰的发展新路；深入实施乡村振兴战略，提高农业质量效益和竞争力，深化农村改革，以新型城镇化推动城乡区域协调发展，推动脱贫攻坚成果与乡村振兴有效衔接，加快破解发展不平衡不充分问题；稳步提高就业质量和收入水平，全面推动城乡基本公共服务均等化，大力推动“两个文明”协调发展，建设更高水平的平安河源，打造人民幸福“心城”。全会强调，实现“十四五”规划和二〇三五年远景目标，关键在党，根本在党。要加强党的全面领导和党的建设，坚定不移加强政治建设，坚持和完善党领导经济社会发展的体制机制，切实加强领导班子和干部队伍建设，驰而不息正风肃纪反腐，为奋进新征程提供坚强政治保证和组织保证。全会强调，实现从全面建成小康社会向全面建设社会主义现代化的历史性跨越，必须主动接过历史的接力棒，扎实做好理论武装、政治建设、干部人才、持久斗争等充分准备。全会号召，全市各级党组织和广大党员要更加紧密地团结在以习近平同志为核心的党中央周围，不忘初心、牢记使命、接续奋斗，以一往无前的奋斗姿态、风雨无阻的精神状态，加快建设“示范区”“排头兵”“两个河源”，全力打造生态经济发展新标杆，为广东在全面建设社会主义现代化国家新征程中走在全国前列、创造新的辉煌展现新作为。市委委员出席会议。正厅级老干部；不是市委委员、候补委员的市领导及县（区）党政主要负责人，市四套班子秘书长，市纪委常委、市监委委员，市委、市政府副秘书长，市直和中央、省驻河源副处以上各单位党员主要负责人，市第七次党代会部分基层代表列席会议。

【中共河源市委常委会扩大会议】中共河源市委于2020年2月25日在市会议中心召开市委常委会扩大会议，研究部署全市统筹推进新冠肺炎疫情防控和经济社会发展工作。市委书记丁红都出席会议并讲话。丁红都指出，新冠肺炎疫情发生以来，市委、市政府深入学习贯彻习近平总书记重要讲话和关于疫情防控的一系列重要指示精神，把疫情防控工作作为当前最重要最紧迫的工作来抓，坚持不折不扣贯彻中央和省的部署，建立有力有效的组织架构，有效打通疫情防控“最后一公里”，积极为全国全省大局做出河源贡献，河源市疫情防控工作取得阶段性成效。当前，疫情防控正处于最吃劲的关键阶段。全市上下要认真学习、用心领会习近平在统筹推进新冠肺炎疫情防控和经济社会发展工作部署会议上的重要讲话精神，坚决听从习近平的统一指挥、统一协调、统一调度，继续按照中央和省部署要求不折不扣统筹做好疫情防控和经济社会发展工作。丁红都强调，要切实把思想和行动统一到习近平总书记重要讲话精神和党中央决策部署上来，统筹做好疫情防控和经济社会发展工作。一要深刻认识在疫情防控中所体现的强大政治优势、制度优势，根本在于有以习近平同志为核心的党中央坚强领导，河源必须坚决维护核心、坚定信心决心。二要深刻领会在疫情防控中所展现的全国万众一心、众志成城、坚不可摧的强大力量源泉来自习近平总书记深厚的人民情怀，大家必须坚持一切为了人民、一切依靠人民。三要准确把握习近平总书记、党中央关于当前疫情防控形势的重大判断，清楚看到防控工作正处于最吃劲的关键阶段，大家必须继续咬紧牙关、毫不放松。四要正确认识统筹推进疫情防控和经济社会发展工作的重要性，坚定全年经济社会发展目标任务不动摇，河源必须全力做到两手抓、两促进。丁红都强调，要严格落实分区分级差异化防控要求，毫不动摇抓好疫情防控工作。一要全面精准实施分区分级差异化防控策略，树立正确认识，精准做好分区，强化统筹协调，切实把各项防控措施做得更实更细更到位。二要紧盯社区、农村、企业三大区域，继续严格落实网格化管理，压实社区和企业主体责任，发挥“大数据”作用，织密织牢联防联控和群防群治“两张网”。三要强化重点对象跟踪处置，强化医疗机构重点对象、购药重点对象、疾病监测和流行病学重点对象跟踪处置，加强医疗救治，确保“应查尽查”“应隔尽隔”“应治尽治”。四要突出抓好重点部位和薄弱环节的防控，强化重点机构、人员密集场所、学校防控，规范设置集中隔离场所，坚决防止聚集性疫情发生。五要加强物资保障和确保社会大局稳定，加大防控物资生产供应，加大生活必需品的保障供应，全力维护社会大局稳定。六要加大关心关爱力度，支持湖北打赢保卫战，关心关爱医务人员和一线防控工作人员。七要提升舆论引导有效性，强化正面宣传，加强政策和科普宣传，加强舆论引导，营造万众一心、众志成城防控疫情的浓厚氛围。丁红都强调，要积极主动作为，统筹做好“六稳”工作，努力实现2020年经济社会发展目标任务。一要坚决打赢三大攻坚战，确保与全国、全省同步全面建成小康社会。二要全力解决企业复工复产困难，落实最严格的岗位责任制，打通物流、人流堵点，提高要素保障水平，加快推动企业复产达产。三要抓好重大项目有序复工开工，着力推动项目建设提速增效，着力谋划推进补齐短板项目，着力加强项目服务保障，为经济社会发展注入新动能。四要切实打好暖企“组合拳”，抓好已出台应急惠企政策措施落地实施，运用好平台，不断优化营商环境，积极培育新兴产业，进一步增强企业发展信心。五要大力实施乡村振兴战略，统筹做好春耕生产工作，确保农产品供给，加快补上农村基础设施和公共服务短板，加强农村基层治理，夯实农业农村发展基础。六要切实解决群众难点痛点堵点，稳定和促进就业，多措并举保供稳价，强化对困难群众的兜底，谋划抓好一批改革项目，加大民生托底保障力度。丁红都强调，要加强党对统筹推进疫情防控和经济社会发展的领导，在抓实抓细抓落地上下功夫。一要狠抓工作落实。坚决贯彻落实党中央决策部署和省委工作要求，把统筹推进疫情防控和经济社会发展作为增强“四个意识”、坚定“四个自信”、做到“两个维护”的具体行动，坚持问题导向，坚决反对形式主义、官僚主义，拿出真招实招精准发力，一件一件地把工作做实做细做出成效。二要增强忧患意识。对各类重大风险保持高度警惕，着力将风险解决在萌芽之时、成灾之前，不断提高风险防控工作制度化、机制化、科学化水平。三要提高能力本领。

在实践中、斗争中不断总结经验、提升自我，切实增强综合能力和驾驭能力，坚持在大战大考中考察识别干部。四要凝聚强大合力。各级各部门要牢固树立全市“一盘棋”意识，加快形成全力以赴、联防联控工作格局。市长林涛强调，全市各级各部门和广大党员干部，要切实提高政治站位，进一步把思想和行动统一到习近平总书记重要讲话和重要指示批示精神上来，更加紧密地团结在以习近平同志为核心的党中央周围，严格按照“坚定信心、同舟共济、科学防治、精准施策”的总要求，全面落实省委常委会扩大（视频）会议精神，不折不扣把中央决策部署和省委工作要求抓实、抓细、抓落地。要闻鸡起舞、日夜兼程、风雨无阻，全面打赢疫情防控的人民战争、总体战、阻击战，统筹推进改革发展稳定各项工作，坚持以“融湾”为“纲”、“融深”为牵引，坚决打好三大攻坚战，全面做好“六稳”工作，努力实现全年经济社会发展目标任务，确保全面建成小康社会和“十三五”规划圆满收官。会议以电视电话会议形式开至各县（区）。市在市会议中心设主会场，各县（区）设分会场。市委常委，市人大常委会、市政协主要负责人，副市长，市法院院长、市检察院检察长；市政府党组成员，市委、市政府正副秘书长，市直有关单位主要负责人在市主会场参加会议。各县（区）参会人员在各县（区）分会场参加会议。

中共河源市委于2020年4月1日在市会议中心召开市委常委会扩大会议，听取各县区党（工）委书记（负责人）和市直机关工委、市教育局党组、市国资委党委、市委“两新”工委书记抓基层党建工作述职并进行评议。市委书记丁红都主持会议并讲话。各县区党（工）委书记（负责人）和市直机关工委、市教育局党组、市国资委党委、市委“两新”工委书记围绕贯彻落实党中央和省委、市委关于开展“不忘初心、牢记使命”主题教育的部署要求、省委组织部基层党建工作重点任务推进会精神和河源市加强基层党建三年行动计划进行述职。与会人员对述职情况进行评议。丁红都认真听取并作出点评，充分肯定各级各部门以习近平新时代中国特色社会主义思想为指导，全面贯彻落实习近平总书记重要讲话和重要指示批示精神，推动基层党建工作实现提效破局。同时，深刻剖析河源市基层党建工作中存在的突出问题，对进一步加强和改进基层党建工作提出明确要求。丁红都强调，要认真贯彻落实新时代党的建设总要求，推动新一年各级党组织全面进步、全面过硬，为“示范区”“排头兵”“两个河源”建设提供坚强政治保证和组织保证。一要持续深入学习贯彻习近平新时代中国特色社会主义思想和中共十九届四中全会精神，坚持不懈加强理论武装，坚定不移做到“两个维护”，始终坚持为人民群众解难题办实事，推动形成“不忘初心、牢记使命”长效机制。二要坚持抓重点补短板，全面推进基层党建三年行动计划圆满完成。要持续巩固深化标准化规范化建设成果，着力提升基层党组织覆盖质量，持续深入实施“头雁”工程，推动全面从严治党向基层延伸，把坚持和加强党的全面领导落实到基层。三要充分发挥党建引领作用，坚持以基层党建促改革促发展促稳定。要围绕市委七届九次全会工作部署，以基层党建促进经济发展、脱贫攻坚、乡村振兴、基层治理等各项工作，确保完成全年目标任务。四要落实政治责任，不断提高抓基层党建的领导能力和工作水平。要强化县区党委统筹抓基层党建的责任，压实镇街党（工）委直接抓基层党建的责任，落实各级党组织合力抓基层党建责任，以党建凝心聚力、推动发展，确保与全国全省同步全面建成小康社会，实现“十三五”规划圆满收官。市长林涛、市政协主席张丽萍、市人大常委会常务副主任吴善平出席会议。市委常委，市委党的建设工作领导小组和基层治理领导小组成员单位主要负责人；各县（区）党（工）委书记（负责人）、组织部部长，江东新区组织人事和社会保障局局长，市高新区党政办主任；市直机关工委、市教育局党组、市国资委党委、市委“两新”工委书记；部分市党代表、市人大代表、市政协委员、基层党员干部、群众代表；市委组织部班子成员及相关科室负责人参加会议。

中共河源市委于2020年6月1日在市委常委会议室召开市委常委会扩大会议，传达贯彻习近平总书记在全国两会上的重要讲话精神和全国两会精神，研究部署河源市贯彻落实意见。市委书记、市人大常委会主任丁红都主持会议。市长林涛传达习近平总书记重要讲话精神和全国两会精神。会议强调，要深刻学习领会习近平总书记重要讲话精神和全国两会精神，准确把握2020年全国经济社会发展主要目标任务及重点工作，切实把思想和行动统一到习近平总书记、党中央对当前形势的分析判断和下一阶段工作的决策部署上来，坚定信心决心，积极主动作为，以不折不扣的实际行动把习近平总书记、党中央决策部署落实落细落具体。会议强调，要全面贯彻落实习近平总书记重要讲话精神和全国两会精神，确保河源经济发展速度不低于全国、全省平均水平，确保完成决胜全面建成小康社会、决战脱贫攻坚目标任务。一要深入巩固来之不易的疫情防控持续向好态势，坚持不折不扣贯彻落实中央和省决策部署，毫不放松抓好疫情防控工作。二要扎实做好“六稳”“六保”工作，用足用好国家政策，着力降低企业生产经营成本，加快重点项目投资建设，千方百计稳就业保民生，牢固树立过“紧日子”思想，尽力帮助市场主体渡过难关、居民稳定就业。三要坚持以“融湾”为“纲”、“融深”为牵引，加快建设开放型经济功能平台，做大做强都市经济，深化“放管服”改革，全力以赴抓好招商引资，进一步激发市场主体活力。四要坚定高质量发展不动摇，大力推动制造业升级和新兴产业发展，深入实施创新驱动发展战略，加快推进绿色生态发展，加快转变经济发展方式。五要坚决打赢脱贫攻坚战，加快推进灯塔盆地开发建设，大力发展富民兴村产业，加快建设生态宜居美丽乡村，补齐农村基础设施和公共服务短板，全力实现乡村振兴“三年取得重大进展”目标。六要坚持整体谋划、系统重塑、全面提升，对现有公共卫生体系进行整体性重塑，强化突发公共卫生事件应急处置，深入开展新时代爱国卫生运动，加强普惠性、基础性、兜底性民生建设，织牢织密公共卫生防护网。七要扎实推动民法典实施，扎实推进法治政府建设，加强民事司法工作，广泛开展民法典普法工作，更好推进全面依法治市、保障人民权益。八要始终把防范化解重大风险摆在全局工作的突出重要位置，扎实做好重大风险防范化解工作，时刻紧绷安全生产这根弦，以极端负责的态度牢牢守住安全底线。会议强调，要进一步加强和完善党对人大、政协工作的领导，支持人大、政协更好地履职尽责、开展工作、发挥作用，奋力推动民主政治建设上新台阶。会议要求，各级党委（党组）要认真组织传达学习，精心做好宣传宣讲，狠抓工作落实，进一步统一全市上下的思想和行动，切实把各项工作任务一项一项落实好，确保习近平总书记、党中央决策部署在河源落地见效。市委、市人大常委会、市政府、市政协领导班子成员；市法院院长、市检察院检察长；市政府党组成员；市有关单位主要负责人参加会议。

中共河源市委于2020年11月11日在市会议中心召开市委常委会扩大会议，传达学习贯彻省委书记李希在河源调研时的讲话精神，研究部署河源市贯彻落实意见。市委书记、市人大常委会主任丁红都主持会议并讲话，市长林涛传达李希在河源调研时的讲话精神。会议指出，李希在河源调研时充分肯定河源市各项工作取得的新进展，并寄望河源以新的更大作为开创河源工作新局面，充分体现省委对河源的深切关怀和深厚感情，为河源指明谋划“十四五”发展的努力方向，进一步增强河源加快改革发展的信心、乘势而上开启新征程的决心。全市各级各部门要深入学习领会习近平总书记重要讲话、重要指示批示和中共十九届五中全会精神，认真贯彻落实李希在河源调研时的讲话精神，在“一核一带一区”发展格局中聚力打造生态经济发展新标杆，奋力构筑“示范区”“排头兵”“两个河源”新局，为广东努力在全面建设社会主义现代化国家新征程中走在全国前列、创造新的辉煌做出河源努力、河源贡献。会议强调，要深入贯彻李希讲话精神，坚决将省委对河源提出的“示范区”“排头兵”“两个河源”建设使命任务向纵深推进，奋力在全面建设社会主义现代化国家新征程中夺取新的胜利。一要坚持以“融湾”为纲、“融深”为牵引，加快与“双区”基层设施“硬联通”、体制机制“软联通”，加强与“双区”产业协作，深入实施都市经济带动战略，坚持绿水青山就是金山银山理念，大力推进万里碧道建设，加快谋划推进“六水”体系和山林文章，在新发展格局中实现率先振兴。二要深入实施乡村振兴战略，坚决完成“两个不低于”年度目标，接续推进脱贫地区进一步发展，加快“四好农村路”建设，做实“六好”文章，扎实推进农业农村现代化，抓好“四沿三区”美丽乡村建设，努力把大湾区“米袋子”“菜篮子”“果盘子”“茶罐子”“水缸子”招牌打得更响、擦得更亮，切实巩固全面小康成果。三要大力提高基本公共服务水平，深入实施“粤菜师傅”“广东技工”“南粤家政”三项工程，持续抓好灾后复产重建工作，着力解决教育、医疗、就业等民生领域短板问题，提升基本公共服务供给能力和均等化水平，深入挖掘保护历史文化资源，大力弘扬社会主义核心价值观，全面打造人民幸福“心城”。四要加快三大高质量发展平台建设，把灯塔盆地打造成为引领河源未来农业农村高质量发展的综合平台，把高铁新城综合枢纽、江东新区打造成为带动河源未来城市高质量发展的区域平台，把江海联运、综合保税区、市高新区打造成为支撑河源未来产业高质量发展的功能平台，带动农业农村、产业和城市实现高质量发展。会议强调，要全面加强党的领导和党的建设，为奋斗“十四五”、奋进新征程提供坚强政治保证和组织保证。一要聚焦“两个维护”抓实党的政治建设，自觉用习近平新时代中国特色社会主义思想武装头脑、指导实践、推动工作，增强“四个意识”、坚定“四个自信”、做到“两个维护”。二要全面加强基层党组织建设，滚动实施基层组织建设三年行动工作方案，切实抓好村“两委”换届工作，持续拓宽党代表、人大代表、政协委员联系群众渠道，更好示范带动广大群众干好自己的事情。三要持续加强基层治理，积极构建现代乡村治理体系，推进市域社会治理现代化，完善社会矛盾纠纷多元预防调处化解综合机制，严防各类安全事故发生。四要大力提振干事创业精气神，激发“人一之、我十之，人十之、我百之”的拼劲，努力做出不负时代重托、不负人民期望的成绩。五要广泛听取各方意见建议，坚持开门问策、集思广益，科学编制河源市“十四五”规划。市委、市人大常委会、市政府、市政协领导班子成员及正副秘书长，市法院院长、市检察院检察长；各县（区）党（工）委和政府（管委会）主要负责人；市有关单位主要负责人参加会议。

中共河源市委于2020年11月27日在市会议中心召开市委常委会扩大会议，专题传达贯彻省委十二届十一次全会精神，研究河源市贯彻落实意见。市委书记、市人大常委会主任丁红都主持会议。会议指出，要坚决把学习领会习近平总书记重要讲话重要指示批示精神向纵深推进，深刻认识省委十二届十一次全会的重大意义，自觉扛起沉甸甸的历史使命和时代责任。一要从习近平总书记重要讲话重要指示批示精神中汲取强大真理力量、思想力量、实践力量，一步一个脚印推动习近平新时代中国特色社会主义思想在河源落地生根、结出丰硕成果。二要准确把握省委全会精神的深刻内涵，努力为广东在全面建设社会主义现代化国家新征程中走在全国前列、创造新的辉煌做出河源努力、河源贡献。三要发扬钉钉子精神，进一步坚定推进“示范区”“排头兵”“两个河源”建设的信心决心，努力把河源自己的事情办得更好、更实、更有成效。会议强调，要坚持加强党的全面领导和党的建设，为贯彻落实省委全会精神、加快“示范区”“排头兵”“两个河源”建设提供坚强政治保证。一要持续深入学习贯彻，坚持把学习贯彻习近平新时代中国特色社会主义思想作为头等大事和首要政治任务，持续开展“大学习、深调研、真落实”，不断把习近平总书记重要讲话重要指示批示精神转化为河源改革发展具体实践。二要始终把党的政治建设摆在首位，把政治标准和政治要求贯穿于各项工作全过程各方面。三要织牢织密组织体系，强化大抓基层导向，谋划做好2021年村（社区）“两委”换届工作，切实增强全市各级党组织的政治引导力、思想引领力、群众组织力和社会号召力。四要提振干事创业精气神，永葆“闯”的精神、“创”的劲头、“干”的作风，扎实推动“示范区”“排头兵”“两个河源”建设续写“新奇迹”。五要坚决把党风廉政建设和反腐败斗争引向深入，进一步维护好政治生态不断向好的势头。会议强调，要坚定不移加大改革开放力度，为加快“示范区”“排头兵”“两个河源”建设不断注入强劲动力。一要按照现代化建设目标任务，紧扣制度建设这条主线，结合中国式现代化5个重要特征要求，在“十四五”规划编制中系统谋划推进改革开放，在社会主义现代化建设新征程中加快改革开放。二要紧紧围绕高质量发展主题，发挥好政府和市场两方面作用，以深化营商环境综合改革为突破口，在打造新发展格局战略支点中加快改革开放。三要坚持把融入粤港澳大湾区和深圳先行示范区作为改革开放重大平台，对标“双区”政策体系，对接深圳综合改革试点任务，立足河源实际改革攻坚，在融入“双区”建设重大历史机遇中加快改革开放。会议强调，要深入贯彻落实省委全会精神，以扎实步伐推动“示范区”“排头兵”“两个河源”建设。一要举全市之力加快融入粤港澳大湾区和深圳先行示范区，加快河源改革发展步伐。二要在全省打造新发展格局战略支点中发挥支撑作用，不断提升产业、生态发展水平。三要大力实施创新驱动发展战略，着力打造粤港澳大湾区国际科技创新中心和广深港澳科技创新走廊重要拓展区。四要加快构建现代化经济体系，加快形成与“双区”有机联系、深度融合的产业链、供应链。五要深入实施乡村振兴战略，努力打造全省精准脱贫、美丽乡村的示范。六要聚力打造生态经济发展新标杆，加快三大高质量发展平台建设，坚定践行“绿水青山就是金山银山”理念，深入实施都市经济带动战略，持续构筑生态、现代协同发展新优势。七要扎实推进文化强市建设，努力在文化建设上走在全省前列。八要致力营造共建共治共享社会治理格局，建设人人有责、人人尽责、人人享有的社会治理共同体。九要建设更高水平的平安河源、法治河源，加快把河源建设成为全省最安全稳定、最公平公正、法治环境最好的城市之一。市委、市人大常委会、市政府、市政协领导班子成员及正副秘书长，市法院院长、市检察院检察长；市有关单位主要负责人参加会议。

中共河源市委于2020年12月16日在市会议中心召开市委常委会扩大会议，传达学习省委十二届十二次全会精神，研究河源市贯彻落实意见。市委书记、市人大常委会主任丁红都主持会议并讲话。市长林涛传达省委十二届十二次全会精神。会议强调，全市各级各部门要深刻领会省委十二届十二次全会的重大意义，准确把握新发展阶段的形势任务，确保“十四五”时期河源市“示范区”“排头兵”“两个河源”建设行稳致远。一要深刻认识在以习近平同志为核心的党中央坚强领导下，河源即将完成“十三五”规划目标任务，高质量全面建成小康社会，要认真总结好过去五年河源所取得的各方面成绩和好的做法，以永不懈怠的精神和一往无前的奋斗姿态，开启全面建设社会主义现代化国家的新征程。二要深刻认识习近平总书记在中共十九届五中全会上的重要讲话和对广东系列重要讲话、重要指示批示精神，准确把握在新发展阶段所面临的形势和任务，努力探索彰显中国特色、时代特征、广东特点、河源特质的社会主义现代化路径。三要深刻认识省委全会描绘的“十四五”改革发展宏伟蓝图，系统谋划河源“十四五”规划编制工作，努力形成定位准确、边界清晰、功能互补、统一衔接的规划体系，奋力谱写全面建设社会主义现代化国家的河源篇章。会议强调，要深入贯彻落实省委十二届十二次全会精神，以高质量引领河源市“示范区”“排头兵”“两个河源”建设。一要服务全省打造新发展格局战略支点，加快建设绿色发展示范区，为广东打造新发展格局战略支点做出河源努力、河源贡献。二要全域全面“融深”“融湾”，畅通与“双区”对接的循环体系，创新与“双区”区域合作模式，强化与“双区”市场对接联系，争当融入粤港澳大湾区的生态排头兵。三要以创新支撑三大高质量发展平台建设，形成核心竞争力，带动农业农村、产业和城市实现高质量发展，走出生态河源、现代河源相得益彰的发展新路。四要加快解决发展不平衡不充分问题，做强做大都市经济，全面推进乡村振兴，推动“两个文明”协调发展，在推动高质量发展上探索河源路径。五要打造人民幸福“心”城，全面强化就业优先政策，切实保障民生，加强和创新社会治理，让全社会共建共享高质量发展成果。会议强调，要坚持加强党的全面领导和党的建设，为贯彻落实省委全会精神、做好“十四五”时期河源各项改革发展工作提供坚强政治保证和组织保证。一要充分利用“第一议题”、党委理论学习中心组、各级党校等方式和平台，结合运用传统媒体和融合媒体平台，迅速掀起学习宣传贯彻热潮。二要把“两个维护”落实到经济社会发展全过程，把自觉践行“两个维护”转化为每一名党员领导干部的价值追求、行为规范以及推动经济社会发展的工作标准。三要提高党委对经济社会发展的领导能力和水平，不断提高把方向、谋大局、定政策、促改革的能力和定力。四要持续加强领导班子和干部队伍建设，锻造忠诚干净担当的高素质干部队伍。五要坚决把党风廉政建设和反腐败斗争引向深入，营造风清气正的良好政治生态。市委、市人大常委会、市政府、市政协领导班子成员及正副秘书长，市法院院长、市检察院检察长；江东新区、市高新区党（工）委书记、管委会主任；市有关单位主要负责人参加会议。

【全市决战决胜脱贫攻坚推进会】河源市委于2020年3月18日在市会议中心召开全市决战决胜脱贫攻坚推进会，深入学习贯彻习近平总书记在决战决胜脱贫攻坚座谈会上的重要讲话精神，认真落实全省决战决胜脱贫攻坚推进会精神和省委书记李希讲话精神、省长马兴瑞到河源调研讲话要求，分析当前形势，克服新冠肺炎疫情影响，对决战决胜脱贫攻坚进行再动员、再部署、再落实，确保与全国全省同步全面建成小康社会。市委书记、市人大常委会主任丁红都出席会议并讲话。丁红都指出，习近平总书记在决战决胜脱贫攻坚座谈会上的重要讲话，充分肯定脱贫攻坚取得的成绩，深刻分析脱贫攻坚面临的形势，对加强党对脱贫攻坚的领导、高质量完成脱贫攻坚目标任务提出明确要求、发出最强号令，为河源决战决胜脱贫攻坚注入强大力量、提供根本遵循。大家要深入学习贯彻，深刻领会脱贫攻坚取得的决定性成就，深刻认识脱贫攻坚的艰巨性，深刻认识脱贫攻坚的重要性，坚定打赢脱贫攻坚战的信心决心，尽锐出战坚决打赢脱贫攻坚战，坚决扛起历史赋予的使命重托。丁红都强调，要紧盯目标不放松，确保全面小康路上不漏一户、不落一人。一要坚决攻下最后堡垒。突出稳定增收这个重点，紧盯重点人群打好帮扶“组合拳”，强力改善薄弱环节，全面扫除政策落实工作中的盲区死角。二要努力消除疫情影响。落实好分区分级精准防控策略，加强就业扶持，加快扶贫项目开工复工，强化消费扶贫。三要巩固和扩大脱贫攻坚成果。继续加强扶贫产业建设，建立健全返贫监测预警和动态帮扶机制，继续落实领导干部挂钩帮扶机制，加快建立长短结合、标本兼治的脱贫长效体制机制。四要做好精准脱贫与乡村振兴的统筹衔接。加快灯塔盆地开发建设，推动脱贫攻坚与乡村振兴在规划、政策、工作、保障等方面“无缝”衔接，用好用足中央和省有关政策，聚焦重点地区，加快社会主义新农村建设，依托乡村振兴做好脱贫的后半篇文章。五要进一步深化深河合作。扎实推进“融深”工作，提高帮扶成效，强化民生合作。丁红都强调，要全面加强党委对脱贫攻坚的领导，为决战决胜提供坚强政治保证和组织保证。一要层层压实责任。全面压实“市县抓落实”主体责任，强化市、县、镇、村四级书记抓脱贫攻坚的工作责任，层层传导压力、层层抓好落实。二要加强投入保障。稳定财政扶贫专项投入，加强资金监管和脱贫攻坚项目库建设，加大金融扶贫力度，进一步落实好各项支农惠农政策，引导各类人才参与脱贫攻坚和乡村振兴。三要强化考核督查。坚持一把尺子量到底，既不降低标准，也不吊高胃口，严格考核评估，加强督查督战，坚决杜绝数字脱贫、虚假脱贫。四要狠抓作风和能力建设。严防松劲懈怠、弄虚作假、工作不细不实等作风问题，确保扶贫工作务实、脱贫过程扎实、脱贫结果真实，继续加强对一线扶贫干部的培训培养和关心关爱。五要做好总结宣传。深入宣传典型事迹和感人故事，做好舆论引导，凝聚脱贫攻坚、乡村振兴的强大正能量。市长林涛强调，各级各部门要强化政治导向，把思想和行动统一到习近平总书记和党中央的决策部署上来，统一到省委、省政府和市委、市政府的工作要求上来，凝心聚力打好打赢脱贫攻坚战；要强化目标导向，统筹抓好脱贫攻坚和疫情防控工作，进一步优化精准帮扶举措，最大限度降低疫情的影响，防止因疫致贫、因疫返贫；要强化问题导向，从严从实抓好问题整改，切实把存在问题和短板找出来、补回去；要强化结果导向，巩固提升脱贫成果，建立健全贫困监测、动态帮扶等防止返贫致贫的长效机制。副市长赖小卫通报河源市脱贫攻坚工作情况，市人力资源和社会保障局、东源县、连平县大湖镇、和平县林寨镇楼镇村主要负责人分别发言。会议以电视电话会议形式开至各县（区）。市在市会议中心设主会场，各县（区）设分会场。市领导黎意勇、何广延、边立明、刘渤，市委、市政府有关秘书长，市扶贫开发领导小组成员单位主要负责人在市主会场参加会议。各县（区）参会人员在各县（区）分会场参加会议。

【全市打赢污染防治攻坚战工作推进会】河源市委、市政府于2020年4月21日在市会议中心召开全市打赢污染防治攻坚战工作推进会，深入学习贯彻习近平生态文明思想和习近平总书记对广东重要讲话、重要指示批示精神，落实全省打赢污染防治攻坚战工作推进会精神，分析河源市生态环境保护面临的形势，对全市污染防治攻坚战各项工作再研究再部署再推动，确保打赢污染防治攻坚战。市委书记、市人大常委会主任丁红都出席会议并讲话。丁红都充分肯定全市各级各部门把污染防治攻坚战放在全局工作的突出位置，大力推进污染防治攻坚战三年行动计划，扎实抓好中央、省环保督察反馈问题整改，有力解决了一批突出的生态环境问题，推动河源市在全省环境保护责任暨污染防治攻坚战年度考核中获得优秀，全市优美生态环境核心竞争优势持续巩固提升。丁红都强调，要深入学习贯彻习近平总书记的生态文明思想，进一步增强打赢污染防治攻坚战的政治自觉、思想自觉、行动自觉。一要提高政治站位，坚决扛起打赢污染防治攻坚战的政治责任，以实际行动和工作实效来增强“四个意识”、坚定“四个自信”、做到“两个维护”。二要认清问题短板，增强打赢污染防治攻坚战的责任感和紧迫感，保持攻坚劲头，聚力攻坚突破。三要把握大局大势，坚定打赢污染防治攻坚战的信心和决心，对照年度目标扎实工作、挂图作战、全力推进，不断夯实“示范区”“排头兵”“两个河源”建设的生态环境基础。丁红都强调，要坚持标本兼治，奋力夺取污染防治攻坚战的全面胜利。一要坚决打赢碧水保优战。全面落实河湖长制，抓住“一江一库”重点，强化系统治理、多措控污治污，巩固好优质水，治理好差水，保护好饮用水，确保河源市水环境质量持续领跑全省。二要坚决打赢蓝天保卫战。全力开展好夏秋季臭氧大气污染防治攻坚专项行动，严控挥发性有机物和氮氧化物的排放，科学管车，大力降尘，精准治污，禁烧控烟，协同应对，推动空气质量持续改善，确保空气质量在全省排名前列。三要坚决打赢净土防御战。加强土壤污染治理与管控，大力推进土壤污染修复治理工程，统筹推进重金属和固体废物污染防治，大力提升固体废物处置能力，严格控制农业农村面源污染和种植面源污染。四要狠抓生态环境督察整改。加强统筹协调、压实主体责任、强化行业责任，确保整改任务全面、优质、高效完成。五要统筹推进“防疫”“治污”工作。加强医疗废弃物监管，主动服务重大项目和疫情防控项目建设，大力发展绿色环保节能产业，推动绿色高质量发展。六要提升环境治理体系和治理能力现代化水平。科学谋划生态环境保护工作，持续深化生态环境保护领域改革创新，有效防范环境安全隐患，加强生态环保宣传教育，为建设生态河源提供有力支撑。丁红都强调，要加强党的领导，确保污染防治攻坚战各项目标任务不折不扣落到实处。一要全面落实“党政同责、一岗双责”，落实“三管三必须”的要求，将环保责任压实到岗、传导到人，形成分工合作、齐抓共管工作格局。二要加强激励问责，突出约束性指标的指挥棒作用，将考核结果作为领导班子和领导干部综合考核评价、奖惩和提拔使用的重要依据，坚决克服形式主义、官僚主义。三要凝聚强大合力，各级人大及其常委会要加强生态环境立法和执法检查，各级政协要积极建言献策、强化督促落实，要引导企业积极践行绿色生产方式，严格执行污染防治法律法规。市长林涛强调，各级各部门要提高政治站位，切实把思想和行动统一到中央、省、市的工作部署上来，压紧压实责任，用心用力落实，确保按期保质完成打赢污染防治攻坚战的各项目标任务。要聚焦污染防治攻坚战的各项硬指标硬任务，倒排工期，挂图作战，迅速行动，全力攻坚。要坚持目标导向和问题导向，狠抓中央和省环保督察问题落实整改，确保按期高质完成各项整改任务。龙川县、紫金县主要负责人作交流发言。会议以电视电话会议形式开至各县（区）。市在市会议中心设主会场，各县（区）设分会场。市领导何广延、吴素香、何伟良、赖小卫、李衍楠，市有关单位主要负责人，市生态环境局领导班子成员在市主会场参加会议。各县（区）参会人员在各县（区）分会场参加会议。

【全市统筹推进新冠肺炎疫情防控和经济社会发展工作会议暨实施乡村振兴战略工作现场会】 河源市委、市政府于2020年4月27日在市会议中心召开全市统筹推进新冠肺炎疫情防控和经济社会发展工作会议暨实施乡村振兴战略工作现场会，深入学习贯彻习近平总书记关于统筹推进疫情防控和经济社会发展工作重要讲话、关于“三农”工作重要论述精神，认真贯彻落实省有关会议精神，研究部署河源市相关工作。市委书记、市人大常委会主任丁红都出席会议并讲话。丁红都强调，要深入学习贯彻习近平总书记在中央政治局会议上的重要讲话精神，深刻把握国内外疫情防控形势和经济形势，直面困难挑战，敢于攻坚克难，以扎实有力的“双统筹”奋力夺取疫情防控和经济社会发展双胜利，为全国全省大局做出河源努力、河源贡献。丁红都强调，要深入巩固来之不易的疫情防控持续向好态势，认真落实“一二三四”工作要求，毫不放松抓好常态化疫情防控工作。一要坚持“不折不扣贯彻落实中央决策部署和省工作要求”这一原则，做到政令畅通、步调一致。二要抓好“严防境外疫情输入和境内重点地区来河返河人员健康管理”两个重点，确保管得住、办得妥、防得紧。三要发挥“网络化、专业化、数据化”三大机制作用，及时加固薄弱环节、补上短板漏洞，全面筑牢防线。四要落实早发现、早报告、早隔离、早治疗“四个早”要求，确保一旦发现新的感染者能第一时间发现和处置。丁红都强调，要加强对经济形势的分析研判，全力以赴做好经济社会发展各项工作。一要强化大考意识，增强抓好经济工作的危机感、责任感、紧迫感，千方百计推动经济社会发展实现弯道超车，真正把“两难”变为“两全”。二要抓住“三个关键”。要抓时效，牢固树立“时间就是金钱，效率就是生命”的意识，看准了的就马上干，遇到问题就马上想办法解决。要抓改革，善于运用改革思维和办法破解制约河源发展的困难和问题，让土地、资金、劳动力、技术等各方面要素以最快速度、最高效率流动起来。要抓市场，大力营造市场化、法治化、便利化的营商环境，提升市场热度，增强经济发展活力。三要在“六稳”“六保”基础上加快发展。按照市委七届九次全会部署，坚持稳中求进工作总基调，以“融湾”为“纲”、“融深”为牵引，一茬接着一茬干，发挥高铁新城、灯塔盆地、江海联运及综合保税区等三大战略支点对于改变河源未来城市、农业、产业形态的作用，聚焦农业要企稳、工业要支撑、固投要突破，突出抓好2020年经济工作，进一步强化底线思维,扎实维护社会稳定大局，推动“示范区”“排头兵”“两个河源”建设全面提效破局、努力构筑新局。丁红都强调，要转作风抓落实，在大战大考中彰显担当作为。全市上下要严格落实市县镇村四级责任体系，层层压实责任，做到守土有责、守土尽责。各级党政主要负责人要发挥好“头雁”效应，各级党组织和党员干部要充分发挥战斗堡垒和先锋模范作用，带动广大干部群众敢闯敢试、苦干实干，凝聚攻坚克难的磅礴力量。要狠抓作风建设，坚决防止形式主义、官僚主义。丁红都强调，要深入学习贯彻习近平总书记关于“三农”工作重要论述和对广东重要讲话、重要指示批示精神，准确把握新冠肺炎疫情对“三农”工作的影响，深刻领会乡村振兴在如期实现第一个百年奋斗目标、向第二个百年奋斗目标迈进中的重要作用，抓住用好“双区”建设、“双城”联动、省构建“一核一带一区”区域发展格局等重大机遇，对标乡村振兴“三年取得重大进展”阶段目标，高质量抓好2020年“三农”各项工作。一要加快灯塔盆地开发建设。理顺管理体系、优化规划体系、明确发展体系、提升交通体系、建设水网体系，走出河源乡村振兴的新路子。二要推动富民兴村产业高质量发展。坚持以农业特色产业为主导，夯实农业供给基础，加快构建现代农业产业体系，推动一、二、三产业融合发展，大力提升农业竞争力。三要加快建设生态宜居美丽乡村。深入开展“百村示范、千村整治”行动，打赢人居环境整治攻坚战，抓好农村生态环境治理，扎实推进农房管控，加快补齐农村基础设施短板，大力提升农村基本公共服务水平。四要推动人才振兴和文化振兴互促互融。深化人才上山下乡，大力培养复合型高素质农业人才，充分发挥人才在文化振兴中的重要驱动作用，牵引提升乡村精神文明建设水平。五要以深化改革为动力促进城乡融合发展。活化农村资源要素，引导工商资本下乡，构建现代乡村治理体系，实现农业现代化、农村城镇化和农民市民化。六要尽锐出战、迎难而上，主动补短板、强弱项，坚决打赢脱贫攻坚战。七要进一步加强党的领导，压实工作责任，全面加强农村基层党组织建设，强化工作保障，凝聚各方合力，为实施乡村振兴战略提供坚强保障。市长林涛主持会议并就经济工作作部署，强调要辩证看待危与机，科学研判形势，坚定信心决心不动摇，精准把握稳与进，以超常的力度抓好重点工作，牢牢掌握经济工作主动权。一要慎终如始抓紧抓实抓细各项防控措施，在常态化疫情防控中全面推进复工复产达产。二要坚决打好打赢三大攻坚战，确保全面建成小康社会成色更足。三要突出抓好重大项目建设，多渠道扩大有效投资。四要推动工业高质量发展，迅速扭转工业经济低迷的态势。五要多措并举加快释放消费潜力，积极培育拓展新的消费增长点。六要支持外贸企业拓展市场、转型升级，全力稳住外贸外资基本盘。七要大力实施乡村振兴战略，加快推进“三农”领域建设。八要抓好财政收支管控，保基层运转。九要突出普惠性、基础性、兜底性，全力抓好民生基础保障。十要强化底线思维，确保社会安全稳定。副市长赖小卫宣读《关于2019年度全市开展“千企帮千村”活动先进企业的表彰通报》，并就《关于加强乡村振兴重点工作决胜全面建成小康社会的实施方案》作说明。其间，与会人员前往连平县三角镇石源村、东源县顺天镇金史村和沙溪村现场考察相关县、镇、村的乡村振兴工作。会议以电视电话会议形式开至各县（区）。市在市会议中心设主会场，各县（区）设分会场。市领导黎意勇、叶春球、何广延、边立明、朱蔚蔚、刘渤、林少威、何伟良、刘东豪；市法院院长、市检察院检察长；各县（区）党（工）委、政府（管委会）主要负责人；市有关单位主要负责人在市主会场参加会议。各县（区）参会人员在各县（区）分会场参加会议。

【河源市创建全国文明城市工作推进会】 河源市委、市政府于2020年5月13日在市会议中心召开河源市创建全国文明城市工作推进会，动员全市上下以决战决胜的攻坚姿态，全力打好打赢“创文”这场硬仗，力争一举创建成功。市委书记、市创文工作领导小组组长丁红都出席会议并讲话。丁红都指出，2020年是河源市参加此轮创建全国文明城市的收官之年、决胜之年，“创文”工作已经到最后冲刺的关键阶段。全市各级各部门要深入学习贯彻习近平总书记关于精神文明建设的重要论述，充分认识“创文”的重要意义，清醒把握“创文”的困难挑战，以“输不起”的危机感、“坐不住”的紧迫感、“慢不得”的责任感，把思想和行动统一到市委、市政府关于“创文”工作的部署上来，坚定信心决心、坚持为理想而战，以志在必得的心气全力拿下全国文明城市这块“金字招牌”。丁红都强调，要紧盯重点指标、重点任务，拿出硬核举措，使出超常之力，全力争取成功创建全国文明城市。一要聚焦培育现代河源精神，大力弘扬和践行社会主义核心价值观，加强文明典型培养选树，不断深化未成年人思想道德建设，着力提升市民文明素质。二要聚焦优化城市环境，在市容环境整治、基础设施建设、完善城市常态化管理体制机制上狠下功夫，着力提升城市治理水平。三要聚焦打造人民幸福心城，聚力解决好群众关切问题，打造“创文”活动宣传品牌，充分发挥志愿服务作用，着力提升“创文”惠民水平。四要聚焦补短板强弱项，着力巩固提升实地考察项目成效、“创文”材料质量和基层文明创建等方面工作，确保优势更优。丁红都强调，要坚持狠抓作风、统筹推进，加强组织领导、压实工作责任，强化舆论宣传、发动全民参与，严肃督查督导、增强工作实效，为成功创建全国文明城市提供坚强保障。市长、市创文工作领导小组执行组长林涛主持会议，强调要提高站位、迅速行动，认真落实会议部署要求，调动方方面面的积极性、创造性，力争一举创建成功；要聚焦重点、全力攻坚，在市民素质、城市治理、改善民生、营造氛围上有新突破，推动“创文”工作上水平；要强化责任、狠抓落实，切实做到部署工作从严、执行落实从严、检查监督从严、考核评价从严，推动“创文”工作取得实效。市委常委、宣传部部长、市创文工作领导小组执行副组长朱蔚蔚总结河源市2019年“创文”工作，并对做好2020年“创文”工作进行部署。省文明办副主任吴祖清到会指导，充分肯定河源市“创文”工作，并深入分析河源市“创文”工作面临的机遇和挑战。要求河源要在强化理论武装上下功夫，坚持用新思想把精神文明建设“统”起来；要在宣传发动上下功夫，让广大人民群众真正“动”起来；要在加强城市精细管理上下功夫，推动城市形象“美”起来；要在精准对标上下功夫，把创建短板“补”起来；要在强化保障机制上下功夫，推动文明创建措施“常”起来。与会人员观看河源市2020年4月“创文”考察场所模拟测评短片。源城区、市公安局、市市场监管局等单位作交流发言。会议以电视电话会议形式开至各县（区）。市在市会议中心设主会场，各县（区）设分会场。市领导何广延、林少威、何伟良、刘东豪；市法院院长、市检察院检察长；源城区、江东新区党委和政府（管委会）主要负责人，市高新区分管负责人；市有关单位主要负责人在市主会场参加会议。各县（区）参会人员在各县（区）分会场参加会议。

【全市防范化解重大风险工作会议】河源市委于2020年5月13日在市会议中心召开全市防范化解重大风险工作会议，深入学习贯彻习近平总书记关于防范化解重大风险的重要论述，全面落实全省防范化解重大风险工作会议精神，深入分析河源市当前面临形势，对全市防范化解重大风险工作进行再部署、再推动、再落实。市委书记、市人大常委会主任丁红都出席会议并讲话。丁红都指出，要深入学习贯彻习近平总书记关于防范化解重大风险的重要论述，切实增强做好防范化解重大风险工作的政治自觉、思想自觉、行动自觉，以防范化解重大风险的行动和实效增强“四个意识”、坚定“四个自信”、做到“两个维护”。要深刻认识当前面临的形势和挑战，进一步增强做好防范化解重大风险工作的紧迫感，强化底线思维、增强忧患意识，把工作想在前、做在前，把防范化解工作抓得紧而又紧、实而又实，妥善防范化解好发展过程中的各类风险。丁红都强调，要坚持问题导向、目标导向、结果导向，着力防范化解重点领域风险，切实维护改革发展稳定大局。一要着力防控新冠肺炎疫情，健全常态化疫情防控机制，突出常态化疫情防控关键环节，有效应对疫情衍生各类问题，确保人民群众生命安全和身体健康。二要着力防范化解政治领域风险，坚决贯彻总体国家安全观，严格落实意识形态工作责任制，坚决维护党的执政安全和中国社会主义制度安全。三要着力防范化解经济、科技等领域的重大风险，千方百计推动经济回稳向好发展，坚定不移实施创新驱动发展战略，确保全市经济运行持续稳定健康。四要着力防范化解社会领域重大风险，防止疫情风险向社会领域传导，深入推进社会矛盾专项治理，持续深化平安河源、法治河源建设，切实维护社会大局和谐稳定。丁红都强调，要加强组织领导，确保防范化解重大风险各项工作不折不扣落到实处。一要强化工作责任。市委防范化解重大风险领导小组要抓好统筹协调，各级各有关部门要主动落实属地责任和监管责任，主要负责人要切实担负起第一责任人责任，推动各项决策部署落地见效。二要强化斗争意识，敢于斗争、善于斗争，不断提振干事创业精气神。三要强化防控能力，持续深入学习习近平新时代中国特色社会主义思想，不断提高风险防范科学化水平。四要强化工作方法，做足预案准备，把握工作时度效，确保依法科学、有力有序。市长林涛主持会议，强调各级各部门要提高站位抓落实，认真贯彻落实中央和省的决策部署，扎实抓好各重点领域风险研判、预警、防范、化解工作，坚决打好防范化解重大风险攻坚战；要突出重点抓落实，紧盯重点领域、重大事件、重要节点的工作要求，力求防范在先，提高化解能力，以更有针对性的举措、更加扎实的作风有效地化解重大风险；要明确责任抓落实，结合各自工作实际，把防范化解重大风险和各领域日常排查整治结合起来，确保防范化解重大风险各项工作落细落实落具体。市委常委、政法委书记叶春球，市委常委、宣传部部长朱蔚蔚分别就防范化解重点领域重大风险作工作部署。市领导黎意勇、何广延、叶少军；市法院院长、市检察院检察长；各县（区）党（工）委主要负责人，市有关单位主要负责人参加会议。

【全市城乡建设工作会议】河源市委、市政府于2020年6月24日在市会议中心召开全市城乡建设工作会议，传达贯彻中央和省城乡建设工作会议精神，总结2019年城乡建设工作，部署2020年工作。市委书记、市人大常委会主任丁红都出席会议并讲话。丁红都强调，各级各部门要深入学习贯彻习近平总书记关于住房和城乡建设工作的重要论述，深刻认识城乡建设工作在河源发展全局中的引领作用，科学处理好经济发展与城市建设、城市建设与乡村振兴、城市规划与建设时序、城市建设与城市管理、政府撬动与市场带动、城乡建设与疫情防控六个关系，集中资源力量、有力有序推动城乡建设在全面提效破局、努力构筑新局中走在前列、作出表率，为河源实现弯道超车、率先振兴奠定坚实的基础。

丁红都强调，一要强化规划引领作用，高起点高标准高水平编制和实施好国土空间规划、中心城区规划和各县县城、中心镇发展规划，力争在最短时间内聚合起最大的人气、商气和地气，推动河源更高质量、更可持续发展。二要加快城市建设，以项目为抓手，大力提升源城区城市首位度，加快江东新区开发建设，推动高新区产城融合发展，强力培育发展东源县城，力争城市建设在河源实现全面提效破局、努力构筑新局中走在前列。三要不断提升城市管理水平，坚持市场化方向经营城市，以“绣花”功夫推进城市管理，打好违法建设治理攻坚战，让人民群众在城市生活得更方便、更舒心、更美好。四要大力实施乡村振兴战略，强力推进灯塔盆地开发建设，全域推进农村人居环境整治，努力提升城乡设施防灾减灾能力，严厉打击违法占用耕地行为，打造生态宜居美丽乡村。五要加强组织领导，强化责任落实，深化城建体系改革，加强队伍建设，强化督查问责，强化作风建设，确保城乡建设各项任务落到实处。市长林涛主持会议，强调各级各部门要贯彻落实好此次会议精神，狠抓责任担当，切实增强做好城乡建设管理工作责任感和紧迫感，全力克服疫情的冲击和影响，化危为机、共克时艰，推动城乡建设工作再上新台阶。要狠抓工作重点，在慎终如始、科学精准抓紧抓实抓细疫情防控工作的前提下，全力提升全市城乡建设管理水平。要狠抓组织落实，制定详细路线图、时间表、责任书，确保完成2020年城乡建设管理任务。市委常委、常务副市长黎意勇向各县区和有关单位颁发《2020年城乡建设工作任务书》。副市长何伟良总结2019年住房城乡建设工作，部署2020年工作。源城区、龙川县、市自然资源局、市住房城乡建设局主要负责人作表态发言。市司法局对《河源市农村村民住房建设管理办法》进行解读。会议以电视电话会议形式开至各县（区）。市在市会议中心设主会场，各县（区）设分会场。市政协主席张丽萍，市人大常委会常务副主任吴善平，副市长赖小卫；市法院院长、市检察院检察长；市委、市政府有关秘书长；各县（区）党（工）委主要负责人，市有关单位主要负责人在市主会场参加会议。各县（区）参会人员在各县（区）分会场参加会议。

【全市精神文明建设工作推进会】 河源市委于2020年7月17日在市会议中心召开全市精神文明建设工作推进会，深入学习贯彻习近平总书记关于精神文明建设的重要论述，贯彻落实全省精神文明建设工作推进会精神，进一步部署全市精神文明建设工作，特别是对“创文”工作进行再动员、再加压、再落实。市委书记、市人大常委会主任丁红都出席会议并讲话。丁红都指出，精神文明建设是科学统筹国内国际“两个大局”的现实需要，是决胜全面建成小康社会、决战脱贫攻坚的内在要求，是建设“示范区”“排头兵”“两个河源”的重要支撑，是建设人民幸福心城的关键举措。全市各级各部门要提高政治站位，深入学习贯彻习近平总书记关于精神文明建设的重要论述，切实增强推进精神文明建设的使命感和责任感，为决胜全面建成小康社会、决战脱贫攻坚，夺取疫情防控和经济社会发展“双胜利”提供坚强思想保证和强大精神动力。丁红都强调，要牢牢把握工作重点，不断提升河源精神文明建设水平。一要聚焦高举思想旗帜，在完善理论武装制度体系、健全理论学习平台载体上下功夫，组织学习《习近平谈治国理政》第三卷，把学习宣传贯彻习近平新时代中国特色社会主义思想作为精神文明建设头等大事抓紧抓实。二要聚焦服务中心大局，浓墨重彩组织开展主题宣传，积极讲好河源故事，营造决胜全面建成小康社会的良好氛围。三要聚焦培育时代新人，大力弘扬社会主义核心价值观。四要聚焦文化强市建设，大力实施文化惠民工程，加强公共文化产品和服务供给，提升群众文化获得感。五要聚焦落实省精神文明创建九大行动，坚定不移推进精神文明创建活动提质增效。丁红都强调，要坚持问题导向，进一步提振精气神，同声同气、同舟共济，全力争取成功创建全国文明城市。一要紧盯细节抓落实，把各项任务进一步细化、量化、具体化，确保每个细微之处都不错过、不敷衍，力求各项目标任务测评达标。二要紧盯问题抓整改，对照全国文明城市A级标准和中央测评反馈暴露出来的问题，主动认领、落实整改。三要紧盯重点抓提升，抓好重点场所、重点内容、重点单位、重点行动，全面细致排查，以点带面寻求突破，使文明创建的过程真正成为提升城市综合实力、切实改善民生福祉的过程。丁红都强调，要加强组织领导、增强工作合力，广泛宣传动员，强化督查考核，确保各项工作任务落实落细落具体。市创文领导小组及其办公室要充分发挥总牵头、总协调作用，各专项小组要对照目标任务查漏补缺，各级各部门要细化分解工作责任和任务，积极引导广大市民以主人翁的姿态投身“创文”、参与“创文”、融入“创文”，努力在全市上下形成浓厚的创建氛围。市长林涛主持会议，强调各级各部门要提高思想认识，守好“责任田”，全面进入临战状态，全力打好打赢“创文”这场硬仗。要聚焦重点难点，补强“薄弱点”，倒排时间表、明确线路图，一项一项对照，一项一项落实。要强化督促检查，紧盯“关键处”，督促各项目标任务高质量、高标准完成。市委常委、宣传部部长朱蔚蔚通报2019年全市文明城市年度测评情况。会议以电视电话会议形式开至各县（区）。市在市会议中心设主会场，各县（区）设分会场。市领导黎意勇、方明、边立明、徐先龙、林少威、庞启彪、赖小卫、李衍楠，市直和中央、省驻河源副处以上各单位主要负责人在市主会场参加会议。各县（区）参会人员在各县（区）分会场参加会议。

【全市优化营商环境攻坚年工作推进会】 河源市委、市政府于2020年8月5日在市会议中心召开全市优化营商环境攻坚年工作推进会，深入学习贯彻习近平总书记关于优化营商环境的重要论述，贯彻落实《优化营商环境条例》，扎实有力推进河源市“优化营商环境攻坚年”工作。市委书记、市人大常委会主任丁红都出席会议并讲话。丁红都充分肯定河源市近年来优化营商环境取得的成效。他指出，优化营商环境是贯彻落实习近平总书记重要讲话和重要指示批示精神的具体行动，是统筹推进疫情防控和经济社会发展的必然要求，是培植河源未来发展高度和厚度的重要前提，是提高河源“融深”“融湾”质量和效率的内在要求，是加快构筑人民幸福“心城”的关键举措。各级各部门要深入学习贯彻习近平总书记关于优化营商环境的重要论述，切实增强优化河源市营商环境的责任感紧迫感，在关键领域和重要环节集中攻坚突破。丁红都强调，一要在进一步打造市场化营商环境方面攻坚，激发市场活力和社会创造力。要坚决破除隐性壁垒，严格执行全国统一的《市场准入负面清单》，进一步放宽市场准入。要聚焦中小微企业，巩固和拓展减税降费成效，加大金融扶持力度，大力培育市场主体。要坚持公正监管，健全公开透明的监管规则和标准体系，大力推行“双随机、一公开”监管，维护市场秩序。二要在进一步打造法治化营商环境方面攻坚，营造公平公正的竞争环境。要强化制度保障有效提振市场信心，发挥立法对营商环境的引领作用，加大规范性文件审查和清理力度，加大政策宣传解释力度。要依法保护各类市场主体合法权益，加大产权保护力度，切实规范行政执法行为，强化对市场主体的司法保护，完善调解、仲裁等多元化纠纷解决机制。要推进法治政府、法治社会建设，深入推进依法行政，着力提升市场主体依法经营水平，加快完善社会信用体系建设。三要在进一步打造国际化营商环境方面攻坚，提升投资贸易便利化水平。要深化商事制度改革，优化投资项目前期审批流程，深化工程建设项目审批改革，落实外资管理体制改革，不断提升投资便利化水平。要提升通关便利化水平，优化关税征管全流程服务，落实出口退税政策，抓好东江航道复航和扩能升级，推进综合保税区和保税物流中心（B型）等开放型经济功能平台打造提升，不断提升贸易便利化水平。要做好全市政务服务能力提升改造建设工作，发挥好河源市新政务服务中心作用，推动水电气等公共服务事项“一网通办”，增加公共服务有效供给，不断提升优化政务服务水平。四要进一步培育“融深”“融湾”的营商文化，丰富“老区+特区”精神的时代内涵。要牢固树立重商安商的营商思维，大力弘扬企业家精神，加快构建亲清新型政商关系。丁红都强调，优化营商环境是全局性、整体性、系统性的工作。全市各级各部门要加强组织领导，做好政治保证、制度保证、技术保证、政策保证、财政保证、人才保证，以“六个保证”推动优化营商环境取得新成效，坚决打好优化营商环境攻坚战，奋力推动河源市“示范区”“排头兵”“两个河源”建设全面提效破局、努力构筑新局。市长林涛主持会议，强调全市各级各部门要提高认识、高位推进，把优化提升营商环境作为扎实做好“六稳”工作、落实“六保”任务的重要举措，全力在找差距、补短板上下功夫，切实把打造市场化、法治化、国际化营商环境各项工作落到实处；要咬紧目标、攻坚克难，转变观念、突出重点，全面落实《河源市2020年优化营商环境攻坚年工作方案》各项任务，建立健全覆盖各县区的营商环境评价指标体系和评价办法，加快推动营商环境持续优化；要压实责任、狠抓落实，将任务落实到具体岗位、具体责任人，列出工作清单、排出时间进度表，努力把各项举措做细做实做到位。市委常委、常务副市长黎意勇总结河源市营商环境建设工作，对2020年工作进行部署。市法院、市市场监管局、市政务服务数据管理局等单位作发言。会议以电视电话会议形式开至各（县）区。市在市会议中心设主会场，各县（区）设分会场。市领导方明、张和志、林少威、庞启彪、何伟良、赖小卫、刘东豪；市法院院长、市检察院检察长；市有关单位主要负责人在市主会场参加会议。各县（区）参会人员在各县（区）分会场参加会议。

【河源市创建全国文明城市攻坚工作推进会】 河源市委、市政府于2020年8月27日在市会议中心召开河源市创建全国文明城市攻坚工作推进会，总结盘点前一阶段“创文”工作成绩和存在问题及不足，动员全市上下鼓足干劲、振奋精神，以背水一战的决心，全力以赴打好“创文”攻坚战，力争成功创建全国文明城市。市委书记、市人大常委会主任、市创文工作领导小组组长丁红都出席会议并讲话。丁红都强调，全市各级各部门要深入学习贯彻习近平总书记关于精神文明建设的重要论述，把“创文”作为当前河源市推进精神文明建设的总抓手，提高认识、振奋精神，认清形势、正视问题，进一步增强狠抓“创文”的责任感和使命感，坚持“为荣誉而战”“为理想而战”，全体动员、共同努力，以背水一战的决心抓落实见成效，全力争创全国文明城市。丁红都强调，要聚焦重点、攻坚克难，全力推动“创文”测评取得优异成绩。一要主攻重点、难点、热点。各级各部门要认真对照市创文办下发的问题清单，紧扣测评体系中的重点内容、重点部位、重点单位，查漏补缺、巩固提升；对难以覆盖的盲区、难以抓好的细节、难以规范的陋习等进行收集归纳、分析研究，提出治标的措施、治本的办法；围绕市民群众关心关注的问题，积极开展自查自纠、认真抓好整改落实。二要把好实地考察关、材料申报关、问卷调查关。压实分片包干责任，进一步明确每个考察点所应达到的测评标准和要求，认真做好档案材料的收集、整理和报送工作，加强动员，努力提高市民对创建工作的知晓率、参与率和满意度。三要展示城市美、行为美、心灵美。把“创文”作为展示河源良好形象的一次机会，全面提高城市管理水平，让城市环境更加干净卫生整洁，不断提升市民文明素养，营造良好社会风尚。四要加强领导，进一步强化责任落实、协调联动、全民参与、督查考核，加强对“创文”工作的支持投入，凝聚工作合力，推动“创文”各项工作落细落实落具体。市长、市创文工作领导小组执行组长林涛主持会议，强调要提高站位，全面压实责任，确保“创文”工作横向到边、纵向到底，不留死角、不留盲区，实现各项任务指标的责任全覆盖。要狠抓落实，全面补齐短板，对照测评标准倒排时间表，层层细化分解任务，迅速查漏补缺。要强化督查，严肃纪律，督促各项目标任务高质量、高标准完成。市委常委、宣传部部长朱蔚蔚通报河源市“创文”实地场所测评督导情况，对整改提升工作进行部署。市领导张和志、何伟良、刘东豪；市有关单位主要负责人；

源城区党委、政府主要负责人，区委宣传部部长；源城区各镇（街道）党（工）委、政府（办事处）主要负责人；源城区有关单位主要负责人；江东新区、市高新区党（工）委主要负责人及分管负责人参加会议。

【全市民族地区加快高质量发展现场推进会】 河源市委、市政府于2020年9月2日在东源县漳溪畲族乡召开全市民族地区加快高质量发展现场推进会，深入学习贯彻习近平总书记关于民族地区发展重要论述和重要指示批示精神，认真落实全省民族地区加快高质量发展现场推进会精神，总结河源市推进民族地区加快高质量发展工作情况，研究部署下一步工作，推动全市民族地区同步全面建成小康社会、实现高质量发展。市委书记、市人大常委会主任丁红都出席会议并讲话。丁红都强调，要深入学习贯彻习近平关于民族地区发展重要论述和重要指示精神，牢记推动民族地区高质量发展的使命担当，以更加精准有力的措施，推动民族地区加快高质量发展。丁红都强调，要紧盯重点，奋力攻坚，全力以赴推动民族地区同步全面建成小康社会、实现高质量发展。一要进一步用足用好中央和省、市为推动民族地区高质量发展提供的各方面历史机遇，加强研究对接，切实推动民族地区乘势进入发展的快车道。二要进一步加强基础设施建设，重点加强交通基础设施建设，大力推进供水和水利基础设施建设，继续加强农业和信息基础设施建设，加快改善民族地区发展的基础和条件。三要进一步加强特色产业培育，加大特色产业扶持力度，充分发挥灯塔盆地辐射带动效应，大力发展生态文化旅游业，不断增强民族地区经济社会发展动能。四要进一步加大乡村振兴工作力度，全面提升脱贫攻坚质量，着力建设特色美丽乡村，切实加强基层党组织建设，推动民族地区乡村全面振兴。五要进一步加强畲族特色文化保护和弘扬，擦亮畲族文化品牌，着力构建覆盖民族地区的公共文化服务体系，积极促进民族团结，共同推动民族地区加快发展。六要进一步保障和改善民生，扎实推进基本公共服务均等化，大力实施携手奔小康行动，加强民族地区生态建设和环境保护，让民族地区群众更好共享全面建成小康社会的发展成果。丁红都强调，全市各级各部门要加强组织领导，坚持压实责任抓落实、完善机制抓落实、加大支持抓落实，切实把各项工作部署落细落实落具体，为推动民族地区同步全面建成小康社会、实现高质量发展提供坚强保障。市长林涛主持会议时强调，要抓认识提站位，坚决把党中央和省委、市委关于民族地区加快高质量发展工作的方针政策落实到位。要抓重点补短板，围绕省《关于推动民族地区加快高质量发展的意见》、市《关于推动民族地区加快高质量发展实施方案》，全面对照梳理，建立工作清单，确保各项任务指标的责任全覆盖、政策措施全落实。要抓责任促落实，进一步健全完善"党委领导、政府负责、有关部门协同配合、全社会通力合作"的工作机制，全力推动民族地区加快高质量发展。市委常委、统战部部长叶少军传达全省民族地区加快高质量发展现场推进会精神，通报河源市民族地区加快高质量发展工作情况。东源县、深圳对口帮扶河源指挥部、和平县长塘镇秀河畲族村作交流发言。会议期间，与会人员深入广东畲族宫、黄龙岩畲族风情区、下蓝畲族村、金杰环保建材、辉科建材、中联村蓝莓种植基地、畲乡文体广场等地，现场考察漳溪畲族乡发展情况。市领导刘渤、张和志、赖小卫、刘东豪；市有关单位主要负责人；东源县、和平县、龙川县、连平县党委书记，县委分管统战工作的领导、民族宗教局局长；东源县政府分管农业农村工作的副县长；深圳盐田对口帮扶河源东源指挥部总指挥；东源县漳溪畲族乡党委书记、乡长；东源县新港镇、叶潭镇、蓝口镇，和平县长塘镇、东水镇，龙川县田心镇，连平县内莞镇党委书记；东源县漳溪畲族乡上蓝畲族村、下蓝畲族村、新港镇双田畲族村、叶潭镇半埔畲族村、蓝口镇花径畲族村，和平县长塘镇秀河畲族村、东水镇增坑畲族村，龙川县田心镇甘陂畲族村，连平县内莞镇蓝州畲族村党支部书记参加会议。

【全市传达学习贯彻习近平总书记出席深圳经济特区建立40周年庆祝大会和视察广东重要讲话重要指示批示精神干部大会】 河源市委于2020年10月18日在市会议中心召开全市传达学习贯彻习近平总书记出席深圳经济特区建立40周年庆祝大会和视察广东重要讲话重要指示批示精神干部大会，传达学习贯彻习近平总书记出席深圳经济特区建立40周年庆祝大会和视察广东重要讲话、重要指示批示精神，全面部署河源市贯彻落实工作。市委书记、市人大常委会主任丁红都主持会议并讲话。丁红都强调，全市广大干部群众要迅速把思想和行动统一到习近平总书记重要讲话、重要指示批示精神上来，以更大魄力、在更高起点上推进"示范区""排头兵""两个河源"建设。一要准确把握习近平总书记对广东的亲切关怀和殷殷重托，借势而为扎扎实实办好河源的事，努力为全国全省发展大局做出河源贡献。二要准确把握习近平总书记对经济特区和粤港澳大湾区建设的部署要求，在"融深""融湾"中把河源的事办得更好、办得水平更高。三要准确把握习近平总书记对贯彻新发展理念、推动高质量发展的重大要求，更加坚定走生态河源、现代河源相得益彰的发展新路。四要准确把握习近平总书记坚定不移全面深化改革开放的庄严宣示，抢抓支持深圳实施综合改革试点机遇，推动改革开放向纵深发展。五要准确把握习近平总书记对构建新发展格局的重大战略部署，着力释放内需潜力，加快融入双循环体系。六要准确把握习近平总书记对人民群众的赤子情怀，加快建设人民幸福"心城"。七要准确把握习近平总书记对推动物质文明和精神文明协调发展的高度重视，努力交出"两个文明"建设的优秀答卷。八要准确把握习近平总书记对加强党的全面领导和党的建设的更高要求，驰而不息推进全面从严治党，把全市各级党组织锻造得更加坚强有力。丁红都强调，要深入贯彻习近平总书记重要讲话、重要指示批示精神，全力打造生态经济发展新标杆，在“一核一带一区”建设中奋力构筑“示范区”“排头兵”“两个河源”新局。一要坚定不移贯彻新发展理念，加快实现高质量发展。二要坚定不移全面深化改革，提高改革综合效能。三要坚定不移全面扩大开放，提升“融深”“融湾”质量和水平。四要坚定不移推进城乡治理体系和治理能力现代化，全面提升城乡治理科学化、精细化、智能化水平。五要坚定不移践行以人民为中心的发展思想，让广大人民共享改革发展成果。六要全面加强党的领导和党的建设，不断提振干事创业精气神。丁红都强调，要全力抓好习近平总书记重要讲话、重要指示批示精神学习宣传贯彻，确保“示范区”“排头兵”“两个河源”建设各项工作任务有力有序有效向前推进。一要强化组织领导，精心组织策划，迅速掀起学习宣传贯彻热潮。二要抓好学习培训，通过举办全市县处级领导干部专题研讨班和召开研讨会、报告会、座谈会等多种形式，推动学习培训全覆盖。三要推进宣传宣讲，组织开展多角度、全方位、多频次的宣传报道，切实把习近平总书记重要讲话、重要指示精神和对人民的亲切关怀传达到每一名干部群众。四要开展新一轮“深调研”，抓紧制定河源市贯彻落实的行动方案和具体措施，把习近平总书记重要讲话、重要指示精神转化为推进“示范区”“排头兵”“两个河源”建设的工作举措。会议以电视电话会议形式开至各县（区）。市在市会议中心设主会场，各县（区）设分会场。市长林涛、市政协主席张丽萍、市人大常委会常务副主任吴善平出席会议。市委、市人大常委会、市政府、市政协领导班子成员，河源军分区主要负责人，市法院院长、市检察院检察长，副厅级以上老干部，市四套班子正副秘书长；市直和中央、省驻河源副处以上各单位主要负责人；市各民主党派、工商联主要负责人；市属国企主要负责人在市主会场参加会议。各县（区）参会人员在各县（区）分会场参加会议。

【全市传达学习贯彻中共十九届五中全会精神干部大会】 河源市委于2020年11月3日在市会议中心召开全市传达学习贯彻中共十九届五中全会精神干部大会，全面部署河源市贯彻落实工作。市委书记、市人大常委会主任丁红都主持会议并讲话。丁红都强调，要深刻认识中共十九届四中全会以来和“十三五”时期党和国家各项事业取得的重大成就，进一步增强再创新辉煌的坚定决心和必胜信心。要深刻认识新冠肺炎疫情防控取得的重大战略成果，自觉弘扬伟大抗疫精神、奋力夺取疫情防控和经济社会发展“双胜利”。要深刻认识高质量发展迈出的新步伐，坚决贯彻新发展理念、主动融入新发展格局。要深刻认识全面深化改革开放取得的新进展，进一步增强在更高起点上推进改革开放的责任担当。要深刻认识保障和改善民生的扎实成效，坚定不移贯彻以人民为中心的发展思想。要深刻认识应对风险挑战取得的显著成效，树牢防范化解重大风险底线思维、忧患意识。要深刻认识加强党的全面领导和党的建设的新进展新要求，持之以恒推进自我革命、从严管党治党。丁红都要求，要深刻领会习近平总书记重要讲话和《中共中央关于制定国民经济和社会发展第十四个五年规划和二〇三五年远景目标的建议》精神实质、丰富内涵，进一步深化对国际国内形势的重大判断、新发展阶段的重要特征、新发展格局的战略构想、“十四五”时期经济社会发展必须遵循的原则、“十四五”时期经济社会发展主要目标任务和二〇三五年远景目标的认识，统一思想、凝心聚力，切实用以指导实践、引领发展。要把河源“十四五”时期经济社会发展谋划好。一要深刻领会习近平总书记赋予广东的重大历史使命，结合省委对河源提出的“示范区”“排头兵”“两个河源”建设的目标要求，奋力在全面建设社会主义现代化国家新征程中走好河源的长征路。二要牢牢把握高质量发展主题，坚定不移贯彻新发展理念，把科技创新摆在更加重要的位置，加快形成现代化经济体系，深入实施乡村振兴战略，大力实施都市经济带动战略，奋力打造生态经济发展新标杆。三要在新发展格局中找准定位，加快融入国内国际双循环体系。四要坚决用好改革开放关键一招，推动形成全面开放新格局。五要始终践行以人民为中心的发展思想，让广大人民共享改革发展成果。六要统筹抓好发展和安全，建设更高水平的平安河源。七要全面加强党的领导和党的建设，不断提升干事创业的精气神和能力水平。丁红都强调，要精心组织部署，确保学习宣传贯彻工作取得实实在在成效。一要强化组织领导，各级领导干部特别是主要负责人要发挥带头作用，各级党委（党组）要加强对学习活动的组织领导，把学习宣传贯彻工作抓紧抓实抓好。二要抓好培训宣传，推动全会精神进企业、进农村、进机关、进校园、进社区、进网络，把全会精神讲清楚、讲明白，让群众听得懂、能领会、可落实。三要坚持发扬民主，问计于民，广泛征求意见，科学制定好市委“十四五”规划建议。四要扎实做好岁末年初各项工作，全力以赴抓好常态化疫情防控、重点项目建设、脱贫攻坚、乡村振兴、安全生产等工作。市长林涛、市人大常委会常务副主任吴善平出席会议。市委、市人大常委会、市政府、市政协领导班子成员及正副秘书长，市法院院长、市检察院检察长，正厅级以上老干部；各县区党（工）委和政府（管委会）主要负责人；市直和中央、省驻河源副处以上各单位主要负责人；市各民主党派、工商联主要负责人；市属国企主要负责人参加会议。

重要决策

【坚持以“融湾”为“纲”、“融深”

为牵引，奋力推动“示范区”“排头兵”“两个河源”建设】 2020年1月9日，河源市委召开七届九次全会。全会提出，坚持以“融湾”为“纲”、“融深”为牵引，奋力推动“示范区”“排头兵”“两个河源”建设全面提效破局、努力构筑新局。1.提升互联互通水平，推动形成“融深”“融湾”全面开放新格局。一是加快交通基础设施“硬联通”。优化连接“双区”的交通网络，全面提升交通基础设施均衡通达程度。充分发挥高铁拉近时空距离的作用和促进区域融合发展一体化的效应，加快赣深高铁建设，融入广深一小时通勤圈，切实把河源东站建设成为直通广深的重要综合交通枢纽，全面提升“融深”“融湾”效率和质量。二是持续推进体制机制“软联通”。对标“双区”政策体系，围绕制约“双区”要素流动的重点难点问题，谋划一批战略性、战役性改革和创造型、引领型改革，加快推进科技创新、人才培育、教育教学、医疗卫生、生态保护等领域重大改革，坚决破除与“双区”深度融合发展的行政壁垒和体制机制障碍，共同构建开放互通的政策环境、一体化的公共服务体系，强化对“双区”资源配置的共享和承接能力。三是不断提高对外开放水平。以营商环境综合改革、开放平台打造提升、开放主体培育引进、开放业态创新发展为抓手，切实增强开放型经济内生动力。开展“优化营商环境攻坚年”活动，全面深化政务服务和商事制度改革，扎实推进“证照分离”“数字政府”建设，抓好“政务服务一网通办”“城市运行一网统管”，建立营商环境评价机制，推动河源营商环境达到珠三角同等水平。2.加强产业协同发展，推动形成“融深”“融湾”现代化经济体系新格局。一是推进产业园区提质增效。持续推进中心城区“一区四园”一体化发展，加快形成“一区四园”规划协调、产业协同、配套共享、利益共赢的协同发展新格局。大力实施园区产值倍增、主导产业培育、环境优化计划，深入开展“园区管理提升年”活动，推进产业园区建设和运营模式创新，加强园区公共设施和服务体系建设，推动县级产业园加快创建省级高新区，力争完成扩园10平方千米。二是加快发展先进制造业。以对接“双区”产业分工体系、资源配置体系为主渠道，发挥合作共建机制作用和央企、省属国企平台作用，大力推广“‘双区’总部研发设计+河源制造基地”等产业协同发展新模式，谋划发展汽车零配件产业，积极引进一批“双区”产业梯度转移超亿元项目，形成与“双区”紧密衔接、互为支撑的产业分工合作体系。三是加快战略性新兴产业发展。凝心聚力谋划引领型大项目好项目，大力发展高端机械装备制造、数字经济、新材料、新能源、节能环保、生命健康等战略性新兴产业。主动承接“双区”新一代信息技术产业外溢效应，落实省市加快5G产业发展行动计划，开展重点领域“5G+”应用试点示范，培育一批细分领域骨干企业。四是大力推动国有企业和民营企业改革发展。分类推进国有企业改革，全面实行市属经营性国有企业集中统一监管，推动国有资本向基础性、公共性、平台性、引领性等重点领域和关键环节集中。采取更有力措施推动民营企业改革创新、转型升级、健康发展，落实更大规模减税降费政策，加快推动河源市中小微企业融资平台应用，有力破解融资难融资贵问题，提升金融服务实体经济水平。3.加快都市经济发展，推动形成“融深”“融湾”城市建设新格局。一是加强中心城区规划建设。强化空间管控，高水平、高标准编制市“十四五”国民经济与社会发展规划、空间规划、各类专项规划和区域规划，推动建设用地资源向中心城区、县城、中心镇、重大发展平台倾斜。二是加强市域综合交通基础设施建设。推进中心城区各重大功能片区之间，中心城区与各县城及产业园区、重要交通枢纽站点、旅游景点等功能板块的快速连接通道建设，着力构建中心城区“六纵十三横”城市道路骨架网，重点推进一批国道、省道工程建设，提升中心城区的辐射带动功能。三是大力发展现代服务业。积极吸引“双区”现代服务业向河源延伸拓展，加快发展电子商务、现代智能物流、数字金融、供应链管理、会议展览等服务业，重点推进盐田—东源共建现代物流园和龙川县铁路综合物流园区建设，推动和平、紫金和东源、连平分别创建国家和省级电子商务进农村综合示范县，积极承办区域性、国际性综合展会和大型国际体育赛事，促进文旅体融合发展，进一步激发文旅消费潜力，逐步形成有“双区”特质、河源特色的现代服务业体系。四是提升县域经济发展水平。统筹县域人口分布、空间结构、产业布局和公共资源配置，坚持宜水则水、宜山则山，宜粮则粮、宜农则农，宜工则工、宜商则商，积极探索“农业+”“旅游+”“生态+”等县域经济发展模式，增强县域内生发展动力。4.推进科技协同创新，推动形成“融深”“融湾”区域创新体系建设新格局。一是深化与“双区”协同创新。探索促进创新要素跨境流动和区域合作的政策举措，提升与“双区”创新资源集聚配置和创新成果转移转化水平。二是优化区域创新环境。深化科技体制改革，严格落实省“科技创新十二条”，不断完善促进创新发展的政策体系。用好科技创新创业发展基金，促进科技型中小企业健康发展。大力发展风险投资、创新创业投资、科技金融，吸引更多科技成果到河源孵化育成转化。三是提升自主创新能力。把提升自主创新能力放在重中之重，加强与大湾区高校、科研院所合作，加快建设一批科技创新公共服务平台，推动现有科技创新平台提质增效。5.坚持生态优先，推动形成“融深”“融湾”绿色发展新格局。一是积极探索“两山”转化有效路径。以加快建设全国首批“绿水青山就是金山银山”实践创新基地（东源县）为示范，系统谋划推进“水系、水运、水能、水资源、水产业、水环境”六篇文章。二是坚决打好污染防治攻坚战。坚决打赢蓝天、碧水、净土三大保卫战，严格落实河（湖）长制，加快补齐环保基础设施短板，确保生态环境质量持续走在全省前列。三是扎实推进绿色低碳发展。积极构建以绿色发展为导向的生态文明评价考核体系，建立健全生态环境准入清单和落后产能环保退出机制，引导传统产业开展循环化、绿色化改造，积极创建绿色循环经济产业园，着力破解土地、能耗、污染物排放等瓶颈问题。四是着力打造全域旅游“河源样本”。巩固国家级旅游度假区创建成果，推动万绿湖创建国家AAAAA级旅游景区、县区创建省级全域旅游示范区。

【聚力打造生态经济发展新标杆，奋力构筑“示范区”“排头兵”“两个河源”新局】2020年9月10日，河源市委召开七届十次全会。全会提出，聚力打造生态经济发展新标杆，在“一核一带一区”建设中推动“示范区”“排头兵”“两个河源”建设全面提效破局、努力构筑新局。1.巩固提升生态优势。一要守护好生态屏障。严格落实“面上保护、点上开发”原则，加快建立“三线一单”生态环境分区管控体系，重点保护重要水源涵养区和生态保障功能区。加快编制全市自然保护地整合优化预案，积极构建生态功能区生态廊道和生物多样性保护网络。实施新一轮绿化河源大行动，加快推进山水林田湖草一体化保护修复试点工程。全力创建国家生态文明建设示范市、国家森林城市。二要坚决完成污染防治攻坚战目标任务。坚决打赢打好蓝天、碧水、净土三大保卫战，着力解决生态环境突出问题，持续提升生态环境核心竞争力。三要推进生态环境治理体系和治理能力现代化。完善生态文明建设目标评价考核体系，加快构建现代环境治理体系。持续深化生态环境保护“放管服”改革，进一步理顺市、县、镇生态环境一体化管理机制。2.加快构建生态产业体系。一要大力发展特色优势生态农业。培育壮大农业龙头企业、农民合作社、家庭农场等新型主体，建立农民稳定增收渠道。加大农业科技、人才和财政金融支持力度，因地制宜应用设施大棚等装备技术，在特色果蔬、茶叶、高山茶油、花卉、南药等方面培育更多高附加值的优质产品，持续打响“万绿河源”农产品区域公用品牌。二要推动绿色工业发展。严把工业环保准入关，加快构建绿色制造体系，实现工业绿色低碳循环发展。积极发展生物制药、清洁能源等绿色低碳、环境友好型产业。大力发展循环经济，加快创建绿色循环生态园区示范区，推广节能减排技术，推进传统产业绿色化改造。三要打造生态休闲旅游高地。坚持点线面结合，创建省级全域旅游示范区。加强与大湾区康养休闲旅游合作共建，建立“医疗+康养基地+龙头企业”的发展模式，规划建设一批特色康养基地和生态休闲区，大力发展农业观光、休闲、度假等多元化康养旅游产品。推动万绿湖创建国家AAAAA级旅游景区和中国天然氧吧，打造全省标志性旅游景点。四要谋划推进“六水”体系和山林文章。加快推进“水系、水运、水能、水资源、水产业、水环境”等“六水”体系建设，系统谋划山林文章，规范有序开发矿产资源，发展矿产品精深加工产业，探索碳汇交易试点，深挖生态产业潜力。3.搭建三大高质量发展平台。一要把灯塔盆地打造成为引领河源未来农业农村高质量发展的综合平台。依托2200平方千米的灯塔盆地与湾区大市场相结合，高标准把灯塔盆地建设成为示范广东、领先全国、面向世界的现代农业示范区，引领河源未来农业高质量发展，带动1.2万平方千米的生态河源全面发展。二要把江海联运、综合保税区、市高新区打造成为支撑河源未来产业高质量发展的功能平台。依托综合保税区、东江航道与“双区”构建更高水平的互联互通，以市高新区为主平台，引领全市产业园区紧密对接大湾区产业布局，打造粤北开放型经济高地。三要把高铁新城综合枢纽、江东新区打造成为撬动河源未来城市高质量发展的区域平台。加快高铁新城重要综合交通枢纽和江东新区发展核心区建设，撬动3000多平方千米的现代河源提升城市发展能级，引领都市经济高质量发展，把河源建设成为粤港澳大湾区世界级城市群有机组成部分。加强中心城区规划建设，完善“1+6”规划体系，以“三江六岸”为纽带，提升城市功能、结构、形态，夯实都市经济带动战略核心载体。4.加快融入双循环体系。一要畅通产业循环。紧密对接大湾区产业布局，加快形成与大湾区有机联系、深度融合的产业链供应链，打造成为大湾区现代产业重要战略腹地。大力推广“‘双区’总部研发设计+河源制造基地”等产业协同发展新模式，积极对接大湾区龙头企业特别是“链主”企业，着力引进一批大湾区产业梯度转移超亿元项目。二要畅通科技循环。实施创新驱动发展战略，推进创新资源要素共享、创新体制机制对接、创新成果转化承接，加快河源深大湾区研究院、广师大河源研究院等重大创新平台建设，实施新一轮高新技术企业倍增计划和树标提质行动，完善高新技术企业培育后备库，培育壮大更多行业龙头企业和科技型中小企业，大力推动规上工业企业建立研发机构，加快建设一批高新技术试验地和成果转化地，以科技创新持续激发潜力和内在动力，着力打造大湾区国际科技创新中心重要拓展区。三要畅通市场循环。借助大湾区对外联系广泛、专业服务发达的优势，有序组织和鼓励企业通过“广交会”“进博会”等平台抢抓订单、拓展市场，推动市场采购贸易、跨境电商、保税物流等新业态加快发展，打通融入大湾区、“买卖全球”的双向贸易通道，形成与大湾区深度融合的经贸网络。四要畅通经济社会循环。推进与大湾区基本公共服务一体化，加快打造大湾区宜居宜业宜游优质生活圈重要承载地。大力实施就业优先战略，持续推进“粤菜师傅”“广东技工”“南粤家政”等工程，打造“南粤家政一条街”“粤菜师傅一条街”，拓宽就业创业渠道。强化与大湾区优质教育资源对接合作，组建跨区域教育联合体，推动各类学校开展合作办学，着力提高教育供给能力和水平。5.推动县域经济高质量发展。一要科学规划发展定位。各县要积极抢抓“一核一带一区”建设的重大机遇，结合各自区位优势、资源禀赋和产业基础，奋力在“示范区”“排头兵”和“两个河源”建设的各自跑道上攻城拔寨、赛龙夺锦。二要大力提升县城品质。县城是推进工业化城镇化的重要空间、城乡融合发展的关键纽带。高标准开展县城国土空间规划设计，合理安排生产、生活、生态空间，走内涵式、集约型、绿色化的县城发展路子。推进县城智慧化改造，聚焦优势领域或行业先行试点、以点带面、有序推动，努力改善县城人居环境，提高县城治理水平。三要打造县域主导产业。立足资源禀赋，聚焦产业共建和产城融合，做大做强县域主导产业。按照各县发展功能定位，宜农则农、宜工则工、宜游则游，加强与“双区”产业衔接联动，形成1-2个特色主导产业。持续深化与深圳各区的产业共建，推进各县产业园区提档升级，促进县域经济集约集聚、高端高效发展。四要加快新型城镇化建设。深入实施以促进人的城镇化为核心、提高质量为导向的新型城镇化战略，促进中心城区、县城和小城镇协调发展。提高农业转移人口市民化质量，以深化改革户籍制度和基本公共服务提供机制为路径，促进人力资源优化配置。推进以县城为重要载体的新型城镇化建设，扩大有效投资、释放消费潜力、拓展市场纵深，增强县城吸纳人口集聚能力。创建一批特色鲜明、市场驱动、健康发展的特色小镇。

【加大有效投资力度，加快推进“示范区”“排头兵”“两个河源”建设】 2020年9月10日，河源市委召开七届十次全会。全会对加大有效投资力度，加快“示范区”“排头兵”“两个河源”建设作部署，审议通过《中共河源市委、河源市人民政府关于加大有效投资力度，加快推进“示范区”“排头兵”“两个河源”建设的实施意见》。2020年9月18日，中共河源市委、河源市人民政府印发《关于加大有效投资力度，加快推进“示范区”“排头兵”“两个河源”建设的实施意见》。《实施意见》提出加大有效投资力度，加快推进“示范区”“排头兵”“两个河源”建设的指导思想：坚持以习近平新时代中国特色社会主义思想为指导，认真贯彻落实习近平总书记关于区域协调发展、加快形成以国内大循环为主体国内国际双循环相互促进的新发展格局的重要论述和对广东重要讲话、重要指示批示精神，全面落实省构建“一核一带一区”区域发展格局部署要求和省委书记李希关于河源工作的指示要求，坚持“融深”“融湾”，积极打造大湾区东北部交通枢纽，深入挖掘河源助力“双区”发展的潜力，不断提升接受“双区”辐射的能力，以“双区”的高度和力度培植河源振兴发展的厚度和速度，加快推动“示范区”“排头兵”“两个河源”建设，全力打造生态经济发展新标杆，为全省实现“四个走在全国前列”、当好“两个重要窗口”展现河源担当。《实施意见》提出加大有效投资力度，加快推进“示范区”“排头兵”“两个河源”建设的总体目标：到2021年，完成重大项目投资总额1000亿元以上；到2022年，完成重大项目投资总额1600亿元左右；三年固定资产投资年均增速12%左右；重大项目对固定资产投资的贡献率不低于45%，政府投资管理体制和企业投资环境更加完善，有效投资对区域协调发展的促进作用明显增强。“水陆空铁”高效联运的现代综合交通运输体系格局加快构建，大湾区东北部交通枢纽优势明显提升，形成河源到大湾区、深圳都市圈及周边城市高铁1小时、高速公路2小时交通圈。《实施意见》提出加大有效投资力度，加快推进“示范区”“排头兵”“两个河源”建设的主要措施：1.以扩大农业农村有效投资为抓手，夯实乡村振兴战略基础。加快灯塔盆地高质量发展；加快现代农业基础设施建设；加快农村公共基础设施建设。2.以加强生态基础设施建设为重点，筑牢重要生态屏障。加强生态屏障工程建设；加强污染防治设施建设；加强生态支撑平台建设。3.以加快重大产业集群投资为先导，构建生态产业体系。推进江海联运、综合保税区、市高新区高质量发展；不断提升绿色工业发展水平；提升全域旅游建设水平。4.以完善现代要素为发力点，构建融入大湾区双循环体系。深度对接大湾区产业链；深度对接大湾区创新链；深度对接大湾区经贸网；深度对接大湾区公共服务体系。5.以区域基础设施均衡化建设为着力点，带动县域经济高质量发展。推动城市高质量发展；推动县域经济差异化发展；推动城镇化基础设施建设。6.以强化基础设施互联互通为支撑，提升“融深”“融湾”发展环境。加快交通基础设施建设；加快能源基础设施建设；加快水利基础设施建设；加快新型基础设施建设。7.以改革创新为关键点，激发加快有效投资的强大动力。全面优化营商环境；全力扶持实体经济企业；深化投资领域改革。《实施意见》提出加大有效投资力度，加快推进“示范区”“排头兵”“两个河源”建设的保障措施：1.强化组织领导。市县成立区域协调发展领导小组，统筹协调解决重大项目建设的难点问题。发挥市领导包联县（区）工作机制的作用，建立完善项目跟着规划走、要素跟着项目走的机制。市有关部门要按照职责分工，制定具体落实措施。各县（区）党（工）委、政府（管委会）要落实主体责任，采取有力措施，推动有效投资增长，确保“示范区”“排头兵”和“两个河源”建设取得实效。2.强化要素保障。加强项目建设资金保障，健全重点项目投资计划和政府投资计划管理机制，完善地方政府专项债券项目储备机制。统筹好新增地方政府债券等财政性资金。建立市级财政资金池，用好产业投资基金，保障重大基础设施建设。积极争取上级政策、资金、项目，用好全面对口帮扶、均衡性转移支付、县级基本财力保障、生态补偿、老区苏区和民族地区财政等支持政策。研究制定市级重大项目清单，争取重大项目纳入国家、省重大项目清单。做好项目用地、用林、用能、用水等要素保障。3.强化督促检查。市委办公室、市府办公室要履行牵头协调、监督检查的职责，加强对重大项目建设任务完成情况的督促检查，建立通报制度，推动各项工作落到实处。

【统筹推进新冠肺炎疫情防控和经济社会发展工作】2020年3月6日，河源市委书记丁红都主持召开市委七届第148次常委会会议，讨论《关于统筹推进新冠肺炎疫情防控和经济社会发展工作的若干措施（送审稿）》。会议经讨论，原则同意该送审稿。2020年3月11日,中共河源市委、河源市人民政府印发《关于统筹推进新冠肺炎疫情防控和经济社会发展工作的若干措施》。河源市委、市政府统筹推进新冠肺炎疫情防控和经济社会发展工作，提出以下措施：1.全面贯彻落实习近平总书记重要讲话、重要指示批示精神，坚决贯彻落实党中央、国务院和省委、省政府决策部署。明确统筹推进疫情防控和经济社会发展工作总要求：坚持以习近平新时代中国特色社会主义思想为指导，进一步增强“四个意识”、坚定“四个自信”、做到“两个维护”，进一步强化习近平总书记重要指示批示精神闭环落实机制，坚决服从党中央统一指挥、统一协调、统一调度，切实把党中央、国务院决策部署抓细抓实抓落地。坚持“坚定信心、同舟共济、科学防治、精准施策”总要求，坚持“突出重点、统筹兼顾、分类指导、分区施策”的工作要求，严格落实省委、省政府的部署安排，全力做好疫情防控工作，全力做好支援湖北工作。坚持战疫情、稳经济“两手抓、两促进”，统筹推进疫情防控和经济社会发展工作，推动“示范区”“排头兵”“两个河源”建设全面提效破局、努力构筑新局，实现决胜全面建成小康社会、决胜脱贫攻坚和“十三五”规划圆满收官。2.严格落实分区分级差异化防控要求，毫不动摇抓好疫情防控工作。全面精准实施分区分级差异化防控策略；牢牢守住社区、农村、企业三大区域；强化重点对象跟踪处置；突出抓好重点部位和薄弱环节的防控；加强物资保障；切实维护社会大局稳定；全力科学救治患者；坚决完成支援湖北的政治任务；完善公共卫生应急管理体系。3.扎实推进高质量发展，努力完成全年经济社会发展目标任务。精准稳妥推进企业复产达产；抓好重大项目有序复工开工；统筹做好春季农业生产；全面打赢精准脱贫攻坚战；全力打好污染防治攻坚战；全力打好防范化解重大风险攻坚战；充分发挥投资在稳增长中的关键作用；多措并举促进消费；着力稳外贸稳外资；实施应急惠企政策；不断优化营商环境；迅速开展形式多样的招商引资工作；积极培育新兴产业；加快“数字政府”建设；大力实施乡村振兴战略；大力稳定和促进就业；加大民生托底保障力度。4.全面加强党的领导，凝聚起全社会强大力量。一是发挥党员干部先锋模范作用。各级领导干部要靠前指挥，积极作为。基层党组织要充分发挥战斗堡垒作用，广泛动员群众、组织群众、凝聚群众，让党旗在疫情防控和经济社会发展一线高高飘扬。党组织要在一线考察识别干部，及时选优配强重点地区、重要部门领导干部，大胆使用政治可靠、工作急需、表现突出的优秀干部，选派优秀年轻干部到一线接受历练。开展疫情防控工作专项考核，将领导干部在防控一线的实际表现、突出事迹列入干部政治素质档案，作为选拔使用的重要依据。疫情防控工作结束后，提拔重用一批优秀干部。二是严明党的纪律。各级纪检监察机关要准确把握疫情防控总体形势，准确把握统筹推进疫情防控和经济社会发展主要任务，坚决有力监督保障执行，继续紧盯疫情防控责任落实，依规依纪依法查处疫情防控中的违规违纪违法问题。坚决查处工作不认真、不负责、不落实，不担当、不作为、乱作为等失职失责行为；坚决查处制造、传播谣言，干扰防控工作大局行为；坚决查处瞒报、漏报等弄虚作假行为，着力纠治形式主义、官僚主义问题，以强有力监督确保党中央决策部署落实落细落到位。三是落实激励措施。全面落实各项激励保障政策，进一步保护关心爱护医务人员。统筹做好轮班轮值，对长时间超负荷工作的强制休息，加强人文关怀和心理疏导。落实好一线医务人员特别是支援湖北医疗队家庭“一对一”帮扶机制，优先安排、合理照顾一线医务人员子女入学入托。在职称评聘、培训深造、补贴补助等方面加大倾斜力度。优化实施市人才工程，建立健全公共卫生人员准入、培养、使用、考核评价和激励等机制，加强公共卫生人才队伍建设。组织动员各类专家人才投身疫情防控，开展联合攻关。四是加强舆论宣传。深入宣传习近平、党中央决策部署，深入报道各地各部门疫情防控的有力举措和成效，充分报道河源市支援湖北医疗救治工作和成效。广泛宣传一线医务工作者、公安干警、基层干部、社区工作者、志愿者等的先进事迹。引导公众不信谣、不传播谣言和不实信息。加大政策措施宣传解读，教育群众提高自身防护意识和能力。有序做好群众心理疏导。五是动员全社会力量打赢疫情防控人民战争。坚持党建带群建，工会、共青团、妇联等人民团体要组织动员所联系群众积极投身疫情防控，鼓励支持社会力量参与疫情防控。行业协会、商会等社会组织要指导和帮助企业等会员单位科学精准防疫、有序复工复产。慈善组织、红十字会要高效运转，增强透明度，主动接受监督。鼓励企业从物资、技术、信息等方面支持疫情防控。进一步团结党内外、海内外各方力量，凝聚起众志成城、迎难而上的强大合力，夺取疫情防控和经济社会发展全面胜利。

【全面深化新时代教师队伍建设改革】2020年7月16日，河源市委书记丁红都主持召开市委七届第175次常委会会议，讨论《关于全面深化新时代教师队伍建设改革的工作方案（送审稿）》。会议经讨论，原则同意《工作方案》稿。2020年7月22日，中共河源市委办公室、河源市人民政府办公室印发《关于全面深化新时代教师队伍建设改革的工作方案》（以下简称《工作方案》）。《工作方案》提出全面深化新时代教师队伍建设改革的总体要求：以习近平新时代中国特色社会主义思想为指导，全面贯彻中共十九大和十九届二中、三中、四中全会精神，深入贯彻习近平总书记对广东重要讲话和重要指示批示精神，坚持和加强党对教师队伍建设的全面领导，全面贯彻党的教育方针，落实立德树人根本任务，以“提升素质、激发活力，均衡配置、促进公平”为重点，统筹推进教师队伍建设改革。到2022年，教师队伍结构更加合理，教师学历明显提升，2020年至2022年，幼儿园专任教师大专以上学历比例分别达到80%、85%、90%，小学专任教师本科以上学历比例分别达到60%、65%、70%，初中专任教师本科以上学历比例分别达到85%、87%、90%，高中阶段学校教师硕士研究生以上学历比例分别达到10%、12%、15%，中职院校专业课教师中双师型教师比例稳定在60%以上。到2035年左右，全市教师综合素质、专业化水平和创新能力大幅提升，进入粤东粤西粤北教育先进地区行列。依托教师发展中心和广东技术师范大学河源校区，培养造就千名本土优秀教师和教育家型教师。教师管理体制机制不断完善，逐步实现教师队伍治理体系和治理能力现代化。《工作方案》提出全面深化新时代教师队伍建设改革的改革措施：1.加强学校党组织和党员队伍建设。把党的政治建设摆在首位，充分发挥党组织战斗堡垒作用和党员教师先锋模范作用。实施学校党支部书记“党建带头人、业务带头人”培育工程，每年对学校党支部书记轮训一遍。坚持党的组织生活制度，加强党员教师日常管理监督。2.提升师德水平。实施“强师德·铸师魂”行动。健全教育、宣传、考核、监督、奖惩相结合的师德建设长效机制，将师德表现作为教师资格认定、招聘录用、考核评价、职称评聘、评优评先首要内容。推行师德考核负面清单制度，严肃查处师德违规行为。3.提高师资队伍专业素质。实施“强师能·提素养”行动。拓展教师培养渠道，进一步加大公费定向培养中小学教师工作统筹力度。创新农村教师培养机制，提高教师培养层次，采用定向招生、免费培养等方式，着力补充农村幼儿园、义务教育学校紧缺学科教师或小学全科教师。深入推进强师工程。健全教师发展支持体系，2020年前，市和县（区）各建设1所教师发展中心。严格落实中小学教师5年一周期全员培训制度。4.加强教育高层次人才队伍建设。重视高层次人才引进工作，重点引进具有高级以上职称和全日制研究生以上学历的教育人才。加大教育高层次人才培养力度，创新培养模式，建立完善高层次人才激励机制，促进教育领军人才数量、质量全方位提升。开展正高级教师培养工作，遴选培养对象，精准培养，到2022年正高级教师数量明显增加。5.规范中小学幼儿园教师编制配备。根据教育发展需要，在现有编制总量内，统筹考虑、合理核定中小学幼儿园教职工编制，盘活事业编制存量，优化编制结构，采用多种形式增加教师总量，优先保障教育发展需要。6.促进中小学教师资源均衡配置。实施“强管理·增活力”行动。编制、人社、财政和教育等部门合力积极稳妥推进中小学教师“县管校聘”管理改革。深入推进县域内中小学教师、校长交流轮岗工作，实行教师聘期制、校长任期制管理，推动城镇优秀教师、校长向乡村学校、薄弱学校流动，促进城乡教师队伍一体化发展。7.完善教师招聘制度。落实国家中小学幼儿园教师资格考试制度。严格教师准入，重视思想政治素质和业务能力。提高教师招聘的学历门槛，非县城学校，新招专科以上学历的幼儿园教师、本科以上学历的小学教师占新招幼儿园教师总数、小学教师总数的比例均不低于70%，市区、县城小学和初中教师必须达到全日制本科以上学历，新招研究生以上学历的普通高中和中职学校教师占新招普通高中和中职学校教师总数的比例均不低于15%。8.继续深化教师职称和评价制度改革。全面实行中小学教师岗位管理制度和聘用制度，实现职称与教师聘用衔接。将中小学教师到乡村学校、薄弱学校任教1年以上的经历作为申报高级教师职称和特级教师的必要条件。积极推进中小学校长职级制改革，推行校长职级绩效工资制度。设立校长、教师评价考核激励专项资金，建立完善评价考核激励机制。建立教师教学质量监测考核机制，完善基于教学业绩的教育质量奖惩机制。9.健全职业院校教师管理制度。落实中等职业学校教师资格标准要求，积极探索将行业企业从业经历作为认定教育教学能力、取得专业课教师资格的必备条件。落实职业院校用人自主权，完善教师招聘办法。支持职业院校设立流动岗位，面向产业发展实际，大力引进行业企业高层次人才，把指导学生实践实习的企业技术人员纳入兼职教师管理范围，完善实习指导教师及兼职教师待遇保障机制。鼓励职业院校教师积极开展企业技术服务工作，保障职业院校教师依法取得的合理报酬。10.完善中小学教师待遇保障机制。健全中小学教师工资长效联动机制，把统筹提高中小学绩效工资水平作为审批提高各地机关规范津贴补贴水平的前置条件。依法依规落实教师工资待遇政策，确保县域内中小学教师平均工资收入水平不低于或高于当地公务员平均工资收入水平，确保县域内农村中小学教师平均工资收入水平不低于或高于当地城镇教师平均工资收入水平。11.改善乡村教师待遇和工作生活条件。深入实施乡村教师支持计划。严格落实山区和农村边远地区教师生活补助政策，依据学校艰苦边远程度实行差别化补助，不断建立健全生活补助增长机制。在业务培训、职称评聘、表彰奖励等方面向乡村教师倾斜。不断改善乡村学校办公条件，改善乡村教师信息化办公与教学条件。积极推进乡村教师周转宿舍建设，将符合条件的乡村教师纳入当地住房保障范围。12.维护民办学校教师权益。完善学校、个人、政府合理分担民办学校教师社会保障机制，督促民办学校依法依规落实教职工各项权益。鼓励民办学校为教职工购买商业养老保险、建立年金制度，提高教师退休待遇，鼓励支持有条件的县（区）发放民办学校教师从教津贴。依法保障和落实民办学校教师在业务培训、职务聘任、教龄和工龄计算、表彰奖励、科研立项、社会活动等方面享有与公办学校教师同等权利。13.提高教师地位。各级党委和政府要切实承担起教师保障责任，提升教师政治地位、社会地位和职业地位，吸引和稳定优秀人才长期从教、终身从教。

【建立领导干部定点联系涉农乡镇（街道）推进乡村振兴战略工作制度】 2020年11月26日，中共河源市委办公室、河源市人民政府办公室印发《关于领导干部深入基层定点联系涉农乡镇（街道）推进乡村振兴战略的实施方案》（以下简称《实施方案》），扎实推动河源市乡村振兴、脱贫攻坚工作取得实效，加快补齐全面小康“三农”领域短板。《实施方案》提出领导干部定点联系涉农乡镇（街道）推进乡村振兴战略的具体分工：市委、市人大常委会、市政府、市政协领导班子成员，市法院、市检察院主要负责人，以及市直和中央、省驻河源相关单位主要负责人，每人负责定点联系1个涉农乡镇（街道）。《实施方案》提出领导干部定点联系涉农乡镇（街道）推进乡村振兴战略的主要任务：1.指导帮助涉农乡镇（街道）深入贯彻习近平总书记关于“三农”工作的重要论述精神，全面落实党中央、国务院关于“三农”工作的决策部署，坚持党建引领，实施“现代农业提升、生态宜居提升、乡风文明提升、基层治理提升、人才队伍提升、基础设施提升、民生保障提升、脱贫质量提升、改革创新提升”九大行动，扎实做好乡村振兴和脱贫攻坚各项工作。2.牢固树立以人民为中心的发展思想，广泛了解社情民意。坚持定点联系涉农乡镇（街道）工作同“大学习、深调研、真落实”工作相结合，深入一线、解剖麻雀，摸清当地涉农突出问题，细化完善工作举措，落实工作任务。原则上每年到联系点调研不少于2次，累计时间不少于5天，向市委提交调研报告不少于1篇。3.相对固定联系1个村，建立党支部工作联系点，联系服务群众，开展基层党建调研，指导加强党的领导和党的建设，推动乡村振兴和脱贫攻坚工作落实。4.聚焦“三农”领域开展调查研究，深入田间地头、农民家中听取意见建议，探讨乡村振兴和脱贫攻坚工作中的重点难点问题，研究协调解决办法，及时向市委、市政府提出意见建议。5.加强与联系点和有关单位的沟通协调，建立常态化工作会商机制，围绕重点任务，及时组织有关单位和联系乡镇（街道）商讨，协助联系点补齐“三农”工作短板。6.加强督导检查，督促联系点推进乡村振兴战略，督促各级书记抓乡村振兴责任落实，督促中央及省市的部署要求落地，督促脱贫攻坚工作深入推进，督促坚决守住土地公有制性质不改变、耕地红线不突破、农民利益不受损底线，守住生态保护红线，守住乡村文化根脉。《实施方案》提出领导干部定点联系涉农乡镇（街道）推进乡村振兴战略的工作要求：1.进村入户调研要严格落实中央八项规定及其实施细则精神，坚持轻车简从，不搞层层陪同，不事先打招呼，尽可能减少汇报会等安排，杜绝形式主义、官僚主义。2.定点联系涉农乡镇（街道）和协办单位要分别建立专门工作机构，并明确联络部门和联络员，积极发挥职能作用，协助领导人加强与联系点的沟通联系，及时将有关工作情况报送市乡村振兴办。3.定点联系涉农乡镇（街道）和协办单位要及时将领导干部研究、谋划、推动定点联系工作的有关情况动态报送市乡村振兴办，及时宣传总结定点联系工作。动态情况以领导干部深入基层解决“三农”重点难点热点问题为主，以经验总结、调研报告、情况汇报等形式报送。4.各协办单位会同涉农乡镇（街道）每半年向市乡村振兴办报送领导干部定点联系工作进展情况，每年年底向市乡村振兴办报送当年度领导干部定点联系工作总结。市乡村振兴办每半年向市委、市政府报告领导干部定点联系工作进展情况，每年年底向市委、市政府报告当年度领导干部定点联系工作总结。

【制定促进中医药传承创新发展的措施】 2020年12月25日，河源市委书记丁红都主持召开市委七届第203次常委会会议，讨论《中共河源市委、河源市人民政府关于促进中医药传承创新发展的若干措施》（稿）。会议经讨论，原则同意《若干措施》（稿）。2020年12月25日，中共河源市委、河源市人民政府印发《关于促进中医药传承创新发展的若干措施》。主要内容：1.健全优化中医药服务体系。一是促进中医药资源提质扩容。建立健全以市中医院为龙头，各县（区）中医院和其他医疗机构中医科为骨干，基层医疗卫生机构为基础，布局合理、分工明确、功能互补，集预防保健、疾病治疗和康复于一体的中医药服务体系，优化覆盖全市居民全生命周期的中医药服务。到2022年，实现全市县（区）中医医院全覆盖，市中医院、龙川县中医院达到三甲中医院标准，全市每千常住人口中医床位数达到0.70张。二是实现基层中医药服务全覆盖。实施基层中医馆能力再提升工程，丰富中医馆服务内涵，乡镇卫生院中医类别执业医师不低于执业医师总数的20%。实施县域中医药人员“县管镇用”，鼓励中医师到基层服务，支持基层老中医药专家传承工作室建设。完善中医全科医生转岗、岗位和规范化培训，加强全科医生和乡村医生中医药知识技能培训。到2022年，实现全市村（社区）中医药服务全覆盖。三是构建中医医联体服务新模式。在全市建立上下联通、点面结合、全专互补的中医医联体新模式，形成市、县（区）、镇联动发展的新格局。发挥市中医院龙头带动作用，建立由市中医院牵头，各县（区）中医院为骨干、辐射全市基层卫生机构的中医医联体管理模式，优化整合全市中医医疗资源，推进全市中医药服务资源纵横联合。四是强化中医药服务信息化支撑。依托河源市区域全民健康信息综合管理平台建设中医药数据中心和互联网中医医院，开展中医药数据收集分析、专项调查与评价，探索形成河源中医临床大数据。深化发展“互联网+中医药”“人工智能+中医服务”“智慧中药房”等新型服务模式。2.发挥中医药在健康服务中的作用。一是推进“治未病”健康工程。开展中医“治未病”健康工程示范点建设，以点带面推动工作。健全中医“治未病”服务网络，在市、县中医医疗机构建设中医“治未病”服务平台，在基层医疗卫生机构建设“治未病”服务站。将“治未病”服务纳入基本公共卫生服务项目管理、家庭医生签约服务的重要内容，推动建立覆盖全生命周期的中医“治未病”服务体系。二是彰显中医药在疾病治疗中的优势。坚持中西医结合，不断提升综合医院、专科医院和妇幼保健院中医药服务能力，将中西医结合相关制度列入医院章程，完善中西医结合工作机制，组建中西医结合多学科诊疗团队，研究中医药参与重大疑难疾病诊疗的具体环节和施治方法，构建中西协作、优势互补、特色明显、效果显著的医疗模式。三是提升中医药特色康复服务能力。完善中医药特色康复医疗服务体系，建设高水平中医药特色康复医院，形成一批中医药特色康复方案，推进中医康复技术规范化与标准化。到2022年实现三级中医医院设置康复科全覆盖，二甲中医医院设置康复科比例不低于80%，康复专科医院、老年病专科医院、长期护理机构及其他提供康复服务的医疗机构具备中医药服务能力。四是发挥中医药在疫病防治中的独特优势。健全中医药参与新发突发传染病防治和公共卫生事件应急处置的机制，确保在重大疫病防控救治工作中实现中医药及早全面参与、中西医结合协同应对疫病。支持市中医院开展中医药防治传染病研究，建设市传染病中医药防治指导中心。3.发展中医药产业。一是推动中医药产品开发。开展以中医经方和医疗机构中药制剂为主要来源的研发创新，支持市中医院制剂室研发院内中药制剂，开展特色临方炮制，简化备案程序，加强与药企、科研机构合作研发配制中药制剂，推动全市医疗机构中药制剂共享和研发转化，鼓励中医院内制剂跨院使用。积极鼓励企业开发中医药产品。二是推进中药材种植业发展。充分发挥河源市生态优势，推进中药材产业园建设。以灯塔盆地国家现代化农业示范区为主平台，积极引进有实力的企业进驻或合作建设岭南道地药材基地。积极推动与科研院所、高校共建技术支撑和服务平台，推进本地中药材规模化、规范化、标准化种植和综合开发，健全集中药科普、教育、育种、种植、研发、加工、销售、流通、旅游于一体的完整产业链。三是加快中医药健康产业发展。大力发展以中医药特色为主的医疗旅游、生态旅游、养生旅游，充分发掘河源市丰富的自然资源、中医药资源和文化资源，打造中医药特色突出的旅游品牌。引导社会力量投资开发集运动休闲、健康疗养、文化娱乐等功能于一体的中医旅游项目，开发具有河源特色的国家森林温泉、中医药健康旅游产品和线路，打造中医药健康旅游示范基地、中医药健康旅游综合体、中医药健康旅游产业集群。4.加强中医药人才队伍建设。一是创新中医药人才培养模式。依托师承教育平台建设、学科团队培育、人才项目实施等，培养造就一批高水平中医临床人才和中医药多学科交叉创新人才。开展中医药师承教育研究，构建集传统跟师学习和现代师承教育于一体的师承学习模式，培养继承人。进一步加强中医药领域博士后人才培养。二是优化人才成长途径。培养本地优秀中医药骨干人才，培育一支梯次结构合理、学术思想活跃、善于传承创新的中医药领军人才和临床骨干人才队伍。到2022年，全市每千人口中医类别执业（助理）医师数达0.50人。三是健全中医药人才评价激励机制。完善符合中医药规律和岗位特点的中医药人才分类评价体系和绩效考核指标体系，推进中医药人才评审、使用改革。5.推动中医药传承与创新发展。一是加强中医药传统知识保护与利用。开展民间献方、单方验方、中医技法的收集、挖掘、整理和研究工作。加强中医名家学术经验和特色中药炮制技艺传承。加大力度推进名中医药专家传承工作室和名中医师承等项目建设。二是加强中医药文化传播。大力宣传和普及中医药，营造中医药健康服务发展的良好舆论环境。推进中医药文化进校园。推进中医药文化基地和科普基地建设。开展中医药文化科普宣传活动，提升居民中医药健康文化素养。三是融入粤港澳大湾区中医药一体化发展。抢抓粤港澳大湾区卫生健康合作机遇，深化中医药领域创新合作，积极参与粤港澳大湾区中医药合作交流。6.改革完善中医药管理体制机制。一是健全中医药管理体制。健全市县两级中医药管理体系，县（区）明确承担中医药管理职能的机构，合理配置人员力量。到2022年，实现县区中医药管理机构全覆盖。二是完善医保和中医药价格政策。医保支付政策向基层中医医疗机构倾斜。对于中医治疗效果确切的病种，在ICD编码中增加中医编码，实行同病同治同价。完善中医医疗服务价格调节机制，加快新增医疗服务价格项目的立项审核，将“治未病”项目纳入医保个人账户的支付范围。三是加大财政投入。落实政府对公立中医医院的投入责任，在制定国民经济和社会发展总体规划时，统筹考虑中医药产业发展以及相关资源布局和利用，统筹安排中医药产业发展经费，逐年加大投入，重点支持公立中医医院基础设施建设、重点学科发展和中医药人才培养。

【建立生态环境机构监测监察执法垂直管理制度】 2020年12月31日，中共河源市委办公室、河源市人民政府办公室印发《河源市生态环境机构监测监察执法垂直管理制度改革实施方案》（以下简称《实施方案》）。《实施方案》主要内容：1.调整生态环境保护管理体制。一是调整市级生态环境机构管理体制。市生态环境局实行以省生态环境厅为主的双重管理，仍为市政府工作部门。二是调整县（区）生态环境机构管理体制。五县一区生态环境保护机构为市生态环境局派出机构。三是市县（区）两级生态环境部门的生态环境保护监察职能上收，由省级生态环境部门统一行使。四是调整生态环境监测管理体制。市县（区）两级生态环境质量监测、调查评价和考核工作由省级生态环境部门统一负责，实行生态环境质量省级监测、考核；市环境监测站调整为省生态环境厅驻河源市生态环境监测机构，由省生态环境厅直接管理。现有县级环境监测站随县（区）环境保护局一并上收到市生态环境局后，由市生态环境监测监控中心统筹整合，具体工作接受县级生态环境部门领导。各县生态环境监测站主要职能调整为执法监测、污染源监测和突发生态环境事件应急监测，支持配合属地生态环境执法，同时按要求配合做好生态环境质量监测相关工作。五是加强生态环境保护综合执法工作。推进生态环境执法重心向县（区）下移，加强基层执法队伍建设，强化属地生态环境执法。依法赋予生态环境保护执法机构实施现场检查、行政处罚、行政强制的条件和手段。做好执法人员调查取证等装备、着装、执法用车等后勤保障工作，满足生态环境执法重心下移的需要。组建县（区）级生态环境保护执法队伍，与市生态环境局各分局实行“局队合一”体制，由市生态环境局统一管理、统一指挥，具体工作接受各分局领导。执法大队队长兼任各分局生态环境督察整改办公室主任。2.加强生态环境机构和队伍建设。一是加强生态环境机构规范化建设。强化生态环境保护督察整改职责，成立市生态环境督察整改办公室，督促各县（区）及市直有关部门落实生态环境保护工作。压实县（区）生态环境部门履行执法队伍建设的主要责任，统筹做好队伍管理，把资源和力量向一线倾斜。健全执法责任制，严格规范和约束生态环境监管执法行为。规范和加强生态环境监测机构建设，强化生态环境部门对社会监测机构和运营维护机构的管理。二是建立健全乡镇（街道）生态环境保护机构。乡镇（街道）要落实生态环境保护职责，明确承担生态环境保护责任的机构和人员，健全乡镇（街道）网格化生态环境监管体系，加强一线生态环境巡查监管队伍建设，确保责有人担、事有人干，接受市生态环境局各分局业务指导。建立健全农村（社区）生态环境治理体制机制，提高基层一线生态环境保护公共服务水平，探索农村（社区）生态环境保护协管员制度。三是加强生态环境保护能力建设。按照国家、省相关规定，全面推进生态环境保护监测执法能力标准化建设，加强人员培训，提高队伍专业化水平。加强县级生态环境监测机构的能力建设，妥善解决监测机构改革中监测资质问题。实行行政执法人员持证上岗和资格管理制度。强化环境应急能力建设，进一步提高生态环境应急水平。四是加强党组织建设。认真落实党建工作责任制，把全面从严治党落到实处。市生态环境局党组接受市委领导，并向省生态环境厅党组请示报告党的工作。按照属地管理原则，建立健全党的基层组织，市县（区）生态环境部门基层党组织接受所在地方党的机关工作委员会领导和本级生态环境部门党组领导。市县（区）生态环境部门接受市纪委监委驻市生态环境局纪检监察组监督。3.建立健全高效协调的运行机制。一是建立健全生态环境保护议事协调机制。成立市县（区）生态环境保护委员会，研究解决本地区生态环境保护重大问题，强化综合决策，形成工作合力。市县（区）生态环境保护委员会由同级党委、政府主要负责人任主任，政府分管负责人任副主任，负有生态环境保护职责的相关部门主要负责人为成员。日常工作由同级生态环境部门承担。二是强化生态环境部门与相关部门协作。市县（区）生态环境部门应为属地党委和政府履行生态环境保护责任和突发生态环境事件应急处置提供支持。市生态环境局协助做好各县（区）生态环境保护工作的统筹谋划和科学决策。建立完善生态环境部门与同级发展改革、财政、工业和信息化、自然资源、住房城乡建设、城市管理和综合执法、交通、水务、农业农村、林业、应急管理等行政主管部门，以及金融监管、海事、气象等相关机构的联动协作机制，协同推进生态环境保护工作。加强生态环境部门与公安、审判、检察、司法等机关的沟通联系，健全生态环境执法与司法衔接机制，完善协同配合、案件移送、证据收集保全、强制执行等工作机制，切实加大对生态环境违法行为的打击力度。三是实施生态环境监测执法信息共享。构建生态环境大数据平台，为生态环境保护决策、管理、执法提供支持。建立健全全市统一的生态环境信息共享机制，实现与县（区）党（工）委和政府（管委会）及市直相关部门互联互通、实时共享、成果共用。市县（区）生态环境部门应将监测执法等情况及时通报当地党委和政府及其相关部门。

重要活动

【丁红都到源城区调研检查统筹推进疫情防控和经济社会发展工作】 2020年3月20日，河源市委书记、市人大常委会主任丁红都到源城区，深入商业街、旅游景区，调研检查统筹推进新冠肺炎疫情防控和经济社会发展工作。丁红都来到太平古街，深入调研太平古街复工复市整体情况，并走进商店，详细了解疫情对商户的影响以及复工复市后营业情况，自费购买一些河源美食，以实际行动鼓励商贸服务行业全面复市。丁红都表示，疫情对各行各业都造成很大冲击，各级各相关部门要了解企业需求，精准对接、主动服务，加大扶持政策的宣传力度，大力落实好减免服务收费、纾缓融资压力、支持办理减免租金等政策措施，全力支持广大个体工商户在做好疫情防控的同时，加快复工复市、稳定扩大就业。丁红都来到巴伐利亚庄园，走进客房、餐厅，细致查看景区各项防控措施落实情况，详细了解疫情对景区的影响、复工营业情况以及面临的困难。丁红都强调，文化旅游业就业容量大、关联带动性强，是拉动经济发展的重要动力。文广旅体等部门要靠前服务，在指导企业抓好疫情防控的基础上，落实好支持文旅企业的各项暖企惠企政策，帮助企业加快恢复正常经营。当地政府要针对企业反映的问题，成立专项指导组，挂点联系重点企业，强化与企业的沟通对接，认真了解梳理企业遇到的具体困难，精准施策、及时解决，推动广大文旅企业更好复工复产；统筹协调好企业与有关职能部门间的工作，努力探索支持企业的具体措施和路径。全市各级各部门要积极帮助企业开拓市场，通过推动各类交流、商务活动到景区举办等具体举措，激发文旅市场消费潜力，携手企业共克时艰。丁红都强调，要认真学习贯彻落实习近平总书记关于统筹推进疫情防控和经济社会发展的一系列重要讲话和重要指示批示精神，精准推动各类企业复工复产，为经济增长提供有力支撑。

【丁红都到龙川县调研经济社会发展和乡村振兴、精准扶贫工作】 2020年6月29日，河源市委书记、市人大常委会主任丁红都到龙川县，深入田间地头、项目建设现场，调研经济社会发展和乡村振兴、精准扶贫工作。丁红都来到龙川县廻龙镇，深入群光村韭菜花基地和省定贫困村罗南村，实地查看产业扶贫项目，听取县、镇、村乡村振兴、精准扶贫工作情况汇报。丁红都强调，龙川县要深入学习贯彻习近平总书记关于“三农”工作重要论述，坚持以富民为导向，充分发挥涉农资金的杠杆作用，大力发展富民兴村产业，带动贫困村、贫困户增收。要以“四好农村路”建设和提升农村教育、医疗、社会保障质量为重点，加快补齐农村基础设施和基本公共服务短板。要充分发挥深圳对口帮扶优势，特别是通过教育帮扶，搭建沟通交流平台，让年轻一代更好接受新思维、新理念，阻断贫困代际传递。广大党员干部要深入脱贫攻坚一线、深入田间地头，亲身感受基层群众的艰辛，零距离了解基层群众的所思所想所盼，做到察实情、办实事、求实效，想方设法带领群众脱贫奔康、共建美好家园。丁红都来到深圳宝安（龙川）产业转移工业园，查看中建二局广东建设基地有限公司（二期）项目现场，了解企业复工复产情况，并听取龙川县经济社会发展工作情况汇报。丁红都强调，龙川要进一步解放思想，力争上游，全力克服疫情影响和各种困难，抓住纲、敢碰硬、往前走，处理好政治生态与发展的关系，分阶段消化好历史问题，科学运用市场手段，奋力夺取疫情防控和经济社会发展双胜利。一要一心一意谋发展，分析问题、研究对策，想方设法推动经济加快发展，扎实做好“六稳”工作，全面落实“六保”任务。二要千方百计惠民生，进一步强化政策研究，加大民生领域投入力度，支持中小微企业稳岗保就业，加大对低收入群体、困难群众保障力度，牢牢守住民生底线。三要强化作风建设，进一步提振广大干部干事创业的精气神，以新担当新作为奋力开创龙川工作新局面。

【丁红都到东源县调研乡村振兴、精准扶贫和民族地区发展工作】 2020年7月10日，河源市委书记、市人大常委会主任丁红都到东源县，调研乡村振兴、精准扶贫和民族地区发展工作。丁红都来到东源县漳溪畲族乡，查看广东畲族宫、下蓝畲族村少数民族特色村寨、畲乡文体广场建设情况，听取了东源县推进民族地区加快高质量发展和深圳市对口帮扶漳溪畲族乡工作情况汇报。丁红都强调，要认真学习贯彻习近平总书记关于民族地区发展重要论述和重要指示批示精神，把民族地区作为乡村振兴的重点区域，强化组织领导，持续加大投入，坚持“融深”“融湾”，调动各方资源支持民族地区发展，推动民族地区在实现高质量发展上先行一步。一要依托灯塔盆地开发建设，搭建大平台，对接“双区”大市场，参与湾区产业分工合作。二要建好“四好农村路”，优化连接“双区”的交通网络，更好接受“双区”辐射带动。三要全力推进美丽乡村建设，大力发展全域旅游，把民族地区好山好水好风光的优势发挥出来。四要传承、创新少数民族特色文化，依托民族文化资源、利用民族文化元素孕育文化产业，在文化传承中留住浓浓乡愁。丁红都来到东源县康禾镇仙坑村，听取有关情况汇报，充分肯定仙坑村和东源县乡村振兴、精准扶贫工作所取得的成效，并要求东源县把乡村振兴战略作为新时代“三农”工作的总抓手，咬定青山不放松，坚定不移实施乡村振兴战略，在探索绿水青山就是金山银山有效实践路径、解决发展不平衡不充分问题上当好排头兵。一要坚持“融深”“融湾”，紧密对接“双区”大市场，充分发挥市场在资源配置中的决定性作用，引导资源要素向农村流动。二要坚持生态优先、绿色发展，深入践行绿水青山就是金山银山的理念，牢牢守住产业发展生态底线，持续巩固和提升核心竞争力。三要强化党建引领，坚持四级书记抓乡村振兴，形成一级抓一级、层层抓落实的良好干事氛围，确保乡村振兴各项工作落到实处、取得实效。

【丁红都到连平县调研统筹推进疫情防控和经济社会发展、乡村振兴和精准扶贫工作】 2020年8月12日，河源市委书记、市人大常委会主任丁红都到连平县调研统筹推进新冠肺炎疫情防控和经济社会发展、乡村振兴和精准扶贫工作。丁红都来到连平县忠信镇，察看恒大援建连平县美丽乡村示范区项目现场，要求连平县和企业共同努力，全力做好项目周边配套，用市场思维统筹研究项目后期运营工作，确保发挥最大效益。丁红都来到连平县生态工业园捷盛科技有限公司、河源达海利科技有限公司，深入厂房车间了解企业生产经营状况，要求连平县加大稳企业、保就业力度，给予企业更多的支持和鼓励，增强企业发展信心和能力。丁红都来到连平县陂头镇连星村，详细听取当地乡村振兴和精准扶贫工作汇报，强调要立足本地资源，发展特色支柱产业，激发乡村振兴内生动力。丁红都听取连平县经济社会发展情况汇报，对该县各项工作给予充分肯定。丁红都强调，连平县一定要深入贯彻落实习近平总书记关于统筹推进疫情防控和经济社会发展工作的重要讲话和重要指示批示精神，始终保持干部队伍攻坚克难的精气神，进一步解放思想、狠抓落实，推动各项工作迈上新台阶，在推动"示范区""排头兵""两个河源"建设全面提效破局、努力构筑新局中展现更大担当作为。丁红都寄语连平县，一要结合"十四五"规划编制，系统梳理区域发展格局，认真分析研究元善、忠信两个中心的支点作用，依托灯塔盆地开发建设，加快把忠信打造成乡村振兴引领区，推动连平实现高质量发展；二要践行以人民为中心的发展思想，牢牢守住生态底线，建好"四好农村路"，全力推进美丽乡村建设，加快实现乡村振兴发展；三要坚持"融深""融湾"，紧密对接"双区"大市场，引导各种资源要素向农村流动；四要注重时效和改革，解放思想、转变观念，善于运用改革思维破解难题，高效有力推动各项工作；五要加强党风廉政建设，发扬斗争精神、增强斗争本领，团结带领广大干部群众同舟共济，奋力开创连平工作新局面。

【丁红都到和平县调研统筹推进疫情防控和经济社会发展、乡村振兴和精准扶贫工作】2020年8月31日，河源市委书记、市人大常委会主任丁红都到和平县，深入贫困村、企业、重点项目建设现场，就贯彻落实省委十二届十次全会精神，统筹推进新冠肺炎疫情防控和经济社会发展、乡村振兴、精准扶贫、基层党建等工作进行调研。丁红都来到省定贫困村和平县彭寨镇马塘村，详细了解该村脱贫攻坚产业项目建设、人居环境整治、基层党建等工作。丁红都强调，和平县要发挥当地资源优势，科学推进土地流转，盘活农村资源，撬动市场要素加速向乡村集聚，加快形成农业规模和品牌效应；要抓好抓牢基层党建工作，充分发挥基层党组织战斗堡垒作用和党员先锋模范作用，带领群众致富奔康。丁红都来到和平高铁新区建设现场，强调要系统研究、科学制定高铁新区概念性规划、控制性规划、修建性规划，推动各相关项目抓紧实施。丁红都来到粤深钢实业有限公司扩建项目现场，要求和平县和有关部门要多为企业着想，努力为企业解决建设和发展中遇到的问题，帮助企业做强做大做优。丁红都听取和平县工作情况汇报，对和平县在疫情防控、交通基础设施建设、城市建设、社会管理、推动复工复产等方面工作给予了肯定。丁红都强调，和平县要深入贯彻落实习近平总书记关于统筹推进疫情防控和经济社会发展工作的重要讲话和重要指示批示精神，认真落实省委十二届十次全会部署，系统梳理工作思路、工作方法，切实找准弱点、认真攻克难点、坚决抓住重点，以项目化、具体化、清单化推动工作开展，使和平的经济社会各项工作迈上新台阶。丁红都强调，和平县要认真践行"绿水青山就是金山银山"理念，切实把生态优势转化为发展优势，加快推动经济社会高质量发展。要围绕中央和省、市的决策部署开展工作，严格按上级要求同步抓紧抓好各项重点工作。要加强系统谋划，借助外脑，加强专业性研究，确保决策系统化、科学化、现代化。要坚持和加强党的全面领导，充分发挥组织优势，使广大干部敢于干事、善于干事、干净干事，不断开创工作新局面。

【丁红都到紫金县调研经济社会发展情况】2020年10月19日，河源市委书记、市人大常委会主任丁红都到紫金县，深入产业园区、项目建设现场，就贯彻习近平总书记出席深圳经济特区建立40周年庆祝大会和视察广东重要讲话重要指示精神、落实市委七届十次全会各项部署要求进行调研。丁红都来到蓝塘镇蓝塘产业新城建设现场，详细了解园区、项目建设情况。蓝塘产业新城，是紫金产业发展的"新引擎"。2020年，已完成起步区征地180公顷，已有金盛兰优特钢等8个项目签约入驻，合同投资总额超过210亿元，其中4个项目已动工建设。丁红都强调，要系统思考、优化提升园区各项规划，整体规划、分步实施，以更高标准推动园区开发建设。丁红都听取紫金县经济社会发展情况汇报，充分肯定紫金各方面工作。丁红都强调，紫金县要进一步发扬干事创业的精气神，团结一心、步调一致，坚持发展第一要务，科学系统谋划各项工作，全面加快发展步伐，争当河源"融深""融湾"的排头兵。一要坚定不移全面深化改革。学习借鉴深圳改革经验，推动重点领域改革攻坚，不断优化营商环境。二要强化开放意识。平等对待各类市场主体，营造公平、开放的市场环境。三要凸显交通区位优势，坚持"融深""融湾"，系统谋划中长期交通基础设施建设，分步有序实施，提升与"双区"的通达性，同时加快"四好农村路"建设，完善内联交通网络。四要加快产业园开发建设。进一步明确紫城工业园、蓝塘产业新城定位，紧盯产业发展目标，加快园区开发建设，加大招商引资力度。五要促进旅游业发展。充分发挥资源优势，大力推动康养旅游产业发展，实现"星月同辉"。丁红都强调，紫金要集中力量、攻坚克难。一要坚持全面从严治党，以省委巡视组巡视紫金为契机，营造风清气正的良好政治生态。二要深刻领会市委"六水"体系、"六好"文章的科学内涵，指导紫金生动实践，把生态优势发挥出来。三要切实增强责任感、紧迫感，不厌战、不懈怠、不松劲，一鼓作气打赢脱贫攻坚收官战。四要把乡村振兴作为县域发展的重中之重，扎实推进美丽宜居乡村建设，建设"最美紫金"。五要不断创新投融资模式、优化营商环境，狠抓基础设施建设和项目引进，扩大有效投资。

【丁红都到江东新区调研经济社会发展情况】2020年3月17日，河源市委书记、市人大常委会主任丁红都到江东新区，调研经济社会发展情况。丁红都来到江东新区紫金桥头片区综合开发项目安置点工程建设和高铁新城二片区综合开发建设现场，详细听取紫金桥头片区综合开发项目、江东新区城市起步区、高铁新城二片区综合开发项目、东江东岸生态景观长廊项目、新区柏埔河碧道工程等建设情况汇报。丁红都强调，要进一步加快紫金桥头片区综合开发项目建设，发挥好项目对新区城市起步区建设的杠杆作用，带动江东新区加快开发建设；要积极引导群众参与安置点工程建设的质量监督和事项决策，更好保障人民群众切身利益；要深化与央企的合作，鼓励央企积极参与重大城市功能项目，借助央企的优势不断完善城市规划、提升城市功能。丁红都听取江东新区经济社会发展情况汇报，充分肯定江东新区开发建设取得的成效。丁红都指出，江东新区是河源未来都市经济发展的龙头，各级各相关部门要在政策、资金、土地指标等方面给予更多倾斜，尽最大努力支持江东新区加快打造未来新城。江东新区要把准方向、找准定位、瞄准目标，看准就加快干，并联作业、统筹推进，推动规划加快落地、项目加快建设，全力加快江东新区开发建设。丁红都强调，要全力抓好固定资产投资，不断深化具体工作，科学推进片区综合开发，大力推进城建项目建设，把“规划图”变成“施工图”、“时间表”变成“进度表”，确保固定资产投资持续较快增长，形成大开发大建设的火热局面。要全力抓好招商引资，用开放的眼光、改革的办法、市场的途径，努力推动重大项目、重点产业招商取得新突破，在全市形成龙头示范效应。要全力抓好队伍建设，锻造干净干事、敢于干事的优良作风；要建立科学合理的容错纠错机制，为敢于干事担当的干部保驾护航。

【丁红都到市高新区调研经济发展情况】 2020年3月24日，市委书记、市人大常委会主任丁红都到市高新区调研经济发展情况。丁红都先后来到深河产业城A、B区和模具城片区、市高新区管委会等地，深入了解阿里巴巴二期、深河产业城A区二期基础设施、大数据产业园规划建设情况，听取产业项目建设、综合保税区用地征拆、高新区三期基础设施、中央活力区及三江六岸工程建设情况汇报，协调解决项目推进过程中遇到的困难和问题。丁红都听取市高新区工作情况汇报，充分肯定了市高新区各项工作。丁红都指出，市高新区作为河源构建现代产业体系“头号工程”，要发挥龙头作用，引领全市“融深”“融湾”，充分激发市高新区作为构建现代化经济体系主平台、实施创新驱动发展主阵地的作用，打造成全市承接“双区”产业延伸的牵引区和引领全市发展的产业新城、科技新城。丁红都强调，市高新区要坚持规划引领，高水平高标准推进深河产业城、中央活力区、综合保税区等建设，坚定信心和决心，看准就加快干，把工作一项一项向前推进，发挥好龙头引领作用，形成“一区四园”协同、有序、共赢的高质量发展格局。要把握新形势下的战略机遇，坚持危中寻机、危中求进，认真研究国家政策，积极谋划实施项目，为河源振兴发展杀出一条血路、蹚出一条新路，引领全市现代产业体系构建、对外开放、科技创新。要抓住与深圳对口帮扶河源指挥部合作的机遇，认真学习深圳的先进理念和成功经验，抢抓“双区”建设重大机遇，充分借助深圳对口帮扶河源指挥部的力量，加快“融深”“融湾”步伐，大力开展商务活动，坚定不移做强龙头、做优平台。要凝心聚力抓好市高新区的建设发展，全市各级各相关部门要集中优势资源，在政策、资金、土地指标等方面给予市高新区更多支持，进一步补齐发展短板，助力市高新区发展实现逆势上扬。

【丁红都主持召开灯塔盆地现场市委常委会会议专题研究灯塔盆地国家现代农业示范区建设工作】 2020年5月12日，河源市委书记、市人大常委会主任丁红都在灯塔盆地主持召开市委常委会会议，专题研究灯塔盆地国家现代农业示范区建设工作。会议期间，与会人员考察灯塔盆地农高区交通驿站、顺天镇沙溪村育桥小组农村综合改革试点、融和蓝莓庄园、省农科院农产品公共监测中心灯塔盆地试验站、灯塔盆地智慧农业管理平台等项目，听取灯塔盆地工作情况以及申报国家农业高新技术产业示范区工作情况汇报。会议充分肯定灯塔盆地各项工作，认为灯塔盆地按照市委七届九次全会的部署，规划不断完善，产业加快引进，市场热度不断提升，前景可待、未来可期。会议强调，要深刻认识灯塔盆地作为全市农业农村战略支点的重大意义，进一步明确未来发展目标。一要充分认识灯塔盆地开发建设成效直接影响着河源振兴发展的速度和高度。要以农高区为中心优化完善交通体系、水系等体系建设，加快基础设施建设；要以农高区为核心优化布局产业体系和市场平台，加快项目引进，提升市场热度；要以灯塔盆地为引领，把国家现代农业示范区和农高区相关政策在全市推广复制，辐射带动全市“三农”工作发展。二要充分认识灯塔盆地开发建设成效直接影响着河源“融深”“融湾”的速度和深度。加快建立行政、市场高效对接机制，全方位对接深圳，把灯塔盆地作为供深供港的“菜篮子”“米袋子”“果盘子”“茶罐子”“油瓶子”“水缸子”，推动河源现代农业高质量一体化发展。三要充分认识灯塔盆地开发建设直接影响着河源能否为全省探索破解发展不平衡不充分问题的路径。要在培育创新主体、做强主导产业、促进融合共享、集聚科教资源、培训职业农民、推动绿色发展、强化信息服务、加强国际合作上下功夫，在农业规模化上做文章，推动农业高质量发展。会议强调，要抓住重点，推动重点工作取得新突破。一要抓好“一个组织体系”，加快设立灯塔盆地农高区管委会。二要抓好“一个政策”，推动省支持灯塔盆地水田垦造政策尽快落地。三要抓好“一个项目”，加快推动东江流域水安全保障提升工程。四要进一步完善管理体系，加快建立市、县、镇上下对接工作机制，促进工作更加高效落实。五要进一步优化规划体系，以城市“副中心”的战略谋划指导空间、交通等体系的构建，明确不同区域、不同板块的功能定位，科学布局相应产业。六要进一步清晰发展体系，加快创建深河共建现代农业产业园，推动现代农业科技成果产业化，促进一、二、三产业深度融合发展。七要进一步提升交通体系，加快补齐灯塔盆地交通基础设施短板，加快“四好农村路”、粤赣高速顺天出入口、省道253线东源顺天至灯塔段等重点项目建设。八要进一步加快水网体系建设，加快东江流域水安全保障提升工程建设，加强灌溉水源、农田水利等基础设施建设，扎实推进全域土地综合整治和生态修复试点。会议强调，要坚持敢闯敢试、担当作为，切实把各项工作任务落实落细落具体。一要解放思想，从“要政策”向“闯市场”转变，借助市场力量吸引人流、物流、信息流、资金流等要素加快向灯塔盆地集聚。二要举全市之力、共同发力，各相关县区、部门要将目光向灯塔盆地聚焦、力量向灯塔盆地倾斜，共同唱好“大合唱”。三要全面要求、走在前列。灯塔盆地要以“排头兵”的要求，推动党的建设、治理体系和治理能力现代化建设、“四好农村路”、美丽乡村等各项工作走在全市农村地区前列。

【丁红都主持召开市高新区现场市委常委会会议专题听取市高新区工作情况汇报】 2020年5月27日，河源市委书记、市人大常委会主任丁红都在市高新区主持召开市委常委会会议，专题听取市高新区工作情况汇报。会议期间，与会人员考察深河产业城A区阿里巴巴基地、高新区城市滨水公园、深河特别合作区试验区（南山产业园）、模具城、中央活力区等项目建设现场，听取市高新区工作情况汇报。会议充分肯定市高新区工作成效，认为市高新区紧紧围绕市委、市政府工作部署，在谋篇布局、提效破局上做大量工作，产业发展提速提质，城市建设快速推进，园区开发建设呈现出热火朝天的良好态势，“二次创业”迈开坚实步伐，打开了发展新局面。会议强调，要充分认识市高新区对于全市发展全局的重大意义，坚持看准就加快干、坚定信心往前冲，在“大考”之年加速掀起市高新区“二次创业”新高潮。源城区和市直部门要加大对市高新区的支持力度，为市高新区的发展提供最优服务和最大保障。市高新区要站在“示范区”“排头兵”建设最前列，在工业、固定资产投资等主要经济指标上当好全市的“领头羊”。要坚持以产为重、以城为先、产城融合，加速打造成全市承接“双区”产业延伸的牵引区和引领全市发展的产业新城、科技新城。会议强调，市高新区要坚定扛起引领河源构建现代产业体系的重任，加快产业新城、科技新城建设步伐。一要站在全局高度谋划，打破地域概念，坚持以“融湾”为纲、“融深”为牵引，聚焦自身如何“融深”“融湾”、“一区四园”如何“融深”“融湾”、深河特别合作区如何“融深”“融湾”三个重点，统筹谋划高新区乃至整个河源的产业发展，为河源建立现代产业体系领好头、带好队。二要建强产业链条，推动主导产业集聚发展。要以现有产业为基础，紧紧抓住新冠肺炎疫情倒逼区域产业链、供应链趋于系统性和完整性的机遇，积极承接大湾区特别是深圳产业延伸、企业转移，重点聚焦电子信息产业、大数据产业、医疗配套产业、汽车零配件产业等，大力发展关联性产业，发挥龙头企业引领带动作用，引进更多上下游企业集聚河源，不断强化产业链条、加快产业集聚发展。三要以改革为手段，打造一流营商环境。要对标大湾区先进地区，学习先进经验，当好大湾区改革成果的承接者，进一步营造市场化、法治化、便利化、国际化的营商环境。四要狠抓党建工作，打造一支忠诚干净担当的干部队伍。要研究建立容错纠错机制，激励广大干部担当作为，为推动各项工作全面提效破局提供坚强保障。

【丁红都、林涛率队拜访深圳科技工业园（集团）有限公司】 2020年10月14日，河源市委书记、市人大常委会主任丁红都，市长林涛率队拜访深圳科技工业园（集团）有限公司，就推动深河科技园项目加快落地河源进行对接交流。丁红都、林涛一行深入深圳科技工业园，参观深圳光峰科技股份有限公司、深圳科技工业园展览馆。深圳科技工业园（集团）有限公司是我国较早的科学园区，于1985年由深圳市政府和中国科学院共同创办。经过35年的开发建设，科技园集团投资环境优越、高新技术企业云集、园区运营实力雄厚，形成电子信息、新材料和生物工程制药等高新技术产业集群，是深圳市发展高新技术产业的重要基地。2020年，深圳科技工业园与河源市正在谋划推进深河科技园项目。座谈会上，丁红都、林涛介绍河源经济社会发展情况。丁红都表示，河源与深圳地缘相近、人缘相亲，双方在对口帮扶、产业转移等方面有深厚的历史渊源和扎实的合作基础。随着高铁、高速公路、江海联运等交通基础设施的完善，拥有广阔发展空间的河源将成为深圳发展的战略腹地、产业基地、企业锚地。希望双方借鉴国内外产业园建设的成功经验，深化对接，按照“政府引导、市场主导、企业运营、利益共享”的原则，创新合作模式、投融资模式，坚定不移推动深河科技园项目尽快落地，为河源招商引资、产业发展提供新引擎、新动力。河源将以最优的环境、最佳的服务、最高的效率为项目落地建设做好各项服务。深圳科技工业园（集团）有限公司党委书记、董事长何景成表示，河源区位优势、后发优势十分明显，特别是随着交通基础设施的加快建设，到河源投资正当其时、恰逢其势。深圳科技工业园（集团）有限公司将成立专门机构团队，深化双方对接交流，发挥自身在资源整合和品牌影响等方面的优势，联合央企、大型基金等，全力推动深河科技园项目建设和招商引资，推动双方合作往深里走、实里走。

【市四套领导班子成员集中学习研讨《习近平谈治国理政》】2020年9月16—18日，河源市委、市人大常委会、市政府、市政协领导班子成员集中学习研讨《习近平谈治国理政》。市委书记、市人大常委会主任丁红都参加集中学习研讨并在开班动员会和结业时讲话。学习研讨期间，市领导采取个人自学与集中研讨相结合的形式，深入学习《习近平谈治国理政》第三卷，与第一卷、第二卷结合起来一体学习。市领导在坚持读原著、学原文、悟原理的同时，又结合学习成果和工作实际，坚持问题导向，深入交流思想认识、学习体会和工作打算，真正做到学习与研讨相互促进，达到深化认识、增强信心、提高能力、推动工作的预期效果。丁红都强调，学习宣传贯彻《习近平谈治国理政》是坚持用党的创新理论武装头脑的内在要求，是有效应对各种风险挑战的现实需要，是实现第一个百年奋斗目标、开启全面建设社会主义现代化新征程的必然要求，是加快“示范区”“排头兵”“两个河源”建设的内在要求，是全市广大党员干部展现新担当新作为的本质要求。全市各级各部门、广大党员干部要切实提高政治站位，深刻领会学习宣传贯彻《习近平谈治国理政》的重大意义，奋力推动学习宣传贯彻习近平新时代中国特色社会主义思想往深里走、往心里走、往实里走。丁红都强调，要学深悟透《习近平谈治国理政》，准确把握习近平新时代中国特色社会主义思想的精髓要义、思想风范。一要深刻体悟《习近平谈治国理政》体现出习近平总书记指引实现“两个一百年”奋斗目标和中华民族伟大复兴的生动实践，始终朝着习近平总书记指引的方向奋勇前进，努力在全国、全省发展大局中展现河源担当。二要深刻体悟《习近平谈治国理政》彰显出习近平总书记全面从严治党的坚定决心，纵深推进全面从严治党，推动全市各级党组织全面进步、全面过硬。三要深刻体悟《习近平谈治国理政》体现出习近平总书记“我将无我，不负人民”的责任担当和人民情怀，时刻牢记为了谁、依靠谁、我是谁，更好地团结广大人民群众，为实现中华民族伟大复兴的中国梦共同奋斗。四要深刻体悟《习近平谈治国理政》展现出习近平总书记高瞻远瞩、统揽全局的战略谋划和治理能力，自觉在全国、全省大局中走好河源发展路子，确保习近平总书记、党中央决策部署在河源落地见效。五要深刻体悟《习近平谈治国理政》反映出习近平总书记充沛顽强的斗争精神和坚韧不拔的斗争意志，咬定青山不放松，越是艰险越向前，努力推动河源实现弯道超车、跨越发展。丁红都强调，要认真学习运用习近平总书记的世界观、方法论。一要坚持对标对表学，学深悟透习近平新时代中国特色社会主义思想的历史逻辑、理论逻辑和实践逻辑，力争做到知行合一。二要坚持向实践经验学，把宝贵的经验转化为规律性的认识，不断提升能力水平。三要坚持结合实际学，找准存在问题、认真分析研判、完善措施方法，奋力推动河源各项事业不断取得新进步。丁红都强调，要总结运用集中学习研讨成果，纵深推进全市学习宣传贯彻工作。一要纵深推进学习培训，认真落实第一议题制度，发挥好领导干部示范带动作用，扎实开展党员干部专题培训。二要持续深入开展宣传宣讲，组织策划深度宣传报道，深化理论研究阐释，推动学习宣传贯彻深入基层，深入开展外宣推介，推动习近平新时代中国特色社会主义思想厚植基层、深入人心。三要激发新担当新作为，积极抢抓“双区”建设重大历史机遇，全域全面“融深”“融湾”，奋力构筑“示范区”“排头兵”“两个河源”建设新局。四要做好学用结合文章，善于化危为机、危中寻机，统筹推进下半年各项工作，谋划好“十四五”各项工作。集中学习研讨的开班动员会以电视电话会议形式开至各县（区）。市在市会议中心设主会场，各县（区）设分会场。市参会人员在市主会场参加开班动员会，各县（区）参会人员在各县（区）分会场参加开班动员会。市长林涛、市政协主席张丽萍、市人大常委会常务副主任吴善平参加集中学习研讨。市委常委，市人大常委会、市政府、市政协领导班子成员，市法院院长、市检察院检察长；市有关单位主要负责人参加集中学习研讨。

市委办工作

【会议公务活动】2020年，中共河源市委办公室高水平做好市委全会等重要会议和活动的组织工作，全年共组织各类会议306次、公务活动395次，组织市委主要领导调研活动271次。在疫情最严重的37天里，组织疫情防控会议29次，组织开展调研、检查等公务活动30次，为全市疫情防控工作有序有力有效开展提供坚实服务保障。

【文稿起草】2020年，中共河源市委办公室充分发挥“以文辅政”作用，认真贯彻市委工作部署，扎实做好市委重要会议、政务活动和上级领导到河源调研等的文稿起草工作，全年共起草和整理综合稿件267篇。主动做好河源市工作情况总结汇报，在省委十二届十次全会上，省委书记所作报告有6处、省长专题调研讲话有5处涉及支持河源的具体内容。

【文电法规】2020年，中共河源市委办公室紧扣市委中心工作，统筹抓好文电法规各项工作。加强对文件内容和发文程序的把关，全年制发正式红头文件100个、电报119个，市委文件质量不断提高。加强党内规范性文件备案审查工作，全年向省报备文件15个，审查各县（区）各部门报备文件180个，文件合规率大幅提高。强化请示报告制度执行，向省委报送请示10个、报告41个，全部符合要求。及时办理各级来文，全年办理来文1736个。

【信息服务】2020年，中共河源市委办公室紧紧围绕疫情防控大局，在重大突发公共卫生事件一级响应启动后，每天编印《疫情防控动态》专刊，累计编发39期，为市委科学决策提供信息服务。紧紧围绕市委中心工作，向省委办公厅报送信息186条，被采用95条、采用率比上年增长22.1%，获省领导批示13条；编发《河源信息（通报）》34期。

【督促检查】 2020年，中共河源市委办公室高效率做好督促落实，围绕市委七届九次、十次、十一次全会及中央政治局委员、省委书记李希到河源调研的讲话指示精神等，研究制定重点任务分工方案，累计形成157项具体任务，有力推动落实见效。全年办理政治要件104项、上级督查和交办事项18项、市委书记指示批示事项314项，跟踪落实、梳理汇总市委书记召开专题会、调研、会见时明确（交办）事项199项。

【值班值守】 2020年，中共河源市委办公室全力做好应急值班各项工作。健全市、县（区）、乡镇（街道）三级应急值班值守工作联络体系。印发《关于进一步强化紧急信息报送工作的通知》和《关于紧急信息报送的提醒函》，进一步压实各级各单位责任。全年共处理和上报各类重大紧急信息192条，获得市领导批示161条；办理省市领导批示177条；及时办理《疫情防控工作快报》《疫情防控信息每日动态》等紧急信息送阅件103件；编报《河源要情快报》53期、《河源信息（专报）》12期；编发《每周专报》50期、《市委领导当日工作安排表》223期；收集报送中央、省委省政府、市委主要领导每日新闻报道868条。

【档案管理】 2020年，中共河源市委办公室对全市133个单位开展档案业务工作评估；对各县（区）开展档案工作平安建设考评，全部县（区）均达优秀等次。做好“6·9”国际档案日档案宣传工作。举办“档案法学习大讲堂”“河源市档案管理专题培训班”，各县（区）档案局、档案馆工作人员及市直、中央和省驻河源副处以上各单位档案员共542人参加培训。

【保密管理】 2020年，中共河源市委办公室组织开展各类保密检查共87次，查处3起保密违法违规案件。依法审批3家涉密设备定点维修维护资质单位。开展全市保密要害部门部位、涉密岗位及涉密人员确认工作，并建立涉密人员脱密期管理数据库，实现涉密人员动态化管理。举办保密专题培训4次，共培训300多人次。积极助力机关单位保密教育培训活动，派员为15个单位举办的保密讲座进行授课，接受保密“两识”教育共1300多人次。

【调查研究】 2020年，中共河源市委办公室调查研究工作更加深入，班子成员牵头围绕市委总体工作部署和重点工作开展专题调研，形成一批高质量的调研报告。

【挂钩帮扶】 2020年，中共河源市委办公室认真做好精准扶贫工作，所挂钩的东源县蓝口镇礤头村村集体收入由帮扶前的不足3万元增加至近50万元，有劳动能力贫困户人均可支配收入从当初不足4000元增加至1.91万元，贫困户“八有”达标率100%，村容村貌显著改善，成为美丽宜居的社会主义新农村示范村。市委办公室等帮扶单位派驻礤头村工作队获评2019—2020年广东省脱贫攻坚突出贡献集体；市委办公室获评2019—2020年河源市脱贫攻坚突出贡献集体；市委办公室派驻礤头村第一书记获评2019—2020年广东省脱贫攻坚突出贡献个人。

链接:

相关词语注释

“示范区”“排头兵”“两个河源”建设 2018年8月，广东省委书记李希率队到河源调研指导，进一步系统阐述河源面临的建设粤港澳大湾区、构建“一核一带一区”区域发展新格局、绿色发展、实施乡村振兴战略等“四大机遇”，明确提出把河源建设成为全省绿色发展的示范区、融入粤港澳大湾区的生态排头兵，走出生态河源、现代河源相得益彰的发展新路。

一核一带一区 “一核”指珠三角核心区，“一带”指沿海经济带，“一区”指北部生态发展区。

“四个出新出彩” 综合城市功能出新出彩、城市文化综合实力出新出彩、现代服务业出新出彩、现代化国际化营商环境出新出彩。

六稳 稳就业、稳金融、稳外贸、稳外资、稳投资、稳预期。

“六水”体系 即“水系、水运、水能、水资源、水产业、水环境”等“六水”体系。

六保 保居民就业、保基本民生、保市场主体、保粮食能源安全、保产业链供应链稳定、保基层运转。

“双循环” 以国内大循环为主体，国内国际双循环相互促进的新发展格局。

“四个走在全国前列” 在构建推动经济高质量发展的体制机制上走在全国前列，在建设现代化经济体系上走在全国前列，在形成全面开放新格局上走在全国前列，在营造共建共治共享社会治理格局上走在全国前列。

“两个重要窗口” 展示中国改革开放成就的重要窗口，国际社会观察中国改革开放的重要窗口。

双区 粤港澳大湾区和深圳建设中国特色社会主义先行示范区。

“六好”文章 通过“融深”“融湾”让好区位找到好出路、灯塔盆地开发建设让好平台对接好区域、建好“四好农村路”让好产品进入好市场、美丽乡村和全域旅游开发让好山水提供好生活、水系连通工程让好资源卖给好客户、用好乡村振兴战略政策让好政策带来好光景。

“四好农村路” 指把农村公路建

好、管好、护好和运营好。

“四沿三区” “四沿”指沿粤赣边界线、沿交通线、沿风景区、沿城市边界，“三区”指中央苏区、革命老区、少数民族地区。

“粤菜师傅”工程 2018年广东省委书记李希提出，实施“粤菜师傅”工程，大力培养“粤菜师傅”人才。通过将弘扬粤菜文化与培养技能人才、促进城乡就业、助推国家精准扶贫和乡村振兴战略结合起来，提升技能人才培养能力和质量，促进城乡劳动者就业创业。

“广东技工”工程 是广东省贯彻落实习近平总书记对技能人才重要指示精神、建设适应现代产业体系需要的高素质人才队伍的民生工程。通过实施服务现代产业发展行动、技工教育大发展行动、职业技能提升行动、创新评价激励机制先导行动、广东技工技能菁英培育成长行动、技能就业创业行动、工匠精神培育弘扬行动等七大行动，打造广东工作新品牌，引领新时代职业发展新时尚。

“南粤家政”工程 是广东省落实习近平总书记关于推进家政服务发展重要指示精神的重要民生举措。通过实施技能提升、就业创业、品牌创建、权益保障四项专项行动以及开展母婴服务、居家服务、养老服务、医疗护理四个重点培训项目，打通家政服务整个产业链条，推进广东省家政服务业职业化、国际化、标准化、专业化、高质量发展，促进从业人员素质有提升、就业有渠道、权益有保障、社会有认同。

六纵十三横 “六纵”指粤赣高速、西环路、河源大道、G205东移、东环路、环城高速;“十三横”指河梅高速、新河大道纬十四路(永康大道)、建设大道、河紫路、双下路、迎客大道、力王大道、东环路南段、科技大道、临埔大道、埔前大道、河紫高速。

“三线一单” 生态保护红线、环境质量底线、资源利用上线和生态环境准入清单。

“1+6”空间规划体系 “1”指“三江六岸”生态城市功能廊道，“6”指老城区、城市北区、城市西区、江东新区、市高新区、东源县城等六个片区。

三江六岸 指东江北段（与新丰江交汇处以北）、东江南段、新丰江及其两岸地带。

“一区四园” “一区”是指市高新区;“四园”是指市高新区中心园、江东新区产业园、源城产业园和东源产业园。

“广交会” 即中国进出口商品交易会，每年春秋两季在广州举办，由商务部和广东省人民政府联合主办，中国对外贸易中心承办，是中国目前历史最长、规模最大、商品种类最全、到会采购商最多且分布国别地区最广、成交效果最好、信誉最佳的综合性国际贸易盛会。

“进博会” 即中国国际进口博览会，由商务部、上海市人民政府主办，是世界上第一个以进口为主题的大型国家级展会，旨在坚定支持贸易自由化和经济全球化、主动向世界开放市场。

“八有” 有稳定收入来源或最低生活保障；有安全饮用水；义务教育有保障；基本医疗有保障；安全住房有保障；有电用；有电视信号覆盖；有宽带网络覆盖。

（王受章）

组织工作

【概况】 截至2020年年底，河源市党员总数为154282名，比上年净增1627名。2020年发展党员2584名，死亡1526名。全市有党组织6737个，其中基层党委284个，总支部479个，支部5974个。

党员队伍结构 党员的性别、民族和学历：女党员38281名，占党员总数的24.8%；少数民族党员1153名，占党员总数的0.8%；具有大专以上学历的党员67908名，占党员总数的44%。党员的年龄：35岁以下党员31079名，占党员总数的20.1%；36~45岁党员31018名，占党员总数的20.1%；46~60岁党员45045名，占党员总数的29.2%；61岁及以上党员47140名，占党员总数的30.6%。党员的入党时间：中华人民共和国成立前入党的74名；1949年10月至1966年4月入党的5748名；1966年5月至1976年10月入党的15210名；1976年11月至2002年10月入党的61594名；2002年11月以后入党的71656名。党员的职业：农村党员66439名，党政机关工作人员18445名，公有制企事业单位管理人员及专业技术人员26840名，学生282名，离退休人员28267名；非公有制单位人员3413名。

发展党员情况 发展党员性别、民族、年龄和学历：2020年，全市发展党员2584名。其中：发展女党员1049名，占发展党员总数的40.6%；发展少数民族党员24名，占发展党员总数的0.9%；发展35岁及以下党员1911名，占发展党员总数的74%；发展具有大专以上学历的党员1695名，占发展党员总数的65.6%。发展党员的职业：工人296名，农牧渔民888名，党政机关工作人员354名，企事业单位管理人员及专业技术人员582名，学生230名；非公有制经济组织人员185名。

申请入党情况 全市申请入党人数10193人，其中入党积极分子7595人。全市新的社会阶层中，申请入党125人，其中积极分子67人。

党组织情况 党的地方委员会：全市有党的各级地方委员会7个，其中市党委1个，县（区）党委6个。政府工作部门党组织：全市有各级政府部门党组（委）190个，其中市32个、县158个。乡镇、社区、建制村党组织：全市101个乡镇（街道）中，全部建立党组织；全市190个社区（居委会）全部建立党组织；全市1251个建制村全部建立党组织。企业党组织：316个公有制企业全部建立党组织；864家有党员的非公有制企业中，785家单独组建或联合组建党组织；785家有党员的社会组织中，322家单独组建或联合组建党组织。社会组织党组织：265个社会组织中，239个建立党组织。事业单位党组织：全市880个事业单位全部建立事业单位党组织。

【思想政治建设】 2020年，中共河源市委组织部把学习贯彻习近平新时代中国特色社会主义思想作为头等大事和首要政治任务，深入抓好用党的创新理论"铸魂"工作。持续强化理论武装，深入学习《习近平谈治国理政》第三卷和中共十九届四中、五中全会精神，推动党员干部做到学思用贯通、知信行统一。全年举办党校主体班22期、专题班11期，累计培训1万余人次，实现干部培训全覆盖。依托镇街党校、党群服务中心、"三会一课"抓实基层党员学习培训，开设"云课堂"等老干部线上学习平台，推动学习贯彻习近平总书记思想落实到每个支部、每名党员。坚持旗帜鲜明讲政治抓政治，始终把"两个维护"作为重大政治责任扛在肩上，推动各级严格执行省委坚决落实"两个维护"十项制度机制，不断加强政治能力建设，涵养风清气正的政治生态，引导党员干部坚决做到"两个维护"。建立完善落实"不忘初心、牢记使命"制度，落实巩固深化主题教育成果的21条举措，持续跟进抓好问题整改工作，开展4轮"大学习、深调研、真落实"工作，形成调研成果33篇，建立深入基层问民意等长效机制518项，切实把"不忘初心、牢记使命"作为加强党的建设的永恒课题和全体党员干部的终身课题常抓不懈。

【抗疫先锋工作】 2020年，新冠肺炎疫情发生，中共河源市委组织部把疫情防控作为检验党员干部初心使命的"试金石"，组织动员2.3万名机关党员干部下沉基层，成立958个临时党支部，参与到101个镇（街）大网格、1437个中网格、12073个小网格及若干微网格开展"三亮四带头"（亮明身份、亮清职责、亮出担当，带头做好宣传引导，带头落实防控措施，带头服务困难群众，带头维护社会稳定）活动，让党旗在疫情防控一线高高飘扬。坚持发展党员标准、程序，将奋战在抗疫一线的46名优秀积极分子发展为党员。开展领导班子和干部专项考核，深入防控一线考察识别、评价使用干部，提拔、晋升77名在疫情防控中表现突出的干部。推广"战疫人才贷"，支持防控物资生产企业尽早复工复产，引导广大人才在疫情防控中主动作为、发挥优势。总结疫情防控工作经验，建立健全党员领导干部直接联系群众机制，推进脱贫攻坚、乡村振兴、防灾减灾救灾等工作，形成常态化联系服务群众的网格化管理机制。

【组织体系建设】 2020年，中共河源市委组织部围绕脱贫攻坚、乡村振兴、扫黑除恶等重点任务，以基层党建三年行动为主线，实施"抓重点补短板"专项行动，抓好党的组织体系建设。建立健全编制下沉、村干部政治激励、机关干部下基层等工作机制，结合镇街改革下沉行政编、事业编3175个，从市县统筹300个事业编用于专项招聘村干部，选派2991名市县干部到脱贫攻坚、乡村振兴一线，切实推动政策、资源向基层倾斜，强化基层队伍建设。建强基层"头雁"队伍，围绕村级换届调整村级书记人选556名、占38.6%，队伍结构全面优化，实现年龄学历"一降一升"，平均年龄46.2岁，比换届前下降5.3岁；大专以上学历达64.3%，提高22.3个百分点，书记、主任"一肩挑"比例达99.9%。连续举办9届村干部大专学历教育班，对村级党组织书记进行全员轮训。开展基层党组织整改提升行动，深入推进抓党建促扫黑除恶专项工作，117个软弱涣散村级党组织的整顿达标率达100%、优秀率31.6%。打造"云"端上的党群服务中心，推进"党建为村"平台建设，累计服务村民15万人、党员2.8万名，优化流动党员管理，推动实现"四议两公开"（村级重大事项决策实行"四议两公开"，即村党组织提议、村"两委"会议商议、党员大会审议、村民会议或者村民代表会议决议，决议公开、实施结果公开），及时解决群众身边的忧急盼问题。

【干部队伍建设】 2020年，中共河源市委组织部坚持系统观念管理干部和公务员队伍，不断完善干部工作制度体系，持续激发干部"精气神"。建立系统的干部工作制度体系，统筹谋划推进班子规划、干部选任和公务员招录工作，建立健全11项制度文件，出台建市首个《领导班子规划纲要实施方案》，构建贯通市县镇三级的量化指标体系。创新制定《推荐考察工作纪实方案》《市管干部选任工作规程》，提出政治素质"五看十六问"[五看：看政治忠诚、看政治定力、看政治担当、看政治能力、看政治自律。十六问：1.是否按规定参加主题教育活动；2.是否不折不扣贯彻落实中央、省、市决策部署；3.落实民主集中制是否到位；4.是否按规定定期参加"三会一课"；5.对民主生活会、组织生活会提出的问题，是否制定整改措施，认真解决；6.单位党委（党组）是否落实谈心谈话制度；7.对巡视巡察中反馈的问题是否坚决落实整改；8.是否对市管干部考评中组织反馈的问题是否坚决整改；9.应对重大风险考验、处理复杂矛盾、完成本职工作及急难险重任务是否敢于担当，敢于负责；10.在落实意识形态工作责任方面，是否敢抓敢管、履行"一岗双责"；11."三重一大"事项是否按规定提交会议研究；12.是否严格履行分管领域党建工作职责，推动党建和业务工作深度融合、相互促进；13.是否如实填写个人有关事项报告表；14.是否如实向组织部门报告重要事项；15.是否如实向组织部门报告有担任厅级及以上职务的亲属、同学或同乡；16.是否如实向组织部门报告本人或分管业务领域涉及的网络舆情或负面信息]，完善干部选任操作规范。结合优化班子需要，制定《高素质专业化公务员队伍建设3年规划纲要》，把好干部队伍“入口关”。构建全链条干部选拔培养机制，持续推进高素质干部的配备，2020年提拔重用专业干部35人、年轻干部17人、女干部10人、党外干部5人，近三成市管班子的年龄、专业等结构得到较大程度优化。提前做好县区换届准备，完成多轮县区和市直班子的分析研判，形成县区换届结构需求目录。扩大专业干部选拔培养视野，采取增加考录专业公务员比例、从企事业单位调任专业公务员、组织统筹解决人岗错配问题等方式，优化干部队伍专业结构。2020年考录紧缺专业公务员348人（占招录比例43.1%）、调任公务员16人、调配岗位213人，专业化干部队伍建设得到明显优化。坚持为中心大局精准选人用人，围绕脱贫攻坚和乡村振兴，提拔10名优秀乡镇党委书记；围绕打造生态经济发展新标杆，专项优化市高新区、江东新区和灯塔农高区领导班子。采用多元的干部监督举措，落实新时代干部监督工作指导意见，坚决整改省委、市委巡视巡察反馈问题，依法宣布公务员登记无效39人，完善不适宜现岗位干部组织调整、职级公务员管理等5项制度。对重点地区和单位开展专项督察，给予批评教育、诫勉、取消考察对象资格等组织处理17人，同时对受到党纪政纪处分干部，按照容纠并举原则合理提出组织调整建议，使他们提振精神、安心工作。省委第六轮巡视反馈的选人用人问题数量和严重程度明显下降，选任问题信访举报大幅减少，选人用人评议结果认同率显著提高。

【人才队伍建设】 2020年，中共河源市委组织部坚持示范引领推动人才工作创新突破，围绕“人才工作突破年”主题，实施“扬帆计划”，落实省委促进人才向粤东西北地区和基层一线流动政策。签订深圳河源两地人才发展战略合作意向书，推动两市在人才引进、人才培训、产学研、双向挂职派驻等合作机制，开创广东省“一核一带一区”两个地市间人才战略合作新模式。紧扣河源市国家级高新区和灯塔盆地国家级农高区产业基础和发展需求，制定出台两地专项人才政策，引进鹏城实验室、岭南现代农业科学与技术广东省实验室、广东省科学院、南方科技大学、深圳大学、腾讯公司，共建新建一批产学研基地，推进产业链、科技链、人才链的融合发展。实施百名博（硕）士党政储备人才引育工程，为全市培养储备一批复合型高素质党政人才。投资40亿元新建广东技术师范大学河源校区和深河医院，集中引进教育、医疗高层次人才近1000人。开设高层次人才一站式服务窗口，建设深河金地创谷、深河科技园、港澳青年创新创业基地、港澳科技园和湾区人才康养基地，为各类人才提供更加优质高效的服务。高规格举办“广纳英才·智汇河源”河源市第二届高层次人才交流大会等人才活动，社会反响热烈，智汇河源热度持续提升。

【自身建设】2020年，中共河源市委组织部以政治建设为统领，落实“严高快”“深细实”要求，深入开展率先创建模范机关活动，着力锻造一支政治上绝对可靠、对党绝对忠诚的组工干部队伍。持续推进制度“废改立行”工作，2020年修订财务管理、党费收缴使用管理等制度32项。从严落实支部条例，各党支部规范开展“三会一课”、主题党日等活动，开展模范支部评选，推动领导干部上讲台，部领导班子成员均在所在支部讲党课或谈体会。举办“组工讲堂”13期，举办全市组工干部培训班2期限、培训360人次，部机关公开遴选公务员4名。强化纪律建设，制定实施主体责任清单、工作职责清单和廉政建设禁限清单，签订党风廉政建设责任书和承诺书，推动党员教育管理监督常态化，开展谈心谈话55人次。从严落实为基层减负23条措施，纠治形式主义、官僚主义问题，发文比上年减少20.6%，会议比上年减少16.7%。（唐世梁）

宣传思想工作

【概况】 2020年，河源市宣传思想文化战线以习近平新时代中国特色社会主义思想为指导，深入贯彻落实党中央和省、市委关于宣传思想工作的各项决策部署，牢牢把握举旗帜、聚民心、育新人、兴文化、展形象的使命任务，围绕统筹推进新冠肺炎疫情防控和经济社会发展大局，奋发有为、守正创新，为河源市决胜全面小康、决战脱贫攻坚，常态化疫情防控，“融深”“融湾”“示范区”“排头兵”“两个河源”建设提供强有力的思想保证、舆论支持和精神动力。

【新闻舆论】 2020年，河源市浓墨重彩做好重大主题宣传。落实“头条工程”“首屏工程”，组织新闻媒体持续在头条、首屏开设“在习近平新时代中国特色社会主义思想指引下——育新机开新局”等专栏专题，组织开展中共十九届五中全会精神、习近平总书记出席深圳经济特区建立40周年庆祝大会和视察广东重要讲话重要指示批示精神以及《习近平谈治国理政》第三卷的学习宣传。围绕统筹推进新冠肺炎疫情防控和经济社会发展、决战脱贫攻坚等，策划推出一批主题报道。凝聚众志成城战胜疫情的信心力量。面对突如其来的新冠肺炎疫情，市委宣传部组织各级宣传部门展开铺天盖地的宣传。全媒全网同频发力展现河源抗疫担当，在省直主流媒体推出《严守入粤“北大门”》等报道30余篇，“学习强国”学习平台发布河源市稿件300余条，河源市媒体推出各类报道超1.1万条次，宣传弘扬伟大抗疫精神，极大增强了干部群众的自信心和自豪感、凝聚力和向心力。媒体融合改革发展有序推进。稳步推进县级融媒体中心建设，全市县级融媒体中心通过省级验收。市直新闻媒体建设融媒体中心，重塑采编播架构，初步形成“一次采集、多元生成、多渠道传播”的工作格局。对外宣传报道成效显著。2020年是河源市对外宣传工作“加强年、创新年”，河源市陆续推出“七个一”（一组成效、一组故事、一组图片、一组视频、一组融媒体创意爆款产品、一组综述、一组对外宣传）系列新闻报道，在市外主流媒体的重要版面、时段频繁“露脸”“发声”。在“学习强国”发稿2000多条，在央视《新闻联播》播发河源市报道6次，央视其他新闻栏目播发河源市报道31条次，是河源市在央视新闻宣传的最好成绩。

【理论武装】 2020年，河源市持续强化理论学习。围绕习近平总书记系列重要讲话、重要指示批示精神跟进学、系统学、全面学，把理论学习当作“必修课”“基本功”。市委常委会进行“第一议题”学习90场次，市委理论中心组开展专题学习8场次，重点学习习近平关于新冠肺炎疫情防控、防范化解重大风险、总体国家安全观的重要论述等。印发《2020年全市县处级党委（党组）理论学习中心组专题学习重点内容安排》，组织各级理论学习中心组分17个专题深入学习领会习近平新时代中国特色社会主义思想。持续深化理论宣讲。克服新冠肺炎疫情影响，打破理论宣讲客观条件制约，采取线上线下相结合形式开展宣讲。疫情防控期间，全市各级党委（党组）利用“学习强国”学习平台开展线上学习。开展中共十九届四中、五中全会精神和《习近平谈治国理政》第三卷宣讲活动172场次，受众超3万人次。依托新时代文明实践阵地开展新思想宣传宣讲活动超3000场次，依托“理论学堂”微信公众号和《河源日报》理论专版发布120余期360篇文章。

【文化建设】 *文艺精品实现新突破* 2020年，河源市推进文艺精品创作工程，文艺创作呈现百家争鸣的生动局面。纪录片《客家人》获得第26届中国纪录片系列片十佳作品，纪录片《厚土之上》入围第10届中国纪录片学院奖，抗洪救灾纪录片《生命至上》获中国优秀南派纪录片奖。在2020广东省群众艺术花会上，抗疫歌曲《最美的承诺》获金奖，原创群舞《墩头蓝》获银奖等。

文化创新迈上新台阶 围绕河源“客家、恐龙、红色、生态”等文化资源，推进“非遗”文化活化利用工程，重点打造如“客家山歌”“楼镇彩扎”等一批独具河源特色的历史文化项目，不断推动传统文化创新性发展和创造性转化，文化传承创新发展取得良好成绩。

文化惠民开拓新局面 扎实推进群众文化惠民工程，不断完善基层文化设施建设，搭建系列群众文艺活动平台，利用县镇村三级文化场馆，组建河源红色文艺轻骑兵，在网上开设“文化在线”数字展厅，为群众奉上内容丰富、特色鲜明、雅俗共赏的文化文艺大餐。

【精神文明建设】 2020年，河源市以创建文明城市引领全域文明创建。围绕打造人民幸福“心城”，稳步实施文明创建提质工程、“创文”十大专项整治提升工程、“百街千巷”综合整治工程等项目，完成升级改造21个集贸市场和13个老旧小区等民生工程。坚持以城带乡深化推进全域文明创建，蓬勃开展文明县城、文明村镇、文明单位等群众性创建活动，开展“最美人物”“身边好人”等典型选树活动，东源县、连平县、和平县获得省级文明城市称号，紫金、龙川获得省级文明城市提名城市称号，全市100%的镇和99.3%的村达到省文明村镇创建标准，全域创建成果丰硕。创新“互联网+文明”赋能文明创建。创新打造“文明实践公共服务平台”“指尖式文明实践传播平台”，构建“指尖式、一站化”推送的工作回路，聚力打造1380个“覆盖无死角、传播无时限、服务无距离”新时代文明实践中心（所、站），打通基层宣传教育服务群众“最后一公里”。在新冠肺炎疫情防控背景下创新打造“网上文明之城”小程序，成功举办“网聚全民力量·点亮文明之光”、“创文”云上接力全城行动，全员发动、全员参与成效明显。实施文明行动提升公民文明素质。组织开展“传递文明薪火·弘扬时代新风”全城行动传递文明火炬等系列活动。开展精神文明九大提升行动，打造“志愿服务+党团建”工作品牌，探索文明行为教育长效机制。 （林 峰）

统战工作

【概况】 中共河源市委统一战线工作部（以下简称市委统战部）为市委主管统一战线工作的部门，对外加挂河源市民族宗教事务局、河源市侨务局牌子，是市委在统一战线工作方面的参谋和助手。2020年，市委统战部以习近平新时代中国特色社会主义思想为指导，贯彻中共十九大精神和十九届四中、五中全会精神，贯彻落实习近平总书记关于加强和改进统一战线工作的重要思想，结合学习习近平总书记出席深圳经济特区建立40周年庆祝大会和视察广东重要讲话、重要指示批示精神，落实省委、市委工作部署，把握大团结、大联合的主题，开展统战各项工作，为河源市推动“示范区”“排头兵”“两个河源”建设贡献统战力量。

【思想引领】 2020年，中共河源市委统一战线工作部坚持以习近平新时代中国特色社会主义思想为引领，筑牢新时代团结奋斗的共同思想政治基础。深学笃用习近平新时代中国特色社会主义思想特别是习近平总书记关于加强和改进统一战线工作的重要论述。推进“两学一做”（学党章、党规，学系列讲话，做合格党员）学习教育常态化制度化，巩固深化“不忘初心、牢记使命”主题教育成果，始终把学习贯彻习近平新时代中国特色社会主义思想作为首要政治任务，列为市委统战部班子会议“第一议题”学习21次，市委统战部理论中心组开展专题学习15次，举办专题培训、座谈交流、宣讲报告、实地参观、重温入党誓词等系列学习教育活动，持续推动习近平新时代中国特色社会主义思想入脑入心。

围绕市委工作部署凝心聚力，增强推进“示范区”“排头兵”和“两个河源”建设的思想自觉和行动自觉。先后8次向市委常委会和书记专题会汇报统战工作，市委书记丁红都、市长林涛作出批示17次，为统战工作把脉开方、指路领航，推动习近平总书记关于加强和改进统一战线工作的重要思想在河源大地落地生根、结出丰硕成果。召开全市统战工作会议、市委统一战线工作领导小组会议3次，加强对统战工作的统筹谋划和安排部署，指导开展统一战线各项主题教育活动，引领统一战线成员始终听党话、跟党走，夯实共同团结奋斗的思想政治基础。

【大统战工作格局构建工作】 2020年，中共河源市委统一战线工作部把构建大统战工作格局作为一项中心性、基础性、系统性、抓手性工作来落实，得到省委常委、统战部部长黄宁生的充分肯定和高度评价，认为此项工作在市域范围内形成格局、凸显特色、取得成效，走在全省前列。创新建立健全“二三四三”工作机制。压实“两个责任”，明确地方党委对本地区统一战线工作负主体责任、各级党委（党组）主要负责人为本地区本部门统一战线工作第一责任人。强化“三个落实”，各级党委都落实成立或调整以党委书记为组长的统一战线工作领导小组，落实制定《领导小组工作规则》，落实明确县（区）、乡镇（街道）分管统战工作的领导。推进“四个纳入”，将统一战线工作纳入重要议事日程；将统战工作纳入县处级领导班子和领导干部考核内容，分值占4分；将统战工作纳入宣传部门年度工作计划；将统一战线理论、政策纳入各级党校（社会主义学院）教学内容，专门开设民主党派、民族、宗教、新的社会阶层人士、党外干部等培训课程。践行“三个带头”[党委（党组）领导班子成员应当带头学习、宣传和贯彻落实统一战线理论方针政策和法律法规，带头参加统一战线重要活动，带头广交深交党外朋友]，年内，各级党委主要领导带头参加学习宣传贯彻党的统一战线理论、方针、政策和法律法规有关活动31次，参加统一战线重要活动55次。推动建设大统战工作格局平台。全市建立8个县（区）统一战线工作服务中心、101个乡镇（街道）统一战线工作服务室、18个统一战线“同心圆”工作站、9个统战工作实践创新基地，在全省率先实现全市县（区）统一战线工作服务中心、乡镇（街道）统一战线工作服务室全覆盖，形成网格化、系统化平台网络，促进统战工作有阵地、党外人士联络有渠道、统战对象创新创业有平台。拓展统战工作内容。各级各单位结合自身工作职能开展统战工作，丰富统战工作内容。市、县（区）和各类统战工作平台在全省率先系统全面开展十二类统战对象的调查摸底工作，建立信息档案，工作台账和人才库，使工作对象更加完整、清晰，服务更加全面、到位。各工作平台发挥“重要阵地”“桥梁纽带”“形象窗口”作用，拓展服务内容，满足统战组织、统战成员的多样化需求。较好地解决一些实际问题。实现县（区）、乡镇（街道）、村（社区）工作平台从无到有，推动市、县（区）统一战线工作服务中心设编为事业单位，有效缓解基层统战力量薄弱、工作人员缺乏、经费紧缺等问题。

【统战领域疫情防控】 2020年，中共河源市委统一战线工作部将宗教活动场所管理纳入河源市新冠肺炎疫情防控工作大局和基层网格化管理，全市宗教领域疫情防控工作有力有序，受到国家宗教局和省委统战部、省民宗委宣传报道。各民主党派成员主动投身一线、坚守岗位抗击疫情。发动台企万盟公司由外销转内销，主动投入疫情防控大局，为全省、全市抗击疫情做出积极贡献，得到中央电视台、新华社的宣传报道，万盟公司被评为广东省先进集体。广东三友集团公司、广东霸王花集团有限公司被省工商联评为广东省抗击新冠肺炎疫情突出贡献民营企业。落实措施帮助海外侨胞抗击疫情，发动17个国家和地区的37个侨团、企业支援疫情防控工作。引导发动统一战线成员捐资捐物1800多万元，为抗击疫情作出统战贡献。

【多党合作制度】 建立健全联系制度。2020年，河源市出台《市政府有关部门与市各民主党派、市工商联、市知联会对口联系方案》，调整《党政领导与党外代表人士的联系交友安排》，与党外人士的联系沟通更深入、更宽泛。加强党外代表人士队伍建设。开展党外代表人士情况调研活动，市委书记丁红都召开书记专题会听取《党外代表人士队伍建设调研情况汇报》，研究部署有关工作。健全并落实市委组织部、市委统战部关于党外干部培养选拔工作联席会议制度，探索培养选拔党外干部、加强协作配合新途径。加强民主党派自身建设。召开民主党派座谈会，传达学习关于加强参政党建设的文件精神，支持民主党派加强自身建设。支持民主党派开展各类社会服务活动。协调相关部门，支持民主党派开展社会服务活动。发挥民主党派作用助力脱贫攻坚、乡村振兴等工作取得明显成效。在2020年11月3日召开的广东省各民主党派、省工商联助力粤东粤西粤北地区乡村振兴暨各民主党派省委会脱贫攻坚民主监督工作交流会上，河源市作为唯一地级市进行经验交流发言。改善民主党派工作条件。市委书记丁红都到市各民主党派开展调研，研究民主党派工作，支持改善民主党派办公条件，增加每个民主党派的办公用房和工作经费，配备购买服务人员，推动条件成熟的民主党派升格。成立市统一战线事务服务中心，增加服务民主党派职能。

【非公有制经济领域统战工作】2020年，河源市促进民营经济健康发展。推动出台《市领导同志深入企业开展调研活动工作方案》，市四套班子成员带头开展民营经济“四个一批”（即找出一批优秀民企，加以扶持；找出一批共性问题，加以解决；找出一批政策问题，加以研究；找出一批历史问题，加以甄别）工作。成立市民营企业服务中心和市总商会人民调解委员会，依法维护和保障民营企业合法权益。开展“走访谈心开新局·暖企行动”“战疫情促发展·暖企行动”“法治体检”活动和“疏解治理投资堵点”等专项行动，帮助企业复工复产、解决实际困难和问题。加强沟通交流。落实粤港澳大湾区“7+2”河源商会（社团）会长联盟轮值会议制度，定期开展联盟沟通交流活动，促进企业互助合作、共同发展。强化工商联组织建设。持续推进“四好”商会和“五好”县级工商联建设。

【港澳台工作】2020年，河源市港澳工作有力有效。建立高新区港澳青年创新创业基地，出台政策“黄金二十三条”，每年设立1000万元扶持奖励资金，吸引支持港澳青年到基地创新创业。建设港澳科技园，在全省率先出台税收奖补同乡社团的政策，创新打造科技园与同乡社团互利共赢、共同发展的新模式。涉台工作扎实推进。组织开展“惠台暖企”活动，走访调研40多家次，举办台商座谈会和台商政策宣导会4场，涉台工作服务水平不断提升。

【党外知识分子和新的社会阶层人士工作】2020年，河源市完成市党外知识分子联谊会换届。选优配强新一届知联会班子，团结吸纳一批代表性强的党外知识分子。推进市新的社会阶层人士联合会建设。举办政治引领、联谊交流、会员培养、参政议政、社会公益等活动90多场。推动各县（区）成立新阶联组织。

【“两项创新”和信息工作】2020年，由中共河源市委统一战线工作部报送的《以建立健全“二三四三”工作机制为抓手 以建设统战工作平台为切入点构建全市大统战工作格局》获省委统战部颁发的2020年度全省统战工作实践创新成果，《河源市港澳青年创新创业基地和港澳科技园建设探索》一文获省委统战部颁发的2020年度全省统战理论政策研究创新成果三等奖，《畲族文化创新发展和少数民族特色村寨整体提升的存在问题与对策建议——以河源市漳溪畲族乡为个案剖析》一文获省民族宗教委颁发的优秀调研报告。市委统战部获2020年度全省统战信息工作三等奖和全省民族宗教信息工作先进单位称号。

（钟　昱）

2020年5月28日，河源市民营企业服务中心、河源市总商会人民调解委员会正式揭牌
（市委统战部提供）

机构编制

【概况】中共河源市委机构编制委员会办公室（以下简称市委编办）作为市委机构编制委员会的办事机构，承担市委机构编制委员会日常工作，为正处级，列为市委办事机构序列，归口市委组织部管理。

2020年，市委编办以习近平新时代中国特色社会主义思想为指导，深入贯彻落实习近平总书记关于机构编制工作的重要论述及中共十九大和十九届二中、三中、四中、五中全会精神，持续深化机构改革，推进重点领域专项改革、加强机构编制管理、强化机构编制刚性约束，推动机构编制各项工作取得明显成效。

【编委会议】2020年，中共河源市委书记、市委机构编制委员会主任丁红都在市委常委会议室3次主持召开市委编委会议，研究若干机构编制事项。第一次3月5日，第二次7月14日，第三次12月10日。

【机构编制刚性约束】*机构编制监督工作持续加强* 2020年，河源市委编办推进机构编制问题整改，通过调剂编制、自然减员消化、完善机制等手段，将193个机构编制问题整改完毕。推动编制周转池建设，制定《河源市市级编制周转池建立方案》，将机构编制管理关口前移，杜绝机构编制问题边改边增。加强《中国共产党机构编制工作条例》的宣传贯彻，杜绝“条条干预”现象的发生。做好“12310”举报投诉和信访工作，针对收到的信访件，在充分调研、深入了解诉求的基础上，及时做好政策解读，依法依规完成办理，有效防范化解风险。

实名制管理水平不断提升 根据中央、省有关要求，做好河源市2019年机构编制统计年报和2020年月（季）报报送工作，为河源市机构编制总量不突破提供数据支撑。指导市直部门和县区做好实名制系统数据维护工作，实时更新系统数据，及时审核通过各单位实有人员变动申请，审核更新市直单位人员信息3200余条，办结用编申请286件，办结使用领导职数申请件146件，入编申请279件。举办全市机构编制实名制管理专题培训班，制定印发《河源市机构编制管理政策法规摘要和实名制管理系统使用操作说明》，提高有关单位实名制管理实务能力。

机构编制事项办理程序进一步规范

为深入贯彻落实习近平总书记关于机构编制工作的重要论述，严格执行《中国共产党机构编制工作条例》，结合已印发的编委工作规则、编办工作细则、机构编制事项报送程序，全面梳理办理程序及审批权限，制定印发《河源市机构编制事项办理程序》，从动议、论证、审议决定三个环节对机构编制事项办理程序进行全流程规范，提升机构编制事项办理效率，提高机构编制管理的科学化、规范化、法定化水平。

【重点领域专项改革】 **乡镇街道体制改革扎实推进** 2020年，河源市制定《河源市深化乡镇街道体制改革完善基层治理体系实施意见》《三定规定工作规范》，组织制定县（区）改革实施方案，有条不紊推进改革。按照“宜放则放”的原则，推动下放7个领域共279项镇街亟须的执法权限，镇街履职效能得到提升。探索县域副中心镇建设，试点先行全面赋予5个县域副中心镇县级经济社会管理权限，促进县域经济协调均衡发展。规范设置镇街党政机构1003个，综合设置站所894个（站所精简42.4%），镇街机构设置更加统一、规范、精简。推动镇街党（工）委建立综合治理、公共服务、综合行政执法等3个委员会，将继续派驻的490个站所纳入委员会统一指挥协调，实行主管部门和乡镇双重管理、人财物等以乡镇街道管理为主，切实增强党（工）委对辖区资源的统筹管理能力。争取省下达编制的同时，推动3175名编制、2060名人员下沉镇街，大幅度增加基层编制资源和人员力量。督促县（区）完成乡镇街道“三定”、事业单位机构编制方案制定，办公区域调整、机构挂牌以及人员转隶等工作，为不断加强基层治理能力建设夯实基础。

公益三类及从事生产经营活动事业单位改革稳步推进 深入摸底调研，全面梳理事业单位的职能性质、在编人员、经费来源、资产负债等情况，将全市183家事业单位纳入改革范围，按“一单位一台账”登记造册，按“一单位一对策”确定改革路径，明确改革方式。反复与有关部门沟通协调，引导相关部门主动参与和支持改革，形成工作合力，改革各环节有效衔接。稳妥做好改革政策学习宣传、涉改单位思想政治、涉改人员意见收集和政策解释等工作，防范化解改革风险。综合考量多方情况，制定市级改革方案、改革若干问题的处理意见及改革实施方案，同时督促县区相应出台县级改革方案及配套措施，规范有序推进改革。通过改革，全市精简事业单位265家（精简率为8%），收回事业编制879名优化事业单位结构，解决公益三类及从事生产经营活动事业单位存在的机制不活、效益不高等突出问题，有效提升事业单位的服务质量和效能。

重点领域和关键环节事业单位改革有序推进 一是完成住房公积金管理改革有关机构调整优化工作。将各县区住房公积金管理机构调整为市住房公积金管理中心分支机构，同步优化市住房公积金中心机构编制，全面实现河源市住房公积金“四统一”（统一决策、统一制度、统一核算、统一管理）管理。二是推进公路管理体制改革有关机构调整优化工作。将县（区）公路管理机构由市以下垂直管理调整为县（区）属地管理，并与县（区）本级农村公路管理机构整合设置，优化公路事务机构的职能和编制资源配置，理顺交通公路部门事权，明确市县公路部门的职能定位，优化公路建管养体制机制。

【机构编制管理】 2020年，河源市机构编制保障和服务能力持续提高。

持续为灯塔盆地建设提供支撑服务

一是搭建与灯塔盆地发展相适应的管理机构。经多次赴省委编办专题汇报沟通，省委编办批复同意设立灯塔盆地农高区管委会（筹），及时制定印发《河源市灯塔盆地农业高新技术产业示范区管理委员会（筹）机构编制方案》，明确灯塔盆地管理机构设置。在全市编制资源非常紧缺的情况下，调剂35名执法编制充实到灯塔盆地，保障灯塔盆地开发建设工作力量。二是建立健全服务灯塔盆地开发建设的工作机制。对涉及灯塔盆地开发建设有关机构编制事项实行“绿色通道”制度，及时调查研究，优先加快办理，为灯塔盆地开发建设提供机制体制保障。

持续为重点领域事业发展提供编制保障 严守事业编制基数只减不增的纪律“底线”，坚持编制总量内调剂，以需求为导向，推动编制挖潜，通过撤并、整合职能弱化、业务萎缩的事业单位，收回事业编制133名。加大对教师编制资源的倾斜力度，增加市深河中学、博爱学校等公办学校事业编制共48名。保障疫情防控、公共卫生等重点领域的用编需求，充实市医疗保障事业管理中心、市疾控中心、深河人民医院编制共147名。在行政编制总量不变的前提下，与有关部门沟通协调，将市市场监管局等8个单位的共计80名行政编制置换成执法编制，盘活行政编制资源。

持续为事业单位提供登记服务 一是做好事业单位法人登记，全年办理设立登记5个，变更登记107个，注销登记

7个，证书补领1个。做好机关群团统一社会信用代码工作，全年办理初领单位9个，变更单位34个，换领单位3个。二是加强事业单位监管，做好2019年度271个市直事业法人年度报告提交及公开工作，报送率和公开率均达到100%。完成2020年事业单位法人公示信息抽查工作，提升登记管理机关监管水平。

【机构改革后续工作推进】 党的全面领导体制机制和机构职能体系进一步健全 2020年，河源市制定印发机构编制调整文件20余件，不断优化调整市直党政部门机关党建工作机构设置、领导职数配备和市委组织部、市巡察办部分党委部门机构编制。

政府机构职能体系和管理运行机制不断完善 制定市民政局、市发改局、市交通局、市住建局、市文联、县区生态分局等部门“三定”规定，调整完善河源市森林防火、建设工程消防设计审查验收管理工作，以及优化公安等部门机构编制设置。

机构改革新问题新情况得到有效解决 坚持问题导向、结果导向相结合的原则，全面跟踪涉改单位运行情况，了解机构改革后各单位在机构规范设置、职能划转、人员转隶、职数配备、履职运作等方面的情况，梳理改革中存在的问题，分门别类对症施策，解决机构运行中出现的新情况新问题20余项，促进机构、职能和人员融合，推动部门运作更加协同高效。 （蓝嘉琪）

政策研究

【概况】 中共河源市委政策研究室是河源市委从事综合性调查研究的工作机关，对外加挂市政府研究室牌子。2020年，市委政研室坚持以习近平新时代中国特色社会主义思想为指导，贯彻落实中共十九大和十九届二中、三中、四中、五中全会精神，紧扣市委决策部署和中心工作，优化完善“五个室”（政治建室、思想强室、调研立室、人才兴室、从严治室）建设工作思路和举措，以更优的质量以文辅政、更高的标准服务决策、更多的精品树立形象。全年共开展新一轮“深调研”、3项战略性研究、67个专题调研、16项重点改革课题研究及多次“微调研”，起草市委重大会议文稿、政策性文件、讲话稿、约稿文章132篇，编印4期《河源调研》、24期《政研参阅》、476期《参阅信息》以及《河源市情手册》等一批全市性参阅资料，推送“河源政研”微信公众号信息81期115条。

【调查研究】 2020年，中共河源市委政策研究室坚持把调查研究作为谋事之基、成事之道，加强调查研究这项主责主业，围绕市委中心工作开展调查研究，形成一批研究成果。围绕学习贯彻习近平总书记重要讲话、重要指示批示精神开展新一轮“深调研”。制定印发《关于围绕学习贯彻习近平总书记出席深圳经济特区建立40周年庆祝大会和视察广东重要讲话重要指示批示精神开展“深调研”工作方案》，部署开展8大课题23个专题“深调研”任务，一批研究成果融入市委七届十二次全会报告。围绕建设三大高质量发展平台开展战略性研究。着重对河源市“搭建三大高质量发展平台”进行深层次研究，深入推进《高铁开通对河源城市高质量发展的影响与对策——深圳全面对口帮扶背景下河源发展高铁经济的方向和路径研究》《把灯塔盆地打造成为引领河源未来农业农村高质量发展的战略支点——深河共建灯塔盆地国家农业高新技术产业示范区战略谋划》《多式联运、综合保税区对未来产业形态的影响与对策》等课题研究，有关研究成果融入市委七届十一次、十二次全会报告。围绕市委中心工作开展系统性调研。研究制定《2020年全市调研工作计划》，强化与市直部门联动，整合研究力量，重点联合44个部门开展67个专题调研，形成一批有深度的调研成果，对其中28篇优秀调研报告予以通报表扬；制定印发《深入企业开展调研活动工作方案》等多个工作方案，专门针对“十四五”规划到104家企业进行专题调研。围绕推动全面深化改革开展重点改革课题研究。研究制定《河源市2020年重点改革课题研究的安排》，先后部署开展2020年第一、二批重点改革课题研究工作，联合市直部门及各县(区)开展16项前瞻性研究，形成“深河特别合作区”试验区探索、制造业高质量发展综合评价体系等一批调研成果，其中8篇评为优秀调研报告予以通报表扬，农村土地股份合作制改革、促进文旅体融合发展、建立健全优秀年轻干部培养选拔任用机制等一批课题已转化为政策文件。围绕解决经济社会发展实际问题创新开展“微调研”。研究制定《“微调研”工作制度（试行）》，创新开展多轮“微调研”，2020年形成的《我市耕地撂荒情况初步研究》《关于我市市直公立医院急诊抢救、留院观察医保即时结算情况的“微调研”报告》等一批“微调研”成果，均进入市委、市政府领导视野并提供决策参考，其中《借鉴湾区经验 深化我市投融资机制改革》“微调研”成果直接转化为市委七届十次全会工作部署。

【综合文稿】 2020年，中共河源市委政策研究室把提升文稿质量作为政研工作的生命线，把好文稿政治关、政策关、法律关、保密关、文字关，增强各类文稿的针对性、指导性和实用性，2020年完成各类重要文稿132篇，圆满完成各项文稿任务。高质量完成市委重要会议文稿。牵头起草市委七届九次、十次、十一次、十二次全会报告，以及市委主要领导在全市传达学习贯彻习近平总书记重要讲话重要指示批示精神干部大会、市委财经委第一次会议、全市营商环境攻坚年推进会、市委常委会（扩大）会议部署有关工作的讲话材料等重要文稿。高标准完成市委对上汇报、对外发布文稿。以打造精品的标准起草市委对上对外文稿，牵头起草以市委名义向省委、省政府及省有关部门报告的乡村振兴工作总结、脱贫攻坚工作总结、市委主要领导抓基层党建述职材料等文稿。高要求完成市委领导在各类场合讲稿。牵头起草市委主要领导在省委历次全会分组讨论发言、在全省市厅级各专题研讨班分组讨论发言、在经济社会领域专家座谈会上的讲话、在高校思政课辅导报告，以及全市县处级学习贯彻习近平重要讲话重要指示批示精神和中共十九届五中全会专题研讨班开班主题报告等各类讲稿。高站位完成市委重要政策文件起草。组织起草《河源市支持深圳建设中国特色社会主义先行示范区实施方案》《中共河源市委 河源市人民政府关于加大有效投资力度加快推进"示范区""排头兵""两个河源"建设的实施意见》等一批重要政策文件。高水平完成各类参阅文稿。扎实做好素材收集、数据统计、资料分析，先后形成《河源市外贸依存度对比情况》《河源与"一带""一区"11市固投对比情况》《龙川县、和平县、连平县与赣州市接壤县（市）主要经济指标对比情况》等9份针对性较强、参考价值较高的数据分析材料；起草省委主要领导到河源市调研的讲话代拟稿、河源市"十四五"规划编制进展情况汇报等重要文稿；系统汇编供市委主要领导掌握情况的《参阅材料》，形成53篇近15万字的参考文稿；制作供省委主要领导到河源市调研参阅的相关图册和画册。

【信息服务】 2020年，中共河源市委政策研究室把信息服务作为强化参谋辅政作用的重要手段，围绕市委领导关心的重点问题编发信息和内刊，及时反映国内先进地区及全市经济社会发展的新视点、新情况、新成果，更好发挥信息服务市委科学决策的参考价值。打造《参阅信息》品牌。在疫情防控一级响应初期成立工作专班，探索出覆盖国家部委、各地经验、专家观点等多维度内容的全方位信息搜集路径，每日组织编写《疫情防控参阅信息》为市委提供决策参考，并紧跟市委工作步伐，在全市聚力推进"双统筹"时期将《疫情防控参阅信息》转型升级为《参阅信息》，扩大信息收集范围和提升政策活用水平，打造出政研改革工作新品牌。2020年共编印476期，累计字数超340万，提出工作建议116条，市委主要领导共对51条信息作出批示。实现《河源调研》刊物提质扩面。组建成立编辑部并同步制发《〈河源调研〉编辑部工作制度》，强化对内刊编发的组织统筹，结合实际进行优化改版、提质扩面，使内容主题更加突出、稿源渠道更加多元、视觉观感更加良好，首次取得连续性内部资料准印证号，发送对象扩大到全市各县（区）、市直各单位和全国部分大中城市政研室，2020年共编印4期《河源调研》，刊发五县三区、市直17个部门主要负责人文章41篇约22万字；编印24期《政研参阅》以及《2020河源市情手册》等一批全市性参阅资料。实现"河源政研"微信公众号改版升级。突出政研特色对栏目设置、信息内容、发布频率等进行升级更新，改版后原创率由10%提升到80%左右。2020年共推送信息81期115条，单条发布信息阅读量创下破万历史，超过2000人次阅读量的信息24条。据微信公众号第三方查询平台——新榜的统计，2020年"河源政研"微信公众号的粉丝量和影响力指数在全省政研系统均居第一。

【财经工作】 2020年3月，中共河源市委着眼于完善对重大工作领导体制机制、强化对经济工作的领导，成立市委财经委员会和市委财经办，其中市委财经办设在政研室，并增设市委财经办秘书科。市委财经办成立以来，贯彻落实中央、省委和市委关于经济工作的各项决策部署，强化分析研判、统筹协调、督促落实等职能。一是建立健全运行机制。编印《中共河源市委财经委员会工作规则》，成立市委书记任主任、市长任副主任、市委市政府其他有关领导任委员的议事协调机构，制定市委财经委会议制度。编印《中共河源市委财经委员会办公室工作细则》，成立由5个成员单位组成的市委财经办，配齐市委财经办秘书科人员力量。二是谋划推动重大经济决策部署。编印《中共河源市委财经委员会2020年工作要点》，对市委2020年经济工作进行分析研究、归类梳理、汇总提炼，部署统筹做好疫情防控和经济发展工作、打好三大攻坚战确保高质量全面建成小康社会等六大部分共16个方面工作。三是科学制定"十四五"规划建议。坚持开门问策，市委财经委领导深入基层一线，主持召开民营企业家、基层代表、民主党派等系列座谈会，市委财经办召集相关县（区）和24个市直单位召开6场调研座谈会。密切对接省委财经办，安排1名优秀年轻干部前往省委财经办跟班学习，及时掌握省委关于"十四五"规划的部署要求；强化与市发展和改革局的沟通联系，推动规划建议起草与规划纲要编制相互衔接，共同筹备组织经济社会领域专家座谈会以及教育、文化、卫生、体育领域专家和代表座谈会。《建议》稿近2.3万字，全文分为14个部分60条，明确"十四五"时期河源经济社会发展的指导思想、必须遵循的原则和主要目标，分领域阐述"十四五"时期河源经济社会发展和改革开放的重要任务，系统形成未来5年乃至更长时间河源市经济社会发展蓝图。四是强化日常服务履职。组织召开2次市委财经委会议，审议通过5个议题，部署推进河源市经济领域重大工作。建立健全经济形势分析联系机制，加强与各级各部门的工作衔接与沟通交流，加强向省委财经办汇报沟通，完成省"十四五"规划调研、全省经济形势分析调研等上级交办事项。加强分析研判，对经济发展中的新情况新问题联合有关部门开展调查，推进江东新区3号章、河源市存贷比情况分析等研究工作，编印《财经专报》。

【深化改革】 2020年，中共河源市委政策研究室依托“1+2+N”工作机制，联合市委改革办聚焦聚力重点改革攻坚突破，推进改革举措落地见效，辅助市委依靠改革应对变局、开拓新局。据国家发改委主管的中国经济体制改革研究会发布的《2020年第四季度改革热度第三方评估报告》显示，河源改革热度指数74.16，在全国318个副省级以下城市中位居第十名。强化组织领导。组织召开4次市委深改委会议，审议《河源市深化环境影响评价制度改革实施方案》《河源市落实自然资源资产产权制度改革实施方案》等9个改革方案，听取推进灯塔盆地示范区管委会机构改革、农村集体产权制度改革等重点改革进展情况。加强改革文件审核把关，全年研究处理和审核把关各单位向市委深改委提出的重要改革事项及请示25件次。强化统筹谋划。制定印发《市委全面深化改革委员会2020年改革工作安排》，围绕“双统筹”各项工作谋划部署10个领域23方面121项重点改革项目、8项改革试点项目、11项基层改革创新项目、22项民生“微改革”项目。健全完善融湾办工作机制，切实履行融湾办和6个专项小组职能，初步建立“向上对接”“跨市交流”“干部交流挂职锻炼”“多层次对接合作”等对接“双区”工作机制和市、县（区）两级“融深”“融湾”重大项目库管理制度。编制印发《河源市融入粤港澳大湾区建设2020年工作要点》《河源市融入粤港澳大湾区建设2020年工作任务分解清单》《河源市支持深圳建设中国特色社会主义先行示范区2020年工作任务分解清单》，对“融深”“融湾”工作任务细化分解为65项172条，倒排工期，压茬推进。强化督察激励。实施“挂图作战”，每季度均对任务完成情况进行“亮灯”管理，对工作滞后、落实不力的“亮灯”（红、黄灯）单位加强督导、定期通报，推动各相关单位加快改革进度；组建联合督察组到市直有关单位和各县（区）对2020年改革任务进展情况进行督察；用好改革激励“指挥棒”，组织开展年度改革优秀案例评选工作，从39个候选案例中评选出12个改革优秀案例予以通报表扬，并在改革专项考核中给予加分奖励。

【调研报告简介】 *《多式联运、综合保税区对河源未来产业形态的影响与对策》* 发挥“多式联运和综合保税区”在双循环新发展格局中的产业引领作用，释放高水平外向型经济平台的要素资源配置优势，提高服务全省打造新发展格局战略支点的能力，为全国、全省加快破解发展不平衡不充分问题提供“河源方案”。一是立足“区域大循环”，构建基于多式联运模式的物流大通道，打造内外贸商品转运、仓储分拨与散转集一体化的内河枢纽港。二是坚持创新引领，以制度创新助推产业创新，围绕“三链融合”开展政策供给，推动战略性新兴产业与支柱产业在河源落地。三是强化联动开放，发挥市高新区与综合保税区“两区叠加”机制优势，持续提升外向型平台与产业链延伸双赋能。*（作者：邓勇、董福军、吴溢宏、罗诚）*

《高铁开通对河源城市高质量发展的影响与对策——深圳全面对口帮扶背景下河源发展高铁经济的方向和路径研究》 高铁时代背景下，中国经济空间格局发生重构，特别是高铁网络正成为粤港澳大湾区空间协同的重要轴带支撑。随着赣深高铁即将开通，河源将发挥高铁通道的集聚辐射作用，以把高铁新城、江东新区打造成为带动未来城市高质量发展的区域平台为重点，联动沿线城镇发展，在全市形成核极聚集、轴线拓展、全域辐射的高铁经济发展格局，加快全域全面“融深”“融湾”。一是优化打造平台凸显、功能联动的城市高质量发展格局。着眼“现代河源”提升城市发展能级，推动形成“枢纽牵引、两翼齐飞、新域发力、中心辐射”空间新格局，推动土地、财政等指标向重点区域倾斜，更好促进资源要素科学配置、合理流动，加快打造深圳都市圈副中心。二是衔接塑造高铁牵引、特色引领的“双区”农业大市场。探索“高铁+”农业发展新模式，把更多优质生态产品推向大湾区大市场。三是联动打造资源整合、形象凸显的全域旅游新模式。四是拓展形成全域联动、错位融合的县域经济新引擎。五是全面构筑要素统筹、市场衔接的开放格局。六是高起点谋划协调共进、深度对接的高铁经济带。*（作者：邓勇、张剑辉、罗林林、丁成）*

《把灯塔盆地打造成为引领河源未来农业农村高质量发展的战略支点——深河共建灯塔盆地国家农业高新技术产业示范区战略谋划》 在深入分析灯塔盆地产业基础、区位优势、资源禀赋的基础上，以创建国家农高区为抓手，聚焦引领河源未来农业高质量发展目标，远瞻“十四五”时期乃至2035年发展远景，发挥灯塔盆地对全市农业的辐射带动作用，提出近期、中期、远期的工作目标及对策建议，切实将灯塔盆地打造成为引领河源未来农业农村高质量发展的综合平台。一是聚焦新定位，打造“一副二主三地”。推动灯塔盆地打造城市发展副中心，打造河源乡村振兴的“主引擎”、生态河源建设的“主战场”，打造具有国际影响力的现代农业创新高地、人才高地、产业高地。二是开辟新路径，着力把握“四大原则”。坚持科技引领，构建以企业为主体的创新体系；坚持核心带动，用160平方千米的灯塔盆地核心区域全力创建国家农高区，带动2200平方千米灯塔盆地全域、1.2万平方千米的生态河源全面发展；坚持宜居宜业，打造产业功能、城市功能、生态功能融合发展的生态宜居的科技新城；坚持绿色发展，建设绿色发展示范区的标杆。三是明确新任务，全力推动“五个提升”。提升主导产业发展水平，着重发展市场前景广阔、高端健康、经济价值高的特色产业，加快形成“灯塔盆地”区域品牌；提升科教资源集聚水平，以引进农业领域高等院校为突破口，以培育国家级、省级农业

领域科研机构为方向，加快构建以企业为主体的技术创新体系，抢占农业新技术新业态制高点；提升“城市”规划建设水平，以建设科技新城为主攻方向，加快形成灯塔盆地“1+3+N”的总体发展格局，促进人流、物流、信息流、资金流流动聚合；提升水资源保护利用水平，统筹推进东江水安全保障提升工程、灯塔盆地垦造水田等各项水资源保护利用项目，构筑“水—田共融”的水资源保护利用格局；提升乡村振兴示范水平，创新乡村振兴体制机制，在完善科教协作推广、企业带动基地辐射、农民增收示范带动等方面力争形成可复制推广的经验。（作者：邓勇、陈甫逸飞、黄智浩、张勇）（张勇）

扶贫开发

【概况】 2020年，河源市贯彻落实习近平总书记关于扶贫工作的系列重要论述精神，全面贯彻落实中央和省的决策部署，全市人民勠力同心，全力以赴推进脱贫攻坚工作，如期高质量完成脱贫攻坚目标任务，全市脱贫攻坚取得全面胜利。

实现全面脱贫 全市建档立卡贫困人口38568户107372人全部脱贫，255个相对贫困村全部出列，全面实现“两不愁三保障一相当”目标。

收入大幅增加 2020年全市有劳动能力贫困人口人均可支配收入达到16618元，是2015年的4.68倍。全市255个相对贫困村农村居民人均可支配收入21941元，是2015年的2.94倍。村集体收入平均38.56万元，是2015年的13.77倍。

政策全面落实 建档立卡贫困户医疗、教育、低保五保等保障政策100%得到落实，全面解决因学致贫、因病致贫等问题，群众获得感、幸福感显著增强。

生活质量显著提高 贫困人口全部住上安全住房，全面解决农村饮水困难和不安全问题，20户以上自然村全部实现集中供水。

基础设施明显改善 河源累计投入扶贫资金46.32亿元，改善农村的发展条件。255个相对贫困村“三清三拆三整治”基本完成，村委到自然村通硬底化道路、村内巷道硬化工程、禽畜圈养、集中供水完成率均达到100%。

【责任落实狠抓】 2020年，河源市委、市政府继续把脱贫攻坚作为“头号工程、首要任务”，切实压实各级各部门责任。2020年，市委常委会议、市政府常务会议把研究脱贫攻坚作为首选议题，23次研究攻坚工作。市委书记丁红都、市长林涛亲自带头，基本上每星期都到基层调研指导扶贫工作。市扶贫开发领导小组累计召开会议15次，解决攻坚瓶颈和问题，约谈18个2019年度考核发现有问题的市直单位，各县区约谈27个2019年度考核“较好”等次的乡镇，形成强大震慑力。开展挂牌督战。把脱贫攻坚任务重的15个乡镇、207个村列为挂牌督战对象，发现的563个问题得到全面解决。

【打好疫情防控阻击战】 2020年，新冠肺炎疫情发生后，河源市扶贫系统（扶贫干部）迅速响应、迎难而上、冲锋在前，全力做好扶贫领域疫情防控工作，努力降低疫情对决战脱贫攻坚的冲击和影响，河源市在全省率先出台《关于减少疫情影响确保贫困户如期实现脱贫的指导意见》，将疫情影响降低到最低程度。推进扶贫领域复工复产。落实贫困人口稳岗就业政策，受疫情影响的21999名贫困劳动力实现100%就业；继续加大对扶贫车间的资金扶持力度，全市269家扶贫车间全部复产；尽快恢复受疫情影响停工项目，158个扶贫项目全面复工，2020年年底竣工。努力解决扶贫产品滞销问题。联合深河指挥部发布滞销扶贫产品销售小程序，动员“以购代捐”“以购代帮”等方式购买滞销扶贫产品。因疫情滞销的2520万元扶贫产品全部找到销路。迅速推动特色养殖转型转产。对于受政策限制的231户贫困户特色养殖户。在3月底前全面实现成功转产。河源脱贫攻坚领域消除疫情的做法得到省委、省政府的肯定。

【工作重点突出】 2020年，河源市全力实施产业、就业、资产三大帮扶工程，优化群众的收入构成，提高贫困户的收入水平，夯实脱贫基础。

深化开展精准帮扶 完善扶贫产业项目与贫困户的利益联结机制，通过就业、入股分红、保价收购等方式，最大限度地增加贫困户收益。扶持扶贫企业做大做强，新增9家省级扶贫农业龙头

2020年7月16日，河源市消费扶贫协会成立大会暨消费扶贫系列活动在河源市深河扶贫服务中心举行（市扶贫工作局提供）

企业。2020年新增贷款1996笔、6288万元。新增创业致富带头人184个，10人被被评为省级创业致富带头人，带动群众脱贫增收的中坚力量增强。提升就业质量。对2019年没有稳定就业的贫困人口4178人，全部接受一次以上的岗前技能培训，有意愿就业的30396贫困劳力全部实现就业，建设扶贫车间、作坊269个，吸收1450名贫困劳力在家门口就业。新增公益性岗位962名，解决特别困难家庭就业问题。做好资产扶贫。注重盘活土地、林地和闲置房屋资源的使用权，入股到新型经营主体，减少企业运营风险。一些因条件限制发展产业困难的镇村，统筹部分扶贫资金，投入到水电站、工业园区等收益稳定的单位，年收益率平均达到10%。

全方位开展消费扶贫 按照政府引导、市场主导、社会参与的工作思路，在2019年搭建平台、建立团队的基础上，2020年成立市消费扶贫工作专班，加大力度推进消费扶贫。在省内率先出台《河源市消费扶贫示范企业认定和资金奖补管理办法（试行）》，开展消费扶贫示范企业认定，市财政每年安排200万元对消费扶贫示范企业进行奖补。机关事业单位工会安排不少于50%职工福利份额用于采购扶贫产品。在全省率先成立河源消费扶贫协会，至2020年年底有会员企业122家。引进专业团队，与70名“网络红人”长期合作，聘任11名“扶贫爱心大使”，举办“第一书记代言”、农村电商“一村一品”带头人提升培训班等，形成多元化、多层次的“河源扶贫”产品代言队伍。2020年共举办市级展销推介活动16场，签约扶贫产品近2亿元。

全面加强资金管理 市、县（区）财政增加扶贫专项资金的投入，累计投入资金5866万元支持收官扫尾工作。截至2020年年底，各级拨付资金11671万元（含中央、省资金5805万元）均使用完毕。市扶贫局通过内部邀标的形式，聘请广东省现代研究院，对2016年以来中央下拨的1.08亿元扶贫资金，进行全面检查，重点关注带贫益贫效果。各县区按照指出问题，有针对性加强整改，保障扶贫资金的安全。举办十年“6·30”广东扶贫济困日表彰和2020年“6·30”广东扶贫济困日捐赠活动，共收到各类社会捐赠资金4200多万元。

扶贫资产得到有效管护 河源市在省内率先出台扶贫资产管理办法，各县区均制订扶贫资产管理意见，对2016年精准扶贫实施以来形成的扶贫资产，全面进行清查，有序开展登记确权，服务于后脱贫攻坚时代。是年，全市登记扶贫资产项目10242个、资金26.57亿元；确权扶贫资产项目4579个、资金14.15亿元。确权证书全面发放到位。

全面加强扶贫总结宣传 全年累计在省级以上主流媒体、内部刊物刊登播出河源脱贫攻坚事迹1300多期（次）。省举办的脱贫攻坚摄影展首站选择在河源展出，河源市有39幅作品参展，成为讲好河源脱贫攻坚好故事的生动事例。与深河指挥部合作，对河源市五年来的工作进行梳理，编辑《河源市255个贫困村的脱贫故事》等5套扶贫系列丛书;编辑出版《河源市行业扶贫工作纪实》，总结行业扶贫工作，作为珍贵的历史档案，见证脱贫攻坚的伟大实践。

探索衔接乡村振兴 河源市在全省率先出台《河源市关于推进脱贫攻坚与乡村振兴有效衔接的实施方案》，推进脱贫攻坚与乡村振兴有效衔接。与深圳对口帮扶河源指挥部联合出台方案，建立健全返贫监测机制，对易返贫和易致贫的358户对象因人因户施策，给予及时帮扶，实现动态清零。加强对2900多名驻村干部的乡村振兴业务培训，每人最少培训5期以上，为就地转化为乡村振兴工作队做好准备。 （魏锦豪）

深化改革工作

【概况】 2020年，中共河源市委全面深化改革委员会坚持以习近平新时代中国特色社会主义思想为指导，全面贯彻中共十九大和十九届二中、三中、四中、五中全会精神，深入学习贯彻习近平总书记出席深圳经济特区建立40周年庆祝大会和视察广东重要讲话、重要指示批示精神，贯彻落实中央、省委全面深化改革工作部署，主动服务市委抓好“双统筹”（统筹推进疫情防控和经济社会发展工作），积极抢抓“双区”（粤港澳大湾区、深圳先行示范区）建设等重大机遇，谋划推进完善“融深”“融湾”工作机制、营商环境综合改革、农村领域综合改革等重点改革，中共十八届三中全会部署的重点领域改革任务全面完成，省“18+13”重大改革基本完成，市2020年重点改革、改革试点、基层改革创新、民生“微改革”等任务和重点改革课题研究取得预期效果。国家发改委主管的中国经济体制改革研究会发布的《2020年第四季度改革热度第三方评估报告》显示，河源改革热度指数74.16，在全国318个副省级以下城市中位居第十名。

【全面深化改革】 2020年，中共河源市委全面深化改革委员会印发实施《市委全面深化改革委员会2020年重点改革工作安排》，共制定谋划77项重点改革、8项试点改革、11项基层改革、22项民生“微改革”和16项重点改革课题研究任务，总体进展顺利。

推动重点领域改革 围绕市委中心工作，把“融深”“融湾”作为改革重大平台，深化供给侧结构性改革，实施创新驱动发展战略，集中力量破解阻碍河源发展的体制机制问题，推动重点领域改革取得新突破，加快融入粤港澳大湾区建设，深度对接深圳先行示范区建设。深化营商环境、“数字政府”、科技创新机制、医药卫生机制等改革，推动机构改革和事业单位改革。

推进实施基层改革创新 坚持顶层设计与基层探索紧密结合，做好中央和省部署的改革试点，结合河源实际开展改革试点探索，及时总结提炼、复制推广基层改革创新经验，以改革探索推进改革突破。推进高质量建设广东省现代农业综合改革试验区，市高新区“数字政府”改革建设、农村集体产权制度改革等8项国家、省、市部署的专项改革创新试点。开展基层改革创新，推进探索创新基层应急管理体系、乡镇政务服务“一门”通办改革、深河特别合作区试验区建设等。查找群众反映强烈的“热点”“难点”问题，统筹实施“推行全市政务服务大厅‘中午不停歇’服务模式”“实行线上诊查费纳入医保补贴”“推行学籍转移办理‘零跑动’”等22项民生“微改革”，提高改革工作针对性和有效性，提升人民群众的改革获得感。

创新开展重点改革课题研究 以改革开放的眼光看待改革开放，运用新时代全面深化改革认识论和方法论，围绕“示范区”“排头兵”“两个河源”建设，聚焦深河特别合作区建设、探索“两山”（绿水青山就是金山银山）转化有效路径、构建高质量发展体制机制、打造高铁新城产业经济带、完善生态文明评价考核体系、推进乡村振兴综合改革等方面开展两批共16项重点改革课题研究，并形成具体政策建议。同时，借助“外脑”开展重大研究课题工作，聚焦城市、产业、农业农村等三大高质量发展平台进行专题研究，形成3项重大研究课题成果。三大高质量发展平台3项重大研究课题成果和6个重点改革课题研究成果部分内容纳入市委七届十一次、十二次全会报告、“十四五”规划建议部署，有力推动河源市改革向纵深发展。

创新开展优秀改革案例评选 组织开展年度优秀改革案例评选活动，挖掘和总结一批改革实践经验。评选出“改革公共创新平台扶持方式和评价机制，激发高质量发展动力活力”“创新优秀村干部管理机制，提升基层战斗力”“建立健全应急管理体系，提高处理急难险重任务能力”等12项进展情况较好、改革成效比较明显的改革案例为优秀案例，并在目标考核改革专项中给予加分奖励，鼓励各级各单位探索改革创新，发挥典型引领示范作用。

【“融深”“融湾”工作】 2020年，河源市融湾办履行工作职能，强化6个专项小组资源要素保障和服务功能，推进河源市“融深”“融湾”工作实现新突破。

工作机制进一步完善 对融湾办成员分工进行调整，完善市融湾办运作机制。建立健全“向上对接”“跨市交流”和多层次对接合作等机制，推动各级各部门主动对接、主动支持、主动服务“双区”建设。初步建立市、县（区）两级“融深”“融湾”重大项目库管理制度，对入库项目实行分类管理、重点跟踪和协调服务。

政策体系进一步健全 全面落实《优化营商环境条例》《河源市优化营商环境综合改革行动方案》各项改革任务，推动出台《优化营商环境攻坚年工作方案》，建立河源市营商环境目标体系和评价机制。推动建立重点招商项目“首席服务官”制度，优化重点项目落地机制。推动制定《关于深化改革加强食品安全工作的实施方案的通知》《河源市重点农产品标准化服务项目方案》，参照“双区”标准制定河源食品监管标准，促进河源食品质量提升。

工作责任进一步压实 编制《河源市支持深圳建设中国特色社会主义先行示范区实施方案》，印发《河源市融入粤港澳大湾区建设2020年工作要点》，对“融深”“融湾”工作任务细化分解为65项172条，倒排工期,压茬推进。

重大平台建设扎实有效 “深河特别合作区”发展规划编制加快推进；到清远、广州开展调研，形成《深河特别合作区起步区建设实施方案》；推动深圳市深汇通投资控股有限公司在河源高新区设立全资的产业园项目公司，推进“深河特别合作区先行试验区”建设。开放型平台加快建设，综合保税区，东源县、龙川县保税物流中心（B型）等项目进展顺利稳步推进。

协调创新进一步深化 与深圳大学、广东技术师范大学签订研究院合作协议。广师大研究院、深圳大学湾区(河源)研究院等创新平台规划建设有力推进，河源高新区国家级孵化器建成开园，深河产业共建落地投资额超亿元工业项目居全省前列。

【重要会议】 2020年，河源市共组织召开4次市委深改委会议，听取推进灯塔盆地示范区管委会机构改革、农村集体产权制度改革、培育新型农业经营主体等重点改革进展情况汇报，审议《河源市深化教育体制机制改革实施方案》《河源市深化环境影响评价制度改革实施方案》《河源市落实自然资源资产产权制度改革实施方案》等7个改革方案审议稿。

【改革督察】 2020年，河源市党政部门创新改革督察方式方法，推动各项改革落地见效。把落细落小落具体贯彻到抓改革落实中去，组织各责任单位按照《市委全面深化改革委员会2020年改革工作安排》，抓好任务梳理和责任分解，制定改革任务台账，做到“五清”（任务清、责任清、措施清、时限清、进展清）。实施“挂图作战”，每季度均对任务完成情况予以亮灯管理和通报，加强对工作滞后的亮灯（亮黄灯）单位日常督察督导、统筹协调，推动相关单位落实责任、加快进度。强化改革考核推动责任落实。将改革推进落实情况纳入市直机关目标管理责任制考核、全市（含县区）副处以上单位领导班子及领导干部的综合考评范畴，并将全年考核结果与责任单位干部职工年度绩效考核等次挂钩，调动各方落实责任的主动性和积极性。

【“1+2+N”工作机制】 2020年，河源市委改革办突出“以改革促调研、以调研推动改革”，探索实行扁平化管理，完善市委改革办、市委政研室

“1+2+N”（市委改革办、市委政研室借鉴广州南沙、佛山顺德等行政管理体制，在全市党政机关中率先开展“大组制”改革探索，整合两个单位工作力量，组建市委“大参谋部”，实行两个单位、一套工作机制，建立高效、规范的运作体系。“1”：由一位分管市领导统筹；“2”：由两个单位的两位主要负责人具体组织；“N”：由两个单位的负责人担任N个工作组组长。至2020年组建经济组、社会组、党建组，分别对应市委深改委的10个专项小组和融入粤港澳大湾区建设的6个专项小组，承担本领域重要综合材料起草、政策研究等业务工作，组建改革组，承担统筹制定全市年度改革任务安排、改革督查评估、改革宣传等业务工作）的“大组制”工作体系，形成大“参谋部”，建立高效、规范的运作体制。在2019年经济组、社会组、党建组3个工作组基础上，增设改革组，负责组织各工作组学习贯彻习近平总书记关于改革的重要论述和中央、省、市全面深化改革委员会会议精神，统筹制定全市年度改革任务安排、分解及督察汇总，统筹督促有关方面落实市委深改委的决定事项、工作部署和领导批示要求，以及对外宣传报道等工作。2020年，市委政研室、市委改革办聚焦市委中心任务，共同承担132篇市委重大综合材料、向省委、省政府有关汇报材料、市委主要领导在重要会议上的讲话稿及重要政策性文件等重要文稿的起草工作。围绕市委全会部署，聚焦河源市亟待解决的问题，先后组织推动两批共16个重点改革课题研究，形成一批改革、“融深”“融湾”的新思路、新举措，为市委科学决策提供理论参考和智力支持。

（刘鸣宇）

党校工作

【概况】 2020年，中共河源市委党校举办主体班次13期，培训学员668人。举办公务员培训班9期，培训学员2041人。举办河源市市管干部学习贯彻习近平总书记出席深圳经济特区建立40周年庆祝大会和视察广东重要讲话重要指示批示精神暨学习贯彻落实中共十九届五中全会精神专题研讨班，培训学员1071人。

不断优化课程体系 突出党的理论教育和党性教育的主业主课地位，党的理论教育和党性教育占总课时的71%，其中党性教育占比41%。坚持以习近平新时代中国特色社会主义思想为中心内容，围绕中央和省委、市委中心工作，关注社会热点难点问题，突出河源特色，形成“理论教育、党性教育、能力提升、河源实战”四个板块的课程体系，增强干部教育培训的针对性和实效性。

努力优化师资配置 针对党校师资不足、缺乏名师的短板弱项，采取“不求所有，但求所用”的思路，通过开设“大课堂”方式，适度邀请省委党校、省社院、省直部门领导、省内高校及兄弟市党校名师、专家、教授进党校课堂。同时，加大领导干部上讲台的力度。领导干部、外地名师在河源党校的课程量达到总课程量三分之一以上。是年，市委党校共邀请市领导授课5人次、部门领导授课16人次，邀请省委党校、国防大学、陆军特种作战学院等院校专家学者授课77人次。

组织开展现场教学 在做好疫情防控的基础上，组织中青年干部培训班学员到深圳、广州、珠海等珠三角地区开展异地现场教学，开拓学员的视野，深入学习珠三角地区先进经验。同时，利用河源本土现场教学基地，组织学员到连平大湖镇中共连平县工作委员会旧址、和平县和东行政委员会旧址（九连“小延安”）等现场教学基地学习，增强党性教育的体验度、鲜活性。

严格抓好学员管理 按照“严要求、重管理、求实效”的办班要求，组织开展入学教育，签订《学员学风建设承诺书》，严格考勤制度，布置市情调研任务，开展学员考核和优秀学员和“有思想、能钻研”学员评选活动，党校学风端正，学习氛围浓厚，学习效果提升。

深入推进教学改革 坚持把“用学术讲政治”的要求贯穿教学始终，举办“用学术讲政治”精品课评选活动，举办全市党校系统“用学术讲政治”师资培训班，邀请省委党校领导及专家教授作专题讲座，使教师更加明确“用学术讲政治”的要求和方法，增强教师“用学术讲政治”的思想自觉和行动自觉，深入推进“用学术讲政治”教学改革。

【科研工作】 2020年，中共河源市委党校完成课题研究17项，其中省级课题2项、市级课题15项；公开刊物发表文

2020年4月30日，中共河源市委党校召开全市党校工作座谈会，传达学习全国全省党校（行政学院）校（院）长会议精神，贯彻落实《中国共产党党校（行政学院）工作条例》，推动河源市党校工作高质量发展，为迎接全省党校办学质量评估做好充分准备

（市委党校提供）

章20篇，其中国家级期刊1篇，省级期刊1篇；在《河源论坛》《河源职业技术学院学报》等内部刊物发表文章2篇；1篇文章获得“河源市第九届哲学社会科学优秀成果评选活动”论文类二等奖。全年出版《河源论坛》4期，编印《河源市情参阅》9期。

不断加强学术交流 组织教师参加各类学术研讨会，加强学术交流，获取科研信息，拓宽学术视野。有10篇理论文章入选“全省党校（行政学院）系统庆祝经济特区建设40周年”理论研讨会、“全省人大系统学习贯彻习近平总书记关于坚持和完善人民代表大会制度重要论述”交流会等省级学术研讨会。

积极组织申报课题 组织教师围绕市委、市政府中心工作和重大战略部署，着眼理论热点难点和重大现实问题申报课题。全年获得课题立项25项，其中省级课题4项（其中，有1项课题获省社会主义学院系统重点课题立项），市级课题21项。

修订完善科研制度 结合巡察整改工作要求，修订完善科研工作管理制度、校刊工作制度、《河源市情参阅》经费管理办法等，规范科研管理工作，调动教师科研工作积极性，推动市委党校科研工作上新水平。

【人才强校】 2020年，中共河源市委党校聚焦人才保障，实施“人才强校”战略，围绕引才、培才、用才三个重要环节，着力提高素质、优化结构、牢固基础，干部队伍建设取得新进展。

多渠道引才 通过选调生和急需紧缺专业公务员招录2名重点大学全日制硕士研究生，公开选调3名年轻优秀公务员，党校干部队伍壮大，年龄结构、学历层次优化。

多举措培才 通过选派骨干教师、年轻教师到省委党校和其他高等院校培训、跟班学习，举办全市师资培训班，邀请省党校或高等院校的资深教授对党校系统教师进行专题辅导等形式，促进教师更新知识，开阔视野，丰富经验，不断提高教学水平。全年选派市县党校教师到省委党校进修学习11人次，举办1期全市党校系统师资培训班。多形式培养锻炼年轻教师，采取以老带新、新课试讲、评课评学等形式培养锻炼年轻教师，教师综合能力和授课水平提高。

新理念用才 坚持“德才兼备、以德为先，事业为上、公道正派”的原则，注重用好用活人才，激发广大干部的进取精神，选准、用好一批政治上合格、综合能力强、实绩突出、群众公认、勤政廉洁的干部，为开创新时代党校工作新局面提供人才保障。全年提任内设机构正职2人、内设机构副职2人，选派4名优秀干部到基层担任乡村振兴工作队队长、党建指导员、扶贫干部。

【后勤管理改革】 2020年，中共河源市委党校按照管理科学化和服务规范化的要求对后勤服务工作进行改革。推进后勤服务中心改革。成立后勤服务中心改革工作领导小组，制定《改革实施方案》，配合有关部门，统筹谋划，做好人员有序分流。完善领导机构，调整校委会成员分工，将安全生产工作纳入校委会重要议事日程，每半年召开1次平安建设暨综治专题会，研究安全生产工作，定期开展员工消防安全知识宣传及消防设施器具使用培训，健全岗位责任制，做好校园内交通安全、食品安全和治安安全。是年，市委党校接待主体班12期，公务员培训班3期，本市外接办班78期，外市外接办班12期，外市党校办班2期，大小会议56场次，考试、面试23场次，讲座、报告会、辩论赛、论坛4场次，清华班6期。

【疫情防控】 2020年新冠肺炎疫情期间，中共河源市委党校对校园实行封闭式管理，做到“逢进必查”。全面掌握干部职工及其家属健康状况，严格落实“日报告”“零报告”制度，加强校园卫生消杀。响应上级号召，选派37名党员干部下沉社区，协助做好疫情防控网格化服务工作。制定市委党校新冠肺炎疫情常态化防控工作方案，全覆盖摸排学员旅居史、接触史及身体健康状况，要求学员报到前进行核酸检测，组织学员签订疫情常态化防控责任书、填写健康卡，毫不松懈地抓好疫情防控常态化工作。

【县区党校工作】 2020年，河源市县区党校共举办主体班次59期，其中源城、东源、和平、龙川、紫金、连平分别举办10期、7期、5期、5期、22期、10期。全市县区党校共完成科研成果24篇（项），其中源城党校完成课题2项，发表文章5篇；东源党校完成课题4项；和平党校完成课题2项；连平党校完成课题1项，发表文章1篇；龙川党校完成课题2项，发表文章5篇；紫金党校完成课题2项。促进县区党校增强办学软硬实力，紫金党校新学员宿舍、食堂各项设施设备建设工作进入收尾阶段，东源党校正在加紧建设新校园。领导班子成员赴各县区党校调研指导工作15次，积极协调县区党委政府解决党校遇到的问题。为县区党校教师提供学习锻炼提高的平台，组织骨干教师参加中央党校、省、市级学习培训165人次，组织教师跟班学习85人次。

【镇街党校工作】 2020年，中共河源市委党校发挥源城高埔岗、东源仙塘两个镇（街）党校的示范带动作用，指导东源、和平等县（区）党校组织编印适合镇（街）党校开展培训的“特色教材”，总结试点经验并在全市范围内推广，基本形成全市镇（街）党校规范有序开展干部教育培训工作的良好态势，发挥镇（街）党校在基层党员教育培训中的作用。 （周丽娜）

党史 地方志

【概况】 理论引领 2020年，中共河源市委党史研究室制定《河源市委党史研究室学习制度》。制度列出详细的学习计划，确定每周一为固定学习日，严格落实“第一议题”制度。邀请市委学习贯彻中共十九届四中、五中全会和《习近平谈治国理政》第三卷宣讲团成员授课，让全室党员干部滋养初心、引领使命、指导实践、推动工作。组织党史部门干部参加省委党史研究室组织的学习习近平总书记出席深圳经济特区建立40周年庆祝大会和视察广东重要讲话重要指示批示精神的培训班，参加全省党史业务培训和党史专题讲座。

史志资政 2020年，河源市地方志办公室启动《民国时期广东河源史》编纂工作。编纂《中国国家人文地理·河源》一书，该书是《中国国家人文地理》分卷之一。该书编纂召开专家评审会。该书仍在编纂工作中。打造河源城市名片，河源城市新名片通过多方论证。为河源市委、市政府在查找河源史实方面资料，提供相关的资政资料。中共广东省委执政纪事2018年卷、2019年卷组稿工作，中共河源市委把党史研究室列为牵头单位。国家和省相关领导到河源考察时，指定要求提供河源史志书籍，市委党史研究室全力完成。相关职能部门展陈合作得到加强，市委党史研究室与市委办、市档案馆、市博物馆、市机关事务局关于红色主题宣传开展布展工作，指导源城区做好市革命历史纪念馆的升级改造和重新布展工作，组织展陈资料的评议和专家审读。对电视剧《阮啸仙》剧本、电影《粤战之解放河源》剧本、市美术家协会关于红色主题的画册组织专家进行评审。一批市直部门、学校到市委党史研究室参观学习查找借阅红色史志资料。

【革命遗址普查】 **加强组织领导** 2020年，河源市组织新一轮革命遗址普查工作。成立以市委常委、宣传部部长为组长，市委宣传部、市委党史研究室、市文广旅体局、市退役军人事务管理部门主要负责人为副组长的河源市革命遗址普查工作领导小组，制订《河源市革命遗址普查工作实施方案》，明确普查工作任务和普查工作要求，多次召开专题会议对上级文件进行深入学习和工作部署。

做好业务指导 2020年4月上旬至5月下旬，中共河源市委党史研究室会同市委宣传部、文广旅体局、退役军人事务局分管普查工作的负责人以及普查办公室全体人员分别到东源县、和平县、龙川县、紫金县、连平县、源城区、江东新区新增革命遗址现场开展调研活动，深入到乡村、田野指导工作，进行现场交流和审核史料，为做好全市革命遗址大普查全覆盖工作起到推进作用。

普查结果汇总 至2020年7月，新一轮的革命遗址普查工作任务基本完成。全市革命遗址总数为685处（其中，新增441处），源城区18处，占2.62%；东源县148处，占21.64%；龙川县191处，占27.88%；紫金县118处，占17.22%；和平县110处，占16.05%；连平县83处，占12.11%；江东新区17处，占2.48%。其中重要历史事件和重要机构旧址307处；重要历史事件发生地和人物活动旧址215处；革命领导人故居、旧址74处；烈士墓17处；纪念设施72处。在保护级别方面，国家级文物保护单位1处，省级文物保护单位4处，市级文物保护单位15处，县级文物保护单位52处；尚未核定为文物保护单位的不可移动文物29个；未定584个。在利用级别方面，省级爱国主义教育基地5处，市级爱国主义教育基地35处，县级爱国主义教育基地15处；在中共党史教育基地方面，省、市级中共党史教育基地50处，其中省级中共党史教育基地4处。

【工作形式创新】 2020年，中共河源市委党史研究室创新工作形式，加强党史宣传教育水平传播党史正能量。

开展“史志讲堂”活动 “史志讲堂”是市委党史研究室2020年工作的一个创新点，在每周的周一开展活动。旨在组织单位党员干部职工围绕本职工作、河源党史和地情文化进行轮流宣讲，以讲促学，编研讲相结合，练就修志编史授课的“内功”，是打造干部素质提升的重要平台。至2020年底，“史志讲堂”开展36期。

建立广东党史宣讲团河源分团 按照省宣讲要求和市委统一工作部署，组织河源职业技术学院、市委党校和党史专家及市委党史研究室班子成员组成广东党史宣讲团河源分团开展宣讲活动，让党史宣讲进单位、进党校、进基层、进企业、进社区。年内，开展党史宣讲20多场，受众人数约3000人次。

拓宽宣传渠道 完善《河源史志》公众号的建设，把公众号打造成为展示河源市历史文化、历史人物、重大事件、党史知识、地情风貌、民俗风情的重要窗口。2020年，《河源史志》公众号推送文章66篇，转发率和点击率有较大提高。对《河源史志》季刊杂志进行简单的改版，把杂志打造成为交流探索河源党史、地方志工作的学术研究平台和河源史志文化的重要宣传阵地，以拓宽史志宣传渠道，提升河源史志的利用率和知名度。2020年，《河源史志》出版4期。

开展庆祝中国共产党成立99周年“七一”党建知识竞赛活动 中共河源市委党史研究室联合市委组织部、市委主题教育办、市委党校、河源广播电视台共同举办庆祝中国共产党成立99周年“七一”党建知识竞赛活动。活动围绕纪念中国共产党成立99周年这条主线，聚焦党章、党规、党史、地方史等知识，编辑和设置知识题库，开展党史知识竞赛，以激发党员团员、干部群众学习党史的热情。

【史志征研编研】 **完成河源党史正本的编纂工作** 河源市于2016年启动党史三卷本——《中国共产党河源市历史（1988—2012）》的编写工作，2018年3月形成初稿，2019年5月组织召开终审会议，2020年1月完成印刷出版任务。河源市党史三卷本共分为3章、21节、72目，系统阐述河源市建市后，中国共产党河源市各级党组织带领全市人民加强党的自身建设和开展政治、经济、文化、社会、生态文明建设的重大意义，记述开创和发展中国特色社会主义道路的历史进程、历史成就和经验教训。

编撰《廉政清风史鉴》宣传手册 与市纪委、市文明办联合编撰《廉政清风史鉴》。该书收编12位在河源生活或工作有影响力且清正廉洁的历史人物、10个河源廉政教育基地和20多篇河源客家廉洁家训，宣扬地方古人为官美德，传承客家文化中的“廉洁基因”。该书部分内容被东源县教育局选为中小学思政课教材内容。

编写党史简要读本讲好河源红色故事 中共河源市委党史研究室编写《河源市党史教育简要读本（新民主主义革命时期）》。该读本简要讲述河源地区在大革命时期、土地革命时期、抗日战争时期、解放战争时期的革命斗争史，展现和解读河源红色革命斗争历史丰富而厚重的文化资源。

刊载河源人物篇 联合河源市政协在《河源日报》周末人文版河源人物篇，挖掘和宣传河源地情文化。截至2020年年底，刊出河源人物志20期近10万字。

完成省志办下达的供稿 提供《广东省抗击新冠肺炎疫情录》《广东省全面建设小康社会图志》《广东乡村非遗》《广东乡村美食》等材料，并参与2020年全省地方志理论研讨活动，完成地方志论文收集报送5篇论文和1篇调研报告。

【志鉴编修】 **年鉴编纂** 2020年，河源市地方志办公室督促指导各县区按规定落实“一年一鉴”公开出版工作，年内各县区2020年年鉴均交付出版社审查、付印出版。河源市一年一鉴公开出版的任务基本完成。《河源年鉴（2020）》编纂出版。2020年卷在机构体制改革后，保持基本框架稳定的情况下，对部分内容进行更新、调整。调整后全书设25个类目，187个分目和1324个条目。在2020年全省年鉴质量评价工作中，《河源年鉴（2019）》获得省市级综合年鉴三等奖。

镇、村志编修 由于河源市地方志办公室多年倡导、鼓励有条件的村、镇编修志书，村、镇志编修有较好的发展态势。《大庙村志》《双头村志》《仙坑村志》于2020年出版发行。《贝岭镇志》《佗城镇志》《老隆镇志》《小参村志》《老围村志》等村、镇志在编修中，其中作为第三轮志书编修试点的《小参村志》已完成终审，并付印。《佗城镇志》被纳入中国名镇志文化工程，志稿完成复审，处于终审出版阶段。

【数字化建设】 2020年，河源市地方志办公室参与省情内容建设。发送广东省情网邮箱非工作动态类稿件14篇，报送工作动态类稿件3篇，采用1篇[题目：河源市地方志办学习贯彻《广东省推进依法治志工作通报办法（试行）》]。全文数据库建设。欠发达地区地方志编修经费数字化项目清单上，各县区有26本12949页图书数字化及审核任务。是年，源城区完成10本书籍WORD文档入库存，完成入库100%；和平县完成入库3本年鉴，完成入库100%；东源县完成入库8本，完成入库100%；连平县购买第三方服务，完成合同签订，有6本、3045页图书任务，完成2本、752页，进度24.6%。地情网站（频道）建设。在政府门户网站，开设地方志专属地情信息类栏目1个——“部门集约→河源市地方志办公室”，2020发布地情信息26条。新媒体平台建设。开设政务新媒体微信公众平台——“河源史志”，运营情况正常，总用户511户，是年，发布推文63篇。

【河源市自然村落历史人文普查】 2020年，河源市地方志办公室按省政府统一部署和要求，继续推进《全粤村情（河源篇）》各县区分卷的出版。至年底，全市有4781个自然村落，分为15卷，资料文稿全部送出版社，完成印刷2卷（龙川县卷一、和平卷）。村落普查成果开发利用项目计划实施17项，完成15项。紫金县志办编辑出版《紫金姓氏宗祠文化》，东源县志办编辑出版《红色围屋》。市地方志办公室制作7个多彩乡村微视频，助力乡村振兴。

【地方志资料年报工作】 河源市地方志资料年报工作于2020年4月下发地方志资料年报的报送工作通知，要求各有供稿任务的单位按照《河源市地方志资料年报制度》规定报送2019年资料。年内全市2019年年报资料收集全面完成。

【配合做好政务服务改革建设工作】 2020年，河源市地方志行政审批许可事项共两项：一是市级地方志书、综合年鉴冠名编纂许可；二是市级地方志书、综合年鉴出版许可。根据《河源市实施广东省政务数据治理专项规划工作方案》，年内，河源地方志行政审批科配合市数据局开展的各项工作稳健推进。配合健全政务服务事项数字化管理，规范政务服务行为，提升办事率和服务质量，优化政务服务环境，提升数字信息系统化。（潘焕智）

老干部工作

【概况】 2020年年底，河源市离休干部414人，其中机关单位220人、事业单位139人、企业单位55人。全市有退休干部28260人，其中机关单位9393人、事业单位16306人、企业2561人。全市老干部工作部门和全体老干部工作者以“让党放心，让老干部满意”为工作宗旨，围绕中心、服务大局，全面落实老干部政治、生活待遇，推进老干部学习活动阵地建设，创建本地老干部工作特色品牌，引领发挥老干部正能量作用，健全完善自身体制机制，完成年度的各项工作任务。

【老干部政治建设、思想建设和党支部建设】2020年，河源市委老干部局把政治建设放在首位，结合疫情防控需要，通过“线上+线下”方式组织老干部做到停课不停学、理论学习不放松。线上，通过“河源老干部”微信公众号、老干部微信群等新媒体平台及时推送习近平总书记重要讲话重要指示批示学习文章、组织老干部参加网上专题报告会等方式开展“线上学习”。线下，开展《习近平总书记在全国两会上的重要讲话精神和全国两会精神》《习近平谈治国理政》第三卷、《习近平总书记出席深圳经济特区建立40周年和视察广东重要讲话重要指示精神》等一系列“上门送学”活动。10月，举办《习近平谈治国理政》第三卷市委宣讲团报告会暨2020年市直离退休干部党支部书记培训班。2020年，组织老干部开展政治理论线上学习12次、线下学习6次，覆盖老干部3000多人次。

【落实老干部各项待遇】2020年，河源市落实老干部各项福利待遇，全市离休干部生活待遇的相关补贴、离休费都按时、足额发放，医药费按规定实报实销。加强干部退休工作管理，从开展专题谈话、安排服务对接、举办荣退仪式、建立服务机制、开展研习交流、引导发挥作用、强化党规党纪等7个方面优化干部退休前和退休后的服务内容。细化精准服务措施，提升老干部就医便利化水平。老干部困难帮扶机制落实执行到位。

【走访慰问老干部工作】2020年，河源市委老干部局做好走访慰问老干部工作，向老干部通报全市经济社会发展情况，征求老干部的意见和建议。全市各级老干部门召开座谈会、报告会等20多场次。在重大节日、老干部生病住院或有特殊困难时，通过电话问候、召开座谈会、茶话会、走访等方式，开展慰问活动。全年全覆盖走访慰问全市离休干部，走访慰问老党员、老干部、困难老干部1078人次。

【发挥老干部优势和作用】2020年，河源市为老干部发挥优势特长创造条件、搭建平台，围绕市委、市政府中心工作，打造河源市“银发生辉”正能量工作品牌，组织离退休干部围绕助力新时代党的建设、助力脱贫攻坚、助力乡村振兴、助力社会治理、助力培育时代新人等“五个助力”为河源市各项事业发挥余热、增光添彩。深入开展正能量主题活动，组织开展“我看脱贫攻坚新成就”主题活动，开展座谈会20多场次，征文活动收到投稿56篇，线上展示创作书画80多幅。组织市直老干部开展“银发耀槎城·‘创文’我添彩”“银发闪耀·生活垃圾分类宣传”主题活动，深入社区、学校共开展13场次主题活动，覆盖社区居民3万多人次。通过报刊、电视台、“河源组工”和“河源老干部”微信公众号、老干部工作简报等线上线下媒体平台，做好老干部先进事迹的宣传工作。

【老干部活动】2020年，河源市结合疫情防控工作，适当组织老干部开展各项文体活动，组织举办征文、文艺演出、座谈讨论会、书画摄影展览、小型文艺会、音乐会、歌舞比赛等文艺演出20多场次，举办书画诗词摄影展览6场次。组织老干部志愿者服务队、社区老干部资源等，融入市委中心工作，组织开展志愿服务活动20多场次，参加活动300多人次。7—10月，组织老干部开展“银发耀槎城‘创文’我添彩”送文化进社区系列活动。10月，市委离退休干部工委、市委老干部局联合市老干部（老年）大学在市文化广场举办“银发耀槎城·逐梦新时代”2020年重阳文艺晚会。11月，市老干部活动中心举办保健食品科普宣传讲座，200名老干部参与活动。12月，组织300多名老干部参观河源市灯塔盆地国家现代农业示范区，让老干部直观地感受到河源市经济社会发展的变化。（郭建芬）

保密工作

【督促检查】2020年，河源市国家保密局组织开展系统保密专项检查，分别联合市委外办、市自然资源局、市政务服务数据管理局、市邮政管理局开展外事系统、自然资源领域涉密和敏感数据、“数字政府”建设和邮政机要系统4个专项检查。开展涉新冠肺炎疫情保密专项检查、全市保密风险隐患大排查、电子邮箱隐患排查。加强国家考试保密监管，联合市教育局、市公安局对全市高考试卷保密室及考点进行专项检查，同时对紫金县、江东新区新建国家统一考试试卷保密室进行检查验收发证；对普通高考、考试录用公务员笔试、自学考试、成人高考、中小学教师资格考试、护士执业资格考试、卫生专业技术资格考试、全国医师资格考试、国家统一法律职业资格客观题考试等国家级考试试卷保密管理情况进行现场监督，并对保密室值班情况进行突击检查。加大保密违法行为的查处力度，查处3起保密违法违规案件，相关责任人受到相应处理。

【宣传教育】2020年，河源市国家保密局做好“4·15”全民国家安全教育日保密宣传教育工作，通过电视频道、网络平台、公交车、电子显示屏“四个渠道”共播放（点击）保密公益广告片8.35万次。开展保密培训，分别举办全市保密系统干部培训、涉密设备定点维修维护人员保密培训、保密员岗位资格培训、市委保密委委员及县（区）委保密委主任和保密局局长等4次保密专题培训，共培训300多人；助力机关单位开展保密教育培训活动，为市委党校主体班、市委编办、市住建局、市文化广电旅游体育局等15个单位上保密培训课，共1300多人接受保密“两识”（保密意识、保密常识）教育。动员各县区、市直各单位做好2020年保密宣传教育资料征订工作，共征订资料1万多份，

2020年7月29—30日，在市委党校举办2020年河源市保密系统干部业务培训班

（市保密局提供）

发放保密提醒标志牌、宣传海报1300多个（张）。

【依法治密】 2020年，河源市国家保密局组织开展2012年以来涉及保密工作的市委党内规范性文件清理工作，共清理文件4份。梳理市保密部门任务清单38项。深化“放管服”改革落地，认领省保密局整合后的依职权行政权力事项3项，并在“互联网+监管”系统做好市保密局监管事项认领和数据录入工作。完成市电子政务内网59个接入终端的投入使用审查工作。依法审批3家涉密设备定点维修维护资质单位，其中新审批1家、续期2家；全年开展定点单位“双随机”抽查9次。开展全市保密要害部门部位和市直单位涉密岗位及涉密人员重新确认工作；建立涉密人员脱密期管理台账，实现涉密人员动态化管理。

【技术防护】 2020年，河源市国家保密局发挥违规外联监控平台作用，全天候对全市涉密计算机实行违规外联监控。利用互联网接入口检测器加强市直重要涉密单位互联网接入口保密监管；推进重要涉密单位互联网接入口保密监测平台建设。

【服务保障】 2020年，河源市国家保密局做好省委十二届十次、十一次、十二次全会的保密服务保障，做好参会保障人员保密提醒教育、会议保障设备保密技术检查等工作。加强全市涉密会议保密管理，完成涉密电视电话会议设备调测工作，全年为13场涉密电视电话会议提供技术保障。规范开展涉密载体销毁服务，初步建立文件资料销毁一级标准处理长效机制。全年完成各类文件资料销毁任务16批次。 （陈婷婷）

直属机关工委工作

【思想政治建设】 2020年，中共河源市直属机关工作委员会以习近平新时代中国特色社会主义思想为指导，以疫情防控工作为重点，学习习近平新时代中国特色社会主义思想和中共十九大及十九届四中、五中全会精神，学习贯彻习近平总书记系列重要讲话精神特别是习近平关于疫情防控工作的指示批示精神以及习近平总书记出席深圳经济特区建立40周年庆祝大会的重要讲话精神，指导、督促市直机关单位党委（党组）定期开展中心组理论学习，落实“第一议题”、“三会一课”制度。加大党员干部培训力度，深入贯彻《中国共产党党员教育管理工作条例》，在市直机关单位开展红色教育“微党课”活动，为市直机关疫情防控临时党支部书记上专题党课，组织机关党委书记到古田干部学院专题培训。共举办培训班6期8个班次，其中培训党委书记42名、党务干部139名、新党员278名、建党对象242名、入党积极分子393名。指导市直机关基层党组织开展“主题党日”活动，组织党员干部赴龙川水贝后东特委指挥部旧址、龙川县福建会馆、中共九连工委革命遗址、王阳明博物馆等传统教育基地开展红色教育活动，重温入党誓词。

2020年，市直机关工委强化党建责任担当，压实意识形态主体责任。坚持党管意识形态原则，结合机关党建、党管武装及疫情防控、脱贫攻坚工作实际，多渠道、多形式宣传党的创新理论、政策法规，宣传市直机关党员干部参与疫情防控工作先进事迹以及第一书记扶贫经验典型，为坚决打赢疫情防控阻击战和决战决胜脱贫攻坚提供坚强宣传舆论支持。

【疫情防控工作】 2020年，新冠肺炎疫情发生后，中共河源市直属机关工作委员会主动担当作为，强化机关党建引领作用，第一时间向市直各党组织和党员发出号召，组织市直机关党员捐款136万余元，从市委组织部下拨党费和市直机关代管党费中拨出110万元，支持疫情防控一线重点单位开展疫情防控工作，看望慰问一线党员干部、医务人员。组织动员市直机关3321名党员、公职人员、人大代表、政协委员、机关民兵下沉基层一线，以社区为单位成立28个临时党支部，对源城区6个街（镇）36个社区实行疫情防控工作网格化管理，构筑群防群治抵御疫情的严密防线，让党旗在社区防控疫情斗争一线高高飘扬。此项工作受到中央和省、市委表彰，市直机关被评为全国抗击新冠肺炎疫情先进个人1名、广东省抗击新冠肺炎疫情先进集体8个、广东省抗击新冠肺炎疫情先进基层党组织1个、广东省抗击新冠肺炎疫情先进个人30名、广东省抗击新冠肺炎疫情优秀共产党员3名、河源市抗击新冠肺炎疫情先进集体21个、河源市先进基层党组织7个、河源市抗击新冠肺炎疫情先进个人50名、河源市优秀共产党员15名。

【组织建设】 2020年，中共河源市直属机关工作委员会以深化三年行动计划为抓手推进机关党建全面进步全面过硬。贯彻落实《中国共产党党和国家机关基层组织工作条例》《中国共产党支部工作条例（试行）》，聚焦党组织建设三年行动计划，抓重点补短板，落实党建主体责任，配强党组织书记，发挥“头雁”效应，提高党组织规范化建设水平。指导做好换届选举工作，及时补选和按期换届，推动市直机关800多个党组织优化组织设置。严格发展党员程序，督促各级党组织按照规定程序做好发展党员工作，共计发展新党员203名；推动党建工作示范点建设，树立党建示范品牌，市政务服务数据管理局党总支被市委组织部授予“立体多功能党组织生活平台，助推‘数字政府’提效破局首届基层党建示范品牌”称号；开展党组织书记抓党建工作述职评议考核，严格落实“党建第一责任人”职责；开展党员“戴党徽、亮身份、树形象、作表率”活动，号召市直机关党员干部通过佩戴党徽亮出党员身份，强化党员责任意识、光荣意识和先进意识。

【模范机关创建】 2020年，中共河源市直属机关工作委员会推进模范机关创建。对市直机关单位创建情况进行全面调研督导，集中解决部分党组织工作薄弱问题，挖掘一批有特色亮点的党建品牌，通过机关党建网、新闻媒体等多种渠道进行宣传推广；做好市直机关模范机关创建活动的归纳总结和评优工作；把创建活动与努力构筑新局的要求相结合，纳入党组织书记年度述职评议。

【机关作风建设】 2020年，中共河源市直属机关工作委员会把加强机关作风建设作为党建工作的重要内容和营造优良政治生态的重要抓手，着力整治党建工作“灯下黑”、党员教育管理“宽松软”等问题，开展基层党组织扫黑除恶集中摸排行动，促进机关作风继续好转。提高《政风行风热线》上线质量，强化为民服务意识。《政风行风热线》栏目共播出41期、上线单位66个，单位正职上线率达30%。深入开展市直机关民主评议政风行风工作，推动机关单位转作风提效能。

【党风廉政建设】 2020年，中共河源市直属机关工作委员会抓好市直机关党风廉政建设。建立长效机制，巩固深化巡视巡察整改成果，维护巡视巡察工作的权威性和严肃性，开展党风廉政建设和反腐败工作，推进市直机关全面从严治党向纵深发展。夯实从严治党主体责任，严格落实“一岗双责”，开展彭定邦案有关问题专项整治；开展纪律教育月活动，组织机关党员干部到传统教育基地开展廉政教育，集中观看党风廉政教育片，学习《中华人民共和国宪法》《中华人民共和国民法典》等法律法规，推动普法教育进社区、进机关。规范案件审理程序，共审理案件112宗，建议给予党纪、政纪处分科级以下公职人员112人，审结率为100%。

【民兵工作】 2020年，中共河源市直属机关工作委员会落实党管武装工作，加强民兵队伍建设。组织市直机关民兵进行为期12天的专业集训，组织市直机关民兵应急营骨干开展新装备集中强化训练，组织市直机关民兵集中点验，并开展“弘扬革命传统·争做时代民兵”庆祝“八一”主题系列活动。民兵应急营整组点验考核得到省军区领导肯定，市直机关武装部被广东省国防动员委员会评为“民兵工作先进单位”，被广东省河源军分区评为“先进基层武装部”。

【活力机关建设】 2020年，中共河源市直属机关工作委员会坚持落实新时代党的建设总要求，确保机关党员干部始终走在前作表率。组织党员志愿者开展宣讲教育、文明交通劝导、结对进社区、清洁卫生、慰问帮扶等形式多样的志愿服务，实现志愿服务常态化，全年共计开展志愿服务活动340场，人均服务时长不少于30小时；向市直机关单位党组织及全体党员发出倡议，引导市直机关各级党组织和党员干部踊跃参与爱心慈善捐助、开展走访慰问活动，“认购”扶贫产品，推进扶贫消费；组织市直机关单位踊跃参加河源市直机关第三届工作技能大赛。推荐14个作品参加第八届广东省市直机关“先锋杯”工作创新大赛，其中市公安局、市税务局、河源监狱、市烟草专卖局、市田家炳中学5个单位7个参赛作品入围广东省市直机关“先锋杯”工作创新大赛决赛，市直机关工委获得全省优秀组织奖。（胡剑雄）

关心下一代工作

【概况】 2020年，河源市各级关工委和广大“五老”（老干部、老战士、老专家、老教师、老模范）教育青少年听党话、跟党走，推动全市关心下一代工作的健康发展。2020年年末，河源市有关工组织1930个，“五老”队伍2.8万人。关工组织基本达到“六有”（有班子、有队伍、有制度、有经费、有场所、有活动）要求。

年内，市关工委组织开展“祖国富强与我成长”“中国梦·家风美”和“科技托起强国梦”青少年征文、演讲、展览等一系列活动。帮扶弱势青少年群体。全市共筹资金963.83万元，资助中小学生8669人，关爱留守儿童4730名。紫金县关工委被评为全国关心下一代工作先进集体，东源县关工委主任许德通、和平县关工委主任黄小平被评为全国关心下一代工作先进工作者。

【农村创业青年项目】 2020年年末，河源市农村创业企业增至800家，市关工委评选出20名农村创业青年优秀带头人，创建河源市创业青年农村农副产品电商平台，充分发挥农村创业青年和协会作用。（曾新添）

河源市人民代表大会

重要会议

【概况】 2020年，召开河源市第七届人民代表大会1次，召开市七届人大常务委员会会议8次。

【市七届人大七次会议】 河源市第七届人民代表大会第七次会议于2020年5月20日至21日在市区举行。河源市第七届人民代表大会应出席代表345名，出席此次会议的代表323名，符合法定人数。会议审议通过关于河源市人民政府工作报告的决议、关于河源市2019年国民经济和社会发展计划执行情况与2020年计划草案的报告及2020年国民经济和社会发展计划的决议、关于河源市2019年预算执行情况和2020年预算草案的报告及2020年预算草案的决议、关于河源市人民代表大会常务委员会工作报告的决议、关于河源市中级人民法院工作报告的决议、关于河源市人民检察院工作报告的决议。会议依法选举徐先龙为河源市第七届人民代表大会常务委员会副主任，方明为河源市监察委员会主任，钟壬旺为河源市七届人大常委会秘书长，邝茂华、刘贞华、李国、黄焕明、黄智伦、谢海航为河源市第七届人民代表大会常务委员会委员。

【市七届人大常务委员会会议】 2020年，河源市召开七届人大常务委员会会议8次。会议审议通过市政府关于河源市2019年市本级财政收支决算草案的报告、关于河源市2019年市级预算执行和其他财政收支的审计工作报告、关于河源市2020年1—6月国民经济和社会发展计划执行情况的报告、关于河源市2020年1—6月财政预算收支执行情况的报告、关于提请审议2020年第四批新增地方政府债券及抗疫特别国债额度分配及市本级预算调整方案的议案、关于提请审议2020年第二批新增地方政府专项债券转贷资金分配使用及市本级预算调整方案的议案、关于河源市2018年度市级预算执行和其他财政收支审计查出问题整改情况的报告；审议市政府关于2019年度全市环境质量状况和环境保护目标完成情况的报告、关于河源市住房公积金收支管理工作情况的报告、关于河源市加强民营企业司法保障促进民营经济更好发展工作情况的调研报告、关于河源市国有自然资源资产管理工作情况的报告；审议通过关于审议《河源市革命遗址保护条例（草案修改稿）》、关于审议《河源市革命旧址保护条例（草案修改二稿）》、关于河源市贯彻实施《中华人民共和国野生动物保护法》情况的报告、关于河源市贯彻实施《中华人民共和国传染病防治法》情况的报告、关于贯彻实施《河源市恐龙地质遗迹保护条例》情况的报告；审议通过市政府关于河源市公安派出所建设工作情况的调研报告；审议通过关于河源市促进就业工作情况的报告、关于河源市学前教育发展工作情况的报告；审议通过关于河源市污水处理设施建设工作情况的调研报告、关于河源市2020年完成脱贫攻坚任务工作情况的报告；审议通过关于《河源市人民代表大会常务委员会关于推进民生实事项目人大代表票决制工作的决定》、关于《河源市人民代表大会常务委员会听取和审议专项工作报告满意度测评工作办法》、河源市人大常委会2020年工作要点；审议通过关于接受吴育莲辞去河源市监察委员会主任职务请求的决定、关于接受陈其明辞去河源市人大常委会秘书长职务请求的决定；会议决定任命刘渤为河源市人民政府副市长等77名国家机关工作人员任免事项。会议审议通过关于召开河源市第七届人民代表大会第七次会议的有关事项等。

重要工作和活动

【概况】 2020年，河源市人大常委会坚持以习近平新时代中国特色社会主义思想为指导，全面贯彻中共十九大和十九届四中、五中全会精神，坚持党的领导、人民当家作主、依法治国有机统一，围绕中心、服务大局，履职尽责、担当作为，为推进“示范区”“排头兵”“两个河源”建设全面提效破局、努力构筑新局发挥积极作用。年内，市人大常委会行使立法权、监督权、决定权和任免权，召开常委会会议8次、主任会议11次，听取审议“一府两院”专项工作报告13项，审议地方性法规2部、通过1部，审查政府规章1件、规范性文件21件，向省人大常委会报备地方性法规1件，组织专题调研5次，开展法律法规执法检查4次，作出决议决定14项，依法批准和任免国家机关工作人员71人次。

【学习贯彻习近平新时代中国特色社会

主义思想】2020年，河源市人大常委会推进学习贯彻习近平新时代中国特色社会主义思想往深里走、往心里走、往实里走。

全面系统学 落实第一议题制度，常委会党组共召开21次会议27个议题传达学习，学习贯彻习近平法治思想和中共十九届五中全会精神，学习贯彻习近平总书记关于坚持和完善人民代表大会制度的重要思想，学习贯彻习近平出席深圳经济特区建立40周年庆祝大会和视察广东重要讲话重要指示批示精神，学习贯彻《习近平谈治国理政》第三卷，掌握习近平新时代中国特色社会主义思想的核心要义和丰富内涵。

深入思考学 深化对习近平新时代中国特色社会主义思想这一科学理论体系的把握，深刻领会党的领导是人民代表大会制度的本质要求和最大优势，深刻领会必须坚持和完善中国特色社会主义制度不动摇，增强“四个意识”、坚定“四个自信”、做到“两个维护”，深刻领会人民代表大会制度是坚持党的领导、人民当家作主、依法治国有机统一的根本政治制度安排，自觉做人大制度的忠实维护者、实践者、捍卫者。从习近平的重要讲话重要论述中深入思考，围绕“加强和改进立法工作”“增强监督工作实效”“更好发挥人大代表作用”“提高县乡人大规范化建设水平”等专题，开展新一轮“深调研”，从中找到解决问题、破解难题的“金钥匙”，以创新思路和务实举措谋划推动新时代人大工作。结合河源人大工作实践，开展人大制度理论研究，入选省理论研究优秀成果排名全省第一。

融会贯通学 自觉坚持党的全面领导，发挥常委会党组在人大工作中的领导作用，强化政治引领，把好履职方向。严格落实重大事项请示报告制度，及时主动向市委请示报告重要工作、重大事项、重要活动33件次。市委高度重视人大工作，市委常委会会议4次听取市人大常委会有关工作报告，及时研究解决人大工作中的有关问题。自觉坚持服务发展大局，根据市委的工作部署，围绕推进“示范区”“排头兵”“两个河源”建设，选准着力点和结合点，统筹谋划和推进人大工作，助力推动经济社会发展和民主法治建设。自觉坚持以人民为中心，把人民对美好生活的向往作为人大工作的出发点和归宿点，做到人民有所呼人大有所应。聚焦群众关注的民生事项、脱贫攻坚、乡村振兴、灾后重建、疫情防控等，发挥人大职能作用，推动问题解决，使可见可感的人大工作成为党心连民心、心心相印的生动实践。通过深学笃行，河源市人大工作水平不断提升，在全省人大系统学习贯彻习近平关于坚持和完善人民代表大会制度的重要思想交流会上，市人大常委会作经验发言。

【依法履职尽责】推动经济高质量发展 2020年，河源市人大常务委员会建立健全人大预算审查监督重点向支出预算和政策拓展机制，开展计划预算监督，听取审议河源市审计查出突出问题整改落实情况报告，促进经济持续健康发展。检查“十三五”收官和“十四五”规划编制工作，号召代表建言谋策，推动编制顺应人民意愿、符合人民所思所盼。推进国有资产管理监督深化拓展、提质增效，在开展市属国有企业资产、行政事业性国有资产监督的基础上，听取审议自然资源国有资产管理情况报告，督促政府全面摸清家底，管好用好国有资产，发挥经济社会效益。开展加强民营企业司法保障专题调研，对“两院”服务优化法治化营商环境、促进民营经济更好发展提出明确要求。建立市政府向市人大报告地方政府债务管理情况制度，听取审议新增地方债券、抗疫特别国债收支安排等议案，依法审查批准市本级预算调整方案，有效防控政府债务风险。

助力脱贫攻坚和乡村振兴 连续6年开展打赢脱贫攻坚战工作监督，提出坚持高位推进、产业主导、志智双扶、巩固提升，推动巩固拓展脱贫攻坚成果与乡村振兴有效衔接的意见，脱贫攻坚取得决胜成果，相对贫困人口全部脱贫，相对贫困村全部出列。组织河源市的全国和省、市部分人大代表对农房管控和乡村风貌提升工作进行集中视察，指出存在的农房杂乱无序、乡村风貌缺失、违章建房严重等问题，提出规划先行、严格管控、提升风貌、合力推进的意见和建议，推动河源市农村面貌大变化、颜值大提升。组织河源市的全国和省人大代表对在实施乡村振兴战略中推进镇街建设开展专题调研，指出存在的建设规划滞后、基础设施欠缺、公共服务不足、风貌管控缺失等问题，提出统筹推进镇街建设与乡村振兴，走出“镇村联动、村兴镇强”路子的意见和建议。落实常委会领导定点联系服务制度，督导和帮助涉农乡镇深入推进乡村振兴。

促进生态环境保护 践行“绿水青山就是金山银山”理念，发挥立法、监督等职能作用，促进生态环境持续改善，加快建设绿色发展示范区。完成《河源市扬尘污染防治条例（草案）》一审，助力打赢蓝天保卫战。听取审议环境状况和环境保护目标完成情况报告，督促补齐医疗废物处置环保基础设施短板，专题调研污水处理设施建设情况，持续推进东江新丰江市区段水环境综合整治。

推进社会治理共建共治共享 开展公安派出所建设专题调研，要求政府全面推动公安派出所深化改革，不断提升社会治理现代化和平安河源建设水平。对公益诉讼检察工作审议意见落实情况进行“回头看”检查，督促《市人大常委会关于支持和促进检察机关公益诉讼工作的决定》落实落细，推动检察机关履行好维护国家和社会公共利益的法定职责。坚持立行并重，对《河源市恐龙地质遗迹保护条例》开展执法检查，指出存在问题，增强实施效果。突出河源地方特色，擦亮河源市“红色名片”，出台《河源市革命旧址保护条例》，于2020年3月1日正式施行。推进备案审查信息平台建设应用，开展与民法典相关地方性法规专项清理工作。配合上级人大做好执法检查、立法调研及法律法规草案征求修改意见工作。弘扬宪法精神，开展好宪法、民法典宣传教育和国家宪法日活动。加强和改进人大信访工作，推动依法及时解决群众合理诉求。

增进民生福祉 听取审议市本级住房公积金收支管理工作情况报告，要求政府加强归集扩面、规范缴存管理，切实提升住房公积金覆盖率和受益率。对学前教育发展情况开展监督，督促政府扩大普惠性学前教育资源供给，落实“5080”攻坚任务，2020年全市新增公办幼儿园学位2.5万多个。听取审议市政府关于“十件民生实事”完成情况报告，首次开展满意度测评。为确保改革发展成果更多更公平惠及人民群众，决定对民生实事项目实施人大代表票决制，推动民生实事“群众提、大会定、政府办、代表督、人大评”，此次大会将开展票决。紧扣受疫情影响的民生热点问题，对促进就业、大中专毕业生就业工作进行检查调研，要求政府做好“六稳”（稳就业、稳金融、稳外贸、稳外资、稳投资、稳预期）工作、落实“六保”（保居民就业、保基本民生、保市场主体、保粮食能源安全、保产业链供应链稳定、保基层运转）任务。

加强疫情防控和公共卫生监督 贯彻习近平关于在法治轨道上统筹推进防控工作的重要要求，发挥人大职能作用推进疫情防控。及时传达学习全国、省人大常委会关于全面禁止非法野生动物交易食用和依法加强疫情防控的“两个决定”，及时出台贯彻意见，为河源市依法科学防控疫情提供强有力支撑。对传染病防治法以及野生动物保护法“一法一决定一条例”实施情况开展执法检查，协助省人大常委会对野生动物养殖农户转型转产、稳定生猪生产促进转型升级工作进行专题调研，助力统筹推进疫情防控和经济社会发展。开展疫情防控法律法规汇编和解读，普及公共卫生安全和疫情防控法律法规知识。

【代表工作】 2020年，河源市人大常委会创新督办方式，对市七届人大七次会议期间代表提出的107件建议进行“亮灯”全程督办，对促进民宿行业健康发展、加强农产品源头质量管理、贯通市区瓶颈路等建议进行重点督办，对市区亲水步道修缮、道路命名、门牌管理和红火蚁防治等建议开展“面对面”督办，代表反馈满意率达100%，办理质量和效率都有新的提高。加大代表视察监督力度，围绕“农房管控和乡村风貌提升”专题，组织64名全国和省、市人大代表开展集中视察；围绕“在实施乡村振兴战略中推进镇街建设”专题，组织14名全国和省人大代表开展专题调研；持续开展“更好发挥人大代表作用”主题活动，围绕“城乡人居环境整治”专题，组织五级人大代表统一进驻代表联络站，收集群众意见建议上千条，推动解决群众反映的难点堵点痛点问题。扩大代表对常委会工作的参与，邀请代表160多人次参加常委会立法、检查、视察、调研等工作。推进“双联系”深化开展，重视线上线下有机结合，民意反映渠道更加顺畅。开展代表培训，持续提升履职能力。组织引导代表同心战“疫”，参与物资供应、疫情监测、防疫宣传、捐款捐物等工作，在各条战线、各自岗位上发挥表率作用，用实际行动诠释代表的社会责任和时代担当。

【县乡人大规范化建设】 2020年，河源市人大常委会按照省人大常委会关于总结提高“县乡人大工作年”的部署要求，深入推进县乡人大规范化建设。受省人大常委会委托，对《广东省乡镇人民代表大会工作条例》实施情况进行检查，做好《广东省不设区的市和市辖区人民代表大会常务委员会街道工作委员会工作条例》宣传贯彻工作。坚持软件硬件同抓、建设管理共进，建成并投入使用100个镇街代表中心联络站和1340个村居代表联络站，阵地建设实现全覆盖。推动基层人大开展工作创新，源城人大专题询问与满意度测评相结合促进民生事项落实、东源人大财政监督动真格提升依法理财水平、龙川人大完善县乡人大联动机制增强整体效能、紫金义容镇人大组织开展述职评议选民监督代表全覆盖等一批守正创新的探索实践案例，得到省人大常委会的肯定和宣传推广，特别是东源灯塔镇推行村居综合工作考评新机制获评第三届广东省县乡人大工作10大创新案例。经过3年多的努力，县乡人大工作和建设开始迈入规范化常态化轨道，思想建设、组织建设、阵地建设、制度建设、能力建设、作风建设明显提升，依法履职的主动性和创造力不断激发，全市各级人大整体合力不断增强。

【重要活动】 2020年2月27日至3月3日，河源市人大常委会常务副主任吴善平，副主任罗小聪、吴素香、陈荣卓、胡为达调研指导企业疫情防控和复工复产工作，详细了解疫情防控、企业复工复产情况，询问企业面临的困难和问题。

7月9日，河源市人大常委会召开提高代表建议办理水平会议，市人大常委会常务副主任吴善平出席会议并讲话。

9月23—24日，河源市人大常委会常务副主任、省人大代表吴善平率河源市全国和部分省人大代表开展镇街建设专题调研。

11月2日，河源市人大常委会组织河源市的全国、省和部分市人大代表，对河源市农村住房建设管理工作进行专题视察。市委书记、市人大常委会主任丁红都，市长林涛出席视察动员暨汇报会并讲话，市人大常委会常务副主任吴善平主持视察动员暨汇报会。

市人大代表建议选辑

【关于加强农产品源头质量管理，保障农产品市场供给安全的建议】 民以食为天，食以安为先，食品安全关乎每个人的身体健康。而农药是重要的农业生产资料，对防治农业有害生物，保障农业生产安全、农产品质量安全和生态环境安全具有重要作用。但是，随着现代经济的飞速发展，人们的生活质量不断提高，已由吃得饱向吃得好、吃得营养、吃得健康转变，百姓高度关注“舌尖上的安全”，要保障农产品质量安全，最好的办法就要科学用药、消除农作物的农药残留。

农产品质量安全是一项复杂的系统工程，也是全社会关注的热点难点问题，不能靠临时的措施来解决问题，而是需要构筑健全的综合治理体系，强化政府的统一领导，加强部门的联合协作，将农产品质量安全纳入市（县）、乡镇领导责任制，在标准上更严谨，在监管上更严格。为了促进农产品安全供给，加强农药管理，建议：

（一）加强常态化监测，提高检测能力。建立农产品产地安全监测管理制度。对农产品产地安全监测工作加大资金投入，农业、水利、环保、国土等部门应加强协调配合，对可能影响农产品质量安全的土壤、灌溉水、大气等指标开展定期监测，对农产品产地安全进行综合调查、监测和评价。

（二）加强农药使用指导。严格农业化学投入品使用管理，从源头上保障农产品质量安全。落实农药经营许可、特别长效农药、剧毒农药限制使用定点经营等制度，实现对农药经营环节的有效监管。

（三）保障农业生产安全。做好对耕地质量的保护工作，禁止违反法律、法规的规定向农产品产地排放或者倾倒废水、废气、固体废物或者其他有毒有害物质，农产品生产者应当合理使用化肥、农药、农用薄膜等化工产品，防止对农产品产地造成污染。正确处理好农业生产、生态保护以及环境治理之间的关系，在推进农业循环生态发展的基础上保障农产品的质量安全。

（四）落实领导属地责任，做好区域宏观规划。农业各相关部门应统一归口管理，进一步明确职责、清晰分工。加强农业生产者社会责任感引导与宣传，提高农户正确的农业生产操作意识，尤其是合法合规用药意识。

（五）加强农业技术培训，抓好宣传教育。推广绿色农业生产模式，大力推进绿色、无公害、有机农产品生产体系建设。发挥新型农业经营主体在推动绿色、无公害、有机农产品生产体系建设中的关键性作用，推动绿色优质农产品生产基地建设。

（龙川代表团：骆海泉）

【关于尽快贯通市区瓶颈路段的建议】2019年，市政府投资城建项目达到30个，完成总投资约22.5亿元。为推进30个城建项目的顺利实施，市住建局制定《河源市2019年市级政府投资城建项目建设计划》，全力推进各个政府投资城建项目，包括打通城市中心城区断头路，其中贯穿群丰路和新兴路，建设大道下穿中山大道及文昌南路通道都纳入该建设计划，但未见动工。

一、市区目前主要的瓶颈路

（一）兴源东路虽已贯通，但因群丰路与兴源东路交会处部分旧房未拆迁，导致该路段明显变窄，形成瓶颈，严重影响市民出行。

（二）群丰路是南北走向，南起沿江东路，北至红星东路，由于历史遗留原因，北段迟迟未能接至红星东路，严重影响群丰路的道路规划建设，是造成建设大道上下班高峰期非常拥堵的因素之一，该道路现已形成瓶颈，同时也影响了河源市的城市形象。

（三）新兴路东段扩建为双向四车道水泥路，基本满足交通要求，但西段与河源大道接口约200米道路，仍为破旧狭窄的双向两车道，此路段附近有河源开放大学、河源中学、啸仙中学、新兴小学等四所学校，每逢上下班、上学放学高峰期必堵。

（四）随着河源市经济的发展，城市加速向外围扩展，建设大道在市区道路交通路网中的地位越来越重要。在上下班高峰期时段，建设大道拥堵严重，特别是文昌南路至中山大道路段，路口红绿灯排队等候时间较长，严重影响河源市居民的交通出行。因此，建设大道下穿中山大道、文昌南路通道工程的实施是十分迫切和必要的。

二、贯通群丰路、新兴路等瓶颈路的意义

（一）群丰路南接沿江东路已完成贯穿，北接红星东路如果可以贯穿，将可形成较为完善的交通网络，极大地缓解建设大道的交通压力。

（二）新兴路西段尽管不长，但在老城区交通网络中起着举足轻重的作用，扩展为四车道水泥路，有利于方便周边学生、群众在工作和生活上的出行。

（三）市住建局在2018年9月已经公布建设大道下穿中山大道、文昌南路通道工程，并预计2020年6月竣工，但截至目前仍未开工，此工程能按计划实施也是提高政府执行力的体现。

综上所述，建议：1.市政府相关部门成立专项领导小组，尽快将兴源东路、群丰路、新兴路、建设大道下穿中山大道及文昌南路通道工程纳入2020年工作计划。2.有序推进，按既定的时间表和路线图，压实工作责任，推进工作落实。3.针对各条道路目前存在问题，加快研究解决方案，加强部门协调配合，尽快贯通瓶颈路，提高道路的通行率。 *（源城代表团：潘建斌）*

【关于促进民宿行业健康发展的建议】随着乡村旅游市场的开拓以及在大众创业、万众创新的环境影响下，休闲度假市场进入快速成长期，民宿作为旅游市场的“新宠”，正成为旅游经济的下一个风口，小民宿开始撬动大旅游市场。河源市作为北部生态发展区，乡村旅游必将成为未来发展的重点，但在乡村旅游“吃、住、行、游、购、娱”六要素中，“吃、住”一直是乡村旅游发展的短板，可以说“民宿”就是推动乡村旅游，乃至全域旅游发展的关键和痛点。以往河源市在发展旅游工作时，往往追求旅游发展一步到位，追求旅游项目高大全，想一口吃成“胖子”，却由于资金及其他条件参差不齐等问题，贻误发展良机。河源市民宿与云南丽江、浙江莫干山或广东省其他地市相比，还存在较大差距，主要体现在体量较小、特色偏少、品质较低、美食不足、产业链短等。因此河源市发展旅游要学会化整为零，条件禀赋好的要素，如“住”“吃”“游”等可以优先发展，然后逐步归零为整，最终做大河源市旅游产业。为促进河源市民宿业健康发展，提出如下建议：

（一）把握发展脉络，引领产业健康发展。建议政府相关职能部门贯彻实施《广东省民宿管理暂行办法》，市政府出台相关配套管理规定（办法），市文广旅体局要摸清河源市民宿业的基本情况，准确把握发展脉络，市公安局要指导民宿安装适合民宿的治安信息采集系统，制定加快发展河源市乡村民宿业的贯彻实施意见，引导民宿产业健康发展。

（二）坚持规划先行，把民宿产业起点做“高”。切实做到“不规划不批建”，保证“全市民宿产业一盘棋规划、一张图实施”，避免同质化竞争。出台相应的民宿发展规划线路图，明确重点发展区域，充分考虑产业布局、人口集聚、土地利用、生态环境保护等因素，形成目标明确、布局合理、定位科学、特色鲜明的民宿发展规划。

（三）抓好关键环节，把握发展方向。因地制宜制定合适的准入门槛和审批标准，精简审批流程，优化营商环境，促进投资经营。加大资金扶持力度，对于达到规定等级标准的民宿经营户，按床位给予一定的奖励；对于资源禀赋较好、市场前景广阔的精品民宿予以重点扶持；借鉴浙江、江苏等地的经验做法，研究制定河源市“扶持民宿业发展财政奖补办法”，对利用风景区周边的古村落内陈旧房舍改造成民宿服务设施的，按一定的标准给予一次性补助，并在“小额贷款”“减免税费”等方面予以支持。

（四）集中打造“小而特”民宿，形成乡村旅游“精品名片”。一方面，建议集中进行“小而特”民宿集群旅游区的打造。按照布局合理、规模适度、功能完备、特色鲜明、生态良好的原则，从河源市筛选5至10个旅游开发重点区域，打造不同的民宿卖点。建议围绕“名山”“绿水”“红色”“民族”“生态”“养生”“健体”“科普”“文化”“美食”等方面，打造适合河源市的“小而特”民宿精品，赋予民宿各种创意的灵魂。根据旅游者消费心理，深入挖掘文化潜力，不断推出一系列有新鲜创意、有经济效益、有参与体验、有情怀寄托、有特色美食的民宿产品，民宿有故事，才能耐人寻味。另一方面，建议深入推进新农村建设、古村落保护开发、乡村振兴战略，紧扣广东省“粤菜师傅”工程，开发利用河源地方特色的菜式，鼓励引导民宿企业招聘一批高水平的粤菜厨师，高标准建设5个以上民宿集群样板村，10个以上示范村，通过帮助农村改善基础设施、优化公共服务、开展粤菜师傅培训、拓展产业链等方式，尝试探索自主推进民宿产业发展的路径。

（五）加强招商引资力度，促进民宿健康有序发展。加强与国内外知名旅游公司的合作、对接，利用旅游企业的财力、智力以及营销策划经验，对河源民宿进行专业的指导和开发，或吸引有实力的旅游企业到河源投资发展民宿产业。加强民宿旅游宣传，提升民宿形象品牌化。统一设计民宿徽标和形象，建设权威的民宿官网。加强对民宿发展的服务质量、消防、卫生等方面的监管，开通全市民宿（客栈）监督服务热线电话，确保有序发展，实现诚信经营。

（六）完善民宿公共配套、丰富旅游产品。一是完善配套服务设施。要加大对民宿发展区域的旅游交通、便民设施、生活设施、标牌标识建设等建设资金的投入。同时要加大对民宿区生活污水处理、道路设施建设、周边治安环境的整治力度。二是加快推进民宿发展区域周边的旅游项目的建设，增加可游性，使民宿和旅游项目形成相互促进、相互补充的局面。尤其是要在民宿较为集中的区域，建设特色美食一条街，抓住游客的胃，才能留住游客的宿。三是丰富配套旅游产品。配套产品可分为副业产品和旅游产品。副业产品是指提供民宿住宿以外的餐饮、购物、休闲等配套产品。旅游产品是指联合周边资源和景区，开展各种主题旅游活动。四是实施民宿人才万人培训计划。利用河源市的职业教育资源，针对民宿产业培训一大批高规格的管理、服务人才。

（源城代表团：游玉文 潘建斌）

（邹燕莺 吴贺敏）

河源市人民政府

重要会议和重要政务活动

【概况】 2020年，河源市人民政府办公室组织安排各类会议、活动228次，组织收看和收听电视电话会议80次，疫情防控方面的会议112次。

【重要会议】 2020年，河源市人民政府办公室组织安排各类会议主要有：全市推动企业复工复产和重点项目建设工作会议；全市政银企融资对接会；推进重大项目建设积极做好稳投资工作电视电话会议；全市审计工作电视电话会议；全市人力资源社会保障工作电视电话会议；全市“四好农村路”建设现场会；全市安全生产工作视频会议；全市疫情发生地来河人员健康监测和管理工作视频会议；2020年全市工信和商务工作暨经济运行分析研判会议；铁路安全隐患综合治理工作会议；全市地质灾害治理建筑工地安全生产管理，违法占用耕地建房整治工作电视电话会议；全市货运行业乱象暨铁路沿线安全隐患综合整治专项工作会议；全市城市生活垃圾分类工作电视电话会议；“五一”劳动节期间新冠肺炎疫情防控和安全生产工作电视电话会议；全市推进省挂牌整治河源市土地管理乱象和违法占用耕地及永久基本农田建房问题整改工作电视电话会议；全市学前教育“5080”工程攻坚行动暨中小学生防溺水工作电视电话会议；全市交通运输重点工作推进会；关于召开河源市创建国家森林城市动员大会；全市第三季度防范生产安全事故暨消防工作电视电话会议；全市迎接省对市县级人民政府2020年度履行教育职责评价工作推进会议；全市重点项目及政府新增债券项目（东源县）建设调度会；举行2020年农村人居环境整治“百日行动”启动仪式；全市疫苗冷链配送和预防接种标准化建设工作电视电话会议；全市农村生活垃圾治理、村内巷道硬化工作现场推进会；全市重点项目、政府新增债券项目（源城区）建设及经济运行调度会；部署国庆中秋假期安全生产和森林防灭火工作电视电话会议；组织收看收听传达部署国务院第七次大督查相关工作电视电话会议；2020年第2次县（区）长座谈会（专题工作推进会）；全市镇村生活污水处理设施建设工作现场推进会；全市第四季度防范生产安全事故暨消防安全工作电视电话会议；2020年第3次县（区）长座谈会（专题工作推进会）；全市人居环境整治百日行动村庄集中供水工作现场推进会；2019年度审计查出问题整改工作视频会议；参加2020年全省交通运输工作电视电话会议；参加全省“四好农村路”建设工作电视电话会议；参加全省安全生产和消防工作暨第一季度防范重特大生产安全事故电视电话会议；全省统计工作暨第七次全国人口普查动员电视电话会议；第一季度防范重特大生产安全事故及部署春节前后相关工作电视电话会议；省疫情防控指挥部办公室召开电视电话会议；省防控物资暨春运错峰返程运输保障电视电话会议；省疫情防控指挥部办公室专题研究部署医疗救治有关工作；全国春季农业生产工作电视电话会议；关于参加全省审计工作电视电话会议；参加全国森林草原防灭火工作电视电话会议和召开2020年省森林防灭火指挥部全体成员第一次会议；新型冠状病毒肺炎疫情防控工作电视电话会议；参加全省稳外贸及商务工作视频会议；参加2020年全省工业和信息化工作会议；新冠肺炎疫情防控工作电视电话会议；全省国有企业退休人员社会化管理工作电视电话会议；“五一”劳动节期间新冠肺炎疫情防控和安全生产工作电视电话会议；参加2020年全国打击侵权假冒工作电视电话会议；全省“互联网+监管”能力第三方评估迎评工作电视电话会议；参加数据资源开发利用专题辅导报告会；全省稳工业增长服务督导工作动员部署电视电话会议；收听收看全国深化“放管服”改革优化营商环境电视电话会议；全省渔业安全生产工作汕尾现场会；参加广东省质量大会；参加动员部署2020年大气污染防治攻坚战百日冲刺行动；收听收看省安全生产专项整治三年行动和自然灾害防治能力建设九项重点工程推进视频会议；收听收看全省工程建设项目审批制度改革暨房屋安全隐患排查整治工作电视电话会议；收听收看2020年全省一季度经济形势研判（视频）会议；收听收看2020年全省上半年经济形势研判（视频）会议；参加全国安全生产电视电话会议及全省第三季度防范重特大生产安全事故暨消防工作视频会议；9月稳外贸稳外资工作研判调度电视电话会议；收听收看全省深化“放管服”改革优化营商环境工作推进会。

【重要活动】 2020年，河源市人民政府办公室组织安排参加的活动有：生态环境部华南督察局在河源调研督察行程安排；省安全生产责任制及消防工作现场考核暨安全生产工作巡察组在河源行程安排；市长林涛到市应急指挥中心检查值班值守工作；林涛到市疾控中心、市人民医院检查新型冠状病毒肺炎疫情防控工作；林涛召开市疫情防控指挥部办公室工作会议，研究有关工作；林涛到市防控新型冠状病毒肺炎疫情工作指挥部办公室（设在市卫生健康局四楼）检查工作并看望工作人员；副市长刘渤到广师大河源校区调研；林涛到和平、龙川、连平县检查新型冠状病毒肺炎疫情防控工作；林涛召开市疫情防控指挥部办公室工作会议，研究有关工作；林涛到源城区防控疫情指挥部检查指导工作；林涛召开市疫情防控指挥部办公室工作会议；林涛召开市疫情防控指挥部办公室工作会议，研究有关工作；省政府林克庆在河源调研行程安排；林涛检查2020年春节安全生产、春运保障和值班工作；林涛召开市疫情防控指挥部办公室工作会议；林涛到紫金县调研扶贫工作并开展春节送温暖慰问活动；林涛召开市疫情防控指挥部办公室工作会议；会议通知（研究部署灯塔盆地开发建设有关工作）；关于召开全市重点项目复工协调工作组工作会议；市政府党组成员、市政府秘书长钟壬旺召开疫情防控宣传工作会议；副省长陈良贤督导疫情防控和春运保畅通工作方案；会议通知(专题研究精准扶贫和乡村振兴迎检考核工作)；副市长庞启彪到深河人民医院调研；林涛到灯塔盆地调研指导“菜篮子”工程、农业春耕生产、水田垦造及疫情防控有关工作；林涛专题研究政府工作报告有关工作；林涛到市发展和改革局调研；林涛到市商务局调研；林涛研究广大附中巴伐利亚实验学校项目有关工作；省政府马兴瑞在河源调研行程安排；林涛到龙川县调研脱贫攻坚、乡村振兴工作；林涛到民营企业（广东霸王花集团）调研；林涛到紫金县检查指导安全生产、森林防火、防汛备汛工作；会议通知（专题研究做好省属国有企业到河源市投资考察前期筹备工作）；专题研究河源春沐源生态小镇项目工作会议；听取残联有关工作；省政府张虎在河源调研行程安排；省扶贫考核组在河源行程安排；省政府陈良贤在河源调研行程安排；会议通知（专题研究灯塔盆地开发建设及东江流域水安全保障提升工程有关工作）；2020年省属国企考察河源活动行程安排；省政府参事室调研组在河源行程安排；林涛到连平县开展巡河（北江）、检查防汛备汛及安全生产工作；会议通知（听取河源市灾后复产重建工作情况汇报、听取河源市脱贫攻坚工作情况汇报）；关于专题研究全市进展缓慢重点项目推进工作；林涛到和平县检查防汛备汛及安全生产工作；野生稻种质资源保护工作调研组在河源行程安排；碧桂园集团副总裁、梅河区域总裁姚舒扬，香港进源集团董事局主席吴进枝一行在河源行程安排；关于召开2020年全市上半年经济形势研判会议；国务院应急管理部检查组在河源行程安排；省生态环境厅陈金銮在河源调研行程安排；林涛到挂钩贫困村调研并开展“七一”慰问活动；庞启彪到连平县调研经济社会发展工作；广东省老促会调研组在河源行程安排；林涛到深圳对口帮扶河源指挥部调研；林涛到龙川县调研违法用地整治和乡村振兴工作；省安全生产专项巡查督导组在河源行程安排；林涛专题研究工业经济有关工作；河源市人民政府与广东中大科技创业投资管理有限公司战略合作框架协议签署仪式行程安排；省航运集团有限公司副总经理罗健一行在河源行程安排；林涛会见宝武集团广东韶关钢铁有限公司副总裁卢学云一行；全省开展工业稳增长服务督导调研组在河源行程安排；常务副市长黎意勇研究公路体制改革工作；省涉农办调研组张仿松在河源调研行程安排；关于召开灯塔盆地国家现代农业示范区建设工作领导小组会议的通知；省政府副秘书长陈岸明在河源调研行程安排；省府办公厅谈静在河源调研行程安排；国家林草局广州专员办万自明在河源行程安排；深圳正威国际集团主席许卓莹一行在河源行程安排；林涛到市博爱学校开展2020年教师节慰问活动；林涛到龙川县调研乡村振兴及开展巡河（韩江）工作；省调研组第七组在河源行程安排；省教育厅专家组在河源行程安排；林涛督查节假日旅游；建筑工地安全生产有关工作；2020年先进制造业经贸活动日程安排；省秋冬季新冠肺炎疫情防控工作专项督查组第七组在河源行程安排；省政府副省长张新在河源调研行程安排；林涛会见中国中铁华南区域总部；中铁南方投资集团有限公司总经理王伟一行；为奥运喝彩恒爱行动至美之行河源站奥运文化进校园活动行程安排；林涛调研重点工作企业；生态环境部华南督察局岳建华在河源行程安排；关于召开专题工作会议；林涛召开专题工作会议；2020中国5G终端全球创新峰会暨第八届中国手机设计大赛天鹅奖颁奖礼活动安排；林涛专题研究促进汽车市场消费升级有关工作；林涛听取中兴通讯有关工作汇报；林涛到源城区调研第七次全国人口普查登记工作；林涛专题研究中兴通讯（河源）有限公司有关工作；林涛召开专题工作会议,研究有关工作方案落实情况；听取全市四好农村路建设有关工作情况汇报；检查高考备考和疫情防控工作；研究中兴通讯（河源）有限公司有关工作；林涛与河源市全国人大代表座谈；省院感防控督导组在河源行程安排；林涛会见中国信保广东股份公司总经理胡拥军一行；林涛研究工业企业运行工作；林涛到源城区调研及讲党课；河源市人民政府办公室关于召开全市道路交通安全工作会议；林涛到东源县调研工业企业、乡村振兴及精准扶贫工作；陈如桂在河源调研行程安排；林涛研究迎接扶贫考核有关工作；2020年省扶贫考核组在河源行程安排；林涛检查安全生产工作；省挂牌整治验收组在河源行程安排；谭君铁在河源行程安排；省政府李红军在河源行程安排；林涛到市应急管理局检查有关工作；全市廉政工作会议；省人大常委会副主任黄业斌、省政府副省长王曦在河源调研行程安排；省政府副省长覃伟中在河源调研行程安排；听取2020年财政预算编制有关工作汇报；庞启彪检查春运工作；市政府副秘书长邱慧娜就省政府领导到河源市调研进行踩线；2020年河源市都市经济之城市建设项目招商推介会；林涛到省政府向副省长覃伟中汇报有关工作；专题听取“5·23”事故调查进展情况汇报；听取全面整顿建筑市场和强化工地管理工作情况汇报；听取1—5月全市经济运行情况汇报；关于专题研究未开工重点项目推进工作的通知；2020年央企河源座谈活动行程安排；关于专题听取有关工作情况汇报的通知；专题听取市“十四五”规划编制进展情况汇报；听取灯塔盆地相关工作情况汇报；庞启彪调研教育、交通运输工作；专题研究商务工作及下半年招商工作；专题研究“三大工程”和支持中小微企业个体户工作；研究专项债项目推进有关工作；研究重点项目和固投有关工作；林涛研究国资委有关工作；林涛到江东新区调研项目推进情况及违法占用耕地建房有关工作；林涛召开专题会议（国家统计局）、听取公路体制改革工作；省发展研究中心调研组在河源行程安排；学前教育“5080”攻坚行动工作推进会；全市交通运输重点工作推进会；庞启彪到源城区调研；全市卫生健康系统落实省、市“十件民生实事”工作推进会；专题听取七寨生活垃圾填埋场有关工作汇报；黄石市政府俞远汉在河源行程安排；庞启彪督查元旦假期安全生产及疫情防控工作。 （何　丹）

市政府重大举措

【出台系列政策支持企业抗疫情渡难关】 2020年新冠肺炎疫情发生后，河源市人民政府在全省率先出台《河源市支持中小企业共渡难关17条政策意见》，并连续出台《支持受疫情影响相关商贸服务业企业八条措施》《支持受疫情影响农业生产九条措施》《市疫情防控期间保障重大项目复工若干措施》《市进一步稳定和促进就业若干政策措施》《市应对新冠肺炎疫情支持文旅企业若干政策措施》系列政策，通过发放援企稳岗补贴、减轻租金税费负担、提供金融支持、优化政务服务等措施，支持企业渡过难关。

【支持中小微企业和工商户发展】2020年，河源市人民政府出台《河源市支持中小微企业和个体工商户发展实施方案》，安排2.2亿元资金，其中1亿元用于支持中小微企业组织员工开展职业技能提升培训，1.2亿元用于支持个体工商户发展。

【全力减小疫情影响确保贫困户如期实现脱贫】2020年，河源市人民政府出台《河源市人民政府关于全力减小疫情影响确保贫困户如期实现脱贫的指导意见》，通过安排专项扶持资金、落实金融扶贫政策、加强消费扶贫等方向对受影响贫困户进行精准扶持，支持生产经营困难贫困户恢复生产，帮助贫困劳动力实现转移就业，推动脱贫攻坚项目尽早开工复工，将新冠肺炎疫情对河源市脱贫攻坚的影响减小到最低，确保全部贫困户在2020年实现稳定脱贫。

【促进汽车消费下乡】2020年，河源市人民政府出台《河源市促进汽车消费下乡实施方案》，通过资金补助鼓励支持农村居民购买汽车，应对新冠肺炎疫情对消费市场的影响，激发农村居民消费潜力。

【推动建筑业高质量发展】2020年，河源市人民政府出台《关于加快河源市建筑业高质量发展的实施意见》，在资金奖励、金融支持、人才引进、优化服务等方面出台激励政策，大力培育、做大做强本地建筑业骨干企业，鼓励外市建筑业企业落户河源市，推动建筑企业整体竞争力明显增强，到2025年全市实现建筑业总产值250亿元以上。

【开展地质灾害综合治理三年行动】2020年，河源市人民政府结合《广东省地质灾害三年行动方案（2020—2022年）》，出台《河源市地质灾害综合治理三年行动计划（2020—2022年）》，综合治理全市在册中型地质灾害隐患点、削坡建房风险点，开展地质灾害综合治理试点，加快建设地质灾害大数据管理平台，完善群测群防体系，搭建地质灾害防治技术支撑体系，在2022年年底前基本消除全市在册中型地质灾害隐患点，大幅降低全市削坡建房引发的地质灾害风险。

【规范管理农村村民住房建设】2020年，河源市人民政府颁布实施《河源市农村村民住房建设管理办法》，坚持“规划先行、建新拆旧、村民主体”三原则，推行村民建房村委会资格审核和建房公示制度，落实“有规划覆盖、有审批程序、有标准图集、有检查验收、有违建查处”五要求，明确乡镇政府“建筑放样、基槽验收、施工过程、竣工验收”四到场，构建农村村民建房管理责任体系，着力解决农村建房“一户多宅”、违规多占宅基地、“空心村”等问题，规范村民住房建设行为，加快提升农村人居环境，加快乡村振兴。

【开展建筑施工安全专项整治】2020年，河源市人民政府出台《河源市建筑施工安全专项整治工作方案》，对建筑工地安全管理工作进行地毯式大检查，严格开展危大工程安全专项执法检查，严厉打击建筑工程违法违规建设，有效遏制违法违规建设行为。同时，加强建筑施工安全教育培训，推行各行业建筑施工安全管理工作指引，提升建筑施工信息化监管水平，加大监督检查和问责力度，建立建筑施工安全监管长效机制，努力实现建筑施工事故总量、较大事故起数同比实现“双下降”。

【开展农村违法占用耕地建房排查整治专项行动】2020年，为切实扭转河源市农村违法占用耕地建房的严峻形势，全面整治土地违法乱象，河源市人民政府出台《河源市农村违法占用耕地建房排查整治专项行动实施方案》，利用2020年5月25日至12月25日7个月时间，在全市范围内集中开展农村违法占用耕地建房排查整治专项行动，重点对2015年1月1日以来全市农村违法占用耕地建房涉及的4类突出问题进行排查整治（其中龙川县摸排自2010年以来的情况），按违法情况分类采取拆除、没收、整改、固化、查办等整治措施，并建立健全城乡打击违法占用耕地建房的工作体系，完善源头排查预防、“全链条式”执法监督等工作机制，全面杜绝新增违法占用耕地建设行为发生。

【建立健全应急管理体系】2020年，在深入总结河源市应对“6·10”“6·12”特大洪灾经验教训的基础上，河源市人民政府出台《河源市建立健全应急管理体系工作方案》，加快建立健全应急指挥体系、应急预案体系、应急救援力量体系、应急救援装备和救灾物资保障体系、镇村应急管理体系、一体化应急响应运行机制和应急管理责任体系。同时，建立河源市生产安全事故和自然灾害应急救援联动机制，整合河源市现有应急救援力量，最大限度发挥突发事件救援联动效能，确保顺利完成生产安全事故和自然灾害应急救援任务，全面提升河源市应急管理综合能力。

【创建“四好农村路”示范市】2020年，为提升农村综合交通水平、加快乡村振兴，河源市人民政府出台《河源市创建“四好农村路”示范市实施方案》，按照“建好、管好、护好、运营好”农村公路总要求，用3年时间完成创建省级“四好农村路”示范市的各项工作任务，在2022年年底实现“市有示范县、县有示范镇、镇有示范路”目标，“四好农村路”成为河源市的一张靓丽名片，农村公路畅通、安全、舒适、美丽水平在全省山区市靠前。

【开展科技创新体制机制改革】2020年，为进一步激发科技创新活力、提升科技创新能力，河源市人民政府出台《河源市推动科技创新体制机制改革实施方案》，在构建科技企业高质量发展机制、改革公共创新平台扶持方式和评价机制、健全成果转移转化精准对接机制、改革人才引育和激励机制、改革科技特派员工作机制、建立金融与科技深度融合机制、改革科技经费财政投入机制、推动科技业务管理创新治理方式等八个方面推行24项改革举措，到2022年初步建成与粤港澳大湾区创新资源要素共享、创新体制机制对接、创新成果转化承接的科技创新工作和评价体系。

【实施高新技术企业三年（2020—2022年）倍增计划】 2020年，为充分发挥高新技术企业引领、示范作用，河源市人民政府出台《河源市高新技术企业倍增计划实施方案（2020—2022年）》，设立高新技术企业培育专项资金，引进高新技术企业，推进科技成果转化，推动入库企业上市，加快建立企业培育后备库，全力培育高新技术企业，计划到2022年全市高新技术企业总数达到280家，其中规模以上工业类高新技术企业达到200家。

【深化教育体制机制改革】 2020年，河源市人民政府出台《河源市深化教育体制机制改革实施方案》，推进河源市教育综合改革，在教育管理体制、教育评价制度、学校办学体制、教育资源供给、教育信息化、人才培养、校长管理制度七个方面部署15项改革措施，加快教育现代化进程，到2021年现代教育治理体系基本形成，争取用5年到8年时间进入粤东西北地区领先行列。（*廖乔曦*）

市府办工作

【办文办会】 2020年，河源市人民政府办公室坚持高标准、严要求，推行标准化管理，使办文办会工作模块化、简洁化，便于操作办理；以“零差错”为目标，不断提高办文办会的质量和运转效率，确保政令畅通有力、部署工作及时高效。

强化公文管理　健全完善公文办理制度，优化办文流程，分门别类明确每类文件呈送、拟办、审核及要件标准，让县区、市直单位报送公文有章可循，让每个环节的办理严格规范、精益求精，实现效率质量双提升。为保障公文质量和行文规范，实行“首办人责任制”，通过层层把关审核、AB角互校，确保准确无误。优化提升OA系统，建立办文时限承诺制和一周办文碰头会研究复杂公文办理问题等工作制度，文件流转加快提速，有效提升办文效率，办理时间缩减20%。全年共办理各级各单位给市政府或市府办公室来文8816件，其中本级来文4119件、上级及其他来文4697件。办理疫情防控文件1144件。按照中央八项规定和省委、省政府相关要求，精简文件，可发可不发的文件坚决不发，可由部门印发的文件不由市政府（或办公室）印发，严格控制以市政府（或办公室）名义下发的文件数量。2020年，以市政府名义下发正式文件40个，以市府办公室名义下发正式文件43个，达到正式发文总数不超过100个的工作要求。

提升会务质量　针对公务各种活动情形，分类型、分场景明确相应工作标准和要求，完善公务活动办理机制。强化前期准备、过程服务、事后落实三大环节标准化管理，不断提升公务活动效果。针对公务活动易出错问题，推行“三个一”（召开一次协调会、组织一次踩线、把关一次材料）制度，把分工负责、层层把关贯穿公务活动始终，做到程序规范、组织严密、保障有力，确保公务活动顺畅无误。2020年，共办理上级领导及有关兄弟市团组到河源市考察调研的公务活动40次，其中省政府领导调研10次；安排市领导公务活动157次，其中县区调研23次，组织收看收听上级电视电话会议80次，承办电视电话会议16次。组织疫情防控方面的会议112次。

【统筹协调】 2020年，河源市人民政府办公室围绕市政府的中心工作，履行综合协调、统筹全局的职责，勇于担当，积极谋划、指导、督促、配合部门落实有关工作。各位副秘书长牵头协调，推进疫情防控、稳住经济大局、生态环境保护、公共服务提级扩能、灾后重建、防灾减灾、乡村振兴、脱贫攻坚等重点工作，推动出台《关于加快河源市建筑业高质量发展的实施意见的通知》《关于印发河源市企业投资项目分类管理和落地便利化改革实施方案的通知》《关于印发河源市城乡居民基本养老保险实施办法的通知》《关于加大有效投资力度加快推进“示范区”“排头兵”和“两个河源”建设的实施方案》等一系列重要文件。尤其面对新冠肺炎疫情，主动作为，推动出台《河源市支持中小企业共渡难关17条政策意见》《河源市支持受疫情影响相关商贸服务业企业八条措施》《河源市进一步稳定和促进就业若干政策措施》《河源市关于支持中小微企业和个体工商户发展的实施方案》等11个扶持文件，全力克服新冠肺炎疫情影响，全面推进复工复产、复学复市，促进河源市经济社会平稳健康发展。

【以文辅政】 2020年，河源市人民政府把起草文稿作为办公室的重要职责，把提高质量作为做好办公室工作本职，围绕市委、市政府和上级党政的重大决策和部署，准确把握领导意图，紧贴基层工作实际，做好文稿起草工作，力求思路清、角度新、语言准。完成2021年《政府工作报告》的起草工作，完成李希、马兴瑞、王伟中等省委和省政府领导河源调研的有关材料任务，起草“4·30”“5·23”等相关材料。全年共起草、核改各类文稿710篇、321万字。

【督查督办】 2020年，河源市人民政府聚焦重点工作开展督查督办，将《政府工作报告》等市政府重点工作任务分解细化，明确工作职责、工作进度和具体要求,及时下发，责任到人。按照“逐项推进、逐件检查、逐个落实”的原则，对市政府重点工作任务实行通报、专报、亮灯等办法进行督促检查，动态掌握具体落实情况，促进有关事项按年初制定的计划顺利推进。全面推行《市政府主要领导批示管理工作规程（试行）》工作机制，创新督查方法，丰富督查手段，形成大督查的工作格局，提升督查效率和效果，推进各项工作任务的完成。2020年，共承办涉及上级来文及交办事项、省市政府工作报告督查重点任务、省市十件民生实事、市政府常务会议决定事项、专项工作（含国务院第七次大督查发现主要问题、中央环保督查整改）等督查事项1751项；开展、参与现场督促检查调研及会议约156次；拟写《河源政务督查》（通报、专报）36期、各类督查通知约25份。

【政务信息公开】 2020年，河源市人民政府办公室加强公开平台管理，推进政务公开工作，主动抓热点、挖亮点、聚焦点，多渠道搜集，严标准筛选，高质量编报，第一时间反映全市经济社会发展过程中的新情况、新动态，及时总结推广新经验、新做法，为县区和市直部门把握市政府重点工作提供参考。2020年，省府办组织2019年度全省政府网站考评、政务公开第三方评估，河源市考核成绩得到进一步提升，其中政府网站全省排名12名，政务公开第三方评估全省排名6名。2020年中国政府网站绩效评估报告，河源市网站在全国地级市政府门户网站中排名73名，比2019年前进3名。全年编印《河源信息专报》101期，被省采用政务信息达13条以上、综合得分达200分以上。

【“放管服”改革】 2020年，河源市人民政府办公室发挥统筹协调推进作用，协助各有关单位抓好“放管服”改革工作，力促各项工作改出新成果、创出新局面。督促市有关部门加强与省对口部门的沟通联系，做好省级有关权限的承接调整工作，及时更新调整完善部门权责清单，截至2020年年底，所有权限全部按要求调整落实到位。做好向市高新区管委会和江东新区管委会委托下放市级经济和社会管理权限工作，市高新区第三批市级经济和社会管理权限的委托下放工作已完成；江东新区第三批市级经济和社会管理权限委托下放工作正在抓紧推进。组织召开市推进政府职能转变和“放管服”改革协调小组全体会议，学习贯彻全国深化“放管服”改革优化营商环境电视电话会议精神，深入贯彻党中央、国务院重大决策部署和省委、省政府重大改革安排，督促各部门推进简政放权、强化监管效力、提升服务品质，推动“放管服”改革取得新成效。

【脱贫工作】 2020年，河源市人民政府办公室采取长牙齿的硬措施推进脱贫工作。投资40万元建设6.67公顷优质金萱茶叶产业基地，协助合作社申请50万元产业发展资金建设茶叶加工厂，引导有劳动能力的贫困户利用种养奖补资金共49.79万元入股广州斗记茶业有限公司，投资49.8万元建设53千瓦光伏发电项目等，产业发展成效明显。开发村内公益性岗位，聘请7名贫困户人员担任保洁员、绿化和污水设施管护员；举办客家菜师傅（中坝）培训班，培训50名农民和贫困人员，农民和贫困人员就业渠道进一步拓宽等。2020年，北坑村集体收入25.18万元，全村贫困户14户57人家庭人均可支配收入23093.67元，有劳动力可开发贫困户11户51人家庭人均可支配收入24188.27元；全村贫困户家庭人均可支配收入全部达到稳定脱贫标准（9000元以上）。同时，做好脱贫攻坚与实施乡村振兴相衔接，加大“三清三拆三整治”工作力度，推进人居环境整治，引导树立文明乡风，营造良好民风民俗，做好乡村振兴这篇大文章。

【应急值守】 2020年，河源市人民政府办公室严格落实值班制度，实行24小时全天候值班，协助报告和处理相关重要紧急情况，确保随时“有急能应”“有急善应”。加强和创新应急管理，做好各类突发事件防范和处置工作。做好市领导政务活动信息汇总和发布工作。2020年，累计接报各地各部门报告相关重要紧急信息1578条，向市有关领导编发手机短信息4万余条，编发《值班信息》199期，向省政府总值班室报告《突发事件信息专报》18期。坚持完善机制，推进内部管理水平再提升。健全完善内部各项规章制度，坚持以制度管人、靠制度管事，加强办公室内部日常管理。

（骆清风）

信访工作

【概况】 2020年，河源市信访系统以习近平新时代中国特色社会主义思想为指导，深入学习贯彻习近平总书记关于加强和改进人民信访工作重要思想，贯彻中共十九大和十九届二中、三中、四中、五中全会精神，统筹推进疫情防控和信访工作，维护群众合法权益，有效服务全市改革发展稳定大局。

2020年，全市信访总量5561件，比上年持续下降，其中到京非接待场所有关人员批次、人次分别下降33.5%、45.5%。群众网上信访量3680件，占信访总量的66.1%，网上信访以高效、便捷、低成本的特点日渐深入人心，群众对信访事项的办理满意度持续提升，全市信访事项按期答复率99.6%，对信访部门和责任部门的满意率分别为98.7%和98.2%。

【改革创新深化】 2020年，河源市信访局围绕“提效能、破难题、防风险”中心思想，推进信访工作制度改革。健全信访工作联动机制。注重发挥信访工作联席会议统筹协调、研究指导、督查督办作用，形成信访工作合力，为推动信访工作提供坚强保障。创新特殊疑难信访问题化解机制。探索建立重大信访案件会商审核、联合督查督办、领导包案等新方法，推动解决突出信访问题。建立引入第三方律师力量参与信访工作机制。与市法学会中立律师服务社建立机制化、常态化合作，聘请专业律师参与接访、督办工作，为群众及时就地提供法律服务，既提高接访效率，也减少群众维权成本。在各级信访部门设立访前律师工作室和复查复核律师工作室，提高信访工作法治化水平。开展“暖心接访”、让群众“最多访一次”活动。

探索“1+3+N”信访工作新模式，努力让群众“最多访一次”。即一个接访大厅，设置3个服务窗口（分别为纪委受理窗口、涉法涉诉受理窗口、信访受理窗口），N个职能部门或乡镇街道根据实际来访情况“随叫随到”，信访事项办理实现登记、流转、受理、答复等全流程提速，畅通群众信访渠道，减少群众办事时间，打造人民满意的服务窗口。

【疫情防控】 2020年，面对突如其来的新冠肺炎疫情，河源市信访局一手抓疫情防控，一手抓群众诉求解决。在暂停开放人民来访接待大厅的情况下，全面启动网上信访服务，成立涉疫情信访事项化解工作专班，对涉疫信访事项开通“绿色通道”，做到第一时间受理、第一时间转办、第一时间督办、第一时间回访。全市信访系统共收到涉疫信访事项57件，办结56件，办结率98%，平均办结时间为5日，成功回访46件，满意率95.7％，及时解决企业和群众复工复产面临的防疫物资不足、资金困难、劳资纠纷等迫切问题。

【信访矛盾化解攻坚】 2020年，河源市信访局聚焦人民群众反映强烈的信访问题，开展信访矛盾化解攻坚专项行动、领导包案化解突出信访问题专项工作以及重复访专项治理，推动化解236宗信访疑难问题。其中国家、省交办河源市的重点化解攻坚信访事项共89宗，全部按时保质化解，按时办结率100%。配合化解省领导包案信访事项6宗（办结率100%），推动化解市领导包案信访事项16宗（办结率100%），解决一批信访热点、难点问题，一些重点领域信访矛盾有所缓解、重点群体串联聚集明显减少，信访化解攻坚成效明显。

【加强信访保障】 2020年春节、全国两会、深圳经济特区建立40周年庆祝活动、中共十九届五中全会等重大敏感节点期间，河源市信访系统以高政治站位、严工作部署、有力措施落实信访保障工作责任，做到超前防范到位、掌握信息到位、协调稳控到位以及接离劝返到位。

【扫黑除恶专项斗争工作】 2020年，河源市信访局制定印发《河源市信访局扫黑除恶斗争长效机制》，扫黑除恶专项斗争工作逐步常态化、规范化。每月坚持召开1次专题部署研究会，每周坚持摸排、报送涉黑、涉恶线索，建立台账，强化宣传，不断巩固扫黑除恶专项斗争工作成果。

（温嫒琳）

移民安置

【概况】 2020年，河源市移民系统以习近平新时代中国特色社会主义思想为指导，深入贯彻落实习近平总书记重要指示批示精神，坚持以乡村振兴战略为抓手，围绕国家后期扶持中长期目标——“逐步达到当地农村平均水平”谋划年度工作，移民美丽家园建设有序推进，移民生产生活稳步发展，移民社会和谐稳定,全市移民工作继续走在全省前列。是年，河源市移民产业发展经验做法在水利部组织召开的全国水库移民工作会议上重点介绍；河源市委以《河源市突出“四个导向”扎实推进水库移民后期扶持工作》为题向省委办公厅报告工作，经验做法在省委内参《每日汇报》上刊发。

【移民生产生活】 2020年，河源市推进移民地区道路建设、农田水利、饮水安全、生态环保、生产发展等民生项目，全年完成计划项目392个，其中，完成全市121个移民村“四好农村路”建设，打造一批移民美丽家园示范点，辐射带动全市移民美丽家园建设，移民生产生活条件改善，全市移民年人均可支配收入增速继续领先全市农村居民。2020年，东源县大往村、桥头村两个移民村获评全国文明村。

【移民脱贫攻坚】 2020年，河源市结合乡村振兴战略，根据《市移民局关于打赢脱贫攻坚战三年实施方案(2018—2020年)》要求，河源市移民部门推进移民脱贫攻坚工作，取得明显成效。通过采取入股分红、光伏发电、医疗补助、技能培训等措施，让在册贫困移民迅速摆脱贫困，2020年，全市移民贫困户2244户6254人全部达到省定“八有”脱贫标准，脱贫率达到100%。

【移民园区管理】 2020年，河源市克服新冠疫情影响，助力市级移民园区企业纾困解难。2020年，市级移民园区厂房出租率达到94%，进驻企业创税3500万元,解决当地劳动力2000多人；全

2020年12月2—4日，河源市移民工作局举办2020年度全市移民村干部业务培训班

（市移民局提供）

年上缴租金1164万元，免交租金234万元，比上年实际增长14%。同时，发挥移民园区收入反哺移民的作用，安排租金收入用于移民发展生产等项目，提升移民生产生活水平。

【移民培训工作】 2020年，河源市完成移民培训共1213人，其中市级重点开展移民行政村干部业务工作、移民项目入库储备工作、移民“十四五”规划编制工作培训561人，县区举办促移民增收致富培训，水稻、果蔬防虫害技术培训等共652人。通过培训，提高移民干部能力水平，造就一批移民产业能手，实现移民更充分的就业。

【移民资金项目监管】 2020年，河源市移民部门通过完善制度，加强监管，促进移民资金使用及项目实施提质增效。一是制定实施移民项目管理细则，简化资金审批环节，加快资金使用进度，解决市县统筹项目、小微项目以及移民资金购买医保等实际问题；二是建立移民资金项目库，实现由“钱等项目”向“项目等钱”的转变；三是开展移民后扶持监督检查工作，涵盖日常监督、绩效评价、监测评估、稽察等工作内容，全方位对移民后期扶持工作进行监督检查，促进移民资金项目规范管理。

【移民信访维稳】 2020年，河源市各级移民部门严格落实市县镇村四级联动机制，采取横向联动和纵向深入的方式，解决移民信访反映的热点难点问题，把矛盾纠纷化解在移民系统内，解决在基层，消灭在萌芽状态，实现移民社会的总体稳定可控。2020年，市、县（区）移民部门共处理上级部门批转件5件，群众来信17件，接访移民群众90批（次）187人次，上访人次比上年下降39%，全年没有发生移民群体性到省进京上访事件。

【领导调研检查】 2020年5月27日，省水利厅副厅长刘中春带队赴河源市开展水库移民后期扶持工作调研。11月7日，水利部水库移民司稽察特派员张异带队赴河源市源城区开展大中型水库移民后期扶持政策实施情况监督检查工作。

（袁　芳　钟舒珊）

政务服务

【概况】 河源市政务服务数据管理局是市政府组成部门。2020年7月6日，新的市政务服务大厅投入使用，进驻市直部门48个，政务服务事项进驻1460项，实现企业、群众办事线下只进“一扇门”，现场办理“最多跑一次”，营商环境不断优化。

【“数字政府”改革建设】 2020年，河源市政务服务数据管理局以改革攻坚、规范管理、基础建设为工作重点，开展数字政府改革建设各项工作。夯实基础设施建设。率先在粤东西北地区完成市级政务云建设试点市建设任务，共部署运行33个单位的67个政务信息系统。开展全市电子政务外网升级改造，提高市级政务外网安全防护能力。逐步建立完善政务数据管理应用体系，推动完成省统一部署实施的省政务大数据中心河源分节点基本架构功能建设。规范管理政务信息化项目。在2019年制定政务信息化项目管理办法和方案编制指南的基础上，2020年又建成使用河源市政务信息化项目管理系统，实现项目立项评审和验收等全流程网上申报，并通过管理系统的专家抽取、项目价格机制、网上评审、项目大数据等功能，实现对项目全过程透明、公正、公开管理，通过信息化手段提高政务信息化项目建设的质量和效益，统筹、有序、高效地推进政务信息化项目建设。2020年市政数局全年完成评审项目36个，项目送审预算约2.74亿元，核定预算约1.78亿元，节省财政资金9600万元；完成验收项目22个，项目合同金额1.28亿元。全面监督政务服务行为。完成市政务服务综合效能监督管理平台建设，运用信息化系统监督政务服务；将全市政务服务大厅1845个窗口纳入“好差评”系统平台，实现线上线下一体化评价；升级改造市“12345”政府服务热线信息化平台，修订《河源市“12345”政府服务热线管理办法》，将市“12345”政府服务热线工作纳入市级目标管理责任考核。推进网上中介服务超市工作。组建联合工作小组，指导各部门及各县区开展网上中介服务超市工作，开展事项录入。引导各单位及企业通过省中介超市平台购买中介服务。至2020年年底，全市中介服务事项共529项，中介服务机构入驻88家，项目业主通过形式检查成功入场321家，审核发布项目共124个。

【政务服务能力提升改革】 2020年，河源市重点开展政务服务能力提升改

2020年7月6日，河源市新政务服务中心正式对外启用　　（市政数局提供）

革，以“1+3+2+X”政务服务能力提升改革为重点，不断提升服务效能，通过努力构建方便快捷、公平普惠、优质高效的线上线下高度融合的政务服务体系，使政务服务能力得到提升。升级改造市政务服务大厅。新政务服务大厅共进驻48个单位，单位进驻率从67%上升到92%；事项进驻1460项，事项进驻率从72%上升到91%；一窗受理率从70%上升到90%；网上可办率从76%上升到97%；一次办成率从12%上升到21%。构建政务服务标准化体系。实施事项材料信息数字化、颗粒化梳理，对综合窗口859项事项进行颗粒化梳理。推进市、区县、乡镇、村四级政务服务管理标准化，集中建设政务服务事项标准化、场地标准化、综合受理大厅管理制度标准化、服务流程标准化体系。推动一体化在线政务服务平台服务能力提升建设。完成与省一体化在线政务服务平台十个基础业务支撑系统对接，电子印章、电子证照、电子身份认证、“一件事”主题办、智能审批等应用更加完善广泛。加强“一网通办”能力。建成全市电子政务网络总体框架，市、县、镇、村全部在广东政务服务网开通服务站点，形成全市统一的“互联网+政务服务”门户入口，实现大部分事项“一网通办”，部分事项网上全流程办理。设立企业服务专区。实现企业政务服务事项一窗通办，统一窗口出证；完成开办企业一网通办平台系统建设，全面推行“一网通办、一窗通取”，实现开办企业涉及的企业登记、税务、公安、公积金、人社、银行等业务“一网通办”，营业执照、印章、发票和税控设备等“一窗通取”。实施“中午不停歇”服务。对已进驻市政务服务大厅综合服务窗口的市直21个部门的297项自然人政务服务事项实施工作日“中午不停歇”服务，切实解决群众办事“上班没空办、下班没处办”的痛点难点问题。

【政务服务便民热线优化】 河源市搭建统一的“12345”政府服务热线平台，畅通和拓宽政民沟通互动渠道，打造便捷、高效、规范智慧的政务服务“总客服”。至2020年年底，有64个部门纳入热线成员单位。发挥热线数据分析研判作用，提高社会管理和社会治理能力。2020年，对平台接收、分发、处理结果等数据开展定期的系统分析和动态情况分析，每季度发布一次运行情况通报，为市委、市政府创新社会治理提供事实依据和数据支撑。完善政府服务热线管理机制，梳理制定15项管理办法，推动热线工作制度化、规范化、科学化开展。2020年，市“12345”热线平台共受理热线业务23.8万宗，即时接通率99.1%，转办准确率97.8%，按时办结率99.9%，回复率100%，逾期追责率100%。

（李　悦）

应急管理

应急管理综述

【概况】 2020年，河源市应急管理局以习近平新时代中国特色社会主义思想为指导，按照市委、市政府和省应急管理厅关于应急管理工作的部署要求，坚持“人民至上、生命至上”的发展理念，全面落实各项安全防范措施，有效防范化解各类安全风险，各项工作均取得明显成效。安全生产形势总体稳定可控，事故起数、受伤人数比上年分别下降43.5%和62.3%；应对18轮较强降雨，实现洪涝灾害、台风灾害防御“零伤亡”。

【安全生产工作】 2020年，河源市应急管理局组织开展企业复工复产安全生产事故隐患排查整治、安全生产八大专项整治和重点时段、重点行业领域事故隐患排查整治等系列行动，组织开展安全生产专项整治三年行动，成立专项整治三年行动专班办公室，统筹推进“1+2+9+N”安全生产三年行动专项整治行动，累计成立检查组244个，开展督导检查2172次，排查整改隐患问题8403处。紧盯自身监管行业，组织开展危险化学品、非煤矿山安全生产专项整治三年行动，深入开展危险化学品、非煤矿山、工矿商贸等行业隐患排查整治，累计检查企业1120家、2412次，排查整改隐患问题31292处，全面落实安全防范措施，安全生产基础夯实，本质安全水平提升，全年自身监管行业未发生较大及以上生产安全事故。

【防汛救灾】 2020年，河源市应急管理局完善“三防”体制机制，制定并落实《2020年防汛工作方案》，建立市县三防办“双副主任”制，压实各级“三防”责任。完成《河源市防汛防旱防风防冻应急预案》和村“一页纸预案”修编，组织开展防汛应急预案演练6次，其中4月29日在河源市举办的省市县镇村五级联动防汛演练取得成功，为全省各级开展防汛减灾救灾工作起到示范作用，得到省“三防”指挥部的通报表彰。有序开展“三防”各项工作，累计启动防汛Ⅳ级应急响应4次、防汛Ⅲ级应急响应1次、防御18轮较强降雨、紧急提前转移安置8923人，最大限度避免人员伤亡和降低灾害损失。提前完成40户因灾“全倒户”、109户因灾“严损户”房屋修缮重建任务，累计下拨自然灾害生活救助资金622万元，紧急调拨应急救灾物资一批，开展应急救助、冬春救助工作，救灾水平提高。

【森林防灭火】 2020年，河源市应急管理局完成森防指办划转和市森林消防队组建工作，研究出台《河源市森林防灭火指挥部工作规则》《关于进一步厘清我市森林防灭火工作责任的通知》等工作制度，率先在全省厘清地方政府和相关职能部门森林防灭火工作职责，得到省森防指办肯定，作为先进典型经验在全省推广。履行森防指办工作职责，牵头组织落实森林防灭火各项防控措施，建立专业森林消防队靠前驻防巡防长效机制，率先在全省举办高规格全流程的市县镇村四级森林防灭火应急演练，快速处置多起山火，有效遏制森林

2020年11月16日，河源市消防安全科普教育场馆揭牌仪式 （市消防救援支队提供）

火灾，实现森林防灭火体制机制调整后的良好开局。

【应急管理体系建设】 2020年，河源市应急管理局出台《河源市建立健全应急管理体系工作方案》，并发挥牵头抓总作用，推动各项工作任务落实，累计组织开展督导检查3次，应急管理体系建设取得明显成效。2020年，全市应急指挥体系基本建立，“四级联系人”责任制度有效落实，应急指挥平台建设稳步推进；应急预案体系基本建立，应急救援力量联动机制完善建立，建立应急抢险队伍54支1989人、应急救援队伍131支5984人和重点行业领域专家库270多人；应急物资保障体系得到完善，应急物资仓库建设稳步推进；镇村应急管理体系深入推进，全市94个乡镇设立应急管理办公室，推进农村防灾减灾示范社区建设，建立灾害信息员队伍1668人、成立镇村应急转移工作组1406个、建设应急避难所1440个，有效打通应急管理的“最后一公里”。

【防灾避险意识提高】 2020年，河源市应急管理局策划开展安全生产月、安全生产法宣传周、“5·12”防灾减灾日、第一届“我为安全代言”演讲比赛和安全生产专题文艺汇演等系列宣传活动，“南方+”新媒体、《河源日报》等媒体专题报道河源应急管理工作累计41篇，河源电视台等市级媒体报道260多条，“学习强国”采用河源市应急管理局安全宣传视频8条，省应急管理厅微信公众号、网站和《广东安全生产》杂志转载58条，“河源应急管理”微信公众号、政务微博分别发布信息1466篇和869篇，阅读量达130多万人次和85万多人次。成功举办全市防汛救灾、森林防灭火、应急管理干部业务、防震减灾等各类专题培训18场次，牵头开展安全生产专题宣讲活动38场次，累计组织安全生产、防汛救灾、森林防灭火等各类预案演练167场次。

是年，全面加强应急管理系统党的领导，完成市、县两级应急管理部门党组改设党委。坚持新冠肺炎疫情防控和应急管理工作“两手抓、相促进”，统筹安排市应急救援队23名队员赴一线参加疫情防控工作，市应急救援队获“河源市抗击新冠肺炎疫情先进集体”，市应急管理局一名干部被评为“河源市抗击新冠肺炎疫情先进个人”。

【人民防空】 2020年，河源市应急管理局落实国防动员任务，人防领域廉政问题专项整治深入推进，建成人防疏散地域、人防疏散基地各1个，完成人防宣传教育展馆基础设施项目建设、国防动员人民防空潜力调查和人防专业队伍整组，及时做好全市防空警报设施设备检修，组织开展学校、社区防控应急演练活动和“9·18”全市防空警报试鸣，全民国防和城市防空意识得到提升。

【防震减灾】 2020年，河源市应急管理局推动成立市抗震救灾专项指挥部，及时处置7次2.0级以上有感地震，完成82个地震台、11个预警终端建设，组织开展1053项建筑工程、441座城市桥梁地震安全监督检查，举办全市中小学校地震应急避险和疏散示范演练，防震减灾能力得到提升。 （翁家平）

消 防

【概况】 2020年，河源市发生火灾1261起，死亡0人，受伤0人，直接财产损失760.52万元，全市保持连续24年未发生较大及以上火灾事故。全年，全市消防队伍共接警出动2689起，出动车辆3780辆次，出动警力19986人次，抢救被困人员131人，疏散被困人员185人，抢救财产价值188.06万元。

2020年，河源市消防救援支队下辖6个消防救援大队、8个执勤消防站、1个江东新区筹备组和34个直管政府专职消防队，建强高层建筑、大型城市综合体、石油化工、水域救援、地震（山岳）5支专业救援队伍。选送骨干参加总队、支队举办的专业技术培训班，11名人员取得总队初级安全助理员资格，57人取得水域救援资质。支队11个集体、30余名个人获省、市表彰奖励，6名个人立三等功，2个大队、3个站被评为基层建设先进单位，1人被评为全国优秀消防救援站指挥员，1个集体获评广东省青年文明号，1个家庭获评广东百户最美家庭。

【河源市消防救援支队改革】 为适应国家治理体系和治理能力现代化，立足中国国情和灾害事故特点、构建新时代国家应急救援体系，提高防灾减灾救灾能力，根据《中共中央关于深化党和国家机构改革的决定》《深化党和国家机构改革方案》和《国务院机构改革方案》，公安消防部队集体退出现役，成建制划归应急管理部，组建国家综合性消防救援队伍，承担防范化解重大安全风险、应对处置各类灾害事故的重要职责。设立消防救援局作为消防救援队伍指挥机关，消防救援局由应急管理部领导。省级以下综合性消防救援队伍实行以应急管理部为主，省、自治区、直辖市党委和政府双重领导体制。各级消防救援队伍负责实施其辖区的消防工作，履行监督管理、火灾调查、灭火救援等职责，原建设工程消防设计审验和备案职能划入住房和城乡建设部门。

河源市消防救援支队机关及所属消防救援大队、消防救援站共78名干部、108名消防员参加转改。根据应急管理部消防救援局“三定”规定，消防救援队伍暂不明确队伍行政级别，根据队伍实际情况，按照国家综合性消防救援队伍的职务职级序列和消防救援衔配备相应干部，在3年试行磨合期内，根据磨合情况及时规范领导职数配备等问题。3年试行磨合期自2018年8月22日算起。

链接：

消防救援队伍改革进程简介

2018年8月22日，中共中央办公厅秘书局印发《中共中央办公厅 国务院办公厅关于印发〈组建国家综合性消防救援队伍框架方案〉的通知》正式开展消防改革进程。

2018年10月9日，根据中央改革部署，公安消防部队集体退出现役，成建制划归应急管理部，组建国家综合性消防救援队伍。

2018年10月26日，十三届全国人大常委会第六次会议通过《中华人民共和国消防救援衔条例》，自2018年10月27日起施行。国家主席习近平签署第十四号主席令予以公布。

2018年11月9日，中共中央总书记、国家主席、中央军委主席习近平向国家综合性消防救援队伍授旗并致训词，标志着一支全新的人民队伍举旗定向、踏上征程。

2019年1月10日，河源市消防救援支队迎旗授衔仪式在市消防救援支队机关大院隆重举行，原河源市委副书记、市长叶梅芬出席仪式并作讲话。

2019年11月18日，中央机构编制委员会办公室综合局印发《中央编办关于印发应急管理部消防救援局、森林消防局“三定”规定和消防救援队伍、森林消防队伍总队及以下单位机构编制方案的通知》。

2019年12月31日，河源市消防救援支队隆重举行挂牌仪式。河源市委常委、常务副市长黎意勇出席仪式并为消防救援支队揭牌。市政府副秘书长邝伟毅、市应急管理局黄春彭、市消防救援支队班子成员及消防指战员代表参加挂牌仪式。

2020年2月17日，广东省政府印发《广东省消防救援队伍职业保障办法（试行）》。

2020年3月5日，市政府批复《关于解决河源市消防救援队伍医疗保障的请示》，全体消防指战员纳入地方医疗保障体系。

2020年12月10日，河源市消防救援支队171名转改指战员集体落户。

【消防监督工作】 2020年，河源市消防救援支队坚持以“三年行动”“消防安全隐患大排查大整治”为工作主线，强化源头治理、系统治理、精准治理，推动河源市消防安全形势持续向好发展。通过落实“三报”（周报、月报、年报）制度，10个专项40个小项的整治工作有序开展，完成377个公共建筑和住宅小区消防车通道标线标志施划工作，建立五类重点场所达标创建示范单位，组织14个物流企业负责人召开物流仓储约谈培训会，完成全市21个农贸市场消防设施升级改造工作。紧抓涉疫、高层、老旧等火灾风险较高的场所有针对性地开展整治工作；成立涉疫、综合体、文物古建筑工作专班3个，全市建成电动自行车库棚372个，安装集中充电装置348套，清理违规住人1900余人。协调多个部门，出台《河源市消防车通道管理规定（暂行）》规范性文件，规范消防车道管理工作并与相关部门形成联合执法管理机制。全年检查单位1884家，督促整改火灾隐患851处，下发行政处罚决定书212份，下发临时查封决定书97份，责令“三停”（停止施工、停止使用、停产停业）单位22家，罚款45.48万元。

2020年，市级政府挂牌督办7处火灾高风险区域，3家重大火灾隐患单位，省政府挂牌督办单位[西可通信技术设备（河源）有限公司]已通过市政府摘牌销案报广东省消防安全委员会申请验收。市、县两级消防安全委员会办公室组织相关行业主管部门多次召开联席会议分析研判火灾形势，消防、卫健等部门和基层网格员、派出所等力量联合定期对5家定点医院、6家医疗防护用品生产企业、7家集中隔离点开展“回访”。

【消防宣传工作】 2020年，河源市消防救援支队利用新媒体平台专题策划推出“战疫”期间消防车通道、居家防火、酒精消毒、企业复工等消防安全知识提醒推文，开展线上消防宣传活动。至2020年年底，“河源消防”官方抖音拥有粉丝近30万，综合排名在全省消防名列前茅，被中国应急管理、中国消防、广东消防等新闻媒体采用素材306条。向各级媒体推送素材，在中央电视台播发新闻6条，在《中国应急管理报》、学习强国、人民视频等中央媒体上稿29条，在广东电视台、《南方日报》等省级媒体上稿33条，在市级媒体及各级网络上稿600余条次。在河源市电视台创办《河源消防》专题栏目，录制各类消防安全宣传节目14期，受众人次累计达100万人次；投入近200万元建成全市消防安全科普教育场馆；持续深化消防宣传“五进”（进企业、进农村、进社区、进校园、进家庭）活动，利用网络直播的方式为驻地工厂、企业和学校等80多万人讲授消防安全知识，采取“检查+培训+演练+宣传”的模式，将“消防课堂”搬进企业、学校、农村等，集中开展“敲门行动”、“三清三查四关”（清走道、清阳台、清厨房，查电器、查通道、查火源，关电源、关火源、关气源、关门窗）、“流动消防体验进万村”等活动123次；借助“粤商通”平台开展线上消防安全大承诺、消防自查报备活动效果明显，填报占比30%，位于全省第7名。在全市社区推举188人担任“社区消防宣传大使”，一同开展“四个一”活动（排查1遍社区火灾隐患、讲授1堂社区消防知识讲座、组织1次疏散逃生演练、为独居老人面对面传授1次消防常识）；制作《消防与你携手未来》原创贺岁歌曲、《跟河消龙一起学之防疫居家消防安全》《跟河消龙一起学之新春消防安全》动画进行宣传。2020年，支队获2020年度全省全媒体工作中心建设先进支队，1人获2020年度全省消防宣传工作先进个人。

【公共消防基础设施建设】 2020年，河源市消防救援支队投入2000余万元，购置登高平台消防车2辆、宿营消防车1辆、饮食保障消防车1辆，各类装备器材5302件（套）。市消防训练基地6.67公顷建设用地通过河源市城市规划委员会审议。投入2400余万元完成文星消防站主体工程建设；完成连平消防站、和平消防站两个10年以上的老旧消防救援站改造任务；江东新区消防站建设工程完成土地平整并进入主体工程施工阶段；2个高速公路消防救援站和1个水上消防站建设纳入市人大建议督办；启动紫金大队消防队站改造、连平大队公寓房建设项目。 （刘文杰）

接待工作

【概况】 2020年，河源市接待办以习近平新时代中国特色社会主义思想为指导，按照省委、市委领导对政务接待工作的指示批示要求，围绕中心，服务大局，提高政治站位，增强谋划统筹，强化政治纪律和政治规矩，更严格地落实中央八项规定精神，更扎实地抓班子带队伍，突出政务接待主业，创新工作思路，出色完成各项政务接待任务，得到各级领导来宾的赞扬和肯定。全年接待各类宾客815批6933人，其中党和国家领导人2批56人、省部级来宾34批459人。

【重大政务接待】 2020年，河源市接待办完成全国人大常委会原副委员长李铁映、省委书记李希、省长马兴瑞、省政协主席王荣等上级领导的接待工作，还完成国家统计局督察组、扶贫审计工作组等专项接待，以及河源2020年先进制造业经贸活动、2020年央企国企河源座谈会活动、2020年河源市都市经济之城市建设项目招商推介会、“广纳英才·智汇河源”——河源市第二届高层次人才交流大会暨2020年人才集中活动月启动仪式等超百人的大型活动的接待工作。 （肖俊辉）

机关事务

【财务管理】 2020年，河源市机关事务管理局构建科学精准财务保障机制，协调做好预决算管理和经费争取，为各项业务开展提供支撑。做好财务管理，全年制单转账2230多笔；完成2019年度机关运行成本统计调查工作和专项资产管理工作，牵头做好巡察和审计的问题整改，内部控制精细化水平提高。河源市机关事务管理局连续17年获全市财政决算工作先进单位称号。

【房管工作】 2020年，河源市机关事务管理局全面完成市、县、镇三级办公用房信息统计报告工作。统筹整合存量资源，加强清理调配管理，腾退及再分配办公用房42间864平方米，为12个市直单位解决办公用房需求。创新推动建设市机关大院党员学习室，市机关大院11个单位共建共享党组织活动阵地。建设项目全部实行错时零影响施工，全年办理186宗维修项目。

【安保工作】 2020年，河源市机关事务管理局深化电子通行证、访客系统等信息化管理，调配力量重点加强市机关大院、市直机关干部公寓楼等重点区域的安保服务，着力做好重大节假日安全大检查，13个办公区（生活区）实现运行平稳。坚持24小时全天候安保巡查制度，及时有效消除各类安全隐患。市机关事务管理局负责管理的办公区（生活区）连续16年没有发生治安事件和消防安全事故，连续12年获全市“平安单位”称号。

【会务工作】 2020年，河源市机关事务管理局打造精细化标准化会务服务，抓好市委会议室等重要会场的会议服务工作，加强市会议中心服务人员的业务培训，举办高级商政务礼仪培训班提高服务素养和水平，投入46万元更换和升级会议设备设施，完成535场次会议后勤服务工作，接待人数3.5万多人次。

【厅级离退休干部服务】 2020年，河源市机关事务管理局为老干部办实事、解难事、做好事，做优政策落实，开展暖心服务，各项服务保障工作扎实到位，得到老干部的认可。全面落实厅级老干部专项医疗补助，保障老干部的医疗待遇。开展走访慰问活动，在中秋、春节前夕逐一登门走访慰问老干部，在老干部生病住院、家庭出现重大变故时及时前往看望慰问。

【资产和公务用车管理】 2020年，河源市机关事务管理局推进国有资产管理，协调建立市级部门资产处置工作机制，推动促进行政事业资产规范管理。市公路体制改革和事业单位改革资产核查和处置工作开展。全年日常资产处置审核审批61宗价值3194.6万元。公务用车管理实现突破，着眼巩固“公车改革”成果，以编制重核带动公务用车规范管理，通过制订公务用车管理的实施意见，推动建立部门联动工作机制等，规范公务用车的编制、配备、使用及处置管理。通过紧跟全省统一步调实现公务用车全生命周期管理，制定《业务指南》，强化办理效率，向县区下放部分业务办理权限等，规范公务用车的日常业务办理。全年市县两级共受理809宗业务申请并全部办结，年业务处理量为承接前的5倍以上。

【机关服务】 2020年，河源市机关事务管理局在交通运行服务方面，以规范车场日制度、增设安全监督员对维保过程全程监督等规程为抓手，全面加强公务用车维修保养，确保公务用车正常运行，安全完成全年20多万千米5128车次的车辆出行保障服务。服务干部生活方面，在市直机关干部公寓楼设立专职服务管理岗位，密切关注和及时跟进市直干部生活服务工作。做好市直干部办公用房调整修缮及办公家具、办公设备和办公用品的更换配置工作，为外地到河源任职的干部提供良好的膳食、居住服务。市机关大院环境方面，推进市机关大院增设停车位、绿化改造、技防消防升级、统战会议室等项目，以微改建极简模式新增2个停车场共80个停车位，争取供电局投入300多万元完成机关大院双电源配电设施建设，大院停车难问题得到有效解决，机关环境得到较大提升。

（黄伟平）

派驻机构

【市驻北京联络处】 河源市人民政府驻北京联络处是河源市人民政府派驻北京的办事机构，为参照公务员管理事业单位，正处级，成立于1997年10月。

主要职能 加强与国家各部门的联系，建立汇报、办事网络，负责为市委、市政府及协助市直有关部门联系办理在京有关事宜；负责进京市领导的协调服务工作，承担市委、市政府在京召开会议、举办活动的联络、接待工作；联络各行各业，促进京河两地工商企业的交流与合作，为两地经济社会建设服务；承担公共安全管理职能，协同两地信访、政法维稳部门，负责河源市进京上访人员和敏感突发事件的处理工作，共同维护首都稳定，维护河源形象；利用各种形式、多种渠道宣传河源，提高河源知名度；负责河源在京民间组织团体的管理，引导其向健康方向发展。

重要活动 2020年，联合驻地社区居委会开展社区疫情防控工作。开展驻地社区防疫卫生清洁大扫除活动；举办社区物资捐赠仪式。配合驻地社区党委开展“平安朝阳”群防群治活动；惠州市驻京联络处党组书记、主任廖志华带队到河源市驻北京联络处交流学习；开展“学王烁、战疫情、强自信、建功业”学习活动。实地考察、调研北京明朝万达科技有限公司。河源市驻北京联络处领导到广东省驻京办开展参观、学习、交流、座谈活动。实地考察、调研北京门老爷科技有限公司、河源清源实业有限公司。举行党支部换届选举大会。全处党员干部前往中国革命军事博物馆举行主题党日活动。 （肖胜荣）

【市驻广州办事处】 河源市人民政府驻广州办事处是市人民政府派驻广州的办事机构，正处级参公事业单位，成立于1988年8月。

主要职能 联系省直有关部门，了解市委、市政府报省委、省政府文电的办理情况并进行沟通；协调处理河源市籍人员赴省越级上访的疏导劝返工作；协助市直有关部门联系招商引资工作；收集、整理、编印省和广州地区经济社会信息报市委、市政府；接待因公赴穗的市、县、区领导人和市直单位人员，并提供必要的工作和生活服务；联系河源籍在广州地区乡贤的工作；承办市委、市政府交办的其他事项。

主要工作 一是强化政治建设，突出政治引领。以习近平新时代中国特色社会主义思想为指导，落实从严管党治党政治责任，增强“四个意识”、坚定“四个自信”、做到“两个维护”。二是树牢大局意识，抓好疫情防控。贯彻“坚定信心、同舟共济、科学防控、精准施策”总要求,对广州河源大厦实行封闭式管理,切实保障大厦范围内住户、办公人群的身体健康及驻地经济社会的和谐稳定。三是抓实意识形态，筑牢信仰之基。坚持党管意识形态工作，把意识形态工作与党建、党风廉政建设一起纳入班子成员“一岗双责”范畴，以实际行动践行职责和担当，筑牢党员干部的思想防线。四是加强沟通联系，发挥“桥梁”作用。向市政府主要领导汇报在穗河源籍乡贤优秀企业的发展情况，搭好家乡和异地乡贤企业家交流对接的平台，并为返乡投资、支援家乡建设的企业家做好服务、协调工作，发挥驻外机构的“桥梁”作用。五是提高政治站位，重视扶贫工作。落实全力减小疫情影响、确保贫困户如期实现脱贫的指导意见，推动产业扶贫、就业扶贫、消费扶贫等工作提质增效，确保贫困人口稳

2020年7月15日，河源市人民政府驻广州办事处承办全国各省市人民政府驻广州办事处信息协会2020年度第一次例会

（市驻广州办事处提供）

定增收,对口帮扶面上村贫困户全部达到“八有”脱贫标准，脱贫率为100%。六是加强信访维稳，确保和谐发展。坚持人民至上，坚持依法依规，妥善处理好信访问题，全年累计劝返到省上访人员20批96人次，维护省会城市的和谐稳定。七是做好信息工作，发挥驻外职能。围绕市委、市政府的重点工作去收集、挖掘和传递有价值的信息，全年向河源市委办编报《信息参考》30期105条信息，为市领导了解情况、科学决策提供参考资料。八是抓好资产管理，促进保值增值。做好广州河源大厦的日常物管工作，并催促承租方及时足额向市财政缴纳租用广州河源宾馆的租金，确保国有资产保值增值。

评先表模 市驻广州办事处获全国各省市人民政府驻广州办事处信息协会2020年度先进单位；付秋燕获全国各省市人民政府驻广州办事处信息协会2020年度先进个人。 （陈铭涛）

政协河源市委员会

重要会议

【市政协七届四次会议】 中国人民政治协商会议第七届河源市委员会第四次会议于2020年5月19日至20日在河源市区举行。会议议程：听取和审议中国人民政治协商会议第七届河源市委员会常务委员会工作报告；听取和审议中国人民政治协商会议第七届河源市委员会常务委员会关于七届三次会议以来提案工作情况的报告；收听收看市人大七届七次会议第一次全体会议，听取和讨论市政府工作报告及其他报告；审议中国人民政治协商会议第七届河源市委员会提案法制委员会关于七届四次会议期间提案审查情况的报告(书面)；表彰中国人民政治协商会议第七届河源市委员会第三次会议以来的优秀提案；选举中国人民政治协商会议第七届河源市委员会常务委员会部分组成人员；审议通过中国人民政治协商会议第七届河源市委员会第四次会议决议。

【市政协常委会会议】 2020年，河源市政协召开常委会会议6次。主要有：

政协河源市七届十五次常委会会议 会议决定，政协第七届河源市委员会第四次会议于2020年2月11日至13日在市区召开；组织学习中央和省委政协工作会议、省政协十二届三次会议以及市委七届九次全会精神，并对贯彻落实省政协十二届三次会议精神提出要求；会议协商通过《政协第七届河源市委员会常务委员会工作报告（草案）》《政协第七届河源市委员会常务委员会关于七届三次会议以来提案工作情况的报告（草案）》等；市政协常委们针对“两个报告”进行讨论、协商，提出修改补充意见；会议还协商通过政协河源市七届四次会议其他事宜，协商通过市政协教科文卫体委员会更名事宜，协商通过有关人事事宜。

政协河源市七届十六次常委会第一次会议 会议听取市委常委、组织部部长边立明代表市委向政协河源市七届四次会议推荐的七届市政协副主席及常委委员候选人的有关情况说明，并协商候选人名单（草案），审议政协第七届河源市委员会第四次会议选举办法（草案），总监票员、监票员名单（草案），政协第七届河源市委员会第四次会议决议（草案）。

政协河源市七届十六次常委会第二次会议 会议听取各讨论组召集人关于讨论市政协常委会工作报告、提案工作报告以及市政府工作报告，酝酿协商七届市政协部分副主席候选人及常务委员候选人的有关情况汇报；协商通过七届市政协部分副主席候选人及常务委员候选人名单（草案）；审议选举办法(草案）、总监票员监票员名单(草案）和会议决议（草案）；书面听取政协河源市七届四次会议提案情况通报。

政协河源市七届十七次常委会会议 会议通过有关人事事宜。任命颜彩玲为河源市政协科教卫体委员会副主任；同意接受杨国平辞去政协第七届河源市委员会常委、委员职务，接受魏育文辞去政协第七届河源市委员会常委、委员职务，接受俞李海辞去政协第七届河源市委员会委员职务；决定撤销邓振中的政协第七届河源市委员会委员资格。

政协河源市七届十八次常委会会议 会议组织学习《习近平谈治国理政》第三卷中《把人民政协制度坚持好，把人民政协事业发展好》等有关内容；传达贯彻市委七届十次全会精神；协商通过市政协常委会《推进深河特别合作区建设的调研报告》《关于河源市乡村医疗机构及医护人员队伍建设情况的调研报告》《关于深河人民医院现代化管理体系建设构想的专题调研报告》以及《关于推进灯塔盆地示范区融入粤港澳大湾区加快发展的视察报告》等4个调研（视察）报告，并进行专题议政；协商通过有关人事事宜。

政协河源市七届十九次常委会会议 会议组织学习习近平总书记在中央经济工作会议上的重要讲话以及省委十二届

十二次全会精神；会议听取市纪委副书记、市监委副主任肖伟星关于市纪委监委工作情况的通报；会议协商通过《政协第七届河源市委员会常务委员会工作报告（草案）》《政协第七届河源市委员会常务委员会关于七届四次会议以来提案工作情况的报告（草案）》（以下简称“两个报告”）；会议还协商通过政协河源市七届五次会议其他事宜。

重要工作和活动

【加强党建】 2020年，中共河源市政协委员会党组落实新时代党的建设总要求，全面推进政协系统党的建设，为人民政协更好担负新时代新使命提供坚强保证。

发挥党组作用 市政协党组始终把坚持习近平新时代中国特色社会主义思想作为巩固共同思想政治基础的主轴，加强党对政协工作的全面领导，把准政协工作方向，落实重大事项请示报告制度，先后就政协党组工作、市政协常委会工作报告和年度协商计划向市委作专题汇报。坚持政协工作与全局工作同频共振，做到党政工作推进到哪里、政协工作就跟进到哪里、好声音就传播到哪里、正能量就汇聚到哪里。发挥市政协党组把方向、管大局、保落实的作用，落实党建工作和意识形态工作责任制，切实担负起管党治党主体责任。

强化思想理论武装 坚持第一议题学习制度，切实用习近平新时代中国特色社会主义思想武装头脑、指导实践、推动工作。及时召开各类会议，学习贯彻习近平总书记出席深圳经济特区建立40周年庆祝大会和视察广东重要讲话重要指示精神，中共十九届五中全会精神、《习近平谈治国理政》第三卷以及省委、市委重要学习议题，提高思想理论水平，增强“四个意识”，坚定“四个自信”，做到“两个维护”，巩固团结奋斗的共同思想政治基础。全年围绕理论学习召开23次市政协党组会议、5次常委会会议、43次专题报告、学习讲座和交流研讨会。

完善组织体系 落实党委统战部部长兼任市政协党组副书记这一制度安排，完善“政协党组—机关党组—机关党总支—党支部”的组织架构，各项履职活动均成立临时党委或临时党支部，推动党的组织和工作实现“两个全覆盖”。开展多形式的红色教育和“主题党日”活动，增强政协党组织的凝聚力和战斗力。

加强作风建设 市政协领导班子成员落实市委工作要求，深入一线指导基层防疫和复工复产；经常到定点联系的县、镇和企业实地调研，形成9个专项调研报告报市委工作专班；市政协领导班子成员和市政协机关深入扶贫挂钩村，指导脱贫攻坚和乡村振兴工作。

【履职尽责】 2020年，河源市政协紧扣市委、市政府中心工作，把服务河源决胜全面建成小康社会、全域全面融入“双区”建设、全力打造生态经济发展新标杆作为履职重点。

围绕疫情防控主动作为 动员政协委员及机关干部投身疫情排查、病患救治等疫情防控一线，参与疫情防控网格化管理；广大政协委员捐款捐物，筹集防护物资，为抗疫奉献爱心；利用网络议政、协商座谈、提案办理、社情民意等方式，就疫情防控、复工复产、做好“六稳”（稳就业、稳金融、稳外贸、稳外资、稳投资、稳预期）工作、落实“六保”（保居民就业、保基本民生、保市场主体、保粮食能源安全、保产业链供应链稳定、保基层运转）任务等积极建言。其中《关于在疫情特殊时期加强社会弱势群体防疫帮助的建议》和《关于降低物流成本，拓宽鹰嘴蜜桃网上销售渠道的建议》等引起市委、市政府重视，批转有关部门落实，促使问题解决。

瞄准发展大局协商调研 市政协常委会紧扣“融深”“融湾”主题，围绕推动深河特别合作区建设、深河医院现代化管理、乡村医疗机构及医护人员队伍建设、推进灯塔盆地高质量融湾等课题，精心组织调研视察，开展专题协商议政，形成高质量的调研视察报告。各专委会结合自身职能就发挥律师在法治河源建设中作用、发挥高铁带动作用助推河源融入粤港澳大湾区建设、发展茶产业助推乡村振兴等主题进行调研。2020年，报送调研报告16篇，组织开展专题协商14次、对口协商16次、界别协商9次，市委、市政府领导对政协调研协商成果专门作出批示，专题听取情况汇报，将建议纳入工作部署。

着眼民生热点强化监督 办理立案的124件提案，有效促进提案建议转化为工作措施。市委、市政府主要领导、市政协领导班子成员领衔督办重点提案11件，各专委会督办重要提案14件，督办领导和委员们与提案承办单位围绕加快推进灯塔盆地“融深”“融湾”、生活垃圾分类处理、新能源汽车配套设施建设等25个方面问题进行面对面协商，提升提案办理质量。做好反映社情民意工作，全年向市委、市政府报送《社情民意》信息68期，得到市委、市政府主要领导的高度关注，市委书记丁红都、市长林涛等市领导对《社情民意》信息作出批示，推动相关问题的解决。

【凝聚共识】 加强思想引领 2020年，河源市政协把加强思想政治引领贯穿政协工作的各方面，在调研协商、视察考察等履职活动中，既组织委员围绕党政中心工作建言资政，又积极引导委员利用自身专业知识和影响力深入基层和界别群众主动发声。多角度、全方位宣传政协履职工作。在《人民政协报》专版刊登河源市政协履职工作亮点；在市政协门户网站发布信息500余条，微信公众号推送信息182期900余条；《委员直播间》播出52期；编发《河源政协》杂志4期；市级媒体刊播新闻100多条。加强政协文史工作，在《河源日报》刊登“河源人物志”系列报道，编辑出版文史资料《新丰江水库纪事》《河源江河

2020年1月21日，河源市政协召开市政协专题协商会　　（市政协办提供）

录》；举办河源市“政协杯”征文活动，广泛传播河源好声音，汇聚强大正能量。

加强上下联动　组织居住河源市的省政协委员赴中山、阳江考察脱贫攻坚和乡村振兴工作，组织省、市政协委员参加省政协组织的“政协悦读”活动，围绕河源市推动“双循环”及构建“一核一带一区”区域发展格局等建言献策。完善主席会议成员分工联系县区政协制度；召开全市政协系统学习座谈交流会，推动政协工作与党委政府决策部署同频同向；密切市县政协工作协同，重要的学习研讨和专题培训市县政协干部一起参与，重点调研和民主监督市县政协一同开展，增强工作合力。指导全市乡镇政协联络工委完善机制建设，发挥乡镇政协联络工委在疫情防控、捐资助学、扶贫济困、助力发展等方面的作用。推动政协协商向基层拓展延伸，促进和丰富基层协商民主工作，得到省政协领导的肯定。河源市建立乡镇政协联工委的经验在全省推广。

加强合作共事　落实市政协党组成员分工联系民主党派制度，联合开展调研考察、协商议政、督办提案等活动，为民主党派知情明政、发挥作用拓宽渠道、创造条件。市各民主党派围绕医疗卫生、现代服务业发展、科技特派员队伍建设以及中小学公办教育集团化办学、南粤家政推动就业、克服疫情对脱贫攻坚影响等课题开展专题调研，提出建议。加强与宗教界人士交往交流，听取促进宗教事业发展的建议；加强与港澳台同胞和海外华侨联系，参加澳门河源同乡会等港澳爱国社团的各类活动；加强与兄弟市政协的交往联系；开展助学活动，对贫困家庭进行资助。

【固本强基】 优化委员服务管理　2020年，河源市政协坚持落实走访委员制度，倾听委员对经济社会发展及政协工作的意见建议。创新学习培训方式，通过“请进来讲、走出去学”、座谈会谈等形式，对委员进行履职培训，举办市政协常委、新任政协委员培训班，同时通过微信群、微信公众号、专委会专题学习会等平台，拓宽委员视野，提升委员政治素养和履职水平。

推进制度机制建设　完善政协履职管理，出台《河源市政协常委提交年度履职报告工作办法（试行）》，完善《政协河源市委员会委员履职管理及量化考核办法》；加强上下联动，完善《市政协领导和市政协专门委员会联系县(区）政协工作分工制度》；规范政协机关运行机制，修订完善内部管理制度，提高机关制度化、规范化、程序化水平。

提升机关工作效能　全面推进模范机关创建；持之以恒开展党风廉政建设；组织举办“市政协机关干部综合素质培训班”，提升机关干部服务能力；完成市历届政协委员联谊会、河源公共外交协会、市人民政协理论研究会的换届工作，完善其组织架构和管理制度，更好地服务委员履职和开展政协理论研究工作。

市政协委员提案选辑

【关于加快推进河源市农产品全面融湾融深的提案】　案由：建设粤港澳大湾区，支持深圳建设中国特色社会主义先行示范区是习近平总书记亲自谋划、亲自部署、亲自推动的重大国家战略，是党中央赋予新时代广东改革发展的重大使命。省委书记李希2018年到河源市调研时要求，努力把河源建设成为全省绿色发展的示范区、融入粤港澳大湾区的生态排头兵，走出生态河源、现代河源相得益彰的发展新路。2020年，是全面建成小康社会和“十三五”规划收官之年，也是河源振兴发展的攻坚决战之年，全域全面“融湾”“融深”意义重大。市委七届九次全会明确提出，要以“融湾”为纲、“融深”为牵引，奋力推动“示范区”“排头兵”和“两个河源”建设全面提效破局、努力构筑新局。

一、基本情况

近年来，全市农业农村系统深入贯彻市委、市政府决策部署，积极与深圳等粤港澳大湾区城市对接，全力推进河源市农产品融湾、融深各项工作，特别是在融深方面做了大量工作，取得突破性进展。

（一）河源与湾区合作紧密。河源是广东农业大市，建成优质稻、特色水果、安全蔬菜、茶叶、畜禽、水产等一批绿色特色农产品生产基地，成功创建“万绿河源”农产品区域公用品牌，河源已成为粤港澳大湾区重要的绿色农产品生产和供应基地，而较大比例优质农产品直供深圳。2019年，全市有外销的规模蔬菜基地29个，面积504公顷，年供应深圳约20万吨蔬菜。全市有外销的万头以上规模养猪场23个，年供应香港25万头、深圳15万头。肉鸡及冰鲜鸡供港供深也占较大比例。

（二）深圳对口帮扶河源。根据省委、省政府安排，深圳市全面对口帮扶河源。多年来，深圳市用心用情携手河源坚决打赢脱贫攻坚战，打好乡村振兴持久战，推动河源经济社会全面发展。通过组织参与深圳绿博会、深河扶贫展销会、河源丰收节系列活动暨产销对接大会等展示展销活动，加强河源与深圳的紧密交流合作，达成双方互惠共赢的目的。

（三）河源与深圳合作不断加强。多年来，河源市积极与深圳对接，发挥河源市的资源、生态、劳动力、特色农业等方面优势，借力深圳的资本、人才、技术、管理、市场等方面优势，强化河源深圳农业产业合作，共同努力将河源市打造成深圳优质“菜篮子”供应基地、深圳优质生活圈的重要承载地。近年来，河源与深圳两地先后就深河两市农产品质量安全监管合作机制、共建农产品加工产业园、共建农产品展示展销平台、共建深圳河源“菜蓝子”基地和扶持河源农业电商服务站网点建设等多个产业合作项目建设达成共识，多项工作取得阶段性进展。

二、存在问题

（一）河源优质农产品基础产能不足。河源农产品品种丰富，品质优良，但受生态保护、承载量限制影响，农产品总体规模较小、基础产能不大，除满足本地消费外，对外销售体量不大，可持续供应能力不强。

（二）双方对接体制机制不够紧密。目前，两地政府间、部门间对接仍存在结构不对等、业务不统一的问题，导致双方签订的一些合作项目在具体工作对接中难以落地，没有发挥出应有的作用。

（三）农产品准入衔接不顺畅。目前，河源与湾区两地在产地准出和市场准入管理中仍存在不一致、不统一的地方，导致农产品入深不畅，亟待建立完善农产品质量安全监督检测互认、市场准入、农产品源头追溯和农产品标识管理、农产品质量安全监管信息共享和通报等制度。

（四）深圳市“菜篮子”基地认证工作连续性不强。目前，河源优质“菜篮子”基地入围深圳市“菜篮子”基地较少，存在认定频次少、标准高和品种单一等问题，导致河源市很多优质农产品无法直供深圳市场。

建议：

（一）主动融入。河源地处东江中上游，是沿海与内陆的结合部，距广州、深圳和香港均不足200千米，交通十分便利，已融入珠三角两小时经济生活圈。河源农业资源丰富，生态环境优良，能够为粤港澳主要城市提供优质的农产品。深圳市管理人口超过2000万人，平均每天需要消耗蔬菜水果9400吨，肉、蛋和水产品6190吨，口粮5480吨，农产品消费量大，是河源农业对外销售的主战场。各地要切实把握河源市全域全面融入粤港澳大湾区建设的战略部署和发展机遇，主动入位、找准抓手、精心组织、细化措施，为河源农产品全域全面“融湾”“融深”创造条件，打通渠道。

（二）加强对接。完善构建与湾区协商沟通平台，促成政府间、行业间全方位、多渠道的对接合作。重点是要抓好河源市优质、生态、特色农业产业资源和湾区的资本、人才、技术、管理、市场等方面资源对接，在生产与加工、基地与市场、产业与人才、资源与政策等方面全面合作，全方位、多渠道开拓湾区市场，通过合作、共商、共建，把河源市打造成为粤港澳大湾区“菜篮子”“米袋子”“果盘子”“茶罐子”。特别是要把河源打造成深圳农业产业发展腹地，积极承接深圳产业延伸、企业转移，加大对深招商引资的力度，积极融入粤港澳大湾区一体化建设。

（三）完善机制。双方出台政策文件，标准互认、渠道统一，为引进输出提供便利，为企业落户扫除障碍。完善建立协商机制，共建联席会议制度，定期不定期进行沟通交流，破解难题，推动工作。

（四）建立基地。加大适销对路特色农产品基地建设力度。河源农业经营主体要研究湾区市场、对接湾区市场，为湾区特别是深圳提供优质农产品。鼓励深圳企业到河源投资农业。探索“飞地农业”，划出土地建设深河农业产业园，享受深圳农业政策，产品供应深圳。

（五）深化合作。借力湾区优质、强大的师资力量和雄厚的科技支撑，在技术引领、市场转化、电商培育、品牌塑造和智慧农业发展等方面开展深度合作，有机融合，实现互利共赢。

提案者：叶发兴，市政协联络工作委员会

承办单位：市农业农村局

挂案督办领导：丁红都

【关于大力推进灯塔盆地高质量融湾，强力打造河源乡村振兴主引擎的提案】

案由：灯塔盆地国家现代化农业示范区，涵盖东源、和平、连平3县20个镇，总面积2291平方千米。自2012年被农业部认定以来，经过近8年的发展，示范区基础设施不断完善，科技支撑能力明显增强，“三变”改革试点稳步推进，农业产业加速集聚。但作为连接融入粤港澳大湾区的重要平台、全市乡村振兴的主引擎、生态河源的主战场，依然存在规划打架、用地问题突出、土地集约经营难、协调体制机制不健全、人才引不进留不住、配套不完善等问题。为了深入推进示范区高质量融湾，切实打造乡村振兴主引擎。

建议：

（一）一张蓝图绘到底。先说一张蓝图：示范区建设涉及3县20个镇，示范区的国土空间规划和村镇规划必须与3县20个镇的规划有机衔接，进一步强化国土空间规划对各专项规划的指导约束作用，充分考虑现代农业园区的生产、加工、休闲、科研等三产融合的用地需求和进入灯塔盆地的投资客、人才、消费者的生产、生活用地需求，确保规划的一致性，从源头上杜绝违法用地和闲置用地等问题。再说绘到底：示范区的建设不是一朝一夕就能建成的，也不是一任主官就可以建成的，它需要一任接着一任撸起袖子加油干，久久为功，将初稿变成终稿，一笔画到底。如果一任一个想法，一任一个做法，那么政策的稳定性和连贯性就无从谈起，这样的营商环境，大湾区的投资商也不敢来，事情也就永远做不成。

（二）破解土地集约经营难题。总结示范区“三变”改革试点经验，创新土地集约化经营、土地经营权流转机制，为示范区产业化经营提供必要的用地条件。一是建立符合灯塔盆地特点的建设用地标准，完善土地开发利用制度，建立健全程序规范、补充合理、保障多元的土地经营权流转机制。二是推进土地盘活和利用，加大盘活存量建设用地力度，为示范区发展腾出新空间。整合示范区内碎片土地，提高土地节约集约用地水平，对符合优先发展产业且用地集约的，优先保障项目用地需求。

（三）体制机制要理顺。灯塔管委会与3县20个镇没有行政隶属关系，管委会现有人员架构满足不了示范区快速发展的需求，专业人才不足、基层落实难度大。市委书记丁红都在市委七届九次全会上的报告明确指出：要加快理顺灯塔盆地的组织架构和管理体系。为了理顺灯塔管委会体制机制问题，建议在强化示范区建设领导小组的统筹协调、牵头抓总的基础上，充分发挥指挥部和专职小组的作用，并在乡镇政府增设灯塔盆地示范区建设办公室。切实形成管委会、县、镇、村利益共同体，理顺关系、明确责任，调动各方积极性。建议分管组织人事的市委领导兼任示范区建设领导小组领导职务，便于有效协调3县20个镇两级党委政府，也便于在工作中发现可用干部。建议灯塔盆地积极申报农业高新技术产业示范区，参照杨凌农业高新技术产业示范区设立组织架构、制定管理体系。

（四）完善配套，筑巢引凤。一是基础设施要跟上，路网、水网、办公区、生活区要加大投入、尽快完善，切实打造工作便利、生活舒适的示范区。二是服务要跟上，灯塔盆地管委会要制定统一的办事指南，确保3县20个镇办事流程、办事标准一致；切实落实到位“代办制”保姆式服务。硬实力、软实力两手都要硬，要让湾区人愿意到灯塔盆地。

（五）融入、融出两头强。一方面我们要树立共建共享的理念，千方百计地让粤港澳大湾区愿意融进灯塔盆地，针对大湾区出台便利投资、便利休闲等优惠政策，并严格落实，让大湾区投资客、休闲客、消费者既看到灯塔盆地发展的前景，更看到我们的诚意。也就是要吸引大湾区的资金、人才和消费者融进灯塔盆地的建设，并在建设的同时享受政策优惠、服务优惠等。另一方面要彻底研究粤港澳大湾区需要什么，灯塔盆地可以产出什么，要想法设法地输出满足大湾区需要的优质农产品、优质生活圈，加快推进供深产品标准出台，推进农产品的产品、产地互认，深度对接粤港澳大湾区城市群和国际国内两大消费市场。既要让粤港澳大湾区融进灯塔盆地的意愿强，更要让灯塔盆地融入粤港澳大湾区的能力强。切实推进灯塔盆地高质量融湾，强力打造河源市乡村振兴主引擎、生态河源主战场。

提案者：民进河源市基层委员会
承办单位：市灯塔盆地管委会
挂案督办领导：林涛

【关于推进河源市生活垃圾分类处理工作的系列提案】 案由：生活垃圾分类是开展“美好环境与幸福生活共同缔造”活动，加快改善人居环境，不断提升城市品质的重要内容，其重要意义，不言而喻。2019年起，全国地级及以上城市全面启动生活垃圾分类工作，2025年年底前全国地级及以上城市将基本建成垃圾分类处理系统。习近平总书记十分关心垃圾分类工作，对垃圾分类工作作出重要指示，强调提出实行垃圾分类，关系广大人民群众生活环境，关系节约使用资源，也是社会文明水平的一个重要体现。

随着河源市人口的增多、社会经济发展和物质生活的极大丰富，生活垃圾也随之增多，垃圾种类也随之丰富，目前河源市市区每天要处理的生活垃圾已高达800吨，对生活垃圾处理手段较为单一，这就需要对垃圾进行进一步分类处理。根据国家、省推进垃圾分类的有关要求，河源市因地制宜，正在抓紧制定《河源市城市生活垃圾分类管理实施方案》。垃圾分类处理是改善城市环境、建设生态、绿色河源的题中应有之意。垃圾分类收集运输可以减少垃圾运输过程中的环境污染，有利于营造清洁的城市环境；同时，垃圾分类对各种垃圾分别进行针对性地处理，可有效地减少环境污染和土地占用。目前，河源市已经在主要路段、各个小区内设置了分类垃圾箱。但河源市垃圾分类工作推进缓慢，与认识不到位、机制不到位、宣传不到位有关，造成职能部门和居民垃圾分类意识不强，严重影响河源市垃圾分类工作的推进。主要是：

（一）是市民垃圾分类意识不强。现在市民对环保的重要意义已有较深的认识，也不缺乏参与环境保护的愿望和热情，但要转化为实际行动，形成良好习惯，还需要很大的努力。培养环保的垃圾排放习惯，这不是一朝一夕就能做好的。

（二）是市民垃圾分类知识不足。很多市民搞不清楚哪些是可回收垃圾、哪些属于有毒有害垃圾、哪些是其他垃圾，就连一些保洁、清运人员也是概念不清。特别是在疫情防控期间，即使有废弃口罩专用垃圾桶，仍有不少市民将用过的口罩随意弃置；

（三）是垃圾分类回收不规范。已安装的固定垃圾箱虽标有“可回收”“厨余垃圾”“有毒有害”“其他垃圾”标志，但并没有引起人们的注意，垃圾桶里边更是多种垃圾混杂。垃圾清运“先分后混”情况仍普遍存在垃圾分类处于无人管、无人问、无人为的“三无”状态。

（四）是垃圾后期处理仍以填埋为主。

建议：

建议因地制宜，加快推进居民生活垃圾分类工作。

（一）是完善相关机制。生活垃圾分类管理可遵循政府推动、全民参与、城乡统筹、因地制宜的原则。垃圾分类工作是党委政府主导的一项重要工作，必须统筹全市各级各部门力量，协同处理。要根据河源实际，实事求是，从简单的分类做起，逐步推进，让市民有一定的了解后再进一步将垃圾分类，讲求实效，做出特色。要加快出台《河源市城市生活垃圾分类管理实施方案》，制定生活垃圾分类管理措施，建立生活垃圾分类工作协调机制，保障生活垃圾分类管理的人员配置、设施建设运营的资金投入，落实生活垃圾分类管理目标。促进生活垃圾收集、运输、处理的产业化发展，建立和完善生活垃圾污染环境防治社会服务体系，提高生活垃圾利用率和无害化处理率。

（二）是加强引导和宣传力度。既要增强市民的垃圾分类意识，又要普及垃圾分类知识。通过让市民了解垃圾分类能为社会带来的好处，让市民获得为社会做贡献的成就感，使市民们都自觉投入其中。可以通过发放公益宣传材料、媒体宣传等多种形式对垃圾分类知识进行宣传，到学校尤其是中小学校向学生普及垃圾分类知识，由专业的垃圾分类团队向垃圾清洁人员的宣传教育工作，以免出现分类后又被混装的情况。

（三）是增加试点范围。将机关企事业单位、学校、餐饮业等纳入试点范围中。从机关企事业单位做起，设置室内和楼层分类垃圾桶，室外设置有毒有害垃圾桶和餐厨垃圾桶，让大家在扔垃圾的时候都有意识地进行分类，从源头上做好生活垃圾分类收集工作。在学校进行试点，将垃圾分类宣传教育纳入素质教育体系，既有利于集中的宣传教育，更能通过“小手牵大手”带动每一个家庭提高环保意识、推动垃圾分类减排的初衷。而餐饮业产生的食品垃圾在所有垃圾中占很大的一部分，食品垃圾不仅量多，更重要的是含水量大、易腐烂发臭和传播病菌，能够先在试点中将厨余垃圾从混合垃圾中分离出来并单独进行处理，对垃圾分类处理具有重要的意义。

（四）是合理配置收集运输设施。一方面要做到分类收集设施完备，在公共场所、居民小区设置足够的分类回收垃圾箱，垃圾箱注明分类原则，按一定公里设置回收垃圾箱，让市民垃圾分类能更便捷。另一方面要做到布局合理，日常垃圾方便扔到垃圾箱，其他一些专门的收集点也要方便到达，否则在没有强制要求的情况下很难让人去专门去寻找，这方面可以和一些专业商店合作进行。如在德国，就是由各个超级市场设立废品回收点回收顾客在购物之后拆下的商品包装和从家中带来的废品；药店负责回收过期药品；商店里的电池销售处回收旧电池，尤其是含汞的、废弃在自然界很有毒性的纽扣电池。

（五）是扶持垃圾分类处理企业，加快产业化发展。垃圾只是放错地方的资源，更是不断增长的可再生资源。中国目前垃圾量正以每年8%到10%的速度增长，垃圾处理业作为新兴的产业，风险小、收益稳定，前景是非常诱人的。政府鼓励企业加入垃圾分类行业中，参与垃圾直运、垃圾处理整个流程，由相应的垃圾处理企业去收集、运输、处理各种分类好的垃圾，推进垃圾分类处理的市场化运作，既可以减少政府在这方面的财政支出，又能带动产业发展，促进就业。而政府只需要做好服务监督工作，一方面通过减税等手段鼓励、扶持相关企业，并对那些企业无利可图不进行处理的垃圾，利用固废中心免费处理，另一方面要做好监管工作，防止企业在垃圾处理过程中对环境的二次污染。

（六）是建立健全再生资源回收利用体系。加快完善可再生资源回收网络，职能部门重点做好引导和调控，在生活垃圾收运环节可有序开展市场化运作，让民营企业参与。对于经济成本不高、回收利用价值较低的废旧物品，可考虑一定的价格补贴，鼓励生产企业和回收企业设法回收再利用。探索经营特许权和税费优惠、电价补贴等倾斜政策，扶持鼓励企业做强垃圾资源化利用产业，促进资源化利用产业快速发展。

（七）是加快终端处理设施和分类配套设施建设。如根据分类运输的需要，配备足量分类运输车辆，配置开辟与前端生活垃圾分类规模相适应的分类运输专线，实施定点、定时分类运输。

（八）是出台奖惩措施。建议出台奖励政策，给予市民激励和动力，通过奖励按时按标准分类的市民，利用公众媒体平台宣传垃圾分类工作做得好的社区及优秀居民代表，对长期不按要求分类的市民采取一定惩罚，让垃圾分类得到政策保障。

（九）是动员基层的力量。垃圾分类是一个耗时长久，需要动员全社会力量的行动，政府更多的是牵头和引领，还要让垃圾分类“从群众中来，到群众中去”，以街道和居委为单位，组织起一批志愿者，对街道和社区居民进行宣传，与社区物业管理委员会、社区业主合作，在社区居民较多的公共场合及微信业主群等地方普及垃圾分类的知识，让市民能真正感受到“主人翁”的意识，动员更广泛的力量参与到垃圾分类当中去。

提案者：张雨生，赖弥平，民革河源市委员会

承办单位：市城市管理综合执法局、市发展和改革局、市教育局、市商务局、源城区人民政府

挂案督办领导：张丽萍

（黄尧铭）

纪检·监察

重要会议

【七届五次全会】 2020年4月10日，在市会议中心召开七届河源市纪委五次全会。中共河源市委书记、市人大常委会主任丁红都出席全会并讲话，全会审议通过市委常委、市纪委书记、市监委代主任方明代表市纪委常委会所作的《着力推动制度执行 坚定不移正风反腐 为河源全面建成小康社会提供坚强保障》的工作报告。

【工作会议】 2020年1月13日，召开河源市纪委监委“不忘初心、牢记使命”主题教育总结会。2月11日，举行市纪委监委机关党员干部投身防控疫情一线出征仪式。3月27日，河源市召开深化市县纪委监委机构改革工作会议。4月17日，召开河源市委反腐败协调小组2020年第一次会议。5月26日，召开七届河源市委第九轮巡察动员部署会。8月20日，召开全市审查调查工作座谈会。9月28日，召开全市领导干部党章党规党纪教育培训班开班动员会。10月21日，召开河源市监委第一届特约监察员聘请会议。

【领导调研】 2020年6月21—23日，省委常委、省纪委书记、省监委主任施克辉到河源市开展疫情防控、全面从严治党和纪检监察工作情况调研。21日下午，到连平县三角镇石源村实地了解情况，调研廉洁乡村建设情况；22日、23日上午，到和平县王阳明廉政文化教育基地，调研廉政教育情况，到龙川县贝岭镇米贝村，调研“6·10”“6·12”灾后重建复产及乡村振兴工作，到源城区源南镇塔坑村，调研违建别墅整治监督执纪问责工作；22日下午，在河源迎宾馆五楼会议室主持召开座谈会，市委书记、市人大常委会主任丁红都汇报疫情防控、复工复产和全面从严治党工作，市委常委、市纪委书记、市监委主任方明汇报纪检监察工作，县（区）纪委书记和驻市公安局纪检监察组组长分别发言。施克辉强调要深入学习贯彻习近平新时代中国特色社会主义思想，贯彻落实中央纪委四次全会和省纪委五次全会部署，不断推动广东省全面从严治党向纵深发展。对抓好新时代纪检监察工作提出四点要求，一是学理论，讲政治；二是严纪律，敢斗争；三是求精准，重实效；四是抓队伍，转作风。

2020年10月21日，河源市监察委员会第一届特约监察员聘请会议

（市纪委监委办公室提供）

主要工作

【做到“两个维护”】 2020年，河源市纪委监委坚持用习近平新时代中国特色社会主义思想武装头脑，自觉坚定具体做到“两个维护”。市纪委常委会坚持把学习贯彻习近平新时代中国特色社会主义思想作为头等大事和首要政治任务抓紧抓实，把《习近平谈治国理政》第三卷和第一卷、第二卷贯通起来开展集中学习，深入学习贯彻习近平总书记出席深圳经济特区建立40周年庆祝大会和视察广东重要讲话、重要指示批示精神，深入学习领会中共十九届四中、五中全会精神和习近平法治思想，跟进学习习近平关于统筹疫情防控和经济社会发展、决胜全面建成小康社会、决战脱贫攻坚等重要讲话和重要指示批示精神51次，在学思践悟中坚定正确方向。市纪委理论学习中心组专题学习4次，开展10个专题集体学习，发扬理论联系实际的优良学风，持续抓好“大学习、深调研、真落实”。

紧盯党中央关于统筹疫情防控和经济社会发展的决策部署，科学精准稳慎有效实施监督，在疫情防控大战大考中践行初心使命。对89个市重点建设项目和94个省级灾后重建项目复工复产开展专项监督检查。先后7轮派出50个监督检查组对疫情防控措施落实情况进行明察暗访，发现和督促整改问题248个，以专题报告或简报形式向市委、市疫情防控指挥部汇报，及时向有关单位进行反馈，对涉疫情防控失职渎职问题严肃问责，全市共追责问责44人。统筹疫情防控和审查调查，坚决守住安全底线，“走读式”谈话及留置场所实现零疫情、零事故、零事件。

执行省委关于建立健全坚决落实“两个维护”十项制度机制的意见，把贯彻落实习近平的重要讲话和重要指示批示精神作为政治要件，以工作闭环机制一件一件抓落实，在落实重大决策部署中做实政治监督。始终把“两个维护”作为最高政治原则和根本政治规矩，持续巩固深化肃清李嘉、万庆良恶劣影响成果，带动全市党员干部坚持“五个必须”，杜绝“七个有之”。加强对整治违建别墅、整治乱占耕地违法建设、冒名顶替上大学、人防系统腐败等问题的监督执纪执法，整治违建别墅26宗111栋，追责问责49人，整治乱占耕地违法建设问题2437宗，追责问责55人。对中央、省委巡视反馈意见、扫黑除恶和环保督察反馈意见整改落实情况开展监督检查。严把党风廉政意见回复关，实事求是评价干部廉洁情况，回复廉政意见9137人次。是年，全市查处违反政治纪律、政治规矩案件21件21人。

【纠治“四风”持续】 2020年，河源市纪委监委深入贯彻落实中央八项规定及其实施细则精神，持之以恒纠治“四风”。全力保障脱贫攻坚胜利收官。对被省列入挂牌督战地区的和平县进行调研督导，包片督导被省列入挂牌督战的龙川县3个贫困村。组建8个监督检查组，对18个职能部门、137个贫困村开展专项监督，共发现问题307个，移交问题线索43条，党纪政务处分102人。

深化整治形式主义官僚主义。坚持抓典型抓具体促整改，深入治理贯彻党中央决策部署只表态不落实、维护群众利益不担当不作为、敷衍塞责、弄虚作假等突出问题，着力整治“低级红”“高级黑”。是年，全市查处困扰基层的形式主义问题41个，处理76人，通报曝光典型案例3起。

坚决纠治享乐主义奢靡之风。贯彻落实习近平总书记关于坚决制止餐饮浪费行为的重要指示精神，成立8个暗访组，开展制止餐饮浪费行为专项检查，发现和督促整改问题38个。锲而不舍贯彻落实中央八项规定及其实施细则精神，着力整治违规收送礼品礼金、违规发放津贴补贴等突出问题，深挖细查收送电子红包、私车公养等隐形变异问题，坚决防止享乐主义奢靡之风反弹回潮。全市查处享乐主义奢靡之风问题144件272人，处分266人，通报曝光典型案例60起118人。

【政治巡察深化】 2020年，河源市纪委监委坚定不移深化政治巡察，发挥巡察利剑作用。坚持有形覆盖与有效覆盖相结合，形效统一推进巡察全覆盖。探索实施市委常委会会议听取巡察综合情况报告机制，开展2轮常规巡察，重点围绕“三个聚焦”发现具体问题405个，七届市委巡察覆盖率86.4%，超额完成省定2020年80%的目标任务。深化成果运用，向市委、市政府相关职能部门发送报告54份、提出意见建议33条。

不断完善巡视巡察战略格局。一体推进常规、专项、交叉及村（社区）巡察，开展村“两委”专项巡察，巡察村（社区）党组织1439个，覆盖率达100%。2020年全市巡察机关、企业事业单位党组织878个，发现问题5473个；采取大循环方式组织实施县（区）交叉巡察工作，对县（区）12个单位党组织开展政治监督；各县（区）组建19个专项巡察组对村（社区）“两委”换届风气开展专项巡察，发现问题120个。实行“上选下派”“以巡代训”模式，选派干部参加巡视巡察工作。建立健全协作配合机制和选人用人专项检查工作机制，实施巡前信息通报制度，探索“巡审联动”，推动巡察与其他监督融会贯通，形成监督合力。

做实巡察“后半篇文章”。市委书记专题会听取整改情况综合报告，持续跟踪问效督促整改落实。落实巡察领导小组带队反馈制度，对34个单位党组织巡察情况进行反馈。实行分管市领导参加巡察反馈会、巡察整改专题民主生活会机制。深入开展巡察整改督查督办工作，组建3个监督检查组对12个被巡察单位开展“回头看”。

【日常监督强化】 2020年，河源市纪委监委强化日常监督，推动主体责任和监督责任贯通协同。加强对“一把手”监督，督促各级领导干部特别是“一把手”切实担负起管党治党政治责任，向新任市管“一把手”发送提醒函8份，全市查处科级以上“一把手”74人。协助市委抓好党组织“一把手”向市委述责述廉工作，开展述责述廉整改谈话8人次，督促各级党委（党组）履行全面从严治党主体责任。

贯彻落实《党委（党组）落实全面从严治党主体责任规定》，推动落实党组织“一把手”开展党内谈话制度，推动落实主体责任。全市各级党组织“一把手”共开展提醒谈话1770人次，警诫谈话122人次，纪检监察机关对有关问题线索委托下级党组织“一把手”提醒谈话219人次。

贯通融合纪法情理，深化运用“四种形态”批评教育帮助和处理3171人次。其中，运用第一种形态处理1829人次，占总人次的57.7%；运用第二种形态处理1066人次，占33.6%；运用第三种形态处理173人次，占5.5%；运用第四种形态处理103人次，占3.2%。坚持严肃问责、精准问责，全市问责党员干部153人。对龙川县麻布岗镇远东花园“5·23”生产安全责任较大事故，依规依纪依法追责问责公职人员23名。

【推进纪检监察体制改革统筹】 2020年，河源市纪委监委持续深化纪检监察体制改革，不断提高规范化法治化水平。强化对下级纪委监委的领导，统筹推进县级改革任务的落实，及时会审并反馈各县（区）纪委监委派驻机构改革相关方案。组织开展市管企业、市管高校纪检监察专题调研，推进县（区）派驻机构改革。全市派驻机构共立案226人，比上年增长8.4倍。强化监察体制向基层延伸，加强镇（街）纪检监察组织建设，推动各县（区）监委向各镇（街）派出监察组（监察专员）100个。

建立健全市纪委监委日常联系派驻机构工作机制，制定派驻机构和纪检监察组组长考核办法，规范对派驻机构和组长的考核。不断提升纪检监察工作规范化法治化水平，持续强化程序意识，严格规范信访办理、线索管理、信息查询、措施审批、协查协办等工作流程，共制定规范性文件18个。

【“三不”一体推进】 2020年，河源市纪委监委“三不”（不敢腐、不能腐、不想腐）一体推进的综合效应明显，治理腐败效能不断提升。全市纪检监察机关共受理信访举报2727件，比上年下降8.1%；处置问题线索2601件，增长13.9%；立案1293件，增长25.4%（其中立案县处级50人，增长61.3%）；留置37人，增长27.6%；给予党纪政务处分1320人，组织处理39人，移送司法机关32人；追回外逃人员2名；收缴违纪违法款1.38亿余元。全市有288人向纪检监察机关主动投案或主动交代问题，比上年上升31.5%。推进积案清理工作，按照非留置案件“不结不立、快立快结”的工作思路，全市纪检监察机关对2019年年底前所立案件全部办结，率先在全省地级市实现“清零”目标。

深入开展基层正风反腐三年行动。紧盯征地拆迁、食品药品安全、医保低保、农房改造资金、机动车驾驶考试收费等重点领域，全市共排查基层腐败和作风问题线索1100条，立案765件，结案731件，党纪政务处分720人，组织处理11人。查处政法系统违纪违法问题，处置问题线索418件，立案178人，处分167人，比上年增长1.8倍。全市共查处涉黑涉恶腐败和“保护伞”问题160个，立案127件，处分133人，移送司法机关14人。

深化标本兼治。针对监督检查、审查调查中发现的问题，向相关主体责任单位发出纪律检查建议书、监察建议书138份，开展对受处分人员回访跟踪19人次，对违规经商办企业等问题开展专项整治，全市查处领导干部及其亲属违规经商问题16件16人。举办全市领导干部党章党规党纪教育培训班，组织1.7万名党员干部观看《朽木浮沉》《贪念之害》等警示教育片，做实同级同类干部的警示教育。

【自身建设加强】 2020年，河源市纪委监委坚持把政治建设摆在首位，从严从实加强干部队伍建设。加强市纪委常委会建设，严格执行民主集中制，持续完善选人用人机制，形成风清气正的用人导向，制定《发现培养优秀年轻干部优化干部队伍结构三年行动计划》。补选、改选市纪委监委机关党委委员、纪委委员，加强和完善党支部设置，将原有的8个党支部调整为19个党支部，专案组设立临时党支部1个。开展“把缺点不足摆进去”活动，市纪委监委领导干部带头讲授专题党课，推动班子成员、党支部书记履行“一岗双责”。

扎实推进全员培训。举办各类培训班14个，培训纪检监察干部1510人次，全市各级纪检监察干部培训覆盖率达100%。市纪委监委机关举办第二期“青年讲坛”，实施“导师制”“以案代训”，让年轻干部在思想淬炼、政治历练、实践锻炼、专业训练、道德修炼中不断提升境界。

坚决防治“灯下黑”。全市处置纪检监察干部问题线索74件，立案10件，处分11人，移送司法机关2人。剖析纪检监察干部违纪违法典型案件，在全市纪检监察系统开展警示教育。召开第一届特约监察员聘请会议，聘请14名特约监察员开展监督工作。

链接：

相关词语注释

“五个必须” 一是必须维护党中央权威，决不允许背离党中央要求另搞一套，必须在思想上政治上行动上同党中央保持高度一致，听从党中央指挥，不得阳奉阴违、自行其是，不得对党中央的大政方针说三道四，不得公开发表同中央精神相违背的言论。二是必须维护党的团结，决不允许在党内培植私人势力，要坚持五湖四海，团结一切忠实于党的同志，团结大多数，不得以人划线，不得搞任何形式的派别活动。三是必须遵循组织程序，决不允许擅作主张、我行我素，重大问题该请示的请示，该汇报的汇报，不允许超越权限办事，不能先斩后奏。四是必须服从组织决定，决不允许搞非组织活动，不得跟组织讨价还价，不得违背组织决定，遇到问题要找组织、依靠组织，不得欺骗组织、对抗组织。五是必须管好亲属和身边工作人员，决不允许他们擅权干政、谋取私利，不得纵容他们影响政策制定和人事安排、干预日常工作运行，不得默许他们利用特殊身份谋取非法利益。

“七个有之” 一些人无视党的政治纪律和政治规矩，为了自己的所谓仕途，为了自己的所谓影响力，搞任人唯亲、排斥异己的有之，搞团团伙伙、拉帮结派的有之，搞匿名诬告、制造谣言的有之，搞收买人心、拉动选票的有之，搞封官许愿、弹冠相庆的有之，搞自行其是、阳奉阴违的有之，搞尾大不掉、妄议中央的也有之。

“四风” 形式主义、官僚主义、享乐主义、奢靡之风。

“三个聚焦” 聚焦脱贫攻坚，聚焦特殊群体，聚焦群众关切。

（陶思明）

民主党派·工商联

编辑：王瑞峰

民主党派

【概况】 2020年，河源市各民主党派围绕中心、服务大局，加强自身建设，精准发力推动各项工作取得明显成效。河源市民主党派工作扎实有效推进，民主党派组织规范有序发展。截至2020年年底，7个民主党派在河源市分别建立1个市级委员会、4个基层委员会、2个总支部委员会。分别是民革河源市委员会、民盟河源市基层委员会、民建河源市总支部委员会、民进河源市基层委员会、农工党河源市基层委员会、致公党河源市总支部委员会、九三学社河源市基层委员会。民主党派成员共532人，其中民革104人、民盟96人、民建77人、民进98人、农工党43人、致公党31人、九三学社83人。

【民主党派参政议政】 2020年，河源市委书记丁红都主持召开各民主党派负责人座谈会，听取各民主党派对河源市“十四五”规划的意见建议；支持各民主党派围绕市委工作部署，开展联合调研和自主调研，全年形成调研报告12篇（其中7篇被市委政研室评为优秀调研报告），提交政协提案85件、人大建议20件、社情民意信息31篇，为党委政府科学决策提供有力参考。

【中国国民党革命委员会河源市委员会】 至2020年年底有104名成员。其中，担任省人大代表1名，县（区）人大代表2名，市政协副主席1名、常委2名，委员5名，县（区）政协常委1名、委员6名。是年，民革有序推进党派自身建设，围绕市委、市政府的中心工作，发挥优势，履行参政党职责，为河源市各项事业发展做出贡献。

【中国民主同盟河源市基层委员会】 至2020年年底有96名成员。其中，担任市政府副市长1名，市人大常委会委员2名，省政协委员1名，市政协常委1名、委员4名，县（区）政协副主席2名、委员2名。是年，民盟积极开展各项活动，履行参政议政职能，积极建言献策，当好参谋助手，为河源市经济社会发展做出贡献。

【中国民主建国会河源市总支部委员会】 至2020年年底有77名成员。其中，担任市人大代表1名，县（区）人大常委会委员1名，市政协常委2名、委员4名，县（区）政协常委2名，委员5名。是年，民建充分发挥成员与经济界联系广泛和人才集中的优势，全面加强自身建设，积极参政议政、努力服务社会，为河源市经济发展和社会进步献计出力。

【中国民主促进会河源市基层委员会】 至2020年年底有98名成员。其中，担任市人大常委会委员1名、代表4名，县（区）人大常委会委员2名，市政协副主席1名、委员4名，县（区）政协副主席1名、委员1名。是年，民进不断加强理论武装、巩固政治共识、强化责任担当、推进自身建设，为河源市经济社会发展做出贡献。

【中国农工民主党河源市基层委员会】 至2020年年底有43名成员。其中，担任市人大常委会委员1名，市人大代表1名，市政协常委1名，委员1名，县（区）政协副主席1名、常委1名。是年，农工党利用党派自身特点和优势，在医疗卫生工作等方面积极建言献策、开展社会服务，为河源市医疗卫生事业发展做出贡献。

【中国致公党河源市总支部委员会】 至2020年年底有31名成员。其中，担任市政协常委1名、市政协委员2名，区政协常委1名。是年，致公党立足本职，积极开展调查研究、民主监督和参政议政，组织形式多样的主题活动，为河源市经济社会发展做出贡献。

【九三学社河源市基层委员会】 至2020年年底有83名社员。其中，担任市政协副主席1名、常委3名、委员5名，县（区）政协常委2名。是年，九三学社发扬优良传统，立足本职，积极参加社会活动，在参政议政、反映社情民意、加强自身建设、服务社会等方面取得明显成效。 （钟 昱）

市工商联

【概况】 2020年，河源市工商业联合会以习近平新时代中国特色社会主义思想为指导，深入学习贯彻中共十九大和十九届二中、三中、四中、五中全会精神，按照市委“两个河源”（生态河源、现代河源）工作部署，以促进非公有制经济健康发展和非公有制经济人士健康成长为主题履行职责，服务市委、市政府的中心工作和企业创新发展，各项工作稳步推进，被评为全国工商联2020年民营企业调查点工作基层先进单位，被省工商联评为2020年社情民意信息工作先进单位、2020年度民营企业调查点工作示范单位。

【理想信念教育】 2020年，河源市工商业联合会深化理想信念教育。一是强化政治引领。全面加强党的建设，坚持“第一议题”学习制度，巩固深化“不忘初心、牢记使命”主题教育成果，继续开展“大学习、深调研、真落实”活动。组织领导干部、专家学者到机关、企业宣讲，推动习近平新时代中国特色社会主义思想进机关、进企业。组织机关干部及民营企业家学习贯彻习近平新时代中国特色社会主义思想和中共十九届四中、五中全会精神，以及习近平总书记对新时代民营经济统战工作重要指示、在企业家座谈会和出席深圳经济特区建立40周年庆祝大会及视察广东重要讲话、重要指示批示精神，引导民营企业增强“四个意识”、坚定“四个自信”、做到“两个维护”。二是深化教育培训。依托企业家大讲堂，先后举办全国两会精神学习会、民法典宣讲会、《习近平谈治国理政》第三卷宣讲会、主席（会长）学习会、河源市青年企业家培训班等学习培训活动6场次，累计500多人次参加学习培训。三是注重典型引导。邓江远等10人获评为河源市最美企业家；广东融和农业生态集团等6家企业被广东省委农办、广东省国资委、广东省工商联选为广东乡村振兴万企帮万村100例。

【疫情防控和企业复工复产】 2020年新冠肺炎疫情发生后，河源市工商业联合会主动作为，统筹推进疫情防控和企业复工复产工作。

加强政策宣传引导 及时向商协会、企业传达中央、省、市关于疫情防控部署要求和复工复产相关政策措施，将有关暖企政策送到企业，支持民营企业共渡难关，坚定企业发展信心。

开展企业复工复产专题调研 通过实地走访、发放调查问卷等方式，完成对157家市县（区）工商联执委以上企业的调查调研，形成《关于河源市民营企业复工复产情况的调查报告》《关于河源市民营企业复工复产工作的情况汇报》等上报市委、市政府。并每月向市委、市政府反映企业疫情期间困难与诉求，推动政企有效对接，协助相关政策落实到位，帮助企业推进项目建设。

开展“暖企行动” 全力推动民营经济领域疫情防控和复工复产。协调解决防控物资紧缺问题，与市疫情防控指挥部协调沟通，在2—3月口罩紧缺时期，共帮助企业申购30万个防护口罩。与市委统战部联合开展走访暖心开新局暖企行动，与民营经济代表人士开展谈心活动，摸清民营企业家思想状况，深入了解民营企业运营状况及主要困难，引导民营企业坚定发展信心。与市司法局联合开展免费“法治体检”活动，围绕民营企业疫情防控和复工复产提供法律服务，帮助民营企业防范法律风险。与市税务局、工信局开展“战疫情促发展·暖企行动”活动并召开座谈会，为民营企业提供税务服务。通过与各有关部门、房建企业共同发力，推进和解决13家企业的复工复产物资、施工报建、历史遗留等问题。与市金融部门、银行机构合作推进网上融资平台建设，为河源市中小企业协调解决融资难问题，累计为河源市1311家民营企业发放小微贷款126.4亿元。与市发改局开展“疏解治理投资堵点”专项行动，开展动态跟踪和服务，推动投资项目尽快落地，增强投资信心。

引导企业慷慨解囊，踊跃捐赠 疫情期间，河源市各商协会、民营企业捐款总额410.32万元，捐赠物资价值总额382.84万元。其中，广东三友集团捐款200万元，被省工商联授予广东省抗击新冠肺炎疫情突出贡献民营企业、被全国工商联授予抗击新冠肺炎疫情先进民营企业；广东霸王花集团捐款捐物共86万元被省工商联授予广东省抗击新冠肺炎疫情突出贡献民营企业称号。还有一些民营企业发挥在国内、海外人脉资源广的优势，进行全国、全球采购口罩，捐赠用于抗“疫”一线。开展“你出征我出力·同心赢战疫”关爱活动，组织商协会、企业慰问河源市驰援湖北医疗队32名队员和防疫一线医务人员、公安民警，共配送生活物资1800件、医用消毒酒精950支、家属生活大礼包32份，为抗击疫情贡献力量。

【联谊联络】 2020年，河源市工商业联合会指导推动设立大湾区河源商会联盟交流机制。制定实施大湾区河源商会会长联盟轮值制度，定期组织在大湾区创业的河源企业家联谊联络、交流合作。先后在广州、珠海、深圳成功举办大湾区河源商会会长联盟交流座谈会，促进在大湾区的河源企业交流合作和发展，引导乡贤企业家参与粤港澳大湾区、“一带一路”“两个河源”建设。定期组织会员企业对外交流。组织执委企业家分组到浙江、江西省，以及广东梅州等地进行学习考察交流，参加全联、省联组织开展的学习会、交流会、展览会等，加强对外交流交往，扩大对外交流与合作，动员引导企业大胆地走出去。

【服务企业发展】 2020年，河源市工商业联合会推动打造河源市良好的营商环境。缓解民营企业融资难融资贵问题。协助市金融局召开全市政银企座谈会，协助推动设立市政府企业“过桥”基金，缓解企业融资难融资贵问题。推动保护企业家人身和财产安全。深化与市司法机关的协商协作，建立依法保障民营企业健康发展的合作机制，助推构建民营企业大维权工作格局。配合市工信局发挥企业网上诉求响应平台功能，对河源市辖区内中小企业的诉求情况，开展24小时全天候服务工作，至2020年年底在平台成功解决8家企业反映的问题。推动设立市民营企业服务中心和总商会人民调解委员会，依法依规保障企业权益。2020年5月，经市委编办批准，下属事业单位河源市民营企业投诉中心正式更名为河源市民营企业服务中心；同时，经市司法局批准，成立河源市总商会人民调解委员会，加强工商联服务职能职责。调解委成立后，成功调解处理首宗26个系列商标侵权案。加强与部门协商协作。根据《市政府有关部门与民主党派、市工商联、市知联会对口联系方案》要求，加强与高新区、江东新区以及党委政府部门的联系和交流合作，建立合作机制，协同为民营企业提供产业、科技、金融、人才、税收等服务，服务引导民营企业高质量发展。加强法律政策宣传，推动惠企政策落地。开展民法典进企业宣讲3次，运用线上新媒体的相关宣传活动8次，提升非公有制经济人士法律意识。广泛征求意见，协助市委、市政府修订完善河源市《关于促进民营经济高质量发展的若干政策措施》，协助市委、市政府12项专项政策落地。

【履行社会责任】 2020年，河源市工商业联合会推进“千企帮千村”精准扶贫及乡村振兴行动。主要领导带队深入东源有关镇、村开展“千企帮千村”工作调研，实地考察当地“千企帮千村”项目实施情况和人居环境情况，了解“千企帮千村”工作开展情况，找差距、补短板，加快推进“千企帮千村”工作。组织召开乡村振兴工作会议，全面对接广东乡村振兴“万企帮万村”信息平台线上服务。至2020年年底，动员注册企业数958家，帮扶企业数620家，帮扶村庄数1281个，实现村企对接1321对。支持民营企业参与光彩事业。广泛发动民营企业参与扶贫、拥军、助学、“创文”等光彩事业活动。在“6·30”广东扶贫济困日活动现场中，市直民营企业募集捐款435万元。在疫情期间，商会、企业参与新冠肺炎疫情防控工作。全市民营企业助学捐款532.2万元，帮助近300名贫困学子圆校园梦。开展“创文”相关工作。非公党组织参与“创文”爱国卫生运动，到源西街道办光明社区开展爱国卫生运动、交通劝导志愿者服务，为河源市创建文明城市贡献力量，参加服务的志愿者累计200多人次，服务对象2000多人。

【非公领域党建工作】 2020年，河源市工商业联合会加强企业和非公有制经济组织基层党组织建设。

加强教育培训 结合党员在线学习、党员远程教育、非公党建工作群、微信公众号等平台，强化党员理论武装和加强业务充电，全面提升基层党组织书记和党务工作者政治素质。2020年，举办各类学习宣讲会、发展对象和入党积极分子培训班、党组织书记和党建指导员培训班等，共480多人（次）参加。同时，引导各基层党组织结合纪念中国共产党成立99周年，组织党员到红色教育基地开展主题党日，重温入党誓词，接受革命传统教育，覆盖基层党员300多人（次）。组织各基层党组织登记注册“学习强国”APP，累计注册基层党组织42个，党员400余名。

加强党建示范建设 指导广东霸王花实业集团党委等5个非公有制经济组织基层党组织开展党建示范品牌创建点工作，广东霸王花实业集团党委先后被省“两新”工委、省非公党委评为党建工作示范点。6月30日，召开纪念中国共产党成立99周年暨表彰大会，对2019年工作突出的30个先进基层党组织、优秀共产党员和优秀党务工作者进行表彰，凝聚党建示范力量，激发基层党组织干事创业的热情。

开展党建工作情况调查 对全市各级工商联执委以上企业党建工作情况进行全面摸底调查，掌握工作底数，有计划、有步骤地做好工商联执委企业党员发展和党组织组建工作。至2020年年底，河源市非公有制经济组织党委辖有83个企业党组织，登记在册的党员人数681名。

【工作基础夯实】 2020年，河源市工商业联合会加强对商会的分类指导和管理，并组织相关部门召开工作协调会，推动将异地商会和团体会员纳入工商联所属商会范围工作，承办省工商联2项改革任务在河源市开展试点，重点推进。推进“四好”（班子建设好、团结教育好、服务发展好、自律规范好）商会建设。河源市湖南商会、河源市酒类行业协会被认定为2020年广东省工商联系统“四好”商会。河源市江西商会、连平县忠信商会被全国工商联认定为2020年“四好”商会。紫金县、和平县工商联通过2018—2019年度全国“五好”（领导班子好、会员发展好、商会建设好、作用发挥好、工作保障好）县级工商联确认。加强与高新区、江东新区管委会的对接联系，确定工商联、商会对接部门，补齐园区商会联系工作短板，夯实工作基础。至2020年年底，全市会员总数达6200个。（刘宇凡）

群众团体

编辑：王瑞峰

市总工会

【概况】 2020年，河源市总工会高举习近平新时代中国特色社会主义思想伟大旗帜，紧扣决胜脱贫攻坚、全面建成小康社会目标任务，团结动员广大职工为奋力夺取新冠肺炎疫情防控和经济社会发展“双胜利”做出贡献，得到上级的肯定：获省总工会奖补工作经费100万元；在省总工会开展的2020年综合考评等9项工作考评中，获得1项特等奖、3项一等奖、5项二等奖；被评为“省最美禁毒团队”“市文明单位”。

是年，市总工会开展模范机关创建和党支部规范化、标准化建设，推动工会党组织全面进步、全面过硬。组织对3个县（区）总工会、10个市直基层工会的经费收支使用情况进行审计，工会经审常态化、长效化作用凸显。市总工会领导班子增设专职经审委主任、增配3名兼职副主席。举办工会财务、经审、维权等业务培训班，培训300多人次。110名社会化工作者全部进驻到镇级和园区工联会，在帮扶困难职工、构建和谐劳动关系等方面受到各方好评，河源市工作经验在全省得到推广。

2020年12月22日，河源市工会第七次代表大会暨2020年市劳模表彰大会胜利召开。市委书记丁红都出席大会并讲话，市长林涛主持会议，市委副书记边立明宣读表彰决定。会议选举产生市总工会新一届领导班子。

【思想政治引领】 *理论学习宣传* 2020年，河源市总工会把学习宣传贯彻习近平总书记给郑州圆方集团全体职工回信，习近平对广东重要讲话、重要指示精神以及在全国劳模表彰大会上的重要讲话精神、中共十九届五中全会精神结合起来，通过举办文艺演出、宣讲报告会等形式，进企业、进车间、进班组，受教育10万多人次。

推进主题宣教活动 推进“中国梦·劳动美”主题宣传教育和以职业道德为重点的“四德”（社会公德、职业道德、家庭美德、个人品德）教育，举办“中国梦·劳动美”职工摄影比赛，职工健康文明、昂扬向上的精神追求得到培塑。围绕决胜脱贫攻坚、全面建成小康社会、“双统筹”“双胜利”等重大主题，开展宣传宣讲活动68场次。

加强意识形态工作 发挥市总工会微信公众号、工人文化宫、职工书屋等宣传阵地作用，宣传党的光辉历程、伟大成就。组织广大职工参与“网聚职工正能量争做中国好网民”主题活动，热点引导和舆情处置有效开展，引导职工明辨是非、站稳立场。创新网上舆论手段，市劳模文化馆在线“云开馆”获评为广东工会十大年度优秀网络宣传创意项目。

【疫情防控和复工复产】 *参与疫情防控* 2020年，河源市各级工会贯彻落实中央、省、市关于疫情防控的部署要求，全力以赴压实防控责任。全体工会干部下沉一线投身抗疫主战场，形成全市工会一盘棋的防控工作格局，为河源市打赢疫情防控阻击战贡献工会力量。

开展关心关爱活动 组织开展“你在一线战疫魔，工会为你暖家人”系列活动：1月23日，在疫情发生的第一时间，市总工会给市人民医院拨出5万元慰问金，为近2000个一线职工家庭送上价值20多万元的日常防护用品，将新冠肺炎纳入职工医疗互助保障计划和困难职工帮扶基金保障范围。市、县总工会在疫情期间，陆续下拨专项资金360多万元，慰问奋战在抗疫一线及物资保障等单位和企业的职工。关爱援鄂医务人员及其家属，开展“致敬新时代最可爱的人”活动和“一对一”结对服务，市总工会主席陈荣卓带队慰问援鄂归来的医务人员并为医务人员的未成年子女发放助学成长金，及时组织他们及家属参加疗休养。

助力复工复产 落实工会经费支持政策，返还小微企业工会经费110多万元，为企业复工复产筹措资金及防疫物资80多万元。会同相关部门开展集体协商“春季特别要约”行动、“春风行动2020”网络招聘会，服务企业300多家，服务职工5000多人次。

【主力军作用发挥】 *弘扬劳模精神、劳动精神、工匠精神* 2020年“五一”期间，河源市开展“致敬劳动者·致敬劳动模范”全城亮灯展播活动，学习强国、《广州日报》给予报道。布设完成全国首家集历史文化、红色文化、客家文化、劳模文化于一体的劳模文化馆，于4月27日“云开馆”，得到各级主流媒体广泛关注，《人民日报》头版刊发，新华网、《南方日报》、“学习强国”等主要媒体、门户网站持续报道，成为“网红打卡地”、省总干校教学基地，市委书记丁红都、副书记边立明亲临指导，丁红都还专门作出批示。做好全国、省劳模先进推选工作，推荐全国劳模（先进工作者）3名、省劳模（先进工作者）9名，省先进集体2个；牵头筹备召开全市劳模表彰大会，59名市劳动模范（先进工作者）和20个先进集体受到表彰。

劳动和技能竞赛开展　着眼全面建成小康社会、完成“十三五”规划重点任务，以“当好主人翁、建功新时代”为主题，各县（区）及供电、移动等行业和单位广泛开展劳动竞赛，3万多名职工参加，涌现金牌工人9人，岗位技术能手16人。河源市选手林进前（河源市客天下文化旅游管理有限公司）在省“粤菜师傅”职工职业技能竞赛中获得金奖。

产业工人队伍建设　开展“求学圆梦行动”，补助168名职工提升学历。聚焦“粤菜师傅”“广东技工”“南粤家政”等民生工程，举办技能培训班25期，培训职工群众1200多人次。发挥劳模、工匠示范引领作用，创建市级以上劳模和工匠人才创新工作室、女职工创新工作室16个。开展河源市最美新时代工人评选，以榜样为引领，营造精益求精的敬业风气。

【履行维权服务职责】　维护劳动领域政治安全　2020年，河源市落实“五个坚决”（即：坚决防止敌对势力借所谓“维权”插手煽动、渗透破坏，这是维护劳动领域政治安全的前提；坚决防止所谓“独立工会”“民间工会”的出现，这是维护劳动领域政治安全的关键；坚决维护职工队伍和工会组织的团结统一，这是维护劳动领域政治安全的基础；坚决维护企业和社会大局和谐稳定，这是维护劳动领域政治安全的重点；坚决捍卫中国共产党领导和我国社会主义制度，这是维护劳动领域政治安全的根本）长效机制。关注和防范抵御因疫情引起的劳动关系矛盾，组织排查重点企业800多家，涵盖职工5万多人次。会同相关部门处置河源天生体育用品有限公司等劳动争议事件，促进劳动关系和谐稳定。全市未发生劳动领域重大涉稳涉政治安全事件。

加大源头参与力度　做实“法院+工会”劳动争议诉调对接工作，设置7个劳动争议调解对接工作室，成功调解案件20件。工会律师团会同相关部门帮助职工追回欠薪100多万元。开展“稳就业促发展构和谐”集体协商行动、“和谐同行”培育行动，培育集体协商行业7个，组织2100多家企业签订工资集体合同，覆盖职工20多万人。组织1700多家企业参加“安康杯”竞赛，覆盖职工近16万人次。

开展职工服务工作　做实做细春送岗位、夏送清凉、秋送助学、冬送温暖等传统帮扶品牌，全年帮扶困难职工6900多人次，发放帮扶金850多万元。开展“情暖农民工 留在河源过大年”新春行动，市委副书记边立明、市总工会主席陈荣卓带队走访慰问留河源过年的外来务工人员，市、县总工会共为他们送上年货大礼包1万多份。职工互助保障工作深化，职工参保率在全省名列前茅，涵盖职工10.8万人，全年理赔6110人次，共理赔860多万元。关注职工身体健康，为2400多名一线职工免费体检。工人文化宫、职工书屋等职工服务平台完善，市工人文化宫常态化举办各类公益文体培训班和爱心托管班，惠及职工4000多人次。

城市困难职工解困脱困和脱贫攻坚工作　推动城市困难职工解困脱困工作融入全市脱贫攻坚大局，市委书记丁红都、市长林涛先后作出批示，边立明副书记亲自抓，全市11638户在档困难职工（全国级）在2020年年底全部实现解困脱困，通过全总组织的城市困难职工解困脱困工作第三方评估。重视精准扶贫工作，市总累计投入资金70多万元，全面完成驻村帮扶工作。联合市扶贫工作局开展消费扶贫行动，通过中国农业银行河源分行面向工会会员推出“消费扶贫爱心卡”，基层工会和工会会员采购扶贫产品2000多万元。

【基层基础夯实】　2020年，河源市总工会实施百人以上企业建会集中攻坚行动和已缴筹备金企业建会专项行动，推进“八大”群体（是指货车司机、快递员、护工护理员、家政服务员、商场信息员、网约送餐员、房产中介员、保安员）建会入会，全年新建基层工会组织92家，基层工会换届123家，发展会员1.1万人。推进镇级工会联合会建设，下拨工作经费960多万元，成立乡镇工联会29家，涵盖企业380多家，覆盖职工3万人。基层规范化建设成效明显，12个省级“三个一批”（建设一批社区、园区、镇街和行业工会联合会，建设一批社会化工会工作者队伍，建设一批会、站、家一体化的“职工之家”）示范点全部通过省总工会考核验收，走在全省前列；创建全国模范职工之家2家、全国模范职工小家1家、全国级职工书屋示范点2家、省级职工书屋示范点2家。（陈志伟）

团市委

【概况】　共青团河源市委员会于1988年7月1日正式挂牌成立。2020年，河源共青团以习近平新时代中国特色社会主义思想为指导，团结带领全市各级团组织和团员青年围绕疫情防控、决战决胜脱贫攻坚、乡村振兴、全面建成小康社会和学习宣传中共十九届五中全会等重大工作主动作为，提升共青团的引领力、组织力、服务力和大局贡献度，推动团的各项工作取得新进展，为河源市推动“示范区”“排头兵”“两个河源”建设贡献青春力量。

截至2020年年底，全市共青团员约11万名，少先队员约34万名。河源市“智慧团建”系统录入各级团组织数6282个，团支部5787个，团干部9451名，团员报到数105887名。

【青少年思想引领】 2020年，共青团河源市委员会深化思想政治引领，学思践悟习近平新时代中国特色社会主义思想。组织全市各级团组织、青联学联组织和少先队召开习近平总书记“五四”“六一”寄语精神和贺信精神传达学习会，把习近平总书记重要讲话重要指示批示精神传达至全体团员青年。深入开展“青年大学习”，组织开展“团聚你我，青春云集”系列主题云团课。深化实施“青马工程”，多形式、多层次加强青少年思想政治引领。突出实践育人特色，培育和践行社会主义核心价值观。围绕“五四”“六一”等重要节点，开展纪念五四运动101周年系列活动、“河源红领巾致敬逆行先锋”“十八岁成人礼”等各类主题活动。选树“两红两优”（红旗团委、红旗团支部；优秀共青团员、优秀团干部）、“最美南粤少年”“向上向善好青年”等各类青少年先进典型103名、先进集体36个，以榜样力量引导青少年健康成长。河源市第一中学少先队大队获得全国优秀少先队集体称号，殷伟剑获得全国优秀少先队辅导员称号。加强网上共青团建设，深化“青网计划”。运用好河源青年微信公众号、微博等新媒体平台，深化与省、市级主流媒体联动，青年声音更加响亮。组建市、县（区）两级达2万人的网络宣传员队伍，传播社会正能量。

【服务党政中心大局】 2020年，共青团河源市委员会围绕市委、市政府中心工作，引领团员青年投身“两个河源”建设发展大局。积极动员广大青年投身新冠肺炎疫情防控阻击战。组建青年战疫突击队，发布“i志愿”防疫项目数882个，参与志愿服务近2万人次，总服务时长超过30万小时，通过河源青年微信公众号和河源共青团微博发布“防疫”专题推文335条，总阅读量72万人次。2020年度，团市委被市委、市政府评为河源市抗击新冠肺炎疫情先进集体。

2020年2月11日，河源市青年党员抗击疫情突击队集中宣誓和出征仪式

（团市委提供）

实施共青团助力脱贫攻坚和乡村振兴战略。实施“领头雁”工程，举办“两帮两促”（学业帮助方面、就业创业帮助方面；体质健康促进方面、心理健康促进方面）各类农户技能培训班，培育农村青年1000余人。开展“青春情暖”“南粤会亲”“青力扶贫”“健康直通车”等系列爱心帮扶活动，为脱贫攻坚战贡献青春力量。推进“青年云支教”“扶贫济困、爱心助学”教育攻坚活动，发动社会力量募集360万余元，累计资助1000名困境学生完成学业。组织开展全市乡村振兴政策、乡村文明等宣讲志愿服务活动，提高乡村振兴群众知晓度、满意度和支持度。全面推动志愿活动在服务党政中心工作中展现新作为。开展2020年河源市直党团员志愿先锋行动，动员各单位党团员志愿者服务队开展垃圾分类宣传引导、爱国卫生运动、基层社会治理、“创文”公益宣传等志愿服务活动400多场次。首批建成12个“乡村志愿驿站”，探索党建统领乡村社会治理的有效途径。以“i志愿”系统为抓手，做好全市志愿者登记注册、服务记录、关系转接、管理服务、褒奖激励等工作。截至2020年年底，河源市在“i志愿”系统上实名注册志愿者达21万人，志愿服务组织和团体2388个。助力生态文明实践和污染防治攻坚战。开展“保护母亲河·美丽中国梦”“河小青”（助力河长制、湖长制，开展的巡湖护湖行动）等主题活动，巡河护河志愿队伍覆盖到镇、村一级，开展巡河护河活动106场，全市累计参与人数超过4580人。开展义务植树造林活动，发动志愿者青年3850人，种植10万余株树苗，种植面积超133.33公顷。

【青少年成长发展】 2020年，共青团河源市委员会立足长远，为促进青年发展提供顶层设计。推动出台《河源中长期青年发展规划（2021—2025年）》，召开中长期青年发展规划实施工作联席会议，实现市县两级联席会议召开“全覆盖”。聚焦需求，为青年创新创业搭

2020年5月31日，共青团河源市委员会开展“心动沙海·幸福成长”2020年关爱留守儿童、困境儿童心理健康活动（团市委提供）

建平台。举办第九届河源青年创新创业大赛，吸引近百个项目参赛，为青年创新创业提供平台。开展2020年“展翅计划——河源大学生就业创业能力提升行动”，为河源籍大学生提供1117个见习岗位。实施2020年河源新生代产业工人“圆梦计划”，资助全市200名务工青年就读大专、本科学历教育，打通向上发展的成长通道，助推河源经济社会发展。开展公益性公务员培训班、创业实践活动40场，提升河源青年就业创业能力。强化服务，为青年成长成才创造条件。开展“青年文明号”“青年岗位能手”创建工作，截至2020年年底，河源市共创建全国青年文明号2个，省级青年文明号56个，市级青年文明号249个。常态化开展“福彩夏令营”“福彩育苗班”等关爱留守少年儿童和“爱心汇聚小鸟巢”“走进乡村·扶贫助困”等专题志愿服务活动，惠及农村留守少年儿童2000余人。指导开展青年婚恋交友活动20余场，服务5000人次，引导青年树立健康的婚恋交友观。维护权益，为青少年健康成长提供保障。围绕法治、禁毒、自护、防性侵、防欺凌等主题，全年开展宣教活动58场次，覆盖青少年3万余人。持续推进“伙伴同行”青少年社区矫正帮扶计划，累计帮助274名社矫青少年再社会化。依托市县两级校外辅导站阵地，开展未成年人心理健康辅导团辅15场。壮大禁毒志愿者队伍建设，开展“健康人生 绿色无毒”等禁毒宣传活动百余场。深化“共青团与人大代表、政协委员面对面”活动，畅通青少年利益诉求的表达渠道。

【从严治团】2020年，共青团河源市委员会加强团市委机关党的建设。以推进市委巡察整改为契机，开展全方位“政治体检”，切实强化12项长效机制落地落实；配合省审计组完成关于青年和共青团工作的专项审计任务。开展“第一议题”学习专题32个，组织中心组理论学习28次，专题研讨会2次。开展“三会一课”、组织生活会和民主评议党员，严肃规范党内政治生活。开展模范机关创建活动，深化“党建+志愿服务”活动，强化党建带团建服务中心大局。树立“大抓基层”导向，夯实基层组织建设。召开共青团河源市第七次代表大会和河源市青年联合会第五届委员会第一次全体会议，展示新时代河源青年风采。推进整治软弱涣散基层团组织“命脉工程”，全市6775个团组织、8277名团干部、109011名团员完成在线报到。编印《河源市村（社区）团组织换届工作手册》，指导村（社区）团组织全面开展完成集中换届选举，选优配强基层团组织班子。高位推进“两新”团建，全力推动已经建立党组织且符合建团条件的“两新”组织特别是规模以上非公有制企业建立团组织，至2020年年底建立“两新”组织团组织130家。严格落实“三会两制一课”（“三会”：支部委员会、支部大会、团小组会；“两制”：团员教育评议制度、团员注册制度；“一课”：团课），加强中学团校建设，全市141所学校建立中学团校，覆盖率达75%，基层团组织活力明显增强。聚焦素质提升工程，从严推进队伍建设。加强团员先进性，严把团员发展关口，年度发展团员8200名。严格落实团干部协管工作规定，将团干部考察工作明确纳入团组织成立和换届的固定程序，着力提高基层团干部的配备率、在岗率。全面落实三个政策性文件精神，推动少先队辅导员专业化均衡发展。深化团干部基层联系点制度，提升做好青年群众工作的能力。

【“青春情暖”主题活动】2020年春节期间，共青团河源市委员会围绕“青春情暖”主题，整合资源，联合市青联、市志愿者联合会、市少工委组织开展“团暖归途”“团暖一线”“团暖冬日”系列主题活动。一是设置“情暖驿站”，为返乡异地务工人员提供应急医疗、摩托车检修等“1+10+X”项免费服务以及免费加油红包、安全反光背心、雨衣等免费礼包2000余份，服务群众2万多人次。二是设立春运志愿服务点61个，累计3000多人次志愿者参与春运志愿服务，服务时长达7万多小时，服务旅客10万多人。三是“青春情暖 感谢有您”春节慰问公益活动，开展各类慰问公益活动98场，受益人群3000多人。

【共青团河源市第六届委员会第八次全体（扩大）会议】2020年4月27日，共青团河源市第六届委员会第八次全体（扩大）会议在市会议中心召开。市委常委、组织部部长边立明出席会议并作讲话。团市委书记周鑫作全会工作报告，全面总结2019年工作，部署2020年工作。会议还传达学习共青团十八届四中全会、省委十二届九次全会、团省委十四届四次全会以及市委七届九次全会精神，审议通过《共青团河源市第六届委员会第八次全体（扩大）会议工作报告》《河源共青团2020年工作要点》。

【第九届河源青年创新创业大赛】 2020年9月11日，第九届河源青年创新创业大赛在河源海创联合办公楼顶楼举行。此次大赛立足“实践育人”的责任和使命，以“创业成就梦想，创新引领未来”为主题，引领更多河源青年实现创业梦想，为奋力推进“两个河源”建设奉献青春力量。经过激烈角逐，专家组评委现场评分，评出十大优秀项目。获奖项目涵盖AI智能、互联网科技、新能源与节能、现代农业、医疗康养、乡村旅游等方面，更加符合河源市产业高质量转型发展的方向。

【共青团河源市第七次代表大会】 2020年12月15—16日，共青团河源市第七次代表大会召开。团市委书记袁华丽代表共青团河源市第六届委员会作题为《高举伟大旗帜·不忘跟党初心，团结带领河源青年为构筑“示范区”“排头兵”“两个河源”建设新局谱写壮丽青春华章》的工作报告，对河源共青团过去五年的扎实业绩和未来的工作思路进行汇报。市委书记、市人大常委会主任丁红都，市委副书记、市长林涛，团省委副书记武一婷，市政协主席张丽萍，市人大常委会常务副主任吴善平，市委常委、秘书长张和志，市人大常委会副主任、市科协主席吴素香，市政府副市长赖小卫等领导出席开幕式。市委常委、组织部部长边立明主持开幕式。

【河源市青年联合会第五届委员会第一次全体会议】 2020年12月28日上午，河源市青年联合会第五届委员会第一次全体会议在市会议中心召开。市委常委、组织部部长边立明，副市长赖小卫，省青联副主席廖杞南及来自全市各界青年代表共240人出席会议。

【中长期青年发展规划实施工作联席会议第一次全体会议】 2020年12月28日上午，河源市召开中长期青年发展规划实施工作联席会议第一次全体会议。会议上听取市联席会议办公室关于推进出台河源规划的工作情况汇报，审议通过市“十四五”规划纲要青年发展工作要点、联席会议成员单位及相关工作牵头单位职责任务分工和议事规则，并对下一阶段工作进行部署。市领导边立明、赖小卫参加会议。团市委书记袁华丽主持会议。 （黄　慧）

2020年12月16日，共青团河源市第七次代表大会在市会议中心召开

（团市委提供）

市妇联

【思想引领】 2020年，河源市妇女联合会注重党性锤炼，举办河源市妇联系统“不忘初心、牢记使命”党性主题教育培训班。组织巾帼志愿服务活动，印发“抗疫情 我同行”宣传资料，引导广大家庭科学抗疫，助力打好新冠肺炎疫情防控阻击战。选树抗疫优秀典型，树立奋战在医疗卫生、交通干警等一线岗位的优秀女性和家庭等先进典型100多个。开展“致敬最美巾帼奋斗者”“致敬最美她力量”户外亮灯活动，宣传好巾帼抗疫她故事。发挥河源市“妇联好声音”作用，开展线上政治思想教育，团结凝聚广大妇女坚定不移听党话、跟党走。

【创业创新巾帼行动】 2020年，河源市妇女联合会深化创业创新巾帼行动，举办巾帼技能工匠争先赛，选拔家政代表参加省巾帼家政服务职业风采大赛并获省三等奖和优秀奖，市妇联获“优秀组织奖”。成立河源市女性创业促进会，促进女性企业家加强合作交流，抱团发展。推进“乡村振兴巾帼行动”，组织“妇”字号产品展销会、“把爱带回家”直播带货活动，吸引约304.32万人关注直播，销售额超过310万元。市妇联获省妇联颁发“最佳组织奖”。开展精准扶贫行动，打造“巾帼助农”平台和巾帼创业农业成果展馆。开展系列关爱河源赴湖北医疗队员（家属）、市内抗疫一线医护人员服务，组织“您家的菜我来送”“您家的活我来干”“您的健康我呵护”“爱·回家”等公益活动，共为前方队员家庭配送9批次的蔬菜7152公斤、新鲜肉类19906公斤、鸡蛋4644个，服务家庭136户。

【民生福祉服务】 2020年，河源市妇女联合会落实关爱服务，开展18场预防性侵女童专题宣传教育活动。实施“婚姻家庭纠纷云调解”项目，并入选

2020年8月13日，启动“家风润万家·幸福伴童行”2020年河源市传承弘扬好家教好家风行动系列活动 （市妇联提供）

2020年省妇女维权与信息服务站创新性维权项目。2020年共接信访案件379件解答及处理率达100%。

【家庭工作】 2020年，河源市妇女联合会开展寻找优秀家庭典型活动，选树一批“最美家庭”“文明家庭”“书香家庭”典型。推动家庭文明建设，创建省、市级家庭文明建设示范点15个。注重优秀传统文化传承，举办“文明家庭”“最美家庭”揭晓仪式。启动河源市传承弘扬好家教好家风行动，组织系列家庭喜闻乐见的亲子活动，取得良好的社会反响。

【妇联改革深化】 2020年，河源市妇女联合会深化妇联改革，实施妇联改革破难行动。全面推进县级妇联改革“破难”，推动县级妇联至少落实1名挂职副主席任务。推动组织覆盖“破难”，创建市级妇联、妇女之家20个。推动基层执委作用，发挥“破难”，实现县、镇妇联执委培训全覆盖。启动省级第四期“妇女之家”示范点的建设工作。召开河源市妇女第七次代表大会，产生市妇联第七届执行委员会和新一届领导班子。

【贯彻省妇女第十三次代表大会精神】 2020年1月8日，河源市妇女联合会召开学习贯彻省妇女第十三次代表大会精神暨市妇联六届五次执委（扩大）会议。市委常委、组织部部长边立明出席会议并讲话。市妇联党组书记、主席，省妇女十三大代表吴艺珍传达省妇女第十三次代表大会精神，并作工作报告。

【“四新”领域妇联组织成立】 为加强和改进妇联组织建设，发挥妇女组织在全市经济社会建设中的纽带作用，2020年8月14日，河源市源城区汇景诚信小学第一次妇女大会胜利召开，宣告河源市第一个“四新”（新领域、新业态、新阶层、新群体）领域妇联组织成立。市妇联副主席曾洪虹、四级调研员刘贵梅等出席会议。

【省妇联调研组调研】 2020年11月11日至12日，省妇联党组成员、副主席梁红武率调研组到河源市，就学习贯彻习近平总书记出席深圳经济特区建立40周年庆祝大会和视察广东重要讲话、重要指示精神，深入贯彻落实中共十九届五中全会精神，深入贯彻落实习近平总书记出席联合国纪念北京世界妇女大会25周年大会高级别会议上的重要讲话精神，开展群众性精神文明创建工作、推进妇联组织改革等工作情况进行“深调研”。 （吴 璁）

市科协

【概况】 2020年，河源市科学技术协会（以下简称河源市科协）有市级学会33个，拥有会员5627人，下属事业单位有市科技馆和市科技咨询服务中心。下辖6个县（区）科协。

【服务科技工作者】 2020年，河源市科学技术协会加强对医务工作者的关怀，在新冠肺炎疫情发生之后，迅速印发《河源市科协 河源市医学会 河源市护理学会致全市奋战在新冠肺炎疫情防控第一线的医务科技工作者的慰问信》，市科协领导班子成员分别慰问河源市抗击在疫情一线的10名医务科技工作者。开展“全国科技工作者日”系列活动，推荐表彰优秀科技工作者代表，在《河源日报》等媒体宣传、展示河源科技工作者的风采和科研成果；市委常委叶少军、市科协领导班子分别慰问优秀科技工作者代表。搭建学术展示平台，开展全市自然科学优秀学术论文评审工作，征集参评论文153篇，评出获奖论文80篇。为河源市首批20名专业技术拔尖人才提供组织体检、发放生活津贴等服务，增强科技工作者对科协组织的归属感和依托感。建立市科协领导班子挂钩联系县区科协机制，构建畅通、紧密、稳定的双向联系渠道。

【助力创新驱动发展】 2020年，河源市科学技术协会实施学术引领科技创新工程。开展河源市科协学术活动月活动，举办“凝聚大湾区科技社团力量助力河源高质量发展”研讨沙龙、2020年神经疾病学术论坛、眼视光学术论坛、第五届精准医学与肿瘤个体化治疗论坛等各类学术活动53场，在全市科技界营造浓厚学术氛围和人才成长环境。实施创新驱动助力工程。推动成立院士工作站2家，获得市财政资金资助。成立省科技专家工作站2家。打造科技合作交流新平台。借助省科协科技力量开展

2020年5月29日上午，河源市领导在市会议中心迎宾厅会见、慰问2020年度优秀科技工作者代表（市科协提供）

2020年广东省科技工作者助力东源乡村振兴活动，37名广东中青年科学家分别与东源企业代表签订25份合作服务框架协议，项目涉及农业、医学、渔业等多个领域。

【提高全民科学素质行动】2020年，河源市科学技术协会加强基层科普基础设施建设。对市科技馆进行改造升级，增加消防教育体验馆；建设科普e站17个，科普教育基地3个；建设科普画廊4条、32米，定期更新科普挂图。开展科普e站建设调研及检查考核，及时发现并解决2018年、2019年建设的科普e站存在的问题，发挥e站服务基层、服务群众的作用。推荐市县科技馆申报“中央/广东省补助地方科技馆免费开放专项资金”项目，获得国家、省级补助资金251万元；13个科普示范单位申报“中央/广东省基层科普行动计划”项目，获奖补资金125万元。开展各类主题科普活动。举办“全国科技活动周”暨“全省科技进步活动月”、文化科技卫生“三下乡”和全国科普日等活动，承办2020年广东省文化科技卫生“三下乡”主场活动，开展老科学家科普报告校园行活动24场次、“科普进校园和社区”15场次、“科普之声”文艺演出活动3场次、科技馆主题科普活动13场次、“新型冠状病毒疫情防控应急科普宣传”巡展活动12场次。开展新冠肺炎疫情防控应急科普知识网络有奖竞答活动，参与活动人数达22.17万人次。开展青少年科学素质行动。做好市科技馆免费开放工作，接待1.5万多人次到馆参观。举办全市青少年科技创新大赛、科普剧大赛、小学生科普作品竞赛、校园科技文化艺术节等大型品牌活动赛事。组队参加第三十五届广东省青少年科技创新大赛、广东省青少年机器人大挑战和第七届广东儿童创意构建大挑战活动、省科普剧大赛、全省“科学防疫抗疫，使命有你有我”主题科普征文比赛等活动，累计获奖49项。组织全市优秀科技辅导员到江门市考察，提高河源市科技辅导员业务水平。做好农民、城镇劳动者和社区居民、领导干部和公务员科学素质提升工作。在《河源日报》“科普专栏”推送各类科普知识30期。发动组织各类人群参加广东省全民科学素质大赛，河源市参赛人数名列全省第四位。举办猕猴桃、鹰嘴蜜桃、葡萄、养蜂、茶叶等各类实用技术培训15期。成立社区“科普服务站”。

【助力党委和政府科学决策】2020年，河源市科学技术协会开展以“关于大力推进全民科学素质工程，助力我市创新驱动发展”为主题的调研，了解河源市科普工作的形式、人才队伍等情况，并根据相关情况和问题，提出助力河源市创新驱动发展的对策建议。此调研报告被市委政策研究室、市政府研究室评为2020年度全市优秀调研成果三等奖。发挥科协界政协委员作用，围绕科技领域普遍关切的问题建言献策，推动事关河源市科技和科普事业发展的新科技馆项目建设。

2020年河源市所属学（协）会情况表

表8

学（协）会名称	成立时间（年、月）	创办刊物	理事长
市公路学会	1992.10		唐勤学
市勘察设计行业协会	1991.08	河源勘察	吴桂斌
市气象学会	1989.11		巫燕辉
市水利学会	1989.07		赖寿雄
市电机工程学会	1992.05	河源电机	张良栋
市林学会	1989.08		温钦鹏

续表8

学（协）会名称	成立时间（年、月）	创办刊物	理事长
市珠算协会	1996.08		张伟萍
市青少年科技教育协会	1998.08		蓝红波
市医学会	1990.10		肖敬东
市药学会	1990.03		黄泉金
市护理学会	1990.10		刘美玲
市建筑业协会	2000.03	河源建筑业信息	陈东隆
市质量协会	2004.05		甄彩娜
市翻译工作者协会	2002.10		曹育慧
市养猪行业协会	2004.04		蒋荣彪
市环境科学学会	2004.12		李林光
市畜牧兽医学会	2009.12		马励承
市环境保护产业协会	2008.09		叶　阳
市太阳能协会	2006.07		何伟光
市心理学会	2006.07		钟碧来
河职院科协	2010.05		陈德清
市风景园林协会	2010.10		袁伟洪
市抗癌协会	2014.06		刘卓星
市计算机学会	2014.12		钟建坤
市营养师协会	2015.01		张进步
市航模协会	2015.08		周成铨
市沉香研究会	2016.08		陈育华
市机器人协会	2017.09		戴卫军
市龟鳖协会	2018.08		包志贤
弘霞客科协	2019.03		郭鸿雁
市高新区科协	2019.04		陈智聪
市科普教育研学协会	2019.09		郭鸿雁
市知识产权协会	2020.06		朱荣业

（赖浩健）

市侨联

【概况】 河源市归国华侨联合会（简称市侨联）是由归侨、侨眷组成的人民团体，是党和政府联系归侨侨眷、海外侨胞的桥梁和纽带。市侨联内设办公室、文化联谊科、经济维权（基层建设）科3个科室。2020年，河源市侨联坚持“两个并重”（国内、海外工作并重，老侨、新侨工作并重）、“两个拓展”（拓展海外工作、拓展新侨工作），团结动员广大归侨侨眷和海外侨胞，为推动河源市“融湾”“融深”，奋力构筑“示范区”“排头兵”“两个河源”新局贡献侨界力量。加强党的建设。严格落实“第一议题”制度，抓好党组会议、党组中心组、“三会一课”、机关工作会议学习议题，组织学习《习近平谈治国理政》第三卷、习近平总书记出席深圳经济特区建立40周年庆祝大会和视察广东重要讲话重要指示批示精神，不断提高侨联干部的政治理论水平。落实全面从严治党主体责任，坚持从严治会，贯彻执行民主集中制，加强干部日常管理和廉政教育，鼓励干部担当实干、有情有为。

【市侨联六届五次全委会议】 2020年1月3日，河源市侨联召开六届五次全委会议。市委常委、统战部部长叶少军，省侨联组织人事部副部长曾小军出席会议。来自新加坡、马来西亚、帕劳等国家的侨团侨领，市侨联荣誉主席、顾问及市侨青会、市侨界海归代表参加会议。

市侨联主席李茂辉在会上作题为《凝聚侨界力量 全力服务“融湾”建设》的工作报告，报告从四个方面总结2019年全市侨联工作情况。一是加强党的建设，推进从严治会。始终把学习贯彻习近平新时代中国特色社会主义思想作为首要政治任务。二是围绕中心工作，搭建合作平台。围绕市委、市政府中心工作，引导侨界群众共同助力“融湾”建设。三是拓展海外联谊，老侨新侨并重。坚持用“真情、热情、留情”开展联谊工作，广交朋友，密切联系不同领域、不同籍贯的侨胞。四是热心为侨服务，参与社会建设。广泛凝聚侨界力量，将精准扶贫与为侨服务相结合，开展侨界扶贫济困各项工作。最后，部署市侨联2020年工作要点：一是加强政治建设，强化理论武装；二是服务经济发展，参与社会建设；三是热心为侨服务，依法维护侨益；四是拓展海外联谊，促进对外交流；五是弘扬中华文化，讲好中国故事。

曾小军代表省侨联讲话，对河源市侨联工作给予肯定，并就推进侨联工作提出四点意见：一是围绕中心大局，推动经济社会发展；二是深化“两个拓展”，推进侨联事业发展；三是大力服务侨界，提高侨联组织影响力；四是加强组织建设，增强侨联组织凝聚力。

叶少军代表市委、市政府肯定市侨联在海外联谊、招商引资、精准扶贫等方面的工作，并就做好2020年全市侨联工作提出四点意见：一是凝聚侨心汇集侨力，助推河源经济社会发展；二是团结凝聚侨心，密切与侨界群众血肉联系；三是弘扬中华文化，促进文化宣传交流；四是坚持心中有党有侨，提升侨联组织凝聚力战斗力。

会议通过有关人事事项，叶权辉等12人当选为市侨联第六届委员会委员，吕海标等3人当选为常委。

市侨联副主席邬国猷、邓谷香，兼职副主席肖衍雄出席会议。

【侨界思想政治引领】 2020年，河源市侨联认真贯彻落实习近平总书记对侨务工作的重要论述，做好归侨侨眷的思想政治工作，引导和组织归侨侨眷学习习近平新时代中国特色社会主义思想，引导侨界群众听党话、跟党走。举办中共十九届四中全会精神宣讲报告会，《习近平谈治国理政》第三卷宣讲报告会、中共十九届五中全会精神宣讲报告会，组织侨联干部、侨联委员、侨团侨领接受深刻的思想政治洗礼，坚定侨联干部和侨界群众听党话、跟党走的决心。

【组织海内外侨界抗击新冠肺炎疫情】 2020年，河源市侨联组织海内外侨界抗击新冠肺炎疫情，在疫情防控阻击战中发挥侨界独特作用。河源市侨联“四海同心·河源侨界抗疫”项目获省文明办网络公益项目前10名提名资格。

发动海内外侨界助力疫情防控工作，发动17个国家和地区的37个侨团、企业，捐现金230万元及价值674万元的抗疫物资支援国内一线。市侨联友好社团、南非客家联谊会会长温耀滨在得知中国医院缺N95口罩等医疗物资后，立即组织乡亲们四处寻找货源，筹资购买6000个N95医用口罩，寄回中国支援抗击疫情，并发动乡亲捐款，共筹得款项约11万元。市侨联荣誉主席、西澳大利亚广东同乡会会长钱桂源发动本会会员企业家捐款，共筹得款项7万元。市侨联顾问、日本关西中华总商会会长何玲青动员商会会员献一份心献一份爱，共募捐到482万日元、5.3个 N95口罩。美国美东华人社团联合总会主席梁冠军亲自将1万个一次性防护口罩送到省侨联，安排6730个口罩和100套防护服捐赠给抗疫一线的河源市人民医院。市侨联荣誉主席、马来西亚河源同乡会总会长谭育良发动马来西亚华侨华人募捐20万元。省侨联第十一次侨代会河源考察团成员、世界广东同乡总会危地马拉分会会长关广才捐赠一批物资到省侨联，并安排2万个医用口罩支援河源。市侨联荣誉主席、波兰中国和平统一促进会会长招益华组织采购医用口罩3.78万个、3M防护服1099套、医用护目镜1000个，总价值36.5091万元，捐资80万元。市侨联顾问、比利时华侨华人商会会长杜基等抢购50万多个3M口罩并空运回国。

助力侨界企业复工复产、复商复市，支持侨界企业在做好疫情防控的同时主动融入以国内大循环为主体、国内国际双循环相互促进的新发展格局。

【侨的优势发挥】 2020年，河源市侨联发挥海外联系广泛的优势，团结归侨侨眷和海外侨胞，为推动经济社会发展作出侨界独特贡献。协助挪威广东商会完成当地政府委托的防疫物资采购任务，促成万盟医疗用品公司、尊珑服装科技有限公司向挪威出口口罩90万个、防护服3万套。推进“侨创南粤”品牌建设，支持市高新区华汇智谷科技有限公司建成“南粤侨创基地”，优化侨界创新创业环境；支持市海归协会创办海归创业服务中心，集创业、交流、休闲等功能为一体，并设立海归之家和侨胞之家，进驻企业29家，获评广东省海归国际产业创新中心（河源站），成为全市构建大统战工作格局的先进典型。打好“创文”攻坚战，发动海外侨胞为挂钩社区捐赠防疫口罩和慰问物品，以实际行动支援基层“创文”工作。累计发动海外侨胞捐款100万元，支持扶贫挂钩村修建村道、水渠等基础设施和发展生产，建档立卡贫困人口20户53人全部达到脱贫标准。市侨联获2020年度全国侨联系统助力脱贫攻坚先进集体称号，市侨联兼职副主席、灵臻传播集团有限公司董事长肖衍雄获全国侨联系统助力脱贫攻坚先进个人称号。

【“党建带侨建”示范点建设推进】 2020年，河源市侨联贯彻落实《河源市全面推进“党建带侨建”工作的实施方案》，联合市委组织部共同开展“党建带侨建”工作，加强侨联基层组织建设。以侨资源较为丰富的镇和条件较为成熟的侨资企业为载体，推进“党建带侨建”示范点创建工作。年内，有12个示范点通过验收，其中，镇级示范点6个，村（居）级示范点5个，企业示范点1个。源城区新作塘社区“侨胞之家”获得上级领导肯定，获“全国侨联系统优秀侨胞之家”称号。在创建工作中，探索在侨资企业开展“党建带侨建”工作，在龙川县景旺电子科技有限公司、华汇智谷产业等侨资企业建立“侨胞之家”。

【海外联谊拓展】 2020年，河源市侨联以“真情、热情、留情”聚侨、助侨，凭“心中有党”这个法宝，以心联侨，秉承“来的都是客”的工作思路，克服河源侨资源匮乏的短板，拓展海外联谊平台，将为侨服务各项工作落到实处。密切联系不同籍贯不同领域的侨胞，是年在57个国家和地区建立工作联系点（站），发展祖籍非河源的海外侨领为市侨联荣誉主席（18名）、顾问（22名）。吸引挪威、英国、特多、秘鲁等国家和非洲商务联盟的侨商侨领到河源市考察投资环境和商洽项目，全年接待华侨、华人45批280多人。

【做好为侨服务工作】 2020年，河源市侨联关爱贫困归侨侨眷和困难群众。在元旦、春节期间，组织慰问全市困难归侨侨眷，传递党和政府的关爱。动员侨商侨企为2020“广东扶贫济困日”活动捐款13万元。发动侨界爱心捐款80万元，开展2020“侨爱心·光明行”贫困白内障患者复明公益活动，免费医治患者800名。开展助学活动，资助贫困侨界大学生10名，联络侨团到河源市举行爱心助学活动。开展侨法宣传和纪念《中华人民共和国归侨侨眷权益保护法》颁布三十周年宣传活动，组织参加第二届“侨商杯”法律知识竞赛，举办《中华人民共和国归侨侨眷权益保护法》云课堂。 *（程水山）*

2020年10月27日，挪威广东商会会长李祯杰及联络部副部长刘美仪、特多华人互助基金会会长黄振杰、秘鲁番禺会馆主席朱庆源夫妇及会馆监事长茹国辉夫妇、广州通淘进出口有限公司总经理张浩和俄罗斯、白俄罗斯商贸合作伙伴共10人到访河源市侨联 *（市侨联提供）*

市文联

【概况】 2020年，河源市文学艺术界联合会下辖16个市级文艺家协会（市作家协会、戏剧家协会、音乐家协会、舞蹈家协会、美术家协会、书法家协会、摄影家协会、曲艺家协会、民间文艺家协会、诗词协会、民俗摄影协会、朗诵艺术学会、国际标准舞协会、文化艺术交流协会、流行音乐协会、网络作家协会等）和2个行业文联（河源公安文联、河源市金融系统文化体育联合会）以及河源市美术馆（市叶绿野美术馆）。有市级会员3341人（其中国家级会员73人、省级会员534人）。

【思想政治引领强化】 2020年，河源市文学艺术界联合会始终坚持抓好理论武装和思想引领，充分发挥政治引领作用，切实增强“四个意识”、坚定“四个自信”、坚决做到“两个维护”。深入学习习近平新时代中国特色社会主义思想，贯彻落实习近平总书记关于文艺文联工作的重要论述和指示批示精神，紧紧围绕中共十九届五中全会精神和党中央重大决策部署，运用互联网、新媒体等新技术、新载体，通过理论中心组学习会、研讨会等多种形式，营造深厚的学习氛围。市文联机关先后开展“第一议题”学习14次、理论学习中心组（扩大）会20次、邀请市委宣讲团宣讲2次。各县区文联和各文艺家协会全方位、多角度深入宣传贯彻新思想新理念新要求，掀起学习习近平总书记出席深圳经济特区建立40周年庆祝大会和视察广东重要讲话重要指示精神热潮。

【战“疫”主题文艺创作】 2020年新冠肺炎疫情发生以来，河源市各级文联组织上下联动，各艺术门类协调配合，紧扣战“疫”主题，组织文艺家开展抗疫主题创作，为打赢疫情防控阻击战贡献文艺力量。全市创作出音乐、美术、戏剧、曲艺、摄影、书法、民间文艺、舞蹈、微视频等抗疫主题文艺作品1400多件。其中，音乐作品19件、美术作品80件、诗歌文学作品253件、书法作品83件、戏剧曲艺作品5件、舞蹈作品1件、摄影作品1020件。刘伟德国画《来自武汉疫区的报道》和范修奎作词、杨兴发作曲并演唱的《有你在的地方》，以及市音协会员创作的歌曲《战瘟神》、市戏剧家推送群口快板《疫情防控总动员》等多件作品在广东省“学习强国”平台刊发；叶力为诗歌《我们在一起》、陈振昌评论《柔情似水、动人心魄——报告文学〈千里驰援〉读后》等在《南方日报》刊发，冯燕花散文《闹春》在《作品》2020年第4期上刊登，而且陈振昌《柔情似水 动人心魄》、杜海《江城子·抗击新型冠状病毒肺炎》、黄小云《庚子元日》《致敬一线全体医护人员》和冯燕花《闹春》等被收录于广东省作家协会《千里驰援——广东作家“抗疫”主题作品选》；邓醒群诗歌《致敬，勇士》在《羊城晚报》副刊刊登、组诗《集结号》在全国公安网上刊发；邹宇漆画《卫士》；巫鹏油画作品《病毒之战》、刘强红水彩《白衣天使》、袁杰峰油画《造像》等入选中国美术家协会抗疫主题线上展览；市音协推送的《今天的你有多美》登上学习强国全国优秀战“疫”公益歌曲展播。在省文联发布的全省抗疫主题文艺作品库中，河源市最具“河源元素”的原创作品，舞蹈《战·必胜》（陈裕红编导）、花朝戏《齐心协力把疫防》（赖胜锋作词、邹平作曲）、龙川木偶戏《打瘟神 降疫魔》等10件作品入库。2020年，“河源文联”微信公众号还推出13期战“疫”专题。

【文艺实践活动】 2020年，河源市文学艺术界联合会组织开展文艺展演展览活动30多场次。举办“我和我的祖国”——2019年度河源市美术作品展览、“精神与力量”——河源市抗击新冠肺炎疫情美术作品展、“青蓝之梦”——广州美术学院绘画艺术学院水彩画系师生作品巡回展（河源站）、河源市首届少儿绘画作品展、首届河源市美术教师作品展、河源市首届中国画作品展、河源市首届版画作品展、“欣欣向‘融’”——广东水彩名家走进河源作品深河巡展（河源）、“中国精神 凝聚力量”——源城区践行社会主义核心价值观楹联书法作品展、河源市“扶贫攻坚”作品展、河源市第四届书法临帖作品展、“为战‘疫’在一线的人高歌，摄影人‘艺’起战役”主题摄影作品展、“巾帼风采”主题摄影作品展、“春暖花开”主题摄影作品展、“2020聚焦重点工程采风”专题摄影作品展、“脱贫攻坚乡村振兴”主题摄影作品展等展览活动；举办全国“小荷风采”金奖作品展演暨山茶花舞蹈大赛、第二届河源市“单双三”舞蹈大赛、“中国梦·劳动美”主题摄影比赛等活动；组织河源文艺轻骑兵小分队走进龙川县丰稔镇黄岭村、连平县大湖镇、东源县船塘镇李田村、紫金县义容镇塘面村、和平县彭寨镇、市区万隆城广场、东源县漳溪畲族乡等开展2020年“我们的中国梦——文化进万家”专场文艺演出，以及“学习宣传党的十九届五中全会精神，决战脱贫攻坚，实施乡村振兴，建设美丽乡村”文艺晚会、“我们的节日·七夕”——“七夕有情 幸福中国”专题文艺晚会、“我们的歌声有力量”破茧音乐会、“壮美七十年 远航新时代——河源市2020年新年诗文朗诵会”“碧艾菖蒲端阳情”——河源市2020年端午诗文朗诵会等活动；举办“文艺进万家 健康你我他”——“到人民中去”文艺志愿服务活动新农村少儿舞蹈教室线上教学、摄影小分队下基层摄影采风创作、中华古诗词成人公益班讲座活动等。

【文艺精品创作】 2020年，河源市文学艺术界联合会紧扣决胜脱贫攻坚、全面建成小康社会，以及重要时间节点和重要事件，团结引领全市文艺工作者打造讴歌党、讴歌人民、讴歌时代的精品力作，打造新时代河源特色文艺。组织开展“文人故里、最美乡村”文艺主题采风活动、“欣欣向‘融’——广东水彩名家走进河源”采风和“全民抗‘疫’，我们在行动”——河源文艺界抗击新冠肺炎疫情作品征集暨市民最喜爱的作品评选、“百姓小康故事”征文等主题活动，激发广大文艺工作者的创作灵感，创作出一大批优秀作品，并在国家级、省级各类文艺比赛中屡获大奖，出版文学专著14本。市作家协会冯燕花小说《寡妇黄鹂》获“仰韶杯”全国小小说大奖优秀奖，陈振昌《山稔情》获2020年“方川杯”世界华语闪小说征文大赛优秀奖；市美术家协会入选国家级省级展览作品70件（其中入省展54件，铜奖2件、单项展优秀奖3件、二等奖3件、三等奖1件、优秀奖5件，收藏5件；入国展16件，获奖2件，收藏1件；获奖励资格作品44件），其中叶国强的《绿色报道之十三》入选全国第十二届水彩粉画作品展；邹宇的《逐梦之风》获第三届清华大学乔十光漆画艺术创新铜奖；市书法家协会有29人次入选国家级省级书法作品展览，其中王慧芬书法作品入展第六届中国西安碑林书法大赛等9次，杨友平等7人书法作品在第九届广东省新人新作书法展中获优秀奖并具备省书协入会资格；市音乐家协会

2020年12月11日，河源市文学艺术界联合会主办河源市第二届“单双三”舞蹈比赛 （市文联提供）

李远飞、邹国忠、欧阳生、欧阳山、李远广、张甘雨等人创作的《最美的承诺》《同舟共济》《最美是你》《这个冬天》等8首歌曲获广东省优秀抗疫歌曲，举办《喊一声幸福跟我走》扶贫组歌创作系列活动、“河源发声”第二届音乐作品创作大赛、“抗疫路上 为你而歌”原创音乐公益义演等活动；市摄影家协会曾晓剑的《乡戏正酣》获2020年第四届深圳国际摄影艺术展IPF银牌；市民间文艺家协会陈湛珠创作的科普剧《婚礼》获得第五届广东省科普剧大赛剧本创作赛一等奖和表演赛（成人组）二等奖；市戏剧家协会创作戏剧作品20多件，山歌小戏《还愿》参加省剧协举办的“精准扶贫奔小康”主题小戏小品剧目征集获得优秀奖；市曲艺家协会创作快板《防控疫情总动员》、音乐快板《反对浪费崇尚节约树立文明新风尚》、曲艺表演《鲜花朵朵献劳模》、客家方言快板说唱《党的十九届五中全会指航向，祖国明日更辉煌》、歌曲《山歌唱出新时代》等20多个原创节目。在广东省扶贫办、省文联等联合主办的“脱贫攻坚看广东”书法美术摄影主题展中，河源市温兴庆美术作品《隔离》、朱德富摄影作品《驻村干部文干》、王慧芬小楷书法作品《录习近平总书记脱贫攻坚金句》等13件作品榜上有名。在“决胜全面小康 决战脱贫攻坚”主题文艺创作过程中，市流行音乐协会《春光照进山窝窝》、市曲艺家协会《鲜花朵朵献模范》、张涛《最是那一抹灿烂的笑容》、李美英《阿冬的创业史》、冯燕花《想和故乡握手言和》、林燕翔《我与广场舞》、曾一文《村貌变新颜》等一批优秀文艺作品脱颖而出，深受广大观众读者喜爱。

【文艺创作队伍不断壮大】 2020年，河源市文学艺术界联合会组织全市文联系统干部参加全国文联系统干部增强“四力”网络培训班，提升河源市文联干部政治素养和业务能力水平。举办市书法专题研修班，提高全市书法骨干创作水平和理论素养；实施“新农村少儿舞蹈教室”美育工程，变“送”文化为“种”文化；举办文学、音乐、舞蹈、美术、书法、摄影等专题艺术讲座20多场次，提高河源市各艺术门类人才素养。市美术馆馆长叶国强因艺术成就突出，被市委、市政府授予“2020年度河源市劳动模范”称号；市音乐家协会被省音乐家协会评为2020年度广东省文艺志愿服务先进单位，欧阳生、郑荣新被评为2020年度广东省优秀音乐家；叶松益被省文联授予广东省从艺70周年文艺家和文艺工作者称号；源城区书法协会、东源县书画协会、紫金县书画协会、连平县书法协会在开展“我们的中国梦——文化进万家”送春联活动和“同心同书——祖国新春好”书法家送万福进万家志愿服务公益活动中，被广东省文联、广东省书协评为先进集体，殷振林被评为先进个人；市诗词协会老同志卓佛坤、叶细初被岭南诗社授予弘扬中华诗词荣誉奖称号；市朗诵艺术学会加入中国朗诵协会联盟。是年，全市国家级会员新增10人（其中：市作家协会2人，市音乐家协会3人，市摄影家协会2人，市民间文艺家协会2人，市民俗摄影协会1人）；省级会员新增24人（其中：市作家协会1人，市美术家协会9人，市音乐家协会8人，市民间文艺家协会4人，市流行音乐协会2人）。

（黄伟忠）

市残联

【概况】 2020年，河源市残疾人联合会以习近平新时代中国特色社会主义思想为指导，深入贯彻落实中共十九大和十九届二中、三中、四中、五中全会精神，牢记习近平总书记“全面建成小康社会，残疾人一个也不能少”的政治嘱托，围绕省、市中心工作，履行“代表、服务、管理”职能，完成残疾人康复服务、创业就业、社会保障等各项工作任务，如期实现残疾人脱贫攻坚同步小康工作目标。

残疾人脱贫 2020年，河源市残疾人联合会按照习近平总书记“全面建成小康社会，残疾人一个也不能少”的要求，围绕实现“两不愁三保障”目标，抓好社会保障和医疗保障政策落实。残疾人“两项补贴”实现提标扩面，非重度智力、精神残疾人首次纳入重度护理补贴保障范围，全市共发放重度护理补贴52504人，生活津贴24635人。全市已建立社区康园中心104家，为2360多名残疾人提供支撑性社区托养服务。全市建档立卡的贫困残疾人20523名全部实现脱贫。

疫情防控 2020年，新冠肺炎疫情发生后，河源市残疾人联合会成立河源市残疾人联合会应对新冠肺炎疫情工作领导小组，印发《河源市残疾人联合会关于做好新型冠状病毒肺炎疫情防控工作的通知》，贯彻落实市委、市政府以及中国残联、省残联关于做好新冠肺炎疫情防控工作部署。全市各级残联针对全市104家残疾人服务机构开展拉网式疫情排查；对全市10169名贫困重度及无人照料残疾人开展摸查工作，并实行“一人一案、一日一访”制度。残联系统党员干部投身社区、基层一线参与疫情防控工作；帮助和指导残疾人企业和残疾人用人单位复工复产，为16家盲人按摩机构发放扶持资金13.5万元。

【爱心助残】 2020年，河源市残疾人联合会围绕第三十次全国助残日“助残脱贫，决胜小康”主题，发动社会组织开展爱心助残活动。1月8日，广东省扶贫基金会携手雅士利集团举行关爱河源市贫困家庭脑瘫儿童仪式活动，出资10万元帮助全市33名贫困脑瘫儿童康复，并捐赠雅士利集团奶粉一批。1月15日，市委常委、秘书长何广延到源城区开展春节送温暖慰问活动。1月20日，河源市委常委、统战部部长叶少军到源城区开展春节送温暖慰问活动。1月21日，市政府副市长庞启彪到源城区开展春节送温暖慰问活动。4月1日，市残疾人联合会党团员志愿者走访慰问建档立卡未脱贫残疾人，并送上生活用品和生产启动资金。4月10日，市残疾人联合会志愿者对市区内的11家盲人按摩机构进行走访慰问，送上口罩、消毒液等防疫物资，指导盲人按摩机构复工营业。5月14日，市残疾人联合会在市残疾人综合服务中心举行第30次全国助残日爱心捐赠活动，共收到捐赠款物价值221.6万元。5月14日，市残疾人联合会党组书记、理事长吴文生率队到源城区慰问残疾人家庭。5月22日，市残疾人联合会携广东狮子会河源代表处深入和平县合水镇三联村开展“温馨工程”活动，走访慰问贫困残疾人家庭，帮助残疾人解决实际困难。6月12日，市残疾人联合会携手爱心企业为197名重度残疾人发放纸尿裤。9月29日，爱心人士蔡潮武为源城区岗古岭公（廉）租住房捐赠无障碍电梯。是日，市直工委到市残疾人康复服务中心开展慰问残疾儿童志愿服务活动。

【残疾人康复】 2020年，河源市残疾人联合会推进残疾人“人人享有康复服务”工作，建立政府推动、社会联动、项目带动的康复服务机制。全市为30658名有康复需求残疾人提供康复服务，提供辅具适配4732件。全市906名0～6岁残疾儿童在河源市定点康复机构接受康复训练，13名听障儿童享受安装人工耳蜗补贴。完成白内障复明手术2744例，社区康复20683名，居家康复服务358人，培训家长594人，对1664名精神障碍患者开展康复救助。源城区残疾预防试验区在全国会议上作典型经验发言，被推为“广东经验”。加快残疾人康复机构建设，市残疾人新综合服务中心建设稳步推进。加强康复人员师资培训，累计培养康复教育专业人员190多人次。

【残疾人就业】 2020年，河源市残疾人联合会推进残疾人就业创业。市残疾人联合会扶持残疾人就业创业63人，扶持资金35万元。全年，全市城乡残疾人稳定就业11729人；城镇、农村残疾人新增就业669人；城镇职业技能和农村实用技术培训800人次。举办残疾人专场招聘会3场，推荐就业50人。对1138户残疾人进行种养和个体创业。建立残疾人扶贫培训就业基地6个，辐射带动750名贫困残疾人增加生产收入。参加2020年广东“众创杯”创业创新大赛残疾人公益赛决赛，河源市选手获1银1铜。全市累计征收残疾人就业保障金4799万元。

【残疾人教育】 2020年，河源市残疾人联合会印发《2020年残疾青壮年文盲扫盲行动实施方案》，举办国家通用手语和国家通用盲文推广培训班，对181名残疾青壮年文盲扫盲。市残疾人联合会协助教育部门做好残疾人随班就读工作，适龄残疾儿童3423人，安置入学3249人，入学率达到95%。协助广东省培英职业技术学校、市博爱学校做好招生工作。实施“南粤扶残助学工程”，为符合条件的40名残疾大学生发放助学金49万元；市残疾人联合会秋季资助考取大中专院校残疾学生67名，金额达21.9万元；资助贫困残疾儿童学前教育94名，资助金额达9.4万元。

【信访维权】 2020年，河源市残疾人联合会将《广东省实施〈中华人民共和国残疾人保障法〉办法》等残疾人法制宣传教育纳入全市普法规划，增强全社会依法保障残疾人权益意识。市和县

2020年1月9—10日，第四届中国残疾人冰雪季示范活动暨第四届广东省残疾人冰雪季暨广东省残疾人旱地冰壶邀请赛在中山市举行，河源市代表队在肢体组比赛中获第一名
（市残联提供）

（区）残联设立8个残疾人法律救助工作站，建立覆盖全市城乡的残疾人法律救助服务体系，获得广东省残疾人维权工作达标市称号。实行初信初访首办责任制，2020年全市残联共接待来访1439人次，信件783件，做到来访有接访、来电有答复、来信有回复。开通“12385”热线，畅通残疾人反映问题和解决困难的渠道，是年，共受理58条信息。

【宣传文体】 2020年，河源市残疾人联合会依托各级公共文化阵地，组织开展残疾人文化节、南国书香节手语阅读故事分享会和残疾人阅读推广工程等形式多样活动。为242个家庭开展“五个一”文化进家庭活动，举办“同心追梦，共奔小康”2020年残疾人美术作品展、举办残疾人飞镖友谊赛等活动。全市创建全民助残健身工程示范点28个、残疾人文体人才培养基地2个。培养选拔残疾人体育和文艺苗子，参加省各项残疾人体育赛事和文艺会演，获5金8银7铜的好成绩。多渠道拓展宣传载体、通过各种媒介向社会宣传展示残疾人事业发展新成就、扶残助残政策措施及自强不息等残疾人典型。在河源广播电视台开办“共享阳光”残疾人广播专栏和电视手语节目，在市电视台开辟自强脱贫系列专题片，在《河源日报》《河源晚报》专题报道残疾人脱贫攻坚事迹。同时在省、市主要媒体发表新闻稿件139篇，在“学习强国”选登18篇。

【残联机构设置深化】 2020年，河源市实施“强基育人”工程，健全市、县（区）、乡镇（街道）、村（社区）基层残疾人工作组织网络，通过购买服务公益岗位共选聘乡镇（街道）专职委员101名，村（社区）专职委员1439名。全市对95945名残疾人开展基本服务状况和需求信息数据动态更新工作，建立残疾人人口数据库，为实现精准化服务和精细化管理奠定基础。各级残疾人专门协会发挥协会桥梁作用，组织各类残疾人参加省市各项活动，市级成立精神残疾人及亲友协会、肢残人协会。加强助残扶残志愿者队伍建设，助残扶残志愿者为残疾人提供服务达4.43万多人次，提高残疾人幸福指数。加强残疾人证管理工作，严肃办证纪律，河源市残疾人持证率稳步提高，2020年，全市持证95882人，全年新增4590人，持证率47.9%。

（赖晓龙）

市红十字会

【概况】 2020年，河源市红十字会系统以习近平新时代中国特色社会主义思想为指导，深入学习贯彻中共十九大和十九届历次全会精神，围绕中心、服务大局，聚焦主责主业，履行“三救三献”的核心职能，推动红十字事业上新台阶，为全市经济社会发展贡献人道力量。

全年接受社会捐赠资金162万元，物资价值260万元。帮助白血病患儿申报小天使基金，全年救助20名,总额60万元。实施“燃料计划卡”项目，救助56名地贫患儿，资助金额6.4万元。开展应急救护普及培训共3期300余人次，开展急救员培训20多期，共有1495人获红十字救护员证，开展造血干细胞公益宣传活动，全市采集造血干细胞血样335人份，成功完成5例捐献，依法推动人体器官捐献宣传动员、捐献登记工作，全年接收人体器官捐献登记10人。开展志愿者服务活动达600多人次，服务工时1.0476万小时，服务群众约2万多人次。

【参与疫情防控】 2020年，新冠肺炎疫情发生后，河源市红十字会系统闻疫而动、闻令而行，主动作为，凝聚社会力量，在防疫知识宣传、捐赠款物接收、抗疫志愿服务等方面面积极贡献红十字力量，展现红十字责任与担当。

1.提高政治站位，发挥职能作用。强化组织领导，第一时间成立疫情防控工作领导小组、制定落实疫情防控工作实施方案，全体人员坚守岗位、奋战一线，团结协作，全面落实疫情防控各项工作。

2.凝聚社会力量，全力做好社会募捐。迅速发起抗击新冠肺炎疫情社会募捐，规范捐赠流程高效推动款物使用，坚持公开透明、信息公示，主动接受社会监督、专项审计。全市红十字会系统接收社会捐赠款物290.13万元，其中现金30.07万元、物资260.06万元。

3.加强宣传引导，助力疫情防控阻击战。依托网络、志愿者采取多种方式宣传疫情防控政策和常识，营造全社会关心、参与、支持疫情防控工作的浓厚氛围。共发布信息120期227条，发放宣传资料1000多份。组织党员干部、发动志愿者参与疫情联防联控，深入社区排查登记、张贴海报、发放口罩和宣传资料，引导群防群控，共100多人次参与。开展人道救助关爱活动，走访慰问江东新区河紫路社区6户受疫情影响需要帮助特殊困难群体，送去慰问物品价值2050元。

【救灾救助工作】 2020年，河源市红十字会系统共募集各类捐款162万元，捐赠物资价值260万元，推动红十字会救助能力提升。加强筹资能力建设。筹划打造“数字红会”项目，创新人道服务、资源动员和筹资模式，实现红十字会核心业务网上办理，提升红十字会人道资源动员能力。开展各类人道救助活动。元旦、春节期间，全市红十字会系统开展“博爱送万家”活动，共计发放慰问款物共计32.6万元，在年关时节给困难群众送上党和政府的温暖和关怀。国庆、中秋期间开展“献爱心、送关怀”慰问公益活动，慰问40名农村、社区困难群众。市、县红十字会帮助白血病患儿申报小天使基金，全年救助20名，总额60万元。实施“燃料计划卡”项目，救助56名地贫患儿，资助金额6.4万元。

全面完成“6·10”“6·12”水灾

复产重建工作。按照救灾复产重建工作方案，投入援建项目资金总额154.47万元，抓好连平、龙川、和平县援建的农村饮水、农田水利、生活保障、环境卫生、全倒户住房重建点基础设施建设等14个救灾复产重建项目，帮助灾区群众恢复正常的生产生活秩序。至2020年11月，14个援建项目全部完成，援建资金全部拨付完毕。

【应急救护工作】 2020年，河源市红十字会突出红十字应急救护培训的群众性、普及性和实效性，实施“红十字救在身边”项目，持续推动应急救护进机关、企业、社区、学校和农村，对公职人员、企业人员、居民群众、在校学生等群体进行应急救护培训。2020年，应急救护普及培训共3期300余人次，急救员培训20多期，共有991人获红十字救护员证，并选送5名志愿者参加救护师资培训。

【无偿捐献工作】 2020年，河源市宣传和推动无偿献血工作。全市红十字会系统参与配合卫健部门、中心血站等相关部门无偿献血公益宣传，动员热心人士、志愿者参加无偿献血，参与献血表彰奖励，2020年参与宣传10多场，受益群众38570人次，全年献血者人数达18977人，献血6254100毫升。全面推进造血干细胞捐献工作，加大造血干细胞采样力度，提升采样入库质量，不断强化高分辨、体检再动员、捐献服务保障和跟踪回访等工作。2020年，全市采集造血干细胞血样335人份，完成5例捐献，造干捐献工作上新台阶。依法推动人体器官捐献宣传动员、捐献登记工作，接收人体器官捐献登记10人。

【志愿服务工作】 2020年，河源市红十字会系统围绕主责主业常态化开展志愿服务，组织疫情防控志愿服务，助学助老助困、红十字传播、应急救护，“三献”知识、助力“创文”等公益活动，在重要节点开展元旦春节、中秋国庆红十字博爱送温暖、“5·8”博爱周集中宣传、“5·12”防灾减灾日宣传，并打造“情暖槎城·博爱驿站”“童心行”等品牌项目。2020年，参与志愿者600多人次，服务工时1.0476万小时，服务群众约2万多人次。志愿者有多人获得各项荣誉，其中志愿者张学芬获得河源好人称号、肖惠廉获得广东省学雷锋最美志愿者称号。

【博爱家园建设】 2020年，河源市结合乡村振兴和精准扶贫工作，实施“红十字博爱家园”项目，累计拨付建设资金72万元，在东源县义合镇下屯村、龙川县通衢镇玳瑁村、连平县油溪镇兴中村的博爱家园项目有序推进村红十字会组织建设、人道文化传播、扶贫生计项目、水利设施、防灾减灾能力以及志愿服务等项目建设。

【红十字宣传】 2020年，河源市红十字会广泛传播人道理念。通过报纸、广播、电视媒体，并利用微信公众号等现代信息平台，对党建、业务工作和各种志愿服务活动、红十字先进人物等进行宣传报道。结合“3·5”学雷锋日、“5·8”世界红十字日、“5·12”防灾减灾日、国际志愿者日等重要节点，组织形式多样宣传，传扬“人道、博爱、奉献”的红十字精神，动员更多的社会力量参与和支持红十字事业。2020年，累计上报省红十字会、市各类新闻媒体信息30多篇，微信公众号发布信息100多条。 *（卢一蓝）*

法治

编辑：王瑞峰

政法工作

【概况】 2020年，河源市政法系统以习近平新时代中国特色社会主义思想为指导，贯彻落实习近平法治思想，落实习近平系列重要讲话和对政法工作重要指示批示精神以及中央、省、市有关会议精神，增强“四个意识”、坚定“四个自信”、坚决做到“两个维护”，忠诚履职尽责，敢于善于斗争，全力防风险、保安全、护稳定、战疫情，确保全市政治安全和社会稳定，推动政法工作高质量发展，把河源建设成为全省最安全稳定、最公平公正、法治环境最好的地区之一，为全域全面“融深”“融湾”，服务全市打造生态经济发展新标杆，推动“示范区”“排头兵”“两个河源”建设提供坚实保障。

【疫情防控工作】 2020年，河源市政法系统把人民群众生命安全和身体健康放在首位，发挥政法保障作用，一手抓疫情防控，一手抓维护稳定，牵头会同市委组织部、市直工委等单位组织10万余名党员奋战疫情防控网格第一线，织牢织密联防联控、群防群治网络，新冠肺炎确诊病例是全省最少的地级市之一。市公安局被评为广东省抗击新冠肺炎疫情先进集体，市委政法委等4个政法单位被评为全市抗疫先进集体，9名干警被评为全市抗疫先进个人。

【维护社会稳定】 2020年，河源市深入推进维护国家安全工作，落实重大决策社会稳定风险评估机制，探索实践“矛盾—化解—维稳”一体化市域社会治理新模式。完成重大活动和重要节点维稳安保任务，实现省委和市委的工作目标。开展基层维稳“结亲连心”活动，共结亲对象1405人，走访群众4284人次，有效化解矛盾纠纷328宗。全市人民调解委员会共调解各类矛盾纠纷7672宗，调解成功率98.6%。

【扫黑除恶】 2020年，河源市纵深推进扫黑除恶专项斗争工作，推进“六清”行动，推进十大重点行业领域专项整治和基层治理，完成收官战。2018—2020年，全市打掉涉黑组织11个、涉恶犯罪集团43个，查封、冻结、扣押涉案资产28.8亿元；立案查处涉黑涉恶腐败和“保护伞”339人，确定软弱涣散基层党组织117人；建立健全长效常治机制83项。在扫黑除恶专项斗争的带动下，社会治安环境持续向好，全市“零双抢”天数比上年增加11天。

【平安河源建设】 2020年，河源市推动成立平安河源建设领导小组，完善平安建设工作机制。推进市域社会治理创新，初步完成加快推进社会治理现代化“十四五”专项规划编制，举办第四届“平安杯”社会治理创新大赛，全市共实施创新项目99个。完善“一村（居）一辅警”工作机制。开展和平县维稳示范点创建。推进立体化社会治安防控体系、“雪亮工程”“智慧新警务”“综治中心+网格化+信息化”建设，推动在综治中心建立“粤心安”社会心理服务站（室），推进基层综合网格管理，综治中心运作更加规范，市级“雪亮工程”平台完成建设并与省平台成功对接联网。

【法治河源建设】 2020年，河源市深入推进政法领域全面深化改革，加强执法司法制约监督体系改革和建设。深化司法体制综合配套改革，全市法院组建59个新型审判团队，全市检察院组建93个新型办案组织。推进警务改革，率先在全省成立新型犯罪侦查支队。完成市法学会机构改革和换届工作。推进法治创建活动，1437个民主法治示范村（社区）创建实现全覆盖。加强法律援助，在全省首创司法鉴定法律援助合作机制。落实“谁执法谁普法”责任制，掀起学习宣传贯彻习近平法治思想热潮，加强民法典学习宣传和法治文化建设，阮啸仙纪念馆被确定为第三批全国法治宣传教育基地。开展民营企业“法治活检”活动，与巴伐利亚庄园开展平安法治共建，主动服务保障粤港澳大湾区和深圳先行示范区建设，法治化营商环境优化。

【主题教育深化】 2020年，河源市政法系统深化“不忘初心、牢记使命”主题教育成效，举办政法干部培训班，开展全员政治轮训，筑牢对党忠诚之魂。筹备政法队伍教育整顿工作，深入开展违法违规办理“减、假、暂”案件专项排查整治，第一阶段工作受到省委政法委表扬和肯定。落实省市有关“以案促改”工作要求，强化政法系统警示教育，持续开展纪律作风督查巡查和模范机关创建活动，加强执纪问责，清除一批害群之马，政法队伍更加过硬。全市政法系统有86个集体、625名个人立功受奖，其中有12个集体、32名个人受到省级表彰，有5个集体、3名个人获得国家表彰。

链接：

相关词语注释

“结亲连心”活动 在领导包案制度基础上，要求镇（街）村（居）两级干部主动进村入户，通过“相亲、定亲、走亲、暖亲”四个步骤开展活动，以干部的“真心诚心用心”换取群众的“信任理解支持”，进一步维护社会稳定。

“六清”行动 线索清仓、逃犯清零、案件清洁、伞网清除、黑财清底、行业清源。

“一村（居）一辅警” 为促使政法综治工作向基层延伸，公安辅助警力向基层下沉，推动社会治安综合治理由被动应对向主动作为转变、单一管理向多元共治转变，在全市各村（居）推行每一村（居）配备一名辅警的创新举措。

“智慧新警务” 是广东公安贯彻落实公安部大数据战略和智慧公安建设的具体措施。包括1个目标愿景（坚持把大数据作为新时代公安工作创新发展的大引擎，深入实施公安大数据战略，全面推动公安工作质量变革、效率变革、动力变革，努力实现公安机关战斗力和社会治理能力的跨越式发展，为全国省级行政区的社会公共安全治理提供“广东样本”）、3步走战略（2018年进行基础建设和示范应用，2019年进行能力提升和推广应用，2020年完成深化完善和全面应用）、8大创新应用（智慧新指挥、智慧新管控、智慧新侦查、智慧新防控、智慧新交管、智慧新监管、智慧新民生、智慧新警队）、4大赋能工程（大数据工程、警务云工程、视频云工程、云网端工程）、北斗7星计划（智慧新警务全部建设项目的一种编排方式）。

“粤心安” 实施广东心理服务，构建和谐社会工作主旨，将温暖传遍南粤大地。广东社会心理服务爱心活动绵延不断、源远流长。营造社会祥和，共筑平安的氛围。

（肖　榕）

公　安

【概况】 2020年，河源市公安机关以习近平新时代中国特色社会主义思想为指导，贯彻中共十九届五中全会，习近平总书记对公安工作重要指示批示精神和重要训词精神，推进国家治理效能新提升，聚焦打赢疫情防控阻击战，切实增强公安工作整体效能，维护全市社会大局持续平安稳定，为打造生态经济发展新标杆、建设“示范区”“排头兵”“两个河源”创造安全稳定的社会环境。2020年，全市表彰集体二等功单位3个、集体三等功单位55个，个人一等功1人、个人二等功13人、个人三等功272人，另有2名民警受国家级表彰，3个单位、6名民警受省级表彰。市公安局获评广东省抗击新冠肺炎疫情先进集体，获全市“七五”普法履职报告评议第一名。

【常态化疫情防控】 2020年，新冠肺炎疫情发生后，河源市公安机关坚决贯彻落实习近平总书记“疫情就是命令，防控就是责任”的重要指示精神，深入贯彻上级部署要求，把疫情防控作为最重要的政治任务，坚持“一手抓疫情防控、一手抓维护稳定”，全面落实战疫情、防风险、护安全、保稳定各项措施。运用大数据精准服务疫情防控。为河源市精准防控疫情提供有力支撑。做好疫检和网格化管理工作。会同有关部门共设立疫检站点94个，实行24小时查控勤务，出动防控警力43万多人次，加强社会面和重点部位防控工作。同时强化宾馆旅业网格化巡查，做好境外人员到河源集中转运和隔离观察等工作。加强粤港跨境货车司机防控工作，抓紧抓实抓细集中隔离场所安全管理，协同卫健部门检查、隔离、监测相关人员5049人，派驻警力值守的医疗机构、隔离点7个。做好涉疫情违法犯罪打击工作。依法严厉打击利用疫情趁火打劫、哄抬物价、囤积居奇、欺诈勒索、拒不配合防疫工作和违法经营野生动物等违法犯罪，打击查处各类涉疫情违法犯罪案件244件，其中刑事案件105件、治安案件139件，抓获各类涉案违法犯罪人员311人。做好内部防控工作。全市13个监管场所始终坚持高于社会面的防控标准，严把进口关、隔离关、防治关、警力关“四个关口”，保持封闭管理、核酸检测、轨迹检查、隔离过渡“四个不变”，确保全市公安监管场所疫情“零感染”、安全“零事故”。

【维护国家安全和社会稳定】 2020年，河源市公安局树立总体国家安全观，把防范抵御政治安全风险置于首位，全力做好深圳经济特区40周年庆典活动、中共十九届五中全会等重大节点安保维稳工作，加强社会矛盾纠纷排查化解，维护国家政治安全和社会稳定。各级公安机关始终把防范化解重大风险作为工作的重中之重，坚持问题导向，找准薄弱环节，紧盯重点领域，压实工作责任，确保全市社会大局稳定。强化风险监测预警，适应形势发展，注重专业能力建设，牢牢把握情报指挥工作方向，强化预见、预知、预判、预警能力，为领导决策提供科学依据。是年，编撰《每日公安要情》193期，向市委、市政府报送预警性、分析性材料30余篇。

【严打突出违法犯罪】 2020年，河源市公安局围绕影响群众安全感的突出问题，以扫黑除恶专项斗争为龙头、深入推进“飓风2020”等专项行动。是年，全市立刑事案件9010件，比上年上升15%；破刑事案件3949件，上升1%，有力维护社会治安大局稳定。

坚决推进扫黑除恶专项斗争 围绕中央扫黑办提出的“一十百千万”行动目标和“十大任务举措”，聚焦“深挖根治、长效常治”，将“套路贷”、涉矿产资源以及利用信息网络实施强迫交易、敲诈勒索、寻衅滋事、高利放贷、非法讨债等黑恶势力作为打击重点，紧盯涉黑涉恶大要案件不放，推动案件一查到底，坚决铲除黑恶势力背后的“保护伞”，推动扫黑除恶专项斗争取得全面胜利。是年，全市打掉3个涉黑组织、13个涉恶犯罪集团。

全力打击传统犯罪 围绕人民群众反映强烈的盗抢骗、黄赌毒、食药环、涉枪爆等传统违法犯罪，持续加大打击整治力度，成功侦破市高新区“9·16”恶性抢劫杀人案、“2·20”特大地下钱庄案、“5·20”系列虚开发票案、连平“4·10”非法经营成品油案等案件。年内，共立盗抢案件2423件，破1461件，刑事拘留2999人，逮捕2174人，命案立10件全破（另破积案6件）。

全力打击新型犯罪 针对全市电信网络诈骗的规律和特点，围绕群众财产安全这个核心，立足“严防、严打、严管、严控”，牢固树立联合打击、全链条打击的理念，坚持以打开路，打防管控宣同步发力，着力提升打击治理电信网络诈骗犯罪能力和水平，最大限度地压减发案，减少群众财产损失。2020年全市立电信诈骗类案件2387件，抓获涉电诈嫌疑人755人。

大力推进破“小案”工作 强化专业力量建设、警情线索分析、情报信息研判、集中侦查打击工作，规范案件办理流程，突出打击盗抢骗犯罪，严厉打击跨区域系列团伙犯罪，坚持破案抓人和追赃挽损并重，对上下游犯罪追根溯源，全链条侦查经营，从源头上堵截盗抢骗犯罪。是年，跟进各类警情9824宗，抓获各类违法犯罪嫌疑人1288人，打掉涉盗窃团伙49个，抓获网上在逃嫌疑人42人。

2020年1月12日下午，河源市公安局联合中国人民银行河源市中心支行、源城公安分局、江东公安分局、河源市金融消费保护协会、广东坚基商业运营管理有限公司等相关部门，在市区坚基越王广场举办河源市“平安守护·反诈先行”宣传活动“96110”反诈专线启动仪式

（市公安局提供）

打击涉毒品犯罪 以“禁毒2020两打两控”行动为抓手，持续高压严打涉毒违法犯罪活动，构建全民参与的禁毒宣传格局，坚决遏制毒品问题滋生蔓延。2020年，侦破毒品刑事案件213件，提请逮捕毒品犯罪嫌疑人365人，捣毁涉毒团伙40个，捣毁制毒场点2个，缴获毒品12580克，查处吸毒人员574人次，强戒吸毒人员134人，侦破部目标制贩毒案等一批案件，和平县如期完成禁毒摘帽任务，全市毒情形势实现持续好转。

【公共安全】 2020年，河源市公安机关坚持以“防范违法犯罪、防控安全事故”为主线，建立健全多警种“大联防”、群防群治工作机制，狠抓安全生产责任落实，持续加强交管、治安安全隐患排查治理，维护全市公共安全。

推进社会治安防控体系建设 强化顶层设计，加强统筹规划，全面推进河源市社会治安防控体系建设，狠抓人防、技防、物防措施落实。坚持屯警街面、动中备勤、快速处警，做实网格化巡逻模式，做到“警力跟着警情走、巡防围着发案转”。是年，全市110共接报刑事治安警情14402起，比上年下降3.4%，其中，刑事警情5437起，下降17.3%；“零两抢”天数累计达到342天，比上年增加11天；命案发生率保持低位运行。

加强社会治安行政管理 围绕“防事故、压发案、保安全”目标，深入开展涉枪爆专项治理、特种行业场所专项整治行动，全面排查整治治安隐患，严格查处各种违法活动，狠抓安全主体责任落实，实现各环节全流程的实时、动态、闭环监管，严防各类安全事故发生。年内，全市公安机关查处涉枪违法犯罪人员20人，收缴各类非法枪支366支、各类子弹35314余发，收缴黑火药5.13千克。

强化道路交通安全管理 全市各级公安交警部门紧紧围绕事故预防“减量控大”工作的总体目标任务，持续开展源头隐患动态清零，大力推进智慧新交管建设，深入开展各类交通安全专项整治，强化路面交通秩序管控，夯实农村交通安全基础，确保全市交通安全形势平稳。年内，全市发生死亡事故比上年减少79起、下降26.4%，未发生重特大道路交通事故。同时，市公安局交警支队组建铁骑队，初步实现拥堵路段快速疏导、重点违法精准打击、市民紧急求助全力保障的良好效果。

【公安改革】 2020年，河源市公安机关坚持把改革创新作为推动公安工作现代化发展的强大内驱，强化制度机制建设，纵深推进改革强警，不断提升公安工作整体效能和核心战斗力。

构建“情指勤舆”一体化警务机制 市县两级公安机关成立情报指挥中心，立足统一、权威、高效的“情报指挥中枢”定位，增强情报、指挥、行动的精准性、高效性。

推进“派出所+”警务改革 树立大抓基层、大抓基础工作导向，推进“派出所+”警务改革改革，先后部署实施交巡合一、“派出所+交警中队”改革、派出所“一室两队”改革试点工作，并组织召开全市公安机关派出所警务机制改革源城现场会，推动河源市派出所工作再上新台阶。至2020年年底，源城分局全面完成派出所“一室两队”改革，其他县局也至少完成一个县城或者中心镇派出所的改革工作。

打造智慧新侦查模式 建立完善智慧新侦查工作体系，推动刑事打击工作转型升级，依托合成作战平台，实现生成线索更多、打处效能更高、压降发案更加有力的效果。率先在全省各地市成立新型犯罪侦查支队，组建打击电诈等新型犯罪的专门力量。

持续深化公安“放管服”改革 聚焦人民群众对美好生活新期待，推进“互联网+”政务民生服务，推出线上预约办证、微信缴费等便民措施，上线户政业务31项、出入境业务71项、交警业务33项。推进全市交管“放管服”项目改革措施全面开展和出入境“智慧办证大厅”建设，推广“上门办证”等便民惠民措施。全面放开放宽重点群体落户限制、下放业务审批权限、压减入户事项办理期限，受到群众的好评。

【公安基层基础建设】 2020年，河源市公安局围绕“固本强基、提质增效”总目标，坚持服务大局、倾斜基层、支持实战，全力以赴推进公安基层基础建设，为公安事业的长远发展奠定基础。

持续推进智慧新警务和大数据智能化建设应用 持续加大科技投入，有序推进四大赋能工程建设。覆盖打防管控和队伍管理各方面业务，打通大数据应用的“最后一公里”，赋能基层一线应用。市公安局组织召开全市公安机关智慧新警务龙川现场会,推动河源市智慧新警务和大数据智能化应用深入开展。

全面加强基层队伍建设 推动全市监所硬件设施升级改造工作。针对河源市看守所、源城区拘留所基础设施落后等问题，争取市委、市政府支持，将河源市看守所新所建设纳入河源市“十四五”规划，推动新所建设项目。至2020年，龙川县、东源县“两所一队”新建项目全面进入建设施工阶段。是年，累计完成20个困难派出所的“精准脱困”工作，有效提升派出所硬件水平。全面加强业务技术用房的升级改造工作，尤其是江东公安分局启用集指挥调度、信息作战、智慧新警务平台为一体新办公业务用房，为各项公安工作开展提供坚实的保障。

【锻造实战精兵】 2020年，河源市公安局开展形式多样的练兵比武活动，适应实战、全面发展的公安队伍素能培养体系。完成省厅秋季实战练兵粤中片区互检工作，组织市公安局机关青年民警应急处突训练、全市公安机关全警实战大练兵小教员培训、心理课程比武等。市公安局心理服务中心获评首批省级公安心理服务实验基地。组织开展首届全市公安大数据建模大赛，举办第二期全市公安机关大数据智能化应用培训班，提升全警运用大数据支持警务工作的能力水平。交警支队、新侦支队自主搭建的大数据模型分别获省公安厅表彰。

【暖警惠警】 2020年，河源市公安局坚持关心关爱、公开公正，用足用好“两个职级”序列改革政策，建立向基层一线、艰苦岗位和先进典型倾斜的职级晋升体系。年内，全市执法勤务类、警务技术类共3423名民警按政策得以高套、2465名民警晋升职级。强化战时表彰，分两批对在防疫工作中表现突出的14个集体、596名个人给予战时表彰。加大对各类先进典型的宣传力度，策划推出一系列正面宣传报道，发好河源公安声音，讲好河源警察故事。是年，累

2020年7月22日，河源市公安局在龙川县召开全市公安机关智慧新警务建设农村现场会暨2020年下半年工作推进会，学习推广龙川县公安局智慧新警务，特别是大数据智能化建设应用的经验做法，部署推进下半年工作任务 （市公安局提供）

计在中央、省、市主流媒体和新媒体共发稿1183篇。

【警示教育】 2020年，河源市公安局召开全市公安机关警示教育大会，部分违纪民警代表以身说纪，用“身边事”教育“身边人”。副市长、市公安局长林少威为市公安局机关领导干部政治轮训班讲授开班第一课。（宋永鸿）

检 察

【概况】 2020年，河源市检察机关以习近平新时代中国特色社会主义思想为指导，履行法律监督职责，主动服务保障河源市疫情防控和经济社会发展，推进平安河源、法治河源和过硬队伍建设，各项检察工作取得新进展。市检察院获评为广东省文明单位、市文明单位。

【维护国家政治安全和社会大局稳定】 2020年，河源市人民检察院贯彻总体国家安全观，扎实做好检察环节保安全、护稳定工作。履行批捕、起诉职责，配合公安机关开展“飓风2020”专项行动，依法惩治各类刑事犯罪。共受理审查逮捕案件1772件2851人，受理审查起诉案件2564件3760人；批捕1418件2213人，比上年分别下降18.5%和14%，起诉1918件2824人，分别下降9.4%和9.3%。严厉打击故意杀人、抢劫、强奸等严重影响人民群众安全感的犯罪，批捕142人，起诉132人。突出惩治电信网络诈骗、网络传销等网络犯罪，批捕166人，起诉139人。参与全民禁毒工程，从严打击毒品犯罪，批捕170人，起诉192人，比上年分别下降44.6%和33.3%，有效遏制毒品犯罪。

【打好扫黑除恶专项斗争收官战】 2020年，河源市人民检察院完成三年专项斗争工作任务，坚决依法、准确、有力惩处黑恶势力犯罪及其保护伞。加快办案进度，强化对下指导和挂牌督办，对重大涉黑恶犯罪案件提前介入，引导侦查取证。专项斗争开展以来，共提前介入涉黑恶犯罪案件35件，批捕涉黑恶犯罪案件116件315人，起诉69件436人，其中2020年批捕26件70人，起诉24件192人，依法办理刘某豪、刘某文等一批黑恶势力犯罪案件。坚持“是黑恶犯罪一个不放过、不是黑恶犯罪一个不凑数”，严把案件质量关。加强诉讼监督，共依法追加认定37人，追捕24人，追诉8人，追诉漏罪35人，监督立案3件12人。推动行业治理，联合公安机关等部门开展专项整治行动20个，发出检察建议75份，促进长效常治。

【参与市域社会治理现代化】 2020年，河源市人民检察院参与社会矛盾治理专项行动，深化群众信访7日内程序性回复和3个月内办理过程或者结果答复机制，答复率达100%，受理涉法涉诉信访案件137件，比上年下降43.9%。结合司法办案发现的社会管理漏洞，发出检察建议36份，促进社会治理。落实“谁执法谁普法”责任制，把普法工作融入执法司法全过程，促进提升社会法律意识。市检察院“加强公益诉讼 助推公共卫生治理”项目获市“平安杯”社会治理创新大赛一等奖。

【用法治力量呵护未成年人健康成长】 2020年，河源市人民检察院坚持从重从快打击侵害未成年人犯罪，批捕81件109人，起诉93件124人。注重将教育感化贯穿办案始终，依法对涉嫌轻微犯罪未成年人不捕21件33人，不诉16件26人。持续抓好“一号检察建议”的督促落实，参与平安校园创建，推动检察长担任中学法治副校长、送法进校园活动常态化，开展送法进校园活动27场次，用法治力量呵护未成年人健康成长。

【营造法治化营商环境】 2020年，河源市人民检察院落实市委部署，制定实施服务保障营造法治化营商环境意见，强化服务保障措施。依法平等保护市场各类主体合法权益，严厉打击破坏市场经济秩序、侵犯企业生产经营秩序犯罪，批捕76件133人，起诉80件171人。参与打好防范和化解重大风险攻坚战，突出打击危害金融安全、涉众型经济犯罪，共批捕该类犯罪案件9件12人，起诉16件34人。落实平等保护原则，贯彻宽严相济刑事政策，开展涉民营企业羁押必要性审查专项活动。深化“检察护航民企发展”系列活动，与市工商联联签加强沟通实施意见，先后举行检察开放日、民营企业座谈会、送法进企业等活动，更实支持民企经营发展。

【服务保障生态文明建设】 2020年，河源市人民检察院强化生态环境司法保护，坚决依法打击破坏生态环境犯罪，共批捕污染环境、盗伐滥伐林木、非法采矿等犯罪案件52件99人，起诉83件138人。加大生态环境公益诉讼力度，共办理该类案件86件，发出检察建议56份，督促修复、治理被损毁污染的林地、耕地、水域379.93公顷。深化落实与深圳、惠州、韶关、江西赣州等地检察机关建立公益诉讼协作机制，推动加强东江、新丰江流域生态环境跨区域保护。

【民生检察工作】 2020年，河源市人民检察院积极服务保障决战决胜脱贫攻坚，依法严厉打击危害农村稳定、破坏农业生产和侵害农民利益的犯罪。聚焦人民群众最关心的食品药品安全，批捕制售有毒有害食品、假药劣药犯罪案件11件26人，起诉14件43人；办理该领域公益诉讼案件19件，发出检察建议19份，努力维护人民群众“舌尖上的安全”。加大对涉案扶贫对象和陷入生活困难被害人或近亲属等的司法救助力度，办理国家司法救助案件24件，发放救助金118万元。全市选派34名驻镇村检察人员扎根基层，参与乡村振兴、精准扶贫和基层治理工作。

【刑事诉讼监督】 2020年，河源市人民检察院坚守客观公正立场，当好犯罪的追诉者和无辜的保护者。共监督立案19件，监督撤案8件，追加逮捕10人，追加起诉12人，追诉漏罪29人；对侦查活动违法和不规范情形发出书面纠正违法意见54件次；有关行政执法机关通过“两法衔接”平台移送涉嫌犯罪线索120件。坚定落实“少捕慎诉慎押”司法理念，对不构成犯罪、证据不足的，决定不批捕511人；对犯罪情节轻微、依法不需要判处刑罚或者免除刑罚的，决定不起诉565人。加强刑事审判监督，对认为确有错误的刑事判决、裁定依法提出抗诉18件。

2020年11月24日，河源市人民检察院与解放军广州军事检察院、河源市退役军人事务局、河源军分区政治工作处建立军地公益诉讼协作机制（市检察院提供）

【刑事执行监督】 2020年，河源市人民检察院加强对监管场所监管活动监督，维护监管秩序安全和在押人员合法权益。依法审查执行机关提请减刑、假释、暂予监外执行案件1902件，纠正违法和不当变更刑罚执行272人。强化监外执行法律监督，监督纠正被剥夺政治权利罪犯脱管漏管34人。开展羁押必要性审查，向办案机关提出释放或者变更强制措施建议被采纳22人。

【民事行政诉讼监督】 2020年，河源市人民检察院优化民事诉讼监督，共受理审查民事申诉案件59件，依法办理民事生效裁判监督案件45件、执行监督案件12件，对认为确有错误的民事裁判提出抗诉或提请抗诉8件，发出检察建议3份。做实行政检察工作，共受理审查行政诉讼监督申请案件65件，办理行政非诉执行监督案件56件。开展促进行政争议实质性化解专项活动，综合运用检察建议、司法救助等多元化解方式，促进行政机关依法行政、减少行政争议。

【公益诉讼检察工作】 2020年，河源市人民检察院依靠党委、人大和政府的支持，落实市人大常委会《关于支持和促进检察机关公益诉讼工作的决定》，推动公益诉讼检察工作新发展。共受理公益诉讼案件线索138件，立案124件，发出诉前检察建议104份，提起公益诉讼22件；努力把诉前实现维护公益目的作为最佳司法状态，行政机关采纳整改率100%。市检察院与广州军事检察院等建立军地公益诉讼协作机制，维护国防和军事利益。

【职务犯罪检察工作】 2020年，河源市人民检察院加强与监察机关的沟通衔接，严格依法办理职务犯罪案件，共依法提前介入职务犯罪案件15件，受理移送审查起诉21件30人，决定逮捕23人，起诉29人。依法行使检察机关侦查权，立案侦查司法工作人员2件2人。

【司法体制综合配套改革】 2020年，河源市人民检察院按照省检察院部署，全面完成全市检察机关内设机构改革，落实“捕诉一体”机制，初步实现机构整合、职能优化、业务主导的改革目标，检察官职责权限明确，办案主体意识和责任意识增强，办案质效提升。落实检察官员额动态调整机制和领导带头办案要求，全市新遴选员额检察官4名、退出员额8人，入额院领导带头办理案件1512件。以检察官业绩考评为抓手，推进执法司法制约监督体系建设，促进公正廉洁司法。

【抓好相关改革任务】 2020年，河源市人民检察院深化以审判为中心的刑事诉讼制度改革，全面落实认罪认罚从宽制度，适用率为80.05%，有效提高司法效率、减少社会对抗。全面贯彻证据裁判原则，加强办案监督管理，提升办案质效。全面落实“案–件比”为核心的案件质量评价指标体系，河源市刑事检察“案–件比”位于全省前列。深化检务公开，向社会公开案件信息4910件、生效法律文书1589份，为律师提供查询服务963次，以公开促公正、赢公信。

【政治建设】 2020年，河源市人民检察院深入学习贯彻习近平新时代中国特色社会主义思想，切实增强“四个意识”、坚定“四个自信”、做到“两个维护”。贯彻《中国共产党政法工作条例》，坚持党对检察工作的绝对领导。开展全员政治轮训，开展模范机关创建和深化党建创新“五个课堂”活动，教育引导干警做到忠诚、为民、担当、公正、廉洁。

【专业能力和专业精神建设】 2020年，河源市人民检察院深化开展“司法能力提升年”活动,加大人才培养力度，持续开展政治培训、业务培训和职业道德培训，院领导带头讲课，突出抓好民法典学习贯彻工作，组织干警参加各类培训2884人次。开展新时代“五好”基层检察院建设，着力解决基层发展短板弱项。

【加强廉洁建设】 2020年，河源市人民检察院严格落实“两个责任”，持续加强队伍教育管理监督。全力支持配合省检察院党组对市检察院党组巡察工作，做到立行立改、全面整改。加强警示教育，坚持每季度召开党风廉政建设联席会议，常态化开展集体和个人廉政谈话提醒92人次。落实“三个规定”，持续整治“四风”和司法作风突出问题，开展检务督察、系统内巡察9次，查处检察人员违纪违法6人。

链接：

相关词语注释

一号检察建议 2018年10月，最高人民检察院针对校园安全管理规定执行不严格、落实校园安全管理责任不到位、教职员工队伍管理不严格以及儿童和学生法治教育、预防性侵害教育缺位等问题，向教育部发出检察建议书，建议主要内容是进一步健全完善预防性侵害的制度机制，加强对校园预防性侵害相关制度落实情况的监督检查，依法严肃处理有关违法违纪人员。这是历史上首次以最高检名义发出的检察建议。为推动落实最高检“一号检察建议”，市检察院与市教育局联合召开落实“一号检察建议”座谈会、制定预防性侵害学生工作实施意见，市县两级检察机关、教育部门联合调研督导、推动落实。

国家司法救助 按照最高人民检察院印发的《人民检察院国家司法救助工作细则（试行）》规定，人民检察院国家司法救助工作，是人民检察院在办理案件过程中，对遭受犯罪侵害或者民事侵权，无法通过诉讼获得有效赔偿，生活面临急迫困难的当事人采取的辅助性救助措施。

两法衔接 行政执法与刑事司法相衔接。根据刑事诉讼法和《关于加强行政执法与刑事司法衔接工作的意见》等有关规定，行政执法机关、公安机关、检察机关在信息共享、案件移送、协调配合、监督制约等方面建立工作制度，确保涉嫌犯罪的案件依法及时进入司法程序，形成打击犯罪的合力，防止有罪不究、以罚代刑。

少捕慎诉慎押 是深化宽严相济刑事司法政策的司法理念和价值导向，是落实中央推进国家治理体系和治理能力现代化的重要举措。2020年1月18日，全国检察长会议提出，进一步树立“少捕慎诉”理念，进一步降低逮捕率、审前羁押率，处理好捕、诉与监督的关系。2020年2月26日，中央政法委、最高人民法院、最高人民检察院、公安部、司法部联合出台《关于政法机关依法保障疫情防控期间复工复产的意见》要求：在涉企业案件办理中，积极推进认罪认罚从宽制度适用，落实少捕慎诉司法理念。少捕慎诉慎押是通过轻缓化、人性化地适用法律，化解社会矛盾，促进社会和谐，从而实现政治效果、法律效果和社会效果有机统一，最大限度地回应人民群众对公平正义的期待，更好地保障人权和惩罚犯罪。

羁押必要性审查 犯罪嫌疑人、被告人被逮捕后，人民检察院仍应当对羁押的必要性进行审查。检察机关自行或依申请启动，根据在押犯罪嫌疑人、被告人的犯罪事实、性质、情节、主观恶性、认罪悔罪表现、羁押期间的表现和身体健康状况、证据情况、可能判处的刑罚等因素，综合衡量是否建议对犯罪嫌疑人、被告人变更逮捕强制措施。

行政非诉执行监督 根据《中华人民共和国行政诉讼法》第97条规定，行政非诉执行是指公民、法人或其他组织对行政行为在法定期限内不提起诉讼又不履行，行政机关依法申请人民法院强制执行的制度。行政非诉执行监督是人民检察院依法对人民法院行政非诉执行活动实行法律监督。

公益诉讼 2017年6月27日，十二届全国人大常委会第二十八次会议对民事诉讼法和行政诉讼法作了修改，正式确立检察机关提起公益诉讼制度。包括检察机关提起民事公益诉讼和行政公益诉讼。民事公益诉讼是指人民检察院在履行职责中发现破坏生态环境和资源保护、食品药品安全领域侵害众多消费者合法权益等损害社会公共利益的行为，在相关的机关和组织不提起诉讼的情况下，可以向人民法院提起诉讼。上述规定的机关或者组织提起诉讼的，人民检察院可以支持起诉。行政公益诉讼是指人民检察院在履行职责中发现生态环境和资源保护、食品药品安全、国有财产保护、国有土地使用权出让等领域负有监督管理职责的行政机关违法行使职权或者不作为，致使国家利益或者社会公共利益受到侵害的，应当向行政机关提出检察建议，督促其依法履行职责。行政机关不依法履行职责的，人民检察院依法向人民法院提起诉讼。

军地公益诉讼协作机制 根据最高人民检察院、中央军委政法委员会《关于加强军地检察机关公益诉讼协作工作的意见》和省检察院的部署要求，进一步加强军地公益诉讼协作，强化国家利益和社会公共利益、国防和军事利益保护，2020年11月24日，河源市人民检察院、广州军事检察院、河源市退役军人事务局、河源军分区政治工作处在河源市检察院共同签订《关于建立军地公益诉讼协作机制的意见》。

捕诉一体 是指检察机关对公安机关移送的刑事案件，由受理案件的检察官，在法定权限范围内完成案件审查逮捕、起诉和出庭公诉，履行立案监督、侦查监督、审判监督职责的一种办案制度。“捕诉一体”办案模式改变过去刑事案件逮捕、起诉环节由不同部门不同检察官办理的模式，旨在强化检察一体化和专业化建设，深化落实司法责任制，有效提高刑事案件的质量和效率。

案一件比 最高人民检察院提出的全新办案质量评价指标体系，主要反映案件当事人的“案子”与因司法机关不同办案环节形成的“案件”之间的对比关系。理想状态的“案–件比”是1∶1，办案环节越多，“案–件比”越高，意味着司法资源投入越多，案件当事人可能越不满意。最高人民检察院提出努力降低“案–件比”的要求，倒逼检察机关以最少的司法投入，减少办案环节，提高司法办案的质量和效果，具有重大的积极意义。目前，最高人民检察院、省检察院对各地检察机关“案–件比”指标进行考核，河源市检察机关2020年“案–件比”为1∶1.34，位于全省前列。

认罪认罚从宽制度 是指犯罪嫌疑人、刑事被告人自愿如实供述自己的罪行，对指控的犯罪事实没有异议，同意人民检察院量刑建议并签署具结书的案件，可以依法从宽处理的制度。2018年10月，刑事诉讼法作出修改，正式确立这一项制度。该制度是立法和司法领域推进国家治理体系和治理能力现代化的重大举措，目的是通过对认罪认罚的犯罪嫌疑人、刑事被告人依法给予程序上从简、实体上从宽的处理，实现有效惩治犯罪、强化人权司法保障、提升诉讼效率、化解社会矛盾、促进社会和谐。2019年10月，最高法、最高检、公安部、国安部、司法部联合印发《关于适用认罪认罚从宽制度的指导意见》。

员额检察官 指将现有的检察人员划分为检察官、检察辅助人员和司法行政人员三类，合理确定检察官与其他人员的比例，对比例限额内的检察官实行员额管理。员额检察官是指经过严格遴选，从现有检察官队伍中择优进入员额比例内的检察官。检察官员额制是实现检察官队伍正规化、专业化、职业化的重要制度，是司法责任制的基础。

四个铁一般 铁一般的理想信念、铁一般的责任担当、铁一般的过硬本领、铁一般的纪律作风。

五个课堂 五个课堂活动是市检察院新时代党建工作创新模式。以坚定理想信念为核心，开设“信仰课堂”；以提高党性修养为宗旨，开设“红色课堂”；以服务基层群众为重点，开设“一线课堂”；以典型示范为引领，开设“先锋课堂”；以廉洁教育为重点，开设“清风课堂”。该活动得到最高检、省检察院和河源市委组织部的肯定，获全省党建创新优秀作品奖。

新时代“五好”基层检察院建设省检察院决定在全省检察机关深入开展新时代“五好”基层检察院建设活动。“五好”是指党的建设好、检察理念好、职能发挥好、素质能力好、纪律作风好。

三个规定 为防止领导干部干预司法活动、插手具体案件处理，确保司法机关依法独立公正行使职权，2015年3月，中共中央办公厅、国务院办公厅印发《领导干部干预司法活动、插手具体案件处理的记录、通报和责任追究规定》；2015年3月，中央政法委印发《司法机关内部人员过问案件的记录和责任追究规定》；2015年9月，最高人民法院、最高人民检察院、公安部、国家安全部、司法部印发《关于进一步规范司法人员与当事人、律师、特殊关系人、中介组织接触交往行为的若干规定》。

（黄晓娜）

法 院

【概况】 2020年，河源市中级人民法院坚持以习近平新时代中国特色社会主义思想为指导，聚焦“示范区”“排头兵”“两个河源”建设大局，统筹推进常态化疫情防控和司法办案工作，以“双统筹”确保“双胜利”，推动各项工作取得新成效，为经济社会发展提供有力司法服务和保障。全年全市法院受理各类案件36304件（2019年旧存2886件，2020年新收33418件），审结32062件，比上年上升15.6%和12.4%；结收案比95.9%；法官人均结案203件，上升12.8%。其中，市法院受理各类案件5600件（2019年旧存169件，2020年新收5431件），审结5438件，比上年上升7.1%和8.3%，结收案比100.1%，法官人均结案155.4件。全市法院收结案、人均结案均创历史新高。

【审判执行】 2020年，河源市中级人民法院围绕“平安河源”建设，严厉惩处各类刑事犯罪，全年受理刑事犯罪案件2336件，审结2219件，同比下降8.3%和8.6%，判处刑事被告人2871人。其中市法院受理274件，审结268件，比上年下降16.5%和15.2%。围绕“两个河源”建设，全力服务保障河源高质量发展，全年受理各类民事案件19203件，审结16276件，比上年上升15.2%和9%。其中市法院受理2026件，审结1961件，比上年上升17%和16.5%。围绕“法治河源”建设，参与构建社会治理新格局，全年受理各类行政案件845件，审结816件，比上年分别上升65%和60%。行政案件1300件，审结1248件，比上年上升46.7%和48%。巩固深化“基本解决执行难”成果，全市法院受理执行案件10934件，执结9871件，比上年上升18.6%和17.2%；执结率90.3%，执结标的金额13.62亿元。大力推行执行事务集约、繁简分流、团队办案三项机制，推动执行质效整体提升。开展涉黑恶案件财产执行“雷霆行动”、“南粤执行风暴2020”专项行动、“发挥执行职能，做好‘六稳’工作，落实‘六保’任务专项行动”等执行行动，发布失信被执行人名单3099人，有效敦促1437人自动履行义务；实施司法拘留28人，限制高消费6976人，以拒不执行判决、裁定罪追究刑事责任2人。

【司法便民】 2020年，河源市中级人民法院围绕群众美好新期待，提升司法为民能力，不断深化“厅网线巡”四位一体的诉讼服务中心建设，优化网上立

2020年8月5日，河源市法院"一站式"诉讼服务体系建设工作推进会在连平县召开
（市中级人民法院提供）

案、网上调解、网上开庭、网上送达、网上缴费等服务方式，实现诉讼服务"一网通办"，让群众切身感受指尖上的便利，完成网上立案11644件，跨域立案105件，电子送达法律文书4233份。推行网络司法拍卖全覆盖，网拍案件2381件，成交额2.37亿元。加大司法救助力度，发放司法救助金161.9万元，为经济确有困难的当事人缓、减、免交诉讼费204.8万元。完善多元化纠纷解决机制，全年调解11712件（含诉中调解），调解成功5441件，调解成功率46.5%。完善审判流程、庭审直播、执行信息、裁判文书、减刑假释等平台功能，在互联网上公布裁判文书3674份，直播庭审1606场，点击量达138.7万人次。深入开展法律"六进"宣传107场次。与《河源日报》、河源电视台合办《法庭内外》等栏目，精选典型案例127篇，播出以案说法电视节目71期。加强"两微一端"新媒体矩阵建设，累计推送各类报道1078篇，总阅读量90.3万次，切实讲好法院好故事、弘扬法治正能量。全市法院派出32名党员干部，全职投入乡村振兴、脱贫攻坚工作，其中市法院选派9名干部，先后投入扶贫资金292.7万元帮助挂钩扶贫镇村脱贫致富，全部达到脱贫标准。坚决落实市委依法防控要求，全市法院派出497名党员干警参与一线疫情防控工作。

【深化改革】 2020年，河源市中级人民法院全面落实司法责任制，优化审判团队结构，健全院庭长办案机制，院庭长带头办理重大疑难案件成为常态，共办结案件14762件，占结案总数的46%。推进法官单独职务序列改革及配套待遇落地，开展择优选升2人次，按期晋升16人次。严格执行防止过问干预案件"三个规定"，全年未发现违规干预过问案件现象。统筹推进并按规定完成基层法院内设机构精简改革，实现人心不散、队伍不乱、工作不断。探索建立案件繁简分流制度和快审团队、速裁团队，不断提高司法效率。推进一站式多元解纷和诉讼服务体系建设，两级法院全覆盖建立调解中心，诉调对接单位51个，建立调解工作室30个、诉讼服务站59个、法官联络点85个，成立调解、速裁快审团队21个，"一站式"建设质效得分排在全省法院前列。

链接：

相关词语注释

"六稳""六保" "六稳"是指稳就业、稳金融、稳外贸、稳投资、稳预期工作；"六保"是指保居民就业、保基本民生、保市场主体、保粮食能源安全、保产业链供应链稳定、保基层运转。

法律"六进" 是中国特色的普法宣传术语，指通过开展普及法律的活动，使法律进机关、进乡村、进社区、进学校、进企业、进单位。

防止干预司法"三个规定" 是指中央办公厅、国务院办公厅印发的《领导干部干预司法活动、插手具体案件处理的记录、通报和责任追究规定》，中央政法委印发的《司法机关内部人员过问案件的记录和责任追究规定》以及最高人民法院、最高人民检察院、公安部、国家安全部、司法部联合印发的《关于进一步规范司法人员与当事人、律师、特殊关系人、中介组织接触交往行为的若干规定》。

厅网线巡 通过诉讼服务大厅、诉讼服务网、移动终端、"12368"诉讼服务热线、巡回办理等多种渠道，为当事人提供一站通办、一网通办、一号通办、一次通办的诉讼服务。

（李文慧）

司法行政

【社区矫正安置帮教工作】 2020年，河源市累计接收社区矫正对象848人，截至2020年12月底共有在册社区矫正对象851人。通过依法监管教育，加强部门联动齐抓共管，全市社区矫正工作实现了社区矫正对象在矫期间无脱管漏管、无发生重大安全事故和重大刑事案件、无参与群体性事件、无发生闹访或越级上访、无脱离管控到疫区、重点地区的情况。共组织社矫对象开展集中教育2574人次，个别谈话教育2329人次，进行心理辅导372人次，组织社区服务2476人次。共办理远程会见672宗，接待会见1447人次。在东源县召开全市社区矫正工作现场观摩会，推广好做法、好经验，推动县区社矫工作规范化、制度化。全市接收安置帮教对象1710人，安置1683人，通过加强安置帮教基础工作和衔接，压实属地责任，促进刑满释放人员顺利融入社会，预防和减少重新违法犯罪，未发生安置帮教对象赴疫情重点地区现象。

【人民调解工作】 2020年，河源市完成全市司法所配备2名专职人民调解员任务。配合市中级人民法院做好道路交通事故损害赔偿纠纷一体化处理工作。指导市总商会人民调解委员会开展规范化建设，助力优化河源市营商环境。推动建立7个个人调解工作室，其中连平忠信镇“老吴调解工作室”成为“做得好、信得过、叫得响”的调解工作品牌，受到省委领导肯定，并获河源市“平安杯”社会综合治理创新大赛一等奖。源城区上城街道海记调解工作室获河源市“平安杯”社会综合治理创新大赛三等奖。在连平县召开全市人民调解暨智慧法援工作推进会，宣传推广“老吴调解工作室”经验做法。加强对基层司法所建设的指导，“中华第一所”——紫金县蓝塘司法所建设取得阶段性进展，完成大楼主体修缮工程；以乡镇街道体制改革为契机，推动建设完善37个存在“三个明显”（明显窄小、明显破旧、明显影响执法形象）的司法所。全市各类调解组织共调解案件7672件，调解成功7570件，调解成功率98.6%。

【扫黑除恶专项斗争】 2020年，河源市加强对律师办理涉黑案件的监督指导，收到律师参与代理扫黑除恶案件报告备案83件，派员到法院旁听涉黑案件17次。

【公共法律服务体系完善】 2020年，河源市建成77个示范性乡镇公共法律服务工作站和356个示范性村（社区）公共法律服务工作室。加强网络平台和热线平台工作，共办理工单服务事项77件。在“河源司法行政”微信公众号设置法治地图功能，实现一键搜索律师事务所、法律援助、司法鉴定、公证等公共法律服务机构，得到市府办简报推广。

【律师制度改革深化】 2020年，河源市出台《促进律师行业高质量发展扶持办法》，推动引进优质法律服务资源、培养高素质涉外法律服务队伍。优化“一村（社区）一法律顾问”资源配置，全市1437个村（社区）全部由本地律师担任法律顾问。全市村（社区）法律顾问共为镇街政府、村居委、群众提供法律服务22331件。坚持参与市领导接访日接访，共派出公职、法援律师陪同市领导接访30次，接待来访群众42批219人次。成立民营企业律师服务团和疫情防控法律服务团，开展民营企业“法治体检”活动，共为128家民营企业出具“法治体检”报告。举办涉外法律服务人才培训班，提升律师行业涉外法律服务水平。

【法律服务水平提升】 2020年，河源市推动河源仲裁委员会正式揭牌开展业务，为化解社会矛盾纠纷，改善营商环境，发挥应有的作用。开展司法鉴定行业专项教育整顿工作，规范司法鉴定机构和司法鉴定人的执业行为，提升司法鉴定社会公信力和群众认可度。推动公证改革落实，河源公证处由公益三类调整为公益二类事业单位。为民营企业、个体工商户提供线上公证服务，办理上百件维护知识产权权益的证据保全公证，助力打造法治化营商环境。开展公证参与人民法院司法辅助事务试点工作，成立司法辅助中心，参与法院调解、保全、送达、执行等事务。全市司法鉴定机构办理业务2394件，全市公证机构办理公证案件6259件，其中河源公证处办理案件3574件。

【法治宣传教育】 2020年，河源市做好疫情防控法治宣传工作。全面完成“七五”普法工作任务，对各县区、市直单位普法任务落实情况进行实地验收。市县国家机关“谁执法谁普法”履职报告评议活动实现全覆盖。将民法典学习宣传工作纳入法治河源、平安（综治）考评内容。开展民法典学习宣传“一团一队进百镇千村万家”活动。为全市10万余个移动号码设置民法典宣传手机视频彩铃。全市1437个村（社区）实现“省级民主法治示范村（社区）”创建全覆盖，连平县忠信镇司前村、龙川县黄布镇宦境村获评第八批“全国民主法治示范村”。加强法治文化建设，阮啸仙纪念馆被确定为第三批全国法治宣传教育基地，和平县福和公园被授予省级法治文化公园，龙川县、东源县着力打造村级法治文化广场取得突出成效。全系统遴选报送各类法治文化作品227个参加第二届广东省法治文化节等活动，获特别组织奖、最受大众喜爱的十佳微视频作品等20余个奖项。紫金县结合国家非物质文化遗产花朝戏创作民法典小戏《保典》并受邀出演法治文化节颁奖活动。

【法律援助工作】 2020年，河源市在全省首创司法鉴定法律援助合作机制，为需要司法鉴定的弱势群体提供免交、减交或缓交鉴定费等援助服务，弥补广东省司法鉴定领域法律援助的空白，得到省司法厅肯定，获“平安杯”社会治理创新大赛二等奖。落实法律援助律师星级评价制度，提升律师办理法律援助案件质量。全面实行法律援助告知承诺制，实现法律援助减证便民，受理告知承诺制案件786件。开展案件评估工作，对抽取的90件法援案件进行第三方质量评估。开展“法援惠民生·扶贫奔小康”“法援惠民生·助力农民工”品牌建设活动，办理劳动保障、婚姻家庭、事故赔偿、土地流转等涉农案件364件；受理农民工法援案件387件，追索劳动报酬及相关损失约800万元。全市各级法律援助机构办理法律援助案件3632件，组织律师参与认罪认罚见证980件。

【“法考”工作完成】 2020年，河源市不打折扣、不降标准落实好司法部“十个百分百”的要求，完成国家统一法律职业资格考试客观题和主观题考试的组织实施工作，实现疫情防控和考试安全双胜利。 （陈　健　曾少劲）

军事

编辑：李文举

河源军分区

【概况】 2020年，河源军分区各级按照“统思想、把方向，强班子、带队伍，练精兵、紧备战，抓建设、补短板，守底线、保稳定”的工作思路，聚力主责主业，统筹推进年度各项任务完成。

思想政治建设 2020年，河源军分区坚持把学习贯彻习近平新时代中国特色社会主义思想和习近平强军思想作为首要政治任务，召开22次常委扩大会跟进学习习近平主席重要讲话和指示批示精神，统筹落实军分区年度四个专题30天党委理论学习中心组学习，组织干部职工交流发言，军分区领导带头授课辅导、参加学习、开展调研，组织参观源城埔前镇、东源上莞镇红色革命遗址，邀请军队高校专家教授到军分区授课辅导，推动理论武装走深走实。抓好贯彻军委主席负责制意见落实，要讯报送工作在省军区排名第三。抓好时事教育，及时为全区干部购置《中华人民共和国民法典》，用好形势教育参考材料和形势战备教育参考资料片，跟进开展时事热点、舆论焦点的政策宣讲、形势报告和问题解析，教育引导人员提高认识、坚定立场、统一思想。推进河源革命军事场馆筹建和军史长廊建设，全年在省级以上主流媒体刊发报道245篇，位列省军区第三名。清除纠治政治领域官僚主义，填写《清查清理情况登记表》，签订《责任书》，把责任落到实处。

党的建设 深入学习贯彻军委党的建设会议精神，加强两级党委建设。制订下发党委、支部、党小组组织生活计划，军分区领导带头进行党建工作授课辅导，分片挂钩开展“考帮建”活动，利用分区党委全会、分组讨论、检查调研、交班会等时机，加强对新进班子成员经常性指导帮带。狠抓党风廉政建设，常态化组织党的纪律教育，组织观看《铁纪强军》《忏悔与警示》，传阅《严重违纪违法师级以下人员忏悔材料汇编》，依规依纪处理违反财经纪律人员。推进巡视巡察反馈问题整改，召开1次动员部署会、4次讲评推进会、5次常委会、3次纪委会，部署阶段工作研究整改事项，制订“一个方案、两个措施”；针对“反思责任不够”“系统整改不够”问题，制订《情况分析及改进措施》，形成《对照检查》。组织巡视巡察反馈问题整改“回头看”，督导限时整改“违规占用公寓住房、租用公寓住房手续不齐、未足额交纳房租物业费”等3个问题，确保整改落地落实。

战备训练 以专项任务准备为主线，树牢“枪响之前问题归零，枪响之后问责归位”的备战导向。落实党委议战议训和形势战备教育制度，召开专项任务部署会，将研究成果融入专项任务国防动员行动总体方案，主动在任务中练谋划、练指挥。推进全市基干民兵编建任务，先后5次组织整组数据会审，4次组织督导检查，3次组织拉动点验，协调各级补充完善各类装备物资器材。及时调整疫情防控期间部队和任务民兵分队专攻精练计划，2次组织军分区首长机关带人武部集中学习训练，选派民兵干部骨干参加省军区集训，抓实任务民兵分队的专攻精练，出动民兵参加地方“龙舟水”防汛抢险，检验任务民兵分队应急准备质效。研究部署政治工作，制订6类22项专项任务、政治工作任务分工表，汇编17部法规文件、翻印6本教材、编写10份教案、拟制7个方案预案、规范4个流程，拟写政治工作指示、动员令、慰问信、宣传标语，购买制作政治工作作业箱和相关装备器材。推进战备基础设施建设，完善6个人武部值班室指挥系统建设和通联调试，推动军地指挥专网建设，修订完善兵要地志、制作多媒体，为遂行专项任务提供指挥保障支撑。

国防动员 落实党管武装工作制度，市委议军会议、市“四套班子”过军事日活动、宣布人武部党委第一书记任职命令、人武部党委第一书记述职会议形成机制，制定《2020年河源市党管武装工作量化考评办法》，推动党管武装绩效考评。贯彻落实《关于加强新时代基层人民武装部和民兵基层建设的意见》，指导各县（区）展开不少于1/3的基层武装部基础设施达标建设，夯实基层根基。依托市委党校组织全市部分专武干部集训，联合市委组织部对全市一些专武干部进行资格认证。

部队安全管理 贯彻军委、国防动员系统基层建设会议精神，抓好《国防动员系统战备、训练、工作、生活秩序规范》和省军区两个规范性文件贯彻落实，以条令条例学习月活动为抓手，开展“学条令、正秩序、树形象”活动，组织队列会操、军容风纪检查、条令条例知识竞赛和网上模拟考试。坚持每季度组织1次安全形势分析、1次保密安全教育、1次综合安全检查、1次军车违章抄告，与地方宣传、网信、公安、网监等部门及时沟通联系，建立情况互通机制，及时掌握驻地社情舆情，开展核心涉密和重要岗位人员政治考核，确保部队高度安全稳定和集中统一。投入资金规范配置各类办公设施，推动军分区、人武部两级军事职业教育配套建设。

服务保障　做好新冠肺炎疫情防控物资保障工作，与河源市卫生健康局、河源市人民医院建立绿色医疗通道，保障疫情防控各类需求。开展公务卡清理整治，办理社会招聘文职人员工薪待遇手续。组织装备实力会审，开展枪支弹药安全管理隐患排查整治活动，3次进行实力清查统计，摸清装备底数。协调军地多方力量，严密组织清点和运送，圆满完成存储在某地的退役报废民兵武器销毁任务。协调市应急管理局推进民兵应急装备器材建设工作，依托社会资源做好预征预储预置，加快配备4类应急所需装备器材和后备力量“十三五”建设规划明确物资器材，请领配发指挥车，协调采购野战自行炊事车。开展后勤装备业务培训，进行每月一专题的后勤授课辅导，组织装备管理骨干培训。

【新冠疫情防控】 2020年，河源军分区把疫情防控作为头等大事抓，实现“零感染”预期目标。及时成立军分区应对新冠肺炎疫情工作领导小组，先后召开17次常委扩大会和19次领导小组会议，制订下发5份预案方案、措施规定，7次修订完善《疫情防控应急处置方案》。刚性落实营院封闭式管理、分批错峰就餐等制度，按规定严格人员请休假审批，对归队人员严格落实集中隔离观察，累计紧急召回在外人员17人，落实集中居住213人。发挥民兵作用，出动民兵参与地方疫情防控工作。注重发挥政治工作功能作用，下达政治动员令、转发倡议书，动员人人写请愿书，编印下发15期《疫情防控》小报，给回家住宿人员家属发《致军分区机关官兵家属的一封信》，营造齐抓共管的良好氛围。组织疫情防控形势教育，编印《新冠肺炎防控小手册》《新冠肺炎防治宣传册》，印发学习《戴好“心理防护罩”》漫画册，组织观看防控新冠肺炎心理微课录像片，开展心理健康教育。军分区纪委下发《关于进一步严明纪律抓好疫情防控工作的通知》，压紧压实党委纪委、主官主管责任，4次进行检查督查，督导整改3类15个问题，立起真抓严管导向。

【政治工作会议暨主题教育示范先行会议】 2020年，河源军分区受疫情影响，采取电视电话会议形式召开军分区政治工作会议暨主题教育示范先行会议，讲评上年政治工作情况，明确政治工作任务和重点把握的问题，分析部队思想形势，研究部署年度教育任务。东源县人武部进行主题教育示范先行，规范党委议教、示讲示教、组织讨论等活动的方法流程，形成9项试点成果。同时，展示全区营区政治文化建设录像片，推动营区政治文化建设。

【民兵整组】 2020年，河源军分区及时调整部分专业队伍依托行业系统、城区有关企事业单位以及下属单位编组，从退役军人志愿者服务队吸纳部分退伍军人加入民兵应急综合类分队，解决民兵队伍党员、退伍军人比例不达标等问题。军分区2次对各人武部民兵整组工作进行检查督导，抽查16个乡镇基层武装部和市直机关武装部的后备力量整组情况，集结点验全市任务民兵分队若干支若干人，投入资金补充完善各类装备物资器材配备，提升任务民兵分队应急准备质效，在全省深化民兵调整改革检查考评中名列第十。

【国防动员“十三五”规划】 2020年，河源军分区推进国防动员“十三五”规划建设任务落地落实，先后4次到市政府办公室和各专业办公室推动重点任务落实，协调市委、市政府督查室、市目标考核办分别将规划重点任务纳入督查事项和政府绩效考评，约谈督导难点任务落实，联合市政府督查室专业办公室对规划工作进行督导检查，涉及河源的任务基本完成。

【国防动员潜力调查】 2020年，河源军分区围绕潜力统计调查“精准化”目标，扭住统计核准9大类重点潜力数据，在抓实抓细省国动委2019年国防动员潜力调查通报问题整改的基础上，组织全市2020年重点国防动员潜力统计调查核查，及时组织市国动委各专业办对各县（区）潜力数据进行检查验收并进行集中会审，完成全市部分高新企业（优质企业）数据核查，汇编高新企业调查图表，更新完善全市部分潜力指标，编实建强部分国防动员专业队伍,解决以往潜力调查不精细、数据不真实、责任不落实等问题，准确掌握河源市国防动员潜力数据，为平时动员准备、动员行动提供基础支撑。

【征兵工作】 2020年，河源军分区4月初完成全市若干名18岁男青年兵役登记，登记率100%。根据河源新冠肺炎疫情形势，及早筹划征兵工作，召开征兵工作会议、征兵体检会议，组织体检暨政治考核业务培训、国防动员和兵役工作网上业务培训，抓实6个阶段链条，完成省征兵办下达的新兵征集任务，退兵率0.8%，大学生和大学毕业生征集比例达到要求，征兵“五率”考评优秀，兵员质量提升，市征兵办被省征兵办、省教育厅联合表彰为“征兵工作先进单位”。

【学生军训】 2020年，河源军分区与市教育局多次对接、核准学生军训帮训需求，协调派出现役官兵、民兵，完成32所高中以上阶段学校28310名学生的军训任务。（周　普）

武警河源支队

【概况】2020年，中国人民武装警察部队河源支队按照“配齐基本教材、落实基本制度、学好基本观点、悟通基本原理”的要求，以理论学习基本教材和习近平主席最新重要讲话为重点，以党委中心组和周三理论学习日为阵地，以“双百”微课为载体，以领导干部宣讲为推动，以“领会一段话、联系一件事、深悟一个理”分享交流会为抓手，深入学习贯彻习近平新时代中国特色社会主义思想特别是习近平强军思想。统筹推进“传承红色基因、担当强军重任”主题教育和经常性思想教育，精心举办“‘四有’先进典型颁奖典礼暨欢送新兵下队仪式”“迎国庆·贺中秋”军民大联欢文艺会演，因地制宜推进军史长廊、荣誉墙建设，打好意识形态领域主动仗，做好一人一事工作，确保部队始终纯洁巩固。支队政治工作处被总队评为先进政治工作机关。

备战打仗压实职责使命　牢记干好维稳这件大事的政治嘱托，注重抓常态化战备，完成支队作战数据库、战备综合库建设和指挥信息系统升级改造，公安“天网”系统、气象预警信息系统、森林防火监测网络系统引入支队值班室，精细规范编携配装，外请专业力量到队教学，常态组织战备拉动演练。注重抓实战化训练，组织各类集训，实现训练场地100%达标，部队训练基础持续巩固。1人被武警部队表彰为优秀参谋；2人被总队评为优秀教练员；机动中队特战排一班获“巅峰—2020·广东总队”特战侦察比武团体第四名、救护专业个人第三名。

注重抓精细化执勤　完成5个看守所“智慧磐石”工程建设，开展执勤安全教育整顿，组织执勤能力会操，纠治执勤“两病”110余起，排查整治执勤隐患80余处。动用兵力若干人次，完成各类临时勤务。

提能增效强保障　坚决贯彻习近平主席关于打赢疫情防控人民战争、总体战、阻击战的决策部署，坚持全面部署、全员发动、全力应对，刚性落实6个方面273条防控措施，组建应对疫情“一室七组”防控专班，投入15万余元采购防疫物资，部队防控实现“零感染”。着眼建设打仗后勤，精细规范“一组五队”编携配装和基层战勤编组，全方位开展后装岗位练兵活动，在总队后装专业兵网上会操中获团体第三名。持续抓好“1126”“6211”组伙模式落实，召开伙食精细化管理现场会，规范给养工作供应管理，提高伙食保障水平。加强基础设施建设，近两年协调市县两级财政投入资金，完成新建公寓房、综合训练场、分队机关食堂、史馆、卫生队营房升级改造、防雷设施整治和营产营具更换等11项建设任务。

【春运执勤】　2020年1月10—23日，中国人民武装警察部队河源支队每日出动兵力担负河源火车站春运执勤任务，参谋部结合往年担负任务情况，主动对接河源火车站，组织现地勘察和风险评估，设想复杂情况，拟制执勤方案；政工处严格执勤人员政治考核，确保官兵不带思想问题上勤；任务分队积极准备，挑选执勤人员，开展专勤专训，组织研究执勤方案，确保任务完成。

【城市武装巡逻】　2020年，中国人民武装警察部队河源支队出动兵力若干人次，担负河源市区6个主要路段武装巡逻勤务。

【武装押解】　2020年，中国人民武装警察部队河源支队完成省内临时押解勤务若干起。带队干部严密组织，官兵坚持依法执勤、文明执勤、正规执勤，全程安全无事故。

【疫情防控】2020年，中国人民武装警察部队河源支队根据形势变化，投入资金购置防疫物资器材，落实防疫措施，实现“不输入、不扩散、零感染”防控目标。扎实开展岗位练兵，组织若干批次专业兵集训，动态修订完善应急保障方案，购置若干件（套）战储物资，细化“一组三队”编携配装，规范“战勤编组”建设。（郭鹏飞）

生态 · 环保

编辑：李文举

生态环境综述

【概况】 2020年，河源市生态环境质量总体保持优良水平。主要江河湖库水质保持优良，地表水考核断面综合指数全省排名第一，国考断面水环境质量状况排名全国第九。新丰江水库水质保持地表水Ⅰ类标准，枫树坝水库水质达到地表水Ⅰ类标准，东江干流水质保持地表水Ⅱ类标准。集中式饮用水源水质达标率为100%，国控、省控、跨市河流交界断面水质优良。市区空气质量优良率为98.9%，全省排名第一；优良天数362天，其中优的天数为205天，良的天数为157天，轻度污染的天数为4天，无中度污染及以上污染状况；环境空气6项指标均达到国家《环境空气质量标准》二级标准或以上。市区声环境质量总体良好，城市声环境功能区昼间时段达标率为95.7%；土壤环境总体安全；农村生态环境良好，均达到功能要求；辐射环境处于安全状态。

【环保服务水平】 2020年，河源市生态环境局深化环保领域改革，注重调控，提升服务，高位推进绿色生态发展。统筹推进环评审批改革。落实豁免审批、简化程序等措施，实行“不见面审批+告知承诺制”，助力项目落地。全市审批环评项目380个，登记备案681个，64%的项目可通过备案完善手续，98.4%的审批类项目由县区审批，对34个项目采用告知承诺制批复，对51个项目豁免环评。核发排污许可证373个、登记2923家，实现排污许可全覆盖。削减污染物排放。落实工程减排、结构减排、监管减排措施，12家控排企业碳配额履约率100%，新增4家控排企业，申报碳普惠核证减排量项目1个、核证减排量3491吨二氧化碳当量；完成18家重点企业清洁生产审核。完成“三线一单”阶段性成果，争取省支持下调河源市生态空间比例和优先管控单元比例，提升“三线一单”编制成果质量，争取为河源市预留更大的发展空间。科学谋划“十四五”工作。组织编制生态环境保护“十四五”规划、水生态环境保护“十四五”规划。

（赵晓菲）

省级自然保护区简介

【大桂山省级自然保护区】 大桂山自然保护区于2006年2月经省政府批准晋升为省级自然保护区，位于河源市源城区南部，其北部为新丰江水库部分水面，西面与东源县的新港镇接壤，总面积7505.2公顷，其中陆地面积7146.9公顷，水面面积358.3公顷。范围涵盖埔前镇径背林场、市属桂山林场、源南镇塔坑林场和塔坑村等连片的山林及新丰江水库部分水域。主要保护对象是涵养水源的亚热带常绿阔叶林生态系统以及区内生长的国家和省级珍稀濒危保护动植物。据最新生物多样性调查统计，大桂山保护区共有野生维管植物192科713属1481种，蕨类植物37科67属130种，裸子植物8科10属12种，被子植物147科636属1339种。区内珍稀濒危、保护植物共20种，隶属16科17属，其中蕨类植物4科4属5种，裸子植物3科3属3种，双子叶植物9科10属12种。另有兰科植物13属21种。

【新港省级自然保护区】 新港省级自

新港省级自然保护区　（市林业局提供）

然保护区始建于1976年6月，1989年9月晋升为省级自然保护区。保护区位于河源市东源县，地处新丰江水库中部—东北部的锡场镇，属南亚热带北缘。总面积7513.0公顷，其中林业用地6150.5公顷，水域面积1269.4公顷，其他用地93.1公顷。森林活立木蓄积16.7万立方米，森林覆盖率81.9%。保护区主要保护对象是南亚热带常绿阔叶林、珍稀动植物（水鹿）。保护区内野生动植物资源极其丰富，野生动物有149种，其中兽类24种、鸟类103种、爬行类14种、两栖类8种；植物有156科，431属，785种。

【康禾省级自然保护区】 康禾省级自然保护区（以下简称保护区）于2001年10月经广东省人民政府批准成立，总面积6621.4公顷，属生态系统类别的森林生态系统类型自然保护区，主要保护对象为亚热带常绿阔叶林、国家重点保护和珍稀濒危野生动植物资源及其栖息地、水源涵养林。区内有维管植物180科605属1026种，陆生脊椎动物22目70科191种，国家重点保护植物由伯乐树、金毛狗、苏铁蕨、花榈木、樟树、半枫荷及兰科植物等，国家重点保护动物蟒蛇、穿山甲、小灵猫、斑灵狸、蛇雕、苍鹰、果子狸、红隼等。

【黄石坳省级自然保护区】 黄石坳省级自然保护区于2004年1月经广东省政府批准成立，位于广东省河源市和平县西南部，九连山东麓，地跨阳明、热水、合水、青州（黎明林场）4个镇，总面积8096.8公顷。中亚热带季风气候区，属中低山丘陵地貌，以亚热带常绿阔叶林为主，属“森林生态系统类型”的自然保护区。主要保护对象为珍稀动植物资源及其栖息地；复杂的森林类型和亚热带森林生态系统；独特的物种种质资源。地带性植被为典型的亚热带常绿阔叶林。有维管植物206科740属1417种，属国家重点保护植物有10科11属11种，其中国家1级保护植物有伯乐树、红豆杉2种，国家Ⅱ级保护植物有金毛狗、桫椤、苏铁蕨、水蕨、香樟、闽楠、半枫荷、花榈木、伞花木等9种。属珍稀濒危植物有7科7属7种。有脊椎动物148种。属国家和省级重点保护野生动物有17种。

【枫树坝省级自然保护区】 枫树坝省级自然保护区于1998年成立，位于龙川县中部偏北，以库区水面为中心，赤光、岩镇、车田、贝岭、新田5镇24个行政村和国营鹤畲林场，北部与和平县接壤，东部部分地段与兴宁市接壤。保护区总规划面积15806.5公顷。主要保护对象为南亚热带至中亚热带南缘的森林植被及水源涵养林，区内整个生态系统及其生态环境，国家和省级保护的珍稀濒危动植物。区内有国家保护植物种类有7科8种，均属国家二级保护植物；有多种野生动物栖息繁衍，分布有鱼类102种；两栖类动物14种；爬行动物有39种；鸟类有94种；哺乳类有38种。区内分布有1万多公顷的水源涵养林，通过对降水的拦截和滞蓄实现其涵养水源、净化水质、调节径流等功能。

【白溪省级自然保护区】 白溪省级自然保护区于2001年经省人民政府批准成立，位于东江中游、紫金县东北部，总面积5755.5公顷。主要保护对象为亚热带常绿阔叶林及珍稀野生动植物和水资源。保护区属粤东莲花山脉支脉，属中低山地地貌。区内有白溪水库和散滩水库两大水体。有野生维管植物200科639属1135种，野生陆生脊椎动物22目571科165种。2020年，保护区主持的紫金县多样性调查、监测与保护项目获南粤林业科学技术奖二等奖；编撰出版《兰生于野——紫金兰科植物荟萃》，收录紫金野生兰科植物75种；建立起动物红外相机公里网格检测体系，拍摄到小灵猫、白鹇等国家重点保护动物珍贵活动影像；发现超千株珍稀濒危植物大苞山茶野外种群，是世界上有资料记载的最大的大苞山茶种群，证实紫金为大苞山茶中心分布区。2020年，保护区被评为广东省自然教育基地。保护区大力开展生态科普宣教工作，与广东省林学会生态与自然保护专业委员会合作，在紫金举办自然保护科普活动。

【黄牛石省级自然保护区】 广东连平黄牛石省级自然保护区于2001年10月晋升为省级自然保护区，批复面积4334公顷，实际控制面积4438公顷，大部分为自然林，局部保存较完整。位于粤赣两省交界处连平县北部，北与江西省九连山国家级自然保护区相连，东北与连平县的上坪镇交界、西南与陂头镇接壤、东南和南面与元善镇毗邻。黄牛石保护区属于九连山脉，为亚热带地区中低山地，山体自北向南渐次降低。保护区属于森林生态系统类型的自然保护区，物种多样性高，森林生态系统的组成成分

白溪省级自然保护区开展森林文化周活动　（白溪省级自然保护区提供）

与结构复杂，以亚热带常绿阔叶林和国家重点保护野生动植物及其栖息地、自然景观、水源林为主要保护对象。有维管植物1549种（含种下等级），隶属于766属206科，野生动物23目64科172种。野生动植物中，珍稀濒危保护植物33种，隶属于25属13科；国家Ⅰ级重点保护动物2种，国家Ⅱ级重点保护动物21种。

【河源恐龙化石省级自然保护区】 河源恐龙化石省级自然保护区于2001年12月获省政府批准。保护区总规划面积1002公顷，其中以保护恐龙化石为目标的保护区面积为751公顷，以保护菊石化石为目标的保护区面积占251公顷。恐龙化石主要分布在源城区源南镇胜利村和东源县仙塘镇东方红村、黄沙村等；菊石化石主要分布在东源县双江镇增坑村。河源红色盆地的白垩纪地层中蕴藏着丰富的恐龙化石资源，分布面积约100平方千米,发掘面积约70平方千米，已发现13具恐龙骨骼化石、8组168个恐龙脚印化石和大量恐龙蛋化石，其中还包括华南首次发现的窃蛋龙类化石—黄氏河源龙的正型标本，是世界上罕见的恐龙蛋化石、恐龙骨骼化石、恐龙脚印化石“三位一体”的地区。保护区内已发现有23窝100多个裸露的恐龙蛋化石外，还发现8组168个恐龙足印化石以及珍贵的菊石化石。

（伍德安）

水生态文明创建

【河湖清漂及“清四乱”推进】 2020年，河源市推进河湖清漂及“清四乱”（乱占、乱采、乱堆、乱建）常态化规范化。“清漂”方面，累计投入2375.78万元，清理河道长度3588.6千米，清理漂浮物8.41万吨，清理水域面积414.86平方千米；“清四乱”方面，排查出疑似规模以上“四乱”点347个，已销号347个，销号率100%，特别是按照水利部要求时限拆除“天琴半岛”四乱点16栋别墅，震慑违规占用河道行为。

【“智慧河长”信息管理平台】 2020年，河源市打造具有河源特色的“智慧河长”信息管理平台，完成200个水库、15个重点河段监控系统建设，面向社会团体、环保组织、热心人士等公开招募民间河长842名，启动“我的家乡我的河”“东江支流全民保洁行动”“万绿湖净滩”等系列活动。聚焦水浮莲这一东江保护的难题，制订印发《河源市水浮莲收购助农行动计划工作实施方案》，组织发动广大群众参与水浮莲打捞，实现河湖治理与农民尤其是贫困户增收“双赢”。

【推进河源碧道建设】 2020年，河源市印发《河源市碧道建设总体规划（2020—2035年）》，明确提出按照“一年打基础、三年显成效、六年大变样、十年新跨越”目标要求，围绕“三江六岸”构建市区碧道，以江河构建“一江融粤湾、三廊联城山、六脉织碧网”的空间格局。高新区滨水公园碧道、江东新区柏埔河省级试点碧道、新丰江碧道、连平大席河碧道等一批亮点工程碧道已建成投入使用。河源广播电视台、广东卫视《晚间新闻》、广东经视频道《创新广东》、新华社、人民网报道河源市乡野型碧道建设促进乡村振兴，推动革命老区、少数民族地区发展，实现“水患”变“水美”的作用。

【开展水土保持工作】 2020年，河源市推进水土保持信息化工作，加强生产建设项目现场检查信息化应用，开展“天地一体化”监管，对186宗疑似违法违规图斑开展复核、认定和查处等工作。开展集中打击水土保持违法行为联合执法专项行动，52宗疑似违法违规生产建设项目图斑已经全部销号，维护水土保持监管秩序。依法严把项目审查审批关，完成审批生产建设项目水土保持方案11宗、报告表5宗，征收水土保持补偿费19.45万元，完成生产建设项目水土保持设施验收报备10宗，从源头上防止水土流失和生态环境的破坏。

【落实严格的水资源管理制度】 2020年，河源市贯彻落实水资源管理“三条红线”，控制用水总量，提高用水效率，控制入河湖排污总量。开展用水统计调查直报系统工作，有232宗取水户纳入用水统计调查名录，其中灌区名录34宗、公共供水户名录104宗、自备水源工业取用水户70宗、自备水源服务业取用水户21宗、人工河湖补水工程3宗。加强取水口监管，保存有效的取水许可证966个，均已开展取水设施核查登记工作；15宗大取水户、7宗较大取

东江碧道美，花红满城艳——东江市区段碧道 （市水务局提供）

水户和22宗一般中型灌区均安装取水在线监控设施，并接入省水资源管理系统在线统一监管。规范取水户计划用水下达工作，核定计划用水量，组织各县区对河道外取水户开展取水许可计划用水审批，审批完成率100%。开展取用水管理专项整治行动，多次组织县区开展专项整治行动视频培训和现场培训，核查登记取水口2886个，其中河道外2125个，河道内761个。是年，全市供用水总量15.91亿立方米，比2015年减少3.43亿立方米。全市人均综合用水量496立方米，万元GDP用水量144立方米，万元工业增加值用水量35立方米，较2015年大幅下降。

2020年11月16日，河源万绿湖因负氧离子浓度高、环境优良被中国气象局公共气象服务中心授予“中国天然氧吧”称号，这是河源市首次获评“中国天然氧吧”

（新丰江林管局提供）

【创建节水型社会】 2020年，河源市出台《河源市城市供水用水管理办法》《河源市节约用水管理规定》《河源市节约用水奖励办法》《河源市非常规水资源管理办法（试行）》《河源市地下水资源保护管理规定（试行）》《河源市污水排入排水管网许可管理实施细则》等法规文件，推进节水工作规范化、法治化。建立河源市城市节水专项资金投入管理机制，调动企业、公共机构和小区节水创建的积极性，保障漏失管网和老旧用水器具改造资金投入。利用经济杠杆作用，对居民生活用水实行三级阶梯水价，对非居民用水实行计划用水管理。创建节水型载体，已累计创建6家节水型单位、8家节水型小区、2家节水型企业。以“中国水周”“世界水日”“全国城市节水宣传周”为依托，深入社区、公园、学校开展节水宣传活动。 （宋丽平）

新丰江库区（万绿湖）生态保护

【概况】 河源市设有管理新丰江库区的机构——广东省新丰江林业管理局（以下简称新丰江林管局），前身是1963年经省人民政府批准成立的广东省新丰江林业管理局，正处级单位。1995年7月成立河源新丰江万绿湖风景区管理委员会（以下简称万绿湖管委会），1998年11月，万绿湖管委会与新丰江林管局合并，实行“两个牌子、一套人马”管理，为东源县委、县政府派出机构，副处级建制。主要负责万绿湖风景区（新丰江库区）规划、资源开发利用与管理、环境保护、旅游、林业、水产、治安等工作。新丰江林管局、万绿湖管委会管辖新丰江库区（万绿湖）内的半江镇、锡场镇、新回龙镇、新港镇、双江镇、涧头镇、新丰江林场等6镇1场。总面积160400公顷，其中林地面积115333.34公顷，占总面积71%，水域面积37333.34公顷，占总面积的23.3%。水库库容量139亿立方米。库内设有新港省级自然保护区、新丰江国家森林公园、万绿湖国家湿地公园。

11月16日，河源万绿湖因负氧离子浓度高、环境优良被中国气象局公共气象服务中心在《关于“中国天然氧吧”创建活动公告》中公布为2020年度获得中国天然氧吧称号的地区。这是河源市首次获评中国天然氧吧。

【水产养殖】 新丰江水库有28666.67公顷宜鱼水面，鱼起水量1000吨左右。2020年，新丰江林管局渔政管理部门加强管理，推动渔业船舶国家柴油价格补贴政策落到实处。新丰江林管局开展渔业增殖放流活动，联合县移民局在万绿湖开展增殖放流1次，投入297万元、投放“四大家鱼”（青草鲢鳙）等鱼苗470万尾，补充和恢复水库水生生物资源群体，促进水库水质改善。

林管局水产渔政主管部门加大渔政执法力度，在半江西溪水域、锡场牛肚水域设立2个水上巡查执勤点，严格执行禁（休）渔制度。年内，组织拆除灯光网795张、虾笼302个、拦河网笼26个及其他网具127袋，查处违法偷捕案件23宗，没收涉渔船舶2艘，查获电池83个，刑拘5人。

【森林资源培育】 2020年，新丰江林管局在库区坚持多种树管好树，森林资源实现增量提质。完成2020年碳汇造林413.33公顷、2020年省级碳汇林抚育366.67公顷，天然林落界工作有序推进，组织义务植树面积12公顷、种植树苗0.54万株，同时开展“送珍贵树种和优良乡土树种下乡”活动，送出珍贵和优良乡土树种3800多株。

【生态林建设】 2020年，新丰江林管局继续实施《广东省生态公益林效益补偿资金管理办法》，加强护林队伍建设，发挥12个边界出口护林哨所作用，确保库区生态公益林安全。聘请专职护林员322人，人平管护面积358.03公顷，护林员配备率达98%。为保护好生态公益林，该局根据《广东省生态公益林建设管理和效益补偿办法》，采取联合经营、共同保护形式，由局、镇、村、农户（小组）逐级签订联合经营协议书，从中明确局、镇、村、农户的职责、权利、义务和效益补偿资金的分成比例。2020年，全库区生态公益林面积为100213公顷。全年发放生态公益林补偿资金5381.38万元（含特殊区位补助资金1205.14万元），直接由东源县财政局委托银行发放到农户手中。

【林木、林地资源管理】新丰江林管局按照《中华人民共和国森林法》《广东省林地保护管理条例》的规定，加强对征占用林地的审核审批，查处毁林开垦或乱占滥用林地的行为。2020年，办理林木采伐许可证245份、木材运输证1050份。完成2020年度国家森林督查工作及2020年度森林资源管理"一张图"年度更新工作，对库区75个可疑图斑进行逐一核查，并将涉及违法的图斑及时移交森林公安部门处理。至年底，库区签订退出桉树林承诺书面积3406.67公顷，占总任务的101.4%，完成审核审批桉树采伐面积2246.67公顷，完成桉树改造面积1506.67公顷。是年，该局组织开展新丰江库区涉山林矛盾纠纷化解专项行动，组织调解山林纠纷案件5件25人次（其中4件为重复信访），信访涉林面积484公顷，办结1件信访案件。

【森林防火】2020年，新丰江林管局贯彻"预防为主，积极消灭"的方针，部署库区森防工作，加强防火宣传，加大野外火源管理力度。盯住春节、清明节、中秋、国庆和元旦等重要时间节点，通过突出加强节前宣传造势、火源排查和节中巡回督查、应急值守等措施防范森林火灾。针对库区面广线长、游客较多等特点，在节假日前夕，采取密集发送手机短信、微信信息、持续广播宣传等办法集中进行"信息轰炸"，营造全民、全时、全域严防山火的浓厚氛围。实现库区全年"零山火"的目标。

【林业执法】2020年，新丰江森林公安分局开展"红线行动""集中打击整治涉野生动物违法犯罪专项行动""涉林扫黑除恶专项斗争集中打击行动"等专项行动，打击各类涉林违法犯罪。受理各类涉林案件22件，其中，立刑事案件6件，破8件(含积案3件)，采取刑事强制措施6人；受理林业行政案件16件，查处16件，罚款5.2万元。

【野生动植物资源保护管理】新丰江库区有野生脊椎动物35目92科201属254种，植物资源有166科584属1022种。为保护好库区的野生动植物资源，林管局加大宣传力度，增强保护意识；加强法治建设，实行依法治区；落实山林权证，确保区内稳定；重视野生动植物保护区的生态环境保护；订立社区护林、护鹿公约和组织护林、护鹿队伍。新港省级自然保护区，总面积7513公顷。2020年，保护区管理处通过红外相机监测拍摄到白鹇、豪猪、赤麂等多种国家保护野生动物，举办"粤见森林悦见美好"第二届森林文化周暨第30届保护野生动物宣传月等系列活动进行科普宣教。万绿湖国家湿地公园，总面积26348.7公顷。是年，湿地公园管理处利用"世界湿地日""爱鸟周""世界水日"等节日契机，开展科普宣教活动，发挥湿地公园的宣传教育功能。

【水资源保护】2020年，新丰江林管局加大对万绿湖水浮莲等漂浮物的打捞力度，采取政府购买服务的形式，委托中标的打捞企业负责对万绿湖水浮莲等漂浮物开展常态化的打捞清理，推进万绿湖水浮莲清理打捞，全年打捞水浮莲及漂浮物1.13万吨，确保万绿湖湖面干净、航道畅通；新丰江水库二期拦漂工程建设基本完工。

【森林病虫害防治】新丰江林管局坚持"预防为主，综合防治"的方针，对库区检疫性病虫害进行调查与监测，加强库区进出调运木材、种苗和花草的检疫。2020年，按照防治计划，完成万绿湖风景区周边1806.7公顷松材线虫病纯松林改造，安装松褐天牛诱捕器150余套，减少松材线虫病传染源的传播。

【旅游资源保护开发】万绿湖坚持倡导"环保至上、科学规划、强化管理、生态旅游"的开发理念和"湖内游览、湖外吃住"的旅游方式。2020年，万绿湖风景区管委会对照创建标准和整改提升要求逐一分解任务，采取挂图作战、倒排工期等措施，推动景区停车场、游客服务中心、龙凤岛景观绿化和龙凤岛道路配套等4个提升工程，在国庆假期前完成整改并对外开放，为万绿湖"创AAAAA"冲刺工作打下基础。截至年底完成《万绿湖创建国家AAAAA级旅游景区整改提升规划》，且由市城市规划委员会评审通过；完成《万绿湖创建国家AAAAA级旅游景区总体规划》修编初稿。万绿湖风景区成为全市首个获评中国天然氧吧的旅游景区。

【国土执法】2020年，新丰江林管局、万绿湖管委会规划环保国土科及东源县国土资源局新丰江国土资源所对国营新丰江林场的国土依法行政，规范管理。是年，拆除涉"两违"建筑设施2宗。（陈镜深　吴珊莊）

生态环境保护

【水环境治理】2020年，河源市推进碧水保优战，巩固提升优良水环境。继续实施水污染防治行动、东江新丰江河源段水环境综合整治三年行动、新丰江水库水质保护三年行动，做好水功能区水质保护工作。紧盯重点断面整治，成立国考省考断面水质达标攻坚工作专班，对15个市考断面和31个重点支流断面水质实行季度排名，督促整治断面水质不能稳定达标问题。开展河涌水环境整治，巩固提升综合整治东江新丰江市区段水环境议案办理成果，东埔河黄子洞、白岭头河段“初见成效”“长制久清”评估水质达到消除黑臭要求。排查整治入河排污口，印发实施《河源市入河排污口排查整治专项行动工作方案》，完成2020年河源市入河排污口“查、测、溯”等相关工作，排查排口2220个。加快补齐环保基础设施短板，超额完成镇级污水处理能力、县级以上城市污水管网、镇级污水管网、城镇老旧管网改造等建设任务；新增县级以上城市污水处理能力6.5万吨/日，新增镇级污水处理能力13.588万吨/日；95个建制镇污水处理设施覆盖率为100%。加强饮用水水源保护，完成“千吨万人”饮用水水源地划定和整治工作，推进饮用水水源保护区定界立标、水质监测等规范化建设和东江饮用水水源保障工程。

【大气环境治理】 2020年，河源市推进蓝天保卫战，印发实施《河源市夏秋季大气污染防治攻坚专项行动工作方案》等，成立大气攻坚工作专班和专家咨询组，重点落实好“管车、降尘、治污、禁烧、控放”措施，完成河源市重污染天气应急预案修编；落实每日巡查制度，巡查处理大气环境问题791宗；强化空气质量预警预报与应急响应，开展污染天气二级应对10次。强化移动源污染防治，划定“黑烟车”禁行区，完成41家用车大户231辆柴油车的抽测，处置“黑烟车”111辆次、“黄标车”23辆次，查处冒黑烟非道路移动机械76台，推动油企落实夜间卸油和夜间加油优惠；建成机动车遥感监测系统（4个站点）和1个尾气维修站（M）主站试验站；公交电动化比例达87%。加强工业废气治理，开展30家47条工业炉窑分级定级，淘汰10蒸吨以下燃煤锅炉10台，督促涉气重点企业在污染天气应对期间错峰生产。推进VOCs治理，完成72家重点企业销号式整治、10家市重点企业“一企一策”治理，20家省市重点挥发性有机物监管企业安装100套VOCs治理设施在线监控设备。协调落实大气面源污染防控，完成《河源市扬尘污染防治条例（草案）》起草并提请市人大审议，推进声环境功能区调整，协调加强重点路段、重点时段占道经营和露天烧烤、露天焚烧、施工扬尘、烟花爆竹燃放监管，全市153个在建项目安装扬尘在线监控设备。河源市环境空气质量综合指数为2.83。PM10、PM2.5年均浓度分别为37微克/立方米、22微克/立方米。2020年主要空气污染物为O3-8h，其作为每日首要污染物的比例为73.6%；超标首要污染物为O3-8h，比例为100%。

【土壤环境治理】 2020年，河源市生态环境局推进净土防御战，严防土壤和固体废物污染。推进土壤污染综合防治。完成149家重点行业企业和8个重点工业园区土壤污染状况调查、大尖山铅锌矿整治、龙川历史遗留稀土矿区周边受污染耕地治理，建立（疑似）污染地块名单，推动11家土壤重点监管企业开展土壤污染隐患排查和自行监测，印发实施河源市建设用地再开发利用实施方案。河源市受污染耕地安全利用率为95.73%，污染地块安全利用率达到100%。推进重金属污染整治。加强地下水污染防控。完成188个加油站的700个地下油罐防渗改造，3个地下水考核点位水质达到考核要求。强化固体废物监管。636家机动车维修（拆解）行业企业完成危险废物规范整治，5家企业完成工业固体废物堆存场所整治，961家产废单位完成危险废物年度申报登记，全市医疗废物集中处理率达95%以上，工业危险废物安全处置率达到99%以上。市医疗废物处置设施建设项目基本建成。

【农村和自然生态环境治理】 2020年，河源市生态环境局协力推进美丽乡村建设。持续开展农村环境综合整治。“十三五”期间完成农村环境综合整治村庄269个。协助开展农村污水治理，推进农村生活污水处理设施建设，全市8575个自然村中有7839个村完成雨污分流、污水排放管道收集或暗渠化建设，污水收集完成率为91.41%；生活污水得到有效处理的自然村6381个，污水处理率为74.41%。推进养殖、种植污染整治。督促各县区及时出台调整后的畜禽养殖禁养区划定方案，完成畜禽养殖禁养区边界矢量化。河源市畜禽粪污资源化利用率为84.27%，规模养殖场设施装备配套率为97.41%，全市测土配方施肥技术覆盖率为94.1%，主要农作物化肥、农药利用率达40%以上。加强自然保护区监督管理。龙川县完成枫树坝省级自然保护区违法违规项目清理，拆除养殖网箱59.7万平方米；落实“绿盾”行动问题整改，历年“绿盾”行动发现

2020年4月21日，全市打赢污染防治攻坚战工作推进会召开　　（罗　胜　摄）

的17处疑似违法违规点完成整改。

【环境管治能力】 2020年，河源市生态环境局严格环境监管，依法整治突出环境问题，加大环境管治能力建设。落实“双随机”抽查制度，依法开展工业园区环保专项执法检查、挥发性有机物重点监管企业交叉执法检查等25项专项执法行动，特别是在新冠肺炎疫情期间加强医疗废水、医疗废物监管。全市出动执法人员9310人次，检查企业3594家次，下达处罚决定书51宗，责令整改企业225家，查封、扣押案件3件，移送涉嫌环境污染犯罪案件2件；督促8家企业完成环境污染责任保险投保工作。排查整治环境风险。密切监控七寨生活垃圾填埋场垃圾渗透液满溢风险，在河源金圆环保科技有限公司举行突发环境事件应急演练，防范化解环境信访矛盾和“邻避”问题。受理环境信访案件2112件，办结2081件，结案率为98.5%。扎实开展法治工作。落实“谁执法谁普法”要求，筛查生态环境损害案件线索，对1宗案件启动生态环境损害赔偿调查。强化环境监测预警。全面开展环境质量常规监测和重点污染源监督性监测，完成6个省考水站建设、实验室升级改造项目、新丰江水库监测预警能力建设项目、土壤监测能力建设项目、大气环境污染成因研究项目，推进东江河源段干支流氮磷污染物溯源及防治对策研究。

【环保督察整改】 2020年，河源市落实环保督察整改任务。建立市生态环境保护督察整改工作联席会议制度和分析研判机制，实行半月一分析、半月一通报、半月一帮扶指导的工作机制，督促各责任单位加快整改。中央、省环保督察组交办的603件案件全部办结；2016年第一轮中央环境保护督察整改9项任务和2018年中央环境保护督察“回头看”及固体废物环境问题专项督察整改20项任务全面完成；2018年省级环境保护督察整改32项任务（7项与中央环境保护督察反馈意见合并整改），完成29项。

【疫情防控工作】 2020年，河源市生态环境局严格落实“四个一”（一把手负责、组建一套专班、制订一个方案、统一一个口径）应急处置机制。印发《关于建立新型冠状病毒肺炎疫情医疗废物环境管理机制的通知》等11个文件，开展全市医疗机构专项检查，加强全市疫情医疗废物、医疗废水处置监管和环境监测，确保不发生二次污染。支持企业复工复产。印发《河源市生态环境部门在新冠肺炎疫情防控期间支持企业复工复产的若干措施》《河源市生态环境局服务企业接待日工作实施方案》，及时推出一系列助力企业复工复产的服务措施，实施精准高效指导，为企业纾困解难。加强内部疫情防控。制定《市生态环境局关于做好新型冠状病毒肺炎疫情防控法治宣传工作方案》等，全面开展爱国卫生运动。（*赵晓菲*）

农业农村

编辑：吴静文

农业农村综述

【概况】 2020年，河源市农林牧渔业总产值212.76亿元，比上年增长6.3%，农村居民人均可支配收入17313元，增长8%。粮食播种面积13.30万公顷、总产量80.16万吨。建成高标准农田项目7个共4220公顷。新增垦造水田182.12公顷。政策性农业保险总保费投入9948.05万元。累计划定粮食生产功能区94.44万亩（6.30万公顷）。新增省级“菜篮子”基地13家、粤港澳大湾区“菜篮子”基地4家、省农产品出口示范基地2家。新建或扩建生猪规模养殖场23家。全市生猪出栏量90.91万头，增长7.02%，保障主要农产品有效供应。

【抓好农村疫情防控】 2020年，河源市农业农村局成立农村疫情防控专班，建立四级包干制度，落实农村疫情防控网格化管理，严密排查返乡人员车辆。加大家禽蔬果等收储补助力度，遴选“菜篮子”应急供应基地，推广农副产品“无接触式”配送服务，订单超过37万余单，配送量超过3000吨。派出12支疫情防控指导组，挂钩县区开展农村疫情防控指导工作。支持农业企业复工复产，印发《河源市农村疫情防控工作指引20条》，及时出台“农九条”等系列支持举措，开通农业企业诉求专线，发放“民生保供企业资质证明”196份。农业龙头企业全部复工复产。

【农业农村高质量发展平台建设】 2020年，河源市农业农村局支持灯塔盆地建设成为引领未来河源农业农村高质量发展的综合平台。引导以特色发展为导向推动农业主导产业提档升级，发挥好龙头企业带动作用，推动灯塔盆地产业发展实现多样化、规模化。灯塔盆地内有6个省级现代农业产业园，134家市级以上农业龙头企业（其中国家级4家、省级28家），助力灯塔盆地强化科技支撑。支持开展校企联合合作，积极引进高层次企业，华南农业大学、广东省农科院院地合作逐步深入，在灯塔盆地范围内推广“稻稻薯”种植新模式，探索无人农场和全程机械化种植技术等新技术手段应用，推动灯塔盆地重要农产品供给能力持续提升。

【现代农业体系提质升级】 2020年，河源市新增省级农业产业园2个；新建“一村一品、一镇一业”项目94个，总投资额7396.7万元。新增全国“一村一品”示范村2个。印发《河源市优势特色农业产业化提档升级行动计划（2021—2025年）》，因地制宜推广发展优质水稻、高山油茶2项市级主导产业。东瑞生猪产业园主导产业产值20亿元，东瑞食品集团股份有限公司成功在A股中小板上市，成为河源市第一个实现撬动证券资本市场资金投入产业园区的典范。

【区域品牌效应拓展】 2020年，河源市发布、运营“万绿河源”农产品区域公用品牌。12款茶入选2020年广东十大好春茶；新增国家地理标志农产品2个、有机食品9个、绿色食品9个、无公害食品18个、省名特优新产品16个，新增认定“粤字号”农产品39家、备案入库49家，累计88家。培育农业经营主体。新增省级、市级重点农业龙头企业15家、47家，比上年增长80.8%、87.5%。新增省级农民专业合作社示范社13家、省级示范家庭农场17家。新建县级农民合作社服务中心3家。

【产权制度改革】 2020年，河源市推进产权制度改革。完成农村集体经济组织清查核准、成员身份确认和登记赋码工作，农村集体资产核实数57.78亿元（其中经营性资产核实数14.34亿元，非经营资产核实数43.43亿元），22208个农村集体经济组织成员数314万多人，全部颁发农村集体经济组织登记证。

扶持集体经济发展 累计投入各级专项（含配套）资金1.51亿元，扶持发展村级集体经济试点村172个，2020年集体经营性收入5万元以上的村占全市村总数将达到70%。

加快农村土地流转 印发《关于引导农村承包土地经营权规范流转的指导意见》《关于开展农村土地股份合作制试点实施意见》等文件，争取省委农办改革资金2591万元扶持东源县推进土地流转，启动7个乡镇土地股份合作制试点。全市农村土地流转面积1万亩以上。

加强农村宅基地审批管理　建立乡村农房管控、风貌提升和宅基地管理工作联席会议制度，印发农村宅基地审批管理工作指引、农房管控和乡村风貌提升工作方案等系列文件，基本建立审批管理机制。

【美丽乡村建设】　2020年，河源市有3个村入选广东特色名村，1条线路入选广东美丽乡村精品线路。抓好农村人居环境整治三年行动，2020年累计拆除破旧泥砖房4.96万间686万平方米。推进省定贫困村创建新农村示范村建设，所有自然村达到美丽宜居村标准。

【农村环境整治示范创建活动开展】　2020年，河源市514个行政村达到美丽宜居村标准，覆盖率41.2%。推进农房管控和乡村风貌提升，建立农房管控制度机制和乡村风貌提升“1+N”政策体系。启动农村“四小园”建设的自然村6264个。推进农村“厕所革命”，新建、改造公厕1900个，农村无害化户厕普及率提升至100%。推进生活垃圾处理，村庄保洁覆盖面100%，村庄保洁员6519人，农村生活垃圾分类减量、资源化利用比例43.4%、39.6%。推进生活污水处理，行政村生活污水治理率54.6%，自然村雨污分流、污水排放管道收集或暗渠化比例85%，省定贫困村20户以上自然村雨污分流比例97.2%。开展“五清”专项行动，年投入资金2064.35万元，清理河道长度2918.8千米；347个疑似规模以上“四乱”全部销号，基本实现“河畅、水清、堤固、岸绿、景美”的目标。（黄　锃）

林　业

【概况】　2020年，河源市有林业用地面积120.85万公顷，占国土面积的77.19%，其中，森林面积114.58万公顷。国家级、省级生态公益林面积68.9万公顷，森林蓄积量6619.19万立方米，森林覆盖率73.18%，位居全省地级市前列。自然保护区52个（其中省级8个、市级6个、县级38个），森林公园33个（国家级森林公园2个、省级森林公园3个），省级地质公园1个，湿地公园11个（国家级2个）。争取中央、省级项目资金，落实强林惠民政策，巩固提升林业建设成果。落实中央、省、市资金72974.89万元，其中中央专项资金15177.98万元，省级专项资金57234.91万元，市本级专项资金562万元。

【新冠肺炎疫情防控】　2020年，河源市林业局落实新冠肺炎疫情防控工作要求，对城区43个公园广场实施网格化巡查管理，做好公园广场疫情防控。加强全市林业系统、自然保护地及相关机构野生动物及其栖息地巡查管护。全面禁止食用陆生野生动物，严厉打击非法野生动物交易，革除滥食野生动物陋习，立案93件（刑事案件46件、行政案件47件），收缴各类野生动物1852只。在全省率先开展在养野生动物转型转产补偿处置，全市285家陆生野生动物人工繁殖场全部妥善处置，处置陆生野生动物58143只（条）和蛇类等202948.48斤，落实补偿资金2620.8万元，全市220户人工养殖陆生野生动物贫困户全部转产，处置补偿工作走在全省前列，并在全省范围内推广。

【造林绿化】　2020年，河源市国家森林城市建设有序推进，市政府印发实施《河源市国家森林城市建设总体规划》，编制《河源市创建国家森林城市总体工作方案》，召开全市创建国家森林城市动员大会,联合河源日报开展创森LOGO和宣传标语（主题）征集活动。实施森林碳汇造林、森林抚育等林业重点生态工程建设，完成森林碳汇重点生态工程造林3730公顷、森林抚育5.03万公顷。开展乡村绿化美化，建设绿美古树乡村5个。桉树林改造工程稳步推进，争取省林业局支持追加采伐限额指标，完成桉树林改造1587公顷。组织全市各地开展义务植树活动，在客家文化公园建立义务植树基地，鼓励引导栽植“青年林”“巾帼林”“读者林”等，全市累计参加义务植树人数202.26万人（次），植树约607.04万株。

【森林防火】　2020年，河源市推进护林员网格化系统建设，搭建全市护林员网格化平台和基础图斑系统，将全市3470名护林员全部纳入森林资源“一张图”网格化管理，实现全市林地野外火源巡查全覆盖。建立“视频监控+无人机空中巡查+森林公安现场执法督查+森林消防专业队伍驻防巡防”管理模式，构建“天、空、地”一体化立体式的森林防火网，设立森林防火检查站1260个，启用进山在线护林扫码，狠抓野外火源管理；开展打击森林违法用火行为专项行动，查处野外违规用火行为202宗。组织开展森林防火区“五清”行动，排查隐患点1625处、清理周边可燃物162.67公顷。推进河源市林火远程视频监控系统项目建设，建设摄像头657个、镇级森林监控调度室99个，率先在全省建成市、县、镇三级监控中心，提升林业信息化水平，2020年森林防火形势总体平安可控，清明、“五一”、中秋、国庆等假期，全市实现接报零火情。

【林地林木管理】　2020年，河源市严格林地审批和管理，优先保障重点、民生基础设施项目建设用地和县区工业园区发展用地，从严控制采石、采矿、取土和风电场占用林地的审核报批。省林业局下达河源市林地定额424公顷，向省林业局争取额外追加河源林地定额604公顷，解决河源市基础设施、民生项目、工业园区等项目建设林业用地670.17公顷。开展森林督查工作，基本完成国家下发图斑核查任务。打击涉林违法犯罪，全市林业执法部门查处案件342件（其中刑事案件79件、林业行政案件263件）。落实森林限额采伐制度，依法依规审批采伐，加强林木采伐源头管理，组织开展林木采伐管理专项检查。发放采伐证3734份，采伐面积13519.13公顷，采伐蓄积98.63万立方米。政策性森林保险投保77.15万公顷，其中生态公益林投保率99.9%，商品林投保面积8.31万公顷。做好矛盾纠纷排查工作，每季度开展社会稳定形势研判，及时掌握全市不稳定因素或存在维稳隐患的涉林案件，做到早发现、早处理。涉山林纠纷案件172件，面积1162公顷；已办结79件，面积763公顷。办理涉权属信访16宗，接访42人。

【生态公益林和自然保护管理】 2020年，河源市完成生态公益林完善落界工作，开展天然林核定落界，严格审核生态公益林规划调整，及时下达生态公益林效益补偿资金40514.7万元。推进自然保护地整合优化，将97个自然保护地整合优化成94个，优化自然保护地范围边界和功能分区，已将预案成果报省和国家。强化自然保护地管理，开展省级以上自然保护地违建项目清查整治、“绿盾”专项行动。贯彻《广东省野生动物保护管理条例》，开展野生动物保护和救助，加强全市林地、自然保护地及相关机构野生动物及其栖息地巡查管护，在紫金县首次发现中华穿山甲野外种群。紫金白溪省级自然保护区成为河源市首个广东省自然教育基地，并发现超千株极度濒危物种大苞山茶种群。

【森林病虫害防治】 2020年，河源市出台《松材线虫病生态损害督办追责实施细则》和《松材线虫病防治项目施工质量监督管理规定（试行）》，落实防治经费7414.72万元，完成松材线虫病防治作业面积4.11万公顷，实施防治示范项目1.06万公顷，清理病枯死树30.45万株，飞机喷药防治3333公顷。完成疫情调查监测面积316.47万公顷，实现全市松林监测全覆盖。开展护林员防治松材线虫病试点工作，确定护林员防治松材线虫病试点乡镇5个，每个乡镇给予20万元资金补助。采取化学及人工等措施，完成薇甘菊防治面积158.31公顷。

【森林公安执法】 2020年，河源市森林公安机关开展“飓风2020”“昆仑2020”“2020红线行动”“严厉打击野生动物及其制品违法犯罪”“开展打击森林违法用火行为”多个专项行动。对全市林区社会治安进行综合治理，对各类破坏林地资源行为保持高压打击，遏制乱砍滥伐、乱占乱用等涉林违法犯罪行为发生。森林公安机关受理案件330件，受理林业行政案件238件，查处236件。

【林业生态宣传】 2020年，河源市组织开展“十大最美护林使者”评选活动，宣传林业先进人物和典型事迹。开展以“全民参与植绿护绿，共建共享生态河源”为主题的河源市义务植树暨创森国家森林城市宣传活动，倡导全社会植绿爱绿护绿。举办以“粤见森林，悦见美好”为主题的广东省第二届森林文化周河源万绿谷分会场启动仪式暨河源市创建国家森林城市宣传活动，推广河源特色森林文化。开展新修订的《中华人民共和国森林法》《广东省野生动物保护管理条例》等林业法律法规培训宣传，普及林业法律常识，引导广大群众增强守法用法意识。开展“鸟节”“爱鸟周”“世界湿地日”“5·22国际生物多样性日”“野生动物宣传月”等保护湿地及野生动物系列宣传活动，发放保护野生动物告知书和宣传手册资料5万余份。

【森林旅游和产业发展】 2020年，河源市林业局助推全域旅游，建设休闲旅游康养基地，打造休闲生态旅游风景区，向省林业局申报备案龙川县细坳镇创建广东省森林小镇，成功申报森林康养基地3个，其中国家级1个、省级2个。全市入选省级森林旅游特色线路6条，入选省级森林旅游新兴品牌地有7个。和平县成功申报省级森林生态综合示范园建设项目。发展优势特色产业，支持本土林业企业申报油茶种植、绿化种苗基地等国家级林业综合开发项目，油茶低产低效林改造3067公顷，投入资金1952.7万元。申报认定省级林下经济示范基地3家，申报认定河源市省级林业龙头企业6家，申报认定省级林业专业合作社示范社暨示范家庭林场6家。

（伍德安）

水利水电

【概况】 2020年，河源市加快民生水利建设，强化水资源管理力度，建立完善水利防灾减灾体系，推动河长制湖长制从“有名”全面转向“有实”。有大型水库2宗，中型水库15宗，小（1）型水库86宗，小（2）型水库518宗，小水电站815座、总装机容量67.79万千瓦，初步形成具有防洪、排灌、灌溉、发电、供水、养殖及水生态等多功能的水利工程体系。万亩以上的中型灌区有22宗，设计总灌溉面积39.73万亩（2.65万公顷），实际总灌溉面积31.66万亩（2.11万公顷）。

【河（湖）长制工作】 2020年，河源市推动河（湖）长制全面落实，河湖水生态环境持续改善。成立“河湖警长”工作领导小组，建立市、县、镇三级河湖警长体系，设立水上派出所，打击涉水违法犯罪行为；搭建“智慧河长”信息平台，完成200个水库、15个重点河段监控系统建设，利用“广东智慧河长”APP平台开展巡河；推进河湖“清四乱”常态化规范化，累计投入2375.78万元，清理河道长度3588.6千米，清理漂浮物8.41万吨，清理水域面积414.86平方千米；创新开展收购水浮莲行动，累计收购水浮莲116.68万公斤，惠及村民2756人次，实现河湖治理与农民尤其是贫困户增收“双赢”。新华社、人民网、中国水利网、《南方都市报》等新闻媒体宣传报道，并被学习强国作为一线实践报道推广。

【民生水利工程建设】 2020年，河源市投入2.05亿元推进龙川县铁场河治理工程、连平县大席河治理工程、和平县浰江治理工程，修复因灾损毁河道42.4千米、清淤疏浚50.97千米、综合治理河长69.3千米。1249个行政村已全部实现村村通自来水覆盖，255个省定贫困村1761个20户以上自然村已实现集中供水全覆盖，建档立卡贫困户38568户10万余人全部实现饮水安全，水利脱贫攻坚任务提前全面完成。全域8573个自然村已有7775个自然村实现集中供水，覆盖率90%（省要求为85%以上），省民生实事中新增100万人（河源市13.41万人）农村集中供水人口任务按期完成。投入1419.6万元对107宗水库进行维修养护和标准化建设，投资9173.53万元资金消除68宗水库安全隐患，完成193宗水库的大坝安全鉴定，解决在建小型水库除险加固项目的遗留问题98宗，完成2宗病险水库除险加固工作。

【水资源管理】 2020年，河源市组织开展河道外取水户计划用水审批，推进取水许可电子证照发放和灌区取水许可，并对发证取水户开展日常检查、双随机抽查。推进建设项目水资源论证、规划水资源论证及区域水资源论证评估等工作，保障水资源可持续开发利用。推进水量调度管理，推进船塘河生态流量试点。开展水资源信息化管理，建立重点取用水户电子名录，完成2019年度市水资源公报、管理年报编报。

【汛情灾情】 2020年，河源市气温显著偏高，高温日数明显偏多；降水偏少，前汛期降水前少后多，龙舟水偏重，强降水过程多，后汛期降水偏少，台风影响较小。

雨情 1月至10月31日，河源市平均总降雨量1331.8毫米，较常年同期（1691.3毫米）偏少21.3%，但“龙舟水”期间（5月21日—6月20日）平均降雨日数24.8天，平均总降雨量406.4毫米，较常年同期（327.9毫米）偏多24%，占前汛期总降雨量的61.6%。

水情 2020年水情呈现“来水偏少、时空分布不均、部分中小河流超警”等特点，“龙舟水”期间，大湖水、古竹水等中小河流出现超警洪水，其中大湖水大湖站6月9日10时洪峰水位127.94米，超警戒0.94米；古竹水平渡站6月8日20时洪峰水位32.06米，超警戒1.06米。

灾情 受18轮强降雨影响，全市各地不同程度受灾。88个乡镇3.86万人受灾，提前转移安置8835人，集中安置1497人。水利设施受到损毁：损坏水库2座、堤防305处（14443米）、堤防决口8处、护岸47处、灌溉设施178处，水利工程设施直接经济损失0.43亿元。

【抗洪抢险救灾】 2020年，河源市水务局贯彻落实习近平总书记提出的“两个坚持、三个转变”防灾减灾救灾重要论述，树立以“人民为中心”和“防范胜于救灾”思想，在汛前开展安全生产大检查，市、县两级水务部门合计派出32个工作组检查抽查水利工程2964宗，合计排查水库隐患64处，并落实安全度汛措施。先后应对18轮强降雨,与气象、水文、应急、自然资源等部门先后9次召开防汛会商会，印发防御通知15份，编发水旱灾害防御简报、快报21份，启动水利防汛Ⅳ级应急响应4次、Ⅲ级应急响应1次。科学调度水库应对强降雨，指导5宗中型水库预泄应对强降雨，大中型水库无违规超汛限水位情况，其中新丰江水库拦蓄洪水6.88亿立方米，削峰率98%；枫树坝水库拦蓄洪水1.25亿立方米，削峰率81.9%；各中型水库拦蓄洪水1.78亿立方米。各类水利工程均无较大险情发生，水利灾情险情人员零伤亡。

【依法治水工作】 2020年，河源市深化“放管服”改革，利用“世界水日”“中国水周”“宪法宣传周”等活动及电视台、广播电台、报纸等媒体开展宪法、水法规及河湖长制等有关水事活动的宣传。水政监察队伍开展执法巡查1126次，出动执法人员3994人次，巡查河道51876千米，现场制止违法行为150次，立案查处非法采砂案件14件，行政处罚76.1万元。查处违法侵占河湖水域、违法设障、非法采砂和破坏水工程等河湖违法行为，受理各类投诉案件62件，已办结62件。推进扫黑除恶专项斗争“六清六建”工作，清理办结陈年积案9件，实现陈年积案“清零”。

【供水节水工作】 2020年，河源市实现线上报装“一网通办”“帮办制”。完善供水管网，投入4453.5万元新铺设市区供水管网27千米，投入1539万元改造老旧管网长度达38.61千米。加强水厂运营监督管理和安全管理，开展供水应急演练和水质抽查，及时处理供水投诉1300多件，处理完成率100%。8月，河源市高分通过全省城镇供水规范化管理和二次供水专项考核。出台《河源市城市供水用水管理办法》《河源市节约用水管理规定》《河源市节约用水奖励办法》《河源市非常规水资源管理办法（试行）》《河源市地下水资源保护管理规定（试行）》《河源市污水排入排水管网许可管理实施细则》等6份法规文件，使节水法规体系内容涵盖水资源管理的整个过程。建立河源市城市节水专项资金投入管理机制，保障漏失管网和老旧用水器具改造资金投入。利用经济杠杆作用，对居民生活用水实行三级阶梯水价，对非居民用水实行计划用水管理。创建节水型载体，已累计创建6家节水型单位、8家节水型小区、2家节水型企业。以“中国水周”“世界水日”“全国城市节水宣传周”为依托，深入社区、公园、学校开展节水宣传活动。 （宋丽平）

万绿湖水资源开发管理

【万绿湖优质水直供项目】 河源新丰江水库（万绿湖）拥有华南地区最优质的天然水资源，水质长期保持在国家地表水Ⅰ类标准，被中国食品工业协会、中国环境科学学会先后授予全国唯一中国优质饮用水资源开发基地和首届中国好水水源地称号，是国内罕见的水域功能最高的源头水和珠三角主要城市最重要的饮用水源区。2020年，项目被省水利厅纳入省水利重大项目前期工作协调平台和省水利"十四五"规划，并纳入粤港澳大湾区水安全保障规划。9月27日，省发改委复函省十三届人大三次会议代表提出的"规划建设万绿湖优质水直供深圳项目建议（由该办代拟提案）"，对项目建设表示支持和肯定，并对项目推进和立项提出建议。

【河源市区水源工程】 河源市区水源工程通过隧洞从新丰江水库大坝上游右岸1400米处取水，经隧洞、分岔管、主输水干管和支管将原水送往市区两家新建水厂。工程供水区域主要为城市规划区内的东埔区、老城区、新城区、江东新区、白田区、高新区、源城工业区、埔前镇、东源县城等区域，日供水能力64万立方米/日，惠及供水人口104万人，能满足河源未来中长期经济社会的发展需要，并将万绿湖直供水项目统筹考虑，争取"两洞合一"方式建设，总投资概算约3亿元。工程分两期实施，第一期为取水口、隧洞、主管线、南支线工程，满足市区新建南水厂、高新区水产业园生产用水及直饮水项目水源；第二期为北支线管道工程，主要满足市区新建北水厂的生产水源。第一期工程已完工验收并投入使用；第二期工程为供新建城北水厂的北支线管道工程，全长5.68千米，已完成工程的90%。由于规划中的新建水厂施工滞后，是年，市区水源工程供水暂时服务有城南勤诚达应急水厂、市水业集团西环路应急水厂，解决市区边远地区原水不足，化解市民用水矛盾。 （曾海锋）

市区水源工程取水口全景

市区水源工程取水口 （市水资源办提供）

气　象

【概况】 气温历史最高，高温天气多 2020年，河源市平均气温21.6℃，较常年（20.7℃）偏高0.9℃,与1998年、2015年、2019年（21.6℃）并列有气象记录以来最高。全市平均高温日数（最高温度≥35℃的日数）30天，较常年（21.5天）偏多8.5天。极端最高气温出现在和平7月14日为38.5℃；极端最低气温出现在和平、龙川县的12月31日为0.3℃。

降水总体偏少，但阶段性特征明显 全市平均降雨量1355.6毫米，较常年同期（1767.2毫米）偏少23.3%，较上年同期（2048.6毫米）偏少33.8%；汛期全市平均降雨量1036.1毫米，较常年同期（1352.2毫米）偏少23%，但"龙舟水"期间，平均总降雨量406.4毫米，较常年同期（327.9毫米）偏多24%。从逐月降水情况来看，除2月、3月降雨量较常年偏多外，其余各月降雨量较常年均偏少。其中10—12月，全市平均降雨量仅16毫米，较常年同期（112.8毫米）偏少85.8%。

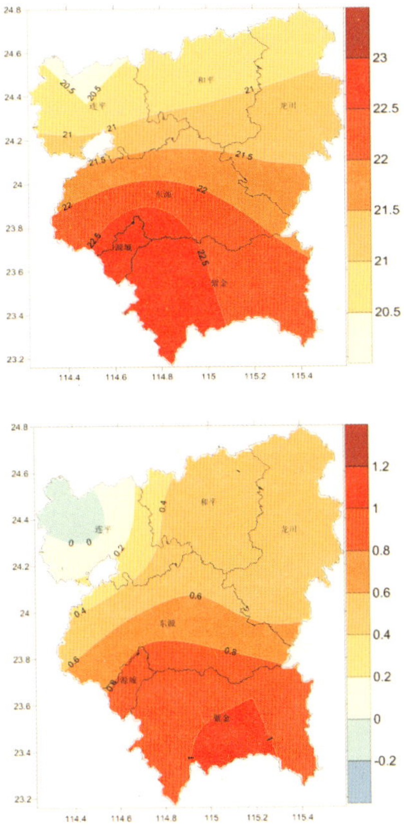
图 1 2020年河源市平均气温及距平（℃）

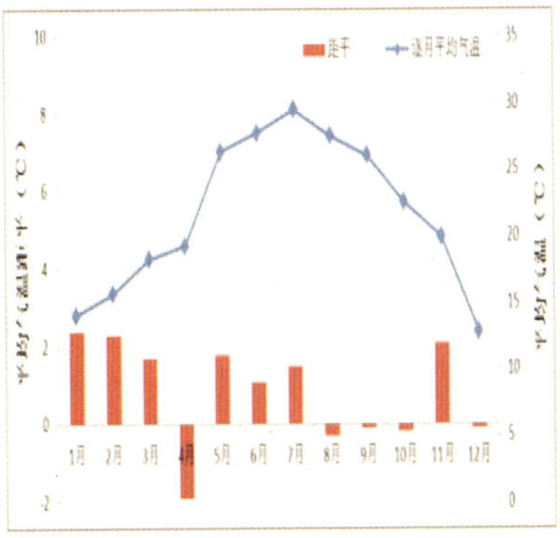

图 2 2020年河源市逐月平均气温及距平（℃）

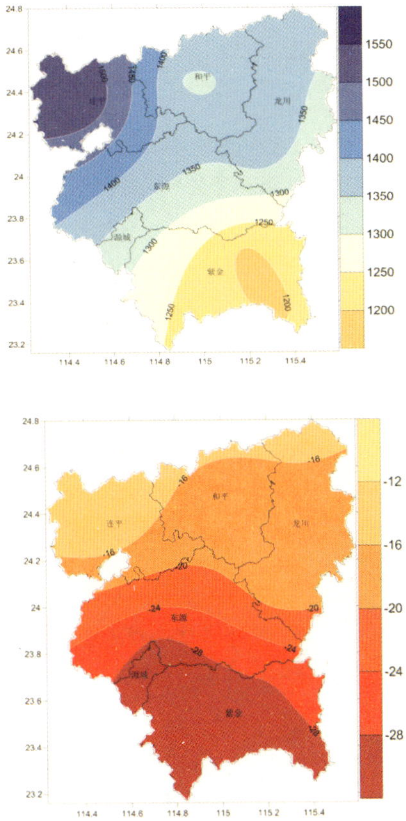
图 3 2020年河源市总降雨量（毫米）

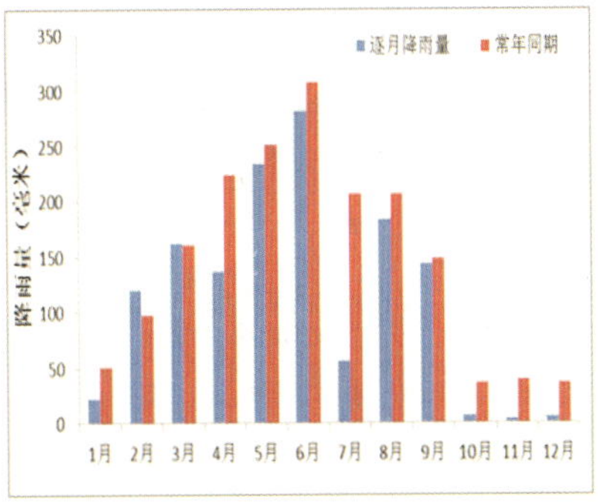

图 4 2020年河源市逐月降雨量及常年同期逐月降雨量（毫米）

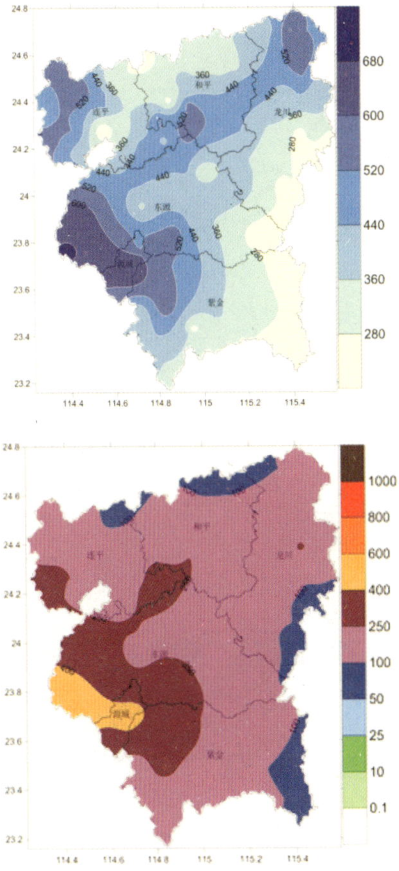
图 5 2020年河源市“龙舟水”期间及6月5—9日过程总降雨量（毫米）

“龙舟水”偏重，降水极端性强，局部洪涝重 “龙舟水”期间（5月21日—6月20日），全市平均总降雨量406.4毫米，较常年同期（327.9毫米）偏多24%；平均降雨日数为24.8天。其间出现4次强降水过程，其中6月5—9日，出现是年最强的降水过程，此次强降水过程具有“持续时间长、大暴雨范围广、累积雨量大、降水强度强”等特点，全市平均面雨量为209.3毫米，东源新回龙录得全市最大累积雨量564.5毫米，过程累积雨量超过250毫米的站点有31个，最大小时雨强出现在紫金黄塘60.3毫米。

秋冬温高雨少气象干旱明显 10月以后，全市降水显著偏少，气温略偏高，天气晴朗干燥。10—12月，全市平均气温为18.3℃，较常年同期（18.1℃）略偏高0.2℃，其中11月平均气温明显偏高2.1℃，居历史第一位；平均总降雨量仅为16毫米，较常年同期（112.8毫米）偏少85.8%。受持续干燥少雨天气影响，气象干旱明显，据气象干旱监测，2020年秋冬季，出现重度以上气象干旱。

【主要灾害性天气及影响】 年末寒潮来袭 2020年12月29日至2021年1月2日，受寒潮影响，河源市出现大幅降温，并伴有大范围霜（冰）冻天气。过程降温幅度超过10℃，连平录得全省最大24小时降温10.8℃；元旦早晨，出现大范围0℃以下低温，其中龙川细坳录得全市最低气温-4.1℃。

年平均气温平历史最高纪录 全市平均气温21.6℃，较常年同期（20.7℃）偏高0.9℃,与1998年、2015年、2019年（21.6℃）并列为有气象记录以来最高。全市平均高温日数（最高温度≥35℃的日数）30天，较常年（21.5天）偏多8.5天。极端最高气温出现在和平7月14日为38.5℃。

“龙舟水”极端性强 6月5—9日，河源市出现2020年最强的降水过程，此

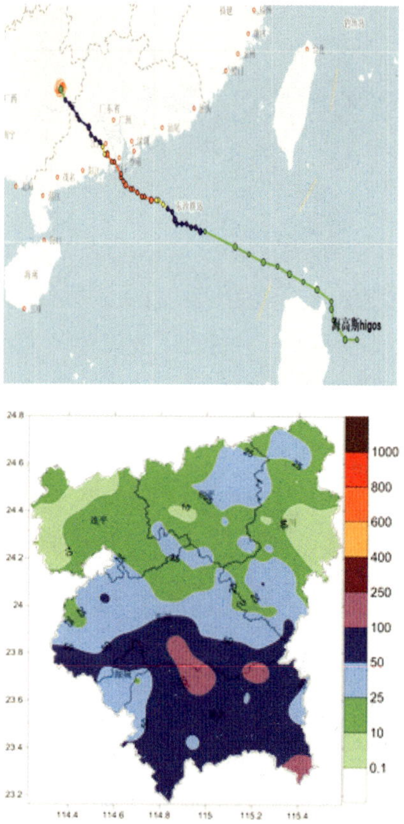

图6　台风“海高斯”路径图及河源市过程累积降雨量（毫米）

次强降水过程具有“持续时间长、大暴雨范围广、累积雨量大、降水强度强”等特点，全市平均面雨量为209.3毫米，东源新回龙录得全市最大累积雨量564.5毫米，过程累积雨量超过250毫米的站点有31个，最大小时雨强出现在紫金黄塘60.3毫米。

史上最热7月　由于7月副高脊线位置较历史同期偏南5—10°，且整体偏强、偏大、西伸脊点偏西，全市月平均气温高达29.5℃，较历史同期（28.1℃）偏高1.4℃，创有气象记录以来同期最高纪录；同样受副高影响，7月无台风，全市平均月降水量仅56.2毫米，较历史同期（193.4毫米）偏少71%，为有气象记录以来同期第三少。

初台早，台风影响小　初台“鹦鹉”于6月14日登陆阳江，较常年偏早11天。对河源市有影响的只有第7号台风“海高斯”，受其外围环流影响，南部出现大雨到暴雨局部大暴雨降水，台风影响小。

森林火险等级高、频次多　2020年河源市气温显著偏高，降水阶段性偏少明显，其中7月、10月、11月、12月均偏少70%以上，天气持续干燥，森林火险等级高，致森林火灾发生频繁。发布森林火险红色预警信号19站次，其中连平森林火险红色预警信号悬挂时长最长超过35天。

气象干旱阶段性严重　由于2020年降水阶段性明显，气象干旱呈阶段性发展态势。1月1—25日，全市平均降水量仅3.1毫米，较历史同期（44.5毫米）偏少93%，1月下旬，河源市大部出现特旱；7月，降水较历史同期偏少72.8%，出现局部中旱；10—12月全市平均总降雨量仅为16毫米，较常年同期（112.8毫米）偏少85.8%，再度出现重度以上气象干旱。　（叶丽娜　单雪珂）

灯塔盆地国家现代农业示范区
灯塔盆地农业高新技术产业示范区

【概况】　灯塔盆地国家现代农业示范区位于河源腹部，面积2291.24平方千米，包括东源县、连平县、和平县的20个乡镇（灯塔、双江、涧头、船塘、顺天、骆湖、漳溪、上莞、忠信、三角、大湖、绣缎、高莞、油溪、公白、礼士、合水、林寨、青州、东水）。

灯塔盆地农业高新技术产业示范区位于河源市腹地，涵盖东源县顺天镇、灯塔镇、涧头镇、骆湖镇16个行政村（居），总面积160平方千米。以丘陵山地农业现代化为主题，以绿色立体生态种养业、农产品和食品精深加工业，种质培育、冷链物流配套服务业等为主导产业，重点突破、示范带动灯塔盆地高质量发展。

2020年3月，市委成立灯塔盆地示范区建设工作领导小组，市委丁红都书记任组长、林涛市长任常务副组长。7月，丁红都书记、林涛市长亲自参加科技部组织的第二批国家农高区视频答辩。12月，灯塔盆地被评为国家优秀农业科技园区。加快集聚科教创新资源、做强特色优势产业、优化市场对接网络，推进构建互联网、大数据、人工智能等科技元素与农林牧渔等“三农”要素有机结合、深度融合的大农业格局，引领带动1.2万平方千米的生态河源全面发展。

【组织体系实现突破】　2020年，广东省委编办批复同意设立灯塔盆地农高区管委会（筹），正式组建成立灯塔盆地农高区党工委、管委会（筹）机构。灯塔盆地农高区管委会与示范区管委会高度融合，管理上以农高区管委会为主，实行“两块牌子、一体运作”。农高区管委会组织架构已搭建好，内设机构一办六局已经成立，人员安排已经到位，预留一定编制引进各类人才。农高区管委会实行扁平化管理，各位副主任兼任内设局局长（办主任）。市直各单位、东源县、和平县、连平县给予灯塔盆地支持，东源县专门出台17条措施支持农高区建设。

【重点产业快速发展】　2020年，灯塔盆地木本油料、特色水果、南方药材、园艺花卉、发酵蔬菜、生态养殖、农产品精深加工、冷链物流配套服务等重点产业加快发展，发展蓝莓产业，加快推进创建蓝莓产业园。20万亩（1.33万公顷）油茶种植及精深加工、发酵蔬菜产业园、蒜精灵产业园、果蔬创新技术深加工项目已动工建设。加快发展休闲农业、田园综合体、乡村旅游、乡村共享经济等新产业新业态，构建外融区域、内优统筹的产业空间格局，城乡三产融合加快发展。恒大种业小镇、灯塔盆地田园综合体、融和蓝莓庄园首期已完成建设。

【科创资源加速集聚】　2020年8月，省长马兴瑞批示同意建设岭南农业科学与技术广东省实验室河源灯塔盆地分中心，已编制完成分中心组建方案并报省。与省农科院合作正在建设全国首家农业医院。华南农业大学灯塔盆地综合试验站、华南农业大学研究生院河源分院正抓紧建设。北理工北斗智慧农业灯塔盆地实践基地，仲恺农业工程学院灯塔盆地乡村振兴培训学院、畜禽育种国家重点实验室灯塔盆地分中心、腾讯智慧农业实验室河源基地等一批科创平台已经启动建设。实施“扬帆计划”，加快高层次人才队伍建设和实用型“三农”技能人才培育。

【规划编制不断完善】 2020年，以河源市城市“副中心”的战略谋划指导灯塔盆地的空间体系构建。提升、优化灯塔盆地（2200平方千米）发展规划、农高区规划（160平方千米）、农高区核心区详细规划（25平方千米）、核心区首期城市设计（3平方千米）。

【基础设施加快建设】 2020年，灯塔盆地基础设施建设加快推进，粤赣高速顺天互通立交出口工程进展顺利。农高区自来水厂、污水处理厂、110千伏变电站等项目建设正在加快推进。医共体健康产业园加快推进，启动建设东江流域水安全保障提升工程、灯塔盆地灌区工程、顺天河碧道工程。推进垦造水田工作，灯塔盆地垦造水田潜力共10.97万亩（7313公顷），已启动3000亩（200公顷）。

【试点推进综合改革】 2020年，灯塔盆地推进农村综合改革工作，农高区核心区已经流转农用土1502.13公顷。农村“三变”改革试点工作推进，并将逐步推开，形成一批可复制、可推广的“盆地经验”。 （谢浩然）

规模以上农业龙头企业选介

【东瑞食品集团股份有限公司】 东瑞食品集团股份有限公司创立于2002年，是农业产业化国家重点龙头企业，现已成为一家集科研、生产、贸易于一体的现代化农业集团。有下属分、子公司13个，合资公司1个，大型注册养殖场6个，建立两个高标准的研发检测中心、数字农业信息展示中心。公司通过“自繁自育一体化生态养殖”经营模式，依托自主研发的“高床发酵型养猪系统”，形成集种猪扩繁、商品猪养殖、饲料生产、活大猪供港及内地销售、生猪屠宰于一体的完整产业链，实现生猪产品在香港和内地两个市场的优化配置，是内地供港活大猪前三大供应商之一，也是粤港澳大湾区“菜篮子”生产基地。公司旗下的“东瑞”牌活肉猪被评为广东十大名牌农产品——广东名猪。同时，东瑞集团还被评定为国家生猪核心育种场、广东出口活猪质量安全示范企业、广东省农产品出口示范基地、畜禽养殖废弃物资源化利用“种养结合示范基地”、农业部畜禽标准化示范场、农业部生猪标准化示范场，当选中国畜牧业协会猪业分会副会长单位、广东省养猪行业协会副会长单位。

【广东村长伯伯电子商务有限公司】 广东村长伯伯电子商务有限公司创立于2016年，是河源市农业龙头企业。公司地处北回归线横贯而过的——广东省紫金县，毗邻经济发达的粤港澳大湾区。公司发展成为农业产业的种植、收购、生产、加工、销售、科研、农旅于一体的现代农业互联网企业。公司在紫金县九和镇金光村投资建设农业产业扶贫项目金光村生态园，生态园占地20公顷，建设项目主要有13.34公顷红肉蜜柚标准化种植基地、特色民宿、分拣包装车间、物流配送中心、农产品展示区、电商创业孵化中心、培训中心和农事体验区等项目，2018年12月建成运营。是“一村一品”的带头企业，以“公司+基地+农户”“保价收购”等方式带动当地种植红肉蜜柚666.67公顷。公司2020年纳入广东省扶贫产品名录；河源市消费扶贫协会副会长单位；在广东股权交易所农高板挂牌；“粤字号”农业品牌。

【广东兆华种业有限公司】 广东兆华种业有限公司始创于2003年，是集杂交水稻种子育、繁、推一体化兼生产经营其他主要农作物种子的国家级民营种子企业，是全省粮食良种生产和供应单位。公司位于源城高埔岗，占地面积2.5万平方米，种子加工厂房2200平方米，标准种子储藏仓库4200平方米，配套专业先进的种子检测及全自动种子加工、计量包装成套设备，种子加工能力为每小时10吨以上，承担着国家和省级粮食救灾应急任务。是中国种子行业信用AA级企业、广东省重点农业龙头企业、广东省现代农业产业新型研发机构、广东丝苗米产业联盟理事单位、广东省种子协会副会长单位、广东省省级粮食应急种子储备单位、广东省育繁推一体化种业骨干企业、广东省高新技术企业。

公司重点生产、销售杂交水稻、杂交玉米种子及其亲本种子；水稻、玉米、花生及其他农作物种子、种苗；化肥、农药等。经国家商标局注册有“百姓丰”“水田丰”“兆华”“客家香占”“粤晶”“百姓丰丝苗”等商标。在梅州蕉岭、平远，河源东源、韶关翁源，海南、湛江等地的良种繁育基地面积800公顷。旗下有深两优898、深两优870、裕优占、圳优21、望两优华占、深优9528、深优9594、华两优华占、美巴香占等十几个水稻新品种，兆华玉糯1号玉米品种。已通过省级鉴定不育系4个（壮丰A、厚S、华6S、兆6S）。杂交稻深两优870在2016年被农业部确认为超级稻品种，2016—2019年广东省农业主导品种、广东种业博览会重点水稻推介品种。公司先后与广东省农科院水稻研究所、华南农业大学、福建农林大学、仲恺农业工程学院、广东省金稻种业有限公司、湖南隆平高科种业有限公司、安徽丰乐种业有限公司等科研院校、种业公司建立合作伙伴关系，共同开发经营农作物新优品种，在全国范围内已建立起供应主要农作物优良品种销售点1500多个。 （黄　锃）

工 业

编辑：曾红艳

综 述

【概况】2020年，河源市工业增加值294.9亿元，比上年增长2.2%；规模以上工业总产值1323.37亿元，增长1.2%；规模以上工业增加值280.8亿元，增长2.2%。

【工业经济主要指标】2020年，河源市工业和信息化局面对突如其来的新冠疫情，率先制订实施支持中小企业政策措施，实现规上工业企业100%复工。为1.6万家企业减免社会保险费9.5多亿元；累计向疫情防控物资生产企业发放贷款金额9.82亿元，向受疫情影响小微企业累计发放贷款金额229.46亿元。是年，该局每月开展分析研判，通过大数据手段多维度开展分析监测；跟进落实领导挂钩服务企业工作，引导企业拓展国内市场，促进企业进入国际国内“双循环”，稳住工业基本盘；落实新上规企业奖励政策，引导更多企业上规。是年，制订并贯彻落实市领导到企业开展调研活动工作方案，市四套班子领导深入企业调研，提出259条意见建议帮助企业解决实际问题；各县区组成专门工作组，逐家企业上门服务。全市新增规上企业69家，超过全年目标任务14家，比上年增加20家；全市规上工业增加值实现扭负转正至正增长2.2%，高于全省（1.5%）0.7个百分点，排名全省第10位。

【疫情防控】2020年，河源市工业和信息化局加强全市疫情防控应急物资保障，实现物资供需紧平衡。推动疫情防控重点物资生产企业和重点防控供应链配套企业加快复工复产，引导鼓励22家企业转产扩产口罩、防护服、护目镜、测温枪等物资；为疫情一线单位、各县区以及向社会投放口罩超3000万只；完成国家、省收储1330多万只口罩任务，占全省总量的1/8。

【项目投资】2020年，河源市工业和信息化局建立全市工业项目数据库，实现项目有机衔接、动态管理。加强项目跟踪服务，协调有关部门研究解决项目建设中存在的困难和问题，推动项目加快建设。完成工业投资239亿元，比上年增长3.1%，高于全省4个百分点。推动“双区”产业共建，引进“双区”产业梯度转移超亿元项目30个，完成产业共建亿元以上项目数16个。优化园区发展环境，园区功能配套日臻完善，产业承载能力得到提升。完成园区基础设施投入资金35.81亿元；实现“三通一平”8.48平方千米。开展园区用地专项摸底调研，梳理出“批而未供”“供而未用”“低效用地”“可提升用地”3006.4公顷，具备盘活挖潜用地空间1498.4公顷，为加大园区土地盘活清理、提高园区土地利用效率、促进项目加快落地提供支撑。

【产业发展】2020年，河源市工业和信息化局开展制造业高质量发展综合评价试点，构建制造业高质量发展综合评价指标体系，着重评价制造业发展的总量、速度和效益。实施工业转型升级三年（2018—2020年）行动计划，推动100多家企业开展技术改造，完成投资62.8亿元。推动园区循环化改造，源城及龙川省级转移产业园通过省循环化改造试点园区验收。完成52家企业清洁生产审核，深圳长江家具（河源）有限公司成功申报国家级绿色工厂，和平粤深钢获广东省钢铁行业能效“领跑者”称号。新增企业技术中心18家；先进制造业增加值占比超50%，高技术制造业增加值占比超35%；新增15家省专精特新中小企业。

【民营经济】2020年，河源市工业和信息化局及时调整促进中小企业（民营经济）高质量发展工作领导小组成员及架构，建立健全民营企业困难问题定期收集、分析、研判机制，形成部门之间工作合力。结合新形势新要求，修订市“民营经济十条”。组织企业参加网上中国中小企业国际博览会，支持民营企业开拓多元化市场。建立市企业诉求响应平台，邀请全市21家市直成员单位入驻，累计处理诉求118个，处理率100%。做好清理拖欠民营中小企业账款工作，在100%清偿欠款的基础上，完成审计发现9个问题的整改工作。

【信息化发展】2020年，河源市工业

和信息化局实施信息基础设施三年行动计划和《河源市关于推动5G网络快速发展的若干政策措施》。全市5G基站建设累计达1200座，主要城区实现5G网络覆盖，5G用户超21万户；4G基站、NB-IoT基站、基站站址数量分别累计8559座、1817个和4205个，全市4G网络实现100%覆盖；光纤接入用户累计67.3万户，光纤入户率提升至86.7%，100M以上光纤用户累计59.3万户，占光纤接入用户87%；全市1249个行政村下面7877个20户以上自然村全部实现光纤及4G网络覆盖，光纤宽带接入能力达到100M以上。推动63家企业利用工业互联网技术完成技术改造，河源市高新区申报省工业互联数字化转型试点。加强无线电监测管理，完成全市533个5G基站执照审批，做好40余场考试安保，全市连续45个月无“黑广播”“伪基站”案件发生。（梁　越）

主要工业产业

【食品饮料业】 2020年，河源食品饮料业完成工业增加值21.2亿元，比上年增长2.4%（忽略工价指数变动）。其中农副产品加工业增加值6.08亿元，下降0.3%；食品制造业增加值5.27亿元，下降4.2%；酒、饮料和精制茶制造业产值9.8亿元，增长8.1%；完成软饮料产量233.68万吨，增长10.8%。

【矿产冶金业】 2020年，河源市矿产冶金业完成增加值35.84亿元，比上年下降9%（忽略工价指数变动）。其中黑色金属矿采选业增加值7.5亿元，增长16%；有色金属采选业增加值0.3亿元，增长58.6%；黑色金属冶炼及压延加工业增加值19.79亿元，下降4.8%；有色金属冶炼及压延加工业增加值2.41亿元，增长168.1%；金属制品业增加值5.78亿元，下降41.38%。主要产品中，铁矿石原矿量488.55万吨，增长16.5%；钢材246.5万吨，增长7.5%。

【机械制造业】 2020年，河源市机械制造业完成工业增加值35.1亿元，比上年增长6%（忽略工价指数变动）。其中专用设备制造业增加值13.8亿元，增长21.1%，完成模具36.03万套，增长7%；通用设备制造业增加值5.8亿元，增长12.3%；仪器仪表制造业增加值3亿元，下降3.5%；文教、工美、体育和娱乐用品制造业增加值11亿元，下降11%；其他制造业增加值1.5亿元，增长36%。

【电子电器业】 2020年，河源市电子电器业完成工业增加值104.2亿元，比上年下降15.9%。其中电气机械及器材制造业增加值15.6亿元，增长13.1%；计算机、通信和其他电子设备制造业增加值88.6亿元，增长19.5%。

【轻纺服装业】 2020年，河源市轻纺服装业完成增加值14.3亿元，比上年增长2%（忽略工价指数变动）。其中纺织业增加值1.5亿元，下降31.9%，纺织服装、服饰制造业增加值9.1亿元，增长18.1%；皮革、毛皮、羽毛（绒）制造业增加值3.7亿元，下降10.7%。主要产品中，制作服装872.7万件，下降15.2%；制作皮革鞋靴870.3万双，下降6.9%。

【建材陶瓷业】 2020年，河源市建材陶瓷业完成工业增加值23.099亿元，比上年下降13%（忽略工价指数变动）。其中非金属矿采选业增加值2.7亿元，下降6.5%；非金属制品业增加值20.4亿元，下降13.6%。主要产品中，水泥产量150.58万吨，下降22.9%；瓷质砖产量7.37万平方米，下降98.2%。

【医药制造业】 2020年，河源市医药制药业完成增加值7亿元，比上年增长126.2%。主要产品中，化学原料药773吨，下降73.1%；中成药8622吨，增长3.5%。

【电力、热力生产及供应业】 2020年，河源市电力、热力生产及供应业完成增加值18.8亿元，与2019年持平。全年累计发电量70.28亿千瓦时，下降7.1%；全市用电量993775万千瓦时，增长2%，其中工业用电量544291万千瓦时，下降4.5%。

【化工及石化制品业】 2020年，河源市化工及石化制品业完成工业增加值10.3亿元，比上年下降6%（忽略工价指数变动）。其中化学原料及化学制品制造业增加值2.4亿元，比上年下降21.6%；橡胶和塑料制品业增加值8亿元，比上年增长1%。

【电力工业】 河源供电局是广东电网有限责任公司直属单位。供电范围1.57万平方千米，供电人口340万人，供电户数139.54万户，营业网点101个。2020年，河源电网35千伏以上变电站（不含35千伏用户站）97座，变电容量1154万千伏安，其中，500千伏变电站1座，变电容量200万千伏安；220千伏变电站11座，变电容量429万千伏安；110千伏变电站58座，变电容量486.5万千伏安；35千伏变电站27座，变电容量38.55万千伏安。35千伏以上输电线路（不含35千伏用户线路）221回，长度4011.03千米，其中，500千伏输电线路6回，长度375.64千米；220千伏输电线路38回，长度956.9千米；110千伏输电线路133回，长度2006.82千米；35千伏输电线路44回，长度671.65千米。2020年，河源电网最高负荷达到195万千瓦（7月28日），比历史最高值增长9.5%；全社会用电量99.38亿千瓦时，增长2.0%；售电量95.69亿千瓦时，增长2.6%；客户平均停电时间（低压）4.86小时，下降23%。是年，河源首座500千伏变电站——上寨变电站安全稳定运行10年。上寨变电站作为广东省500千伏主干电网北部通道的枢纽，承担粤东地区近3200兆瓦电力的送出任务，承载近55%的河源电网负荷。现有四回500千伏出线，分别连接惠州、梅州地区；十回220千伏出线，分别连接河源源城、东源、龙川、紫金地区。8月8日，河源供电局实现首个重要用户配网故障秒级复电。运用配网自愈技术在河源市会议中心和河源市政府部分办公楼试点应用，中压电源停电3秒后自动恢复。

服务地方经济发展 2020年，河源供电局完成255个省定贫困村电网升级改造；保障社保兜底人群基本用电需求，确保全市4.5万户贫困户享受免费电政策；执行国家支持性电价政策，降低用电成本，助力企业复工复产，累计为全市11.1万家企业节省用电成本1.2亿元。持续跟进赣深高铁、德润钢铁、源和电厂等市重点项目用电需求，完成疫情、两会等34项重要保供电任务，做好创文、扫黑除恶、东江航道复航等专项行动。

电网建设 2020年，河源供电局完成电网投资13.23亿元，推动“国家重点节能低碳技术”“电力建设五新技术”（新技术、新工艺、新流程、新装备、新材料）等绿色技术和材料在电网建设中的应用，打造安全、可靠、绿色、高效的智能电网，助力河源打造生态经济发展新标杆；配合乌东德特高压多端直流示范工程投产，该工程创造19项世界第一。

营商环境持续优化 2020年，河源地区客户平均停电时间4.85小时，为珠三角地区外停电时间最少的城市。推行用电报装一证受理和用电业务办理“一次都不跑”服务，推动市政府出台电力外线工程并联审批政策，压缩报装时限，提升办电体验，中压业扩报装平均时限缩短至47.14天，达到珠三角地区同等水平。深化投资延伸、落实国家降电价政策，累计节省全社会企业用电支出1.6亿元。 （刘 婷）

工业企业选介

【广东省核工业地质局二九二大队】

业务情况 2020年，广东省核工业地质局二九二大队完成各类地质及延伸类项目320项，包括省财政地质勘查项目5项，大队自筹项目1项，商业地质勘查项目38项，工程勘查类项目75项，测绘项目38项，地灾类项目140项，旅游地质项目1项，场地氡气检测1项，环境评价项目1项，农业地质项目16项，水土污染治理项目4项。是年，该队甲级资质12项、乙级资质7项、丙级资质1项、实验室计量认证证书13类102项，模型站计量标准考核证书1项、三级施工资质1项、劳务资质2项。

主要工作 2020年，广东省核工业地质局二九二大队组建32人突发地质灾害应急救援团队、30人地震救援排等救援队伍，制定“24小时待命汛期流动值守”制度；与东源、连平、紫金、龙川等县以及江东新区自然资源局签订《地质灾害隐患点巡查和应急抢险技术服务》合同，选派11名技术人员到河源市以及东源、连平、紫金、龙川、平远等县自然资源局挂职或跟班学习；与市、县自然资源局合作，开展“进校园、上课堂”地灾科普活动。实施的《2019年河源市地质灾害建设项目（学校、医院）勘察设计施工总承包项目（包含14个子项目）》，合同金额9126.77万元。承接的《河源市7处地质灾害隐患点监测预警项目》，成为河源市隐患监测预警的示范项目。承接河源市及县区矿产资源“十四五”规划工作，为地方大型超大型绿色矿山建设提供技术支撑。承担《非法开采广东省龙川县麻布岗镇赤贝黄坑村历史遗留非法开采稀土点（“8·07”专案）》资源储量核实工作，为河源市矿产资源的科学合法开发提供技术支撑；参与河源市稀土产业相关调研并在推动绿色化、规模化、集约化绿色矿山示范点（辉绿岩、石英、陶瓷用原料等）规划建设，为地方矿业产业转型升级提供依据。首次承接的城市地质调查项目《中山市多要素三维城市地质调查项目中山市主城区1:25000地面放射性辐射现状调查》。以融惠为基础实施“龙门县寨下花岗建筑用混合花岗岩地质调查”等商业地质勘查项目并拓展广州、清远、梅州等合作。协助业主开展马来西亚稀土调研和踏勘，编制完成《老挝华潘省河孟矿区和农康矿区稀土矿初步调查报告》，为开展两国稀土勘查工作奠定基础。完成茂名、清远、汕尾、揭阳、湛江等市53.17公顷的场地工程勘察工作。完成工勘项目75项，中心实验室年产值提升，测绘项目向民生工程、国家和省级重点项目、农业农村建设项目以及其他新兴业务领域发展。2020年，获得省地质科学技术奖1项、省核工业地质局科技成果奖3项。

生态环境保护 2020年，广东省核工业地质局二九二大队推进军工铀矿核设施退役治理工作，完成“十二五”二期工程项目最后竣工验收的准备工作，完成暂不暂缓治理项目野外调研、绘图等各项工作。压实做好生态修复工作，完成生态修复项目23项、地质公园科普1项，其中承接的“龙川县上坪镇新村村绿湖坳废弃稀土矿区地质环境恢复治理工程”项目是河源市2020年唯一的省级生态修复项目。 （徐 珍）

【广东粤电新丰江发电有限责任公司】

广东粤电新丰江发电有限责任公司是广东省粤电集团有限公司全资子公司，位于广东省河源市，距河源市区2千米，其前身是广东省新丰江水电厂，2003年实行公司化改制，成为广东省内最大的常规水力发电公司，2009年9月，原水电检修安装公司并入新丰江发电公司管理。2020年，该公司工会被授予“广东省五一劳动奖状”“广东省职工之家红旗单位”；获集团公司科学技术成果三等奖2项；获集团公司管理创新成果三等奖1项；参加全国水轮机技能竞赛，3人获得个人三等奖。

新丰江水库是华南地区最大的人工水库，具有发电、防洪、灌溉、供水、航运、旅游、压咸、养殖等综合功能。

安全生产 2020年，重点对超期服役设备、超检修周期运行设备进行跟踪检查，完成跨年度重大项目220千伏GIS设备（甲线部分）改造、开展4号机组改造前期调研等。新丰江大坝第五轮定检完成，评定为“正常坝”；实施新丰江智慧大坝项目，完成防洪决策系统建设及水情外站升级改造。加强网络及信息安全管理，完成7个系统的等保测评。落实安保整改项目。未发生C类及以上设备障碍及一般设备事故，未发生新冠疫情等不安全事件、未发生职业健康危害事件，未发生环境污染事件，交通无事故。截至年底，安全生产纪录6517天。全年实现4个无事故百日。

水库运行 2020年，新丰江水库来水39.08亿立方米，比1960—2015年平均偏少35%，属枯水年份。公司坚持优化水库调度，保证下游供水，广东电网电力调度控制中心、广东省东江流域管理局协调提高机组负荷，新丰江水库调节功能充分发挥：全年机组平均负荷率达92.2%，为2010—2020年最高值；发电耗水率5.75立方米/千瓦时，与历史相似年份相比下降0.27立方米/千瓦时；汛末水位107.74米，比1960—2015年同期值提高5.18米，可调水量19.82亿立方米，为东江流域抗击跨年度的旱情提供保障。

企业管理 2020年，广东粤电新丰江发电有限责任公司完成退休人员社会化管理移交。公司退休人员全部签订移交协议，党员党组织关系全部转出，100%完成移交任务。

履行水电分公司职能。明确目标、压实责任。与各水电单位签订安全生产、党风廉政、经营目标责任书。组织防汛、安全交互检查、节前安全大检查等。推动落实水电分公司纪检监察体制改革；组织完成各水电单位招标采购、合同管理及费用专项审计检查。

推进能源重点项目工作要求，争取到云浮蓄能、肇庆蓄能、陆河蓄能3个站址，完成项目公司注册登记（肇庆蓄能项目明确变更投资主体：南网调峰调频公司占比70%，集团公司占比30%）。两个抽水蓄能项目分别用时6个月和5个月高质量完成云浮、汕尾蓄能项目预可行性研究报告编制（常规需10~12个月），组织预可研报告技术咨询；蓄能项目工作以超常规速度推进。省国资委要求，配合集团公司完成清远小水电收购、南水水库供水项目移交。多方沟通协调、强化技术指导，完成大丫口大坝安全注册登记。

对外检修 2020年，广东粤电新丰江发电有限责任公司探索合规的创新型劳动用工模式，对外A修机组劳务分包；做好修前策划，召开A修方案专题商讨会；重视机组检修方案、检修文件包的编制，做好修前策划重视检修过程控制，落实工地安全检查；完成省内8个水电厂机组A修5台次、C级检修16台次、临修、消缺及主变、线路预试等77台次，实现检修安全、质量年度考核全优。 （梁译尹）

【广东粤电枫树坝发电有限责任公司】 广东粤电枫树坝发电有限责任公司隶属广东省能源集团有限公司，是广东省第二大常规水力发电厂。电站位于珠江流域东江上游的龙川县赤光镇梅光村附近的峡谷处，距离龙川县县城老隆镇64千米，是一座以防洪、供水为主，兼航运、发电等综合利用的水利枢纽工程，装机容量2×10万千瓦。2020年，广东粤电枫树坝发电有限责任公司获广东省电力系统2019年度“水轮机与金属专业”“电测专业”技术监督工作先进单位称号。

安全生产及企业经营 2020年，广东粤电枫树坝发电有限责任公司履行安全生产主体责任，强化隐患排查和风险分级管控双重预防机制建设。高质量完成2号机C级检修、监控系统及机组振摆在线监测系统改造等年度主要项目，完成枫树坝水库调度权限调整及大坝第五轮安全定期检查工作，大坝被评定为A级坝，公司安全生产局面持续稳定。全年未发生人身伤害等重大责任事故，未发生C类及以上障碍，至2020年12月31日，该公司连续安全生产5493天。

经营调度 2020年，枫树坝水库入库水量24.94亿立方米，是历史第五少库水量。该公司克服来水少的困难，保障下游民生用水，采取水库优化调度等系列措施，加强与调度的沟通联系，做好发电计划，完成发电量4.26亿千瓦时，完成“三防”和安全生产各项目标，为下游城镇的民生用水提供保障。

社会责任 2020年6月19日至8月14日，广东粤电枫树坝发电有限责任公司连续顶峰发电57天，最大发电流量229立方米/秒（为原计划发电流量50立方米/秒的458%），造成库水位急剧下降，降幅10.3米，水库蓄水减少3.72亿立方米，耗水率由6.22立方米/千瓦时升至7.4立方米/千瓦时，相当于少发电2000万千瓦时。 （罗 君）

【河源电厂】 河源电厂是由深圳能源集团股份有限公司和合和实业（香港）有限公司按6:4的比例共同投资组建，负责华南地区首台超超临界燃煤发电厂。该厂的建成及投产有效缓解珠三角东北部地区电力供需矛盾，减轻主网西电东送压力，改善河源地区电力系统结构，区域社会经济的协调发展。

环保设施 2020年，河源电厂环保治理总投入11.2亿元，占总投资的21.5%，远高于全国平均水平。该厂建立高效的环保设施运维管理机制，建设高效烟气脱硝、脱硫、除尘及废水零排放等环保设施，有完整的废水、废气与固废处理系统，脱硫效率98.6%以上，除尘效率99.9%；利用自有专利技术率先在国内实现废水零排放，固废全部综合利用。自建成投产后，各项环保及节能减排指标在国内保持领先地位。自投产后连续10年获得广东省环保信用评价绿牌，排污申报合格率100%，固废综合利用率100%，环保设施投运率100%，污染物排放量受控。

经营业绩 2020年，河源电厂实现发电量45.09亿千瓦时，实现合并利润总额5819.71万元。实现三个100天安全周期，无轻伤及以上人身伤害事件、无一般以上安全事件，夯实防控责任，全面做好防疫工作。精细化管理取得实效，是年，该厂完成供电标煤耗312.4克/千瓦时，比上年减少0.77克/千瓦时，节约燃煤成本868万元。实施科技创新项目3项，申报发明专利3项、实用新型专利5项。机组大修任务按时完成，灰场建设统筹推进，二期生产准备推进，热力公司运营平稳，调频储能系统正式投运。

（杜　娟）

【中国石化销售股份有限公司广东河源石油分公司】 中国石化销售股份有限公司广东河源石油分公司是河源地区成品油供应的主渠道，企业拥有遍布城乡的加油站网络。2020年，在营加油站93座，易捷便利店网点94个，主要从事汽油、柴油、润滑油和车用天然气（LNG和LPG）的零售、直销、批发及便利店非油品销售等业务，引进汽服、简餐、充值、保险、旅游等20多种新业务，易捷便利店商品供应超过500种，满足客户衣食住行各方面的需求，打造“油·车·生活”于一体的综合服务驿站。

营业收入 2020年，面对新冠疫情和经济下行压力的影响，中国石化销售股份有限公司广东河源石油分公司在经营上以攻坚创效为抓手，整合有效资源，通过营销精准化、客户会员化以及金融企业联合促进本地汽车油品消费，做优市场服务，实现扩销增量。全年实现营业额39.27亿元，其中零售（社消零）34.8亿元。

2020年，中国石化销售股份有限公司广东河源石油分公司管理上严字当头、严控风险、严守底线，坚持“一切让位于安全”的原则，通过安全意识到位、责任到位、人员到位、设备到位、管理到位“五个到位”，高标准、全过程、油气全封闭规范管理，引领行业安全管理标准化，实现安全稳定运行，为平安河源加分。

绿色环保 落实环保主体责任，完成全区93座加油站双层罐、双层管线改造，配合水污染防治行动计划，加强油站油气回收系统监管工作，减少污染物的排放量。

打造“人·车·生活”综合服务 依托企业内部平台，直接将大湾区标准复制到河源，推进“园林式、花园式”“智慧加油站”升级改造，打造“人·车·生活”多业态平台，助力建设“现代河源”。

筹划公益活动，彰显国企担当 挑选高速公路、国省道柴油大站建设“卡车之家”，提供冲凉、洗衣、充电、小药箱等免费服务，满足卡车司机实际需求；春运期间，组织“情暖驿站”，为返乡摩骑免费加油，提供热粥、姜汤、休息室、母婴室等免费服务；推进紫金元吉村产业扶贫项目，提高村集体经济，助力贫困户增收脱贫。（吴彦儒）

产业转移工业园

【概况】 2020年，河源市工业园区规划面积177.64平方千米，开发面积68.48平方千米，布局遵循生态河源、现代河源“两个河源”的总体框架，按照“一主两副四节点”的空间发展格局和中心城区“1+6”体系（“一主两副四节点”：一主指以市中心城区为主，包括源城区、市高新区、江东新区以及东源县城，是河源市政治、经济、文化中心，现代服务业主要集聚区和新兴产业集聚发展地。两副指灯塔盆地副中心和古竹副中心。四节点包括和平、龙川、紫金、连平四个县城。“1+6”体系：“1”是“三江六岸”生态景观城市功能廊道，是中心城区未来发展的纽带，是实施都市经济带动战略的载体，将打造成为河源都市经济载体、生态休闲平台、城市形象窗口。要以“三江六岸”为抓手，重点打造“三江六岸”生态城市功能廊道，引导中心城区六大片区的发展。“6”是中心城区的六大片区。将按照“强化城市北区、优化老城区、加快江东新区、提升市高新区、激活西部资源、培育东源县城”的思路，统筹推进六大片区建设，不断优化城市空间布局，提升城市功能品质，形成现代要素向中心城区集聚的发展态势），构建“中心城区四园协同，县域园区多点支撑”的发展格局，以中心城区园区高质量发展带动县域园区整体提升，推动各园区按照“深圳总部+河源基地”模式，全面参与粤港澳大湾区产业链分工。

【园区质量效益】 2020年，河源市工业园区完成园区基础设施建设投入资金35.81亿元；实现“三通一平”8.48平方千米；实现规模以上工业增加值242.53亿元，与上年持平；园区实现入库税收28.35亿元，比上年增长14%。

【中心四园发展】 2020年，组织东源县、龙川县、市高新区申报省级特色产业园，分别打造先进材料（硅基新材料）、安全应急与环保（空气能）、移动智能终端（手机）等特色产业园。签约项目102个，其中超10亿元项目9个；开工项目79个，其中10亿多元项目7个，是年，完成投资63.28亿元；投产项目71个，其中超10亿元项目5个，累计完成投资88.72亿元。

【产业共建深化】 2020年，深圳市南山区政府和河源市政府采取小投资、易开发的“小组团”合作开发模式，在河源国家级高新区、连平产业转移工业园内各规划建设1个“园中园”作为共建产业园，专门承接深圳市优质产业项目外溢，计划集中资源、分步实施、重点突破，以“小组团”撬动园区大发展，探索“市场主导、政府引导、企业参与、利益共享”的市场化园区运营模式，为推动深圳南山区与河源市产业“转移—承接”无缝对接、产业互动协调发展提供载体支撑。2020年，南山（高新）园70%的厂房已承租；南山（连平）园一期有4家企业入驻投产试产，二期有4家企业开工建设、1家投产。

（梁　越）

交通·邮政·通信业

河源年鉴

编辑：李文举

交通管理

【概况】 2020年，河源市交通建设投资124.6亿元，超额完成年度投资计划。其中，高速公路、赣深高铁完成投资81.8亿元；普通国省道完成投资21.5亿元，农村公路及其他完成投资21.3亿元。高速公路里程增加48千米。

【交通基础设施建设】 综合交通运输发展规划 2020年，河源市加快构建“融湾”“融深”的“水陆空铁”一体化现代综合交通运输体系，高标准编制《河源市综合立体交通网规划》《河源市综合交通运输体系发展“十四五”规划》，完成《加快构建“海陆空铁”高水平互联互通基础设施网络专题调研报告》，组织开展评审《灯塔盆地骨架路网优化规划》《主城区交通优化提升行动方案》《河惠汕高速公路国土空间规划》《河源市航空发展布局规划》等专项规划。

重点项目建设 赣深高铁完成主体工程95%，河源东站增建存车线方案获批，梅龙高铁河源段全面开工建设，河惠莞高速紫惠段如期建成通车，龙寻高速公路河源段如期动工建设，粤赣高速公路热水至平南段改扩建工程、粤赣高速公路顺天互通立交出口建设加快推进；2020年10月1日起，东江航道惠州东江大桥至河源东江大桥（紫金桥）航段按通航300吨级船舶、河源东江大桥至罗营口水电站（位于河源市和平县）航段按通航100吨级船舶恢复通航；5个通用机场纳入省通用机场布局规划；“6·10”“6·12”（2019年）灾后重建项目基本完成，新紫金桥于2020年12月建成通车。

市域交通 完成年度投资17亿元，其中国道205热水至埔前段全线、国道205龙川县城改线段、梅河高速龙川东出口至佗城段先行工程、国道236龙川县龙江大桥、国道236紫金县黄花至城西段、省道341上莞到船塘段、省道230段东源义合到源城胜利段开工建设；国道205龙川丰稔至龙川县城段、省道253顺天至灯塔段、忠信至青州段续建项目、省道253源西至灯塔段有序推进。

交通脱贫攻坚成效 结合乡村振兴战略和扶贫攻坚工作要求，以交通“先行”助力全市打赢脱贫攻坚战，推进“四好农村路”（建好、管好、护好、运营好）建设，全面完成“四好农村路”建设攻坚任务1038.8千米，完成危桥改造14座，实现村道以上砂土路清零、省级现代农业产业园通三级公路、100人以上自然村通硬化路目标。源城区、东源县被评为“四好农村路”省级示范县。

河惠莞高速河源枫树坝大桥 （市交通运输局提供）

【运输服务保障】 铁路沿线安全隐患综合整治 2020年，河源市投入1510多万元，出动2895人次，开展铁路沿线安全隐患综合整治专项行动，完成全部308个铁路沿线安全隐患问题整改并销号。

客运服务 2020年，河源市新增镇

通车客运车辆130台，“村村通客运”成果持续巩固。加强出租车、网约车监管指导，推动行业健康发展。城市、乡村公交加快发展，新增、优化一批公交线路，新投放新能源电动公交车100台，全市公交车电动化率达到92%。

驾培服务　推行计时培训计时收费和先培训后收费服务措施，推广应用驾驶培训服务标准化合同文本，保障群众权益。

疫情防控　严格把好交通卡口联合检疫点检测和粤港货运业务跨境货车司机疫情防控关，建立应急物资运输保障联络机制，织密交通“防控网”，全年排查监测人员910多万人次、车辆100多万辆。

【行政审批制度改革深化】2020年，河源市交通运输局优化营商环境，便民利民提速增效，依法鼓励和引导行业各种新业态规范发展，完成广东省政务服务网行政审批事项进驻108项，一窗受理率、网上可办率、全程网办率达100%，全省交通系统排名第一；承诺办结时间缩减至107个工作日，减少95.11%；实现“全程零见面、一次不用跑”“证照共享”“容缺办理”，足不出户即可办理审批事项；99%的行政审批事项可在1个工作日内完成审批。

推进交通运输机构改革　2020年6月，市委办、市府办印发《河源市交通运输局职能配置内设机构和人员编制规定》，完成市交通运输局机构改革，理顺市区交通运输综合行政执法管理工作机制，完成交通综合行政执法改革工作。10月，完成市公路管理体制改革。

法治交通建设　落实执法全过程记录制度和重大行政执法决定法制审核责任制，强化执法督导，提升执法质量，推进执法规范化。强化科技执法，推进高速公路治超非现场执法应用，完成普通公路治超非现场执法监测点建设，推动源头监管联网平台建设，形成全市源头治超管理“一张网”，源头治超统筹监管能力增强。加强交通执法宣传，开展“路政宣传月”“货运乱象专项整治行动”“信用交通宣传月”“宪法宣传周”活动，营造良好氛围。

【平安交通】2020年，河源市交通部门推进交通运输行业专项整治三年行动，建立完善安全生产双重预防机制、安全生产责任制考核和“一票否决”制度，共督导问题234个，行政处罚852次，警示约谈企业63家，排查一般隐患882个，完成整改875个。加强安全培训，开展“消除事故隐患，筑牢安全防线”主题宣传活动，其中现场咨询活动12场次，警示教育活动2场，企业安全生产知识宣讲6次。

“两客一危一重”监管　严格市场准入，加强退出管理，督促企业建立车辆维护制度，强化安全检查，督促县区交通运输主管部门落实行业监管责任、道路运输企业落实安全生产主体责任。强化关键岗位人员常态化培训教育，启动“两类人员”（道路运输企业主要负责人、安全生产管理人员）安全考核，开展安全文明驾驶承诺签名活动。

运输车辆源头监管　加强营转非车辆管理和客运班车进站管理，“两客一危”智能视频监控报警装置安装率达100%，提升“两客一危”车辆（从事旅游的包车、三类以上班线客车和运输危险化学品、烟花爆竹、民用爆炸物品的道路专用车辆）安全科技保障水平；加强车辆动态监管，遏制车辆超速、疲劳驾驶、不在线、凌晨违规运行等违法违规行为。

安全隐患清理　落实省安委会巡查发现问题的整改工作，完成4家企业30个问题的整改。建立重点车辆和驾驶人隐患清单，督促办理车辆检验6台，办理注销报废4台，注销无效道路运输从业资格证件198份。推进变相挂靠排查整治，排查整治客运车辆1115台，整治完成率100%。

【交通执法】2020年，河源市交通运输部门坚持依法监管、标本兼治，推进行业扫黑除恶，开展非法营运、变相挂靠、危险货物运输、出租汽车客运、驾培行业、干线公路路域环境等专项整治，强力整治和规范道路交通运输市场秩序，全年查处交通运输违法违规案件3737件。

开展货运行业乱象问题专项整治　把该项工作作为是年交通执法的重中之重，推动全市货运行业健康有序发展，查处道路普通货物运输案件1224件；检查货运装载源头企业1254家，责令改正84家，立案查处113家；破获非法经营成品油案1件，捣毁黑加油站点6个，扣押运送、储存成品油车辆6辆，查扣柴油64吨。

运政执法　开展打击非法营运、无证无照经营专项整治行动，查处非法营运案件157件、班车客运案件92件；开展打击危险货物运输车辆非法违法运输行为专项整治联合执法行动，查处道路危险货物运输案件37件、违法运输瓶装液化石油气案件18件，未发生因危险货物运输车辆引发的安全责任事故；开展出租汽车行业专项整治行动，查处出租车（含网约车）客运案件53件、七座以下小汽车和其他客车案件114件。

路政执法　开展公路沿线路域环境综合整治，清理一批公路沿线广告标牌设施、乱堆乱放路段，完成服务区厕所改造和垃圾房、污水处理设备、自来水工程、蓄水池建设以及公路绿化带、绿化物设置，封闭不规范公路交叉路口54个，查处清理公路沿线各类违法违章建筑物、设施460宗、危及公路桥隧安全的违法行为13宗、公路桥下空间乱堆乱放乱搭乱建37宗。

治超执法　通过路面治超联合执法、源头治超监管、高速公路入口治超联合执法、公路治超非现场执法等，多措并举推进治超工作，查处超限超载案件1581件，卸载转运货物约4万吨；排查货运源头单位282家，签订责任书282家，立案查处货物装载源头企业（个人）132家。

水路执法　加强对在建赣深高速等

重点工程的执法检查，做好沥口水电站通航设施问题整治跟踪落实，查处案件4件。（黄晓明）

公路建设

【概况】2020年，河源市公路事务中心完成公路建设投资21.46亿元，完成新改建和路面改造里程75千米，完成7个公路改造建设项目：国道238线和平定河桥至桃源段、国道238线龙川珠塘至罗坳段、省道339线龙川廻龙至赤光段、国道258线和平县贝溪至狐狸坳段、国道358线和平兴隆中桥至芬沙段路面改造工程、国道358线连平忠信至油溪段改造工程、县道009线紫金桥重建工程。推动省市重点项目国道205线河源市热水至埔前段改线工程的公路先行控制性工程（东源古云东江特大桥）于2020年7月16日动工建设，国道236线龙川县龙江大桥新建工程于2020年8月15日开工建设。推进国道355线紫金至江东新区段改建工程、粤赣高速顺天互通立交工程等项目前期工作。

【公路管理体制改革】2020年10月31日，河源市公路管理体制调整移交会议在市会议中心东江厅召开，河源市各县区人民政府分别与河源市公路局签订《公路行政管理体制调整移交协议书》，明确从11月1日起，河源市原由市公路局垂直管理的6个县区公路局成建制下放给各县区人民政府（管委会）管理，并新成立江东新区公路事务中心。依据市委编委制订的《河源市公路事务中心机构编制方案》，河源市公路局更名为河源市公路事务中心，为市政府直属正处级公益一类事业单位（经省市批准，继续参公管理），归口河源市交通运输局管理；河源市地方公路管理总站、河源市地方公路路政管理所原承担的任务除行政职能以外的其他事务性职能划入河源市公路事务中心。12月16日，河源市公路事务中心挂牌成立。

【公路“迎国评”任务完成】2020年，河源市公路事务中心坚持早计划、早部署、落实责，成立“迎国评”工作领导小组，印发“迎国评”工作方案，着重加快推进路面改造、功能性修复、病害专项处治、预防养护工程、路域环境整治等“迎国评”项目。全年按要求完成路况综合整治里程1034千米，其中：路面改造42千米，修复养护31千米、预防养护51千米、专项养护910千米。同时，在市县地方政府主导下，全市公路部门同有关部门协作配合，按照公路路域环境“八个无”（交通标志前后500米无非法广告，无违法建筑物和地面构筑物，无违法搭接道口和占用挖掘公路，无违法跨越和穿越公路的设施，无违法非公路标志，路基路肩边坡无非法种植物，无摆摊设点和打谷晒场，公路用地范围内无堆积物）的整治要求，7—9月在全市普通干线公路范围开展路域环境专项整治大行动。10月17—18日，交通运输部路网检测中心对河源市国道355线、国道238线共62千米必检路段进行路况检测。

【公路危桥改造】2020年，河源市公路事务中心完成G358线连平桐岗二桥、S238线龙川米贝桥、G358线连平桐岗一桥、G236线紫金龙窝墟桥4个危桥改造项目。G358线连平老元坑桥及S341线连平新街桥年内正在改造施工中。

【桥梁安全检测】2020年，河源市公路事务中心委托桥梁检测单位对管养的374座桥梁进行定期检查，检测评定四类桥40座、五类桥3座，并确定改造方案。同时委托勘察单位对管养护的28座缺失图纸的石拱桥进行基础钻探，为下步的桥梁管养及改造提供数据支持。

【安全隐患排查整治】2020年，河源市公路事务中心为预防和减少道路交通事故发生，成立安全公路安全设施专项整治领导小组，制订印发《公路安全设施专项整治工作方案》，对全市管养国省道的中央分隔带开口情况、平面交叉情况、标志、标线设置等公路安全设施进行全面排查和整治。

【东江大桥（紫金桥）重建竣工】源城区乡道009线东江大桥（紫金桥）建成于1972年，是连接源城区和江东新区的交通要道。该桥于2019年6月14日凌晨2时12分因受连日洪水持续冲刷垮塌。广东省委、省政府，河源市委、市政府对紫金桥重建工程采取直接指定委托参建单位进行。由保利长大工程有限公司和中交公路规划设计院有限公司组成联合体承担紫金桥重建工程施工建设任务，由广东省交通规划设计研究股份有限公司开展咨询工作，广东翔飞公路工程监理有限公司承担监理业务工作，由河源市交通运输局负责牵头开展紫金桥重建前期工作，河源市公路局负责组织实施建设。

紫金桥重建工程全长1236米，采用双向四车道一级公路兼城市主干道技术标准设计，桥宽27米，设计时速60千米，桥梁全长595.5米，主桥跨度为48米+2×88米+48米，采用连续钢构，批复概算30621.54万元。2019年9月，紫金桥重建工程启动。2020年12月30日，紫金桥重建竣工通车。（陈文雄）

地方公路管理

【重点工程建设】 和平东水东江大桥 桥梁全长508米，引道长596米；桥宽11.5米，引道路基宽8.5米。技术标准采用二级公路，桥梁设计荷载采用公路—Ⅰ级，主桥为40+60+60+40米预应力变截面箱梁，东、西岸引桥为5×30米预应力简支小箱梁。该项目工程于2017年3月初进场施工，至2019年9月完成交工验收，2020年11月完成项目结算工作，累计完成建安投资3700万元。

和平县东水至彭寨段路基左侧山体滑坡体处治工程 该项目工程预算为861万元，其中工程建安费为710万元。

重建通车后的紫金桥 （冯晓铭 摄）

于2017年6月进场施工，至2019年9月完成交工验收，2020年11月完成项目结算工作，完成建安投资669万元。

【养护管理】 2020年，河源市推行精细化养护管理模式，按照《广东省普通干线公路日常养护巡查制度及小修保养管理办法（试行）》要求，把“精养细护，精益求精”的要求落实到养护管理工作中，对所辖路段进行全面养护、全年养护和预防性养护。同时，每季度对各县养护路况、养护工程等工作进行通报，督促各县地方公路管理部门落实地方公路养护管理责任。根据年度全市地方公路养护检查结果，省道优良路率达86%，县道优良路率达81%，乡道优良路率达73%。

【危桥治理】 2020年，河源市地方公路管理部门按照上级要求开展公路桥梁安全保障专项整治提升工程的要求开展危桥治理工作。（1）按照《河源市地方公路桥梁检测实施方案》要求，完成对全市2796座地方公路桥梁检测、建档工作。（2）完成省厅下达危桥改造任务14座。（3）经排查列入省重点处置三类桥有53座，完成8座，在建4座，已列入县改造计划10座，其余31座列入省级实施的2021年农村公路桥梁整治改造建设项目。（4）河源市地方公路2020年新认定危桥13座，完成改造8座，其余5座列入各县改造计划中，并采取管制措施。危桥当年处置率100%。

【防护工程】 2020年，河源市按国务院、交通部关于公路安全生命防护工程工作部署，各级地方公路部门开展地方公路安全隐患排查整改工作。河源市地方公路在“十三五”期间实施完成3483千米隐患里程的安防工程，完成投资77380万元。各县地方公路管理部门正开展安防工程治理效果评价工作。为推进安防工程治理效果评价进度，河源市地方公路管理总站及时转发《广东省公路安全生命防护工程治理效果评价工作方案》并每月对各县站安防工程实施的进度进行检查、汇总，并开展4次的各县安防工程实施专项督查，派出技术人员12人次。完成145千米的隐患整治效果评价。

【汛期安全隐患排查】 2020年，河源市地方公路管理总站养护办公室在汛期来临之前，派员到各县区，督促检查各单位汛前排查情况，要求加强对辖区内干线公路、旅游公路及重要乡道进行拉网式排查，对排水设施、高边坡、防护设施、危桥等进行重点排查，要求各县站成立抢险应急工作小组，发布24小时抢险服务热线，落实抢险应急物资及确保四、五类危桥的管制措施有效。还要求各县站坚持雨后巡路，及时清除小塌方，未能及时清除的较大塌方采取必要的警示措施，及时抢通交通中断的线路。发现并清理塌方1287处，抢通中断线路32条，确保河源市地方公路安全通畅。 （曾丽娜）

道路运输管理

【概况】 2020年，河源市有客运企业24家，车辆1128辆，40612客位；等级客运站26个，其中三级及以上客运站10个（一级1个、二级5个、三级4个）；货运企业186家，货运车辆9459辆，156576吨，其中：危运企业13家、车辆146辆，735吨（危运挂车64辆，1953吨）；出租车汽车企业16家，出租车397辆，其中市区293辆。完成公路客运量765万人次（不含出租车与公交车），客运周转量11亿人千米。完成货运量4339万吨，货运周转量35.6亿吨千米。

【节日运输管理】 2020年春运及“十一”黄金周，河源市交通运输部门及运输企业制订应急预案，强化安全监管，配备充足运力，突出便民服务，实现“顺畅、安全、便捷、智慧”的总体目标。是年春运，保障126.7万人次的出行及境内高速884.5万车次的通行，全市道路、水路、铁路旅客运输没有发生人员伤亡的安全生产事故。

【旅客运输管理】 2020年，河源市完成客运车辆新增入户流程6个，车辆13辆；指标综合变更流程197个，车辆116辆次，注销流程77个，车辆146辆；加强营转非车辆管理。在受理客车从营运转为非营运业务时，要求企业去除车身线路等营运信息后才给予办理退出手续。加强车辆进站管理。开展道路客运企业进站班车安全源头管理工作，实行进站班车安全源头管理月报制度，统计和分析长期不进站经营车辆情况，督促企业规范经营。推进变相挂靠排查整治。督促县区落实责任、强化督办，采取强力措施，全面完成排查整治。河源市纳入排查整治的客运车辆1115台，完成整治1115台，整治完成率为100%;做好河源市农村客运燃油消耗申报和审核工作，确保数据真实、有效，并及时完成上报。

【货运物流发展】 2020年，河源市完成14家危险货物运输企业267辆危险货物运输车辆的年审工作，许可新增危险货物运输车辆64辆，转出车辆11辆，许可新增3家道路危险货物运输企业；及时注销各类不符合标准或者到达使用年限的“两客一危”车辆，并及时向交警、执法局等相关部门通报退出营运的危运车辆信息。是年,全市办理“两客一危”车辆注销、停运145辆，其中班车125辆，包车3辆，危险货物运输车辆17辆;核发直通港澳道路普货运输企业道路运输经营许可证4份、直通港澳道路普货运输车辆道路运输证46份，审验直通港澳普货运输车辆127台。

【城市公共交通管理】 2020年，河源市道路运输管理处指导协调市区出租车企业实施巡游出租车改革工作。自愿退出营运市场的巡游出租车359台，奖励金额共586万元。开展文明创建活动。与市创文办、团市委、教育局、公安交警支队、河源晚报联合主办2020年“高考爱心直通车”大型公益活动。市区有60多辆出租车为市区范围内有需要的高考考生提供免费接送服务，帮助考生们解决高考乘车难问题。提升文明服务水平。按照河源市委、市政府关于打好河源市创建全国文明城市攻坚战的部署要求，河源市道路运输管理处通过采取巡查暗访、多部门联合执法、模拟测评整改、深入出租汽车公司进行创文教育宣传发动等一系列举措，规范出租汽车行业经营行为、提升服务水平，确保出租汽车创文实地考察测评不丢分。

【驾培维修管理】 2020年，河源市道路运输管理处做好疫情期间从业资格管理，对受疫情影响未换证的从业人员不实施处罚，并允许其从业资格证有效期延续至疫情结束后45天。全年受理道路客货运从业资格证到期换证、遗失补办、破损换发、信息变更受理等业务1681人次，注销无效道路运输从业资格证件198份。深入开展驾培行业整治。配合市交通运输局开展驾培专项整治工作，通过采取重新核查驾培机构经营许可条件、全面清查培训学时造假行为、加强驾培违法执法检查、加强教练车日常监管、探索建立驾驶培训学费第三方托管机制等措施，深入推进驾培行业整治工作，不断规范驾校经营行为。整治活动以来，停止64家驾校招收新学员15天，清理虚假学时13682条，清理教练车227辆，查处驾校违法违章案件76宗，下调级别驾校6家，撤销驾校经营许可2家。严格培训质量监管。发挥市级机动车驾驶员计时培训平台的日常监管作用，不定期对培训系统培训数据进行抽查，发现伪造培训信息、上传虚假培训记录等违规行为的，及时进行通报并督促整改。严格落实机动车维修企业备案。将机动车维修危险废物的分类、收集、贮存、利用和处置等情况纳入机动车维修经营备案。强化档案管理。整理、归档积压道路运输驾驶员从业资格证档案、外省迁入重新建档等工作处理档案约10600份；加强档案安全管理，按时做好灭火器年审，清理废旧电线等工作，保障档案室安全。

【道路运输安全管理】 2020年，河源市道路运输管理处落实“党政同责、一岗双责、齐抓共管”制度，参与市交通运输局组织的安全生产综合督查活动、危运企业专项整治活动和客运企业安全生产专项督查活动，共派检查人员6批14人次，检查县区交通主管部门6家次，检查运输企业22家次，查看车辆档案44份、驾驶员档案44份，发现存在问题43处。根据县区整改报告和事后复查结果，督查发现的存在问题均能按要求及时整改到位，减少车辆带病上路、企业带病经营等现象。加强车辆动态监管。落实考核通报制度，加大对车辆超速、疲劳驾驶、不在线、凌晨2时至5时违规运行等违法违规行为的监控力度，对经核查属实的，严格按照《道路运输车辆动态监督管理办法》等规定进行处理，促进营运车辆规范运行。推进智能视频监控报警装置推广应用。配合市交通运输局组织开展全市“两客一危”车辆及时安装智能视频监控装置，并督促企业和运营商及时接入省级智能视频监控平台。全市1015辆“两客一危”营运车辆，全部安装智能视频监控终端，其中三类以上班车617辆、包车160辆、危运车辆238辆，“两客一危”车辆安装率达到100%。加大安全教育培训。开展送教进企业活动，组织开展以“树立诚信意识，打造信用交通”“讲诚信、守规矩、保安全”为主题的学习培训活动。通过列举交通事故分析驾驶员运营过程中在遵守法规、安全生产、经营行为、运营服务等方面存在的问题，引导驾驶员规范经营行为，增强安全行车的责任意识，树立行业文明诚信形象。

【行业管理服务】 2020年，河源市道路运输管理处加强行业诚信建设，完成河源市2019年度道路运输企业、道路运输相关业户及驾驶员的诚信评价工作。全市参评道路运输驾驶员35500人，3A级30899人，2A级2886人，A级1715人;机动车驾驶员培训机构87家，AAAA级12家，AAA级74家，AA级1家；一、二类机动车维修业户96户,AAAA级为31户，AAA级65户；道路运输企业25家，AAAA级3家，AAA级13家，AA级9家;出租汽车企业14家，AAA级13家，AA级1家。通过诚信评价，驾驶员文明安全、诚信经营这些活动的开展，优质服务意识增强。畅通群众沟通渠道，做好“12328”交通运输服务监督电话管理工作，并与“12345”政府服务热线合并运行，推动群众投诉建议受理工作在监督下开展。全年受理群众投诉、询问540件，办结率100%。及时收集群众对行业的意见建议，为强化行业管理提供依据。

【疫情防控】 2020年，河源市道路运输管理处建立应急运输保障队伍。协调企业落实应急运力106辆（客运50辆客位2190座、普货30辆运力365.72吨、危货26辆运力365.72吨），应急驾驶员125人，并协调建立市县交通运输部门应急物资运输保障联络机制，确保信息上下联通和运输保障应急运力准备到位。强化运输环节防控。指导督促汽车客运站、城市公交、出租汽车企业等做好客运场站和交通运输工具的消毒、通风及卫生清洁。加强一线人员防护，执行道路客运实名登记，科学控制客座率，引导乘客佩戴口罩等，严防疫情传播扩散。推进复产复工。加大企业复产复工指导力度，确保在做好疫情防控的基础上，有序推进客运企业、货运企业恢复运营，为公众出行、生产生活物资流通和促进经济社会发展提供有力保障。根据火车站、汽车站复工复产返程客流情况，增加公交、出租服务供给，提高“最后一公里”出行效率。畅通货运物流运输。制订《河源市物流园区疫情防控工作指引》，指导货运物流企业做好复工防疫工作。 （蓝　畅）

城市交通

【概况】 2020年，河源市有公交线路44条，其中市区线路27条，郊区线路17条；公交系统增加新能源纯电动车100台，新能源纯电动车达270台，公交车全部使用新能源纯电动车。粤运绿都公共交通有限公司日均投入运营车辆135台次，年营运总里程1007.94万千米，年完成客运运输量1094.01万人次。

【公交线路调整】 2020年，河源市粤运绿都公共交通有限公司优化调整公交线路7条（4路、7路、8路、29路、106路、113路、118路）。

【城市公交服务基础设施建设】 2020年，河源市粤运绿都公共交通有限公司完成埔前公交站场充电桩建设工程。完成东源蝴蝶岭公交首末站的建设立项工作。完成源西公交站场二期修理车间和停车区扩建工程。

【“智慧公交”建设推进】 2020年，河源市粤运绿都公共交通有限公司推进多元化信息支付方式。1月，继推行微信扫码支付、美团电子公交卡支付方式后，推出支付宝扫码公交支付功能和美团老年电子公交卡、美团学生电子公交卡支付方式；6月，开通银联付款码扫码公交支付功能，推出支付宝储值公交卡，提供线上办理和充值渠道，解决市民群众以往公交卡充值要集中到营业厅办理的不便问题。完善公交智能调度系统，促进实时公交查询APP相关服务信息更加准确，推进实现车辆调度、趟次计算、数据统计等智能化、无纸化，提高城市公交信息化管理水平。 （曾　鑫）

国有交通企业选介

【河源市粤运汽车运输有限公司】 2020年，河源市粤运汽车运输有限公司（以下简称河源粤运）有员工1530人，营运车辆712辆（含营运客车、公交车和出租车），比上年增加71辆，客运线路121条。营运车辆安全行驶里程3221.15万千米，完成旅客运输量1536.96万人次(含公交运输)，下降53.3%；实现营业收入1.2亿元，下降42.8%；有城市公交车辆327辆，运行线路68条（其中市区粤运绿都公交公司250辆，东源公交分公司20辆，龙川粤运公交分公司57辆）。

线路资源整合 是年，该公司坚持“并线、减班、调价、止损”以及其他手段，做好存量客运班线的成本控制。整合市区到珠三角线路，共享资源，实现接驳联程联运运输服务。创新运营模式，在龙川公交公司实行单人单车模式，整合优化东南五镇线路，优化班次，以镇通村车辆交叉运营，在保住客源的情况下降低运营成本及人工成本。此外，该公司还按照粤运交通公司的战略部署，对亏损严重的线路逐步实行车辆大改小，减少运营成本支出，提高车辆实载率，平衡成本与效益。是年，该公司投资297.14万元完成更新小型营运客车10辆，并投放到河源、和平客运站运行。

新能源公交车全覆盖 是年，该公司投资5254.59万元完成购置新能源公交车100辆，用于替换现有的柴油车和市区、市郊公交班线复班使用，同时完成市政府下达市区公交车纯电动化率100%的任务，实现市区全电动化的工作要求。新增购置的公交车投入市区和市郊相关线路运行，扩大公交覆盖率和满足市区出行需求。

定制线路发展 受高铁、私家车和非法营运车冲击，是年，该公司将经营重心放在推进非传统班线运输业务量增长上，通过获取河源市和县区两会专用接送服务、承接政府部门和企事业单位长短期业务包车、开发校园和园区定制通勤专线，以及与所有大型楼盘社区签订唯一定制出行服务协议等措施，增加业务营收。新增河源东华学校、河源广外附中通勤班车，6月开始与河源市中骏地产有限公司达成长期定制包车业务，开辟市区的雅居乐、碧桂园小区、御龙湾小区和大学城驿站，连平县的陂头、内莞镇的服务点，和平县碧桂园小区配客点，10—12月承接市区中、小学研学包车，御龙湾、大学城驿站以及连平县镇内配客点则以班车延伸的方式实现多站点配客服务。非传统班线运输全年收入978.34万元，比上年增长1.5%，其中通勤定制类业务收入增长106.3%。

镇村客运发展 根据广东粤运交通发展镇通村客运的工作要求和河源市实

际，该公司经与当地政府和交通主管部门沟通，获得各地交通部门审批的镇通村客运指标83个以及意向审批指标若干，以上镇通村客运指标可始发36个镇，可通360余个行政村。是年，根据获取审批指标和业务开展实际需要，该公司投资509.44万元购置7座轻型客车82辆，投入下属各单位运行镇通村业务，运营线路覆盖29个镇和300余个行政村，打通群众出行的“最后一公里”，完善农村客运网络，提升农村客运服务质量，构建符合市场经济规律、符合农村群众出行需求、符合社会发展水平的农村客运体系。

退休人员社会化管理　根据中央、省市政府及省交通集团有关退休人员社会化管理工作的文件精神，该公司自5月启动退休人员社会化管理工作，先后制订该公司退休人员社会化管理方案，成立专项工作领导小组，并多次部署相关工作会议。截至12月31日，该公司与河源市各区、县签订移交协议人数337名，其中有323名退休人员与相关职能部门完成实质性移交手续。

新冠肺炎疫情应对　根据上级疫情防控工作安排，做好疫情物资保障工作，加强疫情防控期间各类防控物资的管理、调拨。疫情防控期间发放酒精1000余支，各类消毒液（粉）2230余瓶，各类口罩约38万个。3月，该公司党委研究通过疫情防控期间租户房租减免优惠的政策，给予商业性质的民营企业和个体商户租户延免一个月租金，全年落实减免租金95.15万元。

信息化建设与应用　是年，完成该公司客运站使用南粤通站务系统，并完成数据库迁移以及云等保工作，站务系统数据质量达到业财一体化对接要求；完成车辆监控设备平台接入悦行移动出行智能监控数据管理平台；完成车辆统计核算管理系统上线使用，并根据粤运交通要求将数据库迁移至粤运交通服务器；完成维修与配件管理系统上线使用工作；完成客运站站务系统与电子发票平台联动，实现电子凭证乘车与开具电子发票工作；完成悦行、河源粤运微信公众号推广工作，河源粤运公众号累计关注量19.75万，对比年初增长12%；实现应用悦行定制平台上线社区定制线路，发行线路涉及广州、深圳、顺德、河源和平县。（欧彩云）

【河源市粤运绿都公共交通有限公司】河源市粤运绿都公共交通有限公司前身是成立于2010年5月的河源市绿都公共交通有限公司。2012年12月28日，广东粤运交通股份有限公司和河源市国资委下属两家运输企业（河源市汽车运输集团有限公司和河源市交通集团同发运输有限公司）共同出资组建成立河源市粤运汽车运输有限公司。河源市绿都公共交通有限公司作为河源市汽运集团公司下属子公司成建制进入合作公司，公司更名为“河源市粤运绿都公共交通有限公司”，系河源粤运公司下属全资子公司，也是河源市区唯一一家经营城市公交的国有公交企业。2020年2月25日，为贯彻落实近期国家、省和河源市关于疫情防控期间有序推进企业复工复产的工作部署，支持河源市工业园区企业复工复产，该公司推出“复工定制公交”服务。“复工定制公交”服务作为公司加强疫情防控和助推复工复产的一项措施，被市委宣传部推荐到“学习强国”广东学习平台。8月6日，该公司被广东省公安厅、广东省精神文明建设委员会、广东省教育厅、广东省司法厅、广东省交通运输厅联合评为广东省交通安全文明示范运输单位。10月，该公司获广东省城市公交协会抗击新冠肺炎疫情担当企业、第十届会员大会优秀会员单位荣誉；该公司“推进智慧公交建设，打造人民满意公交”项目被评为广东省城市公交协会具有影响力事件。（曾　鑫）

铁路运输

【河源火车站】　河源火车站为三等一般中转站，主要办理旅客到发及货物列车通过作业。到发、通过旅客列车到达广东的广州、深圳、汕头、梅州；江西的南昌、九江、鹰潭、上饶；安徽的合肥、阜阳；福建的龙岩、厦门；河南的信阳、潢川、商丘；湖北的武昌、襄阳、随州、麻城；山东的菏泽、聊城、青岛；陕西的安康、西安；四川的成都；青海的西宁；江苏南京、徐州、苏州、南通；北京、上海、杭州、南京、昆明、重庆、大同、沈阳、齐齐哈尔等地。实行火车票实名制和电子客票制度，采取互联网购票、电话订票和人工窗口售票相结合，火车票代售点2家，车站售票厅提供互联网自动购取票机5台，进站口安装3台实名验证闸机,进站口安装6台自助检票闸机和2台半自助闸机，出站口安装4台自助检票闸机和半自助闸机。实行火车票全国联网售票、退票、改签。办理行包托运业务。

河源货场主要办理全国各铁路营业站运输作业到发站作业，2020年发送货物主要为铁矿、石子、饮料矿泉水、集装箱，发送地点涉及全国各货运营业站；到达主要货物为矿建、钢铁、饮料、化肥、化工、集装箱。

2020年，河源火车站客运收入7097万元，比上年下降36.6%；发送旅客105.8万人，下降35%；完成装车50965车，发送量322.6万吨；卸车41105车，到达量241.1万吨。（肖美娜）

【龙川火车站】　2020年，龙川火车站强化车站安全基础建设，突出关键作业控制，狠抓生产过程考核，完善管理制度，抓好新冠病毒疫情防控工作，强化现场安全风险控制；以客车、调车、施工和劳动安全为重点，狠抓“干部落责、职工落标”，强化班组管理、职工技能培训、现场作业和劳动安全控制，确保安全生产有序、可控；以党员安全屏障工程为主线，推进党建工作和党员先锋模范作用的发挥，加强员工思想教育，确保车站职工队伍稳定和谐。截至2020年12月31日18:00，实现安全生产5013天。是年，受疫情影响，车站全年发送旅客108万人次，比上年减少51万人次，减幅32%，完成年度计划200万人次的54%。完成客运收入6375万元，完成年度计划（11080万元）的58%；减少2832万元，减幅31%。受疫情影响，车站全年到补1485人，比上年减少1284人；堵漏收入完成46628元，比上年减少3万元，减幅37%。截至12月19日18:00，龙川站停时完成16.6小时，较年计划压缩2.7小时；调车作业1534批，9306勾；装车7748辆，比年计划增加328辆，卸车894辆，比年计划减少563辆。（赖福利）

【龙川北站】 龙川北站位于广东省河源市龙川县附城镇境内，下行到发场（I场）中心里程位于京九线自北京西站起2093千米399米处，上行到发场（Ⅲ场）中心里程为京九线自北京西站起2093千米500米处，隶属广州铁路（集团）公司惠州车务段管辖,为粤东地区龙川铁路枢纽站之一。2020年，龙川北站以安优线建设和新型冠状病毒肺炎疫情防控工作为重点，规范安全管理，稳定职工队伍，狠抓作业标准，优化运输组织，确保安全稳定、队伍稳定，完成各项运输生产任务，实现安全生产1048天。全年办理车完成1084148辆，日均办理车2970辆，比上年减少215辆；无调比重37%，下浮3个百分点；中时完成5.8，增加0.2；停时完成40.1，增加6.4。（黄集斌）

海事管理

【概况】 河源海事局隶属中华人民共和国广东海事局，为广东海事局的一个分支局。2020年，河源辖区通航里程223千米，其中东江干流201千米，新丰江支流9千米，秋香江支流13千米。辖区万绿湖是华南地区第一大人工湖，水域面积370平方千米，涉及6个乡镇，通航总里程140多千米。枫树坝库区水域面积30平方千米。登记注册船舶企业6家，各类登记在册船舶611艘，其中客船106艘，货船296艘，拖轮2艘，非运输船207艘。注册船员4415人，持有内河船员有效适任证书的船员为1848人。辖区有渡口34道，渡船32艘。

【水上辖区安全保障】 2020年，河源海事局在疫情防控和水上安全监管的双重要求下，保障2.21万艘次船舶安全进出港，25.4万人次安全出行，四项指标（事故宗数、事故死亡人数、事故沉船艘数、事故经济损失）连续5年为零。通过“海事之眼”微信小程序等无接触形式实施船舶检查和配员核查，对受疫情影响停航的41艘客船开展“开放式安检”，实现常态化防疫和复工复产统筹推进。全年实行行政处罚案件25件，比上年增长25%，实现行政处罚强制执行1宗，确保水上交通安全形势稳定。

【专项行动】 2020年，河源海事局开展防范船舶碰撞桥梁、安全生产月、“三年行动”、“攻砂行动”、“三无”船舶整治、长期脱离船舶治理等专项行动，推动“平安万绿”建设，瞄准水上交通安全领域的顽症痼疾，防范重特大事故的发生。配合市委政法委开展平安建设（综合治理）水路联防工作，规范新船试航和偏远水域沙滩上排，消除监管盲区，督促水上水下施工等单位严格落实安全生产主体责任，推动地方政府对辖区6个乡镇26艘渡船安装B型AIS设备。

【水上应急管理】 2020年，河源海事局编制《河源海事局重点时段工作指南》，修订《河源市水上险情应急预案》，完善海事处防台工作指南，推动将水上搜救工作纳入河源市“十四五”发展规划，推动成立河源江东新区蓝天救援协会，实现辖区水上专业搜救志愿队伍“零的突破”。成立航运复工复产号专项小组，走访航运公司，帮助企业纾困解难，指导企业开展公共卫生事件应急演练，提升应急处置能力。

【助推东江复航】 东江海事监管站点布局优化，东江海巡执法大队获批，填补东江水上监管的空白。对东江桥梁导助航标志进行全面检查，对各电站船闸安全与管理情况进行全面排查，推动东江沿岸设置11个船舶集中停泊点，优化通航环境。

【防止船舶污染水质】 2020年，河源海事局落实公司防污染主体责任，提升公司防污染意识和管理水平。加强船舶防污染检查，提高船员防污染意识和设备操作水平。加大船用燃油检测力度，处罚超标使用燃油。推动船舶防污染改造和岸上污染物接收设备规划建设，提升防污染设备装备水平，组织开展防污应急演练2次。强化辖区水上应急防污染体系建设，推动辖区水上防污染应急能力提升。

【政务服务改革】 2020年，河源海事局推进大政务格局形成，实现从多部门审批到一窗口办理、从“多层级审批”到“少层级审批”、从“多次办”到“一次通办”转变。实现“同城通办”“异地可办”“告知承诺”落地。建立完善《河源海事局政务窗口工作管理规定》《河源海事局政务服务办理规范》等多项新规，印发政务服务指南宣传手册，推出便民措施14项。（杨锦山）

港务管理

【河源港】 河源港位于珠江水系东江中上游与新丰江会合处，组建于1950年4月，历经几十年的经营管理，港口从小到大发展成为以机械化作业为主的内河中二型港口，港口日装卸能力4000吨，年吞吐量80万吨至100万吨。担负河源市五县一区水路货物集散中转运输，是河源市的中心港口。上可直达老隆枫树坝，下可直达惠州、东莞、广州、深圳、珠海、中山、江门等珠江三角洲港口。近10多年来，因河源市城市扩容建设需要，东江西岸河源港5个港口码头和东江东岸13号码头先后征用。规划后续码头还没有建，港口码头得不到及时补充，导致有货无码头存放、中转、运输，使得大部分货主单位弃水从陆，改用汽车直运石龙、博罗龙溪存放、中转、运输。2020年，河源港源城港区码头规划选址工作在进行中。

【港口生产】 2020年，河源港与上年一样，无生产操作量、无吞吐量、无货运量及船舶周转量，仍处于停产状态。

（李文举）

航道管理

【概况】 2020年，广东省东江航道事务中心河源航标与测绘所下设龙川、河源、古竹、新丰江4个站。主要负责东江干流枫树坝至观音阁及新丰江库区515千米航道的维护管理，其中设标航道375千米，设置航标357座，其中：一线标219座（水标119座、岸标100座），二线标138座（水标41座、岸标97座）。承担辖区通航水域航标的设置、迁移和撤除工作；恢复漂移、流失、损坏的航标；承担辖区航道的测绘，向相关单位、船舶提供航道尺度的信息及变化情况；采集与航道有关的水文信息；承担航道机构管辖的船闸、拦河坝操作运行和管理工作。

【东江航道复航】 2020年，广东省东江航道事务中心河源航标与测绘所按照省交通运输厅、省中心、东江中心要求，结合河源市人民政府《加快东江航道河源段恢复通航工作方案》，做好东江航道河源段复航工作。做好老隆船闸维修改造工程和东江水利枢纽通航设施整改、船闸引航道疏浚、东江航道应急疏浚监管等东江航道河源段复航工作。9月，老隆船闸维修改造工程通过专家验收。10月1日，惠州东江大桥到罗营口水电站河段东江航道恢复通航。

【航道维护管理】 2020年，广东省东江航道事务中心河源航标与测绘所进行16次航道扫床（其中全线扫床6次）。该辖区航道维护水深年保证率达100%，辖区航道上未发生严重塞船事件和其他突发事件，也未发生因航道维护责任引起的海损事故。该所配合广东省航道事务中心和广东省东江航道事务中心开展好辖区河源至石龙东江航道扩能升级前期工作。

【航标维护管理】 2020年，广东省东江航道事务中心河源航标与测绘所调整航标标位48座次，进行活锚作业386座次，按期完成辖区218座航标的大保养工作。航标维护正常率达100%。

【船舶维护管理】 2020年，广东省东江航道事务中心河源航标与测绘所加强船舶日常三级保养工作，确保船舶处于良好技术状态。按期完成粤标221、223船和粤标巡206船的排修任务。

【船闸维护管理】 2020年，广东省东江航道事务中心河源航标与测绘所加强对龙川站老隆船闸日常维护管理的监管，船闸通航时间保证率达100%。9月中旬，老隆船闸维修改造工程通过专家验收。

【安全生产】 2020年，广东省东江航道事务中心河源航标与测绘所整改安全隐患45宗，自筹隐患整改资金约8万元。在“安全生产月”“安全生产万里行”活动中，组织各站开展各类安全宣传活动、应急应变演习和“二长二员”(班组长、工会小组长、安全员、劳动保护监督员)安全教育培训，做好班组安全管理标准化贯标工作，实现全年安全生产无事故。

【航道巡查和监督技术核查】 2020年，广东省东江航道事务中心河源航标与测绘所进行航道巡查66次，参加人员182人次，航道现场监督技术核查116次，参加人员572人次。配合广东省东江航道事务中心与河源市、县交通执法部门对东江航道各拦河坝恢复通航专项整治落实情况进行联合专项检查，依法督促各电站业主（建设单位）在规定时间内完成存在问题的整改工作。（江小红）

邮 政

【概况】 2020年，河源市邮政行业业务收入完成8.05亿元，比上年增长18.72%；邮政业务总量完成7.64亿元，增长24.79%。其中全市快递服务企业业务量完成2552.98万件，比上年增长29.69%；业务收入完成5.19亿元，增长24.09%。

【疫情防控服务】 2020年，河源市邮政系统制订寄递企业落实疫情防控和物资寄递保障措施，保障口罩、手套等疫情防控相关物资的寄递服务。发放生活必需品寄递企业证明32份，组织12家寄递企业937辆车辆作为市疫情防控物资保障后备力量。

【行业转型升级推动】 2020年，河源市邮政系统推进邮政业安全中心建设。推进“快递进村”，完善农村快递网络布局，行政村快递覆盖率82.39%。推进电子商务与快递协同发展，参与电子商务进农村示范县建设，指导寄递企业参与构建三级物流配送体系与快递物流园区建设。全省首创与中国电信河源分公司开展“快电合作”，建立合作点7个。推进校园快递配送工作，试点开展快递进小区共同配送，各快递企业与小区物业共建末端站点，统一配送小区内快递，建立共配点7个。推进行业绿色发展，实施“9792工程”，利用专项资金补贴邮政快递网点设置快件包装回收装置100个。推进科技创新应用，全面提升快递分拨中心处理能力和智能化水平。完成河源市邮政业安全监管平台升级扩容，配合国家邮政局绿盾系统一期建设，全市20家主要快递企业分拨中心

2020年6月16日，河源市邮政管理局带队赴河源市和平县深圳福田（和平）智慧双创物流园（科技孵化园）对农村电子商务与快递协同发展情况进行调研，对推进电子商务与快递协同发展新模式进行探索 （市邮政管理局提供）

和全市邮政服务网点监控视频接入市局平台。

【市场监管力度加大】 2020年，河源市邮政系统强化邮政市场监管，严格落实“三项制度”（收寄验视、实名收寄、过机安检）与“双随机、一公开”（在监管过程中随机抽查检查对象、随机选派执法人员，抽查情况及查处结果及时向社会公开）监管要求，出动执法人员246人次，立案处罚违法案件11宗。推进安全生产三年专项行动，开展安全生产自查，联合市消防救援支队开展线上消防培训，召开警示约谈会。规范市场准入，配合省局做好44家企业许可变更协查工作，审核通过28家分支机构的增设和撤销工作。开展快递末端网点专项整治，备案快递末端网点555个，制作并发放快递末端网点铭牌，对各县区快递末端网点负责人进行全覆盖轮训。开展涉枪涉爆隐患排查和双打工作，加强平安寄递建设。做好邮件快件实名收寄专项整治工作。

【普遍服务】 2020年，河源市邮政系统指导市邮政分公司、市快递行业协会、主要快递企业签订“邮快合作”框架协议。推动农村电商发展，建设“邮乐购”电商服务生态圈，推广“村邮站+快递超市+电商服务+便民服务”模式。255个省定贫困村全部建立电子商务服务站。推动邮政综合服务平台建设，开办3个“警邮合作”网点。依法加强邮政普遍服务监督，开展普服达标检查，全年抽检普遍服务网点50个。推进“扫黄打非”进基层示范点建设工作。巩固建制村直接通邮成果，保障建制村通邮水平长期稳定，全市建制村通邮率保持100%。 （何伟峰）

【中国邮政集团有限公司河源市分公司】 2020年，中国邮政集团有限公司河源市分公司绿色邮政建设关键指标全面达标；在强化合规、效能审计，推进“平安邮政”建设，落实“双管控、双加强”（过程管控、垂直管控和强化整改、强化问责）防控金融风险等方面高质量发展，呈现向好、趋优势头。全年未发生重大金融风险和安全事故。

面对疫情，河源邮政履行“四不中断、四免费办”（邮政服务不中断：1.网点服务不中断，做到各项业务均可开办。2.机要通信不中断，确保重要文件及时送达。3.揽投服务不中断，保证各类邮件揽收投递。4.在线服务不中断，提供足不出户业务办理。救援捐助免费办：1.救援物资免费送，爱心接力来传递。2.上门揽收免费办，电话在线均受理。3.个人捐助免费寄，窗口收寄可办理。4.捐款转账免费汇，金融服务有助力）承诺，统筹推进疫情防控和企业生产经营工作，服务地方疫情防控大局，服务社会民生，发挥行业“国家队”“主力军”作用。

协同战略 1.惠农项目：建立市—县—支局（支行）惠农合作服务体系，全面完成惠农合作四项考核指标；全市协同开发农产品收寄量达4.26万件，收入53万元。2.汽车产业链项目：利用金融客管开展“车金融”数据营销项目，共联合举办5场微车展。3.政务服务项目：邮政网点代办交管业务覆盖全市各县域，网上车管业务新增业务量超3万件。4.电商市场项目：邮银紧密联系，实现客户数据共享，优质客户相互推荐。医药市场项目：全年医药协同项目收入168万元。

金融板块支持地方经济发展 2020年，全市代理金融收入比上年增长7.78%，努力践行“普之城乡、惠之于民”的社会责任，支持民营企业发展，不断提升风险防控能力，提升服务地方经济发展能力。

农村电商 加快构建中国邮政高质量发展的“四梁八柱”战略，按照“抓农品、做分销、优渠道、构场景、活机制”的思路强化各项工作措施，在乡村振兴中发挥作用。

寄递翼改革 推进“两集中”（网络规划、网络运营、网络管控的集中化；资源管理的集中化、成本核算的集中化）工作。集中管控网络规划，优化调整邮路12条；集中管控能力建设，完成市网路运营中心建设方案和龙川县分公司处理中心场地及内部处理优化方案；集中管控时限，利用“鹰眼系统”推进全市时限提速工作；集中管控运输调度，按照“运能采购、生产车辆调拨、邮路计划执行、异常情况调度”四个统一原则推进，提升自有邮运车辆使用率，外包加车车次比上年下降超过20%；快递包裹全面推广“混合收寄+前置集包”作业方式，全年快包出口全量集包率55%；全面推进自提网建设，全市自提比例达到42%，比上年提升40个百分点；优化揽投站点布局。在市区新增东区、西区两个投递部，缓解市区揽投站点布局不合理、空跑里程多等揽投问题。

能力建设　投入资金1239万元，改善金融生产安全防范设施、网点的服务环境、支局网点生活配套设施，提高全市生产基础能力和企业的整体形象。

普遍服务　践行“人民邮政为人民”的服务宗旨，全市邮政营业服务达标率、建制村直接通邮率、邮件和报刊妥投率、全程时限达标率、县城以上《人民日报》见报率等五项指标100%；全市没有违反“两条红线”（指未经邮政管理部门批准，停止办理或者限制办理邮政普遍服务业务和特殊服务业务；或者撤销提供邮政普遍服务的邮政营业场所）情况，无重大媒体负面曝光；机要通信保密安全万无一失；扫黄打非工作取得较好成效。

科技赋能　新投入150万元用于市网路运营中心分拣工艺设备升级改造，进口快递包裹轻小件实现全面反向集包，直封格口由5个增加至100个，直封全市100个揽投部，为农村邮路全面提速奠定基础；市分公司本部大楼及机房网络实现生产网络与互联网线路的物理分离，骨干网实现逻辑安全的隔离；市远程集中监控中心全面完成搬迁改造，实现与省监控中心软件系统有效衔接兼容；中国邮政地理资源信息平台推广及代理金融网点新社保系统上线和柜外清系统升级工作全面完成，不断满足数字化邮政建设的需求；通过合规管理系统预警，金融风险预研预判能力提升。

（李　静）

通信业

【概况】 2020年，河源市5G基站建设累计1200座，主要城区基本实现5G网络覆盖，5G用户超21万户；4G基站、NB-IoT基站、基站站址数量分别累计8559座、1817个和4205个，全市4G网络实现100%覆盖；光纤接入用户累计达67.3万户，光纤入户率提升至86.7%，100M以上光纤用户累计59.3万户，占光纤接入用户87%；全市1249个行政村7877个20户以上自然村全部实现光纤及4G网络覆盖，光纤宽带接入能力均达到100M以上。

（梁　越）

【中国移动通信集团广东有限公司河源分公司】 2020年，中国移动通信集团广东有限公司河源分公司（以下简称河源移动公司）推进5G网络建设，着力构建密度更高、覆盖更全的高质量网络，为河源数字经济发展打下基础，推动优质信息服务融入百业、服务大众，履行企业社会责任，为河源经济社会发展贡献应有力量。公司全年通信服务收入超13亿元，手机客户超180万户，家庭宽带用户和电视客户超30万户，服务集团客户超万家，物联网连接数突破50万户。

推进新型信息基础设施建设　打造5G精品网络，投资超2.5亿元，投产超650个5G站点，率先实现城区5G网络连续覆盖以及重要场景5G网络深度覆盖；主城区全面达5G SA商用标准，综合覆盖率超99%。优化无线网络品质，全年补充建设4G基站328个，清理黑点75个，解决高负荷问题小区3674个，拥有的基站总数突破1万个；推进光网建设，新建光缆2158千米、管道804千米和机房74个，拥有光缆总长度超过2.8万千米，到达全市所有行政村和大部分自然村；新增投产12.2万户宽带，有线宽带端口总数突破90万个，光纤接入覆盖数超100万户，覆盖率超90%，光纤接入超100Mbps的用户占比超85%，农村镇区所有用户均达50Mbps以上，6个区县城区均实现千兆家宽接入能力。

深度参与推动河源数字经济发展　与河源电视台等单位合作，推出4K/8K超高清、本地文旅、云高清直播等特色内容，推广粤享5G、和彩云、视频彩铃等服务，活跃客户超40万户。构建数字家庭生态。新增宽带100%超300兆，新增家庭宽带客户超9万户、电视客户超9万户，销售全屋WiFi、智能安防、智能门禁等智慧家庭硬件超6万个。创新5G行业应用。打造灯塔盆地智慧农业，西可通信工业互联网等12个5G标杆项目。面向工业、医疗、环保等九大行业，以及中小企和居民社区，创新推广“9+2”信息化服务平台，支撑产业数字化转型。参与建设数字政府，承建河源市、连平县2个雪亮工程和市林火视频监控三期项目，助力提升社会治理信息化、智能化水平。

履行社会责任　信息化助力疫情防控和复工复产复学。为10个交通枢纽和6个定点收治医院提供7×24小时监控保障，为超1.5万名人员提供免停机服务，疫情期间未出现任何重大通信事故；累计向各级党委政府部门提供防疫大数据报告17份，发送公益短信超7400万条，免费开通17万个防疫视频彩铃，为近70家单位、14家学校提供红外测温、和对讲、云视讯、远程课堂等信息化服务，覆盖学生超33万人次；协助开发复工复产调研程序，与本地39家知名企业、超300家单位平台开展生态合作，销售额超124万元，助力相关企业复工复产渡过难关。提升应急保障能力，投入333人次，完成四轮“龙舟水”强降雨应急保障，两会、端午、中秋国庆重大活动网络保障，全年未出现重大通信故障。防范通信信息诈骗，源头管控超800家社会渠道，关停高危号码超万个，发送超2300万条防骗宣传短信，营造全市绿色通信环境。助力精准扶贫，推广“岭南优品”电商扶贫分销平台，上架产品惠及56个贫困村。

（包惠先）

【中国联合网络通信有限公司河源市分公司】 2020年，中国联合网络通信有限公司河源市分公司（以下简称河源联通）贯彻落实国企党建工作会议精神，以党建统领数字化转型与高质量发展全局。

市场份额增长　2020年，河源联通全面践行高质量新发展理念，深化数字化转型，促进收入结构健康发展，整体收入盘面保持稳健，盈利能力改善，收入稳健增长，效益稳步提升，主营收入比上年增长1.9%。

网络提速降费 是年，河源联通贯彻落实国家新基建，核心区域5G良好覆盖率可达90%，最高速率可达1Gbps；4G网络覆盖范围提升18.35%。推出宽带免费提速、加快光纤到户建设；套餐资费优化，新增流量包/权益填充降低用户成本、优化老用户套餐结构释放流量单价、强化精准推荐套餐服务；助推中小企业双创发展，云网一体化提升性价比，互联网接入费用再降低15%。

疫情防控 新冠肺炎疫情发生以来，河源联通保障通信网络和信息服务畅通，7×24小时对全市定点医疗机构等重要区域专线实施重保监控，发送疫情防控公益短信431万条，为定点医院一线人员减免疫情期间手机通信费用。通过远程医疗平台、网格化疫情防控系统等信息化手段，助力打赢防疫攻坚战。

助力河源市融入粤港澳大湾区建设 深化布局两中心（河源大数据中心、云计算中心），两基地（大数据服务基地、大数据应用制造基地），打造云数据中心产业集群，构建"IP+光"政企精品专网，通过"云+网+应用"的模式，协助河源市政府融入粤港澳大湾区东北部核心城市战略布局。参与市政府的"智慧城市""互联网+"等信息化领域的建设，与五县两区签订战略合作协议，助力河源市"互联网+"进程与发展；与市政府签署《数字政府建设协议》，加快河源数字政府的进程；协助政府部门完成全市数据共享平台建设，完成21个市政信息化项目实施，推动信息技术在各领域的广泛应用。

网络能力大幅提升 2020年，河源联通4G网络在全市79%的有效面积投放53.61%网络资源，贡献96.47%流量。全年释放LTE站点204个，累计达到1842个，4G驻留比从97%提升至98%，流量增长20%；全年释放5G站点566个，累计达到570个，5G驻留比从9%提升至25%，流量增长1700%（占4G的14%）；宽固网络全年新增端口0.8万个，总端口数达13万个。

防灾减灾、抢险 2020年5月26日至6月20日，河源市遭到雷电强暴雨袭击，多地出现大范围降雨，致使河水暴涨、道路交通中断，部分地区出现山体滑坡等次生灾害，河源联通的通信设备及设施受到严重破坏，多个通信基站退服、光缆多处中断，通信基站多处水浸严重，系统供电多处中断，通信网络受到较大影响。面对灾情，河源分公司全市防台应急保障出动队伍24支106人、车辆22台，移动油机13台、光缆储备80千米，移动油机下沉至重要干线汇聚机房7台，抗灾抢修反应及时、组织得力、效果显著。

实名制、信息安全、网络安全 2020年，河源联通严守实名制与信息安全的红线要求，加强实名管控力度，通过"12321"、公安机关的通报诈骗号码、鹰眼、沃猎网等大数据手段进行涉诈及骚扰监测，实施专人专岗每日进行系统监控，落实高危号码和不良信息拦截/关停工作，对2129个高危号码进行关停处理，对2102个号码进行溯源核查并关停，并把2023个证件号码加入黑名单，每月对涉及诈骗、骚扰形成文件并进行通报扣罚。与地市反诈中心合作抓获犯罪嫌疑人4名。

重大活动专项网络应急保障 在重保期间，公司党政班子以高度的政治责任感完成保障任务；保障人员现场值班，并与通信连建立重保期联合护线、快速响应的机制，保障人员徒步巡视重要干线，每天两次核心局房巡检，每天投入保障人员68人，保障车辆23辆，累计巡查线路总长度1.3万千米，核心网、13条重保电路、干线及本地网汇聚以上网运行平稳。信息安全保障工作有序进行，未发生客户群诉、上访倾向及媒体曝光事件。

实现信息安全零事故 河源联通坚决贯彻落实《中华人民共和国网络安全法》，全年多次组织人员参加网络与信息安全相关培训，组织开展国家安全法、网络安全法相关内容普法答题活动，河源联通全员通过《广东联通网络安全宣贯考试》。建立多层次的防护体系、完备的技术手段及过硬的技术队伍，提升网络安全防护能力。落实网络资产分级分类防护，公网资产漏洞整改率100%；DDoS防护监测覆盖率100%、僵木蠕监测覆盖率大于7%、移动恶意程序监测覆盖率100%。落实《工业和信息化部办公厅关于做好疫情防控期间信息通信行业网络安全保障工作的通知》有关要求，做好全市防疫防控网络安全保障工作。

加强互联网接入及网站备案管理工作，消除信息安全隐患 做好互联网站接入备案管理工作，严格落实"先备案、后接入"制度及责任，对已接入网站开展自查自纠，做好现存未备案网站的清理，对已备案的网站信息及IP地址信息要定期核查更新。同时对通过接入的互联网站内容实施监测，对发现涉嫌传播违法违规、淫秽色情内容的网站立即终止其接入。（钟　华）

【中国电信股份有限公司河源分公司】

2020年，中国电信股份有限公司河源分公司贯彻落实中央和上级工作部署，重点抓好提速降费、网络覆盖扩面、助力"智慧河源"信息化建设、打击电信诈骗行为等方面工作。是年，该公司获广东省先进集体称号。

光网规模建设 2020年，该公司加强20户以上自然村光网建设，新增20户以上自然村覆盖2279个，全市新增光纤端口33436个；累计建设光缆5212.72皮长千米、合计39089纤芯千米、杆路1608千米。全市20户以上自然村覆盖率提升29%。覆盖率全市行业第一，助力河源市实现纳入广东省全域规划清单的20户以上自然村100%光网覆盖。

全面实施光宽大提速 推动新建小区、人口密集老小区的光纤覆盖水平，通过开展末梢光纤衰耗整治专项工作、扩容上联端口速率，加强城市、农村光纤宽带覆盖能力，提升用户宽带感知和光宽服务质量。支持千兆的OBD（OLT的PON口分光器）9.9万台、光端口85.45万个，兆用户623户、500兆用户3051户，300兆用户14096户。

4G/5G移动网络覆盖　开展800兆扩频、1.8G扩频提升用户速率，改善用户体验；通过自主新建、全面改善电梯、停车场、室内深度区域和农村偏远地区的网络质量，4G网络基本实现全覆盖，其中物理站址数2626个，4G小区数6278个，直放站数1143套，室分系统451套，全市行政村覆盖率达99%，5862个20户以上自然村有4G覆盖，手机用户上报的MR覆盖率从94.8%提升到96.1%。落实共建共享要求，与联通开展4G/5G网络共建共享工作，确认并实施6批共享站点，电信完成257个物理基站，619个小区开通共享。

助力"智慧河源"信息化建设　承建江东新区智慧城市二期建设项目，建设金额超9000万元，涵盖智慧新警务、河长制、雪亮、应急管理、社会治理等多方面内容，探索江东新区智慧城市建设新模式，打造全国社会治理机制样板点。完成广东技术师范大学河源校区校园网、模块化机房和网络出口及安全系统等内容建设，助力河源第一所本科院校于2020年10月开学。承接河源市5G热成像体温精准筛查及大数据分析平台、江东新区疫情监控管理系统平台和连平县各学校体温精准筛查项目，并在全市200多个行政村部署800多个天翼大喇叭广播点，将防疫工作进展和疫情防治方法及时传递到各家各户，多种信息化手段助力全市疫情防控。

实名制管控　严格执行系统刚性管控，杜绝非实名入网，确保人证一致，照片留底清晰。2020年新入网实名率为100%，开展在网存量用户疑似未实名用户整改清理工作，确保在网用户100%实名，严格执行过户、补换卡等业务办理规范，严格执行线上线下实名认证方式不得混用，开展疑似风险入网监测、核查处置与筛查模型优化，提升技防/人防的主动性、有效性、针对性和及时性。

打击发送垃圾短信行为和通信信息诈骗工作　规范流程加强短信审核管控，严格控制用户关怀网内短信数量，对高频发送短信、被举报发送垃圾短信及疑似发送垃圾短信的号码一律停机处理。2020年分公司垃圾短信被举报量为0宗。协助政府部门发送16批2600万条公益短信，主要涉及防范金融诈骗、"三防"、创文宣传及网络安全、扫黑除恶等内容。优化反诈专项管理机制和技术手段，实现重点业务风险管控"三个100%"目标（语音专线100%主叫鉴权，100%关闭除白名单外的语音专线呼转，100%关闭号码隐藏）；派员进驻市公安反诈骗中心，配合政府部门的防范打击诈骗行动，打击通信信息诈骗高发态势。（江奕君）

【中国铁塔股份有限公司河源市分公司】　中国铁塔股份有限公司河源市分公司（以下简称铁塔河源市分公司）主要从事通信铁塔等基站配套设施和高铁地铁公网覆盖、大型室内分布系统的建设、维护和运营。2020年，公司贯彻党中央、国务院决策部署，推动转型升级，强化创新驱动，践行新发展理念，做大共享文章，着力深化行业共享，拓展社会共享。全年营业收入1.59亿元，资产规模5.77亿元；截至年底，公司站址总数达4350个，租户6142个：移动2875个、联通1195个、电信2072个，站址共享率47.13%，减少新建铁塔近1280座、节约投资2.2亿元，节约土地2.6万平方米。

推进5G基站项目建设　自2019年下半年起，铁塔河源市分公司统筹三家运营商（中国电信、中国移动、中国联通）5G建设需求并启动建设。截至2020年8月，完成河源三大运营商930个5G基站建设任务，投入5G建设资金2200万元。根据《河源市加快5G产业发展行动计划（2019—2022年）》文件要求，铁塔河源市分公司加强规划统筹，扩大5G建设覆盖区域，主要覆盖五县两区主要区域、各乡镇街镇、赣深高铁沿线及各区县新发展区域。

突破地域观念，实现高效监控和保障　在故障处理方面，铁塔河源市分公司通过运维平台集中监控全市基站站址，集网管监控和故障派单于一体，提供7×24小时不间断故障申告服务，做到对故障及时发现、定位和排除，实现故障全流程闭环管理，提升故障响应速度；在电力保障方面，铁塔河源市分公司具备动力配套设施的站址全部安装动环监控，第一时间采集停电信息上传运维监控平台，平台根据机房（机柜）内蓄电池续航时长，动态派发发电工单，让维护人员第一时间响应发电需求，通过蓄电池备电、油机发电等方式提供后备电力续航服务，确保机房7×24小时不间断供电，保障设备持续稳定运行。

整合资源多元化拓展　铁塔河源市分公司利用站址资源、持续的电力保障、集中的维护平台以及便利的通信条件，整合站址资源，传输专线及多种第三方设备，为客户提供从数据采集、回传、汇总到分析及应用的端到端的"一揽子"服务，向不同行业的客户提供站址资源服务和基于站址的信息服务。

共享发展、绿色发展、协调发展　铁塔河源市分公司以深化行业资源共享、面向各行各业的社会共享、减少重复建设和资源浪费、促进移动通信持续快速健康发展为目标，在缓解城市多塔林立、美化城市环境方面做出贡献，同时为抢险救灾、各种突发事件和重大社会活动提供通信保障。（叶　科）

商务

编辑：李文举

商贸流通

【概况】 2020年，河源市社会消费品零售总额360.74亿元，比上年下降6.7%。按经营地统计，城镇消费品零售额275.14亿元，下降7.0%；乡村消费品零售额85.60亿元，下降5.8%。从消费类型看，商品零售332.60亿元，下降5.7%；餐费收入28.14亿元，下降17.8%。限额以上单位实现零售额117.72亿元，下降11.7%。从消费热点看，智能手机类零售额增长27.4%；机电产品及设备类零售额增长62.5%；粮油食品类、日用品类和中西药品类商品零售额分别增长5.6%、13.1%和12.6%。二手车交易24.38万辆、下降3.7%，交易金额53.35亿元、增长19.5%。出台《河源市支持受疫情影响相关商贸服务业企业八条措施》，支持商贸企业共渡疫情难关。开展汽车下乡巡展促销，举办2020河源市促消费（夏季）暨“家520”购物节、河源市促消费（冬季）暨首届年货博览会、“家电下乡”等系列活动，推动市场消费回暖。

【电子商务】 2020年，河源市商务系统指导组织电子商务培训班120期，培训数量超过6000人次，其中建档立卡贫困人口超过2000人次。利用县级电子商务公共服务中心培育100余家本地电商企业，带动7000余人在电商相关领域创业就业，新增网店和企业600家。镇村电商服务站点带动超过1000户贫困户增收，销售鸡蛋、山茶油、百香果、大米、茶叶等扶贫农产品超过2000万元。和平县、紫金县申请2018年国家级电子商务进农村综合示范县通过上级绩效评价。东源县、连平县获评2020年省级电子商务进农村综合示范县。*（李志东）*

粮油业

【粮食应急体系】 2020年，河源市发展和改革局加强全市粮油应急供应网点合理布局，调查和摸底全市粮油应急供应网络建设情况。按照“每个乡镇、街道应至少有1个应急供应网点；各市、县政府所在地人口集中的社区，每3万人应至少有1个应急供应网点”的要求，分解下达粮食应急网点建设任务。全市确定应急供应企业114家，应急加工企业13家，应急储运企业6家，应急配送中心6家。12月，河源市敏丰粮油有限公司和河源市万家香实业有限公司两家企业被纳入广东省省级粮食应急保障重点企业。2020年市县（区）粮食应急体系建设共投入23.92万元，其中，市级5.24万元。全市建立粮油价格信息监测点5个（其中1个为国家直报监测点，4个为省直报监测点），定期采集粮食供求和价格信息。通过定期采集、分析全市粮食市场供求和价格信息，随时掌握粮食市场供求和价格动态变化情况，及时报告主要粮食品种的价格、质量等信息，为政府实施粮食宏观调控、制定粮食应急决策提供可靠依据。为了增强粮食应急预案的针对性和可操作性，锻炼粮食储备和物资系统干部职工队伍，提高各种紧急情况下粮食应急保障能力，2020年12月22日，组织开展粮食应急预案和粮食质量安全事故应急处置预案桌面演练并取得圆满成功。全市粮食储备和物资系统分管负责人和业务负责人等共90余人参加粮食应急演练，演练在假设突发事件引发粮油市场波动的模拟背景下，就“信息报告、应急响应、应急处理、应急终止”的流程，进行室内推演，比较完整地展现突发事件应对的全过程。通过演练，明确粮食储备和物资系统的职责和任务，提高快速反应能力和协同配合能力，使各县区粮食储备和物资系统对整个应急处置程序有一次更全面的了解，对自身职责有更直观的界定。

【粮食安全】 2020年，河源市各级政府和涉粮部门贯彻总体国家安全观和国家粮食安全战略，落实国家、省和市的各项部署，在粮食安全保障方面取得一定的成效。河源市印发《2020年度河源市落实粮食安全责任制工作方案》，按时完成2020年度粮食安全责任考核自评报告、考核评分表（含光盘）、证明材料等材料的系统上传和文件送达工作。市粮安考核办组织市直牵头考核部门对2020年各县区政府落实粮食安全责任情况进行实地抽查考核。

【在库粮油质量监管】 2020年，河源市完成春秋两季粮油库存检查及不定期检查工作。全市8家国有粮食储备企业16个库点98座仓库。市发展和改革局（粮食和物资储备局）对所有粮食企业库点进行普查，现场抽检7家国有粮油仓储企业稻谷样品24份，检测项目按国家标准规定的稻谷质量指标和重金属镉卫生项目，检验结果粮食质量指标全部正常，宜存率100%，食品安全指标全部正常。全市实现微机测温仓容24.73万吨，环流熏蒸仓容25.05万吨，机械通风仓容29.24万吨，充氮气调仓容4万吨。全市8家国有粮食储备企业严把出入库质量关，做到每车必检，确保入库储备粮质量优良。

【粮食执法检查】 2020年，河源市夏季粮油收购监管工作从6月初起至9月底结束。全市检查粮油收购主体23个，开展检查15次，出动检查人员55人次，基本做到对全市从事夏季粮油收购活动的各类粮食经营、加工企业的全覆盖检查。从检查情况来看，全市夏粮收购市场秩序比较规范，收购企业能够执行"五要五不准"（要敞开收购、随时收购，不准折腾农民；要公平定等，准确计量，不准克扣农民；要依质论价，优质优价，不准坑害农民；要现款结算，不打白条，不准算计农民；要优质服务，排忧解难，不准怠慢农民）收购准则、国家粮食质量标准、"一规定两守则"（《粮油储存安全责任暂行规定》，《粮库安全生产守则》《粮油安全储存守则》）和《粮食流通管理条例》有关规定；入库粮油质量符合要求，过磅计量准确；没有出现"转圈粮""打白条"现象，也未发现代扣代缴税费、掺杂使假、拒收限收等情况。

【粮食收购资格】 河源市从2005年起在市行政服务中心设立管理服务窗口，为社会粮食经营者从事粮食收购行为提供快捷、方便的服务，截至2020年，全市审核颁布"粮食收购许可证"有23户。其中市直7户、源城5户、东源4户、和平3户、龙川1户、紫金1户、连平2户。通过开展粮食收购许可证资格审核及监督管理工作，初步规范粮食收购市场秩序。（黄永生　黄亮栋）

供销合作业

【概况】 2020年，河源市供销系统营业总收入10.76亿元，比上年增长5.35%；实现净利润626.3万元，增长16.91%。

【助农服务示范体系建设】 2020年，河源市供销系统围绕服务规模化、流通现代化、增收长效化"三大核心任务"，搭建"产、供、销"一体服务平台，推进基层供销"布点、连线、织网"工作，加快农业社会化服务"下乡"、农产品"进城"步伐。市供销社按照省府办要求，推进新型乡村助农服务示范体系建设。年底，河源市供销系统初步建成并运营县域助农服务综合平台5个，完成率100%，镇村助农服务综合中心95个，完成率100%。5个初步建成并运营的县城助农服务综合平台和95个镇村助农服务中心自建设完成以来销售额2.64亿元，其中农资农技、农产品购销加工、日用品消费品供应、冷链物流四项服务销售额2.46亿元；农资农技和农业机械服务面积1.31万亩（873.33公顷）；服务农户约46500户，服务农民专业合作社218家；培训约11900人次。

【基层社建设】 2020年，河源市各级供销社因地制宜、发挥优势，通过联合合作，对有一定经营服务基础的助农服务综合平台（中心）进行标准化改造，提升服务能力水平；引入社会资本对具备建设条件的旧仓库、旧厂房和闲置土地等进行盘活，拓展经营服务功能。通过服务带动的形式，引导更多的农民专业合作社加入到供销合作社组织体系中来，全年全系统签订服务合作协议的农民专业合作社15家，农民专业合作联合社1家。

【再生资源回收利用】 2020年，河源市供销系统结合美丽乡村建设，对缺失的再生资源经营网络，通过内引外联等方式进行重点培育。推进再生资源回收利用体系，推动社有企业供销恒业公司建设市、县、镇、村四级再生资源回收网络，在紫金县建设再生资源回收基地。源城区供销社承担全区再生资源回收经营管理工作，以现有的再生资源回收点为基础，做大做强再生资源回收产业。

【农副产品行业】 2020年，河源市供销社引入社会资源合资投建"河源市河供综合物流园项目"。建成包括储存仓库区1000平方米、物流商铺区1000平方米、办公区650平方米、停车区1700平方米、生活区650平方米。东源县供销社以其集团公司牵头，整合配送中心经营网络、再生资源回收、农村电商和农村金融升级改造助农服务综合平台。和平县供销社与东森堂和平农产品电商一条街项目合作，面积6000平方米，打造具有农村电商、农产品分拣中心、农产品购销加工、农资农技培训等服务功能的综合服务平台。

【烟花爆竹行业】 2020年，河源市供销系统以排查治理安全隐患为重点，防范和遏制发生重特大事故为目标，落实安全生产责任制，开展烟花爆竹批发企业及所属零售网点以及危旧楼房等重点经营领域和薄弱环节的安全隐患排查整治工作。重点做好节假日和重大活动期间的安全生产工作，抓好夏季高温汛期等特殊时段的安全防范工作。是年，全市供销系统无发生一起安全生产事故。

【河源市供销合作社第一次代表大会召开】 2020年12月15日至16日，河源市供销合作社第一次代表大会召开。省供销社党组成员、理事会副主任、广东供销集团党委书记、董事长杨志坚，河源市政府党组成员、副市长刘东豪出席会议并讲话。会议深入学习习近平总书记重要指示精神和李克强总理批示精神，传达学习省委书记李希、省长马兴瑞以及河源市委书记丁红都、市长林涛要求，全面贯彻落实全国供销总社“七代会”和省供销社“五代会”精神，回顾总结河源市供销合作社改革发展工作，安排部署此后一个时期供销合作社工作，并审议通过大会工作报告和河源市供销合作联社章程，选举产生第一届理事会、监事会组成人员。（周　维）

卷烟业

【概况】 河源市烟草专卖局（公司）下辖东源、龙川、紫金、连平、和平5个县级烟草专卖局（分公司）。截至2020年年底，全市有从业人员517人。

2020年，河源市烟草专卖局（公司）统筹做好疫情防控和生产经营，主要经济指标持续优化。是年，该局（公司）获得“连续三十年广东省守合同重信用企业”“广东省巾帼文明岗”等称号。

【卷烟经营】 2020年，河源市烟草专卖局（公司）建立同疫情防控相适应的卷烟销售模式。通过制订客户经理作业指导书、开展线上市场状态调研、广泛征求意见建议、制订指导营销工作措施、组织工商线上沟通协调、开展线上客户拜访、实行7天工作制等非常举措，做到按需投放、应急补货、定点取货、无接触配送、细化客户服务，克服市场环境低迷、市场监管受限、送货线路不畅等困难，实现2020年卷烟销额、结构、税利“三提升”。推进20支网络建设，以农网建设为重点，创新实行“20支合作加盟驻店观察”模式；打造非烟商品订购平台、开展星级终端评价，推广“易灵通”系统和“烟商E贷”线上贷款业务，提高终端渠道掌控力。加强卷烟规范经营，重点构建“四员”（专卖稽查员、客户专员、内管员、送货员）联动网格化管理工作机制，强化市场异常信息协同处理跟踪，形成专卖、营销、内管、物流等部门齐抓共管市场合力。

2020年3月16日，河源市烟草专卖局会同河源市双打办、河源市公安局、河源市财政局、河源市市场监督管理局等职能部门举办销毁假冒伪劣烟草专卖品现场会

（市烟草专卖局提供）

【专卖管理】 2020年，河源市烟草专卖局（公司）加大情报导侦和情报收集力度，以“蓝剑2020”专项行动为抓手，联合公安部门成立涉烟情报信息工作小组，发挥“烟草+多警种”联合办案作用，严防卷烟制假活动向辖区转移。加大打击公路非法运输假烟、走私烟的力度，探索“智慧打假”应用手段，联动公安、交警等部门开展情报线索“大数据”分析，以“天眼”“天网”对涉烟违法行为实行精准的全链条式打击。全年查获涉烟案件976件，其中涉假私非等5万元以上大要案143件，案值约4000万元；查获各类违法卷烟4369.12万支，其中假烟2434.31万支、走私烟446.81万支、真烟1488万支，制假烟机4台，烟叶烟丝71.2吨，滤嘴棒518万支；协助公安机关刑事拘留涉烟违法嫌疑人24人，逮捕16人；侦破2件国标网络案件、4件省标网络案件。

【企业管理】 *打牢物流建设基础* 2020年，河源市烟草专卖局（公司）根据全省烟草商业系统物流第二轮基础设施建设规划，重点做好易地新建卷烟物流配送中心项目的可行性论证及具体实施工作。实施完成新增异型烟分拣线项目建设的整体验收、对物流中心配电变压器容量进行改造增容、对物流收货码头雨棚进行整体改造提升三大工程，解决近年来影响物流工作发展的基础顽疾。

打牢企业管理的基础 2020年，河源市烟草专卖局（公司）通过健全完善制度、优化管理工作流程、深入推进QC小组活动和精益课题、推进采购管理信息系统上线运行、加强预算管理和审计监督、持续推进法治烟草建设、加大信息化建设力度和安全生产建设力度，促进企业管理效能再进一步。其中，奋进者QC小组研发零售客户入网定档评估监管系统课题获广东省烟草商业系统第六届优秀质量管理小组成果发布交流会三等奖，获广东省第四十次质量管理小组活动“南粤之星”问题解决型金奖。

【销毁假冒伪劣烟草专卖品现场会】 2020年3月16日，河源市烟草专卖局会同河源市双打办、河源市公安局、河源市财政局、河源市市场监督管理局等职能部门举办销毁假冒伪劣烟草专卖品现场会，公开销毁2019年查获的1194万支假冒伪劣卷烟、62吨劣质烟丝，总案值达1200多万元。（张金疆）

盐业

【概况】 2020年，广东省盐业集团河源有限公司销售盐产品8825.8吨，其中：高端盐销售105.2吨，中端盐销售3553.4吨，普通盐销售3875.6吨。全年主营业务收入2409.3万元，实现总利润300万元，实现净利润220万元。

【粤盐品牌建设】 2020年，广东省盐业集团河源有限公司不断加大粤盐品牌宣传力度，创新宣传形式，丰富宣传内容。在新冠肺炎疫情防控期间，全公司配送车辆悬挂“粤盐在行动，抗疫情、保供应、稳价格”的宣传标语；联合河源市妇联在“三八”妇女节关爱抗疫一线女民警活动中，向河源市公安局、源城公安局抗疫一线女民警现场赠送生态海盐礼盒装80盒；以“5·15”活动为契机，联合市、县（区）市场监管局，围绕“科学补碘益智，健康扶贫利民”的主题在全市范围内开展防治碘缺乏病宣传活动21场次，发放《食盐安全小百科》宣传手册3万余本，《食盐专营政策告知书》宣传单张近6万张，受益群众约8万人次；投入2.15万元制作粤盐宣传海报5万份，张贴到各商超、店铺；投入4.32万元联合市场监督管理局制作粤盐公示宣传栏，投放到源城区、东源县、高新区、江东新区餐饮店；投入9万元冠名2020河源旅游文化美食节暨第三届全城吃货节活动；为2020河源冬季汽车博览会赠送盐产品作为活动现场抽奖环节奖品；制作粤盐户外宣传广告牌和粤盐专柜。

【食盐储备】 2020年，广东省盐业集团河源有限公司召开专题会议，研究部署食盐储备工作，成立食盐储备管理小组，由一把手任组长、副职任执行组长、配送中心负责人任副组长、各部室负责人及有关人员为成员。在保证食盐企业储备的基础上及时与河源市工信局签订食盐储备合同，及时落实市级政府食盐储备任务800吨，并安排专人负责储备管理工作，做好防潮、防雨、防尘等工作。把政府食盐储备费用补贴工作沟通到位，食盐储备资金48万元收到后由专人负责管理，专账专款专用，及时做好食盐储备购、销、存的财务报表及台账管理工作。

【退休人员社会化管理】 2020年，广东省盐业集团河源有限公司制订下发《广东省盐业集团河源有限公司退休人员社会化管理工作方案》《广东省盐业集团河源有限公司退休人员社会化管理工作应急预案》。完善退休人员台账信息和人事档案材料，做好移交准备。对退休人员分类整理，列表造册，并找专业的档案机构完善整理退休人员人事档案材料。加强宣传，强化退休人员思想认同。9月，广东省盐业集团河源有限公司移交社会化管理的退休人员有35人。移交到河源当地的有34人，梅州市1人。截至9月底，退休人员社会管理工作全面完成。

【混合所有制改革】 2020年，为贯彻落实中央、国务院和省委、省政府关于国有企业改革的路线方针政策和决策部署、深入推进落实广东省盐业混合所有制改革任务，广东省盐业集团河源有限公司将混改工作当作头等大事来抓，及时召开专题会议研究部署，成立工作领导小组，制订印发《广东省盐业集团河源有限公司资产处置工作方案》，及时落实各项工作要求，有序推进混改各项工作落实。（古彩莲）

对外经济贸易

【概况】 2020年，河源市外贸进出口总额293.3亿元、比上年下降3.2%。河源市主要贸易伙伴前二位的分别为美国（进出口70.8亿元、下降8.7%）、东盟（进出口34.3亿元、增长4.2%）。组织企业参加第127届网上广交会、第128届网上广交会、进博会、加工贸易产品博览会2020粤澳名优展等展会，推动企业入驻广东商品新西兰展示中心，通过省、市驻外平台发布企业需求信息，助力企业抢抓订单、开拓市场。

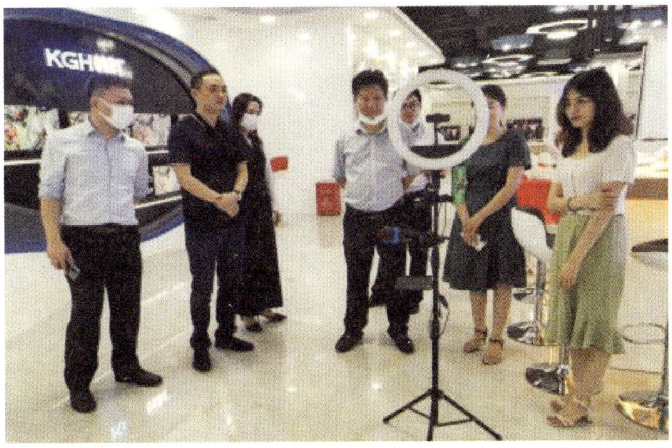

2020年6月16日，河源市参展企业在127届网上广交会进行网络视频直播营销（市商务局提供）

【外贸进口】 2020年，河源市外贸进口总额51.1亿元、比上年下降1.3%。从贸易方式看，加工贸易进口31.6亿元、下降6.6%；一般贸易进口18.1亿元，增长7.8%；其余方式进口1.4亿元，增长22.4%。从进出口商品看，进口商品前三位分别为机电产品、高新技术产品、初级形状的塑料。

【外贸出口】 2020年，河源市外贸出口总额242.2亿元、比上年下降3.6%。从贸易方式看，加工贸易出口100.8亿元、下降6.6%；一般贸易出口67.8亿元，下降2.4%；其余方式出口73.6亿元，下降0.3%。从进出口商品看，出口商品前三位分别为机电产品、文化产品（玩具等）、高新技术产品。农产品出口业务快速发展，累计出口活猪5809批次、20.2万头，出口货值1.5亿美元，出口活猪数量排名全国地级市首位。

对外及对港澳台经济合作

【招商引资】 2020年，河源市签约项目303个、计划投资总额3780.3亿元；动工项目193个、计划投资总额755.3亿元；投产项目132个、计划投资总额

275亿元。对接项目727个，90%以上项目来自粤港澳大湾区。修订完善市招商引资工作领导小组、市招商项目协调小组、招商工作流程制度等体制机制文件，梳理编印《河源市投资指南》《河源市招商项目》《河源市招商引资优惠政策》等宣传资料，优化营商环境，提升招商项目落地综合服务水平。创新方式开展疫情期间招商工作，发挥媒体平台作用，利用网上洽谈、视频会议、在线签约等方式推进“不见面”招商。在落实疫情防控做好防护措施的前提下，聚焦河源市主导产业、重点项目主动出击，开展上门招商、精准招商。举办2020年春季经贸活动、省属国企考察河源活动、央企河源座谈会、先进制造业经贸活动、2020年河源招商路演（深圳站、佛山站、东莞站）等经贸活动。对意向明确的重点项目，实行专人跟进“保姆式”服务机制。与招商局港口集团股份有限公司、深圳大唐高鸿信息技术有限公司、广东省广晟资产经营有限公司等企业签订合作协议。

【外商直接投资】 2020年，河源市实际利用外资6.5亿元，比上年增长8.5%，排名全省第9，其中制造业实际利用外资5.4亿元、增长47.4%。新设立外商直接投资项目（企业）40个，合同利用外资24.7亿元、下降22.5%，其中高技术产业（制造业）合同利用外资3.4亿元，增长162.3%。增资扩产项目外资项目18个，增资总额10.47亿元。成立河源市外商投资企业协会，出台河源市利用外资工作联席会议制度、河源市在谈外资大项目首席服务官制度，外商投资领域“放管服”工作不断深化。

（李志东）

海关

【概况】 2020年，河源海关监管进出口货物50.12万吨，比上年下降39.77%；监管进出口商品总值22.2亿美元，下降6.5%；监管进出境标准集装箱8.2万个，下降0.3%；审核进出口报关单5.47万份，下降6%；税收入库2.96亿元，下降14.2%。

【助力新冠肺炎疫情防控】 2020年新冠肺炎疫情初期，河源海关协助企业完成200万个口罩出口转内销工作，协调地方政府同意将海关纳入物资保障体系。为总关筹集口罩15.24万个。加强联防联控。参与地方3个防控专班工作，与河源市卫健部门签订合作备忘录并建立应对口岸公共卫生事件合作机制，严格入境粤港货柜车及司机闭环管理以及进口冷链商品新冠肺炎疫情防控有关要求。先后抽调4人参加总关一线疫情防控专班等重点工作，率先完成总关下达的三批15548份《健康申明卡》数据电子化工作任务，并完成数据100%全复核。

【通关监管工作质效并举】 2020年，河源海关复制推广以实货监管为重点的“智慧海关”项目建设，推动部署5G网络、AR实景监控、重点区域边界预警、车牌识别、指挥协同、商品查询等功能，推动门户式辐射探测仪联网，通过“提时效”实现“降成本”。根据业务变化将现场科室轮班制调整为全员正常班，优化完善岗位设置和工作安排，加强业务技能培训，监管一线关员综合能力增强，工作效率提升。组织开展口岸应急演练，修订《河源海关口岸监管环节恐怖袭击事件应急预案》《河源海关监管作业现场突发事件应急预案》，提升应急处突水平。规范业务管理。对报关公司、差错率较高的12家企业进行逐个约谈。全面复核应税报关单商品记录，核查4644条涉税商品项，发现问题商品项231条，对相关数据进行及时订正，数据规范申报率提升。

【后续监管工作】 2020年，河源海关开展外勤作业171宗，比上年增长92.13%；启动稽查作业18宗，核查作业103宗，新增外勤作业业务50宗，其中开展企业认证实地认证作业11宗，特定资质注册备案现场评审作业20宗，特定资质年审作业19宗。追补税4537万元，增长3.63%。创新推进稽核查业务改革。建立跨科室、跨领域的海关稽核查专业人才库，推行线上稽核查作业模式，完成“不见面稽核查”11宗。通过后续稽查方式查发并完成相应处置涉检一般行政案件1件，为广州关区推动关检业务深度融合提供有益的探索实践。查发移交河源海关核查领域第一起案值过千万行政案件，查发辖区某企业保税料件短少约200吨，涉及货值1310万元，涉及税款约235万元。

【税收征管质量提高】 2020年，河源海关全面梳理关区重点税源企业、异地纳税企业、新办企业名单，针对性制订关领导调研和政策宣传方案，及时掌握企业生产经营方面存在的问题，制定“一对一”帮扶措施，引导异地纳税企业回流税收0.85亿元。高标准开展验估作业，处置事后验估单21份，退补税9份，补税金额10.28万元。及时跟进处理保证金转税事项，摸清年底前可转税的保金保函底数，在做好风险防控的前提下加快税款入库进度，确保颗粒归仓。强化以查促税。开展专项稽查补税4宗，稽核查追补税1923.24万元，增长12.4%；促进加工贸易企业扩大内销。内销金额约3.5亿元，征税7395万元，保税料件内销征税增加约2000万元。

【打击走私】 2020年，河源海关立案4件，其中行政案件3件，案值1363.3万元，涉税238.3万元。刑事案件1件，案值2.56亿元，涉税4483.4万元，逮捕走私犯罪嫌疑人1名。结案行政案件1件，对1件2018年立案办理的行政案件采取强制执行措施，罚没收入6.5万元。推动查获走私冻品归口处置。协调河源市打私办同意海关查获走私冻品后立刻移交地方归口处置。参加地方打私专项联合行动。参加打击野生动物违规交易专项执法，协助查获陆路过境涉嫌走私的韩国化妆品、进口洋酒、日本黑松一批，严厉打击关区毒品走私犯罪行为。办理跨关区协查业务22件，协助兄弟单位抓获犯罪嫌疑人4名。

【生物安全防线筑牢】 2020年，河源海关试行“智慧海关”供港澳活猪立体监管系统。实现辖区养殖场日常信息化监管和远程实时可视化监控，基本满足现场人工监装要求。累计辅助监装使用628车次，监装活猪75096头。持续做好风险监测和疫病监控。落实总关下发的供港澳活猪、活禽、水生动物疫病监测计划实施方案，完成供港澳活猪非洲猪瘟等疫病监测24次，抽样送检3440个样品，安全风险监控8次，抽样送检143个样品。织密进口粮和外来有害生物检疫防线。受理进境加工粮食调运申请9.65万吨，比上年增加5.7倍，组织开展11次病媒生物监测，关区捕获蚊类185只、蝇类12只。保障河源农产品出口质量安全。重点加强供港生鲜检疫监管，覆盖禽病、农药残留、微生物、重金属残留等项目，未发现不合格情况。

【助力提升外贸发展水平】 2020年，河源海关稳住外贸基本盘，贯彻落实应对新冠肺炎疫情支持企业稳产达产各项政策措施，制订河源海关稳外贸促发展16条具体措施并推动落实。加强关地协作。从市场监督管理局获取新设立企业名单，精准筛选出重点企业名单，实现7.7亿元进出口数据落地。加强专题调研。河源海关选取61家重点企业，开展62次专题调研，收集问题73个，全部专人跟进解决。撰写统计分析供地方政府领导决策参考，为地方政府提供个性化统计数据服务43次，向市委、市政府报送外贸简况8篇，其中1篇获市领导批示。

【营商环境优化】 2020年，河源海关压缩进出口通关时间，单月进口通关时间稳居广州关区前列，其中1—8月单月连续排名第一；出口通关时间也优于广州海关平均水平。优化减免税服务。推行原产地证书自助打印及“两证合一”（“两证合一”采取商务部门负责备案、采集和推送信息，海关、贸促机构接收导入备案信息的业务流程模式，实现对外贸易经营者备案和原产地企业备案“一次受理、一次备案、一次发证”。办理对外贸易经营者备案的企业同时完成原产地企业备案）改革，为企业“减负增效”。签发出口原产地证书6226份，企业享受关税减免16121.28万元。推广“两步申报”（第一步概要申报，对于不涉及进口禁限管制、检验或检疫的货物，企业只需申报9个项目，确认2个物流项目；对于涉及进口禁限管制或检验检疫的，分别增加申报2个或5个项目；应税的须选择符合要求的担保备案编号。如果货物不需查验，即可提离；涉税货物已经提交税款担保的，或需查验货物海关已完成查验的，也可以提离。第二步完整申报，企业在规定时间内补充申报其他项目，办理缴纳税款等通关手续。）改革。创新“点、线、面”工作模式，推动“两步申报”应用率居广州关区前列，实现“应上尽上”。创新开展企业认证培育。创新完成广州关区首家以全程“无接触”方式通过的海关认证，培育或通过重新认证海关高级认证企业6家、一般认证3家，河源关区认证企业占注册企业数的6.26%，比例高于广州关区（1.74%）和全国（1.88%）。

【助力特色食品农产品出口】 2020年，河源海关助力广东猕猴桃首次出口阿联酋，实现近几年当地水果出口的“零的突破”，打开“一带一路”沿线国家市场大门。保障出口活猪安全顺畅供应。综合运用“智慧海关”供港澳活猪立体监管系统和常规检疫监管措施，部署做好非洲猪瘟防控，检验检疫供港澳活猪20.23万头，货值1.16亿美元，香港市场占有率增加到近三成。支持竹木草制品扩大出口。帮助企业直接带动3000余名村民实现家门口就业，相关工作被海关发布、南方日报等媒体广泛报道。参与大湾区“菜篮子”建设，帮助12家出口食品农产品企业加入粤港澳大湾区“菜篮子”工程。 *（刘　鹏）*

打击走私

【概况】 2020年，河源市公安局深入开展“国门利剑2020”、“蓝天2020”打击整治、“电子垃圾”走私和“海啸2020”打击成品油、打击冻品、打击野生动物及其制品走私专项行动，重拳打击走私违法犯罪活动，深入推进反走私综合治理。全市破刑事案件21件，逮捕29人（其中涉成品油逮捕25人、涉野生动物逮捕3人、涉烟1人）；取保10人；刑拘5人。共查获冻品行政案件8件，查扣涉嫌走私进口冷冻猪脚、鸡翅、牛百叶等共约196.334吨；查获冻鲜墨鱼27.928吨。获一批涉嫌走私洋酒、化妆品案件，查扣各类洋酒及红酒1197箱、各类韩国化妆品1900箱(“4·21”专案)，已依法拍卖。

【整治“黑油站”专项行动】 2020年，河源市公安机关为整治“黑油站”，消除重大安全风险，维护成品油市场经营秩序，继续组织开展打击整治“黑油站”专项行动，全市公安机关查获成品油案件12件，捣毁“黑油点”12个，查获柴油70吨，逮捕25人（包括上年逮捕案件的2人），缴获加油设备、车辆等作案工具一批。 *（宋永鸿）*

旅游业

编辑：李文举

综述

【概况】 2020年，河源市文化广电旅游体育系统通过抓好文旅资源保护开发，提升旅游服务质量，加大营销推广力度，加强市场监督管理等一系列举措，聚力打造全域旅游河源样本，建设粤港澳大湾区优质生活重要承载地，推动全市文旅企业经济复苏提振和产业融合高质量发展。全年接待旅游人次1914万人次，实现旅游总收入151亿元。

【全域旅游】 2020年，河源市万绿湖风景区通过国家创AAAAA旅游景区景观质量评审，取得创AAAAA“入门券”，并获评2020“中国天然氧吧”。河源恐龙文博园成功创建国家AAAA级旅游景区。源城区、东源县获评省级全域旅游示范区，基础较好的和平县、龙川县、紫金县正加快创建省级全域旅游示范区。是年，荣佳国韵温泉、高埔岗大水井社区、龙川县五色茶岭被评为国家AAA级旅游景区。客天下温泉获省级旅游度假区称号。黄龙岩畲族风情旅游区、龙川县霍山景区正在申报国家AAAA级旅游景区；龙川绿油小镇、紫金苏区革命遗址群、源城区野趣沟景区等正在创建国家AAA级旅游景区。东源县仙坑村获评全国乡村旅游重点村。全市新评1个省级旅游风情小镇，2条省级乡村旅游精品线路，6个省级文化和旅游特色村。持续推进旅游厕所革命，完成新建改扩旅游厕所81座。

文旅融合品牌加快塑造　2020年，河源市深化打造“客家文化”“红色文化”“恐龙文化”“生态休闲”等品牌，推动佗城风景区、林寨古村、南园古村、苏家围、黄龙岩畲族风情景区等多个以客家文化为核心的文化旅游项目提质提档；推动万绿湖、镜花缘、万绿谷、野趣沟、桂山、霍山、越王山、九连山等创建成为“万绿河源”生态文化品牌。

高端文旅康养项目不断打造　2020年，河源市持续打造巴伐利亚庄园、客天下·河源水晶温泉二期、河源春沐源岭南生态小镇、康泉十八国际生态健康旅游城、广晟御临门温泉度假村等项目。引进保利·响水国际旅游度假区、融创文旅城等高端旅游重点项目等，着力打造河源旅游康养产业发展新亮点。

文旅经济复苏持续向好　2020年，市文广旅体局出台《河源市应对新冠肺炎疫情支持文旅企业十条政策措施》，制订《开展“河源人游河源”实施方案》《河源市鼓励旅行社开拓省外客源市场奖励实施方案》，编制《河源市研学旅行服务规范》等，加大对疫情期间文旅企业的扶持。争取省文旅厅扶持资金2200多万元，主要扶持受损严重文旅企业38家，扶持文旅消费项目近10项，扶持文旅企业贷款贴息15家，扶持各县区公共服务、文旅消费、全域旅游示范区创建工作。安排340万元旅游发展专项资金用于扶持文旅产业复苏、市场营销推广、项目建设等工作。全市银行机构对5家旅游娱乐住宿餐饮企业发放再贷款专用额度440万元。

【旅游规范管理】 2020年，河源市做好星级饭店复核、全民禁毒、社会信用体系建设、质量强市以及政务服务等其他业务工作，推进文化和旅游行业规范化、标准化。按照法定程序做好文化市场营业性演出和旅行社设立审批工作，全年依法受理旅行社设立、变更、注销事项15项。培育和规范管理民宿行业，制定《河源市民宿管理实施细则》，经市政府常务会议审议通过；印发《关于开展旅游民宿登记备案工作的通知》，开展全市旅游民宿普查统计和登记备案工作，加快民宿登记管理工作；举办河源市民宿业规范管理以及全市旅游行业服务质量提升及乡村旅游（民宿）土地政策解读培训班，提升民宿业经营服务水平。强化行业监管，以深化旅游市场秩序整治、净化社会文化环境为重点，部署开展文化和旅游市场秩序专项整治行动，依法打击违法违规行为，促进全市文化和旅游产业健康稳定发展。

【助力“创文”】 2020年，河源市设计制作社会主义核心价值观、“讲文明树新风”“文明健康有你有我”以及文明旅游宣传牌匾180套，为市区7家星级饭店、66家旅行社（含分社、服务网点）、5家A级景区安装上墙，营造浓厚氛围。出台《河源市文化广电旅游体育局关于旅游不文明行为记录管理暂行办法》《加强旅游行业自律实施旅游市场黑名单管理的方案（试行）》，建立健全旅游企业和从业人员诚信记录及信用信息公示制度，营造健康旅游环境和文明旅游氛围。组织全市1140名持证导游参加文化和旅游部主办的导游“云课堂”在线培训和文明旅游在线学习，提高导游员的文明意识和职业素养，提升旅游行业服务水平。举办文明旅游主题活动7场，参与志愿者260人，服务游客达2400人次。

【旅游宣传推广】 2020年，河源市文化广电旅游体育系统与中国移动河源分公司合作，开展新媒体精准宣传，投放视频彩铃和微信朋友圈广告。加强与《中国旅游报》、凤凰网、南方网、澎湃新闻等新媒体的合作，制作系列精美短视频在抖音、快手、火山等平台进行播放。加强与本地新闻媒体合作，开辟专栏，及时对河源市文旅体工作进行动态宣传。还在粤赣高速路段投放河源文化旅游宣传广告，在粤赣高速热水站、城南汽车区建成4个旅游咨询服务站。在景区景点安装“智慧文旅体”电子平台触摸一体机和智慧旅游导览图（户外），营造创建全域旅游示范区的浓厚氛围。还印刷一批导览图（折页）。挖掘培育河源客家名菜，印制发行《源·味》一书，以图、文、音频、视频立体介绍客家名菜，拉动美食消费。

先后开展“乡梦初心 风雨彩虹”河源文旅复苏消费季5篇14章系列活动。推出河源市“文旅消费惠民年卡”。举办河源客家乡土文化旅游周、第三届万绿湖打鱼文化活动、河源市区文旅墟市系列活动周、黄龙岩畲族板栗节等活动。联合媒体平台开展“广东人游河源”活动，举办河源、中山、肇庆、惠州、潮州五地互游活动，还举办“温泉之都·康养河源”温泉文化体验周，美丽乡村研学基地评选及宣传推广活动。组织中央和省主流媒体专题报道河源恐龙蛋等恐龙文化资源。组织优秀企业代

2020年万绿湖第三届打鱼文化节 （市文广旅体局提供）

表参加中国（深圳）国际文博会、广东（国际）旅游博览会；参加2020年河源·惠州河北石家庄旅游推介会；承办“魅力广东·缤纷深莞惠汕河”五市旅游联合推介会。

旅游餐饮与土特产品

【特色美食】 美味靓汤（10种）：五指毛桃龙骨汤、鲫鱼豆腐汤、客家猪肚鸡汤、塘虱乌豆汤、紫金牛肉丸汤、枸杞叶猪什汤、八刀汤（全猪汤）、酸菜鱼头汤、黄酒鸡蛋汤、鸡蛋腐竹汤。

特色名菜（20种）：东江盐焗鸡、客家娘酒鸡、板栗焖鸡、水晶（蒸）鸡、蒸鸡腿、客家酿豆腐、炸豆腐、上汤牛三鲜、紫金天光牛肉、清蒸桂花鱼、苦荬炒黄鳝、鱼生、仔姜焖鸭、蒸圆蹄、客家红焖肉、客家腊味、客家酿三宝、酸菜炒猪肠、煎酿鸡蛋（蛋角煲）、客家菜干煲。

风味小食（30种）：老隆牛筋糕、蒸（炒）米粉、炒板栗、忠信蒜香花生、客家豆腐花、猪脚粉、豆腐角、客家擂茶、酸萝卜、河源蛋卷、料花、花生麻糕、酥角、“牛耳朵”、炒米（米糕）、铁勺饼（铁勺喇）、月光饼、连平米饼、豆腐头饼、粄皮（铜盘皮）、灰水粽、油粄（煎堆）、糍粑、仙人粄（凉粉）、灰水粄、艾粄、萝卜粄、酿粄、蒸笼粄、米酵粄。

【客家乡土特产】 河源土特产品种类多，且具地方特色。当地盛产板栗、鹰嘴桃、忠信花生、香菇等特产，客家人用传统的工艺，把它们加工成或美味可口，或具有保健作用的绿色天然食品、饮料、汤料，其品种齐全，部分产品已走向系列化、品牌化。传统的土特产主要有：紫金辣椒酱、竹壳茶、龙川牛筋糕、连平火蒜、忠信花生、康禾茶、河源蛋卷、料花等。

河源新评十佳土特产：霸王花牌米排粉；聪明人奇异果果汁饮料；上莞仙湖茶；望郎回风味炒栗；绿纯客家喜酒；河之源山泉饮用天然净水；黄田牌黄田米酒；赵佗牌枫深腐竹；上莞丹仙湖茶；万宝源客家米饼。

旅游行业管理

【旅游服务管理】 2020年，河源市文广旅体局强化服务管理，规范市场秩序，狠抓安全工作，确保全市文化和旅游市场安全有序运行。

疫情防控 全市公共文化场馆、旅游景区均采取预约、限流等方式开放，落实戴口罩、测体温、扫码登记等防控

措施；星级饭店、民宿等场所执行入住旅客体温检测、查验健康证明、实名登记、信息填报制度，加强人员管理。参与防输入专班工作，严格各类演艺活动审批，开展全市娱乐场所、网吧等疫情防控常态化巡查，完成市防疫指挥部交给的指定酒店管理任务。

安全生产监管　与各县（区）文广旅体主管部门，市直各文化、旅游企业，直属单位及局机关各科室签订《安全生产责任书》，全面压实安全生产工作责任。开展节假日、防汛和疫情防控等各类安全检查31次，检查文化、旅游企业476家次，排除各类安全隐患34处；会同市消防救援支队对文旅经营场所开展消防安全检查，及时暂停冰雪乐园、玻璃桥项目等。

高危项目管控　督促A级旅游景区加强对游船、客运索道、大型游乐设施设备、观光车等的安全检查和维护保养；加强游泳池、漂流等高危项目的日常监管；关停没有安全许可的玻璃桥、玻璃索道、滑道等高风险项目。

综合执法　全年开展专项整治13次，出动执法人员13200人次，检查文化经营场所2310家次、涉旅企业915家次、电影院158家次、书店90家次、印刷厂135家次、游泳池35家次，立案查处案件7宗。

宣传教育培训　开展“安全生产月”“安全生产万里行”、河源市旅游行业安全生产诚信宣传等各类主题活动，举办全系统安全培训，举办2020年河源市旅游行业消防安全和酒店疫情防控应急处置演练；组织市博物馆、市图书馆、市文化馆、市体育馆、市体校等专兼职消防工作人员到市消防救援支队源城文昌中队跟班学习。

【文明旅游工作】　2020年，河源市文广旅体局推动文明旅游深入开展。运用多种形式，在景区景点、宾馆酒店、旅行社等单位刊播展示社会主义核心价值观、讲文明树新风公益广告，宣传文明旅游，营造浓厚氛围。深入贯彻落实国家旅游局《旅游不文明行为记录管理暂行办法》，依法建立旅行社诚信“红黑榜”制度，推动企业诚信经营。推进文明行业、文明单位创建，举办“文明创建有我”——2020年河源市文明旅游宣言活动、“文明河源 有你有我”——河源市文明旅游志愿服务活动等文明旅游主题活动，展现河源市文化旅游行业良好形象，增强旅游从业人员和广大游客的法治意识和维权意识，营造健康和谐的旅游环境。

AAAA级旅游景区

【万绿湖风景区】　万绿湖景区位于东源县境内，距市区6千米，是新丰江水库建成后的华南地区最大的人工湖，因其处处是绿、四季皆绿而得名。湖区总面积1600平方千米，湖中360多个绿岛，水域面积370平方千米，平均深度30至40米，最深处达到80多米，水质达到国家地表水I类标准，水域壮美、水质纯美、水性恬美、水色秀美，与云南的西双版纳、肇庆的鼎湖山一起，被誉为北回归线上沙漠腰带的“东三奇”。目前，以万绿湖为依托，形成的景区、景点主要有桂山、镜花缘、万绿谷、万绿湖客家情馆、镜花岭、龙凤岛、水月湾、送水观音等。

桂山风景区　依山面湖，山环水抱，主峰千秀峰海拔1056米，自然风光得天独厚。花、果、山、林、石、溪、藤、瀑形成桂山风景区的八大特色，素有“植物王国、动物乐园、旅游天堂”之美誉。至2020年年底，风景区开发有三大功能区：生态文化体能娱乐区、杂技表演娱乐区、保健养生娱乐区及摘果观湖区，是野营、环保、教育、拓展训练、旅游观光、休闲度假的理想之地。

镜花缘景区　依托万绿湖优美的自然风光和良好的生态环境，以清代著名的小说家李汝珍的长篇古典神话名著《镜花缘》为文化底蕴，将中国古典传说与自然环境巧妙地融合在一起。景区主要项目有大型客家歌舞、仙女戏水狂欢、高空速降、红颜洞、森林攀爬、水上娱乐、迷缘阵、5D电影、碉楼小镇等。

万绿谷休闲度假旅游区　位于东源县新回龙镇东星村万绿湖畔，距河源市区约30千米，是万绿湖环湖公路上第一个原生态自然渔村。景区由原生态体验区和叶屋坪湖边渔家度假区两大部分组成，精彩项目有空中漂流、原生态体验区、沙滩排球、田园采摘、干塘捕鱼、天然泳场、野趣烧烤场、乡村卡拉OK、篝火晚会、烟花会演等项目。

【巴伐利亚庄园】　巴伐利亚庄园是国家级旅游度假区，位于广东省河源市源城区，地处万绿湖水脉和大桂山龙脉交会之处，占山地面积近5平方千米，距香港、深圳、广州仅2小时车程。庄园创新融合金融保险、医疗教育、生物科技、农场体验、国药温泉等资源，打造健康养生、禅修养心、度假养老的“三养度假”梦想庄园，是一个集娱乐游玩、美食购物、休闲养生度假的理想之处。

【客天下河源水晶温泉度假区】　客天下河源水晶温泉度假区，是省级旅游度假区，位于源城区高埔岗，距市区13千米，占地面积约134公顷。温泉水资源十分丰富，有12个泉眼，日流量9000立方米，平均水温68℃，勘测日流量近万吨，含有40多种有益身体的微量元素，是广东省内唯一同时富含游离二氧化碳和氡的矿疗温泉。以世界沐浴文化为主题，有热带风景区、中国浴区、日本浴区、别墅区、欧洲浴区、东南亚浴区等，集世界沐浴文化为一体，是一处综合性的休闲度假旅游区。

【御临门温泉度假村】　御临门温泉位于紫金县九和镇，距河源市区1小时车程。温泉出水口温度86℃—92℃，日流量1万立方米，温泉水晶莹剔透，富含偏硅酸等多种对人体有益的微量元素和矿物质。景区以巴厘岛风情和客家文化的结合为主题，建有东南亚风情特色的各式竹楼、垂钓长廊、小桥凉亭等休闲设施，是一所集住宿、餐饮、会议、娱乐、休闲、商务、健身和大型露天温泉功能于一体的豪华温泉度假村。在这里您将体会到巴厘岛式风情建筑散发出的异域神秘和诱人的东南亚气息。

【苏家围·东江画廊旅游景区】 苏家围客家乡村旅游区　位于东源县义合镇苏围村，距市区26千米，是全国首批农业旅游示范点，是国家AAAA级旅游景区。景区因苏东坡后裔在此聚居而得名，由18座府第式的客家民居组成，其中最古老的房子有500多年的历史，是回归自然乡村、品味客家文化和苏氏文化的好去处。客家古老民居、乡村性别文化、农耕农事长廊，游人处处能体会到客家人的纯朴与自然。古榕、老屋、江风、竹韵、牧歌和野趣，造就一个南中国的画里乡村。

东江画廊风景区　位于东江河流东源县河段，全长76千米，距市区7千米。景区是以东江为主线、两岸风景为依托、农业生态、客家民俗为主题，集客家风情、田园风光、科普教育、农业科技、休闲娱乐于一体的新型综合功能景区。乘坐玻璃钢游船饱览东江美景，沿岸风景秀美，如一幅幅客家乡土气息浓厚的水彩画，体会“船在江中走，人在画中游”的感觉。同时欣赏船上的客家歌舞表演，感受东江流域客家风情。

【叶园温泉旅游度假区】 叶园温泉度假区位于东源县黄田镇。温泉出水口温度在68℃左右，水质含有多种对人体有益的矿物质及微量元素，尤以碱的含量最高，故为“苏打泉”，有很好的养生、医疗、美容、养颜之功效。景区以“客家·生态”文化为主题，打造酒店客房、度假别墅、客家围屋休闲区、神秘神山溶洞区、造浪池、水疗SPA池、客家草药池、亲亲鱼疗池等项目，是一家集温泉养生、休闲度假、观光旅游、商务会议为一体的综合型休闲度假景区。

【和平县温泉之都旅游区】 和平县温泉之都旅游区，位于广东省河源市和平县热水镇南湖村，热龙温泉以其独特的设计理念被建设部、中国环境艺术委员会评为中国环境艺术示范基地。热龙温泉旗下有热龙温泉度假村、九连山温泉度假山庄、热水漂流、粤北老区自驾车示范营地、女子越野训练营、5D大型实景生态水秀。热龙温泉是以养生度假为核心，集休闲旅游、商务会议、文化科普和运动娱乐五大功能为一体的“大美山谷、大养汤泉”度假胜地。

主要星级酒店

【翔丰国际酒店】 河源翔丰国际酒店是河源地区五星级酒店、中国十佳商务酒店。地处市中心城区，屹立在新风江与东江交汇处，登楼远眺，两江夜景及亚洲第一高喷泉美景尽收眼底。距离万绿湖、桂山等主要风景区仅10分钟车程。酒店由商务客房、23间中餐包房及多个专业的会议厅、51间会所KTV等组成。酒店设计将现代酒店与客家文化精髓巧妙结合，形成具有浓郁地方文化韵味品牌酒店。

【假日酒店】 河源假日酒店是河源市区内首家民营四星级旅游商务酒店，酒店位于全国著名的旅游之乡——广东省河源市，正处新丰江黄金水道中段，占地1.9万平方米，依江而建，碧如翡翠的新丰江从门前蜿蜒流过，江风拂面，江景如画。酒店近靠河惠高速公路，距国家AAAA级风景区万绿湖、野趣沟、桂山、苏家围都仅约20分钟车程，交通极为便利，地理位置得天独厚。酒店以东南亚风情风格、城市休闲主题建设，拥有豪华城景房、豪华江景房、各类套房、总统套房等各类房型，宽敞舒适，倍感温馨。拥有可容1800人会议或800人用餐的多功能宴会厅以及多个大小多功能会议厅，可满足各种商务活动需要。

【滨江金利大酒店】 河源滨江金利大酒店是四星级综合型酒店，集餐饮、客房、会务、娱乐休闲于一体的综合型酒店，总建筑面积为2万多平方米，她位于河源市市区中心，美丽的新丰江水从酒店门前宛然而流，酒店沿江而建的跨度长达120米。当酒店客人临窗而站之时，远可眺望笔架山、桂山、望郎回、五斗珠等河源名山的秀丽；近可俯瞰新丰江千娇百态的无敌大江景；宏伟的新丰江大坝隐约可见，河源的秀水名山、源城景色尽收眼前。　（刘崇昱）

河源年鉴

金融业

编辑：曾红艳

综 述

【概况】 2020年，河源辖区主要银行业金融机构有：政策性银行市分行1家，机构网点2个；国有商业银行市级分行5家，机构网点79个；股份制银行市分行1家，机构网点7个；外资银行1家，机构网点1个；农村商业银行7家，其中6家为地方法人农商行，1家为广州农商行河源分行，机构网点178个；邮政储蓄银行市分行1家，机构网点81个；村镇银行2家，机构网点4个；小额贷款公司23家。

【金融运行】 各项存款增长情况 2020年，河源市银行业金融机构本外币各项存款余额1544.34亿元，比上年增加96.24亿元，增长6.7%；其中，人民币各项存款余额1530.35亿元，增加91.70亿元，增长6.4%；外汇各项存款余额2.14亿美元，比上年增加0.79亿美元，下降58.4%。

各项贷款增长情况 2020年，全市银行业金融机构本外币各项贷款余额1572.17亿元，比上年增加226.05亿元，增长16.8%。其中，人民币各项贷款余额1567.23亿元，增加223.63亿元，增长16.6%；外汇各项贷款余额0.76亿美元，增加0.39亿美元，增长109.0%。

贷款质量与盈利情况 2020年，全市银行机构不良贷款余额16.33亿元，比上年增加1.80亿元，增长12.4%；不良贷款率1.04%，下降0.04个百分点，全市银行机构全年实现税后利润27.91亿元，减少0.59亿元，减少2.1%。

银行结售汇情况 2020年，河源市银行代客结售汇总额17.20亿美元，下降3.3%；结汇16.16亿美元，下降1.0%；售汇1.04亿美元，下降28.8%；结售汇顺差15.12亿美元，增长1.7%。其中，经常账户顺差13.87亿美元，下降4.8%；资本与金融项目顺差1.24亿美元，增长329.6%。

【货币政策】 2020年，中国人民银行河源市中心支行抓好落实货币政策，提升金融服务水平，促进地方经济持续健康发展：加强货币政策工具运用，全年发放扶贫再贷款1.91亿元、支农再贷款（含扶贫）3.30亿元、支小再贷款5.51亿元；通过实施普惠金融定向降准、“比例考核”优惠政策及定向降准，推动银行机构加大对普惠小微企业、“三农”领域等薄弱环节的信贷投入。是年，全市各项贷款余额1572.17亿元，比上年增长16.8%；存贷比101.8%，位居全省地市第一；全市涉农贷款余额594.76亿元，增长13.6%；小微企业贷款余额352.68亿元，占企业贷款余额的比例60.3%；普惠口径小微企业贷款余额172.20亿元，增长28.9%。

【金融稳定与改革】 2020年，中国人民银行河源市中心支行持续维护辖区金融稳定，推进金融改革工作，守住不发

2020年8月7日，中国人民银行广州分行与河源高新区管委会双方就金融支持“六稳”“六保”尤其是稳外资稳外贸工作等方面进行探讨和交流

（中国人民银行河源市中心支行提供）

生系统性金融风险的底线；督促地方法人金融机构制定“一行一社一策”风险防控应对预案，开展重点领域、薄弱环节的风险排查，及时掌握防范风险的主动权，做好风险处置工作并妥善化解相关风险。完成央行金融机构评级、银行机构综合评估，资产质量真实性核查和稳健性现场评估等工作，促进全市金融机构合规稳健经营。推动地方金融改革发展，督促农业发展银行河源分行持续深化机构改革和国有银行河源分支机构经营管理机制持续完善，提升金融服务能力；督促地方法人金融机构持续完善法人公司治理结构和提升治理能力，更新经营管理理念，提高金融风险防控化解能力，全市金融生态环境持续改善，金融风险总体可控。

【金融服务】 征信体系建设 农村信用体系建设取得新成效。2020年，全市建成市县两级综合征信中心8个，推动255个贫困村全部转化成信用村，完成采集并录入农户信息40.92万户，占全市农户总数84.2%；全市金融机构登录系统查询信息7924笔，发放农户贷款5930笔，金额10.85亿元；“粤信融”平台全年注册企业13540家；完成银企融资撮合1020笔，增长2.12倍；完成银企融资88.35亿元，增长1.05倍；应收账款融资服务平台实现融资成交240笔，交易金额55.33亿元，增长116.6%。

支付服务水平 2020年，中国人民银行河源市中心支行做好ACS（中央银行会计核算数据集中系统）等现代化支付系统的运行和维护工作，保障辖区资金支付高效便捷安全。2020年，全市银行卡跨行支付系统联网特约商户2.34万户，增长74.6%，联网ATM机具998台，减少11.8%；全市银行机构发生网上支付业务金额7067.66亿元，银行卡交易金额2018.53亿元，票据业务金额305.23亿元，分别减少2.7%、3.7%和14.4%；助农取款服务点1644个，全覆盖全市1251个行政村。推动银联云闪付实现各类便民场景的规模化应用，全市银联云闪付注册用户36.26万户，增长51.8%;促进城乡金融支付服务普惠化、便捷化,移动支付便民工程和示范镇建设取得成效，全市建成源城埔前、东源新港、连平忠信、和平热水、龙川佗城等5个农村移动支付示范镇。

货币发行管理和服务 是年，该行加强现金投放、回笼工作，2020年累计投放现金73.15亿元，回笼现金72.89亿元，净投放0.26亿元，保障全市现金供应稳定。2020年坚持抗击疫情和保证现金供应两手抓，调拨新钞支持社会用现需求，公布实施现金消毒政策稳定民心，确保基础金融服务工作“不掉线”。

跨境人民币业务 主动宣传助推业务，开展跨境人民币结算业务宣传活动，举办河源市跨境人民币业务政策宣讲会，提高跨境人民币结算业务的社会认知度，增强涉外企业参与跨境人民币结算业务的主动性；强化监管规范发展，加强业务监测，督促银行加强业务真实性审核工作，开展执法检查，及时纠正不规范行为，促进跨境人民币结算业务规模、参与企业数量和业务范围扩大。是年，新增参加跨境人民币结算企业26家（累计306家），发生跨境人民币结算金额63.53亿元，比上年上升5.1%。

金融管理与服务 是年，该行推动金融消费纠纷多元化解机制建设，联合市中级人民法院、市金融工作局、银保监河源监管分局印发《关于建立河源市金融纠纷诉调衔接工作机制的意见》，指导河源市金融消费权益保护协会分别与源城区、东源县人民法院签署合作协议。开展金融法治宣传教育，组织举办“3.15金融消费者权益日”“金融知识普及月”“12.4宪法宣传日”等活动,并组织金融机构进社区、校园、农村和企业宣传金融知识。提升反洗钱监管成效，加强对异常资金流动监测，联合市人民检察院共同签署《合作备忘录》，推动河源辖区首宗洗钱罪案件落地。依法开展综合执法，做好支付机构监管、跨境资金监测等工作，及时纠正违规行为，维护辖区金融秩序。

【外汇管理】 2020年，国家外汇管理局河源市中心支局按照上级统一部署，贯彻落实各项工作，做好“六稳”工作，落实“六保”任务，以“服务实体经济、防控金融风险、深化金融改革”为重心，推进“放管服”改革，推动各项改革新政落地，提升辖区跨境投融资自由便利化水平，完善跨境资本流动风险的管理。推进大湾区贸易外汇收支便利化新政在河源试点,推进河源融入粤港澳大湾区建设。落地实施资本项目收入支付便利化新政，缩短企业业务办理时间，提升企业资金流转效率。推广落实“多报合一”年报改革政策，多措并举宣传推进“多报合一”（“多报合一”是指：落实《中华人民共和国外商投资法》关于外商投资信息报告制度的要求，自2019年度年报起实施市场监管、商务、外汇年报“多报合一”改革）年报改革新政在河源的贯彻实施。践行“金融为民”理念，组织开展“情系企业 暖心服务”走访活动，建立疫情防控外汇政策绿色通道，精准施策，支持企业复工复产。推进外汇管理“互联网+政务服务”建设，扩大“马上办”“一次办”“最多跑一次”业务范围。创新宣传方式，做好外汇管理政策培训、宣传及企业辅导工作。提高跨部门联合监管合力，加强与市商务局、江东新区管委会等各部门的沟通协调，做好外汇服务工作，优化辖区营商环境。

（麦　铖）

金融管理

【概况】 银行业 2020年，河源市银行业金融机构（分支机构）18家，本外币各项存款余额1544.34亿元，比上年增加96.25亿元，增长6.6%，全省排名第18名；本外币各项贷款余额1572.17亿元，增加226.05亿元，增长16.8%，在全省排名第15名；存贷比101.8，居全省

地级市（含深圳市）第1位，比全省平均水平高出28.7%

保险业 2020年，全市保险机构（地市级分公司）27家（其中财产险公司15家、寿险公司12家），网点184个，全市保险从业人员15554人。全市保费收入41.85亿元，比上年增加9400万元，增长2.3%，其中寿险24.47亿元、财险17.38亿元，全市保险赔款和给付13.02亿元，增加7800万元，增长6.4%

小额贷款公司 2020年，全市小额贷款公司24家(其中：停业1家)各项贷款余额15.29亿元（注册资本20.67亿元），比上年减少1.1亿元，下降6.7%；累计发放贷款8.14亿元，减少6900万元，下降7.8%；涉农贷款余额5.13亿元，减少1400万元，下降2.7%

融资性担保公司 2020年，河源市持有效经营许可证的4家融资性担保公司注册资本金合计2.75亿元，在保余额2.23亿元，其中融资性担保余额8400万元。

证券业 2020年，河源市9家证券公司营业部总资产67.42亿元，保证金余额6.99亿元，营业总收入8175.75万元，实现净利润2948.87万元，全市证券交易额累计2024.54亿元，比上年增长53%。

典当行 2020年，全市25家典当行（含1家分支机构）注册资本金合计3.14亿元。典当余额2.68亿元，下降1.8%；典当总额12.38亿元，增长71.8%；其中动产1.97亿元，上升1.6倍；房地产9.19亿元，增长54.9%；财产权利1.22亿元，增长1.4倍。资产总计3.56亿元，增长1.5%。负债总计256.77万元，增长50.9%；主营业务收入2442.19万元，增长21.9%。主营业务利润614.36万元，增长1.1倍。纳税额29.58万元，下降12.9%

多层次资本市场 2020年，全市174家企业在区域股权交易中心挂牌，6家企业在新三板挂牌、1家企业已报IPO（首次公开募股）会审。

【企业融资】 2020年，河源市金融局出台贯彻落实市政府系列惠企政策的金融服务指导意见，使本地企业在疫情防控期间实现低成本融资。对中央、省、市应对疫情防控出台的涉及银行类产品、保险类产品惠企金融政策和产品进行梳理汇总并报道宣传。召开全市政银企融资对接会，及时协调银行机构做好融资对接会上的项目对接，银行机构对融资对接会上的项目发放贷款71笔，金额79.54亿元。为解决疫情下中小微企业因缺乏抵押物而导致的融资困难，召开产业信用金融促进会暨信用贷款集中发放仪式，各银行机构累计对接企业173家次。7家银行机构将对筛选出的7家无抵押无担保企业现场发放信用贷款1.13亿元。是年，河源辖内银行机构企业信用贷款余额66.83亿元，比上年增加19.93亿元，增长42.5%。

【解决中小微企业融资难、融资贵问题】 2020年，河源市金融局推动中小企业融资平台的接入和建设。联合市政务服务数据管理局等部门印发《河源市加快对接"省中小融平台"建设工作方案》，成立由市政府协调金融工作的副秘书长任组长的中小企业融资平台建设工作领导小组，统筹协调推进平台建设各项工作。通过鼓励和引导银行机构加大对中小微企业融资支持，优化贷款服务方式，创新融资产品，引导和推动金融机构和中小企业通过平台开展融资对接。推动河源本地企业注册进驻平台1243家，接入平台系统的银行机构15家，发布55款信贷产品，为本地中小微企业线上授信企业数48家，授信金额3.3亿元，为46家企业放款，放款金额2.7亿元。

【推动企业股份制改造、促进资本市场发展】 2020年，河源市金融局加大市、县联动，动态筛选股改企业，集中力量引导和扶持重点企业完成股改工作，做好企业上市工作，建立领导挂钩联系企业制度加快推动企业上市。是年，推动全市新增完成股改企业13家，其中市高新区完成股改企业7家、源城区3家、龙川县2家、东源县1家。引导企业开展股权交易，加强与前海股权交易中心和广东股权交易中心战略合作，协助本地企业通过股权转让、挂牌融资等方式实现股权直接融资。是年，该市在区域股权中心挂牌174家，推动企业在广股交科技创新专板挂牌展示企业2家、农高专板挂牌企业6家。

【加强金融风险防范化解】 2020年，河源市金融局开展防范打击非法集资和互联网金融风险专项整治工作，确保地方金融稳定。印发《河源市2020年涉众金融领域不稳定问题专项治理工作方案》，根据处置非法集资部级联席会议办公室"司法程序完成、资金兑现基本完成、社会面可控"的工作要求，摸清风险底数。开展涉非涉稳风险专项排查，依托省地方金融风险防控监测平台（金鹰）系统，监测河源市企业数量6271家，未发现存在涉银行类、涉股权类、涉保险类不稳定矛盾风险。对非法金融活动的高压态势，履行行业监管职责，从源头上遏制可能存在的黑恶势力问题。

2020年，河源非法集资举报案件3宗；新发非法集资案件2宗，涉及人数25人，涉及金额1686.8万元，未发生重大非法集资案件；办理陈案结案8宗，提前完成省金融局要求到2020年非法集资陈案结案率不低于50%的总体目标任务。（程　淇）

银行保险业监督管理

【概况】 中国银行保险监督管理委员会河源监管分局监管所在辖区银行业金融机构资产总额1997.57亿元、比上年增长12.1%，其中各项贷款余额1572.18亿元，增长16.8%；负债总额1916.86亿元、增长12.4%，其中各项存款（含存放在国库的财政性存款）余额1544.34亿元，增长6.7%，全市银行业金融机构不良贷款率1.04%，下降0.04个百分点；保险业金融机构原保费收入41.72亿元，增长4.2%；赔付支出13.67亿元，增长8.6%。其中，财产保险公司原保费收入17.38亿元，增长4.6%，赔付支出9.81亿元，增长10.2%；人身保险公司原保费收入24.34亿元，增长4%，赔付支出3.86亿元，增长4.7%。

【银行业保险业监管】 防范化解金融风险 2020年，中国银行保险监督管理委员会河源监管分局监测督导风险化解，关注指标动态，开展监管约谈40次，调研督导52次，下发风险提示125份，发出监管意见书10份。督促银行机构逐月压降不良，杜绝发生“鼓肚子”现象，避免年末突击处置。要求银行机构与地方财政部门做好沟通，按市场化程序逐步化解政府隐性债务，2020年，辖区银行机构持有政府债务138.30亿元。贯彻落实“房住不炒”政策，制订调控计划，关注房地产领域贷款逾期违约情况。督促机构资金脱虚向实，将资金投向地方基建、传统产业升级改造、先进制造业、战略性新兴产业等重点领域以及小微企业、“三农”等薄弱环节，支持打造地方新经济增长极。开展扫黑除恶工作，全年辖区银行保险机构查冻扣3854宗，涉及金额68.43亿元，协助公安部门破案8次，受到当地公安部门表扬；督促机构派出宣传人员2387人次，设立宣传栏2811个，自编宣传短片26条，走访社区405个，派发宣传资料8.84万份。开展案防“5+N”（指对员工行为管理、印章管理、信贷、资金、柜面业务作为必查项，并结合河源辖区实际，在理财、押品管理、不良资产处置、第三方合作、安全保卫等内容中选定自选项开展银行保险机构案件防控排查工作）专项治理工作，发现自查问题1028个，完成整改956个，问责373人次，整改率93%，全年辖区实现“零案件”。深化市场乱象整治，督促机构自查并落实整改，是年，银行机构自查发现问题845个，涉及金额43.30亿元，完成整改759个、金额41.61亿元，问责人员527人次，整改率89.8%。持续强化准入工作质效，受理审核银行保险机构核准类行政许可事项99件次，其中机构准入49件次，董事和高管任职49件次、业务变更1件次；处理备案类行政许可事项171件次、组织拟任高管开展任职资格考试69人次、开展高管任前谈话46人次；指导河源农商行开办信用卡业务，组织实施评估验收并在4天内完成预审，助力河源农商行成为全省第四家、粤东西北第一家发行信用卡的农商行。

提升服务实体经济质效 2020年，普惠型小微企业贷款余额171.94亿元，比上年增加38.28亿元，增长28.6%，高于同期各项贷款增速11.82个百分点；贷款余额户数16657户，增加2865户；涉农贷款余额总体达标，余额594.76亿元，增加71.35亿元，增长13.6%；普惠型涉农贷款增速高于各项贷款增速，余额99.38亿元，增加23.13亿元，增长30.3%，高于各项贷款增速13.51个百分点；精准扶贫贷款增幅总体达标，余额12463万元，增加4314万元，增长52.9%。推动“信易贷”平台工作，加强与市发改局、市工商联等政府部门的沟通合作，是年，辖区银行业金融机构入驻平台并发布信贷产品，累计对企业授信44户、贷款余额6644.5万元。督促辖区银行机构完成4622户小微企业问卷调查和实地走访对接，问卷完成率100%，获得信贷资金企业280家，发放贷款5.65亿元，进驻广东省中小企业诉求响应平台，回应企业诉求3件，处理率100%。推进信用金融支持产业发展，督促银行机构以信用类融资工具为抓手，累计对接中小微企业融资需求12776家次，累计为发放小微企业信用贷款28.96亿元，增加16.33亿元，增长129.5%；余额占小微企业贷款6.3%，上升2.8个百分点。推进银行机构推行“一站式”服务，完成“匿名审批”，实现“阳光信贷”全面推广和可持续发展，打造成“河源招牌”。与市农业局对接及时掌握生猪供产情况，全年辖区生猪养殖贷款余额6.84亿元，增加3.1亿元，增幅82.9%，累计发放生猪养殖贷款294笔，金额5.95亿元。主动对接河源市“融湾融深”等重点项目建设，全年辖区银行业支持重点建设项目32个，增加7个，表内外融资余额合计28.7亿元，净增12.54亿元。全年与市扶贫工作局、金融局、承贷银行开展扶贫小额信贷工作座谈会4次，新发放扶贫小额信贷2219户、金额7258万元；有劳动能力的建档立卡贫困户获贷率22%。

【金融服务】 推进金融支持复工复产、实体经济 2020年，中国银行保险监督管理委员会河源监管分局落实政策要求，结合实际，转发抗击疫情与复工复产类文件8份，与其他部门联合发文或制定具体业务政策措施5份，确保政策传导及时到位。定期收集和梳理重点领域行业、再贷款支持名单制重点企业金融服务情况，加大督导力度，2020年，辖区银行业金融机构累计向71家单位发放贷款9.98亿元，用于医疗器械及物资的科研、生产、购销；指导各机构对防控企事业单位的账户开立、资金清算以及各类捐赠款项汇划业务简化办理流程，累计为市县两级财政部门汇划疫情防控资金1851笔，合计4535.59万元；督促发放粮油、蔬菜等重要生活物资相关贷款366笔，金额7.49亿元。对受疫情影响严重的行业新增贷款户数4298户，新增发放贷款112.22亿元。减费让利降成本，减免财务顾问费、敞口占用费、评估费、抵押登记费等费用约1176.65万元，普惠型小微企业贷款平均年利率5.4%，下降1.02个百分点；综合融资成本降低1.14个百分点。其中法人银行机构平均贷款年利率下降1.44个百分点，分支机构下降0.79个百分点。是年，通过续贷、展期等方式为121.2亿元的企业贷款办理延期还本付息，纾困企业3031户，临时性延期还本付息申请审核通过率100%。全年免责涉及本金2.25亿元、543人，占比分别为

38.2%、52.2%。推出“战疫贷”“复工贷”“创业贷”等21种防疫贷款产品，累放相关贷款3750笔，金额合计47.2亿元。引资金活水助春耕备耕，缓解采购农药、种子、农用机具等的资金压力，辖区银行业金融机构全年累计发放贷款1646笔，金额31.27亿元。指导银行机构助力金融支持产业链核心企业、外贸企业、重点项目工程，全年为123家次外贸企业发放贷款27.53亿元，为47家核心企业提供融资13.19亿元、41家上游供应商提供供应链融资10.51亿元、6家下游消费终端提供供应链融资1.56亿元。重点支持制造业，全年新增制造业贷款587户、金额64.47亿元。

加强金融消费者权益保护 2020年，中国银行保险监督管理委员会河源监管分局强化金融知识宣传教育，针对学生、退役军人、老年人、贫困户等特殊群体开展专题宣传活动，以“以案说险”为主题，组织行业协会发布防范非法金融活动风险提示、特色亮点宣传活动33篇。完善信访、举报及群访事件处置工作规程等4项制度，明确职责、处理时限和流程，确保依法合规。妥善处理信访投诉，妥善处理信访投诉，收到金融消费者投诉204件，其中保险业191件，银行业13件，办结率100%，辖区未出现越级上访，未因信访投诉发生行政诉讼、行政复议，无留存积案。是年，组织6家寿险公司召开座谈会，主动对接市经侦部门，探索保险模版投诉应对方法，形成“自我保护”“精准打击”工作合力，辖区下半年收到投诉9件，比上半年下降132件。（庄　湑）

银行业

【中国工商银行河源分行】 2020年，中国工商银行河源分行个人客户158万户，各项存款余额201.7亿元，各项贷款余额（含银行卡）263.1亿元，总量在当地四大国有商业银行中连续13年居第一，其中：公司贷款余额103亿元，个人贷款余额142亿元，存贷比130%。是年，河源工行综合绩效考核全省二级分行第5，并在全国300家工行二级分行综合考核中，河源工行排第18名，实现连续7年进入全国“30强”目标。

做好抗疫金融保障 2020年，中国工商银行河源分行开辟绿色通道、提升服务效率，在贷款利率优惠、结息周期调整和普惠信贷等落实支持政策，畅通授信审批“绿色通道”，支持企业恢复产能和扩大生产，保障复工复产资金保障需求。是年，该行为疫情防控重点的卫生防疫、医药用品、物资保障等等客户授信3.7亿元，为9家抗疫企业发放抗疫贷款1.5亿元，其中河源中安谐的专项再贷款为河源市首笔全国性疫情防控重点企业防疫贷款。为受疫情影响还款付息困难企业调整还款计划171户12.4亿元；为暂时还款困难个人客户延后还款期限2667人次，延后还款金额909万元，调整还款计划107笔，调整贷款余额4300万元。

逆周期实现信贷投放 2020年，中国工商银行河源分行通过落实专项资金配置额度方式，优先保障民营企业的信贷规模，提供相对优惠的贷款利率，实现逆周期大幅提升信贷投入。是年，该行本外币存款余额201.7亿元，表内外贷款余额263.1亿元。2020年表内外贷款净增40亿元，增量四行占比30.3%居第二，比上年增加6.7亿元，公司贷款净增25亿元，增量四行占42.8%居第一，支持大中小公司客户超过460户，净增量比上年增加3倍。

加强对实体经济的支持力度 2020年，中国工商银行河源分行重点围绕政府经济发展导向，加大对实体经济的支持力度。是年，该行率先成为首家公司贷款增量超过个人贷款增量的银行，其中：河源工行制造业贷款余额22.4亿元，比上年增加7.29亿元，制造业贷款余额、增量均居四行第一（中长期制造业贷款占全部制造业贷款比由44%提升至50%）；幸福产业贷款余额增长13.4%；环保产业贷款增长137.5%；普惠金融贷款户数1307户，比上年增加364户，增长36.6%；普惠贷款余额16.3亿元，普惠贷款增加2.5亿元；累计发放普惠企业信用贷款1.4亿元，比上年增加1.28亿元。

河源分行响应市委、市政府产业信用金融促进会的倡议，率先加大信用贷款发放力度，主动减费让利等方式，降低企业融资成本。各项贷款新发放利率5.4%，比上年下降46个百分比，其中公司类新发放贷款比上年下降38个百分比，个人类贷款下降47个百分比。

（刘文婷）

【中国农业银行河源分行】 2020年，

2020年6月10日，中国工商银行河源分行出席河源市产业信用金融促进会暨信用贷款集中发放仪式，并代表河源银行业发言（中国工商银行河源分行提供）

中国农业银行河源分行本外币各项存款170.5亿元；本外币各项贷款244.7亿元；“三农”贷款增速高于全行贷款增速，普惠领域贷款“两增两控”监管指标全面达标。

服务实体　2020年，中国农业银行河源分行突出重点行业信贷支持，新增法人贷款主要投向当地交通运输、卫生、农林牧渔业和制造业等四个行业。突出防疫期间中小微企业信贷支持，对防疫重点支持客户开启“绿色通道”，加快贷款办理效率，投放全市首笔央行专项再贷款名单内企业的医用物资贷款；为小微企业、个人、农户等在内的309户贷款实施纾困措施，涉及贷款金额16.33亿元。综合运用该行差异化信贷政策，满足小微企业复工复产融资需求。是年，法人小微企业户数237户，增加90户，法人小微贷款余额5.89亿元，增加1.52万元。

服务乡村振兴　持续推进扶贫小额信贷“应贷尽贷”，年内累计发放1045户4081万元扶贫小额贷款，存量与增量市场份额居全市金融机构首位；加强“一县一产业”扶贫带动，是年，全行累计发放17户产业带动扶贫贷款，贷款余额3.82亿元，带动建档立卡贫困户2095户；深化消费扶贫和东西部扶贫，推广“消费扶贫爱心卡”，通过场景建设、平台搭建、加快场景应用，打造河源扶贫商城专区，累计带动消费扶贫16.4万元；推进农户信息建档工作，全年已建档行政村728个，建档农户8739户，推动乡村振兴金融服务。

服务普惠金融　2020年，打造上线“智慧+”开放银行项目，为河源源城区8家医院搭建“智慧医疗”服务平台，上线智慧党费、智慧校园、智慧出行、智慧宗教等重点行业场景商户，2020年获河源市便民工程场景建设突出贡献奖。推广“网捷贷”、家装分期、车位分期、汽车分期等消费类贷款，个人贷款存量市场份额连续四年保持四行第一。（黄少聪）

【中国银行河源分行】　2020年，中国银行河源分行本外币各项存款余额70.36亿元，比上年增加9.72亿元，增长16%；本外币各项贷款余额126.27亿元，比上年增加22.29亿元，增长21.4%。

疫情防控　2020年，疫情发生后，中国银行河源分行制定疫情防控方案，保障员工安全健康，保障金融服务畅通，开辟绿色审批通道，主动对接抗疫企业贷款需求。2020年春节期间，仅用2天时间即为河源市一防疫物资生产企业投放700万元资金用于扩大口罩产能，该贷款是河源市银行业投放的首笔疫情防控贷款。针对疫情防控领域资金需求，推出“抗疫贷”“战疫人才贷”等信贷产品，支持企业复工复产。实施利率优惠政策，为疫情防控企业发放远低于市场定价的优惠利率贷款，实施延期还本付息措施，与企业共克时艰，为企业复工复产纾难解困。2020年，河源中行累计对7户疫情防控相关企业单位发放贷款1.05亿元；为23户企业实行延期还本金，涉及本金1亿元；为16户企业实行延期付息，涉及利息2587万元。

服务实体经济　2020年，中国银行河源分行向97家民营企业发放贷款28.45亿元，比上年增加9.93亿元,增长53.6%，民营企业贷款投放金额占各项公司贷款投放金额的80.9%。2020年，发放普惠金融贷款6.47亿元，比上年增长54.5%。“两增两控”普惠小微企业贷款余额7.3亿元，增加2.53亿元，增长52.8%，高于各项贷款增速37.2个百分点。主动实施减费降息措施，降低企业融资成本，2020年新发放普惠小微贷款平均加权利率比上年下降63个基点。

数字化转型　2020年，中国银行河源分行坚持以客户为中心，推动数字化转型，优化客户金融服务体验。面向小微企业推出线上融资系列产品，借助互联网、大数据、生物识别等科技手段，简化申请贷款和使用贷款的流程，提高业务处理效率，满足小微企业多样化融资需求。推进手机银行数字化转型，手机银行整合在线支付、资金管理、银行融资等领域200多项金融服务，带给客户个性化、智能化的服务体验。推进网点智慧转型，智能柜台覆盖全部网点，客户在智能柜台即可办理日常金融服务，提高业务效率和体验；推出便携式智能柜台，通过上门服务让客户足不出户即可办理业务。加强客户权益保护，完善客户资金安全、信息安全保障体系，开展金融知识宣传教育普及工作，用心守护客户权益。（吴可光）

【中国建设银行河源市分行】　2020年，中国建设银行河源市分行下辖龙川、和平、紫金、连平、东源5个县域支行及分行营业部、源城、高新区等12个市区支行，在职从业人员407人，分行设置职能管理部门12个，自助设备123台。

存款业务　2020年中国建设银行河源市分行一般性存款余额197.68亿元，其中：个人存款余额98.01亿元，企业存款余额99.67亿元。

贷款业务　2020年中国建设银行河源市分行各项贷款余额224.72亿元，新增42.29亿元。其中，个人贷款余额162.59亿元，对公贷款余额62.13亿元。

利润指标　2020年，中国建设银行股份有限公司河源市分行实现拨备前利润6.95亿元，中间业务收入1.75亿元。

住房租赁　2020年8月，中国建设银行河源市分行与市住房和城乡建设局签署《河源市“数字住建”战略合作协议》，搭建智慧房管、资金监管、智慧建筑三大系统。

普惠金融　2020年中国建设银行河源市分行普惠贷款余额17.62亿元，比上年增加6.11亿元。

乡村振兴　2020年中国建设银行河源市分行选取生猪产业，该产业累计授信7.1亿元，配合紫金县政府申报全省“生猪产业园”。

社会责任　2020年中国建设银行河源市分行印发《中国建设银行河源市分行“春晖行动”暨加快资产业务发展工

作方案》，支持复工复产；与市政务服务数据管理局签订《河源市“数字政府”建设框架合作协议》，全辖17个网点100%全覆盖上线9大类共84项政务功能，为群众提供24小时服务；与河源政府签订促进汽车消费下乡协议。

（王华锋）

【广发银行河源分行】2020年，广发银行河源分行本外币存款余额77.34亿元；本外币贷款余额74.79亿元，减少4.63亿元，下降6.8%。

服务国家战略　2020年，河源分行以高政治站位推动党中央重大决策部署落地，坚持回归金融服务实体经济的本源，助力服务粤港澳大湾区、普惠金融、精准扶贫、“六稳”“六保”（“六稳”，即稳就业、稳金融、稳外贸、稳外资、稳投资、稳预期。“六保”，即保居民就业、保基本民生、保市场主体、保粮食能源安全、保产业链供应链稳定、保基层运转）等战略落地，为河源东站综合交通枢纽建设核定2.3亿元综合授信额度，超额完成小微“两增”；精准扶贫、绿色信贷、应延尽延任务，通过扶贫信贷、电商扶贫、扶贫点慰问等形式助推脱贫攻坚；落实“六稳”“六保”为社会提供就业岗位50余个支持居民就业，派出工作组上门为龙川县车田镇4万余名村民提供社保卡激活及密码重置业务服务。

推动“智慧城市”建设　河源分行主动顺应时代变革，发挥“智慧金融”优势，推广“智慧城市”建设，为政府、企业、个人提供智能金融服务。2020年，该行落地4个智慧城市项目，与河源市人民医院合作“智慧医院”项目；与河源市公共资源交易中心合作“智慧政务”项目；与河源市财政局合作支付宝非税缴费“智慧政务”项目；与河源市住房和城乡建设局合作“智慧工地”项目。

加强全面风险管理　2020年，河源分行坚持全面风险管控理念，内部加强合规建设，加强合规文化建设，通过举办廉洁讲座、开展以案促改活动、加强员工行为管理、加强风险排查等措施，防范各类风险，全年保持平稳运行，未发生任何事故、案件，获得市综合治理先进单位、安全保卫工作先进单位称号。压实资产质量，加强不良处置，全年清收处置不良资产3.3亿元，任务完成率166%，信贷资产整体可控。

（金育峰）

【中国农业发展银行河源市分行】2020年，中国农业发展银行河源市分行坚守农业政策性银行主责主业，坚决打赢疫情防控阻击战。对接应急防疫救灾物资企业11家，及时掌握疫情防控融资需求，通过复工复产信贷支持绿色通道支持项目1个，贷款审批金额7.1亿元。

支农贷款　2020年，中国农业发展银行河源市分行累计发放各类支农贷款11.94亿元，比上年增加3.31亿元，增长38.4%。各项支农贷款余额首次突破60亿元大关，达62亿元，增加5.03亿元，其中对公中长期贷款余额55.42亿元，在全市银行业机构中排名第二。

政银合作　2020年，中国农业发展银行河源市分行坚持分支行“一把手”辖内首席营销员制度，上下联动，各司其职，搭建政银合作桥梁。是年，该行与东源县人民政府签订《支持与服务东源县新型城镇化建设合作协议》，提供意向性融资100亿元，在东源县新型城镇化建设补短板、强弱项等重点领域、典型项目优先给予金融支持，推动东源县新型城镇化示范县建设；与市发改局签订《加强重大建设项目工作合作协议》，在项目谋划、资金筹措等方面提供专业意见和建议，推动河源市重大建设项目储备和实施。

服务粮食安全　2020年，中国农业发展银行河源市分行及时掌握辖内粮油收储信贷资金需求，做好政策性粮食收购资金供应工作，累计发放粮油收储贷款1.78亿元。执行地方储备粮定期查库制度，在全市范围内开展粮食库存核查工作，通过逐企业逐库逐仓检查核实，确保银企账账、账实、账表相符，保证储备粮库贷挂钩，服务地方粮食安全。

服务乡村振兴　2020年，中国农业发展银行河源市分行围绕农业供给侧结构性改革，服务河源实施乡村振兴战略具体部署，支持农业农村基础设施建设，补齐“三农”短板。累计发放中长期项目贷款10.16亿元，其中，投放城乡一体化贷款5.93亿元，棚户区改造贷款1.98亿元，农村路网建设贷款1.29亿元，改善农村人居环境建设贷款9600万元。

风险管控　2020年，中国农业发展银行河源市分行强化信贷审查管理，履行放款监督职能，确保贷款资金合规发放、专款专用；强化贷后风险监测，定期开展贷后风险排查分析，落实贷后风险防控措施；强化内控合规管理，做好内控综合治理三年行动收官工作。加大检查问责力度，开展综合检查、合规经营与全面风险管理考核自查、市场乱象治理自查等，检查中发现的问题落实整改问责。加大对员工的合规考核和积分管理，增强员工的合规意识和风险防控意识。是年，该行资产质量良好，无不良贷款新增,不良贷款保持零余额。

运营安全管理　2020年，中国农业发展银行河源市分行加强安防管理，落实安全生产的各项制度措施，确保全行干部员工生命财产安全。强化保密管理，落实保密工作领导责任制，坚持保密工作与业务工作同部署、同落实、同检查、同考核。加强信息科技安全管理，发挥信息科技支撑作用。

（陈　芳）

【中国邮政储蓄银行河源市分行】2020年，中国邮政储蓄银行河源市分行下辖5县1区6个一级支行81个网点，覆盖河源市、县城区部分农村乡镇，是河源市国有银行中营业网点最多，服务面积最广的一家全功能商业银行。2020年，中国邮政储蓄银行河源市分行资产总额183.34亿元。各项存款余额166.26亿元，各项贷款余额85.11亿元。

落实风控案防　2020年，中国邮政

储蓄银行河源市分行开展“内控合规提质增效”活动、营业网点安全管理达标建设、创建“平安邮储”等专项治理活动，开展案件警示教育宣传活动，开展反洗钱及金融消费者权益保护。是年，该行对81个营业网点和各业务条线开展常规检查126次、专项检查24次，发现整改问题隐患499个，问责整改率100%；累计投入120多万元增强安全保障；落实监管部门各项重点工作要求，推进“断卡行动”、落实账户“放管服”、优化企业服务落实情况自查、涉案账户清理、个人身份信息完善、超限账户清理等工作，规范运营管理水平。

服务地方经济　2020年，中国邮政储蓄银行河源市分行坚持业务与服务创新。围绕商户的实际需求，打造行业应用场景“智慧农贸市场”，开发永和农贸市场项目、智慧医院项目。为解决小微企业主、涉农贷款主体融资难题，开辟绿色通道，在利率执行方面给予一定的政策倾斜，加大扶贫小额贷款业务投放力度，累计发放扶贫小额贷款525笔1655万元，带动省建档立卡贫困户485户脱贫致富。保障抗“疫”企业融资需求，支援医疗保障企业，守护居民“菜篮子”“米袋子”，累计发放抗疫贷款21笔1.58亿元。开展“百行进万企”专项活动，为企业解决融资难、融资慢、融资贵问题。

社会责任　作为市委实施乡村振兴战略领导小组成员中唯一一家商业银行，中国邮政储蓄银行股份有限公司河源市分行承担乡村振兴金融服务工作，加大金融服务乡村振兴工作力度，助力脱贫攻坚。开展定点扶贫工作，累计派出扶贫干部13人，帮扶村达到脱贫标准160户，帮扶村达到脱贫标准520人。关爱社会、服务群众，组织开展“3·20”邮爱公益日、抗疫防护物资捐赠、“扶贫济困日爱心捐赠活动”“关爱困难户”等主题公益活动。开展反洗钱宣传活动，累计开展外出宣传86场次，发放宣传资料7.1万余份，受众5.32万余人，协助上级行及监管部门开展反洗钱协查工作，累计协助监察局、公安机关、反诈中心查询81笔。　（阮　芳）

【河源市农村商业银行系统】　2020年，河源市辖内有6家独立法人农村商业银行，分别是:河源农村商业银行、东源农村商业银行、龙川农村商业银行、紫金农村商业银行、连平农村商业银行、和平农村商业银行。全辖设有营业网点174个，在职从业人员2181人，布放自助取款机、存取款一体机等自助设备507台。

2020年，河源农商银行上线电子社保卡线上支付应用场景，成为全市首家支持电子社保卡线上扫码支付的金融机构。河源市支持中小微企业融资专项资金启动暨首笔资金发放仪式在河源农商银行举行。由河源市人社局、人行河源市中心支行主办、河源市农商银行系统承办的河源市第三代社会保障卡发布会暨首发仪式在河源农商银行举行。河源农商银行成为全市首家实现第三代社保卡发卡服务的合作银行。是年，河源农商银行举办“悦农源宝”信用卡首发仪式暨普惠金融产品发布会，成为全省第四家、粤东西北地级市第一家开办信用卡业务的农商行。2020年，河源农商银行雅居乐支行获评“中国银行业文明规范服务三星级网点”“广东省青年文明号”。紫金农商银行蓝塘支行获“2019年中国银行业文明规范服务三星级网点”称号。

经营状况　2020年，河源市农商行系统推进经营机制转换，抓好转型发展，实现各项业务平稳增长。

是年，该行各项存款554.14亿元，比上年增加41.73亿元，增长8.1%。各项贷款余额353.02亿元，比上年增加39.54亿元，增长12.6%；其中涉农贷款余额250.79亿元，增加21.91亿元，增长9.6%；小微企业贷款余额217亿元，增加20.75亿元，增长10.6%。河源市农商行系统推行减费减息让利，全年减免利息1.06亿元，减免中间业务费用3296.3万元；缴纳营业税、所得税等税费3.51亿元。

支农支小　2020年，河源市农商行系统推动信贷业务向“零售化”“普惠化”转型。普惠型涉农贷款60.10亿元，增长28.5%，高于各项贷款增速15.9个百分点；普惠型小微企业贷款余额71.74亿元，比上年增长28.5%；户数6811户，比上年增加1618户，完成“增量扩面、提质降本”的监管要求。强化支农支小定位，加大对涉农贷款和小微企业的信贷投放，农商行系统小微企业贷款217亿元，占全市银行业比重47.2%，涉农贷款250.79亿元，占全市银行业比重42.2%；全市精准扶贫贷款1.01亿元，比上年增加4104万元，增长68.5%；加强贯彻落实稳企业、保就业的政策要求，对于受疫情影响导致经营暂时困难的贷款客户，通过延长还本还息周期、展期续贷等方式，帮助客户渡过难关。

深化改革　2020年，河源市农商行系统坚持服务定位和根本宗旨，加快辖内机构经营机制转换。推动大零售转型。对客户进行分层管理，开展“全员营销”大行动，推动辖内实现“零售存款和零售贷款”增长，大额贷款占比逐步降低。推动服务下沉，推进“政务服务进网点（政务通）”便民服务工程，实现社保、税务、公安等100项政务服务的办理工作，将服务延伸到老百姓家门口，把一线网点打造成汇聚便民、惠民、利民业务的“民心银行”。推动数字化转型。推动业务向电子渠道转移，全辖电子交易替代率达到95.8%；数字银行硬件设备加快更新，试点运营全国国产芯片第一张SDN骨干网，标志着广东农信一级骨干网从传统网络迈入新一代智能网络。推动向普惠服务转型。通过合并、增设等形式成立普惠金融服务部门，实行网格化服务方式，开展普惠金融业务，普惠监管指标全部达标。辖内6家机构选定试点村启动普惠金融户户通工作，探索实现多方合作共赢，共同发展的金融新路子。

业务创新　2020年，河源市农商行

系统成功发行信用卡，河源农商行为全省第四家、粤东西北地级市第一家开办信用卡业务的农商行。推进“阳光信贷工程”，为客户提供“随申随贷”的全流程在线融资服务，缓解群众融资难、融资贵、融资慢、融资烦等问题。创新社保服务，河源农商行成为全省首家发行电子社保卡，率先实现社保卡即时发卡及补换卡的农商行，全市农商行发行社保卡160万张，每年配合税务机关实现270万名居民的医保缴费及养老保险参保缴费，解决农村偏远地区医疗参保难、缴费难的问题。推动“智慧+”金融服务方式，运用智慧金融系列产品，推动“智慧校园”“智慧社区”等智慧系列应用场景，与“万绿河源”电商平台合作推出“互联网+农产品+旅游+金融”服务模式，满足“三农”、中小微企业和广大客户的智慧型金融服务需求。启动全市“普惠金融户户通”工作，推动“政务通、信用通、信贷通、理财通、销售通”五通工程，打通普惠金融服务的“最后一米”，打造乡村振兴的金融公共服务设施，为服务河源乡村振兴和共同富裕提供金融服务支撑。

（刘　倪）

【汇丰银行（中国）有限公司河源支行】 汇丰河源支行成立于2012年10月30日，于2012年11月5日正式开业，注册资本人民币1000万元。汇丰河源支行属于汇丰银行广州分行下设的异地支行，是首家进驻河源的外资银行，也是目前唯一一家外资银行。

经营管理 2020年，汇丰河源支行与河源当地有实力的企业业务合作关系，依托汇丰银行广阔的海外网络和国际金融服务优势，为当地企业量身定做金融解决方案，主要为企业客户办理本外币流动资金贷款、开立银行承兑汇票、备用信用证等业务，助力本地企业客户发展，满足企业客户不同的融资需求。是年，汇丰河源支行信贷资金全部投放于实体经济，以支持相关企业的经营发展，信贷资产质量均为人行正常类一级贷款，无不良贷款发生。

（钟莉殿）

保险·证券

【中国人民财产保险股份有限公司河源市分公司】 2020年，中国人民财产保险股份有限公司河源市分公司保费收入9.59亿元，比上年增长3%，引领行业发展；总体市场份额55%，全险种累计提供风险保障1.1万亿元；投诉服务类指标获得全省系统最高的3A评级；2016—2020年，累计缴纳（代办）各类税款3.2亿元。

抗疫和复工复产 2020年，中国人民财产保险股份有限公司河源市分公司向河源两批援鄂医务人员27人提供专属保险保障1350万元，向市教育局、大型社区、挂钩扶贫村支持防疫物资。通过开发专属保险产品、实行保险期限顺延、保费优惠、融资增值、开辟理赔绿色通道等系列举措，开辟理赔绿色通道，支持复工复产。

推动农业高质量发展 2020年，中国人民财产保险股份有限公司河源市分公司拓展百香果种植保险、无花果保险、柑橘保险、蔬菜保险、大棚种植保险，农险扩面、增品、提标中取得新突破，支持“米袋子”“菜篮子”工程和脱贫攻坚。

改善民生保障 2020年，中国人民财产保险股份有限公司河源市分公司承保政策性的城乡居民大病保险、城镇职工补充医疗保险项目，推出创新型的普惠保险——“河源市民保”，投保人数高51万人，占全市人口的13.4%，保额15300亿元，助力群众健康保障工作。承保精神障碍患者监护人保险、政府救助保险、巨灾指数保险，其中仅巨灾指数保险赔付约5000万元，支持抢险救灾及灾后重建工作，护航平安河源建设。

做优车险保障 2020年，中国人民财产保险股份有限公司河源市分公司稳妥推进车险综合改革，交强险保障金额累计提高150亿元，新增4个保险责任，实现降价、增保、提质目标。参与警保劝导服务，打击保险欺诈，做实车驾管服务，提升轻微交通事故远程处理效率，促进交通安全建设迈上新台阶。

提升服务保障 建立覆盖全市主要中心乡镇的服务网点，建成并投入使用17个警保合作农村一级劝导示范站，三级劝导站77个，位居全市之首。建立覆盖全市各村的基层协保体系，基层农网保障力度明显提升。新购置一批专业查勘设备，专业查勘力量领先行业，如遇台风、暴雨等重大自然灾害，全员皆兵抢险救灾理赔。是年，该公司获由广东金融百优奖评选组委会授予的十优消费者信赖金融机构奖称号，是河源唯一获此奖项的金融机构。（刘伟荣）

【中国人寿保险股份有限公司河源分公司】 中国人寿河源分公司是中国人寿保险股份有限公司在河源设立的分支机构，公司内设12个职能部门，下辖1区5县6家支公司，营销服务网点55个。2020年，在职员工178人，其中党委总经理室成员4人，中层管理干部26人，员工148人；代理人员队伍4000多人。

2020年，中国人寿保险股份有限公司河源分公司实现保费收入突破8亿元，比上年增长7%；市场份额32.87%，保持行业领先地位；全年赔付支出突破9033万元，满期给付2153万元，占全市寿险各类给付支出61%。中国人寿河源分公司持续发展城乡居民大病保险及开拓各类普惠金融保险项目，助力攻坚脱贫，推进民生保障，服务经济社会发展大局，投身各类社会公益事业，本着互惠互利原则、履行社会责任，创新推广政策性惠民保险业务，构建河源民生保障网。

打好疫情防控阻击战 2020年，中国人寿保险股份有限公司河源分公司坚持疫情防控与业务发展“两手抓，两手都要硬”，第一时间为客户、营销员赠送143.5亿元保险保障，落实一系列保单优惠政策，缓解客户资金压力；贯彻落实党中央、国务院及市委、市政府关于疫情防控和疫情常态化防控的各项决策部署，压紧压实疫情防控各项工作要求，全面做好全市系统员工的疫情防控工作。

助力打赢精准脱贫攻坚战 2020年，中国人寿保险股份有限公司河源分公司选派全脱产扶贫干部10人，贯彻落实扶贫干部管理办法和工作机制，执行扶贫干部工作汇报制度；向全市6个对口帮扶点投入专项扶贫资金，帮扶贫困户185户，462人全部实现脱贫；累计为全市5.47万名贫困妇女提供爱心保障13亿元。

服务社会就业 2020年，中国人寿保险股份有限公司河源分公司为全市4000多人提供就业岗位，缓压疫情期间“失业潮”；为全市77多万人提供2549.2亿元保额的保险保障；处理理赔案15283件，累计赔付9924人次，赔付金额9033万元，获赔率99.7%，理赔时效1.17天。（邱曼芳）

2020年驻河源保险公司一览表

表9

序号	单位名称	地　　址	单位负责人	办公电话
1	中国人民财产保险股份有限公司河源市分公司	河源市新市区东华路2号	叶国柱	3297128
2	中国人寿保险股份有限公司河源分公司	河源市新市区东华路2号	杨彦昌	3288316
3	天安财产保险股份有限公司河源中心支公司	河源市新市区东华路西面建设大道南边锦天大厦A16楼BCDE号	熊家兴	3325368
4	永安财产保险股份有限公司河源中心支公司	河源市新市区建设大道138号怡景豪庭大厦	廖忠瑾	3221801
5	泰康人寿保险有限责任公司广东河源中心支公司	河源市新市区205国道东面、文明路北边商汇大厦7层701号	谭　燕	3187188
6	中国太平洋财产保险股份有限公司河源中心支公司	河源市建设大道东46号	黄旭光	3892888
7	中国平安财产保险股份有限公司河源中心支公司	河源市市区东城西片区越王大道西面、永祥路北边汇景国际商贸中心A栋2001—2003室、2007—2008室	谭剑锋	3221681
8	中华联合财产保险股份有限公司河源中心支公司	河源市源城区红星路2号商住房2—3卡门店，二楼1—3卡	鲁　斌	3822222
9	安邦财产保险股份有限公司河源中心支公司	河源市建设大道与华达街交汇处东方明珠大厦四楼（4B）号	邓春芽	3227083
10	中国平安人寿保险股份有限公司河源中心支公司	河源市源城区中银大厦5—7楼	徐小钢	3220988
11	中国大地财产保险股份有限公司河源中心支公司	河源市建设大道19号友力商务大厦一楼	廖　毅	3238890
12	合众人寿保险股份有限公司河源中心支公司	河源市源城区汇景国际中心12楼1202—1204房	黄泽伟	3292001
13	民生人寿保险股份有限公司河源中心支公司	河源市市区东城西片区越王大道西面、永祥路北边汇景国际商贸中心A栋802号、803号、804号	郑诚斌	3699899
14	国泰财产保险有限责任公司广东分公司河源营销服务部	河源市源城区河源大道与永和路交会处海拓大厦9楼	李　明	3339298
15	中国人民人寿保险股份有限公司河源市分公司	河源市建设大道怡景豪庭商铺101号	谢新荣	3811818
16	富德生命人寿保险股份有限公司河源中心支公司	河源市广晟四季花园综合楼十五楼	田　程	8913966
17	新华人寿保险股份有限公司河源中心支公司	河源市源城区建设大道以南华达街东边德润东方银座一楼、二楼、四楼及五楼	钟兆平	3272886
18	中国人寿财产保险股份有限公司河源中心支公司	河源市源城区新城中片区拆迁安置点（二）S幢第十五卡至第十八卡商铺	邹向锋	3899955
19	前海人寿保险股份有限公司河源分公司	河源市建设大道中心一号4楼	张　毅	3456300

续表9

序号	单位名称	地　址	单位负责人	办公电话
20	华泰财产保险有限公司河源中心支公司	河源市新市区205国道东面、文明路北边商汇大厦19层1909号	李　征	3135028
21	太平人寿保险有限公司河源中心支公司	河源市新市区205国道东面、文明路北边商汇大厦14层13A03号	谭建中	2281168
22	华夏人寿保险股份有限公司河源中心支公司	河源市建设大道南面中山大道东边万隆城A栋12楼	黄树培	3344478
23	华泰人寿保险股份有限公司广东分公司河源中心支公司	河源市建设大道中心一号1703号	黄振文	3188218
24	鼎和财产保险股份有限公司河源中心支公司	广东省河源市大同路西永福路南碧洋居A栋108号	黄金锋	8929623
25	阳光财产保险股份有限公司河源中心支公司	河源市新市区黄沙大道拆迁回迁点北一排东起1—5卡	罗小锋	3623680
26	众诚财产保险股份有限公司河源中心支公司	广东省河源市明珠开发区河源大道西、创业三路南	吕　凯	3164299
27	华安财产保险股份有限公司河源中心支公司	河源市新市区205国道东面、文明路北边商汇大厦第10层第1003号	李达权	2201768
28	安盛天平财产保险股份有限公司河源中心支公司	河源市源城区中银大厦2010—2011室	刘延妮	3371866

（刘艳花）

【安信证券股份有限公司河源中山大道证券营业部】 安信证券河源营业部，成立于2006年，是河源地区首家证券营业部，下设河源龙川营业部、河源紫金安良大道营业部，在和平、连平地区配备服务团队，全面覆盖河源地区，是河源市营业网点最多，服务面积最广，市场份额最大的证券类金融机构。该部坚持“为客户、为员工、为社会”的经营理念，为投资者提供股票、债券、融资融券、期货、期权、基金、理财、港股通等丰富的证券投资品种，为企业提供A股及新三板挂牌上市、融资、财务顾问等服务。

业务情况 2020年，安信证券河源营业部各项业务保持正常有序的运营态势。两市股基交易量655.35亿元，本地股基市场份额排名第一，纳税总额394.63万元。新三板综合改革渐次实施。是年，该营业部在7月首批新三板精选层企业挂牌，8月创业板注册制改革落地、转板规则出炉，多层次资本市场补齐短板，通过协同改革，走向错位发展、功能互补、有机互联的新格局。宣传推广新三板、创业板注册制改革，举办新三板、创业板等业务培训。

投资者教育 2020年，安信证券河源营业部举办该类活动21场，累计受众逾4666人次。对投资者学堂、交流会、策略会等投教模式外，该部创新投教模式，通过微信“微课堂”的形式开展投资者教育课堂，为投资者提供便利、轻松、专业的学习服务体验。

合规理念 2020年，安信证券河源营业部坚持合规经营，加强风控、合规管理体系建设，开展各项合规工作，提高员工合规风险意识，营造合规经营氛围，筑牢合规经营理念，确保营业部规范发展。（何嘉宝）

经济管理

编辑：曾红艳

发展与协调

【科学编制规划与计划】 2020年，河源市发展和改革局统筹推进全市“十四五”规划编制工作，明确“1＋1＋31+1+N”规划框架体系，多次组织召开领导小组会议和专题工作会议，及时跟进规划编制进展情况，协调解决规划编制过程中遇到的问题，推动全市规划编制工作有序开展。在全面开展“十三五”规划纲要总结评估、完成“十四五”前期基本思路研究的基础上，对标对表中央、省委和市委关于制定国民经济和社会发展第十四个五年规划和二〇三五年远景目标的建议，组织编制《河源市国民经济和社会发展第十四个五年规划和二〇三五年远景目标纲要》，高票通过市人代会审议，得到社会各界高度认可。推进《河源市产业发展规划（2020—2030年）》《河源市基本公共服务“十四五”规划》《河源市生态文明建设“十四五”规划》《河源市能源发展“十四五”规划》《河源市人口发展“十四五”规划》《河源市康养产业发展“十四五”规划》《河源市中药（南药）产业发展“十四五”规划》等7项专项规划以及《深河特别合作区发展规划》等1项区域规划编制工作。此外，在全面总结上一年度经济社会发展情况基础上，分析宏观经济环境，科学预测主要经济指标，编制实施《河源市2020年国民经济和社会发展计划》。

【重大问题研究与经济运行分析】 2020年，河源市发展和改革局围绕河源市“融湾”“融深”等中心工作，持续推进“大学习、深调研、真落实”，完成供给侧结构性改革、支持深圳改革试点、政府管理和服务等6个市委“深调研”课题，为推动“示范区”“排头兵”“两个河源”建设提供有价值的参考。谋划推进深河特别合作区建设，完成深河两市产业共建合作机制专题研究，深河特别合作区（深河产业共建示范区）成功纳入省“十四五”规划纲要、对口帮扶规划及2021年省政府工作报告。系统谋划推进“六水”（水系、水运、水能、水资源、水产业、水环境）文章，印发实施《河源市“六水”文章实施方案》。实施全市经济形势分析联席会议制度，做好疫情期间经济运行调度分析工作，研究和分析经济运行中存在的突出矛盾，协助市委、市政府起草《关于统筹推进疫情防控和经济社会发展的若干措施》，先后撰写《新型冠状病毒疫情对我市经济发展影响分析报告》等多篇疫情影响专题报告、全市宏观经济季度运行报告，提出许多具有针对性和可操作性的经济社会发展意见建议。

【项目审批与资金争取】 2020年，河源市发展和改革局持续深化项目审批制度改革，完善网上审批系统，实行“不见面”审批，项目审批时间控制在1个工作日内，按照审批权限共审批项目42个、总投资77.48亿元。争取上级资金支持，全年争取中央和省革命老区一般性转移支付资金3.18亿元，地方政府专项债券资金3个批次45个项目共57亿元，公共服务领域中央预算内投资6984万元。

【重点项目服务与协调】 2020年，河源市发展和改革局实施全市重大项目建设指挥部、现场调度会等机制，推动出台关于加大有效投资力度政策文件，统筹推进建立“1+3”重大项目联动机制，狠抓省、市重点项目建设，推动全市固定资产投资实现快速增长。2020年完成固定资产投资848.74亿元，比上年增长5.1％。全市164项省、市重点项目完成投资373亿元，其中，49个省级重点项目完成投资233.97亿元，超额完成年度投资计划。94个灾后重建省补助项目建设全面完成，实现有效投资16.9亿元。

【重大项目谋划与建设】 2020年，河源市发展和改革局结合河源经济社会发展需要，立足当前、着眼长远，强化2021年及“十四五”时期重大项目谋划，围绕综合交通运输体系、现代能源保障、现代水利基础设施、生态环境保护等十大领域，谋划市“十四五”规划纲要重点项目350个，总投资达5669亿元，“十四五”期间计划投资3300亿元；谋划2021年市重点建设项目164项，总投资约1862亿元，年度投资约390亿元；2021年重点前期预备项目47项，估算总投资约1175亿元。大力推动项目建设，河惠莞高速紫惠段和紫金桥建成通车，赣深高铁建设加快推进，河源电厂二期、深河人民医院、今麦郎河源生产基地等一批项目加快建设。积极争取支持，成功推动东江流域水安全保障提升工程列入省“十四五”规划纲要、大湾区基础设施互联互通规划和水安全保障规划；推动广河客专、河源电厂二期、九潭水库等一大批项目纳入省“十四五”规划纲要；推动深河高铁、深河高速、深圳人才（河源）大型安居社区等一批重大项目纳入《深圳都市圈发展规划》。（钟澜斌　罗丹彤）

财 政

【概况】 2020年，河源市一般公共预算收入完成79.80亿元，增长3.0%，增长率在全省排名第10位。一般公共预算支出完成368.68亿元，其中民生支出完成286.6亿元，占一般公共预算支出77.7%。

【财政支持疫情防控】 2020年，河源市筹集安排疫情防控资金4.9亿元，其中疫情防控类资金1.6亿元；社保口直达资金3.4亿元，涉及退役安置、公共卫生、居民养老保险、居民医疗保险、医疗救助困难群众补助、新冠疫情防控补助6大类。

【财政经济调控】 *推动全市经济企稳回升* 2020年，河源市争取新增地方政府债券、特殊转移支付和抗疫特别国债等上级资金91.7亿元，支持全市重点项目建设，补足发展短板，拉动投资。探索基础设施领域PPP（政府和社会资本合作）、REITS（基础设施领域不动产投资信托基金）、ABO+（授权建设运营）、EOD（生态导向城市开发）等投融资模式，全年市直综合运用创新投资、市场化运作模式谋划各领域重大项目投资总额超40亿元，助推一批重大项目落地。是年，全市筹集2.2亿元资金用于支持中小微企业和个体工商户克服疫情影响、渡过难关。累计新增减税降费超20亿元，其中减免中小微企业社保费8.72亿元。

推动三大攻坚战取得决定性成就 防范化解政府债务风险。从实际出发，本着“防范风险，控制增量，化解存量”的原则，统筹兼顾防范新增风险，化解隐性债务存量。支持精准扶贫精准脱贫。全市投入财政专项扶贫资金7369万元，投入乡村振兴资金33.73亿元，为河源与全国同步实现全面小康及全市乡村振兴战略顺利实施提供财政保障。支持打好污染防治攻坚战。统筹安排中央、省级财政污染防治资金共2.30亿元，推动建立东江流域横向生态补偿机制，每年可为河源争取生态补偿资金2.4亿元。

【财政民生保障】 2020年，河源市民生支出286.6亿元，占一般公共预算支出77.7%。推进巨灾保险项目落地，扩大保险赔付资金覆盖面，提高政府应急、救灾、重建等抵御自然灾害的综合能力。落实好医疗、养老等一系列民生提标扩面政策，支持教育、卫生、体育、综治等社会事业发展，全市基本公共服务均等化水平持续提升。支持河源市第一所本科院校广师大河源校区建设，并于秋季开学；支持市区建校建园及配套基础建设。2020年各级财政安排用于城乡低保、特困人员供养（原农村五保）、孤儿、残疾人保障、医疗救助等特殊群体底线民生保障资金5.4亿元。落实上级关于新冠疫情减免租金政策，为承租国有资产工商户减租193万元。

【财政改革】 承接做好上级部署的财政改革任务 2020年，河源市财政局推进预算编制执行监督改革，修订印发《河源市市级财政专项资金管理办法》，出台《河源市财政专项资金分配审批暂行规定》《河源市市级财政预算绩效目标管理办法（试行）》等管理制度。按照省财政厅部署，深化医疗卫生、交通运输领域市级与县（区）财政支出责任划分改革；推进预算管理一体化规范系统建设，“数字财政”建设取得进展。

推进本级谋划的各项改革任务 开展探索引入市场思维用好用活地方政府债券资金，推进市与源城区、市高新区财政事权和支出责任划分等改革。推进市委部署的支持市直重大基础设施项目建设、灯塔盆地开发建设、支持“四好农村路”（把农村公路建好、管好、护好、运营好）建设、推进临江工业园区税收划转和江东新区税源培植等改革课题研究，其中《基础设施投融资机制改革研究报告》《关于发挥财政职能支持灯塔盆地开发建设课题调研报告》分别被市委政研室、市政府研究室评为2020年度全市优秀调研成果一等奖、二等奖。

【财政管理】 挖潜增收，组织好全年财政收入 2020年，河源市财政局通过加强收入形势分析、加强税收挖潜、抓好非税征收、盘活国有资源资产等举措，应对新冠肺炎疫情、经济下行压力和减税降费等不利因素的影响，做好财政增收工作，完成一般公共预算收入年度增长目标。

统筹资金，保障好重点项目资金需求 强化与省级部门的沟通联系，争取各类资金支持，特别是主动争取新增债券资金。督促各级各部门减一般性支出，调整资金用于省、市重点项目。加快财政资金支出进度，发挥财政资金使用效益，特别是特殊转移支付和抗疫特别国债资金使用效益。制订《关于落实重大项目部分启动资金的工作方案》，通过优化库款调度等方式筹集重大项目启动资金2.2亿元，推动重大项目建设，稳定政府投资。创新投融资机制，鼓励建设单位市场化融资，以合理杠杆放大财政资金使用效益。

落实政策，完成好各项中心工作任务 落实减税降费政策，优先保障新冠肺炎疫情防控和复工复产资金需求，支持各项稳企暖企政策措施落实到位。优先保障“三保”(保基本民生、保工资、保运转)支出，防范政府债务、财政收支失衡和其他各类财政风险。

防范风险，组织好政府债务管理工

作 以防为主，做好统筹新增债券申报和分配工作。把好一般债务率和专项债务率两个100%“高压线”，确保不突破债务风险预警的底线。持续化解，分类分期有序化解风险。对隐性债务存量项目，按照“一债一策”(一笔债务一个化解策略)的要求进行化解；对于隐性债务在建项目，为保证项目继续实施，不搞“一刀切”“急刹车”。（朱小文）

公共资源交易

【概况】 2020年，河源市公共资源交易中心受理交易项目1214宗，交易总额191.48亿元，节约开支2.77亿元，增收2.02亿元，节支增收总计4.79亿元。

营商环境持续优化 2020年，河源市公共资源交易中心着力提升软硬件科技含量，打造线上线下交易的阳光平台。及时发现并自动预警围标串标，弄虚作假行为，在智慧监察方面提升防患的准确性和针对性。做到市场主体、中介机构、评标专家和招标投标全过程信息全面记录、实时交互，确保交易记录来源可溯、去向可查，监督留痕、责任可究。优化场馆监控设备。在常用的开、评标室增加移动监控设备，保障音视频监控连续性和长期的有效性。信息建设方面。深化“联合奖惩”应用。配合市发改局红黑奖惩系统的对接，市住建领域诚信系统的对接，保持与市财政局、市自然资源局、市纪委等相关部门在线监督良好运行。推进社会诚信建设与住建诚信系统对接。完成房建市政项目正式应用11个。完善建筑市场守信激励和失信惩戒机制，优化工程建设信用环境，规范该市建筑市场持续、健康、有序发展。强化网络安全防护。定期对中心交易系统进行巡查、做好安全升级、打好安全补丁、更新病毒库等，保障交易平台的运行。完成“粤盾”2020年广东省数字政府网络安全攻防演练工作，完成公安部2021HW攻防演习活动。完善的科技设备保障公共资源交易活动在开放、透明、公正的环境下高效运行。规范招标代理服务。组织招标代理机构建设工程交易项目开标环节培训，统一规范招标代理机构服务行为，提高招投标工作质量和服务水平。召开招标代理机构征求意见座谈会。探索招标业务工作中存在的问题，高质高效推进问题整改，制订可行的解决方案。在“放管服”环节重点做好服务工作，缩短审核流程，实现平台系统优化。

中介服务超市持续推进 2020年9月，与市政数局联合组织市直和各县区行业主管部门作专题培训，审核入驻中介机构资质，发动项目业主入场，鼓励市各级机关事业单位通过中介超市平台采购中介服务。是年，发布服务事项524项，本地87家企业、316家项目业主通过形式检查（含县区）入驻广东省网上中介服务超市。市公共资源交易中心运营机构审核并发布35个服务项目，总服务金额291万元。

【政府采购】 2020年，河源市公共资源交易中心完成组织实施政府采购项目40批次，采购预算1.7亿元，中标金额1.65亿元，节约资金413.25万元，节约率2.6%。网上竞价及电商直购261单，采购金额779.92万元，定点采购173单，采购金额766.08万元。

【建设工程交易】 2020年，河源市公共资源交易中心招标项目226项，预算价88.27亿元，中标价86.29亿元，节约资金1.98亿元，下浮率2.3%。

【市区国有建设用地交易】 2020年，河源市公共资源交易中心土地挂牌成交237宗，挂牌成交总面积427.31万平方米，总成交额95.83亿元，比委托价增加2.63亿元，增长2.8%；2020年矿业权交易2宗，成交额1252.17万元。

【产权交易】 2020年，河源市产权交易成交144宗，成交总额7.57亿元，比挂牌金额增加1414万元，增长1.9%。

（李萍萍）

税务

【概况】 2020年，国家税务总局河源市税务局坚持以习近平新时代中国特色社会主义思想为指导，发挥党建引领作用，完成组织收入各项工作任务。全市税务系统获全国文明单位、全国模范职工之家等称号，被国家机关事务管理局、国家发改委、财政部评为“2019—2020年节约型公共机构示范单位”，龙川县税务局被中央精神文明建设指导委员会授予“全国文明单位”称号。国家税务总局紫金县税务局工会委员会被中华全国总工会授予全国模范职工之家称号。

是年，河源市税务系统管辖企业107804户（含个体户及其他管户）。

【税费收入】 2020年，河源市税务局聚焦主责主业，依法依规组织收入，全年税费收入208.32亿元，比上年下降5.0%，减收10.96亿元。全市税收收入完成135.78亿元，增长0.1%，增收704万元，其中：税务部门组织的国内税收收入133.29亿元，增长0.4%，增收5213万元；海关代征税收收入2.49亿元，下降15.3%，减收4509万元。税务部门组织的费金收入72.54亿元，下降13.2%，减收11.04亿元。税务部门办理出口产品退（免）税21.79亿元，增长24.3%。

【减税降费】 2020年，河源市税务系统落实减税降费政策，累计新增减税降费21.55亿元；退税提速，实现增值税留抵退税仅需1天，全年为49户企业办理增值税留抵退税3.83亿元；全市出口退税平均办结时间为3.5天，对比上级要求缩短4.5天，2020年办理出口退税额9.25亿元。为373户次企业办理延期缴纳税款，涉及税款2.94亿元；对21853户受疫情影响的“双定户”（实行定期定额征收方式的纳税人），调减经营总额9006万元；受理纳税人线上申领发票和代开发票寄送申请35355笔，

2020年3月4—5日，河源市税务局举办“聚焦‘四力’问计问需 征纳同心复工复产”十大行业专题税企座谈会，以面对面座谈、心贴心交流的方式，摸清找准企业需求，帮助企业纾困解难（河源市税务局提供）

为纳税人免除邮寄费用33.94万元；建立分析课题项目化管理等分析工作机制，全市税务系统撰写分析报告75篇，分析报告首次得到《广东经济》刊载。275名党员领导干部与372户贫困户结对帮扶，挂钩帮扶的16个贫困户、372户贫困户，“两不愁三保障”（稳定实现农村贫困人口不愁吃、不愁穿；保障其义务教育、基本医疗和住房安全）得到落实，“八有”（有稳固住房，有饮用水，有电用，有路通自然村，有义务教育保障，有医疗保障，有电视看，有收入来源或最低生活保障）项目全部达标。4月8日，市税务局在抗击疫情中发出“守望相助，共克时艰——抗击疫情税务人在行动爱心捐款倡议书”，全市税务系统干部职工捐款336129.56元。

【依法治税】 2020年，河源市税务系统及时公示权力和责任清单等26大类信息，配置执法记录仪261台，配备公职律师、公职律师后备人才等法制审核人员101名，占执法人员比例10.5%，开展重大执法决定法制审核124宗。统筹进户执法事项，合并进户执法任务，累计进户检查180户次，比上年减少35%。运用大数据分析排查风险，实施督察审计项目18个，聚焦重点风险，发出税收执法风险提醒函3份；2020年，该局配合查处“5·31”团伙虚开案、贵州“8·03”专案、海啸2号等大要案，查补入库税款1704.46万元。全市挂牌成立公安派驻税务联络机制办公室8个。在外网公布重大税收违法案件信息61条，在《河源日报》公开曝光涉税违法案件2起。2020年，稽查立案检查84宗，结案101宗，查补总额4973万元；发出虚开发票确认函56起，挽回国家损失2201万元，受托协查552户，涉及金额3.07亿元，查补入库1575.69万元；组织随机抽查纳税人自查16户，随机抽查入库327万元。审结重大税务案件18宗，办理行政复议案件1宗。组织参加2020年度学法暨民法典专题学习考试，优秀率99.9%；39名税务干部参加执法资格统一考试，平均分在全省名列第4，其中龙川县税务局一名干部以99分并列全省第一。

【税费征管】 2020年，河源市税务局选取龙川县税务局作为试点单位，探索分类分级管理改革。印发《稽查工作请示报告和市局党委研究决定制度》等制度机制，推动“征稽闭环管理”；启动发票“1+N”（出台“一个”增值税发票管理总体指导意见和“N个”增值税发票管理制度规范）管理制度体系工作，推进增值税专用发票改革试点工作。建立个人所得税年度汇算“网格包干”管理模式。上线土地交易计税价格评估运用，被市政府列为全市重点改革项目。开展“三化”（规范化标准化一体化建设）建设省市共建，参与撰写《资源税管理规程》和工作指引。做好全市21.6万户社保管户及新办企业的划型工作，2020年2—12月全市阶段性减免社保费9.62亿元；企业职工基本养老保险实现扩面1.21万人；城乡居民养老保险、医疗保险实现平稳征收，服务缴费人292万人次。2020年8月3日，开出全省首份自备电厂企业可再生能源发展基金和国家重大水利工程建设基金中央非税收入统一票据。2020年共处置税收风险任务123户次、查补税款1.81亿元，下发税费疑点核查任务80批次18501户次。制订《出口退（免）税预警评估工作管理办法》，对12户企业进行预警评估。针对取得“轻质循环油”专用发票金额较大企业等57户纳税人开展风险排查。成立增值税发票内部风险快速反应团队，完成23批次省税务局下发快反任务。将《现金税费征缴专项整治提纲》逐项细化到责任部门，开展现金税费专项整治。

【优化税收营商环境】 2020年，河源市税务局制订三年实施方案，落实81条优化营商环境工作措施。将建设大道办公区附属楼借予河源市政务服务中心使用。打造“1+5+N”（即突出问题导向，以规范化、系统化、清单化、智能化、专业化为5个核心，将纳税服务延伸至各级各职能部门）纳税服务专业化模式。通过“银税互动”帮助企业获得信用贷款4.2亿元，协调银行将贷款资金到账由原来的10个工作日缩短至4个工作日。推行“非接触式”办税，实现165项办税费事项“一次不用跑”、244项涉税费业务“全程网上办”、199项涉税费业务“最多跑一次”，电子税务局办理税费业务占业务总量的85.2%，比上年增长21.94%；推广“银税互联自助办税”，纳税人可在全市117个银行网点的272台智能柜员机上办理28项常见税费业务。2020年，全市办税服务厅平均办税时间9分钟，平均办理时间1分钟，均位列全省第1；平均等候时间4.8分钟，纳税人评价满意率达99.9%。新办企业纳税人首次领票，办理时限由原来的5个工作日优化至0.5个工作日；深化“税邮合作”，实现物流配送一日达，网上领用发票率83.8%；6448户小规模纳税人实现自开专票；推广电子发票，实现纳税人代开增值税电子普通发票全程线上办。落实大企业“首席联络员”制度，42户重点企业通过预评预警提高纳税信用等级。升级不动产交易“一窗受理”数据共享平台，房地产交易税收业务缩短至每笔3—10分钟、常规不动产过户登记办税在1个工作日内办结。

2020年河源市分税费种收入情况表

表10

金额单位：万元

项　目	累计收入	同期收入	增长%	增收额
税费收入合计	2083212	2192861	-5.0	-109649
一、税收收入合计	1357809	1357105	0.1	704
（一）税务部门组织税收收入	1332919	1327706	0.4	5213
其中：中央级	578633	568264	1.8	10369
地方级	754286	759442	-0.7	-5156
省级	257268	254013	1.3	3255
市县级	497018	505429	-1.7	-8411
其中：市本级	177935	172907	2.9	5028
其中：市直	113334	116510	-2.7	-3176
1.国内增值税	600340	603541	-0.5	-3201
2.国内消费税	36680	45722	-19.8	-9042
3.企业所得税	215292	216644	-0.6	-1352
4.个人所得税	96694	58683	64.8	38011
5.资源税	5283	4026	31.2	1257
6.土地使用税	22055	35530	-37.9	-13475
7.城市维护建设税	37378	40319	-7.3	-2941
8.印花税	11539	9600	20.2	1939
9.土地增值税	92517	88470	4.6	4047
10.房产税	23813	26008	-8.4	-2195
11.车船税	10465	9409	11.2	1056
12.车辆购置税	54228	54373	-0.3	-145
13.耕地占用税	42441	67302	-36.9	-24861
14.契税	82816	65135	27.1	17681
15.环境保护税	626	698	-10.3	-72
16.其他税收	752	2246	-66.5	-1494
（二）海关代征税收收入	24890	29399	-15.3	-4509

续表10

金额单位：万元

项　　目		累计收入	同期收入	增长%	增收额
二、费金收入合计		725403	835756	-13.2	-110353
（一）社保费收入		579979	655528	-11.5	-75549
（二）非税收入		35961	39750	-9.5	-3789
（三）其他收入		109463	140478	-22.1	-31015
1.工会经费收入		7220	7015	2.9	205
2.职业年金		102243	133463	-23.4	-31220
出口退（免）税合计		-217948	-175348	24.3	-42600
分县区	源城区	515677	528374	-2.40	-12697
	其中：国内税收	490787	498975	-1.64	-8188
	高新区	134567	122976	9.43	11591
	江东新区	82933	51308	61.64	31625
	东源县	216196	190299	13.61	25897
	和平县	76973	92686	-16.95	-15713
	龙川县	126600	138568	-8.64	-11968
	紫金县	123412	123990	-0.47	-578
	连平县	81451	101440	-19.71	-19989
	市第二分局	0	7464	-100.00	-7464

2020年河源市国有企业税收收入前10名情况表

表11

单位：万元

企业名称	税收收入
中国工商银行股份有限公司河源分行	5222
广东电网有限责任公司河源供电局	4727
中国建设银行股份有限公司河源市分行	4112
中国人民财产保险股份有限公司河源市分公司	3700
广东电网河源紫金供电局有限责任公司	3281
广东电网河源连平供电局有限责任公司	2800
中国银行股份有限公司河源分行	2680
中国农业银行股份有限公司河源分行	2489
广发银行股份有限公司河源分行	2082
广东电网有限责任公司河源东源供电局	1444

2020年河源市民营企业税收收入前10名情况表

表12　　单位：万元

企业名称	税收收入
广东烟草河源市有限责任公司	49947
河源市雅居乐房地产开发有限公司	36664
广东大顶矿业股份有限公司	28313
农夫山泉广东万绿湖有限公司	25623
景旺电子科技（龙川）有限公司	22572
力升树灯（河源）有限公司	20925
河源市益顺源实业有限公司	10143
广东东岸实业有限公司	9302
精电(河源)显示技术有限公司	9067
河源龙记金属制品有限公司	8872

（赖同鸣）

审 计

【概况】 2020年，河源市审计机关审计项目149个，其中审计项目128个、专项审计调查项目21个。查出主要问题金额166.86亿元，其中违规金额4.12亿元、损失浪费金额340万元、管理不规范金额162.70亿元；审计发现非金额计量问题670个；损益（收支）不实金额10.34亿元；审计发现侵害人民群众利益14万元；出具审计报告和专项审计调查报告237篇，被批示、采用5篇。审计处理处罚金额4.83亿元，其中应上缴财政3.16亿元、应归还原渠道资金9628万元、应调账处理金额7085万元；移送司法机关、纪检监察机关和有关部门处理事项12件，移送处理人员21人，移送处理金额1169万元。审计促进整改落实有关问题资金10.13亿元；审计促进拨付资金到位627万元；审计后挽回（避免）损失9万元。审计提出建议609条，被采纳221条；促进被审计单位建立、健全规章制度14项；提交审计信息8篇，被批示、采用2篇次。向社会公告审计结果25篇。

【国家重大政策措施落实情况跟踪审计】 2020年，河源市审计局机关跟踪“放管服”改革推进、强化就业优先、助企纾困等重大政策措施情况专题审计，促进各项政策措施落地生效、防范化解隐患风险。对全市新增财政资金直达市县基层惠企利民、疫情防控、“粤菜师傅”“技工人才”进行审计。

【财政审计】 2020年，河源市审计局围绕审计全覆盖目标，推进财政审计纵向到底、横向到边审计工作。完成市、县（区）2019年度本级财政预算执行情况、一级预算单位部门预算执行情况、2个县财政决算、16个部门（含镇街）预算执行等审计，披露预算管理、债务债券资金管理使用以及重点专项资金使用绩效等方面的问题，推动各级各部门规范预算管理、提升预算执行效率和资金使用绩效。

【经济责任审计】 2020年，河源市审计机关开展62个单位77名领导干部经济责任审计，查出主要问题金额14.34亿元，开展乡镇党政主要领导干部经济责任异地交叉审计和乡镇党政主要领导干部自然资源资产离任审计。

【民生审计】 2020年，河源市审计局围绕全市救灾复产工作安排，组织全市审计机关对全市“6·10”“6·12”救灾复产资金和物资筹集管理使用情况进行跟踪审计。

【公共投资审计】 2020年，河源市审计局推进公共投资审计，组织对紫金县省道230线义容至凤安段改建项目、深河中学建设项目等进行审计，披露多计工程结算款、未按规定追究施工方违约责任、违规分包非法转包等问题，以问题整改规范工程建设管理，提升项目资金绩效。

【信息化建设】 2020年，河源市审计局推进大数据审计工作，全市审计机关强化对大数据审计工作的领导，以科技创新为抓手克服人员不足、全覆盖任务较重的困境，完成市县两级2015—2020年513个被审计单位财政财务电子数据采集及标准化工作，提高审计效率，提高全覆盖审计工作的效能。

【内部审计】 2020年，河源市内部审计机构完成审计项目829个，审计发现问题金额6106万元，审计发现非金额计量问题220个，审计发现问题整改金额3596万元，审计发现非金额计量问题整改304个，全市内部审计工作上新台阶。

2020年河源市本级及所辖区（市、县）审计工作统计表

表13

审计机关	完成审计项目（个）	审计查出主要问题金额（万元）	审计发现非金额计量问题（个）	审计期间整改金额（万元）	出具审计报告和审计调查报告（篇）	审计处理情况		审计促进整改落实有关问题资金（万元）	审计提出建议（条）	提交审计信息（篇）
						审计处理处罚金额（万元）	移送处理事项（件）			
河源市 河源市本级	38	1052044	205	7104	93	33558	10	64589	117	5
源城区审计局	13	120699	48	0	17	0	0	0	51	0
东源县审计局	15	13674	53	365	22	0	0	13214	62	0
和平县审计局	26	101655	120	0	38	78	0	78	92	1
龙川县审计局	19	188336	43	1688	25	4	0	16226	65	2
紫金县审计局	19	52701	128	5	23	7057	2	7025	150	0
连平县审计局	19	139454	73	27	19	7635	0	137	72	0

（潘森群）

统　计

【质量数据】 2020年，河源市统计局贯彻落实“两防”（防弄虚作假、防少报漏报）工作，质量数据全面新提升。夯实统计基层基础。推进统计业务规范化建设，在工业企业和建设领域深入统计基层基础规范化建设工作，建立健全基层统计台账。编印镇村《农业统计台账》《劳动情况统计台账》《工业及能源统计台账》《房地产统计台账》《建筑业统计台账》范本，指导企业做好原始统计报表材料，使源头数据准确、及时、连续、完整、清晰，查询方便。组织乡镇（街道）和“四上”（指规模以上工业企业、资质等级建筑业企业、限额以上批零住餐企业、限额以上服务业企业）企业新进从事统计人员参加统计专业技术培训40多场（次），轮训统计工作人员800人次，提高统计队伍的依法统计、科学统计能力水平。开展“两防”工作调研及新增重点项目、重点企业核查。通过调研和核查及查假，确保数据准确、全面。通过核查详细了解、掌握各县区经济运行基本情况及新增重点企业生产状况、重点项目推进情况。加强统计报表数据质量评估，使统计指标数据与生产发展趋势一致。要求县区专业人员对各乡镇（街道办事处）上报的数据进行科学评估，主要从关联指标等方面去把控数据的合理性，结合职能部门提供的当季新增的项目或新上的企业评估新增长点，以确保产业统计数据与生产发展趋势相一致。

【统计宣传】 2020年，河源市统计局创新工作载体和宣传手段，开放数据打开新局面。高标准做优统计产品，推进《河源统计月报》等统计产品的改版，增强统计产品的实用性；创新宣传手段，采用线下+线上的形式，将地区生产总值解读、经济形势分析材料制作成统计宣传资料，通过河源市政府门户网站、河源日报、河源电视台、统计开放日、民生热线等平台、媒体对外发布；打造统计精品，及时发布《2019年河源市国民经济和社会发展统计公报》，编辑70多期《河源统计资料》《统计信息》，每月编辑《河源市主要经济指标与粤东西北各市对比表》。

【数据分析】 2020年，河源市统计局提高统计数据解读分析能力，诠释数据跨上新高度。培养统计干部“会算能写”的本领，每月每季度把企业单位上报的数据分门别类加工整理，形成总量、结构、效益，增速、比重、贡献，数据、文字、图表；培养统计干部“会分析善表达”的本领，加强经济形势分析、研判和解读，“跳出专业看数据，跳出数据看问题，跳出问题看差距”，每个月分析经济形势，及时反映哪些指标向好、哪些走弱，第一时间揭示新趋势新变化新问题；研究影响经济发展的36个核算指标存在的短板影响和对策建议，第一时间为产业发展、项目投资、招商引资等方面提供决策建议；开展与全国、全省以及周边市进行纵向、横向数据比较，当好决策参谋。是年，统计局发布统计分析报告50余篇，其中《新冠肺炎疫情对我市经济影响分析》《关于社会消费品零售总额有关情况报告》得到市委、市政府的批示，制订具有针对性政策提供参考。突出提升高效推进各项统计普查、调查的数据整理分析能力。高质量推进第七次全国人口普查工作；加强与部门协作，围绕社会热点、难点问题开展民意调查。开展“公共医疗服务现状调查”“环境保护现状调查”“网络购物发展现状调”等调查项目，全面解构分析数据，形成高质量的调查报告。

【统计预测】 2020年，河源市统计局创新高效统计预警预测监测机制，赋能数据提升新水平。根据季度地区生产总值核算方案，及时更新核算测算方法，明确各职能部门统计职责，及时沟通交流，形成统计工作合力。每月25日前由

相关部门预报一次月度（季度）指标数据，及时梳理核算季度地区生产总值的36个支撑性指标数据，创建地区生产总值核算基础台账，及时分析研判主要指标数据走势及影响程度，提高统计预警监测的时效性和准确性，通过手机短信的形式向市政府领导预报经济运行情况。定期召开全局经济形势分析例会，核算人员和专业人员一道结合各专业发展情况，共同分析研判地区生产总值走势，提出相关意见建议，提供20多篇相关信息报告。每月召开一次统计工作联席会议，密切关注主要统计指标运行情况，针对热点焦点难点问题，把握重点行业，加深对经济运行的整体走势研究，提高统计预警监测的趋势性和预见性。

【统计执法】 2020年，河源市统计局多措并举强化统计法治化建设，依法数据落实新保障。推进依法统计、依法治统宣传，围绕“七五”普法规划，结合统计开放日等时机，开展现场宣传4次、发放宣传资料2000多份、宣传用品1000多份，利用网络平台、QQ群、微信群等，创新宣传形式和内容，拓宽统计普法宣传面。开展诚信统计承诺活动，落实统计严重失信企业公示制度。统计执行检查规范化，加强统计执法检查和数据质量核查，加大案件查处力度，对统计违法案件进行通报和处罚，在《河源日报》进行刊登。开展统计数据质量提升专项行动，防范和惩治统计造假、弄虚作假，要求各县区对报表数据全面核查，恪守统计“四条红线”（坚持“先进库、再有数”，绝不自行修改名录库；坚持由企业独立报送真实的统计数据，绝不干预企业独立报送真实数据；坚持由企业自己上报联网直报数据，绝不代填代报企业数据；坚持由企业修改差错或补填不完整报表的原始数据绝不自行修改企业任何数据），确保联网直报单位数据质量。

【第七次全国人口普查】 2020年，河源市统计局压紧压实责任，推进人口普查工作。组建各级普查机构，推进人口行政记录整理和户口整顿，全市选聘和培训“两员”1.5万人开展普查工作。

（魏春发）

市场监督管理

【疫情防控】 2020年，河源市市场监督管理局强化农贸市场新冠肺炎疫情防控工作，发挥药店的哨点作用，守好全市市场监管领域疫情防控安全大门。是年，市市场监督管理局第一时间为企业办理应急审批，挖掘企业产能，加强疫情防控医疗器械的生产经营保障和产品质量检查，保障全市口罩、防护服等医疗器械使用需求。统筹推进疫情防控和复工复产工作，全市出台10条市场监管领域惠企措施，投入1.2亿元资金用于支持个体工商户纾困发展资金的发放工作，支持市场主体在疫情防控中促生产、保经营、稳发展、渡难关，提振企业信心、加快复工复产。是年，该局获得广东省抗击新冠肺炎疫情先进集体称号。

【“放管服”改革】 2020年，河源市市场监督管理局深化商事制度改革，实现企业开办时间整体压缩至1.5个工作日内；推动“证照分离”全覆盖在该市落实落地，解决企业“办照容易办证难”“准入不准营”症结；推进特种设备使用登记、医疗器械登记改革，加大市场主体清退力度，做好经营异常名录管理工作。

【质量强市】 2020年，河源市市场监督管理局推动市委、市政府出台《关于开展质量强市活动的意见》《关于进一步做好质量强市推进工作的通知》《河源市开展质量提升行动实施方案》《河源市构建高标准的质量管理体系加快推动经济高质量发展的实施方案》，助力经济高质量发展的体制机制更加完善。开展质量提升行动，举办中小企业质量管理体系培训班，提升企业质量管理水平和质量核心竞争力。

【产品标准化】 2020年，河源市市场监督管理局推进企业产品和服务标准自我声明公开和监督制度，制订和参与国家标准3个、制订地方标准21个、建成省级农业标准化示范区12个。融入粤港澳大湾区建设，借助“农业标准化+圳品+产业扶贫”发展新模式，实施重点农产品标准化服务项目，增强供深食品竞争力，助力打造特色农产品品牌，实现绿富双赢。5个基地的5个产品获得“圳品”品牌称号（分别是：河源市叶鲜生实业发展有限公司在河源市东源县船塘镇黄沙小水村基地生产的南瓜、深圳市联众食品有限公司在河源市东源县船塘镇黄沙小水村基地生产的猪肉，华润五丰肉类食品有限公司龙岗分公司在河源市东源县骆湖镇致富林牧场基地生产的猪肉、深圳市德保膳食管理有限公司在河源市连平县三角镇塘背村大凹岭3号基地生产的边猪肉、龙川绿油农业发展有限公司生产的绿优原生原香型山茶油）。

【质量基础建设】 2020年，河源市新增社会公用计量标准15个，新增通过二级计量保证体系确认企业1家。实施计量惠民行动，开展对全市集贸市场与基层医疗卫生单位的计量器具进行免费检定。强化认证认可工作。2020年新增3C认证证书277张、体系认证证书356张。技术支撑能力加强，有国家质检中心和省级检验检测机构10个。建成市食品药品检验技术中心并投入使用。

【知识产权】 2020年，河源市市场监督管理局制订并出台知识产权保护推动经济高质量发展的系列政策措施，完成知识产权资助政策优化工作。知识产权创造能力提升。是年，全市专利申请量4514件，比上年增长20.8%；全市专利授权量3408件，增长40.8%。PCT国际专利申请受理量为6件。是年，全市有效发明专利量549件，每万人口发明专利拥有量1.77件。开展知识产权优势示范企业培育工作。是年，全市13家企业通过“贯标”认证、4家企业进入省知识产权示范企业公示名单,为强化知识产权意识，鼓励企业创新发展，增加高价值专利的产出作出示范引领作用。河源市精电（河源）显示技术有限公司的“配向膜的固化方法”发明专利获评第二十一届中国专利优秀奖，是河源市首个权利人为本地企业获评为中国专利优秀奖的发明专利，市高质量专利培育工作方面取得历史性的突破。构建知识产权服务体系，建立河源市知识产权专家库，设立广东知识产权保护中心维权援助河源分中心，成立河源市知识产权协会，设立知识产权分析评议中心，成立河源市高新区知识产权服务联盟，引进专业知识产权运营机构等。

【食品药品安全监管】 2020年，河源市市场监督管理局推动出台《关于深化改革加强食品安全工作的实施方案》，完善对地方党委和政府食品安全工作评议考核制度。突出抓好民生实事，2020年全市41家农贸市场开展食用农产品快速检测工作任务和落实全省食品检验量“每年每千人5批次”工作中，完成率超过100%。推进全市学校食堂互联网+“明厨亮灶”全覆盖建设，全市学校食堂建设910家全部建成，覆盖率100%。开展米面制品、淀粉及其制品、花生油小作坊专项整治，桶装饮用水生产企业专项监督检查。全面加强学校校园及周边食品、网络订餐食品、酒类食品等重点领域监管。创新开展邀请“两代表一委员”走进食品安全监管一线活动。开展食品餐饮服务环节“统一查餐厅”行动、“逢九查酒”专项行动。抓好食品销售风险分级管理工作的落实。开展非洲猪瘟防控，确保疫情防控平稳有序。推进餐饮服务单位食品安全量化分级管理建设，重点推动餐饮业质量安全提升工程。集中开展血液制品、疫苗、中药饮片、化妆品、医疗器械等各类专项整治，全市监测上报并通过国家中心审核评价的药品、医疗器械、化妆品不良反应报告表2169份。

【特种设备安全监察】 2020年，河源市市场监督管理局开展岁末年初、保“两节”、清明节、“五一”“六一”、极端天气、保两会等重要时段安全生产大检查，组织开展危化品、汽车罐车、电梯使用管理人首负责任落实情况等专项整治行动，一个时间一个节点坚守安全底线，强化督查，推动落实各环节安全责任，全方位加强特种设备安全监管。全市检验特种设备6889台、压力管道29.3千米，出具各类检验报告9097份，减免检验收费883万元；发出安全监察指令书162份，消除安全隐患356宗，立案12宗，经济处罚13.5万元。推进河源市特种设备使用企业参与安全生产责任保险。2020年，河源市25家液化石油气充装站都购买气瓶安全责任险，14家液化石油气充装站购买安全生产责任险（储罐、管道），在用电梯12023台全部购买电梯责任保险，65台大型游乐设施、1条客运索道，全部购买安全责任保险。开展特种设备安全知识“五进”（进企业、进社区、进校园、进乡村、进家庭），强化应急救援演练，举办8期特种设备使用管理人法律宣贯讲座，推动企业落实安全主体责任。

【重点产品质量安全监管】 2020年，河源市市场监督管理局开展油品、电动自行车专项整治、烟花爆竹产品专项整治行动，做好非医用口罩产品质量监管工作。全市抽检钢筋、水泥、化肥、空气能、液化石油气、人造板、电线电缆等重点工业产品173批次，不合格发现率2.3%。组织开展对机动车检验检测机构进行安全风险排查，督促各机动车检验检测机构依法依规开展检测业务，累计排查企业20家、排查发现风险点7个，现场督促机构立行立改，严防安全事故发生。

【公平竞争审查】 2020年，河源市市场监督管理局推进公平竞争审查制度全面落实，逐步完善公平竞争审查制度体系，建立立法与行政部门共同参与的市公平竞争审查工作部门间联席会议制度，市、县区级部门基本建立完善的内部审查机制，实现公平竞争审查制度贯彻市、县级政府全覆盖。政策措施审查工作有序开展，最大限度减少政府对市场资源的直接配置和市场活动的直接干预，营造公平竞争的制度环境和市场化、法治化、国际化的营商环境，推动该市经济高质量发展。

【价格监管】 2020年，河源市市场监督管理局加强价格监管和监测，强化重大节假日等重点时段和敏感时段的民生价费监管，组织开展客运票价、殡葬、农资、建材、教育、旅游、医疗、停车场等领域涉企和民生价格收费专项检查，增进民生福祉，维护和保障人民群众合法权益。加强价格监测预警，密切关注重点商品的价格异常变化，建立重点商品价格监测制度，在市、区（县）、镇三级选取9个采集点，对27类重点防疫用品和居民日常消费品开展每日价格监测工作。组织开展供气、供水、供电、交通、旅游、教育等领域价格检查。

【行政执法与“双打”工作】 2020年，河源市市场监督管理局发挥“双打”工作主力军作用，执法打假机制健全。联合公安等部门开展野生动物、防疫用品专项整治，打击非法经营野生动物、生产经营假劣防疫用品违法违规行为；开展打击走私成品油、走私冻品等专项整治，医疗器械“清网”专项行动，假药问题专项治理。开展口罩、防护服等防疫用品领域认证专项整治行动，发现虚假欧盟强制性认证证书9张、假冒美国食品药品监督管理局注册证明3份，移交相关案件线索9条。监督重点行业、重点领域，聚焦民生问题、热点问题，重点整治食品、药品、医疗器械、保健品、特种设备、知识产权、广告、价格、电子商务、无照经营等行业乱象。

【信用监管】 2020年，河源市市场监督管理局推进全市年报工作，重点行业领域年报率100%、企业年报公示再创新高为97.6%，全市再次位列全省第二名。“双随机、一公开”（在监督过程中随机抽取检查对象、随机选派执法检查人员情况及查处；结果及时向社会公开）监管稳步推进，推动市政府建立完善“双随机、一公开”、监管工作联席会议制度，出台《河源市人民政府关于在市场监管领域全面推行部门联合“双随机、一公开”监管的实施方案》。以“双随机”的方式抽查2020年度企业登记事项、公示信息、车辆检验检测机构、综合贸易市场、电梯维保单位、食品生产企业日常监督检查等146个随机抽查计划1566户市场主体进行监督抽查。

【网络和广告监管】 2020年，河源市市场监督管理局商品交易市场监管持续加强。是年，该市网络交易监管服务系统上线，标志着该市网络交易监管迈入“互联网+监管”模式。加强广告监管，建立健全整治虚假违法广告联席会议制度，强化公益广告宣传和媒体广告监测，开展各类违法广告专项整治，全市查处违法广告案件12宗，罚没金额3.39万元。加强重点领域市场规范管理，持续开展“守合同重信用”企业公示活动，全市核准认定2019年度“守合同重信用”公示企业703户，比上年增长27%。

【消费维权】 2020年，河源市市场监督管理局实现“五线合一”（原工商局“12315”、质监“12365”、食品药品“12331”、物价“12358”、知识产权“12330”等热线整合为“12315”热线）热线平台整合，进一步畅通消费者投诉举报受理渠道，及时受理“12345”平台和全国“12315”网络投诉平台转办的投诉举报，2020年受理7587件、挽回经济损失662.75万元。推进“12315”“五进”（进学校、进电商、进市场、进企业、进景区）工作，引导消费重点行业组织、集中消费区域的管理机构建立消费维权服务站，确保消费纠纷得到快速及时处理。围绕2020年“凝聚你我力量”消费维权年主题，开展2020年“3·15”国际消费者权益日系列活动，开展经营者“放心消费承诺”“线下无理由退货承诺”等放心消费创建活动，累计发展“放心消费承诺单位”“线下无理由退货承诺店”466家。

【“创文”工作】 2020年，河源市市场监督管理局开展农贸市场和商场超市整治提升行动以及食品药品安全系列专项整治行动，推行“文明餐桌、光盘行动”行动，围绕重要时间节点开展诚信教育活动，畅通投诉举报渠道，维护消费者合法利益。执行《创文网上申报档案材料规范要求》，加大网上申报材料审核力度，加强对标对表工作，严把材料关。推进源城辖区21个农贸市场升级改造和管理工作，提升市场品位，打造干净、整洁、有序、安全、文明的市场环境，提升市民获得感和幸福感。

【依法行政】 2020年，河源市市场监督管理局利用各种学习培训时机，抓好干部职工的法治教育和思想道德教育，增强干部职工的法规意识和自律意识。按照“谁执法谁普法”要求，将普法工作纳入单位议事日程，组织本单位全体人员参加普法考试，参与和优秀率为100%。规范执法主体，落实行政执法责任制，推进行政执法与刑事司法的“两法衔接”，坚持办案、法制审核相分离制度。开展规范性文件清理工作，规范行政行为，排查工作文件2000余件。把好办案质量关，做好案件核审工作，遵守有关审批权限、程序、环节、条件等各项规定，各项行政许可都在规定的办理时限内办结。

【信息新闻宣传工作】 2020年，河源市市场监督管理局开展“3·15”国际消费者权益日系列活动、“世界计量日”、“知识产权宣传周”、“食品安全宣传周”、“质量月”、“药品安全宣传月”等专题宣传活动。是年，累计在河源日报发布市场监管在线53期，发布政务微信63期225条，重点工作信息和新闻先后被省委、省政府办公厅简报、省局简报、中国市场监管新闻网、中国质量新闻网、“学习强国”广东平台、河源发布等采用，在河源电视台、电台发布“3·15”、安全生产月、药品宣传周等系列专题宣传视频和广告，做到报纸有版面、广播有声音、电视有画面的宣传氛围。 *（颜华艺）*

价格管理

【加强价格调控】 2020年，河源市强化价格监测预警，特别是在新冠肺炎疫情防控期间，启动对疫情相关产品及与群众基本生活密切相关的生活必需品价格应急监测，密切关注市场价格动态，对可能引发市场价格异常波动的倾向性、苗头性问题及时预警预报。同时开展对农贸市场、超市、药店的价格巡视工作，会同市场监管部门开展价格巡查，维护市场价格稳定。2020年全市居民消费价格指数累计上涨2.6%，完成年初提出的控制在3.5%以内的预期调控目标。

【阶段性降低水、电、气价格】 2020年，河源市为了降低企业经营成本，支持企业复工复产，实施阶段性降低水、电、气价格政策。水价方面：对2020年2—6月的个体工商户用水到户价格下调10%。电价方面：从2020年2月1日起至年底，对全市除高耗能行业外的工商业用户的电费统一按照原来到户电价水平的95%结算。气价方面：对2020年2—6月的管道天然气实际平均购销差价在2019年全年实际平均购销差价的基础上下调10%。以上优惠政策可降低企业用能成本1.2亿元。

【价格临时补贴发放】 2020年，河源市为降低物价上涨对困难群众基本生活的影响，启动社会求助和保障标准与物价上涨挂钩联动机制，向全市城乡低保对象、享受国家定期抚恤补助的优抚对象、特困人员、领取失业保险金人员等困难群众发放价格临时补贴。2020年共计发放价格临时补贴6559.48万元，每月均可惠及约11万余名困难群众。

【规范收费行为】 2020年，河源市继续推进农业水价综合改革，印发河源市2020年农业水价综合改革实施方案，将任务细化分解到县区及市直相关部门。同时主动对接粮食安全考核和严格水资源考核内容，做好改革任务完成情况台账资料汇总。加强砂石行业监管，牵头建立河源市砂石保供稳价工作协调机制。规范物业服务收费管理，开展市区物业服务收费政府指导价调整工作，理顺物业服务收费机制。加强管道天然气价格管理，启动调整市区管道天然非居民用气销售价格工作。开展清理规范涉企收费工作。组织各县区、市直各相关单位开展全面自查自纠工作。（曾子棠）

国有资产管理

【概况】 2020年，河源市人民政府国有资产监督管理委员会根据《河源市深化市属国有企业改革实施方案》的有关要求，推进国有企业改革工作。组建市物投公司，五大板块公司完成组建。推动市政府系统整合资源支持国有企业做大做强，投融资平台建设取得突破性进展。完成退休人员社会化管理工作，接收各级各类国有企业退休人员16589人。完成全市“僵尸企业”出清工作，全市有“僵尸企业”102家，是年，完成出清处置任务。三类事业单位改革工作有序推进，指导3家（河源市对外经济开发区、河源市市场物业管理处、河源市对外加工装配服务公司）涉改三类事业单位制订改制实施方案，做好改革政策和相关问题的解答。

【国资经营】 2020年，河源市属国有企业（含高新区、江东新区、灯塔盆地）资产总额451.22亿元，比上年增长18.7%；负债总额190.31亿元，资产负债率42.2%；所有者权益260.91亿元，增长14.6%；收入总额14.68亿元，与上年持平；利润总额-7600万元；实际上交税费93万元，上缴国有资本经营收益2.99亿元。

【民生项目】 2020年，河源市人民政府国有资产监督管理委员会相关监管企业承担建设一批民生工程和重点项目。河源市市民服务中心（盛源大厦）项目：项目总投资5.2亿元，11月开工建设，进行基坑支护等工作。河源市中小学生综合实践基地项目：项目总投资2.17亿元，完成设计招标、监理招标等工作，开展场地平整、土石方工程及新增用地征用、预算审核等工作。河源市热力发电厂项目：项目一期总投资8.77亿元，完成项目地质初勘、林木砍伐等工作。河源市医疗废物处置项目：项目总投资8300万元，10月开工建设，蒸煮线设备安装完成，进行厂房主体建设等工作。深河花园项目：项目总投资5.67亿元，11月开工建设，完成排洪渠施工，进行土石方开挖、回填，山体边坡支护、桩基施工等工作。广技师人才房项目：项目总投资4.21亿元，项目用地公开挂牌出让，筹划项目摘地准备事宜。市区智能停车收费交通项目：项目总投资2.9亿元，由市城管局牵头成立工作专班，研究周边城市先进经验，制订项目方案报市政府审议。学府大桥项目：项目总投资11.9亿元，完成可研报告编制、项目立项审批、航标配布设计审批及部分地质勘察钻探等前期工作，进行招标工作。粤赣高速公路新增顺天互通立交工程：项目总投资1.97亿元，完成施工图设计评审和批复工作，准备工程监理挂网。国道355线沿线综合开发项目：项目总投资35.58亿元，成立项目工作领导小组，处于项目参建方案设计讨论阶段。河源市污水处理厂临时扩容工程：项目总投资9740.72万元，9月开工建设，完成项目主体建设，设备进入试通水调试阶段。市污水处理厂南移迁建项目：项目估算总投资23亿元，处于项目选址、初步论证阶段。

【国资监管】 2020年，河源市人民政府国有资产监督管理委员会调整优化国资监管职能，完善现代企业制度，为市属国有企业改革发展提供保障。抓好国有企业党组织、董事会、经理层、监事会等班子建设，建立完善权责明确、有效制衡、运转公司法人治理结构。推动各企业加快完善以风险管控为主的内控体系建设，防范企业投资风险、经营风险和廉政风险。完善国有资产监督管理制度，制订出台《河源市属国有企业内部审计管理规定》《关于进一步加强市属国有企业财务管理工作的意见》《河源市属国有企业全面预算管理工作指引》《市属国有企业托管（代管）权限》《河源市市属企业违规经营投资责任追究实施办法（试行）》《河源市市属国有企业国有资产租赁管理办法（试行）》等制度，防止国有资产流失。开展2019年度市属国有企业负责人经营业绩考核工作，下达2020年度各监管企业负责人经营业绩考核指标。

【融资筹资】 2020年，河源市人民政府国有资产监督管理委员会发挥国企融资功能，融资21.95亿元，完成提款14.42亿元，主要用于项目摘地及建设、股权收购等。其中市国资公司融资10.03亿元，提款4.5亿元；市城投公司融资8.6亿元，提款6.6亿元；市交投公司融资1.8亿元，全额提款；市水投公司融资1.52亿元，全额提款。

【综治维稳】 2020年，河源市人民政府国有资产监督管理委员会落实维稳责任，加强不稳定因素排查调处与防范工作。全年受理并调处信访案件19宗，办理“12345”政府服务热线71件，全部办结。抓好企业安全生产，落实安全生产责任制，定期组织开展安全隐患大排查，全系统没有发生较大以上安全生产事故，安全生产形势持续稳定。

（潘　蔚）

城乡建设·自然资源

编辑：曾红艳

住房和城乡建设

【概况】 2020年，河源市住房和城乡建设局获省建设工程优质结构奖3项，获省房屋市政工程安全生产文明施工示范工地、省建设工程项目施工安全生产标准化工地奖5项，获省优秀建筑装饰工程奖6项，获省市政优良样板工地奖1项。

【建筑业发展】 2020年,河源市办理公建项目数364项、建筑面积1068.64万平方米、造价318.49亿元；其中市区公建项目数25项、建筑面积145.1万平方米、建筑造价39.76亿元。

【绿色建筑与建筑节能】 2020年，河源市取得绿色建筑设计评价标识的项目30个，建筑面积268.5万平方米，公共建筑和保障房建筑绿色建筑审查通过公示项目24个，建筑面积26.02万平方米；全年城镇新增绿色建筑面积95.9万平方米，占新建建筑比例21.5%。河源职业技术学院实训楼四期获得一星级绿色建筑运行标识，运行标识绿色建筑取得零的突破。

【工程质量和施工安全】 2020年，河源市实施建设项目实名制管理，督促施工现场强化安全管理，建立隐患台账，进行闭环处理。是年，市办理质量监督手续工程253项，建筑面积1765.46万平方米，签署授权书、五方责任主体工程（是指承担建筑工程项目建设的建设单位项目负责人、勘察单位项目负责人、设计单位项目负责人、施工单位项目经理、监理单位总监理工程）质量终身责任承诺书253项，竣工验收备案167项，设立永久性标牌167项，一次竣工验收合格率100%。完善《河源市建筑市场各方主体不良行为标准》《河源市建筑市场各方主体良好行为标准》，探索加强质量安全现场和市场联合管理，推行信用为基础的新型质量安全监管机制。落实五方主体。项目负责人质量终身责任及永久性标牌等制度，实行项目负责人质量终身责任制；落实《河源市房屋建筑工程常见质量问题治理实施办法》，推进工程质量通病治理工作。实行住宅工程质量分户验收制度，加强工程实体检测。采用日常监督检查、不定期等执法检查方式，全面监管辖区工程质量安全、查处各类违法违规行为。对责任不落实的企业及负责人，实行质量安全动态管理，对305家企业、997个安全生产责任人进行质量安全生产动态记分。

是年，市出具结建式防空地下室设计要点46份。受理建设工程消防设计审查237件，办结222件；受理消防验收173件，办结156件。

制订《2020年度河源市房屋市政工程安全隐患集中排查整治工作实施方案》，督促各县（区）住建局和市质安站推进本地区本行业房屋市政工程安全隐患集中排查整治工作，重点开展危大工程、建筑起重机械、有限空间作业、高处作业等安全隐患集中排查整治工作。是年，市住建系统汲取“5·23”龙川违法建筑事故惨痛教训，开展房屋市政工程建筑施工大排查大整治，累计检查工地246个（次）、起重机械1754台（次），下发整改通知书495份，发现隐患2255处，封停起重机械63台，完成对全市建筑工地的全覆盖检查，对发现的隐患问题要求当地住建部门督促责任单位整改落实，消除安全隐患。

【城建项目建设】 2020年，河源市住房和城乡建设局履行市直城建系统调度领导小组办公室职责，组织准备21次市直城建系统调度会，上会讨论议题118项，解决一批重大项目及规划、用地、用林等推进问题。市级城建项目建设有序推进，实施市级政府投资城建项目32个，总投资89.29亿元，累计完成投资2.51亿元。完成华达街改造工程、河源市第二中学小学部建设项目、新一路一期（新风路至纬十四路）建设工程、中山大道改造工程（一期）、深河中学宿舍楼及饭堂建设项目、河源市第四小学建设项目、红星东路贯通工程等项目建设。开展河源市中心城区城建项目“百日行动”，提升城建设项目开工率，开工项目61个，总体开工率由百日行动前的35%提升到66.3%。

【房地产市场】 2020年，河源市完成房地产开发投资264.5亿元，比上年增长2.2%。批准商品房预售面积332.38万平方米，下降33.8%；其中市区批准商品房预售面积198.71万平方米，下降20.8%；全市销售商品房面积361.35万平方米，下降4.2%；商品房销售均价6750元/平方米，增长2.4%，其中新建住宅销售均价6737元/平方米，增长3.1%；市区新建商品房销售均价7639元/平方米，下降1%，其中新建住宅销售均价为7898元/平方米，增长0.4%；全市商品房待售面积394.75万平方米，市区商品房待售面积159.81万平方米，全市消化周期为13.11个月、市区消化周期为9.96个月，消化周期在合理区间。完成商品房合同备案1.6万份；房屋安全鉴定5宗、鉴定面积0.58万平方米；白蚁防治备案67宗，面积329.14万平方米。

是年，市开展房地产市场专项整治，查处违法违规住房租赁中介机构48家，整改完毕46家，关门停业2家；对采取"零首付""首付分期"、违规为购房人垫付首付款等违法违规行为的7家房地产企业进行查处。

【住房保障】 2020年，河源市新增配租保障性住房118套，其中市直65套、东源县9套、紫金县7套、连平县37套，解决100户家庭380人的住房困难问题；发放租赁补贴214户，完成住房保障工作目标任务的396.2%。新增竣工验收江源棚户区改造项目，和平花园、城南棚户区一期建成。新冠疫情期间，落实惠民惠企的减负措施，经市政府同意对市直保障家庭租户和安康花园附属商铺作出减免3个月租金的决定，合计减免租金107万元。

【城乡人居环境整治】 2020年，河源市推进农村生活垃圾治理。建立"村收集、镇转运、县处理"的农村生活垃圾收运处理体系。是年，市在现有6座生活垃圾无害化填埋场的基础上，龙川县、紫金县城区生活垃圾无害化填埋场完成二期扩建，东源县新建2座（灯塔镇、船塘镇）生活垃圾无害化填埋场，全市生活垃圾无害化填埋场总设计处理规模达2670吨/日，东源县仙塘二期、叶潭镇2座生活垃圾无害化填埋场加快施工建设。全市95个乡镇建有102个中转站，全市8575个自然村配备垃圾收集点30238个，录入全国非正规垃圾堆放点排查整治信息系统的非正规垃圾堆放点有70个，全部完成整治销号。

推进镇村污水处理设施建设 2020年，全市95个建制镇实现污水处理设施全覆盖；8575个自然村中有7286个村实现雨污分流、污水排放管道收集或暗渠化建设，污水收集完成率为85%；8575个自然村有5254个自然村生活污水得到治理，村庄生活污水治理率61.3%,1249个行政村中有848个村覆盖污水处理设施，行政村生活污水治理率为67.9%；省定贫困村20户以上自然村基本建有生活污水处理设施。

推进黑臭水体治理 2020年，完成东埔河黑臭水体治理任务。完成黄子洞河"长制久清"第二次评估工作、白岭头河"初见成效"和第一、二次"长制久清"评估工作，东埔河达到消除黑臭水体目标，黑臭水体消除率100%。启动实施2020年东埔河管网改造及景观提升工程、黄子洞河铁炉段生态修复及景观提升工程、黄沙河二期整治工程，加快推进河道治理。

【美丽宜居乡村建设】 2020年，河源市印发《河源市农村村民住房建设管理办法》，从规划、选址及用地标准、用地建房审批和建设管理等方面，强化对农村村民住房建设的监督管理，规范村民住房建设行为。编制《河源市新建农房建设管控指引》《河源市农房风貌改造提升指引》，并免费发放至所有乡镇和行政村，分别对现有农村危旧房清拆整治、已建住房风貌重塑改造和新建农房建设管控提出技术要求；编印《河源市社会主义新农村住宅设计通用图集》《河源市农村危房改造设计方案图集》等，供广大农民参照使用，为突出本土地域特色要素塑造乡村主体风貌以及通过穿衣戴帽、画框饰边等方式统一提升乡村住房风貌提供技术支撑。加强农房建设质量安全指导，编制《河源市农村建筑技术与施工安全指引》，对农村砖混、框架、装配式建筑以及木等结构自建房明确建筑技术规范与施工安全规定；加强业务培训，于2020年11月16日举办2020年度全市村镇建设管理人员培训班，提高村镇建设管理人员对农房建设质量安全管理和农房风貌管控的水平。

【工程建设项目审批制度改革】 2020年，河源市印发《河源市工程建设项目审批流程图（试行）》，将政府投资和社会投资类工程建设项目全流程审批时间分别压缩至90和50个工作日内，从原有的100个工作日和60个工作日分别压缩10个工作日，联合验收时限压缩至10个工作日内。是年，河源市工程建设审批管理系统办理工建项目数1292个，累计办件量4348件，实现市、区、县系统业务办件全覆盖。（袁国省）

城市管理

【概况】 2020年，河源市城市管理和综合执法局围绕"生活垃圾分类""厕所革命""违法建设治理"等重点任务，坚持以人民为中心，以补短板、争亮点、抓队伍、防风险为抓手，提升城市环境品质，推动城管执法事业全面构筑新局。

【市政建设】 *市政工程* 2020年，河源市城市管理和综合执法局加强市政设施改造建设，提升城市品质与服务功能。完成新一路（永康大道至新风路）贯通工程、新风北路贯通工程建设；推进宝源片区及老城西区污水治理工程项目，累计完成总进度80%；推进小型项目的实施，其中鸿大城南面路、越王大道交永盛路渠化路口等完善工程、新丰江北岸亲水步道栏杆维修项目、中心街改造项目及市迎宾馆景观修复工程全面完成，新丰江南岸亲水步道栏杆重修工程及市区市政消火栓项目完成95%。

市政维护 是年，定期开展市政设施全面巡查，对存在问题的路面、人行道、盲道、路缘石等及时修复。组织管

护单位对辖区道路设施进行全面排查维修，对市区迎客大道、滨江大道、东江西路、中兴街等主次干道路面和人行道等设施进行修复，累计修复混凝土路面3600平方米，滤清路面3000平方米，人行道4500平方米，更换各类井盖520个，更新更换排水排污管道240米。加强辖区路牌、交通指示牌管理，累计排查道路名牌2600块，交通指示牌500块，完成滨江大道、文星路、沿江路、大同路、迎客大道等路牌、交通指示牌更新更换48块。推进市区市政养护市场化，该项目自2019年5月启动后，工程量统计、调研、估算预算编审、实施方案批准、项目公开招标、管理办法修订等工作全面完成，2020年9月全面实施。做好市民投诉、建议提案办理工作，累计处理各类投诉240余件，办理市建议提案11件，其中主办件3件，主办建议提案中对答复满意的有3件。

桥梁检测和维护　是年，对城市桥梁安全防护设施隐患情况组织多次排查,确保城市桥梁运行安全。5月20日，邀请省桥梁专家对迎客大桥、珠河桥、红花桥等城市桥梁进行实地勘察，及时针对隐患作出整改方案，实施大桥安全进行全天候动态监测，防范桥梁事故的发生；6月4日，再次邀请省桥梁专家对市区每一座城市桥梁进行现场勘察，根据实地勘察的情况制订检测重点和维修加固方案等；11月5日，桥梁检测单位开始对市区城市桥梁逐步检测，完成40%，12月底全面完成。

汛期应急排涝　是年，组织各片区市政养护人员对城区主要道路的排水、排污管道、集水井、检查井、排水泵站设施设备等进行逐一检查排查，如发现问题及时整改；组织市政养护单位对市区文明路、兴源路、文祥路、新江二路等主要道路特别是易涝点和水浸点区域的排水管道、雨水收集口进行清疏，累计清理管道40多千米，清理管井、雨水口600多座，防止堵塞，提升过流能力。加强水浸点改造，完成文明路交大同路口、东江西路外滩8号路口、红星东路交永康大道路口等小型水浸点的整治；启动迎客大道交双下路口及西环路口水浸点整治工程项目。加强汛期值班值守，累计发出巡查值班指令14次，累计巡查值班人员500人次。

照明亮化　是年，维修路灯1.15万盏次，维修路灯线路6.6万米，排除路灯电气设备故障190次，处理路灯业务申诉1800宗，应急处理撞路灯杆交通事故13宗，更换路灯专用变压器4台，确保路灯设施的完好率和亮灯率保持在98%以上。在“创文”工作期间，主动接管源城区提质工程所安装的3100盏路灯，加大路灯维护管理力度。

【城市环境卫生】　城市市容保洁　2020年，河源市城市管理和综合执法局结合创文工作，以整治、规范、提升为抓手，通过大排查、大清理、大整治、大改造等系列措施，全面清理整治环境卫生“脏、乱、差”和城市面貌“破、旧、乱”现象。通过开展城市环境卫生提升专项整治行动，让城市干净、整洁、有序，提升人民群众的获得感、幸福感、安全感。

城市生活垃圾分类　是年，市出台《河源市城市生活垃圾分类管理实施方案》，市直各有关部门，源城区政府将垃圾分类工作作为一项重要工作来抓，通过以点带面、分步实施、循序渐进的方式，重点从体制机制建设、基础设施配套、宣传发动等方面，推动全市城市生活垃圾分类工作，生活垃圾分类工作初显成效。是年，市区公共机构垃圾分类开展率100%，上城街道示范区分类覆盖率80%。

【城市综合管理执法】　户外广告管理　2020年，河源市城市管理和综合执法局做好户外广告管理审批和节日氛围布置工作，完成133则广告招牌审批，完成疫情公益宣传项目、创文公益宣传项目、国庆国旗悬挂等项目；完成市区三个大型立柱广告牌安全性检测和经营权竞拍底价评估工作，完成大同路招牌样板街管护项目和一江两岸及迎客大桥亮化设施管护项目新一轮招标工作；做好户外广告宣传工作。根据市委宣传部要求，发布预防新型冠状病毒肺炎公益广告宣传；按照市创文办要求，抓好创文公益宣传工作。

城管综合执法　是年，开展违建治理。按照住建部关于违法建设治理“坚决遏制新增、逐步消化存量”的工作原则和要求，指导、督促各县区城管执法部门落实“分片包干、责任到人”网格化巡查管理机制，强化对违法建设的日常巡查监管和集中整治，督导工作12次，全市各县区城管执法部门查处违法违章建设行为230.75万平方米，其中拆除100.27万平方米，完成省级下达任务的治理进度为治理进度比为707.8%，排名全省前列。创新共享单车管理模式。出台《关于加强市区互联网租赁自行车运营管理工作的通知》，对共享单车运营企业的准入标准和数量、车辆的投放规模、车辆上牌管理等问题进行明确，对外发布4家经许可后可在市区投放运营的互联网租赁自行车企业，明确规定市区互联网租赁自行车试运营总投放量1.2万辆需实行上牌管理，每年对运营企业进行评分考核，不达标的企业责令退出市场等。加强对市容秩序的监管，督导各县区城管执法部门开展市容秩序专项整治行动。开展户外违规广告整治。根据省厅和局有关要求，指导各县区城管执法部门加强对户外违规广告的整治力度，累计出动执法人员3200人次，拆除违规广告牌2061个，拆除面积15200多平方米，包含遮挡逃生窗户等35宗；开展建筑工地扬尘和餐饮油烟整治。根据市大气办有关打赢蓝天保卫战的部署和要求，督导各县区城管执法部门加强对建筑工地的管理，对建筑工地“6个100%”（工地周边100%围挡、物料堆放100%覆盖、出入车辆100%冲洗、施工现场地面100%硬化、拆迁工地100%湿法作业、渣土车辆100%密闭运输）落实情况开展督导检查，累计检查建筑工地12多宗次，发出责令整改通知60多份，依法作出行政处罚16宗。

【城市供气】　2020年，河源市所有县区使用通达天然气河源市区(源城区)、江东新区、市高新区、东源县城、龙川县城、和平县城、紫金县城以及连平县城。供气能力及供气总量：全市管道天然气供气规模1.5亿立方米，2020年，销售量6123万立方米，用户14.6万户。全市液化石油气销售量8.1万吨，用户53万户（居民户52万户、工商业用户1万户）。

燃气安全管理　制订全市燃气行业监管工作措施，按季度和月份细化和落实各项工作，明确科室人员职责分工，责任到人。完善和执行各项管理制度，狠抓全市范围的安全监管和检查指导，协助、配合各有关部门推进行业管理。加强行业安全宣传工作，结合“五进”（进学校、进工厂、进机关、进农村、进社区）宣传活动，利用户外广告、LED大型显示屏、印发宣传手册、张贴宣传标语横幅等，在商业广场、客家文化公园广场、健身广场以及部分街道社区、物业小区组织开展燃气安全宣传活动，提升市民群众安全用气意识。

开展燃气安全专项治理　抓好燃气安全大检查存在问题整改工作。印发《关于抓好燃气安全大检查存在问题整改工作的通知》，采取有力措施，清除安全隐患，排查整改各类安全隐患150余处。开展燃气安全检查存在问题整改落实“回头看”工作。从5月7—21日，组织安全检查组，邀请省燃气专家，对全市所有燃气企业安全检查存在问题整改落实情况进行“回头看”。本次安全检查“回头看”企业29家，复查发现各类大小问题115条。推进城镇燃气行业重点领域常态化安全监管。集中开展非法经营瓶装气打击整治行动，持续加强燃气安全知识宣传教育，督促企业修订完善燃气安全突发事件应急处置预案，并常态化组织开展演练。开展瓶装液化石油气安全专项治理工作。是年，该市出动执法人员386人次，检查站点465个，取缔无证经营“黑窝点”15处，查扣过期、报废未检不合格钢瓶550余个。开展“安全生产月”活动。组织市区新奥燃气等企业参加全市“安全生产月”主题宣传活动。利用大型户外LED显示屏，加强燃气安全公益宣传，向市民群众宣传普及安全用气常识，提高市民群众安全用气防范意识。

（何莉娜）

城市供水

【概况】　2020年，河源市水业集团发展有限公司供水量4516.43万立方米；管网漏损率10%；水费回收率99%；管网维修及时率100%；抄表率100%；发展供水用户14896户（居民生活用水11837户、非居民生活用水3059户）。

【企业管理】　加强水质检测，保证安全供水　2020年，河源市水业集团发展有限公司根据原水水质变化，水质检测中心增加水质检测频率，做好原水、工艺过程水、出厂水、管网水的水质监测工作。利用在线检测仪器与人工化验检测相结合，及时掌握出厂水和水源水的水质运行动态。做好每日对水源水、出厂水和管网水多个常规项目检测，不定期增加出厂水和管网水抽检次数，并委托第三方检测机构对季度水质及年度106项水质进行检验，水质检验结果显示为合格，确保出厂水和管网水水质符合《国家生活饮用水卫生标准》（GB5749—2006）的要求。配合市卫生监督所、市疾控中心、市水务局现场抽样检测原水、出厂水、管网水、二次供水。定期做好水厂和水质化验等各类设备的维护保养工作，保证设备仪器的安全运行。加强化验人员检测技能培训，提升水质检验中心水质检测能力和水平。

节能降耗，绿色运营　2020年，河源市水业集团发展有限公司开展关于节能降耗、绿色运营学习培训活动，贯彻绿色可持续发展理念，对公司绿色运营、绿色生活等问题作出理性思考，确保绿色运营管理理念落实到位。该公司通过原水挖潜增量、加大老旧管网改造力度、降低管网漏失率、打击违章供用水行为、推进城市供水系统信息化建设、优化客户服务业务办理流程、节约生产经营和办公成本、加强员工绿色办公意识等措施，达到节能降耗的效果。

提高水质安全　2020年，河源市水业集团发展有限公司根据中国水务集团《制水运营管理标准（试行）》要求，对照标准，开展水厂制水运营标准化管理工作，以制水运营标准化为抓手，以管理制度为保障，以现代化技术为支撑，强化制水处理全过程的监测和管控，提高水质监控能力和监测水平，做好制水全过程质量控制，确保水厂出厂水水质安全达标，让用户喝上放心水、安全水、优质水。开展供水服务进社区、慰问农村留守儿童等一系列服务品牌创建宣传活动。强化服务意识，提升服务质量，做好用户投诉处理工作，解决用户反映的用水热点、难点、焦点问题，以用户满意为中心，改善市区供水环境，提高供水服务水平和质量。优化“一站式”服务大厅功能，强化客服热线人员和窗口服务岗位教育和培训，构建供用水关系。通过公司网站、微信公众号、微博更新公司工作动态，更新每日水质检验报告等。

供水工程项目管理　2020年，河源市水业集团发展有限公司供水工程项目从立项、设计、招投标、实施、验收等各阶段，严格按照相关规定和要求执行，从前期准备、招标工作、施工过程竣工验收和运行等方面，加强管理与控制，从而确保工程质量。

信息化管理　2020年，河源市水业集团发展有限公司提升公司信息化建设，提高企业经营管理水平。该公司完善管网调度、分区计量DMA（管网分区计量）、管网GIS（管网地理信息）、水力模型等系统建设工作。是年，各软件平台搭建完成，与软件开发公司解决在调试工作中发现的问题。做好OA办公系统、管网监测系统、治安监控系统、营收系统、外勤助手管理平台等维护和升级工作。各部门实行OA系统办公模式，推进精细化管理，提高办公工作效率。降低供水产销差　2020年，河源市水业集团发展有限公司通过加强供水管网查漏降耗管理、加大供水管网巡查力度、违章用水稽查、管网漏点探测工作、对计量水表实行常态化管理、对管网安全隐患进行排查及确保维修及时性等措施，降低管网漏失率。

物资采购管理　2020年，河源市水业集团发展有限公司按照中国水务集团采购制度、采购流程进行各种材料的采购。工程主材主要为战略采购和集中采购，公司中标供应商签订采购合同，提高采购效率，降低材料的价格和采购成本，保证材料质量。备足备好抢修应急物资，确保及时开展相关工作。

保障高考期间供水安全　2020年，为助力河源市普通高考和高中学业水平考试安全、平稳、顺利进行，根据市及上级主管部门有关通知精神，该公司制订工作方案和应急预案，明确工作目标，落实工作责任。通过做好供水设施设备维护保养、科学供水调度、供水管网巡查检漏、加强供水管网抢修管理、强化客服热线管理和做好水质检测等工作，确保安全优质供水。

安全生产管理　2020年，河源市水业集团发展有限公司公司坚持“安全第一，预防为主，综合治理”的安全生产管理方针，强化和落实主体责任,逐级签订安全生产责任书，落实安全生产“一岗双责”制度。设立安全生产办公室，制订年度安全生产工作计划和实施方案，做到认识到位、责任到人、措施到位。实行部门每周检查，分管领导月度对分管部门检查，总经理季度检查工作制度，定期召开公司安全生产工作会议，总结好的经验做法，提前部署工作任务，排除安全隐患，牢筑安全生产防线；加大安全生产资金投入，做好治安反恐怖“人防、物防、技防”工作措施，下足功夫强化安全意识，做足文章牢筑安全基础，确保水厂绝对安全管理目标；加强全员安全生产培训，提高全员安全生产意识，时刻敲响安全警钟。组织开展2020年河源市区供水管网抢修应急演练，提高公司应急处置能力。2020年度，河源市水业集团发展有限公司实现零安全生产责任事故的安全生产目标。

供水管网改造　2020年，河源市新市区供水区域新敷设DN200—800供水管网共3.4千米（老广梅路、西环路等区域），投入资金840万元；老旧管网改造管道长度19.6千米（光明路南一巷至四巷东西片区、新江二路北六巷、文明路富景小区、红星路文景小区等）,投入资金580万元，降低管网的漏损率，提高水效率，保障市区供水安全。

排查安全隐患，确保安全度汛　2020年，河源市水业集团发展有限公司做好汛期安全生产工作，提高安全生产管理理念和自我保护意识；在实际工作操作中，对一线工作岗位及施工现场进行督促检查，发现问题及时落实整改。营造人人讲安全、处处防安全、事事保安全的安全生产工作氛围，确保全员安全生产认识到位。开展汛期安全生产工作，全面排查存在的安全隐患，建立安全生产管理的长效机制，提高公司应对汛期处置能力，确保汛期公司财产和员工生命安全。

（李思敏）

市场物业管理

【概况】　2020年，河源市市场物业管理处管辖农贸市场9个，分别为中心市场、古亭批发市场、上角市场、龙尾坝市场、卫星市场、城南市场、朱门亭市场、黄沙安置点市场和埔前市场。强化市场管理，采取“一场一策”管理模式，实行定人定岗工作责任制，规范市场经营环境秩序，营造整洁的农贸市场。

【“创文”“巩卫”宣传】　2020年，河源市市场物业管理处按照“创文”“巩卫”的工作要求，在管辖的农贸市场分别设置“创文”“巩卫”宣传栏，宣传社会主义核心价值观、未成年人思想道德教育、垃圾分类、公筷公勺、市场诚信经营等宣传公益广告，营造浓厚的宣传氛围；配合市创文办工作，抽派1名骨干人员到市创文办工作，担任督查组组长。是年，该处投入市场修缮、卫生洁具、公益广告宣传、除“四害”消杀费等费用65万元。

【加强消防安全管理】　2020年，河源市市场物业管理处投入20多万元，更换灭火器45个、灭火器箱32个、消防箱3个、消防水带13套，于11月27日在黄沙安置点市场开展现场消防知识讲座和演练，邀请安保公司技术人员进行消防知识讲座，指导市场管理人员和市场经营户30人进行现场使用灭火器演练，增强市场管理人员和经营户的消防知识和消防安全应急处理能力，达到预期效果；组织人员定期检查各市场的电器线路、电梯设施、喷淋系统、消防栓、灭火器及消防通道等，检查工作做到查细、查严、查到位、不走过场，不留死角，确保市场安全。

【市场升级改造】　2020年，根据创文工作要求，对管辖的中心市场、古亭批发市场、上角市场、城南市场和龙尾坝市场进行升级改造，10月底全面完成5个市场升级改造工作，投入改造资金3334万元。

（邝其波）

不动产登记

【概况】　2020年，河源市不动产登记中心颁发不动产权证书41394本，比上年下降3.8%；颁发不动产登记证明61976份，比上年增长11.1%。办理首次登记1825宗，比上年增长18.1%，登记面积517万平方米，增长2.6%；办理抵押登记24775宗，比上年增长15.5%，抵押面积974万平方米，增长0.4%；办理转移登记27637宗，比上年下降8.3%，面积390万平方米，下降1.7%；查封登记1852宗，下降6.7%；档案查询100799宗，增长73.0%，不动产档案入库39555册。

【“房地一体”农村不动产登记】　2020

年，河源市不动产登记中心贯彻落实《河源市区“房地一体”（指将符合登记发证条件的农村宅基地、集体建设用地使用及地上的建筑物、构筑物实行统一权籍调查、统一确权登记、统一颁发房地一体不动产权证书）农村不动产登记发证工作方案》，落实工作经费1105.75万元；通过招投标确定外、内业作业队伍；明确源城区和江东新区属地责任，指导发布“房地一体”农村宅基地和集体建设用地使用权确权总登记的通告，并在区、镇级动员会上对登记政策进行解读。

【压缩办事时限】 2020年，河源市不动产登记中心实现查（解）封登记、抵押权注销登记、不动产信息查询等即时办，抵押登记在1个工作日内，一般登记类型（法人或其他组织建造房屋首次登记、涉及历史遗留问题、非公证继承不动产登记除外）在3个工作日内办结。

（刘俞伶）

住房公积金管理

【概况】 2020年，河源市撤销与各县区住房公积金管理中心合署办公的县区住房制度改革办公室、县区解决住房困难办公室。将各县区住房公积金管理机构成建制上收市级统一管理。全市公积金管理实行“统一决策、统一管理、统一制度、统一核算”。11月24日，全市统一举行县区管理部挂牌仪式，标志着河源市住房公积金体制机制改革完成。

【公积金情况报告】 2020年，河源市审议通过《河源市2019年住房公积金归集、使用计划执行情况报告》《河源市2019年住房公积金增值收益分配方案》《河源市住房公积金2019年年度报告》《河源市2020年住房公积金归集、使用计划》《全市统一执行公积金贷款最高额度和租房提取限额标准》《恢复执行住房公积金异地贷款政策》《关于邮政储蓄银行河源市分行等三家商业银行申请承办公积金业务的报告》《关于现有业务承办银行扩大业务承办范围的情况报告》等事项，听取并审议《河源市住房公积金收支管理工作情况报告》。

【公积金阶段性支持政策】 2020年，河源市公积金中心印发《关于应对新冠肺炎疫情落实住房公积金阶段性支持政策的通知》，对受疫情影响的企业，在2020年6月30日前，可申请缓缴、降低缴存比例或停缴住房公积金。是年，全市累计申请缓缴住房公积金的企业5家职工1445人，累计缓缴金额140.36万元；累计申请降低缴存比例的企业3家职工703人，申请降低缴存比例至1%，累计减少缴存金额29.35万元。

【住房公积金服务】 2020年，河源市公积金中心依托公积金管理信息系统，拓展服务平台，拓宽服务渠道，提升服务水平。3月1日至9月23日，开通在线汇缴住房公积金、“河源公积金”微信公众号智能机器人客服、退休职工和与单位终止劳动关系职工网上办理提取住房公积金、“广东公积金”微信小程序办理住房公积金异地转入申请等事项；7月6日，市中心区域管理部进驻市政务服务中心，设立业务专窗，提供“一窗受理、一次性办结”服务；在中国建设银行河源高新区支行上线VTM自助柜员机。

【住房公积金缴存基数调整】 2020年，河源市公积金中心印发《关于做好2020年度我市住房公积金缴存基数调整工作的通知》（河公积〔2020〕56号），根据相关规定及市统计局公布的2019年城镇非私营单位在岗职工月平均工资，河源市住房公积金缴存基数不得高于2019年城镇非私营单位在岗职工月平均工资5995元的3倍（即17985元），不得低于现行月最低工资标准（即1410元）。缴存比例最低为5%，最高为12%。调整缴存基数后，河源市住房公积金缴存最高限额为4316元，缴存最低限额为142元。

【公积金监管】 2020年，河源市住房公积金信息管理系统接入广东省住房公积金动态稽查系统，实现业务数据、财务数据和专户资金流动、电子稽查数据的全面监管，实时准确地掌握住房公积金运营情况，加强住房公积金的监管力度，降低资金风险，提升监管效率。

【住房公积金扩面】 2020年，河源市公积金中心联合市总工会印发《关于做好维护职工住房公积金合法权益工作的通知》，将缴存住房公积金条款纳入本市集体劳动合同条款。

【优化营商环境】 2020年，河源市住房公积金信息管理系统接入“广东省企业开办一网通办平台”，企业在设立登记等时，同步办理企业住房公积金缴存登记，实现“一次采集，同步办结”。

【公积金跨省通办】 2020年，河源市公积金中心完成个人住房公积金缴存贷款等信息查询、出具贷款职工住房公积金缴存使用证明、正常退休提取住房公积金3个“跨省通办”服务事项。

【住房公积金管理】 2020年，河源市住房公积金新增开户441个单位2.35万人，实际缴存3110个单位18.77万人，新增缴存单位中，企业组织234个，占比超过53.1%；新增开户职工中，企业职工1.32万人，占比超过52.7%。新增归集26.76亿元，下降3.3%；累计归集189.25亿元，比上年增加16.4%；归集余额59.04亿元，增长14.4%；新增办理提取19.31亿元，下降4.4%；累计提取130.21亿元，增长17.4%；新增发放贷款4250笔13.11亿元，分别增长35.1%、增长40.1%；累计发放贷款4.2万笔86.34亿元，贷款余额47.2亿元，分别比上年增长11.2%、增加17.9%、增长20.6%。2020年，住房公积金资金运用率79.9%，比上年增加4.1个百分点。

（黄佩婷）

自然资源管理

【落实“六稳”“六保”】2020年，河源市自然资源局筑牢抗疫“防火墙”，组织86名党员干部投身社区防疫第一线（其中3名党员作为临时党支部书记），开展疫情防控工作，发挥党支部战斗堡垒作用和党员先锋模范作用。指导矿山企业复工复产，印发《建筑石料资源生产保障工作实施方案》等文件。支持用地企业发展，出台疫情防控期间支持用地企业稳定发展的六条措施[合理确定供地时间、适当调整合同签订相关时间、适当调整土地出让金缴交相关约定、顺延相关合同约束期限、对于2020年1月23日（不含当天）之前发生违约的，疫情防控期间可不计入违约期和计算有关的违约责任，包括疫情防控期间所产生的违约金、滞纳金，采取灵活方式办理]，对符合减免条件的企业减免违约金，降低疫情对企业用地成本的影响。

【国土空间规划】2020年，河源市自然资源局推进国土空间总体规划编制。聚焦“融湾”“融深”重大历史机遇，立足“一核一带一区”区域发展新格局，整体谋划市域国土空间开发保护格局，印发《河源市国土空间规划（2020—2035年）编制工作方案》，形成市级国土空间规划编制工作机制。完成《河源市国土空间开发保护现状评估》制订上报、《河源市资源环境承载能力和国土空间开发适宜性评价》中期成果以及市级国土空间总体规划现状调研、建设用地底图底数整理摸查和建设现状“一张图”制订等。完成生态保护红线划定，开展城镇开发边界试划和永久基本农田优化调整分析台账制定工作。谋划“一主两副四组团”（一主：城市综合服务中心。两副：灯塔盆地国家现代农业示范区、古竹-义容副中心。四组团：和平、龙川、紫金、连平四个县城）城市空间发展格局，完善中心城区“1+6”（“1”是“三江六岸”生态景观城市功能廊道，“6”是中心城区的六大片区：城市北区、老城区、江东新区、市高新区、城市西部、东源县城）空间规划体系，完成万绿湖大道两侧用地、江东新区产业园区滨江配套用地(首期)、中心城区城市北区(中西片区)部分用地、江东新区城市建设起步区等6个控制性详细规划编制工作。推进钓鱼台片区、东埔片区、城南片区、市区南部部分片区（双下明珠）、高埔岗农场片区以及江东新区产业园区起步区等9个片区控制性详细规划项目修编工作，推动中心城区控规实现全覆盖。

【耕地保护】2020年，河源市自然资源局通过2019年度耕地保护目标责任履行情况考核。全市实有耕地面积14.34万公顷，实际划定永久基本农田保护面积10.84万公顷，连续21年实现建设项目耕地占补平衡。实施垦造水田，累计实施垦造水田项目1411.72公顷，完成市级验收项目51个、面积1057.47公顷，报备形成水田指标项目37个、面积631.74公顷。

【地籍管理】2020年，河源市自然资源局完成第三次全国国土调查工作，开展“三调”统一时点更新，加快外业调查和内业建库，指导各县区做好权属性质、图斑界线、调查界线、耕地坡度赋值等复核工作以及数据库分析核实工作。完成整改图斑核实1.9万个，完成变化图斑内业提取8.27万个，统一时点更新成果通过省级检查并报国家“三调办”。

【不动产登记再提升】2020年，河源市自然资源局扩展不动产登记“互联网+金融”服务范围，在6家商业银行设置不动产登记便民服务窗口。压缩不动产登记办理时限，实现抵押登记1个工作日内，一般登记类型3个工作日内办结。加快不动产登记历史遗留问题处理，印发《市区不动产登记历史遗留问题处理办法》，处理历史遗留问题6000多宗。颁发不动产权证书88440本，不动产权证明100439份，签发电子证照346068份，办理“一窗受理”业务18134宗，“互联网+金融”业务10059宗。“房地一体”农村不动产登记扎实推进，登记发证242876宗。

【土地利用】2020年，河源市自然资源局推动自然资源要素向重大项目、重大工程、重大平台集聚。获得国家、省和市级新增建设用地指标600.44公顷，其中国家用地指标8200平方米、省级用地指标305.52公顷、市级用地指标294.1公顷。加快建设用地规划许可证和市级用地预审与选址意见书办理，办理市级建设用地规划许可证98宗（面积150公顷）；市用地预审与选址意见书16宗（面积303公顷）；省级用地预审与选址初审意见2宗。

【土地市场】2020年，河源市自然资源局供应项目用地345宗（面积836.31公顷），其中出让用地295宗、出让价款114.7亿元，比上年增长88.9%；市本级挂牌出让土地82宗、出让价款72.61亿元，增长49.3%。处理闲置土地371宗，收取闲置费235宗、金额648.33万元，闲置土地处置率达91%。

【“三旧”改造】2020年，河源市自然资源局推动“三旧”改造，完成河源职业技术学院微改造项目、河源中创实业有限公司“工改工”项目、河源市欣南通讯设备有限公司“工改工”项目等，实施新增改造147.34公顷，完成改造98.07公顷，其中工改工9.8公顷。

【地质矿产管理】2020年，河源市自然资源局加强矿产资源管理，审议通过采矿权延续3宗,延续变更3宗;挂牌出让1宗，颁发新立采矿许可证1本，矿业权出让收益评估结果公示6宗，收缴价款金额3098.66万元。开展绿色矿山建设，完成绿色矿山创建28个，其中国家级绿色矿山4个，超额完成省下达绿色矿山建设任务。开展矿山治理复绿，投入治理资金1636.25万元，完成矿山石场治理复绿面积47公顷，超额完成省厅下达任务（46公顷）。完成露天矿山综合整治任务，投入整治资金2663.05万元对92宗露天矿山开展综合整治工作，完成生态修复治理面积85公顷。

【地灾防治】 2020年，河源市自然资源局推进地质灾害综合防治三年行动计划。印发《河源市地质灾害综合治理三年行动计划（2020—2022年）》，推进省定地质灾害综合治理试点市工作。完成省市十件民生实事涉地灾治理任务，地质灾害隐患点搬迁避险225户；完成大型地质灾害隐患点工程治理勘察设计和施工42处；完成地质灾害隐患点专业监测7处。加快地灾治理项目建设实施，创新采用EPC项目勘察设计施工总承包模式，缩短项目建设周期，提高项目建设效率，2020年治理完成地质灾害隐患点81处，灾后复产重建地灾治理项目15处全面完工，保障人民群众生命财产安全。建立更加完善的地质灾害防治体系，实现各县区至少有一支地质灾害防治技术队伍，是年汛期派出地质灾害应急调查与处置技术人员40批次179人次，调查、处置地质灾害43起，转移避险人数298人次，避让和防范地质灾害威胁。

【测绘信息管理】 2020年，河源市自然资源局加强测绘市场监管，完成1家丙级、2家丁级测绘资质核准，协助省厅完成甲级资质单位测绘作业证出证74本，核发审图号2宗。指导完成河源测绘信息协会第二届换届，有测绘资质单位35家，测绘地理信息行业从业人员500人。完成2000个国家大地坐标系、河源CORS（连续运行参考站系统）分中心、基础测绘项目建设任务，为国土空间规划、土地矿产管理、登记发证等提供测绘基础数据支撑。成功承办2020年度广东省应急测绘保障及安全生产演练活动，推进应急测绘省市联动。

【执法监察】 2020年，河源市自然资源局完善自然资源执法工作机制，出台《自然资源违法案件审理小组工作制度》《立案查处自然资源违法行为工作规范》等一系列制度。推进农村乱占耕地建房问题整治专项行动，按时保质完成21.37万个图斑摸排和数据上报工作；加大违法案件查处力度，查处土地违法案件481宗，落实罚款金额 51.8万元，拆除没收构建物面积21298.8平方米，复耕复绿74.8公顷，完善用地手续面积178.4公顷；查处矿产违法案件5宗，结案5宗，结案率100%，有效维护自然资源管理秩序。

【土地收储】 2020年，河源市自然资源局加快推进深河产业城A区、B区一期、二期，西优工程一期、滨江大道以西等项目土地房屋征收工作，共征收土地面积73.77公顷，征收房屋占地面积104762.7平方米，建筑面积172066.8平方米。中心城区累计收储土地67.13万平方米，出让土地11宗71.62万平方米，为中心城区发展拓宽用地空间。

（骆菲茵）

2020年河源市区基准地价级别一览表

表14　　单位：元/平方米

土地用途	一级	二级	三级	四级	五级	六级
商业	2117	1700	1250	850	550	300
住宅	1320	946	704	528	374	264
工业	452	361	300	255		

土地储备

【概况】 2020年，河源市土地储备中心理清经营城市理念，推进源南片区、东埔片区等项目的土地收储工作，累计收储土地67.13万平方米，出让土地11宗53.42万平方米（计容面积），出让成交价21.09亿元。

【土地收储】 2020年，河源市土地储备中心累计完成收储土地67.13万平方米。源南片区钓鱼台项目完成土地房屋征收面积23.33万平方米，滨江大道以西项目完成土地房屋征收面积43万平方米，东埔片区完成土地征收面积8000平方米。

【土地经营】 2020年，累计出让土地11宗53.42万平方米（计容面积），出让成交价21.09亿元。

【土地开发】 2020年，河源市土地储备中心推进安置小区建设。风光安置小区（一）工程、杨梅坪安置点竣工验收；东城西片区（二）安置点交付使用；东城中片区拆迁安置点（四）、风光安置小区（二）完成。风光安置小区一配套工程、铁路东路工程、钓鱼台扩征部分土石方平整工程、西片区F路工程等均委托代建局代建。　（王丹蕾）

教育·科学

编辑：李文举

教育综述

【概况】 2020年，河源市有各级各类学校1821所，其中普通本科1所，高等职业院校1所，中职(含技工)学校15所，特殊教育学校7所，普通高级中学19所，高完中10所，十二年一贯制学校5所，初级中学110所，九年一贯制学校53所，完全小学368所，幼儿园573所，农村教学点（非完全小学）659所；在校（园）学生总人数678119人（含特殊教育学校在校生数），其中小学在校生311036人，初中在校生148131人，高中在校生69024人，中职学校在校生30808人，特殊学校在校生1017人（不含随班就读和送教上门），幼儿园在园幼儿118103人；在岗教职工（含公办临聘和民办）总数56546人，其中小学教职工18062人（专任教师17117人），中学教职工22730人（其中初中专任教师11405人、高中专任教师5522人），中职学校教职工2123人，特殊学校教职工338人，幼儿园教职工13293人（专任教师和保育员10109人）。

全市有573所幼儿园，公办性质幼儿园216所，占比37.69%；民办幼儿园356所，其中已认定的民办普惠园272所；公办和民办普惠园总占比85.16%。在园幼儿118103人（含教学点混龄班5956人），毛入园率达98.52%，其中公办园在园幼儿60859人（含教学点混龄班5956人），占比51.53%；民办园在园幼儿57244人（其中民办普惠性幼儿园41790人），占比48.46%，普惠性幼儿园（公办幼儿园和普惠性民办幼儿园）在园人数102649人，占比86.91%。

【疫情防控工作】 2020年，河源市严格落实教育系统疫情防控措施。坚持停课不停学，通过开设“河源电视课堂”开展义务教育阶段小学3—6年级、初中7—8年级线上教学，100多名优秀教师参与课程录制，共录制880节精品课程，辐射全市30余万名中小学生。加强疫情期间中小学生心理健康教育与心理危机预防干预工作，印发《关于做好新型冠状病毒感染的肺炎疫情防控期间教育系统心理支持工作的通知》《河源市教育局关于开展中小学生返校后心理健康防护活动方案》《新型冠状病毒肺炎疫情下心理调适手册》等文件指引，发布心理及家庭教育微课20门，设立心理热线9条。联合市文明办、河源广播电视台等部门开展“知心相伴·向阳而生”2020年河源市未成年人心理健康教育公益课堂活动，获得学生家长的一致好评。

【教育强师工程实施】 2020年，河源市推进师资培训工作，深入实施“省培计划”、骨干教师高端研修项目、省骨干教师、市“三名工程”、市骨干教师等项目培训。全年培训校（园）长、骨干教师、骨干班主任、中小学（幼儿园）专任教师29956人次，其中，专任教师29070人次，校长（园长）886人次。加强农村小学教师定向培养工作，已连续招录6届农村小学教师委培生822人。继续实施教师学历提升计划，全市小学专任教师本科以上学历比例达59.16%，初中专任教师本科以上学历比例达86.32%。5名教师被评为广东省最美教师。推动教育管理制度改革，中共河源市委办公室、河源市人民政府办公室印发《关于全面深化新时代教师队伍建设改革的工作方案》。推进“县管校聘”改革，东源县、紫金县分流转聘部分超编富余学科教师，龙川县安排9所学校为试点推进“县管校聘”管理改革学校。

【教育信息化水平提升】 2020年，河源市深化“三通”工程，夯实教育信息化发展基础。市直各学校网络带宽全部扩容至1000兆以上，市教育城域网总出口扩容至10G。完全小学以上学校“班班通”多媒体覆盖率达100%，中小学教师终端覆盖率达100%。扩大“网络学习空间人人通”覆盖面，通过“河教云”为全市中小学师生建立“网络学习空间”，逐步为师生建立实名网上学习空间环境。建设互联网环境下基础教育改革实验区，确定东源县为试验区。

【未成年人思想道德建设】 2020年，河源市推进未成年人思想道德建设工作。组织全市中小学党组织书记、校长给学生上好第一堂思政课，完成思政课1000多堂。开展新冠肺炎疫情防控期间主题班会和家校共育微课征集活动，征集微课805节。推进文明校园创建工作，评出市级文明校园40所，全市县区级文明校园创建覆盖率达90%。全市3所学校被评为广东省“书香校园”，15人被评为广东省“点灯人”校园阅读推广人，3人被评为广东省阅读之星，13人被评为省优秀学生，2人被评为广东新时代好少年。

【教育精准扶贫】 2020年，河源市落实建档立卡贫困学生生活补助政策。秋季起，建档立卡补助范围扩大到全日制本科、研究生教育阶段，实现从学前教育到硕士研究生各层次全覆盖。2019—2020学年，全市建档立卡（含市外就读）等家庭经济困难学生23243人，发放金额7802.1万元。其中，义务教育阶段16488人，发放金额4935.9万元；普通高中阶段1901人，发放金额569.55万元；中职教育阶段2661人，发放金额792.6万元；高职教育阶段70人，发放金额20.85万元；专科教育阶段1257人，发放金额877.7万元；本科教育阶段823人，发放金额575.4万元；研究生教育阶段43人，发放金额30.1万元。疫情防控期间，解决全市6012名家庭经济困难学生学习终端和网络问题，实现线上教学条件困难学生人数全部清零。

基础教育

【学前教育】 2020年，河源市深入实施“5080”攻坚行动。通过新建、扩建、回收、改制等方式增加公办幼儿园数量和学位供给，新增公办学位13927个，新增认定普惠性民办幼儿园30所。推进4000人以上行政村规范化普惠性幼儿园建设，投入资金2100万元，完成6所村级幼儿园建设。落实教育部审定的河源市2020年小区配套幼儿园治理任务，源城区坚基美丽城幼儿园等8所幼儿园均完成治理。

【义务教育】 2020年，河源市增加义务均衡优质学位供给。新建义务教育学校6所，改建35所，扩建27所，新增优质义务教育学位16865个（其中民办2466个），有效缓解城区学位紧张问题。完成义务教育寄宿制学校改造18所，新增学位9149个，撤并教学点和小规模学校37所，农村办学条件改善。持续推进改薄提升（含寄宿制）项目建设，投入中央资金4268.27万元，省级资金19294.33万元，全面完成义务教育薄弱环节改善与能力提升任务。规范义务教育学校招生行为，制定《河源市教育局关于进一步规范中小学招生工作的实施方案》，超过招生计划的河源中学实验学校、广外河源实验学校和龙川实验学校均实行电脑随机摇号招生。

【普通高中教育】 2020年，河源市推进高中阶段招生制度改革。印发《河源市开展普通高中违规跨地市招生专项治理工作方案》，规范普通高中招生秩序。全市秋季招生人数24447人，完成2020年全市普通高中招生工作任务。推动普通高中学生综合素质评价工作，实施综合素质评价录入信息管理平台工作。

【民办教育】 2020年，河源市实行民办学校分类管理，规范非营利性和营利性民办学校的登记管理和分类管理工作，根据“营利性”“非营利性”的登记要求，对辖区内所有民办学校（含幼儿园）完成变更决议、变更申请、变更方案、清算注销申请、清算和注销决议、营利性民办学校股东名单等材料审核，教育主管部门核发新的办学许可证。落实校外培训机构市场准入制度，加强对校外培训机构的监督检查，严厉整治公办在职教师在校外培训机构违规兼职的现象。不定期开展校外培训机构办学情况抽查，检查校外培训机构185所，发出整改通知书49份。

中等职业教育与终身教育

【职业教育】 2020年，河源市委、市政府高度重视职业教育发展，创建广东省现代职业教育综合改革示范市，构建本科、高职、中职一体化现代职业教育体系。广东技术师范大学河源校区于10月10日建成开学，招收首批本科大一新生4130人。致力把河源职业技术学院打造成为省内高水平、有特色的地方高职院校，2020年河职院毕业生总体就业率达99%以上，稳居全省同类高校前列，毕业生用人单位满意率达到92%。推进河源护理职业技术学院筹设工作，力争实现河源市高等职业护理学院“零的突破”。全市有国家中等职业教育改革发展示范学校2所，国家级重点中职学校1所，省级重点中职学校2所。全市中职学校优质学位（“省重”以上学位）占84%，“普职比”为6.1∶3.9（含技工教育和输送珠三角中职学校学生）。坚持以河源市“三区六园”为主阵地,推进“校企合作、产教融合”，全市职业院校与省内近700家企业实行联合办学，开辟校外实习实践基地近1000个。开展中职学校布局调整调研工作，出台《河源市中等职业学校布局结构优化实施方案》。以地方产业特色和企业用工需求为导向开设专业，增设工业机器人技术、物联网技术应用、形象设计等专业，优化专业结构。参与实施“粤菜师傅”“广东技工”工程，致力于培养河源客家菜师傅和广东技术工人。组织参加省中职学校技能大赛，获得6个二等奖、18个三等奖。组织参加职业院校技能大赛教学能力比赛，市卫生学校庄丽琴、巫雪兰、何丽瑜、黄文娟4位老师组成的教学团队在省赛中获一等奖，在国赛中获三等奖。坚持“立足河源、服务河源”的办学理念，提升毕业生就业质量。是年，全市中职学校毕业生6513人，就业6036人，就业率为92.68%，对口就业率为94.13%。

【终身教育】 2020年，河源市构建全民终身教育体系。举办2020年河源市社区教育管理人员创新能力提升培训班，培训市县社区教育管理干部45人，河源市社区教育工作者管理水平提高。连续6年组织市县同步开展全民终身学习活动周，是年，组织开展以“全民智学，助力双战双赢”为主题的全民终身学习活动周活动，全市2500余名学生家长参加启动仪式。（欧丽娜）

【河源市卫生学校】 2020年，河源市卫生学校落实上级新冠疫情疫防控工作部署，成立领导小组，制定工作方案，发挥卫校专业优势，开展卫生健康教育，组织师生参加社区防疫志愿活动，开展线上教学，做好返校复课工作，落实常态化防控措施，实现“零输入、零感染”目标。

是年，教师公开发表论文49篇；教研课题新增立项6个，结题5个；教师获国家级竞赛三等奖4人次，获省市级竞赛奖项30人次、优秀指导教师奖43人次。获市级、市直教育系统荣誉称号11人次。校党委获首批省基础教育党建工作示范校推荐单位。学校被市科协认定为河源市科普教育基地。

暖心德育 该校举办“最美天使”评选、清明“网上祭英烈”、“五四”援鄂抗疫校友先进事迹报道等主题教育活动，并通过助学奖学、心理健康辅导，以及教职工慰问、“阳光健身”和举办兴趣班等活动，加强暖心德育品牌建设。

教学改革 推进管理智能化、教学信息化、中高职一体化办学管理、职称评聘和星级教师考核改革，提升教学质量。是年，学生参加省、市级技能竞赛，51人次获奖。毕业生护士资格证考试通过率达67.39%。

招生就业 全面施行中职网上招生，做好高职合作办学招生和毕业生就业工作。是年，中职招生2080人（含中高职贯通三二分段新生300人），高职扩招专项行动社会人员学历提升试点班招收大专生692人。毕业生就业率达98.15%。

成人教育 抓好成教招生和教学，成教招生284人，在校生2737人；适应疫情防控要求，推行成教网络管理和网络教学。推进职业技能等级证书试点工作，完成职业技能考试标准化考场建设，组织开展老年照护和母婴护理证书等考前培训和考证工作，703人考取育婴员（中级）证书。

校园建设 不断完善教学条件，完成学校保密室、师生书吧、泵房道路、教师公寓健身广场、老年及内科护理实训室等项目建设；完成网上招生系统、人脸识别考勤系统、实训教学设备、智慧书屋设备及图书等项目采购。

“护职院”筹设 与上级部门沟通对接，推进“河源护理职业技术学院”筹设有关工作。9月，市政府印发《关于成立河源市护理职业技术学院筹备设工作领导小组的通知》，成立筹设工作领导小组。（陈思纯 程 鹏）

【河源理工学校】 2020年，河源理工学校全日制在校生9839人，教职工388人，开设汽车运用与维修、物联网技术、幼儿保育学前教育等19个专业。11月，该校被评为广东省心理健康教育特色学校。11月12日，河源市第十七届中职学校学生技能大赛在河源理工学校举办，河源理工学校学子获得团体一等奖7个、个人一等奖11人。

教学教研工作 2020年，河源理工学校推行“以赛促学、以赛促教”，学生参加省中职生技能大赛获个人二等奖8人、三等奖29人；参加市中职生技能大赛获团体奖17个，个人奖56个；参与各级各类竞赛获奖169人次。推进“高水平专业群建设”“双精准（精准对接全省重点规划产业、精准对应学校办学方向）专业建设”“‘1+X’证书考试制度”等重点项目，全校结题课题16项，在研课题13项，教师发表论文72篇，开发校本教材5本（其中1本被列入教育部“十三五”规划教材）。

招生就业升学 2020年，该校全日制中职招生4100余人；高职专业学院（与河职院联合设立）学前教育专业录取新生71人；有在校生9839人。为2018级2300名顶岗实习生分批次举办线上和现场招聘会，吸引河源、广州、深圳、惠州四市100多家企业提供岗位1万余个，就业率达98%，对口就业率达85%，留在本地就业人数占总就业人数75%。高考班学生参加“3+证书”高职高考上线率达100%；与5所高职学院联合开展三二分段对接工作，为学生升学提供更多渠道。

师资队伍建设 该校推进人才队伍建设，有1名教师被聘为教育部职业院校艺术设计类专业教学指导委员会产品设计专门委员会委员，2名教师被省教育厅聘为专业教学指导委员会委员。组织多形式培训，外派教师参加国家级、省级教师培训39人次，组织308名教师参加市中职学校教师全员在线培训，并开展各类校本培训11批次。教师参与各级专业类、德育类竞赛获奖326人次。

校园文化建设 在推进文明校园创建过程中，该校形成自身的校园文化特色：在思想道德教育方面形成专业志愿者活动品牌和文明风采教育品牌，全年组织学生开展交通劝导、到结对社区开展爱国卫生运动等志愿者服务活动62次，学生参与省中职学生文明风采竞赛获奖35项；在校园活动建设中通过开展社团文艺展演、心理健康教育文化长

河源市卫生学校鸟瞰图 （河源市卫生学校提供）

2020年9月5—6日，河源理工学校新生报到人数4100余人，创11年办学新高

（河源理工学校提供）

廊、师生笑脸墙等第二课堂活动，营造快乐学习、健康生活的校园氛围；在校园环境建设中开展“三自教育”（自我教育、自我管理、自我发展）值周活动，组织70个班级参与学校日常秩序的维护。

管理服务体系　该校建立同疫情防控相适应的校园运行机制和应急预案，加强校园出入、食品安全、就餐秩序等方面的管理，通过健全家校沟通机制、开展学生心理健康普查、实施心理咨询中心“每周15小时”心理接访等措施，保障师生的身心健康和维护校园稳定。12月，被认定为广东省中小学心理健康教育特色学校。推进社会考证服务，全年组织进行电工、车工、育婴员等5个工种806人次技能考证工作；组织全国会计专业技术资格考试、全国注册会计师、全国法律统一考试等六大类型共计1.7万人次的大型考务工作。（邱泽浩）

【河源技师学院】　2020年，河源技师学院着力推进“广东技工”“粤菜师傅”“南粤家政”“农村电商”4项工程，为河源融湾融深，奋力推进“示范区”“排头兵”“两个河源”建设提供技能人才支撑。是年，全日制在校生6283人。

落实四项工程，社会服务能力有提升　深入推进“粤菜师傅”工程，对烹饪专业面点实训室升级改造，与河源市悦好餐饮连锁管理有限公司共建“粤菜师傅”校企合作人才培养体验中心，为烹饪专业学生提供实践平台；组织烹饪专业教师参与广东省“粤菜师傅”培训教材课件配套视频拍摄工作、广东省“粤菜师傅”专业人才培养标准和课程规范开发、河源市“粤菜师傅”系列职业技能培训课程标准开发。校企共育“广东技工”，提高人才培养质量。加强校企双制办学，培养企业需要的技工人才，共建“西可维修驿站”、LCD实训车间，实现教学、培训、实习、就业、学生实践等新型“校中厂”合作形式，与河源富马硬质合金股份有限公司、河源湧嘉实业有限公司、瑞信五金河源有限公司3家企业签订企业新型学徒制培训合作协议，人才培养更贴合市场。推进“南粤家政”工程，培养家政人才。2020年新设健康服务与管理专业，通过企业调研，编制人才培养方案，搭建课程体系，编写课程标准，为教学提供指引。承办“南粤家政”培训班2期，培训78人，组织超350名师生参加省厅在该院组织开展的“南粤家政”地市行河源站校园宣讲活动，鼓励引导农村学生投身家政服务行业发展。推进“农村电商”工程，助力就业创业。配合市人社局承办农村电商“一村一品”带头人提升培训班共10期，培训总人数480人，协助推进河源农村电商公共服务中心项目建设。搭建培训课程体系，创新线上+线下培训模式，培养一批有文化、懂技术、会经营的农村电商品牌带头人，带动有电商创业意愿的青年利用互联网创业就业，为河源农村电商产业跨越式发展提供支撑。实施光伏发电送教下乡，解决乡村难题。深入贯彻落实精准扶贫、助力乡村振兴政策，在深圳对口帮扶河源指挥部、河源市人力资源和社会保障局的组织下，该院承办河源市贫困村光伏发电维护员送教下乡培训班，到和平县古寨镇开展光伏培训，为助力河源乡村振兴提供技术支持和智力支撑。

加强科学管理　落实疫情防控制度，校园平安稳定。把安全工作作为日常的重点工作来抓，严格抓好疫情防控，建立师生假期行踪和健康监测机制，制定并落实防疫防控“两案八制度”（学校开学准备工作方案、学校突发公共卫生事件应急预案，以及《传染病疫情及突发公共卫生事件报告制度》《学生晨检制度》《因病缺勤登记追踪制度》《复课证明查验制度》《学生健康卡管理制度》《环境卫生检查通报制度》《疫情防控健康教育制度》《通风消毒制度》）。学生于5月20日起分两批安全返校，线上线下教学有效衔接，开展“安全生产月”“安全生产万里行”活动，校园安全稳定和谐。重视疫情防控常态化管理，学生返校后，加强校门出入登记，重点场所清洁、消杀，防疫物资储备充足，同时加强学生疫情防控教育，防止病毒进校园。加强文化建设，学生综合素养提高。抓实抓细德育工作，强化学生日常行为规范和良好行为习惯养成教育，举办人文素质大讲坛系列讲座、开展学雷锋纪念日、心理健康教育、禁毒教育、暑期“三下乡”、创文志愿活动、“美丽乡村建设”主题志愿墙绘服务活动等，大力弘扬工匠精神，培育学生社会主义核心价值观。开展全校性体育活动，涵盖新生拓展训练、篮球赛、田径运动会等，学生体育达标测试均达合格以上。2020年，该院顶岗实习学生就业前景未受疫情影响，各专业学生实习到岗率92%以上。深化双制办学，人才培养质量提高。坚持“产教融合，校企双制”办学模式，引入电商企业进驻创业中心共同实施教学，共建人才培养基地5个；推进省级重点专业建设，办好电子技术（TCL班）、现代物流（TCL班）、酒店服务（巴伐利亚班）、模具制造（富马班）等冠名班，实施订单式培养。2020年，新增合作企业12家，其中世界500强企业1家，国内500强企业1家。

强化师资水平，核心竞争力有提升 重视技能竞赛，学院学生在全国第一届职业技能大赛国赛精选数控铣项目广东选拔赛中获第三名；在第35届广东省青少年科技创新大赛、第46届世界技能大赛广东选拔赛中，该院电子技术和数控铣项目均获三等奖；在第三届粤港澳大湾区“粤菜师傅”技能大赛中式面点师广式点心项目中，学院获优胜奖、优秀组织奖；在河源市第十七届中等职业学校学生技能大赛19个项目中，该院有10个项目获团体第一名，9个项目单项成绩第一名。在“2020河源市技工院校线上教学优秀公开课”的评比活动中，该院教研成果获奖39项；在2020河源市技工院校“我的教育故事”演讲比赛中，学院获一等奖2个、二等奖2个、三等奖2个；在省级心理健康活动月评比中获二等奖1项，三等奖1项；在河源市第十三届自然科学优秀学术论文评比中，获三等奖2项；在河源市第九届哲学社会科学优秀成果评比中，获二等奖1项，三等奖1项；在市直机关第三届工作技能大赛中获二等奖1项。2020年学院市级课题结题13项，新立项25项，其中3项为市级重点课题。重视交流培训，教学能力有提升。坚持“请进来、走出去”，提升教师教学能力。2020年，学院组织96人次教师参加上级有关部门组织的各类师资培训；组织计算机网络应用专业、文秘专业教师到深圳技师学院交流，为学院专业建设汲取营养，促进专业建设和发展。2020年，1名教师晋升正高级专业技术资格，实现正高级职称“零的突破”。7名教师晋升副高级专业技术资格，副高级以上职称教师达96人。

思政课改革 2020年12月，学院承办广东省技工院校思政课教学观摩研讨会，党委书记、院长张海锋在会上作“守正创新，立德树人”主题经验分享，以及受邀在人社部《职业》杂志社主办的“全国技工院校思想政治教育改革创新活动”作经验分享。“学习强国”APP、《职业》杂志公众号、网易新闻客户端等多次发布学院办学经验介绍，提高学院办学影响力。（吴 冰）

高等教育

【概况】 2020年，河源市有普通高等院校2所，其中，普通本科院校1所（新增），高等职业院校1所。全市高等院校全日制在校生17441人（本科4089人），专任教师（含辅导员）740人，副高以上职称247人，其中博士72人、硕士523人。普通本科院校有26个专业，高职专科院校有48个专业。全市开办成人高等教育的学校有7所，全市成人高等教育招生4892人，在校生19374人，全市共开设专业63个。

（欧丽娜）

【河源职业技术学院】 河源职业技术学院（以下简称河职院）创办于2001年，属教育部注册、地方政府投资的一所全日制普通高等学校。2018年，河职院正式成为广东省示范性高等职业院校。2020年，学校有全日制大专在校生13352人，教职工651人，其中专任教师463人，其中副高以上职称167人，博士、硕士共366人,双师素质教师477人。学校下设机电工程学院、电子与信息工程学院、工商管理学院、艺术与设计学院、人文学院、继续教育学院、思想政治理论教学部等7个教学院部；设有应用电子技术、模具设计与制造、旅游管理、服装设计、文秘、学前教育等48个专业；建有电子信息工程技术、旅游管理、学前教育等3个省级专业群；建有40个校内实习基地，校外实习基地581个；2020年有教学仪器设备总值2.33亿元，图书馆纸质藏书110.73万册。

2020年，学校新调入教师14人，离职教师3人，退休6人。有74人申报评审及认定高一级专业技术职称，有14人通过上级评委会的评审和认定，通过率为20.89%。

教学科研工作 2020年，该院以“坚持市场导向，以现代制造业和现代服务业类专业为主，工、管、师范类专业协调发展”为专业定位，依托省示范校建设项目，重点对接智能制造业、新一代信息技术产业、文化旅游产业、商务服务业等产业，打造第一批6个校级高水平专业群：电子信息工程技术专业群、工业机器人技术专业群、嵌入式技术与应用专业群、旅游管理专业群、工商企业管理、学前教育专业群，实现以专业群建设为龙头、带动学校所有专业发展，提升整体办学水平。截至2020年年底，学校拥有中央财政支持实训基地2个，省财政支持实训基地4个；拥有国家骨干专业3个，中央财政支持“高等职业院校提升专业服务产业发展能力项目”专业2个，省级高水平专业群3个，省级示范性专业2个，省级重点专业5个，省级特色专业3个，省级品牌专业3个，国家级现代学徒制试点3个、省级现代学徒制试点9个，高职本科协同育人试点专业4个，“1+X”证书制度试点专业18个。建有1门国家级精品课程，20门省级精品课程，1门省级优质课程，5门国家教指委精品课程。2020年学生参加全国各类技能竞赛获奖140项，其中，获得国家级一等奖1项、二等奖3项、三等奖2项，获得省级一等奖27项、二等奖44项、三等奖63项。

学校科学研究和社会服务能力日益增强，科研成果数量质量稳步提升。2020年，学校各级各类纵向科研项目获立项176项，其中省级以上科研项目44项，《乡村振兴背景下乡村教师精准培养的协同机制与策略研究》获教育部人文社会科学研究规划基金项目立项，《海洋新菌CW2-9降解浒苔多糖机制研究》获广东省基础与应用基础研究基金自然科学基金面上项目立项。专利申请41项（其中发明专利10项），专利授权55项（其中发明专利2项）。论文发表308篇，著作出版12部，获河源市自然科学、哲学社会科学优秀成果奖26项。

招生与就业 2020年计划招生8277人，实际录取8255人，实际报到7268人；其中面向中职生自主招生计划80人，实际录取48人，实际报到43人；面向中职毕业生高职专业学院自主招生计划150人，实际录取110人，实际报到106人；面向揭阳市惠来县、普宁市“世行贷款”定向培养项目招收初中毕业生五年一贯制大专302人；面向中高职贯通三二分段对口中职学校转段310人；另有高职扩招计划3305人，录取3431人，实际报到3216人。2020届毕业生总人数4130人，截至年底，学校毕业生总体就业率达97.34%。

继续教育和社会培训 截至2020年，学校各类成人学历教育在校生达21410人，社会培训累计超过4.49万余人次。学校高度重视品牌建设，打造村干部大专班等特色品牌项目，构建专本科函授、远程教育、非全日制研究生、自考沟通班、专升本辅导班、社会培训等多位一体的终身教育体系。学校落实高职扩招工作，截至2020年12月高职扩招全日制在校生达3227人，联合河源市退役军人事务局、市教育局、市农业农村局开展特色专班，其中退役军人学历提升班录取426人，幼儿园教师学历提升班录取413人，高素质农民学历提升班录取261人。学校推进学历教育与社会培训并举并重，先后被广东省农业农村厅和广东省教育厅遴选为广东省高素质农民培育省级示范基地、广东省职业院校双师型教师培训基地，同时联合华南农业大学设立华南农业大学乡村振兴学院河源分院。2020年，河职院《高职立体化构建“三农”人才培养模式的探索与实践》获广东省教育教学成果奖一等奖；《政校协同培养农村干部，头雁领航筑牢基层组织》项目获河源市首届基层党建示范品牌。2020年办学教改成果先后被国家、省、市媒体报道33篇次，中国高职高专教育网在高职扩招专题报道栏目中以《政校协同人才培养，教育助推乡村振兴》为题推广该校的经验做法。

（周　文）

【广东技术师范大学河源校区】 广东技术师范大学河源校区（以下简称广师大河源校区）是河源市第一所本科高校，由广东技术师范大学与河源市人民政府合作共建，于2020年10月10日正式开学。学校总占地面积1081亩（72公顷），建筑面积约22万平方米，总投资24亿元。规划总在校生规模12000人。2020年年底，在校生4089人，为首批本科大一新生，其中，河源籍学生172人。学校专任教师（含辅导员）272人，其中，正高职称26人、副高职称64人；博士69人、硕士165人。

广师大河源校区办学初期采取“1+3”过渡时期模式，本科生第一年在河源学习，后三年在广州学习。开设计算机科学学院、数学与系统科学学院、法学与知识产权学院、外国语学院、文学与传媒学院、美术学院、音乐学院7个学院，计算机科学与技术、软件工程、物联网工程、数据科学与大数据技术、电子商务、人工智能、数学与应用数学、信息与计算科学、应用统计学、法学、汉语言文学、新闻学、网络与传媒、广播电视编导、日语、商务英语、英语、产品设计、服装与服饰设计、动画、工艺美术、环境设计、美术学、视觉传达设计、音乐学、舞蹈学等26个专业。

（欧丽娜）

【河源开放大学】 前身是河源市广播电视大学，2018年2月更名为河源开放大学。河源开放大学与河源市职业技术学校实行“两校合一，资源共享”的办学模式。2020年，业余开放教育在读生1980人，全日制中专在校生2333人；教职工198人，其中高级职称57人，中级职称69人，硕士学位55人。学校开设业余本专科学历层次行政管理、法学、汉语言文学、工商管理、计算机信息管理、学前教育等20个专业。

理论学习 2020年，河源开放大学高举习近平新时代中国特色社会主义思想伟大旗帜，全面贯彻中共十九大和十九届二中、三中、四中、五中全会精神和习近平总书记在深圳经济特区建立40周年庆祝大会上的重要讲话精神、广东省委书记李希在河源调研时的讲话要求，围绕学校教育事业立德树人这一根本任务，坚持“修处世美德、习一技之长”的办学理念，系统学习各项成人教育和职业教育法律法规，学习新时代教师职业行为十项准则，深刻领会精神内涵，准确把握精神实质，使教职工在工作中知法、守法、用法，做到依法治校。

师资队伍建设 贯彻“人力资源是第一资源”的思想。突出师德师风建设，培养和树立典型，表彰奖励一批优秀教师，营造尊师重教、人才兴校的氛围；研究制订人才引进、培养、使用的实施计划，把品德、知识、能力和业绩

广东技术师范大学河源校区开学迎新现场　　（市教育局提供）

作为衡量人才的主要标准，按照专业技术岗位竞聘程序完成专业技术人员的聘任；加大对教师尤其是青年教师的培养力度。2020年，举行全校教学微课设计大赛等比赛6次，公开课25次；派出46位教师参加国家级培训，合计2222学时；派出4位教师参加省级培训，合计126学时；派出10位教师参加市级培训，合计228学时。年内，全校教师公开发表论文96篇，课题研究立项4项。是年，该校入选广东省高水平中职学校建设单位。

教学改革 抓好教学管理各个环节，重视课堂教学质量，加大教学督查力度，完善教学指导委员会，抓好教学信息反馈，健全教学信息员制度，及时听取并反馈专家和学生的意见和建议；开展教研活动，研究解决教学中存在的问题；通过教学基本功大赛、教学研讨、教改立项等形式，将创新教学方法纳入课堂教学质量评价指标和课程建设评价指标体系中，引导教师进行教学方法和手段的改革创新。根据现代化远程开放教育的基本规律和特征，通过开发远程自主学习平台等方式，将信息技术与教育教学深度融合，推动教育理念变革，促进教育教学模式创新。在第十七届河源市中职学校技能大赛中，有7人获一等奖，12人获二等奖，20人获三等奖；在广东省中职学生技能竞赛中，2人获二等奖，23人获三等奖，获奖率高达89.29%。2020年，有201人参加高职高考，上线率为100%，其中，上本科分数线的有11人，有8名考生被广州大学（专科）录取。有4名学生获得中职国家奖学金，有1名学生获评广东省优秀学生，2名学生获评河源市三好学生，1名学生获评河源市优秀学生干部；学生刘慧宝被评为2020年度河源好人。

疫情防控 自2020年疫情防控阻击战打响以来，学校严格按照上级安排，压实责任，狠抓落实，做好各个阶段的疫情防控工作，牢牢守住校园疫情防控安全线，保障师生员工的生命安全和身体健康。除做好线上教学、线上线下衔接、心理健康教育等常规工作外，学校还突出人文关怀，把对学生的关爱落到实处。该校有针对性地做好学生人文关怀，精准开展学生思想引领和心理疏导工作，对学生的学习、生活需求进行广泛调研，尽可能帮助学生解决实际困难，满足其正当学习诉求。自疫情防控以来，学校对有必要进行核酸检测的学生予以补贴（贫困生检测费用由学校支付，其余学生学校给予一百元补助）；为2018级、2019级建档立卡贫困生170人，每人发放国家助学金1000元；为贫困生免费发放口罩1万余个；按照省市疫情防控期间学校收费相关文件精神，退回内宿生部分住宿费。

社会服务 自转型以来，该校发挥在教育信息技术、数字化资源以及系统办学等方面的优势，探索多元化社区教育、老年教育和各级各类职业教育的教学模式、管理模式及运行机制，开发适合河源市经济社会发展的教育服务项目。除完成上级交付的各级各类培训任务外，2020年，结合学校周边社区居民实际需求，学校推出“四点半课堂”“周末少儿艺术班”等公益课堂，向双下、新兴、书房前等社区居民提供免费培训项目。“周末少儿艺术班”涵盖绘画、舞蹈、书法、英语、声乐、武术、葫芦丝、小主持人等多个热门专业（方向），累计培训200余人（次）。

（朱兴艳）

科学技术

【概况】 2020年，河源市委、市政府把深入实施创新驱动发展战略作为贯彻落实习近平总书记关于科技创新重要论述的重要举措和具体实践，把科技创新贯穿“1+1+9”工作部署各方面和全过程，以科技创新驱动经济高质量发展，全市创新事业不断开创新局。岭南现代农业科学与技术广东省实验室河源分中心挂牌建设，实现河源市省级实验室零的突破。鹏城实验室河源节点项目落户市高新区。成功创建江东新区高新区、东源高新区，实现河源市省级高新区“零的突破”，是全省为数不多的一年创建2家省级高新区的地级市。全市企业研发经费投入达10亿元，全市R&D占比达0.7%，比上年实现倍增。

【疫情防控科技支撑】 2020年，河源市制订《关于新型冠状病毒肺炎疫情防治科研攻关工作方案》。发布《河源市科学技术局关于申报防治新型冠状病毒肺炎专项项目的通知》，对“新型冠状病毒肺炎患者的临床特征及其早期诊断价值”“新型冠状病毒致病性研究及流行病学调查”两个项目进行立项资助。遴选广东舒尔康生物科技有限公司等5家企业申报的5个新型冠状病毒感染防治技术和产品报送省推广应用建议目录。制订《河源市科学技术局关于强化科技攻关 实施科技惠企行动支撑疫情防控的若干措施》，联同中国银行河源分行，为河源市11家企业提供5600万元的低利率贷款，帮助解决生产资金问题，提高疫情防控物资产能。

【企业创新主体培育加强】 2020年，河源市实施高新技术企业倍增计划。严格对标高企认定标准，“补短板、强弱项”，组织专家主动上门开展“一对一”服务企业近百家，新增高新技术企业56家，比上年增长32.94%，存量达到226家，超额完成市委、市政府下达的存量200家的任务。加强科技型中小企业培育。开展国家科技型中小企业评价库入库申报工作，全年评价入库企业累计294家，超额完成市委、市政府下达的220家的任务。

【创新载体建设推进】 2020年，河源市重视企业研发平台建设。新组建市级工程技术研究中心24家，市级农业科技创新中心15家，全市规模以上工业企业研发机构覆盖率达36.7%，大型工业企业研发机构实现全覆盖。推进科技创新公共服务平台建设发展。建成河源市深大湾区研究院、河源市广师大研究院；实施公共创新平台扶持方式和评价机制改革，推动河源广工大协同创新研究院等平台提质增效。公共创新平台累计服务企业300多家，帮助企业解决技术问题20余项，降低企业研发、生产成本1.3亿元，为企业新增销售额超4亿，新增利税超5000万元。推动孵化育成体系提质增效。修订《河源市科技企业孵化载体管理办法》，开展孵化器提质增效行动，孵化育成体系不断完善。全年新增省级“星创天地”10家，年底，全市有国家级科技企业孵化器3家，省级科技企业孵化器1家；拥有国家级众创空间2家，省级众创空间5家；国家级“星创天地”8家，省级“星创天地”33家，累计孵化科技项目498个。

【助力园区加速发展】 2020年，河源市科技助力灯塔盆地国家农高区创建。对标国家农高区建设要求，“补短板、强弱项”，做大做强园区农副产品精深加工主导产业，加快农副产品精深加工科技成果在园区转化落地。“河源市水果精深加工关键技术研究与产业化应用”等3个园区重大农业科技成果转化项目顺利实施。布局建设岭南现代农业科学与技术广东省实验室河源分中心、华南农业大学驻灯塔盆地现代农业综合试验站、灯塔盆地现代农业科技企业孵化器。是年，广东河源国家农业科技园区被评为国家优秀园区。省级高新区实现“零的突破”。指导园区通过“以申促建”推进园区高新技术产业集聚发展。东源县产业转移工业园、江东新区产业转移工业园被认定为省级高新技术产业开发区。抓好省级农业科技园区创建。组织符合条件的县区申报省农业科技园区，源城区广东省农业科技园区、紫金县广东省农业科技园区成功创建为省级农业科技园区。年底，全市有国家级农业科技园区1家、省级农业科技园区2家。

【创新创业环境优化】 2020年，河源市出台《河源市推动科技创新体制机制改革实施方案》《河源市推进农村科技特派员制度工作方案》等政策文件，科技创新政策体系不断健全，创新环境不断优化。“河源市‘四个对接’强化科技创新推进科技‘融深’‘融湾’”入选省《每日汇报》，“改革公共创新平台扶持方式和评价机制，激发高质量发展动力活力”入选2020年度市全面深化改革优秀案例。修订完善《河源市联合科技信贷风险准备金管理办法》，放宽科技信贷的受限条件，激励银行等金融机构加大科技型中小企业放贷额度。市联合科技信贷风险准备金规模扩充至3400万元，为科技型企业新增信贷1.286亿元，累计贷款3.468亿元。组织开展各类创新创业活动。组织河源市首届创新创业大赛，吸引深圳、广州等地261个参赛项目报名参赛，20个参赛项目晋级决赛并获奖。通过举办大赛，面向湾区招募、遴选一批高水平的创业团队和创新项目。举办成果转化对接会暨湾区成果推介活动，集中推介来自湾区城市企业和河源市企业等100多项前沿科技成果，搭起湾区科技成果及关键技术到河源转化应用的平台。全面落实科技创新政策兑现，制订出台《促进科技创新的若干政策措施<操作指引>》，组织开展2019年度《政策措施》兑现工作，为河源市企业、科研院所等兑现政策资金5712.42万元。

【科技重点专项实施】 2020年，河源市实施科技重点专项。聚焦河源市现阶段创新发展的短板和弱项，重点在高企倍增、科技成果转化应用、孵化育成体系建设、农业发展技术问题解决等方面集中财力予以攻坚和提升，共立项14项，立项资金2605万元。加强技术合同业务管理。全年受理17项技术合同认定登记，技术合同成交额及技术交易额分别达到1000万元、900万元。

【农村科技特派员工作】 2020年，河源市推进农村科技特派员工作。建立农村科技特派员“三库一平台”工作机制，引导农村科技特派员深入农业科技园区、农村基层或通过网络远程视频的方式开展技术指导、技术培训等服务，鼓励农村科技特派员做优质农产品的形象代言人，打造“农村科技特派员+电商”新模式。新冠肺炎疫情期间，组织科技特派员开展技术培训、技术指导等服务近100场次，培训服务农户约3万人次，对接服务农业企业等农业经营主体50家、省定贫困村200多个，引进新品种15项、推广新技术32项、解决技术难题10项。河源市省定贫困村实现农村科技特派员全覆盖。

【民生领域科技创新加强】 2020年，河源市推动社会发展领域科技进步。围绕医疗卫生与人口健康、生态保护、环境治理、节能减排及公共安全等社会发展领域，组织实施市级社会发展科技计划项目170项。（何峰雷）

社会科学

【概况】 2020年，河源市社会科学界联合会辖社科类社会组织27个。其中学会6个，协会5个，研究会6个，促进会8个，联谊会2个。

【理论学习宣传】 2020年，河源市社会科学界联合会发挥社科理论界思想引领作用，强化理论学习宣传与阐释。围绕学习贯彻中共十九大和十九届四中、五中全会精神，深入贯彻落实习近平总书记在中共十九届五中全会上的重要讲话以及出席深圳经济特区建立40周年庆祝大会和视察广东重要讲话、重要指示批示精神，先后组织召开全市社科理论工作者专题学习座谈会8次；组织撰写并发表理论文章128篇，评选出优秀成果奖22项；创办河源社科杂志、社科普及微信公众号，在电视台开设“社科专家话河源”节目，联合河源日报社开设理论专版，推出一批理论学习成果，普及社会科学理论。通过专题学习座谈，深入领会中共十九大精神和习近平总书记系列重要讲话精神，全面准确把握习近平新时代中国特色社会主义思想和习近平总书记治国理政新理念新思想新战略，把全市社科工作者的思想统一到中央、省委精神上，统一到市委、市政府重大决策部署上。

【课题规划立项】 2020年，河源市社会科学界联合会按照统筹推进“五位一体”（经济建设、政治建设、文化建设、社会建设、生态文明建设）总体布局和协调推进“四个全面”（全面建成小康社会、全面深化改革、全面依法治国、全面从严治党）战略布局，树牢新发展理念，围绕与全省同步全面建成小康社会目标和“四个走在全国前列”（构建推动经济高质量发展体制机制、建设现代化经济体系、形成全面开放新格局、营造共建共治共享社会治理格局）和全市“示范区”“排头兵”“两个河源”建设要求，从实施创新驱动发展和乡村振兴战略，加快推进融入粤港澳大湾区，推动河源率先振兴、党的建设、文明城市创建、社会治安综合治理、文化旅游发展等重点难点方面做好课题规划，发布《课题指南》，组织社科研究工作者围绕《课题指南》选题开展研究。全年完成社科规划课题立项92项，其中11项为重点项目、10项为青年项目，7项为地方历史文化特色项目、59项为一般项目、5项为自筹资金项目。全年结题50项，立项课题和结题课题质量大幅提升。

【学术研讨】 2020年，河源市社会科学界联合会委派市内专家学者参加国内不同层次的学术研讨会，特别是在“两地”文化研究方面发布观点及论文30多篇。建立健全与国内客属地区赣州、梅州、龙岩、三明、深圳、贺州、惠州等地的信息交流机制。

【社科普及宣传】 2020年，河源市社会科学界联合会创新社科普及工作思路与方法，开展多项社会科学普及活动。举办社科普及周启动暨社科优秀成果颁奖仪式。仪式现场举行社科优秀成果奖颁奖、市级社科普及基地授牌、向社科基地赠书等仪式，市辖社科团体和科普基地负责人、相关企业负责人等120人参加此项活动。年内，以“倡导现代文明生活新方式，决胜全面建成小康社会”为主题，举办主题日活动、脱贫攻坚与社科普及文艺会演、社科知识咨询、科普知识图片巡展、优秀传统文化巡讲、集邮文化、书香岭南读书周等30多场活动。

【社科团体管理】 2020年，河源市社会科学界联合会依法加强社科类学术团体、民间组织的日常管理和业务指导，制定下发《河源市社科类社团组织管理暂行办法》，严格落实社团意识形态阵地管理，引导社会组织健康有序发展。按照相关法规，撤销对9个社团组织的业务主管单位关系。全市各社科团体广泛开展形式多样、各具特色的调研、公益等活动，组织赣师文化促进会、潮汕联谊会等20多个社团深入社区开展为期1个多月的疫情排查；各社团发动辖属社团党员、志愿者为河源市抗疫工作捐款33330元。河源市古琴研究会开展3期古琴线上公益课，为河源200多名古琴爱好者开展线上授课建立可交流、学习的平台。河源市礼仪协会邀请池潇潇通过云课堂微课平台方式，为100多名会员讲授《如何高效进行儿童英语启蒙》。

【社会科学普及基地建设】 2020年，河源市新增3个社科普及基地，分别是“河源市图书馆人文社会科学普及基地”“河源市宝树轩画廊人文社会科学普及基地”“到吉宿名宿人文社会科学普及基地”。

（董劲文）

文化·卫生健康·体育

编辑：李文举

文化综述

【公共服务建设】 2020年，河源市文广旅体系统推动各级文化场馆提档升级，完成2020年文化馆（站）评估定级，实现全市文化馆、图书馆达到国家二级以上等级，乡镇（街道）综合文化站达到省二级站以上等级，实现1436个行政村（社区）综合性文化服务中心全覆盖。完成公共图书馆城乡一体化服务体系建设，实现市、县公共图书馆资源流通共享、通借通还；完成数字文化馆建设；完成6个“源·悦”书屋自助图书馆建设工作；建成8个基层综合性文化服务中心和旅游咨询中心融合试点。市图书馆被中国图书馆学会评为“读经典学新知链接美好生活”全民阅读活动阅读推广星级单位，成为第六批广东省学雷锋活动示范点。

【文化惠民活动】 2020年，河源市文广旅体系统围绕“我们的中国梦”“我们的节日”“疫情防控”“脱贫攻坚”等主题，以“大美河源·百姓舞台”“文艺轻骑兵下基层”“书香河源全民阅读”、诗文朗诵会、展览等形式，举办“市第六届客家山歌表演赛”“河源发声”第二届音乐作品创作大赛、“我最OK” 广东省（河源赛区）全民才艺大比拼综艺活动、“万众一心抗疫情”河源市书画摄影艺术作品展、“抗疫路上·为你而歌”河源市原创音乐作品公益晚会、“初心如磐·砥砺奋进”2020年市决胜全面小康决战脱贫攻坚文艺演出等活动及赛事100场次，提升全市的文化氛围。举办“文明创建有我”——2020年河源市文明旅游宣言活动、“文明河源 有你有我”——河源市文明旅游志愿服务活动等文明旅游主题活动。“共建文明城市、共建书香社区”志愿服务项目获2020年全省文化和旅游优秀志愿服务项目。“市文化馆关爱贫困山区留守儿童公益艺术培训工程”获2020全国文化和旅游志愿服务项目线上大赛三等奖。全市各类公共文化场馆举办各类演出活动超过3000场次、展览超过600场次、培训（讲座）超过800场次，服务群众200多万人次。

【文艺精品创作】 2020年，河源市文广旅体系统疫情期间组织创作音乐、美术、曲艺、书法、诗歌、朗诵、舞蹈等群众文艺作品150余件，多个抗疫作品获省级奖项。邀请15位省内外知名画家举办“油画名家宣传推介河源采风创作活动”，创作反映河源美丽乡村的油画作品100件。市广播电视台纪录片《非常时期》在第26届中国纪录片学术盛典暨第13届深圳青年影像节中获战疫单元最佳作品。抗疫微纪录片《“90后”男护士削发明志出征湖北》获人民日报短视频征集一等奖和2020年度广东新闻战线“走基层、转作风、改文风”活动优秀作品二等奖。其中，省群众艺术花会取得“1金1银2铜”佳绩。第十四届广东省艺术节优秀美术作品展中，1件作品获铜奖，15件作品获入围奖。全景剧场秀《家·源》被评为第十四届广东省艺术节优秀大型旅游演艺作品。《客家家训书法作品展》获评2020年广东省弘扬社会主义核心价值观主题展览。

【文化遗产保护利用】 2020年，省保单位仙坑村荣封第修缮先后获得广东省和全国文物古迹活化利用典型案例，入选第二批全国乡村旅游重点村名单。完成全辖区30处省级以上文物保护单位的两线图测绘。河源市开展抢救性保护，让濒临失传的龙川杂技得以传承；设立“彩扎传统技艺工作站”，推动彩扎项目产业化延伸；开展第八批市级非物质文化遗产名录项目申报及评审工作，新评定12项市级非物质文化遗产名录项目；完成市级以上94个非物质文化遗产传承人的档案建设工作。开发黄氏河源龙有关文创产品；完成河源恐龙文博园升级改造。2020年，市博物馆征集抗疫见证物，以记录河源人民在抗击疫情中的点点滴滴，征集到实物类藏品260件，以及相片和视频一批。以优秀非物质文化遗产为创作元素，提升传统花朝戏、客家山歌、采茶戏、木偶戏、杂技等戏剧、技艺的品质，提升忠信花灯技艺水平，支持福楼醒狮扎作技艺产业，创新转化，突破发展。建立“楼镇彩扎非遗扶贫工坊”，发动5个镇12个村村民利用闲暇时间流水作业，助力扶贫攻坚。

2020年，河源市有市级以上非物质文化遗产代表性项目111项，其中国家级代表性项目2项、省级代表性项目17项，市级传承基地16所，有市级以上传承人94名，其中国家级代表性传承人1名，省级代表性传承人17名。

【文旅融合发展】 2020年，河源市新评2条省级乡村旅游精品线路、1个省级旅游风情小镇、6个文化和旅游特色村、1条工业旅游线路、1条历史文化游径、3个省休闲农业与乡村旅游示范点、5条省级森林旅游特色线路、5个森林旅游新兴品牌地。培育和规范民宿发展，扶持一批文旅融合特点突出、效果显著的乡村民宿。举办乡村旅游冲锋号、乡村文旅融合创新大赛、文旅繁花音乐季、"细品河源"微视频推广等一系列乡村文化旅游主题活动。贯彻实施"粤菜师傅工程"，编印《源·味》书籍。

【文化宣传推广】 2020年，河源市文广旅体系统紧密对接人文湾区纽带工程，讲好"河源故事"，培育现代河源精神。与澎湃新闻、南方+、腾讯等加强合作，加强旅游宣传推广；组织10家本土影视公司开展"细品河源"微视频推广活动，在抖音上助力河源景区旅游宣传推广。参加"魅力广东·缤纷深莞惠汕河"五市旅游联合推介会、"活力广东·万绿河源·滨海惠州"旅游推介会。借助深圳文博会、广东国际旅游产业博览会平台，主动寻求文化产业项目招商和合作机遇，推动河源市文化产业融合发展。联合举办"深莞惠+汕河"流动大舞台五地文艺展演活动5场次，促进河源文化对外影响。举办"五市流动大舞台巡回展演""五市艺术创作采风""五市青年美术作品交流展"等艺术交流活动，深受大湾区欢迎。

【市场监管维稳】 2020年，河源市文广旅体系统组织开展"安全生产月""安全生产万里行"、河源市旅游行业安全生产诚信宣传等各类主题活动，举办全系统安全培训。落实文化执法队伍改革要求，抓好新冠肺炎疫情防控、"扫黄打非"、安全生产等工作，打击文化市场各类违法违规行为，落实安全生产监管，开展节假日、防汛和疫情防控等各类安全检查31次，检查文化、旅游企业476家次，发现、排除各类安全隐患34处，及时暂停冰雪乐园、玻璃桥等项目。全年开展专项整治13次，出动执法人员1.32万人次，检查文化经营场所2310家次、涉旅企业915家次、电影院158家次、书店90家次、印刷厂135家次、游泳池35家次，立案查处案件7件。市文化市场综合执法支队获"广东省扫黄打非先进集体"荣誉。是年，全市文广旅体系统和文旅企业未发生疫情事故，未发生重大安全事件，未发生重大旅游投诉事件。广电实现全年安全播出零事故，确保春节、全国两会、深圳经济特区建立四十周年庆祝大会等敏感期的安全播出。 （刘崇昱）

文物博物

【概况】 河源市博物馆（河源恐龙文博园）位于市区滨江大道龟峰公园内，占地面积6万多平方米，是国家二级博物馆、国家AAAA级旅游景区，内有河源恐龙博物馆（中国古动物馆恐龙蛋馆）、河源市博物馆新馆、全国重点文物保护单位龟峰塔及其附属建筑龟峰古刹，以及大型梦幻恐龙雕塑墙、钢铁恐龙创意雕塑、客家建筑文化墙展示区等景点。

【文物征集保护】 2020年，河源市博物馆新增藏品576件（套），其中文物类藏品41件（套）、展品类藏品289件（套），恐龙蛋等古生物化石246枚（套）；完成3窝恐龙蛋的拼接修复工作；19件（套）文物保护修复。

【文物考古研究】 2020年，河源市博物馆完成龙川县四都镇明代仿龙泉窑系窑址遗迹、东源县蓝口镇清代青花窑址群遗迹文物调查、标本采集；采集东环路临江联新村恐龙蛋标本一批；采集东源双江镇侏罗纪早期菊石化石标本7件；加强与中国科学院古脊椎与古人类研究所等科研机构合作，启动《广东河源盆地恐龙蛋化石群》学术专著编撰出版工作；完成《河源文博》（第四、五期）、《河源市博物馆2019》、《百越英华——东源县龙尾排与大顶山遗址考古发掘图录》等书籍编印；开发恐龙玩偶摆件，推动恐龙元素重金属文创产品开发；启动博物馆商标、龟峰塔茶具实用新型等专利申请。

【文博宣传推介】 2020年，河源市博

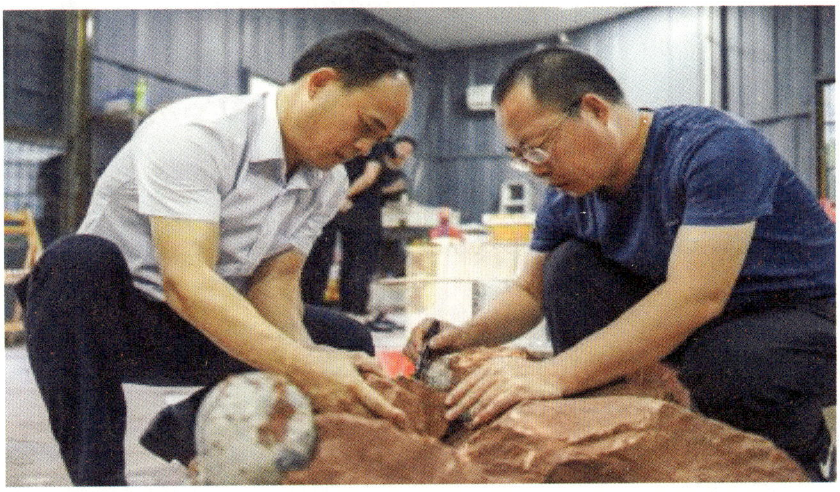

修复恐龙蛋窝 （市博物馆提供）

物馆通过自主策划、合作引进等方式举办客家家训书法作品展、瑶岭长歌——瑶族文化展等13个专题展览，其中“客家家训书法作品展”获评“2020年广东省弘扬社会主义核心价值观主题展览”；策划“赵佗——岭南开发第一人”展览及相关教育活动进学校、入社区；组织开展文博讲座、道德讲堂、语言学堂、博趣手工、研学公益夏令营、小小讲解员选拔大赛等126场品牌教育活动；加大媒体宣传力度，通过省、市级主要平面媒体宣传报道62篇，中央、省、市级电视台播放新闻23条；协助举办2020年河源市文旅消费季系列活动启动仪式暨河源恐龙文博园揭牌仪式、2020河源首届文旅繁花音乐季“文博风女儿红”专场；举办《我眼中的河源恐龙文博园》摄影大赛，“5·18”国际博物馆日主题宣传活动，“探秘远古河源的恐龙世界”“源来如此——中国恐龙的新家（第八站）”等视频直播互动活动；协助完成六集恐龙动漫微纪录片——《穿越白垩纪——河源恐龙探秘》拍摄制作；市博物馆相关服务项目上传至“粤省事”，增设为地方特色栏目；全年志愿服务时间3660.53小时，人均服务时长21.53小时；全年接待游客413922人次，其中未成年观众17万余人次。

【文博“战疫”】 2020年，河源市博物馆推出15期“博疫·文博讲座系列”和15期“博疫·文物颂中华系列”，为疫情防控工作加温鼓劲；组织开展“爱在春天里——致敬最美逆行者”河源市博物馆2020年线上诗文微诵会等“战疫”文博活动；及时征集抗疫见证物，以记录河源人民在抗击疫情中的点点滴滴，征集到实物类藏品260件，以及相片和视频一批；为向白衣天使们致敬，河源恐龙博物馆、龟峰塔2020年度向全国医护工作者免费开放。

【重点项目建设】 2020年，河源市博物馆整合“两馆一塔一园一寺庙”资源，并以河源恐龙文博园名义创建国家AAAA级旅游景区；完成河源恐龙文博园景区标识系统、旅游厕所改造、河源恐龙博物馆“史前部落”新增项目、园区5G基站建设、客家建筑文化墙展示区、仿真恐龙模型场景等重点项目建设；完成市博物馆新馆客家民系大迁徙互动项目改造及部分展品更新；建设母婴室，配置文博一体机、旅游景点查询机、邮政服务等，逐步完善两馆游客服务中心功能；完成园区绿植修剪加固、龟峰山登山道和广场石板修补、大楼天面渗水施工补漏以及绿化提升项目等。

（蒋安泰）

广播电视事业

【河源广播电视台】 2020年，河源广播电视台拥有2个广播频率（综合广播、旅游广播）、2个高标清同播电视频道（综合频道、公共频道）、1家网络广播电视台，以及以“智慧河源”客户端为龙头的“三微两端”、民生一线抖音号等新媒体矩阵。其中，“智慧河源”客户端下载用户量30多万户，日均活跃量5万人次左右。有自办栏目37个，日产节目超过12个小时，其中电视栏目11个，日产节目约一个半小时；广播栏目26个，日产节目近11个小时，覆盖河源市“五县一区”及周边城市近500万人次受众。拥有包括“6+2”讯道数字标清电视转播车和广播直播车等采编播设备，有600平方米和800平方米演播厅各1个。

是年，河源广播电视台围绕市委、市政府的中心工作和各项重大决策部署，主动加强主题策划，唱响主旋律，传递正能量。播出广播新闻16392条，电视新闻4266条，新媒体发布信息11231篇、视音频13385个。广播电视在全省采稿率名列前茅。

主题策划 上半年抗击新冠肺炎疫情“非常时期”，电视台围绕坚决打赢疫情防控阻击战，先后推出系列主题报道、系列评论、系列微纪录片、系列融媒爆款产品、“电视课堂”、系列科普和公益宣传产品等“六大策划”，为河源市夺取疫情防控和经济社会发展“双胜利”凝聚起强大正能量。及时统筹做好决胜全面小康、决战脱贫攻坚、推进“融湾”“融深”“六稳”“六保”、全面提效破局，构筑新局、创建全国文明城市、扫黑除恶等主题宣传，抓好学习贯彻习近平总书记出席深圳经济特区建立40周年庆祝大会和视察广东重要讲话重要指示精神、中共十九届五中全会精神及中国共产党成立99周年、抗战胜利75周年等重大主题宣传。

精品创作 坚持“精品立台”。抗疫纪录长片《非常时期》在第26届中国纪录片学术盛典暨第13届深圳青年影像节中获评战疫单元最佳作品；大型航拍纪录片《飞越河源》和脱贫攻坚纪录电影《厚土之上》列入2020年度河源市宣传思想文化建设重点项目，其中《厚土之上》入围“第十届中国纪录片学院奖”，成为全国地市级媒体仅有的几部入围作品之一；抗疫微纪录片《“90后”男护士削发明志出征湖北》获评人民日报“人民视频”客户端“人民战役”短视频征集一等奖和2020年度广东新闻战线“走基层、转作风、改文风”活动优秀作品二等奖，会同市委组织部联合摄制电教片《男护士：削发援鄂》登上中组部共产党员网和“全国党员干部现代远程教育平台”，成为全国党员学习教材；融媒产品《“第一书记”代言》被2020第八届广东互联网政务论坛评为脱贫攻坚精品案例。另外，该台有12个作品获得广东省广播影视奖，8个作品获评客家地区广播电视播音主持作品奖。

融媒建设 坚持“移动优先”，着力在移动端下功夫。顺应市场需求，推动受众扩面。在疫情防控背景下，果断开播《电视课堂》节目，开播当天“智慧河源”APP以及网站访问量就达到4004万人次，至线上教学结束，总点击量超过4亿人次；及时策划推出未成年人心理健康教育公益课堂，开播期间覆盖人群超过100万人次，网络总关注度超过300万人次。注重面上覆盖，丰富内容供给，增强受众黏性。网站、“智慧河源”APP累计播发文稿9366篇、视音频13385个，阅读总量达5300万人次；微信发稿1865条，总点击量873.4万人次；微博发稿1996条，总点击量485.7万人次；3个抖音平台视频收看总量达4.12亿次。2020年，新媒体平台拥有粉丝总量超过64万人，在第三方“新榜指数”统计中，该台官微点击量、影响力均位列“河源媒体公众号排行榜”第一名；在广东省网络传播精品工程评选中，“智慧河源”APP获得首批奖励。

外宣工作　2020年，向学习强国推送文字、视频作品865条；中央广播电视总台各频道栏目播发新闻41条，其中《新闻联播》4条，创历史新高；广东广播电视台各频道频率播发稿件757条，其中《广东新闻联播》发稿96条，排在全省前列。该台还注重以策划活动来宣传推介河源经济社会发展情况，提升活动影响力和河源知名度。如承办河源市第二届高层次人才交流大会暨2020年人才集中活动月活动，向国内外和全社会昭示市委、市政府敬才、求才、爱才、惜才和聚天下英才而用之的强大决心；策划举办“饱含深情·美味河源”精准扶贫农产品深河产销对接推广系列活动，助力探索“消费扶贫”河源模式，得到国务院扶贫办的肯定；筹办万绿河源农产品区域公用品牌运营平台上线发布会，推动河源市农产品品牌建设在全省树立标杆；策划开展“走向我们的小康生活”——深圳对口帮扶河源省定贫困村精准脱贫成果微视频展播活动，拍摄制作的60期短视频全部在学习强国平台推送。

舆论监督　发挥主流媒体的监督服务功能。全年播出“政风行风热线”45期，邀请73个市直单位负责人做客直播间，直接受理群众投诉、咨询140个。普法栏目《法治声音》播出52期，以案释法、答疑解惑，帮助群众解决身边的法律问题。《民生一线》栏目播出310期，公开曝光有关侵害群众利益的行为，推动解决一批群众的操心事、烦心事、揪心事。

大型活动　2020年，河源广播电视台举办2020年“饱含深情·美味河源”精准扶贫农产品深河产销对接推广系列活动、创业励志节目《赢在河源》第六季、“寻找家乡带货王”河源首届农村电商赛、2020河源主流媒体联盟国庆车博会、2020年河源市“云招聘·赢在职场”线下招聘会及中小学开学直播等近50场主题策划宣传活动。

事业建设　2020年，河源广播电视台推动事业高质量发展，组织完成“智慧河源”APP升级、高清化配置项目验收和省无线数字电视发射系统、电台发射信号系统优化及广电中心大楼至桂山千秀峰的微波通道搬迁等项目建设。（胡　萍）

【广东省粤东721转播台】广东省粤东721转播台担负着中央人民广播电台第一套节目和广东新闻台节目2个频点的中波广播覆盖任务。2018年1月1日增加一套地面数字电视试验播出频率。

2020年，该台按照国家广电总局、广东广播电视台和广东省广播电视技术中心的整体要求和部署，完成两套节目的安全优质转播工作任务，实现安全优质高效播出，确保重要节日、重大活动、重要时段的节目传输覆盖，促进广东省社会经济的进步和发展。加强硬件设施建设和设备更新改造工作，为实现安全优质播出提供技术保障。抓住安全优质转播工作这一重点，围绕“不间断、高质量、既经济、又安全”的维护工作方针及省技术中心的“全功率、满调制、高质量”的要求，开展各项转播工作任务。全年没有出现任何安全生产事故，连续14年获省广播电视技术中心目标管理考核一级台。（欧阳少银）

【广东省广播电视网络股份有限公司河源分公司】2020年，广东省广播电视网络股份有限公司河源分公司（以下简称河源广电网络公司）围绕公司党建、经营、安全、管理“四项重点工作”和疫情防控工作，凝聚力量、强化担当，推动河源广电网络持续地健康发展。

疫情防控与业务发展双统筹　2020年春节期间，河源广电网络公司通过错班返工接力工作，确保广电信号安全高质量传输；对欠费用户不停机、不停网，利用应急广播平台为村民发布疫情防控等信息内容，配合教育部门做好“停课不停学、停课不停教”工作，既展现国有文化企业的社会责任和使命担当，又在业务发展上取得一定的经济效益。

有线电视和网络建设　2020年，河源广电网络公司传输电视节目115套、广播节目10套，其中高清电视节目65套，4K电视节目7套、标清电视节目43套。完成FTTH改造覆盖用户数6万户，累计FTTH网改覆盖用户数超20万户。新楼盘建设完成1.6万户，累计新楼盘覆盖用户数超8万户。疫情防控期间，及时做好数字电视平台教育直播频道开通、“粤课堂”、“河源教育课堂”专区上线、直播节目解密加密、高标清频道调整等各项工作。完成河源广电网络宽带出口、高清互动出口扩容以及高清互动业务省干流量分流调整等工作。完成东环路分前端机房及营业厅整体的设计规划。2020年，河源广电网络公司的网络质量平均基本指标为95.15%，网络质量平均较优指标为83.88%；2020年年底，互动渗透率达到35.56%，比上年增长9.03%。宽带渗透率达到42.82%，增长11.93%。

截至年底，维护工作量和安装工作量比上年减少，维护工单平均回单时长为8.01小时，比上年减少0.13小时；安装工单平均回单时长21.73小时，减少0.05小时。

安全播出、网络安全和安全生产　2020年，河源广电网络公司多次组织对各机房、仓库、省干网光缆、市县联网光缆等重点区域广电设施保护工作进行深入细致检查，并对检查中发现的安全隐患和薄弱环节采取有效措施及时整改。疫情期间，河源广电网络公司对木马病毒侵入和谣言传播威胁安全播出网络信息安全方面作全面的防护和维护，实现重要敏感时期安全播出和网络安全“零事故”。8月，成立安全生产大检查工作组，全面开展安全生产大检查工作，对发现的问题提出整改要求，限时整改。2020年汛期，贯彻落实习近平总书记有关防汛救灾工作的重要指示精神，多次召开专题会议，分析汛期安全生产形势，明确加强汛期安全生产工作的任务措施，做好汛期安全保障工作。

政企合作 2020年疫情期间，河源市各级党委政府利用河源广电网络公司组建的综治视联网系统召开紧急会议40多次。河源广电网络公司中标在建的“东源县新时代文明实践公共服务平台采购项目”（一个县中心、两个示范所、八个示范站），内容涵盖新时代文明实践电视门户建设运营（门户包含文明实践概览、宣教讲堂、便民服务、乡村治理、志愿服务、乡村振兴版块）以及应急广播、视频监控、一键报警等项目。河源广电网络公司先行建设的下屯村新时代文明实践示范站，自运营以来，尤其疫情期间，通过应急广播不间断播出防控疫情资讯，打通基层宣传和疫情防控的“最后一公里”。新时代文明实践电视门户建设项目中的乡村治理版块获河源市政法委“河安杯”大赛一等奖。

精准扶贫 河源广电网络公司对精准扶贫困户给予政策上的倾斜，筹措资金，改善贫困村（紫金、东源）有线电视网络质量，提高村民收听收看广播电视质量。（欧瑜旋）

档案工作

【概况】 2020年，河源市各级档案部门坚持学习贯彻习近平总书记关于档案工作的重要指示批示精神，以提升档案服务能力为主线，以确保档案安全为底线，围绕中心、服务大局，立足本职、积极作为，履行档案行政管理和保管利用职能，完成档案工作各项任务，为全市经济社会发展提供档案服务保障。

是年，河源市有河源市档案馆、源城区档案馆、东源县档案馆、紫金县档案馆、连平县档案馆、和平县档案馆、龙川县档案馆7个国家综合档案馆。

【档案法宣传】 2020年，河源市组织市、县近300人参加“新修订档案法公益大讲堂”培训和河源市档案管理专题培训，并向市各级各单位派发档案法宣传资料近万份。

【档案法治建设】 2020年，河源市各级档案行政管理部门落实行政执法人员资格管理，做好行政执法证的申领工作；完善档案行政执法公示、全过程记录、重大档案行政执法决定法制审核等三项制度，规范档案执法工作；创新执法检查方式，联合保密部门开展执法检查，形成监管合力。是年，市、县档案局开展档案行政执法检查35次。

【档案服务建设】 做好疫情防控档案工作 提请市委办公室、市府办公室转发《河源市档案局关于做好新冠肺炎疫情防控档案工作的实施意见》，指导各级各单位做好疫情防控档案资料的收集、归档、保管和利用工作。征集疫情防控档案资料1623件、照片1580张，采集河源援鄂医疗队队员手印32枚。市档案馆举办“致敬河源抗疫最美逆行者”图片展，将河源市战疫事迹制作成档案专题并展陈，大力弘扬抗疫精神。

推进精准扶贫档案工作 与河源市扶贫工作局联合制发《河源市精准扶贫档案整理工作实施细则》，各县（区）选取1—2个村作为试点，推进扶贫档案收集、整理工作。举办精准扶贫档案专题培训班。

推进档案资源开发 市、县两级档案馆通过多种形式广泛收集征集重大活动档案、名人档案、革命历史档案和客家文化档案等，优化馆藏结构，丰富馆藏档案资源。2020年，全市接收档案147543卷。市档案馆与河源广播电视台等单位联合开办《口述河源文史》栏目，收集整理口述历史档案28人次，录制视频20小时45分钟。

增强档案服务利用能力 市档案馆改善服务场所，创新服务形式，为广大群众提供更为舒适便捷的档案查阅体验，为机关和社会人士编史修志、工作参考、解决纠纷、劳动保障等工作提供大量的档案材料。做好本地重点档案抢救修裱工作。2020年，各级档案馆接待社会各界查档人数12319人次，提供利用档案资料24246卷（件），接待参观展览群众2559人，抢救重点档案855卷。

开展声像档案服务 市档案馆对市委全会、市两会等重要政务活动和“‘传递文明薪火·弘扬时代新风’2020年全市行动传递文明火炬活动”“新冠肺炎疫情防控工作纪实”等重大事件进行拍摄录制。累计跟拍活动585场次，整理归档数码照片7401张，移交市委、市政府照片5577张，采集新闻条目310条，剪辑制作视频时长100多个小时，为记录河源经济社会发展留存重要的声像档案。

【档案信息化建设】 2020年，河源市档案馆建成馆藏档案数据库及数字档案馆管理系统，完成局域网服务平台的系统升级和政务网档案资源管理系统建设，馆藏40.67万件388.98万页纸质档案全面实现数字化。市数字档案馆系统试运行单位有50个，完成28个全宗单位15843件电子文件接收进馆工作。

【档案安全建设】 2020年，河源市把档案安全纳入“平安建设”考核体系，将档案实体安全、档案信息安全纳入考核内容对各县区进行考核，并对部分档案馆进行抽查。市档案馆规范开放档案的审核，定期开展应急安全演练和专项督查，排查档案保管安全隐患，提升工作人员应急处置能力，保障档案安全。

（杨　薇）

【档案馆】 2020年，河源市档案馆以服务大局、服务民生、服务社会为主题，全面推进档案资源、档案利用和档案安全“三个体系”建设，各项工作取得显著成效。是年，该馆在地级市综合档案馆业务建设评价中全省排名第五，粤东西北地区排名第一。

疫情防控档案管理 河源市档案馆做好疫情防控档案的收集和归档工作，向河源援鄂医疗队队员发出《致河源援鄂医疗队队员的一封信》，在新闻媒体刊播征集公告，向社会各界公开征集疫情防控工作档案资料，完整反映市委、市政府领导各级干部群众抗击新冠肺炎疫情历程。并于6月9日举行河源市疫情防控工作档案资料捐赠仪式，河源市人民医院和河源援鄂医疗队队员向市档案馆捐赠1295件疫情防控工作档案资料，现场进行河源援鄂医疗队全体队员“手印”采集制作，并将收录的1295件战“疫”档案及32名河源援鄂医疗队队员手印集中向社会展示。

抗疫专题展览 9月29日，在河源市档案馆举办“致敬河源抗疫最美逆行者”图片展，以文字记述、图片展示、战“疫”感言等形式回顾与展示河源抗击新冠肺炎疫情的战斗历程，弘扬抗疫精神。同时将河源市战疫事迹制作成档案专题，以图文结合的形式，通过多功能触控一体机在“河源印象”展览厅予以展陈。

档案资源建设 河源市档案馆做好档案移交和接收工作，通过多种形式收集征集有地方特色的重大活动档案、名人档案、革命历史档案和客家文化档案等，优化馆藏结构和丰富馆藏档案资源，2020年接收档案27157卷60496件。同时开展涉密档案密级变更、解密清理工作。河源市档案局、河源市档案馆联合印发《关于做好涉密档案密级变更、解密清理和涉密文件归档管理工作的通知》，开展移交进馆涉密档案的密级变更和解密清理工作，完成16个单位移交进馆3158件涉密档案密级变更、解密清理和涉密文件归档管理。此外，市档案馆与河源广播电视台等单位联合开办《口述河源文史》栏目，邀请有关专家学者、见证者、亲历人等以口述历史档案形式在河源电台重要时段展播，收集整理口述历史档案28人次、录制视频20小时45分钟，打造“有声河源人文历史”档案精品。

档案保护利用 河源市档案馆推进“广东省区域性（河源）档案修裱中心”各项工作，承担起当地及周边地区档案馆的重点档案抢救修裱任务，2020年抢救重点档案155卷。依法加强档案开放鉴定工作，印发《关于征求对到期拟开放档案和划控的意见的函》，开展形成之日起满30年馆藏档案的鉴定开放工作，确保应开放档案资料全部开放。全年完成36个全宗1336卷档案开放鉴定工作，按期开放档案7135件。河源市档案馆着力打造有影响力的档案服务品牌，以省文明单位复审为契机，完善《河源市档案馆服务群众工作流程及礼貌用语》等服务标准，创新服务形式，党员志愿服务队节假日轮流值班365天为群众提供舒适便捷的档案查阅服务，为机关和社会人士编史修志、工作参考、解决纠纷、劳动保障等方面提供大量的档案材料。是年，市档案馆接待社会各界查档人数3530人次，提供利用档案资料9805卷3420件，接待参观展览群众近万人。

档案资政服务 河源市档案馆始终把围绕中心、服务大局作为档案工作的出发点，立足档案馆的资源优势和专业优势，结合时政热点，研究和编纂档案编研成果，服务党委政府中心工作。市档案馆开展河源市重大活动、重大事件和重要政务活动的现场拍摄录制工作，完成2020年河源市两会、市委七届十次全会、“‘传递文明薪火·弘扬时代新风’2020年全市行动传递文明火炬活动”“新冠肺炎疫情防控工作纪实”等的拍摄录制工作，累计跟拍活动585场次，整理归档数码照片7401张，形成光盘档案产品移交市委、市政府照片5577张，采集归档河源市重要视频新闻310条，剪辑制作视频时长100多小时，为记录河源经济社会发展留存重要的声像档案。此外，根据“创文”工作的任务安排，该馆开展馆内社会主义核心价值观宣传，完善爱国主义教育基地建设，发挥基层党支部战斗堡垒作用，组建党员志愿者队伍参与创文网格结对共建，帮助挂钩网格康乐苑完善基础设施，开展环境卫生和公共秩序集中治理及志愿清洁、文明交通劝导等一系列志愿活动。此外，该馆还向市创文办选派业务骨干，开展创文测评材料的收集、整理工作，以实际行动助力河源市“创

2020年6月9日上午，河源市档案馆举行疫情防控档案捐赠仪式。图为援鄂医疗队队员采集“金手印”

（市档案馆提供）

文”工作。

档案信息化建设　河源市档案馆推进市数字档案馆（室）二期项目建设，建成馆藏档案数据库及数字档案馆管理系统，完成局域网服务平台的系统升级和政务网档案资源管理系统建设。馆藏40.67万件388.98万页纸质档案全面实现全文数字化。截至2020年年底，该系统试运行单位有50个，完成28个全宗单位15843件电子文件接收进馆工作。各试点单位利用该系统，通过电子政务网络，建立起与档案馆在线的连接通道，实现档案信息资源共享，为该单位和群众查阅利用档案提供便捷高效的服务。

档案安全管理　河源市档案馆履行档案安全管理职责，改善档案安全管理的设施设备，加强档案库房安全管理，建立健全人防、物防、技防三位一体的档案安全工作新格局。加强档案信息安全管理，规范开放档案和政府公开信息的审核，杜绝档案安全事故和失泄密事件的发生。定期开展应急安全演练和安全专项督查，实地排查档案保管安全隐患，提升工作人员应急处置执行及协作能力，严防档案安全事故发生，确保档案绝对安全。　（黄　珊）

报刊

【《河源日报》】 2020年，河源日报社坚持以习近平新时代中国特色社会主义思想为指引，按照“高站位、深融合、强平台、出精品、优经营、固基础”工作思路，强化党媒担当，推进意识形态领域阵地建设，在打好疫情防控攻坚战的同时，圆满完成各项工作目标任务，为河源市奋力推动“示范区”“排头兵”“两个河源”建设、全力打造生态经济发展新标杆提供坚强有力的舆论支撑。

高站位，党建示范引领作用更加凸显　河源日报社始终把党建工作摆在最重要的位置，增强“四个意识”，坚定“四个自信”，做到“两个维护”，全面加强党的思想、组织、作风和党风廉政建设，提升报社基层党组织的凝聚力、组织力、战斗力。严守主阵地，确保意识形态安全。在疫情关键时期，日平均阅读量超过100万人次，其中10万+的推文21篇，50万+3篇。据统计，《河源日报》共推出260多个版，全网平台总稿量7500多条，总阅读量达6000万人次，为河源市坚决打赢疫情防控阻击战，发挥主流媒体在舆论场中的“定海神针”“压舱石”的作用，展现党媒责任担当。

深融合，重大主题宣传丰富多彩　2020年，河源日报社把握正确舆论导向，精心制作重大主题宣传。一是紧扣时代主题，发出河源声音。持续做好习近平新时代中国特色社会主义思想，中共十九大精神，十九届二中、三中、四中、五中全会精神，习近平总书记在深圳经济特区建立40周年庆祝大会上的重要讲话，视察广东重要讲话精神的宣传报道，推动习近平新时代中国特色社会主义思想在河源落地生根、保障省市工作部署和安排落实到具体的工作中。二是强力推出策划，展现媒体影响。策划“走向我们的小康生活”专栏，同步推出“决战决胜脱贫攻坚”“小康故事”“百城千县万村调研行”“党建为村”等多个子系列的报道；围绕抗日战争胜利75周年、抗美援朝70周年、扫黑除恶专项斗争、“6·10”“6·12”一周年、弘扬新时代河源精神等重大主题推出系列报道。做好创文宣传报道，为创文工作营造浓厚的舆论氛围、社会氛围。三是强化外宣攻势，树立河源形象。2020年，在学习强国发布文章597篇，图集59个，视频22个，合计678篇，其中全国平台推荐13篇，包括首页“推荐”2篇，广东平台特别推荐2篇；向南方+平台供稿，全年发布6570篇，其中在首页上推送的文章有235篇。

强平台，新闻传播力持续增强　河源日报社推进新媒体平台建设，加速媒体融合发展。新媒体平台粉丝量增强，总量达200万人次；传播力增加，全年35篇10万+人次推文；影响力不断扩大，稳居排行榜前列。其中，河源发布号每月平均阅读量100万+人次，在全省8000多个政务微信排行榜中，稳居前十名；在《南方日报》推出的“南方号”影响力排行榜中，“河源发布”“河源日报”微信公众号在全省超过1万个南方号中，每月均排在榜单前30名。线上线下活动效果好，打造创文·微家书活动，吸引全市超过2万名学生、家长参与，访问量超过80万人次，收获点赞35万多人次；在清明期间，推出“云祭扫”服务平台，访问量超过5000万人次。

出精品，时代主旋律更加昂扬　彰显主流价值观，昂扬时代主旋律，精心打造经济新闻，深入描摹“现代河源”图景，全年推出经济版约40个版，策划推出“优化营商环境服务企业发展”“聚焦县区项目建设”“重点工业园区巡礼”“落实‘六稳’‘六保’一线见闻”“政数在线 高效服务”“聚焦科技创新 融入‘双区’建设”“高新工匠”“创新先锋”“保护环境保护发展”“守护绿水青山 建设生态河源”等系列报道，全方位展现河源经济社会建设中的新情况、新进展。全力发展微视频。开设河源日报视频号，策划制作推出“紫金又多了一条‘金光大道’”“紫惠高速通车了”“云游紫金桥”等多个爆款视频产品。做强理论评论。推出理论版，实现常态化，全年推出约30个版、100余篇理论文章。适时推出社论、本报评论员文章，彰显评论高度。评论《“掌上办事”“指尖办事”要正视村民“不会上网”的实际诉求》被广东省新闻工作者协会作为全省唯一的评论稿，推荐参评中国新闻最高奖即中国新闻奖，并进入参评公示名单。

优经营，全力保障媒体平稳运行　河源日报社以项目和重大活动为抓手，突出稳经营、拓平台、谋转型，开展好各项经营工作。推出年度大型策划“走向我们的小康生活”，报纸超过150个整版，全景反映河源“全面建成小康社会决战决胜脱贫攻坚”，为小康生活而拼搏奋斗的壮阔场景。策划河源市脱贫攻坚成果展、“深河情深·决战决胜”摄影作品巡展、“最美逆行者”系列活动、复工复产系列报道、“3·15”活动、高考经验交流会、创文进社区系列活动、“金融助力企业渡过难关”专题报道、森林防火专栏报道、美食节、江东新区交友活动、“2020河岸音乐节”等活动、专刊、专题、专栏、专场。深化“传媒+”，孵化新平台，如电商平台“河有礼”，教育平台“小河同学”；加强短视频策划制作，为有关单位拍摄宣传创意视频。

固基础，统筹推进媒体管理　完成办公大楼修缮工程，实现功能最大化，为报社打造形象、提升内涵、实现快速发展奠定良好的硬件基础。推进河源融媒文化创意基地建设，与河源市国资委就项目建设事项进行沟通和洽谈，确定项目建设模式。（左利君　胡剑廷）

【《河源晚报》】 2020年，河源晚报社统筹推进各项工作，守正创新、锐意进取、真抓实干，推动报社事业实现新发展，取得新成就。

报社融合发展取得实效　全面贯彻落实中央、省委、市委关于媒体融合发展的决策部署，推进报社内部的融合改革，调整内设机构，实现“扁平化”管理，提高效率。组织人员到厦门、珠海、汕头等地交流学习，开展视频拍摄剪辑、舆情监测与处置、公文写作、财务管理、人事管理等业务培训。截至2020年年底，晚报官方抖音号关注量增加至17万+人次，比上年增加5万多人次，阅读量100万人次以上作品有10件，阅读量超过50万的作品有11件。其中《河源一小孩呛奶呼吸困难，巡警紧急开路护送。为了群众，他们每次都全力以赴！向他们致敬，为他们点赞！》阅读量为397.6万人次。全年晚报的作品在“学习强国”平台推送超过441篇。在实现宣传报道质量提升的同时，增加经济收入，4个运营团队均完成目标任务。

坚持问题导向和底线思维，压实意识形态工作责任　全面贯彻落实习近平总书记对新时代宣传思想工作的重要指示和关于意识形态工作的重要论述精神，完善《河源晚报意识形态工作责任制》，明确工作职责，加强风险隐患的预防和排查。成立舆情研究中心，加强舆情研判、管控和化解。吸取“1·3”事件的深刻教训，严格落实“三审三校”制度，建立“第一审读”制度，领导班子成员带班轮值审读工作，把好内容生产的每一道关。坚持7×24小时专班制度，加强网络安全的监测，及时发现问题并及时处置，全年意识形态工作总体安全平稳，未出现重大网络安全故事。守正创新讲好河源故事。在报纸上开设“在习近平新时代中国特色社会主义思想指引下——育新机、开新局”“学习宣传党的十九届五中全会精神”等系列宣传报道，报道习近平新时代中国特色社会主义思想的河源实践，策划做好“乡村振兴”“决战脱贫攻坚”“走向我们的小康生活”“讲好河源故事 展现河源风采”“回眸‘十三五’”等专题专栏，聚焦全市人民团结拼搏奋进新时代的良好精神风貌。做好“创建文明城市”“创模”“平安河源”“扫黑除恶”“普法”等宣传报道工作，完成上级要求的宣传报道任务。统筹做好新冠肺炎疫情防控和经济社会发展报道工作。年初疫情发生后，报社上下迅速行动，第一时间开展疫情防控报道工作，按照省委宣传部、市委宣传部关于疫情防控宣传工作提示要求，加大力度，纸媒每天刊发6个版以上的报道，微信每天推送6次，万绿湖FM每天推送相关信息30条以上。其中“对话河源首例新冠肺炎患者”“村干部大喇叭喊话”等报道，取得良好的社会效果。彭茂洋获市记协表彰，“我感觉良好，医护人员是我们的坚强后盾”等21篇作品获河源市抗击新冠肺炎疫情好新闻奖。

经营情况　受疫情影响，2020年上半年报社经营业绩下滑，直到第三季度情况才有所好转，全年实现经济收入1372.62万元。其中卓越传媒文化公司完成403万元。策划承办“百日交通零违法第四季挑战赛”“高考爱心直通车”“学习强国”学习平台宣传推广系列活动、“2020南国书香节”“2020最美供电人”惠民惠企·2020河源冬季汽车博览会等活动，取得不错的经济效益。

（黄向民）

【《河源乡情报》】 2020年，河源乡情报社锐意进取，围绕市委、市政府中心工作，意识形态工作、外宣工作均取得不少成效，对外宣传工作力度不断加大，为侨服务、为河源经济建设服务水平提升，社会影响力扩大。

体制改革　2020年9月，河源乡情报社调整为登记设立的事业单位，属于非营利性、具有社会公益性的对外宣传媒体。

意识形态工作　报社坚持党管媒体的原则，提高政治站位，加强意识形态工作的管理，以建章立制为切入点，坚持将理论学习、业务学习与意识形态工作同部署、同落实。贯彻落实党中央、省、市及上级党委关于意识形态工作的决策部署和指示精神，严格落实意识形态工作责任制，把握意识形态工作主动权，把意识形态工作纳入重要议事日程，纳入报社工作责任制，纳入领导班子、部门负责人目标管理，制定《2020年河源乡情报社意识形态工作管理制度》，全年召开意识形态专题研究会2次，每月均开展意识形态工作风险排查管控工作，并撰写排查报告。全年报纸和公众号均未出现过政治方向、舆论导向的错误以及意识形态领域安全问题。

外宣工作　报社在2020年度策划一系列宣传报道专题。做好防疫宣传引导工作。与多个部门联合进行对外宣传，在提升中国在国际上的话语权方面起到积极作用。新冠肺炎疫情暴发以来，报社全体采编人员义无反顾深入疫情前线，勇敢“逆行”深入社区当网格员，第一时间对防疫抗疫工作进行采访报道，发布权威信息，传递正能量，号召海内外关心祖国疫情的乡亲驰援家乡，为打赢疫情防控阻击战发挥应有的作用。截至10月，河源乡情报社旗下报纸、网络平台刊登出有关疫情稿件638篇；制作疫情防控宣传标语30多条，刊登疫情防控公益广告700多条。把脱贫攻坚、乡村振兴工作作为报道宣传工作的重中之重，多位记者深入各扶贫村进行采访报道，采写第一手脱贫攻坚的鲜活报道，推出10余个专题上百篇报道，多次被“学习强国”平台采用。开辟《走进河源乡亲的小康生活》《河源乡贤助奔康》等专栏，为海外及港澳台乡亲了解家乡扶贫工作政策及动态，开辟渠道，搭建平台，打通信息壁垒，引导他们参与家乡扶贫建设。利用报纸平台、旗下网络平台，以及市委外办微信公众号，开设《领保伴你行》《文明海外行》栏目。截至2020年10月，宣传报道相关领保知识、新闻及海外文明安全教育知识74期（报纸25期，网络平台49期），其中报纸每月平均发布2期，网络平台3天发布一期，每期覆盖23万名读者。密切配合全市创文工作，报社安排专人配合市创文办的活动，每次宣传活动都有记者参与采写报道，每周都有创文方面的报道。到2020年10月为止，创文题材报道累计超过80篇。策划“我为万绿河源代言”系列报道，邀请海内外河源籍乡贤向当地游客推广介绍河源。邀请来自美国、马来西亚等国及中国香港等地区的彭书城、谭育良、黄敬、李斌、杨聪等乡贤撰文推介河源，引起海内外乡亲广泛共鸣，提升河源对外美誉度、知名度。配合市委、市政府“融湾”“融深”工作的重大部署，从2019年年底开始到2020年11月，报社推出文化融湾系列报道，报道河源市非物质文化遗产、美术、书法、音乐等艺术方面的成就等，本系列报道还获得第五届广东省侨刊乡讯栏目策划一等奖。2020年11月开始，该报还设立“融湾融深”专栏，对各部门融湾融深情况进行全面的展示报道。

发行情况 是年，报社不断加大、更新对海外侨领以及乡亲社团、客属社团、港澳台乡亲、友好社团、珠三角河源籍社团的赠阅力量。报纸订阅数量与往年基本持平。坚持全年随订随送的原则不动摇，确保赠阅范围和覆盖面不断扩大，确保报纸的影响力得到提高。

（朱锦初）

网络媒体

【源河客户端】 河源日报社移动互联网传播平台源河客户端，于2016年11月30日正式上线。这是河源日报社推动媒体融合发展的重要成果，也是河源市委、市政府权威信息发布的移动媒体平台。源河客户端设有首页、视频、互动、本地等板块，设置推荐、读报、学习、专题、热点、财经、教育等频道，及时传递党委、政府权威声音，为广大市民提供“与你相关”的新闻、服务、互动、生活等资讯服务。2018年，河源日报社对源河客户端进行全新改版，内容更加丰富、互动更为顺畅、形式更加新颖、服务更加贴近，截至2020年12月，源河新闻客户端累计装机量近10万人次，月平均发稿量超过600篇，成为河源政务发布新平台、对外宣传新窗口、媒体融合新力量。

2020年，源河新闻客户端围绕市委、市政府中心工作和“融深”“融湾”“两个河源”建设，加大创文、全面小康、乡村振兴、脱贫攻坚等的报道力度，推出“新时代河源精神”“全域全面融入粤港澳大湾区”“经济特区建立40周年”“全面小康”“创文”“创森”“乡村振兴”“脱贫攻坚”“经贸活动”等系列重磅专题报道，发布稿件数量超过2000篇。在疫情防控关键时期，源河新闻客户端发力疫情防控报道，持续3个多月坚持24小时实时发布，每日平均发布稿件数量达20篇，日平均阅读量超过3万人次。其中，10万+文章有5篇。此外，平台还推出系列新媒体产品，包括H5、海报、动漫、视觉新闻等，舆论引导力增强，其中“云祭扫”、微家书、创文曝光台等项目受到广泛关注。

（左利君　胡剑廷）

【河源晚报社旗下媒体平台】 2020年，河源晚报社拥有“两报两微一网一端一栏一号”八大发布平台。“两报”即《河源晚报》《河源晚报·教育周刊》；“两微”即以《河源晚报》官方微信为龙头由6个微信公众号组成的微信矩阵、河源晚报官方微博；“一网”即河源新闻网；“一端”即河源晚报手机客户端“万绿湖FM”语音APP；“一栏”即8个户外电子阅报栏；“一号”即河源晚报官方抖音号。

（黄向民）

【河源网络广播电视台】 河源网络广播电视台于2013年9月投入运营，是河源广播电视台下属分支机构之一，是河源市对外宣传的重要窗口。

2020年，河源网络广播电视台拥有“智慧河源”APP、PC端网站、新浪腾讯官方微博以及官方微信、微视频等“三微两端”、官方抖音号等新媒体平台；总用户及粉丝数超过64万，网站及APP等新媒体平台总访问量超18亿人次；在第三方“新榜指数”统计中，该台官微点击量、影响力均位列“河源媒体公众号排行榜”第一名。“智慧河源”APP是经市委、市政府立项，河源广播电视台倾力打造的移动客户端，于2016年6月1日正式上线，在线提供多种便民服务。至年底，下载用户量30多万，日均活跃量5万人次左右。在2020年度广东省网络传播精品工程评选中，“智慧河源”APP获得首批奖励。

（胡　萍）

卫生健康

【概况】 2020年，河源市各级各类医疗卫生机构2043个，其中医院65个、卫生院97个、社区卫生服务中心（站）21个、村卫生站（室）1518个、专业公共卫生机构48个；实有床位数18643张；在岗职工24600人，执业（助理）医师6881人，注册护士8995人，高级卫生专业技术职称1139人（其中正高177人、副高962人），中级职称2322人，有全科医生1138人。市直卫生健康系统在岗职工5641人，卫技人员4626人，执业（助理）医师1452人，注册护士2302人，高级卫生专业技术职称408人，中级职称696人。

【医疗服务能力大幅跃升】 基层医疗机构硬件水平实现新的飞跃 根据省的统一部署，河源市自2017年始，投入36.5亿元，利用三年时间实施基层医疗卫生服务能力提升工程。通过实施基层医疗卫生服务能力提升项目，河源市基层医疗机构的床位数翻一倍，业务用房和设备配置等均达到国家最新要求，县、镇、村三级医疗服务体系全面完善。东源县船塘中心卫生院、龙川县麻布岗中心卫生院、紫金县蓝塘中心卫生院升级建设为县第二人民医院建设项目，全面建成并投入使用；16间县级公立医院升级建设项目中完工并投入使用8家，7家完成主体工程并在装修；各县区人民医院76种关键设备装备填平补齐；37家乡镇卫生院标准化建设、1207间村卫生站公建规范化建设项目和5个县级急救中心全面完成。市县级综合医院、妇幼保健院中医科全覆盖，基层卫生医疗机构中医综合服务区（中医馆）建设全覆盖。

基层医疗卫生机构保障能力增强 七个县区的基层医疗卫生机构基本实现一类财政保障，推进实施基层医疗卫生机构二类绩效管理。其中源城区和江东新区按照当地一类事业单位保障水平保障，和平县人均保障水平达到8万元左右，东源县人均保障水平10万元，龙川、连平、紫金县人均保障水平3万元。

市直医疗卫生机构扩容提效稳步推进 河源市政府投资5亿元先后启动市人民医院、市妇幼保健院和市中医院二期工程建设，新增床位数1500张，更新一大批大型医疗设备，加强医疗信息化建设，提高市直医院的看病就医接纳能力。市人民医院和市妇幼保健院二期工程建成投入使用，市中医院二期建设完成主体工程。新建市精神卫生中心、市公共卫生服务中心（市中心血站）和市“120”指挥中心，公共卫生服务体系进一步健全完善。深圳市投资16亿元援建深河人民医院，与暨南大学合作共建运营，计划将其创成“三甲”综合医院，打造粤港澳大湾区东北部城市区域医疗中心。

医疗卫生服务能力稳步提升 全市每千常住人口医疗机构床位数5.56张，对比2015年增长47%；社会办医院床位占医院床位数的比重25.28%，对比2015年增加6个百分点；市人民医院在2016年通过“三甲”医院评审，胸痛中心通过省级验证，高级卒中中心成为国家建设单位，2020年12月成功创建国家住院医师规范化培训基地；市中医院创建3个中医药治疗康复中心；全市有省级重点专科4个，全市市域内住院率89.3%。市直三间医院牵头组建16个专科联盟，通过以建促进，推进牵头医院服务能力建设，加快优质医疗资源下沉，利用专科优势，通过技术交流、人才培训、业务指导等方式促进优质资源纵向流动，促进河源市基层医疗机构整体服务能力提升。各县区人民医院（除东源县人民医院外）均达到“二甲”水平，所有县级中医院达到“二甲”中医院水平；龙川县人民医院的卒中中心、胸痛中心取得省和国家认证。县域内住院率稳步提升，龙川县县域内住院率90.2%，位居全省各县第10位；和平县县域内住院率82.1%，位居全省各县第26位。

医疗卫生服务公平性和可及性不断优化 2020年，河源市基本公共卫生服务人均补助标准提高到74元，较2015年增长85%，项目从12类扩大到27类；县、镇、村三级医疗服务体系全面完善，实现居民15分钟医疗圈全覆盖，家庭医生签约服务向重点人群、一般人群全面延伸。医疗卫生保障能力增强，全市政策范围内住院费用医保基金支付比例75%，个人卫生支出占卫生总费用比19.21%。

【医药卫生体制改革持续深化】 深入推进公立医院改革 2020年，河源市所有二级以上公立医院全面取消药品和耗材价格加成，建立医疗服务价格动态调整机制，落实政府补偿。

完善分级诊疗制度建设 深入推进县域医共体建设，2020年6月底前，河源市五县一区医供体建设完成挂牌进入运作；其中和平县医共体建设实现“六统一”（行政、人员、财务、质量、药械、信息系统六位一体管理）、“三提升”（一是关键技术开展数量提升17个百分点；二是Ⅲ、Ⅳ级手术占比提升29.9个百分点；三是门诊、住院可诊治病种数分别提升32个百分点、14.5个百分点）、“三下降”（一是药占比下降7.98个百分点；二是县域次均费用增长率下降3.68个百分点；三是县域疑难重症上转率下降18.12个百分点），改革做法成效在全省卫生健康工作会议上作经验交流，并在省医改办简报上刊登，多个兄弟城市组队到和平县参观学习。《和平县创新医疗体制机制，全面提升基层医疗服务能力》获市委深改委2020年度优秀改革案例。加强健康信息化支撑，推进“互联网+医疗健康”便民惠民服务改革，全市全民健康信息管理平台基本完成建设，社保卡实现电子支付，微信挂号实现在线诊查费自动直接报销，全市所有乡镇卫生院接入全省居民健康信息管理平台，所有县人民医院和市直三家公立医院接入省远程医疗平台，全市83.3%的二级以上医院实现看病就医“一键诊疗”。

建立健全现代医院管理制度 市直三家医院和各县区选定一家县级公立医院开展现代医院管理制度改革，全部完成医院章程制定工作；党建工作指导机构全面组建，党委领导下的院长负责制得到落实；落实公立医院总会计师制度；研究制订公立医院实行员额制管理实施方案。市人民医院通过现代医院管理制度改革，实现“三个提升”（医院管理的规范化精细化科学化明显提升、医疗质量和服务能力明显提升及医院的积极性和公益性明显提升）。龙川县通过现代医院管理制度改革，连续两年县域住院率超过90%，均位居全省前10位，基本实现“大病不出县”的改革目标，走出一条山区县级医院高质量发展之路，得到省医改办和市委深改办的肯定、认可，龙川县人民医院经验介绍入选广东省深化十年医改典型案例。

推进医保精细化管理 全面实施按病种分值付费；对和平县紧密型县域医共体探索建立“总额预付、结余留用、超支合理补偿”医保支付机制；加强医保医疗服务监管；全民医保保障水平提高，医疗保障实现全覆盖，居民医保政策范围报销比例达到76%，职工医保政策范围内报销比例达到87%；推进跨省和省内异地就医直接结算，推动医疗机构上线运行，全面实现基本医疗保险、大病保险、医疗救助等异地就医“一站式”结算。

实施药品和耗材集中采购改革 全面推行药品集团采购，河源市成为广东省第5个实施该项改革的地级市，按照“政府定规则、医院提需求、专家评质量、谈判降价格”的药品供应保障机制，推进公立医院药品GPO集中采购改革；坚持医药分开，落实“两票制”，鼓励发展现代医药物流延伸服务，按照依法、自愿、公开、公正原则规范遴选经营企业，提高药品、医用耗材流通配送集中度和可及性。截至2020年年底，河源市实施药品集团采购改革节省金额4.34亿元，综合降价幅度20%。

深入推进行政审批制度改革和卫生健康综合监督 深化“放管服”改革，“抓大放小”聚焦大事、体贴民心，局行政权力事项压减超过9.52%，医疗机构、医师、护士电子化注册管理改革全面推进；深入推进卫生健康综合监督执法，抓好“双随机一公开”，医疗卫生行业执法案件查办工作力度增强。扫黑除恶、以案促管、大型医院巡查、平安医院建设（获2018—2019年度全国平安医院建设表现突出地区）和无偿献血工作深入开展，全社会尊医重卫氛围更加浓厚。

【公共卫生服务能力增强】 建立完善公共卫生机构保障机制 2020年，河源市市、县疾控机构、慢病职业病防治机构、120指挥中心等公共卫生专业机构纳入公益一类事业单位，建立经费投入保障机制。

公共卫生治理水平提升 重大疫情监测预警、风险评估、流行病调查、检验检测、应急处置机制不断完善，“一老一小”、妇女儿童、急慢疾病、职业健康服务体系更加健全。市防治重大疾病联席会议制度建立并完善，疾病防控“四方责任”（属地责任、部门责任、单位责任和个人责任）落实，“三个一”[每年一个“爱国卫生月”，每月一次县（市、区）环境卫生整治，每周一次单位、社区、村庄大扫除]环境卫生整治制度持续巩固，卫生健康副校长制度创新实践。专病“十三五”防治规划目标完成，疾病与健康危害因素综合监测扎实推进，蚊媒综合治理成效明显，食品安全风险监测做密做实。重大疾病防控有力有效。强化H7N9、埃博拉出血热、中东呼吸综合征、寨卡病毒病等传染病监测预警，全市传染病疫情总体平稳，甲乙类传染病发病数较“十二五”稳中有降。艾滋病疫情整体维持低流行水平，肺结核报告发病率降至52.61/10万以下，较2015年下降超42个百分点；5岁以下儿童乙肝表面抗原携带率降至0，乙脑、流脑等多种疫苗可预防传染病发病率保持极低水平，预防接种异常反应补偿保险制度全面推行；碘缺乏病、血吸虫病、疟疾维持消除状态，麻风病新发病例数持续下降；精神卫生工作综合排名全省第二位，连平县创成省慢性病综合防控示范区；职业健康工作不断加强，尘肺病攻坚行动取得明显成效，新发职业病快速增长势头得到明显遏制。

推进全生命周期的健康服务保障 健康河源行动政策体系与推进机制加快建立，20个专项行动逐步铺开，政府、社会、个人“三方尽责”理念更加深入。爱国卫生运动进一步深入，巩固全国卫生城市成果，建成“河源市卫生镇”13个，创建“广东省卫生村”230个，创建“河源市卫生村”170个。

人口家庭和妇幼健康工作加强 全面两孩政策稳妥实施，计生家庭奖扶制度落实，全市人口发展态势总体平稳；“一老一小”照护与妇幼健康工作深入开展，“六位一体”（健康教育、预防保健、疾病诊治、康复和护理服务、长期照护服务、安宁疗护服务六位一体管理）的老年健康服务体系基本建立，老年人意外伤害综合保险参保率不断提升，全市新增30家婴幼儿照护服务机构，新建1家危重孕产妇救治中心、1家危重新生儿救治中心，覆盖全市的产前诊断、新生儿疾病筛查、“两癌”防治网络基本建成，新生儿严重致残率较实施综合防控前下降万分之一点二。

应急处置能力增强 河源市新冠肺炎疫情防控工作取得重大战略成果，河源市是全省确诊病例最少的两个市之一。

【卫生健康人才队伍建设加强】 卫生人才总量持续壮大 2020年，河源市每千常住人口执业（助理）医师数从2015年的1.71人提高到2.12人，增长23.98%；每千常住人口注册护士数从2015年的1.70人提高到2.71人，增长59.41%；每千常住人口公共卫生医师数从2015年的0.86人提高到0.972人，增长13%；每万常住人口全科医生数从2015年的0.62人提高到3.66人，增长490.32%。其中全市中医类别执业（含助理）医师1250人，达到每千人口0.4人。

卫生人才素质不断提升 河源市卫生专业人才中本科学历以上2520人，占比11.61%，对比2015年提升1.5个百分点；副高以上职称1139人，占比5.9%，对比2015年提升1.4个百分点。

卫生人才培养和激励力度加强 2016年以来，共招收住院医师规范化培训105人，助理全科医生培训275人，全科医生转岗培训303人，全科医生岗位培训667人，订单定向培养医学生302人，加强人才引进和招聘工作。继续实施“医疗卫生创优”工程，对全市高层次卫生专业技术人才进行奖励，营造鼓励创新、创先争优的人才发展环境。

（张　奕）

医疗保障工作

【概况】 2020年，河源市城镇职工医疗保险（含生育保险）和城乡居民基本医疗保险总收入分别为150831万元和249944万元，比上年分别增长9%和3%；保险费收入分别为147987万元和74804万元，分别增长9%和11%；其中城乡居民基本医疗保险财政补助收入为155482万元。

【医疗保险基金平稳运行】 截至2020年12月31日，河源市城镇职工基本医疗保险、生育保险和城乡居民基本医疗保险参保人数分别为38.10万人、32.82万人和270.04万人，城镇职工基本医疗保险参保人数比上年增长5%，生育保险参保人数增加7%，城乡居民基本医疗保险参保人数减少2%；实际缴费人数分别为38.10万人、32.82万人和270.04万人；享受待遇人数分别为72.05万人、1.58万人和314.25万人。是年，河源市城镇职工基本医疗保险（含生育保险）和城乡居民基本医疗保险总收入分别为150831万元和249944万元，比上年分别增长9%和3%；基金总支出分别为131535万元和242251万元，比上年分别下降0.4%和1%；待遇支出分别为125668万元和207737万元，下降3%和2%。基金当期结余分别为19296万元和7693万元，累计结余分别为109657万元和193764万元，可支付月数分别为10个月和9.6个月。基金运行平稳，可支付月数均保持在6—9个月的可支付标准。

【新冠肺炎疫情防控工作】 河源市按照国家医保局“两个确保”（确保患者不因费用问题得不到及时救治，确保定点医疗机构不因医保总额预算管理规定影响救治）和省医保局“五个全部”[一是全部医疗费用纳入医保基金支付范围，没有目录限制。确诊和确认疑似为新型冠状病毒感染的肺炎患者，在医疗机构门诊、住院诊疗中所使用药品和医疗服务项目，其发生医疗费用，不设个人自付比例，全部纳入医保基金支付范围，个人自付部分由各级财政跟定点医疗机构结算。二是全部疾病治疗费用纳入医保基金支付范围。确诊和确认疑似为新冠肺炎患者全部疾病治疗费用（包括治疗基础病、合并症、并发症、其他疾病中感染等费用）纳入医保基金支付范围。三是全部治疗过程费用纳入医保基金支付范围。确诊和确认疑似为新冠肺炎患者在初诊医疗机构和定点救治医院的门急诊、留观、住院所发生医疗费用均纳入。四是全部医疗机构纳入医保基金支付范围。确诊和确认疑似为新冠肺炎患者在定点或非定点救治医院救治的费用均纳入医保基金支付范围。五是对新冠肺炎筛查对象在发热门诊发生的符合“筛查要求”的医疗费用（含基础性检查），全部临时纳入医保基金支付范围，不设个人先自付比例，取消基本医保门诊起付标准，按一级医疗机构住院报销比例支付，不设年度最高支付限额。]的要求，贯彻执行确认疑似和确诊新冠肺炎的参保患者各项待遇保障政策。支持医疗机构开展救治。落实医疗机构资金拨付和结算“绿色通道”，为河源市定点收治医院提前拨付预付款和专项救治金8000多万元，为定点医疗机构收治病人提供基金保障。支持企业复工复产维护经济平稳运行。继续实施阶段性降费政策，除河源市机关事业单位、社会团体外，其他用人单位阶段性降费政策执行至2021年4月30日。暂缓调整2020社保年度城镇职工医保缴费基数，实施新冠肺炎疫情防控期间延缴政策，免收滞纳金，确保参保人享受当期待遇。做好医保经办服务。优化医保办事流程、简化办事程序，创新服务方式，做好新型冠状病毒肺炎患者的医疗保障结算服务，确保参保患者不因费用问题得不到及时救治，确保定点医疗机构不因医保付费结算方式影响救治。市内医保结算1.92万人次，结算金额200.37万元；省内异地医保结算1146人次，结算金额15.1万元。协调做好新冠肺炎疫情药品供应和药品价格监测工作。从1月23日起，收集全市各定点医疗机构用于疫情防控药品和医用耗材的需求情况，协调采购平台，主动联系药品配送企业，增加供应配送渠道，保障疫情防控期间药品供应。同时，做好价格监测工作，密切关注定点医疗机构和零售药店相关药品、医用耗材价格和供应变化情况，及时将异常情况通报相关部门。推动落实疫情防控期间在零售药店购买发热、咳嗽药品人员信息登记报告制度。督促各定点零售药店疫情防控期间按时上报购买发热咳嗽药品人员信息，对不按要求及时报送信息的一间定点药店作出暂停医保协议半年的处理。

【医保改革进一步深化】 2020年，河源市推进按病种分值付费改革，支持推进医保省级统筹，强化两定机构管理。对定点服务协议进行修改并广泛征求意见。支持医共体建设，和平县成为2020年全省唯一新增的省级试点。

【药品、耗材和医疗服务价格管理】 2020年，河源市规范药品、医用耗材线上采购业务，推进国家集中采购药品政策落到实处。节省药品费用约11619万元，降价幅度为21.26%。据测算，第一批、第二批国家组织药品集中采购，共可节省药品费用支出约11457万元，降价幅度为85.21%，减轻参保患者用药负担。开展药品和医用耗材采购专项督查。2020年药品线上采购为94.36%，部分医疗机构的医用耗材基本实现线上采购。落实6岁（含）以下儿童医疗服务项目价格调整工作。对全市公立医疗机构6岁（含）以下儿童医疗服务项目价格开展成本监审、公开公示征求意见、社会风险评估等一系列工作，从2020年12月28日起，《关于河源市公立医疗机构实施六岁(含)以下儿童基本医疗服务项目价格加收政策的通知》印发实施。制订河源市核酸检测和抗体检测的收费标准。拟定《关于做好我市新型冠状病毒检测试剂集中采购和服务项目价格管理工作的通知》，对核酸检测价格进行修订，明确河源市新冠抗体检测项目的价格。这是河源市公立医疗机构有序有偿开展新冠抗体检测项目的重要依据，也对非公立医疗机构新冠抗体检测项目价格做出引导。

【医保基金监管】 2020年，河源市强化医保基金监管，主动申请退回违规医保基金的医疗机构85家，申请退回医保基金1857.94万元。是年，全市立案查处案件10宗，结案10宗，查处金额323.43万元（其中追回医保基金146.46万元，处罚176.97万元）。

【医保经办机构改革】 2020年7月，河源市委编办批复同意设立河源市医疗保障事业管理中心（以下简称市医保管理中心）。河源市成为全省第一批设立市级医保经办机构的地级市。2020年12月28日在河源市源城区红星路205号大楼挂牌成立。

【医保扶贫】 2020年，河源市落实特殊人群资助参保政策，加强动态监测和精准参保，实现贫困人口应保尽保。105698名贫困人员由财政全额资助参加2020年城乡居民医疗保险，全部纳入基

2020年12月28日，河源市医疗保障事业管理中心正式挂牌成立

（市医疗保障局提供）

本医疗保险、大病保险、医疗救助三重制度保障范围。推进一站式结算服务，督促全市各医院做好门诊特定病种、住院医疗救助、基本医保报销、大病保险报销一站式服务建设，减轻特殊人群的就医压力，加快推进跨省异地一站式结算业务。全面核查建档立卡贫困人员就诊信息，做好医疗救助零星报销结算。确保医疗救助金及时审核、拨付，实现困难群众应救尽救、应保尽保。

【医保领域民生改革任务完成】 2020年，河源市实行线上诊查费纳入医保报销，有13家城市公立医院线上门诊诊查费纳入医疗保险报销范围，线上挂号208705人次，医保报销诊查费125.22万元。指导第三方保险公司开展普惠性补充医疗保险——“河源市民保”项目，构建河源市多层次医疗保障体系，增强群众获得感和幸福感。将高血压、糖尿病纳入门诊特定病种保障范围。轻微高血压、糖尿病门诊特定病种费用报销均不设起付线，城乡居民医保基金支付比例均为55%，年度限额标准均为每年360元。推动国家区域点数法总额预算和按病种分值付费（DIP）试点城市工作。广东省仅有广州、深圳、珠海、汕头、河源5市。

【医保“融湾”工作】 2020年，河源市医保局贯彻落实融入粤港澳大湾区建设工作任务和2020年省、市《政府工作报告》，将在河源市取得常住居住证的港澳居民纳入城乡居民医保范围，享有与河源市居民同等医疗保障待遇及结算服务。

【信息化建设】 2020年，河源市医保局完善二次医疗救助“一站式”即时结算服务，实现二次救助联网即时结算，特困供养人员实现“零支付”。是年，全市正常经营的181家定点医院实现市内医疗救助与基本医疗保险、大病保险“一站式”结算服务，累计结算住院医疗救助业务59244人次，资金6394.43万元；结算门诊特定病种医疗救助业务101099人次，结算资金947.99万元；结算二次医疗救助业务40363人次，结算资金1404.07万元。全市有36家定点医院实现跨市、跨省“一站式”结算服务。推进电子医保凭证应用。截至2020年12月31日，河源市医保电子凭证激活人数为644673人，占参保人数的21.1%，全省排名第10名，激活人数占全省山区市中第一名。推进医保业务编码工作。截至2020年12月31日，该局定点医疗机构178家全部维护完毕，维护率100%。

医保医师维护人数为4683人，赋码数为4623人，赋码占维护数比为98.72%；医保护士维护人数为7040人，赋码数为6937人，赋码占维护数比为98.54%；需维护的定点药店894家，实际维护894家，维护率为100%；医保药师应维护人数为731人，赋码数为719人，赋码比为98.36%。 （黄金花 卓玉灵）

卫生监督

【概况】 2020年，河源市卫生监督机构完成“双随机一公开”任务759宗，查处案件406宗，罚款77万元。实施卫生行政许可969宗。市级机构参与对危害公共卫生安全的事故和突发事件的调查处理，检查、督导所辖县区卫生监督机构开展卫生监督执法工作等，2020年印发新冠肺炎疫情防控宣传折页17200份，并先后8次前往各县区开展疫情防控督导工作。

【卫生行政许可工作】 2020年，河源市实施卫生行政许可969宗，新发747宗，变更51宗，延续171宗。行政许可变化较大主要是受疫情影响，许多公共场所经营单位出现停业转让，新发卫生许可数量明显增加。其中市卫生监督所卫生许可证25宗（公共场所8间，生活饮用水单位3间，涉水产品1间，放射诊疗1间，消毒产品12间）。未出现黄灯、红灯警告现象。

【公共场所卫生监督】 公共场所控烟工作宣传 2020年，河源市以创建全国文明城市为契机，组织人员以住宿、购物、文化娱乐、文化交流等场所为重点开展公共场所控烟工作宣传，出动卫生监督员108人次，发放控烟宣传折册3000余份。所有室内公共场所均在显眼处张贴禁烟标识，并安排专人对吸烟者进行劝阻等。通过加大宣传提高人们对吸烟危害的认识和控烟的自觉性，共同营造文明、舒适、和谐的公共环境。

河源市区游泳场所监督管理 开展辖区内游泳场所专项监督检查，对游泳场所的卫生设施及日常卫生管理进行检查，并与疾控机构紧密配合，做好游泳池水样的采集与检测工作。市直管辖的游泳场所7家，水质合格率100%；国家双随机任务9家，合格率为88.8%。通过专项检查，加强游泳场所的卫生监督与管理工作，落实监督执法职责，规范游泳场所经营行为，预防和控制介水传染病的传播。

【生活饮用水卫生监督】 生活饮用水卫生专项监督检查 2020年，河源市卫生监督部门加大对辖区内4家集中式供水单位日常卫生监督管理工作，结合疫情防控要求对水厂各环节进行全面检查，确保各环节和疫情防控措施都符合卫生要求。从制度上规范管理，提高管理人员的卫生安全和责任意识，保证水厂水质符合卫生标准。

二次供水监督检查 2020年下半年，河源市卫生监督部门对辖区内的住宿场所、居民生活小区（特别是新开楼盘小区）的二次供水单位进行监督检查，检查二次供水单位62间（其中住宿场所13间、商场2间、单位1间、居民生活小区46间）。

农村供水监督检查 针对河源市农村饮用水水质检测合格率比较低的问题，该所参与河源市卫生健康局组织的农村饮水卫生管理调研指导和监督监测抽查工作。分别对东源县、和平县、紫金县3个县的13家农村供水（点）单位进行监督检查和监督抽检，对检查中发现的问题提出卫生监督意见。

【饮用水卫生宣传周活动】 2020年5月，河源市组织开展以“科学认识饮用水，健康惠及千万家”为主题的饮用水卫生宣传活动。通过派发宣传手册、设立宣传展板、现场咨询解答和饮用水卫生知识问答游戏等方式进行宣传，向市民讲解自来水常见异常情况及处理方法、二次供水水质卫生要求、涉及饮用水卫生安全产品常见问题等市民关注的饮用水卫生热点问题，活动累计派发饮用水卫生宣传手册2400余份。

【医疗卫生监督】 单采血浆站血液安全监督检查 2020年，河源市卫生监督部门强化市中心血站和东源单采血浆站的采供血管理，严格要求落实预检分诊、健康监测、血液质量检测管理等工作，严防血源性疫情感染风险。

医疗机构不良执业行为记分管理工作 全面开展医疗机构医疗乱象专项整治工作。根据河源市卫生健康局医疗乱象专项整治行动方案和医疗机构不良执业行为记分管理工作要求，配合河源市卫生健康局检查组分两组对河源市直管的27间民营医疗机构进行专项监督检查，重点加强医疗机构传染病防控、院感管理、放射诊疗许可管理、医务人员执业等监督执法检查，查处违法违规医疗机构、个人8次，当场警告案件5件，立案案件3件，累计罚款0.65万元，开展医疗机构不良执业行为记分6次，累计记分12分。

【职业（放射）卫生监督】 2020年，河源市督促各县区监督机构落实尘毒专项执法工作，并完成尘毒专项信息填报工作；按照疫情防控要求开展两轮工矿企业复工复产指导，指导企业200余户次，发放宣传资料5000余份。协助市卫生健康局开展各县区工矿企业密闭空间专项督查；开展职业病防治法宣传，制作专题访谈节目宣传职业病防治法，制作系列宣传折页、宣传海报，分发各下属卫生监督机构和企业单位，下发宣传折页3000多份、宣传海报500多份；开展职业卫生现状调研。向市卫生健康局提交现状报告，协助市局厘清机构职责；查处职业卫生案件。对3家企业实施行政处罚，罚款6万元。

【消毒产品卫生监督】2020年，河源市卫生监督部门按照《广东省卫生健康委办公室转发国家卫生健康委办公厅关于部分消毒剂在新型冠状病毒感染的肺炎防控期间紧急上市的通知》要求，协助市卫生健康局快速审查消毒剂生产企业11间，发放消毒产品生产企业许可证11宗，协助完成15个消毒产品卫生安全评价报告备案；在全市范围内开展消毒产品生产经营单位监督排查，及时发现和纠正消毒产品违规问题，查处1间消毒产品卫生质量不合格的生产企业，依法立案处理。

【学校卫生监督】 2020年2月，在新冠肺炎疫情停课期间，河源市卫生监督部门对学校及周边培训机构进行巡查，防止出现违反防疫规定擅自复课的情况发生；3月，开展复课前学校卫生监督专项检查工作，对各学校新冠肺炎疫情防控的应急预案制订、疫情防控领导小组的成立、人员排查情况、疫情防控管理情况、疫情防控宣传培训情况、场所清洁消毒情况、疫情防控应急处理情况等内容进行监督检查，指导学校按照《关于印发广东省新型冠状病毒肺炎重点场所预防控制工作指引的通知》要求做好复课前的准备工作，此次专项行动发放卫生监督意见书20份，新冠肺炎疫情防控知识宣传资料630份。4月开展学校学生返校复课疫情防控情况监督检查，主要检查学校疫情防控措施的落实情况，并派专人进驻学校协助学校复学复课。开展中高考学校卫生专项检查工作。河源市卫生监督所于6月31日至7月8日组织卫生监督员深入辖区内8个考场和隔离考点（其中高考3间、中考5间），对考点学校的新冠肺炎疫情防控工作及突发性公共卫生事件应急预案的制订和落实情况，传染病防控管理制度的建立与落实情况，环境卫生，饮用水卫生等重点内容进行监督检查。开展秋冬季学校新冠肺炎疫情防控卫生专项监督检查和秋冬季学校卫生专项监督检查工作。出动卫生监督员68人次，检查各类学校和托幼机构22间，发放卫生监督意见书22份。使学校对新冠肺炎防控知识有进一步的了解，提高新冠肺炎防控能力和应急处置能力，为有序推进秋季学期复学复课奠定基础。开展学校卫生综合评价信息网报工作。市直学校20间100%完成，其中A级单位11间、B级单位9间。

【卫生保障】 重大节日保障 2020年，在春节和国庆节前，河源市卫生监督所组织卫生监督员对辖区内的重点场所（车站、超市、旅游景点、酒店等）进行监督检查，检查辖区内公共场所18家，集中式供水单位4家，发出卫生监督意见书22份，“两节”期间在辖区内未发生卫生安全事件。

两会卫生安全保障 2020年人大、政协两会召开前，卫生监督部门提前介入，对政协会议的4家接待单位和人大会议的7家接待单位进行全面的卫生检查，发出卫生保障监督意见书11份，通过检查确保两会接待期间卫生安全，消除卫生安全事故的发生。且在会议期间派2名卫生监督员进驻，保障两会期间住宿卫生安全。

【疫情防控】 2020年，河源市卫生监督部门加强对医疗机构、公共场所、学校、用人单位、供水单位等服务对象的督导检查，指导有关单位开展疫情防控工作。通过基层一线监督员面对面讲解和宣传、发放宣传折页、微信群、QQ群等多种方式的广泛宣传疫情防控知识，正面引导、动员群众科学防控疫情，全面落实联防联控措施，构筑群防群治的严密防线，印发宣传折页17200份，在电视台、报纸、公众号发布卫生监督工作情况10多次。加强对医院、学校、商场、酒店、工厂等一些人流量大、空间密闭的敏感场所的巡查力度，确保疫情防控措施落实到位，制度执行到位。先后8次派员配合市卫健局到各县区开展疫情防控督导工作，指导并督促县区按照相关工作指引做好疫情防控工作，落实疫情防控措施。按照法律法规及疫情防控指挥部的要求开展卫生监督工作，对疫情防控措施落实不到位的单位和个人提出限期整改意见并跟踪整改，依法查处违法违规行为。

【“双随机一公开”专项工作】 2020年，河源市有双随机任务759件，任务完结759件，任务完结率100%。监督完成723宗，监督完成率95.3%；监督检测任务完成709件（关闭50件），任务完成率93.4%；案件数95件，罚款2.76万元，案件产生率12.5%。河源市双随机任务于10月30日全部完结，成为第一批完成双随机工作任务的地市。是

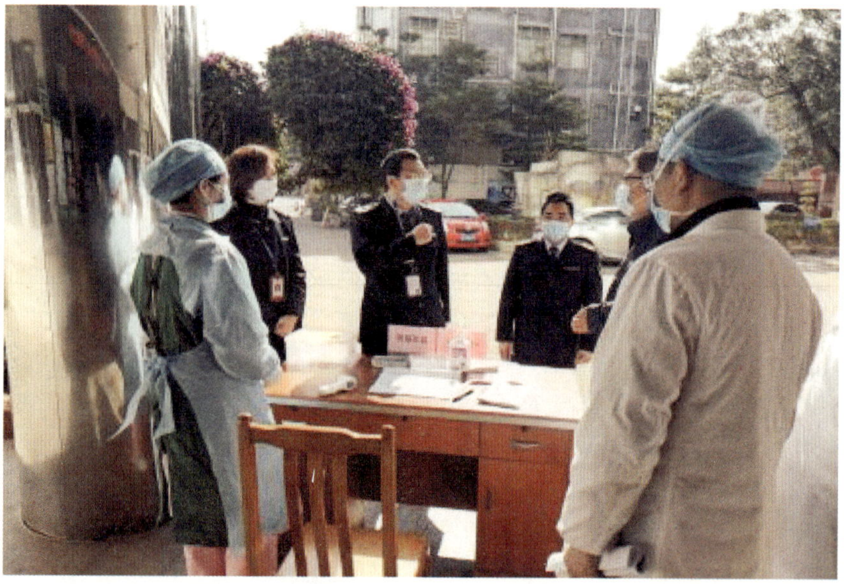

2020年1月31日，河源市卫生监督所检查源城区定点收治医院的新冠肺炎疫情防控管理工作，确保院内防控、应急救治工作落实（市卫生监督所提供）

年，河源市卫生监督所有双随机任务74件，任务完结74件，任务完结率100%。监督完成72件，监督完成率97.3%；监督检测任务完成70件（关闭4宗），任务完成率94.6%；案件数22件，罚款6900元，案件产生率29.7%。

【以案促管专项工作】 2020年，河源市卫生监督部门查处案件406件，罚款77万元。其中在国家卫生监督执法系统报告的案件查处数量为333件（简易程序237件、一般程序96件），案件处罚金额超过56万元。通过尘毒专项报告系统报告职业卫生执法案件73件，其中简易程序68件，一般程序5件（市本级1件、紫金2件、和平1件、东源1件），案件处罚金额21.2万元。是年，市卫生监督所查处案件39件，罚款8.89万元。在国家系统报告案件36件（简易程序22件、一般程序14件），处罚2.89万元。通过尘毒专项报告系统报告职业卫生案件3件（简易程序2件、一般程序1件），处罚6万元。

【“创文”“巩卫”工作】 2020年，河源市卫生监督所对辖区范围内所有医疗卫生机构进行监督检查，确保卫生监督覆盖率达100%，清楚掌握监督对象的底数，了解各个行业的总体卫生状况，落实禁烟标识公示，要求经营单位依法亮证经营，做好“创文”“巩卫”迎接检查工作。

【业务培训】 2020年，河源市卫生监督部门采取派出去与请进来、在职学习与短期培训相结合方式，提高执法人员的行政能力和业务技能，多次派出卫生监督员参加上级部门举办的医疗、消毒、血液、放射、学校、饮用水、公共场所、稽查、信息管理等业务工作培训班，全员完成卫生监督网络培训任务；组织举办公共场所、医疗、学校、供水、移动执法、应急处置等6个方面的培训，提高执法人员的行政执法能力和业务技能。

【卫生法制宣传教育】 2020年，河源市卫生监督部门在“3·15”消费者权益保护日、《中华人民共和国职业病防治法》宣传周、生活饮用水宣传周等宣传活动期间，利用LED显示屏、公示栏、网站、报纸等开展多种形式、多种主题内容的宣传教育，宣传《中华人民共和国职业病防治法》《生活饮用水卫生监督管理办法》等法律法规，普及卫生知识，提高人民群众的卫生法治意识。

（*季长源*）

疾病预防控制

【概况】 2020年，河源市疾控系统有疾病预防控制中心7个（其中市级1个、县区级6个），乡镇卫生院（街道社区卫生服务中心）防保所112个；全市7个疾病预防控制中心有在职人员306人，人员学历构成为研究生2人、本科105人、大专139人、中专48人、无学历12人；职称构成为正高3人、副高级29人、中级59人、师级96人、士级64人、非医师类职称和无职称55人。全市乡镇卫生院防保所（街道社区卫生服务中心）有防保人员455人，其学历构成为本科24人、大专209人、中专206人、高中及以下16人；职称构成为高级7人、中级47人、师级201人、士级122人、非医师类职称和无职称78人。

【传染病控制】 *疫情监测* 2020年，河源市通过疾病监测信息报告管理系统报告传染病25种，报告传染病总发病率为729.5841/10万、死亡率为1.0304/10万，其中无甲类传染病报告，乙类传染病发病率为336.8748/10万、死亡率为1.0304/10万，丙类的发病率392.7093/10万，死亡率为零。40种法定报告传染病中有20种报告数为零。2020年全市在国家突发公共卫生网报系统报告突发公共卫生相关事件18起，其中传染病类事件15起，食物中毒事件3起。疾控机构及时核实和处理预警或异常信息，发现突发公共卫生相关事件及时开展疫情现场调查和处置；定期分析研判疫情发展趋势，编制相关监测分析报告报上级疾控中心；开展季度风险评估，报送市、县卫生健康行政部门。

新冠肺炎防控 2020年疫情发生后，市、县（区）疾控中心落实新冠疫情防控及各类监测工作。2020年1-12月，河源市报告新型冠状病毒肺炎确病例5例（其中4例为湖北省输入病例、1例为关联广州市一确诊病例的外籍病例），均治愈出院，无重症及死亡病例；开展住院严重呼吸道感染病例监测715份、重点场所及重点人群应急监测157270份、流感样病例监测960份、跨境货车司机相关人员场所监测791份、农贸市场等重点场所的人员环境产品的常规监测4398份。

艾滋病防控 2020年，市、县疾控中心按照艾滋病防控技术单位的职责，开展宣教咨询、检测、病例管理、心理支持、行为干预和参谋督导等工作。全市艾滋病初筛实验室进行HIV抗体筛查383724人次，其中市疾控中心受理HIV检测1973份，其他医疗机构HIV抗体筛查阳性样品287份，VCT室自愿咨询检测209份，阳性患者配偶或子女检测15份，开展病毒载量检测351人。开展静脉注射吸毒者哨点和社区暗娼哨点问卷调查616份，采集血样612份。按时进行随访，并在随访过程提供预防知识宣教、心理支持、CD4+T淋巴细胞检测、配偶/固定性伴检测、结核筛查、抗病毒治疗转介等服务，全年全市完成随访743人。受理CD4细胞检测505人次，抗病毒治疗转介76人，结核检测转介125人，梅毒转介1人，母婴阻断转介3人。处置一起职业暴露事件，相关人员进行预防性服药，无感染情况发生。协助戒毒维持治疗门诊业务开展，指导工作人员门诊信息系统使用、患者检测、药品管理等工作。

登革热防控 2020年检测可疑登革热病例标本371份，其中登革病毒IgM抗体阳性1份，全市无登革热病例报告。

2020年12月1日，市疾控中心在河源职业技术学院开展“世界艾滋病日”宣传活动
（赖智翔 摄）

3—11月组织全市开展媒介伊蚊监测工作，监测4458点·次，完成全市县镇监测全覆盖。

严重急性呼吸道传染病防控　2020年，市疾控中心在哨点医院开展不明原因肺炎病例监测和住院肺炎监测，经监测，全年未发现不明原因肺炎、SARS、高致病性禽流感、鼠疫等危害严重的急性呼吸道传染性疾病。

人感染禽流感防控　2020年，河源市疾控机构落实人感染禽流感的防控措施和疫情监测、疑似病例调查及其标本检测、活禽市场外环境样本采集检测、风险评估、风险处置等工作。开展冬春季节市场环境禽流感病毒污染状况季节性监测，每周在活禽及鸟类批发市场档口或居民肉菜市场禽类销售档口进行环境样品采集。全市各县区24个市场采集检测环境样品310份，H7亚型未检出；在3个县区3个市场环境检出H5亚型阳性3份，市场阳性率为12.50%（3/24），样本阳性率为0.97%（3/310）；在6个县区18个市场环境检出H9亚型阳性57份，市场阳性率为75.00%（18/24），样本阳性率为18.39%（57/310）。开展人感染禽流感病例监测，经监测医院和市疾控中心每周开展住院严重急性呼吸道感染病例监测，全市未发现人感染禽流感病例或疑似病例。

季节性流感防控　2020年，全市重点开展流感样病例监测、病原学监测、暴发疫情处置和健康宣传教育工作。一是流感样病例监测：2020年哨点医院ILI报告及时率为100%。二是病原学监测：截至第52周，采集流感样病例咽拭子样品1060份、采集住院严重急性呼吸道感染（SARI）病例咽拭子样品760份，均开展PCR检测。

手足口病防控　2020年，全市开展手足口病疫情的监测，特别关注托幼机构和小学等重点部位的疫情，并对疑似病例样本进行检测、开展病例流行病学调查和公众健康教育，推广EV71疫苗接种。全年检测疑似手足口病样本374份，无手足口病聚集性疫情报告。

感染性腹泻防控　2020年，河源市病毒性腹泻哨点采集粪便样品323份，其中轮状病毒阳性13份、诺如病毒阳性11份。截至第52周，河源市开展门诊腹泻病例监测2864例。全年河源市报告6起感染性腹泻暴发疫情。同时加强感染性腹泻疫情监测和分析，及时掌握疫情动态。

水痘防控　该病暂未纳入国家法定传染病进行报告，但因其传染性强、易暴发，易引起关注。2020年，全市疾控机构重点开展宣传教育、水痘疫苗接种、暴发疫情处置等工作。

狂犬病防控　2020年，河源市疾病预防控制机构履行狂犬病综合防控的职责，重点做好狂犬病暴露者的伤口处理、免疫接种、防控宣传教育、暴露监测和狂犬病病例个案调查处置等工作。河源市全年报告狂犬病发病数1例，已开展个案调查及疫点处置工作，全市犬伤暴露处置门诊报告狂犬病暴露7490人次。

国际重点传染病防控　由于埃博拉出血热、中东呼吸综合征致病性强烈，致死率较高，寨卡病毒病与小头症有关，危害严重，且中国与发生疫病的国家交往密切，河源市疾病预防控制机构重视此三种病的防控工作，按照有关技术规范要求，进行人员、物资、技术等应急准备，开展与相关部门信息交流，密切关注疫情态势，并定期开展风险评估，以随时应对可能发生的疫情。经监测，全年未发现上述疾病疑似病例。

【免疫预防】 河源市疫苗冷链配送和预防接种标准化建设　疫苗冷链配送和预防接种标准化建设纳入广东省2020年十件民生实事之一，2020年全市完成6家疾控机构冷库建设、112家接种门诊场地及后补式冷库和统一标识建设，全市各级疾控机构和预防接种门诊使用自动温度监测系统，完成25家产科接种点、5家甲级及66家乙级狂犬病暴露预防处置门诊标准化建设，启用3家成人预防接种门诊，筹备市人民医院设置特需人群接种门诊建设。

新冠疫苗接种　河源市于2020年12月10日开始重点人群新冠疫苗紧急接种工作，市、县疾控中心为安全规范开展新冠病毒疫苗接种工作，多次对新冠疫苗紧急接种点参与接种相关工作人员开展新冠病毒疫苗接种技术培训，并于接种现场进行指导，截至12月31日，河源市接种23070人。

常规免疫接种　2020年，河源市通过组织全市加强免疫规划宣传、加强基层培训、强化基层督导、抓儿童预防接种信息化建设、流动儿童管理、规范化预防接种门诊建设等措施，推动全市免疫规划工作的开展。特别是《中华人民共和国疫苗管理法》出台以来，全市完善各项管理制度、措施，规范疫苗流通、接种、管理的各环节工作。全市儿童免疫规划疫苗报告接种率达到95%以上。针对疫苗可预防性疾病发病率得到有效控制；全市连续29年无野毒株引起的脊髓灰质炎病例，连续33年无白喉病例。

儿童预防接种证查验　2020年，河源市各托幼机构和学校将查验预防接种证纳入儿童入学、入托报名程序，全市疾控机构组织各预防接种实施单位对照儿童预防接种信息系统进行漏种儿童的主动搜索，及时开展补种、补证工作，截至12月31日，河源市托幼机构及学校查验率为99.44%，儿童查验率为89.51%，疫苗补种率为57.71%。

脊髓灰质炎防控和AFP病例监测　2020年，市疾控中心开展脊髓灰质炎野毒株输入传播和脊髓灰质炎疫苗衍生病毒相关事件风险评估工作，并根据评估结果向卫生行政部门和各县提出防控建议；2020年，全市报告AFP病例23例，报告发病率为3.22/10万，各项监测指标均达80%以上。

病毒性肝炎防控　病毒性肝炎是河源市排名较前的乙类传染病，2020年，全市疾控机构落实儿童乙肝疫苗和甲肝疫苗的免疫接种措施，并推广成人乙肝疫苗的自愿接种工作，预防针对型肝炎的发生；同时加强病毒型肝炎防治知识的宣传教育工作，特别利用“7·28”肝炎防治日加强病毒性肝炎防治知识的普及，推动预防控制措施的落实。

麻疹防控　在常规免疫的基础上，2020年，河源市疾控机构严格执行《广东省麻疹监测方案（2020年版）》《广东省麻疹疫情调查处理技术规范（试行）》，做好麻疹疑似病例报告、采样和检测工作，对散发病例和聚集性疫情均及时开展流行病学调查及病例所在地的消杀、健康教育、应急接种等疫点处理工作。是年，全市麻疹监测系统报告109例监测病例（含麻疹、风疹疑似病例），年化排除麻疹风疹病例报告发病率为3.07/10万，各项监测指标均达标。

疫苗可预防细菌性疾病和乙脑监测　2020年，根据《广东省流行性脑脊髓膜炎监测方案（2020年版）》《广东省流行性乙型脑炎监测方案（2020年版）》《广东省百日咳监测方案（2020年版）》，对每例流脑、乙脑疑似病例均进行调查、采样等处理。

疑似预防接种异常反应监测　河源市报告AEFI个案403例，其中一般反应382例、异常反应15例、偶合症5例、心因性反应1例。发生的主要疫苗为无细胞百白破疫苗103例、狂犬疫苗（Vero冻干）77例、脊灰灭活疫苗(Sabin株)38例、麻腮风疫苗22例、乙脑减毒活苗21例、乙肝疫苗(汉逊酵母)18例,全市报告1例死亡病例。

非免疫规划疫苗应用　2020年，河源市结合实际推广23价肺炎、水痘、狂犬疫苗、狂犬免疫球蛋白、B型流感嗜血杆菌结合疫苗、重组乙肝、轮状病毒疫苗、流感、宫颈癌疫苗、EV71疫苗等非免疫规划疫苗的应用，预防所针对的疾病，发挥其应有的社会效益。

冷链和疫苗管理　2020年，河源市按照《中华人民共和国疫苗管理法》的规定进行疫苗和冷链管理，完善疫苗贮存、运输温度和出入库管理等机制，实行专人负责、专账管理和冷链专用。一年来，河源市疫苗流通渠道按规范运行，免疫规划疫苗全部按“省→市→县→镇”的途径由各级疾控中心逐级免费配送，全市调拨免疫规划疫苗857944支、调拨新冠疫苗29894支。非免疫规划疫苗以县为单位通过省公共资源交易平台直接向生产企业采购，由相关企业或其委托的第三方统一配送，县级疾控中心配送到各接种单位，全市全年接种非免疫规划疫苗248963支。

【地方病防治】　碘缺乏病防治　2020年，河源市按省下发的方案开展碘缺乏病监测，在全市范围内30所小学随机抽取1200名8—10岁儿童进行尿碘、盐碘含量检测检查，监测结果显示：2020年河源市8—10岁儿童的尿碘中位数为207.55μg/L，各县（区）儿童尿碘中位数基本在正常范围内；儿童碘盐覆盖率为99.39%，合格碘盐食用率为98.03%。在全市范围内随机抽取600名孕妇进行尿碘、盐碘含量检测。2020年全市监测孕妇601名，监测结果显示：2020年河源市孕妇尿碘中位数为151.80μg/L，其中连平县、和平县和东源县的孕妇尿碘中位数低于正常值（≤150μg/L），需提示注意加强补碘；孕妇碘盐覆盖率为100.00%，合格碘盐食用率为97.67%。

饮水型地方性氟中毒防治　2020年，按照《饮水型地方性氟中毒监测方案(2019年版）》要求，河源市龙川县、紫金县、和平县、东源县四个病区县开展水氟监测136份水样，均符合国标GB5749—2006水氟含量要求，开展儿童氟斑牙监测400人份，未检出氟斑牙。

寄生虫病防治　2020年，河源市重点开展巩固和维持全市消除疟疾状态工作以及肝吸虫病和土源性线虫病监测工作。组织全市各县集中开展“4·26”全国疟疾日宣传活动。开展“三热”病人血检工作，全市全年血检3053例。开展媒介监测工作，紫金县作为疟疾媒介监测点开展12次蚊媒种群调查及密度调查，捕获按蚊16只、库蚊56只、伊蚊11只、其他蚊种30只。采用室外全通宵人诱法，12次监测捕获按蚊10只，均为中华按蚊。开展重点寄生虫病监测工作，2020年和平县和连平县为流动监测点，监测人群粪便2078人，其中检测结果显示肝吸虫病感染人数7人，感染率0.34%；土源性线虫感染人数4人，感染率0.24%。和平县采用透明胶纸肛拭法对169名3—9儿童进行蛲虫监测，蛲虫病感染人数6人，感染率3.6%。

【慢性非传染性疾病防治】　基本公共卫生服务慢病项目　2020年，全市重点抓糖尿病、高血压和居民健康档案的管理。全市常住人口为2997312人，全市电子健康档案建档率为95.68%、健康档案动态使用率为45.43%。加强高血压管理。河源市任务数是132200人，全市已管理高血压患者数111150人，任务完成率为84.05%、规范管理率为88.10%、血压控制率为80.76%。加强Ⅱ型糖尿病管理。河源市的任务数是56800人，全市已管理糖尿病患者人数为40548人，任务完成率为71.39%、规范管理率为88.37%、血糖控制率为62.52%，血糖控制率达到国家要求40%及以上。

死因监测　2020年“人口死亡信息登记管理系统”统计，河源市医疗机构报告死因12大类19877例，居前5位的死因分别是恶性肿瘤（4129例）、脑血管病（4097例）、心脏病（3604例）、呼吸系统疾病（2012例）、内分泌和营养代谢疾病（1121例），全市人口死亡上网登记率556.49/10万，已达到国家500/10万以上的要求。

肿瘤随访登记示范区和慢病防治示范区创建工作　在源城区打造肿瘤随访登记示范区。市疾控中心完成源城区2019年及2020年肿瘤登记数据，并对数据进行清洗与合并。在连平县打造慢病综合防控示范区。连平县创建省级慢病综合防控示范区于12月21—23日迎接广东省慢病综合防控示范区工作办公室评估，12月30日连平县慢性病综合防控示范区基本通过省级评估。

全民健康生活方式行动　2020年，为推动全民健康生活方式行动，落实《关于印发广东省全民健康生活方式行动方案（2017—2025年）》的通知精神，更好适应新形势下河源开展全民健康生活方式行为活动的需要，结合河源市属客家地区，居民有高盐饮食习惯的生活方式，市疾控中心继续在江东新区临江镇开展“临江镇学校食堂减盐活动”特色项目三年干预行动，这次项目干预目标人群为临江镇4所中学和9所幼儿园的食堂从业人员、学生、教师。全年开展“减盐防控高血压问卷”调查1035人，并在临江学校开展食堂减盐厨艺赛，提升厨师低盐烹饪技能。

【消毒监测与病媒生物控制】 消毒感染危险因素监测　2020年，市、县疾控中心参照《广东省医疗机构、托幼机构消毒质量监测技术方案（试行）》，对部分医疗卫生机构（诊所）、托幼机构进行消毒质量监测和消毒指导。对164所医疗机构开展消毒效果监测，采样品1839份，合格率为95.21%。对85所托幼机构开展消毒效果监测，采样品1498份，合格率为81.04%。对全市各县区设立新生儿NICU科室的3家医疗机构新生儿ICU肠道病毒感染风险进行专项监测，采集病区环境物表、当班医护工作人员手、水样等样品93份，检验结果显示均为阴性。对15家集中隔离场所开展污水监测，采集样品59份，均为新冠肺炎病毒核酸阴性。对12家定点治疗医院和定点发热门诊开展新冠院感监测，任务数为500份，全市采集环境样品542份，新冠病毒检测结果均阴性。

媒介伊蚊专项监测　2020年，河源市重点开展登革热媒介伊蚊幼虫监测和成虫监测，完成全市县镇全覆盖，监测4458点·次。其中幼虫监测3578点·次，调查305515户，阳性8036户，阳性积水8565处，布雷图指数为2.80。成蚊监测928点·次，布放诱蚊诱卵器57684个，回收56161个，阳性诱蚊诱卵器1681个，诱蚊诱卵器指数为2.99。所有监测结果及分析建议每月及时上报省疾控中心、市卫生行政部门，同时通报市爱卫办、各县卫生行政部门和各县疾控中心。

伊蚊抗药性监测　2020年，市疾控中心开展媒介伊蚊成蚊抗药性实验，科学评估媒介伊蚊杀虫剂，合理使用。源城区单次实验结果显示10%的残杀威有效，但是10%残杀威药物的浓度为5克/升时是耐药的。

【公共卫生危害监测】 饮用水安全监测　2020年，河源市开展城乡饮用水卫生监测，全年应监测水样1288份，实监测水样2459份，监测结果显示城市市政供水合格率为98.25%，主要不合格项目为肉眼可见物、铁和亚氯酸盐，农村集中式供水（含农村学校）合格率为90.66%，主要不合格项目为总大肠菌群、菌落总数和肉眼可见物。开展用户水龙头水质监测。根据《广东省卫生健康委办公室关于印发广东省用户水龙头水质监测信息公开工作指引（2020年版）的通知》要求，全年全市各县区设监测点178个，监测水样645份，合格558份，合格率为86.51%。

食品安全风险监测　2020年，河源市食品安全风险监测采样点覆盖五县一区，监测样品331份，其中食品化学污染物及有害因素监测样品208份，食品微生物及其致病因子监测样品123份。市疾控中心完成45份蔬菜水果中13种杀虫剂765项次的检测；完成35份湿米粉及湿粉条中脱氢乙酸、镉2个项目70项次的检测；完成105份食品安全风险样品包括空肠弯曲菌、沙门氏菌、金黄色葡萄球菌等13个微生物项目524个项目次的检测。

食源性疾病监测　2020年，河源市开展食源性疾病病例监测。各监测医院通过“食源性疾病监测报告系统”报告疑似食源性疾病病例553例。通过河源市人民医院登记腹泻病人5134人，检测沙门/志贺510份，检出沙门阳性菌株数65株，检出率为12.75%；收到市人民医院沙门菌菌株31份，所有菌株生化鉴定复核结果均符合沙门菌判定。开展食源性疾病事件监测。全市各级疾控中心通过“食源性疾病事件监测系统”报告暴发事件10起，其中致病微生物及毒素3起，有毒动植物及其毒素类2起，不明原因4起，毒蘑菇1起。

公共场所卫生监测　2020年，市、县疾控中心共监测公共场所1640间，其中游泳场所199间、住宿场所847间、美容美发场所300间、商场40间；共监测样品1640份，其中合格1387份，检测合格率为84.57%。

学校卫生与学生常见病防治　2020年，河源市开展学生常见病和健康影响因素监测。全市（源城区、龙川县）完成所有监测点学校的学生常见病和健康因素的现场监测工作，监测学校17所，视力体检人数5508人，检出视力不良率60.29%、近视率43.70%、肥胖率7.14%、龋齿率39.81%、脊柱弯曲异常率1.81%、血压偏高率8.55%。开展学校教学环境卫生与饮用水监测。2020年对25所学校（小学9所、中学1所、幼儿园15所）抽查教室采光照明和水质监测，开展学校卫生综合评价。开展学生因病缺勤监测情况。根据《河源市学校学生因病缺勤监测信息网络直报工作方案》的有关要求，河源市开展学生因病缺勤监测工作。2019—2020学年，全市应报59所学校，实际上报学校53所，缺课学生天数18115天，缺课前五位病因为：普通感冒、原因不明/其他、胃肠道疾病、耳鼻喉疾病、牙病；缺课前五位症状为：其他、发热、咳嗽、咽痛、腹泻。开展学生近视等常见病干预。市疾控中心与市卫生监督所、河源光明眼科医院联合到河源市田家炳中学开展“2020年爱眼日健康宣教暨中小学学生近视干预活动”；同时联合光明眼科医院在河源市第一小学开展“灵动儿童，阳光少年行动”——专家进校园行动。通过讲座、派发宣传资料等形式进行学生近视、肥胖、脊柱侧弯等项目的干预。

【突发公共卫生事件应急处置】 2020年，市、县疾控中心不断完善突发公共卫生风险评估、风险处置和突发事件应急处置机制，及时处理各类突发事件。是年，全市在国家突发公共卫生网报系统报告突发公共卫生相关事件18起，其中传染病类事件15起，食物中毒事件3起，全部事件均未达到突发公共卫生事件分级标准。接到报告或通报后，各相关疾控中心均迅速行动，及时派出流行病学、卫生检验、消毒杀虫等相关技术人员赶赴现场进行调查、控制和处理，由于行动迅速、措施得当、应对科学，相关事件得到有效处理，把事件造成的危害控制到最低。

【健康教育与健康促进】 2020年，河源市疾控机构利用新闻媒体、健康讲座、线下宣传活动等多种途径进行风险沟通和卫生防病知识的传播工作，提高广大群众的卫生防病意识，尤其在新冠肺炎疫情防控期间，开展疾病防控宣传活动，开展疾病控制进社区、进学校、进农村。据不完全统计，全市进行咨询155期次、电视宣传6期次、报纸宣传14期次、电台22期次、墙报30期次，举办健康讲座30期，印制并下发宣传资料/宣传品123万多份，宣传的内容包括新冠肺炎、预防接种、肝炎、疟疾、狂犬病、艾滋病、高血压、糖尿病、碘缺乏病、国家基本公共卫生服务等疾病防控知识以及全民健康生活方式等，增强人民群众疾病防控的意识，提升人民群众疾病防控的能力。

【疾控体系建设】 职能转变和体制机制建设 2020年，市、县两级疾控中心抓住各级党委政府“补短板，堵漏洞，强弱项”的机遇，启动市疾控中心整体迁建项目，推动源城区成立疾控中心，推动江东新区及市高新区成立疾病预防控制工作队伍，加强市县疾控中心实验室及体制机制建设等。启动市疾控中心迁址新建项目纳入河源市2020年十大民生项目的重要内容。源城区疾病预防控制中心于2020年9月挂牌成立。

基础设施建设 2020年，市、县疾控中心根据新冠肺炎疫情防控、生物安全防护、疫苗法要求等需要，落实PCR实验室升级改造，市疾控中心搭建配套的新冠肺炎应急采样板房并投入使用。完成全省流行病学调查视频调度会商系统河源市域相关建设和流调装备购置，配套现场执法记录仪、红外线热成像仪、流调数据采集设备等。完成疫苗冷库迁址或改造项目，保障疫苗质量，确保疫苗从进入卫生系统至配送到接种单位的全过程均处在规定的温度下储存、运输，完善全市疫苗冷链配送安全和全程温度监控管理。

检验能力建设 2020年，疾控机构新购置PCR检测仪、全自动核酸纯化平台、自动核酸提取仪器等设备，为开展业务工作提供保障。完善质量管理体系，对质量体系文件进行修订，完成《质量手册》、部分《程序文件》修订稿，组织起草《生物安全手册》（征求意见稿）。完善重大传染病检测能力。迅速建立新冠病毒核酸检测方法、形成并不断提升检测能力，开展新冠病毒核酸检测工作，实验室每日检测量得到提升，开展艾滋病、麻疹、流感、乙脑、手足口、登革热等相关传染病检测工作。开发新检测项目。全年实验室完成水中1，2–二氯苯、1，4–二氯苯、六氯苯新项目的开展，并完成2020年食品安全风险监测新项目脱氢乙酸的方法验证工作。参加国家、省、市实验室间比对和能力验证活动，共参加新型冠状病毒核酸检测、全省流感病毒核酸检测、碘缺乏病实验室质量控制考核等13次93个样品43个项目366项次的验证。

人才队伍建设 2020年，市、县疾控中心加强人才的引进工作，其中市疾控中心招聘2批12名专业技术人员（其中硕士学位1人、本科生11人）。加大对工作人员的培训和培养力度。组织干部职工现场业务学习及网络学习。全年派出145批242人次到省级、162批321人次到市级业务培训班学习以及10批103人次网络学习。派出专业技术人员进修。是年，市疾控中心分别派出12名专业人员参加广东首届公共卫生医师规范化培训、深圳市疾控中心的现场流行病学培训项目等技术培训。通过培养，市疾控中心晋升正高职称1人、副高职称3人。 （邝茹丹）

市直医疗机构选介

【河源市人民医院】 河源市人民医院（暨南大学附属医院）创建于1906年，三级甲等综合性医院，暨南大学附属河源医院，国家住院医师规范化培训基地，广东省高水平医院建设单位，广东省高等医学院校教学医院，国家标准爱婴医院，全国卒中联盟协作医院，暨南大学第一临床医学院共建的医学研究生联合培养基地，国家高级卒中中心建设单位，广东省级标准PCI胸痛中心，广东省博士工作站。

2020年，编制床位1486张，总开放床位1358张。门急诊93万人次，出院人数44445人次，手术16937人次。

是年，该院首批援助湖北医疗队所属第十一批广东医疗队获全国卫生健康系统新冠肺炎疫情防控工作先进集体；感染科获广东省抗击新冠肺炎疫情先进集体；周俊杰、邓春桃、张涛、李焕夷获广东省抗击新冠肺炎疫情先进个人；内分泌科主任何金获省医学会内分泌学分会优秀抗疫工作者；詹小涛获2020年广东好医生；神经外科获第二届全国高血压脑出血救治病例评选大赛一等奖；放射科黎艳获第十九届全国头颈病例大赛三等奖；放射科获“萍踪侠影”杯青年放射医师临床技能大赛获得广东站团队优胜奖；欧海宁获2020年广东省恒瑞杯青年医师影像诊断及技能思维竞赛三等奖；殷旭辉获广东省健康管理学会超声医学专业委员会2020学术年会青年疑难病例大赛中优秀奖。

做好疫情救治和防控工作 自新冠疫情发生以来，该院组织全院联防联控网络，完成5例新冠肺炎确诊患者、3例新冠肺炎疑似病例“双清零”的任务，实现患者零转重症、零死亡及医务人员零感染的目标。1月17日成立医院新型冠状病毒工作组，4月9日成立防范境外新冠肺炎疫情输入工作专班；医院党委向全院党员干部职工发出《倡议书》《告全院职工书》，组建志愿者队伍；春节假期全院干部职工均在岗，主动投身于抗“疫”一线岗位；组建2支援助湖北医疗队共16人奔赴湖北抗击疫情。加强院感防控，防止疫情扩散。及时制订和修订新冠病毒感染防控相关工作制度、指引、流程等；组建感控督导员队伍，明确相关职责与要求，定期对全院各科室进行督导检查，确保防控措施到

2020年2月，河源市人民医院分两批派出共16名医护人员，组成援鄂医疗队；3月，全员平安归来

（市人民医院提供）

点到位；加强培训，全院集中理论培训6次，省感控专家课堂培训52课，新冠病人接诊流程及应急演练5次。实行两级预检分诊制度，强化首诊负责制。疫情防控期间，2月引进一家专业陪护公司，住院部各病区建立门禁系统，严格陪护管理，减少院感风险。保障疫情防控物资，提升疫情防控能力。全面监测、及时上报疫情信息。一是做好全院职工及异地返粤职工健康监测，建立医院职工健康状况强制报告制度。二是做好新冠病例的流行病学调查和采样工作、做好密切接触者的信息收集报送及隔离等工作。三是做好新冠肺炎的网络直报工作。四是按“应检尽检”要求做好该院工作人员的核酸检测工作。五是按自愿接种原则，做好该院工作人员新冠疫苗接种工作。

加强医疗质量管理，提升医疗服务水平 完善《医疗质量管理核心制度》，对手术医师能力进行定期评估，根据评估结果对手术权限进行动态调整。严格实施新技术新项目的准入制度、手术安全核查制度和三大讨论制度，确保医疗质量安全核心制度得到落实。加强对非计划再次手术、重大手术审批、医疗安全警讯及医疗不良事件的管理，医疗纠纷投诉发生率比上年下降24.25%。推行“以患者为中心、以疾病为链条”的多学科诊疗模式，成立肿瘤、卒中、胸痛MDT诊疗小组，建立相关制度。推行日间手术，治疗费用纳入医保，按病种付费管理，开展日间手术130台。修订临床路径管理管理制度与奖惩方案，病种由36个增加至73个，临床路径入组率提高至70%，入组后完成率提高至85%。

专科水平不断提升 DRGs评价指数在全省127家三级综合医院DRGs能力指数排名39，诊断相关组数排名36名，共708组；病例组合指数CMI值排名54名；病例入组率为98.7%。收治能力增强。先后投入新病区3个：急诊病房（EICU）、心血管内科二区（CCU）、神经外科二区和康复医学科病区，儿科搬迁至内科楼四楼新病区，新增病床数62张；7月，高新区深河门诊部投入使用；9月，精神医学专科门诊开诊。在省级以上学术会议上发言或主持31人次，传递河源声音。增强医保管理水平。10月成立医保科，修订医保系列管理制度；配合市医保进行评审、按病种分值付费改革，医院医保信用等级评审获得“AAA”级；完成2018年度、2019年度住院费用按病种分值结算工作；实现本部和中兴通讯河源基地门诊深圳市医保病人基本医疗保险门诊医保联网即时报销结算。提高预防保健工作质量。做好传染病监测与报告。全年报

告法定传染病5722例，及时报告率99.11%，报告率达100%。提升护理工作水平。做好疫情防控工作。抽调专业护理人员组建救治队伍，选派10名护理骨干驰援湖北武汉，制订“新冠疫情期间普通病区陪护/探视管理方案”并进行督查，选派10名护理人员加入市机动核酸采样队。

规范药事管理工作 加强抗菌药物使用率和使用强度控制。规范药品采购管理，国家组织药品集中采购中标药品使用比例95.44%；落实国家基本药物制度，占比为40.14%，金额占比为30.83%，达到省卫健委要求。发挥临床药师职能，对处方进行用药的合理性、抗菌药物的使用率等25项内容进行监控分析，有效降低用药费用。2020年药品比例控制在27.2%。

疫情影响下坚持开展新技术、新项目 全年开展新技术、新项目13项。开展脊柱手术722例，心血管介入手术1527例，脑血管介入手术559例。三四级手术11167例，占65.8%；CD型病例25486例，占57.3%。

参与重大突发事件救治 是年，市区发生多起重大公共事件，包括“3·22”误服“断肠草”致全家10人中毒事件、“6·22”连平重大交通事故、“7·27”热水重大交通事故、某区某学校“疑似食物中毒”等事件，该院创伤救治中心、危重儿童和新生儿救治中心均启动红色预警机制，快速到达现场开展救治工作。

全面推进医联体建设，五大中心建设取得阶段性成果 牵头成立8个区域医疗中心、10个专科联盟及2个远程医疗诊断中心，与域内各级各类57家医疗机构组建医联体；为加强与粤港澳大湾区优质医疗资源的合作，与省级15家三甲医院组建19个专科联盟，涉及专科包括神经内科、血管介入外科、呼吸内科、心血管内科等11个专业学科。五大中心建设取得阶段性的成效。卒中中心获国家高级卒中中心建设单位。全年收治2952例，开展静脉溶栓118例，急诊缺血性介入再通78例，动脉瘤手术98台，10月获评国家高级卒中中心建设单位，12月获评中国卒中学会2020年度国家质量奖——急性卒中血管内治疗优质中心。胸痛中心通过省级标准PCI版胸痛中心认证。全年收治胸痛患者2104人次，STEMI（ST段抬高型急性心肌梗死）患者397人次，开通绿色通道实施急诊冠脉介入诊疗173人次。6月，通过广东省级标准PCI版胸痛中心现场认证。下属联盟单位31家，辐射河源地区所有急救网点及各级各类医疗机构。组建由外科专科、主治及以上技术职称的外科专科医师担任的“创伤综合创伤救治团队”。2020年收治严重创伤173例，严重创伤（多发伤）患者的抢救成功率为94.55%。成立市危重儿童和新生儿救治中心、市危重孕产妇救治中心。远程医疗诊断中心助力优质医疗资源下沉。远程诊断中心为下级医联体单位提供远程诊断并出具诊断报告6028例。

加强人才队伍建设 引进省级专家3名；招聘146人，硕士研究生16人，全日制本科52人，大专78人；其中卫生类技术人员135人。全院在职职工1721人，其中高级职称258人（正高62人），博士学历3人，硕士学历115人。完成高学历、高职称及疫情防控一线人员的入编工作。包括硕士研究生34名、副高职称人员1名，按照国家政策，参与疫情防控救治一线的人员21名。

以创建国家住培主基地为抓手，提升教学科研水平 成功创建国家住培主基地。专业基地包括：内科、外科、全科、妇产科。举办住培师资培训。完成住培招录工作。招录“3+2”执业助理全科培训学员60人。加强教学硬件设施建设。5月临床技能培训中心投入使用。推进科研工作，柔性引进科研团队。获省医学科研基金项目2项；获市科学技术局2020年防治新型冠状病毒感染肺炎专项科研项目2项。获2020年度河源市科学技术局课题立项32项；2020年度河源市科学技术局课题结题20项、阶段性进展报告5项；获河源市第十三届自然科学优秀学术论文6篇，其中一等奖1篇、三等奖5篇。SCI论文5篇。柔性引进省重点实验室科研团队1个。

加强医院精细化管理 加强信息工作。2020年完成电子病历评级改造，通过国家电子病历四级；联通省远程医疗平台、市全民健康管理平台实现省—市—县—镇的医疗数据共享；实现医疗电子票据正式上线；结合疫情防控需要上线急诊预检分诊及排队叫号系统、线上咨询系统，线上医保诊金报销、住院押金缴纳、日间手术管理系统、医保控费管理系统等；加强医院网络安全管控，参照安全等保2.0三级评测标准对标整改。完成感染科CT室改造、检验科PCR室扩大装修；完成发热门诊建设，面积710平方米。推进外科楼住院部修缮改造工程，改善病人住院诊疗体验；完成门诊西药房升级改造；推进消毒供应室扩大装修、内科楼与外科楼连廊项目、手术室改造、输血科改造等项目。

推进医院三期工程建设 三期工程（综合大楼）项目，总占地面积1.5万平方米，主楼总建筑面积7.52万平方米（含地下室面积），设置床位数800张，设核医学科、放疗中心、学术交流中心等功能区。 （吴 拓 吴 珊）

【河源市中医院】 2020年，河源市中医院有干部职工592人，其中卫生专业技术人员509人，占86%；正高职称20人，副高职称85人，中级职称141人；博士研究生1人，硕士研究生33人，本科学历188人；广东省名中医3人，广东医学杰出青年2人。门诊、急诊32.47万人次，出院0.94万人次，病床使用率75.46%，手术例数3589台。

凝心聚力推进“三甲”创建 是年8月，该院三甲办细化工作措施，加强科室创建指导检查，完成临床医技科室首轮自查，先后组织人员到东莞、深圳、梅州等地参观学习，提升创建工作成效，达到以评促建、以评促改、评建并举、注重内涵的创建目的。

全面规范医院管理 增设价格核算科和审计科，突出医院内控和内审职能；选优配强管理干部队伍，完善医务、防保、财务等7个职能部门负责人配备；派出7名护士长到广东省第二中医院进修学习，多渠道、多形式转变队伍思想观念、启发管理思维、提升管理能力；全面实施门诊住院一条龙管理，新开设痤疮、高血压等12个专科专病门诊，推行无节假日门诊，落实专家门诊制度，门诊服务能力明显增强；投入启用河源市公立医院首台3.0T磁共振和高端彩超等先进诊疗设备，增强医疗质量与安全保障；强化医保日常工作监管，配合省市医保管理部门开展医保基金专项治理工作；培育医院文化品牌，制订并实施医院2020—2022年文化建设三年规划方案，依托市文化馆开展《中医大讲堂》公益课堂6讲；策划编撰《河源市中医院中医药文化核心价值观读本》《杏林逆行者纪念册》等文化读本，开展服务礼仪培训。

严格落实疫情防控工作 新冠疫情暴发以来，该院落实疫情防控各项工作任务和措施。成立以院长为组长的疫情防控工作领导小组，制订相关工作方案、应急预案并反复组织培训、考核、演练，充实防护物资储备，夯实疫情防控组织保障和处置保障；加强院感监控，筑牢疫情防线，规范完善发热门诊、预检分诊、普通门诊诊疗、核酸采样、隔离病房、住院病人探视陪护等的设置及工作制度流程，成立感控督导员队伍，强化院感督导监控；全年开展新冠肺炎疫情防控联合实战演练13场，提升医务人员的防控意识和应急处置能力；响应党委、政府号召，派出纪传荣、丘冠东、叶惠、朱春惠4名医护人员驰援湖北荆州，其中医生纪传荣被授予广东省抗击新冠肺炎疫情先进个人、广东省优秀共产党员称号，医生丘冠东被评为河源市抗击新冠肺炎疫情先进个人、河源市优秀共产党员、河源最美医生，护士叶惠、朱春惠因工作表现突出在驰援湖北荆州抗疫一线火线入党，叶惠被授予广东省中医系统优秀护士、河源市抗击新冠肺炎疫情先进个人、河源市三八红旗手称号，朱春惠被授予广东省战疫优秀护理工作者、河源市抗击新冠肺炎疫情先进个人称号。

提高医疗服务质量 提升医疗质量安全，督促指导落实医疗质量安全核心制度，加强患者十大安全目标管理，建立住院总医师制度，规范科室二线值班制度；增设3名院级质控员，全面调整科级质控员队伍并加强培训考核，病历内涵得到明显提升，甲级病案率99.92%，无丙级病历；加强护理质量安全管理，运用RCA等多种质控工具加强护理项目管理，完善护理工作制度、流程121项；深化优质护理，在骨一区推行“医护一体化”快速康复优质护理模式，引进第三方陪护公司满足住院患者需求；实施药品采购改革，落实国家集采和基本药物政策，推进深圳GPO平台药品及“4+7”药品采购，全年减少采购成本 287万元；落实药品超常预警机制，狠抓重点药品监控，全年停购品规17个、限购品规 223个，减少药品采购143万余元；加强合理用药监管，强化一线药师、临床药师职能，加大处方和医嘱药品调剂前干预力度及处方点评力度，促进合理用药水平，全年处方合格率98.85%。

打造中医特色学科 树立学科品牌，整合治未病科和体检科，推进治未病科4A等级评审准备；成立“河源市骨伤诊疗中心、河源市中医正骨中心、河源市中西医结合康复中心”三个市级区域诊疗中心，依托医联体和专科联盟到紫金、东源等基层中医医疗机构开展学术交流、教学查房、疑难病例讨论等活动，构建河源市中医医疗技术发展共建共享新格局；开展技术项目创新，全年开展住院三、四级手术2335例，占住院总手术比58%以上，开展新技术新项目14项，其中骨二区巨大骨肿瘤切除并肿瘤膝关节置换术为河源市首例，骨三区开展1例高位上臂离断肢体成功再植手术，国医堂新开展黄帝内针、小儿疳积2项中医特色治疗技术，均取得较好的医疗效益和社会效应；推进中医特色护理，新增心衰病、髌骨骨折等7个中医护理方案和自血疗法、激光穴位照射2项中医护理技术，开设国医堂中医特色护理门诊，全年中医护理操作超42万人次，比上年增长14.6%；规范完善制剂功能，全年销售中药制剂482万元，落实制剂再注册和备案工作，启动十子益肾颗粒研发工作，举办第四届膏方节。

推动医教研协同发展 推进钟强、卢利员省名中医师承工作，建成钟强名中医工作室，完成卢利员师承项目结业

2020年10月24日，河源市公立医院首台3.0T磁共振（MRI）落户河源市中医院并启用
（市中医院提供）

验收，启动卢利员名中医工作室建设和医院第二届中医师承工作，派出26人次到上级医院进修，派出93人次外出参加短期培训；强化巩固一类实习医院内涵建设，接收实习进修生104人，对标开展临床教学工作，带教质量水平稳步提升，完成河源市中医全科医生培训39人次，完成河源市2020年度中医类别全科医生理论培训、考试和技能考核工作；抓好继续医学教育和科研工作，举办省级继教项目12个、市级项目7个，2项课题通过省科研立项、21项课题通过市级科研立项，发表论文47篇，医院整体医教研能力提升。（黄敏锋）

【河源市妇幼保健院】2020年，河源市妇幼保健院编制床位500张，在岗职工777人，其中卫生技术人员636人，高级职称133人（其中正高级19人、副高级114人），硕士研究生14人，享受国务院特殊津贴专家1人。门急诊45.89万人次，住院2.02万人次，分娩7955人次，手术11726人次。

是年，该院院感科获2020年全国最美抗疫妇幼人先进集体。黄航辉被评为广东省抗击新冠肺炎疫情先进个人。李莉在2020年全国产科手术操作及缝合技能大赛莞惠河赛区获二等奖、在2020年全国产科手术操作及缝合技能大赛广东赛区获三等奖。钟敏红在广东省第二届会阴侧切缝合与裂伤修复技能比赛中获三等奖。

疫情防控　新冠肺炎疫情发生后，河源市妇幼保健院适时调整疫情防控策略，优化人防技防物防措施，做好常态化疫情防控工作。人防工作突出重点人群精准防控。通过党委领导、科室牵头、党员参与、员工协助的“四方联动机制”，突出对重点人群应查尽查、应检尽检精准防控。选派2名援鄂医护人员支援湖北荆州，选派2名医务人员支援德康医院，选派1名检验技术人员支援香港，完成医疗救助任务。技防工作突出动态管控科学化。从疫情防控方案、诊疗方案、流程再造、流行病史采样、防护培训、应急演练、院感督导等方面，做好测体温、严登记、日报告工作，做到紧溯源、快筛查、严防控、确保“零感染、零确诊”。物防工作突出减轻一线防控压力。开辟疫情防控物资紧急采购绿色通道，加大后勤保障力度。从体温安检门安装，活动板房搭建，实验室建立，发热门诊改造，门禁系统启用，口罩售卖机配备，感应式水龙头改装，到口罩、防护服、检测试剂等重点物资储备，为疫情防控工作开展提供后勤保证。

学科建设　加快产前诊断中心、儿童重症监护中心、危重孕产妇救治中心、危重新生儿救治中心、腹腔镜技术、宫颈专科技术、纤支镜技术、儿童过敏反应、儿童哮喘和儿童内分泌专科、遗传实验室、儿童康复、盆底康复治疗等重点学科和重点品牌建设的落地见效，提升诊疗水平和核心竞争力。2020年成功开展经阴道实时三维子宫输卵管超声造影、B超引导下绒毛活检术、B超引导下脐静脉穿刺术、现场快速检验CRP+PCT（POCT）、支气管镜术、中医针灸治疗、甲状腺微波消融术、甲状腺细针穿刺活检术、腹腔镜下甲状腺切除术+区域淋巴结清扫术、韦氏儿童智力测试、白细胞介素-6检测等25项新技术新项目，填补市级妇幼专科领域的空白。

人才建设　2020年引进3名副主任医师，2名全日制研究生，选送9名规培生、20名技术骨干进修，市级科研立项23项，发表国际学术论文1篇，举办院级学习班15次，申报省级继续教育项目6项，妇产科成功申报住院医师规范化培训协同单位。

公共卫生　推进“出生缺陷综合防控项目”“城乡妇女两癌免费检查项目”“预防艾滋病、梅毒和乙肝母婴传播项目”“地中海贫血防控项目”和“基本公共卫生服务项目”等重大公卫项目落地生根，增强重大公卫项目功能，逐步形成公卫学科特色优势，惠福更多群众，全年为目标人群减免费用1000多万元。

就诊服务　2020年新开放产科三区、妇科二区，增加床位86张。改建住院楼六楼病区为儿科住院病区，增加床位47张。新增门诊收费点和门诊药房，门诊病人看病、取药、结算享受“一站式”服务。开通微信线上问诊服务平台、线上孕妇学校，加大母婴室、文明公厕和学雷锋志愿服务岗标准化建设。新建客服中心，改建发热门诊和候诊大厅，升级改造地下停车场，制作安装新导视标识标牌，新增院内广场亮化工程，改善就医体验。改善医疗服务行动。通过预约体检系统升级改造、影像系统远程会诊、启用医患通随访管理系

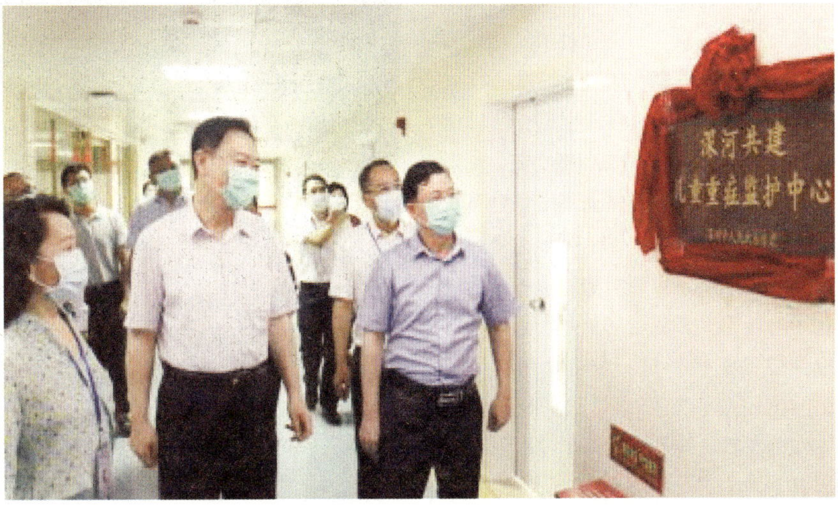

2020年6月1日，河源市妇幼保健院“深河共建儿童重症监护中心”正式启用（市妇幼保健院提供）

统、开通客户咨询电话、产科实行一体化管理，并开展“一对一”导乐陪伴分娩服务；妇科开展电子宣教、新生儿科开展超早产儿精细化护理、麻醉科开展术后镇痛服务等，推进预约诊疗、远程医疗、日间手术、优质护理、多学科联合诊疗的便民惠民服务，提升人民群众对医疗服务满意度，患者平均满意度为91.15%。

新院建设　经七届96次市政府常务会议研究决定，同意建设河源市妇女儿童医疗中心。项目选址于河源市钓鱼台片区，占地面积为91395平方米，设置床位1000张，总建筑面积约21.5万平方米。　（韩　晶）

体育

【概况】 2020年，河源市文化广电旅游体育系统以增强人民体质、提高健康水平为根本目标，以满足人民群众日益增长的多元化体育健身需求为出发点和落脚点，统筹推进基本公共体育服务均等化，完善全民健身公共服务体系，推进全民健身运动，推动体育惠民活动深入开展，推动全民健身与全民健康深度融合，提高全市人民身体素质、健康水平和生活质量。深入贯彻实施建设体育强省战略，以备战奥运、全运、省运会为抓手，提升竞技水平。立足服务“示范区”“排头兵”“两个河源”建设，助力文旅体产业融合高质量发展。

【群众体育】 2020年，河源市文化广电旅游体育局加强疫情期间居家健身指导。在疫情期间举办线上科学健身大讲堂，分别推出《带娃居家运动从全面热身运动开始》《适合居家带娃做的动态拉伸方案》《帮孩子强化动作模式》《宅家抗疫，如何“吃”出免疫力》《疫情期间如何居家健身》《居家防疫运动处方》《防疫期间“停课不停学”，青少年如何居家健身》等系列健身指导课13堂。

加强社会体育指导员队伍培训。采取线上直播与线下培训相结合的方式，先后举办2020年河源市社会体育指导员（气排球）、2020年河源市社会体育指导员（户外运动）培训班，培训骨干人员150人，线上参与3000多人。举办《广东省全民健身条例》巡回宣讲（河源市分会场）培训会，广东省地方立法研究会会长、广东省外语外贸大学教授朱最新授课，300多人通过线下线上平台同时参加培训。

加快完善公共体育场地建设。加强补短板工程建设，超额完成足球场地建设29个（省任务23个），推动客家公园西、茶山公园、网球休闲公园、客家文化长堤、双塘公园、庄田公园6个社区体育公园以及东江湾公园2个足球场提档升级。河源市体育馆对主馆灯光线路等进行检修维护；完成全民健身广场篮球场、乒乓球场地升级改造任务。此外，规划用地面积14155平方米，总建筑面积9425.82平方米，建筑高度约18.3米的东源县体育馆于是年8月开工建设。

推动全民健身运动深入开展。举办“推动全民健身助力全面小康”河源市2020年全民健身日系列活动，开展以“全民健身日”“全市体育节”等主题活动，推出科学健身系列宣传短片8部。成功举办“河源市全民科学健身文明参与”系列活动、第五届市直机关领导干部篮球联赛、河源“穿越万绿湖”亲子徒步活动、群众健身气功、广场舞等系列活动，掀起全民健身新热潮。河源市18位运动员参加“2020年全国健身气功·八段锦网络视频大赛”，获得集体项目一等奖及个人项目一等奖5名、二等奖2名、三等奖4名，还获得网络达人奖、网络人气奖、优秀参与奖等奖项。参加在珠海举办的广东省站点联赛决赛，获得中年组太极养生杖集体项目三等奖和中年组大舞集体项目三等奖，1人获得女子组个人项目六字诀第一名，1人获得男子组易筋经个人项第一名。

【竞技体育】 2020年8月23—25日，2020年广东省“中国体育彩票”青少年皮划艇（激流回旋）锦标赛在河源举行。这次比赛由广东省体育局主办，广东省青少年训练竞赛中心、河源市文化广电旅游体育局承办，河源市水上运动管理中心协办，由中国体育彩票总冠名。竞赛项目20项，含单人划艇、单人划艇团体、单人皮艇、单人皮艇团体比赛，其中，甲组8项，乙组8项，丙组4项。激流项目比赛在河源市黄塘激流回旋训练基地举行，静水项目比赛在河源市水上运动训练基地举行。来自广州、深圳、珠海、河源等10个地级以上市的210多名参赛选手齐聚河源展开激烈角

2020年9月21日，广东省男子篮球联赛在清远市举行决赛。经过激烈角逐，河源市获全省亚军　（市文广旅体局提供）

逐，共产生团体总分前8名、体育道德风尚奖3名，以及女子单人划艇、男子单人划艇、女子单人皮艇、男子单人皮艇等18个项目的冠军。河源市运动员在2020年度广东省青少年激流回旋、皮划艇、赛艇锦标赛中获得9枚金牌、5枚银牌、5枚铜牌，总分445分的成绩。

河源蝉联广东省男子篮球联赛亚军。受疫情影响，是年联赛采用赛会制，八强赛直到总决赛都采用“一场定胜负”的赛制。

1月28—29日，第三届深莞惠+汕尾河源网球交流赛在惠州市涛景高尔夫度假村网球场举行。比赛由惠州市文化广电旅游体育局、东莞市文化广电旅游体育局、深圳市文化广电旅游体育局、汕尾市文化广电旅游体育局、河源市文化广电旅游体育局主办，惠州市网球协会承办。来自五个城市的代表队，约百人同场竞技，经过激烈角逐，河源队获优胜奖。

【文旅体融合】 2020年10月29日上午，“为奥运喝彩”恒爱行动·至美之行第三站于广东河源市雅居乐学校举行。为弘扬奥林匹克精神，迎接北京2022年冬奥会，让更多青少年感受冬奥会及传统文化的魅力，“为奥运喝彩”组委会与奥运企业恒源祥共同启动“恒爱行动·至美之行”奥运文化进校园活动，以“体教融合”素质教育为主、以文体物资赠送为辅，实现精神和物质的双重助力。这是“为奥运喝彩”第一次走进南方校园，组委会为当地学生带去专业的冰雪运动器材和文化艺术用品，并设置冬奥知识科普、传统文化及冬奥项目体验等环节，让学生通过更多元的形式去了解北京2022年冬奥会，也助力校园及城市将“三亿人参与冰雪运动”和“冰雪进校园”深化落实。国际奥委会副主席于再清，第九届中国文联党组成员、副主席杨承志，国家体育总局小球运动管理中心主任、党委书记陈应表，为奥运喝彩海外艺术总顾问黄建南，中国国家画院美术馆馆长、为奥运喝彩艺术写生团团长何加林，恒源祥集团董事长陈忠伟，为奥运喝彩项目总负责人吴爱华，广东省体育局党组书记、局长王禹平，广东省体育局群众体育处处长钟志金，河源市委副书记、市长林涛，副市长庞启彪，秘书长骆世文、市文广旅体局二级巡视员刘永颂，市文广旅体局党组书记、局长梁伟光，市教育局党组书记、局长陈农心，及其他单位代表共同出席这次活动。

【体育市场】 2020年度，河源市体育彩票网点数量逆势增长到284个，销售额超预期达2.06亿元，筹集体彩公益金1500多万元。各级文广旅体部门重视抓好体育市场安全监管，严格执行安全生产责任制，加强对全市群众体育公共体育场馆、群众体育活动和高危险性体育项目经营活动的安全生产监督指导。联合文化市场执法大队组织开展体育市场专项检查，强化对高危险性体育项目经营活动的规范管理。指导各县区按照“属地管理”和“谁审批、谁负责”“谁主办、谁负责”的原则，加强对重大体育赛事活动和关键时点体育赛事的监管。 *（刘崇昱）*

外事·侨务·台港澳事务

编辑：王瑞峰

外 事

【党管外事制度建设】 2020年，河源市抓紧抓实党对外事工作的集中统一领导，建立健全中共河源市委外事工作委员会工作规则和办公室工作细则；各县（区）外事局挂牌运作，江东新区、高新区由社会事务局履行外事工作职能。

【涉外疫情防控和助力复工复产】 2020年，新冠肺炎疫情暴发，河源市落实疫情防控全流程闭环管理体系，迅速启动涉外工作机制，组建多语种翻译志愿者队伍，全力做好涉外防疫工作；积极助力河源市复工复产和经济社会发展工作，用好快捷通道等政策，为11家企业共35名外籍管理人员办理来华邀请函，得到企业的好评。

【对外交往方式创新】 2020年，河源市外事部门厚植友城情谊，积极向河源市2个国际友好城市韩国安城市和意大利费拉拉市以及2个友好交流城市德国比特菲尔德市和马来西亚庇市共捐赠10.2万个口罩、500个额温枪、500个护目镜等一批防疫物资，反响热烈；在河源市客家文化公园建成友城亭，在亭内顶部，立有3个牌匾，分别记录下河源与韩国安城市、意大利费拉拉市、美国塔斯廷市缔结友好城市的重要时刻，并用汉语与友城所在国的文字书写；开展民间人文外交，组织120多名学生参加第23届中日青少年书画音乐交流大会等活动，44名学生获奖，搭建民间友好交流桥梁，提升河源市知名度和美誉度。

2020年10月，象征韩国安城市、意大利费拉拉市、美国塔斯廷市与河源市结为友好关系的“友城亭”在河源市客家文化公园落成　（市委外办提供）

【疫情防控期间的外宣工作】 2020年，新冠肺炎疫情突袭而至，河源市通过“河源外事”微信公众号、《河源乡情报》等外宣平台，推送中英文版疫情防控知识，引导在河外籍人士科学防控疫情，并开设《领保伴你行》《文明海外行》等专题栏目，面向海内外广泛宣传领保知识，积极做好海外领事保护工作，协助妥善处理海外河源学子回国事宜。（张丽烨）

侨 务

【侨务工作】 2020年，河源市侨务工作稳步开展。创建“党建带侨建，侨建为党建”示范点。打造海归产业创新中心，为海外华人华侨和留学生搭建便捷的创新创业服务平台。在57个国家和地区建立工作联席点（站），与海外侨胞的联系更加密切。

【惠侨暖企】 2020年，河源市开展“惠侨暖企”行动，深入调研侨资企业，走访侨资企业26家，收集上报意见建议16条。开展2020“侨爱心·光明行”贫困白内障患者复明公益活动，免费医治患者800名，对全市高龄和失能归侨发放生活补贴，受益归侨达242人，进一步凝聚侨心侨力。与珠海广播电视台合作拍摄纪录片《琴魂》，宣传展示华人华侨爱国情怀和文化艺术。（钟　昱）

台港澳事务

【概况】 2020年，河源市台港澳系统以习近平新时代中国特色社会主义思想为指导，深入学习贯彻《习近平谈治国理政》（第三卷联同第一、二卷），学习习近平总书记对广东的重要讲话和重要指示批示精神，学习贯彻中共十九大和十九届二中、三中、四中、五中全会精神以及省委十二届十次、十一次全会精神，学习宣传《中华人民共和国香港特别行政区维护国家安全法》，开展“惠台暖企”行动，做好台港澳各项工作，取得良好成效，为打赢疫情防控阻击战、推动河源市“示范区”“排头兵”“两个河源”建设，努力构建新局做出新的贡献。

【服务台商台属】 2020年，中共河源市委台港澳工作办公室组织做好疫情防控工作，发动台企提前复工生产防疫物资。1月28日，紧急协调台企万盟公司、峰德公司提前开工生产口罩、医疗用床等防疫物资，至4月30日生产供应口罩约3500万只、医疗用床超过3000张，同时，发动万盟公司先后3次捐赠口罩约10万只、价值约15万元，支持全省、全市疫情防控工作。5月29日、6月19日召开台商政策宣导会，宣传疫情防控和复工复产、国台办“惠台11条”措施、安全生产等政策，鼓励台商台企用好政策，稳定发展。开展“惠台暖企”，由市委台港澳办领导带队分批次走访调研台企25家次，帮助市台协、市侨商会解决防控物资（口罩近20万只），促进企业复工复产。2020年，协调办理台企土地办证纠纷案3件，妥善处置1件台胞死亡案件，联系指导4名陆生做好疫情防控和复学，协调市教育局落实2名台胞子女享受就读中学加分政策。

【对台交流交往】 2020年7月，中共河源市委台港澳工作办公室开展线上线下对台交流，河源市设分会场参加在中山市举行的第七届台湾青年岭南行活动“客家文化与生态农业体验之旅”，取得积极成果。

【招商引资工作】 2020年6月，中共河源市委台港澳工作办公室参加省委台办组织的赴惠州参观台湾农业项目基地，向台商推介河源市的投资环境和丰富资源。6月17日，协调市高新区挂牌成立河源市高新区台港澳青年创新创业基地。6月19日，利用东莞市台协一行60人到河源市开展研习营活动的机会，向参会台商台企宣传推介灯塔盆地国家现代农业示范区投资环境和优惠政策。全市全年引进1家台企，新增登记台企6家，正常生产经营台企54家。

【涉台宣传工作】 中共河源市委书记丁红都，市长林涛，市委常委叶少军，副市长何伟良、刘东豪先后到河源市万盟医保公司等台企调研、现场办公，就做好河源市疫情防控物资生产保障工作作出指示，帮助企业解决实际困难和问题，身体力行做好涉台宣传。组织召开对台涉港工作会议传达上级会议精神，做好台企港企复工复产宣传工作。推荐台企万盟公司评为疫情防控广东省先进集体，受到新华社、中央广播电视总台和省、市新闻媒体的关注和宣传报道。全年刊发《河源台港澳工作信息》35期，受到上级网站（信息刊物）采用15篇。

【台企协会管理】 2020年，中共河源市委台港澳工作办公室加强对市台协的管理指导，发动台资企业、市台协会在“6·30”广东扶贫济困日捐款17.8万元，协调服务台企统筹生产发展和疫情防控双胜利做出贡献。

【服务港澳同胞】 2020年，中共河源市委台港澳工作办公室组织走访港资企业23家次，协调帮助香港河源社团总会解决口罩5万个，并通过市侨商会向26家港资企业联系落实做好疫情防控工作，指导复工复产，向2名港澳同胞提供豁免港澳同胞集中隔离措施服务，协助香港乡亲探亲危重病人1宗，牵头办理省领导批示的《关于港资企业在河源市遇到的问题》港商求助案，发动港资企业、市侨商会在“6·30”广东扶贫济困日捐款7万元。

【涉港澳交流交往】 2020年6月5日，中共河源市委台港澳工作办公室联合市委统战部组织因疫情滞留在河源的香港河源社团总会秘书长陈冬梅一行5人参观河源高新区港澳青年创新创业基地。7月13日，市委台港澳工作办公室与香港工联会惠州市工联咨询服务中心、源城区台港澳事务局联合举办河源市港人福利讲座暨香港国安法解读活动，参加活动有15名港人。10月24日，组织参加澳门河源市同乡会第十届理监事暨青委会第二届理监事就职典礼联欢晚宴。11月20日，接待香港工联会惠州市工联咨询服务中心顾烈忠一行3人，密切与港澳社团的交流合作。

【因公人员赴港澳办证工作】 2020年，中共河源市委台港澳工作办公室规范因公人员赴港澳通行证管理。全年审核报批办理因公人员赴港澳通行证（签注）260批968人次。 （谭文秀）

社会生活

编辑：王瑞峰

人口

【概况】 2020年，河源市常住人口283.56万人，比上年下降0.45%；城镇人口比重48.50%，比上年增长2.37个百分点。同期河源市户籍人口372.18万人，比上年下降0.14%。

【户籍人口】 2020年，河源市户籍人口372.18万人，比上年减少0.52万人，下降0.1%。男性人口191.40万人，女性人口180.78万人，总人口性别比（以女性为100，男性对女性的比例）105.87。0~17岁人口96.90万人，18~34岁人口89.31万人，35~59岁人口130.89万人，60岁及以上人口55.08万人。全年出生人口51608人，死亡人口31447人。户籍人口区域分布：源城区33.61万人，紫金县85.15万人，龙川县97.68万人，连平县41.15万人，和平县56.0万人，东源县58.59万人。

【常住人口】 2020年，河源市常住人口283.56万人，比上年减少1.27万人，下降0.45%。城镇人口137.53万人，占常住人口48.5%。常住人口区域分布：源城区70.41万人，紫金县55.01万人，龙川县59.46万人，连平县28.51万人，和平县35.38万人，东源县34.79万人。

（徐惠芬）

2020年河源市户籍人口及其变动情况统计表

表15 单位：人

	年末总户数（户）	年末总人口（人）									2020年度人口变动									
		合计	城镇人口	乡村人口	性别		年龄				出生			死亡			迁入		迁出	
					男	女	0~17岁	18~34岁	35~59岁	60岁及以上	合计	男	女	合计	男	女	省内	省外	迁往省内	迁往省外
合计	1022985	3721774	1057901	2663873	1913986	1807788	968972	893137	1308878	550787	51608	27310	24298	31447	18351	13096	9608	5722	35420	5325
源城区	92738	321190	309781	11409	160212	160978	82394	77345	122662	38789	5123	2724	2399	1904	1147	757	2706	2358	3444	540
江东新区	30094	109174	47884	61290	54687	54487	30275	24885	38394	15620	1573	803	770	879	521	358	1141	393	867	118
紫金县	191469	757286	151894	605392	393519	363767	205042	191032	249824	111388	10881	5743	5138	5566	3487	2079	1096	502	8054	1062
龙川县	289750	976776	169214	807562	502482	474294	252536	235782	339469	148989	12454	6636	5818	8349	5014	3335	1618	1080	10560	1347
连平县	116874	411471	153205	258266	211315	200156	100890	94956	151032	64593	5304	2797	2507	3910	2130	1780	662	383	3942	525
和平县	152193	559988	130608	429380	291331	268657	149842	125863	202312	81971	8306	4326	3980	5319	2944	2375	716	349	4326	574
东源县	149867	585889	95315	490574	300440	285449	147993	143274	205185	89437	7967	4281	3686	5520	3108	2412	1669	657	4227	1159

说明：数据由河源市公安局提供

（宋永鸿）

人力资源和社会保障

综 述

【概况】 河源市人力资源和社会保障局贯彻落实党中央和省委有关人力资源和社会保障工作的方针政策和决策部署；编制、组织实施和监督检查河源市人力资源和社会保障事业发展规划、政策；拟定和组织实施河源市人力资源市场发展规划；负责促进就业工作，拟定统筹城乡的就业发展规划；统筹建立覆盖城乡的社会保障体系；负责就业、失业、社会保险基金预测预警和信息引导；执行事业单位人员工资收入分配政策；指导事业单位人事制度改革；负责有突出贡献中青年专家、享受政府特殊津贴专家推选工作；拟定并组织实施农民工工作综合性规划；组织实施劳动、人事争议调解仲裁制度和劳动关系政策；指导、监督检查和协调全市人力资源和社会保障执法工作。

2020年，全市人社系统围绕贯彻落实党中央、国务院和省市关于疫情防控工作部署，把疫情防控工作作为首要政治任务抓紧抓实抓细，全力以赴稳就业保就业，同时坚持“民生为本、人才优先”的工作主线，树牢就业是最大民生、人才是第一资源的理念，突出抓改革、织密网、兜底线，实现“七六五”[“七”即省人社厅定量考核指标中至少要有七个以上指标完成比例在全省排名前五或在粤东西北各市排名前二；“六”即六个局党组成员每人至少要完成1项创新亮点工作，在全国或全省人社系统会议作经验介绍；“五”即党的建设、目标考核、深化改革、精准扶贫、综合治理（平安建设）工作考核取得优秀等次]工作目标，各项任务实现预期目标。

【工资福利】 2020年，根据国家、省和市人社工作部署，在做好新冠肺炎疫情防控工作的同时，统筹推进各项年度重点改革工作，切实落实各项工资福利政策。一是做好市直机关事业单位工作人员及离退休人员工资统发工作，落实兑现干部职工工资待遇，准确及时发放工资福利待遇。2020年共审批正常晋升4901人，核定新进人员工资163人，核定退休费184人，核定抚恤金、丧葬费35人，兑现机关单位职务晋升工资46人，兑现事业单位岗位聘用工资529人，核准遗属困难补助8人次，处理来信来函23件，回复人大建议政协提案7件，调整机关事业单位养老金313人。二是做好市直机关绩效考核奖金预拨、清算工作，共核定291个单位，共7341人，涉及资金约5700万元。三是完善基层医疗卫生机构绩效工资制度，全面完成基层医疗卫生机构“公益一类财政保障，公益二类绩效管理”改革任务，制定完善基层医疗卫生机构绩效工资的实施细则。四是加快推进公立医院薪酬制度试点改革，出台《关于做好市直公立医院2020年绩效工资总量核定工作的通知》，核定市直公立医院绩效工资总量，落实“两个允许”（允许医疗卫生机构突破现行事业单位工资调控水平；允许医疗服务收入扣除成本，并按规定提取各项基金后主要用于人员奖励）政策，落实公立医院内部分配自主权。五是落实传染病防治人员临时性工作补助，对一线医务人员、支援湖北医疗卫生人员及时审核发放临时性工作补助，审核发放一线医务人员临时性工作补助189人次共234350元，为32名支援湖北医疗卫生人员发放临时性工作补贴496200元。六是做好事业单位绩效工资总量核定工作，印发《关于做好市直事业单位2020年绩效工资总量核定工作的通知》，对市直事业单位绩效工资总量进行核定，建立符合行业特点的绩效工资总量核定办法。七是调整住房维修补贴，经市委、市政府同意，从2020年1月1日起，调整市直机关事业单位工作人员住房维修补贴标准，并同步调整离退休人员的住房维修补贴。

【社会保障体系发展】 2020年，河源市人力资源和社会保障局始终把为人民群众谋幸福作为工作的重中之重，坚持民生是最大的政治，从人民群众最需要、最期盼的事入手，兜牢民生底线，兴办民生实事，推动社会保障更公平更可持续。深入实施全民参保计划，企业职工养老保险、失业保险、工伤保险参保人数比上年增幅分别达19%、12%和15%，在全省排名靠前，社保覆盖面扩大。优化社保经办服务，社保重点业务全部实现网上办理。全面落实社保“减、免、缓”惠企暖企政策，2020年，全市累计为企业减免养老、失业、工伤保险费超过9.5亿元；共为572家企业发放失业保险稳岗补贴1273.46万元，受益职工104852人；共为97家受影响企业发放失业保险费4570.51万元，受益职工16565人；共为5608家企业退还社会保险费2108万元；共发放失业补助金763.4万元，惠及8077人。

【信息化建设】 2020年，河源市信息化项目建设再上新台阶。做好数据库管理工作。提升对“T+1”交换库的维护能力，在疫情防控期间，通过社保“T+1”数据库为河源市的就业扶贫、高校毕业生就业管理、企业稳岗补贴发放等工作提供精准有效的参保数据，平均每个月比对匹配社保数据库5次以上。进一步优化“智慧人社”功能。完成自助终端系统的查询及相关证明打印功能整体优化，提升设备的利用率；与支付宝合作，在现有“智慧人社”电子社保卡体系下拓展应用，实现电子社保卡展码线下扫码消费、线上申办社保卡应用。完成基础设施的部署优化。立足现有设备，配合新上线的防火墙，优化网络拓扑，从完善出口策略、中立区隔离、无线管理优化、细分（VLAN）虚拟局域网等方面入手，采取多项措施，使网络资源的利用更加合理高效，为信息服务能力的提升提供有力的技术保障。率先发行河源市第三代社会保障卡。根据省人社厅《关于全面发行应用第三代社会保障卡的通知》要求，市人社局主动作为，沟通协调省人社厅、合作银行、制卡商，宣传推进河源市第三代社保卡发行应用工作，并进行第三代社保卡业务系统升级，有效支撑三代卡的发行、应用和管理。2020年8月，河源市率先发行第三代社保卡，2020年全年发行第三代社会保障卡超过7万张，第三代社保卡发行工作成效较显著。发挥“12333”咨询服务热线的重要桥梁纽带作用。随着“12333”热线品牌知名度的提升，越来越多群众通过拨打“12333”服务热线咨询了解人社政策和业务。2020年，“12333”共来电172778个（含自助语音），比上年增长35%（2019年共来电123480个）；其中人工接听85131个，增长54.8%（2019年人工接听54992个），人均年接听1.7万个话务。话务员全年未接到关于服务态度方面的投诉，展现河源市人社局良好的对外服务窗口形象。

人事人才

【人才资源开发】 2020年，河源市人力资源和社会保障局坚持把人才作为推动经济发展的第一资源，创新招才引智机制，加强人才队伍建设，激发人才创新创造活力。高层次人才引进工作加强。围绕河源市经济社会发展的人才需求，实施百名博（硕）士党政储备人才引育计划，在北京组织开展“才聚古邑·智汇河源”——河源（京津冀地区高校）人才交流座谈会暨人才联络工作站授牌仪式，通过与高校人才面对面交流，成立人才联络工作站，宣传、推介河源市的发展形势、人才政策、创业机遇，向广大河源籍人才发出家乡邀约。自2017年起，在征集人才需求信息的基础上，每年制定发布《引进急需紧缺人才岗位需求目录》，所招录人才享受《若干措施》规定的奖励补贴。引进急需紧缺人才56人，其中全日制博士和正高职称10人、全日制硕士研究生和副高职称36人、本科层次10人，发放急需紧缺人才奖励610万元。技能人才队伍夯实。不断强化技能人才培养，加强重点专业和特色专业创建，深化产教融合、校企合作，开拓对外交流合作新路径，着力打造技能人才发展品牌，推动“粤菜师傅”“南粤家政”“广东技工”三项工程显效应：全面推进“粤菜师傅”工程。制定河源客家菜师傅考核标准，完成5个课程标准开发。建成省级粤菜师傅培训基地4个、省级大师工作室4个，成功举办第二届河源“粤菜师傅”客味创新擂台赛、“最美厨师”评选等赛事，挖掘与“粤菜师傅”品牌相结合的农家乐、旅游街镇产品。开展“粤菜师傅”培训5036人次，带动就业创业超过1万人次。稳步实施“广东技工”工程。加快构建产教融合发展格局，推动成立市职业技能培训协会，大力推行“校企双制”“厂中校”“校中厂”办学模式，开展新型学徒制培养，培养企业新型学徒500人。创新技能人才评价激励机制，畅通技能人才成长渠道。推进河源技师学院纳入高等职业教育。实施“南粤家政”工程。创新工作思路，在全省率先建成促就业创业“河源家政一条街”，打造多功能家政服务平台。成立市家政服务标准化技术委员会，出台家政行业信用管理体系和等级划分标准。制定技能培训合格证书制度，举办新课标师资培训班，率先落地“南粤家政”新课标。举办2020年河源市家政融湾行动暨首届河源市家政服务论坛，强化河源市与大湾区城市的合作共建。打造“河源月嫂”家政品牌，带动家政服务行业发展，央视晚间新闻频道、广东新闻联播频道宣传报道。开展“南粤家政”培训1.21万人次，带动就业创业超过3.6万人次。全力以赴抓好人事人才管理。全市招募293名“三支一扶”大学生投身基层建设，助推精准扶贫、乡村振兴。完成河源市享受政府特殊津贴人员选拔工作，做好广东省博士后工作站、博士后科研工作站新设站申报工作。全面推进中小学“县管校聘”管理体制改革，提高中小学教师高级岗位结构比例。全面推进公立医院薪酬制度改革，完善公立医院薪酬总量核定以及内部绩效考核和薪酬分配办法。2020年，举办全市人社系统党廉党员领导干部党廉建设能力提升培训班1期，参训人数55人；组织事业单位党员干部学习《习近平谈治国理政》第三卷专题培训班2期，参训人数512人；开展事业单位“送教下单位”系列活动培训班6期，参训人数1388人次；举办事业单位党员干部专题培训班3期，参训共150人次；全市共组织人事考试27项，较2019年增加15项，考生人数29392人，63746人次。其中公务员招录笔试、事业单位招聘、组织部遴选公务员笔试、贫困大学生招聘考试等4项，考生人数20292人，39812人次，专业技术人员职业资格考试23项，考生人数9100人，23934人次。组织职业技能鉴定401批次，报考总人数12524人，获证8909人。

【事业单位人事制度改革】 2020年，河源市人力资源和社会保障局根据《关于印发〈事业单位岗位设置管理试行办法实施意见〉的通知》《关于印发〈广东省事业单位岗位设置管理实施意见〉的通知》的规定，对全市事业单位的岗位设置和人员聘用情况进行全面审核，扎实推进事业单位岗位设置和人员聘用工作。2020年市直共审核认定96个事业单位的岗位设置和人员聘用工作。其中，3个首次岗位设置工作，44个单位变更岗位设置工作，163个单位人员聘用结果认定工作；共聘用2076人，其中管理岗位聘用392人、专业技术岗位聘用1601人、工勤技能岗位83人。截至2020年年底，市直事业单位完成206个岗位设置人员聘用工作，共聘用7179人，其中管理岗位聘用1311人，专业技术岗位聘用5554人、工勤技能岗位314人。

【专业技术人才队伍建设】 2020年，河源市人力资源和社会保障局完成全市各类专业技术人员3200多人申报职称评审材料的审核工作，截至2020年年底，河源市专业技术人才总数128525人（其中：初级61350人、中级57470人、高级9373人、正高级332人），比上年增长5%。2020年，全市共受理大中专院校毕业生初次专业技术资格考核认定205人，通过考核认定可发专业技术资格证人员205名。完成省外来粤人员专业技术资格确认材料的审核、信息录入以及报省核准放号、证书打印及发放等工作。2020年，共确认省外来粤专业技术人员资格12人，其中：中级6人、高级6人。做好高层次人才管理服务工作，做好河源市享受政府特殊津贴人员信息核查工作，确保河源市刘振城等6名高层次专技人才按时享受政府特殊津贴；做好享受政府特殊津贴人员选拔工作，最终确定李志忠、陈胜利、张海乾3人为河源市2020年享受政府特殊津贴向省推荐人选。做好博士博士后工作站、博士后创新实践基地的管理服务工作，至2020年，河源市有经国家批准的2家博士后科研工作站（河源市高新技术开发区管理委员会博士后科研工作站、广东富阳生物科技有限公司博士后科研工作站），获省批准的2家博士后创新实践基地[劲达技术（河源）有限公司博士后创新实践基地和广州金霸建材有限公司东源分公司博士后创新实践基地]和20个广东省博士工作站[河源市人民医院、河源市源城区工业园企业服务中心、河源职业技术学院、河源广工大协同创新研究院、东源广工大现代产业协同创新研究院、广东省通讯终端产品质量监督检验中心、广东富阳生物科技有限公司、广东省弘朝科技有限公司、西可通讯技术设备（河源）有限公司和广东汉能薄膜太阳能有限公司、河源中光电通讯技术有限公司、广东美晨通讯有限公司、豪劲塑胶包装制品有限公司、河源市中启通讯科技有限公司、广东美丽康保健品有限公司、广东佳泰药业股份有限公司、河源富马硬质合金股份有限公司、龙川纽恩泰新能源科技发展有限公司、广东埃纳生医学科技有限公司、广东正信硬质材料技术研发有限公司等]。

劳动就业

【就业创业】 2020年，河源市人力资源和社会保障局实施就业优先战略和更加积极的就业政策，营造鼓励大众创业、万众创新的良好环境，促进各项就业创业扶持政策贯彻落实，确保就业局势总体稳定。2020年，河源市城镇新增就业36417人，完成全年目标任务的104%，城镇登记失业率2.6%，控制在3%的目标范围内，低于全省平均水平。完善就业优先政策。率先出台河源市十一条稳定和促进就业等系列政策措施及实施细则，建立“1+4”防范和应对大规模裁员和失业风险预案。全市发放失业补助金763.4万元、惠及8077人。抓好重点群体就业。强化大中专毕业生就业安置，加大各类就业补贴倾斜力度，扩大政策性岗位供给，2020届离校未就业高校毕业生就业率96%以上，建档立卡贫困毕业生100%实现就业。落实鼓励企业吸纳重点群体等扶持政策，促进建档立卡贫困劳动力稳在岗位、稳在企业、稳在当地，市内未就业贫困劳动力动态归零。推进大规模职业技能培训。开展线上适岗职业技能培训，全市备案企业729家，备案人数107128人，向519家企业发放培训补贴7689.87万元，惠及人数77501人。拓展就业创业新空间。健全就业扶持体系，支持多渠道灵活就业，河源市新业态平台吸纳就业约3万人以上。举办第六季“赢在河源”创业励志赛事，发放创业担保贷款1.22亿元。

【劳动保障监察执法】 2020年，河源市人力资源和社会保障局扎实抓好专项治理，积极防范风险，推动矛盾纠纷治理及时合理有效解决，努力构建新型和谐稳定劳动关系。抓好特别防护期信访维稳工作。严格落实信访维稳责任制、24小时专人值班、领导带班和“零报告”制度，对重点隐患和重点人实施“一案一策”稳控，强化县区督促检查，实现人社领域到省规模性集访、进京非访、到京集访“三个零发生”。赴打好治欠保支攻坚战。深入开展劳资纠纷风险隐患排查和工资支付情况专项执法检查工作，统筹多部门建立“河源市欠薪预警信息交换微信群”，深入打击和震慑拒不支付劳动报酬违法犯罪行为。2020年，全市共立案处理各类劳动者举报投诉案件146件，为754名劳动者追回被拖欠或克扣工资待遇等245.65万元，案件处置情况呈现“两稳三降”态势，举报投诉案件和欠薪案件结案率稳定在100%，案件总数、涉及劳动者人数、金额均比上年下降24%、21.3%、13.6%。 （黄晓华）

社会保险

【概况】 2020年，河源保险基金管理工作稳健发展。

社保基金安全平稳运行 深入推动全民参保计划，加大宣传力度，与主流媒体合作，采取线上线下、与群众双向互动等形式开展社保政策宣传，扩大社保宣传的覆盖面，成效明显。截至2020年12月底，河源市企业养老保险、机关养老保险、城乡居民养老保险、工伤保险、失业保险、城镇职工医疗保险、生育保险、城乡居民医疗保险参保人数为34.02万人、7.39万人、132.89万人、35.02万人、27.24万人、38.10万人、32.82万人、270.04万人，比上年增长分别为19%、2%、0%、15%、12%、5%、7%、–2%，完成征缴任务数分别达117%、102%、100%、105%、109%、107%、106%、94%。2020年1—12月，全市社会保险基金总收入、总支出分别为100.96亿元、104.38亿元，比上年分别下降27%、24%，当期结余–3.42亿元，累计结余96.68亿元，可支撑月数11个月，社保基金继续保持平稳态势，运行良好。广东省财政厅在2019—2020年度社会保险基金预算绩效管理工作考核的通报中（《情况通报》第107期），肯定河源市在2019—2020年度社会保险基金预算绩效管理方面的工作做法，并评为全省三等奖。

社保待遇按时足额发放 全市各级经办机构履行职责，依法依规核定社保待遇，按时足额发放各项待遇。对企业职工退休人员8.46万人进行待遇调整，月人均养老金由1850.45元提高至1984.62元，月人均增长134.17元，增长7.3%。严格按照社保经办支付审批流程，实行业务财务双向审批，按时足额发放各项社保待遇。截至2020年12月底，全市享受社保待遇154.35万人次，比上年增长8%。河源市社保局使用社会保障卡发放企业职工养老保险待遇工作多次受到省社保局通报表扬，截至2020年12月底，河源市离退休人数87380人，应用社保卡发放养老金人数84576人，应用社保卡发放养老金比例为96.8%。

全民参保工作成效明显 河源市社保局多次受到省人社厅通报表扬，特别是2020年，河源市城镇职工基本养老保险（含离退休）参保人数完成率112.9%，全省排名第一；执行企业制度职工人数（不含离退休）完成率118.8%，全省排名第一；建筑业新开工项目工伤保险参保人数完成率111.1%，全省排名并列第一；失业保险参保人数完成率109%，全省排名第二。

【业务经办提效】 2020年，河源市社会保险基金管理局推行“不见面服务”工作。新冠肺炎疫情发生后，全市社保部门迅速行动，成立疫情防控工作组，制定应对新冠肺炎疫情应急预案。坚持统一领导、统一指挥、统一部署，统筹做好社保经办疫情防控工作。推行“不见面”办理业务，开展网上办、电话办、延期办、特殊办、预约办等服务，实现待遇资格认证、失业保险申领通过“粤省事”“广东人社”APP办理。河源市社保局四级调研员温红艺被评为河源市抗击新冠肺炎疫情先进个人。经办业务进驻市政务服务中心。根据市政府统一安排，市社保局经办业务于2020年7月6日进驻市政务服务中心，原市社保局一楼经办大厅不再对外受理办理业务。市社保局实行前台统一收件办理，后台审核处理，经办业务办理效率明显提高。开展社保练兵比武活动。市社保局挑选优秀队员参加全市人社业务技能练兵比武，并派出选手与市人社局组队，参加全市笔试、潮州片区赛、惠州全省赛等，获潮州片区赛团体一等奖、惠州全省赛笔试一等奖等优异成绩。

【社保政策落实】 2020年，河源市社会保险基金管理局落实社保费减免政策。开展“春风送暖社保惠企”系列活动，联合税务部门召开企业代表座谈会，并通过微信公众号、门户网站、《河源日报》、电视台、电台等途径，及时有效地宣传解读社保费减免政策。截至2020年12月底，为19149家企业落实阶段性减免社保费工作，涉及金额96194.8万元。做好失业补助金快审快发工作。失业补助金是国家和省应对新冠肺炎疫情影响，保障基本民生作出的一项重要决策部署。市社保局按照省人社厅要求，全力配合人社部门工作，确保应发尽发。截至2020年12月底，全市发放失业补助金6868人，发放金额692万元，审核率全省排名第一，100%完成省社保局下发的任务指标。做好稳岗补贴工作。截至2020年12月底，全市发放486家企业失业保险稳岗补贴1103.14万元，受益职工88072人；共发放97家受影响企业失业保险费4570.51万元，受益职工16565人。做好退役士兵补缴工作。市社保局完成部分退役士兵补缴养老保险的数据审核。截至2020年12月底，市社保局审核共退役军人事务局推送数据5986笔，开具补缴托收单2273份。做实机关事业单位养老保险新办法待遇计发经办工作。截至2020年12月底，河源市启用新办法计发待遇264人，人均增加130元，100%足额发放。在全省社保经办工作推进会上，省社保局肯定河源的做法，河源市社保局在会上作“推进机关养老保险新办法待遇计发”先进经验交流发言。开展公益二类事业单位参保登记和清算相关工作。做好公益二类事业单位参保登记,市直机关事业单位开展网办业务,开展退役军人转移接续业务,做好机关事业单位启动前数据核对，做好退休人员材料重核工作等。

【防控风险加强】 2020年，河源市社会保险基金管理局贯彻落实防范化解重大风险有关要求，围绕违规补缴、违规提前退休等关键风险漏洞和高风险业务进行自查自纠。加强与公安、民政等部门数据共享，每月定期核对人员增减情况，杜绝养老金死亡冒领、重复领取等行为。加强日常稽核检查。对市社保局各业务科室加强日常内控检查和监督，每月抽取上月经办业务的一定比例数量进行检查，加强对县区的风险防控的指导和督查工作。履行基金风险防控职责，加强内部控制监督，提高风险防控能力，坚定扛起工作责任，做实做细做好基金风险防控工作。全面完成审计整改任务。协助配合省审计组对河源市社会保险基金的审计工作，落实整改工作任务。同时，河源市在全省社保经办机构审计整改“攻坚清零”专项行动部署暨审计整改调度视频会上作经验交流发言。

【扶贫成效】 2020年，河源市社会保险基金管理局做好全市城乡居民基本养老保险工作，实现贫困人员100%参保。截至2020年12月底，河源市贫困人员16~60周岁参保代缴人数95112人，60周岁以上领取待遇人数50312人，100%完成社会保险精准扶贫工作任务。及时掌握、动态更新建档立卡贫困人员变动情况，开展数据比对，查漏补缺，实现对应参未参、应缴未交人员的动态清零。开展帮扶活动，指导、帮助挂钩扶贫村按照“八有”（有稳定收入来源或最低生活保障；有安全饮用水；

义务教育有保障；基本医疗有保障；安全住房有保障；有电用；有电视信号覆盖，有宽带网络覆盖）的要求，开展疫情防控、人居环境提升等工作，全面补齐挂钩扶贫村“两不愁三保障”等工作短板。截至2020年12月底，挂钩贫困户22户56人全部脱贫；村集体经济壮大，年度收入11.8万元。（曾辉祥）

民 政

社会救助

【低保救助】 2020年，河源市享受低保救助32115户77887人。其中城镇居民2895户5977人，人月均补差648.6元；农村村民29220户71910人，人月均补差402.6元。2020年，全市支出城乡低保资金3.87亿元。全市按时完成低保提标任务，低保标准和补差达到省规定的标准。

【特困供养】 2020年，河源市纳入城乡特困人员供养救助13500人，其中城市特困人员供养救助351人，人月均基本生活标准为1250元，农村特困人员供养救助13149人，人月均基本生活标准为870元，全市支出城乡特困人员救助供养金14247万元。全市按时完成特困供养提标任务，城乡特困人员基本生活标准达到当地城乡最低生活保障标准的1.6倍以上，达到省规定标准。

基层政权和社区建设

【城乡社区治理】 2020年，河源市重视社区服务体系建设，提高社区服务供给能力，加强社区综合服务设施建设。城市社区综合服务设施覆盖率100%。全市建设城乡社区公共服务站（党群服务中心）1439个（不包括刚成立尚未正式选举的2个居委会），覆盖率100%。全市县区级均已制订村级小微权力清单，厘清村(居)工作职责。开展“社区万能章”专项治理,不断减轻城乡社区负担。

【基层政权建设】 2020年，河源市完成正常离任村干部信息采集工作任务。做好第八届村委会和第七届社区居委会换届选举筹备工作。规范村规民约和居民公约，截至2020年6月底，全市有1251个村完成村规民约的修订，完成率100%；有188个社区居委会（不包括刚成立尚未正式选举的2个居委会）完成居民公约的修订，完成率100%，提前完成（省要求2020年年底前完成）修订工作任务，在乡村振兴和扶贫攻坚中发挥积极的作用。稳步推进村（居）务公开“五化”（设施建设标准化、公开内容规范化、公开时间经常化、公开形式多样化、公开地点公众化）创建活动，到2020年6月底，全市所有村（居）委会均达到“五化”标准。

社会福利事业

【社会福利工作】 2020年，河源市把加快发展养老服务业作为推进“两个河源”建设全面提效破局，打造幸福“心城”的重要工作，构建居家社区机构相协调、医养康养相结合的多层次养老服务体系。持续开展养老院服务质量建设专项行动，对全市范围内96家养老院进行大检查、大整治，提升养老服务质量。2020年新增养老性床位数增加300张达到17430多张。全市广大养老服务工作者众志成城，逆向前行，舍小家、顾大家，用责任和大爱织起一张养老服务安全防护网，守住养老服务机构“零疫情”的安全底线，维护全市抗“疫”大局，切实做到让广大老年人安心，让家属及社会放心。

【慈善公益事业】 2020年，河源市慈善总会始终坚持发扬人道主义精神，弘扬中华民族扶贫济困的传统美德的宗旨，秉承以人为本理念，倡导慈善意识，弘扬慈善文化，开展一系列慈善活动。1.河源市民政局继续联合广东省民政厅、省慈善总会、中国人民解放军广州总医院开展“善治河源·大爱救心”活动。2020年做先天性心脏病手术人数有8人。2.2020年按照市民政局联合市卫计局、市社保局印发的河民〔2017〕98号文件，继续为联爱工程的实施提供综合协调服务。至2020年年底，已有106名白血病患者得到协调救助服务。

【福利彩票】 2020年，河源市福利彩票发行销售工作坚持以习近平新时代中国特色社会主义思想为指导，坚持福利彩票“扶老、助残、救孤、济困”的发行宗旨，坚持“安全运行、健康发展”的工作方针，以加强基础建设、规范市场管理、增强服务效能，提高发展质量为抓手，全年共销售福利彩票2.49亿元，筹集市本级公益金2600万元，为推进河源市社会福利和公益事业的发展做出新的贡献。

专项社会事务管理

【社会组织管理】 2020年度河源市本级新注册社会组织34家；注销社会组织17家。

积极培育发展社会组织 1.突出培育重点。落实中央两办《关于改革社会组织管理制度促进社会组织健康有序发展的意见》和广东省《实施意见》，对行业协会商会类、科技类、公益慈善类、城乡社区服务类社会组织进行直接登记，2020年度市本级直接登记社会组织6家。2.减轻社会组织负担。推进河源市政府职能转变和深化行政审批制度改革，从2017年开始，全市性社会组织法定代表人离任审计以及注销清算审计事项不再由社会组织申请人提供相关报告，由市民政局采取政府购买服务方式委托会计师事务所开展相关审计工作，不仅减轻社会组织的费用负担，也利于登记管理机关加强对社会组织的监督管理，促进社会组织规范化建设。2020年度共完成15家社会组织法定代表人离任审计。3.开展社会组织培训工作。

2020年10月在线上举办社会组织年报填报和相关业务培训班，有近1300位社会组织负责人进行观看。

加大社会组织监管力度 1.开展社会服务机构专项整治。对108家直接登记和民政部门主管的全市性社会服务机构进行整治，现场检查27家社会服务机构。2.开展社会组织抽查审计。委托会计师事务所对27家社会组织开展抽查审计。3.进行社会组织年检改年报改革。委托第三方机构对社会组织年报工作进行监督测评。4.开展打击整治非法社会组织专项行动。截至2020年12月底，对2家涉嫌非法社会组织进行劝散。5.加强行业协会商会收费规范管理。一是向市级近90家行业协会商会印发《关于做好2020年度行业协会商会涉企收费清理规范工作的通知》，要求行业协会商会对自身涉企收费项目进行自查，登录河源市社会组织公共服务信息平台进行涉企收费项目报送。截至2020年12月底，共有77家行业协会商会进行填报，涉及费用80项，其中会费77项，服务性收费3项，暂未发现违规收费行为。二是修订行业协会商会收费目录清单继续在“信用中国”网站进行公示，接受社会监督。三是规范行业协会商会会员管理体制、会费管理体制，建立违规收费投诉机制。四是2020年共有28家行业协会商会为会员单位减免费用712.94万元。6.全面推开行业协会商会与行政机关脱钩改革。依据中央、省有关脱钩改革文件精神，继续推进行业协会商会在机构、职能、资产财务、人员管理、党建外事与行政机关分离。截至2020年12月底，完成3家行业协会和1家商会脱钩改革。

【区划地名管理】 2020年，河源市民政局推进行政区划调整设置工作。完成高埔岗街道和城东街道设立后的勘界工作，解决多年遗留的历史问题。圆满完成市级界线韶关—河源线和县级界线龙川—东源线、源城—紫金线的年度联检任务。开展平安边界创建，参加河源市“平安杯”社会治安综合治理创新大赛，加强界线领域风险防范化解，确保界线周边地区稳定发展。依法依规按程序办理地名命名、地名核准等行政许可事项，对全市一批住宅区建筑物地名进行命名，对市区2批新增城市道路进行命名。继续推进地名普查成果转化，协助国家和省编纂标准地名词典和地名志。清理整治不规范地名，重点对“洋”地名进行排查和上报。更新完善国家地名数据库，对2019年新增地名信息进行补录更新。

【殡葬管理】 2020年，河源市继续加大殡葬管理工作力度。继续实施政府免费葬政策，2020年全市由政府免除殡葬基本服务费用共16078宗，免费金额3150.559万元（其中：省级下达515万元；市级财政和市级福利彩票公益金下达577万元；县区级负担2058.559万元）。全市实施殡葬基本服务由政府免费提供政策，减轻办丧负担，群众受惠，得到群众的普遍好评。督促各地做好殡葬服务机构新冠肺炎疫情防控工作。一是各殡仪馆暂停开展守灵、遗体告别、跨市接运遗体服务。二是暂停举办集体公祭、骨灰树葬等群体性活动。三是对全市殡葬机构祭扫场所实行封闭式管理。四是印发《关于加强清明期间祭扫活动管理的通告》，暂停全市现场祭扫活动等。五是设置卡点。六是加强对各殡葬服务机构巡查检查。七是强化应急值守。八是加强农村地区村民祭扫管控。强化宣传引导。清明节疫情防控期间开通“云祭扫”服务。一是开通网络祭扫服务。二是成立河源市民政局清明节工作专班，负责统筹协调清明期间民政系统疫情防控和安全管理工作。开展殡葬领域损害群众利益突出问题专项整治行动。一是排查情况。二是开展整治行动。三是开展地市交叉检查。四是畅通举报投诉渠道。做好违规安葬（放）设施建设经营专项摸排暨违建墓地专项整治成果巩固提升行动工作。一是市政府召开视频会议，市民政局等9个部门印发《河源市违建墓地专项整治成果巩固提升行动实施方案》。二是在全市范围内开展安葬（放）设施违规建设经营专项摸排工作，摸排情况通过殡葬政务信息直报系统进行申报，各县区对违建墓地进行检查复核，要求于2021年6月底前通过植树绿化、缩小面积、迁移等整改方式进行整治。督促指导紫金县殡仪馆项目建设。一是督促紫金县民政局加强殡仪馆建设项目安全生产和地质灾害治理。二是指导做好防范化解项目“邻避”风险问题，做好研判。三是向上级争取项目资金支持。处理殡葬投诉事件12件。联合有关部门开展全市公益性骨灰存放设施和经营性公墓年度检查，并通报检查结果。争取上级资金扶持殡葬事业。

【残疾人两项补贴】 2020年，河源市重视残疾人两项补贴工作，贯彻落实上级关于残疾人两项补贴的工作部署，推动残疾人两项补贴制度落地见效，2020年将残疾人两项补贴提标工作，列入河源市的十件民生实事，困难残疾人生活补贴从2019年的165元/人・月提高到175元/人・月，重度残疾人护理补贴从2019年的220元/人・月提高到235元/人・月。对个别建档立卡且纳入低保的残疾人应补未补或向特困供养、死亡残疾人多发残疾人两项补贴情况进行彻底整改。切实保障全市困难残疾人和重度残疾人的合法权益。河源市与省保持同步建立残疾人“两项补贴”动态调整机制，实现应补尽补、应退即退，精准补贴、动态管理。据残疾人联合会初步统计，有建档立卡贫困残疾人20523人，6月实现全部脱贫，脱贫率100%。2020年度河源市补贴资金使用情况：2020年全市实际发放残疾人护理补贴53208人,残疾人生活困难补贴24613人，全年实际发放残疾人两项补贴共计198735747.5元，其中省级投入配套补助资金共134800746元（省下达给市本级43532724元，省财政直管县91268022元，市级投入配套补助资金9733593元），各县区投入配套补助资金57769275元（各县区2020年部门预算）。全市2020年度残疾人两项补贴年末资金结余4475311.5元。对符合条件的全市残疾人按时按月通过社会化方式足额发放两项补贴，让残疾人得到及时的救助，基本生活得到改善，切实保障他们的基本生活，维护其切身利益及社会的和谐稳定，取得较好的社会效益。

【儿童福利工作】 2020年12月，河源市农村留守儿童系统在册人数为24620人，孤儿370人（集中供养62人、散居孤儿308人），事实无人抚养儿童2567人。

2020年，河源市民政局做好儿童福利机构、留守和困境儿童等服务对象常态化新冠肺炎疫情防控工作。全年没有发生一例儿童新冠肺炎或疑似病例。做好2020年孤儿基本生活费提标工作。河源市孤儿2020年基本生活最低养育标准集中供养和分散水平分别从2019年的1685元/人·月和1025元/人·月提高到1820元/人·月和1110元/人·月，其中源城区和江东新区散居孤儿养育标准为1450元/人·月。各县区通过社会化方式每月按时足额发放孤儿生活费，2020年1—12月份共发放孤儿基本生活保障金609.49万元。建立重残、重病儿童基本生活补贴制度。患艾滋病或者受艾滋病病毒感染的儿童参照孤儿保障标准享受孤儿基本生活费，其他重残、重病困境儿童每人每月基本生活费补贴按城乡居民最低生活保障标准的50%发放。为符合条件的残疾儿童落实困难残疾人生活补贴和重度残疾人护理补贴政策。2020年困难残疾儿童生活补贴和重度残疾儿童护理补贴标准分别为175元/人·月、235元/人·月。将符合低保、特困等儿童纳入相应的保障范围，为他们的生存提供物质基础。2020年，河源市城镇低保标准为772元/人·月、低保补差为609元/人·月，农村低保标准为532元/人·月、低保补差为276元/人·月；城镇特困供养人员基本生活标准为1235元/人·月。建立流浪乞讨儿童救助制度。河源市民政局及时做好对受助流浪乞讨未成年人的DNA检验工作，健全流浪儿童寻亲工作机制。截至2020年年底滞留在市流浪未成年人救助保护中心有5人，市区、县城街面基本实现无流浪乞讨未成年人的工作目标。及时发放价格临时补贴，保障困难群众基本生活。2019年7月后，河源市向低保对象、特困人员、孤儿、事实无人抚养儿童等生活困难群众发放价格临时补贴，有效缓解物价上涨和新冠肺炎疫情对困难群众基本生活的影响。加强事实无人抚养儿童工作。2016年起，河源市民政局建立事实无人抚养儿童基本生活保障制度，发放标准为500元/人·月，2020年事实无人抚养儿童基本生活保障金提高至散居孤儿基本生活养育标准，即1110元/人·月（源城区和江东新区补贴标准是1450元/人·月），并实行社会化发放。事实无人抚养儿童医疗康复保障参照孤儿纳入医疗救助，助学方面参照孤儿纳入教育资助范围，同时，对有能力履行抚养义务而不抚养的父母，依法追索抚养费。2020年1—12月共发放事实无人抚养儿童生活费3166.52万元。健全医疗康复保障制度：一是对孤儿、事实无人抚养儿童、低保家庭儿童等符合条件的困境儿童由政府出资购买城乡合作医疗保险，享受医疗救助政策。二是开展贫困家庭先天性心脏病患者医疗救助活动。2007—2020年帮助1526名先天性心脏病儿童进行手术治疗。三是开展“孤儿医疗康复明天计划”项目。开展智力残疾和精神残疾女童救助帮扶和关爱服务工作。通过摸底排查，掌握全市智力残疾和精神残疾女童共855人，对这些女童落实“一对一”结对帮扶，对符合条件的享受残疾人两项补贴、医疗教育资助等。开展困境儿童“合力监护相伴成长”专项关爱行动。共摸排17439名困境儿童的监护状况、健康、生活、就学就医等基本信息，为3名儿童解决户口登记问题，劝返复学44名儿童，明确监护人数量共17439名儿童，对246名监护困境儿童落实“一对一”帮扶。开展困境儿童监护问题专项整治行动。结合困境儿童“合力监护、相伴成长”专项关爱行动、智力残疾和精神残疾女童救助帮扶和关爱服务、因新冠肺炎疫情影响造成监护缺失儿童救助帮扶工作，展开全面彻底排查，完成广东省农村留守和困境儿童管理系统录入和更新，汇总排查情况，并制定整治计划。开展“儿童福利信息动态管理精准化提升年”专项行动。投产使用《全国儿童福利综合管理系统》，到2020年8月，完成系统中事实无人抚养儿童的录入工作，实现信息动态化管理，确保每月业务系统数据和统计台账保持一致。开展“明天计划”“助学工程”有关问题自查整改工作。2020年6—7月，市民政局对2018年以来的“明天计划”项目和2019年后的“孤儿助学工程”项目开展全部自查，“明天计划”项目资金支出主要为儿童福利机构孤儿体检费用，不存在资金管理、孤儿申请材料不规范等问题。“孤儿助学工程”共为符合条件的51名孤儿发放助学金，不存在未进行监督检查、受助孤儿不符合申请条件、受助孤儿档案材料不齐全以及资金管理方面等问题。开展对养育由民政部门担任监护人儿童的民间机构问题整改。经排查，河源市各地没有民间机构养育孤弃儿童的情况。推进基层儿童工作队伍建设。全市配备101个乡镇督导员，1441个村（居）儿童主任，实现乡镇与村（居）全覆盖。引导社工力量关爱留守儿童。河源市有19个“双百计划”社工站，社工站依托社区通过开展各项关爱困境和留守儿童工作。

【留守妇女工作】 加强农村留守妇女关爱服务工作。2016年，河源市民政局对全市的农村留守妇女情况进行摸底排查，开展信息采集录入工作。2020年，河源市民政局联合市公安局等12个部门出台《转发民政部等13部委〈关于加强农村留守妇女关爱服务工作的意见〉的通知》，部署开展农村留守妇女摸底排查和关爱服务工作，河源市民政局把督促各地开展农村留守妇女信息摸排录入，推进农村留守妇女关爱服务工作列入2020年一项重要民政工作，组织开展农村留守妇女摸底排查，及时将采集信息录入系统，完善农村留守妇女基础数据库。经摸排，至2020年年底，全市有农村留守妇女2646人。

【救助管理】 2020年，河源市救助流浪乞讨人员1252人次（其中在站救助368人次、站外救助884人次），护送特殊困难的受助人员返乡56人次。在疫情防控期间结合“寒冬送温暖活动”，全市开展流浪乞讨街面救助巡查次数825次，出动车辆1354台次，街面救助153人次。开展寻亲返乡服务，为63名流浪乞讨滞留人员寻找到亲属，帮助其重返家庭、融入社会。

【婚姻登记管理】 继续依法做好婚姻登记管理工作。2020年，河源市的婚姻登记量为36343件，服务对象72013人。其中：国内结婚登记20954对，离婚登记9514对，补领结婚证5143宗，补领离婚证672人；涉外、港、澳、台结婚46对，离婚8对，补领结婚证5对，补领离婚证1人。河源江东新区社会事务局婚姻登记处于2020年10月1日正式启用。继续执行上级的停征婚姻和收养登记费政策（从2017年4月1日起）。继续执行除工作日正常办理婚姻登记外（自2017年5月1日起），增加周六上午以及“元旦”“五一”“十一”等重大节假日和非正常工作日的2月14日、5月20日、11月11日等特殊日子的当天上午9:00至11:30为市民办理婚姻登记服务的便民利民措施，切实提升河源市婚姻登记公共服务水平。继续开展婚姻登记示范单位创建活动。继续做好婚姻登记历史数据补录工作。

【收养登记】 2020年，河源市依法依规做好收养登记工作，全年办理收养登记10宗。

（罗海文）

2020年河源市协会、商会、民办非企业名录

一、协会（217个）

河源市钓鱼运动协会
河源市戏剧家协会
河源市集邮协会
河源市青少年科技教育协会
河源市珠算协会
河源市价格和产业品牌发展协会
河源市劳动模范协会
河源市老年人体育协会
河源市赏石文化协会
河源市网球协会
河源市农民专业合作社协会
河源市武术协会
河源市风景园林协会
河源市电梯行业协会
河源市餐饮协会
河源市文博协会
河源市乒乓球交流协会
河源市消毒行业协会
河源市青年流行音乐协会
河源市警察协会
河源市农副产品流通行业协会
河源市建筑和装饰材料行业协会
河源市巾帼志愿者协会
河源市农村妇女经济发展行业协会
河源市安全生产协会
河源市侨商投资企业协会
河源市咖啡行业协会
河源市街舞协会
河源市文化艺术交流协会
河源市游泳协会
河源市爆破行业协会
河源市电子商务协会
河源市企业诚信协会
河源市水利水电协会
河源市快递行业协会
河源市自驾旅游协会
河源市金融消费权益保护协会
河源市跆拳道协会
河源市白蚁防治协会
河源电力企业管理协会
河源市摄影家协会
河源市太极拳协会
河源市诗词协会
河源市消防工程企业协会
河源市国际标准舞协会
河源市机动车教练员协会
河源市社会体育指导员志愿者协会
河源市手机产业协会
河源市再生资源协会
河源市汽车及维修行业协会
河源市羽毛球协会
河源市美容美发行业协会
河源市新闻工作者协会
河源市生产力促进协会
河源市农业产业化龙头企业协会
河源市促进龙川发展协会
河源市预拌混凝土协会
河源市酒类行业协会
河源市道教协会
河源市民间文艺家协会
河源市台湾同胞投资企业协会
河源市观赏石盆景协会
河源市自行车协会
河源市信鸽协会
河源市保险行业协会
河源市体育舞蹈协会
河源市曲艺家协会
河源市女企业家协会
河源市钓鱼协会
河源市标准化协会
河源市质量协会
河源市注册会计师协会
河源市勘察设计行业协会
河源市建筑业协会
河源市舞蹈家协会
河源市音乐家协会
河源市律师协会
河源市城镇供水协会
河源市矿业协会
河源市书法家协会

河源市翻译工作者协会
河源市外语协会
河源市作家协会
河源市燃气行业协会
河源市旅游饭店业协会
河源市保健美容行业协会
河源市老年人协会
河源殡葬协会
河源市乒乓球协会
河源市特种设备协会
河源市房地产业协会
河源市青年志愿者协会
河源市青年企业家协会
河源三宝特产协会
河源市旅游区（点）协会
河源市交通运输协会
河源市篮球协会
河源市林业产业协会
河源市广告协会
河源市象棋协会
河源市收藏家协会
河源市围棋协会
河源市太阳能协会
河源市足球协会
河源市养猪行业协会
河源市信息协会
河源市互联网网吧行业协会
河源市法官协会
河源市女法官协会
河源市民营企业协会
河源市环境保护产业协会
河源市民俗摄影协会
河源市旅行社协会
河源市东江民乐协会
河源市美术家协会
河源市海外交流协会
河源市家庭文化交流协会
河源市外商投资企业协会
河源市高尔夫球协会
河源市气象防灾减灾协会
河源市网络文化协会
河源市户外运动协会
河源市茶业行业协会
河源市烹饪行业协会
河源市羽毛球指导交流协会
河源市自由搏击协会
河源市社会体育指导员协会
河源市有机产业行业协会
河源市典当协会
河源市羽毛球交流协会
河源市风筝协会
河源公共外交协会
河源市路亚及海钓协会
河源市抗癌协会
河源市灯塔盆地示范区信用协会
河源市佛教协会
河源市计算机信息网络安全协会
河源市海归协会
河源市青年影视文化协会
河源市营养师协会
河源市跳绳协会
河源市基督教协会
河源市龙舟协会
河源市生态环境保护志愿者协会
河源市物流运输行业协会
河源市美容养生行业协会
河源市导游协会
河源市测绘地理信息协会
河源市青年摄影家协会
河源市航模协会
河源市木球协会
河源市太极拳健身协会
河源市二手车流通行业协会
河源市科学育儿协会
河源市流行音乐协会
河源市旅游产品协会
河源市茶叶协会
河源市侨界中外文化艺术交流协会
河源市侨界海外留学归国人员协会
河源市农村创业青年协会
河源市棋类协会
河源市心理健康服务协会
河源市登山户外运动协会
河源市青年主持人协会
河源市心理咨询师协会
河源市模具机械行业协会
河源市水上运动协会
河源市广场舞协会
河源市业余无线电协会
河源市休闲体育运动协会
河源市网球交流协会
河源市个体劳动者私营企业协会
河源市石材协会
河源市传统村落保护与发展协会
河源市航拍协会
河源市机器人协会
河源市商业协会
河源市轮滑协会
河源市礼仪协会
河源市青少年体育舞蹈协会
河源市不良资产处置协会
河源市农贸市场行业协会
河源市物业管理行业协会
河源市房地产中介行业协会
河源市机动车辆检测行业协会
河源市龟鳖协会
河源市环境艺术设计行业协会
河源市健康养生协会
河源市青少年舞蹈协会
河源市人防行业协会
河源市禁毒协会
河源市有害生物防制行业协会
河源市互联网协会
河源市采购协会
河源市油茶行业协会
河源市河湖保护志愿者协会
河源市高新区科学技术协会
河源市网络作家协会
河源市青少年硬笔书法协会
河源市职工乒乓球协会
河源市家庭服务业协会
河源市劳务派遣行业协会
河源市科普教育研学协会
河源市通信行业协会
河源市国土空间规划协会
河源市影视协会
河源市社会工作发展促进会
河源市民宿行业协会
河源市兴宁商会
河源市知识产权协会
河源市中小学生研学旅行协会
河源市代理记账行业协会
河源市语言艺术研究会
河源市易制毒化学品管理协会
河源市女性创业促进会
河源市钢铁行业协会
河源市消费扶贫协会

二、商会（19个）

河源市娄底商会
河源市企业商会
河源市江西乐平商会
河源市安徽商会
河源江西商会
河源市浙江商会
河源市嘉应商会
河源市中小企业商会
河源市广西商会
河源市湖北商会
河源市青年商会
河源市潮汕商会
河源市贵州商会
河源市高新区商会
河源市五华商会
河源市四川商会
河源市丰顺商会
河源市湖南商会
河源市河南商会

三、民办非企业单位（378个）

河源市振邦职业培训学校
河源市领航职业技能培训学校
河源市年丰生态种养技术试验中心
河源市丰江白蚁防治研究所
河源市艺术培训中心
河源市业余体校青少年体育俱乐部
河源市白蚁技术防治开发中心
河源市医学会门诊部
河源市青少年乒乓球俱乐部
河源画院
河源长安医院
河源市古典名著油画系列创作室
河源市河源棋院
河源市坚基绿韵客家艺术团
河源市清洁生产中心
河源市中农大网络教育中心
河源市中小企业服务中心
河源美术研究院
河源市雕塑院
河源市太阳能技术应用研究所
河源市前程计算机操作员培训中心
河源市曹润莲美容美发培训学校
河源市金太阳文化艺术中心
河源市精诚仪器设备检测技术服务中心
河源市市政工程技术服务咨询中心
河源市浩博培训中心
河源市工商企业信息咨询服务中心
河源市东浩职业技能培训中心
河源市南国书香门弟文化艺术培训中心
河源市第二职业技能鉴定所
河源市现代职业技术学校
河源市河源书画院
河源市启慧文体家教中心
河源中学实验学校
河源市张婧古筝艺术中心
河源同济医院
河源市环保服务中心
河源市产业发展研究服务中心
河源市良友职业培训学校
河源市阳光文化艺术培训中心
河源市达德教育培训中心
河源市环宇电脑培训中心
河源市爱旋律少儿艺术团
河源市为尔开舞蹈艺术培训中心
河源日报小记者培训中心
河源日报书画院
河源市民乐团
河源市景程网络教育中心
河源市残疾人社会工作培训中心
河源市清洁生产中心
河源市东正职业技能培训学校
河源市音乐家琴行文化艺术培训中心
河源市珠江琴行文化艺术培训中心
河源市一中国家级青少年体育俱乐部
河源市河中青少年体育俱乐部
河源市阳光起点文化艺术培训中心
河源市远大职业技能培训中心
河源市朗朗文化艺术培训中心
河源市原生态食用菌研究所
河源市特蕾新艺术幼儿师范学校
河源市米乐舞蹈工作室
河源市金珠少儿舞蹈培训中心
河源市创艺文化艺术培训中心
河源市顺景汽车驾驶员职业技能培训学校
河源市舞星舞蹈培训中心
河源市大汉艺博院
河源市顺天源成人教育培训中心
河源市科技经济评估服务中心
河源市朗朗少儿合唱团
河源市腾飞武术馆
河源三针康复医院
河源恒信口腔医院
河源市大中会计培训中心
河源市再生资源回收服务中心
河源市信源职业培训学校
河源市远东文化艺术培训中心
河源二九二大队职工医院
河源市东江画院
河源市九洲驾驶员职业培训学校
河源市河源经贸学校
河源市康华康复中心
河源市河卫职业培训学校
河源市云竹楼书画院
河源市星河少儿电视艺术团
河源客家文化少年新闻学院
河源市南开网球俱乐部
河源市力扬跆拳道馆
河源市成才文化服务中心
河源市友缘体育舞蹈培训中心
河源市弘毅培训中心
河源市小主人文化交流中心
河源现代中医医院
河源市艺海书画院
河源市瑞迪文化艺术培训中心
河源市阳光乒乓球俱乐部
河源阳光义工服务队
河源市岭南书画研究院
河源市现代教育培训中心
河源市东方教育培训中心
河源市青少年乒乓球训练中心
河源市职工服务中心
河源市心启航智能训练中心
河源市远智教育培训中心
河源市第四职业技能鉴定所
河源盈智志愿者服务中心
河源市爱心妈妈工作站
河源市鸿志中基客家文化博物馆
河源市艺腾跆拳道馆
河源市创业义工队
河源东江眼科疾病防治所
河源市东江文化艺术团
河源市童心文化艺术培训中心
河源市合唱团
河源市繁绿林业种苗研究所
河源市仁爱天下志愿者联盟服务中心
河源市兰茶坊书画院
河源市康民健康咨询服务中心
河源市爱心公益社会服务中心

河源市大自然微生物研究所
河源市河卫酒店餐饮服务人员帮扶中心
河源嘉客公益服务中心
河源老玩童长者服务中心
河源市建爱歌舞团
河源市博海文化艺术培训中心
河源市东江文化艺术培训中心
河源市河合职业技能培训学校
河源客家酒文化展览馆
河源市阳明客家龙狮艺术团
河源北极星文化艺术培训中心
河源市文创纯糯原液研发中心
河源客家文化学院
河源巴伐利亚教育培训中心
河源市启明星文化艺术培训中心
河源豫章文化艺术研究院
河源市绿意职业培训学校
河源世界乐器文化展览馆
河源市和美文化艺术培训中心
河源市恒丰畜牧种苗繁殖研究所
河源市家政服务网络中心
河源市乐天社志服务队
河源市建爱公益服务队
河源市建爱书画院
河源市好日子职业培训学校
河源市客家古邑歌舞团
河源市盆地一号生物绿色防控研究院
河源市陆驰篮球俱乐部
河源市茂群文化艺术培训中心
河源市颖川服务队
河源市万绿湖导游义工队
河源市金石教育培训中心
河源市缤缘书画院
河源市翰逸斋画院
河源市星艺舞蹈艺术团
河源市现代妇医慈善志愿者服务队
河源市红星羽毛球俱乐部
河源市恒信口腔医院志愿者服务队
河源市东方书画院
河源市越王书画院
河源市环万绿湖骑行俱乐部
河源市众爱志愿者服务中心
河源市创新研究指导中心
河源市紫藤花舞蹈艺术培训中心
河源市育才文化艺术培训中心
河源市39文化艺术中心
河源市梧桐树艺术中心
河源市雅心志愿者服务中心
河源市光明慈善志愿者服务中心
河源市一铭文化艺术培训中心
河源市客家古邑少儿合唱团
河源市育良社会工作服务中心
河源市郎郎文化艺术培训中心
河源市华威农业科技研究所
河源市春风助学服务中心
河源市美玉舞蹈培训中心
河源市红丝带社会服务中心
河源市家家乐慈善公益服务中心
河源市昊众慈善公益服务中心
河源市心连心志愿服务队
河源市瑜之舞培训中心
河源市金榜文化艺术培训中心
河源市扬爱残疾人爱心公益服务中心
河源市一家亲志愿者服务中心
河源万绿湖博物馆
河源市河教少儿文化艺术研究所
河源市三禹绿色建材技术研究院
河源市河教青少年公益服务中心
河源市良基家长文化公益服务中心
河源市尚客志愿者服务队
河源市积善之家公益服务中心
河源市师学世家文化艺术培训中心
河源市文顺驾驶员职业培训学校
河源市百家旺职业培训学校
河源市恒爱社会工作服务中心
河源市星火职业培训学校
河源市圆苹果文化艺术培训中心
河源市南粤青少年文化艺术培训中心
河源市点点青少年关爱中心
河源市现代农业科技研究所
河源市民华社会工作服务中心
河源市客韵民族艺术团
河源市瑞康儿童康复中心
河源市江中职业培训学校
河源市富农职业培训学校
河源市中灏职业培训学校
河源市深能合和电力义工服务队
河源市客家人青少年体育俱乐部
河源市中心壹号教育城义工队
河源市惠众职业培训学校
河源市启程足球俱乐部
河源市清华园文化艺术馆
河源市友源职业培训学校
河源市惠信职业培训学校
河源市新凌嘉新能源材料研究院
河源市源创职业培训学校
河源市南国书香门第慈善公益服务中心
河源市万绿歌舞团
河源市同济安康颐养院
河源市悦心职业培训学校
河源市阳光学苑文化艺术培训中心
河源市蔚蓝义工队
河源市百草轩职业培训学校
河源市星光民间艺术团
河源市绿点职业培训学校
河源市国柠现代农业研究院
河源市亮点志愿者服务中心
河源市德爱慈善服务中心
河源市星光特殊儿童康复中心
河源市中正健康职业培训学校
河源市中美心理研究所
河源市和缘志愿者慈善服务队
河源市春之声歌舞团
河源市国胜职业培训学校
河源市厚德志愿者慈善服务中心
河源市宝树轩志愿者慈善服务中心
河源市八七志愿者慈善服务队
河源市明亮志愿者慈善服务队
河源友好医院
河源市启梦文化艺术培训中心
河源市思学苑文化艺术培训中心
河源市声音志愿者服务队
河源市时代慈善志愿者服务队
河源市喜洋洋婚庆职业培训学校
河源市善行慈善志愿者服务队
河源市书香世家文化艺术培训中心
河源市创业创新服务中心
河源市德善社会工作服务中心
河源市携爱慈善志愿者服务队
河源市益剪志愿者服务队
河源市同心慈善服务队
河源市杰才职业培训学校
河源市优优文化艺术中心
河源市客家体育俱乐部
河源市中马泰新生物研究所
河源市国爱志愿服务队
河源市翔龙职业培训学校
河源市建协职业培训学校

河源市美晨智能研究院
河源市正德中学
河源市帝诺新材料研究院
河源市翰育生态科技研究院
河源市弘霞客科技研究院
河源市童年生物科技研究院
河源市然生新材料研究院
河源市霸王花绿色食品研究院
河源市海川水环境研究院
河源市颢禾环境治理研究院
河源市河芝源微生物制品研究所
河源中立法律服务社
河源市大学城教育培训中心
河源市兴河职业培训学校
河源市裕森农林科学技术研究所
河源市正能量志愿服务队
河源市感恩有你公益服务队
河源市天佑慈善服务中心
河源市前海企业上市服务中心
河源市华伦近视弱视研究所
河源市素心公益义工队
河源康华中医医院
河源市金品农业科技创新研究院
河源市爱迪尔化妆职业培训学校
河源市绿兴农业科技研究院
河源市万绿禾缘文化艺术团
河源市弈园棋牌时尚运动俱乐部
河源市拜博东华口腔医院志愿服务队
河源市南方书画艺术中心
河源市三针康复中心
河源市康普生中医科技研究院
河源市万绿禾缘文化艺术培训中心
河源市响铛铛艺术培训中心
河源市岭南湖畔教育培训中心
河源市熙研健康产业研究院
河源市慧君儿童康复中心
河源市融和农业科技研究院
河源市大爱慈善服务中心
河源市源日通光热技术新材料研究院
河源市牙博士志愿者服务中心
河源市百美果蔬深加工研究院
河源市省科院研究院
河源巴伐利亚医疗健康养生医院
河源市艾卡乐足球俱乐部
河源市六艺棋牌运动俱乐部
河源市匠人生物科技研究院
河源市知行社会工作服务中心
河源市数码港智能照明研究院
河源市一片天社会工作服务中心
河源市天和第三代半导体产业技术研究院
河源市百信梦飞体育俱乐部
河源市丝语文化艺术培训中心
河源市百搭社会工作服务中心
河源市飞跃青少年体育俱乐部
河源市美丽苑职业培训学校
河源市新思成艺术教育培训中心
河源市诠景视觉文化遗产会馆
河源市医事志愿者服务中心
河源市潼米儿童康复中心
河源市思比高新电子技术研究院
河源市她力量妇女儿童服务中心
河源市星途艺术培训中心
河源市立国新医药研究院
河源市泓远柔道俱乐部
河源市鹏禧赛鸽俱乐部
河源市龙才职业培训学校
河源市她力量职业培训学校
河源东埔医院
河源市地瓜户外运动俱乐部
河源市星星语儿童发育障碍康复评估中心
河源市德爱教育研究院
河源市河星体体育俱乐部
河源市退役军人志愿者服务队
河源市甜雅蕙职业培训学校
河源市百利职业培训学校
河源市快姨职业培训学校
河源市杜鹃花职业培训学校
河源市亿居职业培训学校
河源市扬航艺术培训中心
河源市鼎盛职业培训学校
河源市鸿运柏林职业培训学校
河源市弘霞客职业培训学校
河源市百搭现代职业培训学校
河源市大通联爱公益服务中心
河源新宝医院
河源市红柚子文化艺术中心
河源市河保保安职业培训学校
河源市西可职业培训学校
河源市餐协职业培训学校
河源市曾大姐职业培训学校
河源市万绿灯塔职业培训学校
河源市东华实验学校
河源市深大湾区研究院
河源广大附中巴伐利亚学校
河源市熙润职业培训学校
河源市广师大研究院
河源市喜阳职业培训学校
河源市卫国职业培训学校
河源市南开高级中学
河源市三针和顺职业培训学校

（陈　凯）

退役军人事务

【概况】 2020年，河源市退役军人事务局坚持以退役军人为中心，以构建科学规范的工作运行体系、服务保障体系、政策制度体系为主线，以创建“全国双拥模范城”为抓手，在抓好疫情防控和稳步推进各项工作落实的基础上，聚力开展“基层基础基本建设年”“矛盾问题攻坚化解年”“思想政治工作年”活动，聚焦加强党对退役军人事务工作领导、服务保障体系建设、政策待遇落实、社保接续等方面，谋划作为，退役军人事务工作有序深入开展。

【组织管理体系更加健全】 2020年6月30日，提请召开市委退役军人事务工作领导小组第二次全体会议，完善领导小组工作机制。制订2020年领导小组成员单位实事清单，全面贯彻落实中央、省、市关于加强新时代退役军人工作的意见、措施和任务分工。

【服务保障】 2020年，河源市动态管理退役军人和其他优抚对象信息，掌握河源市退役军人服务保障管理底数。开展河源市服务中心（站)星级示范创建工作，创建三星级以上中心（站）目标比例为60%。加强河源市烈士纪念设施的管理保护，提升烈士纪念设施信息化管理水平，截至年底，录入烈士纪念设施信息373条、零散烈士纪念设施521条。按计划下拨退役军人、优抚对象和军休各项优抚资金，启动价格临时补贴机制，为优抚对象发放临时价格补贴。拓展退役士兵保障体系，于7月2日联合中国人寿河源分公司举行退役士兵“仁军保”人身意外伤害保险签约仪式，为河源市2020年至2022年当年批准退出现役的自主就业退役士兵和政府安排工作退役士兵赠送保险，与社保形成互为有益的补充。

【优抚安置】 2020年，河源市退役军人事务局被省确定为北部生态发展区优抚工作协调机制牵头单位，组织召开北区第一次协调会议，促进区域内5市优抚标准、项目更趋合理。实现创建“全国双拥模范城”四连冠，连平县获评广东省双拥模范县，河源市爱国拥军促进会获评省双拥模范单位，河源市退役军人志愿者服务队队长肖佳华、连平县退役军人事务局局长谢世威获评省双拥模范个人。宣传贯彻《广东省退役军人应急救助资金管理暂行办法》，1月至11月，全市审核通过应急救助申请53宗，救助总额约119万元，额度使用比例为52.3%。建立市、县解决部分退役士兵社会保险问题工作小组，制订实施方案，推进社保接续工作，部分退役士兵社会保险接续任务完成率达90%以上，办结率达99.56%。完成符合政府安排工作条件的退役士兵、军转干部及随调军转干部家属安置工作和军休士官安置任务。

【就业创业】 2020年，河源市退役军人事务局与河源职业技术学院合作建立河源市退役军人培训基地，为河源市退役军人就业创业打造平台。完成年度秋退役士兵返乡报到工作，分3期完成2020年退役士兵全员适应性培训，举办两场专场招聘会，组织受训退役士兵参加在惠州举行的首届深莞惠（3+2）退役军人专场招聘会。探索建立“政府主导、企业搭台、社会参与”的退役军人就业创业新格局，与军蒂企业管理集团建立战略合作关系，联合社会优质资源推动河源退役军人就业创业工作深入发展。指导推动市爱国拥军促进会牵头建设退役军人就业创业孵化基地。

【加强退役军人褒扬纪念】 2020年，河源市退役军人事务局落实疫情防控要求，创新纪念形式，在清明期间开展网上祭奠英烈活动，铭记缅怀英烈。印发开展2020年度河源市最美退役军人评选通知，评选表彰邹志光等10名退役军人。组织春节慰问活动，市县镇村四级召开座谈会243次，组织慰问5770人，送去慰问金（慰问物品）166.55万元，发动社会人士和企业慰问复退军人100多人次，慰问优抚单位7万元。

【退役军人信访工作】 2020年，河源市退役军人事务局开展常态化联系退役军人活动，全局干部职工挂钩联系退役军人，发放慰问金3.65万元。开展服务中心（站）“大走访”活动，深入一线了解退役军人诉求。1月至11月，全市积极处理来信来访来电，处理答复退役军人事务部、省退役军人事务厅交办的信访件若干件。

【退役军人疫情防控工作】 2020年，河源市退役军人事务局成立局疫情防控领导小组，设立办公室，统一部署疫情防控工作。建立局防控排查机制，发出公告，暂停服务咨询、信访、社保接续等事项办理。向全市退役军人发出倡议书，动员广大退役军人支持配合市防控工作。加强退役军人事务系统疫情防控力度。通过OA系统发文、电话等方式督促各县区退役军人事务部门落实疫情防控要求，特别是加强对光荣院的疫情防控。按照市统一部署，动员市退役军人志愿者服务队下沉社区开展防疫工作。宣传河源市广大退役军人在疫情防控工作中的先进事迹，相关信息被退役军人事务部、省退役军人事务厅、“学习强国”、《河源日报》等采用报道。

（魏舟扬）

民族·宗教

【民族工作】 2020年，河源市民族地区发展、民族团结进步持续向好。高规格召开全市民族地区加快高质量发展现场推进会，推动全市民族地区加快高质量发展。落实市有关实施方案，从2020年起至2022年，市级少数民族发展资金由原来的每年150万元提高至850万元，增加4.6倍。河源市是全省唯一比照省定贫困村的标准选派优秀干部进驻民族地区的地级市。成功将东源县新港镇双田畲族村、漳溪畲族乡下蓝畲族村创建为“广东省少数民族特色村寨”，和平县长塘镇秀河畲族村成功入选第一批国家森林乡村。漳溪畲族乡与杭州市莪山畲族乡结为友好乡镇。民族地区建档立卡贫困户616户、1919人全部达到省定脱贫标准，完成退出手续，民族地区贫困村全部脱贫出列。是年，全市没有发生涉民族因素矛盾纠纷和网络舆情事件。

【宗教工作】 2020年，河源市宗教领域保持和谐稳定。严格落实疫情防控措施，做好宗教活动场所有序恢复开放工作。持续推进平安宗教场所建设，加强对全市宗教活动场所的巡查检查，全市宗教领域保持安全稳定“零事故”。加强对宗教界的思想政治引领，举办全市宗教干部培训班和宗教界人士培训班2期，培训200多人次。（钟　昱）

区·县

编辑：吴静文

源城区

【基本情况】 建置沿革　县治自南朝齐永明元年（483）设置。1988年1月，经国务院批准撤销河源县，设置河源市（地级市）。原河源县被分拆为源城区和郊区（后改为东源县）。原河源县的东埔镇、源城镇、埔前镇和高埔岗农场划为源城区辖区，其余划为郊区（今东源县）管辖。从1988年1月至1997年2月，河源市源城区下辖源城镇、东埔镇、埔前镇和高埔岗农场。1997年3月经广东省人民政府批准，撤销源城镇和东埔镇，设置上城、新江、东埔、源西4个办事处和源南镇，保留埔前镇和高埔岗农场建制。2003年12月，为适应街道工作的需要，改办事处为街道办事处。埔前镇、源南镇和高埔岗农场未更名。2011年3月，经省人民政府批准，设立高埔岗街道办事处，管辖原国营高埔岗农场所属范围。全区有39个社区居委会、30个村委会。

位置面积　位于广东省东北部，河源市最南端。以老城区为中心，东与紫金县临江镇接壤，南至埔前镇，与博罗县石坝镇相邻，西与东源县新港镇交界，北与东源县仙塘镇相连。源城区处于北纬23° 31′ 21″—23° 51′，东经114° 31′ 34″—114° 45′ 4″之间。源城区总面积361.5平方千米，其中市区规划面积120平方千米。源城区是粤东北的交通枢纽，水陆交通比较发达。境内205国道、河（河源）惠（惠州）高速公路纵贯南北，河（河源）汕（汕头）公路横跨东西，205国道（东环路）、西环路、粤赣高速公路及河（河源）龙（龙川）高速公路分别从城区的东西两边通过；中国南北第二大动脉京（北京）九（九龙）铁路以及广（广州）梅（梅州）汕（汕头）铁路连接城区。东江航运上可达龙川，下可通惠州、广州。

民族、人口、语言　源城区有31个民族，除汉族外，有30个少数民族。年末户籍人口33.62万人。源城区属客家方言区，语言受正统客家话及白话（广州话）的影响较大，有的词语读音与梅州话相似，少数词语与广州话相近，但全区语言总体上属客家方言。

地形地势　源城区的区境地势为南北走向的长方块状地形，中间高，南北两端低。北面是东江与新丰江的汇合处，是两江冲积而成的盆地。中间是低丘陵地带。南面为东江冲积而成的埔前小平原，地势平坦。西面是桂山山脉，东面是流经源城区全境的东江。

主要河流　源城区境内河流统属于珠江水系东江干流水系。一级支流新丰江和东江干流穿越境内，两江河段（源城）的河流比降落差不大，流速较缓慢，河面较宽阔。除东江、新丰江河段外，还有埔前河、七寨河、木京河，高塘水、赤坑水、洪洞水、万洞水、蓝田水，香车河、双下水等河流10条，其集水面积不大，均在100平方千米以下。其中埔前河、七寨河、香车河是源城区较大的河流，集水面积都在40平方千米以上。

气候特征　源城区地处属亚热带季风气候区，环境质量总体保持优良水平。冬半年盛行东北季风，天气较为干冷；夏半年盛行西南和东南季风，高温多雨。源城区历年平均温度21.4℃，历年极端最高温度38.8℃，历年极端最低温度−5.58℃；历年平均年降雨量1582.0毫米，历年平均年雨日148天；历年平均年日照时数1866.6小时，年平均相对湿度76.9%。源城区热量充足，雨水充沛，日照充足，气候资源丰富，适宜种植亚热带作物。

土地资源　源城区土地总面积3.61万公顷，耕地面积2416.30公顷，园地2758.38公顷，林地1.8万公顷，草地542.81公顷，城镇村及工矿用地8214.79公顷，交通运输用地831.72公顷，水域及水利设施用地2363.20公顷，其他土地1448.68公顷。东江、新丰江纵贯全境。

动植物资源　生物资源丰富，主要分布于大桂山省级自然保护区内。区内有野生维管植物198科、660属、1280种。区内包括国家重点保护植物7科7属7种，均为Ⅱ级保护植物，占广东省国家重点保护野生植物的10.9%。珍稀濒危植物有10科11种。野生动物种类有水体浮游动物43种、脊椎野生动物215种，隶属33目、83科、168属。属国家重点保护动物，珍稀濒危动物21种。省级重点保护动物11种。国家保护的有益的或者有重要经济、科学研究价值的陆生野生动物102种。

矿产资源　所属区域已发现矿产11种，主要有铜、铁、铅、锌、稀土、萤石矿、硅石矿、建筑用砂石或砖瓦黏土、矿泉水、地热水等，有矿产地19处。有2个总流量36万立方米的中型地下热水矿；12个普通萤石矿；1个总资源量为63万立方米的小型砖瓦黏土矿；1个资源量125万立方米小型建筑用砂矿；3个总资源量137.5立方米小型建筑用石料矿；1个资源量1.3万立方米小型矿泉水矿；1个资源储量112万吨的小型铁矿。全区有持证矿山4家。

水力资源　区内有东江、新丰江、埔前河、七寨河、香车河等21条河流，河流长度151.27千米，流域面积708.51平方千米。水库22宗，集雨面积153.94平方千米。电站13宗，电站装机容量7885千瓦。源城区水资源丰富，多年平均径流深1000—1200毫米，多年平均径流量150亿立方米，多年平均水资源总量3.94亿立方米，可开发利用水资源总量1.59亿立方米。

旅游资源　有南宋时期的龟峰塔、河源革命烈士陵园、鳄湖、高埔岗温泉度假村、化龙路商业街、太平古街、新丰江电站大坝、巴伐利亚庄园；大桂山生态旅游区有野趣沟旅游区，有春沐源岭南生态小镇、客天下水晶温泉、七寨湖公园；位于新丰江上的亚洲高喷，主喷水柱高169米。在岩前等地先后发掘有恐龙蛋、骨和脚印化石群体。主要土特产有三黄鸡、红瓜子、茶叶、花生油、荔枝、龙眼、五指毛桃、萝卜酸系列产品、米排粉等。

【经济发展概况】　2020年，源城区生产总值264.29亿元，比上年增长2.0%，三次产业结构调整优化1.4∶28.8∶69.8。其中第一产业增加值3.69亿元，增长3.4%；第二产业增加值76.21亿元，增长5.1%；第三产业增加值184.38亿元，增长0.5%。完成固定资产投资169.63亿元，增长6.4%。实际利用投资1.02亿元，下降25.6%。外贸进出口总额63.4亿元，下降27.3%，进口总额19.1亿元，增长17.4%。社会消费品零售总额126.63亿元，下降9.3%。

农业　源城区完成农林牧渔业总产值5.62亿元，比上年增长4.1%。肉类产量7804吨，下降8.9%，出栏生猪0.03万头，下降99.2%；出笼“三鸟”562.24万只，增长51.4%；粮食产量11781吨，增长2.1%；水果产量5575吨，增长25.1%；蔬菜产量41336吨，增长11.2%。

工业　全社会工业增加值54.25亿元，比上年增长2.9%。规模以上工业总产值223.87亿元，增长2.8%；规模以上工业增加值51.51亿元，增长3%。

重大项目建设　源城区50个重点项目（含省市重点项目16个）完成总投资78.17亿元，累计完成年度目标任务的93.14%，深圳大鹏（河源源城）产业转移工业园、巴伐利亚庄园、体育休闲特色小镇项目等省市重点项目进展顺利，20个重点项目超额完成年度投资任务。

旅游　源城区接待旅游人数218.19万人次，比上年下降27.3%，实现旅游总收入21.49亿元，下降42.9%。

【社会事业发展概况】　教育　2020年，源城区有中小学校73所（公办60所、民办13所），其中，小学47所、初中21所（含九年制14所学校）、高中4所（含完中2所）、特殊学校1所；在校生9.46万人（公办7.75万人，民办1.71万人），其中，小学生6.59万人、初中生2.27万人、高中生5955人；中小学教职工6434人。全区有幼儿园123所（公办、校办、集体办32所，民办91所），在园幼儿3万人，公办幼儿园在园幼儿1.51万人（含购买学位），占比50.2%，公办幼儿园和普惠性民办幼儿园在园幼儿2.41万人，占比80.2%；幼儿园教职工共4217人。全区有1所特殊教育学校（阳光学校），特教班7个，在校生146人（其中在校就读90人，送教上门56人）。是年，源城区学前三年入园率98.5%，义务教育标准化学校覆盖率100%。

文化、体育　区文广旅体局完善镇街文化站服务功能，推进图书馆、文化馆总分馆制的系统化、网络化建设，实现15分钟文化圈，提升公共文化服务水平。建立和完善全民健身服务体系，推进体育公共服务发展，指导、监督公共体育场地设施建设，指导社会体育组织建设、源城区承办区级以上比赛有关工作、业余体校工作等，统筹培养竞技体育后备人才，开展群众性体育活动。全区体育场地总面积182.29万平方米，人均场地3.43平方米。其中：田径场地96个，游泳场地58个，足球场地73个，篮球场地607个，乒乓球场地463个，羽毛球场地342个，健身房164个，全民健身路径和健身步道225条，以及排球场、门球场等其他类型场地191个。

卫生　源城区有公立医疗机构29家。其中综合性医疗机构2家（区人民医院、区第二人民医院）；专科医疗机构3家（区中医院、区精神卫生防治所、区妇幼保健计划生育服务中心）；疾病预防控制机构1家（区疾病预防控制中心）；卫生监督机构1家（区卫生监督所）；乡镇卫生院2家（埔前镇卫生院、源南镇卫生院），社区卫生服务中心4家（新江、上城、源西、高埔岗社区卫生服务中心），社区卫生服务站17间。全区有民营医疗机构276家，其中综合性医疗机构2家（岭南医院、博爱医院）；中医医院2家（健修堂、宝芝林）；专科儿童医院1家（中正儿童专科医院）；社区卫生服务中心2家（东埔、新宝社区卫生服务中心）；门诊部42间、个体诊所186间，村卫生站41间。

社会保障与福利　源城区参加企业职工养老保险6.87万人，新增1.41万人；参加失业保险5.52万人，新增1.13万人；参加工伤保险6.33万人，新增1.40万人；参加城镇职工医疗保险6.41万人，新增9842人；参加生育保险5.90万人，新增1.03万人；参加城乡居民医疗保险20.93万人，新增587人；参加城乡居民养老保险6.51万人，新增4006人；机关事业单位养老保险6822人，新增319人。收入社保基金10.56亿元，征收收入84.65亿元，比上年下降3.05亿元（疫情防控期间减免企业养老保险单位缴费部分，导致出现负增长）。支出社保基金13.12亿元，增长6201.43万元。

城市管理 开展城市“六乱”整治行动，加大对流动摊贩、烧烤档和共享单车等管治力度，累计劝离流动摊贩8万人次，取缔流动摊档1.5万处，规范占道经营5万处，整改宵夜档5000处，清理处置共享单车2万余辆，清理“牛皮癣”、小广告约50万张。开展违规广告专项整治行动，拆除违规门店招牌约4000个。加大违法建设治理力度，遏制新增违建，整治存量违建，拆除违章建筑3951宗，治理面积18.8万平方米。开展“三违四抢”专项清理行动，组织开展行动145次，出动人员1.1万人次，查处“三违四抢”行为260宗，清理违法违章建筑面积4.13万平方米；对市区重点征地拆迁项目开展清拆行动，清理违法建筑210宗，清理建筑面积3.9万平方米。开展餐饮油烟、露天焚烧、噪声污染整治行动，依法处理餐饮油烟投诉422宗，查处违规烧烤摊档974宗，制止露天焚烧700多起。开展燃气黑点专项整治行动，暂扣违法经营燃气钢瓶171个。开展市区流浪犬只捕捉收容，捕捉收容流浪犬160只，保障群众安全出行环境。

市政管理 推进“百街千巷”，按时保质保量完成好人民路、长塘路、公园路周边、河紫路等4条精品示范街综合整治工作。打造6条创文主题特色街。做好市政设施维修维护工作，加强158条责任道路市政设施管养，累计实施市政维修350余宗，总投入超过1500万元，背街小巷市政设施显著改善。推进“厕所革命”，打造“一厕一景”，高标准新改建12间城市公厕。做好“十件实事”民生工程，高质量完成10个小公园建设任务。

【埔前镇】 位于河源市源城区南端，东邻紫金县临江镇，南接博罗县石坝镇，西连桂山，北靠源南镇。下辖16个行政村和2个社区。辖区总面积162平方千米，有耕地面积1733公顷，林地面积6400公顷。辖区户籍总人口5.4万人,常住人口8.4万人。205国道、惠河高速公路、粤赣高速公路和京九铁路穿越全境。埔前镇森林资源丰富，全镇有林地面积6400公顷，森林覆盖率46.4%，林木绿化率46.5%。主要林种有：松树、杉树、杂树、油茶和毛竹等，分布在埔前镇西北面桂山山脉。旅游资源有和福礤旅游景点。2020年，全镇规模以上工业总产值34.95亿元，比上年增长5.6%；规模以上工业增加值7.80亿元，增长8.0%；完成社会固定资产投资36.03亿元，增长38.5%。

【源南镇】 位于市区近邻，东至东江，南临埔前镇、高埔岗街道，西靠桂山省级自然保护区和新丰江水库，北连上城街道、新江街道；下辖5个行政村，1个社区及1个林场，辖区总面积为96.45平方千米，常住人口6.2万人，户籍人口2.1万人，流动人口4.1万人。源南镇地势平坦，自然资源丰富，东江、新丰江从境内穿流而过，矿产资源有萤石、铅矾土、瓷土、稀土和石英石等。境内道路通信、水电等各项设施完善。拥有小（1）型水库1座，库容110万立方米，205国道、广梅汕和京九铁路、粤赣高速公路贯穿南北，其中粤赣高速公路在墩头村、白田村分别设“河源出口”“城南出口”，迎客大道、滨江大道等城市主干道纵横境内。旅游资源有野趣沟国家AAAA级旅游风景区，双下万年基桥，潭公爷庙及阿婆庙等古迹。2020年，规模以上工业总产值5.69亿元，比上年下降74.6%；规模以上工业增加值1.28亿元，下降63.8%；完成社会固定资产投资22.0亿元，增长29.4%。

【上城街道】 地处老城，东靠东江，南接源南镇，西连新江街道办事处，北临新丰江。是源城区政治、经济、文化中心，面积3.5平方千米，户籍人口4.1万人。下辖6个社区居委会。2020年，规模以上工业总产值10.89亿元，比上年增长5.4%；规模以上工业增加值2.53亿元，增长10.8%；完成社会固定资产投资16.0亿元，增长4.5%。

【东埔街道】 位于河源市区中心，东倚东江，南连新丰江，西接205国道，北通东源县。辖区面积38平方千米，总人口16.59万人。下辖3个行政村，13个社区居民委员会。2020年，规模以上工业总产值7.10亿元，比上年增长28.1%；规模以上工业增加值1.93亿元，增长29.0%；完成社会固定资产投资30.13亿元，下降14.2%。

【新江街道】 新江街道东与上城街道办事处接壤，南与源南镇双下居委会接壤，西、北邻新丰江。下辖6个社区居委会。面积3.7平方千米，户籍人口3.2万人。2020年，规模以上工业总产值2.81亿元，比上年增长14.2%；规模以上工业增加值0.73元，增长15.5%；完成社会固定资产投资4.35亿元，下降71.0%。

【源西街道】 位于河源市市区西部，东至河源大道，南至新丰江，西至东源县新港镇，北至东埔街道办事处高塘村。下辖4个村及11个社区。辖区总面积63平方千米，常住人口10.2万人。2020年，规模以上工业总产值6.14亿元，比上年增长11.6%；规模以上工业增加值1.63亿元，增长22.0%；完成社会固定资产投资21.0亿元，增长4.8%。

【高埔岗街道】 位于河源市源城区南部，下辖3个社区居委会。辖区总面积10.5平方千米，总人口2.4万人，其中户籍人口3763人，90%以上为新丰江库区移民。205国道、惠河高速公路、粤赣高速公路和广梅汕铁路贯穿全境。2011年3月，在国营高埔岗农场原有基础上设立高埔岗街道办事处。与国营高埔岗农场实行两块牌子、一套人马的运营管理模式。2020年，规模以上工业总产值6.31亿元，比上年增长7.2%；规模以上工业增加值2.51亿元，增长20.9%；完成社会固定资产投资21.01亿元，增长13.3%。

2020年源城区领导成员名单

中共源城区委员会

书　记：

邓卓文

副书记：

王　巍

许西湖

常　委：

何远航

林振芳

缪允东

李　琦

钟伟林

曹其捷（挂职）

邓小林

黄　晰

江伟良

源城区人大常委会

主　任：

刘　刚（　—2020.06）

李国兴（2020.06—　）

副主任：

欧志平

周小平

肖良东

杨振荣

邝以文

源城区人民政府

区　长：

王　巍

副区长：

缪允东

张国基

邱瑞勇

范志君（女）

刘小平

曹新华

政协源城区委员会

主　席：

邱瑞勇

副主席：

陈丽芳

黄日辉

叶锦通

谢伟东

杨辉强

中共源城区纪律检查委员会 源城区监察委员会

书记、主任：

何远航

（朱国祥）

东源县

【基本情况】 建置沿革　东源县的前身为原河源县的主体。河源县成立于南朝齐永明元年（483），建县1500余年。1988年1月，经国务院批准，河源撤县建市分区，将原河源县3个镇划为源城区，其余24个乡镇划为郊区。1993年11月8日，经国务院民政部批准撤销河源市郊区，建立东源县，县城设在仙塘镇木京。经省民政厅批准，2002年撤销久社镇，其辖区划归黄田镇；2003年撤销三河镇和黄沙镇，其辖区划归船塘镇；2020年，全县下辖20个镇1个民族乡，258个行政村25个社区居委会。

位置面积　东源县位于广东省东北部、东江中上游，东邻龙川县、五华县，南接河源市源城区和紫金县，西连龙门县、新丰县，北靠和平县、连平县，地处北纬23°22′～24°15′，东经114°19′～115°22′。辖区东西长130千米，南北宽66.6千米，总面积4070平方千米。新丰江、东江及205国道、广梅汕铁路、京九铁路、梅龙高速公路、粤赣高速公路、汕昆高速公路贯穿县境南北。

地形、气候　东源县地形为东西宽、南北窄，地势北高南低；东西两侧多山，南北以丘陵为主，山岭与谷地相间。海拔1000米以上的山峰有七目嶂、缺牙山、桂山、燕子岩、鳌鱼峰、蝉子顶、五指山等7座，其中以黄村镇与五华、龙川县交界的七目嶂为最高，主峰海拔1318米。境内河流众多，东江及其支流新丰江贯穿全境。河道管护工作线多面广，共有中小河流151条，河流总长达1607千米（不含东江，东江流经县境内长70千米）。集雨面积100平方千米以上的河流有10条，总长度343千米；集雨面积在100平方千米以下、50平方千米以上的河流21条，总长356千米；50平方千米以下的河流120条，总长908千米。年平均气温为22.9℃，较常年平均气温偏高0.9℃；极端最高气温为38.3℃，极端最低气温为3.3℃；年降水总日数为127天，其中暴雨日数5天；年总降水量为1330.4毫米，较常年平均偏少30%；年日照时数为1585.9小时，较常年平均略偏少10%；年平均相对湿度为73.6%，较常年平均偏低0.1%。

人口、民族　2020年，东源县户籍人口58.5万人。民族主要为汉族，其次为畲族。

土地资源　全县有耕地1.88万公顷，园地1.13万公顷，林地30.86万公顷，草地0.49万公顷，水域4.26万公顷。

水资源　全县水域面积40964.55公顷，其中河流（湖泊）水面7092.97公顷，水库水面28251.03公顷，坑塘水面2771.89公顷，内陆滩涂面积1187.57公顷。水资源总量54.15亿立方米，全年降水量为1330.4毫米，人均水资源量13004立方米。总供水量和总用水量均为2.66亿立方米。

矿产资源　全县发现矿种25种，其中能源矿产1种，为地热矿；金属矿产

10种，分别为铁、钛、铜、铅、锌、钴、钨、锡、钼、稀土；非金属矿产13种，分别为磷、硫铁矿、萤石、水泥用灰岩、玻璃用脉石英、高岭土、陶瓷土、建筑用辉绿岩、花岗岩、大理岩、饰面用花岗岩、大理岩；水气矿产1种，为矿泉水。

热矿水资源 县内有热矿水矿产地12处，其中闭坑5处、开发利用1处。主要分布在叶潭、蓝口、康禾、仙塘等镇。温度普遍较高，一般在63℃—91℃之间，日开采量6484立方米；水质属重碳酸钙低矿化水，含有多种有益于人体健康的微量元素及硫黄等。

动植物种类 县内动物种类有150种，其中属国家二级重点保护野生动物10种。植物种类749种。

旅游资源 东源县有万绿湖、桂山、镜花缘、水月湾、龙凤岛、镜花岭、送水观音、客家风情馆、万绿谷、苏家围·东江画廊、南园古村、东江野战俱乐部、黄龙岩、阮啸仙故居、叶园温泉、康泉十八等开放景区16个，星级乡村旅游民宿11家（梨花屋舍、康汇·酒坊民宿、绿湖春生态农庄、阳光绿源生态农庄、竹里馆民宿、赖家湾民宿、双江田园农庄、三里长峡农家庄、乐栈民宿、硐楼山庄、黄家客栈）。

名优特产 东源县主要有上莞仙湖茶、康禾茶、石坪茶、蓝口礤头茶、霸王花米排粉、“望郎回”板栗、绿纯客家娘酒、黄田米酒、灵芝、五指毛桃、蜂蜜等。客家十大名菜有：东江盐焗鸡、红焖猪肉、东江酿豆腐、上汤桂花鱼、客家酿三宝、娘酒醉河虾、清煲草鱼、水晶鸡、薯丝煲、咸香鸭等特产。

【经济发展概况】 2020年，东源县地区生产总值138.49亿元，比上年增长4.8%；工业总产值200.47亿元，增长10.8%；农业总产值37.23亿元，增长9.9%；地方财政一般预算收入11.89亿元，增长16.3%；实现外贸进出口总额49.4亿元，增长3.1%；社会消费品零售总额40.59亿元，下降6.2%；旅游总收入7.38亿元，下降45.3%；人均生产总值38928元，增长9.6％。

农业 全县农林牧渔业总产值37.64亿元，比上年增速7.8%。粮食作物种植面积2.57万公顷。农业龙头企业122家，新增省级农业龙头企业7家、市级农业龙头企业12家；家庭农场296家，新增省级家庭农场6家、市级家庭农场7家。新增省级示范社4家、市级示范社13家；市级以上农民专业合作社139家；县级行业协会2个；“三品一标”认证农产品78个；全国名特优新农产品3个；省级区域公用品牌2个。东源板栗入选全国35个“一县一品”扶贫产品之一，有特色农业专业镇7个，全国“一村一品”示范村镇2个，省级休闲农业与乡村旅游示范镇2个，省级休闲农业与乡村旅游示范点9个，省级农业公园2个。

工业 新增规模以上工业企业11家，规上工业企业总数105家。完成规上工业总产值200.5亿元，比上年增长10.8%；规上工业增加值44.43亿元，增长8.2%；工业固定资产投资32.37亿元，增长13.8%；完成外贸进出口总额49.4亿元，增长3.1%；实际利用外资1.4亿元，增长3.2%；完成全社会消费品零售总额40.58亿元。引进主导产业25个，其中国高企业23个，总投资金额51.7亿元；新增省级企业技术中心2家，省级“星创天地”4家，市级以上研发机构11家，市级农业科技创新中心3家。建设县级电子商务公共服务中心1个，村级电商服务站点72个。建成5G基站85个（移动50个、电信35个），有5G终端用户2.64万户。全域纳入光网全覆盖规划自然村20个，覆盖率100%；行政村4G网络覆盖率100%。

林业 全县完成森林碳汇重点生态工程建设种植100公顷，完成中央财政森林抚育项目333公顷，省级森林碳汇抚育工程133公顷。种植火焰木、白玉兰、紫薇等多种花色树种5000余株。签订桉树整治协议229宗，发证面积2773公顷，发证蓄积22.35万立方米。核发林木采伐许可证1098张，发证面积3306.89公顷，采伐蓄积25.04万立方米。投入资金600万元完成示范点有害生物防治1058公顷。投入资金92万元完成松材线虫病防治面积7200公顷。

水利水电 全县河长巡河3.81万人次，落实整改巡河发现问题4宗；开展全县“清漂”专项行动2次，清理河流水面水浮莲垃圾漂浮物4.06万吨；治理河长45.2千米；完成省民生实事新增1.2万人集中供水工程，投资1013.09万元，建成农村集中式供水工程241处。有小型水库除险加固项目24宗，上莞镇骆洞水库、蓝口镇长子坑水库和柳城镇梅子坑水库等3宗建设项目基本完成。严格执行取水许可制度，办理取水许可审批41件。开展取用水管理专项行动和用水统计调查工作，登记入库取水口237宗。

旅游 全年接待游客人数511.12万人，比上年下降50.7%；旅游收入33.53亿元，下降54.1%。出台《东源县民宿管理办法》，有星级民宿11间，接待人数8万人次，收入1000万元。

【社会事业发展概况】 **教育** 2020年，东源县有学校133所，其中职业学校2所，完全中学1所，高级中学2所，初级中学17所，九年一贯制学校8所，完全小学68所，教学点34所，特殊学校1所。有职业学校在校学生606人，中小学校在校学生54108人，幼儿园63所，在园幼儿11821人。推进叶潭中心小学等12所农村义务教育寄宿制学校建设。美的城小学于秋季开学，为县城增加1500个学位。县教育局加大公办幼儿园建设，推动东源县第二幼儿园改扩建项目、仙塘镇中心幼儿园等项目工程建设进度；回收国有资产幼儿园转为新型公办园11所，民办幼儿园转为普惠性幼儿园2所。深化职业教育教学改革，构建特殊教育公共服务体系，分类推进“三残”（智残、体残、肢残）适龄儿童少年公平接受教育普及提升工作，保障残疾适龄儿童少年就读义务教育权利，

“三残”儿童少年毛入学率98%。推进县城学校教师到乡镇学校支教，从县城学校中选派39名教师对口到乡镇学校支教；开展“县管校聘”第二阶段工作，分流教师184名，均衡地配置乡镇学校师资。

文化体育 文化广电旅游体育局组织文旅企业参加“东源县7月消费月活动”，助推文旅企业复苏回暖；直播助农扶贫活动，助推文旅企业产品。6月30日，举行“东源惠游一卡通”首发活动仪式，促进东源文旅企业加快复苏。成功创建省级全域旅游示范区。组织开展“义写春联进万家”活动；举办“国庆诗文朗诵会”等系列活动20场次；送戏曲进农村、进校园惠民展演15场次。组织参加广东省第三届民歌民乐大赛河源选拔赛、河源市第六届客家山歌表演赛。其中原创作品《歌从山中来》获2020河源市第六届客家山歌表演赛活动金奖、优秀创作奖，该作品选送参加2020年广东省第三届民歌民乐大赛；《美丽东江》获河源市2020年群众音乐舞蹈花会音乐类银奖。组织参加河源市第二届“非遗”摄影大赛，其中东源县“非遗”项目“汶水塘捕鱼节、香火龙”获摄影大赛三等奖。举办“东源县2020年全民健身日系列活动暨篮球友谊赛”、县直单位男子篮球联赛、羽毛球比赛。

卫生 东源县卫生监督所对全县公共场所经营单位检查267店次，着重检查疫情防控措施主体责任落实情况、持证及管理档案、用品消毒，发出卫生监督意见书267份；联合县教育局对学校卫生监督，检查105间次，着重监督饮用水卫生、传染病防控、教学环境、生活设施卫生情况。新冠肺炎疫情发生后，疫情防控检查医疗机构140家、公共场所50间、集中隔离观察点15个、镇村关卡25间、水厂3间、复工复产企业28家，发出卫生监督意见书168份，发放宣传折页1000余份。按照县委县政府创建省级卫生城市要求，指导公共场所经营户改善设施，整治卫生许可证持证率100%，从业人员健康证持证率100%。

环境保护 东源县环境空气质量达标率98.9%；土壤环境安全总体优良，受污染耕地及污染地块安全利用率达标大于90%。修订“一河一策”污染整治方案，划定赤竹径水库等5个饮用水水源保护区；完成木京河排污口整治、徐洞河污染源分类整治工程；整治饮用水源区违建别墅。推进城乡环境综合整治PPP项目，实现镇级生活污水处理厂全覆盖。基本完善具备收纳处置垃圾条件的灯塔、船塘垃圾填埋场。建成村级污水处理设施124座，1296个自然村实现雨污分流或暗渠化，跟进47个省定贫困村生活污水项目扫尾工作。新港污水处理厂完成提标升级改造任务。完成省固废平台申报登记企业118家，有医疗单位委托市医疗废物处理中心进行医疗废物安全处置47家。完成东源仙塘水质自动监测站建设，出具监测报告339份，获得环境质量监测数据17619个，污染源监测数据4798个。

交通 建设赣深高铁（东源段），在黄田镇设立东源站（河源北站），主线工程接近尾声。河惠莞高速公路（东源段）全长34.4千米，于1月1日建成通车；省道253线东源桂山至东星段路面大修工程项目路线长15.8千米，于12月完成。完成农村公路建设项目建设22个，累计完成里程94.31千米，累计完成投资9537万元。东江航道复航项目于9月29日全部完成。柳城东江大桥项目于年初竣工通车。

人力资源和社会保障 完成新增城镇就业4503人、创业302人、失业人员再就业1696人、创业带动就业903人，完成就业困难人员实现就业499人。城镇登记失业率控制在2.5%以内。为103家企业发放失业保险稳岗补贴188.34万元。开展农业实用技术培训班48期，贫困劳动力参与培训1637名，为贫困劳动力提供农技培训上门服务指导1838名。启用河源市东源县劳动力调查登记表小程序，实现在线登记劳动力累计2300人，成功入职1416人。开展“粤菜师傅”培训班10期，培训612人；开展“南粤家政”培训班13期，培训783人。新增行政许可民办职业培训机构3家。参加机关事业单位养老保险9503人，企业职工养老保险4.85万人，城镇职工医疗保险5.14万人，失业保险3.72万人，工伤保险4.76万人。城乡居民养老保险参保23.04万人，城乡居民医疗保险参保44.93万人。

安全监管 东源县发生各类生产经营性安全事故71起。安全生产领域行政处罚21家次企业（人）。受理申请烟花爆竹类许可证65宗、非煤矿山6宗、危险化学品类4宗；符合发证条件的有烟花爆竹63宗、非煤矿山6宗、危险化学品类4宗。编制总体应急预案和专项应急预案24个，编制修订专项应急预案7个，落实企业预案备案86家。组织开展各类应急演练30多场次。

【仙塘镇】 仙塘镇是东源县城所在地，东邻义合镇，南连紫金县临江镇，西接新港镇、源城区源南镇，北靠灯塔镇。属半丘陵、半平原地区，地势东北高西南低。总面积173平方千米，耕地面积753.73公顷。辖行政村13个、居委会4个，户籍总人口3.08万人。京九铁路和广梅汕铁路、205国道、粤赣高速公路经过境内。东江河从东北至西南贯穿境内，河道长12千米。镇内年产萤矿500万吨以上，高岭土储量3000万吨以上；有温泉资源和瓷土资源各1处；有南园古村、温泉山庄、东江野战俱乐部、东江画廊等旅游景点。有禾溪仙塘葡萄采摘、观塘公园樱花桃花赏花、到吉民宿为代表的特色乡村旅游。有镇文化站1个、村农家书屋14个。2020年，工业总产值68.7亿元；农业总产值1.36亿元，农民人均可支配收入18018.6元。

【灯塔镇】 位于东源县中部，为灯塔盆地腹地。东邻骆湖镇、曾田镇，南与义合镇、仙塘镇交界，西连双江镇、涧头镇，北与顺天镇接壤。镇域多为丘陵地带，地势东南高西北低。牛皮山为镇内最高山，海拔827米。辖区总面积198.35平方千米，山地面积1.47万公顷；常用耕地面积1970公顷。镇内矿产资源主要有稀土、瓷土、铁矿，主要农副产品有葡萄、鹰嘴蜜桃、杨梅、笋竹、有机蔬菜等。工业以钢铁、陶瓷、木业加工、矿产加工为主。2020年，辖行政村13个、居委会1个，总人口4.07万人；工业总产值19.97亿元，农业总产值3.04亿元，农民人均可支配收入13925元。

【双江镇】 位于东源县中部，属新丰江库区镇。东邻灯塔镇，南连新港镇，西接新丰江水库、锡场镇，北靠涧头镇、半江镇。属山地丘陵区，双江河由南向北流入新丰江水库，境内河道长9千米。辖区总面积121.29平方千米，山地面积1.2万公顷，耕地面积760.38公顷；辖行政村11个、居委会1个，总人口1.59万人。有石灰石、稀土等矿产资源和蜂蜜、西瓜、葡萄、蓝莓、杨梅、蜜柚、米酒等特产，有秦南越王“赵佗故城”遗址，中三叠世晚期菊花石化石群，古驿道主线长15.5千米、支线长26.5千米。有桥头圩遗址、白鹭湿地长廊、珠坑村马腰磜瀑布等旅游景点。2020年，农业总产值1.49亿元，农民人均可支配收入11235元。

【涧头镇】 位于东源县西北部，属新丰江库区镇。东连灯塔镇、顺天镇，南邻双江镇，西与半江镇交界，北接连平县。辖区总面积174.1平方千米，山地面积1.41万公顷。其中生态公益林1.12万公顷，森林覆盖率80.77%；耕地面积866.67公顷，其中水田面积640.43公顷。辖行政村12个、居委会1个，总人口1.76万人。镇内矿产资源有铁矿、金矿，特产有石坪茶、客家娘酒、河鲜等。有农业企业3家，茶叶基地种植面积366公顷，总产量536吨。文化遗迹有“将军府”“永定桥”。2020年，农业总产值1.67亿元，农民人均可支配收入12885元。

【顺天镇】 位于东源县北部，东邻船塘镇、骆湖镇，南接灯塔镇，西连涧头镇，北与连平县忠信镇交界。属灯塔盆地中心区域。辖区总面积114.28平方千米，地处丘陵地带，山地面积5900公顷，耕地面积1389.28公顷。辖行政村11个、居委会1个，总人口2.45万人。官（渡）汕（头）公路、粤赣高速公路穿境而过，忠信河、黄沙河在境内交汇后流入新丰江。土特产有柠檬、板栗、蓝莓、茶油等。建有现代农业示范区1个，在建优质农业项目8个。2020年，工业总产值1.32亿元，农业总产值2.49亿元，农民人均可支配收入18300元。

【骆湖镇】 位于东源县境中北部，东邻漳溪畲族乡、曾田镇，南接灯塔镇，西连顺天镇，北与船塘镇交界。辖区总面积98.5平方千米，山地面积6886.67公顷，耕地面积1028.82公顷。辖行政村9个、居委会1个，总人口2.23万人。镇域地势东南高、西北低，属丘陵地区。属灯塔盆地中心区域。广（州）梅（州）公路与河（源）船（塘）公路在境内交会。境内主要河流石马河全长20千米。镇内矿产资源有石灰石、瓷土、稀土及铅、锌矿，土特产有板栗、花生、茶叶。有较大型的农业龙头企业3家、新落户现代农业龙头企业3家、较大型种植基地4个、新型建材工业企业6家。2020年，工业总产值21.85亿元，农业总产值2.79亿元，农民人均可支配收入16458元。

【上莞镇】 位于东源县东北部，东与柳城镇、龙川县义都镇交界，南连曾田镇，西接漳溪畲族乡，北和船塘镇毗邻。辖区总面积97.48平方千米，林地面积6871.8公顷，生态公益林面积5669.13公顷，耕地面积1371.67公顷。辖行政村13个、居委会1个，总人口36732人。该镇是广东省茶叶专业镇、广东省优质茶叶示范基地，出产的“仙湖茶”茶叶是广东省名牌产品。茶叶种植面积1533.33公顷，年产量690吨。镇内石灰石资源丰富，探明储量逾1亿吨。有工业企业22家，规模以上工业及建材企业3家，其中，以和兴（旋窑）水泥厂为龙头的建材工业区逐步形成。2020年，工业总产值3.42亿元，农业总产值2.32亿元，农民人均可支配收入13624元。

【曾田镇】 位于东源县东北部，东接蓝口镇，南连黄田镇，西邻骆湖镇、灯塔镇，北与上莞镇、漳溪畲族乡接壤。辖区总面积139.57平方千米，林地面积1.18万公顷，耕地面积956.87公顷。辖行政村9个、居委会1个，总人口19720人。境内南部有缺牙山，最高山峰蝉子顶，海拔1125米。矿产资源有锡矿、钨矿、瓷土、石英砂，其中瓷土储量2000多万吨。特产有香菇、木耳、茶叶、蜂蜜、柿、毛竹等。2020年，有工业企业3家，其中蝉子顶风力发电场，装机33台，发电量11801.46万千瓦。2020年，工业总产值9500万元，农业总产值1.6亿元，农民人均可支配收入13647.5元。

【柳城镇】 位于东源县东部，地处东江中上游。东与龙川县佗城镇交界，南连蓝口镇，西邻曾田镇，北靠上莞镇。东江河、205国道、河龙高速、京九铁路、广梅汕铁路穿境而过。辖区总面积94.41平方千米，生态公益林面积4049.17公顷；耕地面积1083.93公顷，其中水田面积750.47公顷。辖行政村9个、居委会1个，总人口2.16万人。有“鱼米之乡”之称。主要矿产有石英石、稀土、硅、铁矿、石灰石等资源，全镇有厂矿企业50家，其中，有规模以上企业9家。农副产品有油茶、绿茶。油茶种植面积667.67公顷，年产量300吨；绿茶种植面积200公顷，年产量176.8吨。文化遗产有建于北宋时期文笔塔及清代古建筑民主堂各1处。

2020年，工业总产值4.6亿元，农业总产值0.95亿元，农民人均可支配收入16843.54元。

【船塘镇】 位于东源县北部，东北与和平县交界，东南与上莞镇相邻，南接漳溪畲族乡，西南与骆湖镇、顺天镇，西北与连平县相依。船塘街是附近乡镇较大的商品集散地。辖区总面积192.29平方千米，耕地面积3700公顷。辖行政村21个、居委会3个，总人口7.39万人。有河源市七大蔬菜基地之一主固村、福坑村；有全市最大的板栗基地，面积6666.67公顷，种植农户1.2万户，千亩基地6个；引进农产品加工企业4家；是全省休闲农业与乡村旅游示范镇。有板栗加工厂，年产量5431吨。是省级板栗专业技术创新试点镇板栗专业镇；农业部认定为第七批全国一镇一品示范村镇。矿产资源主要有铁矿、瓷土；土特产有"黄沙梨"、板栗、柿、黄沙李等。船塘中心卫生院改造为东源县第二人民医院。该镇工业以林、农副产品加工为主，有针织厂、板栗加工厂、米面加工厂8家。2020年，工业总产值9371万元，农业总产值60937万元，农民人均可支配收入18016.6元。

【漳溪畲族乡】 位于东源县北部，东连接上莞镇、船塘镇，南接骆湖镇、曾田镇，西依骆湖镇，北与船塘镇交界。该乡是东源县畲族主要聚居地，河源市唯一的少数民族乡，全省唯一的畲族乡。辖区总面积68.25平方千米，山地面积4760公顷，耕地面积1313公顷。辖行政村10个、居委会1个，总人口2.05万人，其中畲族人口7075人。镇内资源有森林、石灰石、黏土等，石灰石储量1亿吨以上，黏土储量0.8亿吨。主要特产有蒜头、板栗、油茶、山楂、三黄鸡等。旅游景区有"黄龙岩"风景区。畲族特色风俗"蓝大将军出巡"被列为广东省非物质文化遗产名录，汶水塘捕鱼节、显烈公巡游节被列为河源市非物质文化遗产名录。2020年，工业总产值10.3亿元，农业总产值8100万元，农民人均可支配收入17986元。

【黄村镇】 位于东源县东南部，东与龙川县紫市镇、五华县长布镇相邻，南与紫金县中坝镇交界，西连康禾镇，北接叶潭镇。该镇有海拔千米以上山峰10座，其中东北部与龙川县、五华县交界的七目嶂为全县最高峰，主峰海拔1318米。辖区总面积234.85平方千米，山地面积2.09万公顷，耕地面积1200公顷。辖行政村16个、居委会1个，总人口59316万人。矿产资源主要有锌、铝、钨、金、锡、钾、硫铁矿、萤石、稀土、瓷土等。温泉资源丰富，水温高达92℃，日流量8600立方米。该镇是广东省"用材林基地""杉树基地"之一。农副特色产业产品主要有山楂、生姜、米酒、腐竹、苦斋、灵粉等。黄村圩是相邻县乡镇的商品集散地。2020年，农业总产值1.7亿元，农民人均可支配收入19815.5元。

【叶潭镇】 位于东源县境东部，东邻龙川县紫市镇，南连黄村镇，西接康禾镇，北与蓝口镇、龙川县交界。辖区总面积169.51平方千米，山地面积1.27万公顷，耕地面积933.3公顷。辖行政村13个、居委会1个，总人口3.83万人。最高峰峣嶂红花顶海拔1028米。主要矿产资源有萤矿、石英石、瓷土等。文物史迹有儒步村中共河源县委旧址。农作物主要有水稻、大豆、花生等，农副产品主要有叶潭腐竹、峣嶂茶叶、叶潭柚。有柚子种植基地4个，年产748吨；茶叶基地1个，种植面积46公顷，产量65多吨。腐竹加工企业2家，年产腐竹508吨。2020年，工业总产值3191万元，农业总产值14267万元，农民人均可支配收入13488元。

【蓝口镇】 位于东源县东部、东江中上游，东邻叶潭镇，南连康禾镇、黄田镇，西接曾田镇，北与柳城镇毗邻。东江河自东向西南方向流过。205国道、河龙高速公路、省道石黄线及广梅汕、京九铁路穿境而过。辖区总面积196.97平方千米，山地面积1.47万公顷，耕地面积2186.67公顷。辖行政村22个、居委会2个，总人口4.43万人。主要矿产资源有石英石、稀土、瓷土，其中石英石矿储量1亿吨，稀土矿储量500万吨。有工业企业38家，其中规模以上7家；有茶叶、蔬菜、生猪、四大家鱼、蜂蜜、花生、柠檬、柑橘农产品养殖种植基地，其中四大家鱼养殖水面积84公顷，年产562.8吨。2020年，工业总产值21.8亿元，农业总产值2.18亿元，农民人均可支配收入20460.4元。

【康禾镇】 位于东源县东南部，东邻叶潭镇、黄村镇，南与紫金县黄塘镇、紫城镇交界，西连黄田镇，北与蓝口镇接壤。辖区总面积230.92平方千米，山地面积2.27万公顷，耕地面积1213.6公顷。辖行政村11个、居委会1个，总人口2.54万人。有锡、萤石、水晶、瓷土、钾长石等矿产资源和省级自然生态保护区。有水电站20座，总装机容量10060千瓦；有康泉十八国际生态旅游城项目和四角楼、八角楼为代表的客家文化古建筑群。特产"康禾贡茶"有千年历史，为清康熙至嘉庆年间宫廷贡品，远近闻名。该镇是广东省茶果专业镇、广东森林小镇、康禾温泉国家森林公园。2020年，工业总产值6225万元，农业总产值18591万元，农民人均可支配收入12617元。

【黄田镇】 位于东源县东南部、东江中上游。东邻康禾镇，南接紫金县黄塘镇，西连义合镇，北与蓝口镇、曾田镇交界。河龙高速、京九铁路、广梅汕铁路、东江河贯穿境内。辖区总面积245.25平方千米，耕地面积1371.2公顷。辖行政村17个、居委会2个，总人口2.61万人。有铁、钨、萤石、瓷土等矿产和温泉、矿泉水。有金黄田等酿酒企业4家、广东金宇环境科技有限公司矿业金属公司1家、水电站7座，有国家

AAAA级旅游景区——叶园温泉旅游度假村和东江两岸15千米的绿竹长廊。特产有油茶、陈村茶、蜂蜜、黄竹和"黄田米酒"，其中"黄田米酒"年产量3682吨。2020年，工业总产值5.17亿元，农业总产值1.13亿元，农民人均可支配收入12700元。

【义合镇】 位于东源县南部、东江中上游，东邻黄田镇，南和紫金县柏埔镇交界，西连仙塘镇，北接灯塔镇。东江河、河梅高速公路、京九铁路、广梅汕铁路穿境而过。辖区总面积176.77平方千米，山地面积1.4万公顷，耕地面积1079.9公顷。辖行政村9个、居委会1个，总人口2.09万人。矿产资源主要有铀矿、稀土矿、锡矿、萤矿，主要旅游景点有苏家围客家乡村旅游区、阮啸仙故居，境内有东江国家级湿地公园。有工业企业5家，建有赤灵芝产品生产基地，种植面积36.67公顷；农副产业产品有义合鸭、酸竹笋、赤灵芝、红心蜜柚、水蜜桃等。2020年，工业总产值4529万元，农业总产值11820万元，农民人均可支配收入11056元。

【新回龙镇】 位于东源县西南部、新丰江水库区南边陲，属新丰江库区镇。东邻新港镇，南与源城区埔前镇、博罗县公庄镇交界，西连龙门县蓝田瑶族乡、平陵镇，北接锡场镇。辖区总面积235.43平方千米，山地面积2.67万公顷，水域面积1.36万公顷，耕地面积458公顷。辖行政村10个，总人口9521人，常住人口2300人。主要矿产资源有钨、锡、铅、锌和稀土矿。有小水电站9家，总装机容量3210千瓦。主要特产有绿竹、茶叶、柑橘、百香果、灵芝、香菇、木耳、蓝莓、金银花、柠檬、蜂蜜、鱼干、笋干。是绿竹产业专业镇，绿竹面积1333.33公顷。全镇有以原生态万绿谷休闲旅游度假风景区为依托的四大旅游区。2020年，工农业总产值6785万元，农民人均可支配收入18048元。

【锡场镇】 位于东源县西部，属新丰江水库区镇。东邻双江镇、新港镇，南接新回龙镇，西连龙门县蓝田瑶族乡，北与半江镇、新丰县码头镇交界。因富藏锡矿而取名锡场。辖区总面积402.39平方千米，山地面积4.25万公顷，耕地面积438公顷。辖行政村11个、居委会1个、林场1个，总人口1.10万人。主要矿产资源有稀土矿、锡矿、煤矿和石英石，境内有"大叶山"省级珍贵动植物自然保护区和建于清道光年间的颜检墓。镇内企业以小水电为主，有小水电10家，有农业产业园6个。特色农副产品有桂花鱼、灵芝、香菇、木耳、蜂蜜、鱼干、柑橘、百香果、高山油茶，其中灵芝种植分布在6个行政村，年产量300吨，被评为河源市"灵芝专业镇"。主要旅游景点有库区"三里长峡"，有休闲生态旅游农家乐山庄7家。2020年，农业总产值6677万元，农民人均可支配收入18047.7元。

【半江镇】 位于东源县西北部、新丰江水库上游。东邻涧头镇、双江镇，南连锡场镇，西和新丰县石角镇、马头镇接壤，北与新丰县大席镇、连平县田源镇交界。属新丰江库区镇。辖区总面积253.22平方千米，水域面积39.15平方千米，地表水质达国家Ⅰ类标准。耕地面积243公顷，其中水田面积133.87公顷。辖行政村9个，总人口9981人。矿产资源有铁、锡、钨、稀土矿，农副产品有大灵芝、香菇、木耳、蜂蜜、茶叶、柑橘、百香果等。森林、水力资源丰富，被誉为北回归线上的绿洲。该镇有工业企业4家、小型水电站9座，装机容量7000千瓦。2020年，工业总产值2100万元，农业总产值8630万元，农民人均可支配收入11750元。

【新港镇】 位于东源县西南部，属新丰江水库区镇。东与仙塘镇交界，南连河源市源城区，西与新回龙、锡场镇接壤，北与双江镇相邻。辖区总面积166.11平方千米，耕地面积411.6公顷。辖行政村9个、居委会3个，总人口19085人。主要矿产有瓷土、稀土、石灰石。是河源市首个旅游镇，有万绿湖旅游码头、"得绿寨""水月湾""镜花岭""客家风情小镇一条街"等旅游景点。是国家级生态乡镇、中华蜜蜂之乡、省级生态示范镇、省级太阳能推广和应用示范镇。2020年，农业总产值7302万元，农民人均可支配收入14086元。

2020年东源县领导成员名单

中共东源县委员会

书　记：

孔德胜（2020.01—　）

副书记：

秦卫民（2020.04—　，2020.04—2020.06任县委副书记、代县长）

常　委：

缪运传

肖丽花（　—2020.06）

张晓玲（　—2020.07）

张衍彪

孙起成

陈文华

林智海（　—2020.10）

王卓勇

赖建军（2020.11—　）

东源县人大常委会

主　任：

程晓华

副主任：

李浩平

陈维安

吴健毅

邓声波

朱日新（　—2020.11）

杨　雄

东源县人民政府

县　长：

骆世文（　—2020.04）

秦卫民（2020.05— ）

副县长：

张衍彪

郭周正

叶永强

黄焕辉（ —2020.05）

张志雄

刘云锋（2020.05— ）

蓝锦建（2020.07— ）

王维红（挂职，2020.05— ）

政协东源县委员会

主 席：

黄海泉

副主席：

王蓝天

许小强

张文浩（ —2020.09）

李添鸿

刘永辉

潘刚明

中共东源县纪律检查委员会 东源县监察委员会

书记、主任：

刘贞华（ —2020.04）

李海峰（2020.05— ，2020.06—兼任监察委主任）

（刘志平 赖超清 欧阳小丽 钟志超 欧建平 曾利明 欧阳宏汉 欧小娜 林俊坤 刘 达）

和平县

【基本情况】 建置沿革 和平县于明正德十三年（1518）置县，县城设于和平峒羊子埔（阳明镇），定名和平县，属惠州府辖。1949年5月24日，和平县解放。先属东江行政专区，后粤北行政专区，1956年改属惠阳地区专员公署，1958年11月，与连平县合并后称连平县，县政府设在忠信；1960年7月，县政府迁回阳明镇改称和平县，属韶关地区专员公署。1962年6月连平和平分县，恢复和平县建制，改属惠阳地区专员公署。1988年河源撤县设市后，为河源市所辖。

位置面积 和平县地处北纬24°5′—24°42′，东经114°41′—115°16′，位于广东省东北部，东江上游，粤赣边境的九连山地区。东连龙川县，南邻东源县，西毗连平县，北与江西省定南县、龙南县接壤。古称是“联络闽广，带控龙南、安远，要害之地”，当今是京九铁路入粤第一县、广东沿海地区向内地辐射的一个窗口。和平县辖阳明、大坝、长塘、下车、上陵、优胜、贝墩、古寨、彭寨、合水、公白、青州、浰源、热水、东水、礼士、林寨17个镇245个村（居）及一个市属国有黎明林场。县城设于阳明镇，南距广州市318千米，北距赣州市250千米。辖区东西最大距离54.34千米，南北最大距离60.34千米。总面积2292.08平方千米。

人口、民族 2020年年末，和平县总人口56万人，其中城镇人口13.06万人，民族主要为汉族，有一小部分为畲族。

地形 县境地形复杂起伏较大，大致西北高东南低。西北部崇山峻岭，中部和东南部是丘陵地，其中间有峡谷平原，各占全县总面积的比例是47.8∶45.8∶6.4。西北部最高峰风吹蝴蝶嶂（浰源镇境内）海拔1272米，东南最低点浰江河峡谷平原海拔75米。

气候 和平县地处粤北九连山区，属中亚热带季风气候，具有气候温和、雨量充沛、光照充足、霜期较短、生长季长、季风明显的气候特点。年平均气温19.7℃，最冷月平均气温10.0℃，最热月平均气温27.5℃，历年极端最高气温38.6℃，极端最低气温-4.5℃；雨量充沛，年平均降雨量1717.1毫米，降雨集中期为2—9月，占全年降雨量89%；年平均相对湿度80%，最小相对湿度10%；无霜期长，年平均无霜期308天；全年日照1666.3小时，日照百分率38%；年平均风速1.9米/秒，最多风向为NNE风；年平均蒸发量1479.8毫米；年雷暴日数73.2天。主要气象灾害有低温阴雨、暴雨洪涝、干旱、寒露风及低温冻害等。

河流 境内河道属珠江大流域，县内流域面积2284平方千米。主要河道有一级河浰江1条，总长128.26千米；二级河鱼潭江、和平水、定南水3条，长111千米。境内最大的河流为浰江河，从西北至东南流经境内浰源、热水、合水、阳明、公白、彭寨、林寨、东水等镇，长128.26千米，流域面积1677平方千米，年均流量41.96立方米/秒，主要支流有：和平水、鱼潭江水、油竹坝水、彭寨水、长塘水、定南水等。

自然资源 主要有土地、森林、水力、矿产（含地热）等四大类。有土地资源23.11万公顷，可耕地1.5万公顷；有林地16.9万公顷，植物品种900余种，森林覆盖率71.8%；水力资源理论蕴藏量10.7万千瓦，可开发的有6.3万千瓦；矿产资源有石灰石、膨润土、高岭土、稀土、铁等30多种，量多且质优，热量较高的地热主要有12处。

旅游资源 和平县地处九连山腹地东江上游，是京九铁路和粤赣高速入粤第一县，是中国温泉之乡、全国休闲农业与乡村旅游示范县、广东旅游强县。主要旅游景点有热龙温泉度假村、热水漂流、荣佳国韵度假村、林寨古村、兴隆客家民俗村、阳明公园等。

【经济发展概况】 2020年，和平县完成地区生产总值122.44亿元。农业总产值37亿元，比上年增长5.6%。地方一般公共预算收入6.99亿元，增长3.5%。举办春季和秋冬季经贸活动，朗轩眼镜、瑞祥塑料、越秀风行等项目落户和平，实现签约项目31个、总投资130.7亿元，开工项目27个、总投资101.6亿元，投产项目25个、总投资37.6亿元。实施64个重点项目，完成投资53.9亿元；其中15个省市重点项目完成投资24.3亿元。

农业 2020年，和平县粮食播种面积2.11万公顷，总产量11.7万吨。发展政策性农业保险，基本实现地方特色农产品应保尽保。灯塔盆地（和平片区）产业效益提升，恒大援建现代农业产业园基本完成。腐竹省级现代农业产业园加快建设，猕猴桃省级现代农业产业园建成使用。和盛食品、天生卫康等现代农业项目加快建设。和平猕猴桃、百香果入选全国名特优新农产品名录；猕猴桃出口迪拜，实现广东猕猴桃出口“零的突破”。新建设“一村一品、一镇一业”项目20个，新认证绿色食品9个，新培育省级农业龙头企业2家、市级11家。农村占用耕地建房整改基本完成，省挂牌整治土地工作通过验收。完成拆旧复垦23.47公顷，建设高标准基本农田593.34公顷。完成一批小型水库应急除险工程和56宗小型水库标准化建设。

工业　投资2.3亿元，推动福和产业园扩园1.2平方千米。大坝集聚区1.28平方千米基础设施建设加快推进。清理盘活园区闲置用地4.27公顷、厂房6000平方米。和平药业、南和产业转移基地二期等投资10亿元项目动工建设，韶钢智能型网络钢厂和钟表科创城项目有序推进，深圳长丰集团总部整体搬迁落户和平。新九州一期、新尚诺瓦、利晖针织等项目投产运营。完善福和产业合作协议，引进“双区”企业14家。

第三产业　热龙温泉、荣佳国韵温泉提升改造，旅游景点服务配套逐步完善，新建、改扩建旅游厕所53座。推出“绿色和平·最美客乡”精品旅游线路，推动乡村旅游点、民宿联动发展。弘顺省级森林康养基地、公白花海、翠山竹海加快建设。接待游客80.24万人次，实现旅游收入6.18亿元。创建国家级电子商务进农村综合示范县，电子商务公共服务中心建成使用。

【社会事业发展概况】　教育卫生文化　2020年，和平县落实学前教育三年行动计划，率先完成学前教育“5080”（公办幼儿园占比50%，公办幼儿园和普惠性民办幼儿园比达80%以上）目标。福星中学、上城幼儿园建成开学，福星幼儿园启动建设。乡村小规模学校和乡镇寄宿制学校建设有序推进，浰源中心小学、林寨兴井教学点完成扩建。县教师发展中心投入使用。紧密型县域医共体试点建设推进。县人民医院综合楼（二期）扩建、县妇幼保健院新院、和康医院完成建设，县疾控中心公共卫生实验大楼及县人民医院传染楼扩建项目动工建设。县博物馆升级国家三级博物馆，文保单位抢救修复、红色遗址修缮保护工作稳步推进。举办省科技文化卫生“三下乡”主场活动。

科技　和平县认定国家级高新技术企业5家。技改投资9.2亿元、技术改造企业12家，超额完成市下达年度任务。

交通　人环城公路一期基本建成，赣深高铁（和平段）、大环城公路二期有力推进。完成下车至竹园出省公路建设、国道358线兴隆中桥至芬沙段和国道238线定河桥至桃源段、贝溪至狐狸坳段路面升级改造。农村公路“路长制”有力实施，“四好农村路”建设成效显著，完成“畅返不畅”公路改造171千米、农村公路生命防护工程136.8千米。铁路沿线安全、货运乱象整治深入地开展。

扩容提质　和平县高铁新区概念性、控制性、修建性等规划编制高标准推进，安置小区和“两路一广场”建设有序推进。西门桥建成使用，完成背街小巷改造升级8处，新建公厕3座、改造2座，南园、福和、阳明3个农贸市场顺利封顶，新建一批县城电动汽车充电桩。东方国际二期、碧桂园、幸福里等一批高品质商住小区加快建设。拆除违法建筑42宗，城市“六乱”得到有效整治，全国县级文明城市提名城市创建工作扎实推进。

镇村面貌　农村人居环境整治全域推进，开展“百日行动”和村庄清洁行动，拆除破旧泥砖房150余万平方米，清理村内沟渠902.5千米、村内水塘1523口。“厕所革命”任务全面完成，新建公厕144座、改造户厕672户。完成合水生态宜居美丽乡村示范镇和农村“四小园”示范点创建，高标准建设粤赣高速沿线（和平段）美丽乡村示范带、粤赣交界生态宜居美丽乡村示范村和农村人居环境整治示范村，四村连片项目建设有序推进。大坝镇石谷村入选全国乡村治理示范村名录。

生态保护　高质量完成中央环保督察案件整改，建成镇级污水处理设施18座、村级污水处理设施241个，81%自然村实现雨污分流，建设进度居全市前列。河（湖）长制纵深推进，“清四乱”常态化开展，农业面源污染有效防治。完成森林碳汇造林1.5万亩（1000公顷）、森林抚育1.64万公顷、松材线虫病疫情除治6560公顷。

脱贫攻坚　和平县“两不愁三保障一相当”政策全面落实，建档立卡贫困户4974户12657名相对贫困人口全部脱贫，42个省定贫困村全部出列，贫困户人均可支配收入提高到1.57万元，贫困堡垒全面攻克。在全国首创“消费返还”扶贫模式，在全省创新开展省定贫困村党建标准化和“微党校”建设，成功建立德福、和盛、福楼等带贫益贫模式，为有效衔接乡村振兴夯实基础。

民生保障　2020年，和平县推进“粤菜师傅”“南粤家政”“广东技工”“农村电商”培训，城镇新增就业人数4826人，城镇登记失业率2.34%。退休人员养老金、城乡居民医保待遇、城乡低保、五保供养和残疾人“两项补贴”标准进一步提高，县社会福利中心项目开工建设。医药价格管理机制、医保支付方式改革持续推进，社会保障水平大幅提升。社会养老、慈善救助、妇女儿童权益保障得到有效加强。“6·10”“6·12”灾后重建16个省级补助项目、433个系列修建工程如期完成。

【阳明镇】　位于和平县中部，是县城所在地和中心镇之一，是全县的政治、经济、文化中心。全镇总面积186.24平方千米。耕地面积1066.67公顷，山林面积13133.33公顷。下辖22个村民委员会和10个社区居民委员会，户籍人口

10.46万人。京九铁路、粤赣高速公路、省道忠定公路、和洋公路贯穿全镇。有阳明公园（阳明博物馆）、高泉寺、仙女灵石、福音堂、淞沪抗日和籍烈士纪念碑等旅游景点。2020年，工农业总产值12.79亿元，比上年增长2.5%。其中工业总产值9.49亿元，增长3%；农业总产值3.3亿元，增长2%。

【大坝镇】位于和平县东北部，毗邻和平县城，东邻优胜镇，南依阳明镇，西接热水、浰源镇，北靠上陵镇，是和平县革命老区镇。总面积182.09平方千米，有林面积14493.33公顷，耕地面积1060公顷。下辖15个行政村和1个街镇居委会，总人口4.27万人。有香菇、木耳、竹笋、椪柑等特产。有高岭土（瓷土）、稀土、铁矿等矿产资源和丰厚的温泉资源。镇内建有福和产业转移园大坝工业区，占地面积139.33公顷，有29家塑料再生企业入驻。京九铁路、赣深高铁、和平县城大环城路经过该镇。主要旅游景点有天上人间温泉度假村、水背村古村落、嘉禾岗围龙屋、半坑五花嶂、京九铁路第一特高铁架桥等。2020年，农业总产值2.38亿元，农村居民人均可支配收入15273元。

【上陵镇】位于和平县北部，东与下车镇毗邻，南与大坝镇接壤，西北与江西省定南县相连，全镇总面积146.65平方千米，其中山地面积12333.33公顷，耕地面积800公顷。下辖15个行政村和1个街镇居委会，总人口3.12万人。粤赣高速公路从该镇经过，设有上陵出口。有竹笋、香菇、木耳、油茶、椪柑、百香果等特色农副产品。该镇毛竹资源丰富，建有翠山村丰产高效毛竹示范基地，其中“翠山竹海”正打造成为具有观光和竹工艺品加工的特色品牌——集休闲娱乐为一体的旅游胜地。2020年，农林牧渔业总产值1.76亿元，比上年增长 12.25%。

【下车镇】位于和平县东北部，是广东省中心镇之一。下车镇地形以丘陵为主，主要河流属东江水系，境内长20千米。全镇总面积134.46平方千米，下辖11个村委会和1个居委会。总人口2.35万人。经济以农业为主，盛产大米、猕猴桃、香菇、木耳、油茶、毛竹等农副产品。镇内有稀土、钨矿等丰富矿产资源。水果种植面积1533.33公顷，其中“一乡一品”猕猴桃种植1200公顷，总产量2500吨，总产值5500万元。2020年，全镇农业总产值2.27亿元；农民人均纯收入15533元，比上年增长4.2%。

【长塘镇】位于和平县东北部，东与龙川接壤，南与贝墩相连，西毗优胜，北邻下车，总面积170.84平方千米。下辖12个行政村和1个街镇社区委员会，总人口2.44万人，汉族居多，小部分为畲族。耕地面积1400公顷，山地面积13333.33公顷，建成优质稻基地1个，甜玉米基地2个，油茶基地1个。建有龙陂、苏光、罗福等水电站。有6平方千米的稀土矿带段。旅游景点有雪山嶂、赤石嶂、木龙嶂等。2020年，农业总产值1.23亿元，农村居民人均可支配收入16428元。

【优胜镇】位于和平县东北部，东邻长塘镇、贝墩镇，南依彭寨镇，西接上陵镇、大坝镇、阳明镇，北靠下车镇，总面积114.44平方千米。省道S229线贯穿全镇。下辖8个行政村和1个街镇居委会，总人口1.77万人。全镇经济以农业为主。该镇水利资源丰富，优胜河斜贯全境，总落差近300米。矿产资源蕴藏量较大的有稀土、瓷土等。2020年，农业总产值0.79亿元，农作物总播种面1776.4公顷。

【贝墩镇】位于和平县东部，东与龙川县车田镇交界，南与古寨镇接壤，西与彭寨镇相连，北与优胜、长塘镇毗邻，总面积132.45平方千米。辖15个行政村及1个街道居委会（社区），户籍人口为3.2万人。建有老园、崩凶、聂子石3座县属水力发电站。温泉资源，各类泉眼有30多处，流量大，温度在80 ℃—93℃之间，其中地处贝墩街北100米处“沸墩”，高约5米，形似鼓，墩顶上终年涌出沸水，水温87℃。有稀土、氟石矿、铁矿等资源。旅游资源有沸墩、铁扇关门、仙女嶂、九峰嶂等。贝墩镇素有特产之乡的美称，主要有贝墩米酒、豆腐、腐竹、牛肉干等特产。2020年，农业生产总值2.03亿元，比上年增长7%；农民可支配收入16428元,增长17.7%。

【古寨镇】位于和平县东南部，东邻龙川县黄石镇，南、西紧连彭寨镇，北毗贝墩镇。全镇总面积64.28平方千米,其中耕地面积633公顷。下辖7个行政村和1个社区居委会，总人口1.5万人。东江支流——鱼潭江流经镇域，全长22千米，最大河宽200多米，建有古寨水电站，装机容量1600千瓦。镇内蕴藏丰富的河沙、山石、稀土、瓷土等矿产资源。该镇河东村是中共和东分工委、和东行政委员会、粤赣湘边纵队东二支六团团部（旧址）所在地，又称九连小延安。特色生态农业基地有：河源市龙峰生态农业有限公司、丰江生态有限公司、古寨葡萄种植基地。2020年，农业生产总值0.75亿元，粮食总产量4060吨，农村居民人均可支配收入1.5万元。

【彭寨镇】位于和平县的东南部，东与古寨、贝墩两镇以及龙川县交界，南与林寨、东水接壤，西与公白、阳明相邻，北与阳明、优胜相接，全镇总面积208.83平方千米。下辖27个村委会和4个居委会，总人口7.2万人，是广东省定中心镇，全国重点镇。主要特产有万家香优质大米、松脂、高山茶油、高山脐橙、百香果等。有稀土矿、石灰石、温泉等自然资源。有省非物质文化遗产“墩头蓝”纺织技艺以及万家寨、熊家嶂、尖石峰、“十八围”等旅游景点。2020年，农林牧渔业总产值3.47亿元，农作物种植面积3501公顷。

【林寨镇】 位于和平县东南部，东邻东水，南连礼士，西依公白，北接彭寨。全镇总面积93.05平方千米。下辖11个行政村和1个居委会，总人口3.1万人，其中畲族人口约占1%，有海外华侨、港澳同胞300余人。京九铁路自西北向东南穿镇而过，有4级火车站1个。遗存有古巷、古井、古墙、古道、古寺、古亭、古桥、古树等"老八古"文物旧址，有林寨古村、留云古寺、天后宫、七叠泉、撑腰石、云外赏、响水滩、蟾蜍石等旅游景点。主要农产品有果蔗、柿子、板栗、青瓜、萝卜、苦瓜、油菜等，获和平县名优特蔬菜示范镇称号；有饮誉东江的客家八酿：酿香菇、酿豆腐、酿菜卷、酿腐卷、酿荷包蛋、酿草包、酿苦瓜干、酿三宝等，竹木、黏土、瓷土、铁矿等自然资源，有装机容量1200千瓦的水电站1座。2020年，实现工业总产值0.46亿元，农村居民人均可支配收入16980元，全镇粮食总产量5989吨。

【东水镇】 位于和平县最南端，东江、浰江汇合处。东与龙川县黄石镇交界，南临龙川县四都、义都镇，西与和平县林寨镇、礼士镇接壤，北靠和平县彭寨镇，总面积153.86平方千米。下辖19个行政村（含1个少数民族村，畲族人口741人）和1个居委会，总人口4.17万人。京九铁路贯穿6个行政村，全长16千米，四级火车站已关闭。在建赣深高铁经过5个行政村，全长8.7千米。2020年，东水镇融入灯塔盆地国家现代农业示范区规划布局，利用盛产高山盘皇茶（马增茶）的优势，扩大增坑"盘皇茶"品牌产业，增坑、莫丰、中心村马增茶种植面积88.67公顷。主要水果有百香果、柚子。浰江、东江在该镇汇合，建有罗营口水电站、东水水电站、月坑水电站、蕉坑水电站。旅游景点有大坝古村落、上坝村美术写生培训基地。

【礼士镇】 位于和平县最南端，东邻林寨、东水两镇，西南与东源县船塘镇为邻，西北与公白镇接壤，总面积74.12平方千米。下辖8个村委会和1个社区居委会，总人口2.14万人。发展旅游观光采摘产业，打造农业休闲小镇，有下洞村农业观光园项目、澄心村虎竹嶂梯田花海风景区项目、荷花产业项目等3个初具规模的农业观光采摘旅游产业项目。荷花莲子种植面积33.33公顷，油茶种植面积267公顷，百香果种植面积20公顷。矿产资源有矿泉水、瓷土、稀土等。2020年，农业总产值1.80亿元。

【公白镇】 位于和平县南部，东与礼士镇接壤，南部与东源县船塘镇交界，西与连平县绣缎镇毗邻，北与合水镇相邻，面积64.41平方千米。地势西北高，东南低，境内丘陵遍布，面积占60%，是灯塔盆地北部边缘地带。下辖7个行政村和1个居委会，总人口1.36万人。2020年，农业总产值1.43亿元，比上年增长12.6%；农村居民人均可支配收入1.57万元。

【合水镇】 位于和平县南部，南邻连平县绣缎镇，东北接和平县阳明镇，西接和平县青州镇，素有和平县南大门之称。总面积135.85平方千米。下辖12个村和1个居委会，总人口3万人。主要经济作物有水稻、油茶、百香果、玉米、蔬菜、花生等，其中油茶种植面积约2000公顷，年产油约105万千克。风景名胜有丰岭村的狮子岩洞和寺庙、彰洞村古村落、丰洋村石人坑石人峰、兴径村客家围龙屋博山老屋、和平县黄石坳省级自然保护区等。2020年，农业总产值18983万元，农村居民人均可支配收入16428元。

【青州镇】 位于和平县西南部，地处粤东北的九连山腹地，东邻合水镇，南依连平县绣缎镇，西接连平县九连镇，北靠热水镇，总面积119.49平方千米。下辖10个行政村和1个居委会，人口1.86万人。主要经济作物有茶叶、猕猴桃、百香果、番薯和蔬菜。辖区内有省级重点农业龙头企业1家，市级重点龙头企业2家，市级农民专业合作示范单位1家。青州镇地势较高，平均海拔475米，大部分高山达600米以上，素有和平"西藏"之称。特色农产品主要有茶叶、茶油、猕猴桃、柰李、百香果、澳洲坚果、八角等。有连和县人民政府旧址、中共九连工委旧址、中共九连工委军政干部培训班旧址等革命遗址，有500年历史的青州"蟹形围屋""永兴围"客家古建筑，有粤赣古道、万亩樱花茶园、猕猴桃和百香果观光采摘园等。其中粤赣古道（青州段）长约33.4千米，保存较好的近10千米，主干线横穿片田、星和、星联3个行政村。2020年，全镇农业生产总值1.50亿元，人均收入14880元。

【热水镇】 位于和平县西部，东与阳明镇相邻，南与青州镇、合水镇相邻，西与连平县九连镇相邻，北与浰源镇相邻。是革命老区镇。全镇总面积172.51平方千米，耕地面积351.5公顷，山林面积13066.66公顷。下辖7个村民委员会和街镇1个居委会，总人口1.87万人。该镇盛产香菇、木耳、茶叶、五指毛桃等。镇内水资源丰富，筑有黄峰斗电站、峰山嘴电站、九连电站、石圳电站、九宫庙电站。热水镇是旅游特色小镇，主要旅游景点有热龙旅游度假村、热水漂流、中共和平县第一支部旧址、兴隆民俗文化村、方华故居、紫微帝庙、蝴蝶峰度假村等。2020年，粮食总播种面积472公顷，农业总产值7153万元，农村居民人均可支配收入1.52万元。

【浰源镇】 位于和平县西北部山区，系东江支流浰江的源头，故称浰头。总面积158.88平方千米，其中耕地1129公顷，山林13066公顷。下辖8个行政村和1个街道居委会，总人口2.26万人。镇内矿产资源丰富，有天然水晶石、钾矿石、石英石、稀土、乌矿、萤石矿、煤矿等，土特产有野生香菇、木耳、灵芝草、砚仔塘茶叶、高山油（茶油）、蜂蜜、竹笋等。该镇生态旅游资源丰富，有和平县第二批文物保护单位——浰源水口九公庙（明代建筑物）。和平县八境之一"李田仙岩"，还有白氏宗祠、文峰塔、陈万大将纪念亭、九连山主峰"风吹蝴蝶""千担坝"遗迹、农民起义领袖池仲容故居遗址以及九庵十三庙等。2020年，全镇农业总产值1.76亿元。

2020年和平县领导成员名单

中共和平县委员会

书　记：

陈劲松

副书记：

黄海生（　—2020.12）

陈志斌（2020.01—　）

常　委：

黄伟章

袁华丽（　—2020.10）

张庆祥

吴粤杰

陈逢春

何东辉

余　雄

陈　雄（2020.05—　）

曹敏捷（2020.07—　）

邝茂华（2020.10—　）

和平县人大常委会

主　任：

朱仁恩

副主任：

陈定波

徐南安

黄月胜

陈奕铭

陈瑞怡

叶小芳

和平县人民政府

县　长：

黄海生（　—2020.12）

副县长：

张庆祥

吴维红

曹敏捷（　—2020.08）

邓益成

朱俊威

洪炎雄

政协和平县委员会

主　席：

吴扶峰

副主席：

黄小练

叶汉青

黄若华

杨建华

陈新页

中共和平县纪律检查委员会 和平县监察委员会

书记、主任：

余　雄

（朱李松）

龙川县

【基本情况】 **建置沿革** 秦始皇三十三年（前214）平定南越始置龙川县。置县之初，疆域辽阔，包括现在的龙川、五华、兴宁、东源、源城、和平、连平等县境以及新丰、陆丰、紫金、江西省寻乌等县（市）的部分地域。东晋咸和六年（331）至明正德十三年（1518）间，龙川先后分置兴宁、河源、雷乡、新丰、和平等县。自明嘉靖至今县境疆域基本稳定无大变化。1949年5月，龙川解放，隶属东江行政委员会，1952年属粤东行政专员公署，1956年属惠阳地区专员公署，1959年属韶关地区专员公署，1963年恢复惠阳地区专员公署，龙川属之。1988年，设立河源市，龙川属之。

位置面积 龙川县位于广东省东北部，东江和韩江上游，东接兴宁、五华县，西南连和平、东源县，北界江西省。地处北纬23° 50′ 57″ — 24° 47′ 03″，东经115° 03′ 13″ — 115° 35′ 18″ 之间。全县境域东西宽54千米，南北长103千米，总面积3081.31平方千米。境内有梅河、河惠莞、汕昆高速公路，205国道穿县而过，在建中的赣深高铁和双龙高铁在龙川设站，京九、广梅汕铁路在县城老隆交会，为南北交通枢纽之一和客货流集散地。

人口、民族 龙川县有24个镇，315个行政村，42个居委会。2020年年末，全县总户数28.96万户，户籍人口97.68万人。其中，男性50.25万人，女性47.43万人。县城老隆镇30万人。民族主要以汉族为主，其次为畲族。

地形、地势 龙川县地形以山河相间，山间谷地、丘陵盆地、江河冲击地交错分布。主要以山地、丘陵为主，占全县总面积的85.7%，谷地平原占14.3%。地势南北高、中间低，似马鞍形。

主要山脉 龙川县山脉以四周向中间递减高程，西北较高，东南较低。全县有海拔500米以上山峰43座，海拔1000米以上的山峰有七目嶂、野猪嶂、金石嶂、大帽山、羊里嶂、火星嶂6座。其中最高峰是位于县境东南部紫市镇与东源县、五华县交界处的七目嶂，海拔1318米。

主要河流 龙川境内的河流，统属于珠江水系和韩江水系。属珠江水系的有东江干流及其支流，其中集雨面积在100平方千米以上的支流有安远水、小金水、流田水、沙洲水、黄麻布水、车田河、小庙河等7条。属韩江水系支流有铁场河、鹤市河、桥头水等3条。

气候特征 龙川县气候属中亚热带季风气候，季风明显，光照充足，雨量充沛。2020年，龙川年平均气温21.5℃，较常年偏高0.4℃，高温日数（日最高气温≥35℃）29天，较常年偏少5.2天，年降水量为1378.4毫米，较常年偏少17%，年日照时数为1923.2小时，较常年偏多10%。年平均气温略偏高，高温日数偏少，降水偏少，日照时数偏多。

矿产资源 龙川县有铁、钨、锰、

铜、锡、瓷土等矿产20余种，分布于全县24个镇，其中铁矿储量1500万吨，世界五大名石之一的黑色花岗石储量1500万立方米，钨矿早有开采利用。

水力资源　龙川县地处东江和韩江上游，水力资源丰富，年平均径流量23.33亿立方米，水力资源开发潜力大，蕴藏量41.39万千瓦，境内建有广东第二大水力发电厂——枫树坝水电站、装机容量20万千瓦。县属较大的水力发电站还有枕头寨电厂和位于东江流域黎咀镇的龙潭水电站以及黄石镇的稔坑水电站。

森林资源　龙川县属亚热带季风气候，阳光雨量充足，森林资源丰富。境内有坪山林场、红星林场2个市属林场和1个县属鹤畲林场。2020年，全县林地面积23.46万公顷，森林覆盖率74%，活立木蓄积量852.56万立方米。植物品种繁多，有木本植物500多种，以优良乡土树种壳斗科为主。陆地野生植物有700多种。野生动物主要有兽类、飞禽类和两栖爬行类。

矿泉温泉资源　位于龙川黎咀梅子坑天然矿泉年流量27万吨，含有多种人体所需的矿物质和微量元素，其品质可与法国维希矿泉媲美，是中国稀有的碳酸型天然饮用和医疗矿泉。全县有温泉资源4处，分布于佗城、贝岭、车田、上坪4个镇。其中佗城塔西温泉和贝岭咸水温泉已开发利用，发展成为旅游度假区。

旅游资源　龙川县山川锦绣，旅游资源较为丰富。有4500多年历史的坑子里文化遗址，有建于秦朝、南宋时期的越王井、正相塔、佗城学宫、考棚等一批省、市重点文物保护单位。古有鳌湖秋月、鳌峰雪霁、太乙仙岩、东山暮钟、龙潭飞瀑、梅村横舟、龙台晚眺和合溪温泉等老八景。今境内有国家AAAA级旅游风景区——霍山风景区和国家AAA级旅游风景区——佗城景区、五色茶岭景区，以及九龙潭瀑布、花果树风景区、七峰山旅游度假村、鹿湖生态旅游区等一批旅游景点。

名优特产　龙川县是全国特色农业加工基地。主要特产有牛筋糕、天然矿泉水、柿饼、茶叶、茶油、竹席、米酒、客家黄酒、香菇、木耳、柑橘、腐竹等，其中“广东老字号”老隆牛筋糕已有300多年历史。

【经济发展概况】　2020年，龙川县生产总值161.97亿元，比上年下降2.6%。其中：第一产业增加值34.12亿元，增长5.5%；第二产业增加值35.59亿元，下降11.2%；第三产业增加值92.26亿元，下降1.1%。实现规模以上工业总产值139.41亿元，增长6.6%；全社会工业增加值26.04亿元，增长0.1%。农业总产值53.18亿元，增长5.5%；社会消费品零售总额57.31亿元，下降4.5%；旅游总收入9.4亿元。外贸进出口额32.5亿元，增长10.7%；实际利用外商直接投资5355万元，增长3.7%。地方一般公共预算收入7.85亿元，增长0.1%；完成税收总收入12.66亿元，下降8.6%。城乡居民人均可支配收入20008元，增长5.8%。

农业　2020年，龙川县农业总产值53.18亿元，增长5.5%。耕地面积3.02万公顷，粮食播种面积3.52万公顷，粮食产量23.62万吨。加快培育新型经营主体，新增省级龙头企业1家、市级龙头企业6家、农民专业合作社78家。“一村一品、一镇一业”覆盖全县24个镇42个村，义都镇桂林村入选全国“一村一品”示范村，6村2镇入选省级“一村一品、一镇一业”专业村镇。省级现代农业（油茶）产业园建设成效显现，初步形成集油茶产品生产、物流、观光等于一体的发展新业态。完成农村集体产权制度改革。

工业　全县完成规模以上工业总产值139.41亿元，比上年增长6.6%；规模以上工业增加值24.87亿元；产业园扩园73.33公顷，盘活闲置用地6宗9.34公顷，园区三期基础设施建设正式启动。引进项目35宗，投资总额247.28亿元、增长24.73%。新增规上工业企业8家，实现规上工业总产值139.41亿元。完成工业投资40.12亿元，新开工项目7个、在建项目15个，景旺二期、科逸、中建二局等10个重点项目加快推进。开展优化营商环境攻坚年活动，提升营商环境的市场化、法治化和便利化水平，“代办制”“包办制”成效明显。是年，龙川获中国营商环境百佳示范县市称号。

第三产业　完成创建省全域旅游示范区申报，五色茶岭景区评为国家AAA级旅游景区，霍山景区创建国家AAAA级旅游景区工作加快推进，丰稔镇黄岭村、细坳镇小参村荣获省文化和旅游特色村，佗城文化旅游产业园、环霍山生态旅游度假区等项目稳步推进。全年接待旅游人数116.49万人次，旅游总收入9.4亿元。铁路综合物流园、商贸综合体、保税物流中心（B型）等项目扎实推进。全年电子商务交易额10.94亿元、增长11.5%，其中农产品网络销售额1.16亿元、增长16.3%。金融机构本外币各项存款余额276.64亿元、贷款余额184.84亿元。

【社会事业发展概况】　教育　2020年，龙川县高分通过省三类城市语言文字工作督导暨普通话基本普及县域验收，新建和改扩建学校10所，新增义务教育学位3800个，完成学前教育“5080”工程年度任务，新建和改扩建幼儿园31所，新增公办幼儿园学位6230个。全县中小学校122所，其中普通高中4所、初级中学27所、九年一贯制学校10所。另有特殊教育学校1所；幼儿园155所；中等职业技术学校1所；小学教学点243个。全县中小学在校生11.21万人，其中普通高中1.56万人、初中3.32万人、中等职业技术学校481人；特殊教育学校144人；幼儿园2.44万人。

文化　推动镇村公共文化服务设施提质升级，铁场、佗城等2个镇文化站被评为省一级文化站。李同军故居、仰天堂、叶卓故居等文物保护单位修缮工作扎实推进，完成9处省级文物保护单位保护范围和建设控制地带图测绘工作。完成《铁血坚守——南方三年游击抗争》历史文献片拍摄送审工作。创作巡演《绿油飘香》《高车踢碗》等文艺节目。

卫生 县人民医院升级为三级综合医院，被授予国家级标准版胸痛中心、国家级示范性卒中中心，新院建设推进，门诊楼完成主体建设。县中医院泌尿外科申请广东省中医特色专科。紧密型县域医工共体建设加快实施，县“120”急救指挥中心投入使用，县第二人民医院升级改造全面完工。完成24间乡镇卫生院中医馆建设，27间预防接种门诊标准化建设暨冷库建设，完成2间发热门诊、27间发热诊室建设，建成核酸检测实验室4个。全县医疗卫生单位有36个，其中县级综合医院2个（含县人民医院、第二人民医院），中医院和保健院各1个，其他直属医疗卫生单位5个，镇卫生院24个；全县共设有病床4712张，增加床位916个。出生人口9917人，人口出生率8.98‰；自然增长率5.10‰。

科技 利用“双区”优质创新资源，绿色建筑创新院、中科院大学双创基地、深圳大学孵化器等创新平台加快建设，县域经济创新发展示范县基础得到夯实。完成工业技改投资12.26亿元，推动28家企业开展技术改造，其中500万元以上技改项目16家。国内首家建筑3D打印展馆在龙川启用，核级焊培中心投入使用，景旺电路板助力5G全面商用，新增高新技术企业7家、市级工程技术研究中心4家、市级农业创新中心2家，新入库科技型中小企业28家，市社会发展科技计划项目立项30项。专利申请量953件，授权专利849件。

脱贫攻坚 落实“两不愁三保障一相当”政策，加大产业扶贫和消费扶贫力度，全县建档立卡贫困户9649户26257人全部如期脱贫，70个省定贫困村全部出列。同时建立常态化筛查预警机制，开展返贫监测帮扶。

乡村振兴 全域推进农村人居环境综合整治和开展“百日行动”，累积拆除破旧泥砖房57054间672.69万平方米，全县1303个自然村基本完成“三清三拆三整治”工作。全面铺开“四小园”建设，因地制宜打造示范点6187个。农村基础设施加快完善，村内道路硬化、集中供水和生活垃圾处理实现全覆盖，农村生活污水处理设施建设有序推进，完成155座建设任务。1273个自然村完成雨污分流建设，基本实现雨污分流全覆盖。“厕所革命”加快推进，无害化卫生户厕普及率100%，新建农村卫生公厕414座、改建70座。完成省级新农村示范片和省级生态宜居美丽乡村示范镇建设，加快推进省定贫困村创建社会主义新农村示范村、省级生态宜居美丽乡村示范村和两个上坪“擂台赛”建设，美丽中国（龙川）示范县建设推进。

环境保护 中央、省环保督察组交办的46批次110宗案件全部办结。深入推进鹤市河、枫树坝库区等重点区域综合整治和河湖“清四乱”“五清”行动，依法全面拆除枫树坝库区违法网箱面积59.7万平方米。镇级污水处理设施实现全覆盖。集中式饮用水水源水质达标率100%，地表水水质优良率100%，空气环境优良率99.2%，土壤环境总体安全。

水利 电力 通信 完成高标准农田建设3893公顷，新增垦造水田面积146.67公顷。推进铁场河及小金河综合治理、小型水库除险加固和70个省定贫困村20户以上自然村集中供水等水利工程建设，完成中小河流治理56.1千米、鹤市河万里碧道5千米年度建设任务，315个行政村全部实现集中供水，1274个自然村实现集中供水、覆盖率97.8%。完成电网投资1.53亿元，建成投产191个项目，新增台区259个、容量6.25万千伏安。高质量完成省定贫困村农网改造项目，完成存量“低电压”台区整治140个、完成率100%，三大指标均达到新一轮农网改造国家标准。广电高清双向互动网络建设范围不断扩大，完成全县20户以上自然村光网建设任务，建成155个5G基站，20户以上自然村实现光纤宽带网络、4G信号全覆盖。

社会保障 民生支出57.1亿元，占一般公共预算的87.6%。开展企业备案线上试岗培训10662人，新增城镇就业5025人，精准扶贫帮扶就业7527人，失业率控制在2.5%以内。开发村居创业服务平台357个。实施“广东技工”“粤菜师傅”“南粤家政”工程，带动就业创业超过1.5万人。实现基本养老保险和基本医疗保险城乡全覆盖。食品药品监管持续加强，实现220所学校“互联网+‘明厨亮灶’”全覆盖。推进第七次全国人口普查工作。

交通建设 加快“一机场一航道五高速七铁路”规划建设，龙川始发到深圳、广州城际列车开通运营，赣深高铁、梅龙高铁、龙川西站及综合交通枢纽配套工程加快建设，国道205线北移工程、四都至青山湖旅游公路、郑贝大桥、龙江大桥建设扎实推进，龙寻高速正式动工，东江航道达到复航条件，通用机场纳入全省布局规划。“四好农村路”建设成效显著，完成新农村道路路面改造及硬底化建设257千米、“畅返不畅”整治1405千米、窄路基加宽94.4千米、砂土路面改造72.69千米，1291个自然村实现村内道路硬底化，自然村内道路硬底化建设基本完成，全县沙土路清零目标基本实现。

城乡建设 全面启动国土空间规划，编制完成城镇开发边界方案，对县域5个组团13个片区的控制性详细规划进行优化完善。开展县城环境综合整治行动，常态化保洁机制不断完善。推进城乡环卫一体化，24个镇垃圾转运实行无害化处理，农村生活垃圾治理基本实现全覆盖，有效处理率达95%以上。“三旧”改造工作推进，完成新增实施改造面积15.74公顷、完成率147.5%，完成改造面积14.79公顷、完成率177.4%，均超额完成考核任务。加强对各镇设施农业用地管理，完成设施农业用地上图入库9宗，面积8公顷。开展“房地一体”宅基地和集体建设用地使用权确权登记工作。投入资金1.51亿元，完成幸福新城建设项目征地252.27公顷。完成县城道路硬底化、县城公共厕所改造、学西路和登峰路改造、文化体育公园景观升级改造等项目建设，一江两岸景观升级改造工程持续推进。

【龙川始发城际列车】 2020年4月10日，龙川举行两趟始发城际列车开行仪式。两辆列车采取短编组，车内设置软座椅，开行点在午间13:30—14:42之间。从龙川站始发，每天分别往返深圳、广州两趟，途经河源、惠州、东莞东站。

【龙川五色茶岭景区被授予国家AAA级旅游景区】 2020年11月21日，龙川县五色茶岭景区正式授牌成为国家AAA级旅游景区。五色茶岭景区是广东省中小学生研学实践教育基地，位于龙川县丰稔镇，以龙川县丰稔镇的左拔、成塘、丰稔及名光为种植区域。景区以“客家文化”“油茶文化”“研学文化”为旅游主题，已开放的景点有山茶花蕊观景平台、黄花风铃木花海、四季花海，攀爬绳网，半山滑梯，登山栈道、悬索单车、卡丁车、植物观赏园、客俗文化广场，农事农活体验园等游玩项目。建有河源市唯一一个室内植物科普教研基地，有2万平方米。其中公共区域园林绿化分乔木、灌木、地面植被等，共计62个品种类别10万株苗；展示区域园林绿化苗木分玫瑰、垂吊、多肉、茶花、杜鹃等112个品种类别5130株。

【老隆镇】 位于龙川县南部、东江上游，为龙川县城，广东省首批中心镇之一，是全县经济、政治、文化和交通的中心，东接通衢、登云两镇，西连义都镇，南邻佗城镇，北通丰稔、四都两镇。面积119.6平方千米，耕地面积794公顷。辖14个行政村、15个社区居委会，户籍人口14.24万人，常住人口近30万人。2020年，农业总产值2.25亿元，增长7.5%；税收收入12.35亿元。境内有福建会馆、革命烈士纪念碑、龙台寺、水坑生态风景区、江边文化广场、惠群体育公园、羊山岌公园、龙山公园等名胜古迹。

【佗城镇】 位于县境最南端，龙川秦代古县城，为广东省首批历史文化名城，中华人民共和国成立以前历为龙川政治、经济、文化中心，县治所在地。面积218平方千米，耕地面积2003.2公顷。该镇毗邻东源县，距县城、铁路编组站（广梅汕、京九铁路）仅8.5千米，河梅高速公路龙川西出口距镇区仅1.5千米，东江、205国道、河梅高速公路在境内经过。佗城现存赵佗故居、越王庙、越王井、考棚、正相塔、孔庙、姓氏祠堂、坑子里文化遗址、龙川县苏维埃政府旧址等一批历史文物，先后被省市评定为古邑文化与旅游专业镇、广东省休闲农业与乡村旅游示范镇和岭南魅力名镇。辖17个行政村和1个居委会，户籍人口4.76万人。2020年，全镇农业总产值1.58亿元。

【义都镇】 位于龙川县西南部，北与和平县相邻。户籍人口3.11万人，面积106.4平方千米，辖9个行政村1个居委会。耕地面积902.8公顷，农副产品主要有茶油和茶叶，农业品牌有义都桂林茶。茶叶种植面积400公顷，茶叶总收入1500万元，利润近550万元。2020年，全镇农业总产值1.59亿元。

【四都镇】 位于龙川县中部偏西的东江河上游，东与丰稔镇接壤，西与和平县东水毗邻，南与附城、义都两镇交界，北与黄石、黎咀相邻，京九铁路穿镇而过。面积80.57平方千米，耕地面积929.98公顷，辖8个行政村和1个居委会，户籍人口2.07万人。该镇有“柿子之乡”之称，种植柿子面积670公顷，年产量2000吨以上。主要农产品有水稻、花生、黄豆、茶油、柿子，农副产品主要有茶油和柿饼。2020年，全镇农业总产值1.40亿元。

【丰稔镇】 位于县城北郊，面积136.5平方千米，辖15个行政村和1个居委会，户籍人口4.19万人。农作物播种面积2762.07公顷，粮食总产量11681吨。主产稻谷、木薯、花生、黄豆、烟叶等农产品；是柿子、油茶生产基地之一。境内高品位萤石藏量丰富。2020年，全镇农业总产值2.66亿元。

【登云镇】 位于龙川县东南部，东邻五华岐岭。面积67平方千米，辖7个行政村和1个居委会，户籍人口2.41万人。该镇以农业经济为主，耕地面积795.67公顷，盛产沙田柚、柑橘、板栗、柰李等。耕地以种植水稻为主，兼种小麦、番薯、玉米、花生、黄豆等作物。农作物播种面积1012.67公顷，粮食总产量5673吨。2020年，全镇农业总产值1.33亿元。

【鹤市镇】 位于龙川县东南部，交通便利，是龙川县东南五镇的经济、文化、商贸、物流中心，是省政府确立为首批中心镇之一。面积51.8平方千米，耕地面积1035公顷。辖9个行政村和1个居委会，户籍人口2.97万多人。建有蔬菜种植基地1个，水稻高产创建示范2个点。2020年，全镇农业总产值1.62亿元。

【通衢镇】 位于龙川县东南部，东北与五华县双头、岐岭镇毗邻，面积100.7平方千米。辖17个行政村和2个居委会，户籍人口3.84万人。耕地面积866.93公顷，主要种植水稻、番薯、黄豆、花生等作物，旺茂的果蔗、水萝卜、儒南村生姜、玳瑁菊花远近闻名。农作物播种面积1969.27公顷，粮食总产量10421吨。深圳南山（龙川）工业产业转移园位处该镇辖区梅城、梅东和华城村，占地3平方千米。2020年，全镇农业总产值2.15亿元。

【紫市镇】 位于龙川县最南端，面积112平方千米，辖9个行政村和1个居委会，户籍人口3.25万人，耕地面积1230.36公顷，农作物播种面积2762.07公顷，粮食总产量8767吨，是龙川、五华、东源三县边境农村商品集散地，是广东省体育先进镇、广东省教育强镇，主要景点有七峰山旅游度假村。2020年，全镇农业总产值1.76亿元。

【黄布镇】 位于龙川县南部，东邻鹤市镇，西连佗城镇，南临东源县叶潭镇，北接通衢镇。面积56.14平方千米，户籍人口2.94万人，耕地面积845.60公顷，农作物播种面积1253公顷，粮食总产量6276吨。辖6个行政村和1个居委会，其中欧江村是广东省古村落和广东省第一批30个“红色村”党建示范点之一，村内的黄海龙将军故居、南宋古墓、金兰书院、韩文公祠遗址、金安围南角的“大教场”等古迹以及仙寨乡苏维埃政府旧址红色教育基地。主要资源有金属矿、瓷土、石灰石、滑石等。2020年，全镇农业总产值1.63亿元。

【铁场镇】 位于龙川县中部，东面毗邻兴宁市、五华县。广梅汕铁路横贯，并设有三级火车站，省道228线经圩镇连接兴宁、五华境内的国道205线，村村通公路。面积251平方千米，辖30个行政村和3个居委会，户籍人口7.89万人，是全县人口最多、地域最广的镇。农作物播种面积4364.53公顷，粮食总产量23250吨。主要农产品有眉豆、腐竹、板栗、三华李等。2020年，全镇农业总产值3.90亿元。

【田心镇】 位于龙川县境中部偏东、韩江上游，东连兴宁市大坪镇。面积88.6平方千米，耕地面积1965.33公顷，农作物播种面积2473.67公顷，粮食总产量11875吨。辖16个行政村和1个居委会，户籍人口4.45万人。全镇有小（2）型水库12座。旅游景点有岭南第一的霍山风景旅游区、塔丰下塔（千年古塔）、陂角文笔塔、甘陂畲族风情等。主要特产有八宝鱼生、霍山甜茶、甘陂棕床、长坑斗笠、东坑米酒。2020年，全镇农业总产值2.74亿元。

【龙母镇】 位于龙川县中部，韩江上游，省道隆江线公路纵贯全镇，是龙川县中部地区的商贸中心。面积148.21平方千米，耕地面积1950.07公顷。辖17个村委会和1个居委会，户籍人口5.48万人。农作物播种面积3176.87公顷，粮食总产量16452吨。主要特产有高山茶油、腐竹、柑橘、脐橙、鱼生等。2020年，全镇农业生产总值3.10亿元。

【赤光镇】 位于龙川县中部，面积134.5平方千米，耕地面积1446.67公顷。辖16个行政村和1个居委会，户籍人口4.67万人。赤光地处隆江公路、赤枫公路、甘赤公路的交会处，16个行政村实现村村通公路，交通便利。主要土特产有高山茶油、绿茶、柿饼、红枣、腐竹等。农作物播种面积2197.2公顷，粮食总产量11189吨。2020年，全镇农业总产值2.71亿元。

【廻龙镇】 位于龙川县中部，东北面与兴宁市相连，是全省八大革命老区之一，大塘村的闽粤赣边五兴龙县苏维埃政府旧址是广东省重点文物保护单位，广东省爱国主义教育基地。面积83.8平方千米，耕地面积1003公顷。辖14个行政村和1个居委会，户籍人口3.48万人，农作物主要以水稻、花生、玉米、大豆、木薯、番薯为主，山地种植油茶、毛竹、松杉木等。农作物播种面积1687.8公顷，粮食总产量8194吨。2020年，全镇农业总产值1.99亿元。

【黄石镇】 地处东江上游，龙川中西部，南临四都镇，东接黎咀镇，西临和平县东水镇，北靠车田镇，面积118平方千米，耕地面积1246.40公顷，辖10个行政村和1个居委会，户籍人口2.02万人。农作物播种面积1252.93公顷，粮食总产量5748吨。素有“油茶之乡”之称，全镇有油茶林4万多亩（2666.67公顷），规模化油茶种植基地4个，油茶龙头企业2个，知名茶油品牌2个，油茶种植专业合作社25个，其中省级油茶种植专业合作社2个。2020年，全镇农业总产值1.21亿元。

【黎咀镇】 位于龙川县中北部，东江上游河畔。面积127.74平方千米，耕地面积1231.80公顷。辖18个行政村和1个街道居委会，户籍人口3.36万人。黎咀为龙川矿泉水产地，年流量27万吨。该镇主要企业有小地瓷土开发公司、玻璃纤维厂、清溪水电站、兰胜坑水电站和装机容量1.4万千瓦的龙潭水力发电站等。农作物播种面积2385.13公顷，粮食总产量11821吨。2020年，全镇农业总产值2.24亿元。

【车田镇】 位于龙川县境西北部，毗邻和平县长塘、贝墩镇。面积312.02平方千米，辖23个行政村和2个居委会，户籍人口6.53万人。农作物播种面积4984.4公顷，粮食总产量24925吨。主要特产有车田豆腐、车田米酒、车田花生、车田牛肉干等。2020年，全镇农业总产值4.18亿元。

【岩　镇】 位于县境东北部、东江上游，北与兴宁市罗浮镇接壤，东西南三面为省属枫树坝水库所环绕。面积121.64平方千米，耕地面积709.6公顷。辖6个行政村和1个居委会，户籍人口2.14万人。镇内主要有石灰石、煤、锰、稀土、瓷土等矿产资源，其中石灰石储量达5000万吨以上。农作物播种面积1189.33公顷，粮食总产量5179吨。主要农副产品有茶油、柑橘、蜂蜜等。2020年，全镇农业总产值1.40亿元。

【新田镇】 位于龙川县东北部，东与兴宁市罗岗、罗浮镇为邻。面积71.3平方千米，耕地面积515.80公顷，辖6个行政村和1个居委会，户籍人口1.81万人。水力资源丰富，建有雷公畲老水电站、梨树下水电站。农作物播种面积931.73公顷，粮食总产量3938吨。主要土特产有油茶、托里茶、蜂蜜等。2020年，全镇农业总产值1.27亿元。

【麻布岗镇】 位于龙川县北部，东连兴宁市罗浮镇。面积179.06平方千米，农作物播种面积2595.6公顷，粮食总产量13391吨。辖16个行政村1个居委会，户籍人口4.46万人。该镇为龙川县上半县的经济文化交流中心和商品集散地。水力和矿产资源丰富，建有小水电站15座，总装机容量8590千瓦，建有110千伏的变电站1座。主要矿产资源有铁矿、钨矿、铅锌矿、萤石矿、稀土矿等。2020年，全镇农业总产值2.42亿元。

【贝岭镇】 地处县境北部，是一个集移民区、老区、山区的农业镇。面积104.99平方千米，耕地面积812.07公顷，辖8个行政村和1个居委会，户籍人口1.92万人。农作物播种面积1189.6公顷，粮食总产量5340吨。主要特产有松香、桐油、蝉花（壳）、香菇、木耳、笋干等。2020年，全镇农业总产值1.54亿元。

【细坳镇】 位于龙川县北部山区，地处东江上游河畔，西与和平县相连，北与江西省定南县天九镇毗邻。面积142.59平方千米，辖12个行政村和1个街道居委会，户籍人口2.32万人。该镇属“九山半水半分田”的山区镇，山多地少。农作物播种面积1329.8公顷，粮食总产量5852吨。境内竹林资源丰富，是河源市市级毛竹专业镇。矿产、林业、水力资源丰富，盛产蝉花、蝉蛹、灵芝、香菇、木耳等特色农产品。2020年，全镇农业总产值1.66亿元。

【上坪镇】 地处龙川县北部，毗邻江西省定南县、寻乌县及广东省兴宁市。面积210.63平方千米，耕地面积1396.73公顷。辖13个村委会、1个居委会，户籍人口3.40万人。矿产和水力资源丰富，建有水电站19座，总装机容量1069千瓦，年发电量2700万千瓦时，其中茶活墨斗角电站、新村松树湾电站装机容量超过1000千瓦；建有铁矿厂3间、铅锌矿厂1间，年产量分别为10万吨和1000吨。农作物播种面积2174.6公顷，粮食总产量10440吨，柑橘种植面积1000余公顷，总产量4万余吨。2020年，全镇农业总产值2.16亿元。

2020年龙川县领导成员名单

中共龙川县委员会

书　记：
　　黄添胜（　—2020.01）
　　黄海生（2020.12—　）
副书记：
　　杨利华
　　张新发
常　委：
　　曾乐晖
　　邓振中（　—2020.02）
　　叶金水（2020.04—　）
　　谢　骥
　　蔡东艺（2020.07—　）
　　张百松
　　叶福才（　—2020.07）
　　谢文丰
　　曾庆辉
　　黄勇花（2020.05—　）

龙川县人大常委会

主　任：
　　刘天瑞
副主任：
　　郑明青（　—2020.05）
　　张　波
　　陈俊强
　　骆伯青
　　朱良聪
　　钟　锐

龙川县人民政府

县　长：
　　杨利华
副县长：
　　蔡东艺（2020.07—　）
　　廖小文
　　魏勇军
　　陈文忠
　　黄勇花（　—2020.09）
　　涂远泽（2020.09—　）
　　曾锦标

政协龙川县委员会

主　席：
　　叶文锋
副主席：
　　李志宏
　　杨日华
　　卢洪元
　　叶　慧
　　苏　起

中共龙川县纪律检查委员会
龙川县监察委员会

书记、主任：
　　谢　骥

（朱光进　曾　璐）

紫金县

【基本情况】 **建置沿革** 紫金地域，春秋时属百越地，战国属楚，秦起属南海郡博罗、龙川两县地，隋唐为归善、兴宁两县地，宋元为归善、长乐两县地。明隆庆三年（1569）置永安县，属惠州府。1912年属广东省都督府。因该县名与福建省延平府永安县同名，且其建县于明景泰三年（1452），早于该县117年，1914年，中央政府批准永安县改为紫金县（因县城有紫金山而得名），属潮循道。1926年隶属东江各属行政公署。1937年隶属第四行政督察区，1949年改属第二行政督察区。1949年5月紫金县解放，隶属于东江专区。1952年改属粤东行政区，1956年隶属惠阳专区，1959年改属汕头专区，1963年复属惠阳地区，1988年改属河源市。

位置面积 紫金县位于广东省东中部，河源市东南部、东江中游东岸。东接五华县，西与博罗县隔东江相望，西南与惠州市惠城区相接，南与惠州市惠东县相邻，东南与陆河县相连、与海丰县毗邻，西北与河源市源城区接壤、北与东源县交界。全县境域东西长88.6千米、南北宽64千米，总面积3627平方千米。

人口、方言 2020年，紫金县有16个镇、245个村委会、27个社区居委会、4332个村（居）民小组（不含江东新区古竹镇、临江镇）。年末户籍人口75.72万人。传统用语为客家方言。

地形、地势 紫金县地形以山地、丘陵为主，面积3046平方千米，占全县总面积的84%，河谷、盆地、水域占16%。地势东高西低，南北两面山峦重叠，地势较高；中部较低并向东西两翼倾斜，构成不大对称的马鞍形，归属不同流向的东江和韩江两条水系。

主要山脉 紫金县平均海拔300米，县城海拔为140.8米。山脉属粤东莲花山体系，海拔在1000米以上的高山有16座。武顿山，又名乌凸，位于南岭镇南端，与陆河县交界，与文笔峰相邻，是紫金县第一高峰，韩江上游琴江的发源地。主峰海拔1232.9米。山势雄伟，烟雾缭绕，与文笔峰左右并峙，成为奇观。山上植被：山顶以灌木丛植物为主，山腰有亚热带常绿季雨林分布，中下坡有人工植被。矿藏有钨、锡，还有丰富的野生动植物资源。乌禽嶂，紫金县第二高峰。地处紫金县南部九和镇边界、惠东县东北部。主峰海拔1186.2米。自然植被以亚热带次生阔叶林为主，800米以上为散生灌木或草皮；人工植被有杉、松、油茶及山楂等。山上办有国营紫金县东风营采场。矿藏有钨、石英、绿柱石等。自然景观众多、沟壑纵横、地势险要。

主要河流 紫金县东部为韩江水系，集雨面积占全县面积的22.9%；中、西部为东江水系，集雨面积占全县面积的77.1%。流域面积在100平方千米以上的河流（不含东江）有14条。东江，经龙川、河源流入紫金，从紫金县西部边境的临江、古竹两镇边沿流过，流入惠州市惠城区境，紫金县境内流过长54千米。河上一般行驶100吨以下船只，枯水期行驶20吨船只，是紫金县内主要水运航道，沿线有临江港和古竹港。秋香江，东江一级支流，位于紫金县中部，是县内主要河流。发源于紫城镇与龙窝镇、水墩镇交界的榴墩嶂。自东向西流经紫城、瓦溪、九和、蓝塘、凤安、好义、古竹等7个镇，在古竹镇的榄溪村汇入东江。干流长144千米，流域面积1669平方千米，其中境内为1590.5平方千米，占全县土地面积的46%。

气候特征 紫金县处于属亚热带季风气候区。气候温和，光照充足，雨量充沛。季风明显，夏长冬短，四季分明。年平均气温20.5℃，年平均降水量1733.9毫米，年平均日照时数1705.7小时，年平均雷暴日为88.9天。2020年平均气温22.2℃，年降水量1190.3毫米；年日照总时数1979.8小时，年平均相对湿度77.1%。

水力资源 紫金县水力资源理论蕴藏量为21.57万千瓦（含东江干流8.19万千瓦），可开发利用20.11万千瓦，年发电5.5亿千瓦时，每平方千米电能蕴藏量151.7千瓦，高于全省平均水平。其中东江水系（包括东江干流）可开发利用水力资源17.62万千瓦，韩江水系可开发利用水力资源2.49万千瓦。至年底，建成100千瓦以上水电站154座，总装机容量11.16万千瓦（含东江风光电站）；小水电发电能力3.5亿千瓦时（含江东新区古竹镇、临江镇）。

土地资源 全县土地面积3635.13平方千米（含河源江东新区古竹镇、临江镇），林地面积26.58万公顷，水域面积0.24万公顷，耕地2.60万公顷。

林木资源 林木以松、杉及白梨、赤梨、石斑、荷树、檫树、香樟、山苍树和竹为主。常见的有173科843种。林业用地总面积26.18万公顷（不含东江林场），活立木蓄积量1478.33万立方米，森林覆盖率76.7%，林木绿化率76.7%（不含江东新区古竹镇、临江镇）。

矿产资源 紫金县矿产丰富，其中铁矿、钨、锡、瓷土、石灰石等矿，早在明清时期就已开采利用。有25种矿种，主要矿点（矿区）71处，其中有工业开采价值的矿产14种34处。优势矿种是铁、钨、锡、瓷土。铁矿主要分布在西北部义容青溪宝山嶂、官田和黄塘镇大林輋等地。石灰岩主要产地有黄塘大林輋、古竹汤坑山、上义白水磜、义容青溪宝山嶂等，计算储量为4.2亿吨。瓷土分布在县境东部为多，储量丰富。苏区镇永光村、黄布村，中坝镇良庄村，紫城镇新庄村、黄花村、榕林村、土贵村，水墩镇南山凹下，龙窝镇黄田村、好义镇板子坝等地均有瓷土开采。

温泉资源 全县有温泉资源5处。九和温泉，分布在紫金县城以南40千米的九和镇热水、幸福两村。其中，热水温泉流量为每日1198吨，温度60℃—80℃，最高86℃；水质属重碳酸钠钙镁型淡水，水中二氧化碳含量每升100毫克以上。幸福温泉，分布在稻田低洼地上（小地名蒋口塘），泉流量每日1000吨，水温81℃—83℃，最高85℃。敬梓温泉，位于敬梓圩下角的河滩中，有泉眼10余个，日喷流量200—300吨，水温80℃以上。义容温泉，位于义容镇西北部汀村中田自然村（小地名热汤子），距义容圩15千米。日流量300—400吨，温度80℃以上。上义温泉，位于上义镇白水磜河沥与飞云磜河交汇处经西约100米处河边（当地称观音河），水温40℃。此外，水墩碳酸气矿泉，泉水具微酸味，游离二氧化碳含量达每升1143.82毫克，pH值6.2，水温23℃，属重碳酸钙镁钠型碳酸汽水；泉流量每日19吨，是珍贵优质的天然矿泉水。

旅游资源 全县有旅行社4家，三星级宾馆1家，正式对外营业的旅游景区有御临门温泉度假村。可供游客自助免费参观的景点有：紫金县博物馆、孙中山祖籍纪念馆、苏区红色旅游景点、紫金观、广东省激流回旋训练基地、万寿寺、南母寺、德先楼、桂山石楼等。

【经济发展概况】 2020年，紫金县生产总值117.8亿元，比上年增长4.5%。工业投资增长36.1%。社会消费品零售总额41.1亿元。外贸进出口总额3.5亿元，增长84.8%。规模以上工业增加值11.3亿元，增长7.8%。一般公共预算收入8.5亿元，增长7%。固定资产投资66.4亿元，增长6.4%。

农业 农业生产总值46.5亿元，比上年增长6.4%。粮食作物播种面积42.2万亩（2.81万公顷）、增长0.2%，产量18万吨、产值5.4亿元。省级现代农业茶叶产业园持续发展，园区23个项目建成投产，茶叶种植面积3333公顷、产量3200吨、产值10亿元。紫金县以“四子”（米袋子、菜篮子、果盘子、茶罐子）产业为抓手，打造“一村一品、一镇一业”省专业村13个。8款茶产品获得2020年广东十大好春茶称号，6个农产品品牌入选省第三届名特优新农产品名单。是年，获2020年全国茶业百强县称号。

工业 紫金县实现规模以上工业总产值57.3亿元，比上年增长12.6%。紫金县落实“支持企业17条”“支持商贸服务业企业8条”等政策措施。推进蓝塘产业新城、紫城工业园、县城城南新区和省级现代农业产业园等平台建设，蓝塘产业新城建设已平整用地212.67公顷。金盛兰优特钢项目及配套的供氧、供气、供电、道路等基础项目如期开工。累计引进入园项目8个、总投资209亿元。紫城工业园新增引进项目10个，新投产企业5家，在建项目22个，大阳电工实现首期投产，新电子、新材料产业集聚效果明显。城南新区建设加速推进，市政设施、教育配套等基础设施加快完善。

旅游 全县旅游接待43.46万人次，旅游总收入3.85亿元，分别比上年下降28.5%和42.6%。

【社会事业发展概况】 教科文卫体 2020年，紫金县义容实验学校等5所寄宿制学校完成建设，县六小等6所学校完成改扩建，城南新区幼儿园完成主体工程建设，完成学前教育“5080”建设任务。县新“三馆一中心”、九年一贯制学校开工建设，佑文中学加快建设。县中医院二期改造和县第二人民医院附属设施建设基本完成。

城镇建设 国道236安良大道南段、国道236（原省道242线紫金县城段）建成通车。完成新过境路和新过境路至紫金西高速出口段路灯亮化、法政路、安良街、老城仁心广场、县城管道天然气等项目建设。建设秋香江怀生桥至西城桥段两岸道路2条“样板路”，动工建设兴安路、千家寨生态公园二期主入口广场。

乡村振兴 紫金县实施乡村振兴战略，农村人居环境整治三年行动验收考核居全市第二、粤北5市40个县（区）第十。乡村产业加快发展。打造“省级休闲农业与乡村旅游”示范点4个、示范镇2个，紫金“红色基因、古韵茶香”精品线路获评广东美丽乡村精品线路，紫金客茶谷获评广东省森林旅游品牌地，九和金光村入选第二批广东省文化和旅游特色村名单。环境整治成效显著。严格落实耕地保护制度，如期完成省挂牌整治土地管理乱象问题整改任务。开展各类污染防治专项行动，在全市环境保护责任暨污染防治攻坚战考核中获优秀等次。农村基本公共服务均等化水平达到考核要求。新增全域自然村集中供水点213个，全域集中供水率提高到80%。在全市率先实现镇级污水处理设施全覆盖，村级污水有效处理率提高到84.6%。深化村民自治实践，基层网格化管理机制在疫情防控大考中交出合格答卷，龙窝“积分+”治理模式被省委办公厅刊发推广。

交通建设 河惠莞高速公路如期全线通车，打通紫金县“融深”“融湾”的战略通道。河惠汕高速公路、国道355线紫金林田至江东新区胜利段前期工作推进。一批国省道工程项目、县乡公路提档升级工程稳步实施，“四好农村路”巩固提升，创建“城乡交通运输一体化”全国示范县。完成一批农田水利、通信、电力、能源等工程项目。

【紫城工业园公共服务区建设项目正式动工】 2020年1月2日，紫城工业园公共服务区建设项目正式动工。该项目将建设成为紫金创业创新5G绿色智慧“产城融合”综合体，助力紫城工业园建设成为“幸福工业小镇”。项目由深圳市紫金商会旗下的紫金县龙和汇联合投资发展有限公司投资建设，命名为龙和智慧新谷，总投资约8亿元，用地面积约26万平方米，总建筑面积49万平方米。主要开发建设园区内商业服务中心、孵化中心、市民体育广场、出租厂房、出租宿舍公寓、住宅小区、商业街铺、酒店等，集企业和员工办公、生产生活配套、休闲于一体的“产城融合”综合体。

【蓝塘产业新城首批项目集中动工】 2020年10月29日，紫金县蓝塘产业新城总投资140多亿元的首批项目集中动工，以优特钢为主导的“国家级循环经济示范区”，开启紫金工业“双核裂变”新时代，推动紫金“两地”建设迈上新台阶。首批集中动工的8个项目。截至10月，蓝塘产业新城工业园区完成征地拆迁面积约200公顷，完成征地红线测绘面积353.34公顷，完成蓝塘产业新城一期安置区及生产生活留用地的初步规划设计，解决金盛兰集团项目施工供水、供电、道路等问题。

【紫城镇】 紫城镇位于紫金县中部，是县委、县政府驻地，全县政治、经济、文化中心。紫城镇交通便利，汕湛高速、河惠莞高速贯穿该镇，汕湛高速在境内设紫金东、紫金西2个出入口；河惠莞高速在境内设紫城入口。省道紫海线、惠紫线、紫五线贯穿境内；紫金至龙川公路建成通车。全镇总面积384.8平方千米，其中山地面积

29438.73公顷，耕地面积2846.13公顷。全镇辖31个行政村、12个社区居委会，人口16.7万人。2020年，全镇实现地区生产总值47亿元。工业总产值34.7亿元,比上年增长3%；农业总产值4.73亿元,增长5.0%；第三产业总产值7.57亿元；地方一般公共预算收入3.76亿元；常住居民人均可支配收入19350元。紫城镇历史文化悠久，旅游资源丰富，是“东江三杰”之一刘尔崧的故乡。有县城祠堂街、紫金观（天后宫）、曹源庵、广福庵、县总农会旧址、刘尔崧纪念馆、刘易城公祠、烈士纪念馆、中山公园、千家寨公园、白溪省级自然保护区、鸡公嶂和状元峰县级自然保护区、散滩水库风景区等文化古迹及自然旅游景点。

【中坝镇】 位于紫金县东北部，东邻五华县长布镇，北与东源县黄村镇接壤，国道355线、省道120线穿境而过。全镇总面积170平方千米，其中山地面积1.4万公顷，耕地面积1406.66公顷。下辖13个行政村和1个社区居委会，人口4.94万人。2020年，完成地区生产总值4.33亿元，比上年增长7.1%，其中，第一产业总产值2.35亿元，第二产业总产值1.22亿元，第三产业总产值0.76亿元。水稻种植面积（早、晚）2305公顷。茶叶种植面积65公顷，砂糖橘种植面积23.3公顷，春甜橘种植面积13.3公顷，鹰嘴桃种植面积13.3公顷，南药1.85公顷。开展种养技能培训扶志扶智，培育致富带头人16个和扶贫车间5个，以奖代补资金1128.8万元使用率100%。投入资金1805.6万元发展胡须鸡、砂糖橘、春甜橘、茶叶、茶叶加工业、光伏发电等11个扶贫产业基地。镇内矿产资源丰富，瓷土、稀土、钽铌矿和萤石矿存储量高，主要分布在乐平村、良庄村，锰铁矿、莹矿、绿柱石等其他矿产资源有待开发。中坝是孙中山先祖入粤祖籍地，建有紫金中坝孙中山纪念馆，有县重点文物保护单位紫金中坝孙氏开基祖孙友松墓、妣骆八十娘墓和中坝孙中山祖籍纪念馆。

【敬梓镇】 敬梓镇位于紫金县东北部，与中坝镇、水墩镇和五华县华阳、长布等镇相邻。汕湛高速在敬梓设有出入口，国道355线穿镇而过。全镇总面积110.3平方千米，耕地面积1087.66公顷，林地面积8677.57公顷。下辖13个行政村和1个社区居委会，人口3.6万人。2020年，全镇地区生产总值实现4.88亿元，一般公共预算收入2.77亿元，农村居民人均可支配收入实现14920元。引入广东中紫康养产业有限公司出资打造敬梓康养产业小镇，并于10月签订投资协议；引进紫金县联兴混凝土有限公司，占地1.2万平方米，总投资3000万元。该镇推进“一镇一业、一村一品”工作，发展有三红蜜柚、牛大力、杨梅、柑橘、茶叶种植等特色产业。镇内敬梓温泉，温泉水温52℃—60℃，日供可开发利用的地热水约1500立方米；有始建于南宋淳祐四年（1244）市级文物保护单位黄海龙将军祠，有县级文物保护单位文昌殿；还有清代岭南才子宋湘祖坟“卧狮摇铃”、廖氏宗祠和中联圩附近的“三谷围”风景区。

【水墩镇】 水墩镇位于紫金县东南部，东邻五华县登畲、华阳镇，西南连紫城、龙窝镇，北邻中坝、敬梓镇。全镇总面积115平方千米，山地面积9871公顷，耕地面积1062.27公顷。辖1个行政村和1个社区居委会，人口2.7万人。2020年，完成税收274万元。围绕“一村一品”特色产业发展优势，发展茶叶、红肉蜜柚、百香果、红薯种植等特色农业。完成8个行政村电商服务站点建设，并投入运营。主要有茶叶、红蜜柚、百香果、竹子、木材、三华李、板栗、花岗岩、锡矿、矿泉水和高岭土等，其中铁嶂锡矿有数百年开采历史。文化遗迹有雅布村清代杨茂总兵墓、上璜坑武榜眼、廉州游击将军杨鼎墓。

【龙窝镇】 龙窝镇位于紫金县东南部，东邻水墩镇水口村、五华县的龙村镇吉祥村，西连瓦溪镇九树村，南接苏区镇及惠东县宝口镇，北与紫城镇横坑村，水墩镇秋溪、群丰村相接。全镇总面积422平方千米，山地23936.05公顷，耕地3135.52公顷（常用耕地1936.33公顷）；下辖33个行政村和1个社区居委会，人口8.55万人。2020年，完成地区生产总值11.11亿元，比上年增长8.1%；农业总产值8.84亿元，增长6.2%；农村人均年收入16396元。以葡萄、灵芝、蜜柚、杨梅、枇杷、放养鸡等特色种养业为基础，推进“一村一品、一镇一业”发展。茶叶种植总面积1466.67公顷，占全县茶叶种植面积的47%，有龙王绿、鹰峰山等千亩以上生态茶叶基地4个，茶叶总产值3.6亿元。打造紫金县东部茶旅融合发展示范区，承龙茶文化园、天裕楼古屋田园、兆达农庄等茶旅、农旅项目初具雏形，大榕树耕读文化园全面动工建设，红二、四师会师旧址纪念园基本完成主体工程，新丰楼爱国主义教育基地完成布展。以“红色基因·古韵茶香”为主题的七村连片旅游线路，在第二届“广东十大美丽乡村”系列评选活动中获评“广东美丽乡村精品线路”。

【苏区镇】 苏区镇位于紫金县东南部边陲，东与南岭镇相连，西北接壤龙窝镇，西南与惠州市惠东县宝口镇、高潭镇毗邻，国道236线自西向东贯穿全境，是韩江的发源地。全镇总面积125平方千米，山地面积1.2万公顷，耕地面积960公顷。下辖8个行政村和1个社区委员会，人口2.35万人。2020年，实现地区生产总值2.96亿元，比上年增长6%。种植茶叶面积80公顷，其中青溪村志科茶园产品——青林峰茶连续3年被评为广东十大好茶（绿茶类）。有8个行政村均设有电子商务配送站点，其中永坑村被评为电商示范村，永坑村电商服务站点被选为村级电商服务示范点。推进苏区革命旧遗址群整体提升项目和3A景区创建，在革命烈士山周边建设一馆（苏区革命历史陈列馆）三区（瞻仰区、体验区、参观区），累计投入

2000万元用于征地和工程建设。苏区镇是东江革命根据地之一，是广东省内著名的革命老区，是全国唯一以“苏区”命名的革命老区镇，周恩来、彭湃、徐向前等革命先辈曾在苏区战斗生活过，有20个革命遗址群，保存完好的有紫金县苏维埃政府旧址（红屋）、“血田”、红军亭和人民英雄纪念碑。

【南岭镇】 南岭镇地处紫金县境东南部，东接陆河县，北接五华县；南与海丰县毗邻，西南接惠东县。全镇总面积100.2平方千米，耕地面积599.93公顷，山地面积9052.8公顷。下辖6个行政村和1个社区居委会，人口1.94万人。2020年，全镇实现地区生产总值1.61亿元，比上年增长5%；农业总产值1.20亿元，上年增长8%；工业总产值0.41亿元；农村居民人均可支配收入16208元。镇内有文天祥屯兵南岭时留下的甘泉胜迹，后人为纪念文天祥所建太忠庙；有省文物保护单位德先楼；县级重点文物保护单位钟氏总祠；有紫金县第一高峰武顿山（主峰海拔1233米），是韩江上游琴江的发源地，武顿山脉为市级自然保护区。

【瓦溪镇】 瓦溪镇位于紫金县中部，秋香江中游，东邻龙窝镇，南接惠东县宝口镇，西连义容、九和镇，北毗紫城镇。省道S120线沿秋香江贯穿全境，汕湛高速公路、河惠莞高速公路经过该镇并设有互通枢纽。总面积230平方千米，耕地面积1313公顷、山地面积1.8万公顷。下辖16个行政村和1个社区委员会，人口3.54万人。有铅锌矿、稀土矿、砷矿和竹木、松脂等自然资源。秋香江贯穿全境，围澳河流向西北汇入秋香江，水资源丰富，建有小水电站21座，全年发电3478万千瓦时。2020年，全镇工农业总产值突破1.2亿元。紫金县南母种养农民专业合作社南母仙茶（红茶）入选“第二届紫金十大蝉茶”称号。境内有南母寺，始建于宋淳熙五年（1178），距今有800多年历史。

【九和镇】 九和镇位于紫金县中南部，东邻瓦溪镇，西接蓝塘镇，北毗义容青溪，南部与惠东县接壤，秋香江中游。省道120线贯穿境域，汕湛高速公路、河惠莞高速公路穿境而过，均有互通出入口。全镇总面积254.97平方千米，其中山地面积2.16万公顷，耕地面积1430.6公顷。下辖13个行政村和1个社区居委会。人口3.20万人。2020年，实现地区生产总值4.13亿元。农业总产值2.58亿元，比上年增长4.5%；工业总产值6572.6万元，增长1.9%；第三产业总产值9046.3万元，增长4.6%。农村居民人均可支配收入19500元。粮食播种面积2000公顷，实现总产1.2万吨。有县级以上农业龙头企业1家、农民专业合作社67家、家庭农场7家。规模种植红肉蜜柚300公顷、山楂102.53公顷、南药106.67公顷、春甜橘120公顷、茶叶66.67公顷。境内有国家AAAA级旅游景区御临门温泉度假村，还有鹅峰山、乌禽嶂等景区可供休闲。

【蓝塘镇】 蓝塘镇位于紫金县西南部，东邻九和，西连凤安、上义镇，南临惠东县，北毗义容镇。省道120线和243线贯穿全镇，设有汕湛高速公路蓝塘出入口、紫惠高速公路蓝塘北出入口，将成为连接深圳、惠州等珠三角地区的交通要道。全镇总面积301.9平方千米，耕地面积2934公顷，山地面积2.27万公顷；全镇辖26个行政村和1个社区居委会；人口8万多人。粮食总播种面积3603公顷，实现总产20675吨。蓝塘土猪、春甜橘、红色蜜柚类等特色产业健康发展，年末生猪存栏25677头。蓝塘产业新城开发建设完成土地平整266.67公顷，年产600万吨省重点项目河源德润钢铁优特钢项目及配套的供氧、供气、供电、道路等基础项目动工建设。全年累计引进入园项目8个，总投资209亿元。境内有正在开发和可开发的旅游景点有：布心村石门楼背的彭（盘）古大王山，塘田村百沐羊生态景区，汉塘村秋香江畔龙凤寺。有市级重点文物保护单位、市爱国主义教育基地、市反腐倡廉历史教育基地——邓缵先故居。

【凤安镇】 凤安镇位于紫金县西南部，省道120线和243线贯穿全镇，建设中的河惠莞高速公路经过凤安镇，是省级新农村建设示范片和省级休闲农业与乡村旅游示范镇。总面积130平方千米，其中耕地面积1213公顷，山地面积8467公顷。下辖11个行政村和1个社区居委会，总人口2.8万人。2020年被省定为“全省乡村振兴先进集体”。全镇实现地区生产总值5.45亿元，比上年增长5.2%；工业总产值5203.5万元，增长2.2%；农林牧渔总产值2.485亿元，增长5.9%；农村人均收入17438元，增长8.9%。新增优质水稻播种面积787公顷、规模种植春甜桔333.34公顷、无公害蔬菜160公顷、南药（三叉苦、鸡骨草、肉桂等）333.34公顷、有机高山茶73.34公顷。下石九口连塘、仁里半月莲子荷塘、美心生态庄园、南云生态庄园等乡村旅游景观和农家乐建成投入使用。有历史名人明朝解元钟丁先故居彼岸庵和钟丁先墓。

【好义镇】 好义镇位于紫金县西南部，西部和南部与惠州市惠城区接壤。镇政府位于老圩坳。秋香江、省道120线穿境而过，紫惠高速途径好义镇，境内有高速出入口。总面积92.88平方千米，其中山地7212.6公顷、耕地864.58公顷。辖8个行政村和1个社区居委会，人口1.64万人。“三黄鸡”存栏量超250万只，春甜橘、百香果、蜜柚等优质水果种植面积196公顷。镇内有爱国主义教育示范基地好义烈士墓园和东华古寺。

【上义镇】 上义镇位于紫金县西南部，东与蓝塘镇相邻，南与惠东县多祝镇相连，西与惠州市惠城区横沥镇接壤，北与好义镇连接。总面积178平方千米，其中林地面积1.6万公顷、耕地面积1628.33公顷。辖7个行政村和1个社区居委会，人口2.55万人。2020年，完成地区生产总值4.52亿元。其中工业总产值实现1.48亿元，比上年增长2%；农民人均纯收入16690元，增长5%。创建广东省森林小镇，建设成为“青山伴碧水·宜居美上义”之生态宜居暨省级森林小镇，森林覆盖率84.7%。粮食总产量8450吨；蔬菜总产量8077吨；水果总产量3739吨；三黄胡须鸡养殖16万多只。有花生油、三黄鸡、黄金百香果、红肉火龙果、红肉蜜柚、春甜橘、茂谷柑等特色农产品，建成100亩以上水果、茶叶、蔬菜等特色农产品种植基地10个，种植优质水果面积141.34公顷。镇内主要名胜古迹遗存有招元村庵角自然村的石岳峰，捲蓬村的飞云礤，捲蓬村下楼自然村的九厅十八井，吉洞村上洞自然村的七十二坳，有东江纵队第七支队游击区遗址。

【义容镇】 义容镇位于紫金县西部。全镇土地总面积356.2平方千米，其中耕地面积2867公顷，山地面积2.8万公顷。人口5.99万人。下辖24个行政村和1个社区居委会，镇内省道340线（中石线）穿境而过，省道230线（义凤路）南起省道120线，北接省道340线；汕湛高速在境内设有义容、蓝塘（青溪）两个互通出入口。2020年，全镇实现工农业总产值18.03亿元，其中工业总产值12亿元、农业总产值6.03亿元，农村居民人均可支配收入17457元。特产有优质丝苗米、番薯粉丝、瘦肉型猪、三黄胡须鸡、塘虱、乳鸽等。镇内矿产资源丰富，其中铁、铜、锡、铅、锌、稀土等矿产储量大、品位高。引进锦诚禾劦等知名农业技术公司，种植袁氏稻米益生菌技术水稻、量子技术水稻和象牙粘优质水稻66.67公顷，带动全镇种植优质水稻扩面1834公顷，获评为省级“一镇一业”优质水稻专业镇。义容镇旅游景点有天子嶂、汀村温泉、宝山电视塔、大保爷山等。

【柏埔镇】 柏埔镇位于紫金县境西北部，西与临江镇毗邻，东与黄塘镇相连，南与义容镇相邻，北与东源县义合镇交界。省道242线河汕线东西贯通全镇。全镇面积134.90平方千米，其中耕地面积1982.3公顷。下辖14个行政村和1个社区居委会，人口3.93万人。镇内有“黄毛嶂山茶”“蓝野猪”和稀土矿、花岗岩、石英石等物产与资源。2020年，地区生产总值实现2.76亿元，比上年增长3.0%；一般公共预算收入3350.8万元，增长2.23%。创建蔬菜、中药材、沃柑、青枣、茶叶等特色种植基地6个，专业合作社58个，国家级农业示范基地1个，国家级农民专业合作社示范社1个，省级农业龙头企业1家。引进河源市交投建材有限公司落户柏埔镇，建造总投资约3800万元，占地2.4万平方米，年产量20万立方米的环保型公路沥青混凝土搅拌站。方湖村坑角自然村建有革命烈士龚远香纪念亭。福田村建有朱熹纪念馆，纪念馆西侧山岗相传有明代古塔、陈氏祖屋南周堂。梅中村有著名书画家“紫金女子”周世聪祖籍地、周氏老屋等。

【黄塘镇】 黄塘镇位于紫金县西北部，东连紫城镇，西接柏埔镇，南毗义容镇，北邻东源县康禾、黄田镇，省道S242线贯穿全镇。全镇总面积226.31平方千米，山地面积19200公顷，下辖12个行政村和1个社区居委会，人口4.8万人，其中农业人口4.5万人。2020年，投入资金5.1万元支持9个电商服务站点的建设运营，农产品上行年度增速达到30%以上，澄田村和曹坑村被评为县优秀示范村。境内有广东省激流回旋黄塘训练基地。

2020年紫金县领导成员名单

中国共产党紫金县委员会

书　记：
　刘振林（ —2020.01）
　廖继聪（2020.01— ）
副书记：
　邓红卫（2020.05— ）
　钟建政
常　委：
　黄伟明
　张英川（ —2020.03）
　张志勇
　高辉强（ —2020.06）
　谢秉波（挂职）
　赖智明
　叶小锋
　蒋亮明（2020.01— ）
　钟伟权（2020.04— ）
　李　冰（2020.05— ）
　陈　飞（2020.06— ）

紫金县人大常委会

党组书记、主任：
　叶竞祥
党组副书记、副主任：
　张金波（ —2020.08）
副主任：
　张绍平
　邓妙香
　简建华
　黄清香
　黄荫雄

紫金县人民政府

县　长：
　廖继聪（ —2020.05）
　邓红卫（2020.06— ）
副县长：
　黄伟明
　黄罡星（ —2020.10）
　钟伟权（ —2020.04）
　黎映花
　郭军阳
　梁鹏程
　郑裕庭（2020.02— ）
　黄少波（2020.12— ）

政协紫金县委员会

主　席：
　刘向红

副主席：

张海星

钟亦雄

赖伟军

龚子岳

黄庆忠

谢运畅

中共紫金县纪律检查委员会
紫金县监察委员会

书 记：

叶小锋

主 任：

叶小锋（2020.06— ）

（黄海波 林力锋 黄定平）

连平县

【基本情况】 建置沿革 明崇祯七年（1634），设置连平州。州治设在元善镇，属惠州府。清宣统三年（1911）九月，连平改州为县，属惠州府。1914年6月属潮循道，1925年属东江行政区，1936年9月属第六区（区址：韶关），1947年改属第七区（区址：兴宁）。1949年6月2日，连平县人民政府成立，县政府设在忠信长安旅店。6月25日，迁至元善镇。1949年10月1日，中华人民共和国成立，连平属东江专区（区址：惠州）。1952年，改属粤北行政区（区址：韶关）。1956年，改属惠阳专区。1958年11月，连平、和平两县合并，仍称连平县，隶属韶关专区。1959年11月，陂头（包括贵东）划给翁源县辖。1960年4月，隆街（包括田源、溪山、崧岭）划给新丰县辖。7月，惠化、上坪划给新丰县辖；连平县委、县人委机关迁至和平阳明镇，连平县改称和平县，隶属韶关专区。1962年6月，原划给新丰、和平两县的公社（镇）重归连平，恢复连平县建制，仍属韶关专区，县委、县人委机关设在元善镇。1963年6月，连平县改属惠阳专区。1967年6月，陂头（包括贵东）从翁源县划归连平县辖。至此，原连平县境复原。1988年1月，河源建市后，连平县改属河源市管辖。

地理位置 连平县地处粤北九连山区，河源市西北部，东江流域上游；东邻和平县，南连东源县、新丰县，西接翁源县，北与江西省龙南、全南两县交界。国道105线和粤赣高速、大广高速、汕昆高速、武深高速公路及省道341灯官线、230定忠线贯穿境内。该县是国道105线和大广高速公路入粤第一县，地理坐标为北纬24° 05′ 48″ —24° 28′ 08″ 、东经114° 14′ 44″ —114° 56′ 51″ 。

人口、面积 2020年，连平县有13个镇、159个行政村、16个社区，常住人口28.51万人，户籍人口41.15万人。县域总面积2275.07平方千米。其中中、低山地面积15.43万公顷，丘陵6.02万公顷，平原和阶地1.9万公顷，水域面积3000公顷，分别占总面积的65.3%、25.5%、8%、1.3%。耕地面积2.03万公顷。

地形、气候 连平县境内山丘绵亘，地势北高南低，九连山脉在境内分别向西和西南方向延伸。北、中部多为中低山，西南部大多是丘陵地带，东南部以谷底盆地为主。山地、丘陵、盆地占全县总面积的90%以上，是一个典型的山区县。该县属中亚热带季风气候。主要特征是：夏冬长、春秋短，气候温和，四季分明；光照充足，热量丰富，雨量充沛，降水季节明显。2020年，境内年日照总时数1555.2小时，降雨量1544.6毫米，平均气温20.5℃。

水力资源 连平县有大小河流72条。其中集雨面积10平方千米以上的有62条，100平方千米以上的有8条，分属东江和北江两大水系。水资源总量26.23亿立方米，人均水资源达6550立方米。

矿产资源 境内矿产主要有煤、铁、铜、铅、锌、锡、钨、金、银、磷、石墨、黏土、稀土、陶瓷土、大理石、硅石、白云岩、石灰岩、玄武岩、辉绿岩、花岗岩等，是广东省黑色金属和有色金属储量较为丰富的一个县，被誉为粤北有色金属之乡。储藏量位居全省第一的广东大顶铁矿和华南地区最大的锯板坑钨矿均坐落在县内。

野生动、植物 境内有两栖爬行动物20多种、哺乳动物20多种、鸟类50多种、昆虫100多种。属国家一级保护的有金雕、黄腹角雉、白颈长尾雉、黑鹿、巨蜥（五爪金龙）、蟒蛇（南蛇）、云豹、金钱豹8种。属国家二级保护的有白鹇（银鸡）、原鸡（原花鸡）、灰鹤、花田鸡（花秧鸡）、褐翅鸦鹃（毛鸡）、小鸦鹃（小毛鸡）、蛇雕、穿山甲、七间狸、斑林狸、金猫、水鹿、河鹿、上树獐等18种。野生植物主要有1368种，其中苔藓8科8属8种、蕨类36科72属121种、裸子植物5科7属7种、被子植物152科617属1232种（双子叶植物127科489属1022种、单子叶植物25科128属210种）。珍稀植物有银杏、水杉、三尖杉、粉背兰、古榕等。

旅游资源 境内旅游资源丰富。“连平八景”自古享有盛名。西山瀑布、仙塔遗踪、观音坐莲、龙潭喷雨等自然奇观令人陶醉。“连平新八景”（圣迹苍岩、黄牛仙峰、银梅峰林、西山瀑布、新河泛绿、上坪桃源、戈罗耸翠、六祖禅踪）、溪山瀑布、南山公园、醒狮围龙屋、樱湖度假村、县城市政广场及“音乐喷泉”、滨河路“黄金水道”、忠信人民广场、塔岭烈士墓园等景区（点）。

土特产 主要土特产品有香菇、火蒜、茶叶、笋干、山楂、板栗、茶树菇、木耳、草菇、灵芝、山茶油、蜂蜜、薯丝粉、陂头米丝、盐酥花生、客家娘酒、上坪吊篓酒、九连山精米、上坪鹰嘴蜜桃等。

【经济发展概况】 2020年，连平县地区生产总值83.87亿元，比上年增长1.3%。第一产业产值19.23亿元，增长5.7%；第二产业产值20.90亿元，增长0.4%；第三产业产值43.74亿元，增长0.1%。三次产业结构比例为23:25:52。

人均生产总值29223元，增长2.3%。财政总收入完成42.99亿元。其中一般预算收入5.17亿元，下降25.6%。金融系统各项存款余额117.16亿元，增长6.11%；各项贷款余额58.83亿元，增长8.3%。全社会固定资产投资下降14.8%。社会消费品零售额33.63亿元。城镇居民人均可支配收入25224元，增长2.7%；农村居民人均可支配收入16655元，增长7.6%。

农业 全县农业总产值29.55亿元，比上年增长5.7%。粮食作物播种面积15913公顷，粮食总产量8.92万吨。做好无公害农产品、绿色食品、有机食品认证工作，实施生态农产品品牌战略，提高农产品市场竞争力，组织农产品参加省农博会、市茶博会、县全域旅游品牌推介会及灯塔盆地农产品展销会。新增省级农业龙头企业21家、市级农业龙头企业19家，省级示范农业专业合作社17家，省级示范家庭农场4家、市级示范家庭农场10家。

乡村振兴 落实《关于推进乡村振兴战略的实施意见》等乡村振兴指导文件精神，推进基层党组织建设、精准脱贫攻坚、生态宜居美丽乡村建设、平安镇村建设、法治镇村建设、文明村镇建设、四好农村路建设等各项工作。全域推进农村人居环境综合整治，开展破旧泥砖房拆除行动，全县村庄基本完成“三清理、三拆除、三整治”任务。推进贫困村创建新农村示范村，农村“厕所革命”任务全面完成。垃圾和污水处理设施不断完善，完成中小河流治理61.8千米。新建改造“四好农村路”283千米，建成镇级污水处理设施5座、垃圾收集点1948个，解决31.57万农村人口饮水问题，完成贫困户危房改造3064户。

工业 全县实现工业增加值11.67亿元。其中规模以上工业总产值49.14亿元，规模以上工业增加值11.17亿元。2家企业认定为省级以上研发机构，3家企业认定为市级研发机构；新增规上企业3家。

工业园区 与深圳市南山区签订产业共建协议，共建“飞地经济”（两个相互独立、经济发展存在落差的行政地区打破原有行政区划限制，通过跨空间的行政管理和经济开发，实现两地资源互补、经济协调发展的一种区域经济合作模式）。加大资金投资力度，完善园区基础设施，一期引进企业实现“当年签约、当年动工、当年完工、当年投产”，并启动二期建设和三期规划，“飞地经济”规模不断扩大。新签约项目11宗，新开工项目2宗，新投产项目3宗，新增“规上”企业4家。全年园区工业增加值增长0.5%，税收增长7.7%。

旅游业 全年接待旅游人数47.41万人次，实现旅游总收入3.85亿元，分别比上年下降27.2%和39.3 %。

招商引资 全年新签约项目11宗、新开工项目2宗、新投产项目3宗，实际利用外资1909万美元。

生态县建设 开展“四乱”“五清”“清漂”等专项治理行动，累计清理河长450千米。落实中央和省环保督察“回头看”问题整改，推进蓝天、碧水、净土保卫战。完成碳汇造林任务317公顷、中央森林抚育任务5400公顷，建成美化绿化示范点30个，改造桉树林100公顷，实现全县林地监控全覆盖，森林火灾受害率低于省控1%指标。生态环境质量居全省前列，实现集中式饮用水水源水质达标率100%，环境空气质量优良率100%、森林覆盖率74.72 %。

【社会事业发展概况】 **教育** 2020年，连平县新增公办幼儿园学位3325个。小学生入学率100%，初中生入学率100%，高中阶段毛入学率94.47%。有中小学（含幼儿园）134所，其中幼儿园79所、小学73所、教学点34个、初级中学（含九年一贯制学校3所）22 所、高中3所，中等职业技术学校1所；育智学校（特殊教育）1所。在校（园）学生60040人，其中幼儿园12503人、小学29472人、初中12264人、高中5801人。在职在岗专任教师5003人，其中幼儿园1449人、中小学3554人。

科技 完善县级信息中心建设，建立镇级信息服务站13个、村级信息服务点175个。建立科技创新与企业孵化中心，与河源移动公司共建5G+智慧园区，加大技改资金投入力度，开展企业技术改造，新增高新技术企业3家，新增高新技术产品5项，循环经济项目2项，清洁生产认证企业5家，规上企业研发机构覆盖率25%。

文化 建立忠信花灯、溪山春牛舞、陂头纸马舞3个市级非物质文化遗产传承基地。建成县城多厅数字影院、工人文化宫、忠信花灯博物馆、司前家训文化传扬示范基地，完成县级融媒体中心、文化馆（站）达标及行政村综合性文化服务中心建设，获得广东省公共文化服务体系示范项目称号，被评为广东省民间文化艺术之乡。忠信花灯被列入第一批国家传统工艺振兴目录，客家娘酒项目传承人列入省级代表性传承人名录，“忠信花灯节”被列入全国春节文化特色活动。获评河源市河源好人5人。开展农村电影下乡活动，完成农村电影公益放映工程，全年组织电影下乡100场次。

卫生 推进医疗卫生体制改革和卫生强县工作，建立大病保险和异地就医即时结算制度，4间公立医院全面实行药品零差率销售，县级公立医院取消药品加成政策平稳运行。完成县级公立医疗机构布局调整，县人民医院、县中医院、县“120”指挥中心迁址新建和县妇幼保健院扩建工程全面动工并加快推进，完成12个镇卫生院远程医疗平台基本设施建设，推进全县107个村级卫生站规范化建设。县人民医院列入国家全面提升县级医院综合能力建设首批名单。完成全县13个镇卫生院中医馆项目建设，推动2间县级医院设施改造和3个镇卫生院标准化建设。县中医院通过全国基层中医药工作先进单位验收。全县卫生站覆盖率100%。有卫生机构237个，卫生技术人员1828人（临床类别

550人、口腔类别16人、注册护士719人、中医类别57人、公共卫生类别19人）；医疗床位1446张。

基础设施建设 项目建设加快推进，15个省、市重点项目和7个新增债券项目完成累计完成投资17.5亿元。推进县城提质扩容，完成市政广场升级改造，启动县城农贸市场改造，基本完成县人民医院新院、120指挥中心和妇幼保健院扩建项目建设，富民大桥、东河桥贯通工程和县城新水厂一期工程全面动工建设，碧桂园高品质商住小区等一批房地产项目落地。县城生活垃圾无害化填埋场建成使用，推进新丰江小水库生态环境保护、中小河流治理、病险水库除险加固和高标准基本农田等项目建设，完成中小河流治理61.8千米、高标准基本农田建设1280公顷，实施垦造水田357公顷、拆旧复垦15公顷。

社会保障和劳动就业 全面落实双拥优抚安置政策，继续完善保障性住房建设。清理核查低保对象，实现“应退尽退、应保尽保”。基本实现城乡养老保险全覆盖，调整提高医疗保险、养老保险、低保、五保、优抚等底线民生保障标准及集中供养、分散供养补贴，发放残疾人生活补贴和重度残疾人生活护理补贴。实现医疗救助与基本医疗、大病保险“一站式”结算。建成残疾人康复中心，创建“全国白内障无障碍县”。推进地质灾害隐患防治三年行动，完成首批44个隐患点治理任务。加强食品药品安全监管，深入开展安全生产专项整治行动，安全生产形势持续稳定。实施“粤菜师傅”“广东技工”“南粤家政”三项工程，全年累计培训3059人次，城镇新增就业4359人，城镇失业率控制在2.3%以内。城镇、农村居民低保补贴分别提高到每人每月554元、251元，城市、农村特困人员供养标准每人每月分别为1124元、775元。

扶贫工作 坚决打好脱贫攻坚战，全县建档立卡贫困人口6008户、16643人如期脱贫，30个相对贫困村如期出列。“两不愁三保障一相当”政策全面落实，有劳动能力贫困人口人均可支配收入、30个相对贫困村居民人均可支配收入和村集体平均收入分别为16252元、22763元和40.86万元。

【连平县九连华森林场入选“广东省第七批巾帼林”名单】 2020年6月，连平县九连华森林场入选“广东省第七批巾帼林”名单。该林场成立于2011年7月6日，企业总资产近1000万元，总面积约200公顷，种植杉树成林133.34公顷，管护抚育樟树、荷树等65.34公顷，种植高产优质油茶17.87公顷（新扩建4公顷），间种五指毛桃3.33公顷，种植水果1.34公顷，抚育毛竹20余公顷，建设有高标准生态茶园基地16.67公顷，解决当地就业以妇女为主的固定工人10人，长短期临工30多人，带动困难户50余户发展种植。

【第二届中国鹰嘴蜜桃产业峰会在连平县上坪镇举行】 2020年12月，第二届中国鹰嘴蜜桃产业峰会在连平县上坪镇举行。与会人员就近年来鹰嘴蜜桃产业面临的问题以及未来鹰嘴蜜桃发展趋势进行研究探讨。此次峰会由连平县桃花缘生态农业有限公司主办，河源市桃时代现代农业研究院、中日国际化农业企业人才交流中心、仲恺农业工程学院鹰嘴蜜桃产业技术服务团队承办，连平县工业商务和信息化局协办，仲恺农业工程学院派出农业科技特派员团队参加活动。仲恺农业工程学院农业科技特派员团队就鹰嘴蜜桃种植栽培管理技术及鹰嘴蜜桃病虫害问题进行详细讲解；对鹰嘴蜜桃深加工领域作深层次解读，介绍阶段性的研究成果，分享在日本农业科技的学习经验，对现场桃农们提出的问题一一进行解答。

【元善镇】 位于县境中部，东邻内莞、油溪镇，南依溪山镇，西靠陂头镇，北接上坪镇，面积250平方千米。国道105线和大广高速、汕昆高速及省道341灯官线贯穿境内。辖15个行政村、5个社区，人口7.44万人。2020年，农业总产值3.63亿元。农作物播种面积3185公顷，粮食总产量8964吨。该镇是粤赣边界较大的商品集散地，茶叶、香菇、木耳、蜂蜜等土特产品。境内有“石龙工业邨”。有水力发电站24座，总装机容量1.49万千瓦。有清代“一门三代四督抚，五部十省八花翎”的颜氏家族文化和黄牛石自然生态景区。文物古迹有黄潭寺遗址和东山塔。旧时“连平八景”有五景（西山瀑布、丹灶虬松、梧峰樵唱、仙塔遗踪、南楼野眺）在县城附近，后西山瀑布、黄牛仙峰两景点被评为“连平新八景”。

【上坪镇】 位于县境北部，东靠和平县，南接元善、内莞镇，西邻江西省全南县，北连江西省龙南县，素有“两省四县结合部”之称，全镇面积301平方千米。境内黄牛石山峰海拔1430米，为县内最高峰。辖15个行政村、1个社区，人口3.42万人。2020年，农业生产总值2.31亿元，农作物播种面积2181公顷，粮食总产量8711吨。该镇是国道105线及大广高速公路入粤第一镇。“万亩桃园、十里桃花”成为该镇旅游新景观，“上坪桃源”被评为“连平新八景”之一。

【内莞镇】 位于县境东北部，东邻和平县，南靠油溪、高莞镇，西连元善镇，北接上坪镇，面积231.5平方千米。境内“朝天马”山峰海拔1320米，为县内第二高峰。森林、矿产、动植物、水力、石灰石等自然资源丰富。华南地区储量最大的钨矿——锯板坑钨矿坐落在境内；有水力发电站39座，装机容量8000多千瓦。辖11个行政村，人口1.94万人。农作物播种面积1160公顷，粮食总产量3952吨。2020年，全镇农业总产值1.42亿元。名胜有圣迹苍岩，为旧时“连平八景”之冠，现被评为“连平新八景”之一，被省旅游局推荐为休闲度假好去处，旅游观光新亮点。

【陂头镇】 位于县境西部，北江支流——翁江上游，东邻元善镇，南依隆街镇，西接翁源县，北界江西省全南县，面积330.5平方千米。汕昆高速公路和省道341灯官线贯穿境内。自然溶洞甚多，有“小桂林”之称。名胜古迹有“陂头溶洞”和“龙潭喷雨”（旧时“连平八景”之一）、“上洋洞”以及“贵东市”西门旧址，“银梅峰林”“六祖禅踪”两景点被评为“连平新八景”。全镇辖16个行政村、1个社区，人口3.47万人。经济以农林为主，主要种植水稻，“陂头米粉”、竹木等产品销往省内各地，素有连平粮仓之称。农作物播种面积4422公顷，粮食总产量1.57万吨。2020年，全镇农业总产值3.04亿元。镇内有燕岩古寺和省级古村落（夏田村），夏田村入选第五批中国传统古村落名录。

【溪山镇】 位于县境西南部，北接元善镇，东南与田源镇相连，西邻隆街镇，面积146.3平方千米，大广高速公路和国道105线贯穿境内。建有水电站13座，总装机容量6800千瓦。辖9个行政村，人口1.85万人。农作物播种面积1434公顷，粮食总产量5588吨。2020年，农业总产值1.4亿元。旅游景点有溪山石坑瀑布、广东省青少年科技教育基地。民间传统文化节目“春牛舞”被评定为首批河源市非物质文化遗产。

【隆街镇】 位于县境西南部，东靠田源、溪山镇，南、西与新丰县接壤，北接陂头、元善镇，面积272.2平方千米。大广高速、武深高速公路和国道105线贯穿境内。辖20个行政村、1个社区，人口4.50万人。镇经济以农林为主，河角坪等农业综合开发项目均在境内，被县定位为农产品集散中心镇。2020年，全镇农业总产值3.57亿元，农作物播种面积3863公顷，粮食总产量1.13万吨。东坑村、长沙村入选第五批中国传统古村落名录。

【田源镇】 位于县境南部，地处新丰江畔，东、南与新丰县相连，西邻隆街镇，北与溪山、元善镇接壤，面积163.9平方千米。建有水电站7座，总装机容量3950千瓦；矿产资源主要有煤、铁、硅矿等。辖7个村，人口1.39万人。该镇距国道105线和大广高速公路6千米，西南是新丰江水库，陆运、水运方便。2020年，全镇农业总产值1.38亿元。农作物播种面积1067公顷，粮食总产量3974吨。被评定为市级石斛种植技术创新专业镇。名胜古迹有“戈罗耸翠”（旧时“连平八景”之一）和明代的摩崖石刻，旅游景点有新河漂流、九连山原始森林度假村。“戈罗耸翠”“新河泛绿”两景点被评为“连平新八景”。“肖屋鱼梁”（一种捕鱼方式）申报为县级非物质文化遗产。

【油溪镇】 位于县境东南部，东邻高莞、忠信镇，南依东源县，西靠元善、田源镇，北接内莞镇，面积300平方千米。南部是华南地区著名的大顶铁矿区，铁矿石蕴藏量1亿多吨；活立木蓄积量52万立方米；建有长坑电站、长潭电站等36座小水电站。该镇交通便利，汕昆高速公路和省道341灯官线贯穿境内。辖18个行政村、1个社区，人口3.75万人。经济以农业为主，主要种植水稻，兴办有茶叶、水果、大蒜、蔬菜、三鸟等生产基地，被评定为市级专业镇（高山有机茶）。农作物播种面积2384公顷，粮食总产量7567吨。2020年，全镇农业总产值2.0亿元。“油溪高山云雾茶”畅销省内外。镇内有省级古村落（茶新村），麒麟山现代农业生态园被省农业厅授予“广东农业公园”称号。

【忠信镇】 位于县境东南部，东连三角镇，南界东源县，西靠油溪镇，北邻高莞镇，面积86.3平方千米。地处新丰江上游、忠信河和高莞河的汇合处，汕昆高速、粤赣高速公路和省道341灯官线穿境而过。地势平坦，素有“忠信小平原”之称，入选“全国重点镇”，被评定为省级专业镇（大蒜），被誉为河源第一镇，被县定位为工业、商贸中心镇。辖12个行政村、5个社区，人口5.53万人。2020年，农业总产值3.2亿元。农作物播种面积2738公顷，粮食总产量8604吨。河源火蒜、忠信牌蒜粉驰名中外，忠信盐酥花生远销湖南、江西、香港、澳门等地，花生、火蒜、客家酿酒被誉为“忠信三宝”。境内设有忠信工业邨。忠信镇司前村被评为省级文明村，入选第五批中国传统古村落名录。

【高莞镇】 位于县境东南部，东北与和平县接壤，南邻忠信镇，西南依油溪镇，北靠内莞镇，面积62.5平方千米。自然资源主要有水力、钨矿、石灰石等。辖10个行政村，人口2.49万人。经济以农业为主，主要种植水稻，还出产大蒜、花生、葱头、大豆等。农作物播种面积1477公顷，粮食总产量3687吨。2020年，农业总产值2.04亿元。镇内有81家花生加工户，年加工量7500吨，被评定为省级专业镇（花生）。名胜古迹有凤凰山、麒麟山、灵鹫寺、灵山庵、高陂水库等。

【三角镇】 位于县境东南部，东邻大湖镇，南接东源县，西、北依忠信镇，面积45.8平方千米。汕昆高速、粤赣高速公路和省道230定忠线贯穿境内。辖9个行政村，人口1.77万人。经济以农业为主，主要种植水稻，还出产花生、大蒜、水果等。农作物播种面积1576公顷，粮食总产量4608吨。2020年，全镇农业总产值1.52亿元。境内设有县生态工业园。

【大湖镇】 位于县境东南部，东邻绣缎镇，南接东源县，西依三角镇，北与和平县相连，面积65.4平方千米，粤赣高速公路和省道230定忠线贯穿境内。该镇是革命老区，连平县第一个党支部诞生于湖东小学。辖8个行政村、1个社区，人口2.23万人。经济以农业为主，主要种植水稻，盛产水果、大蒜、花生、木薯等。有千公顷生态农业示范区基地1个，集观光、休闲、度假的九里鱼旅游度假区1个。农作物播种面积1509公顷，粮食总产量4901吨。2020年，农业总产值2.4亿元。镇内有省级古村落（湖东村），大湖寨入选第五批中国传统古村落名录，何新屋入选广东古村落。

【绣缎镇】 位于县境东南部，地处连平、和平、东源三县交界处，东邻和平县公白镇，南连东源县船塘镇，西接大湖镇，北与和平县青州、合水镇接壤，面积76.1平方千米，粤赣高速公路和省道230定忠线穿境而过。辖9个村、1个社区，人口1.58万人。经济以农业为主，主要种植水稻，还出产茶油、水果、花生、大蒜、大豆等。农作物播种面积707公顷，粮食总产量1673吨。该镇有千公顷油茶基地，被评定为省级专业镇（油茶）。2020年，农业总产值1.41亿元。境内有县爱国主义教育基地——绣缎塔岭烈士陵园。

2020年连平县领导成员名单

中共连平县委员会

书　记：

　　陈贤亮

副书记：

　　林文泉

　　钟　斌

常　委：

　　欧阳赞锋（　—2020.12）

　　洪　纲

　　吴　卫

　　邹永东

　　钟茂开

　　谢国定

　　潘鹏飞

　　朱文东

　　莫剑波

　　伍晋龙

　　李世锋（2020.12—　）

连平县人大常委会

主　任：

　　朱焕荣

副主任：

　　吴秀祥

　　吴武光

　　曾耀棠

　　徐少杰

　　周善怀

　　张华宪

连平县人民政府

县　长：

　　林文泉

副县长：

　　欧阳赞锋（　—2020.12）

　　洪　纲（挂职，2020.06—　）

　　谢爱明

　　谢石庭

　　唐锦明（　—2020.06）

　　谢金凤

　　张斌松

政协连平县委员会

主　席：

　　曾丽霞

副主席：

　　李健群

　　吴少群

　　曾建平

　　蓝志高

　　周善钦

　　吴海强（　—2020.12）

中共连平县纪律检查委员会
连平县监察委员会

书记、主任：

　　钟茂开

（张永集　傅友林）

河源江东新区

【基本情况】 河源江东新区位于东江东岸，于2013年开始筹建，2014年5月20日正式挂牌成立，下辖临江镇、古竹镇和城东街道，总面积434平方千米，常住人口约18万人。2020年，河源江东新区生态环保城市会客厅、东江东岸碧道工程等项目落地建设，滨江都市经济带加速成型。河源东站综合交通枢纽工程等高铁新城基础设施和市政配套设施建设全力推进，高铁新城综合体等产业项目加快建设。新增规上工业企业3家，凯中精密、圆满科技、未来实业等6个项目投产，阿里巴巴、坚宝电缆、松乐生物等9个项目加速建设，深河科技园项目启动规划，新区产业园获批省级高新技术产业开发区。举办“4·22”“12·18”经贸、招商活动等，签约产业项目43个，投资总额1198.6亿元（其中百亿元以上项目5个、十亿元以上项目10个）。深河人民医院主体完工并进行门诊试运营，华师附属江东星河学校奠基建设。

风景名胜主要有：秋香晚泊（永安八景之一）、梧峰夕照（河源八景之一）、越王山、道姑岩、鸡啼石山、洗头石盘。红色革命遗址有中共东江特委旧址、陈家祠、中共东江特委第一代党代会旧址、中共东江后方特委旧址、水东抗日井等19处。

【经济发展概况】 2020年，河源江东新区实现地区生产总值59.17亿元，比上年增长9.0%；规模以上工业增加值17.57亿元；固定资产投资增长52%，地方一般公共预算收入增长14%，税收收入增长61.6%，社会消费品零售总额下降7.4%，接待游客103644人次、下降37.1%，实现旅游总收入1.2亿元、下降51.0%。

【经贸活动】 2020年4月22日，河源市委、市政府在河源江东新区举办2020年春季经贸活动。签约项目11个，总投资108.3亿元，其中10亿元以上项目2个，涵盖工业类、商业类、服务业类等。12月18日，河源江东新区举办2020年经贸活动。签约项目26个，总投资额超

900亿元，其中10亿元以上项目12个，涵盖工业、商业建设等类型。动工、投产项目13个，总投资额约88亿元。

【临江镇】 临江镇面积135平方千米，常住人口5.07万人，下辖10个行政村和1个社区居委会。临江镇位于江东新区中部，与河源市国家级高新技术开发区隔江相望，迎客大桥、东江大桥横跨东江，东环路、迎客大道、河紫路、临古路穿境而过，东江干流及主要支流（柏埔河）径流而过，区位优越，交通便利。加快推动高铁新城组团和产业起步区组团开发建设，河源东站综合交通枢纽工程等高铁新城基础设施和市政配套基础设施推进，高铁新城综合体等产业项目加快建设，深河科技园启动规划，深河人民医院主体完工并进行门诊试运营。

【古竹镇】 古竹镇面积278.1平方千米，常住人口5.5万人，下辖18个行政村和1个社区居委会。古竹镇位于江东新区南部，东江中游东岸。古竹素有“鱼米之乡、工业重镇、商贸之埠”之美誉，是第一批中国特色小镇、全国重点镇、省教育强镇、省级经济开发区、省中心镇、省级眼镜生产专业镇、省卫生先进镇。有越王山风景区、河源石窟景区、道姑岩景点，红色文化景点有中共东江特委旧址、陈家祠、中共东江特委第一次党代会旧址、中共东江后方特委旧址等。2020年，生产总值41.3亿元。

【城东街道】 城东街道于2017年9月获省政府批复成立。城东街道面积20.69平方千米，户籍人口1.42万人，常住人口7.35万人，下辖2个行政村和2个居委会。城东街道位于江东新区北部，与源城区一江之隔。城东街道作为江东新区城市起步区的承载地，是新区城市建设、功能拓展的主战场和展现新区颜值气质的重要窗口。梧桐山公园坐落在东侧，东江在西侧由北向南流过，东江东路依水而建；内有东江教育城，拥有广师大河源校区、河职院等高等院校和河源技师、理工、卫校等中职院校。已建成河源高级中学、碧桂园学校、胜利花园、东江东路北段等项目，正有序加快安置小区、市政道路工程等基础设施建设，推进总部经济区、文博新城、中骏世界城等重要城市功能项目建设。

【江东新区产业转移工业园】 河源江东新区产业转移工业园（以下简称“产业园”），于2015年5月被认定为省级产业转移园，是广东省粤东西北12个新区中首个通过省里认定的产业园区。2018年8月，产业园正式纳入深河产业共建范围，享受深河产业共建政策。2020年12月，产业园区经省政府认定为省级高新区。

新区产业园位于东江东岸，总规划面积21平方千米，其中起步区开发建设7.71平方千米。至年底，园区投入建设资金约20亿元，完成土地征收约546.67公顷，已完成“三通一平”的用地面积约2.3平方千米，已出让土地约89公顷。园区签约项目48个，合同总投资额约353亿元，其中10亿元以上项目9个。园区坚持产城融合、创新创业、生态宜居“三位一体”发展。结合自身优势、发展定位和周边的产业基础，发展现代优势产业集群，加快形成大数据、高端装备制造、汽车零部件、医药健康、新材料等主导产业。

2020年河源江东新区领导成员名单

中共河源江东新区委员会

书　记：

孔德胜（　—2020.01）

孙宇红（2020.01—2020.06主持党委全面工作，2020.06—，书记）

副书记：

朱永生（2020.08—　）

巫志宏

委　员：

邱韶阳

蔡东艺（　—2020.07）

袁作平

黄志辉

疏　纲

陈　飞（　—2020.06）

丘云飞

刘小业（2020.07—　）

李通文

邱兆珣

李立明

河源江东新区管理委员会

主　任：

孙宇红（　—2020.06）

朱永生（2020.08—　）

副主任：

蔡东艺（　—2020.07）

袁作平

黄志辉（2020.07—　）

疏　纲

陈　飞（　—2020.06）

刘小业（2020.07—　）

总规划师：

黄志辉（　—2020.07）

总经济师：

丘云飞

中共河源江东新区纪律检查委员会

书　记：

邱韶阳

（邓锦钱）

市高新技术开发区

【概况】 2020年，河源市高新技术开发区实现规上工业总产值489.5亿元，增长4%；规上工业增加值105.9亿元，增长5.6%；税收13.5亿元，增长9.4%；地方一般公共预算收入4.4亿元，增长6%；地方一般公共预算支出10.8亿元，增长8.9%；固定投资76.5亿元，增长12.1%，其中房地产投资增长42%；外贸进出口总额117.6亿元，增长5.6%；实际利用外资1.7亿元，增长25.1%；社会消费品零售总额6.2亿元，增长7%；

工业用电量10.09亿千瓦时，增长22.7%。主要指标均居全市前列，社会消费品零售总额、工业用电量、地方一般公共预算支出增速全市第一，规上工业总产值、规上工业增加值、外贸进出口总额分别占全市37%、37.7%、40.1%。市高新区管委会被评为全国文明单位，长江家具被评为国家级绿色工厂。

【疫情防控】 2020年，面对突如其来的新冠疫情，河源市高新技术开发区把产业发展和企业稳产作为中心工作，统筹推进疫情防控和经济社会发展。率先组织立体式防控。构建“1+1+10+1”（一个领导小组、一个指挥部、十个工作组、一个工作专班）防控领导工作体系，制订“三个一套”（方案、指引、预案）疫情防控体系，树立中光电、中兴通讯等企业防控标杆，建立联防联控和群防群治网格化管理，率先在全市设立集中隔离点、企业隔离点和隔离房，全区疫情零发生。针对疫情形势变化，灵活精准施策，在全面落实好上级政策基础上，另推出系列复工复产激励政策和一企一策的精细化管理措施，投入2000多万元助企资金，帮助企业做好防控物资、融资、招用工等纾困复产，在全市率先实现复工复产率100%。定期研判形势，解决难题，对重点场所持续开展常态化防控。峰德机械、中光电、九明制药等一批企业紧急生产防疫物资支援全国，园区探索“共享用工”平台的做法、“六个一”（一封慰问信、一张年卡、一袋年货、一张影券、一张景区券、一笔慰问金）礼包留员工当地过年举措被中央、省级主流媒体宣传报道，园区企业疫情防控样板经验被全市借鉴推广。

【产业建设】 2020年，河源市高新技术开发区开展模具、大数据产业研究规划，聚焦主导产业做大产业集群，新拓展打造半导体、环保电池产业，新引进项目42个，投资总额150.7亿元，其中超亿元项目32个，超10亿元项目2个；投产项目36个，可新增产值108亿元。以省市重点项目为牵引，推动42个新签约项目加速动工、28个已动工项目加速建设并尽早试产、20个试产项目转入正常生产，今麦郎、华冠、麦格米特等项目一期竣工投产，红苹果、优利德、华益盛等项目加快建设。创智产业园、中创科技园已建成实现企业进驻，南山共建园、模具城统建厂房即将建成投入使用，大数据产业园等一批统建厂房加快建设，增加产业承载空间74.3万平方米。区属国企盘活一批大塘闲置安置房、门店出租给企业用作生活服务。综保区启动空间规划、产业规划编制和一期用地征拆。深河特别合作区试验区一期主体工程完工，与21家意向企业达成进驻协议。深河国际模具城14家企业竣工并投产，5家企业上规。

市高新区政务服务大厅企业服务中心 （市高新区管委会提供）

【科技创新】 2020年，南方科技大学河源数字经济技术创新中心（鹏城实验室）落户，河源深大湾区研究院挂牌运作，河源广师大研究院加快建设。省通讯终端质检中心巩固省级院士工作站资格。华汇智谷二期、中创科技园企业孵化器空间建设加快。成立粤东西北首个台港澳青年创新创业基地。企业创新载体全面增量提质。实施高企“倍增计划”，高企存量69家，新增27家，总量占全市48.2%；科技型中小企业净增55家，占全市40.5%；新增企业技术中心7家、工程技术研究中心10家，产值5亿元以上企业研发机构全覆盖，规上工业企业研发机构占比59%，高于全市22个百分点。完成首期科技孵化基金注入、增加科技信贷风险准备金，指导企业获得科技贷款4490万元、申报创新驱动发展资金4358万元，艾佛光通科技获得省粤财等战略股权投资3.5亿元，设立台港澳青年创新创业扶持资金1000万元。举办河源首届数字经济创新论坛、高新区首届职业技能大赛、优秀科研人才评比等活动，引进硕士以上高层次人才48人。建设2家人才驿站，完善金地创谷人才工作生活配套要素，基本完成高新区人才管理系统开发。举办全国手机创新周暨第八届中国手机设计大赛等系列活动，双创氛围更加浓厚。2020年国家高新区综合评价排名位列113名，较上年提升4位。

【产城融合】 2020年，河源市高新技术开发区高标准建设滨江万里碧道和“三江六岸”[市区东江北段（与新丰江交汇处以北）、市区东江南段、新丰江及其两岸地带]生态景观功能廊道，滨江公园中段、鱼之岛公园、中央活力区中央公园工程加快成形，商务会议中心封顶，图书综合体、体育综合体、火炬塔建设进入关键阶段，实施一批灯光亮化工程，滨江公园北段加快建设一批网红旅拍打卡设施，城市功能要素完善。全面完成205国道东移（高新区段）土地房屋征收，汕湛高速埔前（蓝田）出口连接线项目前期工作有序开展。明珠污水处理厂、大塘水质净化厂实现通水运营，高埔小河环保改造实现水质达标，新建2处垃圾压缩站和2个公厕。完成10条17.6千米市政道路黑化亮化美化改造升级等。新征拆土地约100公顷，全面清查园区土地现状，建立土地利用管理库，盘活、收回低效用地、闲置厂房超15万平方米。

【营商环境】 2020年，河源市高新技术开发区推动“放管服”改革落到实处，开展“优化营商环境攻坚年”活动，出台优化营商环境十条措施，抓好“2+4+2”改革项目[“2”基层改革创新项目（深河特别合作区试验区、知识产权示范园区）“2”股改、数字政府“4”工程领域审批制度改革、营商环境十条、创新盘活低效用地机制、商事制度改革]，试行“容缺受理+承诺制”审批服务。完成政务服务中心升级改造，全市首个实现“企业服务中心”“市民服务中心”分设企业个人分馆办理。全面承接第三批市权下放91项。完成制造企业“亩均效益”综合评价试点。同步开展制造业高质量发展综合评价与施策，精准出台资源差别化配置政策。推进“5G+工业互联网”试点建设。在全市率先推进“5G+工业互联网”建设，出台系列鼓励措施，每年安排不少于1000万元专项奖补资金，加快培育一批“5G+工业互联网”应用标杆示范企业，西可通信完成示范建设。加快兑现落实各类政策，出台扶持大型骨干企业实施办法等稳产达产政策，完善工业项目建设奖励办法和股改政策，企业享受到更多政策红利。搭建政银企对接平台，推动金融机构提高园区企业贷款总额16.78亿元，争取深河指挥部支持重点项目银行贷款利息补贴最高50%。推动企业股份制改造，18家实体企业签订股改协议。

【社会民生】 2020年，河源市高新技术开发区组织开展3轮大型欠薪化解行动，矛盾纠纷案件化解率97%。开展社会治理创新，全面落实社会治安综合治理，建立应急处突工作机制。强化安全生产责任落实，狠抓食品、药品、特种设备、产品质量安全等工作，未发生一般以上生产安全事故和火灾事故。持续改善民生。累计民生支出5.8亿元，占一般公共预算支出54.2%。市人民医院深河门诊部建成向市民开放，大塘小学（重建）建成开学，新增一批民办义务教育和高中学位，出台不低于市直学校教师待遇标准等奖教奖学方案，引进、留住优秀师资。开展园区城市管理提升年活动，全面清除“三区”（街区、社区、厂区）杂草约120万平方米并实施覆绿；加快建设智慧园区系统；园区路灯亮灯率超98%，“三不”（路不平、灯不亮、街不净）问题得到根本改观。

【园区企业选介】 **中兴通讯（河源）有限公司** 中兴通讯（河源）有限公司[中兴通讯（河源）生产研发培训基地]由中兴通讯股份有限公司投资建设，于2010年7月签约落户高新区，项目位于粤赣高速河源出口以西，桂山大道以南，总占地面积近200万平方米，总投资约100亿元，分3期建设，是中兴通讯唯一的集研发、生产、培训于一体的综合性科研产业化基地，是省委、省政府关注的重大双转移项目，也是深圳市对口帮扶河源的重点建设项目。一期工程已竣工投产，完成33条生产线搬迁，用工人数3500人。

阿里巴巴广东大数据综合服务平台项目 阿里巴巴广东大数据综合服务平台项目在源城区、江东新区、市高新区建设三大数据园区，三个园区以“品”字形排列，间距20—50千米范围。项目将按照国内领先、世界先进的目标，建设高标准、高起点服务平台，为河源大数据产业集聚发展、融合应用注入新动力、树立新标杆。高新区项目占地面积约12万平方米，建筑面积约12.5万平方米，主要建设5栋数据楼、1栋综合楼、1座110千伏变电站，于2018年6月动工建设，项目一期已于2019年11月投入运营。

今麦郎河源生产基地 今麦郎河源生产基地项目于2019年3月落户市高新区，总投资15亿元，主要建设面品、饮品两大生产基地，总占地面积约20万平方米，其中面品基地占地9.8万平方米，饮品基地占地10.2万平方米。企业通过土地招拍挂方式取得项目用地，并选定施工单位。该项目总规划建筑面积25.3万平方米，其中一期面品项目建筑面积14万平方米，2020年4月动工建设，12月底竣工投产；二期饮品项目规划建筑面积11.3万平方米。

红苹果家具（河源）有限公司 红苹果家具（河源）有限公司由深圳天诚家具有限公司投资建设，2018年5月落户高新区，建设红苹果家具制造生产研发基地。该公司是一家以“红苹果”为核心品牌，集研发、设计、生产、营销、服务于一体的现代化专业板式家具和床褥制造企业，是国内最具规模的家具生产企业之一。项目总占地面积约5万平方米，总建筑面积约为10万平方米，总投资15亿元。

河源市华益盛模具有限公司 河源市华益盛模具有限公司由深圳市华益盛模具股份有限公司投资建设，该项目总投资5亿元，占地约8.9万平方米，建筑面积12万平方米，含厂房6栋、办公楼1栋、宿舍1栋。华益盛模具股份有限公司是一家以设计、生产、加工、制造大型汽车注塑模具以及检验夹具为主的企业。

农夫山泉广东万绿湖有限公司 农夫山泉广东万绿湖有限公司由农夫山泉股份有限公司投资建设，于2004年4月落户,项目总投资约10亿元，占地面积约26万平方米。公司天然水生产线和热灌装饮料生产线均是国际国内最先进的技术设备，主要从德国、法国、意大利等国引进。厂区生产线有14条（其中饮料生产线2条、12条水线），员工745人。2016年11月，农夫山泉广东第二生产基地项目正式启动，位于深河产业城A区粤赣高速出口，项目占地约20公顷，总投资约11亿元，主要生产经营饮用天然水系列、农夫果园系列、运动饮料系列、茶饮料系列等。

华冠科技（河源）有限公司 华冠科技（河源）有限公司于2019年2月签约落户河源高新区，由深圳市溢旭电子有限公司投资建设。该公司是一家专业从事SMT、测试、组装等高端通信、数码产品OEM加工的国家高新技术企业，主要客户有中国移动、传音科技、华勤科技等。产品包括：手机、平板电脑、智能终端电子产品、电子探测器、影碟机、家庭影院等。该项目总投资5亿元，占地面积约4.3万平方米，建筑面积约11万平方米，主要建设厂房、宿舍、办公楼等。项目分两期建设，其中一期项目建筑面积约8万平方米，已于2019年10月正式动工，2020年11月竣工投产。

优利德科技（河源）有限公司 优利德科技（河源）有限公司由优利德科技（中国）股份有限公司投资建设，主要研发、生产电子电工测试仪表、温度及环境测试仪表、测绘测量仪表、电力及高压测试仪表以及测试仪器等产品，该项目总投资5亿元，占地约2万平方米，建筑面积约7.8万平方米（分两期建设），其中一期建设1栋厂房（约3.3万平方米）、1栋研发楼（约2.2万平方米）；二期建设1栋厂房（约1.7万平方米）。优利德科技（中国）股份有限公司是亚洲最具规模的仪器仪表公司之一，也是国内仪器仪表公司领军企业、中国第一家获得英国劳氏质量认证机构颁发ISO9001品质检验证书的国际性专业测试仪表制造商，拥有“优利德”等知名品牌以及专利231项，产品远销全球90多个国家和地区。

西可通信技术设备（河源）有限公司 西可通信技术设备（河源）有限公司成立于2004年12月，项目投资总额1亿美元，主要生产、研发和销售自产的手机、移动通信设备、通信终端、数字数码电子设备、便携式微型计算机、精密工模具、新型电子元器件、第三代移动通信系统手机等产品及相关零部件、配套产品。该项目是高新区引进的首家生产通信设备的高科技项目，产品70%外销。该公司占地面积约16.4万平方米，建筑面积约16万平方米，2007年1月实现投产，有手机组装线32条，SMT贴片线36条，测试线52条。该公司探索推动“机器换人”生产模式，批量引进智能生产设备。

广东美晨通讯有限公司 广东美晨通讯有限公司于2007年6月落户河源高新区，由深圳天珑移动技术有限公司投资建设，总投资5亿元，是一家拥有自主品牌的国家高新技术企业，主要研发生产及销售智能手机等通讯终端产品，产品远销法国、菲律宾、印度、泰国等国家。公司拥有聚焦欧洲市场的Wiko和聚焦国内细分市场的“糖果”两大手机品牌。公司品牌手机的出货量及销售金额稳步增长。根据国际调查机构GFK发布的数据显示，自2014年以来，Wiko品牌手机在法国公开市场的排名连续四年位列第二，仅次于三星，在欧洲公开市场排名第四，成为法国乃至整个欧洲家喻户晓的手机品牌。该公司占地4.8万平方米，总建筑面积约7万平方米，2010年11月实现投产，用工3000多人，配备10万级无尘车间，拥有国际领先水平的SMT松下SPD全自动高速贴片机16条、41条手机装配线，达到年产2400万部智能手机的制造能力。2015年年初，该公司收购园区内的港资企业和集团，新增用地22万平方米，厂房20万平方米。

（刘浪文）

人物·荣誉

编辑：王瑞峰

全国劳动模范

黄伟良 中共党员，广东省河源殡仪馆馆长，殡仪服务高级技师，入库全国殡葬人才库。2000年参加殡葬工作。在他的带领下，河源殡仪馆社会形象得到较大的提升。2012年河源殡仪馆被省监察厅、省政府纠风办、省文明办联合授予广东省系统和行业“窗口之星”称号；2012年被省民政厅授予广东省二级殡仪馆称号；2018年被评为广东省五一劳动奖状；2019年被人力资源和社会保障部及民政部评为全国民政系统先进集体。其个人于2006年被评为全省殡葬管理工作先进工作者；2012年被评为广东省劳动模范；2016年被民政部评为全国殡葬工作先进个人。 担任党支部书记后，带领河源殡仪馆党支部组织开展系列暖心服务，一改往年“走马观花式”的慰问，加强人文关心关爱，为老党员送温暖，对年轻员工经常谈心谈话，开展心理辅导。多次亲自到医院探望患病干部职工，自掏腰包送上慰问金。

2015年起，他带领河源殡仪馆员工在公益性墓园协办节地生态葬活动，树立文明节俭、生态环保、移风易俗殡葬新风尚，实现人与自然的和谐发展。2016年起主导推出鲜花文明祭扫的理念，营造文明祭扫的社会氛围。同年，带队多方考察学习，按程序高标准购置安装多筒旋风除尘系统火化机尾气设备5套，总投入320万元，同时投入资金130万元新建环保型杂物焚烧车间，彻底解决困扰殡仪馆和群众的环境污染问题。

新型冠状病毒肺炎疫情发生后，他履行殡仪馆工作职责，制定防控应急预案（包括因疫情死亡遗体处理预案），成立由其本人担任队长的疫情防控及遗体处置先锋队（包括负责全市因疫情死亡遗体处理），建立管理制度、卫生防护制度、宣传工作方案，准备防护用品，做好疫情防控各项举措，全力确保河源殡仪馆防控安全。2020年，获全国劳动模范称号。

王艳卿 山西静乐人，毕业于吉林大学化学系，广东省车载智能液晶显示企业重点实验室副主任，广东省车载显示工程技术研究中心副主任、广东省企业技术中心副主任和精电（河源）显示技术有限公司研发部经理。先后获全国、广东省五一劳动奖章、中国专利奖优秀奖、广东省科学技术奖二等奖、河源市科技进步奖一等奖、河源市专业技术拔尖人才、河源市优秀科技工作者等荣誉。获得授权11项国家发明专利和4项实用新型专利。

2010年始，他带领《车载液晶显示屏关键技术研发及产业化》项目组先后解决车载液晶显示模组存在的笔段缺失、排列紊乱、对比度低、拖尾等问题，并提升至良率可以实现量产。先后开发出常温响应速度低于1ms，对比度可以达到1000：1的单色液晶显示屏，并且工作温度可以覆盖-30℃至85℃的超宽温度。该项目获得授权发明专利4件，实用新型专利5件，计算机著作权1件，发表论文10篇，三年内公司依托该项目新增营业额35亿元，新增利润1.6亿元，新增税收1.5亿元，为社会创造就业机会超过100个。

2008年，他带领的团队承担一个新项目，开始的多次试产良品率都为0。但他和他的团队并没有放弃，终于在几十次失败之后生产出2片良品。有成功的经验后很快便使良品率提升到1%—2%。此时公司的收益已经很高了。但他认为这个项目还有很大的提升空间，还可以优化。在经过不断优化和提升，该产品的良品率稳定在10%，为公司创造的收益超千万元。他为中国车载显示行业发展做出积极贡献。2020年获全国劳动模范称号。

骆素娥 女，1984年5月出生，中专学历，龙川县黄石镇长洲村村民。2015年被评为广东省劳动模范。

骆素娥在获得广东省劳动模范荣誉后，不忘初心，坚守本色，将荣誉转化为社会责任和担当，以实际行动来回馈党委政府的关心鼓励和社会认可。十年如一日，安心扎根粤北地区贫困的小山村，一心带领长洲村民发展富民兴村的油茶产业。在她的帮助和带动下，长洲村及周边种植大户的油茶种植本地百花小果油茶面积发展到73.33公顷，丰产期年收益达5000多万元。

她与当地的油茶企业、驻村扶贫工作队、政府联系沟通，推广“公司+基地+农户”的模式，帮助全村进行产业宣传扩大影响力。组织村民参与企业一起参加系列扶贫产品的展销活动，并利用展销机会推广自己的家乡，推广长洲的茶油。至2020年，长洲省定贫困村已发展起省级农业龙头企业龙川县星汇山林开发有限公司、国家级高新技术企业广东星汇生物科技有限公司、国家级农民专业合作示范社龙川县汇农油茶种植农民专业合作社等油茶企业，走出一条绿色可持续发展的道路。解决本村劳动力就业岗位31人，为当地创造税收10万元。

长洲村是广东省定贫困村，作为村里的致富带头人，她主动找到驻村扶贫工作队请缨，承担起带领村里的贫困户发展传统油茶种植的任务。至2020年，她带动长洲及其他村的贫困户种植油茶面积达到53.33公顷，到丰产期可为贫困户带来300多万元的经济收入，帮助全县78户298人贫困人口实现脱贫，成了全县脱贫攻坚的助推手。

2019年，为盘活长洲村圆山地带40公顷的老树茶山，给贫困户、村民带来经济收益，与驻村工作队和村“两委”提议，建议修通茶山路，方便村民耕种管理，并由她牵头与村里的汇农油茶种植农民专业合作社合作，以40公顷的老树茶山为基地，开发“万绿长洲”牌高山古树茶油产品。2020年，获全国劳动模范称号。

广东省劳动模范

陈玉涛 汉族，1973年3月生，江苏淮安人，1992年12月参加工作，中共党员，河源职业技术学院工商管理学院毕业，大专学历，广东红棉乐器股份有限公司吉他三车间主任。

陈玉涛从1998年入职公司二十多年不离不弃。作为退伍军人，练就吃苦耐劳、永不言败的精神和铁一样的意志，像钉子般牢牢钉在企业最脏最累最缺人的油漆岗位上，无论在繁华广州大都市还是在宁静的河源小城市工作，始终以普通一兵的角色严格要求自己，立足岗位，不断创新。

他经历多年车间一线历练，从企业体制改革、重组中抓住机遇，从挑战中脱颖而出，从普通工人走上管理岗位。作为一名车间主任，同时又是一名退伍军人，依然虚怀若谷向前辈和同行学习、借鉴，从细微处入手“泡”在生产车间，一点一滴积累吉他制作经验及管理秘籍。

他在生产一线，始终保持强烈的质量意识，精益求精，在生产过程中，要求员工对吉他制造的每一个环节、每一个步骤都一丝不苟，严格按照作业指导书操作，按工艺标准执行，特别是对一些关键工序，都经过反复修正，务求更加安全高效，使产品做到完美。

他在企业推进技术创新体系建设，建立具有国内先进水平的技术工程研发中心、劳模工作室，每年投入大量研发资金，制定研究成果奖励机制，鼓励员工自主创新。陈玉涛通过自己的努力成为研发团队的一员，与团队共同参与开发出多项技术及管理型创新项目。其中静电喷涂工艺创新尤为突出，它的实施每年可节约成本费用约240万元，并使油漆的利用率提高到90%左右。该项目在2011年获得中国轻工业联合会科学进步奖三等奖，带动吉他行业由传统手工向科技创新技术的转型。2020年，获广东省劳动模范称号。

范国林 汉族，1996年9月生，广东省紫金县南岭镇庄田村人，2013年6月初中毕业后返乡务农，紫金县南岭镇森艺种养农民专业合作社负责人。

他18岁出来创业，通过6年的努力，合作社拓宽茶叶种植面积10公顷，年产茶量达1.5万千克，总产值达230万元，年收入近50万元。范国林不仅专注茶产业的种植和发展，还热心参与公益事业，得到当地镇委、镇政府的认可和群众的一致好评。

2013年7月，他成立紫金县南岭镇森艺种养农民专业合作社，开始自主品牌的探索，培育高产茶苗，积极争取政府支持，引进先进机器设备，建设一间690平方米的高标准茶叶加工厂，采取传统和先进化炒茶技术相结合的模式，于2017年注册“森胡茶”商标。

在开展合作社运营后，他坚持绿色发展理念，开创无公害茶叶种植，于2017年获“无公害农产品产地”认定。同时，注重合作社日常经营管理，2018年，合作社被评选为河源市农民专业合作社示范单位、广东省农民专业合作社省级示范社等称号。除此之外，还经常参加省、市、县茶文化交流和培训学习，使合作社的品牌效应得到快速提升。2017年，合作社生产的绿茶和红茶被紫金县评为紫金十大好茶，他于2017年获得紫金县新型职业农民证书。

2020年春节，新型冠状病毒疫情肆虐。范国林作为一名普通村民，主动报名参加“疫”战，参与村委疫情防控志愿服务工作，冲锋在前。2020年，获广东省劳动模范称号。

温伟明 汉族，1978年8月生，广东紫金中坝人，1990年参加邮政工作，中央广播电视大学行政管理系毕业，大学学历，中国邮政集团公司广东省紫金县中坝支局投递员，邮政中级投递员。

温伟明二十年邮路情怀从未放弃；二十年的职责担当、一直坚守。主要担负着中坝圩镇线、袁田线等1个居委会、9个村委会的报刊、邮件投递工作，每日共投递报纸585份、杂志210份。每日往返邮路路程136千米，牵涉投递点400余个，涵盖3万多人的用邮工作。他立足本职，尽责做好投递工作、积极营销，锻造业务发展能力、落实服务，赢得客户的赞扬。他严格遵守国家法律法规和邮政企业规章制度，谨记自己是一名邮政员工，树立邮政员工良好形象。先后被评为邮政系统先进生产者、精英客户经理，是一名优秀的模范员工。2020

年，获广东省劳动模范称号。

肖智青 汉族，1971年8月生，河源市源城区人，1990年1月参加工作，中共党员，暨南大学（医药）EMBA专业毕业，研究生学历，河源市中医院中西结合骨科研究所所长、河源市中医院工会主席。

利用业余时间完成大专、本科、第一军医大学人体解剖学专业的研究生以及暨南大学卫生EMBA学习，并取得硕士学位。将河源市中医院骨伤科从31张病床发展到150张病床，2009年骨伤科评为广东省重点专科、中医名科，2011年骨伤科成功创建河源市青年文明号，2016年成立河源市中西医结合骨科研究所，骨伤科成为河源关节内镜培训基地、河源骨质疏松诊疗中心及河源膝痹诊疗中心。

肖智青对待病人，哪里有需要就及时地出现在哪里，“舍小家、为大家”，牺牲无数个休息日，换来患者的健康平安。他还主张对待病人胜亲人，从不开大处方，避免让病人做多余的检查，不让病人多花一分冤枉钱。工作任劳任怨，始终冲在第一线，每逢发生重大交通事故或突发事件抢救伤者，第一个到场的总是他。主持开展的新技术、新项目有4项获得河源市的科技进步奖，一项获得省重大科技奖，主持省、市级科研项目近10项。还在省内多个学术部门任职，牵头成立河源市医学会中西医结合骨科分会，并担任主任委员。每年开展各项新技术4—5项，主持省市科研课题10余项，发表学术论文20余篇，主持国家级继续教育项目2项，省级继续教育项目4项。2020年，获广东省劳动模范称号。

杨柳辉 汉族，1978年5月生，广东河源人，1997年8月参加工作，中共党员，中国农业大学电气工程及其自动化毕业，大学学历，南方电网公司广东河源供电局输电管理所线路五班班长。

杨柳辉先后取得国家送电线路工种高级技师、电力工程师、电力行业技能鉴定高级考评员，南方电网公司三级技能专家、专业内训师、评标专家资格。任线路五班班长后，带领班组组织开展系列暖心服务，沿输电线路走访农村家庭300户、群众500人，发放安全用电手册500份、便民服务卡500张，了解他们的用电需求和困难；提供安全用电、业务咨询、防外力破坏、违章处理等供电服务，为沿线当地群众和单位解决用电问题85项，提供服务150次，得到社会各界和广大群众的一致认可和好评。特别是2019年11月为部队安装防撞灯服务，被部队场站赠予“争当拥军楷模共筑钢铁长城”锦旗。近三年，组织应对150次重要保供电任务、106次风险预警处置应急任务、430项电网工程建设任务，三次进入灾区抢修复电，其中2019年为赣深高铁建设保驾护航，迁改输电线路百余段；为阿里巴巴、中国联通数据中心等市直重点招商项目建设提供电力先行，迁改、新建电力设施10项，为粤东片区和河源地区经济发展的电力有序供应做出突出贡献。他组建专家工作室后，培养出助理级技能专家2人、高级技师4人、技师18人、高级工200余人，拥有国家专利3项，完成职工技术创新项目15项，完成精益项目及现场改善项目30多项。在抗击新冠肺炎疫情中，他履职尽责、逆风而动，在做好个人防护措施的同时立即带领人员排查粤东电网主干线路安全隐患，排查出重大安全隐患1项、其他隐患45项，并组织人员及时开展抢修，确保新冠肺炎疫情期间广东省粤东片区电力有序供应。班组在省、市级技能竞赛和评比工作中获得骄人成绩，班组获得团体一等奖、先进班组、先进集体、四星班站等称号，2019年被团市委授予青年文明号。他先后被团省委授予广东省青年岗位能手称号，河源市总工会授予金牌工人称号，南方电网公司授予五星级员工称号、优秀内训师称号、党员示范岗称号、优秀共产党员称号、技术能手称号、优秀班组长称号。2017年获企业三等功奖章。2020年，获广东省劳动模范称号。

曾　涛 汉族，1989年6月出生，广东源城人，2011年8月参加工作，河源广播电视大学行政管理专业毕业，大专学历。河源富马硬质合金股份有限公司网络主管。

他恪尽职守、兢兢业业、辛勤工作，出色地完成各项工作任务。一是推动企业安全网络体系建设，打造“平安富马”，实现产品全流程的有效监控和事后追查，为企业通过海关AEO认证奠定坚实基础。二是推动企业信息高速公路建设，打造“数字富马”，主导部署企业内部网络升级改造、NComputing云终端、SAP、RTX、金蝶K3、OA系统办公软件，实现百兆网络向千兆网络升级，同时在全行业率先实现企业内部生产、销售、财务、行政等部门的电子化、数据化、无纸化办公。三是推动企业电子商务平台建设，打造“电商富马”，率先在企业行业中实现硬质合金成品刀具（工具）“智慧工厂”和“无人工厂”建设。

2015年、2016年，他先后被评为河源富马硬质合金股份有限公司优秀员工，2019年被评为河源市最美新时代工人。2020年，获广东省劳动模范称号。

黄东云 汉族，1976年10月出生，广东龙川县人，大专学历，中共党员，1996年8月参加工作，龙川威达绝缘材料有限公司工会主席。她常年与职工朝夕相处，生产和工作在一起，和职工共同体验着生产的艰辛，生活的冷暖，工作的欢快和忧虑。能及时把握职工的脉搏，反映职工的心声，维护职工的正当权益，关心职工生活，做好思想工作。积极维护职工利益、为职工办实事办好事、实施送温暖活动。职工家中的红白喜事、职工生病等，都能亲自上门探望、慰问。每年都协调县妇幼保健院，为150余名女职工免费进行妇检，保障女职工身体健康。在各种节日期间，慰问走访帮助职工排忧解难，使职工全力工作无后顾之忧。她工作认真负责，肯刻苦学习，钻研业务，各项工作处理得有条不紊。多次被评为龙川威达绝缘材料有限公司先进女职工，连续5年被公司评为先进工作者，2013年评为广东省五一劳动奖章，2017年当选为中共广东省第十二次代表大会的代表。2020年，获广东省劳动模范称号。

黄　平 女，1991年8月出生，龙川县贝岭镇罗陂村农民。高中毕业，在村罗埔坪果园基地任技术员。

在家乡，她不仅凭着自己勤劳的双手和聪明才智奔上致富之路，还为当地农民树立艰苦创业，勤劳致富的好榜样。自打理果园基地开始，她勤奋工作、爱岗敬业、尽心尽责、团结村民、乐于助人，用自己掌握的果树管理技术，手把手传授给村民。在致富路上不忘初心，带领村民共同致富，与村民以“企业+基地+农户”的模式开展产业扶贫、振兴乡村事业；不但村里18户贫困户加入果园合作社，镇里的2个省定贫困村60多户贫困种植农户也加入合作社。为了开拓市场，创办贝岭电商服务站，专门培训3个有文化的村民负责对外业务开发，为村民打开产品外销的市场，从而使加入基地的80多户贫困户在2019年精准脱贫。从而获得政府2018年合作社优秀管理人员、青年致富标兵等称号。罗塘坪果园基地也因此被评为广东省现代农业园区、广东省省级示范社、广东省菜篮子示范基地、河源市科技示范园区、河源市巾帼创业示范园。2020年，获广东省劳动模范称号。

欧阳慧 女，汉族，1984年8月生，广东河源人，2006年8月参加工作，中共党员，广州医学院护理系毕业，本科学历，河源市人民医院神经内科一区护理组长。

她先后在河源市人民医院儿科工作半年，传染科工作2年，神经内科工作11年。2015年在南方医院神经内科重症学科进修3个月；2016年在广州军区广州总医院学习专科护士，有护理危急重症患者及传染病人工作经验；2020年2月主动报名参加广东支援湖北应对新冠疫情医疗队。一方有难，八方支援，面对肉眼看不到的敌人，虽然条件艰苦，但是她没有退缩，主动申请入仓工作，以身涉险，以实际行动践行新时期白衣战士的神圣使命！在武汉医院抗击疫情期间，往返于病房，服务于新型冠状病毒肺炎患者。在值班的六七个小时里，需要同时护理40位患者，随时观察他们的生命体征，上班时间一直不停地来回跑。几个小时的“奋战”之后，汗水淹没防护服，口罩在她脸上留下深深的印痕。抗疫期间，最长12个小时没有喝水、没有上厕所，为的就是与时间赛跑，同病毒战斗。经过精心护理，许多患者得到治愈出院。在医院曾获得优秀护士、先进个人、优秀学员等称号，在抗疫队伍中取得先进个人称号。2020年，获广东省劳动模范称号。

广东省先进集体

河源万盟医保用品有限公司 是一家台商独资企业，成立于1994年3月，位于广东省河源市新市区华达街纬十一路，有员工总数392人。主要生产无纺布系列的医保用品，产品有口罩、手术衣、隔离衣、防护衣等，全部出口到欧洲，以及美国、日本、澳大利亚等国家。

新冠肺炎疫情期间，河源万盟医保用品有限公司在河源市委、市政府的领导下，发挥自身的专业优势和资源优势，在全国防控物资医用防护口罩供应紧缺的情况下，决定放弃春节放假时间，提前复工复产，为河源市关于打赢疫情防控阻击战的各项决策部署贡献一分力量。深知在这突如其来的疫情面前，医用防护口罩极为重要。该公司为尽可能多生产一些产品，不计生产成本，以平常工资的2倍紧急召回春节放假的80多名工人开始生产口罩。同时招聘新员工，以一边培训新员工一边生产，并采取轮班上岗，创造人休息机器不停摆的24小时生产模式，确保一线紧缺医用口罩的供应。从2020年1月30日复工复产以来，至2月15日，共计提供给市指挥部约750万个医用防护口罩，为河源市打赢疫情防控阻击战保驾护航。该公司按照省市防疫指挥部的要求，公司每天生产医用防护口罩50多万个，生产出的产品全部交由政府统一调控，绝大程度上缓解河源市乃至广东省口罩紧缺的情况。2020年，获广东省先进集体称号。

中建二局广东建设基地有限公司（钢结构四车间） 有25名产业工人，先后参与珠海横琴口岸交通枢纽、福建平潭会展中心、九江国际金融中心等大型超高层钢结构制作。2019年，钢结构四车间承担着横琴口岸交通枢纽工程的钢结构制作，全年完成47635吨钢结构，完成年产值约500万元。在迎接澳门回归20周年之际，横琴口岸交通枢纽工程即将采用“合作查验一次放行”的通关模式。面对紧张的工期，钢结构四车间工人加班加点，并在规定的时间节点将钢结构运往现场。项目团队在无数次的反复建模试验之后，“大跨度管桁架结构的现场拼装胎架设计”“底部架空式分配梁技术”“液压同步提升施工技术”一个个难题被逐一攻克。这也标志着龙川融入粤港澳大湾区又迈出一个新的步伐。

2019年6月，龙川县普降大暴雨、局部特大暴雨，细坳、贝岭等镇灾情告急，多处洪涝、山体滑坡导致多地道路阻断、桥梁损毁。四车间产业工人参与龙川县新时代文明实践活动，职工志愿队伍逆流而行前往贝岭镇米贝村参与抗灾复产，入户帮助受灾群众近50人，并捐赠龙川县细坳政府2万元、捐赠3万元佗城镇亨渡村用于基础设施建设。龙川县团委称中建二局志愿团队是一支铁军队伍。《河源日报》《河源晚报》等媒体进行报道。2月3日，中建二局广东建设基地接到任务，援建广东省第二人民医院新冠肺炎病毒医用隔离宿舍6万千克钢构件工程项目。在做好疫情防控的前提下，钢结构四车间组建50名岗位能手，放弃春节假期提前复工。经过5天加班加点赶制，6万千克钢构件全部完成，2月12日运往建设现场，助力广东省防控疫情。中国日报网、央广网、广东卫视等媒体报道。2020年，获广东省先进集体称号。（陈志伟）

奖项荣誉名录

2020年第一季度“广东好人”名单（7名）

助人为乐（3名）

曾荫泉 紫金县志愿者联合会会长

陈俊平 河源海关稽查科副科长、二级主办

雷成全 河源市退役军人志愿者服务队成员

敬业奉献（4名）

古雪琴（女） 源城区人民医院护士

黄航辉 市妇幼保健院护士

詹小涛 市人民医院感染科主任

孙尘演 市公安局特警支队警员

2020年第二季度“广东好人”名单（3名）

助人为乐（1名）

黄广边 和平县善友志愿服务中心副会长

敬业奉献（1名）

张计尧 连平县教育局教研室主任

孝老爱亲（1名）

龚国方 紫金县九和中学副校长

2020年第三季度“广东好人”名单（4名）

助人为乐（2名）

雷晓琼（女） 河源市众爱志愿者服务中心秘书长

刁景坤 龙川县廻龙镇中心小学教师

敬业奉献（1名）

曾巧红（女） 龙川县人民医院急诊科护士长

孝老爱亲（1名）

谢贵花（女） 连平县陂头镇夏田村村民

2020年第四季度“广东好人”名单（2名）

见义勇为（1名）

曾远成 河源市龙川县美团外卖送餐员

敬业奉献（1名）

骆素娥（女） 广东星汇生物科技有限公司研发员

2020年“中国好人”（1名）

2020年10月榜 敬业奉献

孙尘演 市公安局特警支队警员

2020年广东省新时代好少年名单（2名）

蓝康绮（女） 深河中学学生

古嘉怡（女） 下城小学学生

第六届广东省道德模范提名奖及道德模范名单（2名）

第六届广东省道德模范提名奖（1名）

邓亮新 紫金县邓氏亮堂肉丸店经营者

第六届广东省道德模范（1名）

胡 珍（女） 龙川县人民医院护理部主任

第六届广东省文明家庭名单（2户）

龚赵科家庭

黄 宁家庭

第六届全国文明家庭名单（1户）

李青霞家庭

第六届广东省文明村镇名单（3个）

江东新区古竹镇雅色村

紫金县中坝镇北坑村

东源县新港镇

第六届全国文明村镇名单（4个）

东源县涧头镇大往村

东源县双江镇桥头村

和平县贝墩镇武联村

龙川县丰稔镇成塘村

第六届广东省文明单位名单（7个）

河源市人民检察院

河源市图书馆

河源市妇幼保健院

河源巴登新城投资有限公司

国家税务总局和平县税务局

河源海事局

广东省通讯终端产品质量监督检验中心

第六届全国文明单位名单（3个）

国家税务总局龙川县税务局

河源市高新技术开发区管理委员会

河源市源城区上城街道上城社区

第六届广东省文明校园名单（1所）

河源市第二小学

第六届全国文明校园名单（2所）

河源中学实验学校

河源市第一小学

2020年广东省“最美教师”名单（2名）

丘小霞（女） 河源市广州大学附属东江中学教师

叶碧青 紫金县中山实验学校教师

第七批广东省学雷锋活动示范点和岗位学雷锋标兵名单（2个）

岗位学雷锋标兵（1个）

骆素娥 广东星汇生物科技有限公司研发员

学雷锋活动示范点（1个）

河源市东源县正能量志愿者服务队

2020年广东省学雷锋志愿服务先进典型（6个）

最美志愿者（2名）

叶小娟（女） 河源市亮点志愿者服务中心副理事长

肖惠廉 河源市红十字会志愿者公益宣传服务队队长

最佳志愿服务项目（2个）

参与社会治理，创建平安文明——河源市区党团员志愿服务站运营项目

关爱边远山区留守儿童免费艺术培训工程项目

最佳志愿服务组织（1个）

河源市亮点志愿服务中心

最美志愿服务社区（1个）

河源市源城区东埔街道丰源社区

（肖巧玲）

2020年河源市应急管理系统获得省部级以上荣誉名录

1.市应急救援队（加挂河源市矿山救护队、河源市森林消防队）被评为国家一级矿山救护队。

2.河源市应急管理系统干部杨华樟获评2020年广东省“最美应急人”。

（翁家平）

2020年河源市妇联工作获得省部级以上荣誉名录

全国最美家庭

刘彩云家庭

戴进芹家庭

全国五好家庭

黄 宁家庭

周 文家庭

第二届全国文明家庭

李青霞家庭

第十二届全国家庭工作先进个人

赖碧霞 市妇联家儿部部长

全国巾帼文明岗

广东省妇女维权与信息服务站（河源站）

全国巾帼建功标兵

袁丽丽 市妇联宣传部部长

广东省最美家庭

蔡光明家庭

陈 凤家庭

郭 嫣家庭

彭靖皎家庭

张 琳家庭

钟锐锋家庭

钟启梅家庭

周 理家庭

广东省五好家庭

郑尔君家庭

周 文家庭

第十五届广东省优秀书香家庭

叶柳芬家庭

广东省文明家庭

龚赵科家庭

黄 宁家庭

广东省巾帼创业示范基地

河源市东源县丽亮板栗种植专业合作社

广东省巾帼林

河源市连平县九连华森林场

河源市龙川县四都镇黄沙阁村矮岭头种养农民专业合作社

（吴 璁）

2020年河源市法院系统获得省部级以上荣誉名录

集体荣誉

河源市中级人民法院研究室被广东省高级人民法院授予“集体三等功”。

个人荣誉

（1）河源市中级人民法院政治处曾志科被最高人民法院评为“全国法院先进个人”；

（2）河源市中级人民法院民一庭陈剑锋被最高人民法院评为“全国法院办案标兵”；

（3）连平县人民法院综合审判庭谢瑞丹荣立个人二等功；

（4）河源市中级人民法院谢雄伟获广东省高级人民法院个人嘉奖。

（李文慧）

2020年河源市文学艺术界获省级以上荣誉一览表

表16

序号	单位、人员	获得荣誉
1	河源市音乐家协会	获广东省音乐家协会“2020年度广东省文艺志愿服务先进集体”
2	河源市流行音乐协会	获广东省流行音乐协会先进集体
3	叶松益	获“广东省从艺70周年文艺家和文艺工作者”称号
4	源城区书法协会 东源县书画协会 紫金县书画协会 连平县书法协会	获广东省文联、书法家协会“我们的中国梦——文化进万家”送春联活动和“同心同书——祖国新春好”书法家送万福进万家志愿服务公益活动先进集体
5	梁　山	获“情系羊城·放歌岭南”第三届广东省青年歌手声乐大赛决赛青年组美声唱法金奖
6	殷振林	获广东省文联、书法家协会“我们的中国梦——文化进万家”送春联活动和“同心同书——祖国新春好”书法家送万福进万家志愿服务公益活动先进个人
7	欧阳生、郑荣新	获广东省音乐家协会授予的“2020年度广东省优秀音乐家”称号
8	卓佛坤、叶细初	获岭南诗社“弘扬中华诗词荣誉奖”
9	吴文波	获广东省流行音乐协会“广东优秀音乐人”

2020年河源市文学艺术界获省级以上奖项一览表

表17

序号	单位、人员、作品	获得奖项	备注
1	陈振昌《柔情似水　动人心魄》 杜　海《江城子·抗击新型冠状病毒肺炎》 黄小云《庚子元日》《致敬一线全体医护人员》	被收录于广东省作家协会《千里驰援——广东作家“抗疫”主题作品选》	文学类
2	冯燕花《闹春》	在2020年《作品》第4期上发表；被收录于广东省作家协会《千里驰援——广东作家“抗疫”主题作品选》	
3	山歌小戏《还愿》	获省剧协“精准扶贫奔小康”主题小戏小品剧目征集优秀奖	戏剧类
4	传统花朝戏《双双配》	获省文艺研究所“2020粤戏越精彩”交流展演活动演出奖	
5	花朝戏《守望相助》 花朝戏《私心》	入选“广东抗疫主题优秀舞台作品集”	
6	花朝音乐表演唱《齐心协力把疫防》	入选广东省文联抗疫主题文艺作品库	
7	《最美的承诺》（词：李远飞，曲：李远广） 《同舟共济》（词：王受庆、戴双喜、郑荣新，曲：郑荣新） 《最美是你》（词：欧阳山，曲：欧阳生） 《这个冬天》（词：鱼初初，曲：鱼初初） 《你多么美丽》（词：肖蓼、欧阳山，曲：王兰） 《今天的你有多美》（词：梅肆，曲：陈璐） 《义无反顾》（词：梅肆，曲：何春胡、曾毅峰） 《有你在的地方》（词：范修奎，曲：杨兴发）	被广东省音乐家协会评为广东省优秀抗疫歌曲	音乐类

续表17

序号	单位、人员、作品	获得奖项	备注
8	郑荣新作品《阿舅话涯》	获“2020·难忘的记忆”岭南童谣征集传唱活动一等奖	音乐类
9	舞蹈《战·必胜》	入选广东省文联抗疫主题文艺作品库作品	舞蹈类
10	叶国强《绿色报道之十三》	入选全国第十二届水彩粉画作品展	美术类
11	邹 宇《逐梦之风》	获第三届清华大学乔十光漆画艺术创新铜奖	
12	叶国强《绿色报道之十二》 钟力为《铁骨NO.2》 李延周《农产新销路之二》	入选第二届深圳国际水彩画双年展	美术类
13	紫云露《梦江南》	获第二届“香凝如故”全国美术作品展 入会资格作品奖并被收藏	
14	邹 宇《落霞余辉》	获第十届全国工笔画作品展入会资格作品奖	
15	袁晓丽《露天咖啡馆之五》	入选首届“时代中国”全国美术作品展	
16	邹 宇《小情人之七 ·和你在一起》	入选“品真格物”第二届全国青年工笔画作品展	
17	刘强红《影NO.1》	入选全国小幅水彩画展	
18	肖 绮《城上风光揽秋硕》	入选第九届全国（大芬）中青年油画展	
19	廖金辉《大山情缘》	入选第三届“白山黑水 美丽四平”全国中国画作品展	
20	胡泳雄作品《大地回音之二》	入选2020第二届深圳大芬油画双年展	
21	曾丹霞《墨果飘香》 叶菲《成就未来》	获广东省第九届水彩粉画展铜奖并被收藏	
22	叶均正《踪迹——扶贫队长》 杨安定《金色产业——油为重要》 温兴庆《隔离》	获广东省“脱贫攻坚看广东”美术 书法摄影主题展二等奖	
23	廖金辉《朋友圈之美丽乡村》	获广东省“脱贫攻坚看广东”美术书法摄影主题展三等奖	
24	缪展辉《刻不容缓》 邹武军《扶贫攻坚之光伏发电》 田柏安《山村多奇彩》 叶桥生《扶贫干部在行动》 邬富春《农品出山》	获广东省“脱贫攻坚看广东”美术 书法摄影主题展优秀奖	
25	邹 宇《逐梦之风》 钟伟勇《守护》 李志群《花语心愿》	获广东省第七届漆画作品展优秀奖	
26	何梦莹《幽幽微尘里》 江振锋《铺路前行》 卢丽青《散学归来早》	获广东省首届青年漆画作品展优秀奖	
27	邹 宇《不负好年华》	入选“大美双区——广东省庆祝经济特区建立 40周年美术作品展”并被收藏	

续表17

序号	单位、人员、作品	获得奖项	备注
28	叶国强《白衣战士》 袁杰峰《造像2020》 邹 宇《卫士》 钟伟勇《白衣赤子勇当先》	入选广东省文联抗疫主题作品库	美术类
29	钟力为《铁骨•勇者无声》 李延周《农产新销路之三》 卢春远《新生活之一》 袁晓丽《和•蟹系列之一》	入选广东省第九届水彩粉画展	
30	叶国强《绿色报道之十一》 张志红《幸福的阶梯》 温兴庆《逐梦》 邹武军《东纵物语之干粮袋》	入选“美好生活”——广东省美术作品展	
31	张垚苹《芳华年代》	入选广东省第七届漆画作品展	
32	廖金辉《溪山寻梦》 邬富春《大山深处》 张志红《置身其中》 陈俊锋《匠心打造幸福路线》	入选纪念黎雄才100周年诞辰——广东省中国画作品展	
33	陈俊锋《匠心打造幸福路线》 吴 乐《云课堂》 殷 琴《春郊草木明》	入选广东省首届青年漆画作品展	
34	田柏安《白衣勇士》	入选广东省首届漫画大展	
35	温兴庆《隔离》	入选“脱贫攻坚看广东”书法美术摄影主题展	
36	何梦莹《萌动》 李小军《新娘》 周天凡《装者》 缪展辉《刻不容缓》	入选“从珠源出发”——第六届全国青年藏书票暨小版画艺术展	
37	叶均正《厚土》 邱杨中《春秋》 周斯琦《周末时光》	入选广东省写意油画（小幅）作品展	
38	王慧芬作品	分别入展第六届中国西安碑林书法大赛、广东省“脱贫攻坚看广东”美术书法摄影展	书法类
39	俞金海作品	获广东省“脱贫攻坚看广东”书法作品优秀奖	
40	刘秀峰、何振智、黄伟忠、叶水招、杨瑞芬、杨友平、钟梓娣等作品	获第九届广东省新人新作书法展优秀奖	
41	曾晓剑《乡戏正酣》	获2020年第四届深圳国际摄影艺术展IPF银牌	摄影类
42	朱德富《驻村干部文干》	入选“脱贫攻坚看广东”书法美术摄影主题展	
43	木偶戏《打瘟神 降疫魔》	入选广东省文联抗疫主题文艺作品库	曲艺类

（黄伟忠）

2020年河源市检察机关获省部级以上荣誉或项目名单一览表

表18

序号	表彰奖励事项名称	受奖集体名称、受奖个人姓名职务	授奖单位	授奖时间
1	全省检察机关特赦工作个人三等功	颜国兵　河源市人民检察院第一检察部四级高级检察官	广东省人民检察院	2020年1月
2	全省检察机关特赦工作个人嘉奖	曹甜甜　河源市人民检察院第三检察部五级检察官助理	广东省人民检察院	2020年1月
3	全省检察机关特赦工作个人嘉奖	黄　艳　河源市人民检察院派驻河源监狱检察室一级检察官	广东省人民检察院	2020年1月
4	河源监狱腐败系列案专案个人三等功	颜国兵　河源市人民检察院第一检察部四级高级检察官	广东省人民检察院	2020年9月
5	河源监狱腐败系列案专案个人三等功	黄志华　河源市东源县人民检察院第二检察部负责人	广东省人民检察院	2020年9月
6	河源监狱腐败系列案专案个人嘉奖	张志其　河源市人民检察院第五检察部副主任	广东省人民检察院	2020年9月
7	河源监狱腐败系列案专案个人嘉奖	李　华　河源市东源县人民检察院第三检察部三级书记员	广东省人民检察院	2020年9月
8	广东省法学会检察学研究会第十四届年会论文二等奖	张小燕　河源市人民检察院第三检察部主任	广东省人民检察院	2020年10月
9	“广东省文明单位”称号	河源市人民检察院	中共广东省委 广东省人民政府	2020年12月

（黄晓娜）

2020年河源市司法行政系统获得省部级以上荣誉的单位和个人一览表

表19

序号	获奖个人/部门	表彰项目	表彰单位	表彰时间
1	河源市法律援助处	全国法律援助工作先进集体	司法部	2020年1月
2	欧素娴	广东省三八红旗手	广东省妇女联合会	2020年7月
3	阮啸仙纪念馆	全国法治宣传教育基地	全国普法办	2020年11月
4	河源市司法局	全国平安医院工作表现突出集体	国家卫生健康委、中央政法委、最高人民法院、最高人民检察院、公安部、民政部、司法部、市场监管总局、国家中医药管理局、银保监会等十部委	2020年11月
5	李惠波	广东省第二届法治文化节“学法颂典”民法典原创朗诵诗评为优秀作品	省委依法治省办、省普法办及省司法厅	2020年12月
6	许正熹	行业特别贡献工作者	广东省公证协会	2020年12月
7	河源市司法局	最受大众喜爱的十佳微视频作品	省委依法治省办、省普法办及省司法厅	2020年12月
8	河源市司法局	广东省第二届法治文化节评为特别组织奖	省委依法治省办、省普法办及省司法厅	2020年12月
9	河源市河源公证处	先进公证处	广东省公证协会	2020年12月

（陈　健　曾少劲）

河源广播电视台2020年获省部级表彰奖励一览表

表20

获奖单位(个人)	获奖名称	获奖等次	评奖单位	获奖时间
河源广播电视台（陈思思、冯轩、陈伟兵、黄亮、廖运林）	抗疫微纪录片《“90后”男护士削发明志出征湖北》	获人民日报“人民视频”客户端“人民战役”短视频征集一等奖	人民网	2020.3.27
河源广播电视台（陈思思、冯轩、陈伟兵、黄亮、廖运林）	抗疫微纪录片《“90后”男护士削发明志出征湖北》	获2020年度广东新闻战线“走基层、转作风、改文风”活动优秀作品二等奖	广东省新闻工作者协会	2020.8
河源广播电视台（江礼贤 陈伟并 冯轩 江悦北）	扶贫外宣纪录电影《厚土之上》	入围第十届中国纪录片学院奖	中国传媒大学	2020.12
河源广播电视台（陈盛开、练楚茹、吴丽萍、芦艳）	广播消息《首届扶贫产品直播大会举行 网红“带货”600多万件》	获得2019年度广东省广播影视奖广播新闻二等奖	广东省新闻出版广电局	2020.6
河源广播电视台（练楚茹、高伟、江悦北、曾敏、李国洋）	电视消息《世界首例原位3D打印双层示范建筑在龙川成功打印》	获得2019年度广东省广播影视奖电视新闻二等奖	广东省新闻出版广电局	2020.6
河源广播电视台（林坤元、陈鹏、何燕芬、陈盛开、芦艳、朱铭臣）	广播系列、连续及组合报道《乡村振兴路河源新实践系列报道》	获得2019年度广东省广播影视奖广播新闻三等奖	广东省新闻出版广电局	2020.6
河源广播电视台（刘志棠、刘力维、魏秀春、王诗齐）	电视消息《记者亲历：救援人员跋涉数公里山路，解救62名群众》	获得2019年度广东省广播影视奖电视新闻三等奖	广东省新闻出版广电局	2020.6
河源广播电视台（刘戈燕、高伟、熊鑫、李宁、宋文宜）	电视新闻专题《高庆东：国庆大阅兵方队中的“河源身影”》	获得2019年度广东省广播影视奖电视新闻三等奖	广东省新闻出版广电局	2020.6
河源广播电视台（桑晓、车颖诚、石林、王健敏、许卫玺、李朝晖、吕文科）	电视社教节目《我心永恒——共产党员张天海》	获得2019年度广东省广播影视奖电视节目三等奖	广东省新闻出版广电局	2020.6
河源广播电视台（江礼贤、陈伟兵、陈思思、钟灏、徐纯琳、傅知晓、巫丽香、冯轩、朱铭臣）	电视纪录片《“南粤瑰宝”第一季“非遗传奇”》	获得2019年度广东省广播影视奖电视节目三等奖	广东省新闻出版广电局	2020.6
河源广播电视台（吴静燕）	广播主持作品《如何保护少年的你》	获得2019年度广东省广播影视奖广播播音主持三等奖	广东省新闻出版广电局	2020.6
河源广播电视台（蔡晓璐）	电视主持作品《“非常会生活”之“寻梦云水谣”》	获得2019年度广东省广播影视奖广播播音主持三等奖	广东省新闻出版广电局	2020.6
河源广播电视台（郑志豪、刘金明、廖娜、吴丽萍、吴霜、曾佳颖、张炜聪）	网络专题节目《“拄拐队长”扶贫有“三宝”，带领河源竹塘村100%脱贫！》	获得2019年度广东省广播影视奖网络视听三等奖	广东省新闻出版广电局	2020.6
河源广播电视台（刘金明、郑志豪、廖娜、曾佳颖）	网络视听版面编排《抢险救灾，河源不惜一切代价保障群众安全！》	获得2019年度广东省广播影视奖网络视听三等奖	广东省新闻出版广电局	2020.6
河源广播电视台（吴静燕、王振宇、邹颖）	广播公益广告作品《让爱不再远行》	获得2019年度广东省广播影视奖公益广告三等奖	广东省新闻出版广电局	2020.6
河源广播电视台（陈伟兵、陈思思、徐纯琳、傅知晓、钟灏、李成龙、冯轩、黄亮）	纪录片《非常时期》	获得第26届中国纪录片学术盛典暨第13届深圳青年影像节战疫单元最佳作品	深圳青年影像节组委会	2020.12
河源广播电视台	《第一书记代言》栏目	获得2020第八届广东互联网政务论坛“脱贫攻坚精品案例”	南方报业传媒集团	2020.12
陈思思		被评为“广东省抗击新冠肺炎疫情先进个人”	中共广东省委 广东省人民政府	2020.10

（胡 萍）

高级专业技术资格人员名录

2020年河源市获得高级以上职称一览表

（中小学）

表21

序号	姓名	单位	专业名称	获得资格
1	罗文锋	河源市源城区埔前镇高埔小学	小学体育	高级教师
2	廖云彩	河源市源城区公园东小学	小学英语	高级教师
3	袁伟谊	河源市源城区高莲小学	小学英语	高级教师
4	陈斌兴	河源市源城区泥金小学	小学思想品德	高级教师
5	廖启文	河源市源城区坪围小学	小学品德	高级教师
6	诸映媚	河源市源城区高莲小学	小学音乐	高级教师
7	王春莲	河源市源城区城南小学	小学美术	高级教师
8	包海燕	河源市源城区宝源学校	小学语文	高级教师
9	曾伟花	河源市源城区宝源学校	小学语文	高级教师
10	陈佩景	河源市源城区雅居乐小学	小学语文	高级教师
11	陈　瑶	河源市源城区高莲小学	小学语文	高级教师
12	顾梅花	河源市源城区雅居乐小学	小学语文	高级教师
13	何　柯	河源市源城区雅居乐小学	小学语文	高级教师
14	何丽花	河源市源城区源南镇双下小学	小学语文	高级教师
15	胡　甜	河源市源城区源南镇双下小学	小学语文	高级教师
16	黄文娟	河源市源城区下角小学	小学语文	高级教师
17	赖秀群	河源市源城区越王小学	小学语文	高级教师
18	李海莲	河源市源城区雅居乐小学	小学语文	高级教师
19	梁红芳	河源市源城区康宁路小学	小学语文	高级教师
20	梁秋鹊	河源市源城区金沟湾小学	小学语文	高级教师
21	廖红英	河源市源城区埔前镇中心小学	小学语文	高级教师
22	刘丽玲	河源市源城区下城小学	小学语文	高级教师
23	刘丽霞	河源市高新区实验学校	小学语文	高级教师
24	刘淑英	河源市源城区埔前镇中心小学	小学语文	高级教师
25	刘秀南	河源市源城区黄子洞小学	小学语文	高级教师
26	罗丽英	河源市源城区雅居乐小学	小学语文	高级教师
27	马瑞萍	河源市源城区越王小学	小学语文	高级教师
28	温小娴	河源市源城区源南镇风光小学	小学语文	高级教师
29	吴万娇	河源市源城区雅居乐小学	小学语文	高级教师
30	张伟珍	河源市源城区公园东小学	小学语文	高级教师
31	郑善云	河源市高新区实验学校	小学语文	高级教师
32	朱少玲	河源市源城区东埔中心小学	小学语文	高级教师
33	朱玉英	河源市源城区埔前镇中心小学	小学语文	高级教师
34	陈武传	河源市源城区城南小学	小学数学	高级教师
35	邓友红	河源市源城区下城小学	小学数学	高级教师
36	邓远金	河源市源城区越王小学	小学数学	高级教师
37	黄金环	河源市源城区城南小学	小学数学	高级教师
38	李思敏	河源市源城区下城小学	小学数学	高级教师
39	梁嫣锋	河源市源城区教师发展中心	小学数学	高级教师

续表21

序号	姓名	单位	专业名称	获得资格
40	刘文菲	河源市源城区新江路小学	小学数学	高级教师
41	罗秀娴	河源市源城区太阳升小学	小学数学	高级教师
42	严东霞	河源市源城区上城小学	小学数学	高级教师
43	叶锦莲	河源市源城区下城小学	小学数学	高级教师
44	刘　瑛	河源市源城区机关第二幼儿园	幼儿园	高级教师
45	欧晓萍	河源市源城区机关幼儿园	幼儿园	高级教师
46	孙新霞	河源市源城区机关第三幼儿园	幼儿园	高级教师
47	谢湘萍	河源市源城区机关第三幼儿园	幼儿园	高级教师
48	叶锦梅	河源市源城区机关第二幼儿园	幼儿园	高级教师
49	江雁玲	河源市源城区啸仙中学	初中化学	高级教师
50	吴善建	河源市源城区新江路中学	初中化学	高级教师
51	欧阳春芳	河源市源城区公园东中学	初中地理	高级教师
52	朱浩龙	河源市源城区公园东中学	初中地理	高级教师
53	陈　捷	河源市源城区丰源学校	初中体育	高级教师
54	江素芳	河源市源城区丰源学校	初中英语	高级教师
55	赖小敏	河源市源城区雅居乐中学	初中英语	高级教师
56	刘　琳	河源市源城区新江路中学	初中英语	高级教师
57	徐婉玲	河源市源城区源西中学	初中英语	高级教师
58	刁远彬	河源市源城区啸仙中学	初中物理	高级教师
59	刘其希	河源市源城区宝源学校	初中物理	高级教师
60	钟绍坚	河源市源城区啸仙中学	初中物理	高级教师
61	朱玉平	河源市源城区埔前二中	初中物理	高级教师
62	蓝伟娜	河源市源城区雅居乐中学	初中语文	高级教师
63	李自超	河源市源城区啸仙中学	初中语文	高级教师
64	林雪晖	河源市源城区宝源学校	初中语文	高级教师
65	吴学新	河源市源城区丰源学校	初中语文	高级教师
66	钟勇思	河源市源城区公园东中学	初中语文	高级教师
67	汪　平	河源市源城区宝源学校	初中道德与法治	高级教师
68	张文涛	河源市源城区公园东中学	初中道德与法治	高级教师
69	何　达	河源市源城区源西中学	初中数学	高级教师
70	罗景丽	河源市源城区啸仙中学	初中数学	高级教师
71	张伟盛	河源市源城区雅居乐中学	初中数学	高级教师
72	骆繁荣	河源市源城区东埔中学	高中历史	高级教师
73	叶飞雪	河源市源城区东埔中学	高中语文	高级教师
74	张利群	河源市源城区东埔中学	高中语文	高级教师
75	古懂敏	河源市源城区东埔中学	高中数学	高级教师
76	黄爱华	河源市源城区东埔中学	高中数学	高级教师
77	朱海燕	河源市源城区东埔中学	高中数学	高级教师
78	黄永聪	东源高级中学	高中美术	高级教师
79	朱奇峰	东源高级中学	高中数学	高级教师
80	巫海文	东源高级中学	高中思想政治	高级教师
81	陈彩霞	东源高级中学	高中语文	高级教师

续表21

序号	姓名	单位	专业名称	获得资格
82	朱腾清	东源高级中学	高中语文	高级教师
83	彭建华	东源高级中学	初中体育	高级教师
84	许小艾	东源县曾田镇中心小学	小学数学	高级教师
85	吴习武	东源县曾田中学	初中语文	高级教师
86	刘卓云	东源县崇文学校	初中语文	高级教师
87	林丽红	东源县崇文学校	初中语文	高级教师
88	李义福	东源县崇文学校	初中数学	高级教师
89	刘德伟	东源县崇文学校	初中语文	高级教师
90	黄秋娟	东源县崇文学校	小学语文	高级教师
91	程理华	东源县崇文学校	初中语文	高级教师
92	江　龙	东源县崇文学校	电化教学	高级教师
93	李红彬	东源县船塘镇中心小学	小学道德与法治	高级教师
94	林志远	东源县船塘镇中心小学	小学美术	高级教师
95	李春浩	东源县船塘中学	初中历史	高级教师
96	黄风琴	东源县灯塔镇第二小学	小学语文	高级教师
97	戴惠芳	东源县灯塔镇第二小学	小学语文	高级教师
98	肖家远	东源县灯塔镇第一小学	小学音乐	高级教师
99	廖　琴	东源县灯塔镇第一小学	小学语文	高级教师
100	杨银花	东源县灯塔镇第一小学	小学数学	高级教师
101	赖葵花	东源县灯塔镇第一小学	小学语文	高级教师
102	黄万源	东源县灯塔镇中心小学	小学语文	高级教师
103	黄永辉	东源县灯塔中学	初中语文	高级教师
104	黄志勇	东源县第二小学	小学体育	高级教师
105	朱映娇	东源县第三小学	小学英语	高级教师
106	蓝慧茶	东源县第一小学	小学+语文	高级教师
107	吴元洪	东源县第一小学	小学+语文	高级教师
108	黄丽青	东源县第一小学	小学+语文	高级教师
109	杜少容	东源县观塘小学	小学数学	高级教师
110	程建基	东源县黄村中学	初中　数学	高级教师
111	邹晓莉	东源县黄村中学	初中　数学	高级教师
112	朱姝娜	东源县黄村中学	初中　英语	高级教师
113	罗细娟	东源县黄沙中心校	初中语文高级教师	高级教师
114	吴素嫣	东源县黄沙中心校	初中语文高级教师	高级教师
115	张小远	东源县黄沙中心校	初中语文高级教师	高级教师
116	朱筱娟	东源县黄沙中心校	初中语文高级教师	高级教师
117	吴少珍	东源县黄沙中心校	小学语文高级教师	高级教师
118	李学荣	东源县黄沙中心校	小学数学高级教师	高级教师
119	叶丽琴	东源县康禾镇中心小学	小学语文	高级教师
120	吴志坚	东源县康禾中学	初中美术	高级教师
121	陈惠娴	东源县蓝口镇中心小学	小学语文	高级教师
122	陈雪英	东源县上莞中学	初中英语	高级教师
123	包仕燕	东源县实验中学	初中体育	高级教师

续表21

序号	姓名	单位	专业名称	获得资格
124	张燕丽	东源县实验中学	初中语文	高级教师
125	曾文亮	东源县实验中学	初中物理	高级教师
126	邱莉珍	东源县实验中学	初中语文	高级教师
127	赵学敏	东源县实验中学	初中数学	高级教师
128	袁丽曼	东源县实验中学	初中生物	高级教师
129	罗玉冲	东源县双江中心学校	初中数学	高级教师
130	黄彩兰	东源县双江中心学校	小学数学	高级教师
131	叶素梅	东源县特殊学校	特殊教育	高级教师
132	陈金燕	东源县仙塘中学	初中化学	高级教师
133	潘锋宁	东源县仙塘中学	初中语文	高级教师
134	黄晓贤	东源县仙塘中学	初中数学	高级教师
135	郭美红	东源县新港镇南湖中心校	初中语文	高级教师
136	蓝燕娜	东源县新港镇中心学校	初中英语	高级教师
137	李晓燕	东源县叶潭镇中心小学吉布教学点	小学语文	高级教师
138	欧阳锋	东源县叶潭中学	初中数学	高级教师
139	蓝雪东	东源县叶潭中学	初中数学	高级教师
140	周映旋	东源县叶潭中学	初中美术	高级教师
141	刘镜基	东源县叶潭中学	初中历史	高级教师
142	朱志文	广东省东源中学	高中物理	高级教师
143	陈　波	广东省东源中学	高中数学	高级教师
144	冯慧琴	广东省东源中学	高中体育与健康	高级教师
145	周圳辉	广东省东源中学	高中化学	高级教师
146	宁　琳	广东省东源中学	高中语文	高级教师
147	邹勤梅	广东省东源中学	高中语文	高级教师
148	欧海波	广东省东源中学	高中体育与健康	高级教师
149	钟建文	广东省东源中学	高中化学	高级教师
150	廖平晶	广东省东源中学	高中物理	高级教师
151	戴伟平	广东省东源中学	高中历史	高级教师
152	董世锋	广东省东源中学	高中体育与健康	高级教师
153	田元勋	广东省东源中学	高中化学	高级教师
154	沈瑞坤	广州大学附属东江中学	高中地理	高级教师
155	徐丽成	广州大学附属东江中学	高中地理	高级教师
156	陈活昶	广州大学附属东江中学	高中化学	高级教师
157	王　孟	广州大学附属东江中学	高中化学	高级教师
158	欧阳班启	广州大学附属东江中学	高中历史	高级教师
159	温如良	广州大学附属东江中学	高中美术	高级教师
160	林　政	广州大学附属东江中学	高中生物	高级教师
161	黄　攀	广州大学附属东江中学	高中数学	高级教师
162	李　燕	广州大学附属东江中学	初中数学	高级教师
163	王贤秋	广州大学附属东江中学	高中数学	高级教师
164	王在刚	广州大学附属东江中学	高中数学	高级教师
165	辛国梁	广州大学附属东江中学	高中数学	高级教师

续表21

序号	姓名	单位	专业名称	获得资格
166	杨小彬	广州大学附属东江中学	初中数学	高级教师
167	周小电	广州大学附属东江中学	高中数学	高级教师
168	吴　泳	广州大学附属东江中学	高中体育与健康	高级教师
169	陈小赵	广州大学附属东江中学	高中英语	高级教师
170	黄小锋	广州大学附属东江中学	高中语文	高级教师
171	赖权辉	广州大学附属东江中学	高中语文	高级教师
172	黄晓挺	和平县和平中学	高中数学	高级教师
173	朱思文	和平县和平中学	高中数学	高级教师
174	黄红健	和平县阳明中学	高中数学	高级教师
175	黄小娟	和平县阳明中学	初中数学	高级教师
176	叶恒永	和平县阳明镇新社学校	初中数学	高级教师
177	徐溅映	和平县浰东学校	初中数学	高级教师
178	林聪娜	和平县阳明镇龙湖学校	小学数学	高级教师
179	陈志华	和平县阳明镇龙湖学校	小学数学	高级教师
180	黄永红	和平县阳明镇龙湖学校	小学数学	高级教师
181	陈秀爱	阳明镇第一小学	小学数学	高级教师
182	陈明娥	阳明镇第一小学	小学数学	高级教师
183	朱水梅	和平县阳明镇第三小学	小学数学	高级教师
184	王育考	和平县福和高级中学	高中物理	高级教师
185	林春光	和平县贝墩镇贝墩学校	初中物理	高级教师
186	梁火姐	和平县阳明镇新社学校	初中物理	高级教师
187	殷桂芬	东水中学	初中物理	高级教师
188	叶展强	和平县阳明镇龙湖学校	初中物理	高级教师
189	张文星	和平县福和高级中学	高中化学	高级教师
190	黄海俊	和平县实验初级中学	初中化学	高级教师
191	李智优	和平县和平中学	高中生物	高级教师
192	王振文	和平县福和高级中学	高中生物	高级教师
193	余放云	和平县教育局	生物	高级教师
194	朱春婵	和平县阳明镇新社学校	初中生物	高级教师
195	刘俊华	和平县和平中学	高中体育与健康	高级教师
196	梁水长	和平县和平中学	高中体育与健康	高级教师
197	黄佳查	和平县福和高级中学	高中体育与健康	高级教师
198	徐海华	和平县阳明中学	初中体育与健康	高级教师
199	刘国海	和平县和丰中学	初中体育	高级教师
200	陈俊昌	和平县浰江中学	初中体育	高级教师
201	周丽萍	阳明镇第一小学	小学体育	高级教师
202	肖松鹤	和平县阳明镇第三小学	小学体育	高级教师
203	陈雄卫	公白中学	初中信息技术	高级教师
204	吴飞航	和平县和平中学	高中思想政治	高级教师
205	黄丽娟	和平县实验初级中学	初中思想品德	高级教师
206	陈志忠	和平县实验初级中学	初中思想品德	高级教师
207	梁小宜	和平县和平中学	高中语文	高级教师

续表21

序号	姓名	单位	专业名称	获得资格
208	邹金桃	和平县福和高级中学	高中语文	高级教师
209	张文笑	和平县阳明中学	高中语文	高级教师
210	何三妹	和平县下车中学	初中语文	高级教师
211	刘秀峰	和平县阳明镇新社学校	初中语文	高级教师
212	林东优	和平县和丰中学	初中语文	高级教师
213	梁雪珍	和平县彭寨镇安圳学校	初中语文	高级教师
214	谢塘生	和平县礼士中学	初中语文	高级教师
215	陈杜娟	阳明镇第三中学	初中语文	高级教师
216	叶顺风	和平县阳明镇第三小学	小学语文	高级教师
217	曹秀玲	阳明镇第一小学	小学语文	高级教师
218	王碧伟	公白镇中心小学	小学语文	高级教师
219	吴秋菊	和平县阳明镇龙湖学校	小学语文	高级教师
220	余小娃	和平县和平中学	高中英语	高级教师
221	廖菊英	和平县下车中学	初中英语	高级教师
222	陈丽莎	和平县实验初级中学	初中英语	高级教师
223	吴志雄	和平县实验初级中学	初中英语	高级教师
224	叶海岸	和平县阳明中学	初中英语	高级教师
225	陈小岸	公白中学	初中英语	高级教师
226	曹建育	和平县阳明镇新社学校	小学英语	高级教师
227	吴国优	和平县福和高级中学	高中历史	高级教师
228	邹祥彬	和平县实验初级中学	初中历史	高级教师
229	黄小妹	和平县浰江中学	初中历史	高级教师
230	卢春根	和平县福和高级中学	高中地理	高级教师
231	黄斯丽	和平县阳明中学	初中地理	高级教师
232	曾党英	和平县和平中学	高中音乐	高级教师
233	陈双英	和平县阳明中学	初中音乐	高级教师
234	吴　曼	和平县直属机关幼儿园	幼儿园	高级教师
235	彭辉庆	龙川县车田镇中心小学	小学英语	高级教师
236	杨立坤	龙川县车田中心小学	小学语文	高级教师
237	杨石松	龙川县车田镇中心小学	小学语文	高级教师
238	袁伟渊	龙川县车田镇中心小学	小学语文	高级教师
239	张秀珍	龙川县车田镇中心小学	小学语文	高级教师
240	廖丽卡	龙川县车田镇中心小学	小学数学	高级教师
241	彭柏青	龙川县车田镇中心小学	小学数学	高级教师
242	杨发万	龙川县车田镇中心小学	小学数学	高级教师
243	杨建平	龙川县车田镇中心小学	小学数学	高级教师
244	叶运爱	龙川县车田镇中心小学	小学数学	高级教师
245	朱胜福	龙川县车田镇中心小学	小学数学	高级教师
246	彭国祥	龙川县车田中学	初中思想品德	高级教师
247	刘日东	龙川县赤光镇中心小学	小学语文	高级教师
248	冯海茂	龙川县赤光镇中心小学	小学数学	高级教师
249	叶雪莲	龙川县登云镇中心小学	小学语文	高级教师

续表21

序号	姓名	单位	专业名称	获得资格
250	郑福忠	龙川县登云中学	初中思想品德	高级教师
251	陈秀兰	龙川县第一小学	小学英语	高级教师
252	刘红梅	龙川县第一小学	小学英语	高级教师
253	沙淑敏	龙川县第一小学	小学英语	高级教师
254	吴锦洪	龙川县第一小学	小学英语	高级教师
255	黄东梅	龙川县第一小学	小学语文	高级教师
256	黄剑宏	龙川县第一小学	小学语文	高级教师
257	黄小花	龙川县第一小学	小学语文	高级教师
258	刘怀剑	龙川县第一小学	小学语文	高级教师
259	刘志祥	龙川县第一小学	小学语文	高级教师
260	骆惠丽	龙川县第一小学	小学语文	高级教师
261	谢毕文	龙川县第一小学	小学语文	高级教师
262	徐小丽	龙川县第一小学	小学语文	高级教师
263	袁丽琴	龙川县第一小学	小学语文	高级教师
264	张彩娟	龙川县第一小学	小学语文	高级教师
265	李碧旺	龙川县第一小学	小学数学	高级教师
266	刘秀君	龙川县第一小学	小学数学	高级教师
267	骆小兰	龙川县第一小学	小学数学	高级教师
268	李魁炳	龙川县第一中学	高中化学	高级教师
269	王文福	龙川县第一中学	高中化学	高级教师
270	魏伟珍	龙川县第一中学	高中化学	高级教师
271	钟成双	龙川县第一中学	高中化学	高级教师
272	谢金群	龙川县第一中学	高中生物	高级教师
273	杨日盛	龙川县第一中学	高中生物	高级教师
274	钟旋忠	龙川县第一中学	高中地理	高级教师
275	黄世其	龙川县第一中学	高中体育与健康	高级教师
276	张华刚	龙川县第一中学	高中体育与健康	高级教师
277	张善修	龙川县第一中学	高中体育与健康	高级教师
278	曾艺文	龙川县第一中学	高中英语	高级教师
279	古加远	龙川县第一中学	高中英语	高级教师
280	刘经济	龙川县第一中学	高中思想政治	高级教师
281	徐南泽	龙川县第一中学	高中思想政治	高级教师
282	何远森	龙川县第一中学	高中语文	高级教师
283	黄志伟	龙川县第一中学	高中语文	高级教师
284	龙康林	龙川县第一中学	高中语文	高级教师
285	鞠小燕	龙川县黄布镇中心小学	小学语文	高级教师
286	梁延霞	龙川县黄布镇中心小学	小学数学	高级教师
287	骆秀珍	龙川县黄石镇中心小学	小学语文	高级教师
288	张衍华	龙川县黄石职业中学	初中语文	高级教师
289	邓仕芳	龙川县廻龙镇中心小学	小学语文	高级教师
290	郑娟	龙川县教育局教学研究室	音乐	高级教师
291	曾文芳	龙川县老隆镇第二小学	小学英语	高级教师

续表21

序号	姓名	单位	专业名称	获得资格
292	魏婷婷	龙川县老隆镇第二小学	小学音乐	高级教师
293	黄小茹	龙川县老隆镇第二小学	小学语文	高级教师
294	王菊芬	龙川县老隆镇第二小学	小学语文	高级教师
295	郑碧芳	龙川县老隆镇第二小学	小学语文	高级教师
296	黄志芬	龙川县老隆镇第二小学	小学数学	高级教师
297	李勇靖	龙川县老隆镇第二中心小学	小学语文	高级教师
298	廖烈霞	龙川县老隆镇第二中心小学	小学语文	高级教师
299	袁小燕	龙川县老隆镇第二中心小学	小学语文	高级教师
300	刘碧霞	龙川县老隆镇第三小学	小学英语	高级教师
301	刘绍文	龙川县老隆镇第三小学	小学思想品德	高级教师
302	黄　丽	龙川县老隆镇第三小学	小学音乐	高级教师
303	曾秋岚	龙川县老隆镇第三小学	小学语文	高级教师
304	李　娜	龙川县老隆镇第三小学	小学语文	高级教师
305	骆丽丽	龙川县老隆镇第三小学	小学语文	高级教师
306	张丽珍	龙川县老隆镇第三小学	小学数学	高级教师
307	邓秀东	龙川县老隆镇第一小学	小学语文	高级教师
308	黄花婵	龙川县老隆镇第一小学	小学语文	高级教师
309	黄正雅	龙川县老隆镇第一小学	小学语文	高级教师
310	林　茹	龙川县老隆镇第一小学	小学语文	高级教师
311	杨丽霞	龙川县老隆镇莲南学校	小学语文	高级教师
312	王　琼	龙川县老隆镇莲南学校	小学数学	高级教师
313	黄科丰	龙川县老隆镇水贝小学	小学信息技术	高级教师
314	彭淑娟	龙川县老隆镇水贝小学	小学语文	高级教师
315	李伟军	龙川县老隆镇水贝小学	小学数学	高级教师
316	巫雪红	龙川县老隆镇维嘉学校	小学语文	高级教师
317	邓辉香	龙川县老隆镇维嘉学校	小学数学	高级教师
318	巫美先	龙川县老隆镇维嘉学校	初中地理	高级教师
319	郑敏华	龙川县老隆镇维嘉学校	初中美术	高级教师
320	张光源	龙川县老隆镇维嘉学校	初中语文	高级教师
321	钟和均	龙川县老隆镇维嘉学校	初中语文	高级教师
322	曾惠宇	龙川县老隆镇维嘉学校	初中数学	高级教师
323	蓝　芳	龙川县老隆中学	初中语文	高级教师
324	黄远平	龙川县龙母永和学校	初中历史	高级教师
325	罗良锋	龙川县龙母永和学校	初中数学	高级教师
326	魏永强	龙川县龙母永和学校	初中数学	高级教师
327	黄辉文	龙川县隆师中学	高中历史	高级教师
328	陈志育	龙川县隆师中学	高中体育与健康	高级教师
329	巫达文	龙川县隆师中学	高中物理	高级教师
330	李新国	龙川县隆师中学	高中思想政治	高级教师
331	卢德禄	龙川县隆师中学	高中思想政治	高级教师
332	黄良能	龙川县隆师中学	高中语文	高级教师
333	钟伟连	龙川县隆师中学	高中数学	高级教师

续表21

序号	姓名	单位	专业名称	获得资格
334	邹志斌	龙川县隆师中学	高中数学	高级教师
335	杨志宏	龙川县麻布岗镇中心小学	小学语文	高级教师
336	卢　峰	龙川县麻布岗中学	初中语文	高级教师
337	张巧燕	龙川县培英学校	小学英语	高级教师
338	林朝霞	龙川县培英学校	初中地理	高级教师
339	李冬梅	龙川县培英学校	初中语文	高级教师
340	魏志毅	龙川县培英学校	初中语文	高级教师
341	马日新	龙川县培英学校	初中数学	高级教师
342	唐木胜	龙川县培英学校	初中数学	高级教师
343	张东拉	龙川县培英学校	初中数学	高级教师
344	刘海花	龙川县上坪镇中心小学	小学语文	高级教师
345	刘丽芬	龙川县上坪镇中心小学	小学语文	高级教师
346	袁伟辉	龙川县实验小学	小学体育	高级教师
347	吴东满	龙川县实验小学	小学数学	高级教师
348	曾柯夫	龙川县实验中学	高中化学	高级教师
349	谢宗明	龙川县实验中学	高中化学	高级教师
350	李荣舢	龙川县实验中学	高中地理	高级教师
351	陈健民	龙川县实验中学	高中体育与健康	高级教师
352	杨继坤	龙川县实验中学	高中物理	高级教师
353	黄东荣	龙川县田家炳中学	高中历史	高级教师
354	李　逾	龙川县田家炳中学	高中历史	高级教师
355	杨国威	龙川县田家炳中学	高中化学	高级教师
356	邹一波	龙川县田家炳中学	高中化学	高级教师
357	邓艺平	龙川县田家炳中学	高中体育与健康	高级教师
358	刘　艺	龙川县田家炳中学	高中物理	高级教师
359	殷　杰	龙川县田家炳中学	高中数学	高级教师
360	袁清文	龙川县田家炳中学	高中数学	高级教师
361	杨东梅	龙川县田心中学	初中生物	高级教师
362	曾建辉	龙川县铁场镇中心小学	小学语文	高级教师
363	陈秀军	龙川县佗城镇中心小学	小学语文	高级教师
364	沙丽云	龙川县佗城镇中心小学	小学语文	高级教师
365	曾锦锋	龙川县新城初级中学	初中化学	高级教师
366	黄晓霞	龙川县新城初级中学	初中英语	高级教师
367	罗育珍	龙川县新城初级中学	初中英语	高级教师
368	袁培军	龙川县新城初级中学	初中英语	高级教师
369	杨小荣	龙川县新城初级中学	初中物理	高级教师
370	叶　武	龙川县新城初级中学	初中物理	高级教师
371	骆德翻	龙川县新城初级中学	初中思想品德	高级教师
372	陈小峰	龙川县新城初级中学	初中语文	高级教师
373	谢国富	龙川县新城初级中学	初中语文	高级教师
374	陈海生	龙川县洋贝居仁学校	初中数学	高级教师
375	殷立辉	龙川县义都镇中心小学	小学语文	高级教师

续表21

序号	姓名	单位	专业名称	获得资格
376	杨雪君	龙川县紫市镇中心小学	小学语文	高级教师
377	张肇妮	龙川县紫市镇中心小学	小学数学	高级教师
378	薛小英	紫金县好义中学	初中政治高级教师	高级教师
379	张仁锋	紫金县凤安中学	初中语文高级教师	高级教师
380	黄崇杰	紫金县尔崧中学	初中语文高级教师	高级教师
381	杨品茹	紫金县尔崧中学	初中语文高级教师	高级教师
382	张剑锋	紫金县义容中学	初中语文高级教师	高级教师
383	刘庆慧	紫金县义容中学	初中语文高级教师	高级教师
384	陈晓华	紫金县柏埔中心小学	小学语文高级教师	高级教师
385	龚妙如	紫金县柏埔中心小学	小学语文高级教师	高级教师
386	罗东珍	紫金县柏埔中心小学	小学语文高级教师	高级教师
387	邓雪媚	紫金县蓝塘中心小学	小学语文高级教师	高级教师
388	陈就梅	紫金县蓝塘中心小学	小学语文高级教师	高级教师
389	陈春玲	紫金县中坝中心小学	小学语文高级教师	高级教师
390	杨宏伶	紫金县中坝中心小学	小学语文高级教师	高级教师
391	郑彩兰	紫金县紫城中心小学	小学语文高级教师	高级教师
392	何康玲	紫金县紫城中心小学	小学语文高级教师	高级教师
393	李信华	紫金县城富士康希望小学	小学语文高级教师	高级教师
394	杜团英	紫金县城富士康希望小学	小学语文高级教师	高级教师
395	赖仕宏	紫金县教育局	小学语文高级教师	高级教师
396	黄奕文	紫金县义容中心小学	小学语文高级教师	高级教师
397	叶茂云	紫金县城第七小学	小学语文高级教师	高级教师
398	魏萍茹	紫金县第二中学	高中英语高级教师	高级教师
399	罗　东	紫金中学	高中英语高级教师	高级教师
400	张远梅	紫金县琴江中学	初中英语高级教师	高级教师
401	陈翠媚	紫金县紫城中心小学	小学英语高级教师	高级教师
402	谭丽云	紫金县城第六小学	小学英语高级教师	高级教师
403	罗毅芳	紫金县城第六小学	小学音乐高级教师	高级教师
404	曾艳花	紫金县城第一小学	小学音乐高级教师	高级教师
405	刘月品	紫金中学	高中数学高级教师	高级教师
406	曾玉生	紫金中学实验学校	初中数学高级教师	高级教师
407	赖远文	紫金县上义中学	初中数学高级教师	高级教师
408	温远东	紫金县上义中学	初中数学高级教师	高级教师
409	黄庆流	紫金县尔崧中学	初中数学高级教师	高级教师
410	陈梦平	紫金县庆龄中学	初中数学高级教师	高级教师
411	潘海平	紫金县义容中学	初中数学高级教师	高级教师
412	甘远文	紫金县蓝塘镇第二中学	初中数学高级教师	高级教师
413	朱燕基	紫金县黄塘中学	初中数学高级教师	高级教师
414	何新开	紫金县龙窝中心小学	小学数学高级教师	高级教师
415	叶妙华	紫金县水墩中心小学	小学数学高级教师	高级教师
416	罗海英	紫金县中山实验学校	小学数学高级教师	高级教师
417	郑新梅	紫金县紫城中心小学	小学数学高级教师	高级教师

续表21

序号	姓名	单位	专业名称	获得资格
418	黄杏娣	紫金县紫城中心小学	小学数学高级教师	高级教师
419	郑柳花	紫金县义容中心小学	小学数学高级教师	高级教师
420	温宇平	紫金中学	高中物理高级教师	高级教师
421	温运才	紫金县上义中学	初中物理高级教师	高级教师
422	邓振鹏	紫金县龙窝镇第二中学	初中物理高级教师	高级教师
423	杨小钢	紫金县尔崧中学	高中化学高级教师	高级教师
424	杨理博	紫金县水墩中学	初中化学高级教师	高级教师
425	张相军	紫金县义容中学	初中化学高级教师	高级教师
426	黄钦德	紫金县好义中学	初中化学高级教师	高级教师
427	洪燕彬	紫金县中山高级中学	高中生物高级教师	高级教师
428	王国强	紫金县职业高级中学	高中体育高级教师	高级教师
429	黄瑞棠	紫金县职业高级中学	高中体育高级教师	高级教师
430	蓝悦祥	紫金具凤安中学	初中体育高级教师	高级教师
431	叶志雄	连平县附城中学	高中思想政治	高级教师
432	谢垂初	广东省连平县连平中学	高中思想政治	高级教师
433	江研端	连平县附城中学	高中语文	高级教师
434	黄于古	连平县忠信中学	高中语文	高级教师
435	曾志平	连平县忠信中学	高中语文	高级教师
436	谢志锋	广东省连平县连平中学	高中历史	高级教师
437	陈福锐	连平县附城中学	高中历史	高级教师
438	叶祥锦	连平县附城中学	高中历史	高级教师
439	邱铭辉	连平县忠信中学	高中历史	高级教师
440	吴本滔	广东省连平县连平中学	高中物理	高级教师
441	曾国亮	连平县忠信镇中学	初中道德与法治	高级教师
442	叶丽琼	连平县隆街中学	初中英语	高级教师
443	罗巧玲	连平县第一初级中学	初中英语	高级教师
444	张侃	连平县隆街第二中学	初中化学	高级教师
445	廖秀兰	连平县第二小学	小学道德与法治	高级教师
446	曹素琼	连平县第一小学	小学语文	高级教师
447	刘淑超	连平县高莞镇中心小学	小学语文	高级教师
448	谢雪花	连平县第一小学	小学语文	高级教师
449	周岸美	连平县内莞镇中心小学	小学语文	高级教师
450	龚自强	连平县内莞镇中心小学	小学数学	高级教师
451	赖蔓丽	连平县第二小学	小学数学	高级教师
452	韦素昀	连平县高莞镇中心小学	小学数学	高级教师
453	谢斌元	连平县元善镇中心小学	小学数学	高级教师
454	谢秀前	连平县第一小学	小学数学	高级教师
455	谢振镜	上坪镇中心小学	小学数学	高级教师
456	曾燕霞	连平县教育示范幼儿园	幼儿园	高级教师
457	曾樱桃	连平县教育示范幼儿园	幼儿园	高级教师
458	杨飞跃	临江中学	初中思想品德高级教师	高级教师
459	利永强	临江中学	初中数学高级教师	高级教师

续表21

序号	姓名	单位	专业名称	获得资格
460	赖彩霞	临江中学	初中英语高级教师	高级教师
461	彭碧青	临江镇梧峰小学	小学语文	高级教师
462	叶小圆	临江中心小学	小学语文	高级教师
463	邹立花	临江中心小学	小学数学	高级教师
464	陈翠红	临江镇澄岭小学	小学英语	高级教师
465	刘伟光	古竹中学	高中物理	高级教师
466	黎海荣	古竹中学	高中化学	高级教师
467	张飞云	古竹镇吉安小学	小学语文	高级教师
468	曾秀瑛	古竹中心小学	小学语文	高级教师
469	龙慧容	古竹水运小学	小学语文	高级教师
470	刘祥雄	城东学校	初中英语	高级教师
471	孙敏霞	城东学校	初中化学	高级教师
472	马建和	城东学校	初中物理	高级教师
473	陈晓丹	城东学校	初中数学	高级教师
474	吴耀华	城东学校	初中语文	高级教师
475	许圣英	城东学校	小学数学	高级教师
476	贾凡	河源市田家炳实验中学	高中历史	高级教师
477	黄秀玉	河源市田家炳实验中学	高中数学	高级教师
478	钟坚	河源市田家炳实验中学	高中数学	高级教师
479	官文卿	河源市田家炳实验中学	高中数学	高级教师
480	谢祉忻	河源市田家炳实验中学	高中物理	高级教师
481	黄晓迪	河源市田家炳实验中学	高中数学	高级教师
482	何秀媚	河源高级中学	高中英语	高级教师
483	赖维丽	河源高级中学	高中历史	高级教师
484	张一飞	河源高级中学	高中数学	高级教师
485	张俊锋	河源高级中学	高中物理	高级教师
486	郝为炎	河源高级中学	高中生物	高级教师
487	王成国	河源高级中学	高中体育与健康	高级教师
488	张云谦	河源市第一中学	初中语文	高级教师
489	钟勇	河源市第一中学	初中语文	高级教师
490	袁春英	河源市第一中学	初中语文	高级教师
491	骆玫玫	河源市第一中学	初中英语	高级教师
492	黄庆新	河源市第一中学	初中数学	高级教师
493	米程	深圳中学河源实验学校	初中数学	高级教师
494	田家庆	深圳中学河源实验学校	初中数学	高级教师
495	刘宇	深圳中学河源实验学校	初中地理	高级教师
496	邝文平	河源市直属机关幼儿园	幼儿园幼儿教育	高级教师
497	张志静	河源市直属机关幼儿园	幼儿园幼儿教育	高级教师
498	刘丹瑜	河源市第一小学	小学语文	高级教师
499	李慧莲	河源市第一小学	小学语文	高级教师
500	钟丽萍	河源市第一小学	小学美术	高级教师
501	黄欢心	河源市第一小学	小学美术	高级教师

续表21

序号	姓名	单位	专业名称	获得资格
502	姚红珍	河源市第一小学	小学数学	高级教师
503	吴海华	河源市第一小学	小学科学	高级教师
504	刘咏利	河源市正德中学	初中语文	高级教师
505	吴丹	河源市第三小学	小学语文	高级教师
506	温剑辉	河源市第三小学	小学科学	高级教师
507	袁小琴	河源市第三小学	小学语文	高级教师
508	吕丽燕	河源中学实验学校小学部	小学道德与法治	高级教师
509	芦玉霞	河源中学实验学校初中部	初中语文	高级教师
510	黄孝荣	河源中学实验学校初中部	初中数学	高级教师
511	陈书利	河源中学实验学校初中部	初中数学	高级教师
512	邱海风	河源市博爱学校	特殊教育	高级教师
513	谢丽英	河源市博爱学校	特殊教育	高级教师
514	陈　武	河源市第二中学	初中化学	高级教师
515	冯惠莲	河源市第二中学	初中语文	高级教师
516	黄山松	河源市第二中学	初中物理	高级教师
517	廖作杰	河源市第二中学	初中历史	高级教师
518	曾巧宜	河源市第二小学	小学语文	高级教师
519	张　惠	河源市第二小学	小学语文	高级教师
520	张静辉	河源市第二小学	小学英语	高级教师
521	张嘉文	河源市第二小学	小学英语	高级教师
522	曹淑珍	河源市第二小学	小学音乐	高级教师
523	曾春红	河源市第二小学	小学美术	高级教师
524	张　丹	河源市第二小学	小学数学	高级教师
525	刘　倩	河源市第二小学	小学数学	高级教师
526	钟天敏	河源市河源中学	高中生物	高级教师
527	陈　托	河源市河源中学	高中地理	高级教师
528	袁伟雄	河源市河源中学	高中心理	高级教师
529	任耀东	河源市河源中学	高中思想政治	高级教师
530	江勇军	河源市河源中学	高中体育	高级教师
531	李柯娟	河源市河源中学	高中语文	高级教师
532	曾晓珍	河源市河源中学	高中语文	高级教师
533	彭越海	河源市河源中学	高中物理	高级教师
534	廖邦亮	河源市河源中学	高中数学	高级教师
535	欧文敏	河源市河源中学	高中生物	高级教师
536	梁　平	河源市河源中学	高中化学	高级教师
537	刁意文	河源市河源中学	高中历史	高级教师
538	朱定章	河源市河源中学	高中数学	高级教师
539	黄秀梅	河源市河源中学	高中体育	高级教师
540	刘余金	河源市河源中学	高中数学	高级教师
541	石远剑	河源市河源中学	高中语文	高级教师
542	舒小红	河源市河源中学	高中语文	高级教师
543	谢欲涛	河源市河源中学	高中物理	高级教师

（卫 生）

续表21

序号	姓名	单位	专业名称	获得资格
1	曾湘杰	河源市中医院	中医内科	主任中医师
2	陈玉琼	和平县人民医院	中医内科（基层）	主任中医师
3	刘日媛	和平县中医院	中医内科（基层）	主任中医师
4	刘卫明	龙川县中医院	中医骨伤科	主任中医师
5	黄大道	龙川县麻布岗中心卫生院	中医内科（基层）	主任中医师
6	乐建华	河源市人民医院	心血管内科	主任医师
7	章雄军	河源市人民医院	急诊医学	主任医师
8	詹小涛	河源市人民医院	传染病学	主任医师
9	赖桂萍	河源市人民医院	传染病学	主任医师
10	李　钟	河源市人民医院	泌尿外科	主任医师
11	吴梦楠	河源市人民医院	放射医学	主任医师
12	黄月中	河源市中医院	放射医学	主任医师
13	熊爱群	河源市妇幼保健院	妇产科	主任医师
14	李玉忠	河源市妇幼保健院	麻醉学	主任医师
15	朱海城	河源市疾病预防控制中心	疾病控制	主任医师
16	蓝冬梅	河源市源城区妇幼保健计划生育服务中心	妇产科（基层）	主任医师
17	杨小玲	河源市源城区妇幼保健计划生育服务中心	妇产科（基层）	主任医师
18	朱玉钊	河源市源城区人民医院	妇产科（基层）	主任医师
19	陈天明	河源市源城区人民医院	重症医学	主任医师
20	李　华	河源市源城区人民医院	普通内科（基层）	主任医师
21	张海军	河源市源城区人民医院	骨外科	主任医师
22	邵小武	河源市源城区人民医院	骨外科（基层）	主任医师
23	杨建辉	东源县人民医院	中西医结合医学	主任医师
24	吴思巧	东源县中医院	普通内科（基层）	主任医师
25	李弼红	东源县船塘中心卫生院	消化内科（基层）	主任医师
26	具伟忠	东源县骆湖镇卫生院	普通内科（基层）	主任医师
27	黄长岚	和平县人民医院	妇产科（基层）	主任医师
28	黄卫华	和平县人民医院	普通内科（基层）	主任医师
29	雷　阳	和平县人民医院	心血管内科（基层）	主任医师
30	叶锦寒	和平县人民医院	普通外科（基层）	主任医师
31	周小娜	和平县妇幼保健院	妇产科（基层）	主任医师
32	何小丹	和平县妇幼保健院	妇产科（基层）	主任医师
33	杨华卿	和平县妇幼保健院	超声医学（基层）	主任医师
34	陈凯均	龙川县人民医院	肾内科学	主任医师
35	钟石英	龙川县人民医院	传染病学（基层）	主任医师
36	熊含颖	龙川县人民医院	骨外科	主任医师
37	杨仕光	龙川县人民医院	神经外科（基层）	主任医师
38	吴志群	龙川县人民医院	眼科学（基层）	主任医师
39	黄兰珍	龙川县人民医院	超声医学（基层）	主任医师
40	黄万鹏	龙川县中医院	泌尿外科	主任医师
41	吴以洪	龙川县廻龙镇卫生院	普通外科（基层）	主任医师

续表21

序号	姓名	单位	专业名称	获得资格
42	何平胜	紫金县中医院	泌尿外科	主任医师
43	黄建辉	连平县人民医院	普通内科（基层）	主任医师
44	周洪彬	连平县人民医院	放射医学（基层）	主任医师
45	张海军	连平县第二人民医院	麻醉学（基层）	主任医师
46	薛春玲	河源市人民医院	临床医学检验技术	主任技师
47	刘彩玲	河源市人民医院	临床医学检验技术	主任技师
48	黄延平	河源市人民医院	临床医学检验技术	主任技师
49	叶昌远	河源市中医院	临床医学检验技术	主任技师
50	林家娟	河源市妇幼保健院	护理学	主任护师
51	袁学枝	东源县人民医院	护理学（基层）	主任护师
52	游秀梅	东源县人民医院	护理学（基层）	主任护师
53	黄俊丽	和平县人民医院	护理学（基层）	主任护师
54	张幸华	和平县人民医院	护理学（基层）	主任护师
55	叶春妍	和平县中医院	护理学（基层）	主任护师
56	江伟平	紫金县人民医院	护理学（基层）	主任护师
57	吴翠英	连平县人民医院	护理学（基层）	主任护师
58	吴宇嫦	连平县第二人民医院	护理学（基层）	主任护师
59	黄国锋	河源市人民医院	中医肛肠科	副主任中医师
60	邓丽娟	河源市中医院	中医妇科	副主任中医师
61	刘健芳	河源市中医院	中医内科	副主任中医师
62	叶惠珍	河源市中医院	中医内科	副主任中医师
63	曾胜湖	河源市中医院	中医骨伤科	副主任中医师
64	黄琼新	河源市中医院	中医内科	副主任中医师
65	黄瑞静	河源市中医院	中医五官科	副主任中医师
66	姜石兰	河源市源城区新江街道办事处社区卫生服务中心	中医内科（基层）	副主任中医师
67	陈华城	河源市源城区上城社区卫生服务中心	中医内科（基层）	副主任中医师
68	李志锋	源城区源西街道新宝社区卫生服务中心	中医内科（基层）	副主任中医师
69	李聪颖	东源县中医院	中医骨伤科（基层）	副主任中医师
70	李健生	东源县中医院	中医内科（基层）	副主任中医师
71	刘权伟	东源县南方中西医门诊部	中医内科（基层）	副主任中医师
72	吴金甫	和平县人民医院	中医内科	副主任中医师
73	杨征塔	和平县人民医院	针灸（基层）	副主任中医师
74	罗志翠	和平县人民医院	中医五官科（基层）	副主任中医师
75	陈斐科	和平县中医院	中医内科（基层）	副主任中医师
76	刘坤锐	和平县下车中心卫生院	中医内科（基层）	副主任中医师
77	袁海妮	龙川县中医院	中医内科	副主任中医师
78	杨作卿	龙川县中医院	中医内科	副主任中医师
79	林林雁	龙川县中医院	针灸	副主任中医师
80	黄俊城	龙川县中医院	中医内科	副主任中医师
81	魏育华	龙川县中医院	中医内科	副主任中医师
82	乐茂忠	龙川县麻布岗中心卫生院（龙川县第二人民医院）	中医内科（基层）	副主任中医师
83	吴翠莲	连平县中医院	针灸（基层）	副主任中医师

续表21

序号	姓名	单位	专业名称	获得资格
84	陈建明	连平县隆街中心卫生院	中医内科（基层）	副主任中医师
85	曾晓嫣	紫金县临江卫生院	中医内科（基层）	副主任中医师
86	吉尚先	紫金县古竹人民医院	中医儿科（基层）	副主任中医师
87	钟剑锋	紫金县古竹人民医院	中医骨伤科（基层）	副主任中医师
88	伍秀珍	东源县灯塔中心卫生院	中药学（基层）	副主任中药师
89	王　丽	龙川县疾病预防控制中心	中药学（基层）	副主任中药师
90	刘国欢	河源市人民医院	心血管内科	副主任医师
91	杨　爽	河源市人民医院	普通内科	副主任医师
92	黄小伦	河源市人民医院	心血管内科	副主任医师
93	温样春	河源市人民医院	神经内科	副主任医师
94	蓝海平	河源市人民医院	神经内科	副主任医师
95	魏　巧	河源市人民医院	内分泌学	副主任医师
96	杨少明	河源市人民医院	神经内科	副主任医师
97	李　斌	河源市人民医院	消化内科	副主任医师
98	马国重	河源市人民医院	神经内科	副主任医师
99	唐　亮	河源市人民医院	心血管内科	副主任医师
100	黄　斌	河源市人民医院	传染病学	副主任医师
101	邱炎平	河源市人民医院	普通外科	副主任医师
102	林立超	河源市人民医院	神经外科	副主任医师
103	黄展雄	河源市人民医院	麻醉学	副主任医师
104	叶锦欢	河源市人民医院	神经外科	副主任医师
105	柯灿泽	河源市人民医院	放射医学	副主任医师
106	陈娟婷	河源市人民医院	疾病控制	副主任医师
107	黄天赐	河源市中医院	普通内科	副主任医师
108	潘希彬	河源市中医院	骨外科	副主任医师
109	李海波	河源市中医院	普通外科	副主任医师
110	叶　聪	河源市中医院	骨外科	副主任医师
111	张祥伟	河源市中医院	中西医结合医学	副主任医师
112	韦淑萍	河源市妇幼保健院	小儿内科	副主任医师
113	叶秋娟	河源市妇幼保健院	小儿内科	副主任医师
114	朱俏欣	河源市妇幼保健院	小儿内科	副主任医师
115	赵秋华	河源市妇幼保健院	小儿内科	副主任医师
116	吴志军	河源市妇幼保健院	妇产科	副主任医师
117	陈海东	河源市妇幼保健院	妇产科	副主任医师
118	叶丽娜	河源市妇幼保健院	妇产科	副主任医师
119	周瑞青	河源市疾病预防控制中心	疾病控制	副主任医师
120	叶　玲	河源市疾病预防控制中心	疾病控制	副主任医师
121	叶文辉	河源市精神卫生中心（河源市第二人民医院）	精神病学	副主任医师
122	李碧琴	源城区东埔社区卫生服务中心	妇科（含妇科肿瘤）（基层）	副主任医师
123	胡立红	源城区东埔社区卫生服务中心	心血管内科（基层）	副主任医师
124	赖小明	源城区源西社区卫生服务中心	疾病控制（基层）	副主任医师
125	李育清	源城区源西社区卫生服务中心	中西医结合医学（基层）	副主任医师

续表21

序号	姓名	单位	专业名称	获得资格
126	李林军	河源市源城区新江街道办社区卫生服务中心	小儿内科	副主任医师
127	邹培文	河源市源城区新江街道办社区卫生服务中心	消化内科（基层）	副主任医师
128	廖世珍	河源市源城区上城社区卫生服务中心	全科医学（临床类别）	副主任医师
129	蔡佳佳	河源市源城区源南镇卫生院	妇产科（基层）	副主任医师
130	吴雨添	河源市源城区埔前镇卫生院	小儿内科（基层）	副主任医师
131	江滔花	河源市源城区埔前镇卫生院	妇产科（基层）	副主任医师
132	蔡晓红	河源市源城区埔前镇卫生院	妇产科（基层）	副主任医师
133	欧丽华	河源市源城区妇幼保健计划生育服务中心	妇产科（基层）	副主任医师
134	谢有红	河源市源城区妇幼保健计划生育服务中心	妇产科（基层）	副主任医师
135	赵家帆	河源市源城区妇幼保健计划生育服务中心	疾病控制（基层）	副主任医师
136	徐燕华	河源市源城区人民医院	小儿内科	副主任医师
137	刘风花	河源市源城区人民医院	妇产科	副主任医师
138	陈培贤	河源市源城区人民医院	肾内科学	副主任医师
139	曹海峰	河源市源城区人民医院	消化内科	副主任医师
140	陈会林	河源市源城区人民医院	眼科学	副主任医师
141	张奕俊	源西办事处富源新村卫生站	普通内科（基层）	副主任医师
142	赖燕华	东源县人民医院	妇产科	副主任医师
143	游莉莉	东源县人民医院	普通内科（基层）	副主任医师
144	孙熊滨	东源县人民医院	普通内科（基层）	副主任医师
145	邱志华	东源县人民医院	眼科学	副主任医师
146	王秀艳	东源县中医院	消化内科（基层）	副主任医师
147	伍彩銮	东源县中医院	中西医结合医学（基层）	副主任医师
148	陈梓实	东源县蓝口镇中心卫生院	普通内科（基层）	副主任医师
149	刘智媛	东源县蓝口镇中心卫生院	超声医学（基层）	副主任医师
150	吴勇花	东源县灯塔中心卫生院	普通内科（基层）	副主任医师
151	肖东明	东源县灯塔中心卫生院	普通内科（基层）	副主任医师
152	许玉凤	东源县船塘中心卫生院	普通内科（基层）	副主任医师
153	肖惠清	东源县船塘中心卫生院	口腔内科（基层）	副主任医师
154	廖志恒	东源县义合镇中心卫生院	普通外科（基层）	副主任医师
155	张海文	东源县叶潭镇卫生院	普通内科（基层）	副主任医师
156	邱博惠	东源县黄村镇卫生院	普通内科（基层）	副主任医师
157	程志辉	东源县黄村镇卫生院	普通外科（基层）	副主任医师
158	毛建娣	东源县妇幼保健院	妇产科（基层）	副主任医师
159	钟彩虹	东源县妇幼保健院	妇产科（基层）	副主任医师
160	罗立新	东源县妇幼保健院	普通内科（基层）	副主任医师
161	张国军	东源县妇幼保健院	普通内科（基层）	副主任医师
162	朱伟中	东源县疾病预防控制中心	疾病控制（基层）	副主任医师
163	黄荣彬	和平县人民医院	小儿内科（基层）	副主任医师
164	曾丽莉	和平县人民医院	妇产科	副主任医师
165	刘秀英	和平县人民医院	妇产科	副主任医师
166	徐春雪	和平县人民医院	妇产科	副主任医师
167	黄丽嫚	和平县人民医院	妇产科	副主任医师

续表21

序号	姓名	单位	专业名称	获得资格
168	曾　燕	和平县人民医院	普通内科	副主任医师
169	苏嘉亮	和平县人民医院	呼吸内科	副主任医师
170	叶逻湾	和平县人民医院	普通内科（基层）	副主任医师
171	黄　杰	和平县人民医院	耳鼻咽喉科学	副主任医师
172	熊格端	和平县人民医院	眼科学（基层）	副主任医师
173	叶春绿	和平县人民医院	放射医学（基层）	副主任医师
174	叶吉耀	和平县人民医院	超声医学（基层）	副主任医师
175	刘文静	和平县人民医院	中西医结合医学（基层）	副主任医师
176	黄新喜	和平县人民医院	中西医结合医学（基层）	副主任医师
177	陈　勇	和平县人民医院	中西医结合医学（基层）	副主任医师
178	曾国锋	和平县中医院	中西医结合医学	副主任医师
179	曾文射	和平县阳明镇卫生院	小儿内科（基层）	副主任医师
180	陈选松	和平县妇幼保健院	小儿内科（基层）	副主任医师
181	邓文霖	龙川县人民医院	小儿内科	副主任医师
182	叶文捷	龙川县人民医院	肾内科学	副主任医师
183	丘其春	龙川县人民医院	普通内科	副主任医师
184	辛剑勋	龙川县人民医院	普通内科	副主任医师
185	温剑辉	龙川县人民医院	泌尿外科	副主任医师
186	叶　军	龙川县人民医院	神经外科	副主任医师
187	杨志添	龙川县人民医院	泌尿外科	副主任医师
188	邹幼平	龙川县人民医院	骨外科	副主任医师
189	袁　艺	龙川县人民医院	超声医学	副主任医师
190	林小勇	龙川县人民医院	超声医学	副主任医师
191	赖卓志	龙川县人民医院	中西医结合医学	副主任医师
192	陈志强	龙川县中医院	骨外科	副主任医师
193	钟小燕	龙川县中医院	中西医结合医学	副主任医师
194	黄木燕	龙川县鹤市中心卫生院	全科医学（临床类别）（基层）	副主任医师
195	王均裕	龙川县岩镇卫生院	普通内科（基层）	副主任医师
196	钟广文	龙川县铁场镇卫生院	普通内科（基层）	副主任医师
197	袁立权	龙川县铁场镇卫生院	普通内科（基层）	副主任医师
198	杨日红	龙川县车田镇卫生院	小儿内科（基层）	副主任医师
199	杨海冰	龙川县车田镇卫生院	普通内科（基层）	副主任医师
200	杨添风	龙川县登云镇卫生院	计划生育（基层）	副主任医师
201	敖永平	龙川县老隆镇卫生院	普通内科（基层）	副主任医师
202	邱其建	龙川县老隆镇卫生院	普通内科（基层）	副主任医师
203	戴毅华	龙川县妇幼保健院	小儿内科	副主任医师
204	曹小华	龙川县妇幼保健院	妇产科	副主任医师
205	叶文芬	龙川县妇幼保健院	妇产科	副主任医师
206	袁莉琳	龙川县妇幼保健院	妇产科	副主任医师
207	钟明辉	龙川县妇幼保健院	全科医学（临床类别）	副主任医师
208	杨景桂	龙川县妇幼保健院	超声医学	副主任医师
209	刘兰萍	龙川县妇幼保健院	妇幼保健（公共卫生类别）	副主任医师

续表21

序号	姓名	单位	专业名称	获得资格
210	巫丽琼	龙川县妇幼保健院	妇幼保健（公共卫生类别）	副主任医师
211	张海瑞	龙川县疾病预防控制中心	疾病控制（基层）	副主任医师
212	邹道忠	龙川县慢性病防治院	精神病学（基层）	副主任医师
213	黄　慧	龙川县慢性病防治院	精神病学（基层）	副主任医师
214	温剑平	紫金县人民医院	全科医学（临床类别）（基层）	副主任医师
215	张新林	紫金县人民医院	消化内科（基层）	副主任医师
216	温济科	紫金县人民医院	呼吸内科（基层）	副主任医师
217	甘雨文	紫金县人民医院	呼吸内科（基层）	副主任医师
218	叶汉雄	紫金县人民医院	眼科学（基层）	副主任医师
219	周利军	紫金县中医院	麻醉学	副主任医师
220	赖增流	紫金县中医院	中西医结合医学（基层）	副主任医师
221	叶绮萍	紫金县蓝塘中心卫生院	妇产科（基层）	副主任医师
222	王传华	紫金县蓝塘中心卫生院	泌尿外科（基层）	副主任医师
223	周开旗	紫金县义容卫生院	口腔（基层）	副主任医师
224	甘国龙	紫金县柏埔卫生院	普通内科（基层）	副主任医师
225	钟百先	紫金县南岭卫生院	全科医学（临床类别）（基层）	副主任医师
226	钟映红	紫金县妇幼保健计划生育服务中心	妇产科（基层）	副主任医师
227	叶新发	紫金县疾病预防控制中心	普通内科（基层）	副主任医师
228	李燕红	连平县人民医院	妇产科（基层）	副主任医师
229	赖晓明	连平县人民医院	普通内科（基层）	副主任医师
230	李文森	连平县人民医院	普通外科（基层）	副主任医师
231	欧汝加	连平县人民医院	普通外科（基层）	副主任医师
232	吴利军	连平县第二人民医院	普通内科（基层）	副主任医师
233	梁冠勇	连平县第二人民医院	骨外科（基层）	副主任医师
234	曾　逸	连平县中医院	超声医学（基层）	副主任医师
235	钟继承	连平县隆街中心卫生院	普通内科（基层）	副主任医师
236	谢小文	连平县陂头中心卫生院	小儿内科（基层）	副主任医师
237	方锷深	连平县大湖中心卫生院	全科医学（临床类别）（基层）	副主任医师
238	张俊生	连平县忠信镇卫生院	普通内科（基层）	副主任医师
239	杨启光	连平县忠信镇卫生院	普通内科（基层）	副主任医师
240	张春旦	连平县妇幼保健院	妇产科（基层）	副主任医师
241	张寿繁	连平县疾病预防控制中心	疾病控制（基层）	副主任医师
242	李振华	紫金县临江卫生院	消化内科（基层）	副主任医师
243	戴远林	紫金县古竹人民医院	普通内科（基层）	副主任医师
244	李丽嫦	河源江东新区大学城社区卫生服务中心	普通内科（基层）	副主任医师
245	刘子姣	河源市卫生学校综合门诊部	小儿内科	副主任医师
246	黄东琴	河源市中医院	医院药学	副主任药师
247	曾广帆	河源市妇幼保健院	医院药学	副主任药师
248	利惠珍	河源市源城区上城社区卫生服务中心	医院药学	副主任药师
249	蔡宏荣	河源市源城区埔前镇卫生院	医院药学（基层）	副主任药师
250	王丽娴	河源市源城区埔前镇卫生院	医院药学（基层）	副主任药师
251	叶惠玲	河源市源城区人民医院	医院药学（基层）	副主任药师

续表21

序号	姓名	单位	专业名称	获得资格
252	徐福茂	和平县人民医院	医院药学	副主任药师
253	邹煜虔	龙川县人民医院	医院药学	副主任药师
254	陈英娇	龙川县人民医院	临床药学	副主任药师
255	周丽妙	龙川县人民医院	医院药学	副主任药师
256	巫丽丽	连平县人民医院	医院药学（基层）	副主任药师
257	欧秀丽	连平县人民医院	医院药学（基层）	副主任药师
258	曾锋锋	连平县第二人民医院	医院药学（基层）	副主任药师
259	许丽娇	河源市人民医院	临床医学检验技术	副主任技师
260	邱志兴	河源市人民医院	临床医学检验技术	副主任技师
261	叶丹捷	河源市人民医院	临床医学检验技术	副主任技师
262	廖定璇	河源市人民医院	临床医学检验技术	副主任技师
263	曾小琼	河源市妇幼保健院	临床医学检验技术	副主任技师
264	黄建城	河源市疾病预防控制中心	卫生检验技术	副主任技师
265	刘丽华	河源市中心血站	输血技术	副主任技师
266	欧小懂	河源市中心血站	输血技术	副主任技师
267	余敏娜	河源市源城区妇幼保健计划生育服务中心	临床医学检验技术（基层）	副主任技师
268	邝永辉	河源市源城区人民医院	临床医学检验技术	副主任技师
269	陈燕青	河源市源城区人民医院	消毒技术（基层）	副主任技师
270	李志熔	东源县灯塔中心卫生院	临床医学检验技术（基层）	副主任技师
271	朱辉英	东源县船塘中心卫生院	放射医学技术（基层）	副主任技师
272	宋冬静	和平县人民医院	临床医学检验技术	副主任技师
273	刘研广	和平县人民医院	临床医学检验技术（基层）	副主任技师
274	叶萍萍	和平县妇幼保健院	临床医学检验技术（基层）	副主任技师
275	崔碧云	龙川县人民医院	临床医学检验技术	副主任技师
276	柳森燕	龙川县中医院	临床医学检验技术	副主任技师
277	魏水连	龙川县龙母中心卫生院	临床医学检验技术（基层）	副主任技师
278	黄远通	紫金县中医院	临床医学检验技术（基层）	副主任技师
279	戴桂萍	紫金县妇幼保健计划生育服务中心	临床医学检验技术（基层）	副主任技师
280	彭志平	紫金县疾病预防控制中心	卫生检验技术（基层）	副主任技师
281	巫利棠	连平县人民医院	临床医学检验技术（基层）	副主任技师
282	黄伟汉	连平县第二人民医院	放射医学技术（基层）	副主任技师
283	吴贤静	连平县高莞镇卫生院	临床医学检验技术（基层）	副主任技师
284	陈伟科	连平县疾病预防控制中心	卫生检验技术（基层）	副主任技师
285	周海鸥	连平县疾病预防控制中心	卫生检验技术（基层）	副主任技师
286	叶丽群	连平县疾病预防控制中心	卫生检验技术（基层）	副主任技师
287	刘丽芳	河源长安医院	护理学	副主任护师
288	彭晓婕	河源市人民医院	护理学	副主任护师
289	黄芬霞	河源市人民医院	护理学	副主任护师
290	李新云	河源市人民医院	护理学	副主任护师
291	邓春桃	河源市人民医院	护理学	副主任护师
292	江伟容	河源市中医院	护理学	副主任护师
293	熊桂芬	河源市中医院	护理学	副主任护师

续表21

序号	姓名	单位	专业名称	获得资格
294	朱淑惠	河源市妇幼保健院	护理学	副主任护师
295	朱秀娥	河源市妇幼保健院	护理学	副主任护师
296	钟海玉	河源市妇幼保健院	护理学	副主任护师
297	陈雪艳	河源市妇幼保健院	护理学	副主任护师
298	欧碧珍	源城区源西社区卫生服务中心	护理学（基层）	副主任护师
299	赵　靓	河源市源城区上城社区卫生服务中心	护理学	副主任护师
300	蔡飘红	河源市源城区高埔岗社区卫生服务中心	护理学（基层）	副主任护师
301	严雪梅	河源市源城区埔前镇卫生院	护理学	副主任护师
302	卜晓慧	源城区精神卫生防治所	护理学	副主任护师
303	张丽梅	源城区精神卫生防治所	护理学（基层）	副主任护师
304	邹国珍	河源市源城区人民医院	护理学	副主任护师
305	王春惠	河源市源城区人民医院	护理学	副主任护师
306	王满金	河源市源城区人民医院	护理学	副主任护师
307	杨丽平	河源市源城区人民医院	护理学	副主任护师
308	张秋萍	河源市源城区人民医院	护理学	副主任护师
309	林细芝	河源市源城区人民医院	护理学（基层）	副主任护师
310	欧丽燕	源城区源西街道新宝社区卫生服务中心	护理学（基层）	副主任护师
311	罗紫浓	东源县人民医院	护理学（基层）	副主任护师
312	刘桂花	东源县人民医院	护理学（基层）	副主任护师
313	吴舒娜	东源县人民医院	护理学（基层）	副主任护师
314	张玉珍	东源县人民医院	护理学（基层）	副主任护师
315	陈晓红	东源县中医院	护理学（基层）	副主任护师
316	邓雪玲	东源县中医院	护理学（基层）	副主任护师
317	刘志敏	东源县仙塘镇卫生院	护理学（基层）	副主任护师
318	蓝素芳	东源县妇幼保健院	护理学（基层）	副主任护师
319	欧冬霞	东源县妇幼保健院	护理学（基层）	副主任护师
320	陈玉霞	东源县慢性病防治站	护理学（基层）	副主任护师
321	刘小君	东源县慢性病防治站	护理学（基层）	副主任护师
322	黄石英	和平县人民医院	护理学	副主任护师
323	梁玉香	和平县人民医院	护理学	副主任护师
324	罗欢平	和平县人民医院	护理学	副主任护师
325	黄运柒	和平县人民医院	护理学	副主任护师
326	叶秀娟	和平县人民医院	护理学（基层）	副主任护师
327	叶秀环	和平县人民医院	护理学（基层）	副主任护师
328	肖海英	和平县人民医院	护理学（基层）	副主任护师
329	朱秋芸	和平县人民医院	护理学（基层）	副主任护师
330	陈小妹	和平县人民医院	护理学（基层）	副主任护师
331	王小芳	和平县人民医院	护理学（基层）	副主任护师
332	叶胜想	和平县人民医院	护理学（基层）	副主任护师
333	王春接	和平县人民医院	护理学（基层）	副主任护师
334	黄雪润	和平县中医院	护理学	副主任护师
335	叶春花	和平县中医院	护理学（基层）	副主任护师

续表21

序号	姓名	单位	专业名称	获得资格
336	李丹丹	和平县中医院	护理学（基层）	副主任护师
337	黄秀萍	和平县阳明镇卫生院	护理学（基层）	副主任护师
338	叶爱淑	和平县阳明镇卫生院	护理学（基层）	副主任护师
339	曾文玲	和平县妇幼保健院	护理学（基层）	副主任护师
340	叶咏梅	龙川县人民医院	护理学	副主任护师
341	黄　巧	龙川县人民医院	护理学	副主任护师
342	李雪丽	龙川县人民医院	护理学	副主任护师
343	陈　菊	龙川县人民医院	护理学	副主任护师
344	骆雪梅	龙川县人民医院	护理学	副主任护师
345	魏素琼	龙川县人民医院	护理学	副主任护师
346	张云娴	龙川县人民医院	护理学	副主任护师
347	张丽丽	龙川县人民医院	护理学	副主任护师
348	杨素芳	龙川县人民医院	护理学	副主任护师
349	黄　涛	龙川县人民医院	护理学	副主任护师
350	张伟枚	龙川县中医院	护理学	副主任护师
351	骆丽莉	龙川县中医院	护理学	副主任护师
352	陈优群	龙川县中医院	护理学	副主任护师
353	吴冬梅	龙川县中医院	护理学	副主任护师
354	郑春燕	龙川县中医院	护理学	副主任护师
355	李海环	龙川县佗城镇卫生院	护理学（基层）	副主任护师
356	邹格娥	龙川县佗城镇卫生院	护理学（基层）	副主任护师
357	叶秋香	龙川县佗城镇卫生院	护理学（基层）	副主任护师
358	钟雪彩	龙川县车田镇卫生院	护理学（基层）	副主任护师
359	唐伟燕	龙川县四都镇卫生院	护理学（基层）	副主任护师
360	余丽梅	龙川县老隆镇卫生院	护理学（基层）	副主任护师
361	巫飞霞	龙川县老隆镇卫生院	护理学（基层）	副主任护师
362	骆小珍	龙川县妇幼保健院	护理学	副主任护师
363	曾新梅	龙川县妇幼保健院	护理学	副主任护师
364	杨美燕	龙川县妇幼保健院	护理学	副主任护师
365	邹秀香	龙川县妇幼保健院	护理学	副主任护师
366	曾碧兰	龙川县妇幼保健院	护理学	副主任护师
367	钟彩珠	龙川县妇幼保健院	护理学	副主任护师
368	钟燕珍	龙川县妇幼保健院	护理学	副主任护师
369	刘素娟	龙川县妇幼保健院	护理学	副主任护师
370	骆雄英	龙川县妇幼保健院	护理学（基层）	副主任护师
371	谢海燕	龙川县慢性病防治院	护理学（基层）	副主任护师
372	陈仕琼	紫金县人民医院	护理学（基层）	副主任护师
373	邓海环	紫金县中医院	护理学（基层）	副主任护师
374	钟丽珍	紫金县中医院	护理学（基层）	副主任护师
375	黄紫霞	紫金县中医院	护理学（基层）	副主任护师
376	袁燕萍	紫金县中医院	护理学（基层）	副主任护师
377	刘小燕	紫金县义容卫生院	护理学（基层）	副主任护师

续表21

序号	姓名	单位	专业名称	获得资格
378	林新苗	连平县人民医院	护理学（基层）	副主任护师
379	吴秋红	连平县第二人民医院	护理学（基层）	副主任护师
380	刘金菊	连平县第二人民医院	护理学（基层）	副主任护师
381	朱秀敏	连平县第二人民医院	护理学（基层）	副主任护师
382	彭瑞珍	连平县元善镇卫生院	护理学（基层）	副主任护师
383	吴金花	连平县妇幼保健院	护理学（基层）	副主任护师
384	叶志华	连平县妇幼保健院	护理学（基层）	副主任护师
385	江秋凤	连平县妇幼保健院	护理学（基层）	副主任护师
386	曾彩球	连平县妇幼保健院	护理学（基层）	副主任护师
387	刘春霞	连平县妇幼保健院	护理学（基层）	副主任护师
388	周慧倩	连平县妇幼保健院	护理学（基层）	副主任护师
389	廖衍霞	连平县妇幼保健院	护理学（基层）	副主任护师
390	曾秀宜	连平县妇幼保健院	护理学（基层）	副主任护师
391	邱彩有	连平县妇幼保健院	护理学（基层）	副主任护师
392	赖华巧	连平县妇幼保健院	护理学（基层）	副主任护师
393	黄利萍	紫金县古竹人民医院	护理学（基层）	副主任护师
394	黎丽花	紫金县古竹人民医院	护理学（基层）	副主任护师
395	张春兰	紫金县古竹人民医院	护理学（基层）	副主任护师

（黄晓华）

社会经济统计资料

编辑：曾红艳

统计公报

2020年河源市国民经济和社会发展统计公报

（河源市统计局　国家统计局河源调查队）

2020年是“十三五”规划的收官之年，面对各种不稳定不确定因素明显增多尤其是新冠肺炎疫情的严峻考验，市委、市政府团结带领全市人民以习近平新时代中国特色社会主义思想为指导，全面贯彻党中央、国务院和省委、省政府的决策部署，科学统筹疫情常态化防控和经济社会发展，认真落实“1+1+9”工作部署，决胜全面建成小康社会取得决定性成就，“十三五”规划主要目标任务顺利完成，高质量发展迈出坚实步伐，为开启全面建设社会主义现代化新征程奠定坚实基础。

一、综合

经广东省统计局统一核算，2020年河源地区生产总值（初步核算数）1102.74亿元，按可比价格计算，比上年增长1.3%。其中：第一产业增加值136.91亿元，增长5.9%，对地区生产总值增长的贡献率为49.9%，拉动地区生产总值增长0.7个百分点；第二产业增加值374.67亿元，增长1.9%，对地区生产总值增长的贡献率为53.6%，拉动经济增长0.7个百分点；第三产业增加值591.16亿元，下降0.1%。三次产业结构由上年的11.2∶34.5∶54.3调整为12.4∶34.0∶53.6，第一产业所占比重比上年提高了1.2个百分点,第二产业、第三产业所占比重比上年分别回落0.5和0.7个百分点。

分县域看，河源下辖东源、和平、

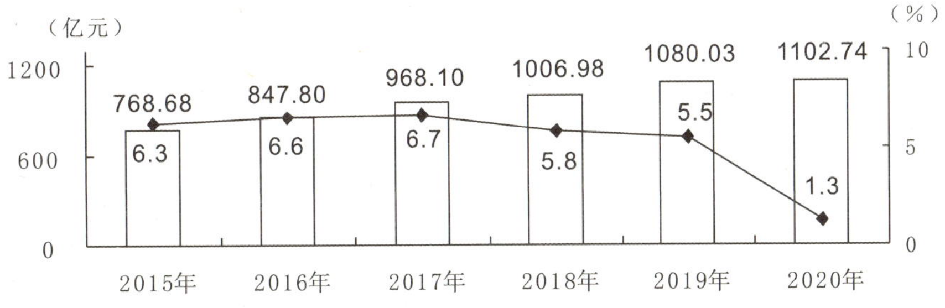

图1　2015—2020年地区生产总值及增长速度示意图

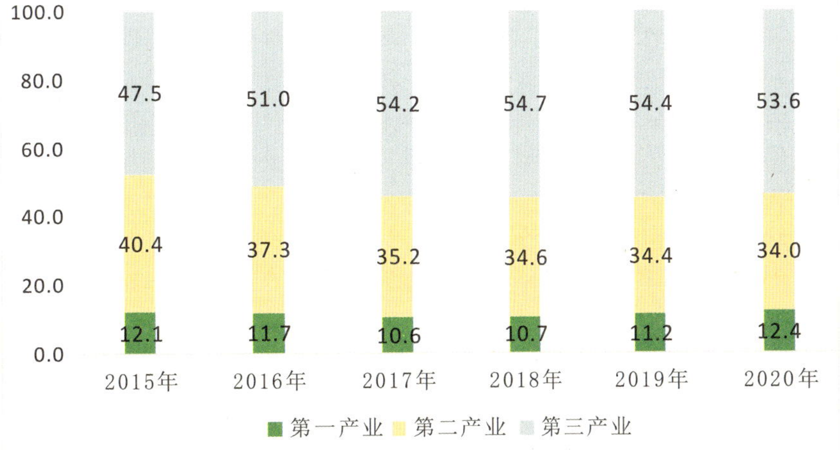

图2　2015—2020年三次产业结构图（%）

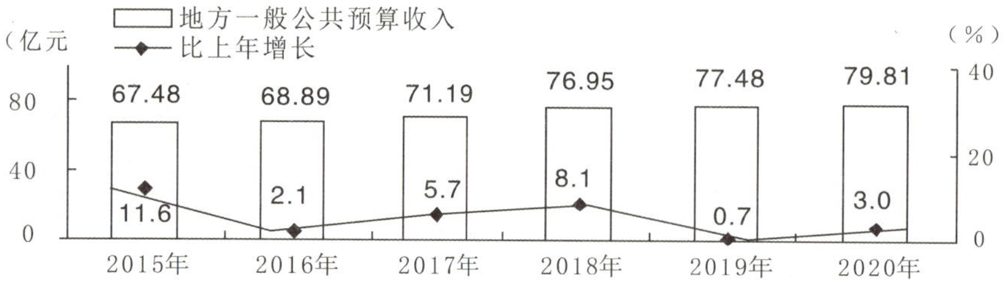

图3 2015—2020年地方一般公共预算收入及增长速度示意图

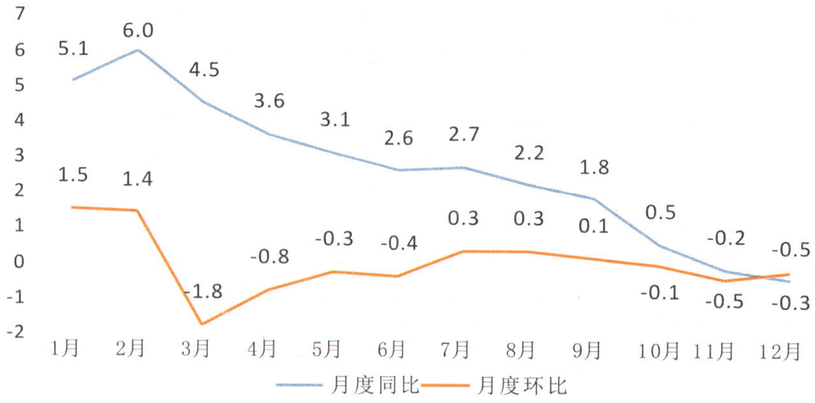

图4 2020年居民消费价格月度涨跌幅度情况表

2020年居民消费价格比上年涨跌幅度情况表

表22

指标	价格指数（上年=100）	比上年涨跌幅度（%）
居民消费价格	102.6	2.6
服务价格指数	98.6	-1.4
消费品价格指数	104.7	4.7
食品烟酒	109.4	9.4
食品	112.9	12.9
其中：粮食	102.0	2.0
食用油	98.6	-1.4
菜	94.7	-5.3
畜肉类	141.9	41.9
禽肉类	115.1	15.1
水产品	106.7	6.7
蛋类	106.1	6.1
茶及饮料	100.9	0.9
烟酒	102.8	2.8
在外餐饮	101.9	1.9
衣着	100.8	0.8
居住	96.3	-3.7
生活用品及服务	99.7	-0.3
交通和通信	95.8	-4.2
教育文化和娱乐	102.1	2.1
医疗保健	101.5	1.5
其他用品和服务	103.9	3.9
商品零售价格指数	102.1	2.1

龙川、紫金及连平五个县，县域地区生产总值合计665.14亿元，占全市地区生产总值的60.3%，经济总量比上年增加12.96亿元。

年末户籍总人口372.18万人，比上年末减少0.52万人，降低1.39‰。

全年全市地方一般公共预算收入79.81亿元，比上年增长3.0%。其中，税收收入49.35亿元，下降2.4%。全年一般公共预算支出361.76亿元，下降2.3%。其中，住房保障支出8.85亿元，增长205.8%；交通运输支出14.09亿元，增长98.2%；农林水支出45.41亿元，增长34.9%；教育支出73.58亿元，增长3.2%。民生类支出283.32亿元，占一般公共预算支出近8成。

全年城镇新增就业36417人，就业困难人员实现再就业2583人，安置下岗失业人员再就业8797人。年末城镇实有登记失业人员为10190人，城镇登记失业率为2.6%。组织劳动力培训10455人。全市8个省级产业转移工业园共接纳本地劳动力6.82万人。实施创业培训457人，创业带动就业6728人。

全年居民消费价格总水平（CPI）上涨2.6%，分类别看，食品烟酒类上涨9.4%，其他用品和服务类上涨3.9%，教育文化和娱乐类上涨2.1%，医疗保健类上涨1.5%，衣着类上涨0.8%，生活用品及服务类下降0.3%，居住类下降3.7%，交通和通信类下降4.2%。服务价格指数下降1.4%，商品零售价格上涨2.1%。工业生产者出厂价格下降0.3%。

二、农业

农林牧渔业总产值216.53亿元，比上年增长5.9%；其中，农业产值112.68亿元，增长4.4%；林业产值34.84亿元，增长10.4%；牧业产值59.93亿元，增长7.2%；渔业产值5.67亿元，增长8.6%；农林牧渔服务业产值3.42亿元，增长6.6%。

全年粮食种植面积为13.3万公顷，比上年增加2401公顷。糖料种植面积1105公顷，比上年减少54公顷；油料种植面积2.39万公顷，比上年增加211公顷；蔬菜种植面积3.84万公顷，比上年增加1503公顷。全年粮食总产量80.16万吨，其中稻谷76.58万吨，增长1.1%。花生产量7.65万吨，增长1.2%；甘蔗产量8.23万吨，下降5.5%；蔬菜产量77.92万吨，增长4.1%；水果产量46.14万吨，增长5.5%；茶叶产量7346吨，增长6.0%。水产品总产量4.71万吨，增长5.1%。

全年猪牛羊禽肉产量14.00万吨，比上年增长8.1%。其中，猪肉产量6.96万吨，增长5.6%；禽肉产量6.79万吨，增长10.8%。年末生猪存栏58.96万头，下降15.6%；生猪出栏90.91万头，增长7.0%。

全市安排耕地地力补贴11947.7万元，农机补贴236.86万元。年末农业机械总动力79.66万千瓦，比上年增加1.27万千瓦。农村用电量12.44亿千瓦时，比上年增长17.5%。全市现有实施“公司+农户+基地”经营模式的市级以上农业龙头企业274家，其中本年新增62家（省级15家、市级47家）。辐射带动农户38.5万户，户均增收3100元。

2020年主要农产品产量及其增长速度情况表

表23

产品名称	计量单位	产量	比上年增长（%）
粮食	万吨	80.16	1.0
#稻谷	万吨	76.58	1.1
花生	万吨	7.65	1.2
甘蔗	万吨	8.23	-5.5
蔬菜	万吨	77.92	4.1
水果	万吨	46.14	5.5
茶叶	吨	7346	6.0
生猪存栏量	万头	58.96	-15.6
生猪出栏量	万头	90.91	7.0
出售和自宰家禽	万只	4934.98	13.7
肉类总产量	万吨	14.26	8.1
#猪肉	万吨	6.96	5.6
禽肉	万吨	6.79	10.8
水产品总产量	万吨	4.71	5.1

三、工业和建筑业

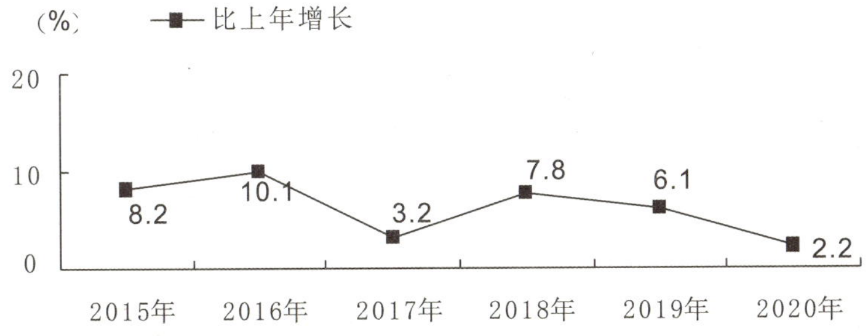

图5 2015—2020年规模以上工业增加值增长速度示意图

全年实现全社会工业增加值294.94亿元，比上年增长2.2%。年末全市共有规模以上工业企业591家，比上年年末减少34家，其中年产值超亿元的193家。实现规模以上工业增加值280.83亿元，增长2.2%。分所有制类型看，国有企业增长15.8%，集体企业增长127.6%，股份制企业增长0.9%，外商及港澳台商投资企业增长5.6%，其他经济类型企业下降16.6%。分轻重工业看，轻工业增长6.9%,重工业增长0.4%。分企业规模看，大型企业增长6.4%，中型企业增长4.1%，小型企业下降1.4%，微型企业下降29.2%。

高技术制造业增加值101.68亿元，比上年增长4.6%，其中，医药制造业增长167.4%，电子及通信设备制造业下降1.6%，计算机及办公设备制造业下降21.5%，医疗及仪器仪表制造业增长75.7%。

先进制造业增加值149.28亿元，比上年增长10.3%，其中，高端电子信息制造业下降2.8%，先进装备制造业增长5.1%，石油化工产业下降11.9%，先进轻纺制造业增长8.8%，新材料制造业增长9.9%，生物医药及高性能医疗器械业增长93.3%。

优势传统产业增加值64.66亿元，比上年增长5.1%，其中，纺织服装业增长32.8%，食品饮料业下降1.7%，家具制造业增长15.7%，建筑材料业下降8.5%，金属制品业增长7.7%，家用电力器具制造业增长22.5%。

六大高耗能行业增加值比上年增长0.2%，其中，非金属矿物制品业下降8.2%，黑色金属冶炼及压延加工业增长13.1%，有色金属冶炼及压延加工业增长22.6%，化学原料和化学制品制造业下降11.9%，电力、热力生产和供应业下降1.4%。

全市规模以上工业实现营业收入1183.87亿元，下降7.5%，利润总额51.69亿元，下降6.8%。资产负债率56.26%，增长0.9个百分点；资本保值增值率104.99%，增长6.8个百分点；流动资产周转次数2.40次；成本费用利润率4.60%，增长0.7个百分点；全员劳动生产率18.77万元/人年，增长2.7%；产品销售率94.47%，下降2.5个百分点。

全市工业园区规模以上工业企业481家，比上年减少47家；实现工业增加值242.53亿元，下降0.3%；实现入库税收28.35亿元，增长14.0%。

2020年主要工业产品产量及其增长速度情况表

表24

产品名称	计量单位	产量	比上年增长（%）
铁矿石原矿量	万吨	488.55	16.5
发电量	亿千瓦小时	70.28	-7.1
软饮料	万吨	233.68	10.8
服装	万件	872.70	-15.2
人造板	万立方米	6.96	-53.7
皮革鞋靴	万双	870.30	-6.9
化学原料药	吨	773	-38.1
中成药	吨	8622	3.5
塑料制品	吨	52378	9.5
水泥	万吨	150.58	-22.9
瓷质砖	万平方米	7.37	-98.2
钢材	万吨	216.15	7.5
模具	万套	36.03	7.0
粗钢	万吨	193.99	-4.6

全年全社会建筑业增加值73.35亿元，按可比价格计算，比上年下降2.6%。总承包和专业承包完成建筑业总产值138.69 亿元，增长0.3%。全年具有资质等级以上建筑施工企业160家，比上年增加25家。

四、服务业

全年金融业增加值72.47亿元，比上年增长5.8%；房地产业增加值135.57亿元，下降0.7%；批发和零售业增加值111.81亿元，下降8.4%；住宿和餐饮业增加值19.31亿元，下降21.3%；交通运输、仓储和邮政业增加值15.66亿元，下降6.7%。现代服务业增加值292.23亿元，增长3.1%。生产性服务业增加值130.80亿元，增长2.0%。

全年规模以上服务业企业实现营业收入45.79亿元，比上年下降3.2%。分行业看，信息传输、软件和信息技术服务业增长3.7%，科学研究和技术服务业增长0.5%，交通运输、仓储和邮政业下降10.8%，居民服务、修理和其他服务业下降17.2%，水利、环境和公共设施管理业下降17.3%。

年末全市公路通车里程17332.7千米，其中高速公路里程 712.4千米，分别比上年增加771.2和53.8千米。全年旅客运输总量783万人，下降73.7 %，旅客运输周转量11.10亿人千米，下降70.4%，货物运输总量4372万吨，下降5.7%，货物运输周转量36.39亿吨千米，下降3.3%。

年末全市民用汽车保有量达46.6万辆，比上年年末增长10.3%，其中，私人汽车42.31万辆，增长10.6%。民用轿车保有量28.7万辆，增长11.3%，其中，私人轿车26.99万辆，增长12.2%。

全年完成邮电业务总量196.08亿元，比上年增长14.7%。其中，邮政业务总量6.83亿元，增长 11.6%；电信业务总量189.25亿元，增长14.8%。年末电话总用户290.24万户，比上年年末下降2.0%；其中，固定电话用户33.36万户，移动电话用户256.88万户。年末4G移动电话用户225.29万户，比上年末增加10.66万户。年末（固定）互联网宽带接入用户42.92万户，比上年年末减少26.79万户。年末移动互联网用户212.92万户，下降4.1%。

五、固定资产投资

全年固定资产投资比上年增长5.1%。分产业看，第一产业投资比上年增长71.6%，第二产业投资增长3.1%，第三

2020年旅客运输量与货物运输量及其增长速度情况表

表25

指标	计量单位	总量	比上年增长（%）
旅客运输总量	万人	783	-73.7
公路	万人	765	-74.1
水运	万人	18	-40.4
旅客运输周转量	万人千米	111025	-70.4
公路	万人千米	110343	-70.5
水运	万人千米	682	-32.3
货物运输总量	万吨	4372	-5.7
公路	万吨	4339	-5.8
水运	万吨	33	14.7
货物运输周转量	万吨千米	363897	-3.3
公路	万吨千米	355897	-3.6
水运	万吨千米	8000	13.6

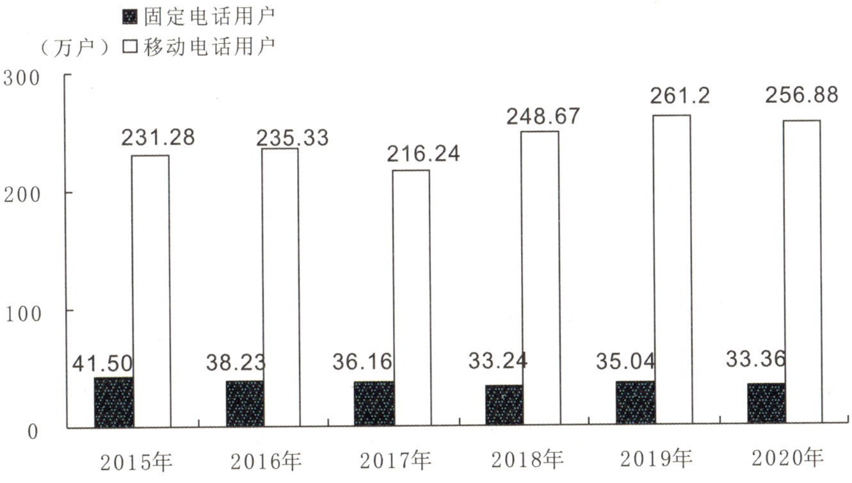

图6 2015—2020年年末固定电话用户和移动电话用户示意图

产业投资增长4.5%。民间投资增长9.5%，占固定资产投资的比重为58.0%。基础设施投资增长4.3%，占固定资产投资的比重为31.7%，其中，其中城市建设投资增长12.3%。高技术制造业投资增长17.2%，占固定资产投资的比重为5.3%。

全年完成重点项目投资占年度投资计划的103.5%。共安排150个重点建设项目，其中，年度投资额在1000～5000万元之间的项目7个，年度投资额在5000万—1亿元之间的项目34个，年度投资总额1亿元以上的项目109个。83个项目完成或超额完成年度投资任务，部分生产性项目、全局性重大项目建设取得突破性进展，国道G205线河源市热水至埔前段改线工程、源城区鹏城·科技生态园、盐田东源共建现代物流园（首期）、河源德润钢铁有限公司电炉短流程优特钢异地改建项目、河源市高铁新城河源东站综合交通枢纽项目等55个项目顺利开工建设；广东技术师范大学河源校区（首期）建设项目、河惠莞高速公路紫金至惠阳段、东江大桥（紫金桥）重建工程、东源县人民医院新院、农夫山泉广东万绿湖第二生产基地等34个项目相继竣工或投产。

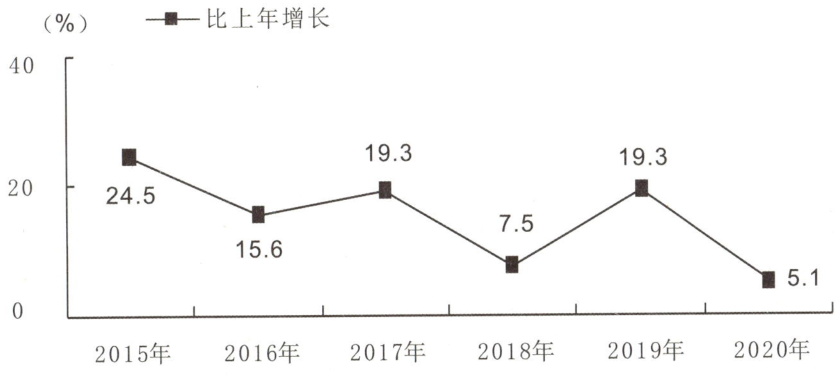

图7 2015—2020年固定资产投资增长速度示意图

全年完成房地产开发投资264.50亿元，增长2.2%。按用途分，商品住宅投资202.24亿元，增长2.1%；办公楼投资1.33亿元，下降27.3%；商业营业用房投资25.83亿元，增长34.0%。全市商品房销售面积442.86万平方米，下降4.2%；商品房销售额292.86亿元，下降2.5%。

全年完成城镇保障性安居工程住房投资额6.48亿元，比上年增长0.5%。

全年新增11万伏及以上变电设备12万千伏安，输电线路47.12千米；全年新建公路1028千米，其中高速公路47.47千米；新增5G基站1143座。

六、国内贸易

全年社会消费品零售总额360.74亿元，比上年下降6.7%。按经营地统计，城镇消费品零售额275.14亿元，下降7.0%；乡村消费品零售额85.60亿元，下降5.8%。从消费类型看，商品零售332.60亿元，下降5.7%；餐费收入28.14亿元，下降17.8%。限额以上单位实现零售额117.72亿元，下降11.7%。

七、对外经济

全年进出口总额293.3亿元，比上年下降3.2%。其中出口总额242.2亿元，下降3.6%；进口总额51.1亿元，下降1.3%。

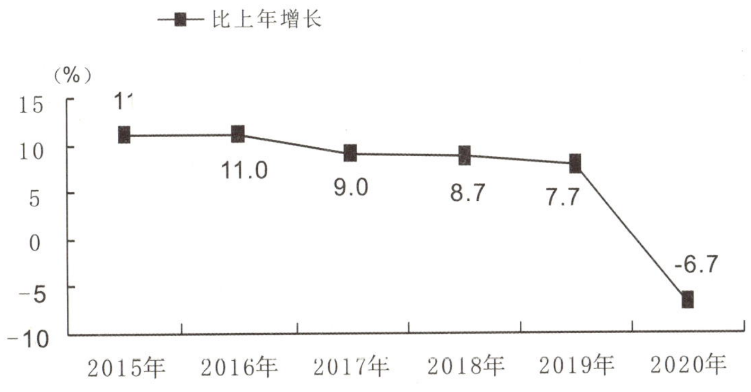

图8 2015—2020年社会消费品零售总额增长速度示意图

2020年限额以上批发和零售业商品销售分类情况表

表26

指标	总量（万元）	比上年增长（%）
合计	1027898.1	-8.2
粮油、食品类	61370.6	5.6
饮料类	12026.6	-2.9
烟酒类	19412.4	-11.2
服装、鞋帽、针纺织品类	10966.0	-25.0
化妆品类	2596.1	-33.0
金银珠宝类	8895.1	-38.4
日用品类	20013.5	13.1
五金、电料类	2440.0	-9.2
体育、娱乐用品类	444.7	-23.2
书报杂志类	9800.0	9.6
家用电器和音像器材类	42124.9	-30.5
中西药品类	50132.5	12.6
文化办公用品类	11719.8	-18.1
家具类	8037.4	-19.7
通信器材类	12147.6	-2.6
石油及制品类	399509.9	-11.3
建筑及装潢材料类	11192.2	-25.0
机电产品及设备类	3212.0	62.5
汽车类	338757.5	-2.5

2020年进出口总额及其增长速度情况表

表27

指标	总量（万元）	比上年增长（%）
进出口总额	293.3	-3.2
出口额	242.2	-3.6
其中：一般贸易	67.8	-2.4
加工贸易	100.8	-6.6
其余方式	73.6	-0.3
进口额	51.1	-1.3
其中：一般贸易	18.1	7.8
加工贸易	31.6	-6.6
其余方式	1.4	22.4
净出口额（出口减进口）	191	-4.3

年末，全市工商登记在册的外商及港澳台商投资企业2007家，比上年减少118家。全年签订利用外商直接投资项目40个，实际利用外商直接投资6.46亿元，比上年增长8.5%。

八、金融

年末全市金融机构本外币各项存款余额1544.34亿元，比上年年末增长6.6%，其中，住户存款余额950.91亿元，增长10.0%。年末金融机构本外币各项贷款余额1572.17亿元，比上年年末增长16.8%。年末个人综合消费贷款余额为133.85亿元，比上年年末增长15.9%；个人住房贷款余额652.59亿元，增长14.3%。年末全市金融机构不良贷款余额16.33亿元，比上年年末增长12.4%，不良贷款率为1.04%，比上年年末回落0.04个百分点。金融机构税后净利润26.03亿元，下降6.5%。

全市入驻证券经营机构（营业部）9家。证券代理交易额2162.38亿元，比上年增长59.2%。证券客户交易结算资金余额48.86亿元，增长21.3%；指定与托管证券市值为34.26亿元，增长15.7%；年末证券投资者开户数(资金户)为295708户(其中B股1222户)，比上年年末增长17.8%。

全市保险公司28家，其中财产保险主体16家，人寿保险主体12家。全年实现保费收入41.85亿元，比上年增长2.3%。其中，财产保险保费收入13.51亿元，增长3.0%，人身保险保费收入28.34亿元，增长2.0%。全年共支付各项赔款及给付13.02亿元，增长6.4%。其中，财产保险赔款支出6.57亿元，增长0.8%，人身保险赔付支出6.45亿元，增长12.7%。

九、人民生活和社会保障

全年全体居民人均可支配收入22291.1元，增长5.9%，扣除价格因素，实际增长3.2%。其中，城镇居民人均可支配收入28018.2元，比上年增长3.3%，扣除价格因素，实际增长0.7%；农村居民人均可支配收入17313.4元，比上年增长8.0%，扣除价格因素，实际

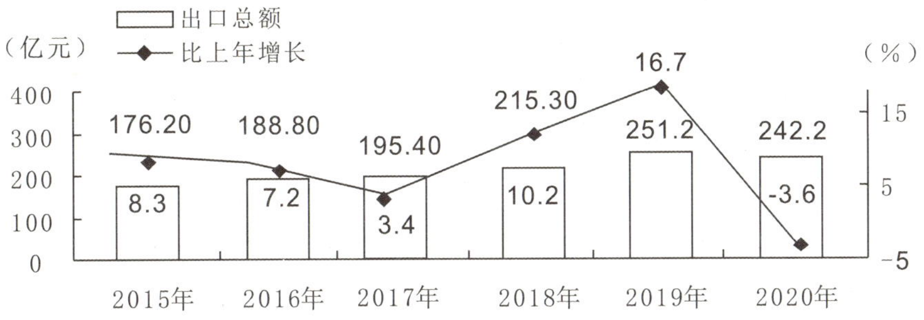

图9 2015—2020年出口总额及增长速度示意图

2020年年末全部金融机构本外币存贷款及其增长速度情况表

表28

指标	年末数	比上年增长（%）
金融机构各项存款余额	15443354	6.6
境内存款	15334332	6.5
住户存款	9509088	10.0
非金融企业存款	2413081	11.5
机关团体存款	2982209	-6.7
财政性存款	426663	7.4
非银行业金融机构存款	3291	-20.1
境外存款	109022	41.3
金融机构各项贷款余额	15721682	16.8
境内贷款	15698768	16.8
住户贷款	9137690	15.8
短期贷款	635865	-19.0
中长期贷款	8501826	19.6
企（事）业单位贷款	6561077	18.4
短期贷款	2199085	-2.5
中长期贷款	3985931	28.4
境外贷款	22915	-8.0

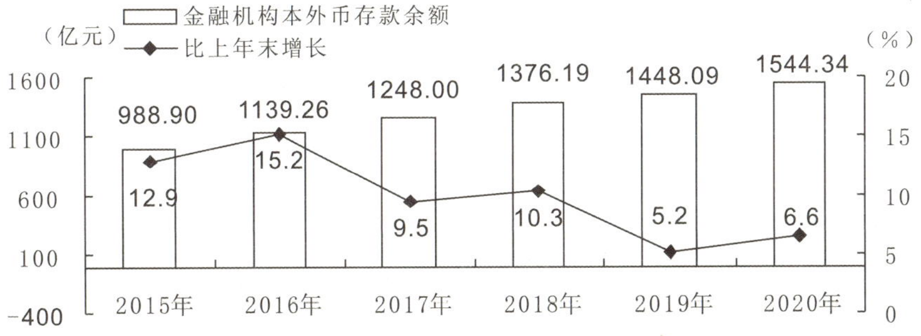

图10 2015—2020年金融机构本外币存款余额及增长速度示意图

增长5.3%。城乡居民收入差距由上年的1.69∶1缩小为1.62∶1（农民收入为1）。全体居民人均消费支出16003.5元，增长2.6%，扣除价格因素，实际与上年持平。其中，城镇居民人均消费支出18320.0元，增长0.5%，扣除价格因素，实际下降2.0%；农村居民人均消费支出13990.0元，增长4.1%，扣除价格因素，实际增长1.5%。全体居民恩格尔系数为40.8%，城镇居民恩格尔系数为39.9%，农村居民恩格尔系数为41.7%，分别比上年上升1.0、0.9和1.1个百分点。

年末全市参加职工养老保险52.77万人，净增6.29万人；参保城镇职工基本养老离退休人员11.36万人，净增0.83万人。参加失业保险27.24万人，净增3.02万人，失业保险金标准为1269元/月。参加工伤保险35.02万人，净增4.61万人，其中参保农民工10.77万人，减少1.20万人。参加生育保险32.82万人，净增2.17万人。年末参加职工医疗保险的人数38.10万人，净增1.92万人；参加城乡居民医疗保险的人数270.04万人，减少5.20万人；城乡居民医疗保险基金支出总额24.23亿元，受益人口达82.34万人。

全市享受低保救济的困难群众达7.79万人，其中城镇0.60万人，农村7.19万人。共发放低保救济金3.87亿元，比上年增长15.6%。年末全市各类收养性社会福利单位床位3337张，增长2.1%，收养人数62人，下降4.6%。全年销售社会福利彩票2.49亿元，筹集社会福利公益金0.27亿元，分别比上年下降34.0%和25.0%。

十、教育和科学技术

全市共有幼儿园573所，在园幼儿11.81万人，学前教育幼儿入园率98.52%，比上年提高0.2个百分点；小学368所，在校学生31.10万人，学龄人口入学率达100%；普通中学197所，其中，初级中学110所，高级中学19所，完全中学10所；一贯制学校58所，其中，九年一贯制学校53所，十二年一贯制学校5所。初中在校学生14.81万人，初中学龄人口入学率100%，高中在校学生6.90万人，比上年增加3748人，高中阶段教育毛入学率由上年95.15%提高至96.60%；本市各类中等职业教育在校生2.35万人,技工学校在校生8227人；全市普通高等教育院校2所（新增1所），共招生11549人，在校生20508人，分别比上年增长129.9%和53.6%。

全市共组织实施国家、省级各类科技计划项目3项；省级工程技术研究开发中心80个；全年专利申请受理量达到5029件，比上年增长10.6%，其中专利申请授权量4098件，比上年增长39.6%；高新技术企业226家，本年新增56家。

十一、文化、旅游、卫生和体育

年末全市共有群众文化事业机构124个，其中文化馆7个、乡镇(街道)文化站100个；年末全市共有各类专业艺术表演团体5个；县级以上公共图书馆7个，馆藏量达239.67万册(件)，全年总流通73.08万人次；博物馆9个，历史文物藏品6.50万件；档案馆8个，馆藏量56.77万卷，增长37.5%；已开放各类档案4.62万卷，比上年增长17.2%。广播电视台6座，年末全市有线电视用户52.76万户，比上年下降6.1%。出版各类报纸2种，发行1584.25万份。

全年接待旅游总人数635.41万人次，比上年下降29.2%。其中，国内游客634.48万人次，下降28.5%；入境游客0.93万人次，下降91.0%。旅游住宿设施接待过夜游客306.50万人次，下降29.9%。全年实现旅游总收入53.35亿元，下降42.9%。年末，全市各类旅行社56家；已评定的星级饭店18家，其中五星级饭店1家，四星级饭店2家；A级景区19个，其中AAAA景区8个。

全市共有各类卫生机构2043个（含农村卫生站及村级医疗点），其中医院、卫生院162个，专科疾病防治机构7个，妇幼保健院7个，疾病预防控制中心6个，卫生监督检验机构6个。各类卫生机构拥有床位18643张，比上年增长

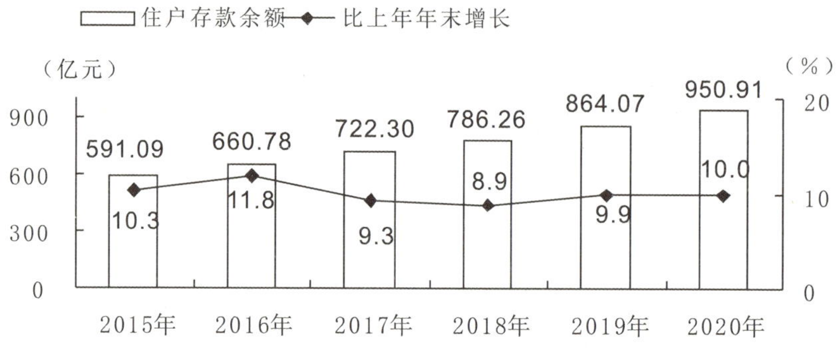

图11 2015—2020年住户存款余额及增长速度示意图

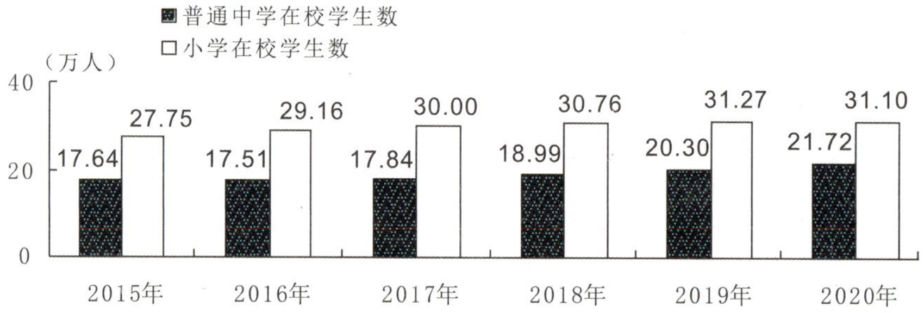

图12 2015—2020年各类教育在校学生数示意图

8.0%；其中医院、卫生院床位15953张，增长9.7%。各类卫生技术人员19991人，增长4.9%；其中执业医师4473人，增长4.1%；执业助理医师2108人，下降8.2%；注册护士8995人，增长6.8%。全市已建立农村卫生站及村级医疗点1518个。全年无偿献血25022人次，献血量808.80万毫升。

全市农村清洁卫生水普及率达100%；农村自来水普及率达93.15%，农村卫生厕所普及率达99.08%。

全市体育健儿在参加省级以上各类重大比赛中，共获得金牌22枚、银牌17枚，其中获得全国体育比赛金牌5枚。全年共举办各类群众体育竞赛和体育活动3次，体育人口达130万人。

十二、资源、环境和安全生产

全市水资源总量122.06亿立方米，比上年减少63.29亿立方米。全年降水量1403.3毫米，比上年下降32.16%。年末全市大型水库蓄水总量69.7亿立方米，比上年减少24.9亿立方米。

全市规模以上工业综合能源消费量164.47万吨标准煤，比上年下降10.6%，单位工业增加值能耗下降11.2%。全社会用电量99.38亿千瓦时，增长2.0%，其中工业用电量54.43亿千瓦时，下降4.5%。

全年完成低产低效林改造面积4063.33公顷。年末实有封山育林面积14.55万公顷，增长12.1%。活立木蓄积量6370万立方米，比上年增长0.056%。全民义务植树607.04万株。全市森林覆盖率达72.98%，共有自然保护区52个，自然保护区面积26.3万公顷，占全市土地面积的16.8%。其中，建成省级自然保护区8个，自然保护区面积5.65万公顷。

全市地表水质保持在各功能区标准，其中东江干流水质保持在国家地表水Ⅱ类标准，新丰江、枫树坝两大水库水质保持国家地表水Ⅰ类标准，全市饮用水源水质达标率100%；全年市区空气质量达标率98.9%，市区空气质量优良天数达到362天，没有下过酸雨。全市污水处理设施1054座；污水日处理能力达62.28万吨，增长44.4%；城市生活垃圾无害化处理率100%。

全年共发生生产安全事故143起，死亡112人，受伤112人。其中，道路交通事故119起，死亡77人；工矿商贸生产安全事故24起，死亡35人。

注：

1.本公报中2020年数据为初步统计数。

2.除注明外，所有增长或下降增速均为同2019年相比较。

3.地区生产总值、三次产业及相关行业增加值绝对数按现价计算，增长速度按可比价计算；地方一般公共预算收入增长速度按可比口径计算。

4.规模以上工业企业是指年主营业务收入2000万元及以上工业法人企业；固定资产投资包括各种经济类型所有500万元以上项目投资和房地产开发投资；限额以上商贸企业是指主营业务收入2000万元及以上的批发业、年主营业务收入500万元及以上的零售业、年主营业务收入200万元及以上住宿和餐饮业法人单位及大个体户。

5.规模以上服务业范围是：（1）年营业收入2000万元及以上服务业法人单位。包括：交通运输、仓储和邮政业，信息传输、软件和信息技术服务业，水利、环境和公共设施管理业三个门类和卫生行业大类；（2）年营业收入1000万元及以上服务业法人单位。包括：租赁和商务服务业，科学研究和技术服务业，教育三个门类，以及物业管理、房地产中介服务、房地产租赁经营和其他房地产业四个行业小类；（3）年营业收入500万元及以上服务业法人单位。包括：居民服务、修理和其他服务业，文化、体育和娱乐业两个门类，以及社会工作行业大类。

6.先进制造业包括高端电子信息制造业、先进装备制造业、石油化工产业、先进轻纺制造业、新材料制造业、生物医药及高性能医疗器械。高技术制造业包括医药制造业，航空、航天器及设备制造业，电子及通信设备制造业，计算机及办公设备制造业，医疗仪器设备及仪器仪表制造业，信息化学品制造业。六大高耗能行业包括石油、煤炭及其他燃料加工业、化学原料及化学制品制造业、非金属矿物制品业、黑色金属冶炼及压延加工业、有色金属冶炼及压延加工业、电力热力的生产和供应业。

资料来源：本公报中城镇就业、登记失业率、社会保障数据来自市人力资源和社会保障局;财政数据来自市财政局;公路运输数据来自市交通局;外贸外经数据来自市商务局;国际互联网用户、邮电业务总量等数据来自邮政及通信部门(单位);旅游、图书馆、博物馆、文化馆、广播、电视、体育等数据来自市文化广电旅游体育局;货币金融数据来自市人民银行和银监分局;教育数据来自市教育局;专利数据来自市科技局;户籍人口数据、道路交通事故数据来自市公安局;卫生数据来自市卫生健康局;低保、社会救助、福利彩票数据来自市民政局;档案数据来自市档案馆；林业自然保护区等数据来自市林业局；环境监测数据来自市生态环境局;水资源数据来自市水务局；安全生产数据来自市应急管理局；城市污水处理等数据来自市住房城乡建设局；保险业数据来自市保险行业协会；农机总动力、水产品产量等数据来自市农业农村局；出版报纸数据来自市委宣传部；其他数据来自市统计局和国家统计局河源调查队。

统计图表

1987年以来国民经济和社会发展主要指标情况表

表29

年份	全市土地面积(平方千米)	人口密度(人/平方千米)	城镇居民人均住房建筑面积(平方米/人)	农村居民人均住房建筑面积(平方米/人)	城镇人口比例(%)	年末社会从业人员(万人)
1987	15826	166			12.20	97.11
1988	15826	164			12.66	98.51
1989	15826	163			12.99	99.62
1990	15826	161			13.05	100.11
1991	15826	159			13.48	101.46
1992	15826	157			14.53	102.30
1993	15826	155			15.66	105.67
1994	15826	153	5.84	13.71	16.88	106.89
1995	15826	152	9.03	16.51	18.10	108.10
1996	15826	150	9.23	17.94	19.62	109.96
1997	15826	148	9.42	16.32	21.15	112.22
1998	15826	146	9.78	17.21	22.80	114.38
1999	15826	145	10.67	19.98	24.57	115.53
2000	15826	143	14.17	20.40	26.49	118.22
2001	15826	151	15.15	21.90	27.93	119.31
2002	15826	157	18.12	22.90	29.04	121.81
2003	15826	163	24.69	24.30	30.13	122.69
2004	15826	170	27.21	24.83	31.42	125.34
2005	15826	176	28.11	27.54	32.47	118.20
2006	15642	180	28.90	28.05	40.12	120.05
2007	15642	176	32.23	28.92	40.12	124.74
2008	15642	183	30.43	29.07	40.50	127.96
2009	15642	184	30.47	29.70	40.50	130.55
2010	15642	189	31.38	27.55	40.06	133.15
2011	15642	188	32.95	28.97	40.34	135.16
2012	15654	188	37.54	28.82	40.44	136.12
2013	15654	188	32.33	33.30	40.70	134.96
2014	15654	187	41.70	36.94	40.86	134.19
2015	15654	186	40.19	39.65	41.92	135.60
2016	15654	185	39.66	39.57	42.38	136.48
2017	15654	184	40.84	41.01	42.81	138.78
2018	15654	183	42.52	48.84	44.59	138.95
2019	15654	182	43.40	48.00	46.13	142.02
2020	15654	181	43.20	48.30	48.50	143.25

说明：人口密度、城镇人口比例按年末常住人口计算；2006—2009年城镇人口比例、年末社会从业人员依2010年第六次全国人口普查数据平滑调整,2010—2019年城镇人口比例依2020年第七次全国人口普查数据平滑调整；因2013年国家推行城乡住户调查制度改革，2012年及以前城镇居民人均住房面积为市区数据，2013年及以后是全市城镇居民人均数据

续表29

单位：万人

年份	常住人口	源城	东源	和平	龙川	紫金	连平	年平均常住人口
1987	263.35	12.73	45.86	40.82	72.25	60.31	31.38	264.89
1988	260.32	13.09	44.88	40.55	71.17	59.36	31.25	261.84
1989	257.32	13.66	44.15	40.31	70.11	58.28	30.81	258.82
1990	254.36	14.47	41.42	41.22	68.61	56.96	31.68	255.84
1991	251.43	15.16	40.31	40.61	67.62	56.31	31.41	252.90
1992	248.53	15.88	39.23	40.00	66.63	55.66	31.13	249.98
1993	245.67	16.63	38.16	39.39	65.63	55.00	30.85	247.10
1994	242.84	17.41	37.12	38.77	64.64	54.33	30.57	244.26
1995	240.04	18.22	36.09	38.16	63.64	53.66	30.28	241.44
1996	237.27	19.06	35.08	37.54	62.63	52.98	29.98	238.66
1997	234.54	19.94	34.09	36.92	61.63	52.29	29.67	235.91
1998	231.83	20.84	33.11	36.30	60.62	51.60	29.36	233.19
1999	229.16	21.79	32.15	35.68	59.60	50.89	29.05	230.50
2000	226.78	22.79	31.27	35.08	58.65	50.23	28.76	227.97
2001	238.80	24.46	33.36	36.25	60.91	53.89	29.92	232.79
2002	248.10	25.90	35.14	36.94	62.41	57.02	30.70	243.45
2003	257.77	27.41	37.00	37.62	63.92	60.32	31.50	252.94
2004	269.16	29.15	39.15	38.51	65.78	64.11	32.47	263.47
2005	278.24	30.68	40.99	39.00	67.00	67.44	33.13	273.70
2006	281.47	33.94	43.87	38.79	67.31	64.21	33.35	279.86
2007	274.96	35.61	40.40	37.69	67.04	62.55	31.67	278.22
2008	285.48	39.01	43.18	37.60	67.87	65.50	32.32	280.22
2009	287.12	42.04	44.53	37.57	67.83	62.40	32.75	286.30
2010	295.82	46.53	44.11	37.54	69.70	64.16	33.78	291.47
2011	294.81	47.73	43.82	37.32	69.34	63.41	33.19	295.32
2012	294.32	49.49	43.41	37.21	69.09	62.46	32.66	294.57
2013	293.84	51.54	42.93	36.91	68.88	61.45	32.13	294.08
2014	293.23	52.16	42.73	36.72	68.61	61.22	31.79	293.54
2015	291.24	55.38	42.23	36.22	67.52	59.11	30.78	292.24
2016	289.13	56.78	41.71	35.83	66.81	57.82	30.18	290.19
2017	287.38	58.02	40.67	35.59	66.03	57.59	29.48	288.26
2018	285.89	61.84	38.32	35.51	63.89	57.28	29.05	286.64
2019	284.83	65.90	36.36	35.45	61.43	56.80	28.89	285.36
2020	283.56	70.41	34.79	35.38	59.46	55.01	28.51	284.20

说明：1987—1989年数据由河源市根据1990—1995年人口增长情况推算，1990年以来数据由省核定；2006—2009年数据依2010年第六次全国人口普查数据平滑调整；2010—2019年数据依2020年第七次全国人口普查数据平滑调整

续表29

单位：人、‰

年份	户籍总人口							人口自然增长率
		源城	东源	和平	龙川	紫金	连平	
1987	2644482	125519	462716	409924	725558	605621	315144	8.10
1988	2682852	134921	462529	417963	733511	611812	322116	8.18
1989	2713092	144001	465553	424941	739280	614484	324833	7.29
1990	2763132	149276	467927	431025	757312	627547	330045	12.70
1991	2786017	159436	465483	436803	761994	629100	333201	11.26
1992	2832868	170615	463922	441336	772969	646001	338025	9.88
1993	2877844	177314	467791	445148	780981	666553	340057	9.50
1994	2911144	182838	470052	449916	787315	678512	342511	9.26
1995	2943953	189385	471767	453608	794406	688618	346169	10.23
1996	2994540	203983	474419	458688	811401	695797	350252	10.07
1997	3056221	229791	477864	465698	824051	704514	354303	9.62
1998	3114960	247521	482304	467228	833849	726943	357115	7.63
1999	3146282	262044	478336	469682	839444	737305	359471	6.91
2000	3219411	292996	484904	478086	847919	749897	365609	8.74
2001	3249132	303736	488718	480943	853116	754862	367757	6.11
2002	3317350	308204	511845	483069	858378	785593	370261	6.51
2003	3341265	300533	516760	487534	861319	801607	373512	9.67
2004	3332087	286867	519987	480120	867758	801020	376335	7.05
2005	3373571	290515	522831	483988	877272	820527	378438	9.61
2006	3412560	299306	554501	490553	892348	792823	383029	9.58
2007	3354253	290634	522703	489204	902053	780914	368745	6.99
2008	3466401	297434	553547	498381	923685	815597	377757	19.35
2009	3489849	298324	570076	509873	937448	789355	384773	12.83
2010	3583877	311790	569053	522004	970915	812159	397956	23.39
2011	3667833	308805	586144	539353	985970	840369	407192	16.76
2012	3550586	289892	549309	528599	956164	826911	399711	-2.45
2013	3609453	302509	560448	536285	970892	835016	404303	13.17
2014	3652891	306495	568995	544573	980334	843617	408877	14.46
2015	3664136	314019	573506	549220	978752	838028	410611	16.41
2016	3733183	318338	585540	558703	995973	858010	416619	24.24
2017	3729548	321261	586243	557916	992072	858188	413868	8.28
2018	3727644	325381	585906	560648	986583	855281	413845	9.65
2019	3726959	331030	586539	560832	981756	853305	413497	8.46
2020	3721774	336163	585889	559988	976776	851487	411471	5.41

续表29 单位：万元

年份	地区生产总值（当年价）	第一产业	第二产业			第三产业
				工业	建筑业	
1987	117866	62823	27675	21452	6223	27368
1988	167023	88565	40833	31945	8888	37625
1989	198624	110177	45062	36812	8250	43385
1990	208802	110237	50274	39237	11037	48291
1991	221268	113423	52186	41250	10936	55659
1992	280574	126978	80075	60514	19561	73521
1993	352411	148471	110917	79434	31483	93023
1994	472044	218746	117104	82014	35090	136194
1995	560911	263909	130780	90413	40367	166222
1996	625838	292818	140749	95013	45736	192271
1997	682079	298145	156832	110031	46801	227102
1998	758687	315354	178108	134067	44041	265225
1999	818896	323640	188412	145062	43350	306844
2000	872194	303595	209918	163109	46809	358681
2001	972821	323075	245771	192142	53629	403975
2002	1096324	334865	279327	217123	62204	482132
2003	1280242	354415	358131	277644	80487	567696
2004	1603001	398457	533526	427688	105838	671018
2004(新)	1603001	406861	533526	427688	105838	662614
2005	2048070	424214	804601	664801	139800	819255
2006	2580842	381841	1248870	1095889	152981	950131
2007	3294873	438497	1738445	1557311	181134	1117931
2008	3953749	515158	2142566	1960707	181859	1296025
2009	4011682	516977	2051888	1879016	173990	1442818
2010	4440288	586931	2081869	1902176	180716	1771489
2011	5199507	701753	2376470	2157284	220295	2121285
2012	5914227	757673	2604370	2364874	240638	2552185
2013	6689223	806693	2926050	2632403	294843	2956480
2014	7348400	867525	3173597	2824031	350899	3307278
2015	7686840	933398	3104332	2688427	416918	3649110
2016	8477967	991263	3161164	2671707	490408	4325541
2017	9681005	1024556	3412109	2838051	575155	5244340
2018	10069775	1078367	3484856	2811489	674383	5506552
2019	10797541	1210676	3723225	2970066	754187	5863640
2020	11027409	1369148	3746685	3014256	733510	5911576

说明：1.2018年，根据全国第四次经济普查结果和广东省统计局地区生产总值统一核算要求，对历史年份全市生产总值进行了修订。本年鉴中的数据是修订后的数据。2.三次产业划分：2004—2008年地区生产总值核算采用国民经济行业分类标准（GB/T4754—2002）；2009年起，三次产业分类依据国家统计局2018年制定的《三次产业划分规定》执行

续表29

单位：%

年份	地区生产总值产业构成	第一产业	第二产业			第三产业
				工业	建筑业	
1987	100.0	53.3	23.5	18.2	5.3	23.2
1988	100.0	53.0	24.5	19.1	5.4	22.5
1989	100.0	55.5	22.7	18.5	4.2	21.8
1990	100.0	52.8	24.1	18.8	5.3	23.1
1991	100.0	51.3	23.6	18.6	5.0	25.1
1992	100.0	45.3	28.5	21.6	6.9	26.2
1993	100.0	42.1	31.5	22.5	9.0	26.4
1994	100.0	46.3	24.8	17.4	7.4	28.9
1995	100.0	47.1	23.3	16.1	7.2	29.6
1996	100.0	46.8	22.5	15.2	7.3	30.7
1997	100.0	43.7	23.0	16.1	6.9	33.3
1998	100.0	41.6	23.5	17.7	5.8	34.9
1999	100.0	39.5	23.0	17.7	5.3	37.5
2000	100.0	34.8	24.1	18.7	5.4	41.1
2001	100.0	33.2	25.3	19.8	5.5	41.5
2002	100.0	30.5	25.5	19.8	5.7	44.0
2003	100.0	27.7	28.0	21.7	6.3	44.3
2004	100.0	24.9	33.3	26.7	6.6	41.8
2004(新)	100.0	25.4	33.3	26.7	6.6	41.3
2005	100.0	20.7	39.3	32.5	6.8	40.0
2006	100.0	14.8	48.4	42.5	5.9	36.8
2007	100.0	13.3	52.8	47.3	5.5	33.9
2008	100.0	13.0	54.2	49.6	4.6	32.8
2009	100.0	12.9	51.1	46.8	4.3	36.0
2010	100.0	13.2	46.9	42.8	4.1	39.9
2011	100.0	13.5	45.7	41.5	4.2	40.8
2012	100.0	12.8	44.0	40.0	4.1	43.2
2013	100.0	12.1	43.7	39.4	4.4	44.2
2014	100.0	11.8	43.2	38.4	4.8	45.0
2015	100.0	12.1	40.4	35.0	5.4	47.5
2016	100.0	11.7	37.3	31.5	5.8	51.0
2017	100.0	10.6	35.2	29.3	5.9	54.2
2018	100.0	10.7	34.6	27.9	6.7	54.7
2019	100.0	11.2	34.5	27.5	7.0	54.3
2020	100.0	12.4	34.0	27.3	6.7	53.6

续表29

单位：%

年份	地区生产总值指数（以上年为100）	第一产业	第二产业			第三产业
				工业	建筑业	
1987						
1988	119.0	115.2	125.9	127.1	121.9	121.8
1989	118.1	119.4	114.9	114.6	115.9	118.1
1990	105.7	103.6	105.6	102.8	115.5	110.9
1991	103.9	100.4	102.2	101.7	103.9	113.3
1992	121.0	110.3	140.9	139.9	144.0	124.9
1993	115.2	103.8	130.2	124.0	148.7	120.5
1994	113.8	106.9	109.5	107.9	113.4	128.5
1995	112.4	108.8	111.7	108.1	120.1	117.6
1996	110.0	106.8	108.7	107.2	111.8	114.8
1997	111.9	106.1	110.7	114.0	104.1	119.0
1998	110.8	106.7	111.9	116.2	102.2	113.9
1999	111.7	106.3	113.4	115.0	109.2	115.4
2000	110.7	106.5	113.1	114.6	109.2	112.4
2001	111.7	108.3	117.9	118.1	117.0	110.8
2002	114.6	106.6	117.6	117.2	118.9	119.4
2003	116.5	105.2	129.2	129.4	128.4	117.1
2004	117.5	103.6	134.5	137.7	123.4	115.3
2005	122.9	102.6	145.6	149.6	130.1	117.1
2006	127.9	102.4	152.8	161.9	109.6	116.7
2007	122.6	105.4	134.6	137.6	112.9	115.1
2008	110.3	104.1	112.4	115.2	88.8	109.7
2009	109.9	103.0	110.0	111.1	98.7	112.4
2010	112.5	103.3	113.9	115.2	97.9	113.5
2011	113.2	105.1	115.8	116.3	111.0	112.8
2012	111.5	104.7	114.2	115.0	105.2	110.4
2013	112.1	104.4	114.5	114.5	114.9	111.2
2014	108.6	104.7	110.8	110.5	114.9	106.7
2015	106.3	103.8	104.3	103.2	117.9	109.7
2016	106.6	102.3	105.4	104.0	115.0	108.6
2017	106.7	104.1	101.6	100.3	109.3	111.4
2018	105.8	104.5	106.0	105.6	108.4	105.9
2019	105.5	106.2	105.9	105.4	108.1	105.1
2020	101.3	105.9	101.9	102.7	97.4	99.9

说明：地区生产总值指数按可比价格计算

续表29

单位：元、%

年份	人均地区生产总值（当年价）	人均地区生产总值指数（上年=100）	人均地区生产总值指数（以1987年为100）					
				第一产业	第二产业	工业	建筑业	人口自然增长率
1987	445		100.0	100.0	100.0	100.0	100.0	100.0
1988	638	120.4	119.0	115.2	125.9	127.1	121.9	121.8
1989	767	119.4	140.5	137.5	144.7	145.7	141.3	143.8
1990	816	107.0	148.5	142.5	152.8	149.7	163.2	159.5
1991	875	105.1	154.3	143.1	156.1	152.3	169.5	180.7
1992	1122	122.4	186.8	157.8	220.0	213.0	244.1	225.7
1993	1426	116.6	215.1	163.8	286.4	264.2	363.0	272.0
1994	1933	115.1	244.8	175.1	313.6	285.0	411.7	349.6
1995	2323	113.7	275.2	190.5	350.3	308.1	494.4	411.1
1996	2622	111.3	302.7	203.5	380.8	330.3	552.8	471.9
1997	2891	113.2	338.7	215.9	421.5	376.6	575.4	561.6
1998	3254	112.1	375.3	230.3	471.7	437.6	588.1	639.6
1999	3553	113.1	419.2	244.9	534.9	503.2	642.2	738.1
2000	3826	111.9	464.1	260.8	605.0	576.7	701.3	829.7
2001	4179	109.3	518.4	282.4	713.3	681.0	820.5	919.3
2002	4503	109.6	594.1	301.1	838.8	798.2	975.6	1097.6
2003	5062	112.1	692.1	316.7	1083.7	1032.8	1252.7	1285.3
2004	6084	112.8	813.2	328.1	1457.6	1422.2	1545.8	1482.0
2005	7483	118.3	999.4	336.6	2122.3	2127.6	2011.1	1735.4
2006	9222	125.1	1278.3	344.7	3242.8	3444.6	2204.1	2025.2
2007	11843	123.3	1567.2	363.3	4364.8	4739.8	2488.5	2331.0
2008	14109	109.5	1728.6	378.2	4906.1	5460.3	2209.8	2557.1
2009	14012	107.6	1899.7	389.6	5396.7	6066.4	2181.0	2874.2
2010	15234	110.5	2137.2	402.4	6146.8	6988.4	2135.2	3262.2
2011	17607	111.7	2419.3	423.0	7118.0	8127.6	2370.1	3679.7
2012	20078	111.8	2697.5	442.8	8128.8	9346.7	2493.4	4062.4
2013	22746	112.2	3023.9	462.3	9307.5	10702.0	2864.9	4517.4
2014	25034	108.8	3283.9	484.1	10312.7	11825.7	3291.7	4820.1
2015	26304	106.8	3490.8	502.5	10756.1	12204.1	3880.9	5287.6
2016	29216	107.3	3721.2	514.0	11336.9	12692.3	4463.1	5742.3
2017	33585	107.4	3970.5	535.1	11518.3	12730.3	4878.2	6397.0
2018	35131	106.4	4200.8	559.2	12209.4	13443.2	5287.9	6774.4
2019	37838	106.0	4431.9	593.8	12929.8	14169.2	5716.2	7119.9
2020	38802	101.8	4489.5	628.8	13175.5	14551.8	5567.6	7112.8

说明：人均地区生产总值按常住人口计算；人均地区生产总值指数、地区生产总值指数按可比价格计算

续表29

单位：万元、%

年份	农业总产值（当年价）	指数（上年=100）	全部工业生产总值指数（当年价）	规模以上	全部工业生产总值指数（上年=100）	规模以上	规模以上工业增加值（当年价）	指数（上年=100）
1987	90011		53249	44581			18069	
1988	129128	113.9	80354	65808	131.2	126.8	26483	125.1
1989	162432	110.3	96251	77277	113.8	108.4	29580	111.1
1990	177732	102.7	101041	83630	104.0	108.3	31259	101.9
1991	191885	105.3	112625	95184	117.7	121.7	32863	101.6
1992	212013	108.9	151791	129765	123.5	124.2	48210	139.3
1993	250811	104.2	204225	174222	121.6	119.0	60283	123.2
1994	379632	109.1	276504	229709	138.1	136.7	61644	107.0
1995	461908	108.9	296039	237771	110.3	106.4	64476	107.6
1996	522728	108.1	325071	251992	107.2	106.9	68332	108.1
1997	560483	107.7	360101	279103	108.5	105.2	76524	112.5
1998	532189	108.6	445001	283327	120.2	120.9	82801	113.7
1999	562587	107.7	470542	312813	114.0	117.9	91213	117.1
2000	458611	104.2	535055	358130	115.0	116.6	106643	119.8
2001	481696	105.3	622424	421696	118.4	121.0	129596	116.7
2002	499297	103.3	711966	491716	117.4	119.3	151908	119.8
2003	538935	105.9	915210	678223	133.1	144.9	209476	138.2
2004	621338	102.5	1422810	1165474	134.2	144.8	335635	143.3
2005	655949	105.1	2139860	1821021	144.8	150.4	577847	166.2
2006	619747	105.0	3461159	3102259	158.9	167.4	1019278	173.3
2007	715792	105.1	5154073	4723454	144.5	147.8	1478014	140.7
2008	847981	104.4	5709577	5195623	101.4	101.5	1676707	107.2
2009	857812	103.3	6483428	6046828	122.1	125.1	1894441	121.5
2010	960458	103.4	7051916	6587416	129.7	131.7	1918272	119.0
2011	1152437	104.6	8831986	8137056	120.1	121.1	2175813	120.1
2012	1231944	104.2	10351088	9536630	116.6	116.6	2451635	118.2
2013	1300001	103.7	12283193	11401354	118.7	119.6	3184075	117.3
2014	1384754	103.9	14972906	14023038	116.4	117.2	3253581	118.0
2015	1485870	103.5	15433470	14430203	106.8	106.8	3275689	108.2
2016	1572828	102.0	17131175	15991840	108.3	108.6	3510000	110.1
2017	1609015	103.7	14927988	13459366	105.3	105.6	2791790	103.2
2018	1686358	104.3	14830760	13337573	105.9	106.2	2772742	107.8
2019	1894428	105.6	15064520	13529118	106.6	106.8	2799229	106.1
2020	2127609	106.3	13093594	12446146	101.2	101.2	2849093	102.2

说明：1.“农业总产值”从2000年起不包含农村家庭兼营工业；从2006年起按第三次全国农业普查口径计算；“农业总产值指数”按可比口径计算。2.在规模以上工业总产值、增加值中，1997年以前为乡及乡以上工业，1998年后为规模以上工业（1998—2006年为全部国有工业企业和年销售收入500万元以上的非国有工业企业，2007—2010年为年主营业务收入500万元及以上工业法人企业，2011年起为年主营业务收入2000万元及以上工业法人企业）；“规模以上工业增加值”2009年及以前用生产法计算，2010年后用收入法计算（2009年的收入法数据为1541237万元）；本表工业总产值的2010年、2011年总量数据依2012年年报数作了平滑调整

续表29

年份	主要农产品产量（吨）					主要工业品产量			
	粮食	花生	肉类	水果	水产品	铁矿石原矿量（万吨）	发电量（万千瓦时）	水泥（万吨）	电话单机（万部）
1987	717500	20000	40796	15927	5118	49.68	115372	15.36	
1988	737299	20287	49062	19829	5457	69.46	139600	19.79	
1989	796071	23398	53601	27813	6082	72.07	142061	24.09	
1990	844876	25321	59013	40775	8323	67.52	153390	28.81	
1991	848620	26014	68441	56557	9993	126.96	86538	43.42	
1992	895838	27784	81048	65689	11137	107.19	176998	61.07	
1993	894724	33001	81875	69442	15446	149.54	187761	81.06	
1994	935899	35715	79823	77519	16333	125.41	163999	91.89	
1995	997850	34839	87087	84465	18243	95.32	222471	85.84	
1996	1087160	37228	96041	92302	21040	157.18	182446	71.54	24.60
1997	1194159	39449	103204	103208	23549	316.04	252689	59.38	58.19
1998	1277803	42064	60893	108625	25604	425.60	277261	59.71	40.55
1999	1309803	49648	66834	149619	26642	236.80	113150	64.99	31.22
2000	1269273	52878	83216	148033	27886	422.99	139126	73.23	137.51
2001	1177969	54787	85776	172837	30797	462.52	216392	81.40	127.65
2002	1055206	58529	97917	200141	30198	386.87	139197	120.71	139.93
2003	1045754	61261	100131	208245	30387	309.69	182435	124.52	88.32
2004	1012815	61209	104667	243891	32157	428.77	170800	134.87	97.85
2005	1022779	53925	112428	283408	35348	655.70	243859	135.84	131.85
2006	808772	54373	102315	173208	29875	781.40	335945	148.57	173.63
2007	854479	57668	112891	183258	30948	825.00	268406	214.57	261.22
2008	843310	57642	121202	197724	34517	890.00	273769	161.20	381.30
2009	848969	57058	127102	220005	37015	662.74	622159	111.20	384.50
2010	829104	57865	133044	230813	38644	690.13	880137	182.88	272.55
2011	835519	60383	132068	252912	40217	1048.48	1054621	183.81	395.70
2012	844331	62236	134548	267832	40852	1119.84	859766	158.75	436.95
2013	782128	65245	133203	313976	42110	601.00	981139	153.00	481.83
2014	793417	67433	133749	329475	44002	665.42	865985	197.20	554.87
2015	771356	68629	134142	344705	44979	618.51	808626	195.69	505.01
2016	762507	68566	133317	363903	40955	363.97	1039578	195.32	592.67
2017	785370	70504	132387	389196	41827	463.87	968155	246.83	495.65
2018	774850	73111	134953	416057	42612	328.17	872730	185.55	210.61
2019	793342	75580	132556	437169	44856	419.28	919964	195.28	511.83
2020	801601	76476	142642	461371	46189	488.55	702781	150.58	474.12

说明：从2006年起，农产品产量用第三次全国农业普查调整数；“发电量”是全社会产量，其他工业产品产量是规模以上产量

续表29

年份	工业企业单位数（个）	“三资”企业	从业人员年平均人数（人）	资产总额（万元）	负债总额（万元）	利税总额（万元）	亏损企业亏损额（万元）
1987	713		43033			7193	257
1988	732		45021			16441	343
1989	775		46258			16046	932
1990	685		46996			16439	3647
1991	625		51014			12744	3024
1992	578		51831			26628	3544
1993	686	37	50488			30474	5468
1994	707	58	52394			23108	7312
1995	674	94	50849			16290	14328
1996	654	74	50560	477903	284543	8622	16146
1997	589	80	46488	538843	330526	17436	13432
1998	186	29	35650	506147	279062	17989	13683
1999	193	31	35564	606026	383048	3625	16719
2000	148	29	33221	580247	330464	24672	6605
2001	143	34	33735	595608	359691	36714	8248
2002	144	39	35427	705260	375472	41361	8480
2003	163	52	43003	909376	491428	51628	29544
2004	199	67	61440	1220570	648487	111554	18521
2005	228	84	77180	1526100	791977	239621	15916
2006	286	105	108511	2034986	1092523	371658	15944
2007	360	129	121798	2834502	1455631	717158	27785
2008	419	162	130572	3901640	1729736	674983	46229
2009	411	157	135591	4306660	2432984	741358	37120
2010	440	162	153192	5350700	2905892	1088081	41862
2011	361	136	138032	5677745	3171332	1515028	39298
2012	383	146	142013	6482037	3624444	932267	48417
2013	436	159	149583	7611857	4358533	1159305	37712
2014	513	166	162237	8346603	4709711	1006939	59403
2015	575	170	169959	9274585	5229242	1157664	75303
2016	589	163	173634	10131077	5459862	1275317	53073
2017	602	160	163140	9811678	5415695	969087	53400
2018	611	158	161369	9745959	5222983	896090	78355
2019	567	144	155337	9677341	5374200	942146	43246
2020	581	133	153184	9824487	5293379	925896	44672

说明：此表统计范围为规模以上工业企业：1997年以前为乡及乡以上工业，1998年后为规模以上工业（1998—2006年为全部国有工业企业和年销售收入500万元以上的非国有工业企业，2007—2010年为年主营业务收入500万元及以上工业法人企业，2011年起为年主营业务收入2000万元及以上工业法人企业）

续表29

单位：万元

年份	地方一般公共预算收入	地方一般公共预算支出	税收总收入	人均地方一般公共预算收入（元）	人均地方一般公共预算支出（元）
1987	4025	12499	4488	15	47
1988	6059	14689	5752	23	56
1989	7292	20468	6376	28	79
1990	8509	22306	5170	33	87
1991	9879	25438	5120	39	101
1992	11063	37226	8994	44	149
1993	13179	36635	12569	53	148
1994	13055	48003	17064	53	197
1995	17553	60576	22390	73	251
1996	15530	85494	23336	65	358
1997	17525	104001	26079	74	441
1998	20327	104027	28839	87	446
1999	23022	117938	32877	100	512
2000	25548	155774	41411	112	683
2001	31429	170155	57153	135	731
2002	34720	219803	66286	143	903
2003	43544	255588	88617	172	1010
2004	58629	299846	113973	223	1138
2005	85177	370047	171763	311	1352
2006	125367	458544	236571	448	1639
2007	151558	558471	298182	545	2007
2008	176110	632029	364525	628	2255
2009	201839	792403	393477	705	2768
2010	250906	945488	496035	861	3244
2011	313667	1100404	625121	1062	3726
2012	376403	1344731	768195	1278	4565
2013	487872	1697211	870585	1659	5771
2014	604671	2106054	992682	2060	7175
2015	674801	2683846	1076497	2309	9184
2016	688934	2939538	1087701	2374	10130
2017	711903	2821581	1216574	2470	9788
2018	769518	3311462	1354589	2685	11553
2019	774780	3702171	1357105	2715	12974
2020	798053	3617614	1357809	2808	12729

说明：人均地方一般公共预算收支按常住人口计算

续表29 单位：万元

年份	金融机构本外币存款余额	住户存款	金融机构本外币贷款余额	金融机构人民币存款余额	住户存款	金融机构人民币贷款余额	人均本外币住户存款（元）
1987	37012	21237	71166	37012	21237	71166	80
1988	67417	29155	112714	67328	29069	112699	111
1989	83222	39613	135234	82928	39353	133946	153
1990	118033	60326	163555	116813	59575	161441	236
1991	154794	85497	206196	153352	84134	202113	338
1992	221778	143256	262456	218695	141977	254917	573
1993	284411	200764	351027	278182	199185	338155	812
1994	358894	269844	427257	352887	266793	402685	1105
1995	442834	340893	498011	438834	339356	482445	1412
1996	548583	440442	548078	541988	437626	516799	1846
1997	714432	553992	855686	705869	551091	829955	2348
1998	787168	641455	870624	782788	637258	847120	2751
1999	860031	694352	761339	852680	687572	748822	3012
2000	906626	713182	630491	895355	699599	603710	3128
2001	1047718	809847	640728	1031158	794092	627144	3479
2002	1294784	941138	701369	1276983	924302	688297	3866
2003	1555421	1085461	792979	1539195	1070148	781588	4291
2004	1774737	1272270	932050	1758919	1257377	929926	4829
2005	2059399	1463599	1081322	2042030	1451170	1079941	5347
2006	2375192	1712384	1308878	2351728	1700211	1306496	6119
2007	2865514	1876665	1740165	2845654	1867874	1725225	6745
2008	3347582	2241389	2013293	3322872	2233760	1997617	7999
2009	4095868	2636044	2942590	4081165	2628390	2806834	9207
2010	5000191	3143292	3386886	4968293	3136356	3353229	10784
2011	5613649	3645238	3892553	5592194	3638207	3852240	12344
2012	6385834	4162902	4728913	6346165	4155191	4682107	14132
2013	7542392	4801426	5731840	7499707	4793065	5693092	16327
2014	8759215	5314910	6990064	8668649	5306690	6923219	18107
2015	9888954	5910920	8010819	9859396	5900976	7958656	20227
2016	11392577	6607752	8880791	11305577	6595261	8861587	22771
2017	12480009	7223048	10184353	12353522	7211921	10162081	25058
2018	13761916	7862580	11541687	13660553	7851807	11510368	27431
2019	14480913	8640713	13461232	14386488	8631136	13435954	30280
2020	15443354	9509088	15721682	15303499	9499498	15672280	33460

说明：人均本外币住户存款按常住人口计算

续表29

单位：万元、%

年份	固定资产投资	新建	扩建改建	房地产开发	社会消费品零售总额	城镇	乡村	居民消费价格总指数（%）上年=100
1987	18981	4031	4929		51062	25394	25668	
1988	27449	8230	7852		72773	36191	36582	135.0
1989	25377	10708	5398		84910	43024	41886	120.7
1990	31609	12153	4361	856	81602	41213	40389	100.5
1991	44191	14182	5699	499	87934	55251	32683	103.2
1992	68429	29381	11143	2465	112635	74061	38574	109.7
1993	135325	45622	19123	26937	146339	105195	41144	121.0
1994	181508	72573	33862	18091	187655	109584	78071	126.5
1995	199134	74467	27203	39361	228947	135967	92981	114.6
1996	228470	95548	47501	24861	254150	131501	122649	107.0
1997	226454	90131	54193	18535	275887	144751	131137	102.9
1998	213585	101893	28367	7392	316245	164534	151711	97.0
1999	231766	102285	35870	9077	354003	188155	165848	97.3
2000	265425	118407	32689	10902	389085	210606	178478	99.5
2001	337976	162003	32198	26551	436470	240522	195948	100.4
2002	414227	168574	40628	41413	489837	270841	218996	98.1
2003	562865	251303	51998	46396	551369	309560	241809	100.5
2004	796166	331425	50742	92004	638485	357572	280913	102.8
2005	1126091	593383	115544	95795	744130	421922	322209	102.7
2006	1771666	844139	170205	159983	870508	524046	346462	100.9
2007	2328569	1119358	195199	195819	1028097	654898	373200	104.8
2008	1747925	822215	124190	183583	1220869	814953	405915	106.4
2009	1981479	963300	209500	201839	1351832	946282	405550	97.6
2010	2427374	1351883	432488	231947	1535360	1097782	437578	103.0
2011	2373363	1218388	548734	588032	1753265	1285143	468122	105.2
2012	2785868	1613052	435700	671264	1938330	1465377	472953	102.8
2013	3427305	1891625	472090	891801	2164382	1666574	497808	102.1
2014	4532859	2487468	694570	1008317	2420655	1881576	539079	102.0
2015	5641350	3233823	804554	1285928	2713078	2085080	627998	102.1
2016	6522908	3757929	804115	1757240	2992887	2292379	700508	102.0
2017	7784670	4271617	1045986	2239337	3278063	2509782	768281	101.1
2018	7.5	7.2	22.0	−1.2	3569304	2730875	838430	102.0
2019	19.3	21.0	4.0	16.9	3868273	2959616	908657	102.6
2020	5.1	3.0	17.2	2.2	3607395	2751440	855955	102.6

说明：1.2010年以前“固定资产投资”为“全社会固定资产投资”，从2011年起固定资产投资项目统计起点由50万元提高至500万元，且不含农村农户投资（2010年的新口径数据为2028093万元）；2009年及以前的“新建”“扩建、改建”分别为“基本建设”“更新改造”数据。2.2018年起固定资产投资暂只公布增速数据。3.1992—2018年社会消费品零售总额数据根据全国第四次经济普查资料进行了调整

续表29

年份	旅游接待总人数（万人次）	国内游客	入境游客	旅游总收入（亿元）	旅游外汇收入（万美元）	旅游宾馆（酒店）（家）	星级以上	旅游宾馆（酒店）床位（张）	旅行社（家）
1987	2.3			0.20	5118				
1988	3			0.26					
1989	6			0.40					
1990	9			0.51					
1991	12			0.62					
1992	19			0.76					
1993	27			0.96					
1994	32			1.33	36.7				
1995	37			1.72	48.0				
1996	43			2.23	52.7				
1997	51			4.64	64.1		12	1377	12
1998	88.74	87.58	0.85	5.29	773.0		13	1482	15
1999	104.90	103.80	1.10	6.08	1100.0		13	1482	15
2000	134.48	129.90	4.58	7.08	1329.3		24	2400	15
2001	175.12	170.85	4.27	8.32	1685.2		31	2660	17
2002	224.22	218.74	5.48	12.04	1633.6		35	9365	18
2003	234.83	232.15	2.68	12.20	630.4	315	38	12656	18
2004	318.89	315.15	3.74	15.10	807.6	317	36	13886	19
2005	393.52	389.58	3.94	18.29	849.8	332	37	15725	21
2006	500.38	496.38	4.00	22.31	877.91	347	39	16951	22
2007	622.28	618.09	4.19	26.94	1068.26	350	40	16969	27
2008	723.10	719.12	3.98	31.02	930.66	479	29	26737	29
2009	840.44	836.31	4.13	35.84	1267.47	487	30	27672	29
2010	1065.57	1061.08	4.49	46.08	1388.52	439	30	28504	31
2011	1390.25	1385.34	4.91	61.09	839.36	467	23	30967	33
2012	1650.57	1644.80	5.77	132.42	926.16	641	23	69082	37
2013	1908.42	1902.20	6.22	152.75	1058.46	670	23	51773	44
2014	2201.47	2195.60	5.88	177.01	1100.19	681	21	49830	42
2015	2536.81	2529.18	7.62	211.01	1419.72	615	19	48309	42
2016	2855.03	2846.99	8.04	237.76	1701.21	699	19	47078	44
2017	3201.03	3193.39	7.64	272.86	1574.45	606	20	44771	47
2018	3586.74	3578.31	8.43	316.82	2240.34	637	19	49684	49
2019	4020.57	4010.32	10.25	357.66	4097.64	688	18	55825	50
2020	635.41	634.48	0.93	53.35	172.34	715	18	58652	55

说明：旅游相关指标数据由旅游部门提供；2003年起，旅游宾馆（酒店）数据包含社会旅馆

续表29

单位：万美元

年份	进出口总额	进口总额	出口总额	签订利用外资协议（宗）	协议规定利用外资	实际利用外资	外商直接投资
1987				31	290	133	130
1988				35	1557	658	564
1989	610	20	590	23	1233	427	216
1990	1192	79	1113	22	1080	348	239
1991	3384	354	3030	48	4024	660	643
1992	6373	918	5455	166	20909	1601	1591
1993	9333	2853	6480	505	86901	8056	8056
1994	21452	6523	14929	141	30382	7601	7601
1995	20669	10081	10588	76	13275	10173	7370
1996	15770	10019	5751	53	6188	7003	6964
1997	16881	6672	10209	40	11069	7094	6641
1998	19105	6544	12561	48	5128	7552	7140
1999	14346	5608	8738	38	3187	8136	7605
2000	16048	6713	9335	40	5005	9229	8410
2001	17789	8498	9291	49	9498	10609	9183
2002	23037	9855	13182	125	34605	13291	12549
2003	29734	14147	15587	136	41542	17568	17348
2004	34537	14796	19741	152	43973	18190	16065
2005	52764	23173	29591	118	42956	18792	18157
2006	99634	43880	55754	111	50661	23817	23817
2007	155745	66231	89514	135	46240	29206	29206
2008	197082	72425	124657	115	22002	32166	32166
2009	222571	81298	141273	29	16677	22705	22705
2010	271637	100117	171520	88	9409	16846	16846
2011	279339	87734	191605	94	19243	17875	17875
2012	292553	97291	195262	73	24287	19710	19710
2013	323198	98538	224660	85	30291	21113	21113
2014	395492	130600	264892	97	32911	22619	22619
2015	403058	119798	283260	26	34328	14424	14424
2016	393737	108542	285195	35	36450	9502	9502
2017	384900	96400	288500	453	68480	10407	10407
2018	407812	83460	324352	636	134159	9619	9619
2019	437793	75086	362707	87	319288	59558	59558
2020	424698	74161	350537	40	247419	64591	64591

说明：1.进出口总额从2001年起改用海关数据，之前为外贸业务统计数。2001年外贸出口总额业务数为23773万美元，其中进口额8645万美元，出口总额15128万美元。2.从2004年起利用外资指标按商务部统计口径，2004年原统计口径数据为：协议外资45673万美元，实际利用外资23403万美元，外商直接投资21278万美元,实际利用外资2019年起单位为万元人民币

续表29

年份	公路通车里程（千米）	国道	省道	客运量（万人）	旅客周转量（万人千米）	货运量（万吨）	货物周转量（万吨千米）	机动车辆拥有量（万辆）	汽车
1987	13588.0			873	63000	371	25095	0.29	0.19
1988	3690.8	218.0	650.8	1015	62787	581	52240	0.97	0.33
1989	3690.8	218.0	650.8	1192	106324	475	42765	1.24	0.33
1990	3690.8	218.0	650.8	994	85648	544	42499	1.59	0.40
1991	3753.8	218.0	654.9	1537	138197	662	43478	1.65	0.44
1992	3757.3	221.5	654.9	1240	112613	778	57296	2.00	0.48
1993	6448.4	222.5	654.7	1253	128993	505	41979	2.60	0.50
1994	7360.6	234.0	654.2	1661	157807	932	74320	4.78	0.75
1995	7653.5	217.7	654.2	1665	155864	1003	65809	5.97	1.01
1996	8421.2	217.7	636.8	1784	184809	997	85407	6.65	1.08
1997	8425.3	216.6	636.1	2094	191288	1279	107872	7.68	1.25
1998	8394.9	215.1	911.1	2381	208729	1432	120450	9.06	1.48
1999	8394.5	215.1	910.7	2418	220296	1692	147360	11.31	1.46
2000	8822.8	217.3	910.7	2683	252137	1934	169147	11.82	1.41
2001	8867.8	213.5	874.6	1333	222239	578	62148	13.93	1.77
2002	8886.4	213.5	874.6	1686	326478	941	83566	21.34	2.23
2003	8902.7	213.5	874.5	1702	330850	920	78243	25.93	2.00
2004	8902.7	213.4	874.7	1986	349369	923	81396	28.96	2.49
2005	13394.7	213.4	891.5	2069	369687	986	84807	31.39	3.70
2006	13416.7	213.4	891.5	2286	389732	1070	93301	29.53	3.38
2007	13522.4	213.4	874.7	2445	415803	1145	100668	31.77	4.11
2008	13889.2	213.4	875.3	2872	335391	1959	298952	33.96	4.97
2009	14647.6	213.7	854.1	3025	347451	2025	305251	35.90	6.06
2010	14721.0	213.7	853.9	3294	381796	2244	340223	38.36	7.56
2011	14731.7	213.7	853.5	3878	441055	2698	407444	39.81	9.17
2012	15250.7	213.7	853.5	4653	534112	3296	503919	40.95	10.83
2013	15345.0	213.7	853.5	2406	273876	4789	632136	40.64	12.35
2014	15585.0	213.7	853.5	2922	334868	5755	766013	43.14	14.48
2015	15795.3	213.7	936.8	2877	332271	5519	738118	45.79	18.40
2016	15825.2	1069.5	454.6	3223	370175	6203	826398	44.32	23.87
2017	16018.2	1278.6	1482.6	3527	410456	6702	900214	58.07	30.65
2018	16235.7	1289.2	1482.6	3654	431596	6861	946523	60.11	36.72
2019	16561.5	783.1	1482.6	2980	375536	4634	376401	67.07	42.20
2020	17332.7	783.1	1486.7	783	111025	4372	363897	74.52	46.56

说明：客、货运输量的四个指标数据，2000年以前为统计部门专业数，2001年以后为交通部门抽样调查数（只含公路、水路，不包铁路）；2008年抽样调查范围调整，表中四个运输量指标原口径数据分别为2556万人、444133万人千米、1237万吨、109687万吨千米；2013年起，按国家制度调整统计口径

续表29

年份	邮电业务总收入（万元）	邮电业务总量（万元）	移动电话交换机总容量（万元）	固定电话用户（万户）	移动电话用户（万户）	固定电话普及率（户/百人）	移动电话普及率（户/百人）
1987	890	902		0.69		0.26	
1988	1236	1253		1.01		0.39	
1989	1394	1413		1.34		0.52	
1990	1813	1838		1.65		0.64	
1991	2680	2508		2.50		0.99	
1992	4002	3736		3.06	0.02	1.26	0.01
1993	6698	6419		4.49	0.08	1.82	0.03
1994	10464	11416		6.20	0.32	2.54	0.13
1995	15023	17696		8.27	0.67	3.43	0.28
1996	22971	23617	1.2	10.21	1.09	4.28	0.46
1997	28979	28479	1.2	14.34	1.63	6.08	0.69
1998	35015	36120	3.8	17.79	2.43	7.63	1.04
1999	44483	47613	3.9	21.22	3.94	9.21	1.71
2000	51234	62620	4.3	28.13	8.84	12.34	3.88
2001	62447	72031	12.7	34.10	21.49	14.65	9.23
2002	72017	93290	31.4	39.89	33.34	16.39	13.69
2003	77467	111215	45.5	44.96	46.61	17.77	18.43
2004	81124	161500	83.3	55.00	56.06	20.88	21.28
2005	91487	161700	106.0	58.88	68.96	21.51	25.20
2006	98858	228771	140.9	62.87	75.54	22.46	26.99
2007	112531	254967	193.4	69.15	80.95	24.85	29.10
2008	127086	302500	211.0	67.85	85.29	24.21	30.44
2009	135074	351278	235.0	61.22	96.70	21.38	33.78
2010	143596	463250	387.0	57.99	104.26	19.90	35.77
2011	193681	193578	451.0	55.06	120.24	18.54	40.48
2012	179226	237531	467.0	52.74	140.04	17.60	46.74
2013	194146	296864	379.0	50.46	167.36	16.69	55.35
2014	186980	336437	440.0	44.13	235.55	14.47	77.22
2015	188560	418503	440.0	41.50	231.28	13.52	75.37
2016	192706	688223	440.0	38.23	235.33	12.42	76.47
2017	198204	509893	440.0	36.16	216.24	11.72	70.07
2018	251709	1035799	473.0	33.24	248.67	10.75	80.41
2019	270637	1707215	420.0	35.04	261.21	11.30	84.27
2020	290644	2172627	420.0	33.52	254.64	11.82	89.80

说明：1.邮电业务总量：2000年及以前按1990年不变价计算，2001—2010年按2000年不变价计算，从2011年起按2010年不变价格计算（2010年按2010年不变价计算的数据为169471万元）。2.移动电话交换机总容量：原邮电局1995年以前用惠州市的交换机，1999—2001年联通公司用梅州市的交换机，表中1996—2001年数据为移动公司数据（不包括联通公司）。3.2014年以来本地电话用户、移动电话用户用市数据.4.邮电业务总收入：邮政业务收入2017年及以前采用邮政公司汇总数据，从2018年起采用邮政管理局汇总数据（含快递业务收入）

续表29 单位：元

年份	单位从业人员年末人数（万人）	在岗职工	在岗职工年平均工资	全体常住居民人均可支配收入	全体常住居民恩格尔系数(%)	城镇常住居民人均可支配收入	城镇常住居民恩格尔系数(%)	城镇常住居民人均可支配收入	城镇常住居民恩格尔系数(%)
1987	13.20		1146					417	61.2
1988	13.59		1317					520	53.9
1989	14.45		1576					621	52.5
1990	15.47		1742					707	54.2
1991	16.13		1902					752	54.9
1992	16.66		2219					845	51.0
1993	17.35		2725					1060	50.9
1994	17.95		3848					1553	47.6
1995	18.12		4678					1880	52.9
1996	18.58		4953					2178	49.2
1997	19.28	15.22	4983					2480	50.2
1998	19.09	14.52	6042					2387	51.3
1999	18.80	14.64	6926					2547	48.4
2000	18.48	14.56	7678					2782	47.0
2001	17.96	14.66	9054					2985	46.5
2002	17.69	14.84	10221					3158	46.0
2003	18.37	15.63	12494					3322	43.8
2004	17.28	16.99	14472					3515	47.9
2005	19.04	18.85	16132			8489		3764	47.7
2006	21.25	21.11	17358			9533	38.4	4072	47.5
2007	22.32	22.11	20105			10600	41.5	4431	48.2
2008	23.33	22.90	22058			11343	40.7	4729	47.9
2009	24.79	24.35	23803			12138	42.1	5013	49.3
2010	24.68	24.67	26379	8172		11834	41.9	5678	48.1
2011	24.59	24.57	31232	9391		13235	45.1	6775	48.0
2012	23.77	23.72	35747	10628		14836	43.6	7818	49.1
2013	25.39	24.95	41098	11924	42.8	16557	42.0	8825	43.6
2014	26.20	25.91	45423	13283	42.7	18246	41.9	9884	43.5
2015	27.07	26.71	51456	14548	42.4	20016	41.5	10803	43.3
2016	27.90	27.14	56513	16077	42.0	21817	41.2	12046	42.8
2017	28.10	27.47	61561	17718	41.5	23780	40.6	13301	42.4
2018	28.90	28.15	68940	19397	40.6	25492	39.9	14620	41.5
2019	27.23	26.28	71939	21052	39.8	27129	39.1	16030	40.6
2020	26.90	25.76	86494	22291	40.8	28018	39.9	17313	41.7

说明：1. 1987—1997年的“在岗职工平均工资”为“职工平均工资”数据；2. 2009年及以前“农村常住居民人均可支配收入”为“农村居民人均纯收入”数据。1998—2002年“农民人均纯收入”为调整数，1997年以前为未调整数；3.河源市从2006年起开展城镇住户调查（2005—2009年数据为市区数）；4.2013年，国家推行城乡住户调查一体化改革，2010—2013年城乡居民收入数据为按新制度调整数

续表29

年份	本市水电		省属水电装机容量		全市用电量（万千瓦时）	工业用电量	农村用电量
	装机容量（万千瓦）	发电量（万千瓦时）	新丰江（万千瓦）	枫树坝（万千瓦）			
1987	9.02	24350	30.25	15.0			6427
1988	9.25	23925	30.25	15.0	8104	3969	7888
1989	9.47	24693	30.25	15.0	17888	10244	8980
1990	9.76	27531	30.25	15.0	19401	12763	9677
1991	10.38	16179	30.25	15.0	39296	25122	9854
1992	12.22	33776	30.25	15.0	40485	24774	10259
1993	12.59	35822	30.25	15.0	52985	31557	8158
1994	13.31	35396	30.25	15.0	66999	41735	9688
1995	13.59	37300	30.25	15.0	69912	44694	10958
1996	14.93	36792	31.50	15.0	74824	44778	11814
1997	16.21	47603	31.50	15.0	75869	44837	13227
1998	16.98	46560	31.50	15.0	84793	47173	12954
1999	18.52	34519	31.50	15.0	87285	49195	14291
2000	19.53	49983	31.50	15.0	92712	54693	14927
2001	20.33	54512	31.50	15.0	99431	61233	15983
2002	22.13	35720	31.50	15.0	128789	78443	17242
2003	23.52	42643	31.50	15.0	193951	126286	18399
2004	28.40	49737	31.50	15.0	227720	150995	20553
2005	30.50	71851	31.50	15.0	239029	169507	23383
2006	31.97	98515	31.50	15.0	301076	214244	26639
2007	33.30	98549	33.50	15.0	374635	264686	28763
2008	38.68	119617	33.50	18.0	389553	258432	32728
2009	42.89	90208	33.50	18.0	439363	314550	37419
2010	54.41	149976	33.50	18.0	515174	374686	40911
2011	59.31	113076	33.50	20.0	589140	429686	44617
2012	60.76	171369	35.50	20.0	583814	400374	55267
2013	61.32	195183	35.50	20.0	655998	426779	62083
2014	62.07	160474	35.50	20.0	743834	468950	67451
2015	63.60	144771	35.50	20.0	780579	476114	69619
2016	64.60	273137	35.50	20.0	833425	510426	72065
2017	65.11	175098	35.50	18.0	862622	517937	75316
2018	65.88	113831	35.50	17.6	898403	531189	75375
2019	66.29	209084	35.50	17.6	973929	569621	81906
2020	67.79	133400	35.50	20.0	993775	544291	92258

说明：“全市用电量”“工业用电量”数据由市供电局提供

续表29

年份	普通高等学校在校学生数(人)	中等职业学校在校学生数(人)	普通中学在校学生数(万人)	小学在校学生数(万人)	科技活动机构数(个)	从事科技活动人员(人)	科技经费支出总额(万元)	医院卫生院床位(张)	医院、卫生院卫生技术人员
1987			9.92	33.90					
1988		6308	8.94	35.29				3197	5109
1989		5992	8.72	37.27				3277	5180
1990		6146	9.16	38.60				3310	5357
1991		5797	9.69	39.69				3370	5273
1992		4468	10.27	40.09				3411	5635
1993		3692	11.16	40.42				3473	5782
1994		3540	13.13	40.50				3458	6008
1995		3824	15.26	39.59				3528	6215
1996		3912	17.60	38.53				3502	6548
1997		4367	19.13	37.50				3566	7097
1998		5234	19.65	36.53				3694	7218
1999		6349	19.30	35.57				3740	7788
2000		7971	19.29	34.95	20	200	3993	3720	8135
2001	1210	8295	19.00	35.59	20	211	3960	3776	8189
2002	1560	8601	19.30	36.43	19	192	4552	3878	7873
2003	2230	9140	20.58	37.11	19	189	4607	3586	7236
2004	3595	11685	21.22	36.39	19	187	3265	4100	7804
2005	5373	12424	22.10	35.69	17	153	2626	4014	7929
2006	6424	14318	22.86	34.25	18	170	429	4220	8177
2007	7233	16420	22.98	31.17	18	178	519	4237	8388
2008	8368	28858	23.92	28.76	17	185	605	4632	8923
2009	10147	28910	24.14	26.85	17	175	809	5376	9535
2010	11868	51907	24.12	25.51	17	147	682	5918	10232
2011	11875	52527	22.98	24.91	17	141	1066	7146	10900
2012	12289	51538	21.33	24.75	16	133	1066	7649	11526
2013	12398	49250	19.57	24.77	16	131	1233	8623	12277
2014	12686	41832	18.54	26.05	16	133	1199	9299	12599
2015	11350	35369	17.64	27.75	16	126	1009	9881	14146
2016	12085	32181	17.51	29.16	16	135	1806	11058	15708
2017	12015	39005	17.84	30.00	17	177	2202	12196	16625
2018	12347	28746	18.99	30.76	17	175	1910	13276	17612
2019	13307	21202	20.30	31.27	17	152	2179	14547	19059
2020	20508	31735	21.72	31.10	18	217	2521	15953	19939

说明："科技"指标统计范围为国有科技机构

续表29

年 份	年末职工参加基本养老保险人数(万人)	年末职工参加基本医疗保险人数(万人)	城镇居民最低生活保障人数(人)	生产安全事故死亡人数(人)	亿元地区生产总值生产安全事故死亡人数(人)
1987					
1988	6.1				
1989	8.3				
1990	8.6				
1991	9.5				
1992	10.8				
1993	11.5				
1994	12.2				
1995	14.6				
1996	14.4				
1997	15.3				
1998	15.1				
1999	12.1				
2000	17.4				
2001	18.4				
2002	18.7	5.1	14979	321	2.93
2003	18.7	6.0	16717	241	1.88
2004	19.5	7.1	19197	219	1.37
2005	21.4	10.4	19161	180	0.88
2006	25.3	11.6	20961	151	0.59
2007	27.7	12.5	21676	139	0.42
2008	31.2	20.0	31489	110	0.28
2009	32.57	22.21	31309	122	0.30
2010	34.14	23.95	31585	124	0.28
2011	41.46	25.44	31944	123	0.24
2012	43.43	27.18	30301	122	0.21
2013	44.93	28.24	19652	120	0.18
2014	73.04	28.97	19979	128	0.17
2015	68.72	30.11	19176	110	0.14
2016	71.71	31.38	13149	120	0.14
2017	49.67	33.34	9537	133	0.14
2018	40.03	34.89	6865	113	0.11
2019	35.95	36.18	5996	105	0.10
2020	52.77	38.10	5977	112	0.10

2015年以来分县区农林牧渔业总产值情况表（现行价）

表30 单位：万元

项目	年份	全市	源城区	#不含高新区、城东	东源县	和平县
农林牧渔业	2015	1485870	47044		257724	233320
	2016	1572828	49143		279080	259494
	2017	1609015	48429		280527	264262
	2018	1686358	49302		287110	284975
	2019	1894428	57248	55948	320105	325220
	2020	2127609	56832	56161	372268	365051
农业	2015	813649	20908		141021	120233
	2016	877093	22818		151314	130439
	2017	925921	23303		155950	136036
	2018	974814	24503		161545	147512
	2019	1064478	27243	26456	178570	161140
	2020	1130624	31888	31486	196025	169910
林业	2015	245110	886		33749	46807
	2016	254822	488		34506	53822
	2017	267625	1616		35757	57344
	2018	291378	1499		35326	65428
	2019	328565	1411	1411	37017	78017
	2020	349477	389	389	42156	82937
牧业	2015	359926	23700		66333	60151
	2016	373056	24434		76008	68835
	2017	343725	22029		71153	63634
	2018	344153	21804		71292	63983
	2019	419326	27079	26565	81962	77797
	2020	557811	22913	22643	108024	103349
渔业	2015	43602	1416		9992	2982
	2016	44179	1268		10368	3357
	2017	46107	1340		10269	3970
	2018	48186	1341		10915	4513
	2019	51282	1348	1348	13656	4401
	2020	55536	1466	1466	16259	4607
农林牧渔专业及辅助性活动	2015	23584	134		6628	3148
	2016	23678	135		6884	3042
	2017	25636	142		7397	3279
	2018	27827	154		8032	3539
	2019	30776	167	167	8899	3865
	2020	34161	176	176	9805	4248

说明：此表数据经第三次全国农业普查结果调整（下同）

续表30

项目	年份	龙川县	紫金县	#不含临江、古竹	连平县	其中：江东新区
农林牧渔业	2015	391050	374858		177232	
	2016	387608	395957		201425	
	2017	388939	407545		219299	
	2018	407166	427071		230732	
	2019	458926	474040	417277	258885	58066
	2020	519885	520487	460999	293086	60159
农业	2015	182347	218255		127048	
	2016	191423	234371		146729	
	2017	196338	246127		168164	
	2018	207272	259077		174904	
	2019	222067	284450	251720	191008	33517
	2020	230035	302695	270204	200071	32893
林业	2015	94388	60871		8919	
	2016	94674	62081		9251	
	2017	98750	65600		8559	
	2018	104904	71256		12966	
	2019	123221	73515	65581	15385	7934
	2020	136025	70519	66859	17451	3660
牧业	2015	97825	75436		36005	
	2016	84534	79979		39267	
	2017	75772	75060		36082	
	2018	76230	74767		36075	
	2019	94480	92836	82713	45170	10637
	2020	132814	123090	105225	67621	18135
渔业	2015	12230	11354		4920	
	2016	12662	10502		5900	
	2017	13309	11010		6195	
	2018	13574	11379		6463	
	2019	13386	11521	7318	6969	4203
	2020	14512	11124	7598	7568	3526
农林牧渔专业及辅助性活动	2015	4259	8942		340	
	2016	4314	9024		278	
	2017	4770	9749		298	
	2018	5186	10592		324	
	2019	5773	11720	9945	352	1775
	2020	6499	13059	11113	374	1946

2015年以来分县区农林牧渔业总产值指数情况表

表31　　　　单位：上年=100

项目	年份	全市	源城区	#不含高新区、城东	东源县	和平县
农林牧渔业	2015	103.5	101.0		103.9	104.9
	2016	102.0	97.3		102.7	105.1
	2017	103.7	103.1		102.7	103.9
	2018	104.3	102.6		101.3	105.5
	2019	105.6	104.5	104.5	105.2	108.2
	2020	106.3	103.0	104.1	109.9	105.8
农业	2015	102.8	101.6		102.6	103.9
	2016	103.0	103.4		103.7	104.3
	2017	105.1	105.8		103.7	105.2
	2018	105.0	105.5		102.5	107.1
	2019	105.7	104.1	104.1	108.1	105.7
	2020	105.0	117.7	119.6	108.9	104.4
林业	2015	110.2	99.5		112.0	111.0
	2016	102.5	56.7		102.7	110.9
	2017	104.7	336.1		102.7	105.8
	2018	105.0	91.7		95.1	104.7
	2019	112.3	95.7	95.7	106.2	122.3
	2020	107.8	27.2	27.2	115.7	106.6
牧业	2015	100.7	100.3		102.8	102.1
	2016	99.2	94.1		101.3	102.0
	2017	99.6	95.8		101.3	99.3
	2018	102.2	100.6		101.4	102.5
	2019	99.6	105.8	105.8	95.1	100.3
	2020	108.1	92.3	92.9	109.0	108.0
渔业	2015	102.3	102.9		101.9	109.1
	2016	100.9	84.7		95.4	110.0
	2017	101.1	102.9		95.7	115.0
	2018	101.7	97.1		101.4	111.9
	2019	106.4	100.3	100.3	124.8	99.9
	2020	106.1	100.4	100.4	115.2	100.9
农林牧渔专业及辅助性活动	2015	108.0	102.9		107.2	107.7
	2016	107.5	121.5		105.9	107.4
	2017	106.7	103.4		105.9	106.2
	2018	106.2	106.4		106.2	105.6
	2019	107.0	104.9	105.2	107.2	105.6
	2020	108.2	102.7	103.0	107.4	107.1

说明：此表指数按可比价格计算，数据经第三次全国农业普查结果调整（下同）

续表31

项目	年份	龙川县	紫金县		连平县	其中：江东新区
				#不含临江、古竹		
农林牧渔业	2015	103.6	103.5		103.4	
	2016	101.4	101.0		103.5	
	2017	102.2	104.0		107.9	
	2018	104.7	103.7		105.5	
	2019	105.7	105.3	105.3	104.6	105.0
	2020	105.6	105.8	106.7	105.5	98.7
农业	2015	102.6	103.3		101.6	
	2016	101.9	102.8		105.6	
	2017	102.9	105.0		111.2	
	2018	104.2	105.1		103.6	
	2019	104.9	105.4	105.4	104.8	105.4
	2020	102.6	105.4	106.3	102.7	97.2
林业	2015	108.5	110.6		148.2	
	2016	104.1	101.5		102.4	
	2017	104.3	104.7		94.5	
	2018	106.2	103.0		150.4	
	2019	113.7	107.1	107.1	110.9	107.1
	2020	111.0	100.4	106.7	114.8	48.3
牧业	2015	101.2	98.4		100.1	
	2016	97.6	96.1		96.7	
	2017	98.3	100.6		99.6	
	2018	104.5	100.1		104.3	
	2019	97.5	103.5	103.5	100.1	103.6
	2020	105.6	112.0	107.5	114.2	144.7
渔业	2015	99.5	102.7		103.3	
	2016	101.2	93.7		102.4	
	2017	101.5	101.2		101.4	
	2018	100.2	100.1		102.7	
	2019	102.7	100.9	100.9	110.8	100.9
	2020	102.9	99.2	106.7	105.3	86.2
农林牧渔专业及辅助性活动	2015	109.9	108.1		106.9	
	2016	110.0	105.1		107.0	
	2017	108.9	106.4		105.8	
	2018	106.4	106.3		106.2	
	2019	107.7	107.0	107.0	105.1	107.1
	2020	109.7	108.6	108.9	103.6	106.9

对外经济主要指标情况表

表32　　　　　　　　　　　　　　　　　　　　　　　　　　单位：万元

指 标	全市			2020年分县区		
	2019年	2020年	增长%	源城区	#不含高新区、城东	高新区
一、进出口总额（亿元）	303.0	293.3	-3.2		63.4	117.6
#出口总额	251.2	242.2	-3.6		44.3	100.0
进口总额	51.8	51.1	-1.3		19.1	17.6
二、签订利用外资协议(合同)数(个)	87	40	-54.0	24	12	12
外商直接投资	87	39	-55.2	23	12	11
合资经营企业	9	12	33.3	8	6	2
合作经营企业						
外资（独资）企业	78	27	-65.4	15	6	9
外商投资股份制						
外商其他投资		1		1		1
三、协议（合同）规定利用外资额	319288	247419	-22.5	57468	16472	40996
外商直接投资	319288	241778	-24.3	51827	16472	35355
合资经营企业	51638	41881	-18.9	11181	10761	420
合作经营企业						
外资（独资）企业	267650	199897	-25.3	40646	5711	34935
外商投资股份制						
外商其他投资		5641		5641		5641
四、实际利用外商投资	59558	64591	8.5	27396	10204	17192
外商直接投资	59558	64591	8.5	27396	10204	17192
合资经营企业	7116	5945	-16.5	1219	45	1174
合作经营企业	860	295	-65.7	295	295	
外资（独资）企业	58104	58351	0.4	25882	9864	16018
外商投资股份制						
外商其他投资						
五、外商投资企业情况						
工商登记数（个）	2125	2007	-5.6			
投资总额（万美元）	1042444	935684	-10.2			
注册资本（万美元）	578796	532417	-8.0			

续表32

指标	2020年分县区					
	东原县	和平县	龙川县	紫金县（不含高新区、城东）	连平县	江东新区
一、进出口总额（亿元）	49.4	5.4	32.5	3.5	6.1	15.4
#出口总额	44.7	5.0	26.9	3.3	4.9	13.0
进口总额	4.6	0.3	5.6	0.2	1.2	2.4
二、签订利用外资协议(合同)数(个)	6	2		1	2	5
外商直接投资	6	2		1	2	5
合资经营企业	2	1			1	
合作经营企业						
外资（独资）企业	4	1		1	1	5
外商投资股份制						
外商其他投资						
三、协议（合同）规定利用外资额	22087	−10479		2918	2400	173025
外商直接投资	22087	−10479		2918	2400	173025
合资经营企业	994	−11500		1148	1900	38158
合作经营企业						
外资（独资）企业	21093	1021		1770	500	134867
外商投资股份制						
外商其他投资						
四、实际利用外商投资	14302	1521	5355	6996	1909	7112
外商直接投资	14302	1521	5355	6996	1909	7112
合资经营企业	501			702	1504	2019
合作经营企业						
外资（独资）企业	13801	1521	5355	6294	405	5093
外商投资股份制						
外商其他投资						
五、外商投资企业情况						
工商登记数（个）						
投资总额（万美元）						
注册资本（万美元）						

说明：1.进出口数据由河源海关统计，其他数据由市商务局提供（下同）。2.外商投资企业情况无法分出县区数

2020年分县区固定资产投资增长速度情况表

表33 单位：%

指标	全市		2020年分县区			
	2019年	2020年	源城区	#不含高新区、城东	高新区	东源县
固定资产投资总额	19.3	5.1	10.4	6.4	12.1	25.5
按产业分						
第一产业	-9.6	71.6				142.1
第二产业	3.4	3.1	5.3	21.9	-6.9	13.8
工业	3.4	3.1	5.3	21.9	-6.9	13.8
第三产业	28.4	4.5	12.8	2.0	57.1	26.6
按登记注册类型分						
内源性经济投资	19.8	7.0	13.9	12.0	12.0	25.0
国有经济	69.9	2.4	50.2	11.0	113.2	14.0
集体经济	14.0	43.1				
私营个体经济	18.3	-1.8	-2.4	-14.2	-29.4	39.3
外源性经济投资	12.6	-23.6	-38.5	-68.4	14.0	31.6
港澳台商投资	29.3	-34.1	-45.0	-70.9	18.5	-14.0
外商投资	-36.8	39.9	17.2	1064.1	2.7	65.1
民间投资	-1.7	9.5	10.2	6.4	0.2	28.2
按构成分						
建安工程	12.2	3.5	19.9	13.8	10.6	23.6
设备、工器具购置	26.5	18.0	33.2	52.3	3.4	-18.9
其他费用	68.1	2.9	-24.0	-27.8	189.2	83.1
按资金来源分						
国家预算内资金	3.4	25.7	-64.2	-60.1		1.0
国内贷款	-27.8	2.1	62.4	51.4	84.9	-44.6
债券	419.6					
利用外资	-46.6	-60.8				
自筹资金	-16.3	7.0	-2.5	-15.2	45.6	120.0
其他资金	152.7	9.2	10.2	20.1	-40.8	30.9
房屋建筑面积						
施工面积	11.9	-9.8	0.4	13.6	-1.3	5.9
其中：住宅	4.5	7.6	8.7	23.5	15.1	6.6
竣工面积	-41.2	52.9	82.1	79.4	493.4	92.1
其中：住宅	-49.2	89.5	132.4	131.1	365.2	179.1

续表33

指标	2020年分县区					
	和平县	龙川县	紫金县	#不含临江、古竹	连平县	其中：江东新区
固定资产投资总额	0.1	-24.0	32.4	6.4	-14.8	52.0
按产业分						
第一产业	48.9	357.4	243.3	239.9	-44.4	
第二产业	-14.8	-5.7	25.1	36.1	1.8	4.4
工业	-14.8	-5.7	25.1	36.1	1.8	4.4
第三产业	3.7	-31.4	30.1	-11.8	-22.2	57.9
按登记注册类型分						
内源性经济投资	1.2	-23.8	37.1	12.1	-14.7	51.7
国有经济	0.2	-20.7	31.9	-5.5	-39.5	176.3
集体经济		14.8				
私营个体经济	3.6	-28.2	12.2	21.5	11.6	326.9
外源性经济投资	-57.0	-26.0	-37.5	-49.2	-21.7	85.6
港澳台商投资	-57.0	-26.0	-31.4	-43.7	-21.7	85.6
外商投资						
民间投资	8.0	-30.2	48.7	33.5	8.2	57.1
按构成分						
建安工程	6.4	-30.1	17.0	-2.5	-12.4	59.8
设备、工器具购置	-46.0	37.1	83.2	7.9	-29.7	458.0
其他费用	-15.7	-47.0	113.8	67.0	-28.4	9.9
按资金来源分						
国家预算内资金	9.4	92.1	101.1	-11.5	-8.3	134.9
国内贷款	-94.0	-54.3	41.5	14.8	231.4	100.3
债券						
利用外资						
自筹资金	11.7	-11.3	30.7	-21.6	-13.9	4.2
其他资金	16.8	-61.3	45.9	-21.1	-0.7	37.0
房屋建筑面积						
施工面积	-11.2	-9.2	-36.1	-4.5	-33.2	-47.0
其中：住宅	-7.4	-8.3	20.5	6.0	75.4	-8.9
竣工面积	84.9		-64.5	26886.0	1356.0	-32.5
其中：住宅	115.3		-48.8		1064.7	-5.8

说明：资金来源不包含5000万元以下项目数据（下同）

2020年分县区社会消费品零售总额情况表

表34 单位：万元

项目	全市			2020年分县区		
	2019年	2020年	增长%	源城区	#不含高新区、城东	高新区
总计	3868273	3607395	-6.7	1385206	1266337	62154
一、按销售单位所在地分						
城镇	2959616	2751440	-7.0	1056527	965863	47406
乡村	908657	855955	-5.8	328679	300474	14748
二、按行业分						
商品零售	3525979	3325986	-5.7	1300936	1196030	58009
餐饮收入	342294	281409	-17.8	84270	70307	4145

续表34

项目	2020年分县区						
	东源县	和平县	龙川县	紫金县	#不含临江、古竹	连平县	其中：江东新区
总计	405878	378719	573055	528254	410736	336283	174234
一、按销售单位所在地分							
城镇	309572	288857	437082	402911	313277	256490	132892
乡村	96306	89862	135973	125343	97459	79793	41342
二、按行业分							
商品零售	366418	337479	528303	482952	372751	309898	157099
餐饮收入	39460	41240	44752	45302	37985	26385	17135

说明：2019年数据是根据全国第四次经济普查资料的修订数

2020年分县区规模以上工业分行业工业总产值情况表

（当年价）

表35

单位：万元

项目	全市		2020年分县区			
	2019年	2020年	源城区	#不含高新区、城东	高新区	东源县
总计	13529118	12446146	7106665	2192001	4914663.9	1690955.9
黑色金属矿采选业	213866	234533				3541
有色金属矿采选业	8173	4896				
非金属矿采选业	99041	86457				51094
农副食品加工业	235185	269306	120530	120530		97884
食品制造业	255338	279367	218033	7134	210899	29678
酒、饮料和精制茶制造业	270371	249678	224074	3437	220636	
纺织业	109728	76959	41224	30943	10281	27392
纺织服装、服饰业	188927	227158	203608	28659	174949	9004
皮革、毛皮、羽毛及其制品和制鞋业	229015	134975	33979		33979	
木材加工和木、竹、藤、棕、草制品业	64540	89663	6607	4482	2125	51210
家具制造业	95820	98245	55583		55583	
造纸和纸制品业	81236	84266	42601	2000	40601	21512
印刷和记录媒介复制业	71245	46507	46507	22074	24433	
文教、工美、体育和娱乐用品制造业	397366	395608	271636	140858	130779	71463
石油、煤炭及其他燃料加工业		3495				
化学原料和化学制品制造业	141463	122120	24898	13969	10929	87598
医药制造业	158501	97180	30882	24848	6034	8360
化学纤维制造业	4308	3469				
橡胶和塑料制品业	461231	410360	103557	13468	90089	43041
非金属矿物制品业	947483	1006750	95682	73796	21885	502782
黑色金属冶炼和压延加工业	1118895	1166904	152080	152080		69934
有色金属冶炼和压延加工业	86391	83754	4522		4522	68241
金属制品业	351972	300550	69924	35387	34537	57260
通用设备制造业	254853	371114	222795	14612	208184	53422
专用设备制造业	390265	444039	322961	46955	276006	11175
汽车制造业	54281	59925	53050	53050		
铁路、船舶、航空航天和其他运输设备制造业	15740	18088				2430
电气机械和器材制造业	553538	557585	148656	50808	97848	261547
计算机、通信和其他电子设备制造业	5358503	4335988	3689537	503682	3185855.1	46250
仪器仪表制造业	235081	142498	36281	33315	2966	
其他制造业	45734	73728	56472	1876	54596	17255
废弃资源综合利用业	8277	17373	1488	1488		15885
电力、热力生产和供应业	918696	859020	802074	789615	12460	26991
燃气生产和供应业	92995	80318	15152	10663	4489	56006
水的生产和供应业	11063	14272	12272	12272		

续表35

项　目	2020年分县区					
	和平县	龙川县	紫金县	#不含临江、古竹	连平县	其中：江东新区
总计	706315	1140253	1324139	500315	477818	823824
黑色金属矿采选业			120258	120258	110735	
有色金属矿采选业					4896	
非金属矿采选业	13169	4608	17586	17586		
农副食品加工业	10694	9128	31070	31070		
食品制造业	1961		21372	14491	8323	6881
酒、饮料和精制茶制造业	14639	2092	275	275	8599	
纺织业	6231	2112				
纺织服装、服饰业	4591	2473			7482	
皮革、毛皮、羽毛及其制品和制鞋业	3763	84724	9483	9483	3027	
木材加工和木、竹、藤、棕、草制品业		2025	22271	19609	7550	2662
家具制造业		29660			13002	
造纸和纸制品业			20153			20153
印刷和记录媒介复制业						
文教、工美、体育和娱乐用品制造业	15174	15509	8128	5347	13697	2781
石油、煤炭及其他燃料加工业			3495	3495		
化学原料和化学制品制造业	9624					
医药制造业	9538		37519	35265	10881	2253
化学纤维制造业					3469	
橡胶和塑料制品业	149198		91367	2240	23198	89127
非金属矿物制品业	56038	105746	195360	57210	51142	138151
黑色金属冶炼和压延加工业	203249	176273	411863	68267	153505	343597
有色金属冶炼和压延加工业		3140			7851	
金属制品业		62846	100000	93553	10521	6447
通用设备制造业	16650	68753	9494			9494
专用设备制造业	18533		91371	3652		87719
汽车制造业		3816			3059	
铁路、船舶、航空航天和其他运输设备制造业			15658			15658
电气机械和器材制造业	28025	20813	90136	16493	8408	73643
计算机、通信和其他电子设备制造业	39035	512617	20076	2023	28474	18053
仪器仪表制造业	96979	2031	7207			7207
其他制造业						
废弃资源综合利用业						
电力、热力生产和供应业	4340	25615				
燃气生产和供应业	2886	6273				
水的生产和供应业	2000					

2020年分县区规模以上工业分行业工业增加值情况表

（当年价）

表36

单位：万元

项目	全市		2020年分县区			
	2019年	2020年	源城区	#不含高新区、城东	高新区	东源县
总计	2799229	2849093	1641087	479441	1161646	349055
黑色金属矿采选业	87240	99244				1509
有色金属矿采选业	3804	2884				
非金属矿采选业	27139	21010				12410
农副食品加工业	54971	11305	1774	1774		5390
食品制造业	47436	53692	38353	1403	36950	6891
酒、饮料和精制茶制造业	110991	116923	110184	697	109486	
纺织业	21559	13996	6388	4743	1645	5841
纺织服装、服饰业	58132	61116	55370	17072	38298	1988
皮革、毛皮、羽毛及其制品和制鞋业	44174	36738	6912		6912	
木材加工和木、竹、藤、棕、草制品业	12341	19123	1042	573	470	10050
家具制造业	20416	26432	17958		17958	
造纸和纸制品业	11268	16327	8382	318	8064	3418
印刷和记录媒介复制业	15720	12505	12505	6887	5618	
文教、工美、体育和娱乐用品制造业	116247	101735	68405	37389	31016	16430
石油、煤炭及其他燃料加工业		860				
化学原料和化学制品制造业	25312	22077	4569	2999	1569	15738
医药制造业	19151	26907	10867	8084	2783	1094
化学纤维制造业	1652	1014				
橡胶和塑料制品业	91321	88131	26242	2712	23529	8487
非金属矿物制品业	182662	208122	16850	12524	4325	113655
黑色金属冶炼和压延加工业	184187	219654	33032	33032		9595
有色金属冶炼和压延加工业	17238	17646	438		438	16029
金属制品业	56041	63428	15218	7259	7960	6484
通用设备制造业	38088	60926	36531	2741	33790	8907
专用设备制造业	140616	138708	96836	8939	87898	4025
汽车制造业	12283	13326	11781	11781		
铁路、船舶、航空航天和其他运输设备制造业	5853	6762				458
电气机械和器材制造业	168436	126865	29862	6778	23083	60889
计算机、通信和其他电子设备制造业	937635	947110	785193	84028	701165	8484
仪器仪表制造业	38755	38583	16409	14990	1419	
其他制造业	8132	16828	12091	290	11801	4737
废弃资源综合利用业	1951	3718	318	318		3399
电力、热力生产和供应业	213541	230614	208428	203971	4457	10516
燃气生产和供应业	19537	18112	3417	2405	1012	12629
水的生产和供应业	5402	6669	5735	5735		

续表36

项 目	2020年分县区					
	和平县	龙川县	紫金县	#不含临江、古竹	连平县	其中：江东新区
总计	163885	275051	262852	101205	157162	161648
黑色金属矿采选业			16813	16813	80922	
有色金属矿采选业					2884	
非金属矿采选业	3203	1121	4277	4277		
农副食品加工业	1465	595	2082	2082		
食品制造业	458		5991	4520	1999	1471
酒、饮料和精制茶制造业	2074	980	99	99	3588	
纺织业	1320	448				
纺织服装、服饰业	1560	546			1652	
皮革、毛皮、羽毛及其制品和制鞋业	970	25706	2632	2632	518	
木材加工和木、竹、藤、棕、草制品业		448	6034	5446	1549	588
家具制造业		5909			2565	
造纸和纸制品业			4527			4527
印刷和记录媒介复制业						
文教、工美、体育和娱乐用品制造业	3857	4320	4455	2902	4267	1554
石油、煤炭及其他燃料加工业			860	860		
化学原料和化学制品制造业	1770					
医药制造业	3366		7864	7218	3716	647
化学纤维制造业					1014	
橡胶和塑料制品业	30446		16930	451	6027	16478
非金属矿物制品业	12439	22759	34176	9543	8246	24633
黑色金属冶炼和压延加工业	52697	38006	58199	9366	28126	48833
有色金属冶炼和压延加工业		194			985	
金属制品业		9117	31160	30485	1449	675
通用设备制造业	1880	11574	2033			2033
专用设备制造业	5880		31966	1315		30651
汽车制造业		858			688	
铁路、船舶、航空航天和其他运输设备制造业			6304			6304
电气机械和器材制造业	8169	4465	21697	2656	1783	19040
计算机、通信和其他电子设备制造业	7649	136133	4467	541	5184	3926
仪器仪表制造业	21408	479	288			288
其他制造业						
废弃资源综合利用业						
电力、热力生产和供应业	1691	9979				
燃气生产和供应业	651	1414				
水的生产和供应业	935					

建市以来国民经济主要指标年均增长速度情况表

表37

单位：%

年份 指标	1988—1990年	1991—1995年	1996—2000年	2001—2005年	2006—2010年	2011—2015年	2016—2020年
地区生产总值	14.1	13.1	11.0	16.6	16.4	10.3	5.2
第一产业	12.5	6.0	6.5	5.2	3.6	4.5	4.6
第二产业	15.2	18.1	11.5	28.5	23.7	11.9	4.2
#工业	14.4	15.5	13.4	29.8	26.9	11.8	3.6
建筑业	17.7	24.8	7.2	23.5	1.2	12.7	7.5
第三产业	16.8	20.8	15.1	15.9	13.5	10.2	6.1
人均地区生产总值	15.4	14.5	12.3	12.4	15.0	10.3	5.7
地方一般公共预算收入	28.3	15.6	7.8	27.2	24.1	21.9	3.4
税收总收入	4.8	34.1	13.1	32.9	23.6	16.8	4.8
金融机构本外币存款余额	47.2	30.3	15.4	17.8	19.4	14.6	9.3
#住户存款	41.6	41.4	15.9	15.5	16.5	13.5	10.0
金融机构本外币贷款余额	32.0	24.9	4.8	11.4	25.7	18.8	14.4
农林牧渔业总产值	8.9	7.3	7.2	4.4	4.3	4.0	4.4
工业总产值	15.8	21.9	12.9	29.2	29.8	15.6	5.4
#规模以上工业	14.2	21.2	13.3	35.4	32.8	16.1	5.7
规模以上工业增加值	12.3	15.0	14.2	35.7	30.5	16.3	5.8
固定资产投资额	18.5	44.5	5.9	33.5	16.6	22.7	13.2
社会消费品零售总额	16.9	22.9	11.2	13.8	15.6	12.1	5.9
旅游接待总人数	57.6	32.7	29.4	24.0	22.0	18.9	-24.2
旅游总收入	36.6	27.5	32.7	20.9	20.3	35.6	-24.0
进出口总额		76.9	-4.9	26.9	38.8	8.2	1.1
#进口		163.7	-7.8	28.1	34.0	3.7	-9.1
出口		56.9	-2.5	26.0	42.1	10.6	4.4
签订利用外资协议数	-10.8	28.1	-12.0	24.2	-5.7	-21.6	9.0
实际利用外商直接投资	22.5	98.5	2.7	16.6	-1.5	-3.1	0.7
在岗职工平均工资	15.0	21.8	10.4	16.0	10.3	14.3	10.9
农村常住居民人均可支配收入	19.2	21.6	10.7	6.2	8.6	13.7	9.9
水电装机容量	0.5	1.4	2.3	3.1	6.6	2.4	0.7
#本市水电装机容量	2.7	6.8	7.5	9.3	12.3	3.2	1.3
全市用电量	9.5	17.7	5.9	20.7	16.6	8.7	4.9
公路通车里程	0.9	15.7	2.9	8.7	1.9	1.4	1.9
邮电业务总收入	26.8	52.6	27.8	12.3	9.4	5.6	9.0
固定电话用户	33.7	38.0	27.7	15.9	-0.3	-6.5	-4.2
移动电话用户			67.5	50.8	8.6	17.3	1.9

说明：1.此表所列时间段按国家五年规划期划分（下同）；2.地区生产总值及分产业增加值、人均地区生产总值、工农业总产值、规上工业增加值等指标的年均增长速度按可比价计算

2020年分县区地区生产总值情况表

表38

指标	计量单位	全市			2020年分县区		
		2019年	2020年	增长%	源城区	#不含高新区、城东	东源县
地区生产总值	万元	10797541	11027409.2	1.3	4376043	2642888	1384867
第一产业	万元	1210676	1369148	5.9	37365	36927	229646
第二产业	万元	3723225	3746685	1.9	2007783	762146	473442
#工业	万元	2970066	3014256	2.7	1722506	517212	385692
建筑业	万元	754187	733510	-2.6	285582	245096	87802
第三产业	万元	5863640	5911576	-0.1	2330895	1843815	681779
#批发和零售业	万元	1210067	1118141	-8.4	468600	407958	83972
交通运输邮政业	万元	169924	156583	-6.7	41442	38379	13680
住宿和餐饮业	万元	233220	193084	-21.3	53378	45139	30687
金融业	万元	674014	724685	5.8	494279	135514	61109
房地产业	万元	1203125	1355730	-0.7	396247	374006	231378
其他服务业	万元	2332558	2348172	6.0	876965	842585	256853
地区生产总值指数	上年=100	105.5	101.3	-4.2	102.7	102.0	104.5
第一产业	上年=100	106.2	105.9	-0.3	102.0	103.4	107.8
第二产业	上年=100	105.9	101.9	-4.0	105.0	105.1	107.6
#工业	上年=100	105.4	102.7	-2.7	104.0	103.5	108.4
建筑业	上年=100	108.1	97.4	-10.7	113.5	109.8	102.9
第三产业	上年=100	105.1	99.9	-5.2	100.4	100.5	100.8
#批发和零售业	上年=100	104.3	91.6	-12.7	91.4	91.5	100.0
交通运输邮政业	上年=100	104.0	93.3	-10.7	92.4	91.9	85.8
住宿和餐饮业	上年=100	102.7	78.7	-24.0	79.4	77.7	78.9
金融业	上年=100	104.9	105.8	0.9	105.1	106.8	109.7
房地产业	上年=100	101.0	99.3	-1.7	100.4	100.3	95.8
其他服务业	上年=100	108.1	106.0	-2.1	105.9	107.2	107.8
人均地区生产总值(当年价)	元	37838	38802	1.8	64207		38928
人均地区生产总值指数	上年=100	106.0	101.8	-4.2	96.3		109.6
地区生产总值产业构成	%	100.0	100.0		100.0	100.0	100.0
第一产业	%	11.2	12.4	1.2	0.8	1.4	16.6
第二产业	%	34.5	34.0	-0.5	45.9	28.8	34.2
#工业	%	27.5	27.3	-0.2	39.4	19.6	27.9
第三产业	%	54.3	53.6	-0.7	53.3	69.8	49.2

续表38

指 标	计量单位	2020年分县区					
		和平县	龙川县	紫金县	#不含临江、古竹	连平县	其中：江东新区
地区生产总值	万元	1224393	1619691	1583712	1178339	838703	591693
第一产业	万元	234522	341187	334097	294585	192330	39872
第二产业	万元	329890	355914	370650	189129	209005	211807
#工业	万元	189344	284779	270180	109179	161756	161732
建筑业	万元	140623	71249	100869	80058	47385	50402
第三产业	万元	659982	922589	878965	694625	437367	340013
#批发和零售业	万元	165177	191254	147083	99019	62055	51680
交通运输邮政业	万元	24210	30532	14965	9049	31755	6799
住宿和餐饮业	万元	20273	34091	42410	30877	12244	11963
金融业	万元	26012	71328	47007	46789	24949	10675
房地产业	万元	154497	218927	247440	195170	107241	75573
其他服务业	万元	267982	373661	374272	309032	198835	182186
地区生产总值指数	上年=100	94.7	97.4	104.2	104.5	101.3	109.0
第一产业	上年=100	105.6	105.5	106.1	106.4	105.7	102.6
第二产业	上年=100	83.2	88.8	113.9	117.6	100.4	127.0
#工业	上年=100	84.5	99.4	106.7	105.2	101.7	107.4
建筑业	上年=100	81.1	57.1	149.0	149.0	94.7	530.8
第三产业	上年=100	98.8	98.9	99.0	100.2	100.1	99.0
#批发和零售业	上年=100	89.7	92.3	90.7	91.7	88.8	86.9
交通运输邮政业	上年=100	97.2	89.5	95.4	94.3	98.5	97.2
住宿和餐饮业	上年=100	79.0	77.5	78.7	78.5	77.5	78.0
金融业	上年=100	117.9	106.7	103.0	103.0	102.6	114.5
房地产业	上年=100	97.0	97.9	99.3	101.2	103.4	101.0
其他服务业	上年=100	107.0	105.8	105.6	105.4	105.0	103.8
人均地区生产总值（当年价）	元	34573	26796	28329	24718	29223	45428
人均地区生产总值指数	上年=100	94.8	101.0	106.3	107.0	102.3	105.9
地区生产总值产业构成	%	100.0	100.0	100.0	100.0	100.0	100.0
第一产业	%	19.2	21.0	21.1	25.0	22.9	6.7
第二产业	%	26.9	22.0	23.4	16.1	24.9	35.8
#工业	%	15.5	17.6	17.1	9.3	19.3	27.3
第三产业	%	53.9	57.0	55.5	58.9	52.2	57.5

说明：1.指数按可比价格计算；2.三次产业分类依据国家统计局2018年制定的《三次产业划分规定》执行

1993年以来分县区生产总值及产业构成情况表（源城区）

表39

年份	地区生产总值（当年价，万元）	工业增加值	地区生产总指数（%）上年=100	工业增加值	地区生产总值三大产业构成（%）	人均地区生产总值（当年价，元）	人均地区生产总值指数（%）上年=100
1993	64799	23854	118.3	133.5	12.4：54.4：33.2	3986	113.0
1994	74708	20087	107.8	91.5	15.0：43.1：41.9	4389	103.0
1995	90070	24225	118.8	120.8	13.8：43.0：43.2	5056	113.5
1996	102643	24741	111.2	107.1	14.7：38.2：47.1	5507	106.3
1997	120807	28997	113.8	112.6	13.3：36.8：49.9	6195	108.8
1998	126724	34146	110.0	119.5	11.4：34.2：54.4	6215	105.1
1999	127842	35996	105.2	113.3	11.7：33.8：54.5	5998	100.6
2000	148463	40394	133.2	116.8	10.5：33.7：55.8	6661	127.3
2001	179479	54856	120.1	136.4	10.3：37.9：51.8	7597	113.3
2002	215893	67604	121.6	127.8	9.7：41.0：49.3	8574	114.1
2003	286800	91965	131.2	137.9	7.4：41.9：50.7	10760	124.0
2004	377720	125712	125.7	130.6	6.2：43.9：49.9	13356	118.5
2004（新）	377720	125712	125.7	130.6	6.3：43.9：49.8	13356	118.5
2005	521014	194925	134.6	149.3	4.3：46.9：48.8	17416	127.2
2006	713547	341331	137.9	172.0	2.2：54.1：43.7	22084	127.6
2007	946105	451084	127.3	128.0	1.8：53.1：45.1	27206	118.3
2008	1140423	557914	111.8	113.2	1.7：54.1：44.2	30566	104.2
2009	1302295	651341	121.9	131.0	1.5：53.8：44.7	32136	112.2
2010	1477047	694682	119.1	125.6	1.4：51.0：47.6	33353	109.0
2011	1796310	820132	115.2	114.7	1.2：50.7：48.1	38114	108.3
2012	2060353	889756	113.5	115.8	1.1：48.4：50.5	42385	110.1
2013	2362766	984987	113.0	116.7	1.0：46.9：52.1	46774	108.7
2014	2926239	1399080	122.7	141.1	0.9：51.6：47.5	56437	119.6
2015	3096910	1411616	109.0	109.3	0.8：49.9：49.3	57596	105.1
2016	3449393	1488796	106.8	106.2	0.8：48.4：50.8	61508	102.4
2017	3914177	1647835	106.7	106.5	0.7：47.0：52.3	68191	104.3
2018	4053709	1612523	107.2	106.4	0.7：46.1：53.2	67641	102.7
2019	4275756	1676953	104.4	103.6	0.8：45.1：54.1	66945	98.0
2020	4376043	1722506	102.7	104.0	0.8：45.9：53.3	64207	96.3

说明：1. 1993—2003年数据按2004年第一次全国经济普查口径调整；2005—2007年数据按2008年第二次全国经济普查口径调整；2009—2012年数据按2013年第三次全国经济普查口径调整（下同）。2. 2006—2009年人均地区生产总值及指数依2010年第六次全国人口普查数据平滑调整（下同）。3. 2004—2012年地区生产总值核算采用国民经济行业分类标准（GB/T4754-2002），2013年起采用国民经济行业分类标准（GB/T4754-2011）（下同）

1993年以来分县区生产总值及产业构成情况表[源城区（不含高新区、城东）]

表40

年份	地区生产总值（当年价，万元）	工业增加值	地区生产总指数（%）上年=100	工业增加值	地区生产总值三大产业构成（%）	工业增加值占地区生产总值比重（%）
1993	25500	4651	113.0	136.1	31.5：30.8：37.7	18.2
1994	35742	6605	116.2	118.3	31.4：30.8：37.8	18.5
1995	41347	7339	115.9	120.0	30.1：29.6：40.3	17.7
1996	47531	7950	109.2	108.6	31.9：23.1：45.0	16.7
1997	53041	8664	110.7	109.3	30.4：20.8：48.8	16.3
1998	58004	10411	113.0	115.1	24.8：22.3：52.9	17.9
1999	63892	13726	113.5	133.3	23.3：25.7：51.0	21.5
2000	75340	15070	113.3	96.5	20.8：25.6：53.6	20.0
2001	88292	18162	116.0	121.1	21.0：26.4：52.6	20.6
2002	101175	21290	114.3	121.3	20.7：28.6：50.7	21.0
2003	127340	25497	120.9	121.5	16.7：27.9：55.4	20.0
2004	161432	44357	119.3	156.5	14.4：35.4：50.2	27.5
2004(新)	161432	44357	119.3	156.5	14.8：35.4：49.8	27.5
2005	213327	68429	130.5	148.5	10.5：40.4：49.1	32.1
2006	280060	110707	132.9	158.9	5.6：45.1：49.3	39.5
2007	385406	174564	131.3	152.7	4.5：50.0：45.5	45.3
2008	478396	222293	114.8	116.5	4.1：51.5：44.4	46.5
2009	601330	247832	125.1	106.9	3.2：44.4：52.4	41.2
2010	648337	210469	115.8	122.9	3.1：35.9：61.0	32.5
2011	809132	249232	117.1	117.1	2.7：34.1：63.2	30.8
2012	978709	262056	114.7	114.0	2.3：30.1：67.6	26.8
2013	1190685	283367	117.9	119.9	2.1：27.5：70.4	23.8
2014	1387560	401814	115.1	137.9	1.8：32.5：65.7	29.0
2015	1547651	416209	110.1	113.7	1.7：31.5：66.8	26.9
2016	1805630	434708	118.0	106.7	1.5：33.0：65.5	24.1
2017	2206080	458534	109.2	103.2	1.2：28.7：70.1	20.8
2018	2470071	449262	109.7	103.2	1.1：28.2：70.7	18.2
2019	2597803	506481	104.9	113.5	1.2：28.1：70.7	19.5
2020	2642888	517212	102.0	103.5	1.4：28.8：69.8	19.6

1993年以来分县区生产总值及产业构成情况表（东源县）

表41

年份	地区生产总值（当年价，万元）	工业增加值	地区生产总指数（%）上年=100	工业增加值	地区生产总值三大产业构成（%）	人均地区生产总值（当年价，元）	人均地区生产总值指数（%）上年=100
1993	59540	13038	108.3	129.7	53.7：26.0：20.3	1539	111.3
1994	86867	14597	116.2	130.0	57.6：21.0：21.4	2308	119.4
1995	87084	8529	98.9	61.8	63.5：15.8：20.7	2379	101.8
1996	87181	7034	103.0	86.1	63.3：14.5：22.2	2450	106.0
1997	87575	7981	106.2	115.0	62.0：14.9：23.1	2532	109.3
1998	89543	8434	104.7	107.9	55.7：15.4：28.9	2665	107.8
1999	97816	8608	111.9	106.1	53.8：15.4：30.8	2998	115.2
2000	107803	11251	111.8	126.0	48.2：17.1：34.7	3400	115.0
2001	121474	14313	113.6	129.0	45.4：19.2：35.4	3759	111.4
2002	135460	17252	114.1	126.0	43.5：20.6：35.9	3955	107.7
2003	156874	24100	115.5	143.1	36.9：23.9：39.2	4349	109.7
2004	195215	40180	117.9	160.1	33.7：28.3：38.0	5127	111.7
2004(新)	195215	40180	117.9	160.1	34.5：28.3：37.2	5127	111.7
2005	248169	66978	124.1	160.4	28.8：36.0：35.2	6193	117.9
2006	321744	124934	129.9	183.2	21.2：45.9：32.9	7583	122.7
2007	432898	202418	129.2	156.9	17.4：52.8：29.8	10274	130.1
2008	524021	264998	110.8	119.8	16.8：55.6：27.6	12539	111.7
2009	528436	266018	109.9	110.7	16.2：55.3：28.5	12050	104.8
2010	544203	240568	109.9	113.3	18.2：49.1：32.7	12279	108.7
2011	648976	286018	114.6	119.4	18.6：48.3：33.1	14761	115.5
2012	732082	315534	112.2	117.7	17.8：47.1：35.1	16785	113.1
2013	812175	356711	112.0	118.2	16.8：48.1：35.1	18813	113.2
2014	902033	388261	107.8	107.2	16.4：48.3：35.3	21061	108.7
2015	891215	340854	100.1	94.2	17.8：42.7：39.5	20980	100.9
2016	982969	346372	107.1	106.4	17.3：40.1：42.6	23421	108.4
2017	1175308	312491	111.0	86.8	14.7：31.4：53.9	28534	113.1
2018	1238574	336523	106.6	112.6	14.3：32.1：53.6	31360	111.1
2019	1314465	360134	104.3	106.4	15.0：33.9：51.1	35203	110.3
2020	1384867	385692	104.5	108.4	16.6：34.2：49.2	38928	109.6

1993年以来分县区生产总值及产业构成情况表（和平县）

表42

年份	地区生产总值（当年价，万元）	工业增加值	地区生产总指数（%）上年=100	工业增加值	地区生产总值三大产业构成（%）	人均地区生产总值（当年价，元）	人均地区生产总值指数（%）上年=100
1993	42154	6574	111.7	114.5	56.3：22.5：21.2	1062	113.3
1994	53090	5910	110.0	107.7	59.1：16.8：24.1	1358	111.8
1995	61036	7225	109.1	102.5	55.8：18.1：26.1	1587	110.8
1996	69019	8781	113.1	109.0	58.7：19.7：21.6	1823	114.9
1997	78128	10117	113.9	129.1	55.6：19.9：24.5	2099	115.9
1998	90903	12590	113.7	117.7	50.9：20.4：28.7	2483	115.6
1999	103220	15814	112.9	114.2	49.3：21.6：29.1	2868	114.8
2000	105818	18841	111.9	120.4	40.2：24.5：35.3	2991	113.8
2001	119385	21338	112.3	111.0	38.2：24.2：37.6	3347	111.4
2002	129818	21647	110.4	105.1	37.5：22.9：39.6	3547	107.6
2003	148378	25161	112.5	116.3	35.7：23.1：41.2	3980	110.4
2004	176619	32113	114.3	123.1	33.9：24.4：41.7	4640	112.0
2004(新)	176619	32113	114.3	123.1	35.0：24.4：40.6	4640	112.0
2005	206669	37942	111.8	113.7	31.7：25.7：42.6	5333	109.8
2006	250591	69254	123.5	179.3	23.6：37.8：38.6	6443	123.1
2007	307834	101810	117.6	142.4	22.3：43.4：34.3	8050	119.6
2008	355266	130343	106.2	117.1	22.3：43.5：34.2	9437	107.8
2009	389039	145871	112.5	118.8	20.5：44.1：35.4	10351	112.7
2010	446934	154149	110.7	113.2	20.8：40.3：38.9	11901	110.8
2011	540006	192604	115.9	128.3	20.2：40.7：39.1	14427	116.2
2012	606997	207068	111.5	116.9	19.3：39.4：41.3	16289	112.0
2013	706988	227082	113.7	116.1	17.6：39.1：43.3	19077	114.4
2014	772682	218055	104.9	97.6	17.5：37.8：44.7	20988	105.6
2015	836133	211874	109.2	106.7	17.5：37.0：45.5	22927	110.3
2016	935583	195950	107.6	97.4	17.4：33.4：49.2	25970	108.9
2017	1089620	206626	108.3	101.6	15.4：31.7：52.9	30513	109.2
2018	1180233	220147	109.2	110.5	15.4：32.3：52.3	33199	109.7
2019	1271157	226989	105.6	102.7	16.4：31.5：52.1	35827	105.8
2020	1224393	189344	94.7	84.5	19.2：26.9：53.9	34573	94.8

1993年以来分县区生产总值及产业构成情况表（龙川县）

表43

年 份	地区生产总值（当年价，万元）	工业增加值	地区生产总指数（%）上年=100	工业增加值	地区生产总值三大产业构成（%）	人均地区生产总值（当年价，元）	人均地区生产总值指数（%）上年=100
1993	86031	19416	118.0	119.6	35.9：33.5：30.6	1301	119.7
1994	123804	21324	117.0	109.9	45.3：25.3：29.4	1901	118.9
1995	154843	28118	113.6	121.5	48.2：23.2：28.6	2414	115.4
1996	173561	27290	112.7	108.2	49.0：21.4：29.6	2749	114.5
1997	176522	28807	110.2	107.8	43.8：21.0：35.2	2841	112.0
1998	185431	32707	106.7	109.0	38.2：22.4：39.4	3034	108.4
1999	210515	37256	114.5	111.3	34.8：22.4：42.8	3502	116.4
2000	229781	43865	111.2	110.4	30.5：23.9：45.6	3886	113.1
2001	248750	41953	108.2	95.5	30.6：22.1：47.3	4161	107.0
2002	268587	43726	109.7	107.7	29.3：21.1：49.6	4356	106.4
2003	310300	57647	115.6	132.8	27.4：24.3：48.3	4913	112.8
2004	382906	87783	116.1	136.1	25.0：29.7：45.3	5904	113.1
2004(新)	382906	87783	116.1	136.1	25.4：29.7：44.9	5904	113.1
2005	459484	135493	115.6	148.5	23.0：35.6：41.4	6921	112.9
2006	538595	198840	118.9	144.2	18.1：44.1：37.8	8020	117.6
2007	630382	251913	112.7	122.7	18.3：47.2：34.5	9384	112.6
2008	753718	329335	109.6	119.6	18.0：50.1：31.9	11174	109.2
2009	691683	250982	106.4	105.1	20.1：43.6：36.3	10194	105.8
2010	727033	216435	109.6	112.0	21.3：36.1：42.6	10573	108.1
2011	821664	235310	108.2	112.1	23.0：34.0：43.0	11819	107.0
2012	938668	256535	110.5	113.9	21.9：31.8：46.3	13562	111.0
2013	1033100	286066	110.0	115.1	20.7：32.7：46.6	14976	110.4
2014	1095617	275893	103.1	98.3	20.9：30.8：48.3	15937	103.5
2015	1134505	239236	103.3	93.9	21.8：26.4：51.8	16668	104.3
2016	1236798	215901	106.2	93.8	20.1：23.1：56.8	18414	107.7
2017	1415613	246881	107.4	107.4	17.8：23.8：58.4	21313	108.6
2018	1479029	244385	104.3	106.8	17.9：22.9：59.2	22768	106.7
2019	1625011	289516	108.1	118.2	18.3： 25.5： 56.2	25934	112.1
2020	1619691	284779	97.4	99.4	21.0： 22.0：57.0	26796	101.0

1993年以来分县区生产总值及产业构成情况表（紫金县）

表44

年份	地区生产总值（当年价，万元）	工业增加值	地区生产总指数（%）上年=100	工业增加值	地区生产总值三大产业构成（%）	人均地区生产总值（当年价，元）	人均地区生产总值指数（%）上年=100
1993	78423	9792	109.0	133.4	69.5：16.4：14.1	1417	110.3
1994	101982	11434	110.5	111.0	71.4：14.7：13.9	1866	111.8
1995	122522	12795	109.7	111.2	70.8：13.6：15.6	2269	111.0
1996	141050	16662	111.2	111.1	67.1：15.1：17.8	2645	112.6
1997	149326	18736	110.5	113.6	66.2：15.2：18.6	2837	111.9
1998	147747	21805	112.0	120.3	60.0：18.1：21.9	2844	113.5
1999	157713	23575	110.4	116.6	57.4：18.0：24.6	3078	111.8
2000	169856	24158	106.7	104.2	55.4：17.1：27.5	3359	108.1
2001	186999	26673	110.5	111.8	52.3：16.8：30.9	3592	107.4
2002	197425	27134	109.3	105.6	49.7：16.4：33.9	3560	102.6
2003	225040	29993	113.8	113.0	46.7：15.8：37.5	3836	107.5
2004	270393	49290	115.8	163.5	43.2：20.4：36.4	4346	109.2
2004（新）	270393	49290	115.8	163.5	44.0：20.4：35.6	4346	109.2
2005	322871	76413	119.0	148.8	36.5：28.1：35.4	4909	112.5
2006	361522	114533	118.1	147.2	28.3：34.8：36.9	5492	118.0
2007	435810	151688	115.1	128.3	26.3：37.8：35.9	6876	119.5
2008	530149	197255	111.2	119.0	25.8：39.5：34.7	8280	110.0
2009	552644	205378	107.2	110.9	25.0：39.1：35.9	8642	107.4
2010	623892	207007	111.6	113.6	24.9：35.2：39.9	9859	112.8
2011	724089	229336	112.2	117.0	25.7：33.9：40.4	11352	111.3
2012	818733	246465	110.9	117.7	24.3：31.8：43.9	13009	112.4
2013	911378	270475	111.1	113.3	23.0：31.9：45.1	14710	112.9
2014	980237	266159	103.2	98.0	22.8：30.3：46.9	15982	104.3
2015	1051655	246016	106.9	101.3	22.7：28.4：48.9	17480	109.0
2016	1182988	231552	105.7	98.4	21.3：23.3：55.4	20234	108.8
2017	1338241	245984	105.5	101.7	19.5：22.7：57.8	23191	106.9
2018	1364302	256438	105.4	109.7	20.1： 22.6： 57.3	23754	105.9
2019	1497999	256310	106.9	100.0	20.2： 21.6： 58.1	26262	107.7
2020	1583712	270180	104.2	106.7	21.1： 23.4： 55.5	28329	106.3

1993年以来分县区生产总值及产业构成情况表[紫金县（不含临江、古竹）]

表45

年份	地区生产总值（当年价，万元）	工业增加值	地区生产总指数（%）上年=100	工业增加值	地区生产总值三大产业构成（%）	人均地区生产总值（当年价，元）	人均地区生产总值指数（%）上年=100
2018	985058	95281			24.5：14.3：61.2		
2019	1106916	105131	109.4	111.0	24.1：14.3：61.5	22678	110.6
2020	1178339	109179	104.5	105.2	25.0：16.1：58.9	24718	107.0

1993年以来分县区生产总值及产业构成情况表（连平县）

表46

年份	地区生产总值（当年价，万元）	工业增加值	地区生产总指数（%）上年=100	工业增加值	地区生产总值三大产业构成（%）	人均地区生产总值（当年价，元）	人均地区生产总值指数（%）上年=100
1993	44407	6483	111.9	112.6	53.6：19.6：26.8	1433	113.0
1994	57430	7985	120.0	137.5	53.4：18.3：28.3	1870	121.1
1995	70335	9090	119.8	106.6	52.8：19.4：27.8	2312	121.0
1996	78512	9851	111.8	108.9	52.2：19.0：28.8	2606	112.9
1997	93321	14487	111.4	123.1	51.4：23.0：25.6	3129	112.5
1998	102473	23551	101.3	138.3	44.6：29.2：26.2	3472	102.4
1999	111301	30247	110.8	126.7	37.8：32.4：29.8	3811	111.9
2000	132876	35750	110.6	125.7	26.4：37.1：36.5	4597	111.7
2001	136915	40493	106.6	112.0	25.7：37.4：36.9	4666	105.1
2002	141466	46420	108.4	117.6	23.8：38.9：37.3	4667	104.7
2003	153279	52000	110.4	112.4	22.9：39.6：37.5	4929	107.8
2004	200809	92603	113.6	131.1	18.5：50.1：31.4	6278	110.5
2004(新)	200809	92603	113.6	131.1	18.8：50.1：31.1	6278	110.5
2005	281934	159610	128.0	152.2	14.1：60.2：25.7	8596	124.8
2006	379181	248912	133.5	153.2	10.3：68.4：21.3	11407	131.7
2007	521550	371107	132.6	144.5	8.9：73.7：17.4	16043	135.5
2008	648240	477613	114.0	117.7	8.4：75.4：16.2	20261	115.9
2009	535000	348341	97.7	92.5	10.1：67.2：22.7	16444	96.1
2010	607982	378076	108.2	105.7	10.3：64.0：25.7	18277	105.8
2011	652280	381155	110.6	110.3	11.0：60.5：28.5	19480	109.9
2012	740336	435538	108.7	111.3	10.8：60.6：28.6	22486	110.5
2013	862288	509651	110.4	109.9	11.0：60.8：28.2	26618	112.2
2014	652701	259900	73.9	54.9	16.2：43.5：40.3	20422	74.9
2015	658040	223000	99.0	87.9	17.4：38.9：43.7	21034	101.2
2016	674401	177310	99.5	89.1	19.4：30.8：49.8	22126	102.2
2017	740965	171163	101.1	85.3	19.4：28.2：52.4	24840	103.3
2018	753928	141473	102.1	87.9	20.2： 24.9： 54.9	25762	104.1
2019	813150	160165	106.4	116.2	21.0： 25.8： 53.2	28069	107.5
2020	838703	161756	101.3	101.7	22.9： 24.9： 52.2	29223	102.3

1993年以来分县区生产总值及产业构成情况表（江东新区）

表47

年份	地区生产总值（当年价，万元）	工业增加值	地区生产总指数（%）上年=100	工业增加值	地区生产总值三大产业构成（%）	人均地区生产总值（当年价，元）	人均地区生产总值指数（%）上年=100
2018	475651	163351			7.0：36.3：56.7		
2019	538751	152439	109.5	93.0	6.8：30.0：63.2	42589	105.6
2020	591693	161732	109.0	107.4	6.7：35.8：57.5	45428	105.9

2020年河源市旅游业主要指标情况表

表48

指标	计量单位	全市			2020年分县区	
		2019年	2020年	增长%	源城区	东源县
旅游宾馆（酒店）	家	688	715	3.9	259	109
五星	家	1	1		1	
四星	家	2	2		2	
三星	家	11	11		3	1
二星	家	4	4		1	1
一星	家					
未评星级	家	670	697	4.0	252	107
旅游宾馆（酒店）接待能力						
客房	间	33905	35510	4.7	16760	4934
床位	张	55825	58652	5.1	27403	7603
客房出租率	%	72.03	30.75			
旅行社	家	50	55	10.0	38	2
出境游旅行社	家	2	2		2	
国内游旅行社	家	48	53	10.4	36	2
接待旅游者人数	万人次	4020.57	635.41		218.19	119.26
其中：入境游客	万人次	10.25	0.93		0.69	0.12
国内游客	万人次	4010.32	634.48		217.50	119.15
其中：接待过夜游客	万人次	1940.82	306.50		149.77	20.59
接待一日游游客	万人次	2079.75	328.92		68.41	98.67
旅游总收入	万元	3576575	533534		214990	73783
旅游外汇收入	万美元	4097.64	172.34		128.37	20.89

指标	计量单位	2020年分县区				
		和平县	龙川县	紫金县	连平县	江东新区
旅游宾馆（酒店）	家	67	99	77	51	53
五星	家					
四星	家					
三星	家	1	2	1	3	
二星	家	1	1			
一星	家					
未评星级	家	65	96	76	48	53
旅游宾馆（酒店）接待能力						
客房	间	3010	3634	3077	2189	1906
床位	张	5089	5667	6253	3237	3400
客房出租率	%					
旅行社	家	4	4	5	2	
出境游旅行社	家					
国内游旅行社	家	4	4	5	2	
接待旅游者人数	万人次	80.24	116.49	43.46	47.41	10.36
其中:入境游客	万人次	0.04	0.05	0.03	0.004	0.01
国内游客	万人次	80.20	116.44	43.43	47.41	10.36
其中：接待过夜游客	万人次	30.90	50.70	23.72	21.10	9.71
接待一日游游客	万人次	49.34	65.78	19.74	26.31	0.66
旅游总收入	万元	61804	93885	38456	38541	12076
旅游外汇收入	万美元	6.88	9.07	5.15	0.79	1.19

说明：1.旅游相关指标数据由市文化广电旅游体育局提供（下同）。2.此表旅游宾馆（酒店）数据包含社会旅馆（下同）。3.2020年起旅游相关指标实施新制度，统计口径调整，与2019年不可比

（卢 伦）

名 录

编辑：王瑞峰

河源市领导班子成员名单

中共河源市委员会

书　记：

丁红都

副书记：

林　涛

常　委：

黎意勇

方　明

叶春球

何广延（　—2020.05）

王　卫（挂职，　—2020.01）

叶少军

边立明

李云涛

朱蔚蔚

刘　渤（挂职，2020.01—　）

张和志（2020.07—　）

中共河源市人大常委会党组

党组书记：

丁红都

党组副书记：

吴善平

党组成员：

罗小聪

段邦贤（　—2020.01）

陈荣卓

胡为达

徐先龙

陈其明（　—2020.04）

钟壬旺（2020.04—　）

河源市人大常委会

主　任：

丁红都

常务副主任：

吴善平

副主任：

罗小聪

吴素香

段邦贤（　—2020.01）

陈荣卓

胡为达

徐先龙（2020.05—　）

中共河源市人民政府党组

党组书记：

林　涛

党组副书记：

黎意勇

党组成员：

王　卫（　—2020.01）

刘　渤（2020.01—　）

林少威

何伟良

赖小卫

刘东豪

钟壬旺（　—2020.04）

骆世文（2020.04—　）

肖振兴（　—2020.09）

河源市人民政府

市　长：

林　涛

常务副市长：

黎意勇

副市长：

王　卫（挂任，　—2020.03）

刘　渤（2020.03—　）

林少威

庞启彪

何伟良

赖小卫

刘东豪

中共河源市政协委员会党组

党组书记：

张丽萍（女）

党组副书记：

何伟强

党组成员：

苏　晖（　—2020.01　）

李衍楠

黄添胜（2020.01—　）

刘振林

何安琼（女）

陈　勇（　—2020.09）

政协河源市委员会

主　席：

张丽萍（女）

副主席：

何伟强

黄晨光

唐汉芳

苏　晖（　—2020.01）

李衍楠

肖朋添

刘伟德

黄添胜（2020.05—　）

刘振林（2020.05—　）

中共河源市纪律检查委员会

书　记：

方　明（2020.01—　）

副书记：

肖伟星

徐学章

黄飞龙（　—2020.12）

河源市监察委员会

主　任：

方　明（2020.05—　）

代主任：

方　明（　—2020.04）

副主任：

肖伟星

徐学章

黄飞龙（　—2020.12）

河源市人民检察院

党组书记、检察长：

蔡永珊

河源市中级人民法院

党组书记、院　长：

周定挺

河源市领导机关正、副秘书长名单

中共河源市委秘书长、副秘书长

秘书长：

何广延（兼，　—2020.05）

张和志（兼，2020.07—　）

常务副秘书长：

邓红卫（　—2020.05）

黄吉文（2020.10—　）

副秘书长：

邓　勇

黄吉文（　—2020.10）

曾伟军

陈甫逸飞

姚首强（挂职，　—2020.02）

张　硕（挂职，　—2020.02）

张建旺（2020.07—　）

陈冠洲（挂职，2020.08—　）

纪检组组长：

何其发（2020.06—　）

河源市人大常委会秘书长、副秘书长

秘书长：

陈其明（　—2020.06）

钟壬旺（2020.05—　）

副秘书长：

黄　波

吴继新

邝茂华（　—2020.12）

吴荣辉（2020.12—　）

河源市人民政府秘书长、副秘书长

秘书长：

钟壬旺（　—2020.05）

骆世文（2020.05—　）

副秘书长：

邝伟毅

冯伟斌

王少锋（　—2020.01）

吴志鸿

邱慧娜

殷乘胜

古国辉（2020.08—　）

冯景山（挂任，　—2020.03）

李树青（挂任）

政协河源市委员会秘书长、副秘书长

秘书长：

何安琼（女）

副秘书长：

朱少道

廖洪滨（2020.01 —　）

河源市市直单位领导名单

河源市人大常委会法制工作委员会

主　任：

李鹏章

副主任：

谢小宇（　—2020.12）

戴妮娜（2020.12—　）

河源市人大常委会财政经济工作委员会

主　任：

黄焕明

副主任：

赖石林（　—2020.08）

谢小宇（2020.12—　）

河源市人大常委会城乡建设环境与资源保护工作委员会

主　任：

陈伟雄

副主任：

黄光波

河源市人大常委会农村农业工作委员会

主　任：

何伟光

副主任：

黄素玉（　—2020.05）

陈伟勇（2020.08—　）

河源市人大常委会教科文卫侨工作委员会

主　任：

黎海波

副主任：

张海英（　—2020.08）

赖石林（2020.08—　）

河源市人大常委会选举联络人事任免工作委员会

主　任：

邝卫人

副主任：

李小清

河源市人大常委会监察和司法工作委员会

主　任：

黄咏梅

副主任：

曾宪伟

河源市人大常委会法制委员会

主任委员：

胡为达

副主任委员：

李鹏章

罗应权（　—2020. 06 ）

河源市人大常委会社会建设委员会

主任委员：

陈荣卓

副主任委员：

黄小柳

黄咏梅

林伟雄（2020.12—　）

政协河源市委员会提案法制委员会

主　任：

吴金水（女）

副主任：

张　源

政协河源市委员会经济委员会

主　任：

朱南忠

副主任：

梁向东

政协河源市委员会农业和农村委员会

主　任：

袁成章

副主任：

吴胜生

政协河源市委员会人口资源环境委员会

主　任：

张登英（　—2020.01）

黄福平（2020.09—　）

副主任：

姜玉华（女）

政协河源市委员会科教卫体委员会

主　任：

郑伟华

副主任：

颜彩玲（女，2020.06—　）

政协河源市委员会港澳台侨外事委员会

主　任：

缪国健

副主任：

邱晓红（女）

政协河源市委员会学习文史民族宗教委员会

主　任：

陈春林（　—2020.09）

副主任：

黄小青（女，　—2020.01）

刘文达（2020.09—　）

政协河源市委员会联络工作委员会

主　任：

张慧英（女，　—2020.01）

叶发兴（2020.01—　）

副主任：

刘质佳（2020.09—　）

中共河源市委组织部

部　长：

边立明

常务副部长：

徐先龙（　—2020.05）

刘贞华（2020.05—　）

副部长：

李晓云（兼）

邓小强（兼）

吴志平

陈海青

陈　炜

纪检监察组组长：

黄　武

中共河源市委宣传部

部　长：

朱蔚蔚

常务副部长：

管思燕（　—2020.10）

叶振廷（2020.10—　）

纪检组组长：

张东生（　—2020.12）

刘　斌（2020.12—　）

副部长：

叶振廷（　—2020.10）

邹庆光

俞美清

陈德鹏（2020.10—　）

河源市精神文明建设委员会办公室

主　任：

叶振廷

中共河源市委统一战线工作部

部　长：

叶少军

常务副部长：

谢海航

副部长：

黄聚平（兼市工商联党组书记、常务副主席）

杨友平（兼市民族宗教局局长）

谭丽娟（兼市侨务局局长）

市纪委监委驻部纪检监察组组长：

罗小忠（班子成员）

中共河源市委机构编制委员会

主　任：

丁红都

副主任：

林　涛（2020.08—　）

委　员：

边立明

何广延（　—2020.08）

张和志（2020.08—　）

骆世文（2020.01—　）

袁辉强（2020.01—　）

骆　超（2020.01—　）

邓小强（2020.01—　）

中共河源市委机构编制委员会办公室

主　任：

袁辉强

副主任：

蓝红扬

张永红

崔新友（2020.07—　）

中共河源市委政策研究室

主　任：

邓　勇

副主任：

陈甫逸飞

张剑辉

河源市扶贫工作局

党组书记、局长：

钟志坚

党组成员、副局长：

邓春华（　—2020.08）

徐军民（2020.08—　）

李进强

张佰朗

王伟元

中共河源市委全面深化改革委员会办公室

主　任：

何广延（　—2020.07）

张和志（2020.07—　）

常务副主任：

朱雪中（　—2020.10）

邓　勇（2020.10—　）

副主任：

简勇光

邓先明（2020.12—　）

中共河源市委党校（河源市行政学院、河源市社会主义学院）

校（院）长：

边立明（市委副书记、市委组织部部长）

常务副校（院）长：

邱寿强

副校（院）长：

林惠鹏

张小苑

校委委员：

王星辉

中共河源市委党史研究室、河源市地方志

办公室

主　任：

黄小青

副主任：

黄　彬

黄振中（2020.07—　）

中共河源市委老干部局

局　长：

李晓云

副局长：

何寿均

何燕飞

中共河源市直属机关工作委员会

书　记：

蓝智慧

副书记：

李小迎

白贵华

李文英（　—2020.10）

纪监工委书记：

李小迎

河源市信访局

局　长：

李洪钧

副局长：

陈锦璇

吕伟兵

张春荣

河源市水库移民工作局

党组书记、局长：

张　辉

党组成员、副局长：

段孝亮

刘可忠

曾军行（　—2020.07）

河源市政务服务数据管理局

党组书记：

朱永生（　—2020.08）

朱雪中（2020.10—　）

局　长：

朱永生（　—2020.12）

朱雪中（2020.12—　）

党组成员、副局长：

罗小雷（　—2020.01）

陈志广

刘启增

吴　健

河源市应急管理局

党组书记、局长：

黄春彭（　—2020.09）

党组成员、副局长：

袁仕华（　—2020.09）

张　翼（　—2020.09）

钟林发（　—2020.09）

刘辉星（　—2020.09）

党委书记：

黄春彭（2020.09—　）

党委委员：

袁仕华（2020.09—　）

黄文影（2020.09—　）

张　翼（2020.09—　）

刘辉星（2020.09—　）

刘伟荣（2020.09—　）

邱炳云（2020.09—　）

罗志鸿（2020.10—　）

局　长：

黄春彭

副局长：

袁仕华

黄文影（2020.10—　）

张　翼

刘辉星

罗志鸿（2020.11—　）

河源市消防救援支队

支队长：

周鹤鸣

政　委：

高　罡（2020.11—　）

副支队长：

苗春国（　—2020.01）

周　理（2020.11—　）

易　斌（2020.11—　）

李继刚（2020.01—　）

政治处主任：

彭　锋（代理，　—2020.11）

陈裕富（2020.11—　）

副政委：

苗春国（2020.01—　）

中共河源市委、河源市人民政府接待办公室

主　任：

吴新国

副主任：

黎志伟

张松新

河源市机关事务管理局

党组书记、局长：

黄亿芳

党组成员、副局长：

利振庭

陈如发

丘燕梅（女）

河源市人民政府驻北京联络处

主　任：

黄亿芳（　—2020.05）

缪允东（2020.05—　）

副主任：

蓝伟东

具瑞新

河源市人民政府驻广州办事处

党组书记、主任：

陈志才（兼，—2020.05）

杨通达（2020.05—　）

党组成员、副主任：

杨通达（　—2020.05）

王志华（2020.07—　）

河源市工商业联合会

主席（会长）：

欧小鲁

党组书记：

黄聚平

副主席（副会长）：

罗金柱

徐耀目

秘书长：

蓝爱平（女）

兼职副主席（按姓氏笔画为序）：

王忠平　冯小健　朱德深　朱荣业

伍建国　刘绍柏　刘长涛　张国辉

肖永文　周志明　钟晓晓（女）

袁建康　梁林青　黄春远　曾令钢

曾维林　赖运宏　赖志华　蔡春梅

熊美英（女）　魏育文

兼职副会长（按姓氏笔画为序）：

邓昌友　古云海　左德智　邝照光

朱昆明　许建青　李文东　陈建标

严文生　郑汉辉　查国兵　胡木良

赵密升　廖东帆　廖进富　缪国乐

名誉会长：

黄少良 黄经胜 王志海 丘宏锋
梁汉文 刘新源 唐继源 黄勋文
王　江 詹国红

河源市总工会

主　席：
陈荣卓
党组书记、常务副主席：
谢红英（女）
党组成员、副主席：
向更祥
刘志灵
党组成员、经费审查委员会主任：
黄燕霞（女，2020.05—　）

共青团河源市委员会

书　记：
周　鑫（　—2020.10）
袁华丽（2020.10—　）
副书记：
李　冰（　—2020.05）
涂远泽（　—2020.09）
黎　丹（2020.07—　）
钟广鹏（2020.09—　）

河源市妇女联合会

主　席：
吴艺珍
副主席：
黄燕霞（　—2020.05）
李惠莲（　—2020.11）
曾洪虹（2020.05—　）
周丽娴（2020.11—　）
挂职副主席：
刘立恒（2020.12—　）
兼职副主席：
林文晖
黄燕霞（2020.12—　）
刘越香
吴远芳（　—2020.12）
黄艳芸（2020.12—　）
陈春燕（2020.12—　）

河源市残疾人联合会

理事长：
吴文生
副理事长：
欧阳登
庄建辉

河源市归国华侨联合会

党组书记、主席：
李茂辉
党组成员、副主席：
邬国猷
邓谷香
兼职副主席：
肖衍雄（香港）
萧景洋（香港）

河源市关心下一代工作委员会

主　任：
欧阳培强
副主任：
陈成威
傅跃进
欧阳伟雄
何燕飞
秘书长：
何燕飞

中共河源市委政法委员会

书　记：
叶春球
第一副书记：
林少威
常务副书记：
钟作新
副书记：
郑志崇
黄镜明
骆长春
严小波（　—2020.10）
专职委员：
骆石万
赖东娣

中共河源市委依法治市委员会办公室

主　任：
叶春球
副主任：
钟作新
罗良海

河源市公安局

党委书记、局长：
林少威
党委副书记、常务副局长：
曾尚策
专职副书记：
黄乃兴
党委委员、派驻纪检组组长：
李小明
党委委员、副局长：
肖　戈
俞李海（　—2020.04）
阮伟东（　—2020.11）
党委委员、指挥中心主任：
幸运杰
党委委员、副局长：
黄福民
党委委员、源城分局局长：
张国基
党委委员、政治处主任：
王海珊

河源市人民检察院

检察长：
蔡永珊
副检察长：
高　波
纪检监察组长：
赖小勇
副检察长
何　敏
曾少平
政治部主任
吴宇峰

河源市中级人民法院

党组书记、院长：
周定挺
党组副书记、副院长：
何海珊（　—2020.01）
林文晖（2020.08—　）
党组成员、副院长：
林文晖（　—2020.08）
张小洁
邓志军（2020.01—　）
党组成员、市纪委监委驻市法院纪检监察组组长：
潘　涛
党组成员、政治处主任：
雷江辉

河源市司法局

局　长：
罗良海
副局长：
刘　军

陈建辉
练　斌
涂少辉
黄丽琴
政治处主任：
肖　佳

河源市退役军人事务局

党组书记、局长：
李庆铎
党组成员、副局长：
黄东平
钟林发（党组成员：2020.09—，副局长：2020.10—　）
吴慧先

广东省新丰江林业管理局

书　记：
陈文华（县委常委兼）
副书记、局长（主任）：
赖建军
副书记：
黄伟平（兼纪委书记）
党委委员、副局长（副主任）：
肖国芳（　—2020.10）
吴东科（　—2020.10）
何文才
张　浩（2020.10—　）
党委委员：
陈镜深（兼办公室主任）

河源市生态环境局

局　长：
徐智敏
副局长：
张少忠
纪检组组长：
廖群辉（2020.02—　）
副局长：
潘志刚
李伟中（　—2020.08）
高丽云
总工程师：
谢立忠
生态环境督察整改办公室主任：
邹树元（2020.01—　）

河源市农业农村局

党组书记、局长：
叶发兴（市委农办主任，—2020.01）
叶志亮（市委农办主任，2020.03—　）
党组副书记、市委农办专职副主任：
甘桂强
党组成员、副局长：
邓道宇
赖国先
张法周
杨建伟（2020.08—　）
党组成员、市纪委监委派驻市农业农村局纪检监察组组长：
叶雪光
总农艺师：
廖海林
总畜牧兽医师：
吴秋菊

河源市林业局

党组书记、局长：
何志锋
党组成员、副局长：
赖明源
黄建兴
朱建明
胡华林
党组成员、林业总工程师：
郑建洪
党组成员、市公安局森林分局局长：
张少锋

河源市水务局

党组书记、局长：
张金城
党组成员、副局长：
廖辉光
廖利城
陈　安
赖少略
总规划师：
王小飞

河源市人民政府万绿湖水资源开发管理办公室

主　任：
何少华
副主任：
杨建利
黄海斌

中共河源市灯塔盆地农业高新技术产业示范区工作委员会

书　记：
赖小卫
副书记：
孔德胜
委　员：
张衍彪
刘小峰
黄少立
梁金伟
朱春松
韦锐辉
周星星
吴利民
蔡建辉

中共河源市灯塔盆地国家现代农业示范区工作委员会

书　记：
（空缺）
委　员：
刘小峰
朱春松
周星星
吴利民

河源市灯塔盆地农业高新技术产业示范区管理委员会（筹）

主　任：
孔德胜
副主任：
张衍彪
黄少立
梁金伟
蔡建辉

河源市灯塔盆地国家现代农业示范区管理委员会

主　任：
（空缺）
副主任：
刘小峰
朱春松
周星星
吴利民

河源市工业和信息化局

党组书记、局长：
叶金镜
纪检组组长：
廖群辉

副局长：
张　达（　—2020.01）
黄运腾（2020.06—　）
廖伟胜
李超武
张　敏
总经济师：
姚良发

河源市交通运输局

党组书记、局长：
马国波
党组成员、副局长：
邹亚宏
廖振福
廖日强
刘云锋（　—2020.05）
曾明泉（2020.06—　）
党组成员、纪检组组长：
傅凌翔（　—2020.03）
刘定州（2020.06—　）
总工程师：
唐勤学
党组成员、运管处处长：
胡国平

河源市公路事务中心

党组书记、主任：
钟作文
党组成员、副主任：
谢炳冬
高仕忠
黄佳生
党组成员、总工程师：
王建新

河源市道路运输管理处

处　长：
胡国平

河源市粤运绿都公共交通有限公司

党支部书记、董事长、总经理：
欧素安（　—2020.08）
周贵辉（2020.09—　）

河源市邮政管理局

局　长：
梁同忠（　—2020.05）
张为民（2020.05—　）

河源市供销合作联社

主　任：
邱其标
副主任：
钟文高
李锦祥

河源市商务局（河源市口岸局）

党组书记：
黄远程
党组成员：
徐智彪
黄海平
邓　山
何勇强
周金苕
袁志雄（2020.05—　）
田洪刚（挂职，2020.08—　）
局　长：
黄远程
副局长：
黄海平
邓　山
何勇强
周金苕（2020.01—　）
田洪刚（挂职，2020.08—　）
线口纪检组组长：
许建平

中国国际贸易促进委员会河源市委员会

会　长：
徐智彪
副会长：
袁志雄（2020.05—　）

河源市金融局

局　长：
陈农心（　—2020.06）
副局长：
具锦标（2020.06—，主持全面工作）
邹永强

河源市发展和改革局

党组书记：
秦卫民（　—2020.04）
谢劲辉（2020.09—　）
局　长：
秦卫民（　—2020.06）
谢劲辉（2020.10—　）
党组成员、副局长：
谢劲辉（　—2020.09）
党组成员、总经济师：
邬　健
党组成员、纪检组组长：
许建平
党组成员、副局长：
吴中洋
蓝　诗

河源市财政局

党组书记、局长：
骆　超
党组成员、副局长：
温文忠
诸鸿伟
何仕军
朱小文
党组成员、派驻纪检组组长：
黄　晰
总会计师：
唐　丰

河源市公共资源交易中心

主　任：
钟　军

河源市审计局

党组书记、局长：
张河敏
党组成员、二级调研员：
贺新彬
党组成员、总审计师：
谢统鹏
党组成员、副局长：
吴月胜（2020.01—　）
郑新桥
袁卓周

河源市统计局

党组书记、局长：
蓝战山
党组副书记、副局长：
黄汉鹏
党组成员、副局长：
黄超平
党组成员、总统计师：
梁小菊
党组成员、副局长：
吴群阳（任副局长，2020.08—　）

河源市市场监督管理局

党组书记、局长：
谢新添

党组成员、市纪委监委派驻纪检监察组长：

黄日江

党组成员、副局长：

何红梅（ —2020.12）

刘益东

钟剑鸿

严小波（2020.10— ）

蒙立新

总工程师：

钟惠智

食品药品安全总监：

伍志勇

河源市人民政府国有资产监督管理委员会

党委书记：

陈志才

党委副书记、主任：

冯永康

党委委员、副主任：

廖满堂

林伟雄（ —2020.10）

黄罡星（2020.10— ）

殷新伟

党委委员、纪委书记：

杨　港

河源市住房和城乡建设局

党组书记：

凌金文

党组副书记、局长：

邵卫根

党组成员、副局长：

吴学双

党组成员、纪检组组长：

张日城

党组成员、副局长：

王永汉

曾伟锋

李森燚（2020.05— ）

总工程师：

沈　然

河源市城市管理和综合执法局

党组书记、局长：

陈新华（ —2020.10）

许西湖（2020.12— ）

党组成员、副局长:

谢仕强

刘彪平

何超明

葛志伟

河源市水业集团发展有限公司

董事长：

王小沁

副董事长：

杨　韬（ —2020.12）

刘　科（2020.12— ）

总经理：

石　艳

河源市市场物业管理处

处　长：

吕建科

副处长：

欧文雄

黄建光

河源市不动产登记中心

主　任：

叶　豪

河源市住房公积金管理中心

主　任：

傅运光

河源市自然资源局

党组书记：

黄福平（ —2020.07）

杨　志（2020.07— ）

局　长：

刘　涉

党组成员、副局长：

温文中

杨　志（ —2020.07）

李伟中（2020.11— ）

张伟岳

廖映文（ —2020.01）

李法南（2020.11— ）

党组成员：

黄燕飞

党组成员、总工程师：

吴　瑛（2020.10— ）

河源市土地储备中心

主　任：

廖伟强

河源市教育局

党组书记、局长：

刘国才（ —2020.06）

市委教育工委书记、局党组书记、局长：

陈农心（2020.06— ）

党组成员、副局长：

钟小明

张东辉

吴佑宽（ —2020.12）

副局长：

姚家芳（2020.05— ）

党组成员、纪检组组长：

黄学赞

党组成员（兼市卫生学校校长）：

张金坤

河源市卫生学校

党委书记、校长：

张金坤

河源理工学校

校　长：

李世锋

河源技师学院（市高级技工学校）

院　长：

张海锋

河源职业技术学院

党委书记：

韦　荣

党委副书记、校长：

陈德清

党委副书记：

叶国英

副校长：

赖小景

王小宁

张国勇

袁光华

河源开放大学

党委书记、校长：

许建国（兼市职校校长）

党委副书记、副校长：

蔡杰忠

党委副书记、纪检组组长：

刘汝亮

副校长：

赖思平

党委委员、副校长：

邱锦军

河源市科学技术局

党组书记、局长：

欧阳仕文

党组成员、副局长：

吴仕延

副局长：

李伟元（ —2020.01）

刘桂松（ —2020.01）

韦锐辉（2020.05— ）

河源市科学技术协会

主　席：

吴素香

党组书记：

陈春林（ —2020.09）

陈新华（2020.11— ）

党组成员、副主席：

潘振伟

骆锐亮（2020.08— ）

党组成员：

成美清

河源市社会科学界联合会

党组书记、主席：

刘路红

党组成员、专职副主席：

蒋武生（ —2020.03）

黎建庭（2020.08— ）

党组成员：

庞　彪（2020.12— ）

兼职副主席：

陈德清（ —2020.12）

司燕仁（ —2020.12）

杨晓园（ —2020.12）

姚志强（ —2020.12）

张小苑

杨建平（2020.12— ）

袁光华（2020.12— ）

谢雄青（2020.12— ）

河源市文化广电旅游体育局

党组书记、局长：

梁伟光

党组成员、副局长：

李远飞

骆满星

曾志伟

张美芳

总工程师：

黄海平

河源市文学艺术界联合会

主　席：

刘伟德

党组书记：

黄刚毅（女）

党组成员、专职副主席：

王文巧

兼职副主席：

邹国忠（ —2020.11）

张文锋（ —2020.11）

巫资发（ —2020.11）

叶国强

陈裕红（女）（2020.12— ）

罗志勇（2020.12— ）

肖　蓼（女）（2020.12— ）

河源广播电视台

台　长：

邹仕选

总编辑：

谢　雨

副台长：

刘志常

廖晓棠

甘　露

吴丽萍

总工程师：

涂少俊（ —2020.03）

钟来全（2020.07— ）

河源市档案馆

馆　长：

廖琼中

河源日报社

社　长：

曾淑梅

总编辑：

杨建平

副社长、副总编辑：

彭志良

郭志军

董福军

朱国良（2020.12— ）

河源晚报社

社长、总编辑：

刘石姝

河源市卫生健康局

党组书记：

张小可（ —2020.10）

周　鑫（2020.10— ）

局　长：

黄春垒

党组成员、副局长：

杨　锋

党组成员、市纪委监委派驻纪检组组长：

朱振强

党组成员、副局长：

曾德和

叶树知

副局长：

余笑梅（2020.05— ）

河源市医疗保障局

党组书记、局长：

曾永贞

党组成员、副局长：

马国雄

叶常波

刘红权

党组成员：

陆　琛

河源市卫生监督所

副所长：

周桂花（主持全面工作）

河源市疾病预防控制中心

主　任：

王　海

副主任：

张秀莲（ —2020.02）

李志美

河源市人民医院

院　长：

李志忠

党委书记：

任海滨（ —2020.01）

张小可（2020.01—2020.06）

殷汉华（2020.06— ）

副院长：

黄建斌

谢景来（2020.10— ）

王步云（ —2020.06）

何锦照

谢贤生
纪委书记：
周志达（2020.11— ）
谢景来（ —2020.10）

河源市中医院

院　长：
殷汉华（ —2020.07）
王步云（2020.07— ）

河源市妇幼保健院

党委书记：
王　静
院　长：
王　静（ —2020.12）
欧阳培元（2020.12— ）

中共河源市委外事工作委员会办公室

主　任：
邱志军
副主任：
黄玉珍
吴树民

中共河源市委台港澳工作办公室

主　任：
谢昉柱（ —2020.12）
王爱平（2020.10— ）
副主任：
蓝晓军

河源市人力资源和社会保障局

党组书记、局长：
邓小强
副局长：
张春慧
张文胜
罗文才
李　君
张燕雄
纪检组组长：
李道新

河源市社会保险基金管理局

局　长：
（2020年由市委组织部副部长、市人社局党组书记、局长邓小强主持全面工作）

河源市民政局

党组书记、局长：
王爱平（ —2020.10）
张小可（2020.10— ）
党组成员、副局长：
钟达庆
殷汉标（ —2020.06）
副局长：
李秀青
党组成员、市社会组织党委专职副书记：
赖松兴
党组成员：
李　琦（2020.01— ）
党组成员、副局长：
曾　利（2020.08— ）

河源市红十字会

专职副会长：
游伊里

中共河源市高新技术开发区工作委员会

书　记：
孙　锋
副书记：
刘大荣
朱小强
委　员：
李先昌
彭锦益
陈志中
邹元涛
邓彬斌
江伟良（挂职， —2020.06）

河源市高新区技术开发区管理委员会

主　任：
刘大荣
党工委委员、副主任：
李先昌
陈志中
邹元涛
邓彬斌
江伟良（挂职， —2020.06）
市纪委派驻市高新技术开发区纪检组组长：
彭锦益

中央、省属驻河源市单位领导名单

中华人民共和国河源海关

关　长：
王秀军
广州海关党委派驻纪检组组长：
陈春成（ —2020.04）
严　敏（2020.04— ）
缉私分局局长：
欧阳标（ —2020.05）
史清杰（2020.08— ）
副关长：
欧阳标（缉私分局局长兼，—2020.05）
罗智俊（ —2020.02）
李燕凌（ —2020.03）
陈春明（ —2020.02）
吴文君（2020.03— ）
唐千里
郭　英（2020.04— ）

中华人民共和国河源海事局

党委书记、局长：
杨　晖
郑良东（2020.07— ）
党委副书记、纪委书记：
叶水峨（党委副书记，2020.10— ）
党委委员、副局长：
赖志平
梅　馥（2020.10— ）
党委委员：
陈德峰（2020.10— ）

国家税务总局河源市税务局

党委书记、局长：
李保中
党委委员、副局长：
郑兆青（ —2020.01）
石小辉
徐庆元（ —2020.01）
骆伟军（ —2020.01）
邬坤辉
陈　雄（ —2020.06）
刘怀滇（2020.09— ）
陈建洪
党委委员、总经济师：
曾锦雄（ —2020.01）
罗伟民（ —2020.09）
李伟辉（2020.12— ）
党委委员、总会计师：
刘怀滇（ —2020.09）
叶绿宽
党委委员、纪检组组长：

曾思敏

河源市气象局

党组书记、局长：

朱华松（2020.2— ）

党组成员、纪检组组长：

钟伟雄

党组成员、副局长：

朱华松（主持工作， —2020.02）

陈蔚翔

副局长：

黄 荣

河源供电局

党委书记、副总经理：

黄建灵（ —2020.08）

黄伟杰（2020.08— ）

党委副书记、局长（总经理）：

谭昌友（ —2020.04）

党委委员、副总经理、工会主席：

罗家华

党委委员、副总经理：

曾培亮

刘兆辉

党委委员、纪委书记：

朱志刚（ —2020.10）

蔡 雄（2020.10— ）

党委委员、副总经理：

陶飞达

广东省核工业地质局二九二大队

大队长：

蓝恒春

党委书记：

李祖飞

副大队长：

任家茂

杨仁广

总工程师：

朱晓琼

广东粤电新丰江发电有限责任公司

党委书记、执行董事：

陈绍群

总经理、党委副书记：

吴振光

党委副书记、工会主席：

詹 华（ —2020.09）

魏清华（2020.03— ）

党委副书记、纪委书记：

连志伟（ —2020.06）

许洪文（2020.03— ）

副总经理：

王业凌（2020.03— ）

杨暹群

叶建和（2020.02— ）

广东粤电枫树坝发电有限责任公司

党委书记、执行董事、总经理：

王爱东（ —2020.07）

连志伟（2020.07— ）

党委副书记、纪委书记、工会主席：

钟安庸

副总经理：

邓伟国

刘太洪（ —2020.12）

丘俊华（2020.12— ）

河源电厂

董事长：

马迎辉（ —2020.12）

易勇智（2020.12— ）

党委书记、总经理：

刘宝富

中国石化销售股份有限公司广东石油分公司河源分公司

经 理：

陈莲英

党委书记：

夏世平

副经理：

利耀新

楼国浩

经理助理：

刘庆林

河源市粤运汽车运输有限公司

党委书记、董事长：

陈川壁（ —2020.12）

黄志军（2020.12— ）

总经理：

黄志军（ —2020.12）

张永全（2020.12— ）

中国邮政集团有限公司河源市分公司

党委书记、总经理、市寄递事业部总经理：

王 钒

党委委员、副总经理：

陈 蕾

党委委员、副总经理、市寄递事业部常务副总经理：

蔡连福

党委委员、纪委书记、副总经理：

张业能（2020.02— ）

党委委员、副总经理：

朱胜君

中国移动通信集团广东有限公司河源分公司

总经理：

郭思远（2020.09— ）

副总经理：

郭思远（主持全面工作，—2020.09）

冯日旺

何宇雄

郑志雄（ —2020.02）

谢 波（ —2020.02）

詹伟伟（2020.02—2020.10）

张丁丁（2020.10— ）

欧阳技（2020.11— ）

中国联合网络通信有限公司河源市分公司领导名单

总经理、党委书记：

陈 鑫

副总经理、党委委员：

翁振铭

付晓东

黄志艺

纪检组长、党委委员：

朱国相

中国电信股份有限公司河源分公司

总经理、党委书记：

叶辉中

副总经理、党委委员、工会主席：

陈锦蕃

副总经理、党委委员：

范铨斌

副总经理、党委委员、纪委书记：

禹 鑫

副总经理、党委委员：

黄湘漪

中国铁塔股份有限公司河源市分公司

总经理、党委书记：

杨碧泉

副总经理、党委委员：

付添喜

刘　胜

广东省河源市烟草专卖局（公司）

党组书记、局长、总经理：

黄　涛

党组成员、副总经理：

区思坚

党组成员、副局长：

何国晖

党组成员、副总经理：

郭子麟

党组成员、纪检组组长：

钟青泉

党组成员、副总经理：

张栋梁

广东省盐业集团河源有限公司

执行董事：

魏辉泉

副总经理：

王　敏

中国人民银行河源市中心支行

行　长：

谭　霖

副行长：

诸金兴

李焕明

陈舒文

纪委书记：

林　胜

工会主任：

张云萍

中国银行保险监督管理委员会河源监管分局

党委书记、局长：

林炜东

副局长：

熊道恒

副局长、工会主席：

卓素芬

中国工商银行股份有限公司河源分行

党委书记、行长：

林　伟（　—2020.01）

熊　焘（2020.01—　）

党委委员、纪委书记：

李　庄（　—2020.05）

夏银波（2020.05—　）

党委委员、副行长：

李爱华

黄　伟

曾岳腾（2020.06—　）

党委委员、行长助理：

曾岳腾（　—2020.06）

中国农业银行股份有限公司河源分行

党委书记、行长：

蔡　杨（　—2020.07）

陈跃辉（2020.08—　）

党委副书记、纪委书记：

刘学胜（　—2020.10）

冯聪荣（2020.10—　）

党委委员、副行长：

李永锋

林万里

涂伟东

中国银行股份有限公司河源分行

党委书记、行长：

秦金波（　—2020.06）

党委书记、行长：

马天飞（2020年7月起任党委书记，2020年11月起任行长）

党委委员、副行长：

刘　力

李树青（　—2020.10）

周启全（2020.11—　）

吕新明（　—2020.09）

李俊仁

党委委员、纪委书记：

周仰楷（任纪委书记至2020年3月，2020年3月起任驻行纪检组组长至2020年9月）

党委委员、驻行纪检组组长：

王　宇（2020.10—　）

主办级高级业务经理：

钟建高

中国建设银行股份有限公司河源市分行

行　长：

石仁苍

副行长：

汪献忠

蓝　利

李　胜

驻河源市分行纪检组组长：

冯　兵

广发银行股份有限公司河源分行

行　长：

赖建雄（　—2020.08）

张　华（2020.08—　）

副行长：

罗　刚（　—2020.02）

张华新（2020.05—　）

王富鑫

陈　纯

中国农业发展银行河源市分行

党委书记、行长：

廖文涛（　—2020.08）

党委委员、副行长（代为履行行长职责）：

黄建强（2020.08—　）

党委委员、副行长：

高素萍

钟伟平

中国邮政储蓄银行股份有限公司河源市分行

党委书记、行长：

马智宏（　—2020.08）

黄海舰（2020.08—　）

党委委员、副行长、工会主席：

蔡建新

党委委员、副行长、纪委书记：

周　明

党委委员、副行长：

钟向辉

中共河源市农村商业银行系统委员会

党委书记：

谢永伟

党委副书记：

罗小勇

党委委员、纪委书记：

詹德泉

汇丰银行（中国）有限公司河源支行

行　长：

黄茂清

副行长：

肖绍兴

中国人民财产保险股份有限公司河源市分公司

党委书记、总经理：

叶国柱

中国人寿保险股份有限公司河源分公司领导名单：

总经理：

杨彦昌

安信证券股份有限公司河源中山大道证券营业部

总经理：

张如滨

广东省粤东721转播台

台 长:

罗红光

广东省广播电视网络股份有限公司河源分公司

党委书记、总经理：

谢振标

党委副书记、常务副总经理：

廖新民

党委副书记、纪委书记、工会主席：

冯永根

党委委员、副总经理：

叶惠能

民主党派领导名单

中国国民党革命委员会河源市委员会

主 委：

刘伟德

副主委：

赖思平

赖炳欢

姚家芳

专职秘书长：

黄正阳（2020.08— ）

委 员：

赖弥平

何志越

张福田

周维国

张玫姣

中国民主同盟河源市基层委员会

主 委：

庞启彪

副主委：

刘 涉

王 方

余笑梅

刘永辉

委 员：

李 燕

曾惠华

彭德东

潘刚明

中国民主建国会河源市总支部委员会

主 委：

李添鸿

副主委：

谢石庭

康国华

委 员：

邹映池

刘瑞海

朱永锋

廖 雯

马 佳

中国民主促进会河源市基层委员会

主 委：

肖朋添

副主委：

王惠萍

赖路宇

张建中

游玉文

委 员：

李少华

谢运畅

中国农工民主党河源市基层委员会

主 委：

黄建斌

副主委：

温达雄

朱小勇

陈雁威

委 员：

郭小玲

叶 慧

杨建雄

中国致公党河源市总支部委员会

主 委：

颜彩玲

副主委：

邹春良

廖志刚

委 员：

黄 玲

杨丽梅

九三学社河源市基层委员会

主 委：

唐汉芳

副主委：

范志君

巫燕辉

叶建勋

委 员：

袁光华

吴丽琴

温婉琳

新任副厅级以上领导简介

刘渤 男，1965年3月出生，汉族，籍贯山东东明，1985年7月参加工作，1989年4月入党。全日制研究生学历，法学硕士，毕业于北京大学法律系经济法专业。

1981年7月至1985年7月在西北政法学院法律系学习；1985年7月至1989年9月任甘肃省兰州市人民检察院干部、书记员（1986年11月）、副科级助理检察员（1989年4月）；1989年9月至1992年7月在北京大学法律系经济法专业学习（硕士研究生）；1992年7月至1995年11月任中国工商银行广东省信托投资公司中山办事处科员（1993年3月）、证券部副主任（1993年11月）；1995年11月至1997年3月任深圳华源实业（集团）股份有限公司证券部经理；1997年3月至2002年3月任深圳市人大常委会经济工作委员会办公室科员、主任科员（1997年12月）（其间：1998年1月至2002年3月深圳市人大常委会领导秘书岗位工作）；2002年3月至2004年5月任深圳市人大法制委员会法规处副处长；2004年5月至2006年6月任深圳市人大法制委员会法规处处长；2006年6月至2009年11月任深圳市人大法制委员会办公室主任；2009年11月至2011年5月任深圳市人大常委会副巡视员；2011年5月至2012年1月任深圳市人大法制委员会副主任委员人选；2012年1月至2014年8月任深圳市人大法制委员会副主任委员；2014年8月至2015年7月任深圳市人大法制委员会（市人大常务委员会法制工作委员会）副主任委员（副主任）；2015年7月至2019年4月任深圳市人大常委会城市建设和环境资源保护工作委员会主任；2019年4月至2020年1月任深圳市人大常委会社会建设工作委员会主任；2020年1月起，任河源市委常委、市人民政府副市长（挂任），深圳对口帮扶河源指挥部总指挥，深圳市人大常委会社会建设工作委员会主任。

张和志 男，1975年2月出生，汉族，籍贯江西玉山，1997年7月参加工作，1995年5月入党。全日制大学学历，历史学学士，毕业于中山大学历史学专业；在职研究生学历，公共管理硕士，毕业于中山大学公共管理专业。

1993年9月至1997年6月，在中山大学历史学专业大学本科学习；1996年6月至1997年7月，待业；1997年7月至1998年8月，在省公安厅交通管理处工作；1998年8月至2020年12月，任省公安厅交通管理处科员；2002年12月至2003年3月，任省公安厅交通管理处副主任科员；2003年3月至2006年10月，任省公安厅交通管理局业务审批科副科长（其间2002年3月至2004年12月在中山大学政治与公共事务管理学院公共管理硕士专业在职学习，获公共管理硕士学位）；2006年10月至2007年7月，任省公安厅交通管理局车辆管理处主任科员兼受理科副科长（其间：2006年12月至2007年7月借调省委办公厅办文处，2005年5月至2006年12月挂任惠州市博罗县公安局副局长）；2007年7月至2009年4月，任省委办公厅办文处主任科员；2009年4月至2010年1月，任省委办公厅办文处文件组组长（正科）；2010年1月至2010年5月，任省委办公厅办文处副处长兼文件组组长；2010年5月至2013年4月，任省委办公厅办文处副处长；2013年4月至2015年9月，任省委办公厅文电法规处副处长；2015年9月至2019年11月，任省委办公厅文电法规处处长；2019年11月至2020年5月，任省委办公厅文电法规处处长、一级调研员；2020年5月至2020年7月，任省委督查室主任、一级调研员；2020年7月，任中共河源市委常委、秘书长、全面深化改革委员会办公室主任。

徐先龙 男，1965年2月出生，汉族，籍贯安徽望江，1982年6月参加工作，1984年6月入党。全日制大专学历，毕业于中国人民解放军空军某航空学校空中领航专业；在职大学学历，毕业于中国人民解放军空军某飞行学院领航理论专业。

1982年6月至1983年1月，某航空预备学校学员；1983年1月至1985年5月，在空军某航空学校空中领航专业学习；1985年5月至1986年7月，任空军某航空学校二团领航二大队正排职领航教员；1986年7月至1988年8月，任空军某航空学校二团领航二大队副连职领航教员；1988年8月至1990年5月，任空军领航学院某团领航二大队正连职领航教员；1990年5月至1991年6月任某领航学院政治部干部科正连职干事；1991年6月至1991年12月任某领航学院政治部干部科副营职干事；1991年12月至1994年6月任某军区空军政治部干部处任免科副营职干事；1994年6月至1997年6月任某军区空军政治部干部处任免科正营职干事；1997年6月至1999年1月，任某军区空军司令部办公室副团职秘书；1999年1月至2000年2月，任某基地政治部干部处副处长；2000年2月至2001年9月，任某地空导弹兵某旅党委常委、政治部主任；2001年9月至2007年12月，任某航空兵某师某团党委书记、政委；2007年12月至2009年2月，任河源市人事局党组成员、副局长（正处级）；2009年2月至2011年8月，任河源市委组织部副部长（正处级）；2011年8月至2019年11月，任河源市委组织部常务副部长（正处职）；2019年11月至2019年12月，任河源市委组织部常务副部长（正处职）、一级调研员；2019年12月至2020年5月任河源市人民代表大会常务委员会党组成员、市委组织部一级调研员；2020年5月起，任河源市人民代表大会常务委员会党组成员、副主任。

黄添胜 男，1967年3月出生，汉族，籍贯广东紫金，1985年7月参加工作，1987年10月入党。全日制中专学历，毕业于河源师范学校普师专业；在职大学学历，毕业于中山大学汉语言文学专业。

1985年7月至1990年2月在紫金县苏区中学任教师、团委书记；1990年2月至1993年9月在河源市第一小学任教师、副教导主任、教导主任、教工团委支部书记；1993年9月至2003年6月在共青团河源市委工作，1994年12月任学少部副部长，1995年8月任办公室副主任，1997年4月任办公室主任，2000年4月任团委副书记（其间：2001年3月至2002年2月在团中央机关挂职任综合处副处长）；2003年6月至2005年8月任河源市高新技术开发区管委会副主任、高新技术开发有限公司副总经理；2005年8月至2007年4月任河源市高新技术开发区党工委副书记、纪工委书记、市高新技术开发有限公司副总经理；2007年4月至2008年5月任河源市高新技术开发区党工委副书记（正处级）、纪工委书记、市高新技术开发有限公司副总经理；2008年5月至2010年6月任河源市高新技术开发区党工委副书记（正处级）、市高新技术开发有限公司副总经理；2010年6月至2012年3月任河源市国土资源局局长；2012年3月至2014年9月任河源市发展和改革局局长；2014年9月至2014年12月任河源市发展和改革局局长、市委全面深化改革领导小组办公室副主任（兼）；2014年12月至2015年3月任中共龙川县委副书记；

2015年3月至2016年6月任中共龙川县委副书记、县政府县长；2016年6月至2016年7月任中共龙川县委书记、县政府县长；2016年7月至2020年1月任中共龙川县委书记；2020年1月至2020年5月任河源市政协党组成员；2020年5月起，任河源市政协党组成员、副主席。

刘振林 男，1963年12月出生，汉族，籍贯广东龙川，1981年8月参加工作，1984年7月入党。全日制大专学历，毕业于广东青年干部学院青年学专业；在职省委党校大学学历，毕业于省委党校经济管理专业。

1981年8月至1986年9月任龙川县附城乡人民政府办公室资料员、副主任；1986年9月至1988年8月在广东青年干部学院脱产读书；1988年8月至1989年4月任共青团龙川县委干事；1989年4月至1990年5月任共青团龙川县委副书记；1990年5月至1993年8月任共青团龙川县委书记；1993年8月至1997年2月任中共龙川县佗城镇委书记（其间：1993年9月至1993年12月参加省委党校中青班学习）；1997年2月至1998年12月任中共龙川县委常委兼中共佗城镇委书记；1998年12月至1999年11月任中共龙川县委常委；1999年11月至2001年4月任中共龙川县委常委、政法委书记；2001年4月至2001年8月任中共龙川县委副书记、政法委书记；2001年8月至2008年11月任中共龙川县委副书记兼县委党校校长（其间：2002年9月至2002年12月参加省委党校县处班学习）；2008年11月至2010年4月任市政府副秘书长（兼）、市政府万绿湖水资源开发管理办公室主任；2010年4月至2012年4月任市政府副秘书长（兼）、市政府万绿湖水资源开发管理办公室主任、市万绿湖水资源开发有限公司总经理（其间：2011年3月至2011年7月在省委党校中青班学习）；2012年4月至2015年2月任市国土资源局党组书记、局长；2015年2月至2015年3月任中共紫金县委副书记；2015年3月至2016年6月任中共紫金县委副书记、县政府县长；2016年6月至2016年7月任中共紫金县委书记、县政府县长；2016年7月至2019年11月任中共紫金县委书记；2019年11月至2020年5月任河源市政协党组成员；2020年5月起，任河源市政协党组成员、副主席。（*唐世梁*）

说明：1、本名录名单除民主党派由市委统战部提供外，其余均由各单位提供。2、新任副厅级以上领导简介由市委组织部提供。

附 录

编辑：王瑞峰

规范性文件选编

河源市支持中小企业共渡难关17条政策意见

2020年2月7日

为深入贯彻习近平总书记关于坚决打赢疫情防控阻击战的重要指示精神，落实中央、省、市关于疫情防控的决策部署，支持我市工业和外资外贸型企业共渡难关，特制定以下政策意见。

一、支持对象

受到新型冠状病毒肺炎疫情影响，生产经营遇到困难、注册地在河源市辖区范围内的工业和外资外贸型企业。

二、支持措施

（一）稳定职工队伍。

1.实施援企稳岗政策。对受疫情影响，不裁员或少裁员的参保工业企业，可返还其上年度实际缴纳失业保险费的50%。

（责任单位：市人力资源和社会保障局、市财政局）

2.缓缴社会保险费。对受疫情影响，无法按时缴纳企业职工养老保险费、医疗保险（含生育保险）费、失业保险费、工伤保险费的工业企业，可延期至疫情解除后3个月内缴费，期间不加收滞纳金。

（责任单位：市人力资源和社会保障局、市税务局、市财政局）

3.发放援企稳岗补贴。对职工因疫情接受治疗或被医学观察隔离期间工业企业所支付的工资待遇，按照不超过该职工基本养老保险缴费工资基数的50%补贴企业。

［责任单位：市财政局、市人力资源和社会保障局，各县（区）政府（管委会）］

（二）加大金融支持。

4.确保工业企业信贷余额不下降。各银行机构确保2020年企业信贷余额不低于2019年同期余额。对受疫情影响较大，有发展前景但暂时受困的企业，不得盲目抽贷、断贷、压贷。

（责任单位：市金融局、人行河源市中心支行、河源银保监分局）

5.确保企业融资成本降低。鼓励各银行机构在原有贷款利率水平上再下调0.5个百分点，确保2020年企业融资成本不高于2019年同期。普惠型小微企业贷款综合融资成本再降0.5个百分点，贷款增速高于各项贷款平均增速，其中五家大型银行普惠型小微企业贷款增速高于20%。

（责任单位：市金融局、人行河源市中心支行、河源银保监分局）

6.加大疫情防控物资生产供应企业融资支持。开通专项融资服务通道，24小时内完成融资应急需求响应，重点支持疫情防控所需物资的生产、供应企业落实生产原料、设备改造、供应应急物资等所需的融资要求。发挥政策性银行专项信贷政策优势，对纳入工信等相关部门名单企业贷款采用最优惠利率，对符合相关条件的企业可以提供信用贷款。

（责任单位：市金融局、市工业和信息化局、人行河源市中心支行、河源银保监分局）

7.做好受疫情影响企业金融纾困工作。引导各金融机构加大对疫情影响较大的行业企业以及受延迟复工影响企业的金融支持，各银行金融机构可采取延期还贷、展期续贷、降低利率、减免利息等措施，帮助企业渡过难关。

（责任单位：市金融局、人行河源市中心支行、河源银保监分局）

（三）减轻企业负担。

8.加大对防疫急需防护用品生产企业的资金扶持。对生产防疫急需防护用品（医用防护服、医用口罩、医用面罩、乳胶手套等）的企业，新增或转产防护用品的（不低于新增或转产产能的50%），根据新增或转产的时间节点，按设备投资的40%~80%奖励，最高不超过5000万元，已享受此类补贴的企业不重复享受。

（责任单位：市工业和信息化局、市财政局）

9.减免工业企业房租。对承租国有资产类经营用房的工业企业，1个月房租免收、2个月房租减半。对租用其他经营用房的，鼓励业主（房东）为租户减免租金，具体由双方协商解决。

［责任单位：市国资委、市财政局，各县（区）政府（管委会）］

10.减免或延期交纳税费。对因疫情影响纳税确有困难的企业，依法合理予以减免房产税、城镇土地使用税。对因疫情影响不能按期办理纳税申报的，依法准予延期申报；符合延期缴纳税款条件的，依法准予延期缴纳税款。对企业发生的公益性捐赠支出，准予按规定在企业所得税税前扣除。*（责任单位：市税务局）*

11.加快疫情防控物资生产企业退税。对符合条件的疫情防控物资生产企业，优先加快办理增值税留抵退税、采购国产设备退税。*（责任单位：市税务局）*

（四）支持外贸外资企业发展。

12.支持企业扩大进口。对在疫情期间企业以一般贸易方式进口紧缺医用物资并交予政府统一管理调配的，按每进口1美元给予0.1元人民币扶持的标准予以扶持。鼓励企业发展一般贸易，对企业以一般贸易方式进口的，按每进口1美元给予0.02元人民币扶持的标准予以扶持。

（责任单位：市商务局、市卫生健康局、市财政局、市市场监管局、市红十字会、河源海关）

13.支持企业开拓市场。对已缴纳展位费用、因疫情不能正常参展造成损失的外贸企业，按其实际损失展位费用的80%予以财政补助。每个展位补助损失费用不超过2500元，最高补助不超过2个展位。

（责任单位：市商务局、市贸促会、市财政局）

14.支持企业发展外贸新业态。鼓励企业继续发展外贸新业态，进一步扩大进出口。对企业开展市场采购贸易出口业务的，按每出口1美元给予0.03元人民币扶持的标准予以扶持；对企业开展跨境电商进出口业务的，按每进出口1美元给予0.02元人民币扶持的标准予以扶持。

（责任单位：市商务局、市发展和改革局、市财政局、市市场监管局、市税务局、国家外汇管理局河源中心支局、河源海关）

15.支持生产医疗器械的外经贸企业的产品出口转内销。对于生产医疗器械产品的外经贸企业，2020年增量的内销产品，市场监管部门优先给予市场准入许可。在内销时产生的进口料件的进口环节税（含关税和增值税），由各级财政部门给予50%资金补助。对内销产品的原料紧急采购单价及额外产生的运费，给予全额资金补助。

（责任单位：市商务局、市财政局、市市场监管局、市税务局、河源海关）

16.鼓励捐赠进口紧缺医用物资。支持企业组织进口捐赠紧缺医用物资，对企业进口所产生的通关、物流等费用予以全额补助。

（责任单位：市商务局、市卫生健康局、市财政局、市市场监管局、河源海关、市红十字会）

（五）优化政务服务流程。

17.优化政务服务流程。加强全网办事项宣传工作，提高企业知晓度。半网办事项实行邮政办，采用网上申报、线下邮递材料的方式，减少人员往来流动。增加待办事项的属性，提高代办服务质量及覆盖程度。积极推进预约办事，实现即办即走、减少停留。

（责任单位：市政务服务数据管理局）

以上政策自省决定启动重大突发公共卫生事件一级响应之日起施行，有效期至省重大突发公共卫生事件一级响应解除。中央、省出台相关支持政策，市遵照执行。

本政策意见由市工业和信息化局会同相关部门负责解释。

河源市农村村民住房建设管理办法

2020年4月24日

第一章 总则

第一条 为了加强对农村村民住房建设的监督管理，规范村民住房建设行为，维护村民合法权益，根据《中华人民共和国城乡规划法》《中华人民共和国土地管理法》《中华人民共和国建筑法》《广东省城乡规划条例》等有关法律法规，结合河源市实际，制定本办法。

第二条 本市行政区域内农村村民在农民集体土地上新建、改建、扩建、重建住房（以下统称村民建房）及其管理，适用本办法。

本办法所称农村村民，是指具有本市居民户口的农村集体经济组织成员。

本办法所称村民住房，是指村民在其宅基地上建设的住宅房屋。

本办法所称村民建房，包括村民个人建房和集体建房。

第三条 村民建房应当遵循规划先行、一户一宅、生态宜居、节约用地、保障安全、保护环境的原则。

第四条 市、县（区）人民政府负责本行政区域内村民建房的监督管理，履行以下职责：

（一）将村民建房纳入国土空间规划、村庄规划；

（二）建立农村宅基地及村民住房建设管理的联合工作制度和综合执法机制；

（三）将所需工作经费纳入本级财政预算；

（四）相关法律、法规规定的其他职责。

第五条 乡镇人民政府（含街道办事处，下同）负责本辖区内村民建房的具体管理工作，履行以下职责：

（一）对村民建房情况进行日常巡查、监督管理，通过开展动态巡查，及时发现并制止违法建设；

（二）依法办理村民建房的审批或者审核手续；

（三）接受县（区）自然资源主管部门委托，审核发放乡村建设规划许可证，进行规划验线和核实；

（四）接受县（区）住房和城乡建设主管部门委托，对村民建房安全质量进行现场指导和检查；

（五）对村民建房进行开工查验和竣工验收；

（六）接受县（区）农业农村主管部门委托，对宅基地违法用地进行查处；

（七）指导村民委员会做好村民用地建房自治管理；

（八）相关法律、法规规定的其他职责。

第六条 市、县（区）农业农村主管部门负责农村宅基地改革和管理有关工作，制定农村宅基地管理相关配套制度措施，指导下级政府和本级政府有关部门协同做好宅基地管理工作；对违反农村宅基地管理法律、法规的行为进行监督检查，指导宅基地违法用地查处，并可以根据实际情况和需要，会同有关部门开展联合执法工作，或者委托乡镇人民政府进行查处工作。

市、县（区）自然资源主管部门负责指导农村宅基地规划和乡村建设规划许可证核发，及不动产确权登记工作。

市、县（区）住房和城乡建设主管部门负责指导本行政区域内村民建房活动的安全及质量监督管理，负责农村建筑工匠的技术指导和管理工作。

水利、人力资源和社会保障、公安、应急管理、生态环境等部门按照有关法律法规规定和本级人民政府的职责分工，履行相关的监督管理职责。

第七条 村民委员会应当建立健全宅基地和村民住房建设管理制度，将宅基地和村民住房建设管理内容纳入村规民约，引导村民遵守村规民约、依法依规用地建房，及时发现和制止违法建设行为，并向乡镇人民政府报告。

第八条 乡镇人民政府应当设立宅基地和村民住房建设管理服务窗口，统一受理宅基地和村民建房申请，简化审批流程，实行一站式办理审批或者审核事项。

第九条 县（区）人民政府应当结合本地实际情况，采取有力措施，鼓励、引导有条件的地区，推广村民集体建房，提高农村建设用地的使用效率。

第十条 各级人民政府、街道办事处和村民委员会应当加强规划、土地、建设管理相关法律知识的宣传教育，提高村民依法用地建房的意识。

第十一条 任何单位和个人都有遵守规划、土地、建设管理相关法律、法规、规章的义务，并有权对村民违法违规建房的行为提出投诉、检举和控告。

第二章 规划、选址及用地标准

第十二条 县（区）、乡镇人民政府应当根据本地经济社会发展水平，按照因地制宜、切实可行的原则，依法编制乡镇国土空间规划、“多规合一”的实用性村庄规划，与其他专项规划相衔接，统筹并合理安排宅基地用地，改善农村村民居住环境和条件。

乡镇国土空间规划、村庄规划应当合理控制建筑密度、容积率、绿地率等各项经济技术指标，注重加强农房风貌管控，综合考虑道路、给排水、环境卫生、消防等基础设施配套和公共服务设施的建设，立足现状改造和整治，注重保护生态环境和地方乡土文化特色。

第十三条 村民建房应当符合乡镇国土空间规划和村庄规划，应当使用集体建设用地，尽量利用原有宅基地、村内空闲地、荒坡地、废弃地以及其他未利用地，严格控制占用耕地，严禁占用永久基本农田。

村庄规划应当严格按照程序，进行科学论证和公示，经村民会议或者村民代表会议讨论通过后，由乡镇人民政府报县（区）人民政府审批。经批准后由乡镇人民政府公布实施。

经批准的村庄规划，任何单位和个人不得擅自变更。确需调整或者修编的，按照法定程序进行。

第十四条 村民建房应当按照规划选址，避开地质灾害风险区、地震活动断裂带、河道行洪区等危险区域，尽量避免削坡建房，禁止在高山陡坡切坡建房。

第十五条 村民建房选址应当避开公路建筑控制区、铁路线路安全保护区、电力线路保护区、饮用水水源一级保护区、重要旅游景区景点、风景名胜区、历史文物保护单位等重点区域范围。

第十六条 村民建房用地实行计划管理。乡镇人民政府审核村民建房申请，应当符合村民建房年度用地计划指标。

第十七条 农村村民一户只能拥有一处宅基地，面积按照如下标准执行：平原地区和城市郊区每户不得超过80平方米，丘陵地区每户不得超过120平方米，山区每户不得超过150平方米。

现有宅基地面积在规定标准之内，且符合规划要求的村民建房，并且可以在原址新建、扩建或者重建的不得易地新建。

农村村民经批准易地建房的，应当在房屋竣工后6个月内拆除原宅基地上的建筑物、构筑物和其他附着物；参加集体建房的，应当在新房分配后6个月内拆除原宅基地上的建筑物、构筑物和其他附着物。原宅基地由村民委员会或者具有宅基地所有权的农村集体经济组织依法收回。

第十八条 进城落户的农村村民可以依法自愿有偿退出宅基地。经村民委员会或者具有宅基地所有权的农村集体经济组织同意，农村村民可以在本集体经济组织内部向符合宅基地申请条件的村民转让宅基地。

鼓励农村集体经济组织及其成员盘活利用闲置宅基地和闲置住宅，农村集体经济组织、村民委员会可以依法开展闲置宅基地和闲置住宅整治，整治出来的土地优先用于满足农村村民新增宅基地的需求。

第三章 用地建房审批

第十九条 县（区）人民政府应当按照“以成员认定、以户取得、一户一宅”的原则，制定本行政区域认定农村宅基地分配资格的指导性意见，指导农村宅基地分配制度的建立和完善。

第二十条 村民委员会应当建立宅基地分配资格登记台账制度，按照村民申请、村民委员会审核、公示公开认可的程序，确定符合资格的申请人并纳入资格名录库，实行一年一次动态管理。纳入资格名录库的，才能取得或者受让宅基地使用权。资格名录库应当定期上报乡镇人民政府备案。

第二十一条 农村村民符合下列条件之一的，可以以户为单位申请用地建房：

（一）同户居住家庭，因家庭成员已达到法定结婚年龄，需要建房分户居住的；

（二）原有的宅基地占地面积未达到本办法规定的宅基地占地面积标准，需要在原址改建、扩建或者易地新建的；

（三）因村镇规划调整、国家、集体建设需要或者移民搬迁，需要易地新建的；

（四）原有住房因自然灾害或者其他原因损毁，需要易地新建的；

（五）属危旧住房需要拆除重建的；

（六）法律、法规规定的其他情形。

第二十二条 农村村民申请用地建房，应当持下列资料向村民委员会提出申请：

（一）按照要求填写的农村村民用地建房申请表；

（二）申请人的身份证及户口簿；

（三）申请易地新建住房的，需提交同意退出原宅基地承诺书，除分户居住或其他不需拆除原宅基地上建筑物的情形外，还需提交限期拆除其地上建筑物并交还村民委员会或者具有宅基地所有权的农村集体经济组织使用的承诺书。

农村村民用地建房申请表格式，由市农业农村主管部门会同自然资源、住房和城乡建设主管部门制定。

本条规定的申请文件可以通过信函、传真、电子数据交换和电子邮件等方式提出。

第二十三条 村民委员会收到村民用地建房申请后，应当进行资格审查；符合条件的，应当自收到申请后10个工作日内按照国家和省的有关规定进行讨论确定，并在申请人所在村或者村民小组张榜公示，公示期不少于5个工作日。公示期间无异议的，由村民委员会在申请表上签署意见后，连同有关申请资料、讨论记录、公示资料一并报乡镇人民政府。

第二十四条 农村集体经济组织或者村民委员会申请集体建房的，填写农村村民用地建房申请表，连同集体建房用地使用证明、建设方案一并报送乡镇人民政府。

第二十五条 乡镇人民政府应当自收到申请资料之日起20个工作日内按照下列程序分别作出处理：

（一）申请宅基地建房的，由乡镇人民政府审批后报县（区）人民政府备案；

（二）申请使用农用地建房或者申请集体建房的，由乡镇人民政府提出审核意见，经县（区）人民政府批准，报市人民政府备案；

（三）涉及削坡建房的，乡镇人民政府应当先进行风险评估，通过评估后再审批；

（四）涉及占用农用地、未利用地的，由村民委员会在每年的最后一个季度，将本村下一年度涉及农用地、未利用地转用需求上报至乡镇人民政府，乡镇人民政府统一提交县（区）人民政府，由县（区）人民政府统筹组织办理农用地转用审批手续。

符合条件、资料齐全决定批准的，由接受委托发证的乡镇人民政府核发乡村建设规划许可证，并报县（区）自然资源主管部门备案。

材料不齐全的，书面通知村民委员会和申请人限期补正，逾期不补正的，视为撤回申请。

第二十六条 村民用地建房申请有下列情形之一的，不予批准：

（一）不属于本村村民的；

（二）不符合一户一宅规定或者不具备分户条件的；

（三）已有一处宅基地且面积不低于每户宅基地限额标准的；

（四）将宅基地、原有住房出卖、出租、赠予他人或者以其他形式转让的；

（五）申请易地新建住房未承诺退出原有宅基地的；

（六）已参加集体建房再申请个人建房的；

（七）削坡建房未通过风险评估的；

（八）不符合本办法第十四条、第十五条规定的；

（九）不符合国土空间规划、村庄规划的；

（十）法律、法规规定的其他不予批准的情形。

不予批准决定应当通知申请人，说明理由，并告知其陈述、申辩权及法律救济途径。

第二十七条 城镇居民不得购买农村宅基地。

第二十八条 乡镇人民政府和村民委员会应当及时公布村民用地建房的审批结果，接受社会监督。

第二十九条 村民用地建房未取得乡村建设规划许可证的，不得开工建设。

第四章 建设管理

第三十条 市、县（区）住房和城乡建设主管部门应当加强对农村建筑工匠的管理,建立农村建筑工匠质量安全责任追究制度，健全农村建筑工作责任主体信用档案，规范农村建筑工匠管理。

县（区）住房和城乡建设主管部门应当根据本地区实际情况，组织编制或者参照推广上级住房和城乡建设主管部门印发的农村住房设计通用图集，组织编制农村住房设计建设标准规范和技术导则、乡村规划设计师和农民工匠队伍建设行动方案以及其他必要指导文件，将村民建房活动纳入规范化管理。

乡镇人民政府应当加强对村民建房流程管理，及时提供服务，做到建筑放样到场、基槽验收到场、施工过程到场、竣工验收到场。

第三十一条 村民建房应当严格按照乡村建设规划许可证规定的位置、面积、层数、标高、立面和范围进行施工，不得擅自变更；确需变更的，应当经原审批机关同意，并办理变更手续。

县（区）自然资源主管部门应当根据当地实际，对村民住房建设的建筑面积、层数等作出基本管控要求：建筑总面积不得超过350平方米，建筑层数不得超过三层半。

第三十二条 村民建房施工现场应当悬挂告示牌，载明建设规划许可的主要内容和图件，接受政府、村民组织和村民的监督。

第三十三条 县（区）住房和城乡建设主管部门负责免费提供和推荐使用农村住房通用设计图集图纸，可以通过网络信息等平台供建房村民查询下载。

村民建设2层或者2层以上住房的，应当使用具备资质的设计单位设计或者经其审核的施工图，或者应当使用农村住房通用设计图集；建设1层住房的，鼓励使用具备资质的设计单位设计的施工图或者农村住房通用设计图集。

第三十四条 建房村民取得乡村建设规划许可证以及农村住房设计图纸后，可以向乡镇人民政府申请免费放样服务。乡镇人民政府应当自收到申请之日起7个工作日内，按照乡村建设规划许可证确定的建房用地位置和允许建设的范围进行放样。

第三十五条 农村住房建设应当选择经过建筑技能培训、满足技能要求的农村建筑施工人员或者有资质的建筑施工企业施工。

第三十六条 建筑施工企业或者农村建筑工匠应当按照设计图纸、施工技术标准和操作规程施工，在施工中采取安全施工措施，及时发现和消除施工、消防等安全隐患。

第三十七条 鼓励农村住房建设推行监理制度。建房村民可以委托具有房屋建筑工程监理或者设计资质的单位或者注册监理人员、设计人员对住房施工进行监理。

第三十八条 村民建房完工后，应当向乡镇人民政府申请竣工验收。乡镇人民政府自收到申请之日起5个工作日内，应当安排工作人员实地核查规划和用地要求的履行情况，符合规划许可和用地要求的，依法完成验收手续，出具验收意见书。

经验收合格的，乡镇人民政府应当将验收意见书及相关材料报送县（区）自然资源主管部门备案。

第三十九条 村民建房完成房屋竣工验收手续后，可以依法申请办理不动产确权登记，由县（区）不动产登记机构核发证书。

村民拆除原有房屋、退还原有宅基地的，应申请注销原不动产权利证书。

第五章 法律责任

第四十条 有关行政机关及其工作人员，违反本办法规定，不履行或者不正确履行农村村民住房建设管理职责的，由本级人民政府、上级主管部门或者监察机关责令改正；情节严重的，对负有责任的主管人员和其他直接责任人员，依法给予处分；构成犯罪的，依法追究刑事责任。

第四十一条 未依法取得乡村建设规划许可证或者未按照乡村建设规划许可证的规定进行建设的，由乡镇人民政府按照《中华人民共和国城乡规划法》的有关规定处理。

第四十二条 村民未经批准或者采取欺骗手段骗取批准，非法占用土地建设住房的，由县（区）农业农村主管部门按照《中华人民共和国土地管理法》的有关规定处理。

建房超过本办法规定宅基地面积部分，多占的土地按照非法占用土地处理。

新建房屋竣工后，不按规定拆除原有房屋、退还原有宅基地的，按照非法占用土地处理。

第四十三条 村民建房的工程质量和施工安全不符合有关法律、法规和规章规定的，由县（区）住房和城乡建设主管部门按照有关规定处理。

第六章 附则

第四十四条 江东新区、市高新区管理委员会对农村村民住房建设的管理职责，由市人民政府另行规定。

县（区）人民政府可以根据本办法，制定本行政区域农村村民住房建设管理实施细则。

第四十五条 本办法自2020年6月1日起施行。之前市人民政府颁布的关于农村宅基地和村民住房建设管理规定与本办法不一致的，以本办法为准。

河源市城乡居民基本养老保险实施办法

2020年5月5日

第一章 总则

第一条 为进一步规范河源市城乡居民基本养老保险制度，维护城乡居民养老保障合法权益，根据《中华人民共和国社会保险法》《广东省城乡居民基本养老保险实施办法》等有关规定，结合我市实际，制定本办法。

第二条 年满16周岁（不含在校学生），具有本市户籍，非国家机关和事业单位工作人员及不属于职工基本养老保险制度覆盖范围的城乡居民，可在户籍地自愿参加城乡居民基本养老保险。港澳台居民参加城乡居民基本养老保险按国家相关规定执行。

第三条 城乡居民基本养老保险实行社会统筹与个人账户相结合的制度模式，实行市级管理；遵循“保基本、广覆盖、有弹性、可持续”、权利与义务相对应、政府主导推动和居民自愿参加相结合、保障水平与我市经济社会发展水平相适应的原则；制度建设与家庭养老、社会救助、社会福利、抚恤优待等社会保障措施相配套，与职工基本养老保险制度（含企业职工基本养老保险和机关事业单位基本养老保险，下同）相衔接；采取个人缴费、集体补助、政府补贴、社会捐助相结合的筹资模式，基础养老金和个人账户养老金相结合的待遇形式。

第四条 各级人民政府必须保证城乡居民基本养老保险基金征集和待遇给付。城乡居民基本养老保险基金及其收益和养老保险待遇按国家规定免征税费。

第五条 各级人民政府将城乡居民基本养老保险工作列入国民经济和社会发展规划，建立健全工作制度，加强宣传发动工作，落实工作目标责任制。

第六条 各级人力资源社会保障部门牵头负责城乡居民基本养老保险管理工作，会同有关部门做好城乡居民基本养老保险的统筹规划、政策和标准制定、政策宣传、审核汇总基金预决算草案、综合协调等工作。

各级税务机关负责城乡居民基本养老保险费征收等工作。各级社会保险经办机构负责城乡居民基本养老保险的参保登记、缴费核定、待遇核定与支付、个人账户管理以及基金收支会计核算等具体业务工作。

各级财政部门负责政府补助资金的预算和拨付，基金存入财政专户的管理，对基金收支、管理的财政监督和基金预结算草案的审核等工作，编制城乡居民基本养老保险财政补贴资金和业务经办经费的年度预算，并做好上级财政补贴资金的申请、拨付工作。

各级公安部门负责提供城乡居民户籍基本信息和死亡、户口迁移、注销情况等工作。

各级司法行政部门负责提供服刑人员入监服刑、假释、保外就医、刑满释放等信息。各级卫生健康部门提供医学死亡等信息。

各级民政部门负责提供低保、特困人员身份的审核确定、死亡火化人员有关信息等工作；退役军人事务部门负责提供退役军人军龄有关信息等工作；残联部门负责提供城乡重度残疾人和精神智力残疾人有关信息等工作；扶贫部门负责提供相关建档立卡贫困人员信息等工作。

各级发展改革、审计、监察等单位按各自职责，共同做好城乡居民基本养老保险有关工作。

各有关部门应当通过数据共享等方式，及时将公民相关信息传送同级社会保险经办机构。

第二章 基金征缴

第七条 城乡居民基本养老保险基金的来源：

（一）个人缴费。

（二）集体补助。

（三）各级政府补贴。

（四）其他经济组织、社会组织、社会各界资助城乡居民的养老保险费。

（五）城乡居民基本养老保险基金收益。

第八条 缴费和补助标准：

（一）个人缴费：参加城乡居民基本养老保险的人员（以下简称参保人）个人缴费标准分为每人每年180元、240元、360元、600元、900元、1200元、1800元、3600元、4800元九个档次，参保人每年自行选择其中一个档次缴费。

建档立卡贫困人员、低保对象、特困人员、重度残疾人和精神智力残疾人等困难群体可选择每年120元标准缴纳养老保险费。

（二）政府缴费补贴：各级人民政

府对参保人缴费给予补贴。对选择低档次标准（每年180元~360元）缴费的，补贴标准为每人每年30元；对选择较高档次标准（每年600元及以上）缴费的，补贴标准为每人每年60元。由省、市、县区财政按1∶1∶1的比例分担支出责任。政府补贴根据国家、省、市有关政策适时调整。

（三）为困难群体代缴养老保险费。参加城乡居民基本养老保险的建档立卡贫困人员、低保对象、特困人员和城乡重度残疾人及精神智力残疾人等困难群体，由市、县区人民政府按每人每年120元标准代缴养老保险费，并给予每人每年30元政府缴费补贴，最多不超过15年。困难群体选择按每年180元及以上标准缴费的，除市、县区人民政府按规定标准代缴部分，其他费用由个人自行负担；政府缴费补贴按实际缴费（含代缴）档次的标准执行。具体代缴办法按《河源市为贫困人员代缴城乡居民基本养老保险费实施办法》（河人社规〔2018〕2号）规定执行。

参加城乡居民基本养老保险的城乡五保户、重度残疾（即肢体残疾、视力残疾、听力残疾、言语残疾等经残联核发残疾证为一至二级）和精神智力残疾人，其个人缴费部分由县区财政按每人每年120元的标准为其缴纳，最多不超过15年。

（四）军人服役期间参加军人养老保险，退伍后参加城乡居民基本养老保险的，原军人养老保险的保费计入城乡居民基本养老保险个人账户，缴费年限合并计算，并按城乡居民基本养老保险规定继续缴费。军人服役期间未参加军人养老保险的，由接收安置地财政按本办法规定的最低缴费档次标准为其缴纳，其服兵役年限由当地退役军人事务部门认定，经同级人力资源社会保障、财政部门审核，最多不超过15年。

（五）集体补助：有条件的村（居）集体经济组织应当对参保人给予缴费补助。缴费补助标准由村（居）民委员会召开村（居）民会议或村（居）民代表会议民主决定。集体补助金额不得超过最高缴费档次标准。

（六）社会捐助：鼓励其他经济组织、社会组织和个人为参保人缴费提供资助。努力拓宽资金筹集渠道，通过政府褒奖、税收优惠等措施，鼓励社会各界捐款、资助城乡困难居民参保。

第九条 城乡居民基本养老保险缴费由税务机关统一征收。征收办法由市税务部门另行制定。

第十条 参保人原则上按年缴费（自然年度），也可以按月或按季度缴费，但一个自然年度内只能选择同一种缴费方式和缴费标准。

各级财政给予城乡居民的缴费补贴，应及时划入市城乡居民基本养老保险基金财政专户。

第三章 待遇享受

第十一条 按本办法参加城乡居民基本养老保险的参保人，经县区社会保险部门确认，具备下列条件之一，且未按月领取职工基本养老保险待遇以及国家规定的其他基本养老保障待遇的，可以按月领取养老保险待遇，直至终老。

（一）年满60周岁、累计缴费年限满15年的。

（二）各县区实施原广东省新型农村社会养老保险（以下简称新农保）或城镇居民社会养老保险（以下简称城居保）制度时，已年满60周岁的，不用缴费，可以按月领取基础养老金。

（三）各县区实施原新农保和城居保制度时，距年满60周岁不足15年的，按规定逐年缴费至年满60周岁的，可按月领取。也可以选择趸交若干年的养老保险费，但趸交年限不超过其到年满60周岁的年限，趸交部分的财政补贴，在趸交当年按各级财政分担的标准一次性划入其个人账户。

（四）参保人年满60周岁但累计缴费年限没有达到规定缴费年限的（含按国家城乡基本养老保险制度衔接办法合并计算的城镇职工基本养老保险缴费年限），可申请继续逐年缴费，并享受相应的政府缴费补贴。逐年缴费至65周岁仍然没有达到规定缴费年限的，可以一次性缴纳养老保险费至规定的缴费年限后，按月领取养老保险待遇，但一次性缴费不享受政府缴费补贴。

（五）参保人年满60周岁、累计缴费年限没有达到规定缴费年限，不继续缴费（含一次性缴费）的，经本人书面申请，可不领取基础养老金，按月领取个人账户养老金至个人账户储存额发完为止，或一次性领取个人账户储存额，并终止城乡居民基本养老保险关系。

第十二条 参加城乡居民基本养老保险的居民申领养老保险待遇的年龄以户籍年龄为依据，养老保险待遇自申报批准次月起发放。

第十三条 城乡居民基本养老保险待遇计发办法：

（一）城乡居民基本养老保险待遇由基础养老金和个人账户养老金组成，按月发放。

（二）基础养老金由中央和省、市政府确定标准并全额支付给符合领取条件的参保人。

城乡居民基本养老保险基础养老金补助按照省划分的区域分档，由省财政统筹中央和省级资金。其中：1.第一档为原中央苏区县（连平县、和平县、龙川县、紫金县），由省财政统筹中央和省级资金承担100%支出责任。2.第二档为除第一档以外的北部生态发展区（源城区、东源县、江东新区），由省财政统筹中央省级资金分担85%支出责任，市负担7.5%支出责任，县区负担7.5%支出责任。

参保人累计缴费年限超过15年的（含按国家城乡基本养老保险制度衔接办法从职工基本养老保险转入城乡居民基本养老保险后合并计算的缴费年限），超过15年的部分，参保缴费每增加1年每月加发3元基础养老金，所需资金由市、县区财政各50%的比例分担。

各县区可根据本地实际，适当提高年满65周岁及以上参保人的基础养老金标准。加发的基础养老金所需资金，由县区财政负担。

（三）市人民政府根据国家、省统一部署要求以及我市经济社会发展水平等情况，适时调整基础养老金标准。

（四）个人账户养老金按首次领取养老保险待遇之月的个人账户全部储存额除以计发系数确定。计发系数参照《国务院关于建立统一的城乡居民基本养老保险制度的意见》（国发〔2014〕8号）的有关规定执行。

参保人个人账户养老金由个人账户储存额支付，个人账户储存额发放完毕后，由市、县区财政各50%的比例分担按照原标准继续发放个人账户养老金。

第十四条 养老保险待遇实行社会化发放。按月领取养老保险待遇的人员，应按规定进行领取待遇资格认证。对未按规定办理领取资格认证手续或未通过认证的个人，暂停发放养老保险待遇。经核实符合领取资格条件的，恢复发放养老保险待遇，并补发暂停发放期间的养老保险待遇及相应年度的调整。社保经办机构应会同村（居）委会定期在行政村或社区范围内对参保人领取养老保险待遇资格进行公示，接受群众监督。

第十五条 参保人死亡且未领取职工社会保险丧葬补助费的，一次性发给其死亡时城乡居民基本养老保险基础养老金标准6个月的丧葬补助金，所需资金由市、县区财政按1：9比例分担。

第十六条 按月领取养老保险待遇人员死亡后，养老保险待遇从死亡次月起停止发放。其直系亲属或所属的村（居）民委员会应当在其死亡之日起三十日内到当地社保经办机构办理养老保险待遇停发手续，办理终止城乡居民基本养老保险关系，并进行注销登记。

第四章 管理和监督

第十七条 城乡居民基本养老保险以参保人的居民身份证号码作为其社会保障号码，由参保地社会保险经办机构按社会保障号码为参保人建立终身记录的养老保险个人账户。个人缴费、集体补助、政府缴费补贴、社会捐助等全部计入个人账户。个人账户储存额按国家规定计息。个人账户用于本人养老，除出现本办法第十八条第（三）款、二十九条有关情况外，参保人不得退保或提前支取个人账户储存额。

第十八条 个人账户的管理。

（一）参保人中断缴费的，其个人账户由社会保险经办机构予以保留，并不间断计息。对中断缴费期间进行补缴的部分不享受政府缴费补贴，个人账户储存额和缴费年限均累计计算。

（二）参保人在年满60周岁前跨省、市、县区转移户籍的，应将其城乡居民基本养老保险关系和个人账户储存额转入新参保地，按新参保地规定继续参保缴费并享受有关待遇。在户籍迁移前已年满60周岁的参保人，不再转移养老保险关系，仍在原参保地按原参保地标准缴纳养老保险费，领取养老保险待遇。

（三）未领取养老保险待遇的参保人出国（境）定居但仍然保留中华人民共和国国籍的，其城乡居民基本养老保险关系予以保留，达到法定领取条件时，按照规定享受相应的养老保险待遇；丧失中华人民共和国国籍的，应进行注销登记，终止城乡居民基本养老保险关系，一次性领取除政府补贴外的个人账户储存额。

已领取养老保险待遇的参保人出国（境）定居但仍然保留中华人民共和国国籍的，可继续领取养老保险待遇；丧失中华人民共和国国籍的，应进行注销登记，终止城乡居民基本养老保险关系，停止发放养老保险待遇，一次性领取除政府补贴外的个人账户余额。

（四）参保人死亡的，除政府补贴资金本息外，其个人账户储存额或余额一次性支付给其法定继承人或遗嘱继承人和遗赠人。政府补贴本息划入城乡居民基本养老保险基金，用于继续支付其他参保人的养老金。没有法定继承人或遗嘱继承人和遗赠人的，个人账户储存额全部划入城乡居民基本养老保险基金。

对待遇领取人员死亡后被冒领的城乡居民养老保险待遇，社会保险经办机构应按照规定责令有关人员退还。对因未及时办理注销登记而多领取的城乡居民养老保险待遇，社会保险经办机构直接从被注销人员的个人账户余额和丧葬补助金中抵扣；不足抵扣的，应责令有关人员予以退还。拒不退还的，社会保险经办机构应将详细信息移交给有关部门依法处理。

（五）参保人领取养老保险待遇期间服刑的，社会保险经办机构应在其服刑期间停止发放养老保险待遇。服刑期满后，从其服刑期满的次月起继续发放养老保险待遇，停发期间的待遇不予补发。被判处管制、有期徒刑宣告缓刑或监外执行的参保人，可以继续发放养老保险待遇。因涉嫌犯罪被通缉、在押的，养老保险待遇暂停发放；经人民法院判定无罪的，被通缉、羁押期间的养老保险待遇予以补发。

（六）参保人被判处拘役、有期徒刑及以上刑罚的，服刑期间暂停缴纳养老保险费，服刑期满后可继续缴费，服刑前后的缴费年限和个人账户合并计算。参保人被判处管制、有期徒刑宣告缓刑或被假释的，可继续缴纳养老保险费，并享受政府财政补贴。参保人因涉嫌犯罪被通缉、在押期间，养老保险费暂停缴纳；被判处无罪的，可以补缴被通缉、羁押期间的养老保险费，并按各级财政对参保人参保补助的标准给予补助。

第十九条 城乡居民基本养老保险基金纳入社会保障基金财政专户，实行收支两条线管理，单独记账、独立核算，专款专用。任何地区、部门、单位和个人均不得挤占挪用、虚报冒领。

城乡居民基本养老保险实行市级管理，各级财政部门应按规定编制城乡居民基本养老保险财政补贴资金年度预算，及时将本级财政应分担的资金划入市城乡居民基本养老保险基金专户。

第二十条 城乡居民基本养老保险基金的会计核算和财务管理按国家规定

执行。

第二十一条 城乡居民基本养老保险基金按照国家规定的储蓄存款同期利率计息，利息全部转入城乡居民基本养老保险基金。个人账户储存额每年参照中国人民银行公布的金融机构人民币一年期同期存款利率计息。

第二十二条 人力资源社会保障部门要切实履行城乡居民基本养老保险基金的监管职责，制定完善各项业务管理规章制度，规范业务程序，建立健全内控制度和基金稽核制度，对基金的筹集、划拨、发放进行监控和定期检查，并定期公开基金筹集和支付信息，做到公开透明，接受社会监督。财政、监察、审计部门按各自职责实施监督，确保基金安全。

第二十三条 各级人民政府应切实加强城乡居民基本养老保险经办能力建设，结合本地实际，科学整合现有公共服务资源和社会保险经办管理资源，注重运用政府购买服务方式，充实加强基层经办力量，实现精确管理、便捷服务。

第二十四条 社会保险经办机构应当做好城乡居民基本养老保险登记、缴费核定、个人权益记录、社会保险待遇支付、基金预决算草案编制等工作，为城乡居民提供基本养老保险政策和业务办理咨询、个人信息查询、核对其缴费和享受养老保险待遇记录等服务，为参保人建立参保档案并长期妥善保存。

第二十五条 社会保险经办机构应以信息比对和服务方式精准开展领取养老保险待遇资格认证工作，通过定期进行内部数据比对，以及与公安、司法、民政、卫生健康、法院等部门进行数据共享、信息比对，推动人脸识别等自主认证方式，确认参保人领取养老保险待遇资格状态，并做好相应信息标识。对通过信息比对发现丧失领取养老保险待遇资格的人员，社会保险经办机构应暂停发放养老保险待遇。对待核实人员，应通过社会化服务等方式对认证信息逐一核实，并建立信息核实的数据记录。经核实符合领取资格条件的，恢复发放养老保险待遇，并补发暂停发放期间的养老保险待遇（含相应年度的调整提高部分）。

第二十六条 城乡居民基本养老保险基金按照国家和省统一规定开展投资运营，实现保值增值。

第二十七条 社会保险经办机构应当定期向社会公布参加城乡居民基本养老保险情况和基金收入、支出、结余及收益情况。城乡居民基本养老保险费征收机构应将参保人缴费情况定期告知参保人和村（居）委会。

第二十八条 应用省级集中的城乡居民基本养老保险信息管理系统，纳入社会保障信息管理系统，与其他公民信息管理系统实现信息资源共享。

第五章　制度衔接

第二十九条 参保人已按月领取职工基本养老保险基本养老金等其他国家规定的基本养老保障待遇的，应进行注销登记，终止其城乡居民基本养老保险关系。

社会保险经办机构核发参保人养老保险待遇时，应通过社会保险参保信息比对，核实参保人参加职工基本养老保险情况。参保人已领取职工基本养老金的，应办理终止城乡居民基本养老保险关系，一次性退还除政府补贴外的个人账户储存额；参保人已满足按月领取职工基本养老金条件但未领取的，应告知参保人可办理城乡养老保险制度衔接手续，领取职工基本养老金，按规定终止城乡居民基本养老保险关系；参保人未满足按月领取职工基本养老金条件的，应告知参保人可办理城乡基本养老保险制度衔接手续，领取相应的养老保险待遇。

参保人同时领取职工养老保险和城乡居民养老保险待遇的，应继续领取职工养老保险基本养老金，终止城乡居民基本养老保险关系，除政府补贴外的个人账户余额退还本人，已领取的城乡居民基础养老金应予以退还。

第三十条 本办法和职工基本养老保险制度以及与城乡居民最低生活保障、特困人员救助供养、优抚等相关制度的衔接，按照国家有关规定执行。

第三十一条 将被征地农民养老保险制度并入城乡居民基本养老保险制度，衔接办法按省府办公厅《转发省人力资源和社会保障厅关于进一步做好我省被征地农民养老保障工作意见的通知》（粤府〔2010〕41号）和《关于进一步做好我市被征地农民养老保障工作的通知》（河府办〔2011〕41号）规定执行。

第三十二条 军人退出现役后参加城乡居民基本养老保险的，按照国家有关规定办理城乡养老保险制度衔接手续。

第六章　法律责任

第三十三条 单位和个人有下列行为之一的，责令限期改正。对单位及其直接负责的主管人员和其他直接负责人员依照国家有关法律、法规追究责任：

（一）擅自提高或降低缴费标准的；

（二）不按规定将社会保险基金存入社会保障基金财政专户，或者违反规定开设社会保险基金收入户的；

（三）违反规定迟征、少征、多征、免征养老保险费的；

（四）未按规定支付或停止支付养老保险待遇的；

（五）擅自变更支出项目、调整支出标准的；

（六）未按时足额将基金从财政专户拨付到支出户的；

（七）不依法履行基金追回责任的；

（八）其他违反国家法律、法规规定的行为。

第三十四条 隐匿、转移、侵占、挪用城乡居民基本养老保险基金的，由社会保险行政部门、财政部门、审计部门责令限期退回，并依法予以处罚。有违法所得的，没收违法所得。对直接负责的主管人员和其他直接责任人依法给予处分。涉嫌犯罪的，移送司法机关依法处理。

第三十五条 以欺诈、伪造证明材料、出具虚假证明材料、隐瞒参保人死亡事实等非法手段骗取城乡居民基本养老保险待遇的，由当地社会保险行政部门责令限期追回，并依法处理。涉嫌犯罪的，移送司法机关依法处理。

第三十六条 社会保险经办机构错误审核城乡居民基本养老保险待遇的，应当依法重新认定和审核。造成少发养老保险待遇的，应予补发；造成多发养老保险待遇的，应予以追回。

第七章 附 则

第三十七条 各县区应健全城乡居民基本养老保险体系，落实人员承担城乡居民基本养老保险各项经办业务。市、县区人力资源社会保障行政部门和社会保险经办机构开展城乡居民基本养老保险工作所需人员开支和工作经费，由同级政府统筹解决，不得从城乡居民基本养老保险基金中列支。

第三十八条 参保人、社会保险经办机构、养老保险征收机构因城乡居民基本养老保险事项发生争议时，按《中华人民共和国社会保险法》规定处理。

第三十九条 本办法自2020年7月1日起施行，有效期为5年。原《河源市城乡居民社会养老保险实施办法》（河源市人民政府令第5号）同时废止。

（以上资料由市府办提供）

重要文件目录

中共河源市委重要文件一览表

（共5件）

表49

序号	时间	文件编号	标 题
1	2020.03.09	河委发〔2020〕1号	中共河源市委关于印发《中共河源市委常委会2020年工作要点》的通知
2	2020.03.11	河委发〔2020〕2号	中共河源市委 河源市人民政府印发《关于统筹推进新冠肺炎疫情防控和经济社会发展工作的若干措施》的通知
3	2020.09.18	河委发〔2020〕4号	中共河源市委 河源市人民政府 关于加大有效投资力度加快推进“示范区”“排头兵”“两个河源”建设的实施意见
4	2020.10.19	河委发〔2020〕5号	中共河源市委关于认真学习宣传贯彻习近平总书记出席深圳经济特区建立40周年庆祝大会和视察广东重要讲话重要指示批示精神的通知
5	2020.12.25	河委发〔2020〕8号	中共河源市委 河源市人民政府印发《关于促进中医药传承创新发展的若干措施》的通知

（王爱章）

2020年河源市人民政府重要文件一览表

（共24件）

表50

序号	文件名称	文号
1	关于印发河源市支持中小企业共渡难关17条政策意见的通知	河府〔2020〕7号
2	关于印发河源市支持受疫情影响相关商贸服务业企业八条措施的通知	河府〔2020〕9号
3	关于印发河源市支持受疫情影响农业生产九条措施的通知	河府〔2020〕10号
4	关于印发河源市进一步稳定和促进就业若干政策措施的通知	河府〔2020〕11号
5	关于印发河源市应对新冠肺炎疫情支持文旅企业十条政策措施的通知	河府〔2020〕15号

续表50

序号	文件名称	文号
6	关于印发河源市网上中介服务超市管理实施细则(试行)的通知	河府办〔2020〕7号
7	关于印发河源市企业投资项目分类管理和落地便利化改革实施方案的通知	河府〔2020〕17号
8	关于修订印发河源市市级财政专项资金管理办法的通知	河府〔2020〕19号
9	关于印发河源市源城辖区农贸市场升级改造工作方案的通知	河府办〔2020〕13号
10	关于印发河源市促进汽车消费下乡实施方案的通知	河府〔2020〕26号
11	河源市农村村民住房建设管理办法	政府令第18号
12	关于印发河源市城乡居民基本养老保险实施办法的通知	河府〔2020〕29号
13	关于修订印发河源市推动非户籍人口在城镇落户实施方案的通知	河府办〔2020〕17号
14	关于印发河源市推进农村科技特派员制度工作方案的通知	河府办〔2020〕22号
15	关于印发河源市强化知识产权保护推动经济高质量发展若干政策措施的通知	河府〔2020〕35号
16	关于印发河源市开展证照分离改革全覆盖试点工作方案的通知	河府〔2020〕37号
17	关于印发河源市推动科技创新体制机制改革实施方案的通知	河府办〔2020〕29号
18	关于印发河源市支持中小微企业和个体工商户发展实施方案的通知	河府办〔2020〕32号
19	关于加快河源市建筑业高质量发展的实施意见	河府〔2020〕56号
20	关于限制黑烟车上路行驶的通告	河府〔2020〕61号
21	河源市城市供水用水管理办法	政府令第19号
22	关于修订印发河源市行政规范性文件管理规定的通知	河府〔2020〕63号
23	关于印发河源市节约用水管理规定（试行） 河源市节约用水奖励办法（试行） 河源市非常规水资源管理办法（试行） 河源市地下水资源保护管理规定（试行）的通知	河府办〔2020〕41号
24	河源市户外广告和招牌设置管理办法	政府令第20号

（骆清风）

2020年河源市人民政府编入规范性文件选编一览表

（共3件）

表51

序号	规范性文件名称	
1	关于印发河源市支持中小企业共渡难关17条政策意见的通知	河府〔2020〕7号
2	河源市农村村民住房建设管理办法	政府令第18号
3	关于印发河源市城乡居民基本养老保险实施办法的通知	河府〔2020〕29号

（廖乔曦）

其他文献

2020年河源市社区居民委员会设置情况统计表

表52　　　　单位：个

县（区）	乡镇（街道）	数量	社区居民委员会名称
源城区（44个）	埔前镇	2	圩镇社区居民委员会
			兴业社区居民委员会
	源南镇	2	双下路社区居民委员会
			明珠社区居民委员会
	上城街道	6	上城社区居民委员会
			下城社区居民委员会
			下角社区居民委员会
			公园社区居民委员会
			新兴社区居民委员会
			南湖社区居民委员会
	新江街道	6	上角社区居民委员会
			城西社区居民委员会
			卫星社区居民委员会
			城南社区居民委员会
			朱门亭社区居民委员会
			龙尾坝社区居民委员会
	东埔街道	14	丰源社区居民委员会
			建设社区居民委员会
			长安社区居民委员会
			红星社区居民委员会
			东升社区居民委员会
			兴源社区居民委员会
			文明社区居民委员会
			永和社区居民委员会
			广场社区居民委员会
			永安社区居民委员会
			永福社区居民委员会

县（区）	乡镇（街道）	数量	社区居民委员会名称
源城区（44个）	东埔街道	14	永康社区居民委员会
			永祥社区居民委员会
			文昌社区居民委员会
	源西街道	11	新港路南社区居民委员会
			新港路北社区居民委员会
			新江一路社区居民委员会
			新江二路社区居民委员会
			新江三路社区居民委员会
			光明社区居民委员会
			江源社区居民委员会
			站前社区居民委员会
			康乐路南社区居民委员会
			康乐路北社区居民委员会
			岭塘社区居民委员会
	高埔岗街道	3	新陂社区居民委员会
			大水井社区居民委员会
			新作塘社区居民委员会
东源县（28个）	仙塘镇	4	仙塘街镇社区居民委员会
			仙塘镇建设路社区居民委员会
			深业路社区居民委员会
			崇文社区居民委员会
	灯塔镇	1	灯塔街镇社区居民委员会
	双江镇	1	双江街镇社区居民委员会
	涧头镇	1	涧头街镇社区居民委员会
	顺天镇	1	顺天街镇社区居民委员会
	漳溪乡	1	漳溪街镇社区居民委员会
	骆湖镇	1	骆湖街镇社区居民委员会

续表52

县（区）	乡镇（街道）	数量	社区居民委员会名称
东源县（28个）	船塘镇	3	船塘街镇社区居民委员会
			三河社区居民委员会
			黄沙社区居民委员会
	上莞镇	1	上莞街镇社区居民委员会
	曾田镇	1	曾田街镇社区居民委员会
	柳城镇	1	柳城街镇社区居民委员会
	蓝口镇	2	蓝口街镇社区居民委员会
			新圩社区居民委员会
	叶潭镇	1	叶潭街镇社区居民委员会
	黄村镇	1	黄村街镇社区居民委员会
	康禾镇	1	康禾街镇社区居民委员会
	黄田镇	2	黄田街镇社区居民委员会
			久社街镇社区居民委员会
	义合镇	1	义合街镇社区居民委员会
	锡场镇	1	锡场街镇社区居民委员会
	新港镇	3	新源社区居民委员会
			安源社区居民委员会
			硐楼社区居民委员会
和平县（29个）	阳明镇	10	东城社区居民委员会
			东山社区居民委员会
			南堤社区居民委员会
			西城社区居民委员会
			福丰社区居民委员会
			福东社区居民委员会
			河西社区居民委员会
			河东社区居民委员会
			翠竹社区居民委员会
			福和社区居民委员会
	大坝镇	1	街镇社区居民委员会
	上陵镇	1	街镇社区居民委员会
	下车镇	1	街镇社区居民委员会
	长塘镇	1	街镇社区居民委员会
	贝墩镇	1	街镇社区居民委员会
	林寨镇	1	街镇社区居民委员会
和平县（29个）	东水镇	1	街镇社区居民委员会
	彭寨镇	4	街镇社区居民委员会
			大塘面社区居民委员会
			红星社区居民委员会
			五星社区居民委员会
	热水镇	1	街镇社区居民委员会
	优胜镇	1	街镇社区居民委员会
	古寨镇	1	街镇社区居民委员会
	礼士镇	1	街镇社区居民委员会
	公白镇	1	街镇社区居民委员会
	合水镇	1	街镇社区居民委员会
	青州镇	1	街镇社区居民委员会
	浰源镇	1	街镇社区居民委员会
龙川县（42个）	老隆镇	15	市东社区居民委员会
			市南社区居民委员会
			市北社区居民委员会
			居民新村社区居民委员会
			水坑社区居民委员会
			乌石下社区居民委员会
			眠牛形社区居民委员会
			华新社区居民委员会
			附城社区居民委员会
			两渡过河社区居民委员会
			老隆港社区居民委员会
			水上新村社区居民委员会
			吉祥一路社区居民委员会
			吉祥二路社区居民委员会
			泰华城社区居民委员会
	鹤市镇	1	鹤市社区居民委员会
	紫市镇	1	紫市社区居民委员会
	赤光镇	1	赤光社区居民委员会
	迴龙镇	1	迴龙社区居民委员会
	铁场镇	3	铁场社区居民委员会
			石坑社区居民委员会

续表52

县（区）	乡镇（街道）	数量	社区居民委员会名称
龙川县（42个）	铁场镇	3	谷前社区居民委员会
	麻布岗镇	1	麻布岗社区居民委员会
	岩镇	1	岩镇社区居民委员会
	贝岭镇	1	贝岭社区居民委员会
	龙母镇	1	龙母社区居民委员会
	义都镇	1	义都社区居民委员会
	佗城镇	1	佗城社区居民委员会
	通通衢镇	2	通衢社区居民委员会
			锦归社区居民委员会
	黎咀镇	1	黎咀社区居民委员会
	车田镇	2	车田社区居民委员会
			郑马社区居民委员会
	黄石镇	1	黄石社区居民委员会
	丰稔镇	1	丰稔社区居民委员会
	四都镇	1	四都社区居民委员会
	新田镇	1	新田社区居民委员会
	细坳镇	1	细坳社区居民委员会
	上坪镇	1	上坪社区居民委员会
	灯云镇	1	灯云社区居民委员会
	黄布镇	1	黄布社区居民委员会
	田心镇	1	田心社区居民委员会
紫金县（27个）	紫城镇	12	西城社区居民委员会
			安民社区居民委员会
			永安社区居民委员会
			通惠社区居民委员会
			城东社区居民委员会
			九田社区居民委员会
			上坝社区居民委员会
			城南社区居民委员会
			安良社区居民委员会
			新安社区居民委员会
			附城社区居民委员会
			乌石社区居民委员会
	中坝镇	1	中坝社区居民委员会

县（区）	乡镇（街道）	数量	社区居民委员会名称
紫金县（27个）	龙窝镇	1	龙窝社区居民委员会
	苏区镇	1	苏区社区居民委员会
	南岭镇	1	南岭社区居民委员会
	瓦溪镇	1	瓦溪社区居民委员会
	九和镇	1	九和社区居民委员会
	蓝塘镇	1	蓝塘社区居民委员会
	凤安镇	1	凤安社区居民委员会
	好义镇	1	好义社区居民委员会
	上义镇	1	上义社区居民委员会
	义容镇	1	义容社区居民委员会
	黄塘镇	1	黄塘社区居民委员会
	柏埔镇	1	柏埔社区居民委员会
	水墩镇	1	水墩社区居民委员会
	敬梓镇	1	敬梓社区居民委员会
连平县（16个）	油溪镇	1	蕉园社区居民委员会
	忠信镇	5	径口社区居民委员会
			官陂社区居民委员会
			栗园社区居民委员会
			黄岭社区居民委员会
			老街社区居民委员会
	大湖镇	1	新街社区居民委员会
	绣缎镇	1	老街社区居民委员会
	隆街镇	1	街道社区居民委员会
	上坪镇	1	街道社区居民委员会
	陂头镇	1	街道社区居民委员会
	元善镇	5	南湖社区居民委员会
			城东社区居民委员会
			城南社区居民委员会
			城西社区居民委员会
			城北社区居民委员会
江东新区（4个）	城东筹建办领导小组	1	河紫路社区居民委员会
	城东街道	1	东环学府社区居民委员会
	临江镇	1	临江社区居民委员会
	古竹镇	1	古竹社区居民委员会

2020年河源市村民委员会设置情况统计表

表53 单位：个

县（区）	乡镇（街道）	数量	村民委员会名称
源城区（28个）	埔前镇	16	河背村民委员会
源城区（28个）	埔前镇	16	杨子坑村民委员会
源城区（28个）	埔前镇	16	南陂村民委员会
源城区（28个）	埔前镇	16	双头村民委员会
源城区（28个）	埔前镇	16	中田村民委员会
源城区（28个）	埔前镇	16	赤岭村民委员会
源城区（28个）	埔前镇	16	莲塘岭村民委员会
源城区（28个）	埔前镇	16	坪围村民委员会
源城区（28个）	埔前镇	16	埔前村民委员会
源城区（28个）	埔前镇	16	上村村民委员会
源城区（28个）	埔前镇	16	高围村民委员会
源城区（28个）	埔前镇	16	陂角村民委员会
源城区（28个）	埔前镇	16	高埔村民委员会
源城区（28个）	埔前镇	16	大塘村民委员会
源城区（28个）	埔前镇	16	泥金村民委员会
源城区（28个）	埔前镇	16	罗塘村民委员会
源城区（28个）	源南镇	5	双下村民委员会
源城区（28个）	源南镇	5	白田村民委员会
源城区（28个）	源南镇	5	榄坝村民委员会
源城区（28个）	源南镇	5	风光村民委员会
源城区（28个）	源南镇	5	墩头村民委员会
源城区（28个）	东埔街道	3	高塘村民委员会
源城区（28个）	东埔街道	3	太阳升村民委员会
源城区（28个）	东埔街道	3	东埔村民委员会
源城区（28个）	源西街道	4	黄子洞村民委员会
源城区（28个）	源西街道	4	新塘村民委员会
源城区（28个）	源西街道	4	白岭头村民委员会
源城区（28个）	源西街道	4	庄田村民委员会
东源县（258个）	仙塘镇	13	禾溪村民委员会
东源县（258个）	仙塘镇	13	热水村民委员会
东源县（258个）	仙塘镇	13	仙塘村民委员会
东源县（258个）	仙塘镇	13	红光村民委员会
东源县（258个）	仙塘镇	13	徐洞村民委员会
东源县（258个）	仙塘镇	13	木京村民委员会
东源县（258个）	仙塘镇	13	龙利村民委员会
东源县（258个）	仙塘镇	13	东方红村民委员会
东源县（258个）	仙塘镇	13	坭坑村民委员会
东源县（258个）	仙塘镇	13	新洋潭村民委员会
东源县（258个）	仙塘镇	13	观塘村民委员会
东源县（258个）	仙塘镇	13	古云村民委员会
东源县（258个）	仙塘镇	13	龙尾村民委员会
东源县（258个）	灯塔镇	13	白砾村民委员会
东源县（258个）	灯塔镇	13	黄埔地村民委员会
东源县（258个）	灯塔镇	13	高车村民委员会
东源县（258个）	灯塔镇	13	柯木村民委员会
东源县（258个）	灯塔镇	13	新光村民委员会
东源县（258个）	灯塔镇	13	灯塔村民委员会
东源县（258个）	灯塔镇	13	结游草村民委员会
东源县（258个）	灯塔镇	13	安平村民委员会
东源县（258个）	灯塔镇	13	连塘村民委员会
东源县（258个）	灯塔镇	13	梨园村民委员会
东源县（258个）	灯塔镇	13	玉井村民委员会
东源县（258个）	灯塔镇	13	黄土岭村民委员会
东源县（258个）	灯塔镇	13	下围村民委员会
东源县（258个）	双江镇	11	黄陂村民委员会
东源县（258个）	双江镇	11	兰溪村民委员会
东源县（258个）	双江镇	11	高陂村民委员会
东源县（258个）	双江镇	11	双江村民委员会
东源县（258个）	双江镇	11	新田村民委员会
东源县（258个）	双江镇	11	桥头村民委员会
东源县（258个）	双江镇	11	寨子村民委员会
东源县（258个）	双江镇	11	寨下村民委员会
东源县（258个）	双江镇	11	桥联村民委员会
东源县（258个）	双江镇	11	下林村民委员会
东源县（258个）	双江镇	11	增坑村民委员会
东源县（258个）	涧头镇	12	涧新村民委员会
东源县（258个）	涧头镇	12	大往村民委员会
东源县（258个）	涧头镇	12	新中村民委员会

续表53

县（区）	乡镇（街道）	数量	村民委员会名称
东源县（258个）	涧头镇	12	涧头村民委员会
			新田村民委员会
			石示娥村民委员会
			洋潭村民委员会
			乐源村民委员会
			新坝村民委员会
			东坝村民委员会
			乐平村民委员会
			长新村民委员会
	顺天镇	11	枫木村民委员会
			横塘村民委员会
			白沙村民委员会
			牛生塘村民委员会
			党演村民委员会
			大坪村民委员会
			沙溪村民委员会
			牛潭村民委员会
			金史村民委员会
			二龙岗村民委员会
			滑滩村民委员会
	漳溪乡	10	上蓝村民委员会
			下蓝村民委员会
			中联村民委员会
			群星村民委员会
			东华村民委员会
			井贝村民委员会
			井口村民委员会
			日光村民委员会
			嶂下村民委员会
			鹊田村民委员会
	骆湖镇	9	峰木村民委员会
			杨坑村民委员会
			骆湖村民委员会
			江坑村民委员会
东源县（258个）	骆湖镇	9	红花村民委员会
			上欧村民委员会
			下欧村民委员会
			小水村民委员会
			致富村民委员会
	船塘镇	21	船塘村民委员会
			岭头村民委员会
			流石村民委员会
			凹头村民委员会
			老围村民委员会
			新寨村民委员会
			龙江村民委员会
			铁坑村民委员会
			许村村民委员会
			李田村民委员会
			主固村民委员会
			福坑村民委员会
			三河村民委员会
			石岗村民委员会
			积良村民委员会
			竹楼村民委员会
			车头村民委员会
			群丰村民委员会
			黄沙村民委员会
			青丰村民委员会
			小水村民委员会
	上莞镇	13	太阳村民委员会
			新南村民委员会
			江田村民委员会
			冼川村民委员会
			新轮村民委员会
			下寨村民委员会
			新民村民委员会
			常美村民委员会

续表53

县（区）	乡镇（街道）	数量	村民委员会名称
东源县（258个）	上莞镇	13	李白村民委员会
			百坝村民委员会
			苏杨村民委员会
			两石示村民委员会
			仙湖村民委员会
	曾田镇	9	玉湖村民委员会
			新东村民委员会
			池田村民委员会
			曾田村民委员会
			梅花村民委员会
			石湖村民委员会
			银坑村民委员会
			横坑村民委员会
			蒲田村民委员会
	柳城镇	9	上坝村民委员会
			下坝村民委员会
			围星村民委员会
			柳城村民委员会
			石侧村民委员会
			上洞村民委员会
			黄洞村民委员会
			赤江村民委员会
			柳星村民委员会
	蓝口镇	22	乐村村民委员会
			秀水村民委员会
			车头山村民委员会
			铁场埔村民委员会
			土陂村民委员会
			齐坑村民委员会
			蓝口围村民委员会
			角塘村民委员会
			塘心村民委员会
			花径村民委员会
			鹊坝村民委员会
东源县（258个）	蓝口镇	22	大围村民委员会
			派头村民委员会
			老埔场村民委员会
			长江头村民委员会
			榄子围村民委员会
			培群村民委员会
			砾下村民委员会
			地运村民委员会
			杨柳村民委员会
			牛背脊村民委员会
			砾头村民委员会
	叶潭镇	13	红坑村民委员会
			双头村民委员会
			双下村民委员会
			双坪村民委员会
			儒輋村民委员会
			儒步村民委员会
			文径村民委员会
			吉布村民委员会
			叶潭村民委员会
			车田村民委员会
			半埔村民委员会
			琏石村民委员会
			山下村民委员会
	黄村镇	16	三洞村民委员会
			正昌村民委员会
			欧屋村民委员会
			黄村坳村民委员会
			黄村村民委员会
			红十月村民委员会
			梅龙村民委员会
			万和村民委员会
			铁岗村民委员会
			祝岗村民委员会

续表53

县（区）	乡镇（街道）	数量	村民委员会名称
东源县（258个）	黄村镇	16	下漆村民委员会
			上漆村民委员会
			邬洞村民委员会
			宁山村民委员会
			永新村民委员会
			板仓村民委员会
	康禾镇	11	彰教村民委员会
			曲龙村民委员会
			星社村民委员会
			南山村民委员会
			大禾村民委员会
			仙坑村民委员会
			黎顺村民委员会
			若坝村民委员会
			田心村民委员会
			陈坑村民委员会
			雅陶村民委员会
	黄田镇	17	黄坑村民委员会
			方围村民委员会
			陈村村民委员会
			醒群村民委员会
			久社村民委员会
			新联村民委员会
			水头村民委员会
			黄田村民委员会
			良田村民委员会
			良村村民委员会
			礼洞村民委员会
			桂花村民委员会
			乌坭村民委员会
			鹤塘村民委员会
			清溪村民委员会
			白溪村民委员会
			坑口村民委员会

县（区）	乡镇（街道）	数量	村民委员会名称
东源县（258个）	义合镇	9	超阳村民委员会
			中洞村民委员会
			高楼村民委员会
			南浩村民委员会
			义合村民委员会
			曲滩村民委员会
			上屯村民委员会
			香溪村民委员会
			下屯村民委员会
	新回龙镇	10	东星村民委员会
			南山下村民委员会
			小径村民委员会
			立溪村民委员会
			径尾村民委员会
			十洞村民委员会
			流洞村民委员会
			下洞村民委员会
			甘背塘村民委员会
			洞源村民委员会
	锡场镇	11	水库村民委员会
			林禾村民委员会
			林石村民委员会
			禾石坑村民委员会
			杨梅村民委员会
			乌桂村民委员会
			三洞村民委员会
			长江村民委员会
			厚洞村民委员会
			河洞村民委员会
			治溪村民委员会
	半江镇	9	横輋村民委员会
			左拔村民委员会
			鱼潭村民委员会
			竹园村民委员会

续表53

县（区）	乡镇（街道）	数量	村民委员会名称
东源县（258个）	半江镇	9	西溪村民委员会
			积洞村民委员会
			樟溪村民委员会
			珠坑村民委员会
			半江村民委员会
	新港镇	9	泮坑村民委员会
			双田村民委员会
			龙镇村民委员会
			斗背村民委员会
			樟下村民委员会
			青溪村民委员会
			杨梅村民委员会
			晓洞村民委员会
			李田村民委员会
和平县（216个）	阳明镇	22	七窖村民委员会
			中洞村民委员会
			书塘村民委员会
			均上村民委员会
			梅径村民委员会
			城东村民委员会
			梅埔村民委员会
			均联村民委员会
			星星村民委员会
			城西村民委员会
			富联村民委员会
			聚兴村民委员会
			大楼村民委员会
			均通村民委员会
			龙湖村民委员会
			谢洞村民委员会
			坪地村民委员会
			新社村民委员会
			珊瑚村民委员会
			丰道村民委员会

县（区）	乡镇（街道）	数量	村民委员会名称
和平县（216个）	阳明镇	22	雅水村民委员会
			新塘村民委员会
	大坝镇	15	坪溪村民委员会
			超田村民委员会
			龙狮村民委员会
			水背村民委员会
			半坑村民委员会
			石谷村民委员会
			石陂村民委员会
			老镇村民委员会
			汤湖村民委员会
			高发村民委员会
			合水村民委员会
			金星村民委员会
			上镇村民委员会
			石井村民委员会
			鹅塘村民委员会
	上陵镇	17	丰溪村民委员会
			百龙村民委员会
			富良村民委员会
			罗村村民委员会
			下陵村民委员会
			米福村民委员会
			江口村民委员会
			寨西村民委员会
			三乐村民委员会
			中洞村民委员会
			翠山村民委员会
			上陵村民委员会
			瑞州村民委员会
			新民村民委员会
			增公村民委员会
			桃源村民委员会
			黄沙村民委员会

续表53

县（区）	乡镇（街道）	数量	村民委员会名称
和平县（216个）	下车镇	11	和二村民委员会
			雪一村民委员会
			镇山村民委员会
			群丰村民委员会
			兴隆村民委员会
			狮形村民委员会
			云峰村民委员会
			河排村民委员会
			石含村民委员会
			和一村民委员会
			雪锋村民委员会
	长塘镇	12	暖水村民委员会
			赤岭村民委员会
			阳坑村民委员会
			中拳村民委员会
			四围村民委员会
			田吉村民委员会
			秀河村民委员会
			黄沙村民委员会
			龙陂村民委员会
			苏光村民委员会
			中村村民委员会
			陶锡村民委员会
	贝墩镇	15	树华村民委员会
			石村村民委员会
			共荣村民委员会
			电光村民委员会
			武联村民委员会
			新南村民委员会
			贝溪村民委员会
			强新村民委员会
			慎行村民委员会
			河溪村民委员会
			大塘村民委员会
和平县（216个）	贝墩镇	15	三多村民委员会
			南坝村民委员会
			上溪村民委员会
			下溪村民委员会
	林寨镇	11	石江村民委员会
			石镇村民委员会
			兴井村民委员会
			楼镇村民委员会
			明星村民委员会
			中洞村民委员会
			山前村民委员会
			中前村民委员会
			新兴村民委员会
			严村村民委员会
			杨洞村民委员会
	东水镇	19	增坑村民委员会
			莫丰村民委员会
			中心村民委员会
			宋龙村民委员会
			长热村民委员会
			甘蕉村民委员会
			显塘村民委员会
			成源村民委员会
			六联村民委员会
			新坪村民委员会
			云新村民委员会
			梅花村民委员会
			上坝村民委员会
			大坝村民委员会
			大田村民委员会
			成村村民委员会
			董源村民委员会
			软坑村民委员会
			新桥村民委员会

续表53

县（区）	乡镇（街道）	数量	村民委员会名称
和平县（216个）	彭寨镇	27	马塘村民委员会
			土厘村民委员会
			兴隆村民委员会
			聚史村民委员会
			玉水村民委员会
			墩史村民委员会
			西长村民委员会
			细中村民委员会
			彭镇村民委员会
			同兴村民委员会
			龙安村民委员会
			长沙村民委员会
			岭西村民委员会
			水口村民委员会
			公和村民委员会
			寨下村民委员会
			星丰村民委员会
			隆周村民委员会
			光溪村民委员会
			三溪村民委员会
			群联村民委员会
			惠宏村民委员会
			二六村民委员会
			泮溪村民委员会
			川九村民委员会
			九子村民委员会
			梅园村民委员会
	热水镇	7	北联村民委员会
			田心村民委员会
			联丰村民委员会
			中兴村民委员会
			南湖村民委员会
			下径村民委员会
			九连村民委员会

县（区）	乡镇（街道）	数量	村民委员会名称
和平县（216个）	优胜镇	8	秀溪村民委员会
			优镇村民委员会
			新联村民委员会
			上谭村民委员会
			鱼溪村民委员会
			新石村民委员会
			石坝村民委员会
			优二村民委员会
	古寨镇	7	丰和村民委员会
			三联村民委员会
			南兴村民委员会
			前程村民委员会
			河东村民委员会
			水西村民委员会
			梅华村民委员会
	礼士镇	8	梅坝村民委员会
			大塘村民委员会
			下涧村民委员会
			新丰村民委员会
			龙水村民委员会
			澄心村民委员会
			黄茅村民委员会
			三联村民委员会
	公白镇	7	东联村民委员会
			塘角村民委员会
			新石村民委员会
			美塘村民委员会
			新陂村民委员会
			新江村民委员会
			新聚村民委员会
	合水镇	12	珊坪村民委员会
			合水村民委员会
			大罗村民委员会
			西坑村民委员会

续表53

县（区）	乡镇（街道）	数量	村民委员会名称
和平县（216个）	合水镇	12	三联村民委员会
			兴径村民委员会
			政和村民委员会
			金坑村民委员会
			丰洋村民委员会
			中和村民委员会
			彰洞村民委员会
			丰岭村民委员会
	青州镇	10	星和村民委员会
			星兴村民委员会
			星联村民委员会
			星塘村民委员会
			永丰村民委员会
			先锋村民委员会
			片田村民委员会
			新建村民委员会
			山塘村民委员会
			船埠村民委员会
	浰源镇	8	黄田村民委员会
			新街村民委员会
			赤龙村民委员会
			山下村民委员会
			李田村民委员会
			曲潭村民委员会
			洪俐村民委员会
			塘尾村民委员会
龙川县（315个）	老隆镇	14	老隆村民委员会
			涧洞村民委员会
			联享村民委员会
			莲塘村民委员会
			官坑村民委员会
			红桥村民委员会
			岭西村民委员会
			联新村民委员会

县（区）	乡镇（街道）	数量	村民委员会名称
龙川县（315个）	老隆镇	14	水贝村民委员会
			莲南村民委员会
			板塘村民委员会
			江边村民委员会
			浮石村民委员会
			月落堂村民委员会
	义都镇	9	长兴村民委员会
			红星村民委员会
			新潭村民委员会
			中心村民委员会
			红旗村民委员会
			新联村民委员会
			桂林村民委员会
			星光村民委员会
			新岭村民委员会
	佗城镇	17	佳派村民委员会
			胜利村民委员会
			塔西村民委员会
			高洞村民委员会
			枫深村民委员会
			灵江村民委员会
			大江村民委员会
			梅村村民委员会
			佗城村民委员会
			新渡村民委员会
			东瑶村民委员会
			亨渡村民委员会
			上蒙村民委员会
			叶布村民委员会
			三印村民委员会
			东坑村民委员会
			坪田村民委员会
	黄布镇	6	欧江村民委员会
			新布村民委员会

续表53

县（区）	乡镇（街道）	数量	村民委员会名称
龙川县（315个）	黄布镇	6	金鱼村民委员会
			大广村民委员会
			宜境村民委员会
			松洋村民委员会
	鹤市镇	9	莲坑村民委员会
			富石村民委员会
			河布村民委员会
			大佳村民委员会
			社坑村民委员会
			鹤联村民委员会
			鹤市村民委员会
			罗乐村民委员会
			芝野村民委员会
	紫市镇	9	仁里村民委员会
			秀田村民委员会
			旺田村民委员会
			新北村民委员会
			新南村民委员会
			紫市村民委员会
			新民村民委员会
			民乐东村民委员会
			民乐西村民委员会
	通衡镇	17	广福村民委员会
			梅东村民委员会
			双寨村民委员会
			旺茂村民委员会
			梅城村民委员会
			寨背村民委员会
			旺宜村民委员会
			华城村民委员会
			葛藤村民委员会
			儒南村民委员会
			华新村民委员会
			珫瑁村民委员会
龙川县（315个）	通衡镇	17	珫峰村民委员会
			太楼村民委员会
			高湖村民委员会
			锦归村民委员会
			锦太村民委员会
	登云镇	7	天云村民委员会
			新街村民委员会
			东山村民委员会
			双桥村民委员会
			梅花村民委员会
			高南村民委员会
			石福村民委员会
	麻布岗镇	15	上溪村民委员会
			阁前村民委员会
			富州村民委员会
			大长沙村民委员会
			瑚径村民委员会
			龙池村民委员会
			小长沙村民委员会
			向前村民委员会
			联中村民委员会
			大塘面村民委员会
			红阳村民委员会
			壮士村民委员会
			赤贝村民委员会
			赤化村民委员会
			大古村民委员会
	丰稔镇	15	丰享村民委员会
			罗洋村民委员会
			左拔村民委员会
			丰稔村民委员会
			名光村民委员会
			丰联村民委员会
			成塘村民委员会

续表53

县（区）	乡镇（街道）	数量	村民委员会名称	县（区）	乡镇（街道）	数量	村民委员会名称
龙川县（315个）	丰稔镇	15	十二排村民委员会	龙川县（315个）	铁场镇	30	双丰村民委员会
			黄岭村民委员会				周塘村民委员会
			礼堂村民委员会				石坑村民委员会
			高坑村民委员会				中径村民委员会
			莲东村民委员会				谷前村民委员会
			莲风村民委员会				罗坳村民委员会
			排东村民委员会				秀中村民委员会
			排峰村民委员会				茅畲村民委员会
	四都镇	8	福光村民委员会				新和村民委员会
			新龙村民委员会				社贝村民委员会
			新四村民委员会				黄花村民委员会
			新川村民委员会				秀联村民委员会
			黄沙阁村民委员会		岩镇	6	联城村民委员会
			四都村民委员会				平越村民委员会
			上榴村民委员会				东方村民委员会
			下榴村民委员会				山池村民委员会
	铁场镇	30	瑞厚村民委员会				鹊塘村民委员会
			均厚村民委员会				郑坑村民委员会
			珊田村民委员会		龙母镇	17	藕塘村民委员会
			梓江村民委员会				张堂村民委员会
			铁场村民委员会				双华村民委员会
			葛州村民委员会				珠塘村民委员会
			通享村民委员会				花井村民委员会
			讴田村民委员会				张乐村民委员会
			铁东村民委员会				白佛村民委员会
			和田村民委员会				小庙村民委员会
			东湖村民委员会				大庙村民委员会
			塘江村民委员会				上洋田村民委员会
			丰光村民委员会				洋田村民委员会
			黄田村民委员会				赤塘村民委员会
			凭畲村民委员会				成邦村民委员会
			江头村民委员会				龙邦村民委员会
			龙湖村民委员会				大塘村民委员会
			桥头村民委员会				永光村民委员会

续表53

县（区）	乡镇（街道）	数量	村民委员会名称
龙川县（315个）	龙母镇	17	白石村民委员会
	田心镇	16	田北村民委员会
			松林村民委员会
			田心村民委员会
			上寨村民委员会
			东江村民委员会
			田东村民委员会
			下畲村民委员会
			东塘村民委员会
			长坑村民委员会
			塔丰村民委员会
			上扬村民委员会
			三友村民委员会
			陂角村民委员会
			东友村民委员会
			东坑村民委员会
			甘陂畲族村民委员会
	新田镇	6	径塘村民委员会
			大岭村民委员会
			福斗村民委员会
			新田村民委员会
			源三村民委员会
			双柳村民委员会
	细坳镇	12	细坳村民委员会
			月光正村民委员会
			大河村民委员会
			联平村民委员会
			贵湖村民委员会
			永安村民委员会
			楠木村民委员会
			黄花村民委员会
			半径村民委员会
			黄龙村民委员会
			张田村民委员会
龙川县（315个）	细坳镇	12	小参村民委员会
	黄石镇	10	黄石村民委员会
			高进村民委员会
			龙江村民委员会
			长洲村民委员会
			公洞村民委员会
			黄沙村民委员会
			龙南村民委员会
			新德村民委员会
			杉河村民委员会
			五星村民委员会
	迴龙镇	14	东北村民委员会
			罗丰村民委员会
			罗中村民委员会
			岐岭村民委员会
			罗回村民委员会
			罗南村民委员会
			大塘肚村民委员会
			万光村民委员会
			群光村民委员会
			万塘村民委员会
			骆歧村民委员会
			园田村民委员会
			罗明村民委员会
			罗西村民委员会
	黎咀镇	18	石东村民委员会
			龙潭村民委员会
			满东村民委员会
			满村村民委员会
			珠头石村民委员会
			魏洞村民委员会
			蒲村村民委员会
			大地村民委员会
			和围村民委员会

续表53

县（区）	乡镇（街道）	数量	村民委员会名称
龙川县（315个）	黎咀镇	18	西园村民委员会
			和畲村民委员会
			虎口村民委员会
			宜坑村民委员会
			南坑村民委员会
			联民村民委员会
			夏径村民委员会
			皮潭村民委员会
			梅州村民委员会
	赤光镇	16	双洋村民委员会
			浮下村民委员会
			新淳村民委员会
			潭芬村民委员会
			再头村民委员会
			瑶坑村民委员会
			石圳村民委员会
			再森村民委员会
			再香村民委员会
			沥口村民委员会
			畲乾村民委员会
			南龙村民委员会
			下畲村民委员会
			大洋村民委员会
			再乐村民委员会
			梅光村民委员会
	车田镇	23	车田村民委员会
			大同村民委员会
			叶塘村民委员会
			官天岭村民委员会
			四联村民委员会
			增坑村民委员会
			园塘村民委员会
			共和村民委员会
			莲塘村民委员会

县（区）	乡镇（街道）	数量	村民委员会名称
龙川县（315个）	车田镇	23	马畲村民委员会
			鹤畲村民委员会
			嶂石村民委员会
			赤木村民委员会
			樟州村民委员会
			教丰村民委员会
			郑马村民委员会
			石下村民委员会
			汤湖村民委员会
			郑里村民委员会
			郭岭村民委员会
			径光村民委员会
			黄埠村民委员会
			丰石村民委员会
	上坪镇	13	金龙村民委员会
			回龙村民委员会
			石湖村民委员会
			上坪村民委员会
			小灰村民委员会
			双富村民委员会
			龙田村民委员会
			新村村民委员会
			梅坑村民委员会
			吉祥村民委员会
			热水村民委员会
			青云村民委员会
			青化村民委员会
	贝岭镇	8	石马村民委员会
			石芬村民委员会
			古石村民委员会
			官下村民委员会
			上盘村民委员会
			罗陂村民委员会
			米贝村民委员会
			雁化村民委员会

续表53

县（区）	乡镇（街道）	数量	村民委员会名称
紫金县（245个）	紫城镇	31	城西村民委员会
			林田村民委员会
			蓝坑村民委员会
			中洞村民委员会
			白溪村民委员会
			荷岗村民委员会
			南岗村民委员会
			龙湖村民委员会
			龙潭村民委员会
			士贵村民委员会
			榕林村民委员会
			鹧鸪村民委员会
			石坑村民委员会
			仙湖村民委员会
			上澄村民委员会
			璜光村民委员会
			升平村民委员会
			升车村民委员会
			璜坑村民委员会
			上书村民委员会
			下书村民委员会
			乌石村民委员会
			中埔村民委员会
			衙前村民委员会
			水澄村民委员会
			龙鸣村民委员会
			石陂村民委员会
			新庄村民委员会
			横径村民委员会
			上庄村民委员会
			黄花村民委员会
	中坝镇	13	广福村民委员会
			松梓村民委员会
			富坑村民委员会
紫金县（245个）	中坝镇	13	袁田村民委员会
			中心村民委员会
			发昌村民委员会
			上石村民委员会
			贺光村民委员会
			径口村民委员会
			良庄村民委员会
			塔凹村民委员会
			北坑村民委员会
			乐平村民委员会
	敬梓镇	13	南村村民委员会
			柑坑村民委员会
			中联村民委员会
			田头村民委员会
			冯坑村民委员会
			扬眉村民委员会
			甘田村民委员会
			联和村民委员会
			洋高村民委员会
			陂头村民委员会
			塘美村民委员会
			敬梓村民委员会
			正联村民委员会
	水墩镇	10	群丰村民委员会
			秋溪村民委员会
			雅布村民委员会
			黄畲村民委员会
			水墩村民委员会
			水口村民委员会
			陂湖村民委员会
			段布村民委员会
			上璜坑村民委员会
			黎坑村民委员会
	龙窝镇	33	琴口村民委员会

续表53

县（区）	乡镇（街道）	数量	村民委员会名称
紫金县（245个）	龙窝镇	33	洋头村民委员会
			琴南村民委员会
			东坑村民委员会
			黄竹塘村民委员会
			五星村民委员会
			公柘村民委员会
			公村村民委员会
			光明村民委员会
			庆丰村民委员会
			慎田村民委员会
			上坑村民委员会
			龙窝村民委员会
			琴江村民委员会
			礼坑村民委员会
			竹径村民委员会
			黄洞村民委员会
			官田村民委员会
			琴星村民委员会
			莲塘村民委员会
			桂山村民委员会
			高坑村民委员会
			牌楼村民委员会
			茶松村民委员会
			南奋村民委员会
			双下村民委员会
			黄田村民委员会
			彭坊村民委员会
			嶂下村民委员会
			罗洞村民委员会
			红星村民委员会
			宝洞村民委员会
			梅园村民委员会
	苏区镇	8	青溪村民委员会
			龙上村民委员会
紫金县（245个）	苏区镇	8	黄布村民委员会
			永光村民委员会
			永坑村民委员会
			炮子村民委员会
			赤溪村民委员会
			小北村民委员会
	南岭镇	6	庄田村民委员会
			王告村民委员会
			瑞邱村民委员会
			东溪村民委员会
			高新村民委员会
			彩头村民委员会
	瓦溪镇	16	公坑村民委员会
			洪田村民委员会
			九树村民委员会
			椒坑村民委员会
			茶岗村民委员会
			红光村民委员会
			墩头村民委员会
			高田村民委员会
			围澳村民委员会
			半岗村民委员会
			瓦溪村民委员会
			四联村民委员会
			下濑村民委员会
			上濑村民委员会
			上东村民委员会
			新龙村民委员会
	九和镇	13	在上村民委员会
			在南村民委员会
			热水村民委员会
			双罗村民委员会
			幸福村民委员会
			黄砂村民委员会

续表53

县（区）	乡镇（街道）	数量	村民委员会名称
紫金县（245个）	九和镇	13	龙塘村民委员会
			九和村民委员会
			金光村民委员会
			芫芬村民委员会
			五一村民委员会
			官坑村民委员会
			富竹村民委员会
	蓝塘镇	26	塘田村民委员会
			和睦村民委员会
			龙渡村民委员会
			河塘村民委员会
			白沙村民委员会
			告坑村民委员会
			加元村民委员会
			元吉村民委员会
			双兴村民委员会
			半径村民委员会
			汉塘村民委员会
			市北村民委员会
			罗塘村民委员会
			留塘村民委员会
			砂塘村民委员会
			自然村民委员会
			百罗村民委员会
			石城村民委员会
			建联村民委员会
			南山村民委员会
			大村村民委员会
			布心村民委员会
			博雅村民委员会
			茜坑村民委员会
			蓝塘村民委员会
			长塘村民委员会
	凤安镇	11	竹塘村民委员会

县（区）	乡镇（街道）	数量	村民委员会名称
紫金县（245个）	凤安镇	11	横排村民委员会
			上坑村民委员会
			佛岭村民委员会
			仁里村民委员会
			东龙村民委员会
			凤民村民委员会
			觉民村民委员会
			下石村民委员会
			回龙村民委员会
			黄洞坑村民委员会
	好义镇	8	双全村民委员会
			高尚村民委员会
			远光村民委员会
			吉田村民委员会
			小古村民委员会
			积良村民委员会
			鹿塘村民委员会
			宜良村民委员会
	上义镇	7	招元村民委员会
			叶西村民委员会
			郊田村民委员会
			上义村民委员会
			光辉村民委员会
			吉洞村民委员会
			捲蓬村民委员会
	义容镇	24	龙腾村民委员会
			下告村民委员会
			南坑村民委员会
			青水村民委员会
			宝山村民委员会
			汀村村民委员会
			联光村民委员会
			西平村民委员会
			坪畲村民委员会

续表53

县（区）	乡镇（街道）	数量	村民委员会名称
紫金县（245个）	义容镇	24	下青村民委员会
			安全村民委员会
			均安村民委员会
			东平村民委员会
			大同村民委员会
			中兴村民委员会
			黄洞村民委员会
			大新村民委员会
			新民村民委员会
			和平村民委员会
			华新村民委员会
			桥田村民委员会
			夏棠村民委员会
			南洋村民委员会
			塘面村民委员会
	黄塘镇	12	嶂拔村民委员会
			曹坑村民委员会
			庙前村民委员会
			拱桥村民委员会
			车前村民委员会
			铁嶂村民委员会
			腊石村民委员会
			锦口村民委员会
			澄田村民委员会
			长岌村民委员会
			上黄塘村民委员会
			下黄塘村民委员会
	柏埔镇	14	枚中村民委员会
			永丰村民委员会
			洋坑村民委员会
			东升村民委员会
			东方村民委员会
			福田村民委员会
			方湖村民委员会
紫金县（245个）	柏埔镇	14	群星村民委员会
			良洞村民委员会
			复兴村民委员会
			利民村民委员会
			南昌村民委员会
			新丰村民委员会
			大鲁村民委员会
连平县（159个）	油溪镇	18	溪南村民委员会
			下扬村民委员会
			兴中村民委员会
			大东村民委员会
			富乐村民委员会
			茶新村民委员会
			大塘村民委员会
			彭田村民委员会
			金龙村民委员会
			油东村民委员会
			小溪村民委员会
			上镇村民委员会
			官桥村民委员会
			新溪村民委员会
			长潭村民委员会
			九潭村民委员会
			长丰村民委员会
			石背村民委员会
	忠信镇	12	上堂村民委员会
			大陂村民委员会
			司前村民委员会
			西湖村民委员会
			新下村民委员会
			中洞村民委员会
			柘陂村民委员会
			水漘村民委员会
			东升村民委员会

续表53

县（区）	乡镇（街道）	数量	村民委员会名称
连平县（159个）	忠信镇	12	黄花村民委员会
			曲塘村民委员会
			大坪村民委员会
	高莞镇	10	二联村民委员会
			徐村村民委员会
			丁村村民委员会
			太平村民委员会
			高村村民委员会
			中平村民委员会
			西南村民委员会
			河西村民委员会
			高陂村民委员会
			右坑村民委员会
	三角镇	9	桐岗村民委员会
			向阳村民委员会
			阳江村民委员会
			白石村民委员会
			石马村民委员会
			塘背村民委员会
			新村村民委员会
			石源村民委员会
			新民村民委员会
	大湖镇	8	盘石村民委员会
			湖西村民委员会
			湖东村民委员会
			五禾村民委员会
			油村村民委员会
			罗经村民委员会
			活水村民委员会
			库区村民委员会
	绣缎镇	9	沙径村民委员会
			坳头村民委员会
			金溪村民委员会
			民主村民委员会

县（区）	乡镇（街道）	数量	村民委员会名称
连平县（159个）	绣缎镇	9	红星村民委员会
			尚岭村民委员会
			新建村民委员会
			塔岭村民委员会
			建民村民委员会
	隆街镇	20	隆兴村民委员会
			隆东村民委员会
			镇南村民委员会
			隆河村民委员会
			梅洞村民委员会
			东埔村民委员会
			三坑村民委员会
			立新村民委员会
			古石村民委员会
			贵岭村民委员会
			东坑村民委员会
			龙埔村民委员会
			沐河村民委员会
			百叟村民委员会
			岑告村民委员会
			双头村民委员会
			沙心村民委员会
			长沙村民委员会
			径头村民委员会
			沙圳村民委员会
	溪山镇	9	茶山村民委员会
			岐山村民委员会
			丰盘村民委员会
			软坑村民委员会
			百高村民委员会
			马洞村民委员会
			溪西村民委员会
			东水村民委员会
			东罗村民委员会

续表53

县（区）	乡镇（街道）	数量	村民委员会名称
连平县（159个）	田源镇	7	长翠村民委员会
			田西村民委员会
			田东村民委员会
			新河村民委员会
			永吉村民委员会
			水西村民委员会
			肖屋村民委员会
	上坪镇	15	中村村民委员会
			古坑村民委员会
			小水村民委员会
			旗石村民委员会
			新镇村民委员会
			东南村民委员会
			东阳村民委员会
			惠西村民委员会
			西坪村民委员会
			下楼村民委员会
			布联村民委员会
			新陂村民委员会
			石陂村民委员会
			下洞村民委员会
			三洞村民委员会
	陂头镇	16	资溪村民委员会
			陂头村民委员会
			夏田村民委员会
			金中村民委员会
			连光村民委员会
			连星村民委员会
			官岭村民委员会
			李坑村民委员会
			腊溪村民委员会
			三水村民委员会
			分水村民委员会
			贵塘村民委员会

县（区）	乡镇（街道）	数量	村民委员会名称
连平县（159个）	陂头镇	16	蒲田村民委员会
			塘田村民委员会
			大华村民委员会
			花山村民委员会
	元善镇	15	醒狮村民委员会
			前锋村民委员会
			警雄村民委员会
			新龙村民委员会
			鹤湖村民委员会
			密溪村民委员会
			增坝村民委员会
			河坝村民委员会
			东联村民委员会
			江面村民委员会
			留潭村民委员会
			东河村民委员会
			邓村村民委员会
			石龙村民委员会
			大埠村民委员会
	内莞镇	11	塘兴村民委员会
			横水村民委员会
			显村村民委员会
			大陂村民委员会
			莞中村民委员会
			小洞村民委员会
			蓝洲村民委员会
			大水村民委员会
			高潮村民委员会
			蕉坪村民委员会
			桃坪村民委员会
江东新区（30个）	城东筹建办领导小组	2	和平村民委员会
			胜利村民委员会
	临江镇	10	塘排村民委员会
			光四村民委员会

续表53

县（区）	乡镇（街道）	数量	村民委员会名称		县（区）	乡镇（街道）	数量	村民委员会名称
江东新区（30个）	临江镇	10	胜利村民委员会		江东新区（30个）	古竹镇	18	雅色村民委员会
			梧峰村民委员会					孔埔村民委员会
			年丰村民委员会					雁头村民委员会
			澄岭村民委员会					榴坑村民委员会
			联新村民委员会					双坑村民委员会
			前进村民委员会					潮沙村民委员会
			桂林村民委员会					榄溪村民委员会
			禾坑村民委员会					蓼坑村民委员会
	古竹镇	18	上洞村民委员会					水东村民委员会
			下洞村民委员会					槎岭村民委员会
			吉安村民委员会					四维村民委员会
			平渡村民委员会					新围村民委员会
			留洞村民委员会					上联村民委员会

（罗海文）

2020年河源市户籍人口姓氏统计表

表54

姓氏	人数	姓氏	人数	姓氏	人数	姓氏	人数	姓氏	人数	姓氏	人数
黄	428021	周	55055	巫	19491	古	10541	白	5584	庄	2395
陈	222620	骆	48199	戴	17861	龚	10238	包	5291	田	2356
张	218043	袁	42819	余	17708	程	10175	麦	5266	顾	2312
刘	216348	徐	42235	欧阳	17357	范	10169	韦	5130	石	2274
叶	192043	林	41667	曹	16706	苏	9344	吕	4570	洪	2259
李	172358	温	37639	唐	16513	缪	9301	冼	4471	沈	2228
曾	144768	梁	36228	甘	16128	孙	8131	傅	4457	龙	2141
钟	135774	郑	34837	潘	15869	伍	7873	卓	4097	乐	2060
谢	123927	彭	33338	贺	15778	练	7833	颜	4063	蒋	1979
吴	107963	邱	28831	胡	14433	邝	7725	沙	3994	管	1955
杨	99664	肖	27948	刁	14180	诸	7646	付	3656	官	1744
朱	81792	蓝	26512	马	13574	谭	7449	阮	3196	揭	1692
赖	80257	江	26455	郭	13460	宋	7421	简	2889	涂	1670
邹	70797	丘	26314	凌	12775	黎	7111	詹	2739	姚	1633
王	69577	魏	23540	严	12296	蔡	6890	柳	2687	翁	1545
廖	67007	欧	23193	杜	11787	崔	6739	方	2668	利	1522
何	65198	卢	20742	邬	11434	赵	6232	俞	2574	莫	1517
邓	65076	许	20402	殷	11166	熊	5948	具	2541	毛	1430
罗	62014	冯	20069	游	10551	高	5604	薛	2479	覃	1387

续表54

姓氏	人数	姓氏	人数	姓氏	人数	姓氏	人数	姓氏	人数	姓氏	人数
裴	1379	连	267	滕	99	贺兰	53	虞	31	权	18
雷	1226	关	250	焦	94	麻	53	奉	30	况	17
陆	1221	符	248	植	93	和	52	皮	29	郁	17
池	1214	施	246	邢	93	柏	51	隆	29	元	16
汪	1197	卜	242	郝	93	毕	51	禹	28	巩	16
任	1115	邵	237	霍	92	敖	50	鲜	28	丰	15
翟	1106	史	236	齐	92	荣	50	凡	27	宫	15
陶	1064	危	234	常	91	尚	49	超	27	旷	15
季	960	岑	230	艾	90	芦	49	但	26	褚	15
夏	954	尤	229	辛	88	明	48	司徒	26	解	15
童	949	贾	215	乔	87	瞿	46	泮	25	克	14
饶	905	钱	215	屈	87	靳	46	阎	25	南	14
侯	865	兰	211	谌	87	卿	45	宗	24	城	14
孔	854	湛	211	晏	86	原	44	曲	24	姬	14
吉	842	阳	197	区	83	邡	44	满	24	来	14
丁	824	樊	193	桂	83	楚	43	羊	24	眭	14
成	800	幸	177	武	82	党	42	贝	24	雍	14
金	758	左	172	候	81	娄	42	银	24	巢	13
文	757	舒	171	岳	81	封	42	师	23	庹	13
聂	742	冉	164	车	80	玉	42	敬	23	昌	13
康	708	梅	164	潭	78	谈	42	云	22	檀	13
纪	695	章	158	盛	77	鄢	42	穆	22	胥	13
董	670	孟	155	谷	76	闻	42	郎	22	腾	13
尹	652	萧	155	阙	76	席	41	零	22	谯	13
汤	648	劳	154	戚	74	米	41	景	21	豆	13
蒙	638	祝	150	单	73	闵	41	桑	21	边	13
于	612	倪	148	牛	73	臧	40	燕	21	上官	12
万	597	盘	136	冷	69	苟	40	卫	20	冼	12
易	592	代	133	粟	68	费	40	县	20	资	12
韩	574	闫	132	项	67	覃	39	寇	20	革	12
鲁	556	全	122	佘	66	时	38	支	20	储	11
柯	553	喻	120	闭	65	祁	38	查	20	列	11
华	542	河	120	鞠	65	茹	38	紫	20	廉	11
葛	464	蒲	120	宾	63	苗	37	香	20	晋	11
秦	438	扬	119	招	63	甄	36	佟	19	朴	11
庞	435	占	116	班	63	扶	33	商	19	狄	11
农	390	鲍	114	仇	61	柴	33	帅	19	计	11
姜	380	房	112	牟	60	司	32	花	19	郜	11
向	349	匡	107	尧	58	应	32	隋	19	伏	10
申	333	安	106	路	57	庚	32	习	18	居	10
段	324	容	103	禤	55	漆	32	伦	18	屠	10
宁	286	嵇	100	耿	53	寒	31	卞	18	操	10

续表54

姓氏	人数	姓氏	人数	姓氏	人数	姓氏	人数	姓氏	人数	姓氏	人数
相	10	仝	6	阚	5	东方	3	蔚	3	巨	2
糜	10	味	6	东	4	仵	3	观	3	帕	2
菅	10	咸	6	令狐	4	位	3	貌	3	弯	2
陀	10	国	6	初	4	佑	3	贲	3	德	2
印	9	将	6	勾	4	侍	3	赢	3	怀	2
奚	9	归	6	后	4	保	3	达	3	愉	2
宣	9	户	6	呙	4	凤	3	鄞	3	慎	2
於	9	月	6	多	4	字	3	门	3	慕容	2
浦	9	柒	6	宴	4	宇	3	闾	3	战	2
贤	9	栾	6	宿	4	寥	3	青	3	扈	2
蹇	9	淦	6	尖	4	九	3	鸥	3	扎	2
迟	9	经	6	庚	4	展	3	从	2	拱	2
伊	8	蔺	6	强	4	带	3	乐正	2	放	2
先	8	贺若	6	慕	4	干	3	乡	2	敕	2
冀	8	过	6	栗	4	广	3	乾	2	昊	2
厉	8	邸	6	楼	4	弓	3	介	2	朗	2
惠	8	都	6	泰	4	忠	3	仪	2	杰	2
昝	8	阿	6	犁	4	暨	3	仲	2	松	2
普	8	雪	6	疏	4	暴	3	伴	2	桐	2
母	8	乃	5	皇甫	4	朋	3	佗	2	水	2
祖	8	义	5	种	4	未	3	催	2	汝	2
税	8	五	5	竺	4	杞	3	八	2	沉	2
篮	8	亚	5	续	4	梁丘	3	公	2	泊	2
索	8	优	5	羽	4	梨	3	冶	2	洛	2
苑	8	别	5	翦	4	浓	3	凃	2	湖	2
荆	8	富	5	荀	4	澎	3	刑	2	牙	2
薛	8	寻	5	荘	4	濮	3	勇	2	王孙	2
虢	8	巴	5	胥	4	犹	3	司马	2	疗	2
井	7	布	5	衡	4	生	3	哈	2	盈	2
侬	7	平	5	衷	4	番	3	唐古	2	睦	2
修	7	戎	5	言	4	皇	3	坚	2	睿	2
宦	7	晁	5	诸葛	4	矫	3	塘	2	神	2
彦	7	海	5	赫	4	科	3	壬	2	立	2
戈	7	盖	5	轩	4	竹	3	夭	2	粱	2
旋	7	磨	5	逯	4	答	3	奠	2	綦	2
旺	7	老	5	钮	4	粘	3	宏	2	缪	2
淡	7	芮	5	陵	4	绕	3	宛	2	红	2
留	7	藏	5	靖	4	羿	3	宝	2	罕	2
补	7	谬	5	颉	4	翚	3	宰	2	能	2
钦	7	那	5	首	4	艮	3	寨	2	脱	2
亓	6	铁	5	黄	4	英	3	山	2	茂	2
亢	6	闲	5	世	3	葉	3	巍	2	茆	2

续表54

姓氏	人数	姓氏	人数	姓氏	人数	姓氏	人数	姓氏	人数	姓氏	人数
虎	2	加	1	宇文	1	森	1	箫	1	诛	1
裘	2	励	1	完颜	1	楬	1	纳	1	贡	1
要	2	勒	1	寸	1	樟	1	纵	1	贵	1
訾	2	化	1	尉	1	步	1	绍	1	轩辕	1
象	2	北	1	尼	1	殴	1	络	1	载	1
选	2	千	1	屯	1	汲	1	绳	1	运	1
郤	2	卯	1	岐	1	汶	1	缑	1	远	1
郏	2	却	1	岱	1	沃	1	缴	1	遆	1
里	2	历	1	年	1	沓	1	美	1	邦	1
铙	2	及	1	庐	1	油	1	聊	1	郇	1
阴	2	双	1	庙	1	泽	1	肃	1	郎	1
除	2	可	1	府	1	消	1	腊	1	部	1
颜	2	吁	1	弋	1	润	1	自	1	鄂	1
鹿	2	合	1	弘	1	淑	1	节	1	鄧	1
中	1	吝	1	形	1	淩	1	芳	1	鄱	1
临	1	呈	1	思	1	淳	1	芶	1	酉	1
主	1	员	1	怡	1	添	1	苌	1	释	1
乌	1	呼	1	愈	1	渠	1	若	1	鈡	1
书	1	呼延	1	所	1	溪	1	苻	1	钟离	1
买	1	哏	1	扩	1	滑	1	茅	1	铜	1
产	1	啥	1	拜	1	漂	1	茌	1	锅	1
京	1	四	1	拮	1	潜	1	莘	1	锺	1
人	1	因	1	接	1	澹	1	莲	1	镇	1
仁	1	围	1	撖	1	灵	1	菊	1	镟	1
仉	1	图	1	斑	1	炸	1	营	1	閤	1
仰	1	圣	1	料	1	炼	1	萨	1	阵	1
仿	1	增	1	斯	1	琴	1	蒯	1	随	1
伟	1	壮	1	早	1	璩	1	蒿	1	隗	1
佐	1	夏侯	1	旻	1	甯	1	萧	1	隽	1
佩	1	奂	1	智	1	畅	1	薄	1	雄	1
侥	1	奥	1	暖	1	瘳	1	藩	1	雒	1
俏	1	好	1	望	1	研	1	蚁	1	霞	1
信	1	妊	1	术	1	祺	1	蚩	1	静	1
俱	1	妒	1	束	1	禄	1	衢	1	韶	1
俸	1	妙	1	杭	1	秀	1	表	1	风	1
傲	1	妨	1	果	1	秋	1	衮	1	驾	1
允	1	姐	1	染	1	稽	1	裕	1	高堂	1
光	1	娜	1	树	1	窑	1	褐	1	鱼	1
凉	1	娥	1	校	1	笪	1	褥	1		
刀	1	婵	1	桃	1	第五	1	褶	1		
剪	1	嬴	1	梦	1	筒	1	誉	1		

说明：全市共861个姓。数据由河源市公安局提供

（宋永鸿）

河源市旅行社名录一览表

表55

属地	旅行社名称			许可证编号	经营地址
市直	河源市旅游总公司（停业）	总部		L-GD-CJ00096	河源市源城区兴源东路华怡大厦首层
		服务网点	益民街营业部	L-GDCJ00096-YMWD001	河源市源城区益民街5号
			文明路服务网点	L-GD-CJ00096-Wd014	河源市新市区文明路南边（市一中对面）店铺一楼
			新风路门市部	L-GD-CJ00096-YMWD001	河源市新市区新风路392-1号第二层
	河源市中国旅行社（停业）			L-GD00197	河源市源城区兴源东路华怡大厦十二楼
	河源市青年旅行社（停业）			L-GD00198	河源市新市区大同路东边建设大道北边中心壹号1108号A区
	河源市华侨旅行社有限公司	总部		L-GD00200	河源市区东城西片东至文祥路南至永祥路西至文昌路地段坚基美丽城商业街D栋D-207号二室
		服务网点	益民街营业部	L-GD00200-YFWD001	河源市兴源路南永乐花苑B栋南起第六卡一层
			文明路服务网点	L-GD00200-WD018	河源市源城区南门新村开发区东二栋7号
			新风路门市部	L-GD00200-WD00200	河源市江东新区临江镇临古路东小区B2栋一楼
	河源市客家女旅行社有限公司			L-GD00201	河源市源城区沿江东路万豪国际酒店内
	河源市桂山国际旅行社有限公司（停业）			L-GD00202	河源市源城区永和路南边中山大道西边三友邮A幢107一楼
	河源市夏天旅行社有限公司	总部		L-GD00203	河源市源城区客家文化公园东埔片拆迁安置点E幢第四卡商铺101室
		服务网点	紫金服务网点	L-GD00203-WD010	河源市紫金县紫城镇长安二街10号
	河源市游天下旅行社有限公司	总部		L-GD00204	河源市新市区长安街22号第三层
		服务网点	红星路服务网点		河源市源城区红星路101号一楼分报点
	河源市绿都旅行社有限公司			L-GD00205	河源市源城区长安街22号3楼
	河源市开心假日旅行社有限公司（停）			L-GD00206	河源市源城区红星路东拆迁安置点坪围直街D栋第六卡门店
	河源市槎城旅行社有限公司			L-GD00207	河源市市区东城西片越王大道西面、永祥路北边汇景国际商贸中心A栋506号
	河源市全旅旅行社有限公司			L-GD00208	河源市新风路168-2号
	河源市翔丰国际旅行社有限公司	总部		L-GD00209	河源市源城区永和路北边新风路东边万隆公园壹号15栋145号一楼
		服务网点	源城服务网点	L-GD00203-WD011	河源市翔丰国际旅行社有限公司源城服务网点
			紫金服务网点	L-GD00209-WD013	河源市紫金县古竹镇紫古大道西3号
	河源市源之旅旅行社有限公司	总部		L-GD00210	河源市新市区建设大道德润东方银座A栋1303
		营业部	长安街服务网点	L-GD00210-WD009	河源市源城区长安街250-2号（邮政储蓄银行对面）
	河源市嘉年华旅行社有限公司			L-GD00211	河源市源城区西堤路18号锦绣名雅康雅阁101号
	河源市好世界国际旅游有限公司	总部		L-GD-CJ00361	河源市源城区坚基美丽城C150

续表55

属地	旅行社名称			许可证编号	经营地址
市直	河源市河之旅国际旅行社有限公司	总部		L-GD00914	河源市源城区新城中片区拆迁安置点（一）第二区N2幢第四卡
		营业部	忠信营业部	L-GD00914-WD012	河源市连平县忠信镇径口开发区沿江南路
	河源市客家风情旅行社有限公司	总部		L-GD01017	河源市区建设大道以南华达街东边德润东方银座B栋13F01、13F02号
	河源市神州旅行社有限公司	总部		L-GD01234	河源市新市区长安路南边大同路西边鑫源名苑305号三楼A307房
源城区	河源市源城名源文化旅游投资运营有限公司			L-GD00213	源城区公园东路城市中心花苑A栋第七卡店
	河源市假日国际旅行社有限公司	总部		L-GD00214	源城区红星路东拆迁安置点（原华怡集团坪围住宅区）A栋南起第六、第七卡商住楼
		服务网点	益民街服务网点	L-GD00214-WD019	河源市新市区经一路东面纬三路南边西起第30卡
	河源市泰丰旅游有限公司	总部		L-GD01095	河源市新市区新风路东边永福路南边阳光水榭花园水榭阁商铺107号
		服务网点	新江一路服务网点	L-GD01095-WD016	河源市源城区新江一路5号二楼
	河源市客之旅旅行社有限公司			L-GD01552	河源市丝茅塘拆迁安置点（二）E幢第三卡
	河源市任君游旅行社有限公司			L-GD01553	河源市新市区永福路北安置区A栋西起第一卡
	河源市嘉客旅行社有限公司			L-GD01699	河源市新市区文明路西段南边34号两卡五层中的一楼西侧一卡和三楼整层
	河源市古邑旅行社有限公司			L-GD01710	源城区红星路38号8楼
	中国国旅（广东河源）旅行社有限公司			L-GD02501	河源市源城区丝茅唐拆迁安置点（二）A2幢第十八卡
	河源市粤运同兴旅游汽车有限公司（停业）			L-GD02502	河源市河源大道北79号
	广东弘霞客旅游文化投资有限公司			L-GD02504	河源市越王大道与永和东路交会处【广晟中源广场华怡苑5栋】22层10号单元
	河源市户外联盟体育发展有限公司			L-GD100118	河源市永和路南边、河源大道西边（第一层）A区（华达街与永福路交会处）
	河源市国中旅行社有限公司			L-GD02738	河源市新市区永福路幸福小区6-20号
	福盈门温泉乡村旅游（河源）有限公司（停业）			L-GD-100314	河源市区东城西片区纬十四路北边、文昌路东边河源雅居乐花园E1-3栋1003号
	河源市美年国际旅行社有限公司			L-GD02907	河源市区东城片区黄沙大道东边、纬十二路南面广晟中源广场华怡苑5栋1808号
	河源市源城区众悦国际旅行社有限公司			L-GD-100715	河源市源城区公园东路城市中心花苑A04卡首层门店
	河源市东江之友国际旅行社有限公司			L-GD-100781	河源市新市区长安路北边大同路东边长城世纪华府5栋商铺107号2楼
	河源市万旅国际旅行社有限公司			L-GD-100183	河源市兴源路东路1号华怡大楼十二层
	河源市青旅旅行社有限责任公司			L-GD-100711	河源市新市区大同路东边建设大道北边中心壹号1108号
	河源市乐游国际旅行社有限公司			L-GD-100958	河源市源城区新风路39号1楼A区
	河源市如春国际旅行社有限公司			L-GD-101018	河源市新市区纬十一路北边、大同路西边国丰大厦B803
	广东中邮国际旅行社有限公司			L-GD-101019	河源市市区白岭头地段河源大道东南边原广梅新村明源锦江花园商铺2栋218房

续表55

属地	旅行社名称	许可证编号	经营地址
源城区	广东南之都国际旅行社有限公司	L-GD-101041	河源市新市区永和路南边中山大道西边三友邨F幢121号商铺
	河源市粤源旅行社有限公司	L-GD-101139	河源市新市区兴源东路1号（第十一层）
东源县	广东省新丰江旅行社有限公司	L-GD00215	市河源大道南17号
	广东万绿湖旅行社（停业） 总部	L-GD00216	河源市新港镇17号万绿湖码头
	广东万绿湖旅行社（停业） 营业部 大学城营业部	L-GD00216-DXCWD001	河源市源城区东环路河源职业技术学院图书馆A106-A107
	广东万绿湖旅行社（停业） 营业部 县城营业部	L-GD00216-XCHWD002	东源县城行政中心区农林街B1-30卡
	广东东行国际旅行社有限公司	L-GD-101030	东源县新河大道回迁点A2-35、A2-36号四楼
和平县	和平县中国旅行社	L-GD00217	和平县阳明镇滨河路滨河家园B栋第一层（6）号商铺
	和平县世纪旅行社有限公司	L-GD00218	和平县城和平大道88号
	和平县东晟旅行社有限公司	L-GD01473	和平县阳明镇龙湖小区福和御水花园B栋第壹层（32）号商铺
	和平环球假日旅行社有限公司	L-GD-100611	和平县阳明镇和平大道和平印象第壹层（9）号商铺
龙川县	龙川县旅游总公司	L-GD00219	龙川县老隆镇东风路50号
	龙川县客都旅行社有限公司	L-GD00220	龙川县老隆镇先烈路32号
	龙川县绿色阳光旅行社有限公司（停业） 总部	L-GD01497	龙川县老隆镇经济开发区2号小区
	龙川县绿色阳光旅行社有限公司（停业） 营业部 麻布岗营业部	L-GD01497-WD017	龙川县麻布岗镇小长沙钢城村5号
	河源市那山水旅游有限公司	L-GD-100888	龙川县老隆镇沿江东岸7-10号
紫金县	紫金县秋香江国际旅游有限公司	L-GD02503	紫金县紫城镇新安街15号
	紫金县金色假日国际旅行社有限公司	L-GD01157	紫金县紫城镇新紫路198号金紫金广场商铺159号
	紫金县畅游旅行社有限公司	L-GD02654	紫城镇沿江中路13号
	紫金县宏珍旅行社有限公司	L-GD-100023	紫金县紫城镇香江中路51号第二卡
	紫金县启航假日国际旅行社有限公司	L-GD-100733	紫金县紫城镇新紫路198号金紫金广场商铺159、259号
连平县	连平县九连山旅行社	L-GD00222	连平县元善镇城南区委会西新村直街2号
	连平县金色阳光旅行社有限公司 总部	L-GD00223	连平县元善镇滨河西路38号下侧商铺
	连平县金色阳光旅行社有限公司 服务网点 忠信服务网点	L-GD00223-ZXWD001	连平县忠信镇沿江南路69号
分社	广东中航国际旅行社有限公司河源分公司	L-GD-CJ00219-FS006	河源市源城区公园东路城市花苑A-7
	盈科美辰国际旅行社有限公司河源分公司	L-BJ-CJ00423-FS007	河源市区建设大道以南华达街东边德润东方银座B栋1003号-1
	重庆目的地旅行社有限公司广东分公司	L-CQ18004-HYS-FS0001	河源市新市区纬十一路南边、大同路东面德润华府13栋1层27号

续表55

属地	旅行社名称	许可证编号	经营地址
分社	广州吻途国际旅行社股份有限公司河源分公司	L-GD02486-HYFS009	河源市源城区群丰拆迁安置点红星东路一排第一幢第四卡
	深圳市洲际国际旅行社有限公司河源分公司	L-GD00645-HYFS010	河源市新市区文明路北面、华达街东面（第四、五层）
	我想去看看国际旅行社有限公司河源分公司	L-JS-CJ100315-HYS-FS0001	河源市源城区新风路39号五楼A区
	腾邦旅游集团有限公司河源分公司	L-GD-CJ00228-HYFS012	河源市建设大道南边东华路东边丰泽都市名苑商铺D011号
	广东大粤国际旅行社有限公司河源分公司	L-GD-CJ00399-WD001	河源市东城西片区越王大道西边纬十四路北边河源雅居乐花园一期综合楼A501号
	广东省新丰江旅行社有限公司中银大厦分公司	L-GD00215-HYS-FS0001	河源市越王大道与永和东路交会处华达万福基金中银大厦8层11-01号
	广东惠航国际旅行社有限公司河源分公司	L-GD-CJ00555-HYS-FS0001	河源市源城区建设大道与华达街交会处东大财富中心904号
	梅州市畅游国际旅行社有限公司河源分公司	L-GD02600-HYFS011	河源市新市区中山大道东边、长安路南边坚基林苑F幢1402号
	深圳市新浪之侣国际旅游有限公司河源分公司	L-GD02639-HYS-FS0001	源城区永福路南面黄沙大道西边铭成商务大厦A栋2205

河源市旅游星级饭店一览表

表56

属地	酒店名称	星级	客房数（个）	床位数（张）	餐位数（个）	地址
市区	翔丰国际酒店	五	245	340	860	河源市源城区沿江东路1号
	新江大酒店	三	184	306	1000	河源大道北新城汽车站对面
	华瑞酒店	三	84	139	500	河源市兴源路1号
	新丽源大酒店	三	50	93	700	河源市新市区红星路与大同路交会处
源城区	假日酒店	四	369	738	1360	河源市宝源山庄沿江路10号
	滨江金利大酒店	四	160	320	1200	河源市源城区碧水居地段
	新丰江酒店	二	46	83	220	广东省新丰江水电厂内
东源县	金利大酒店	三	80	160	300	河源市河源大道南17号
	诚丰酒店	二	45	80	200	河源市河源大道北138号
和平县	世纪大酒店	三	348	556	550	河源市和平县城和平大道88号
	海天大厦	二	150	280	500	和平县城东山路101号
龙川县	旅游大酒店	三	69	125	550	龙川县经济开发区5号小区
	霍山宾馆	三	100	173	330	龙川县老隆镇老龙大道
	花苑宾馆	二	59	116	300	龙川县老隆镇东风路15号
紫金县	紫金宾馆	三	79	136	500	紫金县紫城镇秋江路36号
连平县	南方酒店	三	93	144	950	连平县城官灯公路与105国道交会处侧
	星悦湾大酒店	三	62	116	280	河源市连平县滨河路1号
	馥桂苑大酒店	三	58	112	530	连平县连平大道中

河源市景区景点一览表

表57

序号	属地	景区景点名称	等级	开业时间	地址
1	市属（2个）	河源恐龙文博园	AAAA	2010年11月	源城区滨江大道龟峰塔下
2		新丰江大坝旅游区	AA	1994年5月	源城区新江三路298号
3	源城区（10个）	河源巴伐利亚庄园	AAAA	2014年11月	源城区巴伐利亚庄园
4		客天下水晶温泉国际旅游度假区	AAAA	2015年10月	源城区龙源大道1号
5		大水井特色民宿文化旅游区	AAA		源城区高埔岗街道
6		春沐源小镇			源城区埔前镇
7		野趣沟旅游区	AAA	2002年	桂山旅游大道8千米处
8		陂角村全国乡村旅游重点村		2019年	源城区陂角村
9		福源果场		2013年	源城区埔前镇上村四子龙
10		东兴旺果场		2006年	源城区埔前镇坪围村
11		红峰旺果场		2015年	源城区埔前镇坪围村
12		埔前镇上村村			源城区埔前镇上村村
13	东源县（16个）	万绿湖景区	AAAA	1999年3月	东源县新港镇港中路17号
14		苏家围·东江画廊客家乡村旅游区	AAAA	2002年	东源县义合镇苏围村
15		叶园温泉旅游区	AAAA	2011年12月	东源县黄田镇良田村
16		黄龙岩畲族风情旅游区	AAA	2003年1月	东源县漳溪畲族乡上蓝村
17		东江野战俱乐部	AAA	2005年8月	东源县仙塘镇东方红村
18		万绿湖龙凤岛		1998年	东源县新港镇杨梅管理区龙屋尾
19		万绿湖镜花岭		1998年	东源县新港镇杨梅管理区龙屋尾
20		万绿湖水月湾		1998年1月	东源县新港镇杨梅管理区龙屋尾
21		桂山风景区		1998年8月	桂山旅游大道16千米处
22		镜花缘旅游区		2002年2月	东源县新港镇万绿湖旅游码头
23		阮啸仙故居		2004年	东源县义合镇下屯村
24		南园古村旅游区		2004年5月	东源县仙塘镇红光村
25		万绿湖客家风情馆		2006年9月	东源县新港镇万绿湖旅游码头
26		广东康泉十八国际生态健康旅游城		2016年1月	东源县康禾镇

续表57

序号	属地	景区景点名称	等级	开业时间	地址
27	紫金县（16个）	万绿谷休闲度假旅游区		2017年12月	东源县新回龙镇东星村
28		仙坑村全国乡村旅游重点村		2020年	东源县康禾镇仙坑村
29	和平县（5个）	和平热龙温泉度假村	AAAA	2005年	和平县热水镇南湖村
30		和平热水漂流			和平县利江上游
31		和平荣佳国韵温泉度假村	AAA	2005年12月	和平县大坝镇汤湖村
32		兴隆民俗文化村		2005年5月	和平县热水镇北联村
33		和平林寨古村		2011年4月	和平县林寨镇石正村
34	龙川县（8个）	龙川霍山旅游风景区	AAAA	1998年10月	龙川县田心镇
35		龙川佗城景区	AAA	2011年3月	龙川县佗城镇学宫旁
36		龙川五色茶岭景区	AAA		龙川县丰稔镇
37		龙川水坑生态旅游娱乐区	AAA		龙川县水坑生态旅游娱乐区
38		龙川七峰山旅游度假村		2005年	龙川县紫市镇
39		龙川县知青部落龙飞度假村		2009年	龙川县通衢镇旺茂村
40		龙川绿油花果树小镇	AAA		龙川县赤光镇大洋村
41		龙川鳌山溪谷生态旅游区		2020年10月	龙川县佗城镇塔西村
42	紫金县（3个）	紫金御临门温泉度假村	AAAA	2006年4月	紫金县九和镇幸福村
43		紫金县红色苏区旅游景区			紫金县苏区镇
44		紫金客茶谷			紫金县紫城镇蓝坑村
45	连平县（4个）	九连山原始森林度假山庄	AAA	2007年	连平县田源镇
46		连平县新河漂流			连平县田源镇
47		连平圣迹苍岩旅游区			连平县内莞镇
48		连平县上坪桃园			连平县上坪镇
49	江东新区（1个）	越王山风景度假区	AAA	2017年1月	江东新区古竹镇留洞村
50	高新区（1个）	农夫山泉工业旅游点			源城区源南镇双下村

说明：全市共50个景区，其中A级景区有21个，AAAA级景区有9个，AAA级景区有10个，AA级景区有2个。2019年，巴伐利亚庄园获得国家级旅游度假区，客天下水晶温泉国际旅游度假区获省级旅游度假区

（刘崇昱）

主题索引

编辑：王瑞峰

说明

一、本索引采用主题分析法，款目按汉语拼音字母（同音字按声调）顺序排列。

二、文中的类目题、分目题用黑体字标明。表格在其款目后注明“表”。

三、索引款目后的数字表示内容所在的页码，数字后的拉丁字母（a、b、c）表示栏别（即版面的1、2、3栏）。

四、同一主题的内容在文中多次出现时，在其款目后用不同的页码标明。

五、本索引范围不包括彩页图片、《特载》、《大事记》、《人物·荣誉》、《社会经济统计资料》、《名录》、《附录》等类目。

A

B

C

T

Z

数字与字母